HANDBUCH DER STADT WIEN
2002
116. JAHRGANG

HANDBUCH

DER

STADT WIEN

2002

116. JAHRGANG

JUGEND & VOLK WIEN

Bildnachweis für nachfolgende Fotoseiten:

Häupl: PID
Laska: Kurt Hawlicek
Rieder: Peter Rigaud

Brauner: Peter Rigaud
Mailath-Pokorny: Peter Rigaud
Pittermann-Höcker: Peter Rigaud
Schicker: Votava/PID
Kossina: Petra Spiola
Faymann: Votava/PID

Herzog: privat
Landauer: privat
Schock: Foto Zappe
Marboe: Votava/PID
Rothauer: privat
Vassilakou: privat
Brandsteidl: Johannes Zinner/VWZ

Hatzl: Hubert Dimko
Stubenvoll: Wilke
Römer: privat

List: Votava/PID
Skyba: privat
Theimer: Peter Rigaud
Pillmeier: Landesbildstelle Wien
Weber: Foto Maruschka

Soweit in den Beiträgen personenbezogene Bezeichnungen nur in männlicher Form angeführt sind, beziehen sie sich auf Frauen und Männer in gleicher Weise.

ISBN 3-7100-0614-7

Redaktion: Magistratsdirektion der Stadt Wien
Eigentümer, Herausgeber und Verleger: Verlag Jugend & Volk GmbH,
Universitätsstraße 11, 1016 Wien

Alleinige Inseratenwerbung: Jugend & Volk, Telefon 407 27 07–0 oder 914 43 93,
Telefax: 407 27 07 – DW 22 oder 914 43 93,
E-Mail: trska@jugendvolk.at oder gertraud.trska@chello.at
Satz: Jugend & Volk
Druck und Bindung: Theiss GmbH, 9431 St. Stefan

Dr. Michael Häupl

Bürgermeister und Landeshauptmann

Grete Laska

Vizebürgermeisterin und Landeshauptmann-Stellvertreterin
Amtsführende Stadträtin für
Bildung, Jugend, Soziales, Information und Sport

Dr. Sepp Rieder

Vizebürgermeister und Landeshauptmann-Stellvertreter
Amtsführender Stadtrat für
Finanzen, Wirtschaftspolitik und Wiener Stadtwerke

Mag. Renate Brauner

Amtsführende Stadträtin für
Integration, Frauenfragen, Konsumentenschutz und Personal

DDr. Andreas Mailath-Pokorny

Amtsführender Stadtrat für
Kultur und Wissenschaft

Dr. Elisabeth Pittermann-Höcker

Amtsführende Stadträtin für
Gesundheits- und Spitalswesen

Dipl.-Ing. Rudolf Schicker

Amtsführender Stadtrat für
Stadtentwicklung und Verkehr

Dipl.-Ing. Isabella Kossina

Amtsführende Stadträtin für
Umwelt

Werner Faymann

Amtsführender Stadtrat für
Wohnen, Wohnbau und Stadterneuerung

Johann Herzog
Stadtrat

Karin Landauer
Stadträtin

DDr. Eduard Schock
Stadtrat

Dr. Peter Marboe
Stadtrat

Dipl.-Ing. Dr. Herlinde Rothauer
Stadträtin

Mag. Maria Vassilakou
Stadträtin

Mag. Dr. Susanne Brandsteidl
Amtsführende Präsidentin
des Stadtschulrates für Wien

Johann Hatzl

Erster Präsident
des Wiener Landtages

Prof. Erika Stubenvoll

Zweite Präsidentin
des Wiener Landtages

Johann Römer

Dritter Präsident
des Wiener Landtages

Dr. Alois List

Kontrollamtsdirektor

Dr. Karl Skyba

Generaldirektor der Wiener Stadtwerke Holding AG

Dr. Ernst Theimer

Magistratsdirektor

Dr. Peter Pillmeier

Magistratsdirektor-Stellvertreter

Dipl.-Ing. Gerhard Weber

Stadtbaudirektor

DER BÜRGERMEISTER
UND LANDESHAUPTMANN
VON WIEN

Bildung für die Zukunft

Im Übergang zur Dienstleistungs- und Informationsgesellschaft ist Bildung das wichtigste Kapital. Wien unternimmt große Anstrengungen, um Bildung für die Zukunft zu fördern. Das Bildungssystem ist daran zu messen, ob es Chancengleichheit unabhängig von Geschlecht, Alter, Herkunft oder Einkommen bietet und die optimale Ausschöpfung aller Begabungen der Menschen ermöglicht. Wir wollen unserer Jugend die beste Ausbildung garantieren, wir wollen aber auch den Erwachsenen permanente Weiterbildungsmöglichkeiten bieten. Lebenslanges Lernen wird zur Selbstverständlichkeit im modernen Berufsleben. EDV- und Fremdsprachenkenntnisse etwa werden immer wichtiger. Die Offenheit für Neues, die Erweiterung des geistigen Horizonts sind aber auch maßgebliche Kriterien der Persönlichkeitsentwicklung und der Lebensqualität.

Wien ist eine Stadt der Bildung, eine der Welthauptstädte der Kultur und des Geistes. Wir setzen alles daran, um diese große Tradition, den heutigen Ansprüchen und Anforderungen entsprechend, fortzuführen. Für unsere Jugend muss Wien die Stadt sein, in der sie alle Chancen hat.

Damit die Stadt diesen Anspruch einlösen kann, bedarf es einiger Voraussetzungen. Eine davon ist eine funktionierende Verwaltung. Wien ist zweifellos eine Stadt mit einem ausgezeichneten Management und vielen leistungsfähigen, engagierten Mitarbeiterinnen und Mitarbeitern. Der Magistrat funktioniert auf hohem Niveau.

Der Wandel der ökonomischen, technischen und gesellschaftlichen Rahmenbedingungen – Globalisierung, Wettbewerb in bisher geschützten Sektoren, neue Informationstechnologien, um nur einige Beispiele zu nennen – zwingt aber auch die kommunale Verwaltung zu permanenter Veränderung und Modernisierung. Wien muss sich diesen Herausforderungen stellen, um die Leistungsfähigkeit und öffentliche Akzeptanz des Magistrats nachhaltig zu sichern. Die Stadtverwaltung muss sich als moderner Dienstleistungskonzern definieren und präsentieren. Kundenorientierung, Effizienz und Tempo sind die Forderungen unserer Zeit. An diesen Kriterien wird die Verwaltung gemessen. In diese Richtung muss sie sich weiterentwickeln.

Wien ist bei der Verwaltungsmodernisierung gut unterwegs. Nicht nur beim Einsatz der neuen Informationstechnologien liegt Wien im internationalen Spitzenfeld. Die Stadt bietet Qualität. Der Reformprozess der Verwaltung trägt ebenso dazu bei wie die vielfältigen Angebote für Jugend und Bildung in Wien.

Dr. Michael Häupl

INHALTSVERZEICHNIS

II. TEIL
WIEN – AKTUELL

ABKÜRZUNGSVERZEICHNIS

ABGB = Allgemeines Bürgerliches Gesetzbuch
ABl. = Amtsblatt der Stadt Wien
Abs. = Absatz
Art. = Artikel
ASVG = Allgemeines Sozialversicherungsgesetz
AVG 1950 = Allgemeines Verwaltungsverfahrensgesetz 1950
BFJ = Bürgerforum Unsere Josefstadt
BGBl. = Bundesgesetzblatt
BStG = Bundesstraßengesetz 1971
B-VG = Bundes-Verfassungsgesetz
DO 1994 = Dienstordnung 1994
EDV = Elektronische Datenverarbeitung
FPÖ = Freiheitliche Partei Österreichs
GBl. = Gesetzblatt der Stadt Wien
Gesch.-Gr. = Geschäftsgruppe
GewO 1994 = Gewerbeordnung 1994
GOM = Geschäftsordnung für den Magistrat der Stadt Wien
GRA = Gemeinderatsausschuss
GRÜNE = Die Grünen – Grüne Alternative Wien
GWO = Gemeindewahlordnung der Stadt Wien
KA = Kontrollamt
KAV = Krankenanstaltenverbund
KFA = Krankenfürsorgeanstalt der Bediensteten der Stadt Wien
LGBl. = Landesgesetzblatt
LIF = Liberales Forum
lit. = litera (Buchstabe)
L.L.M. = Master of Laws
MA = Magistratsabteilung
MA-K = Magistratsabteilung für Krankenanstaltenfinanzierung, Wiener Krankenanstaltenfinanzierungsfonds
MA-L = Magistratsabteilung für Angelegenheiten der Landessanitätsdirektion
MBA = Magistratisches Bezirksamt
MD = Magistratsdirektion
MDior = Magistratsdirektor
MDS = Stabsstelle Strategie und Kommunikation
MDP = Stabsstelle Präsidialabteilung
MD-VfR = Stabsstelle Verfassungsdienst und Rechtsmittelangelegenheiten
MDZ = Stabsstelle Zivil- und Strafrecht
MD-PWS = Stabsstelle Personalstelle Wiener Stadtwerke
MDR = Stabsstelle Restitutionsangelegenheiten
MDA = Stabsstelle Allgemeine Angelegenheiten
MD-KS = Stabsstelle Krisenmanagement und Sofortmaßnahmen
MD-KLI = Stabsstelle Klimaschutzkoordination
MD-PM = Stabsstelle Personalmanagement und Förderangelegenheiten
MD-BG = Stabsstelle Berufliche Gesundheitsförderung
MD-IR = Stabsstelle Interne Revision und Personalressourcensteuerung
MD-VA = Stabsstelle Verwaltungsakademie
MD-VO = Stabsstelle Verwaltungsorganisation
MD-BC = Stabsstelle Betriebswirtschaft und Controlling
MDI = Stabsstelle EDV- und Informationsangelegenheiten
MD-BD = Stabsstelle Stadtbaudirektion
MD-AB = Stabsstelle Auslandsbeziehungen
MD-EIW = Stabsstelle Europäische Integration und Wissensmanagement
MRG = Mietrechtsgesetz
NÖ = Niederösterreich
ÖVP = Österreichische Volkspartei
PH = Pro Hetzendorf
PID = Presse- und Informationsdienst der Stadt Wien
Pr. Z. = Präsidialzahl
RGBl. = Reichsgesetzblatt
SPÖ = Sozialdemokratische Partei Österreichs
StGB = Strafgesetzbuch
StGBl. = Staatsgesetzblatt
UVS = Unabhängiger Verwaltungssenat Wien
Vdg. = Verordnung
Vdg.-Bl. = Verordnungsblatt
VfGH = Verfassungsgerichtshof
Vors. = Vorsitzende(r)
VStG = Verwaltungsstrafgesetz
VVG 1950 = Verwaltungsvollstreckungsgesetz 1950
VwGH = Verwaltungsgerichtshof
W-PVG = Wiener Personalvertretungsgesetz
WStV = Verfassung der Bundeshauptstadt Wien (Wiener Stadtverfassung)
WStW = Wiener Stadtwerke
Z = Ziffer
Zl. = Zahl

I. Teil

WIEN
organisatorisch

Stand: April 2002

Maresch, Mag. Rüdiger (GRÜNE)
Margulies, Dipl.-Ing. Martin (GRÜNE)
Matzka-Dojder Anica (SPÖ)
Maurer, Dkfm. Dr. Ernst (SPÖ)
Mayer, Dr. Alois (SPÖ)
Neck-Schaukowitsch, Dr. Elisabeth (SPÖ)
Neuhuber, Mag. Alexander (ÖVP)
Novak-Schild Barbara (SPÖ)
Oxonitsch Christian (SPÖ)
Parzer Robert (ÖVP)
Pfeiffer, Komm.-Rat Gerhard (ÖVP)
Pilz, Dr. Sigrid (GRÜNE)
Polkorab Rosemarie (SPÖ)
Prochaska Johannes (ÖVP)
Ramskogler, Mag. Sonja (SPÖ)
Rauchenberger, Prof. Josef (SPÖ)
Reinberger Brigitte (FPÖ)
Reindl, Mag. Thomas (SPÖ)
Reiter Günther (SPÖ)
Ringler Marie (GRÜNE)
Römer Johann (FPÖ)
Rudolph, Ing. Herbert (FPÖ)
Salcher, Dr. Andreas (ÖVP)
Scheed Norbert (SPÖ)
Schieder Andreas (SPÖ)
Schmalenberg, Mag. Heidrun (FPÖ)
Schöfnagel Barbara (FPÖ)
Schuster Godwin (SPÖ)
Serles, Dr. Wilfried (FPÖ)
Sommer-Smolik Claudia (GRÜNE)
Stark Rudolf (FPÖ)
Stefan, Mag. Harald (FPÖ)
Strache Heinz-Christian (FPÖ)
Strobl, Komm.-Rat Friedrich (SPÖ)
Strobl, Prof. Walter (ÖVP)
Stubenvoll, Prof. Erika (SPÖ)
Stürzenbecher, Dr. Kurt (SPÖ)
Themel Gerda (SPÖ)
Tomsik Josefa (SPÖ)
Trammer Heike (FPÖ)
Troch, Dr. Harald (SPÖ)
Tschirf, Dr. Matthias (ÖVP)
Ulm, Dr. Wolfgang (ÖVP)
Unterreiner, Mag. Heidemarie (FPÖ)
Valentin Erich (SPÖ)
Vana, Dr. Monika (GRÜNE)
Vettermann Heinz (SPÖ)
Vitouch Elisabeth (SPÖ)
Wagner Josef (FPÖ)
Wagner Kurt (SPÖ)
Wehsely, Mag. Sonja (SPÖ)
Winklbauer Renate (SPÖ)
Wolfram, Ing. Gunther (FPÖ)
Woller Ernst (SPÖ)
Wutzlhofer Jürgen (SPÖ)
Yilmaz Nurten (SPÖ)
Zankl Inge (SPÖ)
Zimmermann Paul (SPÖ)

MITGLIEDER DES GEMEINDERATES (LANDTAGES) NACH DER PARTEIZUGEHÖRIGKEIT

(R = Restmandat)

Sozialdemokratische Partei Österreichs
(52 Mandate)

Bayr Petra
Becher, Mag. Ruth
Deutsch Christian
Driemer Johann
Ekkamp Franz
Frauenberger Sandra (R)
Harwanegg Volkmar
Hatzl Johann
Hora Karlheinz
Hufnagl Heinz
Hundstorfer Rudolf
Juznic Peter
Kato Sonja
Klicka Marianne
Klier Helga
Kopietz Harry
Laschan, Dr. Claudia
Lettner Ursula
Ludwig Martina
Ludwig, Dr. Michael
Malyar Martina
Matzka-Dojder Anica
Maurer, Dkfm. Dr. Ernst
Mayer, Dr. Alois
Neck-Schaukowitsch, Dr. Elisabeth
Novak-Schild Barbara
Oxonitsch Christian
Polkorab Rosemarie
Ramskogler, Mag. Sonja
Rauchenberger, Prof. Josef (R)
Reindl, Mag. Thomas
Reiter Günther
Scheed Norbert
Schieder Andreas
Schuster Godwin
Strobl, Komm.-Rat Friedrich
Stubenvoll, Prof. Erika
Stürzenbecher, Dr. Kurt
Themel Gerda (R)
Tomsik Josefa
Troch, Dr. Harald (R)
Valentin Erich
Vettermann Heinz
Vitouch Elisabeth (R)
Wagner Kurt
Wehsely, Mag. Sonja
Winklbauer Renate
Woller Ernst
Wutzlhofer Jürgen (R)
Yilmaz Nurten (R)
Zankl Inge
Zimmermann Paul

Freiheitliche Partei Österreichs
(21 Mandate)

Barnet Günther
Blind Kurth-Bodo
Ebinger, Mag. Gerald (R)
Frank Henriette
Günther, Dr. Helmut (R)
Kabas, Mag. Hilmar
Kowarik, Mag. Helmut
Madejski, Dr. Herbert
Reinberger Brigitte
Römer Johann (R)
Rudolph, Ing. Herbert
Schmalenberg, Mag. Heidrun
Schöfnagel Barbara
Serles, Dr. Wilfried
Stark Rudolf (R)

Stefan, Mag. Harald
Strache Heinz-Christian
Trammer Heike
Unterreiner, Mag. Heidemarie
Wagner Josef
Wolfram, Ing. Günther

Österreichische Volkspartei
(16 Mandate)

Aichinger, Dkfm. Dr. Fritz (R)
Fuchs Georg
Gerstl, Mag. Wolfgang
Görg, DDr. Bernhard (R)
Hahn, Dr. Johannes
Klucsarits, Komm.-Rat Rudolf
Korosec Ingrid (R)
Lakatha Ingrid
Neuhuber, Mag. Alexander (R)
Parzer Robert
Pfeiffer, Komm.-Rat Gerhard
Prochaska Johannes
Salcher, Dr. Andreas
Strobl, Prof. Walter (R)
Tschirf, Dr. Matthias
Ulm, Dr. Wolfgang

Die Grünen – Grüne Alternative Wien
(11 Mandate)

Chorherr, Mag. Christoph (R)
Cordon Waltraud Cecile
Ellensohn David (R)
Jerusalem Susanne (R)
Kenesei Günter (R)
Maresch, Mag. Rüdiger
Margulies, Dipl.-Ing. Martin (R)
Pilz, Dr. Sigrid (R)
Ringler Marie
Sommer-Smolik Claudia (R)
Vana, Dr. Monika (R)

MITGLIEDER DES GEMEINDERATES (LANDTAGES) NACH WAHLKREISEN

Wahlkreis Zentrum
(Innere Stadt, Wieden, Margareten und Mariahilf)

Hahn, Dr. Johannes (ÖVP)
Juznic Peter (SPÖ)
Matzka-Dojder Anica (SPÖ)
Ringler Marie (GRÜNE)
Unterreiner, Mag. Heidemarie (FPÖ)
Wagner Kurt (SPÖ)

Wahlkreis Innen-West
(Neubau, Josefstadt und Alsergrund)

Malyar Martina (SPÖ)
Maresch, Mag. Rüdiger (GRÜNE)
Schmalenberg, Mag. Heidrun (FPÖ)
Schuster Godwin (SPÖ)
Ulm, Dr. Wolfgang (ÖVP)

Wahlkreis Leopoldstadt

Cordon Waltraud Cecile (GRÜNE)
Hora Karlheinz (SPÖ)
Lettner Ursula (SPÖ)
Wagner Josef (FPÖ)
Wehsely, Mag. Sonja (SPÖ)

Wahlkreis Landstraße

Kato Sonja (SPÖ)
Strache Heinz-Christian (FPÖ)
Tschirf, Dr. Matthias (ÖVP)
Woller Ernst (SPÖ)

Wahlkreis Favoriten

Bayr Petra (SPÖ)
Driemer Johann (SPÖ)
Frank Henriette (FPÖ)
Fuchs Georg (ÖVP)
Harwanegg Volkmar (SPÖ)
Kabas, Mag. Hilmar (FPÖ)
Klicka Marianne (SPÖ)
Ludwig Martina (SPÖ)
Maurer, Dkfm. Dr. Ernst (SPÖ)

Wahlkreis Simmering

Hatzl Johann (SPÖ)
Polkorab Rosemarie (SPÖ)
Stefan, Mag. Harald (FPÖ)

Wahlkreis Meidling

Hufnagl Heinz (SPÖ)
Madejski, Dr. Herbert (FPÖ)
Zankl Inge (SPÖ)

Wahlkreis Hietzing

Lakatha Ingrid (ÖVP)
Mayer, Dr. Alois (SPÖ)

Wahlkreis Penzing

Blind Kurth-Bodo (FPÖ)
Gerstl, Mag. Wolfgang (ÖVP)
Neck-Schaukowitsch, Dr. Elisabeth (SPÖ)
Schieder Andreas (SPÖ)

Wahlkreis Rudolfsheim-Fünfhaus

Kowarik, Mag. Helmut (FPÖ)
Laschan, Dr. Claudia (SPÖ)
Zimmermann Paul (SPÖ)

Wahlkreis Ottakring

Oxonitsch Christian (SPÖ)
Ramskogler, Mag. Sonja (SPÖ)
Wolfram, Ing. Gunther (FPÖ)

Wahlkreis Hernals

Stürzenbecher, Dr. Kurt (SPÖ)

Wahlkreis Währing

Prochaska Johannes (ÖVP)
Strobl, Komm.-Rat Friedrich (SPÖ)

Wahlkreis Döbling

Ekkamp Franz (SPÖ)
Novak-Schild Barbara (SPÖ)
Pfeiffer, Komm.-Rat Gerhard (ÖVP)
Rudolph, Ing. Herbert (FPÖ)

Wahlkreis Brigittenau

Serles, Dr. Wilfried (FPÖ)
Tomsik Josefa (SPÖ)
Valentin Erich (SPÖ)

Wahlkreis Floridsdorf

Barnet Günther (FPÖ)
Hundstorfer Rudolf (SPÖ)
Kopietz Harry (SPÖ)
Ludwig, Dr. Michael (SPÖ)
Reiter Günther (SPÖ)
Salcher, Dr. Andreas (ÖVP)
Schöfnagel Barbara (FPÖ)
Stubenvoll, Prof. Erika (SPÖ)

Wahlkreis Donaustadt

Becher, Mag. Ruth (SPÖ)
Parzer Robert (ÖVP)
Reindl, Mag. Thomas (SPÖ)
Scheed Norbert (SPÖ)
Trammer Heike (FPÖ)
Winklbauer Renate (SPÖ)

Wahlkreis Liesing

Deutsch Christian (SPÖ)
Klier Helga (SPÖ)
Klucsarits, Komm.-Rat Rudolf (ÖVP)
Reinberger Brigitte (FPÖ)
Vettermann Heinz (SPÖ)

Restmandate

Aichinger, Dkfm. Dr. Fritz (ÖVP)
Chorherr, Mag. Christoph (GRÜNE)
Ebinger, Mag. Gerald (FPÖ)
Ellensohn David (GRÜNE)
Frauenberger Sandra (SPÖ)
Görg, DDr. Bernhard (ÖVP)
Günther, Dr. Helmut (FPÖ)
Jerusalem Susanne (GRÜNE)
Kenesei Günter (GRÜNE)
Korosec Ingrid (ÖVP)
Margulies, Dipl.-Ing. Martin (GRÜNE)
Neuhuber, Mag. Alexander (ÖVP)
Pilz, Dr. Sigrid (GRÜNE)
Rauchenberger, Prof. Josef (SPÖ)
Römer Johann (FPÖ)
Sommer-Smolik Claudia (GRÜNE)
Stark Rudolf (FPÖ)
Strobl, Prof. Walter (ÖVP)
Themel Gerda (SPÖ)
Troch, Dr. Harald (SPÖ)
Vana, Dr. Monika (GRÜNE)
Vitouch Elisabeth (SPÖ)
Wutzlhofer Jürgen (SPÖ)
Yilmaz Nurten (SPÖ)

LANDESHAUPTMANN VON WIEN

Dr. Michael Häupl

WIENER LANDESREGIERUNG

Vorsitzender:
Landeshauptmann Dr. Michael Häupl

Vorsitzende-Stellvertreter:

Landeshauptmann-Stellvertreterin
Grete Laska

Landeshauptmann-Stellvertreter
Dr. Sepp Rieder

Übrige Mitglieder:

Brauner, Mag. Renate
Faymann Werner
Herzog Johann
Kossina, Dipl.-Ing. Isabella
Landauer Karin
Laska Grete
Mailath-Pokorny, Dr. Andreas
Marboe, Dr. Peter
Pittermann-Höcker, Dr. Elisabeth
Rieder, Dr. Sepp
Rothauer, Dipl.-Ing. Dr. Herlinde
Schicker, Dipl.-Ing. Rudolf
Schock, DDr. Eduard
Vassilakou, Mag. Maria

Landesamtsdirektor:
Dr. Ernst Theimer

BÜRGERMEISTER DER BUNDESHAUPTSTADT WIEN

Dr. Michael Häupl

WIENER STADTSENAT

Vorsitzender:
Bürgermeister Dr. Michael Häupl

Vorsitzende-Stellvertreter:

Vizebürgermeisterin
Grete Laska

Vizebürgermeister
Dr. Sepp Rieder

Übrige Mitglieder:

Brauner, Mag. Renate
Faymann Werner
Herzog Johann
Kossina, Dipl.-Ing. Isabella
Landauer Karin
Laska Grete
Mailath-Pokorny, Dr. Andreas
Marboe, Dr. Peter
Pittermann-Höcker, Dr. Elisabeth
Rieder, Dr. Sepp
Rothauer, Dipl.-Ing. Dr. Herlinde
Schicker, Dipl.-Ing. Rudolf
Schock, DDr. Eduard
Vassilakou, Mag. Maria

Magistratsdirektor:
Dr. Ernst Theimer

VERTRETER WIENS IM BUNDESRAT

Haselbach Anna Elisabeth (SPÖ)
Konecny Albrecht Karl (SPÖ)
Böhm, Univ.-Prof. Dr. Peter (FPÖ)
Bachner Roswitha (SPÖ)
Himmer, Mag. Harry (ÖVP)
Hoscher, Mag. Dietmar (SPÖ)
Schennach Stefan (GRÜNE)
Gudenus, Mag. John (FPÖ)
Reisenberger Harald (SPÖ)
Todt Reinhard (SPÖ)
Maier, Dr. Ferdinand (ÖVP)

GEMEINDERATSAUSSCHÜSSE

Integration, Frauenfragen, Konsumentenschutz und Personal
Amtsführende Stadträtin: Mag. Renate Brauner (SPÖ)

Ekkamp Franz (SPÖ)
Frauenberger Sandra (SPÖ)
Günther, Dr. Helmut (FPÖ)
Harwanegg Volkmar (SPÖ)
Kato Sonja (SPÖ)
Lakatha Ingrid (ÖVP)
Ludwig Martina (SPÖ) – Vors.-Stv.
Schöfnagel Barbara (FPÖ) – Vors.-Stv.
Schuster Godwin (SPÖ) – Vors.
Stürzenbecher, Dr. Kurt (SPÖ)
Tomsik Josefa (SPÖ)
Ulm, Dr. Wolfgang (ÖVP)
Vana, Dr. Monika (GRÜNE)
Yilmaz Nurten (SPÖ)
1 FPÖ unbesetzt

Finanzen, Wirtschaftspolitik und Wiener Stadtwerke
Amtsführender Stadtrat: Dr. Sepp Rieder, Vizebürgermeister (SPÖ)

Aichinger, Dkfm. Dr. Fritz (ÖVP)
Becher, Mag. Ruth (SPÖ)
Driemer Johann (SPÖ)
Ekkamp Franz (SPÖ) – Vors.-Stv.
Hundstorfer Rudolf (SPÖ)
Juznic Peter (SPÖ)
Kabas, Mag. Hilmar (FPÖ)
Kopietz Harry (SPÖ)
Margulies, Dipl.-Ing. Martin (GRÜNE)
Neck-Schaukowitsch, Dr. Elisabeth (SPÖ)
Serles, Dr. Wilfried (FPÖ)
Stark Rudolf (FPÖ) – Vors.-Stv.
Strobl Friedrich (SPÖ) – Vors.
Tomsik Josefa (SPÖ)
Tschirf, Dr. Matthias (ÖVP)

Bildung, Jugend, Soziales, Information und Sport
Amtsführende Stadträtin: Grete Laska, Vizebürgermeisterin (SPÖ)

Jerusalem Susanne (GRÜNE)
Kopietz Harry (SPÖ)
Korosec Ingrid (ÖVP)
Ludwig Martina (SPÖ)
Malyar Martina (SPÖ) – Vors.
Novak-Schild Barbara (SPÖ)
Reindl, Mag. Thomas (SPÖ)
Römer Johann (FPÖ) – Vors.-Stv.
Rudolph, Ing. Herbert (FPÖ)
Strache Heinz-Christian (FPÖ)
Strobl Walter (ÖVP)
Stubenvoll Erika (SPÖ)
Vettermann Heinz (SPÖ) – Vors.-Stv.
Wehsely, Mag. Sonja (SPÖ)
Wutzlhofer Jürgen (SPÖ)

Kultur und Wissenschaft
Amtsführender Stadtrat: Dr. Andreas Mailath-Pokorny (SPÖ)

Ebinger, Mag. Gerald (FPÖ)
Klicka Marianne (SPÖ)
Ludwig, Dr. Michael (SPÖ)
Polkorab Rosemarie (SPÖ)
Ringler Marie (GRÜNE)
Salcher, Dr. Andreas (ÖVP)
Stefan, Mag. Harald (FPÖ)
Themel Gerda (SPÖ)
Tschirf, Dr. Matthias (ÖVP)
Unterreiner, Mag. Heidemarie (FPÖ) – Vors.-Stv.
Vitouch Elisabeth (SPÖ)
Winklbauer Renate (SPÖ) – Vors.-Stv.
Woller Ernst (SPÖ) – Vors.
Yilmaz Nurten (SPÖ)
Zankl Inge (SPÖ)

Gesundheits- und Spitalswesen
Amtsführende Stadträtin: Dr. Elisabeth Pittermann-Höcker (SPÖ)

Hahn, Dr. Johannes (ÖVP)
Hundstorfer Rudolf (SPÖ)
Klicka Marianne (SPÖ)
Kowarik, Mag. Helmut (FPÖ) – Vors.-Stv.
Lakatha Ingrid (ÖVP)
Laschan, Dr. Claudia (SPÖ)
Lettner Ursula (SPÖ) – Vors.-Stv.
Malyar Martina (SPÖ)
Matzka-Dojder Anica (SPÖ)
Mayer, Dr. Alois (SPÖ)
Neck-Schaukowitsch, Dr. Elisabeth (SPÖ) – Vors.
Pilz, Dr. Sigrid (GRÜNE)
Schmalenberg, Mag. Heidrun (FPÖ)
Strache Heinz-Christian (FPÖ)
Wagner Kurt (SPÖ)

Stadtentwicklung und Verkehr
Amtsführender Stadtrat: Dipl.-Ing. Rudolf Schicker (SPÖ)

Bayr Petra (SPÖ)
Chorherr, Mag. Christoph (GRÜNE)
Deutsch Christian (SPÖ)
Driemer Johann (SPÖ) – Vors.
Gerstl, Mag. Wolfgang (ÖVP)
Hora Karlheinz (SPÖ)
Madejski, Dr. Herbert (FPÖ) – Vors.-Stv.
Neuhuber, Mag. Alexander (ÖVP)
Rauchenberger Josef (SPÖ)
Reiter Günther (SPÖ)
Schieder Andreas (SPÖ) – Vors-Stv.
Trammer Heike (FPÖ)
Valentin Erich (SPÖ)
Winklbauer Renate (SPÖ)
Wolfram, Ing. Gunther (FPÖ)

Umwelt
Amtsführende Stadträtin: Dipl.-Ing. Isabella Kossina (SPÖ)

Bayr Petra (SPÖ) – Vors.-Stv.
Blind Kurth-Bodo (FPÖ)
Hufnagl Heinz (SPÖ) – Vors.
Klier Helga (SPÖ)
Klucsarits Rudolf (ÖVP)
Maresch, Mag. Rüdiger (GRÜNE)
Parzer Robert (ÖVP)
Polkorab Rosemarie (SPÖ)
Ramskogler, Mag. Sonja (SPÖ)
Reinberger Brigitte (FPÖ) – Vors.-Stv.
Reindl, Mag. Thomas (SPÖ)
Scheed Norbert (SPÖ)
Schmalenberg, Mag. Heidrun (FPÖ)
Valentin Erich (SPÖ)
Zimmermann Paul (SPÖ)

Wohnen, Wohnbau und Stadterneuerung
Amtsführender Stadtrat: Werner Faymann (SPÖ)

Becher, Mag. Ruth (SPÖ) – Vors.
Ellensohn David (GRÜNE)
Frank Henriette (FPÖ)
Fuchs Georg (ÖVP)
Gerstl, Mag. Wolfgang (ÖVP)
Lettner Ursula (SPÖ)
Maurer, Dkfm. Dr. Ernst (SPÖ)
Oxonitsch Christian (SPÖ)
Reiter Günther (SPÖ)
Schieder Andreas (SPÖ)
Stürzenbecher, Dr. Kurt (SPÖ) – Vors.-Stv.
Troch, Dr. Harald (SPÖ)
Vettermann Heinz (SPÖ)
Wagner Josef (FPÖ)– Vors.-Stv.
Wolfram, Ing. Gunther (FPÖ)

KONTROLLAUSSCHUSS

Harwanegg Volkmar (SPÖ)
Kenesei Günter (GRÜNE) – Vors.-Stv.
Ludwig, Dr. Michael (SPÖ)
Maurer, Dkfm. Dr. Ernst (SPÖ)
Mayer, Dr. Alois (SPÖ)
Pfeiffer Gerhard (ÖVP)
Prochaska Johannes (ÖVP) – Vors.
Reinberger Brigitte (FPÖ)
Reindl, Mag. Thomas (SPÖ)
Schuster Godwin (SPÖ)
Serles, Dr. Wilfried (FPÖ) –Vors.-Stv.
Stefan, Mag. Harald (FPÖ)
Vettermann Heinz (SPÖ)
Wagner Kurt (SPÖ)
Wehsely, Mag. Sonja (SPÖ)

GEMEINDERÄTLICHE PERSONALKOMMISSION

Amtsführende Stadträtin: Mag. Renate Brauner (SPÖ)

Ekkamp Franz (SPÖ)
Frauenberger Sandra (SPÖ)
Günther, Dr. Helmut (FPÖ)
Juznic Peter (SPÖ)
Lakatha Ingrid (ÖVP)
Schuster Godwin (SPÖ) – Vors.-Stv.
Tomsik Josefa (SPÖ) –Vors.
Ulm, Dr. Wolfgang (ÖVP)
Vana, Dr. Monika (GRÜNE)
Wehsely, Mag. Sonja (SPÖ)
Yilmaz Nurten (SPÖ)
1 FPÖ unbesetzt

IMMUNITÄTSKOLLEGIUM

Günther, Dr. Helmut (FPÖ)
Juznic Peter (SPÖ)
Kabas, Mag. Hilmar (FPÖ)
Kenesei Günter (GRÜNE)
Klier Helga (SPÖ)
Prochaska Johannes (ÖVP)
Scheed Norbert (SPÖ)
Serles, Dr. Wilfried (FPÖ) – Vors.-Stv.
Stürzenbecher, Dr. Kurt (SPÖ)
Troch, Dr. Harald (SPÖ)
Tschirf, Dr. Matthias (ÖVP)
Wehsely, Mag. Sonja (SPÖ) – Vors.
Woller Ernst (SPÖ)
Yilmaz Nurten (SPÖ)
Zankl Inge (SPÖ) – Vors.-Stv.

UNVEREINBARKEITSAUSSCHUSS

Deutsch Christian (SPÖ)
Ekkamp Franz (SPÖ)
Hufnagl Heinz (SPÖ)
Kenesei Günter (GRÜNE)
Polkorab Rosemarie (SPÖ)
Rauchenberger Josef (SPÖ)
Schuster Godwin (SPÖ) – Vors.-Stv.
Serles, Dr. Wilfried (FPÖ) – Vors.-Stv.
Stark Rudolf (FPÖ)
Stürzenbecher, Dr. Kurt (SPÖ)
Tomsik Josefa (SPÖ) – Vors.
Tschirf, Dr. Matthias (ÖVP)
Ulm, Dr. Wolfgang (ÖVP)
Wagner Josef (FPÖ)
Wehsely, Mag. Sonja (SPÖ)

STÄNDIGER AUSSCHUSS

Chorherr, Mag. Christoph (GRÜNE)
Görg, DDr. Bernhard (ÖVP)
Günther, Dr. Helmut (FPÖ)
Hatzl Johann (SPÖ) – Vors.
Hundstorfer Rudolf (SPÖ)
Kabas, Mag. Hilmar (FPÖ) – Vors.-Stv.
Kopietz Harry (SPÖ)
Malyar Martina (SPÖ)
Neck-Schaukowitsch, Dr. Elisabeth (SPÖ)
Oxonitsch Christian (SPÖ) – Vors.-Stv.
Schuster Godwin (SPÖ)
Serles, Dr. Wilfried (FPÖ)
Stubenvoll Erika (SPÖ)
Tomsik Josefa (SPÖ)
Tschirf, Dr. Matthias (ÖVP)

BEZIRKSVORSTEHERINNEN/BEZIRKSVORSTEHER, BEZIRKSVORSTEHERINNEN-/BEZIRKSVORSTEHER-STELLVERTRETERINNEN/BEZIRKSVORSTEHER-STELLVERTRETER UND BEZIRKSVERTRETUNGEN

(. . . = Durchwahl)

1. Bezirk – Innere Stadt

(1011) 1, Wipplingerstraße 8, Tel. 534 36 . . .
Telefax: 534 36–99–01120, IBS-User: B01A
E-Mail: post@b01.magwien.gv.at

Bezirksvorsteher:
Grundwalt, Komm.-Rat Franz (ÖVP) . . . 01111

Bezirksvorsteher-Stellvertreterin:
Hollauf, Dipl.-Ing. Gundula (ÖVP) 01112

Bezirksvorsteher-Stellvertreter:
Niedermühlbichler Georg (SPÖ) . . 01113

Büroleiterin:
Dörr Elisabeth, Kanzleioberkommissärin . . . 01114

Büro 01115, 01116, 01118

Bezirksvertretung:
40 Bezirksrätinnen/Bezirksräte
(ÖVP 14, SPÖ 11, FPÖ 7, GRÜNE 7, LIF 1)

Bader, Dr. Karl (GRÜNE)
Bracher, Mag. Luise (GRÜNE)
Brunner-Blasek Jutta (FPÖ)
Deischler, Mag. Elisabeth (ÖVP)
Ertler Karl (SPÖ)
Fallmann Friedrich (ÖVP)
Figl, MMag. Markus (ÖVP)
Foitik Helga (SPÖ)
Frankl, Mag. Nora (SPÖ)
Fürnkranz Georg (FPÖ)
Graff Maria (ÖVP)
Grasser Karl (SPÖ)
Halbritter Karl (SPÖ)
Hollauf, Dipl.-Ing. Gundula (ÖVP) – Vors.-Stv.
Hülmbauer Alfred (GRÜNE)
Hülmbauer Catherine (GRÜNE)
Kleedorfer-Finz Maria (ÖVP)
Kühnel, Dr. Franz (ÖVP)
Lang, Komm.-Rat Franz (ÖVP)
Lotz Elfriede (ÖVP)
Mühlegger Johann (ÖVP)
Niedermühlbichler Georg (SPÖ) – Vors.-Stv.
Niedermühlbichler Klaudia (SPÖ)
Oberhammer Christine (LIF)
Pfeiffer Willibald (SPÖ)
Pichler, Ing. Ludwig (ÖVP)
Platt Robert (FPÖ)
Prantl, Dr. Georg (ÖVP) – Vors.
Radakovits Werner (FPÖ)
Recnik Alexander (GRÜNE)
Sassmann Gerold (FPÖ)
Saval, Mag. Michael (FPÖ)
Schmidt Richard (SPÖ)
Schmutzer Ronald (GRÜNE)
Stern Eva-Maria (ÖVP)
Svoboda Adolf (SPÖ)
Unterreiner Clemens (FPÖ)
Weissenbacher, Mag. Ulrike (SPÖ)
Windisch Filiz (GRÜNE)
Winterstein, Dipl.-Ing. Arch. Werner (ÖVP)

2. Bezirk – Leopoldstadt

(1020) 2, Karmelitergasse 9, Tel. 211 06 . . .
Telefax: 211 06–99–02120, IBS-User: B02A
E-Mail: post@b02.magwien.gv.at

Bezirksvorsteher:
Kubik Gerhard (SPÖ) 02111

Bezirksvorsteher-Stellvertreter:
Kauba Rudolf (SPÖ) 02112

Bezirksvorsteher-Stellvertreter:
Spanring Günter (FPÖ) 02113

Büroleiter:
Schuckert Helmut, Oberamtsrat 02114

Büro 02115, 02116, 02118, 02119, 02122, 02136

Bezirksvertretung:
60 Bezirksrätinnen/Bezirksräte
(SPÖ 30, FPÖ 12, GRÜNE 9, ÖVP 8,
freier Mandatar 1)

Akcay Safak (SPÖ)
Bachrich, Mag. Dagmar (SPÖ)
Biebl Ernst (FPÖ)
Bluma, Ing. Gustav (SPÖ)
Bohle Eduard (SPÖ)
Cammerlander Heidemarie (GRÜNE)
Chum Michael (FPÖ)
Dercsaly, Komm.-Rat Leopold (SPÖ)
Edl Ingrid (FPÖ)
Egerer Heidemarie (ÖVP)
Egger Felix (GRÜNE)
Fugger, Mag. Harald (SPÖ)
Galhaup, Dipl.-Ing. Michael (GRÜNE)
Gatterwe Maria (FPÖ) – Vors.-Stv.

Götschober Ulrike (FPÖ)
Graumann, Mag. Gabriele (SPÖ)
Haas Doris (SPÖ)
Haider Ludwig (ÖVP)
Hasch Adolf (GRÜNE)
Hauer-Pawlik Peter (ÖVP)
Hefelle, Mag. Paul (ÖVP)
Horn Peter (GRÜNE)
Jäger, Mag. Julian (SPÖ)
Jandl Elisabeth (SPÖ)
Junek Manfred (SPÖ)
Kammerer Katharina (SPÖ)
Kamptner, Dipl.-Ing. Wolfgang (GRÜNE)
Kauba Rudolf (SPÖ) – Vors.
Kauf Elisabeth (SPÖ)
Knorr Rainer (FPÖ)
Kornke Gabriela (SPÖ)
Kusdat Hedwig (FPÖ)
Lackinger Gabriela (SPÖ)
Lettner Walter (SPÖ)
Lorenz Margit (SPÖ)
Medek Gerda (GRÜNE)
Mertens, Mag. Christian (ÖVP)
Mladensich Kresimir (SPÖ)
Neuwirth Ernst (FPÖ)
Neuwirth Helene (FPÖ)
Nikolai Alexander (SPÖ)
Petrides Hedwig (SPÖ) – Vors.-Stv.
Pock Erna (SPÖ)
Pohle, Dr. Robert (GRÜNE)
Pölzl Gerald (FPÖ)
Schaabl Cornelia (SPÖ)
Schmid Marianne (GRÜNE)
Schober Ronald (SPÖ)
Schöfbeck Martin (SPÖ)
Seidl Wolfgang (FPÖ)
Skribany Christine (ÖVP)
Skribany, Komm.-Rat Harald (ÖVP)
Spanring Günter (FPÖ)
Stifter Günter (SPÖ)
Varga Simon (ÖVP)
Vlasaty Walter (SPÖ)
Walzer, Ing.Anton (SPÖ)
Wohlfahrt Ernst (SPÖ)
Zeman Walter (SPÖ)
Zimmermann, Mag. Dr. Klaus-Peter (freier Mandatar)

3. Bezirk – Landstraße

(1030) 3, Karl-Borromäus-Platz 3, Tel. 711 34 . . .
Telefax: 711 34–99–03120, IBS-User: B03A
E-Mail: post@b03.magwien.gv.at

Bezirksvorsteher:
Hohenberger Erich (SPÖ) 03111

Bezirksvorsteher-Stellvertreter:
Zabrana, Dipl.-Ing. Rudolf (SPÖ) 03112

Bezirksvorsteher-Stellvertreter:
Schüller, Dr. Georg (ÖVP) 03113

Büroleiter:
Wild Wolfgang, Oberamtsrat 03114

Büro 03115, 03116

Bezirksvertretung:
56 Bezirksrätinnen/Bezirksräte
(SPÖ 24, ÖVP 10, FPÖ 10, GRÜNE 10, LIF 2)

Beinhofer, Dr. Ernst (ÖVP)
Benesch Markus (ÖVP)
Beran-Hiesböck Gabriele (GRÜNE)
Boll, Dr. Barbara (GRÜNE)
Brandhofer Klaus (ÖVP)
Brandmüller Erika (SPÖ)
Eder Robert (LIF)
Egger, Dipl.-Ing. Klaus (FPÖ)
Fink Christine (SPÖ)
Graus-Göldner, Dr. Annemarie (ÖVP)
Grebner, Mag. Werner (FPÖ)
Gross, Mag. Peter (SPÖ)
Haidacher-Cyganek Jutta (ÖVP)
Hametner Waltraud (SPÖ)
Hammer Andrea (SPÖ)
Heller, Komm.-Rat Heino (FPÖ)
Hohenberger Erich (SPÖ) – Vors.
Jenewein Dagmar (FPÖ)
Karlsböck, Dr. Andreas (FPÖ)
Kauba, Hofrätin Mag. Luise (FPÖ)
Keri Andreas (ÖVP)
Kiss Christian (GRÜNE)
Kleedorfer Hermann (SPÖ)
Kops Dietrich (FPÖ)
Kordik, Mag. Klaus (SPÖ)
Korun, Mag. Alev (GRÜNE)
Koy Karl (ÖVP)
Krainer Kai Jan (SPÖ)
Krassnitzer Ingrid (SPÖ)
Krichmayr, Mag. Martina (SPÖ)
Kriebaum Brigitte (SPÖ)
Kruschitz, Ing. Martin (FPÖ)
Kuchynka Anton (SPÖ)
Lachkovics, Mag. Eva (GRÜNE)
Ludl Bruno (SPÖ)
Manhart Anette (ÖVP)
Mauritz Hilde (SPÖ)
Mayer Monika (LIF)
Miran Aziz (SPÖ)
Neulinger, Mag. Sonja (GRÜNE)
Prack, Mag. Richard (GRÜNE)
Reichhardt, Mag. Andreas (FPÖ)
Ritt, Mag. Thomas (SPÖ)
San Resat (GRÜNE)
Sanhueza Astorga Marco (GRÜNE)
Schicker-Pieterse Frederika (SPÖ)
Schober Siegfried (SPÖ)
Schüller, Dr. Georg (ÖVP) – Vors.-Stv.
Tauschmann Ernst (ÖVP)
Theml Günter (GRÜNE)
Unger Christian (FPÖ)
Voss Eduard (SPÖ)
Weissensteiner Josef (SPÖ)
Wessely Susanne (SPÖ)

Zabrana, Dipl.-Ing. Rudolf (SPÖ) – Vors.-Stv.
Zinn-Zinnenburg-Raviola, Mag. Dr. Christina (SPÖ)

4. Bezirk – Wieden

(1040) 4, Favoritenstraße 18, Tel. 502 34 . . .
Telefax: 502 34–99–04120, IBS-User: B04A
E-Mail: post@b04.magwien.gv.at

Bezirksvorsteherin:
R e i c h a r d Susanne (ÖVP) 04111

Bezirksvorsteherin-Stellvertreter:
T i m e l, Komm.-Rat Karl, Direktor (ÖVP) . . 04112

Bezirksvorsteherin-Stellvertreter:
T o b o l a Harald (SPÖ) 04113

Büroleiter:
K n ö f l e r, Ing. Arnold, Oberamtsrat 04114

Büro 04110, 04119, 04117

Bezirksvertretung:
40 Bezirksrätinnen/Bezirksräte
(SPÖ 12, ÖVP 10, GRÜNE 9, FPÖ 6, freie Mandatare 2, LIF 1)

Besau Johannes (ÖVP) – Vors.-Stv.
Emmerling Susanne (freie Mandatarin)
Gudenus Johann (FPÖ)
Hentze, Dipl.-Ing. Egon (freier Mandatar)
Hornung Theodor (SPÖ)
Itzinger Manfred (GRÜNE)
Kaiser Karl (SPÖ)
Kochmann Wilhelmine (SPÖ)
Koza Markus (GRÜNE)
Kruzik Helga (ÖVP)
Lacina, Mag. Monika (SPÖ)
Löffler, Dr. Walter (GRÜNE)
Mair Engelbert (GRÜNE)
Mayrhofer-Berger, Dr. Jeanette (GRÜNE)
Meisel, Mag. Philipp (ÖVP)
Meißl Leopold (SPÖ)
Nahodil Rosa (ÖVP)
Nemeth, Mag. Matthias (ÖVP)
Neuroth, Mag. Barbara (GRÜNE)
Niedermaier Peter (FPÖ)
Pasquali, Mag. Johannes (FPÖ)
Plasch Leopold (SPÖ) – Vors.-Stv.
Potetz Erich (SPÖ)
Prager-Ramsa Ursula (SPÖ)
Puller Ingrid (GRÜNE)
Reichard Susanne (ÖVP)
Richter, Komm.-Rat Karl (SPÖ)
Riedel Helga (ÖVP)
Schachner Elisabeth (ÖVP)
Schürz Jakobus (GRÜNE)
Simanov Franz (SPÖ)
Stickler, Dr. Herbert (ÖVP) – Vors.
Stubenrauch, Dipl.-Ing. Dr. Margareta (LIF)
Timel, Komm.-Rat Karl (ÖVP)
Tobola Harald (SPÖ)
Vostrel, Dkfm. Miloslav (FPÖ)
Walterskirchen Georg (FPÖ)
Wehrschütz Elisabeth (FPÖ)
Weiss, Mag. Silvia (GRÜNE)
Zenk Ingeborg (SPÖ)

5. Bezirk – Margareten

(1050) 5, Schönbrunner Straße 54, Tel. 546 34 . . .
Telefax: 546 34–99–05120, IBS-User: B05A
E-Mail: post@b05.magwien.gv.at

Bezirksvorsteher:
W i m m e r, Ing. Kurt (SPÖ) 05111

Bezirksvorsteher-Stellvertreter:
K o c h Heinrich (SPÖ) 05112

Bezirksvorsteher-Stellvertreterin:
E n g l - E c k h a r t Eva (FPÖ) 05113

Büroleiter:
S i g h a r d t Peter 05114

Büro 05115, 05116, 05118

Bezirksvertretung:
40 Bezirksrätinnen/Bezirksräte
(SPÖ 18, FPÖ 8, GRÜNE 7, ÖVP 6, LIF 1)

Akkaya Esin (GRÜNE)
Cabana Martin (SPÖ)
Dvorsky Peter (GRÜNE)
Engl-Eckhart Eva (FPÖ)
Enzi, Mag. Marion (SPÖ)
Fandl, Ing. Walter (SPÖ)
Frank Jürgen (ÖVP)
Gabler Christian (FPÖ) – Vors.-Stv.
Glanz Michael (SPÖ)
Graf Leo (GRÜNE)
Guggenberger Andreas (FPÖ)
Guggenberger Edith (FPÖ)
Hallal-Wögerer Andrea (SPÖ)
Höckner Edith (SPÖ)
Hönigmann, Mag. Andrea (SPÖ)
Jenewein Hans-Jörg (FPÖ)
Keskin Akan (SPÖ)
Klafl Johann (FPÖ)
Koch Heinrich (SPÖ) – Vors.-Stv.
Koschat Martin (GRÜNE)
Kozousek Ilse (SPÖ)
Leibetseder Helmut (ÖVP)
Lucan Erwin (SPÖ)
Mohr Günther (ÖVP)
Mojzis Marie-Luise (ÖVP)
Naber-Köck Elisabeth (GRÜNE)
Nessmann Karl (GRÜNE)
Neuwirth Peter (LIF)
Prusa, Ing. Eduard (SPÖ)

Schürer-Waldheim, Mag. Christa (ÖVP)
Schwab Helene (SPÖ)
Sir, Ing. Peter (SPÖ)
Spitznagl, Mag. Heinrich (SPÖ)
Steininger Brigitte (SPÖ)
Strecha Martin (GRÜNE)
Urban, Komm.-Rat Horst (ÖVP)
Vogelsang Brigitte (FPÖ)
Wally, Mag. August (FPÖ)
Wenty, Mag. Ditmar (SPÖ)
Zangerle Richard (SPÖ) – Vors.

Lunzer Lilia (FPÖ)
Messner, Ing. Franz (FPÖ)
Rakousky Manfred (GRÜNE)
Sadler Ljuba (FPÖ)
Seidl Thomas (ÖVP)
Sommer Gottfried (SPÖ)
Spangl Friedrich (SPÖ) – Vors.-Stv.
Vilimsky Harald (FPÖ)
Weihs Richard (GRÜNE)
Weiler Erwin (ÖVP)
Wilhelm, Dkfm. Karin (ÖVP)
Zach Isolde (GRÜNE)
Zach Judith (GRÜNE)
Zeisler Elisabeth (ÖVP)
Zoumboulakis-Rottenberg Elisabeth (SPÖ)

6. Bezirk – Mariahilf

(1060) 6, Amerlingstraße 11, Tel. 588 21 . . .
Telefax: 588 21–99–06120, IBS-User: B06A
E-Mail: post@b06.magwien.gv.at

Bezirksvorsteherin:
K a u f m a n n Renate (SPÖ) 06111

Bezirksvorsteherin-Stellvertreter:
C h l u p, Dipl.-Ing. Peter (SPÖ) 06112

Bezirksvorsteherin-Stellvertreterin:
F e i c h t i n g e r Maria (ÖVP) 06113

Büroleiter:
K n o p f h a r t, Ing. Manfred 06114

Büro 06116, 06117, 06118, 06119

Bezirksvertretung:
40 Bezirksrätinnen/Bezirksräte
(SPÖ 13, ÖVP 11, GRÜNE 10, FPÖ 5, LIF 1)

Beckmann Manfred (ÖVP)
Blazej Maria (ÖVP)
Bozkaya Nurcan (SPÖ)
Böhm Anna (ÖVP)
Chlup, Dipl.-Ing. Peter (SPÖ) – Vors.
Dimitz, Dr. Erich (GRÜNE)
Dogan Ramis (GRÜNE)
Dörfler, Komm.-Rat Herbert (ÖVP)
Eidelpes Emilie (ÖVP)
Feichtinger Maria (ÖVP) – Vors.-Stv.
Franer, Dr. Walter (SPÖ)
Freyberger Waltraud (GRÜNE)
Fröhlich Thomas (GRÜNE)
Gittenberger Heinz (SPÖ)
Grätzner Heinrich (LIF)
Grillmayer, Dkfm. Hubert (FPÖ)
Hammerer, Mag. Dr. Gerhard (ÖVP)
Haslauer Werner (GRÜNE)
Kolesar, Mag. Christian (GRÜNE)
Kordik Maria (SPÖ)
Kothbauer Veronica (SPÖ)
Krecek Gerhard (SPÖ)
Kuchling, Komm.-Rat Josef (SPÖ)
Kulka Anna (SPÖ)
Lun Erich (SPÖ)

7. Bezirk – Neubau

(1070) 7, Hermanngasse 24-26, Tel. 521 34 . . .
Telefax: 521 34–99–07120, IBS-User: B07A
E-Mail: post@b07.magwien.gv.at

Bezirksvorsteher:
B l i m l i n g e r, Mag. Thomas (GRÜNE) . . . 07111

Bezirksvorsteher-Stellvertreterin:
R e i s e r Madeleine (GRÜNE) 07112

Bezirksvorsteher-Stellvertreter:
H u s t y Rainer (SPÖ) 07113

Büroleiterin:
H a l l e r, Mag. Bettina 07114

Büro 07116, 07117, 07118, 07119

Bezirksvertretung:
40 Bezirksrätinnen/Bezirksräte
(GRÜNE 13, SPÖ 12, ÖVP 7, FPÖ 6, LIF 2)

Attia, Mag. Mary (GRÜNE)
Bachmayer Renate (GRÜNE)
Bauer Ferdinand (ÖVP)
Bauer Heinrich (ÖVP)
Briebauer Hans Christian (GRÜNE)
Brindlmayer, Mag. Gertrude (GRÜNE) – Vors.-Stv.
Czoklits Eva (SPÖ)
Draskovits Gregor (SPÖ)
Felkel Barbara (GRÜNE)
Frömmel Markus (ÖVP)
Fuentes Contreras Jorge (GRÜNE)
Glaser, Dr. Gustav (GRÜNE)
Hammer, Mag. Volker (FPÖ)
Heilingsetzer, Mag. Eduard (SPÖ)
Herzog Franz (SPÖ)
Horak Walter (SPÖ)
Husty Rainer (SPÖ) – Vors.-Stv.
Kimla Hermine (FPÖ)
Kirschbichler Heinz-Dieter (FPÖ)
Klapetz Maximilian (LIF)
Leeb, Mag. Rudolf (SPÖ)

Lenck Gertraud (ÖVP)
Neidhart Hildegard (SPÖ)
Promegger Karl (FPÖ)
Putz, Mag. Adelheid (GRÜNE)
Reiser Madeleine (GRÜNE) – Vors.
Reiter Markus (GRÜNE)
Rösch, Ing. Bernhard (FPÖ)
Salomon Anton (ÖVP)
Scharf, Dr. Thomas (ÖVP)
Schiller Christine (ÖVP)
Schneider Eva (GRÜNE)
Schultes Franz (SPÖ)
Schütz, Dr. Henriette (LIF)
Skrna, Ing. Thomas (SPÖ)
Spiess, Mag. Christine (SPÖ)
Tscharnutter, Mag. Michael (FPÖ)
Türtscher Jürgen (GRÜNE)
Waiss Walter (GRÜNE)
Weihsmann Elisabeth (SPÖ)

8. Bezirk – Josefstadt

(1081) 8, Schlesingerplatz 4, Tel. 401 34 . . .
Telefax: 401 34–99–08120, IBS-User: B08A
E-Mail: post@b08.magwien.gv.at

Bezirksvorsteherin:
K o s t a l Margit (ÖVP) 08111

Bezirksvorsteherin-Stellvertreter:
O t t e n s c h l ä g e r Andreas (ÖVP) 08112

Bezirksvorsteherin-Stellvertreter:
K e r r y, Mag. Manfred (SPÖ) 08113

Büroleiterin:
R a f f e t s e d e r Eva, Kanzlei-oberkommissärin 08114

Büro 08115, 08116

Bezirksvertretung:
40 Bezirksrätinnen/Bezirksräte
(ÖVP 11, SPÖ 10, GRÜNE 10, FPÖ 5, BFJ 3, LIF 1)

Anghai, Mag. Ingrid (GRÜNE)
Anzenhofer Heide (BJF)
De Lorenzo Nicole (SPÖ)
Dettelmaier, Mag. Peter (ÖVP) – Vors.-Stv.
Erhart, Ing. Herbert (FPÖ)
Fiala, Dipl.-Ing. Karl (ÖVP)
Gruber Oliver (LIF)
Gurtner, Mag. Ingrid (GRÜNE)
Hacker Eduard (ÖVP) – Vors.
Hannreich Helga (SPÖ)
Hecht Günther (FPÖ)
Heidler, Dipl.-Ing. Herbert (FPÖ)
Hemza Michael (BFJ)
Holitzer, Komm.-Rat Franz (SPÖ)
Kaltenegger Renate (BFJ)
Kerry, Mag. Manfred (SPÖ)
Knopp, Mag. Michael (GRÜNE)
Ladstätter, Mag. Gerhard (GRÜNE)
Langer, Mag. Klaus (FPÖ)
Mayer, Ing. Kurt (SPÖ)
Meißner Matias (SPÖ)
Müller Doris (GRÜNE)
Neichl Elisabeth (ÖVP)
Ottenschläger Andreas (ÖVP)
Popper Ingrid (GRÜNE)
Rameder Johann (GRÜNE)
Rupertsberger-Knopp, Mag. Helene (GRÜNE)
Rupp, Dr. Herbert (ÖVP)
Schildknecht Wolfgang (ÖVP)
Schmied, Mag. Gabriele (GRÜNE)
Schneider Bernhard (SPÖ) – Vors.-Stv.
Schüller Christine (SPÖ)
Schulz-Wulkow Martin (ÖVP)
Schwetz Werner (FPÖ)
Sokolov Daniel (GRÜNE)
Stark Doris (ÖVP)
Tollet, Dr. Sylvie (SPÖ)
Waldbauer Eduard (ÖVP)
Weidhofer-Neunteufel Monika (ÖVP)
Winter Eric (SPÖ)

9. Bezirk – Alsergrund

(1090) 9, Währinger Straße 43, Tel. 400 34 . . .
Telefax: 400 34–99–09120, IBS-User: B09A
E-Mail: post@b09.magwien.gv.at

Bezirksvorsteher:
B e n k e Hans (SPÖ) 09111

Bezirksvorsteher-Stellvertreter:
L i n d e n m a y r Siegfried (SPÖ) 09112

Bezirksvorsteher-Stellvertreter:
S t a l i t z e r, Dr. Wolfgang (ÖVP) 09113

Büroleiterin:
W a l l n e r Erika, Oberamtsrätin 09114

Büro 09115, 09116, 09117

Bezirksvertretung:
40 Bezirksrätinnen/Bezirksräte
(SPÖ 13, ÖVP 11, GRÜNE 9, FPÖ 6, LIF 1)

Amhof Gregor (FPÖ)
Amhof Nikolaus (FPÖ)
Appel Heinz (ÖVP)
Benke Hans (SPÖ) – Vors.
Bilek Anita (GRÜNE)
Boztepe-Akbaba, Mag. Ülkü (SPÖ)
Doubek, Mag. Norbert (LIF)
Eder, Mag. Dr. Erich (GRÜNE)
Eisner Anna (SPÖ)
Eisner, Dr. Richard (FPÖ)
Freytag, Mag. Stefan (GRÜNE)
Fuchs Elisabeth (ÖVP)
Gass Bernd (ÖVP)
Hofrichter Maria (SPÖ)

Ichmann Rudolf (ÖVP)
Kaizar, Dipl.-Ing. Christian (GRÜNE)
Kalab, Dipl.-Ing. Walter (ÖVP)
Koling Michael (SPÖ)
Kreutz Monika (GRÜNE)
Landesmann, Mag. Michael (GRÜNE)
Lehnert, Mag. Herbert (ÖVP)
Lindenmayr Siegfried (SPÖ) – Vors.-Stv.
Mayer Günter (SPÖ)
Mayerhofer, Komm.-Rat Otto (SPÖ)
Novotny Herta (SPÖ)
Pfabigan, Ing. Manfred (GRÜNE)
Plachy, Mag. Susanne (SPÖ)
Roth, Dipl.-Ing. Gerhard (ÖVP)
Saurer, Mag. Bernd (FPÖ)
Scheiner Hedwig (GRÜNE)
Sidlo Peter (FPÖ)
Slavik, Mag. Albert (SPÖ)
Smejkal Hans (SPÖ)
Stalitzer, Dr. Wolfgang (ÖVP) – Vors.-Stv.
Streyzowsky Gregor (FPÖ)
Strommer Gabriele (ÖVP)
Wendel Sonja (GRÜNE)
Wolf Johann (ÖVP)
Wurzer Gertrud (ÖVP)
Zugerstorfer Maria (SPÖ)

10. Bezirk – Favoriten

(1100) 10, Keplerplatz 5, Tel. 605 34 . . .
Telefax: 605 34–99–10120, IBS-User: B10A
E-Mail: post@b10.magwien.gv.at

Bezirksvorsteherin:
Mospointner Hermine (SPÖ) 10111

Bezirksvorsteherin-Stellvertreter:
Titz Günther (SPÖ) 10112

Bezirksvorsteherin-Stellvertreter:
Rehse Klemens (FPÖ) 10113

Büroleiter:
Wosolsobe Hans Peter, Oberamtsrat 10114

Büro 10110, 10116, 10117, 10118, 10119, 10122

Bezirksvertretung:
60 Bezirksrätinnen/Bezirksräte
(SPÖ 35, FPÖ 14, ÖVP 6, GRÜNE 4, LIF 1)

Aigner Johann (SPÖ)
Akkilic Senol (GRÜNE)
Beer Wolfgang (SPÖ)
Bertani, Dr. Hugo (SPÖ)
Blaha, Mag. Ralf (FPÖ)
Blamauer, Mag. Hubert (ÖVP)
Blöschl, Ing. Gerhard (SPÖ)
Bohmann Peter (SPÖ)
Böhml Gertrud (FPÖ)
Florianschütz Peter (SPÖ)
Franz Marcus (SPÖ)
Friedl Kurt (SPÖ)
Fuchs Thomas (ÖVP)
Gaal Kathrin (SPÖ)
Halwachs Wolfgang (FPÖ)
Heider Franz (SPÖ)
Helscher Erika (SPÖ)
Hirsch Rosa (SPÖ)
Hloch Walter (SPÖ)
Hoffmann, Ing. Kurt (SPÖ)
Hursky Christian (SPÖ) – Vors.
Jell Gisela (FPÖ)
Juda Peter (SPÖ)
Kaindl Josef (SPÖ)
Kohl, Ing. Thomas (ÖVP)
Kuppelwieser Oswald (GRÜNE)
Ludwig Helga (SPÖ)
Maierhofer Anna (SPÖ)
Mayer Friedrich (SPÖ)
Mayer Hannelore (SPÖ)
Molnar Eva (SPÖ)
Mrkvicka Michael (FPÖ)
Müller-Neumayer Charlotte (GRÜNE)
Muzyczyn Edith (SPÖ)
Neubauer Hans (SPÖ)
Philipp Brigitte (SPÖ)
Plessl Karoline (ÖVP)
Poczynek Hilde (SPÖ)
Rehse Klemens (FPÖ)
Reiser Otto (SPÖ)
Reiter, Mag. Brigitte (GRÜNE)
Rengshausen, Ing. Reinhard (LIF)
Rosinger Andrea (FPÖ)
Roth Adolf (SPÖ)
Scheichelbauer Robert (FPÖ)
Schiel Alexander (FPÖ)
Schmal Helmut (FPÖ)
Schmidt Siegfried (FPÖ)
Schönwetter Kurt (SPÖ)
Sedelmayer, Mag. Rainer (ÖVP)
Stastka Kurt (SPÖ)
Titz Günther (SPÖ) – Vors.-Stv.
Tönies, Mag. Dr. Edith (SPÖ)
Vogt Rudolf (ÖVP)
Vopava, Ing. Peter (SPÖ)
Wagner Daniel (FPÖ)
Weber Ilse (FPÖ) – Vors.-Stv.
Wiche Roman (SPÖ)
Zeissel Bernd (FPÖ)
Zentner Brigitta (SPÖ)

11. Bezirk – Simmering

(1110) 11, Enkplatz 2, Tel. 740 34 . . .
Telefax: 740 34–99–11120, IBS-User: B11A
E-Mail: post@b11.magwien.gv.at

Bezirksvorsteher:
Brix Otmar (SPÖ) 11111

Bezirksvorsteher-Stellvertreterin:
A n g e r e r Renate (SPÖ) 11112

Bezirksvorsteher-Stellvertreter:
S t a d l e r Paul-Johann (FPÖ) 11113

Büroleiter:
S c h u l l e r Fred, Amtsrat 11114

Büro 11115, 11116, 11117, 11118, 11119

Bezirksvertretung:
48 Bezirksrätinnen/Bezirksräte
(SPÖ 30, FPÖ 10, ÖVP 4, GRÜNE 3, LIF 1)

Achatz Ernst (SPÖ)
Amreither Silvia (SPÖ)
Angerer Renate (SPÖ)
Baier Gerhild (SPÖ)
Bauernhofer Karl (FPÖ)
Bauernhofer Sonja (FPÖ)
Beiza Palestro Eric (LIF)
Böhm Paulette (SPÖ)
Diaz Figueroa Patricio (GRÜNE)
Dolezal Herbert (SPÖ)
Einfalt Harald (FPÖ)
Eisenstein, Dr. Herbert (FPÖ)
Ertl Christian (SPÖ)
Eschelmüller Karl (SPÖ)
Grad Willibald (SPÖ)
Hatzl Eva-Maria (SPÖ)
Hofbauer Friedrich (FPÖ)
Hofmann Kurt (SPÖ)
Holzmann Ernst (SPÖ)
Kirchner Monika (SPÖ)
Koranda Franz (SPÖ)
Krammer Andre (FPÖ)
Kriz Peter (SPÖ)
Lang Brigitte (SPÖ)
Leitenmaier, Ing. Eduard (SPÖ) – Vors.
Mendez, Dr. Cortez Carlos (GRÜNE)
Mitterecker Peter (SPÖ)
Mold Silvia (SPÖ)
Müller Adele (SPÖ)
Nowak, Ing. Manfred (SPÖ)
Oppenberger Alfred (SPÖ) – Vors.-Stv.
Ostermeier Maria (SPÖ)
Pekarek Regina (GRÜNE)
Pelz Helga (SPÖ)
Piringer Franz (SPÖ)
Prochazka, Mag. Leopold (ÖVP)
Rungaldier, Ing. Karl (FPÖ)
Schragner Regina (FPÖ)
Schuller Christian (ÖVP)
Stadler Paul (FPÖ)
Svadlena Karl (FPÖ) – Vors.-Stv.
Tamandl Gabriele (ÖVP)
Taraba Friedrich (SPÖ)
Trost Karl (SPÖ)
Wagner Johann (SPÖ)
Withalm Leopoldine (SPÖ)
Zabinsky Herbert (SPÖ)
Zetschock, Mag. Christian (ÖVP)

12. Bezirk – Meidling

(1121) 12, Schönbrunner Straße 259, Tel. 811 34 . . .
Telefax: 811 34–99–12120, IBS-User: B12A
E-Mail: post@b12.magwien.gv.at

Bezirksvorsteher:
H e z u c k y Herbert (SPÖ) 12111

Bezirksvorsteher-Stellvertreter:
G r i l l e n h o f e r Herbert (SPÖ) 12112

Bezirksvorsteher-Stellvertreterin:
M a d e j s k i Ingrid (FPÖ) 12113

Büroleiter:
S c h l e s i n g e r Ernst, Oberamtsrat 12114

Büro 12115, 12116, 12117, 12118, 12119

Bezirksvertretung:
54 Bezirksrätinnen/Bezirksräte
(SPÖ 27, FPÖ 11, ÖVP 8, GRÜNE 6, LIF 1, PH 1)

Abzieher Ingeborg (SPÖ)
Bäcker Alfred (FPÖ)
Bankl Dieter (ÖVP)
Bauer Friedrich (SPÖ)
Baumgartner Robert (SPÖ)
Bohmann Gertrude (SPÖ)
Dadak Michael (FPÖ) – Vors.-Stv.
Derfler Anna (ÖVP)
Einsiedler Angela (GRÜNE)
Förster Herbert (FPÖ)
Garhöfer, Ing. Karl (SPÖ)
Gaschler Gerald (FPÖ)
Gatterwe Hans (FPÖ)
Grillenhofer Herbert (SPÖ) – Vors.
Gugele, Mag. Bernd (GRÜNE)
Gülüm Aziz (SPÖ)
Hieß Christian (FPÖ)
Kalsner, Dipl.-Ing. Irmtraut (GRÜNE)
Katz Andrea (SPÖ)
König Helmut (GRÜNE)
Kotrba Susanne (SPÖ)
Kovar Peter (SPÖ)
Kurta Elisabeth (SPÖ)
Lobinger Josef (ÖVP)
Madejski Ingrid (FPÖ)
Manhartsberger Karin (SPÖ)
Mörk Gabriele (SPÖ) – Vors.-Stv.
Nagl, Ing. Heinrich (SPÖ)
Nemec Margit (SPÖ)
Neunteufl Sonja (SPÖ)
Palt Werner (SPÖ)
Pawkowicz Alexander (FPÖ)
Plass Volker (GRÜNE)
Prosenitsch Karl (SPÖ)
Reininger Veronika (GRÜNE)
Reinold Wolfgang (FPÖ)
Schneider, Mag. Gerhard (ÖVP)
Schodl, Mag. Franz (PH)
Schrammel Gertraud (FPÖ)
Seethaler Elfriede (LIF)
Stadler Ernst (ÖVP)
Steinberger Klara (ÖVP)

Teschl Alfred (SPÖ)
Theuermann, Ing. Alfred (SPÖ)
Tidl, Dr. Georg (SPÖ)
Tobola Ernst (SPÖ)
Voit Ulrich (ÖVP)
Votava Gabriele (SPÖ)
Vrana Friedrich (FPÖ)
Weber Elisabeth (SPÖ)
Wehofschitz Franz (SPÖ)
Weigel Rudolf (SPÖ)
Zellhofer Josef (SPÖ)
Zlabinger Ernst (ÖVP)

13. Bezirk – Hietzing

(1130) 13, Hietzinger Kai 1-3, Tel. 878 34 . . .
Telefax: 878 34-99–13120, IBS-User: B13A
E-Mail: post@b13.magwien.gv.at

Bezirksvorsteher:
Gerstbach, Dipl.-Ing. Heinz (ÖVP) 13111

Bezirksvorsteher-Stellvertreterin:
Drlik Dorothea (ÖVP) 13112

Bezirksvorsteher-Stellvertreter:
Feistritzer Reinhard (SPÖ) 13113

Büroleiter:
Strommer Friedrich, Oberamtsrat 13114

Büro 13115, 13117, 13118, 13119

Bezirksvertretung:
42 Bezirksrätinnen/Bezirksräte
(ÖVP 16, SPÖ 14, FPÖ 6, GRÜNE 5, LIF 1)

Artlieb Karl (SPÖ)
Baumann Rosa (SPÖ)
Beran, Mag. Dietrich (ÖVP)
Breier Richard (FPÖ)
Christoph Rudolf (ÖVP)
Drlik Dorothea (ÖVP) – Vors.-Stv.
Dworak, Ing. Mag. Bernhard (ÖVP) – Vors.
Ebert Friedrich (ÖVP)
Eisenhut Monika (ÖVP)
Eisner Roswitha (SPÖ)
Exler Andrea (SPÖ)
Feistritzer Reinhard (SPÖ) – Vors.-Stv.
Frank Walter (GRÜNE)
Frauwallner Gabriele (ÖVP)
Gerzabek Christian (ÖVP)
Gorlitzer, Dr. Michael (ÖVP)
Hirl Albert (GRÜNE)
Hochmuth Andreas (ÖVP)
Höllwarth Robert (ÖVP)
Jordan, Mag. Gerhard (GRÜNE)
Kasal Günter (FPÖ)
Keplinger Anna (SPÖ)
Muth Elisabeth (ÖVP)
Nawrat Josef (SPÖ)
Nöbauer Petra (FPÖ)
Ofner Brigitte (FPÖ)
Pleininger Guenther (SPÖ)
Puffler, Dr. Eva (SPÖ)
Roth, Mag. Brigitte (GRÜNE)
Schmid, Mag. Gerhard (SPÖ)
Schmidt Gerold (ÖVP)
Schneider-Turnwald Catharina (GRÜNE)
Schöll, Mag. Andreas (ÖVP)
Steinböck Edeltraud (ÖVP)
Stuc Heinz (SPÖ)
Tiefenböck Renate (SPÖ)
Unterwieser, Ing. Mag. Friedrich (SPÖ)
Wieshofer Thomas (LIF)
Wiesinger-Arthold, Mag. Barbara (ÖVP)
Wipp Walter (SPÖ)
Wolf Inge (FPÖ)
Würzner, Mag. Alfred (FPÖ)

14. Bezirk – Penzing

(1130) 13, Hietzinger Kai 1-3, Tel. 870 34 . . .
Telefax: 870 34-99–14120, IBS-User: B14A
E-Mail: post@b14.magwien.gv.at

Bezirksvorsteherin:
Kalchbrenner Andrea (SPÖ) 14111

Bezirksvorsteherin-Stellvertreter:
Pschirer Robert (SPÖ) 14112

Bezirksvorsteherin-Stellvertreter:
Drahosch, Mag. Oliver (FPÖ) 14113

Büroleiterin:
Kaineder Renate, Kanzlei-
oberkommissärin 14114

Büro 14115, 14116, 14117, 14118, 14119, 14127

Bezirksvertretung:
54 Bezirksrätinnen/Bezirksräte
(SPÖ 24, FPÖ 11, ÖVP 10, GRÜNE 8, LIF 1)

Beinhauer Herbert (SPÖ)
Benyes Izzet (SPÖ)
Blazsovsky Peter (SPÖ)
Blind Armin (FPÖ)
Blind Elfriede (FPÖ)
Buk Josef (SPÖ)
Burger Christine (SPÖ)
Drahosch Barbara (FPÖ)
Drahosch, Mag. Oliver (FPÖ) – Vors.-Stv.
Eder Christian (GRÜNE)
Eder-Jenuzi Safije (GRÜNE)
Ertl Walfried (SPÖ)
Fischer Robert (SPÖ)
Frania Wolfgang (SPÖ)
Haidler Elisabeth (SPÖ)
Heilegger Karin (ÖVP)

Holzer Elisabeth (GRÜNE)
Holzgruber-Hiller Ernestine (SPÖ)
Hölbl Silvia (LIF)
Janauer Walter (SPÖ)
Jirec Friedrich (FPÖ)
Klinke, Dipl.-Ing. Dr. Herwig (ÖVP)
Koller Peter (SPÖ)
Kreissl Dagmar (FPÖ)
Krisch Wolfgang (GRÜNE)
Kroiher Markus (ÖVP)
Kuchling Elisabeth (GRÜNE)
Kumhofer Kurt (ÖVP)
Lerch Franz (ÖVP)
Loibl, Mag. Bernhard (FPÖ)
Mischek Erich (ÖVP)
Mrazek Petra (SPÖ)
Novak Elfriede (SPÖ)
Pfaffl Christa (ÖVP)
Pschirer Robert (SPÖ) – Vors.
Ranseder Wilhelm (GRÜNE)
Ratky-Salamonfa Stefan (GRÜNE)
Rietenauer Walter (SPÖ) – Vors.-Stv.
Rozsenich Anton (SPÖ)
Rubik Silvia (SPÖ)
Satzinger Daniela (SPÖ)
Satzinger, Dr. Franz (SPÖ)
Schmied Wolfgang (FPÖ)
Schöbinger Emine (SPÖ)
Schrage, Dr. Dieter (GRÜNE)
Schwarzmayr Bettina (SPÖ)
Stark Rudolf (FPÖ)
Steindl Erika (ÖVP)
Taborsky Hannes (ÖVP)
Urban Peter (SPÖ)
Usner Leo (FPÖ)
Wendl Helmuth (SPÖ)
Winkelmann Thomas (ÖVP)
Wonesch-Khutter Friedrich (FPÖ)

15. Bezirk – Rudolfsheim-Fünfhaus

(1150) 15, Gasgasse 8–10, Tel. 891 34 . . .
Telefax: 891 34–99–15120, IBS-User: B15A
E-Mail: post@b15.magwien.gv.at

Bezirksvorsteher:
H u b e r, Ing. Rolf (SPÖ) 15110, 15111

Bezirksvorsteher-Stellvertreterin:
V o t t e r Waltraud (SPÖ) 15112

Bezirksvorsteher-Stellvertreter:
S c h w i n g Karl (FPÖ) 15113

Büroleiter:
J ä g e r Peter 15114

Büro 15115, 15116, 15117, 15118, 15122, 15137

Bezirksvertretung:
48 Bezirksrätinnen/Bezirksräte
(SPÖ 23, FPÖ 11, GRÜNE 7, ÖVP 6, LIF 1)

Adametz, Ing. Roman (ÖVP)
Agha Mohammadi Sareshgi Reza (GRÜNE)
Aigner Jutta (LIF)
Alpman Rüya (SPÖ)
Antonov, Mag. Waltraut (GRÜNE)
Brandstätter, Mag. Lidia (GRÜNE)
Braun Walter (SPÖ)
Frasl, Ing. Walter (SPÖ)
Gericke Johann (FPÖ)
Hackl, Mag. Karin (SPÖ)
Hannes Sieglinde (ÖVP)
Hartenthaler Wilhelm (SPÖ)
Heitzinger Friedrich (ÖVP)
Hobek, Mag. Martin (FPÖ)
Hoffman Claudia (SPÖ)
Janata Rosa (FPÖ)
Joachimsthaler Friederike (SPÖ) – Vors.-Stv.
Kickert, Dr. Jennifer (GRÜNE)
Kowarik Dietbert (FPÖ)
Kowarik Dietmar (FPÖ)
Krbeczek Helmut (SPÖ)
Liebert, Dkfm. Erik (FPÖ)
Liebert Thomas (FPÖ)
Maier, Dipl.-Ing. Marcel (ÖVP)
Marenich Andrea (SPÖ)
Mück Günther (FPÖ)
Paulmayer Karl (ÖVP)
Pawkowicz Katharina (FPÖ)
Pfleger, Dipl.-Arch. Dr. Ernst (SPÖ)
Racher Renate (SPÖ)
Sassmann Renate (GRÜNE)
Schinogl Franz (SPÖ)
Schnattinger, Mag. Dr. Andrea (SPÖ)
Schneider Leopold (GRÜNE)
Schweifer Herbert (FPÖ)
Schwing Karl (FPÖ) – Vors.-Stv.
Semlitsch Ignaz (SPÖ)
Skopek Karl (SPÖ)
Stanek Elisabeth (SPÖ)
Stanek, Ing. Willibald (SPÖ)
Stockhammer Thomas (SPÖ)
Stockhammer Yvonne (SPÖ)
Tomek Helmut (SPÖ)
Votter Waltraud (SPÖ) – Vors.
Willensdorfer Kurt (ÖVP)
Zatlokal Gerhard (SPÖ)
Zickbauer Christian (GRÜNE)
Zimmerhakl Rosa (SPÖ)

16. Bezirk – Ottakring

(1164) 16, Richard-Wagner-Platz 19, Tel. 491 96 . . .
Telefax: 491 96–99–16111, IBS-User: B16A
E-Mail: post@b16.magwien.gv.at

Bezirksvorsteherin:
G r a ß b e r g e r Ernestine (SPÖ) 16111

Bezirksvorsteherin-Stellvertreter:
E h r l i c h Karl (SPÖ) 16112

Bezirksvorsteherin-Stellvertreter:
d ' A r o n, Dr. Andre (FPÖ) 16113

Büroleiter:
F o r s t e r , Regierungsrat Hans,
Oberamtsrat 16114

Büro 16115, 16119

Bezirksvertretung:
58 Bezirksrätinnen/Bezirksräte
(SPÖ 30, FPÖ 12, ÖVP 8, GRÜNE 7, freier Mandatar 1)

Beck, Mag. Franz (ÖVP)
Beranek Ingrid (SPÖ)
Bijl Liesbeth (GRÜNE)
Brunnmayr Elfriede (SPÖ)
Buk Astrid (ÖVP)
Chylik, Mag. Ruth (GRÜNE)
Conrad Manfred (SPÖ)
Cupal Jan (GRÜNE)
d' Aron, Dr. Andre (FPÖ) – Vors.-Stv.
Egghart Margaretha (FPÖ)
Ehm, Ing. Friedrich (SPÖ)
Ehrlich Karl (SPÖ) – Vors.-Stv.
Ehrlich Margarete (SPÖ)
Engel, Dkfm. Peter (ÖVP)
Grabler, Dipl.-Ing. Martin (GRÜNE)
Graßberger Ernestine (SPÖ) – Vors.
Hein Christian (FPÖ)
Hellepart Michaela (ÖVP)
Hirtenfelder Gerlinde (SPÖ)
Hirtenfelder Wilhelm (SPÖ)
Holzhacker Hildegard (SPÖ)
Jonczyk Helga (SPÖ)
Koch, Komm.-Rat Peter (ÖVP)
König Roland (SPÖ)
Korntheuer Anton (SPÖ)
Kothe, Mag. Sonja (SPÖ)
Kubalewski–Mayer Monica (GRÜNE)
Ladich, Dr. Friedrich (GRÜNE)
Löffler, Dipl.-Ing. Roland (SPÖ)
Machaczek Franz (SPÖ)
Merth, Dr. Roman (SPÖ)
Müllek Josef (FPÖ)
Neusser Marion (FPÖ)
Noisternig Rudolf (FPÖ)
Orner Wolfgang (SPÖ)
Ottendorfer, Komm.-Rat Peter (FPÖ)
Pilz Heinrich (SPÖ)
Prager Johannes (FPÖ)
Prihoda Xenia (ÖVP)
Prokop Franz (SPÖ)
Pruschek Gerhard (FPÖ)
Püngüntzky Franz (SPÖ)
Ressl, Komm.-Rat Gottfried (ÖVP)
Rzeschabek Hans (SPÖ)
Sander Jutta (GRÜNE)
Schimanek Hannelore (SPÖ)
Schneider Heinrich (SPÖ)
Seebacher Ewald (SPÖ)
Soos, Dr. Wolfgang (SPÖ)
Steffe Hans-Jörg (FPÖ)
Steinhammer Johannes (FPÖ)
Stockmeyr Egon (freier Mandatar)
Stöger Karl (SPÖ)
Suppan, Mag. Werner (ÖVP)
Thier Johann (SPÖ)
Toder, Mag. Robert (FPÖ)
Vospel Margarete (SPÖ)
Wolfsberger Alexander (SPÖ)

17. Bezirk – Hernals

(1170) 17, Elterleinplatz 14, Tel. 401 19 . . .
Telefax: 401 19–99–17120, IBS-User: B17A
E-Mail: post@b17.magwien.gv.at

Bezirksvorsteherin:
P f e f f e r, Dr. Ilse (SPÖ) 17111

Bezirksvorsteherin-Stellvertreter:
U r b a n Josef (SPÖ) 17112

Bezirksvorsteherin-Stellvertreterin:
M a t i a s e k Veronika (FPÖ) 17113

Büroleiter:
E g g e n b a u e r Michael,
Amtsrat 17114

Büro 17116, 17117, 17118, 17119, 17132

Bezirksvertretung:
40 Bezirksrätinnen/Bezirksräte
(SPÖ 17, FPÖ 8, ÖVP 8, GRÜNE 6, LIF 1)

Chmelar Renate (SPÖ)
Ebner, Dr. Hannelore (SPÖ)
Feigl Helmut (ÖVP)
Grüner, Ing. Manfred (ÖVP)
Havlik Gerhard (ÖVP)
Hebenstreit Dietmar (FPÖ)
Heintzinger, Mag. Klaus-Richard (ÖVP)
Höfner Anita (FPÖ)
Holper Johann (SPÖ)
Hoyda Hannelore (SPÖ)
Jägersberger Otto (FPÖ)
Jagsch Peter (SPÖ)
Janotta Geraldine (SPÖ)
Juraczka Franz (ÖVP)
Juraczka Lieselotte (ÖVP)
Karner Waltraud (ÖVP)
Kossek Kurt (FPÖ)
Kotz Wolfgang (GRÜNE)
Koudelka, Ing. Mag. Dr. Robert (ÖVP)
Kreuzberger Ulrike (FPÖ)
Loran Elisabeth (SPÖ)
Matiasek Veronika (FPÖ)
Neumärker Erich (SPÖ)
Neustifter Josef (GRÜNE)
Pfeffer, Dr. Ilse (SPÖ) – Vors.-Stv.
Raich, Dipl.-Ing. Ulrike (FPÖ)
Riedler Ines (GRÜNE)
Sedlacek Magdalena (GRÜNE)
Sogl, Dkfm. Werner (SPÖ)
Steiner Roman (GRÜNE)
Taglieber Erich (FPÖ) – Vors.-Stv.
Tancsits Alfred (SPÖ)

Trinko Franz (SPÖ)
Urban Josef (SPÖ) – Vors.
Veleta Brigitte (SPÖ)
Veleta, Ing. Wolfgang (SPÖ)
Weselik-Preissl Elisabeth (LIF)
Yatkin Zerife (GRÜNE)
Zachoval, Mag. Dr. Heidemarie (SPÖ)
Ziegler Karl (SPÖ)

18. Bezirk – Währing

(1180) 18, Martinstraße 100, Tel. 476 34 . . .
Telefax: 476 34–99–18120, IBS-User: B18A
E-Mail: post@b18.magwien.gv.at

Bezirksvorsteher:
H o m o l e Karl (ÖVP) 18111

Bezirksvorsteher-Stellvertreter:
S c h r e i b e r, Mag. Dr. Manfred (ÖVP) 18112

Bezirksvorsteher-Stellvertreter:
G l a t z l Ferdinand (SPÖ) 18113

Büroleiter:
E b n e r, Ing. Harald 18114

Büro 18115, 18116, 18118

Bezirksvertretung:
40 Bezirksrätinnen/Bezirksräte
(ÖVP 13, SPÖ 12, GRÜNE 8, FPÖ 6, LIF 1)

Aichinger Brigitte (SPÖ)
Bichl Herbert (SPÖ)
Darakhschani Ramin (GRÜNE)
Daxböck Gertrude (SPÖ)
Doppler Claudia (SPÖ)
Egghart Gerald (FPÖ)
Eichinger Josef (SPÖ)
Glatzl Ferdinand (SPÖ) – Vors.-Stv.
Greimel, Dipl.-Ing. Ute (GRÜNE)
Haunschmidt, Mag. Georg (ÖVP)
Heger Erika (SPÖ)
Hohenwarter, Dr. Dieter (GRÜNE)
Homole Karl (ÖVP) – Vors.
Kerschbaum Gerald (FPÖ)
Kneuer Marcel (GRÜNE)
Köckeis Georg (FPÖ)
Krautstofl, Dipl.-Ing. Heinrich (ÖVP)
Kubac Elisabeth (ÖVP)
Kulovics Walter (SPÖ)
Lintner Max (ÖVP)
Marin Theo (ÖVP)
Minich Andrea Katharina (FPÖ)
Misar Rainer (FPÖ)
Much, Mag. Martin (SPÖ)
Müller Anna (SPÖ)
Natschläger Gottfried (ÖVP)
Neubauer, Mag. Homa (ÖVP)
Novy, o. Univ.-Prof. Mag. Dr. Andreas (GRÜNE)
Nussbaumer Helga (ÖVP)
Patzka Viktor (SPÖ)
Pekarek Alexandra (GRÜNE)
Perschy Günther (FPÖ)
Porsch Erich Maria (LIF)
Robel Marion (ÖVP)
Schreiber, Mag. Johannes (ÖVP)
Schreiber, Mag. Dr. Manfred (ÖVP) – Vors.-Stv.
Stein, Mag. Robert (SPÖ)
Stockinger, Mag. Margit (GRÜNE)
Wiesinger Michael (ÖVP)
Zöchling Robert (GRÜNE)

19. Bezirk – Döbling

(1190) 19, Gatterburggasse 14, Tel. 360 34 . . .
Telefax: 360 34–99–19111, IBS-User: B19A
E-Mail: post@b19.magwien.gv.at

Bezirksvorsteher:
T i l l e r Adolf (ÖVP) 19111

Bezirksvorsteher-Stellvertreter:
E d e r Hubert (ÖVP) 19112

Bezirksvorsteher-Stellvertreter:
K o p e c k y Gerald (SPÖ) 19113

Büroleiter:
K l e i n o w i t z, Regierungsrat Joachim,
Oberamtsrat 19114

Büro 19116, 19117, 19118

Bezirksvertretung:
48 Bezirksrätinnen/Bezirksräte
(ÖVP 18, SPÖ 16, FPÖ 6, GRÜNE 6, LIF 1, freier Mandatar 1)

Beckel Georg (freier Mandatar)
Brand, Dr. Reinhard (FPÖ)
Dworzak Dorothea (ÖVP)
Dworzak Günther (ÖVP) – Vors.
Eder Hubert (ÖVP)
Eder Thomas (GRÜNE)
Ferschel Erich (ÖVP)
Figl Helga (ÖVP)
Fischer Verena (FPÖ)
Fuchs Günther (ÖVP)
Grafinger, Mag. Walter (SPÖ) – Vors.-Stv.
Graninger Siegfried (SPÖ)
Guttmann, Dipl.-Ing. Rudolf (SPÖ)
Gürünlü Zöhre (GRÜNE)
Hager Anita (SPÖ)
Haider, Ing. Harald (ÖVP)
Hamerschmid Edith (SPÖ)
Hawlicek Friederike (SPÖ)
Heider Kurt (FPÖ)
Heinz Susanne (ÖVP)
Hlavac, Dipl.-Ing. Christian (GRÜNE)
Jost Helmut (SPÖ)

Jost Ingeborg (SPÖ)
Kopecky Gerald (SPÖ)
Kratzer Karin (SPÖ)
Lang Karl (SPÖ)
Mandl Anton (SPÖ)
Meyer Uta (FPÖ)
Peck Johann (FPÖ)
Pelka, Ing. Mag. Gertrude (ÖVP)
Riel Franz (SPÖ)
Rizzi, Dr. Christian (ÖVP)
Sarközi Rudolf (SPÖ)
Sattler Hermann (SPÖ)
Scheikl Hans (ÖVP)
Schennach Stefan (GRÜNE)
Schmid Ferdinand (ÖVP)
Schmidt Vera (GRÜNE)
Stranig, Dr. Josef (SPÖ)
Trinkl, Ing. Hannes (ÖVP) – Vors.-Stv.
Troll, Mag. Dorothea (GRÜNE)
Tschank Markus (FPÖ)
Weiß Arnold (ÖVP)
Welner Renate (ÖVP)
Wolf, Ing. Dr. Eike (LIF)
Zachhuber Astrid (ÖVP)
Zatorski, Mag. Werner (ÖVP)
Zimmermann Heinz (ÖVP)

20. Bezirk – Brigittenau

(1200) 20, Brigittaplatz 10, Tel. 331 34 . . .
Telefax: 331 34–99–20120, IBS-User: B20A
E-Mail: post@b20.magwien.gv.at

Bezirksvorsteher:
L a c i n a Karl (SPÖ) 20111

Bezirksvorsteher-Stellvertreterin:
S t r o b e l Elfriede (SPÖ) 20112

Bezirksvorsteher-Stellvertreter:
G r a u s a m Herbert (FPÖ) 20113

Büroleiter:
M e r g l Ernst, Amtsrat 20114

Büro 20115, 20116, 20117, 20118, 20119

Bezirksvertretung:
50 Bezirksrätinnen/Bezirksräte
(SPÖ 28, FPÖ 11, GRÜNE 5, ÖVP 5, LIF 1)

Aigner, Dr. Wolfgang (ÖVP)
Anderl, Ing. Mag. Erich (SPÖ)
Bayrleitner Roman (SPÖ)
Derfler Hannes (SPÖ)
Dögl Peter (SPÖ)
Eichmair Josef (FPÖ)
Ergen Aslan (SPÖ)
Fechter Harald (SPÖ)
Gabriel, Komm.-Rätin Brigitte (SPÖ)
Gabrielidis, Ing. Iraklis (FPÖ)
Gmoser Alexander (SPÖ)
Grausam Herbert (FPÖ) – Vors.-Stv.
Gruber, Ing. Ernst (FPÖ)
Grusch Peter (GRÜNE)
Handler, Dr. Martina (GRÜNE)
Haslinger Gerhard (FPÖ)
Hörmann Christine (SPÖ)
Kalbacher Maria (GRÜNE)
Kampas, Dipl.-Ing. Doris (GRÜNE)
Konetschny Thomas (SPÖ)
Kuchar Krista (FPÖ)
Kuchar Kurt (FPÖ)
Kuchar, Mag. Ulrike (FPÖ)
Lacina Karl (SPÖ) – Vors.
Meißl Christian (ÖVP)
Mendel, Ing. Helmut (LIF)
Novak Helga (GRÜNE)
Pirker Herwig (SPÖ)
Pöcher, Mag. Harald (ÖVP)
Pollak, Ing. Kurt (SPÖ)
Raus Karl (SPÖ)
Redl Gerda (SPÖ)
Riß Alfred (SPÖ)
Sandler Otto (SPÖ)
Schierer Alfred (SPÖ)
Schierer Elfriede (SPÖ)
Schneider Doris (SPÖ)
Schöffthaler Gabriele (FPÖ)
Schwab Adelheid (SPÖ)
Slaby Christian (SPÖ)
Smolej Rudolf (FPÖ)
Sramek Gernot (SPÖ)
Sramek Manfred (SPÖ)
Strobel Elfriede (SPÖ) – Vors.-Stv.
Ulbrich Robert (ÖVP)
Vrana Erhard (SPÖ)
Wanker, Mag. Irina (ÖVP)
Wehsely Tanja (SPÖ)
Zechner, Mag. Daniela (SPÖ)
Ziering Friedrich (FPÖ)

21. Bezirk – Floridsdorf

(1211) 21, Am Spitz 1, Tel. 277 34 . . .
Telefax: 277 34–99–21110, IBS-User: B21A
E-Mail: post@b21.magwien.gv.at

Bezirksvorsteher:
L e h n e r, Ing. Heinz (SPÖ) 21111

Bezirksvorsteher-Stellvertreter:
S p i t z e r, Mag. Gerhard (SPÖ) 21112

Bezirksvorsteher-Stellvertreter:
M ö r z, Dipl.-Ing. Dr. Kurt (FPÖ) 21113

Büroleiterin:
E x l Dagmar, Amtsrätin 21114

Büro 21115, 21116, 21117, 21118, 21119, 21122

Bezirksvertretung:
60 Bezirksrätinnen/Bezirksräte
(SPÖ 35, FPÖ 12, ÖVP 7, GRÜNE 5, LIF 1)

Aglas Ernst (LIF)
Baumgarten Karl (GRÜNE)
Bluma Helmut (SPÖ)
Bluma Susanne (SPÖ)
Brugger Wolfgang (SPÖ)
Brunner Wilhelm (ÖVP)
Büchele Erwin (SPÖ)
Chapo, Ing. Michael (ÖVP)
Chvatlinsky Sonja (SPÖ)
Cizek Franz (SPÖ)
Dietl, Mag. Susanne (GRÜNE)
Erblehner Annemarie (SPÖ)
Filip Maria (SPÖ)
Fitzbauer Karl (SPÖ)
Galambos, Mag. Reinhard (SPÖ)
Grill Ursula (FPÖ)
Hipfinger Romana (SPÖ)
Hoffmann Ernst (FPÖ)
Irschik Wolfgang (FPÖ)
Kirchner Elke (FPÖ)
Knoll Robert (SPÖ)
Krbusek Karl (SPÖ)
Kukula, Mag. Hans (SPÖ)
Kypta, Mag. Gabriele (SPÖ)
Lehner, Ing. Heinz (SPÖ) – Vors.
Lindbichler Rudolf (SPÖ)
Lueger Angela (SPÖ)
Mayrhofer Andrea (ÖVP)
Milabersky Karl (SPÖ)
Mörz, Dipl.-Ing. Dr. Kurt (FPÖ) – Vors.-Stv.
Multerer Johann (SPÖ)
Nachtnebel, Dr. Gernot (SPÖ)
Papai Georg (SPÖ)
Pellet, Komm.-Rat Erwin (ÖVP)
Peterka, Ing. Christian (SPÖ)
Pirochta Gerta (FPÖ)
Polansky, Dipl.-Ing. Alexander (GRÜNE)
Racz Heinz (SPÖ)
Römer, Komm.-Rätin Renate (ÖVP)
Schimanek Hans Jörg (FPÖ)
Schmidt Kurt (SPÖ)
Schöfnagel Dieter (FPÖ)
Sonderhof, Komm.-Rat Karl (SPÖ)
Spät, Ing. Kurt (SPÖ)
Spitzer, Mag. Gerhard (SPÖ) – Vors.-Stv.
Spitzer Monika (SPÖ)
Strommer Eva (SPÖ)
Tauchner Theresia (FPÖ)
Tenkl Guenther (FPÖ)
Tobisch Eveline (SPÖ)
Traschkowitsch Peter (SPÖ)
Vadura Christine (FPÖ)
Vlach, Komm.-Rat Anton (ÖVP)
Vrana Ingrid (SPÖ)
Wagenhofer Christa (SPÖ)
Widholm Ilse (SPÖ)
Wilke Michael (GRÜNE)
Wilke Sylvia (GRÜNE)
Zillinger, Mag. Karl (ÖVP)
1 FPÖ unbesetzt

22. Bezirk – Donaustadt

(1229) 22, Kagran, Schrödingerplatz 1, Tel. 211 23 . . .
Telefax: 211 23–99–22120, IBS-User: B22A
E-Mail: post@b22.magwien.gv.at

Bezirksvorsteher:
E f f e n b e r g Franz-Karl (SPÖ) 22111

Bezirksvorsteher-Stellvertreter:
D a m p i e r Karl (SPÖ) 22112

Bezirksvorsteher-Stellvertreter:
B a r o n Karl (FPÖ) 22113

Büroleiter:
H o r a k Franz, Oberamtsrat 22114

Büro 22116, 22117, 22118, 22119, 22123, 22127, 22128, 22133

Bezirksvertretung:
60 Bezirksrätinnen/Bezirksräte
(SPÖ 34, FPÖ 12, ÖVP 7, GRÜNE 6, LIF 1)

Abdalla Eva (SPÖ)
Affenzeller Otto (SPÖ)
Albel, Mag. Sepp (SPÖ)
Atefie Kave (LIF)
Baron Karl (FPÖ)
Baumgartner, Ing. Michael (SPÖ)
Binder Horst (ÖVP)
Breinhölder Robert (SPÖ)
Cech Ernest (SPÖ)
Dampier Karl (SPÖ) – Vors.
Dornhackl, Dr. Silvia (SPÖ)
Duzdar Muna (SPÖ)
Dvorak, Ing. Andreas (FPÖ)
Eichert Robert (GRÜNE)
Flicker Martin (ÖVP)
Freund Franz (SPÖ)
Frysak, Dr. Wilhelm (SPÖ)
Gasta Karl (SPÖ)
Gschaar Thomas (SPÖ)
Guttmann, Mag. Josef (SPÖ)
Hammer Werner (FPÖ) – Vors.-Stv.
Hauk Eva (GRÜNE)
Horak Karl (SPÖ)
Horak Peter (FPÖ)
Huschka Sylvia (SPÖ)
Kainz Karl (SPÖ)
Kolnhofer Katja (SPÖ)
Krejci Walter (FPÖ)
Losmann Brigitte (FPÖ)
Ludwig, Komm.-Rat Franz-Xaver (FPÖ)
Mahdalik Anton (FPÖ)
März Franz (ÖVP)
Mayer Karl (GRÜNE)
Moser Doris (SPÖ)
Müller Gerda (ÖVP)
Musil Günter (GRÜNE)
Nevrivy Ernst (SPÖ)
Nowak Peter (FPÖ)
Olivares Alfaro, Ing. Ibolya (GRÜNE)
Pärtan, Dr. Gerald (GRÜNE)

Pelikan Margarete (SPÖ)
Regner Karl (ÖVP)
Rohrböck, Ing. Günther (ÖVP)
Ruck-Hoyer Gabriele (SPÖ)
Schoene–Steigerstorfer Dagmar (SPÖ)
Schönherr Walter (SPÖ)
Schreiber Edith (SPÖ)
Schrödl Karin (SPÖ)
Schubert Ingrid (SPÖ) – Vors.-Stv.
Schütz Angela (FPÖ)
Stummer Anton (SPÖ)
Taucher, Mag. Josef (SPÖ)
Tiller Helmut (FPÖ)
Tiller Markus (ÖVP)
Uttner Walter (SPÖ)
Weber Günter (SPÖ)
Weber Hendryk (FPÖ)
Wolf Bernhard (SPÖ)
Zethofer Fritz (SPÖ)
Zill Eveline (SPÖ)

23. Bezirk – Liesing

(1230) 23, Liesing, Perchtoldsdorfer Straße 2,
Tel. 863 34 . . .
Telefax: 863 34-99–23120, IBS-User: B23A
E-Mail: post@b23.magwien.gv.at

Bezirksvorsteher:
W u r m Manfred (SPÖ) 23111

Bezirksvorsteher-Stellvertreterin:
S t o i s i c Hannelore (SPÖ) 23112

Bezirksvorsteher-Stellvertreter:
B i s c h o f Gerald (SPÖ) 23113

Büroleiter:
E r m i s c h e r, Ing. Wolfgang,
Techn. Amtsrat 23114

Büro 23115, 23116

Bezirksvertretung:
54 Bezirksrätinnen/Bezirksräte
(SPÖ 28, FPÖ 10, ÖVP 9, GRÜNE 6, LIF 1)

Bartok Christian (SPÖ)
Bauer Walter (SPÖ)
Bischof Gerald (SPÖ)
Chalupsky Gertrude (SPÖ)
Deininger, Mag. Renate (SPÖ)
Deutsch Susanne (SPÖ)
Dietrich Roland (FPÖ)
Dreislampl Susanne (ÖVP)
Einramhof Eduard (SPÖ)
Erhard, Ing. Wolfgang (ÖVP)
Freilinger Markus (FPÖ) – Vors.-Stv.
Fritz Edmund (ÖVP)
Gallner Monika (SPÖ)
Gerobl Herbert (SPÖ)
Gerstl Barbara (SPÖ)
Giffinger Rudolf (SPÖ)
Graf Ilse (SPÖ)
Grath Michael (SPÖ)
Grohmann Paul (GRÜNE)
Gruber Harald (SPÖ)
Gutjahr Renate (GRÜNE)
Gutsjahr Reinhard (SPÖ)
Heindl Alexander (ÖVP)
Heinzl Erich (SPÖ)
Irsa Georg (GRÜNE)
Jansky Wolfgang (SPÖ)
Jell Gabriele (FPÖ)
Jung Wolfgang (FPÖ)
Karner-Kremser Waltraud (SPÖ) – Vors.-Stv.
Kaupa Johann (FPÖ)
Kertesz Georg (ÖVP)
Kratochvil Christine (ÖVP)
Krischke Andrea (SPÖ)
Kunz Luis (SPÖ)
Leeb Brigitte (FPÖ)
Lohmann Josef (ÖVP)
Lohmann-Seibert Elisabeth (ÖVP)
Mähnert, Reg.-Rat Helmut (FPÖ)
Martinek Wolfgang (LIF)
Mittischek Eva (SPÖ)
Mjka Christine (SPÖ)
Partl Helmut (FPÖ)
Platz Michael (GRÜNE)
Schauhuber Hans (SPÖ)
Schmitt, Ing. Paul (FPÖ)
Staenke Robert (ÖVP)
Steinbach Erich (SPÖ)
Stöhr Horst (SPÖ)
Stoisic Hannelore (SPÖ) – Vors.
Wagner, Dr. Hans (SPÖ)
Weiss Viktor (FPÖ)
Widder Helga (GRÜNE)
Widder Melanie (GRÜNE)
Winter Franz (SPÖ)

MAGISTRAT DER STADT WIEN

Die Rathausgruppe ist unter **40 00** mit Durchwahl erreichbar; . . . bedeutet Durchwahl.
Die im Text vorkommenden dreistelligen Kurznummern (z. B. 735, 740) können nur von Dienststellen in den Gebäuden der Rathausgruppe angerufen werden.
Fernschreibanschluss: 114735,
Telex: 232–32240–Nebenstelle,
Telefax: 40 00–99–Nebenstelle,
Internet: http://www.wien.at

BÜRGERMEISTER UND LANDESHAUPTMANN

H ä u p l, Dr. Michael,
(1082) 1, Rathaus, Stiege 5,
1. Stock . . . . 40 00 . . ., 81111
W a g n e r Anette,
Kanzleioberkommissärin 81115
H a u n e r Susanne 81116

VIZEBÜRGERMEISTERIN/ VIZEBÜRGERMEISTER UND LANDESHAUPTMANN-STELLVERTRETERIN/LANDESHAUPTMANN-STELLVERTRETER

L a s k a Grete,
(1082) 1, Rathaus, Stiege 5, 1. Stock,
Tür 308 i . . . . 40 00 . . ., 81113
Sekretariat siehe Seite I/25

R i e d e r, Dr. Sepp,
(1082) 1, Rathaus, Stiege 6, Halbstock,
Tür 231 . . . . 40 00 . . ., 81112
E-Mail: sepp.rieder@gfw.magwien.gv.at
Sekretariat siehe Seite I/24
Telefax: 40 00-99-Nebenstelle

LANDTAGSPRÄSIDENTIN/ LANDTAGSPRÄSIDENTEN

H a t z l Johann,
(1082) 1, Rathaus, Stiege 7, 1. Stock,
Tür 308 m . . . . 40 00 . . ., 81121
Telefax: 40 00-99-Nebenstelle
IBS-User: LP1A
E-Mail: post@lp1.magwien.gv.at

M ü l l e r Anna,
Kanzleioberkommissärin 81124
S t u b e n b a u e r - S c h e h s - w e n d t e r Gerda 81131
B r e t t e r b a u e r , Dr. Adelheid,
Obersenatsrätin 82125
(in der Funktion einer Landtagsdirektorin)

Geschäftsstelle Landtag, Gemeinderat, Landesregierung und Stadtsenat
siehe MD–Allgemeine Angelegenheiten

S t u b e n v o l l , Prof. Erika,
(1082) 1, Rathaus, Stiege 5, 2. Stock,
Tür 406 . . . . 40 00 . . ., 81123
K o s i k Karl-Heinz,
Oberamtsrat 81126
H ö f n e r Edith,
Kanzleikommissärin 81133

R ö m e r Johann,
(1082) 1, Rathaus, Stiege 4,
Tür 240 . . . . 40 00 . . ., 81122
E-Mail: post@lp3.magwien.gv.at
Sekretariat 81132, 81137

AMTSFÜHRENDE STADTRÄTINNEN/ AMTSFÜHRENDE STADTRÄTE

(nach Geschäftsgruppen)

Integration, Frauenfragen, Konsumentenschutz und Personal

Integrationspolitik, fremdenrechtliche Angelegenheiten, Staatsbürgerschafts- und Personenstandsangelegenheiten, Frauenförderung und Koordinierung von Frauenangelegenheiten, Konsumentenschutz, Preiskontrolle, Angelegenheiten des Ernährungs- und Gewerbewesens, zentraler Einkauf, Veterinärwesen, Personalangelegenheiten der Bediensteten der Stadt Wien, Wahlen und verschiedene Rechtsangelegenheiten; Feuerwehr- und Katastrophenschutz
Zugehörige Magistratsabteilungen:
Magistratsabteilung 1 – Allgemeine Personalangelegenheiten
Magistratsabteilung 2 – Zentrales Mitarbeiter/innenservice für

Dienstrecht und Besoldung
Magistratsabteilung 20 – Fremdenrechtliche Angelegenheiten
Magistratsabteilung 38 – Lebensmitteluntersuchungsanstalt der Stadt Wien
Magistratsabteilung 54 – Zentraler Einkauf
Magistratsabteilung 57 – Frauenförderung und Koordinierung von Frauenangelegenheiten
Magistratsabteilung 59 – Marktamt
Magistratsabteilung 60 – Veterinäramt
Magistratsabteilung 61 – Staatsbürgerschafts- und Personenstandsangelegenheiten
Magistratsabteilung 62 – Wahlen und verschiedene Rechtsangelegenheiten
Magistratsabteilung 63 – Gewerbewesen und rechtliche Angelegenheiten des Ernährungswesens
Magistratsabteilung 68 – Feuerwehr- und Katastrophenschutz

B r a u n e r, Mag. Renate,
amtsführende Stadträtin für Integration, Frauenfragen, Konsumentenschutz und Personal
(MA 1, 2, 20, 38, 54, 57, 59, 60, 61, 62, 63, 68)
(1082) 1, Rathaus, Stiege 5, 2. Stock,
Tür 401 . . . . 40 00 . . ., 81281
Telefax: 40 00-99-Nebenstelle
IBS-User: GIFA
E-Mail: post@gif.magwien.gv.at

B o h r n Thomas 81290
K a u e r Michaela,
Büroleiterin 81284
L a n d a u f Brigitte 81292
L a r i s c h Eveline 81289
N e u m a y r Maria 81285
N e u s t i f t e r Gerhard,
Oberamtsrat 81283
G ö b l e r Martin, Amtsrat 81294
Auskunft 81280
Kanzlei 81299, 81288
Protokoll 81297
GRA-Protokoll 81299
K a r g l, Mag. Heidemarie,
Pressereferentin 81840
L e e b, Mag. Stefan,
Pressereferent 81853
Pressesekretariat 81286, 81291

M e z u l i a n i k, Dr. Elisabeth,
Obersenatsrätin,
Bereichsleiterin für Integrationsangelegenheiten 81431
(1082) 1, Ebendorferstraße 1, 3. Stock
W i e s e r, Mag. Walter 81432
Sekretariat 81435, 81436
Telefax: 40 00-99-Nebenstelle

Wiener Antidiskriminierungsstelle für gleichgeschlechtliche Lebensweisen
(1082) 8, Friedrich-Schmidt-Platz 3
S c h w a r z Angela 81441
W i l h e l m Wolfgang 81442
Sekretariat 81449

Wiener Integrationsfonds,
(1060) 6, Mariahilfer Straße 103 40 00 . . ., 8150
Telefax: 40 00-99-Nebenstelle

Finanzen, Wirtschaftspolitik und Wiener Stadtwerke

Beteiligungen der Stadt Wien an privatwirtschaftlichen Unternehmungen, Abgabewesen, Erstellung des Voranschlags und des Rechnungsabschlusses der Stadt Wien, Mitwirkung bei der Erstellung des Wirtschaftsplanes der Unternehmungen, Finanzplanung und finanzielle Projektkoordinierung, Wirtschaftspolitik, Wirtschaftsförderung, finanzielle Angelegenheiten des Magistrats, soweit sie nicht in den Aufgabenbereich einer anderen Geschäftsgruppe fallen; Krankenanstaltenfinanzierung; Tourismuspolitik, Betreuung des Wiener Tourismusverbandes; Rechnungswesen; Technologieentwicklung, Energieplanung und Koordinierung der Energiepolitik (Strom-, Gas- und Fernwärmeversorgung), öffentlicher Nahverkehr; Friedhofsverwaltung; Statistik.

Zugehörige Magistratsabteilungen:
Magistratsabteilung 4 – Allgemeine Finanz- und Wirtschaftsangelegenheiten; Abgaben
Magistratsabteilung 5 – Finanzwirtschaft und Haushaltswesen
Magistratsabteilung 6 – Rechnungsamt
Magistratsabteilung 26 – Wirtschafts- und Technologieentwicklung
Magistratsabteilung 27 – EU-Förderungen
Magistratsabteilung 43 – Städtische Friedhöfe
Magistratsabteilung 66 – Statistisches Amt der Stadt Wien
Magistratsabteilung für Krankenanstaltenfinanzierung, Wiener Krankenanstaltenfinanzierungsfonds

R i e d e r, Dr. Sepp,
Vizebürgermeister,
Landeshauptmann-Stellvertreter,
amtsführender Stadtrat für Finanzen, Wirtschaftspolitik und Wiener Stadtwerke
(MA 4, 5, 6, 26, 27, 43, 66, MA-K)
(1082) 1, Rathaus, Stiege 6, Halbstock,
Tür 231 . . . . 40 00 . . ., 81201
Telefax: 40 00-99-Nebenstelle
IBS-User: GFWA
E-Mail: post@gfw.magwien.gv.at

N e b e n f ü h r, Ing. Helmut,
Techn. Oberamtsrat 81208
I v a n Inge, Amtsrätin 81206
M a d r e i t e r, Dipl.-Ing. Thomas 81204
H l a v a c , Mag. Andrea 81459
B a l b a Gertraud 81205
Auskunft 81200
Kanzlei 81213
GRA-Protokoll Finanzen, Wirtschaftspolitik und Wiener Stadtwerke 81207
K e t t n e r Norbert,
Pressereferent 81845, 81216
R i t z m a i e r Martin,
Pressereferent 81855, 81217

Wiener Stadtwerke Holding AG
mit den Tochterunternehmungen:
WIENSTROM GmbH
WIENGAS GmbH
WIENER LINIEN GmbH & Co KG
BESTATTUNG WIEN GmbH
Fernwärme Wien GmbH
Beteiligungsmanagement GmbH
Ringturm, (1011) 1,
Schottenring 30 . . . . 691 . . ., 531 23 . . .

Wiener ArbeitnehmerInnen-Förderungsfonds,
(1020) 2, Nordbahnstraße 36 .... 217 48 ...

Wiener Holding Aktiengesellschaft,
(1010) 1, Universitätsstraße 11 ..... 408 25 69 ...

Wiener Tourismusverband,
(1020) 2, Obere Augartenstraße 40 ..... 211 14 ...

Wiener Wirtschaftsförderungsfonds,
(1082) 1, Ebendorferstraße 2 ..... 40 00 ..., 8670
Telefax: 40 00-99-Nebenstelle

Wien-Haus in Brüssel,
(B-1040) Brüssel,
Avenue de Tervuren 58 .... 00322/743 85 16
Telefax: 00322/733 70 58

ISTEG Infrastruktur Einrichtungs-
ges.m.b.H.,
(1082) 1, Ebendorferstraße 4 .... 40 00 ..., 86741
Telefax: 40 00-99-Nebenstelle

Zuwandererfonds
(Fonds zur Beratung und Betreuung von Zuwanderern),
(1030) 3, Würtzlerstraße 15 .... 795 04 ...

Kouba Monika, Amtsrätin 81183
Prochaska Wolfgang 81182
Rudolf, Mag. Renate 81195
Kellner Astrid 81184
Auskunft 81180
Gaßner, Mag. Eva,
Pressereferentin 81850
Wagner Martin,
Pressereferent 81199

Seniorenbeauftragter der Stadt Wien,
(1082) 8, Schlesingerplatz 2 ......40 00 ..., 8580
Grundei Friedrich 85881

Servicestelle für Selbsthilfegruppen,
(1010) 1, Schottenring 24, 3. Stock,
Tür 310 81223

Kuratorium Wiener Pensionisten-Wohnhäuser,
(1090) 9, Seegasse 9 .... 313 99 ...

Kuratorium Wiener Jugendwohnhäuser,
(1130) 13, Hietzinger
Kai 141–143 .... 870 17 ...

Bildung, Jugend, Soziales, Information und Sport

Bildungspolitik, Jugend; Sportpolitik, insbesondere Förderung des Breiten-, Leistungs- und Spitzensportes; Schulfragen, außerschulische Jugendbetreuung, Koordination sämtlicher Fragen der Familienpolitik, Sozialpolitik, Betreuung der älteren Generation, Koordination der Behindertenhilfe; Direktinformation der Bevölkerung, Medienpolitik, Meinungsforschung, Presseförderung; internationaler Informationsaustausch; Bürgerdienst, Stadtinformation; Bäderverwaltung.

Zugehörige Magistratsabteilungen:
Magistratsabteilung 11 – Amt für Jugend und Familie
Magistratsabteilung 11 A – Tagesbetreuung von Kindern, Kindertagesheime der Stadt Wien
Magistratsabteilung 12 – Wien Sozial
Magistratsabteilung 13 – Bildung und außerschulische Jugendbetreuung
Magistratsabteilung 44 – Bäder
Magistratsabteilung 51 – Sportamt
Magistratsabteilung 53 – Presse- und Informationsdienst
Magistratsabteilung 55 – Bürgerdienst
Magistratsabteilung 56 – Städtische Schulverwaltung

Laska Grete,
Vizebürgermeisterin,
Landeshauptmann-Stellvertreterin,
amtsführende Stadträtin für Bildung, Jugend, Soziales, Information und Sport
(MA 11, 11A, 12, 13, 44, 51, 53, 55, 56)
(1082) 1, Rathaus, Stiege 5, 1. Stock,
Tür 308 i .... 40 00 ..., 81181
Telefax: 40 00-99-Nebenstelle
IBS-User: GJSA
E-Mail: post@gjs.magwien.gv.at

Kultur und Wissenschaft

Kulturpolitik, kulturelle Auslandsbeziehungen, Kunst- und Wissenschaftsförderung, Pflege der Kontakte mit den Wiener Universitäten, Hochschuljubiläumsstiftung, Förderung der Altstadterhaltung, Denkmalpflege, Archiv- und Bibliothekswesen, Angelegenheiten der Museen der Stadt Wien, Stadtarchäologie.

Zugehörige Magistratsabteilungen:
Magistratsabteilung 7 – Kultur
Magistratsabteilung 8 – Wiener Stadt- und Landesarchiv
Magistratsabteilung 9 – Wiener Stadt- und Landesbibliothek
Magistratsabteilung 10 – Personalstelle Museen der Stadt Wien

Mailath-Pokorny, Dr. Andreas,
amtsführender Stadtrat für Kultur und Wissenschaft
(MA 7, 8, 9, 10)
(1082) 8, Friedrich-Schmidt-Platz 5,
2. Stock, Tür 216 .... 40 00 ..., 81161, 81160
Telefax: 40 00-99-Nebenstelle
IBS-User: GKUA
E-Mail: post@gku.magwien.gv.at

Zemlyak Anita 81164
Sekretariat 81165, 81166
Kanzlei 81149, 81168, 81178
GRA-Protokoll 81172
Löcker, Mag. Daniel 81169
Orthner, Mag. Waltraud 81163
Schwaiger, Mag. Saskia,
Pressereferent 81854
Rapf, Dr. Renate,
Pressereferentin 81173

H a r l , Univ.-Doz. Dr. Ortolf, Senatsrat,
Stadtarchäologe,
(8, Friedrich-Schmidt-Platz 5,
1. Stock) 81173

Gesundheits- und Spitalswesen

Gesundheitsvorsorge, Gesundheitsförderung und Gesundheitsschutz; Gesundheitspolitik in Richtung "Gesunde Stadt"; Gesundheitsplanung; drogenpolitische Maßnahmen; Angelegenheiten der Krankenanstalten und Pflegeheime, Rettungs- und Krankenbeförderungsdienst; Pflegesicherung und Betreuung zu Hause einschließlich sozialer Dienstleistungen; rechtliche Angelegenheiten des Gesundheitswesens und der Sozialversicherung; Hochbau und Haustechnik im Gesundheitswesen.
Zugehörige Magistratsabteilungen:
Magistratsabteilung 15 – Gesundheitswesen
Magistratsabteilung 47 – Pflege und Betreuung
Magistratsabteilung 70 – Rettungs- und Krankenbeförderungsdienst der Stadt Wien
Magistratsabteilung für Angelegenheiten der Landessanitätsdirektion
Wiener Krankenanstaltenverbund

P i t t e r m a n n , Dr. Elisabeth,
amtsführende Stadträtin für Gesundheits- und Spitalswesen
(MA 15, 47, 70, MA-L,
Wiener Krankenanstaltenverbund)
(1010) 1, Schottenring 24, 3. Stock,
Tür 311 . . . . 40 00 . . ., 81221
Telefax: 40 00-99-Nebenstelle
IBS-User: GGSA

S c h ö r g Sonja-Maria,
Oberamtsrätin 81224
N a p r a v n i k Judith,
Amtsrätin 81226
C e r n y , Ing. Markus 81222
Sekretariat 81225
Kanzlei 81232, 81233,
81234, 81235, 81236
GRA-Protokoll 81234
R o g y , Mag. Andrea,
Pressereferentin 81231
U l s p e r g e r , Dr. Lisa,
Pressereferentin 81238

Medizinisch-Wissenschaftlicher Fonds des Bürgermeisters der Bundeshauptstadt Wien,
(1010) 1, Schottenring 24, 3. Stock,
Tür 310
Sekretariat 81235, 81222

F o r s t e r Ilse, Oberamtsrätin 81223
Servicestelle für Selbsthilfegruppen 81223

S c h m i d l , Dipl.-Ing. Dr. Hannes,
Bereichsleiter für Gesundheitsplanung
und Finanzmanagement . . . . . . 531 14 . . ., 76151
Kanzlei 76150
E h m , Ing. Friedrich,
Budgetkoordinator
(1, Bartensteingasse 13) . . . . 40 00 . . ., 76181
Kanzlei 76180

Wiener Frauengesundheitsbeauftragte
W i m m e r - P u c h i n g e r ,
Univ.-Prof. Dr. Beate 85951
Sekretariat 85955
(1010) 1, Schottenring 24

Fonds Soziales Wien –
(1082) 8, Friedrich-Schmidt-Platz 3,
3. Stock, Tür 313–315
H a c k e r Peter,
Oberamtsrat 87301
Kanzlei 87305

Kuratorium für Psychosoziale Dienste in Wien,
(1010) 1, Gonzagagasse 15 . . . . 533 37 71 . . .
H ö h l e Gerhard,
Geschäftsführer 10
R u d a s , Dr. Stephan,
Chefarzt 21

Stadtentwicklung und Verkehr

Automationsunterstützte, elektronische Datenverarbeitung, Informations- und Kommunikationstechnologie, Regional- und Stadtentwicklungsplanung, Stadtplanung, städtebauliche und architektonische Gestaltung, Stadt- und Ortsbildpflege, Flächenwidmungs- und Bebauungsplanung, Angelegenheiten der Agenda 21, Fragen der Transeuropäischen Verkehrsnetze, generelle Verkehrsplanung, Verkehrskoordination, Parkraumüberwachung, rechtliche Verkehrsangelegenheiten; Stadtvermessung, Stadtforschung, Verwaltung und Bau der Bundes- und Gemeindestraßen, Brückenbau, öffentliche Beleuchtung.

Zugehörige Magistratsabteilungen:
Magistratsabteilung 14 – Automationsunterstützte, elektronische Datenverarbeitung, Informations- und Kommunikationstechnologie
Magistratsabteilung 18 – Stadtentwicklung und Stadtplanung
Magistratsabteilung 19 – Architektur und Stadtgestaltung
Magistratsabteilung 21 A – Stadtteilplanung und Flächennutzung Innen-West
Magistratsabteilung 21 B – Stadtteilplanung und Flächennutzung Süd-Nordost
Magistratsabteilung 28 – Straßenverwaltung und Straßenbau
Magsitratsabteilung 29 – Brückenbau und Grundbau
Magistratsabteilung 33 – Öffentliche Beleuchtung
Magistratsabteilung 41 – Stadtvermessung
Magistratsabteilung 46 – Verkehrsorganisation und technische Verkehrsangelegenheiten
Magistratsabteilung 65 – Rechtliche Verkehrsangelegenheiten
Magistratsabteilung 67 – Parkraumüberwachung

S c h i c k e r , Dipl.-Ing. Rudolf,
amtsführender Stadtrat für Stadtentwicklung und Verkehr
(MA 14, 18, 19, 21 A, 21 B, 28, 29,
33, 41, 46, 65, 67)
(1082) 1, Rathaus, Stiege 4, 2. Stock,
Tür 451 . . . . 40 00 . . ., 81401
Telefax: 40 00-99-Nebenstelle

IBS-User: GSVA
E-Mail: post@gsv.magwien.gv.at

K o v a c s , Ing. Edwin,
Techn. Oberamtsrat 81404
L a m m e l, Ing. Georg 81424
H i l l i n g e r , Ing. Bernhard 81408
Z i m m e r m a n n , Dr. Gabriele 81428
Sekretariat 81405
GRA-Protokoll 81409
Kanzlei 81407, 81411
Eingangsprotokoll 81419
B e r a u s c h e k Gaby,
Pressereferentin 81414
F i s c h m a n n Lothar,
Pressereferent 81418
H e i m b u c h n e r Klaus 81420

Umwelt

Umweltpolitik, Landschaftspflege und Grünflächensicherung; Ver- und Entsorgungswesen, Abfallwirtschaft, Recycling.
Zugehörige Magistratsabteilungen:
Magistratsabteilung 22 – Umweltschutz
Magistratsabteilung 30 – Wien-Kanal
Magistratsabteilung 31 – Wasserwerke
Magistratsabteilung 36 – Technische Gewerbeangelegenheiten, behördliche Elektro- und Gasangelegenheiten, Feuerpolizei und Veranstaltungswesen
Magistratsabteilung 42 – Stadtgartenamt
Magistratsabteilung 45 – Wasserbau
Magistratsabteilung 48 – Abfallwirtschaft, Straßenreinigung und Fuhrpark
Magistratsabteilung 49 – Forstamt und Landwirtschaftsbetrieb der Stadt Wien
Magistratsabteilung 58 – Rechtliche Angelegenheiten der Landeskultur und des Wasser- und Schifffahrtswesens

K o s s i n a, Dipl.-Ing. Isabella,
amtsführende Stadträtin für Umwelt
(MA 22, 30, 31, 36, 42, 45, 48, 49, 58)
(1082) 1, Rathaus, Stiege 4, Halbstock,
Tür 243 .... 40 00 . . ., 81341
Telefax: 40 00-99-Nebenstelle
IBS-User: GGUA
E-Mail: post@ggu.magwien.gv.at

G a n t n e r, Ing. Christian,
Techn. Amtsrat 81344
P i n t e r Johann 81350
S c h m a l z e r , Dipl.-Ing. Günther 81356
E f f e n b e r g Rosemarie 81345
GRA-Protokoll 81358
Sitzungszimmer 245 81357
F l e n r e i s s - M ä d e r, Mag. Birgit,
Pressereferentin 81353
V i t e k, Mag. Martina,
Pressereferentin 81359
M a r s c h a l e k Renate,
Pressereferentin 81070

Wohnen, Wohnbau und Stadterneuerung

Wohnungspolitik, Wohnbauförderung, städtischer Wohnhausbau, Wohnungsverbesserung und Wohnhaussanierung, Stadterneuerung; Schlichtungsstelle für Wohnrechtsangelegenheiten; Verwaltung und Erhaltung städtischer Wohnhäuser; Hochbau für die Bereiche des Sozial-, Kultur-, Schul- und Sportwesens, für Amtsgebäude und verschiedene Nutzbauten, Haustechnik, Amtshäuserverwaltung, Liegenschaftswesen und Bodenbeschaffungspolitik, baubehördliche Angelegenheiten, rechtliche Bau-, Energie-, Eisenbahn- und Luftfahrtangelegenheiten, Versuchs- und Forschungsanstalt.

Zugehörige Magistratsabteilungen:
Magistratsabteilung 16 – Wiener Schlichtungsstelle in Wohnrechtsangelegenheiten
Magistratsabteilung 23 – Amtshäuser, Nutzbauten, Nachrichtentechnik
Magistratsabteilung 24 – Hochbau
Magistratsabteilung 25 – Technisch-wirtschaftliche Prüfstelle für Wohnhäuser, besondere Angelegenheiten der Stadterneuerung
Magistratsabteilung 32 – Haustechnik
Magistratsabteilung 37 – Baupolizei
Magistratsabteilung 39 – Versuchs- und Forschungsanstalt der Stadt Wien
Magistratsabteilung 40 – Technische Grundstücksangelegenheiten
Magistratsabteilung 50 – Wohnbauförderung, Wohnhaussanierung, Wohnungsverbesserung und Aufsicht über die gemeinnützigen Bauvereinigungen
Magistratsabteilung 64 – Rechtliche Bau-, Energie-, Eisenbahn- und Luftfahrtangelegenheiten
Magistratsabteilung 69 – Rechtliche und administrative Grundstücksangelegenheiten
Stadt Wien – Wiener Wohnen

F a y m a n n Werner,
amtsführender Stadtrat für Wohnen, Wohnbau und Stadterneuerung
(MA 16, 23, 24, 25, 32, 37, 39, 40, 50, 64, 69,
Stadt Wien – Wiener Wohnen)
(1082) 1, Bartensteingasse 9,
2. Stock .... 40 00 . . ., 81261
Telefax: 40 00-99-Nebenstelle
IBS-User: GWSA
E-Mail: post@gws.magwien.gv.at

S c h w a r z Ursula, Amtsrätin 81264
B i l a d t Sandra 81266
E i n r a m h o f Johanna 81262
N e u m a y e r , Ing. Josef 81984
O s t e r m a y e r , Dr. Josef 81263
P i e g l e r Daniela 81278
Kanzlei 81269, 81271, 81275
GRA-Protokoll 81272
J a n s k y Wolfgang,
Pressereferent 81863
M i l l m a n n - P i c h l e r , Mag. Gerd,
Pressereferent 81869

Wohnungskommissionen (siehe MA 16)
Wiener Bodenbereitstellungs- und Stadterneuerungsfonds,
(1082) 8, Lenaugasse 10 .... 403 59 19 . . .
E-Mail: infosan@wbsf.wien.at,
infolie@wbsf.wien.at,
Telefax: 403 59 19-86659

Mieterhilfe-Telefon,
(1082) 1, Rathausstraße 2 .... 40 00 . . ., 8000

STADTRÄTINNEN/STADTRÄTE

Herzog Johann,
(1082) 1, Rathaus, Stiege 6, Halbstock,
Tür 240 .... 40 00 . . ., 81793
Sekretariat 81797

Landauer Karin,
(1082) 1, Rathaus, Stiege 6, Halbstock,
Tür 240 .... 40 00 . . ., 81791
Sekretariat 81795

Schock, DDr. Eduard,
(1082) 1, Rathaus, Stiege 7, 1. Stock,
Tür 308o .... 40 00 . . ., 81792
Sekretariat 81752

Marboe, Dr. Peter,
(1082) 8, Friedrich-Schmidt-Platz 3, 1. Stock,
Tür 109 .... 40 00 . . ., 81484
Sekretariat 81489

Rothauer, Dipl.-Ing. Dr. Herlinde,
(1082) 1, Rathaus, Stiege 8, Halbstock,
Tür 222 .... 40 00 . . ., 81483
Sekretariat 81956
Telefax: 40 00–99–81489

Vassilakou, Mag. Maria,
(1082) 1, Rathaus, Stiege 6, Hochparterre,
Tür 106 .... 40 00 . . ., 81801
Sekretariat 81800, 81831, 81836

KLUBS

Sozialdemokratische Fraktion des Wiener Landtages und Gemeinderates,
(1082) 1, Rathaus, Stiege 7, 2. Stock,
Tür 420 .... 40 00 . . .
Telefax: 40 00-99-Nebenstelle
IBS-User: KSPA
E-Mail: rathaus.klub@spoe.at

Oxonitsch Christian,
Landtagsabgeordneter und Gemeinderat,
Klubvorsitzender 81921
Schuster Godwin,
Landtagsabgeordneter und Gemeinderat,
Klubsekretär 81949
Klubsekretariat
Kienzl Claudia 81927
Simsa Iris 81926
Albenberger Bianca 81938
Windisch Doris 81928
Höferl, Dr. Andreas 81940

Dezentralisierung
Kubu Alfred 81937

Gemeinderat, Landtag, Gemeinderatsausschüsse
Ebner Brigitte 81933
Smerhovsky Helga 81943
Zimmermann Margit 81945
Kukacka Sabrina 81936

Verband sozialdemokratischer Gemeinde- und Bezirksvertreter
Lindenmayr Siegfried,
Verbandssekretär 81939
E-Mail: gvv.wien@spoe.at

Verbandssekretariat
Franer, Dr. Kilian 81932
Hackenberg Marion 81934

Presse- und Öffentlichkeitsarbeit
Schäfer Franz 81923
Zlamal, Mag. Michaela 81930
Wernsperger-Budai Ernst 81941

Sekretariat des 1. Vorsitzenden
Hundstorfer Rudolf,
1. Vorsitzender des Gemeinderates 81931
Sekretariat 81933

Klub der Wiener Freiheitlichen,
(1082) 1, Rathaus, Stiege 6, Halbstock,
Tür 234 .... 40 00 . . .
Telefax: 40 00-99-Nebenstelle
IBS-User: KFPA

Kabas, Mag. Hilmar, Klubobmann 81741
Tscharnutter, Mag. Michael,
Klubdirektor 81744
Sekretariat 81746, 81748

ÖVP-Klub der Bundeshauptstadt Wien,
(1082) 1, Rathaus, Stiege 8, Halbstock,
Tür 222 .... 40 00 . . .
Telefax: 40 00-99-Nebenstelle
IBS-User: KVPA

Görg, Dr. Bernhard, Klubobmann 81954
Tschirf, Dr. Matthias,
geschäftsführender Klubobmann 81951
Scharf, Dr. Thomas,
Fraktionsgeschäftsführer 81957
Meisel, Mag. Philipp,
Klubsekretär 81964
Kosak Daniel, Pressereferent 81915
Sekretariat 81953, 81955

Grüner Klub im Rathaus,
(1082) 1, Rathaus, Stiege 6, Hochparterre,
Tür 106 .... 40 00 . . .
Telefax: 40 00-99-Nebenstelle,
IBS-User: KGRA

Chorherr, Mag. Christoph,
Klubobmann 81806
Musiol, Mag. Daniela,
Klubsekretärin 81804
Leo, Mag. Rudolf, Pressereferent 81821
Sekretariat 81800, 81822

MAGISTRATSDIREKTION

MAGISTRATSDIREKTOR

T h e i m e r, Dr. Ernst,
(1082) 1, Rathaus, Stiege 5, 1. Stock,
Tür 310 . . . . 40 00 . . ., 82111
E-Mail: the@mda.magwien.gv.at
Telefax: 40 00-99-82111
P i l l m e i e r, Dr. Peter,
Magistratsdirektor-Stellvertreter 82122
G e r l i c h, Dr. Rudolf, Obersenatsrat,
Pressereferent 75151
Sekretariat: I p s m i l l e r Edith,
Kanzleioberkommissärin 82115
Vorraum 82117

Geschäftsbereich STRATEGIE UND RECHT

Personalangelegenheiten leitender Bediensteter.
Dienstaufsicht über leitende Bedienstete.
Anträge an den Bürgermeister auf Bestellung von Bediensteten mit Sonderaufgaben gemäß § 11a der Geschäftsordnung für den Magistrat.
Ausschreibungen von Dienstposten für leitende Bedienstete.
Kontrollamtsangelegenheiten.
Anfragen und Anträge an Bürgermeister und Landeshauptmann.

T h e i m e r, Dr. Ernst, Magistratsdirektor . . . 82111
Sekretariat: I p s m i l l e r Edith,
Kanzleioberkommissärin 82115
B r e t t e r b a u e r, Dr. Adelheid,
Obersenatsrätin
(1, Rathaus, Stiege 7, 1. Stock, Tür 315) 82125
Sekretariat 82146
K a s s a r Susanne, Amtsrätin
(1, Rathaus, Stiege 7, 2. Stock, Tür 425g) . . . 82152
B e i ß e r Karin
(1, Rathaus, Stiege 5, 2. Stock, Tür 407h) . . . 82156
Sekretariat 82153

Strategie und Kommunikation

(1082) 8, Friedrich-Schmidt-Platz 3,
1. Stock . . . . 40 00 . . .
Telefax: 40 00-7901
IBS-User: MDSA
E-Mail: post@mds.magwien.gv.at

T h e i m e r, Dr. Ernst, Magistratsdirektor
(1, Rathaus, Stiege 5, 1. Stock, Tür 310) 82111
G e r l i c h, Dr. Rudolf, Obersenatsrat 75151
K l ö t z l, Mag. Bettina 75152
Sekretariat 75155, 75156

Präsidialabteilung

Dienst um die Person des Bürgermeisters, Erledigung der laufenden Bürogeschäfte und persönlichen Aufträge des Bürgermeisters.
Durchführung von Empfängen und Feierlichkeiten.
Betreuung der Gäste der Stadt Wien und Vorbereitung der offiziellen Reisen des Bürgermeisters.
Verkehr mit ausländischen Stellen, mit den in Wien ansässigen diplomatischen Vertretungen und internationalen Organisationen, sofern es sich um Angelegenheiten im Zusammenhang mit der Person des Bürgermeisters handelt.
Vergabe der Säle im Rathaus.

(1082) 1, Rathaus, Stiege 5,
1. Stock . . . . 40 00 . . .
Telefax: 40 00-99-Nebenstelle
IBS-User: MDPA
E-Mail: post@mdp.magwien.gv.at

M ü l l e r, Mag. Wolfgang, Senatsrat 82011
Sekretariat:
G r e i l i n g e r Gerda,
Kanzleikommissärin 82015
G r i e ß l e r, Mag. Dr. Margareta,
Senatsrätin 82012
S i r k a, Mag. Alena 82013
V o t a v a Gabriele, Oberamtsrätin 82050
K o z e l, Ing. Peter, Techn. Oberamtsrat . . . 81117
P o l a k, Ing. Michal, Techn. Amtsrat 81114
B i a n c o Susanne 82025
K a l t e n b ö c k Harald 82247
D u s c h e k, Dr. Ingrid,
Obermagistratsrätin,
Public Relations 81857
R o n g e Christoph, Redakteur 81841
T r i m m e l Wolfgang, Redakteur 81846

Empfänge und Feierlichkeiten,
(1082) 1, Rathaus, Stiege 5, Dachgeschoß, Tür 505:
W e i s h a u p t Gerhard, Oberamtsrat 82061
K l i n g e n s t e i n Harald, Amtsrat 82064
Referentinnen/Referenten . . . 82063, 82065, 82066
Kanzlei 82067, 82068

Kanzlei:
T a u f e n e c k e r Ingeborg,
Kanzleioberkommissärin 82019, 82029
Protokoll 82026, 82028, 82029
Amtsgehilfinnen/Amtsgehilfen 82027

Verfassungsdienst und Rechtsmittelangelegenheiten

Verfassungsrechtliche Angelegenheiten (Verfassungsdienst), rechtliche Angelegenheiten der Grenzen des Stadtgebietes.

Überprüfung der Vorlagen von Landesgesetzen, Verordnungen und sonstigen allgemeinen Anordnungen des Magistrats, insbesondere auch hinsichtlich Gesetzestechnik, Verfassungsmäßigkeit und Einklang mit dem Bundes- und dem Wiener Landes- und Ortsrecht; Stellungnahme zu Entwürfen von Gesetzen, Verordnungen und sonstigen allgemeinen Anordnungen des Bundes oder anderer Gebietskörperschaften (Legistischer Dienst), soweit keine andere Dienststelle zuständig ist.
Bereinigung der Wiener Rechtsvorschriften.
Herausgabe der Wiener Rechtsvorschriften-Sammlung und Betreuung des Wiener Rechtsinformationssystems.
Rechtliche Angelegenheiten des Konsultationsmechanismus, soweit nicht andere Dienststellen zuständig sind.
Rechtliche Angelegenheiten der europäischen Integration, einschließlich der Verfahren vor dem Gerichtshof und dem Gericht 1. Instanz der Europäischen Gemeinschaften und des Europarates; Beobachtung des Umsetzungsbedarfes und Mitwirkung bei der Ausbildung der städtischen Bediensteten in Fragen des Europarechts.
Vorsorge für die Dokumentation des Rechtes der Europäischen Union und des Europäischen Wirtschaftsraumes.
Verlautbarung von Gesetzen, Verordnungen und Kundmachungen im Landesgesetzblatt; Erteilung der Ermächtigung zur Kundmachung von Verordnungen in anderen Publikationsorganen, insbesondere im Amtsblatt der Stadt Wien; Notifikation von Vorschriften und Entwürfen von Vorschriften an die Kommission der Europäischen Gemeinschaften.
Abschluss von Vereinbarungen mit anderen Bundesländern nach Art. 15a B-VG und nach dem Gebietsänderungsgesetz; gemeinsame Angelegenheiten von Wien und Niederösterreich nach dem Trennungsgesetz mit Ausnahme finanzieller Angelegenheiten.
Anträge an den Bürgermeister und an den Gemeinderat über die Erlassung und Abänderung der Geschäftsordnung für den Magistrat.
Überprüfung aller Rechtsmittelakten des Magistrats, wenn ein aufsteigendes Rechtsmittel erledigt wird, Überprüfung der solche Erledigungen betreffenden Entscheidungen über außerordentliche Rechtsmittel und amtswegige Abänderungen, Überprüfung aller Rechtsmittelakten, die einer anderen Behörde zur Entscheidung vorgelegt werden, mit Ausnahme der Verwaltungsstrafsachen und derjenigen Angelegenheiten, die dem UVS Wien zugewiesen sind, sowie jener Bereiche, bei denen dies vom Magistratsdirektor ausdrücklich ausgenommen wurde.
Erstellung von Rechtsgutachten und Erteilung von Rechtsauskünften in grundsätzlichen Angelegenheiten des öffentlichen Rechts, insbesondere des Verfassungsrechts und der Verwaltungsverfahrensvorschriften, sowie des EU-Rechts.
Überprüfung aller Verfassungs- und Verwaltungsgerichtshofbeschwerden vor deren Einbringung sowie Überprüfung aller den Gerichtshöfen des öffentlichen Rechts vorzulegenden Dienststücke und von Gegenschriften, mit Ausnahme jener Dienststücke und Gegenschriften, die vom UVS Wien zu erledigen sind, sowie jener Bereiche, bei denen dies vom Magistratsdirektor ausdrücklich ausgenommen wurde.
Bearbeitung von Berufungen gegen Bescheide des Magistrats, sofern keine andere Dienststelle und nicht der UVS Wien zuständig ist.
Bearbeitung der Rechtsmittel an die Abgabenberufungskommission, soweit nicht die MA 4 zuständig ist, und die Bauoberbehörde.
Führung der Bürogeschäfte der Abgabenberufungskommission, der Bauoberbehörde und des Berufungssenats.
Bearbeitung der Rechtsmittel in Angelegenheiten der Bodenreform und Führung der Bürogeschäfte der Agrarbehörde zweiter Instanz.
Koordination der Verwaltungsstraftatbestände und Verwaltungsstrafen in erster Instanz.

(1082) 1, Rathaus, Stiege 8,
1. Stock, Tür 322, 323, 326, 308n ...... 40 00 ...
2. Stock, 436b, c, d, e, f, 437, 437a,
438a, b, c, 439, 439a, 440, 441a, b, c
Telefax: 40 00-99-82310
IBS-User: MDVA
E-Mail: post@mdv.magwien.gv.at,
kanzlei@mdv.magwien.gv.at

Pollak, Dr. Peter, Senatsrat 82311
Sekretariat 82315, 82324
Pauer, Mag. Karl, Senatsrat,
Dezernatsleiter für Finanzrecht, Vergaberecht, Dienstrecht, Wohnungswesen und Verkehrsrecht 82338
Krasa, Dr. Peter, Senatsrat,
Dezernatsleiter für Baurecht, Recht der Technik und Wirtschaftsrecht 82334
Jankowitsch, Dr. Wolfgang,
Obersenatsrat 82312
Hejkrlik, Mag. Robert,
Obermagistratsrat 82322
Bubak, Mag. Leopold 82316
Magesacher, Mag. Wolfgang, LL.M. . 82332
Raffler, Mag. Michael,
Obermagistratsrat 82321
Mader, Mag. Andrea,
Obermagistratsrätin 82314
Bollinger, Mag. Sabine 82317
Pospischill, Mag. Martin 82341
Rehak, Mag. Renate 82344
Schantl-Wurz, Dr. Eva 82318
Liebert, Mag. Heinz 82333
Trenner, Mag. Andreas 82348
Böck Thomas, Oberamtsrat 82347
Friedl Karl, Amtsrat 82345
Tomsik Werner 82325
Wosak Katharina 82339
Kurta Monika, Kanzleioberkommissärin,
Kanzleileiterin 82319
Allgemeines Protokoll 82328
ABK-Protokoll 82324, 82337
BOB-Protokoll 82310
BS-Protokoll 82327
Kanzlei 82320, 82323, 82327, 82329, 82330,
82335, 82336, 82337
Amtsgehilfinnen/Amtsgehilfen 82326, 82342

Zivil- und Strafrecht

Rechtsberatung der Dienststellen der Stadt Wien und deren Anstalten, Stiftungen und Fonds sowie Erstellung von Rechtsgutachten in wichtigen Zivil- und Strafrechtsangelegenheiten.
Mitwirkung beim Abschluss wichtiger oder schwieriger Rechtsgeschäfte, einschließlich der Rechtsberatung in wichtigen Vergabeangelegenheiten aus zivilrechtlicher Sicht; Mitwirkung in Vergabekommissionen.
Begutachtung strafrechtlicher Tatbestände zur Wahrung der Interessen der Stadt Wien.
Führung der Aktiv- und Passivprozesse der Stadt Wien einschließlich Exekutionsführungen sowie Vertretung der zivilrechtlichen Interessen in Strafprozessen, soweit diese Angelegenheiten im Rahmen ihrer operativen Aufgabenstellungen nicht Magistratsabteilungen zugewiesen sind.
Behandlung von Anspruchstellungen nach dem Amtshaftungsgesetz.
Vertretung der Interessen der Stadt Wien im Zusammenhang mit Verlassenschaftsangelegenheiten zu ihren Gunsten.
Interessenwahrung in bedeutsamen oder schwierigen Exekutions- und Insolvenzverfahren.
Außergerichtliche Bereinigung strittiger zivilrechtlicher Ansprüche.
Ausstellung von Vollmachten namens der Stadt Wien zum Zwecke der Rechtsvertretung und -beratung, einschließlich der Koordination und Gewährleistung der damit verbundenen Informationsflüsse, soweit nicht die Magistratsabteilung 41 zuständig ist.
Genehmigung der Beistellung eines Rechtsanwalts im Sinne der Fürsorgepflicht des Dienstgebers.
Erstattung eines Dreiervorschlags an die Magistratsabteilung 7 hinsichtlich eines Mitglieds/Ersatzmitglieds des rechtskundigen Dienstes der Stadt Wien im Kuratorium der Anstalt "Museen der

Stadt Wien".
Überprüfung der Angemessenheit von Anwalts- und Notarhonoraren.
Entbindungen von der Amtsverschwiegenheit sowie Genehmigung der Übermittlung von Akten an Gerichte und Verwaltungsbehörden.
Ausstellung von Überbeglaubigungen und Apostillen.
Wahrnehmung der Aufgaben der Disziplinaranwaltschaft.

(1082) 1, Rathaus, Stiege 4, Hochparterre,
Tür 113 . . . . 40 00 . . .
Telefax: 40 00-99-82350
IBS-User: MDZA
E-Mail: post@mdz.magwien.gv.at

Z ö r n e r , Dr. Franz, Obersenatsrat,
Bereichsleiter für Bürgerservice und für die Dezentralisierung der Verwaltung der Stadt Wien 82351
Sekretariat 82355, 82356
Rechtsberatung und -begutachtung inklusive Beratung bei legistischen Maßnahmen sowie Prozessvorbereitung und -abwicklung für folgende Dienststellen:

Z ö r n e r , Dr. Franz, Obersenatsrat,
MD-Geschäftsbereich Strategie und Recht, Büros der amtsführenden Stadträte und Bezirksvorstehungen 82351

B e r t a n i , Dr. Hugo, Obersenatsrat,
MD-Geschäftsbereich Koordination, Organisation, Internationale Beziehungen und Finanzen, MA 4, 5, 26, 27 und MA-K; grundsätzliche Fragen des Klags- und Exekutionswesens 82375

K a h l e r , Dr. Elisabeth, Obersenatsrätin,
Agenden als Disziplinaranwältin, MA 16, 50 und Wiener Wohnen; grundsätzliche Fragen des Bestandrechts 82393

M i k s c h , Mag. Elisabeth,
MD-Geschäftsbereich Bauten und Technik, MA 7, 8, 9, 13, 40, 41, 51, 63-Vergabewesen 69 und Museen der Stadt Wien, Mitarbeit in Vergabekommissionen betreffend Hochbau; Mitarbeit in den Agenden der Disziplinaranwaltschaft, grundsätzliche Fragen im Zusammenhang mit Vergabeangelegenheiten . 82376

P r u g g m a y e r , Mag. Claudia,
MD-Geschäftsbereich Personal und Revision, MA 1, 2, 18, 19, 21A, 21B, 36, 37, 57 und 64; Mitarbeit in Vergabekommissionen betreffend Tiefbau, Mitarbeit in den Agenden der Disziplinaranwaltschaft, grundsätzliche Fragen des Arbeits- und Personalrechts 82399
MA 4, 5, 6, 53 und MA-K;

F i n k , Mag. Michael,
MA 14, 28, 29, 33, 39, 46, 55, 65 und 67, Kontakt und Schnittstelle zu den Gesellschaften der Wiener Stadtwerke; Mitarbeit in Vergabekommissionen betreffend Krankenanstaltenver bund und Umwelt, Mitarbeit in den Agenden der Disziplinaranwaltschaft, grundsätzliche Fragen des Verkehrsrechts und der Verkehrssicherungspflicht sowie in EDV-Angelegenheiten 82368

H e j s e k , Dr. Ulrich,
MA 6, 11, 11 A, 12, 38, 59, 60, 63-Gewerbewesen, 66, 68 und Magistratische Bezirksämter, grundsätzliche Fragen des Insolvenzwesens 82377

M e r t z - K o l l e r , Mag. Regina,
MA 15, 20, 30, 31, 47, 48-Abschleppungen, 61, 62, 70 und MA-L; Kontakt und Schnittstelle zum Wiener Krankenanstaltenverbund, Mitarbeit in Vergabekommissionen betreffend Hochbau, Mitarbeit in den Agenden der Disziplinaranwaltschaft, grundsätzliche Fragen im Gesundheitswesen 82381

W e n d e l , Mag. Rainer,
MA 22, 42, 43, 44, 45, 49 und 58, Mitarbeit in Vergabekommissionen betreffend Tiefbau, Mitarbeit in den Agenden der Disziplinaranwaltschaft, grundsätzliche Fragen des Umweltrechts 82387

W i n k l e r , Mag. Marion,
MA 23, 24, 25, 32, 48-Bauangelegenheiten, 53, 54 und 56, Mitarbeit in Vergabekommissionen betreffend KAV und Umwelt, Mitarbeit in den Agenden der Disziplinaranwaltschaft, grundsätzliche Fragen des Gesellschafts- und Handelsrechts 82395

Exekutionen (auch hinsichtlich Ersatzvornahmekosten der MA 25) und Insolvenzen, Mahnklagen, Sachwalter- und Kuratorbestellungen, Entbindungen von der Amtsverschwiegenheit:

K u r k a Karl, Oberamtsrat 82391
1. Exekutionen (ausgenommen Realexekutionen), Insolvenzen, Mahnklagen, Sachwalter- und Kuratorbestellungen und Entbindungen für Buchstaben A–G (Zuname des Betroffenen)
2. Realexekutionen:
   a) Zwangsversteigerungen für die Bezirke 1, 3–12, 18, 19, 22, 23 und außer Wien
   b) Zwangsweise Pfandrechtsbegründungen (Ersatzvornamekosten für die MA 25) für die Bezirke 7–9, 22, 23 und außer Wien,

Unterstützung der Dienststellenleitung in Budget-, EDV- und organisatorischen Angelegenheiten

P o l l e k Marietta, Amtsrätin 82398
1. für Buchstaben H–J und N–Q
2. a) Bezirke 2, 20 und 21
   b) Bezirke 15–21,

Liegenschaftsangelegenheiten

L a s c h o b e r Gabriele 82397
1. für Buchstaben K–M

2. a) Bezirke 13–15
b) Bezirke 10–14

G r b a w t s c h i t z Renate,
Oberamtsrätin 82392
1. für Buchstaben R–Z
2. a) Bezirke 16 und 17
b) Bezirke 1–6,
Genehmigung der Übermittlung von Akten an Gerichte und Verwaltungsbehörden

Überbeglaubigungen 82359
Kanzleileiterin/Kanzleileiter 82369
Einlaufstelle und Protokoll 82362, 82363
Schreibstelle 82364, 82365
Amtsgehilfinnen/Amtsgehilfen 82366, 82367

Bereich Dezentralisierung
(1082) 1, Rathausstraße 2, 2. Stock,
Tür 261 . . . . 40 00 . . .
Telefax: 40 00-99-Nebenstelle
W i s m ü h l e r , Ing. Hanna-Maria,
Techn. Oberamtsrätin 75841
H a y e r , Ing. Rudolf, Techn. Amtsrat 75842
R i n g Susanna, Amtsrätin 75843
Kanzlei 75848, 75849

Personalstelle Wiener Stadtwerke

Besorgung jener Aufgaben gemäß § 3 Abs. 2 Wiener Zuweisungsgesetz, die nach dem Statut für die Unternehmungen der Stadt Wien, Beschluss des Gemeinderates vom 4. Februar 1966, Pr. Z. 48, ABl. der Stadt Wien Nr. 15/1966, zuletzt geändert durch Beschluss des Gemeinderates vom 24. April 1997, Pr. Z. 42/97 – GIF, ABl. der Stadt Wien Nr. 20/1997, in der am 31. Dezember 1998 geltenden Fassung dem Generaldirektor der Wiener Stadtwerke und den Direktoren der Teilunternehmungen der Wiener Stadtwerke in Personalangelegenheiten zugekommen sind.
Wahrnehmung der sich nach der Geschäftsordnung für den Magistrat der Stadt Wien in Verbindung mit Anhang 1 dieser Geschäftsordnung, Entschließung des Bürgermeisters vom 31. Oktober 1966 aufgrund der Genehmigung des Gemeinderates vom 21. Oktober 1966, Pr. Z. 2407, ABl. der Stadt Wien Nr. 98/1966, zuletzt geändert durch Entschließung des Bürgermeisters vom 24. Juni 1998 aufgrund der Genehmigung des Gemeinderates vom 24. Juni 1998, Pr. Z. 127/98 – GIF, ABl. der Stadt Wien Nr. 29/1998, in der am 31. Dezember 1998 geltenden Fassung ergebenden Zuständigkeiten in Personalangelegenheiten.

Ringturm, (1011) 1, Schottenring 30 . . . . 691 . . ., 531 23 . . .
Telefax: 531 23–73993
E-Mail: vpr@wienerstadtwerke.at

J o k l i k, Dr. Felix,
Bereichsdirektor für Personal der
Wiener Stadtwerke . . . . 73920 (40 00 . . ., 86957)
B l a z e k, Dr. Erwin, Senatsrat 73922

Ressort Personalangelegenheiten
WIENSTROM GmbH
(1095) 9, Mariannengasse 4–6 . 691 . . ., 40 04 . . .
Telefax: 40 04-31090
E-Mail: vp@wienstrom.co.at
L i e b h a r t, Ing. Mag. Dr. Gustav,
Senatsrat 31000

Ressort Personalangelegenheiten
WIENGAS GmbH
(1081) 8, Josefstädter Straße 10-12 . . . . . . 693 . . .,
401 28 . . .
Telefax: 401 28-9111
E-Mail: 11@wiengas.at
H o r a k Klaus, Amtsrat 1100

Ressort Personalangelegenheiten
WIENER LINIEN GmbH & Co KG
(1031) 3, Erdbergstraße 202 . . . . 692 . . ., 79 09 . . .
Telefax: 79 09-22090
E-Mail: pa@wienerlinien.at
K a b e l k a, Dr. Raimund,
Senatsrat 2100, 22000

Ressort Personalangelegenheiten
BESTATTUNG WIEN GmbH
(1041) 4, Goldeggasse 19 . . . . . 694 . . ., 501 95 . . .
Telefax: 501 95-4310
E-Mail: personalressort@bestattungwien.at
K r e n n Franz, Oberamtsrat 4216

Ressort Gehaltsverrechnungsangelegenheiten
(1031) 3, Erdbergstraße 202 . . . . 692 . . ., 79 09 . . .
Telefax: 79 09-83090
E-Mail: prg@wienerstadtwerke.at
B e h l i n g Peter, Oberamtsrat 83000

Ressort Pensionsangelegenheiten
(1031) 3, Erdbergstraße 202 . . . . 692 . . ., 79 09 . . .
Telefax: 79 09-86090
Z e m a n, Regierungsrat Walter,
Oberamtsrat 86000

Restitutionsangelegenheiten

Restitutionsangelegenheiten hinsichtlich der sich für die Stadt Wien aus dem Notenwechsel vom 17. Jänner 2001 zwischen der österreichischen Bundesregierung und der Regierung der Vereinigten Staaten von Amerika ergebenden Verpflichtungen und unter Bedachtnahme auf die Regelungen des Bundesgesetzes über den Nationalfonds der Republik Österreich für Opfer des Nationalsozialismus, des Entschädigungsfondsgesetzes und des Versöhnungsfonds-Gesetzes.

(1082) 1, Doblhoffgasse 9,
1. Stock . . . . 40 00 . . .
Telefax: 40 00–99–Nebenstelle
IBS-User: MDRA
E-Mail: post@mdr.magwien.gv.at

S c h o l z, Dr. Kurt, Obersenatsrat,
Bereichsleiter für Restitutionsangelegenheiten 82181
Sekretariat 82185
Auskunft 82180

Geschäftsbereich KOORDINATION

Koordination der Magistratischen Bezirksämter.
Koordination der städtischen Unternehmungen (Wiener Krankenanstaltenverbund, Stadt Wien – Wiener Wohnen).
Koordination des Magistrats mit den ausgelagerten Verwaltungsbereichen.
Rechnungshofangelegenheiten.

(1082) 1, Rathaus, Stiege 5, 1. Stock,
Tür 310 . . . . 40 00 . . .

P i l l m e i e r, Dr. Peter,
Magistratsdirektor-Stellvertreter 82122
Sekretariat 82145

Allgemeine Angelegenheiten

Unterstützung des Magistratsdirektors und des Magistratsdirektor-Stellvertreters bei allen ihren Aufgaben.
Mitwirkung des Magistratsdirektors als Landesamtsdirektor an der Gesetzgebung und Vollziehung des Landes in den in der Wiener Stadtverfassung vorgesehenen Fällen.
Entsendung von Funktionären und Bediensteten als Vertreter des Landes (der Stadt) Wien zu Tagungen, Kongressen u. dgl.
Angelegenheiten, die dem Magistratsdirektor durch besondere Rechtsvorschriften zugewiesen sind.
Dienststellenleiterfragen auch sachbezogener Art.
Wünsche, Anregungen, Beschwerden an den Magistratsdirektor.
Vorbearbeitung der Delegierung von Funktionären und Bediensteten der Stadt Wien in Kollegialorgane, Organe von wirtschaftlichen Unternehmungen etc.
Koordination der zur Leitung des gesamten inneren Dienstes erforderlichen Maßnahmen.
Grundsätzliche Beziehungen zu den Bundesländern und den anderen Gebietskörperschaften auf dem Gebiet der Verfassung und Verwaltung; Vertretung der Interessen der Stadt Wien, soweit sie nicht anderen Dienststellen übertragen ist.
Verkehr mit Dienststellen des Bundes und anderer Gebietskörperschaften, sofern es sich um die Erledigung von wichtigeren oder grundsätzlichen oder solchen Angelegenheiten handelt, die nicht in den regelmäßigen Geschäftsumfang einer Dienststelle oder einer Unternehmung der Stadt Wien fallen.
Grundsätzliche Angelegenheiten der Verbindungsstelle der Bundesländer.
Rechtliche Angelegenheiten der Bezirksvertretungen und Bezirksvorsteher, Geschäftsordnung der Bezirksvertretungen.
Herausgabe von Erlässen, soweit sie nicht nur im Bereich einer Abteilung, durch den Leiter einer Stabsstelle der Magistratsdirektion oder durch Bedienstete gemäß § 11a GOM oder durch eine hiezu ermächtigte Dienststelle ergehen; Betreuung des Erlass-Sammelsystems.
Vorbereitung der Landeshauptmänner- und der Landesamtsdirektorenkonferenzen.
Vorbereitung der Magistratsdirektorenkonferenzen.
Angelegenheiten, die nach der Geschäftseinteilung für den Magistrat nicht ausdrücklich einer anderen Dienststelle zugewiesen sind, sofern nicht eine Dienststelle vom Magistratsdirektor mit der Behandlung der Angelegenheit betraut wird.
Führung der Bürogeschäfte des Landtages, des Gemeinderates, der Landesregierung und des Stadtsenates; Weiterleitung der von den Bezirksvertretungen gestellten Anträge.
Stenografen- und Gebärdensprachdolmetschdienst.
Anträge auf Ehrungen durch Verleihung
eines Ehrenzeichens für Verdienste um das Bundesland Wien,
der Wiener Rettungsmedaille,
des Ehrenzeichens für Verdienste im Wiener Feuerwehr- und Rettungswesen,
der Einsatzmedaille des Landes Wien,
des Ehrenringes der Stadt Wien,
der Ehrenmedaille der Bundeshauptstadt Wien,
der Otto-Glöckel-Medaille und
der Professor-Dr.-Julius-Tandler-Medaille der Stadt Wien.
Anträge auf Ehrungen in Form von Ernennungen zu Bürgern oder Ehrenbürgern und auf alle sonstigen Ehrungen durch die Stadt oder durch das Land Wien, soweit solche Anträge nicht einer Magistratsabteilung vorbehalten sind.
Antragstellung für Bundesauszeichnungen.
Veranlassung der Beflaggung von öffentlichen Verkehrsflächen und städtischen Gebäuden.

(1082) 1, Rathaus, Stiege 5, 1. Stock,
Tür 310, 312 . . . . 40 00 . . .
Telefax: 40 00-99-Nebenstelle
IBS-User: MDAA
E-Mail: post@mda.magwien.gv.at

P i l l m e i e r, Dr. Peter,
Magistratsdirektor-Stellvertreter 82122
Sekretariat 82145
Kanzlei
P e s a u Ilse, Kanzleioberkommissärin 82119, 82149
Protokoll 82158, 82165
Durchlauferindex, Amtsgehilfinnen/Amtsgehilfen 82147

Koordination
L a v i c k y, Dr. Otto, Obersenatsrat 82123
Sekretariat 82116
S a m e k, Dr. Peter, Senatsrat 82124
Sekretariat 82155
C e c h, Mag. Dr. Gerhard, LL.M. 82126
Sekretariat 82168

Geschäftsstelle Landtag, Gemeinderat, Landesregierung und Stadtsenat,
(1082) 1, Rathaus, Stiege 8, 1. Stock,
Tür 320)
K u s t a, Regierungsrat Sven, Oberamtsrat 82041
K r i z Margarete, Oberamtsrätin 82049
Kanzlei: S t r a s s e r Manuela, Kanzleikommissärin 82045
Protokollauskunft (Landesregierung, Stadtsenat, Landtag, Gemeinderat, Betreuung Homepage) 82085, 82086
Wörtliches Protokoll (Landtag, Gemeinderat) 82082
Beschlussprotokoll (Landtag, Gemeinderat, Landesregierung, Stadtsenat) 82084
Betreuung Intra-/Internet 82048
Bezirksanträge 82044

Ehrungen (Ehrenzeichen, Hochzeitsjubiläen, Geburtstagsehrungen)
(1082) 1, Rathaus, Stiege 5, 2. Stock,
Tür 407 l)
R e n d l, Hofrat Albert, Oberamtsrat 82071
R a u b i k Susanne, Amtsrätin 82072
K o r n Harald 82077
Sachbearbeiterinnen/Sachbearbeiter 82073, 82075, 82076, 82078
Kanzlei 82079

Krisenmanagement und Sofortmaßnahmen

Organisation von Hilfsmaßnahmen der Stadt Wien im Inland unbeschadet der Genehmigung durch die zuständigen Gemeindeorgane.
Prüfung und Veranlassung von Sofortmaßnahmen aufgrund von Wahrnehmungen, welche die Wiener Stadtverwaltung betreffen.
Verkehr mit ausländischen Stellen, mit den in Wien ansässigen diplomatischen Vertretungen und internationalen Organisationen, mit Dienststellen des Bundes und anderer Gebietskörperschaften, sofern es sich um die Erledigung von Angelegenheiten handelt, die im Rahmen der Stabsstelle zu besorgen sind und nicht in den regelmäßigen Geschäftsumfang einer Dienststelle oder einer Städtischen Unternehmung fallen.
Administrative Angelegenheiten des Zivilschutzes einschließlich der umfassenden Landesverteidigung, sofern keine andere Dienststelle zuständig ist.
Koordination der Angelegenheiten des Zivilschutzes, Katastrophenschutzes und Katastropheneinsatzes.
Ausarbeitung und Weiterführung des Katastrophenschutzplanes und des Katastrophenalarmplanes, einschließlich der Auswahl und Heranziehung von Einrichtungen sowie Zuteilung von Aufgaben an diese.
Anordnung der Durchführung von Einsatzübungen gemäß § 3 Abs. 3 des Wiener Katastrophenhilfegesetzes.
Vermittlung von Kenntnissen an die Bevölkerung auf dem Gebiet des Selbstschutzes und der Haushaltsbevorratung gemäß § 4 Abs. 1 des Wiener Katastrophenhilfegesetzes.
Führung der Bürogeschäfte des Krisenmanagements der Stadt Wien.
Führung der Bürogeschäfte des Landesversorgungssicherungsausschusses, des Landeslenkungsausschusses und des Landeskoordinationsausschusses.
Koordination von Sicherheitsmaßnahmen, ausgenommen in Angelegenheiten des Brandschutzes, des Bedienstetenschutzes und in bautechnischen Angelegenheiten.
Erteilung von Einsatzaufträgen an die Rathauswache.
Entgegennahme von Meldungen über Schäden an Gemeindevermögen.
Zentrale Verteilstelle von Meldungen anderer Behörden über Beschädigungen von im Eigentum der Stadt Wien stehenden Einrichtungen.
Fahrservice, soweit die Fahrzeuge den Dienststellen nicht direkt zugeteilt sind, mit Ausnahme der technischen Angelegenheiten.
Führung des Verzeichnisses der privaten Adressen und Telefonnummern der Dienststellenleiter und ihrer Stellvertreter.

(1082) 1, Rathausstraße 1,
7. Stock . . . . 40 00 . . .
Telefax: 40 00–99–Nebenstelle
IBS-User: MKSA
E-Mail: post@mks.magwien.gv.at

B r e i n e r, Dr. Georg, Obersenatsrat, Sicherheitsbeauftragter für die städtischen Amtshäuser 75211
Sekretariat 75215
Kanzlei 75218, 75219

P e t e r s, Dr. Ronald, Obermagistratsrat 75212
Sekretariat 75216
S c h ü c h Silvia , Kanzleioberkommissärin 75234
Budget- und Personalangelegenheiten, humanitäre Hilfsmaßnahmen im Inland 75234, 75234

Dezernat Zivilschutz, Sicherheit:
H i l l e r Werner, Oberamtsrat 75231
C h r i s t o p h Rudolf, Oberamtsrat 75232
G r i l l e n h o f e r Evelyn 75233
K n e i s l Josef 75236
Dezernatskanzlei 75238, 75239
Sicherheitsangelegenheiten 7524

Dezernat Sofortmaßnahmen:
E-Mail: so@mks.magwien.gv.at
G r a f Ernst, Oberamtsrat 75221
W u s t i n g e r Josef, Oberamtsrat 75202
Z w i n g e r, Ing. Johann, Techn. Amtsrat 75203
H e i t e r, Ing. Michael, Techn. Amtsrat 75201
Umwelttelefon 75200
Journalplatz (außerhalb der Bürozeiten Tonbanddienst) 75222
Dezernatskanzlei 75228, 75229

Dezernat Fahrservice:
N a b i c h t Kurt, Betriebsoberinspektor 75271, 75281
Administrativ- und Personalangelegenheiten 75272, 75282
Fahrzeuganforderungen 75273, 75285
Garagenkanzlei 75283, 75284
Telefax 40 00-99-Nebenstelle

Klimaschutzkoordination

Aktivierung, Planung, Koordination und Unterstützung der Umsetzung der im Klimaschutzprogramm beschlossenen Maßnahmen in Zusammenarbeit mit anderen Stellen.
Koordination der in den Themenbereichen "Energie", "Mobilität" und "Beschaffungswesen" des Klimaschutzprogramms tätigen Experten und Stellen.
Vertretung der Klimaschutzrelevanten Aspekte in diversen Gremien in Wien.
Einbeziehung der Bezirke in die Umsetzung der Maßnahmenprogramme.
Vorbereitung der Bemühungen der Stadt Wien um Änderungen der nationalen und internationalen Rahmenbedingungen, sodass die Erreichung der Zielsetzungen des KliP-Wien erleichtert wird.
Öffentlichkeitsarbeit, Informations- und Bewusstseinsbildung innerhalb und außerhalb des Magistrats.
Evaluierung, regelmäßige Dokumentation und Erfolgskontrolle der Umsetzungsmaßnahmen.
Vorbereitung der Weiterentwicklung und allfälliger Modifikationen der Klimaschutzpolitik.

(1190) 19, Muthgasse 62, 3. Stock,
Tür G 3.10–3.13, 3.15, 3.17 . . . . 40 00 . . .
Telefax: 40 00-99-Nebenstelle,
IBS-User: MDKA
E-Mail: post@mdk.magwien.gv.at

F o h l e r - N o r e k, Mag. DDr. Christine, Senatsrätin, Klimaschutzkoordinatorin der Stadt Wien 75081
Sekretariat 75085, 75086
F r i e d b a c h e r, Dipl.-Ing. Dr. Robert . . . 75082
K ö p p l Regina, Öffentlichkeitsarbeit 75084
S t e i n e r, Dipl.-Ing. Marianne 75083

Geschäftsbereich PERSONAL UND REVISION

(1082) 1, Rathaus, Stiege 7, Halbstock, Tür 213
K a s s a r, Dr. Roland,
Bereichsdirektor für Personal und Revision 81601
L ö w Dagmar, Amtsrätin 81603
Sekretariat 81605, 81606

Personalmanagement und Förderangelegenheiten

Dienstaufsicht – soweit sie nicht dem Geschäftsbereich Strategie und Recht obliegt – über
rechtskundige Bedienstete, mit Ausnahme des Vizepräsidenten und der übrigen Mitglieder des UVS Wien,
Bedienstete des höheren Verwaltungsdienstes, mit Ausnahme des dem KAV zugewiesenen Personals,
Ärzte, soweit sie nicht im Bereich der Magistratsabteilungen 11, 15, 70 und des KAV verwendet werden,
Tierärzte der Magistratsabteilung 60,
Sondervertragsbedienstete, mit Ausnahme des dem KAV und dem UVS Wien zugewiesenen Personals,
das den Dienststellen des technischen Bereichs und der Magistratsabteilung 4 zugewiesene technische Personal sowie das den anderen Dienststellen zugewiesene technische Personal, mit Ausnahme des dem KAV zugewiesenen technischen Personals der Schemata II und IV,
Psychologen der Magistratsabteilungen 11, 11 A und 12,
Bedienstete der Magistratsabteilungen 7, 8, 9, 10, 12, 13 (ausgenommen Lehrer), 14, 22, 23, 47, 51, 53, 54, 57, 60 und der Magistratsabteilung für Angelegenheiten der Landessanitätsdirektion,
Redakteure der Stadt Wien,
Fachbedienstete des Verwaltungsdienstes, mit Ausnahme des dem KAV und dem UVS Wien zugewiesenen Personals,
Fachbedienstete des Büchereidienstes, mit Ausnahme des den Magistratsabteilungen 13 und 56 zugewiesenen Personals,
Sozialarbeiter, mit Ausnahme des dem KAV zugewiesenen Personals,
Sozialpädagogen, mit Ausnahme des der MA 11 und dem KAV zugewiesenen Personals,
Kanzleibedienstete, mit Ausnahme des dem KAV und dem UVS Wien zugewiesenen Personals,
Büchereibedienstete, mit Ausnahme des der MA 13 zugewiesenen Personals,
Hausinspektoren der Verwendungsgruppe C,
Amtsgehilfen, mit Ausnahme des dem KAV und dem UVS Wien zugewiesenen Personals,
Überwachungsorgane für den ruhenden Verkehr und für Kurzparkzonen,
Bedienstete der elektronischen Datenverarbeitung, mit Ausnahme des dem KAV zugewiesenen Personals.

Zuteilung und Versetzung der vorgenannten Bediensteten sowie Stellenbesetzungen, soweit nicht der Magistratsdirektor die Wahrnehmung dieser Aufgaben einzelnen Dienststellen übertragen hat.
Führung der Personalausgleichstelle.
Zuteilung und Versetzung des Personals zwischen den städtischen Unternehmungen und dem übrigen Magistrat sowie zwischen den Dienstaufsichtsbereichen des übrigen Magistrats.
Eignungsfeststellungen im Rahmen der Dienstaufsicht, soweit nicht der Magistratsdirektor die Wahrnehmung dieser Aufgaben einzelnen Dienststellen übertragen hat.
Ausschreibung von Dienstposten der der Dienstaufsicht der Stabsstelle für Personalmanagement und Förderangelegenheiten unterstehenden Bediensteten, soweit nicht der Magistratsdirektor die Wahrnehmung dieser Aufgaben einzelnen Dienststellen übertragen hat.
Nominierung von rechtskundigen Bediensteten als Mitglieder des UVS Wien und Antragstellung an die Landesregierung.
Zuteilung der von der Landesregierung ernannten Mitglieder und des sonstigen Personals an den UVS Wien.
Festlegung des wesentlichen Inhaltes von Sonderverträgen.
Feststellung des Anspruches auf die Ausgleichszulage bei Verwendung auf einem höherwertigen Dienstposten, soweit nicht der Magistratsdirektor die Wahrnehmung dieser Aufgaben einzelnen Dienststellen übertragen hat.
Entwicklung und Festlegung von Richtlinien und Verfahren für die Leistungsbewertung des Personals und für die strukturierte Gesprächsführung zwischen Vorgesetzten und Mitarbeitern (Mitarbeiter/innenorientierungsgespräch); Koordinaton und Controlling des Einsatzes dieser Instrumente.
Personalforschung, auch im Wege interner Meinungsumfragen.
Festlegung von Richtlinien für Personalmarketing und die Bewerberauslese.
Entwicklung, Festlegung und Koordination von Methoden, Werkzeugen und Maßnahmen im Personalmanagement und in der Personalentwicklung.
Entwicklung von Kennzahlen für Benchmarking im Personalmanagement und in der Personalentwicklung.
Allgemeine Angelegenheiten des Wiener Integrierten Personalinformationssystems.
Koordination aller weiteren, die Automatisierung von Aufgaben im Bereich des Personalwesens betreffenden Vorhaben oder Maßnahmen.
Koordination der nach den datenschutzrechtlichen Vorschriften wahrzunehmenden Aufgaben der auftraggebenden Stellen betreffend die Verfügung über die Daten, die Prüfung der Zulässigkeit der Datenverarbeitung, die Abfassung des Meldungskonzeptes, die Erstellung des Organisationskonzeptes und die Auskunftsorganisation.
Auszeichnungen (Beförderungen, außerordentliche Stufenvorrückungen und Titelverleihungen).
Anerkennungsgaben an städtische Bedienstete mit Ausnahme der Jubiläumsgaben, soweit nicht Dienststellenleiter hiezu ermächtigt sind.

(1082) 1, Rathaus, Stiege 7, Halbstock, Tür 215 . . . . 40 00 . . .
Telefax: 40 00–99–Nebenstelle,
IBS-User: MPMA
E-Mail: post@mpm.magwien.gv.at

K a s s a r, Dr. Roland,
Bereichsdirektor für Personal und Revision 81601
Sekretariat 81605, 81606
(1082) 1, Rthaus, Stiege 7, Halbstock, Tür 213
H o f b a u e r Walter,
Oberamtsrat 81602, 81681
Sekretariat 81685
(1082) 1, Rathaus, Stiege 5, 2. Stock, Tür 407

Kanzleileiterin/Kanzleileiter 81609
Führung der Personalausgleichstelle 81609
Auskunft 81608
(1082) 1, Rathaus, Stiege 7, Halbstock, Tür 215

Gruppe 1 “Strategisches Personalmanagement, Organisation und EDV-Angelegenheiten”:
(1082) 1, Rathaus, Stiege 7, Halbstock, Tür 215
Gruppenleiter:
S a t z i n g e r Johann,
Oberamtsrat 81611

Referentinnen/Referenten:
H o r t a , Mag. Anabela 81663
K u c a , Mag. Doris 81662
R o s e n k r a n z Marion 81613
K o h l Renate 81613
K o m a r e k Claudia 81612
W a l z e r Martin 81619
Kanzlei 81614, 81615

Gruppe 2 "Operatives Personalmanagement, Betreuung von Dienststellen und Mitarbeiter/innen":
(1082) 1, Rathaus, Stiege 7, Halbstock, Tür 215
Gruppenleiterin:
B a y e r Karin, Oberamtsrätin 81641
Büros der Geschäftsgruppen, politische Klubs, Kontrollamt, Unabhängiger Verwaltungssenat Wien, Stadtschulrat

Dezernat 1:
Dezernatsleiterin:
S e y e r - K a u f m a n n Gabriele, Amtsrätin 81646
Referate der Magistratsdirektion (ausgenommen MD-BD), MA 7, 8, 9, 27, Büros der Bezirksvorstehungen, Büro des unabhängigen Bedienstetenschutzbeauftragten
Referentinnen/Referenten:
F l o t h Susanne 81644
MA 6, 10, 11A, 13, 15, 47, 51, 57, MA-L
H o l z i n g e r Martina 81645
MA 1, 2, 4, 5, 26, 38, 53, 59, 61, MA-K
H o r n b e r g Helga, Amtsrätin 81643
MA 16, 56, 58, 62, 63, 64, 65, 66, 67, Magistratische Bezirksämter
Dezernatskanzlei 81654, 81655, 81657, 81658
Auskunft 81640

Dezernat 2:
Dezernatsleiterin:
S t r e y h a m m e r Roswitha, Oberamtsrätin 81624
MD-BD, MA 41, 48, 49, 68
Referentinnen/Referenten:
B a r a s i t s Silvia 81623
MA 18, 19, 21A, 21B, 36, 37, 42, 44, 46, 69, Wiener Krankenanstaltenverbund, Wiener Patientenanwaltschaft
F r i e d r i c h Roland 81625
MA 12, 22, 28, 29, 30, 31, 33, 39, 40, 45, 55, 60, 70, Wiener Umweltanwaltschaft
S o f t i c Muhamed 81626
MA 11, 14, 20, 23, 24, 25, 32, 43, 50, 54, Stadt Wien – Wiener Wohnen, Wiener Kinder- und Jugendanwaltschaft
Dezernatskanzlei . . . 81631, 81632, 81633, 81634
Auskunft 81620

Projektleitstelle für Personaltransferierung im Zusammenhang mit Strukturveränderungen:
B a y e r Karin, Oberamtsrätin 81641

Behindertenreferat:
H o l z i n g e r Martina 81645

Gruppe 3 "Führungskräfteentwicklung, rechtliche und allgemeine Personalangelegenheiten":
(1082) 1, Rathaus, Stiege 5, 2. Stock, Tür 407
H o f b a u e r Walter, Oberamtsrat 81602, 81681
Referentinnen:
E b e r h a r d , Mag. Christina 81684
S c h i n d l e r , Mag. Gerlinde 81683
Sekretariat 81685

Gruppe 4 "Förderungen":
(1082) 1, Rathaus, Stiege 5, 2. Stock, Tür 407
Gruppenleiter:
L e i b l , Regierungsrat Werner, Oberamtsrat 81671
Sachbearbeiterinnen/Sachbearbeiter 81673, 81674, 81675, 81676

Berufliche Gesundheitsförderung

Grundsätzliche Angelegenheiten des Wiener Bedienstetenschutzgesetzes 1998 und des ArbeitnehmerInnenschutzgesetzes, ausgenommen die nach dem Wiener Zuweisungsgesetz zugewiesenen Bediensteten und soweit nicht der Magistratsdirektor die Wahrnehmung dieser Aufgaben einzelnen Dienststellen übertragen hat.
Klärung von grundsätzlichen Rechtsfragen des Bedienstetenschutzes.
Koordination und Prüfung der Umsetzung von Bestimmungen des Arbeitnehmer/Innenschutzgesetzes und des Wiener Bedienstetenschutzgesetzes 1998.
Koordination der für Bedienstetenschutzangelegenheiten zuständigen Fachdienststellen.
Koordination der Beratung und Unterstützung der Dienststellenleiter in Bedienstetenschutzangelegenheiten durch die zuständigen Fachdienststellen.
Koordination betrieblicher gesundheitsfördernder Maßnahmen.
Bestellung und Enthebung von Sicherheitsvertrauenspersonen.
Maßnahmen zur Feststellung von Zusammenhängen zwischen Arbeit und Krankheit sowie zur Beseitigung die Gesundheit negativ beeinflussender Faktoren in der Arbeitswelt.
Nationaler und Internationaler Erfahrungsaustausch in Fragen des Bedienstetenschutzes.

(1070) 7, Hermanngasse 24-26, 2. Stock . . . . 40 00 . . .
Telefax: 40 00-99-Nebenstelle
IBS-User: MBGA
E-Mail: post@mbg.magwien.gv.at

F i c h t n e r , Dr. Wolfgang, Senatsrat 75051
Sekretariat 75055
K a s p e r , Mag. Helmut, Obermagistratsrat 75052
Sekretariat 75056
A u w e c k , Ing. Herbert, Techn. Oberamtsrat 75061
P i e l e r Gustav 75062

Interne Revision und Personalressourcensteuerung

Revision des Dienstbetriebes der städtischen Dienststellen in sachlicher, personeller und organisatorischer Hinsicht.
Wahrnehmung der Personalrevision, kaufmännischen Revision, EDV-Revision, technischen Revision (Baurevision) und rechtlichen Revision.
Prüfung dienststelleninterner Kontroll- und Risikomanagementsysteme.
Erstattung von Vorschlägen für die Organisation von Verwaltungsvorgängen aufgrund von Revisionsergebnissen.
Genehmigung der Erteilung der Zeichnungsberechtigung an mehr als vier unterstellte Bedienstete.
Behandlung von Dienstaufsichtsbeschwerden.
Verkehr mit der Volksanwaltschaft; Kontaktnahme in allen von der Volksanwaltschaft an das Land (die Stadt) Wien herangetragenen Fällen und Vorbearbeitung der an die Volksanwaltschaft gerichteten und die Verwaltung des Landes (der Stadt) Wien betreffenden Erledigungen.
Schaffung, Streichung und Bewertung von Dienstposten.
Entwicklung und Festlegung von Standards und Richtlinien für die Schaffung, Streichung und Bewertung von Dienstposten.
Führung des Dienstpostenplanes.
Genehmigung von Dienst- und Studienreisen außerhalb des Dienstortes, ausgenommen für den Bereich des KAV.
Zuerkennung von Nebengebühren (Personal-, Bau-, Sonder-, Außendienst-, Kassierzulagen, Überstundenvergütungen) und Telefonpauschalvergütungen.
Festlegung von Nebengebührenbudgets, -kontingenten und -richtlinien.
Zuerkennung von Entschädigungen gemäß § 10 Abs. 2 der Reisegebührenvorschrift (Kilometergeld), ausgenommen für den Bereich des KAV.
Personalsicherstellung in Sonderfällen, insbesondere bei Wahlen, Volksabstimmungen, Volksbegehren, Volksbefragungen und Volkszählungen.

(1082) 1, Rathaus, Stiege 8, Halbstock, Tür 221 . . . . 40 00 . . .
Telefax: 40 00–99–Nebenstelle
IBS-User: MIRA
E-Mail: post@mir.magwien.gv.at

Jauernig, Dr. Paul, Obersenatsrat 82401
Sekretariat 82405
Schuh, Mag. Günther, Senatsrat 82402
Sekretariat 82406
Kanzleileiterin/Kanzleileiter 82409
Kanzlei 82415

Stabsstelle Personalressourcensteuerung
Glaser Christine, Amtsrätin 82443
Kanzlei 82449

Dezernat A 1 "Personalrevision"
Schuh, Mag. Günther, Senatsrat 82402
Sekretariat 82406

Revisionsgruppe "Allgemeine Verwaltung"
Auskunft 82420
Fink Albert, Oberamtsrat 82421
Revisionsreferentinnen/ Revisionsreferenten:
Burda Erwin, Amtsrat 82423
Fichtl Robert, Amtsrat 82433
Eder Karl, Amtsrat 82424
Podkowicz Martin, Amtsrat 82425
Pelzer Norbert, Amtsrat 82426
Keck Michael 82427
Holec Michael 82428
Skutecky René, Amtsrat 82445
Exel Andreas 82446
Kanzlei der Revisionsgruppe 82429, 82432

Revisionsgruppe "Gesundheit"
Auskunft 82440
Weinrother Rosa, Oberamtsrätin 82441
Revisionsreferentinnen/ Revisionsreferenten:
Loibelsberger Susanne, Amtsrätin 82442
Kanzlei der Revisionsgruppen 82429, 82432, 82448

Dezernat A 2 "Kaufmännische und EDV-Revision, Recht"
Preisl, Mag. Verena, Obermagistratsrätin 82403
Sekretariat 82419

Referat "Rechtliche Revision"
Walka, Mag. Roland 82407

Referat "Kaufmännische und EDV-Revision"
Dissauer, Mag. Gilbert 82455
Oberhauser, Mag. Andreas 82457
Parfuß, Mag. Christian 82458
Savvidis, Mag. Maria 82456
Vanek, Ing. August 82454
Wottawa, Mag. Friedrich 82453
Kanzlei 82459

Referat "Volksanwaltschafts- und Dienstaufsichtsbeschwerden"
Hussein Renate 82482
Kanzlei 82483

Referat "Überstundensteuerung"
Tiller Peter, Oberamtsrat 82462

Referat "Nebengebührenwesen und Kilometergeld"
Pieb, Regierungsrat Peter, Oberamtsrat 82461

Referat "Dienstreisen und Sonderurlaube"
Hoffmann Helmut, Oberamtsrat 82471
Kanzlei 82469, 82479

Gruppe "Dienstpostenplan"
Auskunft 82480
Wessely Beatrix, Amtsrätin 82481
Zagler Gerda, Kanzleioberkommissärin 82489
Kanzlei des Dienstpostenplans 82485, 82487, 82488

Dezernat A 3 "Technische Revision (Baurevision)"
(1082) 1, Rathausstraße 14-16, 5. Stock, Tür 504-507
B u c h n e r, Dipl.-Ing. Doris 82491
Sekretariat 82499

Referat "Revision Hochbau und Haustechnik"
Revisionsreferentinnen/Revisionsreferenten:
H o f m a i e r - G r i m s c h i t z, Dipl.-Ing. Gerda 82492
H u b e r, Ing. Robert 82495
K a f f k a Ursula 82497
L i s t, Ing. Herbert, Techn. Amtsrat 82493
S p i t z e r Wolfgang 82498

Referat "Revision Tiefbau"
Revisionsreferentinnen/Revisionsreferenten:
M r a z, Ing. Michael 82494
R ö m e r Christian 82496

Referat "Revision Behördenangelegenheiten"
H o f m a i e r - G r i m s c h i t z, Dipl.-Ing. Gerda 82492
Kanzlei der Revisionsreferate 82416, 82499

Verwaltungsakademie

Ausarbeitung von Strategien, Richtlinien und Veranstaltungsprogrammen auf dem Gebiet der Ausbildung, Fortbildung, Prüfung und Potenzialerhebung für städtische Bedienstete, sofern keine andere Dienststelle zuständig ist.
Koordination von grundsätzlichen Angelegenheiten der Aus- und Fortbildung und des Prüfungswesens der städtischen Bediensteten.
Erstellung von Programmen auf dem Gebiet der Führungskräfteausbildung, unter Berücksichtigung moderner Managementmethoden, sowie Erstellung von Ausbildungskonzepten zur Stärkung der Personalentwicklungskompetenz.
Organisation von Aus- und Fortbildungsveranstaltungen, Prüfungen und Potenzialerhebungsmaßnahmen sowie Herausgabe von Lernbehelfen für städtische Bedienstete, soweit keine andere Dienststelle zuständig ist.
Genehmigung der Teilnahme städtischer Bediensteter an Aus- und Fortbildungsveranstaltungen sowie Zuerkennung von Konstenersätzen im Zusammenhang mit Aus- und Fortbildungsveranstaltungen, soweit nicht der Magistratsdirektor die Wahrnehmung dieser Aufgaben einer anderen Dienststelle übertragen hat.
Betreuungsmaßnahmen im Rahmen von Bildungsaustauschprogrammen.
Organisation und Abwicklung von Bildungsreisen für städtische Bedienstete.
Organisation und Abwicklung von Wettbewerben für städtische Bedienstete auf dem Gebiet geistiger Leistungen.
Organisation und Administration von Belohnungsmaßnahmen zum Zweck der Wissenserweiterung von städtischen Bediensteten.
Koordination der Ausbildungsbeauftragten in den Dienststellen.
Beratung der Dienststellen in allen grundsätzlichen Angelegenheiten der Aus- und Fortbildung, des Prüfungswesens und des dienststelleninternen Wissensmanagements.
Koordinative Maßnahmen im Bildungscontrolling.

(1020) 2, Rotensterngasse 9–11 .... 40 00 ...
Telefax: 40 00–99–Nebenstelle
IBS-User: MVAA
E-Mail: post@mva.magwien.gv.at

V e t i s k a, Dr. Herbert, Obersenatsrat 82251
Sekretariat 82255
F u t s c h e k, Mag. Brigitte, Senatsrätin 82252
Kanzleileiterin/Kanzleileiter 82256
Kanzlei 82258, 82253, 82264

Sprachunterricht und internationale Kontakte:
G i r t l e r - V o h, Mag. Michaela 82273

Planende und organisatorische Maßnahmen der Personalentwicklung im Ausbildungsbereich:
O b e r d o r f e r, Mag. Barbara 82281

Allgemeine Fortbildungsangelegenheiten:
R a j c h l Heinz, Oberamtsrat 82254

Dienstprüfungskurse, Budget- und Wirtschaftsangelegenheiten:
Z e h e t n e r Gertraude, Oberamtsrätin .. 82257

Managementausbildung:
Z e i n e r Hans, Oberamtsrat 82266

Fachliche Grundausbildungen, frauenfördernde Weiterbildung, Skriptenredaktion:
R a m a Petra, Amtsrätin 82262

Grundsätzliche EDV-Angelegenheiten:
F r i e d l m a y e r Robert, Amtsrat 82263
Kanzlei für den EDV-Bereich 82261, 82265, 82268

Dienstprüfungskurse im technischen Bereich, Controlling, Kostenrechnung, Lehrmittelgestaltung, Dokumentation:
F r e i Karl 82274

Newcomerschulung, Studiengruppen:
T ö l t l Betina, Kanzleikommissärin 82285

Geschäftsbereich ORGANISATION

(1082) 8, Buchfeldgasse 6 .... 40 00 ...

N u s s g r u b e r, Dr. Kurt, Bereichsdirektor für Organisation 75121
Sekretariat 75125
S c h a n d l, Mag. Inge 75123

Verwaltungsorganisation

Verwaltungs- und Betriebsreform und Mitwirkung bei damit zusammenhängenden grundsätzlichen Personalangelegenheiten.
Organisation von Verwaltungsvorgängen und Durchführung von Or-

ganisationsuntersuchungen im Bereich der Aufbau- und Ablauforganisation.
Prüfung von Vorschlägen im Rahmen des Betrieblichen Vorschlagswesens.
Vergabe und Betreuung von Aufträgen an private Unternehmensberater.
Genehmigung von Dienst- und Organisationsvorschriften, soweit sie den Wirkungsbereich einer Dienststelle überschreiten.
Anträge an den Bürgermeister und an den Gemeinderat über die Organisation, Auflassung und Errichtung von städtischen Ämtern, Anstalten und sonstigen Dienststellen sowie über die Erlassung und Abänderung der Geschäftseinteilung für den Magistrat.
Auslegung der Geschäftseinteilung für den Magistrat.
Genehmigung der Errichtung, Verlegung und Auflassung von Dienststellen nach § 5 Abs. 2 der Geschäftsordnung für den Magistrat, auch wenn in diesem Zusammenhang keine Anträge an den Bürgermeister und an den Gemeinderat zu stellen sind, ausgenommen die Dienststellen der städtischen Unternehmungen.
Beschaffung von Räumlichkeiten für Zwecke des Magistrats oder für sonstige Einrichtungen der Stadt Wien.
Vergabe der Amtsräume.
Organisation und Kontrolle der Instandsetzung von Amtsgebäuden und Amtsräumen.
Genehmigung der Anschaffung von Langstampiglien mit Adressenangaben und Siegeln, ausgenommen für den Bereich des KAV.
Genehmigung von Logos.
Erteilung von Abstellgenehmigungen für die Höfe und Garagen städtischer Bürogebäude.
Genehmigung der Anschaffung von Allgemeinen Rahmenschriftstücken, Allgemeinen Drucksorten und Wertdrucksorten.
Führung des Fachausschusses für Rahmenschriftstücke.
Entscheidung über die Inanspruchnahme von Diensterfindungen.
Geschäftsstelle des Betrieblichen Vorschlagswesens.
Geschäftsstelle „KGSt-Berichte".
Projektgruppe „Verwaltungsmodernisierung".

(1082) 1, Rathaus, Stiege 7, Halbstock,
Tür 212 .... 40 00 . . .
Telefax: 40 00–99–82500,
IBS-User: MVOA
E-Mail: post@mvo.magwien.gv.at

W e i n k e , Dr. Friedrich, Obersenatsrat ... 82501
S e i z , Dr. Michael, Obersenatsrat 82502
Sekretariat 82505
Kanzleileiterin/Kanzleileiter 82509
Kanzlei 82503, 82504, 82508
Auskunft 82500

Gruppe Organisation
(1082) 8, Friedrich-Schmidt-Platz 3, 3. Stock
S e i z , Dr. Michael, Obersenatsrat 82511
A u l e h l a , Dr. Elisabeth, Senatsrätin ... 82512
B e r a n e k Josef 82513
F i k a r, Regierungsrat Alois,
Oberamtsrat 82517
F ö r s t e r , Ing. Mag. Richard 82524
S c h a n d l , Mag. Inge 82514
S c h o l z - S t e i n e r Susanne 82523
S t a r z i n g e r Harald, Amtsrat 82518
Kanzlei 82515, 82516, 82519
Auskunft 82510
Drucksortentelefon 82520
Telefax: 40 00-99-82510

Geschäftsstelle für KGSt-Angelegenheiten
F i k a r , Regierungsrat Alois,
Oberamtsrat 82517
S c h o l z - S t e i n e r Susanne 82523

Projektgruppe Verwaltungsmodernisierung
(1082) 8, Friedrich-Schmidt-Platz 3, 3. Stock
S e i z , Dr. Michael, Obersenatsrat 82511
A u l e h l a , Dr. Elisabeth, Senatsrätin ... 82512
B e r a n e k Josef 82513
F i k a r , Regierungsrat Alois,
Oberamtsrat 82517
F ö r s t e r , Ing. Mag. Richard 82524
H e b n a r , Ing. Theodor,
Techn. Oberamtsrat 82528
K l ä r i n g , Dipl.-Ing. Dr. Werner,
Oberstadtbaurat 82521
K o c h Kerstin 82515
S c h o l z - S t e i n e r Susanne 82523
S t a r z i n g e r Harald, Amtsrat 82518
Auskunft 82510
Telefax: 40 00-99-82510

Gruppe Verwaltung
W e i n k e , Dr. Friedrich,
Obersenatsrat 82501
Telefax: 40 00-99-82500

Dezernat für Amtsraumlenkung
B r u n n e r , Regierungsrat Johann,
Techn. Oberamtsrat 82541
M a y e r Ernst, Amtsrat 82542
S t e i n e r , Ing. Franz, Techn. Amtsrat .. 82543
W e i n g a r t n e r Sabine, Amtsrätin 82544
Kanzlei 82545, 82549
Auskunft 82540
Telefax: 40 00-99-82540

Dezernat Allgemeines,
Geschäftsstelle des Betrieblichen Vorschlagswesens
R o s e n a u e r - A l b u s t i n ,
Mag. Eva, Obermagistratsrätin 82551
K a t z e n b e r g e r , Mag. Eva 82553
S a u k e l Monika 82558
S c h e n k Johann, Kanzleikommissär ... 82557
S e d i v y , Mag. Alexander 82552
S e j r e k Eva 82554
W a l e c z k a Astrid 82556
W i l h e l m Friedrich 82555
Kanzlei 82550, 82557
Auskunft 82550
Telefax: 40 00-99-82500

Projektstellen
S p a c e k , MMag. Robert, Senatsrat,
Projektleiter für die Neuorganisation des Beschaffungswesens 82559
Sekretariat 82509
Telefax: 40 00-99-82500

K a s e r , Mag. Peter, Projektkoordinator für die Eingliederung des Meldewesens in den Vollzugsbereich des Magistrats 87251
Telefax: 40 00-99-82500

Betriebswirtschaft und Controlling

Angelegenheiten der Einführung und Verankerung von Controlling (im Sinne systematischer, informationsgestützter, zielorientierter Steuerung) in allen Dienststellen des Magistrats, ausgenommen dem KAV, insbesondere Veranlassung der Schaffung der Rahmenbedingungen; Festlegung von Grundsätzen und Richtlinien für die Gestaltung und Durchführung von Controlling, Kosten- und Leistungsrechnung und Berichtswesen sowie Veranlassung von deren Umsetzung; Beratung bei der Einführung und Gestaltung von Kosten- und Leistungsrechnung und Berichtswesen, Bereichs- und Abteilungscontrollingsystemen sowie ständige Koordination dieser Systeme.

Aufbau und Führung eines auf Bereichs- und Abteilungscontrollingsysteme gestützten zentralen Controllingsystems zur Verwirklichung der Zielsetzungen des Magistrats und als ständige Unterstützung bei der Steuerung des Gesamtmagistrats nach strategischen Gesichtspunkten, insbesondere Auswahl und Veranlassung der Beschaffung, Strukturierung und Auswertung der erforderlichen Daten, Aufbereitung und Darstellung von steuerungsrelevanten Informationen und Rahmenbedingungen, Aufzeigen erforderlicher Maßnahmen, Mitwirkung bei der Erstellung und ständigen Anpassung von controllingrelevanten Zielsystemen und der entsprechenden Umsetzungspläne, Durchführung von Abweichungsanalysen sowie Darstellung, Analyse und Bewertung von Maßnahmenalternativen und Handlungskonsequenzen.

Veranlassung und Steuerung des Einsatzes betriebswirtschaftlicher Standardsoftware, vorrangig für die Themenbereiche Controlling, Kostenrechnung, Berichtswesen und Logistik in allen Dienststellen des Magistrats, ausgenommen in städtischen Unternehmungen und im KAV sowie Koordination der nach den datenschutzrechtlichen Vorschriften wahrzunehmenden Aufgaben der auftraggebenden Stellen betreffend die Verfügung über die Daten, die Prüfung der Zulässigkeit der Datenverarbeitung, die Abfassung des Meldungskonzeptes, die Erstellung des Organisationskonzeptes und die Auskunftsorganisation.

(1082) 8, Buchfeldgasse 6 . . . . 40 00 . . .
Telefax: 40 00–99–Nebenstelle
IBS-User: MBCA
E-Mail: post@mbc.magwien.gv.at

Nussgruber, Dr. Kurt,
Bereichsdirektor für Organisation 75121
Stoll, Ing. Mag. Rainer 75181
Schandl, Mag. Inge 75123
Sekretariat 75125
Kanzlei 75126

Konzerncontrolling:
Stoll, Ing. Mag. Rainer, Leiter 75181
Jary Karin 75182
Bachert, Mag. Karin 75186
Binder, Mag. Christoph 75183
Fasching, Dipl.-Ing. Manfred 75185
Kallhofer, Mag. Martin 75189
Radil, Mag. Maria 75184
Reznicek, Dr. Eva 75187

EDV- und Informationsangelegenheiten

Ständige Entwicklung und Anpassung der EDV- und Kommunikationsstrategie für den gesamten Magistrat der Stadt Wien.

Grundsätzliche Angelegenheiten der Informations- und Kommunikationstechnologie.

Koordination und Überprüfung hinsichtlich aller organisatorischen und technischen Maßnahmen auf dem Gebiet der EDV unter Einbindung der Informations- und Kommunikationstechnologie.

Festlegung von Rahmenbedingungen für den zweckmäßigen und wirtschaftlichen Einsatz der EDV.

Festlegung von Grundsätzen für die von der Magistratsabteilung 14 und dem KAV wahrzunehmende Fachaufsicht auf dem Gebiet der EDV unter Einbindung der Informations- und Kommunikationstechnologie.

Grundsätzliche Angelegenheiten der EDV-Ausbildung.

Maßnahmen aufgrund des Datenschutzgesetzes 2000:
Meldung und Registrierung der Datenanwendung beim Datenverarbeitungsregister gemäß § 17,
Wahrnehmung der Parteistellung im Prüfungs- und Verbesserungsverfahren gemäß § 20,
Mitteilung der beabsichtigten Heranziehung eines Dienstleisters an die Datenschutzkommission gemäß § 10 Abs. 2,
Einholung der Genehmigung von Dienstleistungen im Ausland durch die Datenschutzkommission gemäß § 13,
Einholung der Genehmigung der Übermittlung in das Ausland durch die Datenschutzkommission gemäß § 13,
Nachträgliche Mitteilung einer Übermittlung oder Überlassung gemäß § 12 Abs. 4.

Aufgaben nach der Wiener Datenschutzverordnung:
Verfügungsrecht über alle Daten,
Genehmigung der Zurverfügungstellung von Daten, sofern nicht die Voraussetzungen des § 5 Abs. 3 vorliegen,
Genehmigung der Organisationskonzepte, in denen Inhalt und Umfang der Datenverarbeitungsvorhaben festzulegen sind,
Genehmigung jeder in einem Organisationskonzept nicht vorgesehenen Übermittlung von Daten,
Genehmigung der Vergabe von Aufträgen zur Erbringung von Dienstleistungen im Datenverkehr, sofern die Auftragnehmer keine Gebietskörperschaften sind,
Führung des Verarbeitungsverzeichnisses gemäß § 11 Abs. 1 und Veranlassung der Veröffentlichung gemäß § 11 Abs. 2.

(1082) 1, Rathausstraße 1, 6. Stock,
Tür 670 . . . . 40 00 . . .
Telefax: 40 00–99–Nebenstelle,
IBS-User: MDIA,
E-Mail: post @ mdi.magwien.gv.at

Binder, Dipl.-Ing. Eberhard,
Obersenatsrat 75011
Sekretariat 75015
Skerlan-Schuhböck Thomas 75016
Lechner Brigitte, Oberamtsrätin 75043
Klein, Mag. Peter Paul 75041
Bramerdorfer-Aschauer,
Mag. Jeannette 75024
Götzl Ingrid, Oberamtsrätin 75025
Götzl Erwin 75033
Mittheisz, Dipl.-Ing. Johann,
Senatsrat 75037

Geschäftsbereich BAUTEN UND TECHNIK

(1082) 1, Rathaus, Stiege 7, Halbstock,
Tür 206 . . . . 40 00 . . .

Weber, Dipl.-Ing. Gerhard,
Stadtbaudirektor 82601
Sekretariat 82605, 82606

Stadtbaudirektion

Grundsätzliche Angelegenheiten der Kooperation und Koordination im Bereich Bauten und Technik.
Koordination der Finanzierung von geschäftsgruppenübergreifenden Projekten.
Koordination und Beratung im Bereich Technik beim Einsatz moderner Arbeitsmethoden und Arbeitstechniken, insbesondere im IT-Bereich.
Koordination der Dienststellen und Sicherstellung des Zusammenwirkens mit den Fonds sowie Erarbeitung neuer Inhalte, Strategien und genereller Maßnahmen für den Bereich der Stadterneuerung.
Schaffung der Voraussetzungen für die Sicherstellung der sozialen und technischen Infrastruktur.
Koordination der Mitarbeit technischer Bediensteter in Instituten, Gremien, Kongressen usw.
Allgemeine und grundsätzliche Angelegenheiten des Ausschreibungs- und Vergabewesens sowie der Vertragsabwicklung, soweit keine andere Dienststelle zuständig ist; Beratung der Dienststellen in diesen Fragen; Verhandlungen mit Interessenvertretungen und öffentlichen Auftraggebern hinsichtlich der Veränderung von Preisgrundlagen.
Herausgabe von Richtlinien für die Berücksichtigung von Kostenveränderungen bei laufenden Verträgen.
Kontrolle des Planungsablaufes und der Projektabwicklung bis zur Projektfertigstellung einschließlich der Abrechnung.
Prüfung und Veranlassung der Eintragung und Aufhebung von Statushinweisen der Stadt Wien im Auftragnehmerkataster Österreich.
Angelegenheiten der Ziviltechniker einschließlich der Ziviltechnikerprüfung.
Durchführung der Befähigungs- und Ausbilderprüfungen für die bewilligungspflichtigen gebundenen Gewerbe der Baumeister, Zimmermeister, Steinmetzmeister, Brunnenmeister, Gas- und Wasserleitungsinstallateure und Elektrotechniker.
Führung des Permanenzdienstes der Magistratsdirektion; Einteilung des technischen Aufsichtsdienstes, Unterweisung der aufsichts-

führenden Bediensteten in Theatern, Zirkussen usw., soweit diese Agende nicht anderen Dienststellen des technischen Bereichs zugewiesen ist.
Stellungnahme zu Anträgen auf Verleihung von Berufstiteln durch den Bundespräsidenten, soweit nicht eine andere Dienststelle zuständig ist und Ausstellung von Verwendungsbestätigungen nach dem Ingenieurgesetz.
Koordination der Zielvereinbarungen der Dienststellen des Bereiches Bauten und Technik und Feststellung des Zielerreichungsgrades.
Herausgabe von Erlässen, soweit sie durch den Stadtbaudirektor im Bereich Bauten und Technik ergehen.
Fachaufsicht bei der Dienstaufsicht über das dem Bereich Bauten und Technik zugewiesene technische Personal.
Beistellung von Sachverständigen in Angelegenheiten der Forstwirtschaft, der Jagd und Fischerei sowie des Baumschutzes.
Erstattung von Vorschlägen für die Ausbildung, Fortbildung und Prüfung der technischen Bediensteten und der Lehrlinge des technischen Dienstes sowie bei der Ausarbeitung diesbezüglicher Richtlinien.
Angelegenheiten der Landesforstinspektion und damit verbundene Aufgaben.

(1082) 1, Rathaus, Stiege 7, Halbstock,
Tür 206 .... 40 00 ...
Telefax: 40 00–99–Nebenstelle
IBS-User: MDBDA
E-Mail: post@mbd.magwien.gv.at

W e b e r , Dipl.-Ing. Gerhard,
Stadtbaudirektor 82601
Sekretariat 82605, 82606
M a r a s, Ing. Heinz,
Senatsrat 82602
G l u t t i g, Ing. Hannes,
Techn. Oberamtsrat 82603
Kanzlei
(Stiege 5, Halbstock, Tür 203):
Kanzleileiterin/Kanzleileiter 82701
Kanzlei und Einlaufstelle 82700

Gruppe Hochbau und Haustechnik
(MA 23, 24, 25, 32, 39, 43, 44),
(1082) 1, Doblhoffgasse 9, 3. Stock,
Tür 13
W i m m e r , Dipl.-lng. Wilhelm,
Obersenatsrat,
Gruppenleiter 82611
T r a u t n e r , Dipl.-lng. Arch. Harald,
Oberstadtbaurat 82612
C o c h l a r , Ing. Karl,
Techn. Oberamtsrat 82614
H e j d a , Regierungsrat Ing. Gerhard,
Techn. Oberamtsrat 82618
Kanzlei 82610

Gruppe Tiefbau und Verkehr
(MA 28, 29, 30, 31, 33, 46),
(1082) 1, Rathaus, Stiege 5, 2. Stock,
Tür 410
D e i x , Dipl.-lng. Dr. techn. Franz,
Obersenatsrat,
Gruppenleiter 82621
W e c h t l , Dipl.-lng. Günther,
Senatsrat 82622
L e t t n e r , Dipl.-Ing. Susanne 82627
F e l b e r , Ing. Heinz-Peter,
Techn. Oberamtsrat 82623
F e l b e r , Ing. Manfred 82624
K o w a s c h i t z , Ing. Josef,
Techn. Amtsrat 82628
Kanzlei 82620

Gruppe Planung
(MA 18, 19, 21 A, 21 B, 40, 41),
(1082) 1, Rathaus, Stiege 5, 2. Stock,
Tür 413
K l o t z , ao. Univ.-Prof.
Dipl.-lng. Dr. techn. Arnold,
Bereichsdirektor für Stadtplanung,
Gruppenleiter 82631
F r e y, Dipl.-lng. Otto, Senatsrat 82633
S e m e l a, Dipl.-Ing. Harald,
Oberstadtbaurat 82632
K r a u s s , Dipl.-Ing. Walter,
Oberstadtbaurat 82634
Z u n k e , Ing. Mag. Rudolf 82689
Techn. Zeichnerin/Techn. Zeichner 82637
Kanzlei 82630

Gruppe Baubehördliche Angelegenheiten und Umwelttechnik
(MA 36, 37, 42, 45, 48, 49),
(1200) 20, Dresdner Straße 75, 1. Stock,
Tür 136
N e c k a r , Dipl.-lng. Heinz,
Obersenatsrat,
Gruppenleiter 82641
W e d e n i g , Dipl.-Ing. Hermann,
Oberstadtbaurat 82642
W a n i v e n h a u s , Dipl.-Ing. Helmut .. 82644
M u z i k , Ing. Werner,
Techn. Oberamtsrat 82643
B e n n e , Ing. Robert 82648
Kanzlei 82645, 82646

Dezernate

1 – Allgemeine und EU-Angelegenheiten,
Technische Fachaufsicht
(1082) 1, Rathaus, Stiege 5, Halbstock,
Tür 202
O p l , Dipl.-Ing. Jasmin 82711
K a i n d l , Dipl.-Ing. Michael 82713
S t r i m i t z e r Martha,
Oberamtsrätin 82712
Kanzlei 82710

G r o l l , Regierungsrat Ing. Franz,
Techn. Oberamtsrat 82714
Kanzlei 82716

2 – Organisationsentwicklung und
Informationstechnologie
(1082) 1, Rathausstraße 8, 1. und 3. Stock

Lukesch, Dipl.-Ing. Heinz,
Obersenatsrat 82751
Zink, Ing. Johann,
Techn. Oberamtsrat 82754
Weinkum Walter,
Techn. Amtsrat 82758
Hold, Ing. Martin,
Techn. Amtsrat 82759
Schachinger, Ing. Michael 82753
Bernhuber Ludwig, Amtsrat 82752
Kanzlei 82750
EDV-Betreuung technischer Dienststellen 82790

3 – Qualitätssicherung
(1030) 3, Erdbergstraße 202, 5. Stock,
Tür 5.134 . . . . (692 . . ., 79 09 . . .)
Telefax: 40 00-99-Nebenstelle, 79 09-76999
Redl, Dipl.-Ing. Walter,
Senatsrat 76901
Kanzlei 76905, 76906

Geschäftsstelle Infrastruktur und Stadterneuerung
(1082) 1, Bartensteingasse 16, Mezzanin
Berger, Dipl.-Ing. Horst,
Obersenatsrat 82721
Chlup, Dipl.-Ing. Peter, Senatsrat 82722
Walter, Dipl.-Ing. Gerhard,
Oberstadtbaurat 82797
Berger, Ing. Gerhard,
Techn. Amtsrat 82728
Theuermann, Ing. Alfred 82727
Zemann Martin 82723
Techn. Zeichnerin/Techn. Zeichner 82729
Kanzlei 82720

Projektleitstelle,
(1082) 1, Rathausstraße 14-16, 7. Stock:
Lhotzky, Dipl.-Ing. Ralf,
Senatsrat 82671
Philipp, Dipl.-Ing. Ekkehard,
Senatsrat 82672
Kanzlei 82675

Geschäftsstelle Kommissionen des Stadtbaudirektors,
(1082) 1, Rathaus, Stiege 5, Halbstock,
Tür 202:
Kiefl, Regierungsrat Ing. Manfred,
Techn. Oberamtsrat 82681
Kanzlei 82680

Geschäftsstelle Auftragswesen,
(1082) 1, Ebendorferstraße 1, 3. Stock:
Erlinger, Dipl.-Ing. Johann,
Senatsrat 82741
Möller, Dipl.-Ing. Michael 82743
Tröstl, Ing. Heinrich,
Techn. Oberamtsrat 82749
Lang, Ing. Christian,
Techn. Amtsrat 82747
Fischer Monika, Amtsrätin 82748
Eberl Christa, Amtsrätin 82742
Kanzlei 82740

Leitstelle für Alltagsgerechtes Planen und Bauen,
(1082) 1, Rathaus, Stiege 5, Halbstock,
Tür 201:
Kail, Dipl.-Ing. Eva, Senatsrätin 82661
Steinbach, Dipl.-Ing. Gabriele 82662
Techn. Zeichnerin/Techn. Zeichner 82664
Kanzlei 82665

Geschäftsstelle Landesforstinspektion,
(1082) 1, Rathausstraße 13, Hochparterre:
Redl, Dipl.-Ing. Siegfried,
Senatsrat 82651
Leber, Dipl.-Ing. Peter 82652
Kainz, Ing. Martin 82653
Kanzlei 82650

Permanenzingenieur,
(1010) 1, Am Hof 7, 1. Stock, Tür 4 8280
oder . . . . 768 . . ., 531 99 . . ., 51230

Geschäftsbereich INTERNATIONALE BEZIEHUNGEN

(1082) 8, Friedrich-Schmidt-Platz 3,
4. Stock . . . . 40 00 . . .

Wawra, Dr. Oskar, Bereichsdirektor für Auslandsbeziehungen 82561
Büroleitung
Bankl Silvia, Amtsrätin 82565

Auslandsbeziehungen

Angelegenheiten der internationalen Beziehungen der Stadt Wien, soweit nicht eine andere Stabsstelle der Magistratsdirektion hiefür zuständig ist.
Ständige Beobachtung der internationalen Entwicklung und Anpassung der für Wien zu verfolgenden Strategien.
Erarbeitung von Konzepten für die im Ausland zu setzenden Schwerpunkte in der Öffentlichkeitsarbeit und für die Imagewerbung des Standortes Wien, Koordination der Umsetzung sowie Evaluierung der Maßnahmen.
Koordination der Auslandsaktivitäten der Stadt Wien und ihr nahestehender Einrichtungen, wie Wiener Tourismusverband, Wiener Wirtschaftsförderungsfonds; Führung einer diesbezüglichen Terminevidenz und Erstellung von Jahresbilanzen.

Koordination der Mitarbeit Wiens in internationalen Gremien, Kooperationen, Netzwerken u. dgl.
Verkehr mit ausländischen Stellen, den in Wien ansässigen diplomatischen Vertretungen sowie Anlaufstelle für Anliegen an die Stadt Wien aus dem Ausland.
Kontakt und Kooperation mit den in Wien angesiedelten internationalen Organisationen und Nicht-Regierungsorganisationen (NGOs).
Planung und Organisation von Hilfsmaßnahmen der Stadt Wien im Ausland unbeschadet der Genehmigung durch die zuständigen Gemeindeorgane.
Mitwirkung bei der Betreuung des Sonderbeauftragten für Außenwirtschaftsbeziehungen und der Vertreter Wiens in internationalen Gremien.

(1082) 8, Friedrich-Schmidt-Platz 3,
4. Stock . . . . 40 00 . . .
Telefax: 40 00-99-Nebenstelle
IBS-User: MABA
E-Mail: post@mab.magwien.gv.at

W a w r a , Dr. Oskar, Bereichsdirektor für Auslandsbeziehungen 82561
A n d e r l e , Mag. Christian 82571
H a s s m a n n , Dipl.-Ing. Mag. Dr. Richard 82574
S e e t h a l e r , Mag. Veronika 82573
W e l z i g , Mag. Florian 82575
B a n k l Silvia, Amtsrätin 82565
H u d e c s e k Martina 82569

Kanzleileiterin/Kanzleileiter 82569
Kanzlei 82566, 82567, 82568
Auskunft 82560

Vienna Service Office
Vienna International Centre, F 10/21,
(1400) 22, Wagramer Straße 5
Telefax: 260 26-4232,
E-Mail: ViennaServiceOffice@iaea.org

W ö l f e r Angelika . . . . 260 26 . . ., 4234
(Öffnungszeiten: Montag 11 bis 14 Uhr,
Dienstag und Freitag 9 bis 14 Uhr,
Donnerstag 12 bis 17 Uhr)

Europäische Integration und Wissensmanagement

Grundsätzliche Angelegenheiten der Kooperation, Information und Koordination im Bereich der Stadt Wien.
Bereitstellung von grundlegenden Informationen über Wien und die Tätigkeit der Stadtverwaltung.
Angelegenheiten der europäischen Integration, wie Europäische Union (EU), Europäischer Wirtschaftsraum (EWR), Europarat, Versammlung der Regionen Europas (VRE), Eurocities, soweit sie nicht in die Zuständigkeit der Stabsstelle Verfassungsdienst und Rechtsmittelangelegenheiten fallen, einschließlich der damit verbundenen Außenkontakte.
Führung des Wien-Büros in Brüssel einschließlich der Grundverwaltung sowie der Erhaltung der Baulichkeit.
Erstattung von Vorschlägen für die Ausbildung der städtischen Bediensteten in Fragen der europäischen Integration, soweit sie nicht der Stabsstelle Verfassungsdienst und Rechtsmittelangelegenheiten zukommt.
Evidenthaltung von mit Bundesdienststellen in Verhandlung stehenden grundsätzlichen Angelegenheiten.
Führung der Bürogeschäfte des Bund/Land Wien-Koordinationskomitees für Rohstoff- und Energieforschung.
Beobachtung von für die Stadt Wien wichtigen Entwicklungen und Beurteilung deren Auswirkungen auf die Stadtentwicklung.
Wahrnehmung der Partei- bzw. Beteiligtenstellung der Gemeinde nach dem Umweltverträglichkeitsprüfungsgesetz.
Wahrnehmung der Parteistellung der Gemeinde nach dem Abfallwirtschaftsgesetz.
Entscheidungsvorbereitung für die Stadtentwicklungspolitik im Zusammenwirken mit der für die Stadtplanung zuständigen Geschäftsgruppe des Magistrats.
Koordination der Grundlagenforschung im Bereich der Stadt Wien.
Führung der Koordinationsstelle Europäische Verkehrswege – TINA Vienna (KEV).

(1082) 1, Rathaus, Stiege 4, Halbstock,
Tür 247 . . . . 40 00 . . .
Telefax: 40 00–99–Nebenstelle
IBS-User: MDEA
E-Mail: post@mde.magwien.gv.at

W a n k a , Dr. Wendelin, Obersenatsrat 82201
Sekretariat 82205
W e n i n g e r , Dr. Thomas, Obermagistratsrat 82202
S c h w a r z , Dipl.-Ing. Michael, Oberstadtbaurat 84272
B r e i n e r , Mag. Ines 82221
D e i n i n g e r , Mag. Renate 82211
F i a l a , Mag. Sonja 82218
R e s c h , Mag. Thomas 82224
F e l l n e r, Ing. Hans, Techn. Oberamtsrat 82215
H e n e s c h , Regierungsrat Hans, Oberamtsrat 82216
Kanzlei 82209, 82208, 82206, 82203

"Wien-Haus" in Brüssel
(B-1040) Brüssel, Avenue de Tervuren 58
Verbindungsbüro der Stadt Wien . 00322/743 85 00, 743 85 04
Telefax: 00322/733 56 78
E-Mail: post@be.magwien.gv.at

P r e t s c h e r , Mag. Eva 00322/743 85 01
S c h i m e k , MMag. Dr. Martin 00322/743 85 02
Büro des Wiener Wirtschaftsförderungsfonds 00322/743 85 16
Telefax: 00322/733 70 58

Koordinationsstelle Europäische Verkehrswege – TINA Vienna
(1082) 8, Auerspergstraße 15, 6. Stock

S c h w e t z , Mag. Otto, Senatsrat 84271
M ü l l e r , Ing. Heinz, Techn. Oberamtsrat 84261
R a u t e r , Mag. Andreas 84264
Sekretariat 84265
Kanzlei 84262

Geschäftsbereich FINANZEN

(1082) 1, Ebendorferstraße 2, 5. Stock, Tür 523 . . . . 40 00 . . .

N e i d i n g e r Richard, Gruppenleiter der Finanzverwaltung 86511

G r i e b l e r , Mag. Dietmar, Obermagistratsrat 86571

Sekretariat 86515, 86428

(siehe Magistratsabteilung 5, Seite I/55)

MAGISTRATSABTEILUNGEN

MAGISTRATSABTEILUNG 1

Allgemeine Personalangelegenheiten

(Geschäftsgruppe Integration, Frauenfragen, Konsumentenschutz und Personal)

Ausarbeitung der die Bediensteten der Gemeinde (des Landes) Wien, einschließlich jener der städtischen Unternehmungen – ausgenommen solche Bedienstete, die mit Tätigkeiten im Sinne der §§ 3 und 4 des Hausbesorgergesetzes betraut sind – betreffenden Rechtsvorschriften in folgenden Angelegenheiten:
Dienstrecht;
Gleichbehandlungsrecht;
Besoldungsrecht, einschließlich Nebengebühren und Naturalbezüge;
Pensionsrecht;
Unfallfürsorgerecht;
Arbeitnehmerschutzrecht;
Personalvertretungsrecht.
Ausarbeitung von Verordnungen gemäß § 24 Abs. 5 Landeslehrer-Dienstrechtsgesetz über die Erklärung und Aufhebung von Lehrerstellen als schulfest.
Wahrnehmung der Informationspflicht gemäß Art. 21 Abs. 4 letzter Satz B-VG.
Ausarbeitung von Kollektivverträgen, Richtlinien für Dienstverträge und Sondervertragsmustern für Bedienstetengruppen.
Ausarbeitung der die Bezüge und Pensionen der Organe des Landes und der Gemeinde Wien regelnden Rechtsvorschriften.
Ausarbeitung von Arbeitszeitregelungen; soweit es sich ausschließlich um den Wiener Krankenanstaltenverbund handelt, nur in folgenden Fällen und im Einvernehmen mit dem Krankenanstaltenverbund:
Festlegung von Rahmenbedingungen;
Arbeitszeitregelungen, die eine Änderung anderer dienst- und besoldungsrechtlicher Vorschriften erfordern;
Arbeitszeitregelungen, bei denen gemäß § 39 W-PVG ein Mitwirkungsrecht des Zentralausschusses besteht.
Mitwirkung bei der Verwaltungs- und Betriebsreform.
Grundsätzliche Angelegenheiten der Krankenfürsorgeanstalt der Bediensteten der Stadt Wien und der Sozialversicherung, soweit sie sich auf Gemeindebedienstete auswirken.
Abschluss von Verträgen zur freiwilligen Pensionskassenvorsorge gemäß § 3 Abs. 1 Pensionskassenvorsorgegesetz – PKVG in Verbindung mit § 18 Abs. 3 des Wiener Bezügegesetzes 1997.
Bearbeitung von Rechtsmitteln und Ausarbeitung der Entscheidungen in Personalangelegenheiten, ausgenommen Disziplinarangelegenheiten.
Bearbeitung von Rechtsmitteln und Ausarbeitung der Entscheidungen in Angelegenheiten der fachlichen Anstellungserfordernisse für die von der Stadt Wien anzustellenden Kindergärtnerinnen und Erzieher an Horten.
Vorbereitung bzw. Erlassung der Berufungsbescheide gemäß § 10 des Wiener Bezügegesetzes 1997.
Bearbeitung von Rechtsmitteln und Ausarbeitung der Entscheidungen in Personalangelegenheiten der Landeslehrer, soweit es sich um Aufgaben des Amtes der Landesregierung handelt.
Vertretung der Stadt Wien in Verfahren gemäß § 54 Abs. 2 bis 4 des Arbeits- und Sozialgerichtsgesetzes.
Entscheidung über den Anspruch auf Nebengebühren in grundsätzlichen Fällen, sofern die Zuerkennung nicht durch den Magistratsdirektor erfolgt.
Einzelpersonalangelegenheiten von grundsätzlicher Bedeutung.
Führung der Bürogeschäfte des Dienstrechtssenates.
Führung der Bürogeschäfte der gemeinderätlichen Personalkommission.
Wahrnehmung der Aufgaben des Amtes der Landesregierung nach § 42 lit. d des Bundes-Personalvertretungsgesetzes.

(1082) 1, Rathaus, Stiege 4, 2. Stock,
Tür 452 .... 40 00 ...
Telefax: 40 00-99-Nebenstelle
IBS-User: M01A
E-Mail: post@m01.magwien.gv.at

H u t t e r e r, Mag. Helmut, Obersenatsrat 83111
B l a h a, Dr. Michaela 83112
Kanzleileiterin: B i e l e s z Elfriede, Kanzleioberkommissärin

Geschäftsstelle der gemeinderätlichen Personalkommission,
Geschäftsstelle des Dienstrechtssenates 83115, 83119
Kanzlei 83128, 83129, 83142
B r ü l l, Mag. Georg 83121
K u b s c h i t z, Mag. Harald 83141
R a t h, Mag. Sabine 83126
S c h r ö d l Karl, Amtsrat 83125
Nebengebühren, Dienstkleidung 83125
Kollektivverträge, Arbeitszeitregelung 83112

MAGISTRATSABTEILUNG 2

Zentrales Mitarbeiter/innenservice für Dienstrecht und Besoldung

(Geschäftsgruppe Integration, Frauenfragen, Konsumentenschutz und Personal)

Individuelle dienstrechtliche Angelegenheiten der Bediensteten (ihrer Hinterbliebenen und Angehörigen) der Gemeinde Wien, ausgenommen die nach dem Wiener Zuweisungsgesetz zugewiesenen Bediensteten (ihre Hinterbliebenen und Angehörigen), weiters Bedienstete, für die das Gehaltskassengesetz 1959 gilt, Lehrer der Musiklehranstalten der Stadt Wien, Bedienstete, die mit Tätigkeiten im Sinne der §§ 3 und 4 des Hausbesorgergesetzes betraut sind sowie Bedienstete, auf deren Dienstverhältnis das Gutsangestelltengesetz oder das Landarbeitsgesetz bzw. die dazugehörigen Ausführungsgesetze anzuwenden sind, soweit im Folgenden nichts anderes bestimmt ist, insbesondere:

Aufnahmen in das öffentlich-rechtliche oder privatrechtliche Dienst-(Lehr-)Verhältnis, soweit sie nicht durch Entschließung des Bürgermeisters einer anderen Dienststelle übertragen sind, und mit Ausnahme der vom Wiener Krankenanstaltenverbund wahrgenommenen Angelegenheiten.

Handhabung der allgemeinen Regelungen des Behinderteneinstellungsgesetzes, soweit die Gemeinde (das Land) Wien als Dienstgeber betroffen ist.

Rechtliche Beurteilung und Überprüfung von freien Dienstverträgen.

Verkehr mit den für die Beschäftigung von Ausländern zuständigen Stellen, ausgenommen für Bedienstete des Wiener Krankenanstaltenverbundes.

Personalwerbung.

Beratung für Aufnahmewerber.

An- beziehungsweise Zurechnung von Zeiten, Geltendmachung der Überweisungsbeträge und Überwachung ihres Eingangs, Vorschreibung von (besonderen) Pensionsbeiträgen.

Ernennung von Beamten (Pragmatisierung, Überstellung, Überreihung und dergleichen), Vertragsänderung bei Vertragsbediensteten.

Feststellung des Zusatzurlaubs für Versehrte, Feststellung der Tage, die wegen Dienstunfähigkeit nicht auf das Ausmaß des Erholungsurlaubes anzurechnen sind, ausgenommen für Bedienstete des Wiener Krankenanstaltenverbundes.

Bearbeitung von Ansuchen um Sonderurlaub mit Bezügen, Gewährung von Urlauben ohne Bezüge, soweit nicht der Magistratsdirektor diese Aufgaben einzelnen Dienststellen oder Unternehmungen übertragen hat.

Bezugsverrechnung für die Bediensteten (ihrer Hinterbliebenden und Angehörigen) der Stadt Wien, ausgenommen die nach dem Wiener Zuweisungsgesetz zugewiesenen Bediensteten (ihre Hinterbliebenen und Angehörigen), weiters Bedienstete, die mit Tätigkeiten im Sinne der §§ 3 und 4 des Hausbesorgergesetzes betraut sind sowie Bedienstete, auf deren Dienstverhältnis das Gutsangestselltengesetz oder das Landarbeitsgesetz bzw. die dazugehörigen Ausführungsgesetze anzuwenden sind, soweit im Folgenden nichts anderes bestimmt ist, insbesondere Flüssigmachung

der Aktivbezüge, der Pensionen und des Pflegegeldes,

der Nebengebühren und der Gebühren nach der Reisegebührenvorschrift nach Überprüfung,

der Ersatzleistungen,

der Abfertigungen,

der Todesfall-, Bestattungskosten- und Pflegekostenbeiträge und der Beihilfen zur Familienförderung.

Feststellung des Anspruches auf:

Fortzahlung der Bezüge und Nebengebühren bei Dienstverhinderung.

Fahrtkostenzuschuss, Dienstzeitkarte und Fahrtkostenpauschale.

Angelegenheiten der bargeldlosen Bezugsauszahlung.

Fachliche Aufsicht über die Bezugsverrechnung (ausgenommen Hausbesorger), wenn diese aus organisatorischen Gründen durch andere Dienststellen erfolgt.

Zuerkennung und Flüssigmachung von Zuschüssen nach dem Wiener Karenzurlaubszuschussgesetz; Bemessung und Vorschreibung der Abgabe nach dem Wiener Karenzurlaubszuschussgesetz.

Feststellung der Ansprüche auf besondere Hilfeleistung für Bedienstete der Feuerwehr (deren Hinterbliebene) nach Dienstunfällen im besonderen Einsatzdienst sowie Flüssigmachung der Geldleistungen.

Bearbeitung von Ruhestandsversetzungen.

Disziplinarangelegenheiten.

Führung der Bürogeschäfte der Disziplinarkommission und der Disziplinaroberkommission.

Dienstaufsicht über Lehrlinge, einschließlich der Organisation der Ausbildung, soweit keine andere Dienststelle zuständig ist.

Koordination der Dienststellen in Angelegenheiten der Lehrlingsausbildung und Lehrlingsfortbildung.

Dienstaufsicht über Praktikanten (Ferialpraktikanten) einschließlich der Organisation der Ausbildung bzw. Verwendung, soweit keine andere Dienststelle zuständig ist.

Widmung sowie Änderung und Aufhebung der Widmung von Dienst- und Werkswohnungen, deren Zuweisung sowie Entzug des Benützungsrechtes an denselben, Räumungsaufträge und Feststellung der einmaligen Entschädigung.

Festsetzung sowie Flüssigmachung der Remunerationen anlässlich von Dienstjubiläen und der Treueentschädigungen.

Individuelle Behandlung pensionsrechtlicher Angelegenheiten der Beamten (ihrer Hinterbliebenen und Angehörigen) der Gemeinde Wien, soweit es sich nicht um vom Wiener Zuweisungsgesetz erfasste Beamte (ihre Hinterbliebenen und Angehörigen) handelt.

Gewährung der Aushilfen und Vorschüsse.

Festsetzung der Versorgung bei Abgängigkeit sowie der Unterhaltsbezüge bei Entlassung des Beamten und der Zuwendungen für Angehörige, Hinterbliebene und andere Personen.

Mitwirkung bei der Gewährung von außerordentlichen Zuwendungen.

Festsetzung der Abfertigungen, Abfindungen und Sterbekostenbeiträge bei Ausscheiden des Bediensteten aus dem Dienststand.

Erfassung der Nebengebühren und Berechnung der Ruhe-(Versorgungs-)Genusszulage nach dem Ruhe- und Versorgungsgenusszulagegesetz 1966.

Erfassung der Nebengebühren (Nebengebührenwerte) nach dem Nebengebührengesetz des Bundes (Landeslehrer); Berechnung und jährliche Bekanntgabe der Nebengebührenwerte und Mitwirkung bei der Berechnung der Nebengebührenzulage.

Berechnung der Bezüge der nach § 3 Abs. 1 lit. b des Religionsunterrichtsgesetzes bestellten Religionslehrer.

Berechnung und Abrechnung der gesetzlichen Abzüge, der Beiträge zur Krankenfürsorgeanstalt und der Dienstgeberbeiträge.

Angelegenheiten des Einkommensteuer- und Sozialversicherungsrechtes, soweit es die Bezugsverrechnung betrifft.

Angelegenheiten betreffend Einzelpersonen, die der Gemeinde Wien von Dritten zur Erbringung von Dienstleistungen bereitgestellt wurden.

Handhabung des Unfallfürsorgegesetzes 1967, ausgenommen die Gewährung von Sachleistungen und die Angelegenheiten betreffend den Übergang des Schadenersatzanspruches.

Geltendmachung von Ansprüchen nach dem Amtshaftungs-, Dienstnehmerhaft- und Organhaftpflichtgesetz gegenüber Bediensteten der Gemeinde Wien, Erklärung des Verzichtes auf Ansprüche nach dem Landesgesetz vom 25. Februar 1972, LGBl. für Wien Nr. 8/1972, oder Antragstellung an die zuständigen Organe.

Dienstfreistellungen nach §§ 57 bis 60 DO 1994 und ähnlichen Bestimmungen.

Dienstfreistellungen von gewählten Dienstnehmervertretern und Festsetzung der fortzuzahlenden Bezüge.

Führung der Bürogeschäfte der Gleichbehandlungskommission.

Erarbeitung der Statistiken und Tabellen für die Frauenförderungspläne.

Individuelle Personalangelegenheiten der gewählten Funktionäre des Bundeslandes (der Stadt) Wien (ihrer Hinterbliebenen und Angehörigen), ausgenommen Vorbereitung bzw. Erlassung von Berufungsbescheiden.

Bezugsverrechnung für die gewählten Funktionäre (ihre Hinterbliebenen) der Stadt (des Landes) Wien, insbesondere Flüssigmachung der Bezüge, Gebühren, Beiträge und sonstigen Zahlungen.

Angelegenheiten des Bundesverfassungsgesetzes über die Begrenzung von Bezügen öffentlicher Funktionäre.

Vertretung der Stadt Wien in Arbeitsrechtssachen (mit Ausnahme von Drittschuldnerklagen, Räumungsklagen bei Werks- und Dienstwohnungen und Exekutionen) sowie im Verfahren vor den Bundesämtern für Soziales und Behindertenwesen in Angelegenheit bestehender oder bestandener Dienstverhältnisse zur Stadt oder zum Land Wien, ausgenommen jene Dienstverhältnisse mit Bediensteten, die mit Tätigkeiten im Sinne der §§ 3 und 4 des Hausbesorgergesetzes betraut sind, in erster Instanz und soweit keine Rechtsanwaltbeistellung erfolgt.

Wahrnehmung der Aufgaben des Amtes der Landesregierung in Personalangelegenheiten der Landeslehrer, ihrer Hinterbliebenen und Angehörigen, soweit nicht die Magistratsabteilung 1 zuständig ist und ausgenommen Antragstellung für Bundesauszeichnungen der Landeslehrer.

Angelegenheiten des Kriegsgefangenenentschädigungsgesetzes betreffend die Bezieher eines Ruhe- oder Versorgungsgenusses nach dem Landeslehrer-Dienstrechtsgesetz.

An- und Abmeldung der Vertragsbediensteten zur gesetzlichen Sozialversicherung.

Berechnung und Gewährung der Überweisungsbeträge nach dem ASVG sowie Mitwirkung bei der Überwachung der Eingänge an Überweisungsbeträgen und Überweisungsrenten.

Vertretung der Stadt (des Landes) Wien in Verwaltungssachen betreffend die Versicherungspflicht gemäß dem Allgemeinen Sozialversicherungsgesetz.

Bewertung der Naturalbezüge sowie der Dienst- und Werkswohnungen für Zwecke der Lohnsteuer und der Sozialversicherung.

Durchführung von Nachversicherungen in der Pensionsversicherung.

Anmeldung von unbehobenen Beträgen und Forderungen beim Verlassenschaftsgericht.

Prüfung der Anordnungsbefugnis und der Zeichnungsberechtigung hinsichtlich der Anweisung der angeführten Zahlungen.

Antragstellung auf Befreiung vom Präsenzdienst oder Zivildienst, ausgenommen für Bedienstete des Wiener Krankenanstaltenverbundes.

Einrichtung und Betriebsführung von Betriebskindergärten der Stadt Wien, ausgenommen für den Bereich der städtischen Unternehmungen.

Ausfertigung von Dienstlegitimationen.

Betreuung der Aktion „Verbilligtes Mittagessen“ für Bedienstete des Magistrats.

Geltendmachung der Ansprüche des Dienstgebers nach dem Epidemiegesetz und dem Tierseuchengesetz.

Vormerkung, Berechnung und Abrechnung der Pfändungen und Zessionen.

Fachaufsicht über jene Tätigkeiten der städtischen Dienststellen, die zur Erfüllung der der Magistratsabteilung 2 übertragenen Aufgaben erforderlich sind.

(1082) 1, Rathausstraße 2 . . . . 40 00 . . .
Telefax: 40 00-99-83210
IBS-User: M02A
E-Mail: post@m02.magwien.gv.at

S t r o b l b e r g e r, Dr. Gertraud, Senatsrätin 83211
Sekretariat: S c h m i d Elfriede, Kanzleioberkommissärin 83215
Kanzleileiterin: T e r c e k Eva, Kanzleikommissärin 83219
Kanzlei und Einlaufstelle 83222, 83229
Protokoll 83216

Beratungs- und Informationsstelle für Bedienstete der Stadt Wien
G a u s c h e Robert 85872
R e d e l s t e i n e r Harald, Kanzleikommissär 85871

Bewerbungsreferat
Auskunft 83230
Leiter: B e n d e k o v i t s Josef, Kanzleioberkommissär 83231
Sachbearbeiterinnen/Sachbearbeiter 83232, 83233, 83234

Lehrlingsmanagement
(1200) 20, Dresdner Straße 73, Erdgeschoss
Leiterin: G u t m a n n - P i c h l e r Monika, Oberamtsrätin 82282
Techn. handwerkliche Lehrlinge 82286
Kaufmännische Lehrlinge 82283
Sachbearbeiterinnen/Sachbearbeiter 82284, 82287

Stabsstelle für Öffentlichkeitsarbeit
J e r a b e k Franz, Oberamtsrat 83205

Stabsstelle Organisation und Personalmanagement
P r a s c h e k Christian, Amtsrat 83206

Stabsstelle Budget und Controlling
L e o n h a r t s b e r g e r Monika 85135

Stabsstelle EDV
(1082) 1, Bartensteingasse 9, Hochparterre
Leiter: F a b s i c s Johann, Oberamtsrat 83331
Zentrales Bezugsdatenservice, Controlling und Personalkosten
B a u e r Gerhard, Oberamtsrat 83332
DezPV – Dezentrale Personaldatenverwaltung
P a c h o l e k Robert, Amtsrat 83336
VIPer – Verwaltung Integrierter Personaldaten
VIPer – Hotline 83330
B u c h h a m m e r Christian, Amtsrat 83334
Sachbearbeiterinnen/Sachbearbeiter 83326, 83327, 83339
WIPIS – Wiener Integriertes Personalinformationssystem
N e u s s e r Herbert, Amtsrat 83337
V e s e l y Michael, Amtsrat 83338
Sachbearbeiterinnen/Sachbearbeiter 83303, 83304, 83305, 83334, 83336, 83339, 83340

Rechtsdezernat (D I)
Leiterin: H u g o, Mag. Johanna, Senatsrätin 83212
Sekretariat 83216

Rechtsreferentinnen/Rechtsreferenten:
K ö p r u n e r, Mag. Rene 83213
P o d o v s o v n i k, Mag. Rosemarie 83209
Sekretariat 83217
B i r b a u m e r, Mag. Oliver, Obermagistratsrat 83214
A u m a y r, Mag. Ulrike 83208
S c h i e f e r, Mag. Maria 83237
Sekretariat 83218
S c h n e i d e r, Mag. Jennifer 83244

Disziplinarleitstelle der Disziplinarkommission und Disziplinaroberkommission
Leiter: P u d s c h e d l Thomas, Amtsrat 83207
Sachbearbeiterin/Sachbearbeiter 83238

Geschäftsstelle der Gleichbehandlungskommission; politische Mandatare; Ruhegenussvordienstzeiten
Leiterin: H o r n e k Heidemarie, Oberamtsrätin 83242
Sachbearbeiterin/Sachbearbeiter 83309

Referat Integration
S k o r e p a , Regierungsrat Herbert, Oberamtsrat 83240
Sekretariat 83221
W a l l n e r Elisabeth, Oberamtsrätin 85142

Referat für Unfallfürsorge, Strahlenschutz und Werkswohnungen
Auskunft 83200
Leiter: B r a n d n e r Jakob, Amtsrat 83201
Sachbearbeiterinnen/Sachbearbeiter 83202, 83203, 83204

Personaldezernentinnen/Personaldezernenten
D II: R ö t h , Regierungsrätin Hedwig, Oberamtsrätin 83243
für das Referat 560
Sekretariat 83315
D IV: W a l l y Gerhard, Oberamtsrat 83241
für die Referate 500, 550, 570
D V: H o r n e k Heidemarie, Oberamtsrätin 83242
für das Referat 530
D VI: G o t t l i e b Karin, Oberamtsrätin 83301
für die Referate 510, 520, 540

Dezernat Besoldung

(1082) 1, Rathaus, Stiege 4, 2. Stock, Tür 447
Telefax: 40 00-99-83310
Dezernatsleiter: Z e z u l a Gerhard, Oberamtsrat 83312

Referat für Lohnpfändungen, Exekutionen und Bezugsvorschüsse
(1082) 1, Rathaus, Stiege 7, 2. Stock, Tür 428
Leiter: F a b s i c s Josef, Amtsrat 83341
Lohnpfändungen und Exekutionen
Beamte, Vertragsarbeiter H–Z, Vertragslehrer 83348
Vertragsarbeiter A–G, Vertragsangestellte 83343
Pensionen, Wiener Landeslehrer, Saisonarbeiter 83345
Bezugsvorschüsse 83345
Dienst- und Werkswohnungen 83341

Referat für Reisegebühren, Vortragshonorare und Fahrtkostenzuschüsse
(1082) 1, Doblhoffgasse 6, 2. Stock, Tür 233, 234
Leiter: G r u b e r Günther, Amtsrat 83352
Vortragshonorare, Kilometergeld 83352
Reisegebühren, Fahrtkostenzuschüsse, Jahresnetzkarten 83354, 83355, 83356

Nebengebühren
F a b s i c s Johann, Oberamtsrat............ 83331
Sozialversicherung
(1082) 1, Doblhoffgasse 6, 2. Stock, Tür 232
Sachbearbeiterinnen/Sachbearbeiter ... 83349, 83357

Bezugsverrechnung für Magistratsbedienstete
(1082) 1, Rathaus, 2. Stock, Tür 447
Leiterin: K u r k a Elisabeth, Amtsrätin 83441
K a r l Evelyne, Amtsrätin 83361

Bezugsverrechnung für Funktionäre
(1082) 1, Rathausstraße 4, 1. Stock, Tür 170
Leiter: W e t c h y Michael, Amtsrat 85143
Sachbearbeiterin/Sachbearbeiter 85141

Bezugsverrechnung für Landeslehrer
(1082) 1, Rathausstraße 2, Hochparterre
Leiter: M a n d l Johann, Oberamtsrat 83421
W a n e k Wolfgang, Amtsrat 83422

Allgemeinbildende Pflichtschulen und Privatschulen Inspektionsbezirk 13, Sonderschulinspektionsbereich II und kirchlich bestellte Religionslehrer 83432
Inspektionsbezirke 6 und 14 83435
Inspektionsbezirke 15 und 16 83427
Inspektionsbezirke 2, 3, 7 und 11 83437
Inspektionsbezirke 5, 8, 9 und 12 83436
Inspektionsbezirk 1 und Sonderschulinspektionsbereich I 83428
Inspektionsbezirke 4 und 10 83423
Berufsbildende Pflichtschulen
Inspektionsbereiche II, III und V 83427
Inspektionsbereich IV 83428

Bezugsverrechnung für Pensionen
(1082) 1, Rathaus, 2. Stock, Tür 422
Leiterin: S c h l e i n z e r Angelika, Amtsrätin............................ 83422
O r s o l i t s Gabriele 83402
A–FIB 83418
FIC–ING 83413
INH–MACE 83412
MACH–P 83415

Q–STEI 83414
STEJ–Z 83405
Funktionäre A–Z 83402
Pensionen Landeslehrer A–Z 83425

Personal- und Besoldungsreferate

Dienststelle	Referat	Dienstrecht	Besoldung
Magistratsabteilung 1	500	83250	85141
Magistratsabteilung 2	500	83250	85141
Magistratsabteilung 4	520	83252	83471
Magistratsabteilung 5	520	83252	83471
Magistratsabteilung 6	560	83256	83464
Magistratsabteilung 7	570	83257	83397
Magistratsabteilung 8	570	83257	83386
Magistratsabteilung 9	570	83257	83399
Magistratsabteilung 10	520	83252	83387
Magistratsabteilung 11 – Amt für Jugend und Familie, Sozialpädagogische Einrichtungen und Regionen, Krisenzentren	520	83252	83391
Magistratsabteilung 11 – AJF-Soziale Arbeit mit Familien, AJF-Rechtsfürsorge, Akademie für Sozialarbeit, Bildungsanstalt für Kindergartenpädagogik, Institut für Sozialpädagogik	520	83252	83398
Magistratsabteilung 11 A – Zentrale	540	83290	83391
Magistratsabteilung 11 A – Kindertagesheime (A–C)	540	83290	83391
Magistratsabteilung 11 A – Kindertagesheime (D–KN)	540	83290	83469
Magistratsabteilung 11 A – Kindertagesheime (KO–RN)	540	83290	83489
Magistratsabteilung 11 A – Kindertagesheime (RO–Z)	540	83290	83495
Magistratsabteilung 11 A – Bildungsanstalt für Kindergartenpädagogik-	540	83290	83398
Magistratsabteilung 12	500	83250	85141
Magistratsabteilung 13	570	83257	83429
Magistratsabteilung 14	520	83252	83471
Magistratsabteilung 15	570	83257	83395
Magistratsabteilung 16	570	83257	83471
Magistratsabteilung 18	540	83290	83398
Magistratsabteilung 19	540	83290	83399
Magistratsabteilung 20	520	83252	83471
Magistratsabteilung 21 A, B	530	83253	83471
Magistratsabteilung 22	570	83257	83473
Magistratsabteilung 23	540	83290	83374
Magistratsabteilung 24	530	83253	83364
Magistratsabteilung 25	520	83252	83472
Magistratsabteilung 26	520	83252	83491
Magistratsabteilung 27	500	83250	85141
Magistratsabteilung 28	570	83257	83374
Magistratsabteilung 29	520	83252	83386
Magistratsabteilung 30	560	83256	83464
Magistratsabteilung 31	560	83256	83477
Magistratsabteilung 32	570	83257	83429
Magistratsabteilung 33	570	83257	83429
Magistratsabteilung 36	570	83257	83429
Magistratsabteilung 37	540	83290	83395
Magistratsabteilung 38	520	83252	83399
Magistratsabteilung 39	570	83257	83386
Magistratsabteilung 40	530	83253	83395
Magistratsabteilung 41	520	83252	83378
Magistratsabteilung 42	550	83255	83392
Magistratsabteilung 43	530	83253	83496
Magistratsabteilung 44	530	83253	83378
Magistratsabteilung 45	570	83257	83395
Magistratsabteilung 46	530	83253	83395
Magistratsabteilung 47	500	83250	85141
Magistratsabteilung 48 – Zentrale, Abfallwirtschaft (A–F), Hauptwerkstätte, Personal für Fernwärme Wien, Straßenreinigung	560	83256	83394
Magistratsabteilung 48 – Abfallwirtschaft-Abfallbehandlungsanlage-	560	83256	83373
Magistratsabteilung 48 – Abfallwirtschaft (G–Z) und Fuhrpark	560	83256	83462
Magistratsabteilung 48 – DKW und Abschleppgruppe	520	83252	83373
Magistratsabteilung 49	520	83252	83387
Magistratsabteilung 50	570	83257	83399
Magistratsabteilung 51	520	83252	83397
Magistratsabteilung 53	500	83250	85141
Magistratsabteilung 54	520	83252	83397
Magistratsabteilung 55	520	83252	83378
Magistratsabteilung 56 – Zentrale, Fachschulen, Lehr- und sonstiges Personal, Pädagogisches Institut	550	83255	83481
Magistratsabteilung 56 – Allgemeine Pflichtschulen, Berufsschulen	550	83255	83372
Magistratsabteilung 57	570	83257	83399
Magistratsabteilung 58	570	83257	83399
Magistratsabteilung 59	530	83253	83471
Magistratsabteilung 60	530	83253	83386
Magistratsabteilung 61	520	83252	83472
Magistratsabteilung 62	520	83252	83472
Magistratsabteilung 63	530	83253	83399
Magistratsabteilung 64	530	83253	83491
Magistratsabteilung 65	520	83252	83491
Magistratsabteilung 66	570	83257	83491
Magistratsabteilung 67	570	83257	83472
Magistratsabteilung 68	510	83251	83466
Magistratsabteilung 69	530	83253	83378

Magistratsabteilung 70	520	83252	83483
Magistratsabteilung für Krankenanstalten-finanzierung, Wiener Krankenanstalten-finanzierungsfonds	520	83252	83429
Magistratsabteilung für Angelegenheiten der Landessanitätsdirektion	570	83257	83399
Magistratische Bezirks-ämter	530	83253	83398
Bezirksvorstehungen	530	83253	83398
Stadt Wien – Wiener Wohnen	550	83255	83392
Funktionäre			85141
Referate der Magistrats-direktion	500	83250	85141
Lehrlinge ausgenommen Gärtnerlehrlinge	530	83253	83387
Gärtnerlehrlinge	540	83290	83387
Kontrollamt	500	83250	85141
Stadtschulrat für Wien			83399
Unabhängiger Verwaltungs-senat Wien	500	83250	85141
Wiener Umwelt-anwaltschaft	500	83250	85141
Wiener Kinder- und Jugendanwaltschaft	500	83250	85141
Wiener Patienten-anwaltschaft	500	83250	85141
Büro des unabhängigen Bedienstetenschutz-beauftragten	500	83250	85141
KAV	510	83251	83364
KAV-ADV EMB – EDV-Management und Betriebsführungszentrum, ADV IGV – Informatik im Gesundheitsverbund, ADV Telematik/Wiencom			83471
KAV – AKH (A–L)	530	83253	
KAV – AKH (M–Z)	510	83251	
KAV – AKH (A–I)			83468
KAV – AKH (J–Po)			83375
KAV – AKH (Pp–Z)			83482
KAV – AKH – Abordnungen und med.-techn. Dienste			83364
KAV – AKH – Sonstiges Personal			83491
KAV – Geriatriezentrum Am Wienerwald (A–P)	570	83257	83485
KAV – Geriatriezentrum Am Wienerwald (Q–Z)	570	83257	83483

KAV – Geriatriezentrum Baumgarten	570	83257	83397
KAV – Geriatriezentrum Klosterneuburg	560	83256	83390
KAV – Geriatriezentrum Liesing	570	83257	83484
KAV – Gottfried von Preyer'-sches Kinderspital	530	83253	83484
KAV – Ignaz-Semmelweis-Frauenklinik	550	83255	83486
KAV – Kaiser-Franz-Josef-Spital (A–S)	530	83253	83474
KAV – Kaiser-Franz-Josef-Spital (T–Z)	530	83253	83378
KAV – Kaiserin-Elisabeth-Spital	560	83256	83373
KAV – Krankenanstalt Rudolfstiftung (A–O)	550	83255	83486
KAV – Krankenanstalt Rudolfstiftung (P–Z)	550	83255	83481
KAV – Krankenhaus Lainz (A–L)	550	83255	83465
KAV – Krankenhaus Lainz (M–Z)	550	83255	83359
KAV – NKH Rosenhügel	570	83257	83484
KAV – OKH Gersthof	570	83257	83483
KAV – Otto-Wagner-Spital (A–M)	560	83256	83390
KAV – Pflegeheim St. Andrä a. d. Traisen	570	83257	83484
KAV – Pflegezentrum Baumgartner Höhe	560	83256	83373
KAV – Pflegezentrum Sophienspital	520	83252	8347
KAV – Serviceeinheit Wäsche und Reinigung	530	83253	83378
KAV – Sozialmedizinisches Zentrum Floridsdorf	570	83257	83491
KAV – Sozialmedizinisches Zentrum-Ost (A–H)	520	83252	83399
KAV – Sozialmedizinisches Zentrum-Ost (I–R)	520	83252	83386
KAV – Sozialmedizinisches Zentrum-Ost (S–Z)	520	83252	83473
KAV – Therapiezentrum Ybbs a. d. Donau	550	83255	83481
KAV – Wilhelminenspital (A–F)	510	83251	83387
KAV – Wilhelminenspital (G–R)	510	83251	83461
KAV – Wilhelminenspital (S–Z)	510	83251	83496

MAGISTRATSABTEILUNG 3

(derzeit nicht eingerichtet)

MAGISTRATSABTEILUNG 4

Allgemeine Finanz- und Wirtschaftsangelegenheiten; Abgaben

(Geschäftsgruppe Finanzen, Wirtschaftspolitik und Wiener Stadtwerke)

Finanzangelegenheiten allgemeiner Art und einzelne Finanzangelegenheiten von besonderer und grundsätzlicher Bedeutung.
Vertretung der Stadt Wien in Fragen der Finanzverfassung und des Finanzausgleichs.
Angelegenheiten der Finanz-, Wirtschafts-, Konjunktur- und Arbeitsmarktpolitik.
Grundlagenforschung auf wirtschaftlichem Gebiet.
Maßnahmen zur Förderung der Wirtschaft.
Wahrnehmung der finanziellen Interessen der Stadt Wien unbeschadet der budgetären Verantwortlichkeit der im Einzelfall zuständigen kreditverwaltenden Dienststelle.
Finanzielle Koordination von Projekten.
Angelegenheiten der Steuerpflicht der Gemeinde einschließlich der Bestellung und Heranziehung von Wirtschaftstreuhändern.
Angelegenheiten der Landes- und Gemeindeabgaben, soweit hiefür nicht andere Dienststellen zuständig sind, insbesondere:
Abwassergebühren,
Ankündigungsabgabe,
Anzeigenabgabe,
Dienstgeberabgabe,
Feuerschutzsteuer,
Gebrauchsabgabe, soweit hiefür nicht auch die Magistratsabteilungen 37, 46, 59, 64 oder die Magistratischen Bezirksämter zuständig sind,
Getränkesteuer,
Kommunalsteuer,
Kulturschilling,
Ortstaxe,
Parkometerabgabe, mit Ausnahme der Überwachung gemäß § 6 Parkometergesetz,
Senkgrubenräumungsgebühren, soweit hiefür nicht die Magistratsabteilung 30 zuständig ist,
Sportgroschen,
Umweltabgaben,
Vergnügungssteuer,
Versteigerungsabgabe,
Verwaltungsabgaben, Kommissions- und Überwachungsgebühren, soweit hiefür nicht andere Dienststellen zuständig sind,
Wassergebühren,
Zuschläge zu den Wettgebühren,
Angelegenheiten aufgehobener Landes- und Gemeindeabgaben.
Legistische Angelegenheiten im Zusammenhang mit der Gebrauchsabgabe, der Grundsteuer, der zeitlichen Grundsteuerbefreiung und der Hundeabgabe.
Bearbeitung der Rechtsmittel an die Abgabenberufungskommission betreffend folgender Abgaben und Gebühren:
Abgabe nach dem Wiener Abfallwirtschaftsgesetz,
Ausgleichsabgabe nach dem Wiener Garagengesetz,
Ausgleichsabgabe nach dem Wiener Baumschutzgesetz,
Ausgleichsabgabe nach dem Wiener Elektrizitätswirtschaftsgesetz,
Gebrauchsabgabe,
Grundsteuer, zeitliche Grundsteuerbefreiung,
Hundeabgabe,
Kanaleinmündungsgebühren,
Kanalräumungsgebühren, soweit hiefür in erster Instanz die Magistratsabteilung 30 zuständig ist,
Anschlussabgabe nach dem Wasserversorgungsgesetz,
Abgabe nach dem Wiener Karenzurlaubszuschussgesetz,
Tansportgebühren des Rettungs- und Krankenbeförderungsdienstes der Stadt Wien,
Gebühren nach dem Wiener Feuerwehrgesetz,
Gebühren für die Inanspruchnahme der Märkte,
Gebühren nach dem Fleischuntersuchungsgebührengesetz.
Bearbeitung der Rechtsmittel an die Abgabenberufungskommission betreffend gesonderter Bescheide nach der Wiener Abgabenordnung (insbesondere Säumniszuschlag, Verspätungszuschlag, Aussetzung der Einhebung, Zwangsstrafen und Pfändungsgebühren).
Vornahme der Steueraußenprüfung (Revisionsstelle, Überprüfung der ordnungsgemäßen Entrichtung von Landes- und Gemeindeabgaben an Ort und Stelle).
Mitwirkung an Pflichtbesprechungen sowie Überwachung der Einhaltung der sachlichen Genehmigungen bei der Erbringung von Leistungen.
Strafamtshandlungen nach den Abgabengesetzen mit Ausnahme des Hundeabgabegesetzes und der Strafamtshandlungen nach § 16 Abs. 2 Gebrauchsabgabegesetz 1966 sowie nach § 4 Parkometergesetz, soweit hiefür nicht die Magistratsabteilung 6 zuständig ist.
Handhabung des Gebührengesetzes.
Sparkassenaufsicht einschließlich der Führung des Sparkassenregisters.
Mitwirkung bei der Gewährung von Hilfen durch die Gemeinde Wien gemeinsam mit der Wirtschaftskammer Wien an die durch den U-Bahn-Bau in ihrer Existenz bedrohten Gewerbeberechtigten.
Entgegennahme der Ansuchen nach dem Fernwärmeförderungsgesetz um Gewährung von Förderungen sowie deren Vorprüfung und Weiterleitung derselben an das Bundesministerium für wirtschaftliche Angelegenheiten.
Angelegenheiten der Beihilfen im Gesundheits- und Sozialbereich.
Geschäftsstelle der Schiedskommission nach dem Wiener Krankenanstaltengesetz.
Administrative Betreuung und wirtschaftliche Verwertung von Diensterfindungen einschließlich des Abschlusses von Lizenzverträgen, soweit hiefür nicht andere Dienststellen zuständig sind.

(1082) 1, Ebendorferstraße 2, 6. Stock,
Tür 624, 625 .... 40 00 ...
Telefax: 40 00-99-Nebenstelle
IBS-User: M04A
E-Mail: post@m04.magwien.gv.at

K r a m h ö l l e r, Dr. Josef,
Obersenatsrat
Bereichsleiter für die Koordination finanzieller Interessen in wirtschaftlichen und technologischen Angelegenheiten 86411
(Gruppenleiter der Finanzverwaltung: N e i d i n g e r Richard, siehe Seite I/55)
B a r i n g e r, Dr. Klaus, Senatsrat 86412
Sekretariat 86415
Personalangelegenheiten 86441
Videndenprotokoll 86445
Abteilungskanzlei 86419

Dezernat I: Finanzangelegenheiten

B a r i n g e r, Dr. Klaus, Senatsrat,
Dezernatsleiter 86412
Kanzlei 86429

Referat 1: Allgemeine Finanzangelegenheiten, Mitwirkung bei der Aufstellung von Zeitplänen und Kosten-Nutzen-Rechnungen, Finanzplanung und Wirtschaftsangelegenheiten

B a r i n g e r, Dr. Klaus, Senatsrat,
Referatsleiter 86412
Kanzlei 86429, 86347
Allgemeine Finanzangelegenheiten ... 86276, 86286, 86432, 86442, 86446

Einzelhandel, Wirtschaftsbeirat,
Wirtschaftsberichte, Nahversorgung,
Konjunkturbeobachtung 86439, 86449
Allgemeine Wirtschaftsfragen und
wirtschaftliche Angelegenheiten,
Energie, Fremdenverkehr,
Raumordnung,
Umlandfragen, Industrie,
Arbeitsmarkt 86435, 86438, 86439, 86449
Controlling 86433
Statistik, Gutachtenevidenz, Planevidenz 86449
Technische Infrastruktur, Betriebs-
aufschließung, Bauangelegenheiten . 86307, 86449
Schreibstelle 86426
Amtsgehilfinnen/Amtsgehilfen 86417, 86427

Dezernat II: Abgaben

R o i s , Dr. Susanna, Senatsrätin,
Dezernatsleiterin 86341
Kanzlei 86349, 86403
Steuerpflicht der Gemeinde, Handhabung des
Gebührengesetzes, Verwaltungsabgaben,
Kommissionsgebühren 86241, 86437
Amtsgehilfin/Amtsgehilfe 86345

Referat 2: Revisionsstelle
(7. Stock, Tür 724)
P a p o u s c h e k , Mag. Eva,
Referatsleiterin 86447
L ö f f e l m a n n Herbert, Amtsrat,
Referatsleiterin-Stellvertreter 86451
Kanzlei 86459, 86490
Protokoll 86469, 86479, 86496
Kommunalsteuer, Dienstgeberabgabe –
allgemeine Angelegenheiten 86475, 86487
Vergnügungssteuer, Getränkesteuer,
Ortstaxe, Sportförderungsbeitrag,
Gebrauchsabgabe – allgemeine
Angelegenheiten 86466
Anzeigenabgabe, Ankündigungsabgabe,
Versteigerungsabgabe, Hundeabgabe –
allgemeine Angelegenheiten 86487
Amtsgehilfinnen/Amtsgehilfen 86470

Referat 5: Abgabenstrafen, Parkometerabgabe
(1020) 2, Meiereistraße 7, Wiener Praterstadion –
Ernst-Happel-Stadion, Sektor B
Telefax: 40 00-99-86800
H a i m b ö c k Johanna, Senatsrätin,
Referatsleiterin 86811
Stellvertreterin/Stellvertreter 86812
Kanzleileiterin/Kanzleileiter 86819, 86816
Einlaufstelle und Protokoll 86815, 86817,
86818, 86899, 86270
Besprechungszimmer 86801
Strafverfahren nach dem Kommunalsteuergesetz,
dem Gebrauchsabgabegesetz, dem Dienstgeber-
abgabegesetz, dem Wiener Tourismusförderungs-
gesetz, dem Versteigerungsabgabegesetz,
dem Wiener Garagengesetz, dem Gesetz
über Kanalanlagen und Einmündungsgebühren,
dem Getränkesteuergesetz, dem Vergnügungs-
steuergesetz, dem Wiener Sportförderungs-
beitragsgesetz sowie wegen Nichtzahlung der
Marktgebühren
Gruppenleiterin/Gruppenleiter 86891, 86901
Referentinnen/Referenten 86892, 86894, 86902,
86904, 86905, 86906
Parkometerabgabe
Gruppenleiterin/Gruppenleiter 86893
Abgabenverfahren
Referentin/Referent 86480
Zahlungsaufforderungen, Pauschalierungen,
Befreiungen
Sachbearbeiterinnen/Sachbearbeiter .. 86272, 86288,
86397, 86896, 86909
Amtsgehilfinnen/Amtsgehilfen 86821, 86822

Referat 6: Gebühren
(3. Stock, Tür 308)
Ankündigungsabgabe, Anzeigenabgabe
(3. Stock, Tür 306)
R o i s , Dr. Susanna, Senatsrätin,
Referatsleiterin 86341
Stellvertreterin/Stellvertreter 86212
Wasser-, Abwassergebühr,
allgemeine Angelegenheiten 86231
Wasser-, Abwassergebühr,
Sachbearbeiterinnen/Sachbearbeiter 86216,
86226, 86232, 86242, 86243,
86244, 86245, 86246, 86247, 86248
Gebührenvorschreibung und
-verrechnung 86233, 86234, 86235, 86236
Ableseverarbeitung 86221, 86222, 86223, 86224
Ablesedienst 86215, 86225
Bezugsan- und -ummeldungen,
Kontoänderungen 86251,
86252, 86253, 86254, 86256
Ankündigungsabgabe, Anzeigenabgabe 86212
Kanzlei 86210, 86218, 86219, 86237
Amtsgehilfinnen/Amtsgehilfen . 86217, 86228, 86229

Referat 7: Steuern
(4. Stock, Tür 424)
Getränkesteuer, Kommunalsteuer, Dienstgeberabgabe,
Vergnügungssteuer, Sportgroschen, Gebrauchsabga-
be, Ortstaxe, Versteigerungsabgaben, Kommissions-
gebühren, Verwaltungsabgaben, Abwicklung aufge-
hobener Abgaben, Vorbereitung von Berufungsent-
scheidungen
K a m h u b e r , Dr. Karl, Senatsrat,
Referatsleiter 86371
Stellvertreterin/Stellvertreter 86273, 86294
Getränkesteuer 86382, 86373, 86383,
86384, 86385, 86387, 86388
Kommunalsteuer, Dienstgeberabgabe 86372,
86344, 86354, 86356, 86374
Vergnügungssteuer, Dauerveranstaltungen ... 86385,
86373, 86382, 86383,
86384, 86387, 86388

Einzelveranstaltungen,
(1200) 20, Dresdner Straße 75,
1. Stock 86201, 86202
Kino, Videofilmvorführungen 86394
Sportgroschen, Sportveranstaltungen,
Videoverleih 86395

Gebrauchsabgabe, Ortstaxe,
Versteigerungsabgabe 86365, 86353, 86368
Vorbereitung von Berufungs-
entscheidungen 86365, 86353
Kanzlei 86379, 86389
Automatenevidenz 86378, 86394
Schreibstelle 86355, 86358, 86399

MAGISTRATSABTEILUNG 5

Finanzwirtschaft und Haushaltswesen

(Geschäftsgruppe Finanzen, Wirtschaftspolitik und Wiener Stadtwerke)

Angelegenheiten der Finanzwirtschaft und des Haushaltswesens, insbesondere:
Grundsätzliche Angelegenheiten des Haushaltsrechts.
Erarbeitung der kurz- und mittelfristigen Grundlagen für die Erstellung des Voranschlages, zentrale Steuerung der Erstellung des Voranschlages und Verfassung des Voranschlagsentwurfs.
Haushaltsrechtliche Überwachung des Vollzugs des Voranschlages, strategisches Finanz- und Budgetcontrolling.
Erstellung und Vorlage des Rechnungsabschlusses.
Ausarbeitung der Grundlagen für die Finanzstatistik.
Grundsätzliche Angelegenheiten der Erstellung und des Vollzugs der Bezirksbudgets, Mitwirkung bei der Erstelllung der Bezirksbudgets; haushaltsrechtliche Überwachung des Vollzugs der Bezirksbudgets.
Angelegenheiten des Geld- und Kreditwesens, Währungsangelegenheiten, Banken- und Zahlungsverkehr, auch soweit es sich um ausländische Zahlungsmittel handelt.
Angelegenheiten der Anlage und Verwaltung des Geld- und Wertpapiervermögens.
Wahrnehmung der Interessen der Stadt Wien bei der Begründung, Verwaltung und dem Verkauf von Anteilsrechten an all jenen Gesellschaften und Genossenschaften des Privatrechtes, die im (teilweisen) Eigentum der Stadt Wien oder einer ihr (teilweise) gehörenden Eigentumsgesellschaft stehen und welche nicht in den geschäftseinteilungsmäßigen Wirkungsbereich einer anderen Dienststelle fallen; Zustimmung zu Neugründungen derartiger Unternehmen oder zur Beteiligung an derartigen Unternehmen; Bestellung bzw. Nominierung der Aufsichtsorgane in allen Fällen.
Syndikatsangelegenheiten der "Wiener Holding".
Angelegenheiten der Aufnahme, Verzinsung und Tilgung von Anleihen und Darlehen.
Zustimmung zur Belastung des städtischen Vermögens.
Gewährung von Darlehen einschließlich damit allenfalls in Verbindung stehende Grundbuchserklärungen, ausgenommen in Angelegenheiten der Wohnbauförderung, der Wohnungsverbesserung und der Wohnhaussanierung.
Verwaltung der Kreditaktionen einschließlich der Beteiligung an Kreditmaßnahmen anderer Institutionen.
Angelegenheiten der Bürgschaften und Haftungen der Gemeinde (des Landes).
Angelegenheiten der Subventionen und Beiträge, mit Ausnahme solcher für Zwecke der Magistratsabteilungen 7, 13, 18, 20, 22, 51, 57 und 58 sowie für EU-geförderte Projekte, die von jeder Dienststelle im Rahmen ihres geschäftseinteilungsmäßigen Wirkungsbereiches durchgeführt werden.
Angelegenheiten der Mitgliedschaften und der Mitgliedsbeiträge der Stadt Wien zu Vereinen und Organisationen des eigenen Geschäftsbereiches sowie für nicht ansatzführende Dienststellen.
Verwaltung der Zuschläge zu den Bundessteuern.
Refundierung der Grunderwerbssteuer.
Angelegenheiten der privatrechtlichen Versicherungen der Gemeinde, soweit dafür nicht die Magistratsabteilungen 48 oder 68 im Zusammenhang mit der Schadensabwicklung aus der Kfz-Haftpflichtversicherung zuständig sind.
Beteiligung an Unternehmen, Abschluss von Verträgen mit Bausparkassen und Zahlungen an diese im Rahmen der Wohnbauförderung; Mitwirkung an grundsätzlichen finanziellen Angelegenheiten der Wohnbauförderung, der Wohnungsverbesserung und der Wohnhaussanierung, insbesondere Festsetzung des Gesamtrahmens der Wohnbauförderung.
Finanzielle Angelegenheiten, die Wien und andere Gebietskörperschaften betreffen.
Durchführung des Finanzausgleiches.
Wahrnehmung der Interessen der Stadt Wien im Zusammenhang mit der Liquidation des Krankenanstalten-Zusammenarbeitsfonds.
Koordination der Finanzierung der Wiener Krankenanstalten und Pflegeheime.
Grundsätzliche Angelegenheiten des Kassenwesens und der Gebarung mit Verwahrnissen (Depositen) und Sicherstellungen (Kautionen).
Wahrnehmung des Aufsichtsrechtes hinsichtlich des Jahresvoranschlages und des Rechnungsabschlusses der Ärztekammer für Wien, der Tierärztekammer für Wien und der Landwirtschaftskammer für Wien.
Ausübung des Aufsichtsrechtes über jene Einrichtungen, bei denen die Stadt Wien mit ihrem Vermögen haftet.
Wahrnehmung der wirtschaftlichen Belange der Hafen- und Lagereinrichtungen der Stadt Wien.
Angelegenheiten des Neubaues des Allgemeinen Krankenhauses der Stadt Wien beziehungsweise der VOEST-ALPINE Medizintechnik G.m.b.H. im Rahmen der ARGE-AKH im Einvernehmen mit dem Wiener Krankenanstaltenverbund.

(1082) 1, Ebendorferstraße 2, 5. Stock,
Tür 523 .... 40 00 ...
Telefax: 40 00-99-Nebenstelle
IBS-User: M05A
E-Mail: post@m05.magwien.gv.at

Gruppenleitung der Finanzverwaltung:
N e i d i n g e r Richard, Gruppenleiter 86511
G r i e b l e r, Mag. Dietmar,
Obermagistratsrat 86571
Sekretariat 86515, 86428

N e i d i n g e r Richard,
Gruppenleiter der Finanzverwaltung 86511
M i k s i t s, Mag. Helene,
Obermagistratsrätin,
Übergeordnete Koordinatorin für
Subventionsangelegenheiten 86512
Kanzleileiterin/Kanzleileiter 86519
Kanzlei und Einlaufstelle 86515, 86563, 86516
Protokollführung, Auskunft 86528
Amtsgehilfinnen/
Amtsgehilfen 86526, 86527, 86576

Referate

Subventionen
P r e y h a u p t Josef, Oberamtsrat,
Referatsleiter 86532
A g n e t e r Erwin, Referatsleiter-
Stellvertreter 86533
Sachbearbeiterin/Sachbearbeiter 86534

Anleihen,
Darlehen,
Beteiligungen,
Wirtschaftsförderung,
Versicherungen,
Banken- und Zahlungsverkehr:
K a m m e r e r Gerhard, Oberamtsrat,
Referatsleiter 86551
M ö r t l Gerhard, Amtsrat,
Referatsleiter-Stellvertreter,
Dezernatsleiter I,
Personalreferent 86564
W e i n g a r t s h o f e r Ursula, Amtsrätin,
Referatsleiter-Stellvertreterin,
Dezernatsleiterin II 86555
Protokollführung 86568, 86559

Sachbearbeiterinnen/Sachbearbeiter:

Dezernat I
Refundierung der Grunderwerbssteuer,
Geld- und Zahlungsverkehr 86569
Privatrechtliche Versicherungen der Stadt Wien,
Aufnahme von Anleihen und Darlehen,
Beteiligungen 86564, 86563, 86568
Zinsenfreie Darlehen,
Unterstützung von Ordensspitälern 86558
Überprüfung von Haftbriefen 86559, 86568

Dezernat II
Umwelt- und Wasserwirtschaftsfonds,
Siedlungswasserwirtschaft,
Bürgschaften,
Angelegenheiten der Wohnbau-
finanzierung,
Fernwärmeförderung 86554

Wirtschaftsfördernde Aktionen,
Zweckzuschüsse des Bundes,
Entschädigungen nach dem
Katastrophenfonds- und
Strahlenschutzgesetz,
Darlehen und Betriebskredite 86555, 86565

Steuerungsgruppe Budget
G r i e b l e r, Mag. Dietmar,
Obermagistratsrat 86571
S c h i n d l e r Norbert 86575

Zentralbudget
P i c h l e r Erwin, Oberamtsrat,
Referatsleiter 86542
P r e y e r Gottfried, Amtsrat,
Referatsleiter-Stellvertreter 86543
Protokollführung 86549

Bezirksbudgets
M o s e r Franz, Oberamtsrat,
Referatsleiter 86572
O k a s e k Michaela,
Referatsleiter-Stellvertreterin 86573
Protokollführung 86579

MAGISTRATSABTEILUNG 6

Rechnungsamt

(Geschäftsgruppe Finanzen, Wirtschaftspolitik und Wiener Stadtwerke)

Mitwirkung bei Erlassung von Vorschriften für Rechnungs- und Kassenstellen außerhalb des Rechnungsamtes.
Genehmigung von Verlägen.
Buchführung hinsichtlich der voranschlagswirksamen und voranschlagsunwirksamen Gebarung sowie der Vermögensnachweisung einschließlich der Doppik und der Debitoren- und Kreditorenbuchhaltung.
Verrechnung von übertragenen Bundesgebarungen (gemäß Art. 104 Abs. 2 B-VG) nach den Richtlinien des Bundes.
Führung der Verrechnungs- und Kontokorrentkonten, auch für städtische Unternehmungen.
Wahrnehmung der Buchführungsaufgaben für Einrichtungen wie den Wiener Krankenanstaltenfinanzierungsfonds (WIKRAF), den Betrieb zur Erhaltung hochrangiger Bundesstraßen (ERHOB), die Kliniken des Allgemeinen Krankenhauses sowie die Stiftungen der Stadt Wien.
Mitwirkung bei der Erstellung der Teilvoranschläge.
Mitwirkung bei der Erstellung der Voranschläge der Bezirke; Erstellung der Rechnungsabschlüsse der Bezirke.
Mitwirkung bei der Budgetkontrolle und Aufstellung der Jahresrechnung.
Kreditüberwachung und Abgabe von Bedeckungsäußerungen für alle beabsichtigten Ausgaben.
Prüfung von Zahlungsanordnungen, Rechnungen und Zahlungsverpflichtungen sowie der Geld-, Wertpapier- und Sachgebarungen grundsätzlich vor dem Vollzug, nötigenfalls nach dem Vollzug hinsichtlich der Anordnungsbefugnis, der formellen, sachlichen und rechnerischen Richtigkeit, der Einhaltung des Voranschlages und der geltenden Vorschriften.
Vorschreibung und Einbringung der von den anordnungsbefugten Dienststellen festgestellten Forderungen.
Rückstandsbearbeitung einschließlich der Mitwirkung bei der Abschreibung uneinbringlicher Forderungen.
Abrechnung der Bundessteuern, Erstellung der Umsatzsteuervoranmeldungen, der Umsatzsteuererklärungen und der Körperschaftssteuererklärungen.
Erstellung der Nachweise betreffend „Freie Dienstverträge".
Zusammenfassende Meldung über den EU-Warenverkehr für das ÖSTAT.
Verfassung der Teilrechnungsabschlüsse, Bilanzen, Kennzahlenberechnungen, Nachweise aufgrund der Voranschlags- und Rechnungsabschlussverordnung, Jahresabschlüsse nach dem Rechnungslegungsgesetz sowie Erstellung der sonstigen gesetzlich vorgeschriebenen Nachweise betreffend die Verrechnung.
Aufstellung von Statistiken, Kalkulationen, Rentabilitätsberechnungen und Berechnungen im Zusammenhang mit der Buchführung.
Mitwirkung bei Inventuren, Skontrierungen und Skartierungen.
Führung des elektronischen Verzeichnisses über die Auftragsdaten der Stadt Wien.
Prüfung der formellen, sachlichen und rechnerischen Richtigkeit der Vorschreibungen von Landes- und Gemeindeabgaben.
Gebührstellung, Liquidierung, Verrechnung und Vollzug der Einnahmen und Ausgaben von Landes- und Gemeindeabgaben, Nebengebühren und Strafen sowie sonstiger ordnungsgemäß angeordneter Einnahmen und Ausgaben.
Maßnahmen, die der ordnungsgemäßen und rechtzeitigen Erklärung und Entrichtung der Landes- und Gemeindeabgaben dienen (einschließlich Aufforderungen und Zwangsstrafen), ausgenommen die Steueraußenprüfung.
Behandlung von Ansuchen um Zahlungserleichterung betreffend Landes- und Gemeindeabgaben und Strafen; Nachsicht von Nebengebühren und Nebenansprüchen betreffend Landes- und Gemeindeabgaben. Erlassung sonstiger Bescheide nach der Wiener Abgabenordnung (insbesondere Säumniszuschlag, Verspätungszuschlag, Aussetzung der Einhebung, Zwangsstrafen und Pfändungsgebühren). Nachsicht von Landes- und Gemeindeabgaben, ausgenommen jene, mit deren Vollzug in erster Instanz die Magistratsabteilung 4 betraut ist.
Rückstandsüberwachung, Mahnwesen, Einleitung des verwaltungsbehördlichen und gerichtlichen Vollstreckungs- und Sicherungsverfahrens sowie Vertretung der Stadt Wien bei Meistbots- und Verkaufserlösverhandlungen bezüglich Landes- und Gemeindeabgaben und Strafen.
Durchführung der Meldeerhebungen im Auftrag der Meldebehörde.
Durchführung des Strafvollzugs für den gesamten Magistrat.
Bemessung und Vorschreibung der Grundsteuer, einmaliger Gebühren nach dem Kanalräumungs- und Kanalgebührengesetz, der Abgabe nach dem Wiener Abfallwirtschaftsgesetz und der Hundeabgabe.
Bearbeitung von Anträgen nach dem Wiener Grundsteuerbefreiungsgesetz.
Festsetzung der Art und Zahl der Sammelbehälter sowie der Zahl der Einsammlungen pro Liegenschaft nach dem Wiener Abfallwirtschaftsgesetz, soweit nicht die Magistratsabteilung 48 zuständig ist.
Durchführung des zentralen Zahlungsverkehrs in der Stadthauptkasse.
Führung des Verbotsbuches.
Verwahrung und Evidenthaltung der Zahlungsmittel, Wertpapiere und Depositen.
Anleihenkassendienst.
Evidenz der bei städtischen Dienststellen in Verwendung stehenden Kassen und Kassetten, Veranlassung der Versicherung derselben.
Bestandsführung und Ausgabe der verrechenbaren und allgemeinen Drucksorten.
Durchführung verwaltungsbehördlicher Zwangsvollstreckungen.
Vollstreckung von Bescheiden und Erlassung von Vollstreckungsverfügungen und Kostenbescheiden.
Erhebungen im Zusammenhang mit zwangsweisen Einbringungen.
Versuchsweise Einbringung von privatrechtlichen Forderungen der Stadt Wien.
Erhebungen in Pflegegebühren-, Krankentransportkosten- und Sozialhilfeangelegenheiten.
Strafvollzug über Ersuchen auswärtiger Verwaltungsbehörden.
Mitwirkung bei notstandspolizeilichen Sofortmaßnahmen und Räumungen.
Erhebungen im Zusammenhang mit Ansuchen um Befreiung oder Aufschub vom Präsenzdienst.

(1082) 8, Friedrich-Schmidt-Platz 3,
2. Stock . . . . 40 00 . . .
Telefax: 40 00-99-Nebenstelle
IBS-User: M06A
E-Mail: post@m06.magwien.gv.at

D ö l l e r, Regierungsrat Franz,
Direktor des Rechnungsamtes 86011
(Gruppenleiter der Finanzverwaltung:
N e i d i n g e r Richard, siehe Seite I/55)
H o f b a u e r Eduard,
Oberamtsrat 86021

S – Sekretariat und Kanzlei 86015, 86016, 86017, 86019
Expedit 86088, 86089

A – Abgaben und sonstige öffentlich-rechtliche Forderungen
M o z e l t, Regierungsrat Helmut,
Oberamtsrat 86081

B – Businessmanagement und Dienststellenbetreuung
A l b r e c h t s b e r g e r Renate,
Amtsrätin 86023

C – Controlling und Produktkalkulation
T e u f e l Monika, Amtsrätin . . 891 34 . . ., 15601
D – Daten und Fachrevision
G l a t z l Matthias,
Oberamtsrat 86028
E – Einbringung und Kundenservice
S k a c e l Heribert,
Oberamtsrat . . . . 40 00 . . ., 86082
F – Fortbildung und Qualitätsmanagement
B e r n h a r d - W a l c h e r Magdalena,
Amtsrätin . . . . 878 34 . . ., 13601
G – Geschäftspartnerservice
L a f a r Kurt, Oberamtsrat . . . . . 40 00 . . ., 86025
H – Haushalts- und Buchführungsrecht sowie Steuerpflichten
M e n n e r Ernst, Amtsrat 86022
I – Innenorganisation
S v a t o s Michael, Amtsrat 86024
K – Kassenorganisation
L e i d n i x Martina, Oberamtsrätin 86083
P – Personalmanagement
M a s i n , Regierungsrat Gerhard,
Oberamtsrat 86012
O – Operative Leitung
H o f b a u e r , Regierungsrat Eduard,
Oberamtsrat 86021

Stadthauptkasse

(1082) 1, Rathaus, Stiege 7, Hochparterre,
Tür 104 . . . . 40 00 . . .
Telefax: 40 00-99-Nebenstelle
E-Mail: kanzlei-b42@m06.magwien.gv.at,

Leiter: C i c h r a Josef, Oberamtsrat 86121
Stellvertreterin/Stellvertreter 86122, 86123
Verbotsbuch 86141, 86142
Liquidatur 86145, 86146, 86158
Girostelle 86131, 86132, 86133, 86134
Verteilerstelle 86136, 86137
Kassenstelle 86125, 86127, 86139
Drucksortenstelle, (1082) 1, Rathaus, Stiege 7,
Hochparterre, Tür 103 86151
Verrechenbare Drucksorten 86152
Allgemeine Drucksorten,
Allgemeine Rahmenschriftstücke . . . 86152, 86155
Hundemarkenevidenz 86152

Zentralbuchhaltung

Zentralbuchhaltung,
(1030), 3, Modecenterstraße 14, 3. Stock . . . 40 00 . . .
Telefax: 40 00-99-86035
E-Mail: kanzlei-b41@m06.magwien.gv.at

Leiter: K a d l e c Ursula, Amtsrätin 86031
Stellvertreterin/Stellvertreter,
Voranschlag, Geldinventar 86057
Kanzleileiterin/Kanzleileiter,
Voranschlagstextdatei, ... 86039
EDV-Subsystem, Userwartung 86043, 86044
EDV-Betreuung
Gruppenleitung 86055, 86057, 86062, 89541
UNIX-Störungen 86052
Störungen Archiv und PC-Applikationen 86066
Programmierung, Arbeitsvorbereitung und
Betreuung 86033,
86040, 86045, 86046, 86047, 86048,
86049, 86051, 86053, 86054, 86057,
86058, 86059, 86063, 86064, 86066,
86067, 89542, 89543, 89544, 89545
Hinterlegungen
Depositen, Kautionen, Haftungsrücklässe,
Bankgarantiebriefe 86032
Umsatzsteuer, Mengeninventar 86034, 86036

Buchhaltungsabteilung 1 – Personal

(1082) 1, Rathausstraße 9, 1. Stock
Telefax: 40 00-99-83570
E-Mail: kanzlei-b01@m06.magwien.gv.at

Leiterin: K a u s a l i u s Gabriele,
Oberamtsrätin 83561
Stellvertreterin/Stellvertreter, Voranschlag,
Rechnungsabschluss 83562
Kanzleileiterin/Kanzleileiter 83569
EDV-Terminal 83563
Archivierungssystem, Amtsgehilfinnen/
Amtsgehilfen 83576
Revision
Voranschlagsunwirksame Gebarung,
Datenstamm, Summare, Sonderaufgaben . . . 83574
Einnahmenverrechnung
Gehaltsabzüge, Gehaltsvorschüsse, Gehaltsrückverrechnungen, Einnahmenkontoauszug,
Pensionen, Überweisungsbeträge 83572
Ausgabenverrechnung
Landeslehrer, Ehrungen und Repräsentation,
MD-VO, MD-EIW, Sofortmaßnahmen,
MDZ-Rechtsamt,
MA 64 – VwGH-Beschwerden,
Strafen nach der StVO 83570, 83571
Gehälter-Forstverwaltungen, Werkverträge,
Personalvertretungskosten, Geldaushilfen,
Ausgabenrefundierungen, Fortbildung des
Personals, Prüfungsgebühren, Gemeinschaftspflege, MD-AB, Einnahmenkontoauszug . . . 83582
Fahrscheine, Netzkarten, Reisekosten,
Taxispesen, Verlagsabrechnungen,
Aufwandentschädigungen 83573
Übergenüsse, Pensionsbeiträge, Pensionszusammenlegung 83583
Zuschuss zum Mittagstisch, Ausgabekontoauszüge 83577

Buchhaltungsabteilung 2 – Finanzen

(1082) 8, Lerchenfelder Straße 4,
1. und 2. Stock . . . . 40 00 . . .
Telefax: 40 00-99-Nebenstelle
E-Mail: kanzlei-b02@m06.magwien.gv.at

Leiter: H ö d l Karl, Oberamtsrat 89561
Stellvertreterin/Stellvertreter, Voranschlag,
Rechnungsabschluss 89562
Kanzleileiterin/Kanzleileiter 89569
Kanzlei 89567, 89568, 89597
EDV-Operating 89558, 89559

Gruppe Finanzwesen
Gruppenleiterin/Gruppenleiter 89562, 89571
Stellvertreterin/Stellvertreter, Anleihen,
Wertpapiere, Zinsen 89572
Wirtschaftsförderung, Subventionen 89573
Versicherungsprämien, Ersatzvornahmen 89575
Diverse Darlehen 89576
Refundierung der Grunderwerbsteuer,
Spesen 89577

Gruppe Wohnbauförderung
Gruppenleiterin/Gruppenleiter 89581
Stellvertreterin/Stellvertreter,
Landesdarlehen,
Bundessonderwohnbau 89582
Wohnbausonderprogramm – Darlehens-
verrechnung, Bauaufsichtshonorare,
Wohnungskommission 89583
Wohnbauförderung –
Annuitätenzuschüsse 89584, 89585, 89586
Wohnbauförderung –
Darlehensverrechnung 89588,
89589, 89580, 89587
Wohnungsverbesserung und
Wohnhaussanierung 89593, 89594

Gruppe Darlehen/WIKRAF
Gruppenleiterin/Gruppenleiter 89591
Stellvertreterin/Stellvertreter, WIKRAF 89551
Bürgschaftsinanspruchnahmen 89597
Wohnbeihilfen 89595
Darlehen für Stadt Wien und
weitergegebene Darlehen 89592
WIKRAF-Wiener Krankenanstalten-
finanzierungsfonds 89551,
89552, 89553, 89598

Buchhaltungsabteilung 3 – Kultur und Feuerwehr

(1082) 8, Friedrich-Schmidt-Platz 5, 3. Stock,
Tür 315 .... 40 00 ...
Telefax: 40 00-99-Nebenstelle
E-Mail: kanzlei-b03@m06.magwien.gv.at

Leiter: H e i d e r Franz,
Oberamtsrat 84661
Stellvertreterin/Stellvertreter, Voranschlag,
Rechnungsabschluss 84662
Kanzleileiterin/Kanzleileiter 84669
EDV-Terminal 84676, 84677
Registratur 84675

Gruppe Presse, Bildung, Museen
Gruppenleiterin/Gruppenleiter,
Ausgaben der Bezirksvorsteher 84662
Stellvertreterin/Stellvertreter, Bildung,
Landesbildstelle (Media Wien),
Musiklehranstalten 84693
Statistisches Amt, Wiener Stadtbibliothek,
Büchereien, Modeschule 84678
Museen, Wahlamt 84694
Information und Öffentlichkeitsarbeit 84695
Kanzlei, Rechnungsprüfung 84660

Gruppe Feuerwehr, Kultur
Gruppenleiterin/Gruppenleiter 84663
Stellvertreterin/Stellvertreter, Kultur,
Subventionen für MA 7 und MA 13 84692
Feuerwehr und Katastrophen-
schutz 84683, 84684, 84685
Rechnungsprüfung 84696

Buchhaltungsabteilung 4 – Soziales

(1010) 1, Neutorgasse 18, 2. Stock,
Tür 276 .... 531 14 ...
Telefax: 531 14-99-Nebenstelle
E-Mail: kanzlei-b04@m06.magwien.gv.at

Leiter: V i m e t a l Helmut, Oberamtsrat 95961
Stellvertreterin/Stellvertreter, Voranschlag,
Rechnungsabschluss 95962
Kanzleileiterin/Kanzleileiter 95968, 95969
EDV-Subsystem 95963, 95964
Führung des Verrechnungskontos 95965
Registratur 95967, 95987

Gruppe Sozialamt
Gruppenleiterin/Gruppenleiter 95962
Stellvertreterin/Stellvertreter 95986
Stiftungen 95965
Kostenersätze 95953, 95984
Behindertenhilfe 95972
Rechnungsprüfung 95976, 95977, 95978

Gruppe Beihilfen
Gruppenleiterin/Gruppenleiter 95951
Stellvertreterin/Stellvertreter 95952
Wiener Landespflegegeld ... 95953, 95954, 95955
Mietbeihilfen 95953, 95954, 95955
Dauerleistungen 95953, 95954, 95955

Gruppe Amt für Jugend und Familie
Gruppenleiterin/Gruppenleiter 95991
Stellvertreterin/Stellvertreter 95992
Heime für Kinder und
Jugendliche 95993, 95995
Rechnungsprüfung 95996, 95997
Wiener Familienzuschuss 95955
Pflegekinder 95999, 95992

Buchhaltungsabteilung 5 – Bauangelegenheiten
(1121) 12, Niederhofstraße 23, 3. Stock,
Tür 336 . . . . 811 14 . . .
Telefax: 811 14-99-92560
E-Mail: kanzlei-b05@m06.magwien.gv.at

Leiterin: H i e l Eva, Oberamtsrätin 92561
Stellvertreterin/Stellvertreter, Voranschlag, Rechnungsabschluss 92562
Kanzleileiterin/Kanzleileiter 92569
Kanzlei 92568, 92565
EDV-Subsystem 92564, 92563, 92567
Registratur 92578, 92588

Gruppe Bau, Umwelt, Verkehr, Haustechnik
Gruppenleiterin/Gruppenleiter, Stadtbaudirektion, Bau-, Feuer- und Gewerbepolizei, Maßnahmen nach dem Altlastensanierungsgesetz, Konkurrenzgewässer 92551, 92562
Stellvertreterin/Stellvertreter, Wasserbau, Verbesserter Hochwasserschutz, Verkehrsorganisation und technische Verkehrsangelegenheiten, Haustechnik – Werkstätte der MA 32, Brückenbau 92552
Aufgrabungen, Kautionen 92554, 92555
Einnahmenverrechnung, Rechnungsprüfung 92581, 92582

Gruppe Planung, Straßenbau, öffentliche Beleuchtung
Gruppenleiterin/Gruppenleiter, Beiträge für internationale Einrichtungen, Wirtschaftspolitische Maßnahmen 92571
Stellvertreterin/Stellvertreter, Straßenbau, Autobahnen, Planung und betriebliche Erhaltung 92572
Öffentliche Beleuchtung, Stadtentwicklung, Stadtplanung, Hochbau, Verrechnungskonto 92573
Rechnungsprüfung, Einnahmenverrechnung 92574, 92575
Interne Verrechnung, Überrechnungen 92586

Gruppe Bundesverrechnung, Stadterneuerung
Gruppenleiterin/Gruppenleiter, Rechnungsabschluss 92591
Stellvertreterin/Stellvertreter, Bundesstraßen, Autobahnen; Neubau und Instandsetzung 92592
Erfordernisse für Stadterneuerung, Ersatzvornahmen im Zuge von Bauaufträgen 92592
Kanzlei und Einlaufstelle 92595
Lärmschutzmaßnahmen, Rechnungsprüfung 92593
EDV-Terminal 92594, 92596

Buchhaltungsabteilung 6 – Stadtreinigung und Fuhrpark
(1120) 12, Pohlgasse 26, 1. Stock . . . . . 811 14 . . .
Telefax: 811 14-99-Nebenstelle
E-Mail: kanzlei-b06@m06.magwien.gv.at

Leiter: H u f n a g e l Heinz, Oberamtsrat 96261
Stellvertreterin/Stellvertreter, Voranschlag, Rechnungsabschluss 96262
Kanzleileiterin/Kanzleileiter 96268
Kanzlei 96269
EDV-Terminal 96287, 96288
Registratur 96278, 96279

Ausgabenverrechnung 96273, 96274, 96276
Rechnungsprüfung, Ableerscheine, Kfz-Steuer 96274, 96275
Einnahmenverrechnung 96282, 96283
Zusätzliche Müllabfuhr, Verteiler-Abstattung 96281
Falschparker- und Wrackabschleppung 96263, 96264

Buchhaltungsabteilung 7 – Rechnungswesen Südost
(1030) 3, Modecenterstraße 14, Block C, 3. Stock . . . . . 795 14 . . .
Telefax: 795 14-99-Nebenstelle
E-Mail: kanzlei-b07@m06.magwien.gv.at

Leiterin: S m u d i t s Sylvia, Amtsrätin 93761
Stellvertreterin/Stellvertreter, Voranschlag, Rechnungsabschluss 93762
Kanzleileiterin/Kanzleileiter 93769
Kanzlei 93764
EDV-Terminal 93763
Referentinnen/Referenten . . . 93771, 93772, 93774
Archiv 93767
Außenstelle – Kindertagesheime und Archiv
(1110) 11, Guglgasse 6, Gasometer D, 6. Ebene . . . . . 40 00 . . . , 93781

Buchhaltungsabteilung 8 – Wasser
(1061) 6, Grabnergasse 4–6, 1. Stock . . . . 599 59 . . .
Telefax: 599 59-99-Nebenstelle
E-Mail: kanzlei-b08@m06.magwien.gv.at

Leiterin: L a f a r Eva, Oberamtsrätin 93461
Stellvertreterin/Stellvertreter, Voranschlag, Rechnungsabschluss 93471
Kanzleileiterin/Kanzleileiter 93469
Kanzlei 93479
EDV-Terminal 93468, 93477, 93478
Registratur 93467

Gruppe MA 31
Gruppenleiterin/Gruppenleiter, Ausgaben 93471

Stellvertreterin/Stellvertreter,
Einnahmen 93481
Ausgaben allgemein 93482, 93486, 93489
Verläge und Betriebskassen 93486
Einnahmen allgemein,
Rückstandsverfolgung 93485
Pachten, auswärtige Wassergebühren 93484
Mieten 93468
Kommissionen 93482

Buchhaltungsabteilung 9 – Friedhöfe
(1010) 1, Werdertorgasse 6, 4. Stock . . . . . 534 69 . . .
Telefax: 534 69-99-Nebenstelle
E-Mail: kanzlei-b09@m06.magwien.gv.at

Leiter: D e n k Norbert, Oberamtsrat 97161
Stellvertreterin/Stellvertreter,
Voranschlag, Rechnungsabschluss 97162
Kanzleileiterin/Kanzleileiter 97169
EDV-Terminal 97163
Ausgabenverrechnung 97164
Einnahmenverrechnung 97171

Buchhaltungsabteilung 10 – Allgemeines Krankenhaus und Poliklinik
(1090) 9, Spitalgasse 11,
1. Stock . . . . 610 . . ., 404 00 . . .
Telefax: 404 00-5799
E-Mail: kanzlei-b10@m06.magwien.gv.at

Leiterin: A l b e r t Irene, Amtsrätin 5858
Stellvertreterin/Stellvertreter,
Voranschlag, Rechnungsabschluss 5862
Kanzleileiterin/Kanzleileiter 5859
EDV-Subsystem 5871, 5872
Registratur 5897, 5883, 5890, 5881, 5971

Gruppe Budget/Ausgaben
Gruppenleiterin/Gruppenleiter 5862
Referentinnen/Referenten . . . 5864, 5865, 5894, 5880

Gruppe Einnahmen
Gruppenleiterin/Gruppenleiter 5884
Abrechnungen,
Rückstandsbetreuung 5885, 5889, 5892

Gruppe Pflegegebühren
Gruppenleiterin/Gruppenleiter 5847
Referentinnen/Referenten 5848, 5853, 5857

Buchhaltungsabteilung 11 – Wohnen
(1082) 1, Rathausstraße 4, 4. Stock . . . . 40 00 . . .
Telefax: 40 00-99-Nebenstelle
E-Mail: kanzlei-b11@m06.magwien.gv.at

Leiter: M ü l l e r Peter, Oberamtsrat 90361
Stellvertreterin/Stellvertreter,
Voranschlag, Rechnungsabschluss 90362
Kanzleileiterin/Kanzleileiter 90369
Kanzlei 90394
Registratur 90367

ZENTRALE – GRUPPE FINANZBUCHHALTUNG
Gruppenleiterin/Gruppenleiter,
Wiener Wohnen 90391
Stellvertreterin/Stellvertreter,
Darlehen 90392
EDV-Subsystem 90396, 90397
Hausbesorger-Lohnverrechnung 90399
Einnahmenverteiler-Datenerfassung 90398

ZENTRALE –
GRUPPE TREASURY MANAGEMENT
Gruppenleiterin/Gruppenleiter 90371
Stellvertreterin/Stellvertreter 90372
Sachbearbeiterinnen/Sachbearbeiter,
EVA 90376, 90378, 90377, 90379

Gruppe 9 – Wohnen 1., 2., 8., 9. und 20. Bezirk
(1090) 9, Alserbachstraße 41, 4. Stock . . . 534 36 . . .
Telefax: . . . . 534 36–99–01650 oder Nebenstelle
Gruppenleiterin/Gruppenleiter 01631
Stellvertreterin/Stellvertreter 01632
Ausgabenreferentin/Ausgabenreferent 01648
Sachbearbeiterinnen/Sachbearbeiter . . 01633, 01634, 01635, 01638, 01647, 01649
EDV-Terminal 01630
Kanzlei 01639
Registratur 01637

Gruppe 10 – Wohnen 10. Bezirk
(1100) 10, Dieselgasse 1–3, 1. Stock . . . . . 605 34 . . .
Telefax: 605 34-99-10639
Gruppenleiterin/Gruppenleiter 10631
Stellvertreterin/Stellvertreter 10632
Ausgabenreferentin/Ausgabenreferent 10648
Sachbearbeiterinnen/Sachbearbeiter . . . 10633, 10634
EDV-Terminal 10630
Kanzlei 10639
Registratur 10637

Gruppe 11 – Wohnen 3., 4. und 11. Bezirk
(1110) 11, Simmeringer Hauptstraße 108 a . . . . 740 34 . . .
Telefax: 740 34-99-11639
Gruppenleiterin/Gruppenleiter 11631
Stellvertreterin/Stellvertreter 11632
Ausgabenreferentin/Ausgabenreferent 11648
Sachbearbeiterinnen/Sachbearbeiter 11633, 11634, 11649
EDV-Terminal 11630
Kanzlei 11639
Registratur 11637

Gruppe 12 – Wohnen 5., 6., 7. und 12. Bezirk
(1121) 12, Niederhofstraße 23, 2. Stock . . . 811 34 . . .

Telefax: 811 34-99-Nebenstelle
Gruppenleiterin/Gruppenleiter 12631
Stellvertreterin/Stellvertreter 12632
Ausgabenreferentin/Ausgabenreferent 12633
Sachbearbeiterinnen/Sachbearbeiter 12633,
12634, 12635, 12636
EDV-Terminal 12644
Kanzlei 12639
Registratur 12638

Gruppe 16 – Wohnen 14., 15. und 16. Bezirk
(1160) 16, Opfermanngasse 1,
3. Stock . . . . 491 96 . . .
Telefax: . . . . 491 96-99-16635 oder Nebenstelle
Gruppenleiterin/Gruppenleiter 16631
Stellvertreterin/Stellvertreter 16632
Ausgabenreferentin/Ausgabenreferent 16634
Sachbearbeiterinnen/Sachbearbeiter . . . 16633, 16648
EDV-Terminal 16635
Kanzlei 16639
Registratur 16649

Gruppe 17 – Wohnen 17., 18. und 19. Bezirk
(1170) 17, Elterleinplatz 14, 1. Stock . . . . . 401 19 . . .
Telefax: 401 19-99-Nebenstelle
Gruppenleiterin/Gruppenleiter 17631
Stellvertreterin/Stellvertreter 17632
Ausgabenreferentin/Ausgabenreferent 17642
Sachbearbeiterinnen/
Sachbearbeiter 17642, 17643, 17644
EDV-Terminal 17639
Kanzlei 17639
Registratur 17638

Gruppe 21 – Wohnen 21. Bezirk
(1210) 21, Schöpfleuthnergasse 25 . . . . . . 277 34 . . .
Telefax: 277 34-99-Nebenstelle
Gruppenleiterin/Gruppenleiter 21631
Stellvertreterin/Stellvertreter 21632
Ausgabenreferentin/Ausgabenreferent 21648
Sachbearbeiterinnen/Sachbearbeiter . . . 21633, 21634
EDV-Terminal 21639
Kanzlei 21639
Registratur 21637

Gruppe 22 – Wohnen 22. Bezirk
(1229) 22, Donaustadtstraße 1,
6. Stock . . . . 211 23 . . .
Telefax: 211 23-99-Nebenstelle
Gruppenleiterin/Gruppenleiter 22631
Stellvertreterin/Stellvertreter 22632
Ausgabenreferentin/Ausgabenreferent 22648
Sachbearbeiterin/Sachbearbeiter 22645, 22646
EDV-Terminal 22630
Kanzlei 22639
Registratur 22638

Gruppe 23 – Wohnen 13. und 23. Bezirk
(1230) 23, Anton-Baumgartner-Straße 125,
2. Stock . . . . 863 34 . . .
Telefax: 863 34-99-Nebenstelle
Gruppenleiterin/Gruppenleiter 23631
Stellvertreterin/Stellvertreter 23632
Ausgabenreferentin/Ausgabenreferent 23633
Sachbearbeiterinnen/Sachbearbeiter . . . 23635, 23648
EDV-Terminal 23630
Kanzlei 23639
Registratur 23647

Buchhaltungsabteilung 12 – Wirtschaft
(1031) 3, Am Modenapark 1–2,
3. Stock . . . . 40 00 . . .
Telefax: 40 00-99-Nebenstelle
E-Mail: kanzlei-b12@m06.magwien.gv.at

Leiter: H r u b y Heinz, Oberamtsrat 97561
Stellvertreterin/Stellvertreter, Voranschlag,
Rechnungsabschluss, Zwischenbilanz 97562
Kanzleileiterin/Kanzleileiter 97569
Kanzlei 97568, 97578, 97579
EDV-Terminal 97565, 97566
Registratur 97563
Sitzungszimmer 97564

Gruppe MA 54
Gruppenleiterin/Gruppenleiter 97562
Stellvertreterin/Stellvertreter,
Zentraler Einkauf 97582
Zentraler Einkauf – Werkstätten 97583
Warengruppen 1, 5, 6,
Einnahmenverrechnung 97584
Warengruppe 3,
Einnahmenverrechnung 97589
Warengruppen 2, 4,
Altmaterialverrechnung 97587
Strom, Gas, Heizkosten, Verläge 97585, 97586
Lagerwarenverrechnung 97588

Gruppe EDV und voranschlagsunwirksame
Gebarung
Gruppenleiterin/Gruppenleiter 97591
Stellvertreterin/Stellvertreter 97592
Rundfunk- und Telefongebühren,
MA 54 – Druckerei 97594
Verlassenschaften 97596
Transitverrechnung, MA 54 – Warengruppe 7,
Postgebühren, Ausgaben und Einnahmen,
MA 14 und MA 55 . . . . 97593, 97598
Private Überlandsgespräche,
Kautionen MA 61 97593

Gruppe Markt- und Veterinärwesen
Gruppenleiterin/Gruppenleiter 97571
Stellvertreterin/Stellvertreter 97572
Einnahmen Bestandzinse
MA 59–Marktamt 97575
Einnahmen Marktgebühren
MA 59–Marktamt 97574
Einnahmen MA 38-LUA, MA 59 und
MA 60-Veterinäramt 97573, 97576
Ausgaben MA 38, 59, 60 . . . . 97573, 97576

Buchhaltungsabteilung 13 – Schulen

(1060) 6, Mollardgasse 87, Hochparterre,
Tür 30 . . . . 599 16 . . .
Telefax: 599 16-99-Nebenstelle
E-Mail: kanzlei-b13@m06.magwien.gv.at

Leiter: W u s c h i t z Johann, Amtsrat 95161
Stellvertreterin/Stellvertreter, Voranschlag, Rechnungsabschluss 95162
Kanzleileiterin/Kanzleileiter 95169
Kanzlei 95160
EDV-Terminal 95166, 95167
Registratur 95175, 95189, 95163

Ausgabenverrechnung 95162
Rechnungsprüfung 95174, 95176, 95177, 95164
Schulpauschalien 95165, 95176
Material-Evidenz und -Verrechnung 95185
Ganztagsschulverrechnung 95173, 95179, 95182, 95184, 95185, 95187, 95188
Bedeckungsangelegenheiten, Verlagsgebarung, Mietaufwendungen, Betreuungsentschädigungen 95181
Bau-Kreditevidenz 95177

Einnahmenverrechnung 95172, 95178

Buchhaltungsabteilung 14 – Gesundheit

(1031) 3, Am Modenapark 1–2, 5. Stock,
Tür 552 . . . . 40 00 . . .
Telefax: 40 00-99-Nebenstelle
E-Mail: kanzlei-b14@m06.magwien.gv.at

Leiter: H r d l i c k a Gabi, Amtsrätin 87461
Stellvertreterin/Stellvertreter, Voranschlag, Rechnungsabschluss 87462
Kanzleileiterin/Kanzleileiter 87469
EDV-Subsystem 87465, 87466
Registratur 87488, 87489

Gruppe MA 15 – Gesundheitswesen, MA-L – Landessanitätsdirektion, KAV-GD, ADV, Serviceeinheit für Wäsche und Reinigung
Gruppenleiterin/Gruppenleiter 87462
Stellvertreterin/Stellvertreter 87464

Gruppe MA 47: Betreuung zu Hause
Gruppenleiterin/Gruppenleiter 87492
Stellvertreterin/Stellvertreter 87491

Gruppe MA 70: Rettungs- und Krankenbeförderungsdienst
Gruppenleiterin/Gruppenleiter 87483
Stellvertreterin/Stellvertreter 87484

Buchhaltungsabteilung 15 – Umwelt

(1030) 3, Modecenterstraße 14, 2. Stock,
Tür 10 . . . . 40 00 . . .
Telefax: 40 00-99-Nebenstelle
E-Mail: kanzlei-b15@m06.magwien.gv.at

Leiterin: W i e s e r Christl, Oberamtsrätin 88361
Stellvertreterin/Stellvertreter, Voranschlag, Rechnungsabschluss 88362
Kanzleileiterin/Kanzleileiter 88369
Kanzlei 88379, 88376, 88390
EDV-Terminal 88375, 88377
Registratur 88367, 88374

Gruppe Umwelt
Gruppenleiterin/Gruppenleiter 88362
Stellvertreterin/Stellvertreter 88396
Gärten 88391, 88393, 88395
Forste 88392, 88399
Landwirtschaftsbetrieb, Umweltschutz, Wiener Umweltanwaltschaft 88396, 88366

Gruppe Liegenschaftswesen
Gruppenleiterin/Gruppenleiter 88381
Stellvertreterin/Stellvertreter 88382
Siedlungs- und Kleingartenwesen, Grundstückstransaktionen, gewerbliche Baurechte, Bestandverträge 88382, 88386, 88380
Leibrenten, Einzelbaurechte, Prekarien 88385
Liegenschaftsevidenz, Bestandzinse, genossenschaftliche Baurechte 88383, 88387
Amtshäuserverwaltung 88372, 88373, 88394

Buchhaltungsabteilung 16 – Bäder

(1100) 10, Reumannplatz 23,
2. Stock . . . . 601 12 . . .
Telefax: 601 12-99-Nebenstelle
E-Mail: kanzlei-b16@m06.magwien.gv.at

Leiter: H o f e r Karl, Oberamtsrat 44161
Stellvertreterin/Stellvertreter, Voranschlag, Rechnungsabschluss 44162
Kanzleileiterin/Kanzleileiter 44169
EDV-Terminal 44173
Ausgabenverrechnung 44174
Einnahmenverrechnung 44175

Buchhaltungsabteilung 18 – Krankenanstalten West

(1152) 15, Huglgasse 1–3 . . . . 616 . . ., 981 04 . . .
Telefax: 981 04-5709
E-Mail: kanzlei-b18@m06.magwien.gv.at

Leiterin/Leiter: derzeit unbesetzt 5701
Stellvertreterin/Stellvertreter 5702

Gruppe Einnahmen 5703
EDV-Operating 5706

Außenstelle (1180) 18, Bastiengasse 36–38,
Haus 4, 2. Stock . . . . 622 . . ., 476 15 . . .
Telefax: 476 15-5709

Gruppenleiter: M i r t h Heinz, Amtsrat 5701
Gruppe Ausgaben 5702
Kanzleileiterin/Kanzleileiter 5708

Buchhaltungsabteilung 19 – Wilhelminenspital
(1171) 16, Montleartstraße 37 . . . 615 . . ., 491 50 . . .
Telefax: 491 50-5709
E-Mail: kanzlei-b19@m06.magwien.gv.at

Leiterin: K r e i ß l Dagmar, Amtsrätin 5701
Stellvertreterin/Stellvertreter,
Voranschlag, Rechnungsabschluss 5702
Kanzleileiterin/Kanzleileiter 5708, 5700
EDV-Operating 5703, 5704
Registratur 5705, 5706

Gruppe Einnahmen
Gruppenleiterin/Gruppenleiter 5702
Stellvertreterin/Stellvertreter 5710
Referentinnen/Referenten 5712, 5713, 5716

Gruppe Ausgaben
Gruppenleiterin/Gruppenleiter 5720
Stellvertreterin/Stellvertreter 5721
Referentinnen/Referenten,
Rechnungsprüfung 5722, 5723

Buchhaltungsabteilung 20 – Pflegeheime
(1130) 13, Jagdschloßgasse 59,
C-Gebäude . . . . 630 . . . oder 613 . . .,
801 10 . . .
Telefax: . . . . 801 10-3630 und 3735
E-Mail: kanzlei-b20@m06.magwien.gv.at

Leiterin: Z i m m e r l Felicitas, Amtsrätin 3631
Stellvertreterin/Stellvertreter 3632
Kanzleileiterin/Kanzleileiter 3639, 3640
EDV-Operating 3633

Gruppe Ausgaben
Gruppenleiterin/Gruppenleiter 3632
Stellvertreterin/Stellvertreter 3634
Referentinnen/Referenten 3635, 3637, 3638

Gruppe Einnahmen
Gruppenleiterin/Gruppenleiter 3721
Stellvertreterin/Stellvertreter 3722
Referentinnen/Referenten 3723, 3724,
3725, 3726, 3727, 3728,
3729, 3730, 3731, 3732

Buchhaltungsabteilung 21 – SMZ-Ost, SMZ Floridsdorf
(1220) 22, Kapellenweg 35 . . . . . 611 . . ., 288 02 . . .
Telefax: 288 02-5709
E-Mail: kanzlei-b21@m06.magwien.gv.at,

Leiterin: H a g e r Brigitte,
Oberamtsrätin 5701
Stellvertreterin/Stellvertreter,
Voranschlag, Rechnungsabschluss 5702
Kanzleileiterin/Kanzleileiter 5708, 5700
EDV-Operating 5703, 5704

Gruppe Ausgaben, Budget
Gruppenleiterin/Gruppenleiter 5720
Stellvertreterin/Stellvertreter 5721
Referentinnen/Referenten . . . 5722, 5723, 5724, 5725

Gruppe Einnahmen
Gruppenleiterin/Gruppenleiter 5702
Stellvertreterin/Stellvertreter 5740
Referentinnen/Referenten 5741, 5742,
5743, 5744, 5745, 5746,
5747, 5748, 5750, 5751

Buchhaltungsabteilung 22 – Krankenhaus Lainz
(1130) 13, Wolkersbergenstraße 1 . . . . 613 . . .,
801 10 . . .
Telefax: 801 10-2735
E-Mail: kanzlei-b22@m06.magwien.gv.at,

Leiterin: P r e l l Marion,
Oberamtsrätin 2731
Stellvertreterin/Stellvertreter,
Gruppenleiterin/Gruppenleiter,
Einnahmen 2733
Kanzleileiterin/Kanzleileiter 2732
EDV-Terminal 2734, 2752
Gruppenleiterin/Gruppenleiter
Sachaufwand, Voranschlag,
Rechnungsabschluss 2682

Buchhaltungsabteilung 23 – Baumgartner Höhe
(1140) 14, Sanatoriumstraße 2,
Verwaltungsgebäude, Stiege 1,
1. Stock . . . . 619 . . ., 910 60 . . .
Telefax: 910 60-11849
E-Mail: kanzlei-b23@m06.magwien.gv.at

Leiterin: P f l ü g l e r Brigitte,
Oberamtsrätin 11841
Stellvertreterin/Stellvertreter,
Gruppenleiterin/Gruppenleiter 11843
Gruppe Einnahmen 11843
Gruppe Ausgaben 11842
Kanzleileiterin/Kanzleileiter 11840, 11848
EDV-Subsystem 11860, 11861

Buchhaltungsabteilung 24 – Rudolfstiftung

(1030) 3, Rennweg 79–81,
2. Stock . . . . 614 . . ., 711 65 . . .
Telefax: 711 65-1239
E-Mail: kanzlei-b24@m06.magwien.gv.at

Leiterin: S c h m i e d Gertrude,
Oberamtsrätin 5701
Stellvertreterin/Stellvertreter,
Voranschlag, Rechnungsabschluss 5725
Kanzleileiterin/Kanzleileiter 5707
EDV-Subsystem 5711

Gruppe Ausgaben
Gruppenleiterin/Gruppenleiter 5725
Stellvertreterin/Stellvertreter 5726
Referentinnen/Referenten 5727, 5728

Gruppe Einnahmen
Gruppenleiterin/Gruppenleiter 5705
Stellvertreterin/Stellvertreter 5714
Referentinnen/Referenten 5711, 5713,
5715, 5716, 5718
Registratur 5712, 5721

Buchhaltungsabteilung 25 – Kaiser-Franz-Josef-Spital und Preyer'sches Kinderspital

(1100) 10, Kundratstraße 3, PWH
3. Stock . . . . 612 . . ., 601 91 . . .
Telefax: 601 91-5709
E-Mail: kanzlei-b25@m06.magwien.gv.at

Leiter: S t r o b l Wolfgang,
Amtsrat 5701
Stellvertreterin/Stellvertreter,
Voranschlag, Rechnungsabschluss 5705
Kanzleileiterin/Kanzleileiter 5708
Operating, EDV-Subsystem 5711, 5712, 5713
Registratur 5714

Gruppe Einnahmen
Gruppenleiterin/Gruppenleiter 5705
Stellvertreterin/Stellvertreter 5715
Referentinnen/Referenten 5716, 5717,
5718, 5719, 5725

Gruppe Ausgaben
Gruppenleiterin/Gruppenleiter 5723
Stellvertreterin/Stellvertreter 5722
Referentinnen/Referenten 5720, 5721, 5724

Buchhaltungsabteilung 30 – Bezirksverrechnung

(1194) 19, Muthgasse 62, 3. Stock . . . . 40 00 . . .
Telefax: 40 00-99-Nebenstelle
E-Mail: b30@m06.magwien.gv.at

Leiter: H i e l Franz, Oberamtsrat 86961
Stellvertreterin/Stellvertreter,
Voranschlag, Rechnungsabschluss . . 86962, 86971
Kanzleileiterin/Kanzleileiter,
EDV-Subsystem 86965
Kanzlei, EDV-Subsystem 86966
Registratur 86967, 86968

Gruppe Hochbau, Sonstiges
Gruppenleiterin/Gruppenleiter 86971
Stellvertreterin/Stellvertreter,
Allgemeinbildende Pflichtschulen
(MA 56) 86972
Kindertagesheime (MA 11A),
Spielplätze (MA 51) 86973, 86974
Erfassungsleiterin 86977
Rechnungsprüfung 86975, 86976, 86977

Gruppe Tiefbau
Gruppenleiterin/Gruppenleiter 86981
Stellvertreterin/Stellvertreter,
Finanzen (MA 5),
Park- und Gartenanlagen (MA 42) 86982
Straßenbau (MA 28),
Abwasserbeseitigung (MA 30),
Wasserversorgung (MA 31),
Verkehrsorganisation und technische Verkehrsangelegenheiten (MA 46),
Rechnungsprüfung 86983, 86984,
86985, 86986

Gruppe Umwelttechnik
Gruppenleiterin/Gruppenleiter 86991
Stellvertreterin/Stellvertreter,
Sonstige kulturelle Maßnahmen (MA 7),
Musiklehranstalten und kulturelle Jugendbetreuung (MA 13),
Stadtentwicklung, Stadtplanung (MA 18),
Amtsgebäude-Errichtung und -Erhaltung (MA 23), Bäder (MA 44),
Information und Öffentlichkeitsarbeit
(MA 53) 86992
Pensionistenklubs (MA 12),
Öffentliche Beleuchtung und öffentliche Uhren (MA 33), Friedhöfe (MA 43),
Straßenreinigung und Bedürfnisanstalten (MA 48), Allgemeiner Sachaufwand (MA 54),

Märkte (MA 59) 86993
Rechnungsprüfung 86994, 86995

Buchhaltungsabteilung 31 – Abgaben und Financontrolling

(1082) 1, Volksgartenstraße 3, 3. Stock . . . 40 00 . . .
Telefax: 40 00-99-Nebenstelle
E-Mail: kanzs27@m06.magwien.gv.at

Leiterin: H e i d e r Erika, Oberamtsrätin 86101
Stellvertreterin/Stellvertreter 86102

Auskunftsklappe 86100
Kanzleileiterin/Kanzleileiter 86106
Operating 86109
Kassa, Strafen 86107
Haushaltsverrechnung (Ansätze 9200, 9230 und 0261) 86071
Registratur 86108
Sitzungszimmer 86119

Gruppe A

Gruppenleiterin/Gruppenleiter 86092
Grundbesitzabgaben, Wassergebühren, Abwassergebühren, AGA, WBG, WGG, ZVG, Parkometerabgaben, Verwaltungsabgaben, Kommissionsgebühren, BA- und KK-Auszüge, Interim, Anliegerbeiträge, Feuerschutzsteuer, Gebrauchsabgabe /AB), Kulturförderungsbeitrag, Rückvergütungen, Karenzurlaubszuschussgesetz 86091, 86093, 86094, 86095, 86096, 86097, 86098, 86099, 86079

Gruppe B

Betreuung der Ansätze 0260, 0262–0268, 0161–0162 Selbstbemessungsabgaben (SB)
Gruppenleiterin/Gruppenleiter 86102
Sportgroschen (EV), Anzeigenabgabe (SB), Versteigerungsabgabe, Getränkesteuer, Kommunalsteuer, Dienstgeberabgabe, Gebrauchsabgabe (SB), Ankündigungsabgabe (SB) 86112, 86113, 86114, 86115, 86116, 86072, 86073

Buchhaltungsabteilung 32 – Verkehrsstrafen

(1020) 2, Meiereistraße 7, Ernst-Happel-Stadion, Sektor E, 2. Stock . . . . 40 00 . . .
Telefax: 40 00-99-Nebenstelle
E-Mail: kanzs26@m06.magwien.gv.at

Leiterin: H ö c h t l Karin, Oberamtsrätin 89831
Stellvertreterin/Stellvertreter 89832
Kanzleileiterin/Kanzleileiter 89839
Kassa 89833, 89834
Verrechnung 89838
Auskunft 89830

Gruppe 1 (A–C/Sport)

Gruppenleiterin/Gruppenleiter 89841
Stellvertreterin/Stellvertreter 89842
Referentinnen/Referenten 89843, 89844, 89845, 89835

Gruppe 2 (D–H)

Gruppenleiterin/Gruppenleiter 89851
Stellvertreterin/Stellvertreter 89852
Referentinnen/Referenten 89853, 89855, 89856, 89857, 89858

Gruppe 3 (I–M)

Gruppenleiterin/Gruppenleiter 89861
Stellvertreterin/Stellvertreter 89862
Referentinnen/Referenten 89863, 89864, 89865, 89866, 89867, 89868, 8986

Gruppe 4 (N–S)

Gruppenleiterin/Gruppenleiter 89871
Stellvertreterin/Stellvertreter 89872
Referentinnen/Referenten 89873, 89874, 89875, 89876, 89877, 89878

Gruppe 5 (Sch–Z)

Gruppenleiterin/Gruppenleiter 89881
Stellvertreterin/Stellvertreter 89882
Referentinnen/Referenten 89883, 89884, 89885, 89886, 89887
Sitzungszimmer 89899

Buchhaltungsabteilung 33 – Selbstbemessungsabgaben

(1011) 1, Wipplingerstraße 8 . . . . 534 36 . . .
Telefax: 534 36-99-Nebenstelle
E-Mail:kanzs01@m06.magwien.gv.at

Leiter: B ü r c h l e r Johann, Oberamtsrat . . . 01601
Stellvertreterin/Stellvertreter 01602

Buchhaltungsabteilung 34 – Amtlich bemessene Abgaben

(1070) 7, Hermanngasse 24 – 26 . . . . 521 34 . . .
Telefax: 521 34-99-Nebenstelle
E-Mail: kanzs05@m06.magwien.gv.at

Leiterin: D e j m e k Brigitte, Oberamtsrätin . 07601
Stellvertreterin/Stellvertreter 07602

Buchhaltungsabteilung 35 – Abgaben- und Verwaltungsstrafen

(1100) 10, Laxenburger Straße 43–45 . . . . 605 34 . . .
Telefax: 605 34-99-Nebenstelle
E-Mail: kanzs04@m06.magwien.gv.at

Leiterin: K i r s c h n e r Sylvia, Oberamtsrätin 10601
Stellvertreterin/Stellvertreter 10602

In allen Stadtkassen kann man bar oder bargeldlos alle Forderungen der Stadt Wien begleichen.

Stadtkasse für den 1., 8. und 9. Bezirk
(1011) 1, Wipplingerstraße 8 . . . . 534 36 . . .
Telefax: 534 36-99-Nebenstelle
E-Mail: kanzs01@m06.magwien.gv.at
Leiter: B ü r c h l e r Johann,
Oberamtsrat 01601
Stellvertreterin/Stellvertreter 01602
Auskunft 01600, 01620
Kassa 01618

Stadtkasse für den 2. und 20. Bezirk
(1020) 2, Karmelitergasse 9 . . . . 211 06 . . .
Telefax: 211 06-99-02600
E-Mail: kanzs02@m06.magwien.gv.at
Leiter: H ö s c h Herbert, Amtsrat 02601
Stellvertreterin/Stellvertreter 02602
Auskunft 02600, 02620
Kassa 02265

Stadtkasse für den 3. und 11. Bezirk
(1030) 3, Karl-Borromäus-Platz 3 . . . . 711 34 . . .
Telefax: 711 34-99-Nebenstelle
E-Mail: kanzs03@m06.magwien.gv.at
Leiterin: M e r z Gerda,
Oberamtsrätin 03601
Stellvertreterin/Stellvertreter 03602
Auskunft 03600, 03610, 03620
Kassa 03617, 03618

Stadtkasse für den 4. und 10. Bezirk
(1100) 10, Laxenburger Straße 43 – 45 . . . 605 34 . . .
Telefax: 605 34-99-Nebenstelle
E-Mail: kanzs04@m06.magwien.gv.at
Leiterin: K i r s c h n e r Sylvia,
Oberamtsrätin 10601
Stellvertreterin/Stellvertreter 10602
Auskunft 10600, 10610, 10620
Kassa 10609

Stadtkasse für den 5., 6. und 7. Bezirk
(1070) 7, Hermanngasse 24 – 26 . . . . 521 34 . . .
Telefax: 521 34-99-Nebenstelle
E-Mail: kanzs05@m06.magwien.gv.at
Leiterin: D e j m e k Brigitte,
Oberamtsrätin 07601
Stellvertreterin/Stellvertreter 07602
Auskunft 07600, 07620
Kassa 07608, 07609

Stadtkasse für den 12. und 15. Bezirk
(1150) 15, Gasgasse 8 – 10 . . . . 891 34 . . .
Telefax: 891 34-99-Nebenstelle
E-Mail: kanzs12@m06.magwien.gv.at
Leiterin: Z u t z Ulrike, Amtsrätin 15601
Stellvertreterin/Stellvertreter 15602
Auskunft 15600, 15620
Kassa 15606

Stadtkasse für den 13. und 14. Bezirk
(1130) 13, Hietzinger Kai 1 - 3 . . . . 878 34 . . .
Telefax: 878 34-99-Nebenstelle
E-Mail: kanzs13@m06.magwien.gv.at
Leiterin: P u t z Brigitte, Amtsrätin 13601
Stellvertreterin/Stellvertreter 13602
Auskunft 13600, 13610, 13620
Kassa 13616

Stadtkasse für den 16. und 17. Bezirk
(1160) 16, Richard-Wagner-Platz 19 . . . . . 491 96 . . .
Telefax: 491 96-99-Nebenstelle
E-Mail: kanzs16@m06.magwien.gv.at
Leiter: A l b u s t i n Ludwig, Oberamtsrat . . . 16601
Stellvertreterin/Stellvertreter 16602
Auskunft 16600, 16620
Kassa 16609

Stadtkasse für den 18. und 19. Bezirk
(1190) 19, Gatterburggasse 14 . . . . 360 34 . . .
Telefax: 360 34-99-Nebenstelle
E-Mail: kanzs18@m06.magwien.gv.at
Leiterin: D e n i n g e r Margarete,
Oberamtsrätin 19601
Stellvertreterin/Stellvertreter 19602
Auskunft 19600, 19620
Kassa 19605

Stadtkasse für den 21. Bezirk
(1210) 21, Prager Straße 9 . . . . 277 34 . . .
Telefax: 277 34-99-Nebenstelle
E-Mail: kanzs21@m06.magwien.gv.at
Leiter: E n z m i n g e r Heinz,
Amtsrat 21601
Stellvertreterin/Stellvertreter 21602
Auskunft 21600, 21610
Kassa (21, Am Spitz 1) 21624

Stadtkasse für den 22. Bezirk
(1220) 22, Kagran, Donaustadtstraße 1 . . . 211 23 . . .
Telefax: 211 23-99-Nebenstelle
E-Mail: kanzs22@m06.magwien.gv.at
Leiter: A l t r i c h t e r Michael, Amtsrat 22601
Stellvertreterin/Stellvertreter 22602
Auskunft 22600, 22610, 22620
Kassa (22, Schrödingerplatz 1) 22618

Stadtkasse für den 23. Bezirk
(1230) 23, Liesing, Lehmanngasse 3 . . . . . 863 34 . . .
Telefax. 863 34-99-Nebenstelle
E-Mail: kanzs23@m06.magwien.gv.at
Leiter: S t e l z e r Karl, Amtsrat 23601
Stellvertreterin/Stellvertreter 23602
Auskunft 23600, 23610, 23620
Kassa 23605

Erhebungs-und Vollstreckungsdienst
(1082) 8, Lerchenfelder Straße 4 . . . . 40 00 . . .
Telefax: 40 00-99-Nebenstelle,
E-Mail: kanzs28@m06.magwien.gv.at

Leiter: R i c h t e r Kurt, Amtsrat 38401
Stellvertreterin/Stellvertreter 38402
Dezernentinnen/Dezernenten 38406, 38405, 38404, 38403, 38402
Auskunft 38410
Außendienstbeamtinnen/ Außendienstbeamte 38471, 38472, 38473, 38462, 38463, 38464, 38466, 38468, 38451, 38452, 38453, 38454, 38457, 38458, 38441, 38442, 38443, 38444, 38445, 38446, 38447, 38448, 38432, 38433, 38434, 38435, 38436, 38437, 38421, 38422, 38423, 38424, 38425, 38426, 38427
Kassa 38414
Pfändungskataster 38412
Sachbearbeiterin/Sachbearbeiter 38413
Kanzlei 38409
Protokoll 38415, 38416
Amtsgehilfinnen/Amtsgehilfen 38417

MAGISTRATSABTEILUNG 7

Kultur

(Geschäftsgruppe Kultur und Wissenschaft)

Rechtliche Angelegenheiten der Geschäftsgruppe Kultur und Wissenschaft.
Rechtliche Angelegenheiten des Veranstaltungs- und Tanzschulwesens einschließlich der Bearbeitung von Berufungen.
Rechtliche Angelegenheiten des Buchmacher- und Totalisateurwesens, soweit nicht die Magistratsabteilung 4 zuständig ist.
Ausarbeitung von Rechtsvorschriften betreffend die Freihaltung des Stadtbildes von störenden Werbeständern.
Angelegenheiten des Tourismus (Fachgutachten, Fremdenführerprüfungen).
Förderung der Altstadterhaltung, insbesondere Verwaltung des Wiener Altstadterhaltungsfonds, einschließlich der Sicherung der Einhaltung der Förderungsbedingungen durch Grundbuchseintragung, sowie der Überwachung der Restaurierungsarbeiten in denkmalpflegerischer Hinsicht, sowie Ausbau und Führung der Altstadterhaltungsevidenz, denkmalpflegerische Obhut über Freiplastiken und Gedenktafeln, Planung und finanzielle Vorsorge für Festbeleuchtungen.
Vorbereitung der Benennung von Verkehrsflächen, städtischen Gebäuden und Anlagen, soweit es sich nicht um Anlagen des Wiener Krankenanstaltenverbundes handelt.
Vorbereitung der Bestellung der Mitglieder des Spielapparatebeirates und ihrer Stellvertreter.
Förderung der kulturellen Volksbildung (Volksbildungswerk), der bildenden Künste, der Musik, der Literatur, des Theaters, des Films (insbesondere Wiener Filmförderungsfonds) und der Wiener Festwochen.
Förderung der Wissenschaft und Forschung.
Anregung der verstärkten Zusammenarbeit von Verwaltung, Wirtschaft und Wissenschaft, wie etwa im Rahmen der "Wiener Vorlesungen".
Organisation von kulturellen Veranstaltungen auch in Zusammenarbeit mit anderen Bundesländern, insbesondere Ausstellungen, Konzerte, Feiern, internationale Wettbewerbe und Gespräche sowie internationale Kulturkontakte.
Angelegenheiten der Dr.-Karl-Renner-Stiftung, Preise der Stadt Wien, Förderungspreise, Kleinkinder-, Kinder- und Jugendbuchpreise.
Angelegenheiten der Begabtenförderung und des Stipendienwerkes der Stadt Wien.
Angelegenheiten der Josef-Kainz-Medaille und des Johann-Nestroy-Ringes, der Ehrenpensionen und der außerordentlichen Zuwendungen, Ehrenpreise, Ehrengräber und Grabwidmungen, Stellungnahme zu Anträgen auf Verleihung des Berufstitels "Professor" und zu Bundesauszeichnungen auf dem Gebiet von Wissenschaft und Kultur.
Mitwirkung bei der Verwaltung und Tätigkeit von Stiftungen für kulturelle Zwecke.
Objektverwaltung und Erhaltung der Denkmäler, Gedenktafeln, Bildstöcke (ausgenommen begehbare Kapellen) und Plastiken, soweit keine andere Dienststelle zuständig ist.
Entgegennahme der Dreiervorschläge der vorschlagsberechtigten Stellen und Antragstellung an die Wiener Landesregierung zur Bestellung aller Mitglieder und Ersatzmitglieder des Kuratoriums der Anstalt "Museen der Stadt Wien".
Ausarbeitung von Dreiervorschlägen hinsichtlich zweier Wissenschaftler, die nicht Bedienstete der Anstalt sind, als Mitglieder/Ersatzmitglieder im Kuratorium der Anstalt "Museen der Stadt Wien".

D e n s c h e r, Dr. Bernhard, Senatsrat 84711
Sekretariat 84715
S t ö p h l, Mag. Thomas, Senatsrat 84712, 84731
Kanzleileiterin/Kanzleileiter 84719
Kanzlei, Protokoll und Auskunft, Einlaufstelle 84748
Amtsgehilfinnen/ Amtsgehilfen 84732, 84789

Angelegenheiten der Denkmalpflege, Verwaltung der Denkmalobjekte, Bezirksmuseen:
S p e l l i t z Franz, Amtsrat 84794

Geschäftsstelle des Wiener Altstadterhaltungsfonds, Förderungen:
H e i s s Kurt, Amtsrat 84793
Sekretariat 84790

Restaurierungen:
K e p l i n g e r, Mag. Monika 84795
D i c k i e, Mag. Martin 84796

Beratungsstelle für Kulturarbeit:
R i c k, Mag. Karin 81174

Bezirkskultur, Ehrungen:
D r e x l e r Herbert, Amtsrat 84766
Sekretariat 84767

Bildende Kunst:
Künstlerische Angelegenheiten
H i l g e r, Dr. Wolfgang, Senatsrat 84751
Administrative Angelegenheiten 84743, 84753
Sekretariat 84759

Bilderdepot:
E c k e r, Dr. Berthold 84758

Budget-, Wirtschafts- und
Personalangelegenheiten:
P h i l i p p Wolf-Rüdiger,
Oberamtsrat 84761
Sekretariat 84768, 84769
Filmvorführungsstelle 84719

Interkulturelle Aktivitäten:
S a r i, Dr. Haydar 84776
Sekretariat 84792

Literatur:
B l a h a c e k Raoul 84716
Sekretariat 84717

Musik:
O t t m a i e r, Mag. Daniela 84727

Rechtsangelegenheiten:
W i n d i s c h, Dr. Andreas,
Obermagistratsrat 84713
Sekretariat 84762

Stipendienwerk der Stadt Wien,
Verkehrsflächenbenennungen:
S i m a c e k Helmut,
Oberamtsrat 84765
Sekretariat 84718

Theater, Film:
Sekretariat 84737, 84739

Künstlerische Angelegenheiten
S t ö p h l, Mag. Thomas,
Senatsrat 84731, 84712
Administrative Angelegenheiten 84733, 83742

Freie Produktionen, Kindertheater, Film:
K a u f m a n n, Dr. Erika 84734
Freie Produktionen, Tanz, Interdisziplinäres
D r e s s l e r, Dr. Robert 84736
Neue Medien, Sonderprojekte
F a ß l - V o g l e r, Mag. Sylvia 84740

Veranstaltungen, Fremdenführerprüfungen:
S c h u l l e r Franz 84735
Sekretariat 84741, 84779

Klangbogen, Administration und Intendanz
(1082) 1, Rathausstraße 4
G e y e r, Dipl.-Ing. Roland 8400
Kartenverkauf (1, Stadiongasse 9) 8410

Wissenschafts- und Forschungsförderung
(1082) 8, Friedrich-Schmidt-Platz 5, 1. Stock
E h a l t, Dr. Hubert Christian,
Obersenatsrat 88741
Wissenschaftsförderungen 88742
Projektsdokumentation und -vermittlung 88743
Wiener Vorlesungen, Veranstaltungen 88744
Sekretariat, Wissenschaftsstipendien 88745
Sekretariat 88746
Amtsgehilfin/
Amtsgehilfe 88749

MAGISTRATSABTEILUNG 8

Wiener Stadt- und Landesarchiv

(Geschäftsgruppe Kultur und Wissenschaft)

Allgemeine und spezielle Angelegenheiten des Archivwesens einschließlich des Archivschutzes.
Angelegenheiten des Wiener Archivgesetzes, einschließlich behördliche Verfahren erster Instanz.
Wissenschaftliche Erschließung der Landtags- und Gemeinderatsprotokolle durch einen Sach- und Personenindex.
Konzeption und Durchführung der wissenschaftlichen und kartografischen Arbeiten am Historischen Atlas von Wien und am Österreichischen Städteatlas.
Führung der Historischen Kommission.
Führung der Archivbibliothek.
Angelegenheiten der topografischen Nomenklatur.
Kundmachung von Staatsverträgen durch Auflage zur öffentlichen Einsicht anstelle der Kundmachung im Bundesgesetzblatt.

(1110) 11, Guglgasse 14
(Gasometer D) . . . . 40 00 . . .
Telefax: 40 00-99-Nebenstelle
IBS-User: M08A
E-Mail: post@m08.magwien.gv.at

O p l l , ao. Univ.-Prof. Dr. Ferdinand,
Direktor des Wiener Stadt- und
Landesarchivs 84811
C s e n d e s , ao. Univ.-Prof. Hofrat Dr. Peter,
Senatsrat 84812
Sekretariat 84815, 84816
Kanzlei 84818, 84819

Stabsstelle 1 – Management von Budget,
Personal und Verwaltung
(inkl. Controlling)
H e i n d l Roswitha 84814
Benützersaal, Auskünfte 84810

Stabsstelle 2 – Archivisches Informations-
management, ADV-Organisation,
Records Management und Zwischenarchiv,
Depot-Organisation, Einsatz
der AufseherInnen/AmtsgehilfInnen
B e r g , Dr. Heinrich 84891
P r a n t l Peter, Oberaufseher 84892

Stabsstelle 3 – Archivbibliothek und
politische Dokumentation
P s a r a k i s , Dr. Brigitta,
Oberbibliotheksrätin 84861
G a n s t e r , Dr. Ingrid 84863
M a - K i r c h e r , Dr. Klaralinda,
Oberbibliotheksrätin 84864
S v o b o d a , Dr. Wilhelm,
Obermagistratsrat 84865
K r i s c h k e Wolfgang 84867

Sonderbereich 1 –
Landtags- und Gemeinderats-
dokumentation
S t e i n i n g e r , Dr. Barbara 84851

Sonderbereich 2 –
Städteatlanten
M e i ß l , Dr. Gerhard,
Obermagistratsrat 84871
P i l s , Dr. Susanne 84874
P u t z Hans, Kartograph 84872

Sonderbereich 3 –
Verein für Geschichte der Arbeiterbewegung
(1050) 5, Rechte Wienzeile 97
M a d e r t h a n e r , Dr. Wolfgang,
Obermagistratsrat . . . . 545 78 70 . . ., 28
T r o c h, Dr. Harald 22

Sonderbereich 4 –
Ludwig-Boltzmann-Institut für Stadt-
geschichtsforschung
C z e i k e , ao. Univ.-Prof.
Hofrat Dr. Felix . . . . 40 00 . . ., 84876

Sonderbereich 5 –
Verein für Geschichte der Stadt Wien
F i s c h e r , Dr. Karl,
Oberarchivrat 84841

Dezernat I – Archivbestände
T s c h u l k , Dr. Herbert,
Senatsrat 84821

Referat 1 – Stadtarchivalische Bestände
S t ü r z l i n g er , Mag. Martin 84823

Referat 2 – Landesarchivalische Bestände
(inkl. Bestände von staatlichen
und privaten Institutionen)
R i g e l e , Dr. Brigitte 84822

Referat 3 – Sammlungen und Dokumentationen
F i s c h e r , Dr. Karl, Oberarchivrat 84841
G a n s t e r , Dr. Ingrid 84863
K u b a l e k , Mag. Johannes 84845
L a i c h m a n n , Dr. Michaela 84842
A l t f a h r t , Dr. Margit 84843
U n g e r Maria Verena 84847

Referat 4 – Meldearchiv
K o c h Herbert, Amtsrat 84881

Dezernat II –
Öffentlichkeitsarbeit und
interne Organisation
K r e t s c h m e r , Dr. Helmut,
Senatsrat 84831

Referat 5 – Archivwerkstätte
V e r v o o r s t , Dipl.-Rest. Jürgen 84832

Künstlerhausarchiv
A i c h e l b u r g , Dr. Wladimir 84856

MAGISTRATSABTEILUNG 9

Wiener Stadt- und Landesbibliothek

(Geschäftsgruppe Kultur und Wissenschaft)

Allgemeine und spezielle Angelegenheiten des Bibliothekswesens.
Sammlung von Druckwerken jedweder Art (inklusive Plakate, Einblattdrucke Wiener Zeitungen und Zeitschriften, Programme, Wahlmaterialien u. ä.), Autografen, Musikhandschriften, Musikdrucken und Schallträgern, die für Wien in geschichtlicher, kultureller, kultur- und kunstgeschichtlicher, literarischer sowie rechts- und verwaltungswissenschaftlicher Hinsicht Bedeutung haben.
Führung der wissenschaftlichen Bibliothek des Magistrats sowie der Amtsbibliothek; Bereitstellung des gesammelten Materials für Forschungszwecke und wissenschaftliche Beratung der Bibliotheksbenützer.
Führung der Stadtchronik, des Zeitungsindex und des Gedenktagekatasters.
Abfassung von Biografien; Stellungnahme zu Ehrungen, Titelverleihungen, Verkehrsflächenbenennungen, Ehrenpensionen, a. o. Zuwendungen, Grabwidmungen und dergleichen.
Veranstaltung von Ausstellungen aus den Beständen der Bibliothek und Beteiligungen an Ausstellungen inklusive vorhergehender wissenschaftlicher Aufbereitung des Ausstellungsthemas und Bearbeitung der Ausstellungsobjekte.
Wissenschaftliche Bearbeitung und Auswertung des gesammelten Materials sowie Forschungen zur Wiener Kulturgeschichte und Publikation der Forschungsergebnisse, insbesondere auch die Herausgabe von Bestandnachweisen und Katalogen über wissenschaftlich bearbeitete Bestände.
Verwaltung von Stiftungen, deren Widmung einen Bezug zur Wiener Stadt- und Landesbibliothek aufweist.

(1082) 1, Rathaus, Stiege 4, 1. Stock,
Tür 333 und 334 .... 40 00 ...
Telefax: 40 00-99-Nebenstelle
IBS-User: M09A
E-Mail: post@m09.magwien.gv.at

O b e r m a i e r , Dr. Walter, Direktor der Wiener Stadt- und Landesbibliothek 84911
R e n n e r , Dr. Gerhard, Oberbibliotheksrat 84912, 84913
Sekretariat 84915

Verwaltung

Kanzlei
Kanzleileiterin/Kanzleileiter 84919
Kanzlei 84929, 84928, 84939, 84949, 84948
Fax-Gerät (Störungsnummer) 84959
Allgemeine Auskünfte 84919

Personal
Referentin/Referent 84915

Budget
K u c e r a Josef, Amtsrat 84935

EDV
I n g r u b e r Michael 84995

Sammlungen

1. Druckschriftensammlung
(Tür 333)

N e u n l i n g e r , Dr. Ludwig,
Oberbibliotheksrat 84931
Auskünfte 84920

1.1. Bestandsaufbau und Erwerbung
R e n n e r , Dr. Gerhard,
Oberbibliotheksrat 84912, 84913
N e u n l i n g e r , Dr. Ludwig,
Oberbibliotheksrat 84931
K u c e r a Josef, Amtsrat 84935
Fortsetzungen 84934
Pflichtexemplare 84932

1.2. Katalogisierung
N e u n l i n g e r , Dr. Ludwig,
Oberbibliotheksrat 84931
G a l l o , Mag. Alesandro 84938
W a s n e r - P e t e r , Mag. Isabella 84936
M e r t e n s , Mag. Christian 84978
Bearbeiterinnen/
Bearbeiter 84939, 84948, 84949

1.3. Benützung
W a s n e r - P e t e r , Mag. Isabella 84936
Buchausgabe 84927

2. Handschriftensammlung
(Tür 324)

B ö h m , Dr. Hermann,
Oberbibliotheksrat 84941
B r a n d t n e r , Mag. Dr. Andreas 84943
D a n i e l c z y k , Mag. Dr. Julia 84947
K l e i s e r , Mag. Christina 84946

Auskünfte und Benützung
H ü b s c h Ernst, Amtsrat 84945
Referentin/Referent 84946

3. Musiksammlung
(1082) 1, Bartensteingasse 9, 1. Stock

A i g n e r , Dr. Thomas 84951
S o m m e r , Mag. Isabella 84953

Auskünfte und Benützung
Referentinnen/Referenten 84950, 84952
Amtsgehilfinnen/Amtsgehilfen 84954
Kopierstelle 84955

4. Plakatsammlung
(2. Stock, Tür 444)

B a r t h , Dr. Gerda,
Oberbibliotheksrätin 84966
F e i g l , Mag. Markus 84962

5. Dokumentation
(2. Stock, Tür 444)

Zeitungsdokumentation
K a l w o d a , Dr. Michael,
Oberbibliotheksrat 84961
M a n t l e r , Dr. Anton 84965

Auskünfte und Benützung 84961
Personendokumentation
R e n n e r , Dr. Gerhard,
Oberbibliotheksrat 84912, 84913

Portheim-Katalog
B a r t h , Dr. Gerda,
Oberbibliotheksrätin 84966

Zentrale Dienste

Depots
P e s c h e k Peter, Aufseher 84974
Druckschriftendepots 84971
Plakatdepot 84992

Restaurierwerkstätte
Restauratorin/Restaurator 84967
Buchbinderin/Buchbinder 84968

Kopierstelle
(2. Stock, Zimmer 444)
Xerox-, Mikroform- und Scannerkopien 84969

MAGISTRATSABTEILUNG 10

Personalstelle Museen der Stadt Wien

(Geschäftsgruppe Kultur und Wissenschaft)

Wahrnehmung der Aufgaben gemäß § 3 Abs. 1 Wiener Museen-Zuweisungsgesetz, soweit keine andere Dienststelle zuständig ist.
Aufforderung zur Erstattung von Dreiervorschlägen an die vorschlagsberechtigten Stellen zur Bestellung der Mitglieder und Ersatzmitglieder im Kuratorium der Anstalt "Museen der Stadt Wien" und Weiterleitung der eingelangten Vorschläge an die Magistratsabteilung 7.

(1040) 4, Karlsplatz . . . . 505 87 47 . . .
Telefax: 505 87 47-99-7201
IBS-User: M10A
E-Mail: post@m10.magwien.gv.at
Portier (Telefonvermittlung) 84021

D ü r i e g l , Dr. Günter, Hofrat 84011
K a s s a l - M i k u l a , Dr. Renata,
Senatsrätin 84030

Kanzleileiterin/Kanzleileiter 84015
Kanzlei 84018

Personalangelegenheiten:
N o v a k Franz,
Oberamtsrat 84035

Aushilfspersonal:
S c h u l l e r - H a m d i Hertha 84056

MAGISTRATSABTEILUNG 11

Amt für Jugend und Familie

(Geschäftsgruppe Bildung, Jugend, Soziales, Information und Sport)

Angelegenheiten der öffentlichen Jugendwohlfahrtspflege und des Jugendschutzes, insbesondere Vollziehung des Jugendwohlfahrtsgesetzes des Bundes und des Landes Wien, soweit nicht die Magistratsabteilung 13 zuständig ist, sowie Wahrnehmung der behördlichen Aufgaben des Wiener Kindertagesheimgesetzes.
Mitwirkung bei der Planung und bei der Durchführung von baulichen Maßnahmen, die Jugendwohlfahrtseinrichtungen betreffen.
Grundverwaltung und Erhaltung von Objekten, die ausschließlich oder überwiegend als Heime für Kinder und Jugendliche bzw. Erholungsheime dienen, soweit sie nicht Teil einer städtischen Wohnhausanlage sind.
Führen der Heime und sonstigen Einrichtungen der Stadt Wien, die zur Übernahme Minderjähriger in volle Erziehung bestimmt sind.
Führen des Julius-Tandler-Familienzentrums, regionaler Krisenzentren, der Elternberatungsstellen, der Eltern-Kind-Zentren, der Elternschulen, der Kinder- und Jugendpsychologischen Beratungsstellen, der Intensivbetreuungsstellen, der Ehe- und Familienberatungsstellen und Familienplanungsstellen der Stadt Wien, einschließlich der Bestellung des notwendigen Personals, sowie der Schuldnerberatung gemeinsam mit der Magistratsabteilung 12.
Führen der Akademie für Sozialarbeit, des Instituts für Sozialpädagogik sowie des Lehrganges für Behindertenarbeit für Berufstätige.
Übernahme von Vormundschaften und Sachwalterschaften; Geltendmachung von Kostenersatz nach dem Wiener Jugendwohlfahrtsgesetz 1990; Vertretung bei Gerichten und Verwaltungsbehörden in Wahrnehmung dieser Agenden.
Angelegenheiten des Wiener Familienzuschusses.
Mitwirkung bei der Jugendgerichts- und Jugendpolizeihilfe sowie bei der Ausübung des Jugendschutzes.
Veranlassung von Verbreitungsbeschränkungen nach dem Bundesgesetz über die Bekämpfung unzüchtiger Veröffentlichungen und den Schutz der Jugend gegen sittliche Gefährdung.
Mitwirkung im Filmbeirat.
Verbindungsdienst zu den Entbindungsanstalten, zur Universitätskinderklinik, zur Universitätsklinik für Neuropsychiatrie des Kindes- und Jugendalters sowie zu den anderen Kinderkrankenhäusern, zur Universitätsklinik für Kinder- und Jugendheilkunde, zu den Instituten für Erziehungshilfe, zum Institut für Ehe- und Familientherapie, zum Jugendgerichtshof Wien und zur Unternehmung Stadt Wien – Wiener Wohnen.
Aufgaben der Jugendberufshilfe, insbesondere Gewährung von Lehrlingsbeihilfen, Verbindungsdienst zu den Berufsschulen.
Erteilung von Ausnahmegenehmigungen hinsichtlich der Beschäftigung von Kindern und Jugendlichen.
Psychologischer Dienst.
Betreuung von Familien mit Kindern unter 18 Jahren auch durch Maßnahmen der Sozialhilfe in Zusammenarbeit mit der Magistratsabteilung 12.
Abschluss von Verträgen mit nichtstädtischen Heimen für Kinder und Jugendliche über die Unterbringung städtischer Pflegekinder einschließlich der Überprüfung der finanziellen Gebarung dieser Heime hinsichtlich der ordnungsgemäßen Verwendung der städtischen Gelder und Festsetzung der Pflegegebühren.
Heimholung und Heimbeförderung Minderjähriger, Einleitung der Repatriierung ausländischer Minderjähriger.
Bearbeitung von Berufungen in Jugendwohlfahrts- und Jugendschutzangelegenheiten mit Ausnahme der Berufungen in Strafsachen.
Führen der Bürogeschäfte des Vereins "Wiener Jugenderholung".
Ausstellung von Bestätigungen im Rahmen der Tätigkeit als Jugendwohlfahrtsbehörde und der Familienbetreuung.
Führung des Kindertelefons und der Servicestelle.
Geltendmachung von Bundessubventionen zum Personalaufwand der Akademie für Sozialarbeit, des Instituts für Sozialpädagogik, der Ehe- und Familienberatungsstellen und der Familienplanungsstellen der Stadt Wien.
Dienstaufsicht über das zugeteilte Personal, soweit es nicht der Dienstaufsicht des Magistratsdirektors untersteht.

(1030) 3, Rüdengasse 11 . . . . 40 00 . . .
Telefax: 40 00-99-Nebenstelle
IBS-User: M11A
E-Mail: post@m11.magwien.gv.at
MAG ELF – Servicetelefon: . . . . 40 00 . . ., 8011

B a l i c - B e n z i n g , Mag. Renate,
Obersenatsrätin 90611
S c h e r z e r , Dr. Kurt, Senatsrat 90612
Sekretariat 90615
Kanzleileiterin/Kanzleileiter 90619
Kanzlei, Einlaufstelle 90621, 90622

Servicestelle 90921, 90923, 90924
Servicetelefon 8011
Kindertelefon 319 66 66, 90928

Grundlagenforschung 90691,
90692, 90663, 90694
Sekretariat 90695

Dokumentation und familienpolitische
Grundsatzfragen 90728
Sekretariat 90923

Controlling 90641, 90642
Fortbildungszentrum
(1090) 9, Lustkandlgasse 50 85585

Gruppe Rechtsangelegenheiten

S c h e r z e r , Dr. Kurt, Senatsrat 90612
Sekretariat 90715, 90706
Referentinnen/Referenten 90712,
90714, 90703, 90704
Referat Genehmigungen,
Aufsicht 90716, 90717,
90718, 90793, 90794,
90796, 90797, 90719
Sekretariat 90739

Gruppe Finanz- und Wirtschaftsangelegenheiten, Allgemeine Verwaltung

Leiterin/Leiter 90801
Stellvertreterin/Stellvertreter 90811
Sekretariat 90805, 90806, 90807
Budget, Vertragsheime,
Ämter für Jugend und Familie 90801,
90803, 90804, 90809
Sozialpädagogische Einrichtungen 90811,
90812, 90813, 90815
EDV-Referat 90820, 90821,
90822, 90823, 90824

Gruppe Personalangelegenheiten

Leiterin/Leiter 90651
Stellvertreterin/Stellvertreter 90652
Sekretariat 90655
Personal (Sozialpädagogische Einrichtungen,
Heime für Kinder und Jugendliche) 90652,
90653, 90654, 90656
Personal (Zentrale, Regionalstellen Soziale Arbeit
mit Familien, Regionalstellen Rechtsfürsorge,
Julius-Tandler-Familienzentrum, Schulen für
Sozialberufe) 90661, 90662,
90663, 90677, 90678
Personal, Statistik 90677

Dezernat 1 – Rechtsfürsorge

Dezernentin/Dezernent 90701
Stellvertreterin/Stellvertreter 90894
Sekretariat 90705
Kompetenzzentrum für unbegleitete
minderjährige Flüchtlinge
(1090) 9, Währinger Straße 39 . . . 400 34 . . ., 09387,
09388

Dezernat 2 – Jugendwohlfahrt

Dezernentin/Dezernent 90721
Stellvertreterin/Stellvertreter 90748
Sekretariat 90725, 90735
Fachentwicklung und Organisation 90747, 90748
Finanzielle Hilfen, Wohnen 90726
Referat Soziale Arbeit mit Adoptiv- und
Pflegefamilien
(1090) 9, Lustkandlgasse 50 90771,
90772, 90773, 90774,
90776, 90777, 90778,
90779, 90781, 90782

Dezernat 3 – Eltern, Säuglinge, Kleinkinder

Dezernentin/Dezernent 90736
Stellvertreterin/Stellvertreter 90736
Sekretariat 90737, 90795
Dolmetscherin/Dolmetscher 90925

Dezernat 4 – Psychologischer Dienst

Dezernentin/Dezernent 90891
Stellvertreterin/Stellvertreter 90892
Sekretariat 1 90895
Sekretariat 2
(1090) 9, Lustkandlgasse 50 90905

Dezernat 5 – Intensivbetreuung

Dezernentin/Dezernent 90751
Stellvertreterin/Stellvertreter 90741
Sekretariat 90755
Sachbearbeiterin 90742
Kompetenzzentrum für Jugendwohlfahrt und
berufliche Integration 90758

Dezernat 6 – Sozialpädagogische Einrichtungen

Dezernentin/Dezernent 90881
Stellvertreterin/Stellvertreter 90882
Sekretariat 90885, 90886
Referentinnen/
Referenten 90882, 90883, 90884
Kompetenzzentrum Drogenprävention
(1090) 9, Lustkandlgasse 50 .... 313 24..., 09395

Julius-Tandler-Familienzentrum der Stadt Wien

(1090) 9, Lustkandlgasse 50
Telefax: 40 00-99-Nebenstelle
Leiterin/Leiter 90831
Stellvertreterin/Stellvertreter 90832
Auskunft 90830

Verein Wiener Jugenderholung

(1090) 9, Lustkandlgasse 50
Leiterin/Leiter 90861
Stellvertreterin/Stellvertreter 90867
Auskunft 90860

Ausbildungseinrichtungen

Akademie für Sozialarbeit der Stadt Wien,
(1210) 21, Freytaggasse 32 ..... 275 34..., 90980
Institut für Sozialpädagogik der Stadt Wien,
(1210) 21, Freytaggasse 32 90970
Wohnheim im Ausbildungszentrum für
Sozialberufe,
(1210) 21, Freytaggasse 32 90995

Regionalstellen – Rechtsfürsorge

1., 4., 5., 6., 7., 8., 9. Bezirk,
(1060) 6, Amerlingstraße 11 .... 588 21..., 06310
2. Bezirk, (1020) 2, Karmelitergasse 9 .... 211 06..., 02310
3. Bezirk, (1030) 3, Sechskrügelgasse 11 .... 711 34..., 03310
10. Bezirk, (1100) 10, Van-der-Nüll-Gasse 20 .... 605 34..., 10310
11. Bezirk, (1110) 11, Enkplatz 2 .. 740 34..., 11310
12., 13. Bezirk, (1120) 12, Schönbrunner Straße 259 .... 811 34..., 12310
14., 15. Bezirk, (1150) 15, Gasgasse 8–10 .... 891 34..., 15310
16. Bezirk, (1160) 16, Arnethgasse 84 .... 491 96..., 16310
17.,18., 19. Bezirk, (1190) 19, Gatterburggasse 14 .... 360 34..., 19310
20. Bezirk, (1200) 20, Brigittaplatz 10 .... 331 34..., 20310
21. Bezirk, (1210) 21, Am Spitz 1 . 277 34..., 21310
22. Bezirk, (1220) 22, Kagran, Schrödingerplatz 1 .... 211 23..., 22310
23. Bezirk, (1230) 23, Liesing, Haeckelstraße 4 .... 863 34..., 23310

Regionalstellen – Soziale Arbeit mit Familien

1., 4., 5. Bezirk,
(1040) 4, Favoritenstraße 18 .... 502 34..., 04340
2. Bezirk, (1020) 2, Karmelitergasse 9 .... 211 06..., 02340
3. Bezirk, (1030) 3, Sechskrügelgasse 11 .... 711 34..., 03340
6., 7., 8., 9. Bezirk, (1090) 9, Währinger Straße 39 .... 400 34..., 09340
10. Bezirk (A), (1100) 10, Van-der-Nüll-Gasse 20 .... 605 34..., 10340
10. Bezirk (B), (1100) 10, Ada-Christen-Gasse 2/H/1.E .... 605 34..., 10360
11. Bezirk, (1110) 11, Enkplatz 2 .. 740 34..., 11340
12. Bezirk, (1120) 12, Schönbrunner Straße 259 .... 811 34..., 12340
13., 14. Bezirk, (1130) 13, Eduard-Klein-Gasse 2 .... 878 34..., 13340,
870 34..., 14340
15. Bezirk, (1150) 15, Gasgasse 8–10 .... 891 34..., 15340
16. Bezirk, (1160) 16, Arnethgasse 84 .... 491 96..., 16340
17.,18., 19. Bezirk, (1170) 17, Rötzergasse 6 .... 401 19..., 17340
20. Bezirk, (1200) 20, Brigittaplatz 10 .... 331 34..., 20340
21. Bezirk (A), (1210) 21, Am Spitz 1 .... 277 34..., 21340
21. Bezirk (B), (1210) 21, Am Spitz 1 .... 277 34..., 21360
22. Bezirk (A), (1220) 22, Kagran, Schrödingerplatz 1 .... 211 23..., 22340
22. Bezirk (B), (1220) 22, Kapellenweg 35, Stiege 1A .... 211 23..., 22360
23. Bezirk, (1230) 23, Liesing, Haeckelstraße 4 .... 863 34..., 23340

Eltern-Kind-Zentren

Täglich 8–11.30 Uhr

Eltern-Kind-Zentrum
(Hauptstützpunkt für die Bezirke
1, 4, 5, 6, 7, 8, 9, 10, 11, 23)
(1100) 10, Quellenplatz 4 .... 605 34..., 10894

Eltern-Kind-Zentren
(1110) 11, Rosa-Jochmann-Ring 5/13 .... 768 86 60, 740 34..., 11894

(1230) 23, Pfarrgasse 34-44 . . . . 615 11 02

Elternschulen
(1050) 5, Ziegelofengasse 24-26 . . . . 587 14 99
(1100) 10, Quellenplatz 4 . . . . 605 34 . . ., 10894
(1110) 11, Rosa-Jochmann-
ring 5/13 . . . . 768 86 60,
740 34 . . ., 11894

Elternberatungen
(1040) 4, Favoritenstraße 18 . . . . . 502 34 . . ., 04890
(1050) 5, Margareten-
gürtel 100-104/9 . . . . 546 34 . . ., 05890
(1050) 5, Ziegelofengasse 24-26 . . . . 587 14 99
(1060) 6, Amerlingstraße 11 . . . . . . 588 21 . . ., 06890
(1080) 8, Schlesingerplatz 2 . . . . . . 401 34 . . ., 08890
(1100) 10, Otto-Probst-
Straße 22/3/6 . . . . 615 44 38
(1100) 10, Quellenplatz 4 . . . . 605 34 . . ., 10892

Elternberatung für serbokroatische und türkische Familien
(1110) 11, Geystraße 2 . . . . 749 67 03
(1110) 11, Rosa-Jochmann-Ring 5
(Eingang neben Stiege 13) . . . . . 740 34 . . ., 11890
(1110) 11, Kaiserebersdorfer
Straße 10-18 . . . . 769 71 69
(1230) 23, Baslergasse 21/19 . . . . 699 42 35
(1230) 23, Pfarrgasse 34-44 . . . . 615 11 02
(1230) 23, Steinergasse 36/5/R1 . . . . 867 44 50

Eltern-Kind-Zentrum
(Hauptstützpunkt für die Bezirke
12, 13, 14, 15, 16, 17, 18, 19)
(1160) 16, Ottakringer
Straße 194-196/1 . . . . 485 79 81 . . ., 11, 12, 14

Eltern-Kind-Zentrum
(1120) 12, Längenfeldgasse 28 . . . . 815 37 00

Elternschulen
(1120) 12, Längenfeldgasse 28/8 . . . . 815 37 00
(1160) 16, Ottakringer Straße 194-196 . . . . 485 79 81

Elternberatungen
(1120) 12, Kastanienallee 2 –
Familienherberge . . . . 604 13 31 . . ., 34
(1120) 12, Längenfeldgasse 28/8 . . . . 815 37 00
(1120) 12, Sagedergasse 7/10 . . . . 667 01 91
(1120) 12, Tivoligasse 4-6 . . . . 817 31 86
(1130) 13, Speisinger Straße 49-53/1 . . . . . 804 21 00
(1140) 14, Linzer Straße 253-255 . . . . 914 04 72
(1150) 15, Staglgasse 5 . . . . 891 34 . . ., 15890
(1150) 15, Wurmsergasse 36 . . . . 985 76 03
(1160) 16, Lindauergasse 14 . . . . 402 01 35
(1160) 16, Ottakringer Straße 194-196/I . . . 485 79 81
(1170) 17, Rhigasgasse 4 . . . . 485 77 55
(1180) 18, Leitermayergasse 26 . . . . 408 75 75

(1190) 19, Heiligenstädter Straße 82/14
(Boschstraße 1-3/14) 368 74 87
(1190) 19, Krottenbachstraße 106 . . . . 368 79 29

Eltern-Kind-Zentrum
(Hauptstützpunkt für die Bezirke
2, 3, 20, 21, 22)
(1210) 21, Ocwirkgasse 3 . . . . 290 60 62

Eltern-Kind-Zentren
(1020) 2, Malzgasse 1 . . . . 214 95 39
(1210) 21, Freytaggasse 32 . . . . . . 277 34 . . ., 21894
(1220) 22, Langobarden-
straße 128/10 . . . . 211 23 . . ., 22894, 22896

Elternschulen
(1020) 2, Malzgasse 1 . . . . 211 06 . . ., 02894
(1210) 21, Freytaggasse 32 . . . . . . 277 34 . . ., 21894
(1220) 22, Langobarden-
straße 128/10 . . . . 211 23 . . ., 22894, 22896

Elternberatungen
(1020) 2, Engerthstraße 249–253 . 211 06 . . ., 02890
(1020) 2, Malzgasse 1 02896
(1020) 2, Vorgartenstraße 213 . . . . 726 39 19
(1030) 3, Barthgasse 17/4 . . . . 799 17 83
(1030) 3, Gänsbachergasse 3 –
Familienherberge 799 17 98

(1200) 20, Pappenheimgasse 31,
Eingang Parkweg 350 80 28
(1210) 21, Freytaggasse 32 ...... 277 34 . . ., 21894
(1210) 21, Kürschnergasse 9,
Haus der Begegnung 259 84 89
(1210) 21, Ocwirkgasse 3 .... 290 60 62
(1220) 22, Grosserweg 8 .... 774 52 10
(1220) 22, Langobardenstraße 128/10 .... 211 23 . . ., 22894
(1220) 22, Lenkgasse 5-7 .... 204 81 91
(1220) 22, Lieblgasse 2/33/E 256 44 99
(1220) 22, Schüttaustraße 12-14/9 .... 269 80 94
(1220) 22, Ziegelhofstraße 32-34/9 .... 282 24 27

Psychologische Beratungsstellen für Eltern mit Kleinkindern

(1020) 2, Malzgasse 1 .... 211 06 . . ., 02894
(1090) 9, Lustkandlgasse 50 .... 40 00 . . ., 90907
(1100) 10, Otto-Probst-Platz 2/4 .... 616 04 40 . . ., 13, 14
(1110) 11, Rosa-Jochmann-Ring 5/13 .... 740 34 . . ., 11376
(1120) 12, Längenfeldgasse 28/8 .... 815 37 99
(1160) 16, Ottakringer Straße 194-196 .... 485 79 81
(1210) 21, Freytaggasse 32 ...... 277 34 . . ., 21894
(1210) 21, Ocwirkgasse 3 .... 290 60 62 . . ., 14
(1220) 22, Langobardenstraße 128/10 .... 211 23 . . ., 22895
(1230) 23, Inzersdorf, Pfarrgasse 34–44 .... 615 28 06

Kinder- und Jugendpsychologische Beratungsstellen

(1020) 2, Karmelitergasse 9
(Mo., Do. Fr. v. 8–15.30 Uhr,
Do. v. 8–18 Uhr) .... 211 06 . . ., 02343
(1030) 3, Sechskrügelgasse 11
(Mo,Mi., Fr. v. 8–15.30 Uhr) ... 711 34 . . ., 03343
(1040) 4, Favoritenstraße 18
(Mo., Di., Fr. v. 8–15.30 Uhr) ... 502 34 . . ., 04343
(1090) 9, Währinger Straße 41
(Mo., Do. Fr. v. 8–15.30 Uhr) ... 400 34 . . ., 09343
(1100) 10, Otto-Probst-Platz 2/4
(Di. v. 8–15.30 Uhr) .... 616 04 40 . . ., 13, 14
(1100) 10, Per-Albin-Hansson-Siedlung Ost, Ada-Christen-Gasse 2/E/Hof
(Mo. 8–15.30 Uhr,
Do. 8-12 Uhr) .... 605 34 . . ., 10344
(1100) 10, Van-der-Nüll-Gasse 20
(Di., Mi. 8–15.30 Uhr) .... 605 34 . . ., 10343
(1110) 11, Enkplatz 2
(Mo., Fr. v. 8–15.30 Uhr,
Mi. v. 8–12 Uhr) .... 740 34 . . ., 11343
(1120) 12, Schönbrunner Straße 259
(Mo., Mi., Fr.
v. 8–15.30 Uhr) .... 811 34 . . ., 12343
(1130) 13, Hietzinger Kai 1–3/ Eduard-Klein-Gasse 2
(Mo., Fr. v. 8–15.30 Uhr,
Mi., Do. v. 8–12 Uhr) .... 878 34 . . ., 13343
(1140) 14, Felbigergasse 45
(Mo. v. 15.30–19.30 Uhr) 914 22 38
(1150) 15, Gasgasse 8–10
(Mi., Do., Fr. v. 8–12.30 Uhr,
Do., Fr. v. 8–15 Uhr) .... 891 34 . . ., 15343
(1160) 16, Arnethgasse 84
(Mo., Di., Fr. v. 8–15.30 Uhr,
Mi. v. 8–13.30 Uhr) .... 491 96 . . ., 16343, 16344
(1170) 17, Leopold-Ernst-Gasse 22
(Di. v. 9–13 Uhr, Mi. v. 8–17 Uhr,
Do. v. 8.30–15.30 Uhr,
Fr. v. 12–15.30 Uhr) .... 401 19 . . ., 17328, 17329
(1170) 17, Rötzergasse 6
(Mo., Di., Do. v. 8–15.30 Uhr,
Mi v. 12–15.30 Uhr,
Fr. v. 8–12 Uhr) .... 401 19 . . ., 17343
(1200) 20, Brigittaplatz 10
(Do., Fr. v. 8–15.30 Uhr,
Mi. v. 8–12 Uhr) .... 331 34 . . ., 20343
(1211) 21, Am Spitz 1
(Di., Fr. v. 8–15.30 Uhr,
Mi. v. 8–12 Uhr) .... 277 34 . . ., 21343
(1210) 21, Herzmanovsky-Orlando-Gasse 9/30/2
(Mo., Do. v. 8–15.30 Uhr) 259 83 12
(1220) 22, Kagran, Schrödingerplatz 1 (Di. v. 8–19.30 Uhr,
Mi., Fr. v. 8–15.30 Uhr) .... 211 23 . . ., 22343
(1220) 22, Kapellenweg 35/1/A
(Di., Mi. v. 8–15.30 Uhr) ...... 211 23 . . ., 22344
(1230) 23, Liesing, Dr.-Anton-Matzig-Gasse 3/2/7
(Di., Mi. v. 8–15.30 Uhr) ...... 863 34 . . ., 23326, 23344
(1230) 23, Wohnpark Alt-Erlaa, Anton-Baumgartner-Straße 44
(Di. v. 8–15 Uhr,
Do. v. 8–14 Uhr) .... 863 34 . . ., 23376

Psychologische Beratungsstellen für Trennungs- und Scheidungsfragen

(1090) 9, Sobieskigasse 31
(Di. v. 16–19 Uhr) .... 40 00 . . ., 90906
(1100) 10, Otto-Probst-Platz 2/4
(Mi. v. 13.30–18.30 Uhr) ...... 616 04 40 . . . , 11

Psychologische Beratungsstellen für Mediation und Konfliktregelung

(1140) 14, Felbigergasse 45
(Mi. v. 15.30–19.15 Uhr
nach Vereinbarung) 914 22 38
(1220) 22, Schrödingerplatz 1
(Fr. v. 13.30–17.30 Uhr) . . . . . . 211 23 . . ., 22343

Psychologische Beratungsstelle für Adoptiv- und Pflegefamilien

(1090) 9, Lustkandlgasse 50
(Mi., Do., Fr. v. 8–15.30 Uhr,
Do. Abendberatung v.
15.30–18 Uhr) . . . . 40 00 . . ., 90902, 90908

Stützpunkte – Intensivbetreuung

(1020) 2, Im Werd 19 . . . . 214 56 24
(1030) 3, Lechnerstraße 2–4/4 . . . . 711 34 . . ., 03860, 03862
(1030) 3, Rochusgasse 8 . . . . 713 54 98
(1060) 6, Damböckgasse 1 . . . . . . 588 21 . . ., 06381, 06383
(1060) 6, Linke Wienzeile 182/10 . . . . 597 05 00
(1090) 9, Sobieskigasse 31 . . . . 40 00 . . ., 85683
(1100) 10, Leebgasse 85A/6/1 . . . . 602 62 02
(1110) 11, Simmeringer
Hauptstraße 36/2/2 . . . . 749 33 84
(1120) 12, Vierthalergasse 11–17/10 . . . . . 811 14 . . ., 85145, 85146
(1120) 12, Zanaschka-
gasse 16/60/2 . . . . 667 04 40
(1140) 14, Penzinger
Straße 150–166/12/1 . . . . 870 34 . . ., 14380
(1150) 15, Schweglerstraße 20 . . . . 982 23 39
(1160) 16, Ottakringer
Straße 103/1/1 . . . . 486 89 05
(1170) 17, Rötzergasse 29 . . . . 486 86 69
(1180) 18, Hockegasse 41 . . . . 476 34 . . ., 18381, 18382
(1200) 20, Wasnergasse 33 . . . . 332 25 30
(1210) 21, Hanreitergasse 3/3/34 . . . . 277 34 . . ., 21380, 21381, 21382, 21383
(1210) 21, Walter-Schwarzacher-
Gasse 5/68/5 . . . . 259 61 74
(1220) 22, Am Heidjöchl 14/61/3 . . . . 280 64 46
(1220) 22, Kurt-Ohnsorg-
Weg 1/28/1 . . . . 258 31 07
(1220) 22, Prandaugasse 3/4/R 1 . . . . 211 23 . . ., 22381, 22382, 22383
(1220) 22, Rennbahnweg 27/24/1 . . . . 258 15 96
(1230) 23, Erlaaer Straße 133 . . . . 667 21 61

Beratungsstellen für Eheberatung und Familienplanung der Stadt Wien

Telefonische Voranmeldung und allgemeine Auskünfte:
MAG ELF – Servicestelle
(Mo.–Fr. (werktags)
v. 8–18 Uhr) . . . . 40 00 . . ., 8011
(1030) 3, Rüdengasse 11
(Mo. u. Do. v. 16–19 Uhr) . . . . . . 40 00 . . ., 90924
(1120) 12, Schönbrunner
Straße 259/1/112
(Mi. v. 16–19 Uhr) . . . . 811 34 . . ., 12399
(1190) 19, Heiligenstädter
Straße 82–86 (Karl-Marx-Hof,
Familienplanung Fr. v. 8–12 Uhr,
Di. v. 13.30–17.30 Uhr) und
Jugendberatung
(Di. v. 17.30–19.30 Uhr) 369 89 88
(1200) 20, Brigittaplatz 10
(Do. v. 16–19 Uhr) . . . . 331 34 . . ., 20348
Konfliktberatung
(1100) 10, Quellenplatz 4 . . . . 605 34 . . ., 10894

Schuldnerberatung des Amtes für Jugend und Familie und des Sozialamtes

(1020) 2, Obere Augartenstraße 26–28,
1. Stock 330 87 35

Krisenzentren

Überregional für Kleinkinder von 0–2 Jahren
Mutter-Kind-Unterbringung (MuKi 2)
(1180) 18, Bastien-
gasse 36–38 . . . . 476 15 . . ., 8015, 8020

außerhalb der Amtsstunden sowie an Wochenenden und Feiertagen

Regional für Kinder von 2–15 Jahren
(1010) 1, Neutorgasse 15
(f.d. 1., 4., 5., 6., 7., 8.,
9. Bezirk) . . . . 533 67 07, 534 36 . . ., 01881
(1020) 2, Trunnerstraße 2
(f.d. 2., 20. Bezirk) . . . . 211 06 . . ., 02881
(1030) 3, Hagenmüllergasse 20
(f.d. 3., 11. Bezirk) . . . . 711 34 . . ., 03881
(1100) 10, Columbusgasse 32–34/7/1, 2
(f.d. 10. Bezirk) . . . . 605 34 . . ., 10881
(1120) 12, Am Fuchsenfeld 1–3/27/R1
(f.d. 12., 23. Bezirk) . . . . 811 34 . . ., 12881

(1140) 14, Penzinger Straße 150–166
(f.d. 13., 14. Bezirk) .... 870 34 . . ., 14881
(1160) 16, Rosa-Luxemburg-
Gasse 1–9/1/16–17
(f.d. 15., 16. Bezirk) .... 491 96 . . ., 16881
(1180) 18, Hockegasse 41
(f. d. 17., 18., 19. Bezirk) .... 476 34 . . ., 18881
(1210) 21, Baumergasse 10 ...... 277 34 . . ., 21881
(1220) 22, Prandaugasse 3/4/R .... 211 23 . . ., 22881

Überregional für Jugendliche
(1190) 19, Hammerschmidtgasse 22
(für weibliche Jugendliche) 318 57 58
(1200) 20, Wasnergasse 33
(für männliche Jugendliche) .... 332 43 03 . . ., 23

Sozialpädagogische Regionen

Region I (1., 4., 5., 6., 7., 8., 9., 20. Bezirk):
Regionalleitung und Verwaltungsstützpunkt
(1090) 9, Lustkandlgasse 50 ..... 400 34 . . ., 09391, 09392, 09393, 09394, 09395
Telefax: 400 34-99-09390

Krisenzentren
(1010) 1, Neutorgasse (f.d. 1., 4., 5., 6., 7.,
8., 9. Bezirk) .... 533 67 07, 534 36 . . ., 01880
Telefax: 534 36-99-01880
(1020) 2, Trunnerstraße 2
(f.d. 2., 20. Bezirk) .... 211 06 . . ., 02881
Telefax: 211 06-99-02881
Heim Klosterneuburg,
(3400) NÖ, Martinstraße 56 -58 ..... 0 22 43/332 80
Telefax: 0 22 43-332 80-10

Wohngemeinschaften
(1050) 5, Margaretenstraße 105/1/12, 13 .. 544 86 01
(1080) 8, Auerspergstraße 21/2 .... 403 04 54
(1200) 20, Allerheiligengasse 5/1/6 .... 374 26 03
(1200) 20, Kornhäuselgasse 5/4/29, 30 .... 374 98 81
(1200) 20, Leystraße 2-4/3/14, 15 .... 374 26 03

Region II (21., 22. Bezirk):
Regionalleitung und Verwaltungsstützpunkt
(1210) 21, Baumergasse 10 ...... 277 34 . . ., 21390, 21391, 21392, 21393, 21394

Krisenzentren
(1210) 21, Baumergasse 10 ...... 277 34 . . ., 21881
Telefax: 277 34-99-21880
(1220) 22, Prandaugasse 3/4/R1
(f.d. 22. Bezirk) .... 211 23 . . ., 22881
Telefax: 211 23-99-22880

Wohngemeinschaften
(1210) 21, Albertisgasse 3/15 .... 292 59 90
(1210) 21, Donaufelder Straße 99/2/29 .... 258 09 47
(1210) 21, Donaufelder Straße 99/3/33 .... 258 09 49
(1210) 21, Ferdinand-Käs-Gasse 3/1/1 .... 294 56 36
(1210) 21, Hanreitergasse 3/3/42–43 ..... 294 06 50
(1210) 21, Hanreitergasse 3/6/43–44 ..... 294 06 51
(1210) 21, Hanreitergasse 13/1/13–14 .... 290 82 20
(1220) 22, Erzherzog-Karl-
Straße 250/3/5, 6 .... 280 63 78
(1220) 22, Erzherzog-Karl-
Straße 250/6/5, 6 .... 280 63 90
(1220) 22, Lange Allee 13/2/19 .... 202 80 44
(1220) 22, Melangasse 1/86/2 .... 258 16 97
(1220) 22, Ullreichgasse 12/6/2 .... 255 96 16
(1220) 22, Wulzendorfstraße 92–94/11/1 .. 280 72 23

Region III (2., 3., 11. Bezirk):
Regionalleitung und Verwaltungsstützpunkt
(1110) 11, Pleischlgasse 2 .... 740 34 . . ., 11390, 11391, 11392
Telefax: 740 34-99-11390

Krisenzentren (f.d. 3., 11. Bezirk),
(1030) 3, Hagenmüllergasse 20 ... 711 34 . . ., 03881
Telefax: 711 34-99-03880
Heim Biedermannsdorf
(2362) Biedermannsdorf,
Ortsstraße 56, NÖ 0 22 36/711 16
Telefax: 0 22 36-714 91-25
Schulheim Gaaden
(2531) Gaaden, Heiligenkreuzer
Straße 6, NÖ 0 22 37/72 06

Wohngemeinschaften
(1020) 2, Handelskai 214/15/1–2 .... 720 61 58
(1020) 2, Zirkusgasse 52/3/11–12 .... 218 33 76
(1110) 11, Am Hofgartel 3–7/6/9 .... 767 44 60
(1110) 11, Am Hofgartel 3–7/7/29 ...... 767 44 61
(1110) 11, Rosa-Jochmann-
Ring 5/9/13–14 .... 767 79 90
(1110) 11, Simmeringer Haupt-
straße 34–40/14/1 .... 749 31 45
(1110) 11, Simmeringer Haupt-
straße 108A 743 59 85

Region IV (10., 23. Bezirk):
Regionalleitung und Verwaltungsstützpunkt
(1100) 10, Puchsbaumgasse 30–36 ...... 605 34 . . ., 10390, 10391, 10392
Telefax: 605 34-99-10390

Krisenzentren (f.d. 10. Bezirk),
(1100) 10, Columbusgasse 32–34 . 605 34 . . ., 10881
Telefax: 605 34-99-10880
Heim Biedermannsdorf
(2362) NÖ, Biedermannsdorf,
Ortsstraße 56 .... 0 22 36/711 16
Telefax: 0 22 36/714 91-25

Wohngemeinschaften
(1100) 10, Baron-Karl-Gasse 4/48/5, 6 .... 616 19 10

(1100) 10, Herzgasse 15–19/2/21, 22 ..... 603 49 46
(1100) 10, Laaer-Berg-Straße 67–69/1/1 ... 689 53 82
(1100) 10, Laaer-Berg-Straße 67–69/1/6 ... 689 53 64
(1100) 10, Leebgasse 85A/6/1A 604 25 89
(1100) 10, Quellenstraße 24B/25/25, 26 ... 641 47 00
(1230) 23, Dernjacgasse 10/1/1 .... 662 76 07
(1230) 23, Pfarrgasse 34–44/1/1 .... 615 29 26
(1230) 23, Steinergasse 36/4/1 .... 867 34 61
(1230) 23, Steinergasse 36/5/61 .... 867 34 67

Region V (12., 13., 14. Bezirk):
Regionalleitung und
Verwaltungsstützpunkt
(1140) 14, Mühlbergstraße 7 .... 979 15 06
Telefax: 979 55 22

Krisenzentren
(1120) 12, Am Fuchsenfeld 1–3/27/R1
(f.d. 12., 23. Bezirk) .... 811 34 ..., 12881
Telefax: 811 34-99-12880
(1140) 14, Penzinger
Straße 150–166 .... 870 34 ..., 14881
Telefax: 870 34-99-14880
Stadt des Kindes,
(1140) 14, Mühlbergstraße 7 .... 979 15 06
Telefax: 979 55 22

Wohngemeinschaften
(1120) 12, Arndtstraße 74–76/1/3 .... 810 12 19
(1140) 14, Missindorfstraße 10/6 .... 789 95 55

Region VI (15., 16., 17., 18., 19. Bezirk):
Regionalleitung und
Verwaltungsstützpunkt
(1190) 19, Hartäckerstraße 26 .... 369 15 74,
368 42 85 ...
Telefax: 368 42 85-27

Krisenzentren
(1160) 16, Rosa-Luxemburg-
Gasse 1–9/1/16, 17
(f.d. 15., 16. Bezirk) .... 491 96 ..., 16881
Telefax: 491 96-99-16881
(1180) 18, Hockegasse 41
(f.d. 17., 18., 19. Bezirk) .... 476 34 ..., 18881
Telefax: 476 34-99-18880
Heim Döbling,
(1190) 19, Hartäckerstraße 26 .... 368 42 85 ...
Telefax: 368 42 85-27

Wohngemeinschaften
(1150) 15, Goldschlagstraße 108/2, 3 ..... 786 53 29
(1150) 15, Rauchfangkehrergasse 21/6-7 .. 893 63 15
(1150) 15, Reithofferplatz 10/3 .... 786 53 22
(1150) 15, Würffelgasse 6–8/16, 17 ...... 895 87 23

(1160) 16, Kendlerstraße 43/1 .... 786 43 40
(1170) 17, Haslinger-
gasse 35/3/14, 15 .... 481 05 03
(1180) 18, Scheibenbergstraße 71 .... 470 64 73

Region für weibliche Jugendliche
Regionalleitung und
Verwaltungsstützpunkt
(1190) 19, Hammerschmidtgasse 22 ...... 318 57 58
Telefax: 318 57 58-40
Krisenzentrum für Mädchen – Nußdorf,
(1190) 19, Hammerschmidtgasse 22 ...... 318 57 58
Telefax: 318 57 58-40
Krisenintensivgruppe 2,
(1230) 23, Dernjacgasse 4/3/1 .... 662 76 08
Haus Pötzleinsdorf,
(1180) 18, Pötzleinsdorfer
Straße 46 .... 479 41 33, 479 51 07
Telefax: 479 51 07

Wohngemeinschaften
(1110) 11, Josef-Haas-Gasse 22 .... 769 18 28
(1220) 22, Eipeldauer Straße 25/55/23 .... 259 61 50
Haus Aichhorngasse – Betreutes Wohnen,
(1120) 12, Aichhorngasse 11 .... 813 54 65
Telefax: 813 54 65
Mutter-Kind-Unterbringung,
(1110) 11, Pleischlgasse 2 .... 767 51 71
Telefax: 767 51 71-4
Mutter-Kind-Unterbringung,
(1180) 18, Bastiengasse 36–38 ..... 476 15 ..., 8020
Mutter-Kind-Unterbringung,
(1210) 21, Freytaggasse 32 ...... 275 35 ..., 90992

Region für männliche Jugendliche
Regionalleitung und
Verwaltungsstützpunkt
(1200) 20, Wasnergasse 33 .... 332 43 03 ...
Telefax: 330 33 73–3
Krisenzentrum für Burschen – Am Augarten
(1200) 20, Wasner-
gasse 33 .... 332 43 52, 332 43 03 ..., 23
Telefax: 332 43 03-10

Wohngemeinschaften
(1100) 10, Otto-Probst-Straße 5/3/5, 6 .... 616 28 55
(1200) 20, Hartlgasse 28/1/27, 28 .... 330 05 89
(1220) 22, Eibengasse 57/5/E2, E3 .... 285 01 15
Ausbildungszentrum der
MAG ELF-Lindenhof,
(3730) NÖ, Lindenhof, Pulkauer-
straße 12 .... 0 29 84/35 22, 22 28
Telefax: 0 29 84/35 22-201
Haus Zohmanngasse
(1100) 10, Zohmanngasse 28 .... 604 52 81
Telefax: 604 52 81

MAGISTRATSABTEILUNG 11 A

Tagesbetreuung von Kindern, Kindertagesheime der Stadt Wien

(Geschäftsgruppe Bildung, Jugend, Soziales, Information und Sport)

Allgemeine und grundsätzliche Angelegenheiten der Tagesbetreuung von Kindern, mit Ausnahme der der Magistratsabteilung 11 vorbehaltenen Angelegenheiten.
Führen der Kindertagesheime der Stadt Wien.
Führen der Bildungsanstalt für Kindergartenpädagogik.
Führen von Sonderpädagogischen Ambulanzen sowie des Lehrganges für Sonderkindergartenpädagogik für Berufstätige.
Grundverwaltung und Erhaltung von Kindertagesheimen und Objekten, in denen Kindertagesheime untergebracht sind, soweit sie nicht Teil einer städtischen Wohnhausanlage sind.
Mitwirkung bei der Planung und bei der Durchführung von baulichen Maßnahmen, die Kindertagesheime betreffen.
Mitwirkung bei der Einrichtung und fachliche Beratung bei der Betriebsführung von Betriebskindergärten der Stadt Wien, ausgenommen für den Bereich der städtischen Unternehmungen.
Bereitstellung von Kinder- und Schüleressen.
Herausgabe der Zeitschrift "das Journal für Kindergarten, Hort und Elternhaus".
Geltendmachung von Bundessubventionen zum Personalaufwand der Bildungsanstalt für Kindergartenpädagogik.
Abschluss von Vereinbarungen mit Dritten (Privaten) über die Besorgung von Angelegenheiten der Tagesbetreuung von Kindern.
Erstattung von Vorschlägen und Vorbereitung der Aufnahme von Bediensteten in das öffentlich-rechtliche und privatrechtliche Dienstverhältnis, soweit die betreffende Bedienstetengruppe der Dienstaufsicht der Magistratsabteilung 11 A untersteht, ausgenommen Lehrerinnen der Bildungsanstalt für Kindergartenpädagogik.
Dienstaufsicht über das zugeteilte Personal, soweit es nicht der Dienstaufsicht des Magistratsdirektors untersteht.

(1030) 3, Rüdengasse 11 . . . . 40 00 . . .
Telefax: 40 00-99-Nebenstelle
IBS-User: M11A00A
E-Mail: post@m11a00.magwien.gv.at

Voigt, Dr. Hans, Obersenatsrat 90211
Raffelsberger, Dr. Christa, Obersenatsrätin 90212
Sekretariat 90215
Kanzleileiterin/Kanzleileiter, Einlaufstelle 90219
Kanzlei 90214, 90217

Dezernat I: Allgemeine Angelegenheiten, Planung, Förderung

Leiterin/Leiter 90221
Stellvertreterin/Stellvertreter 90222
Sekretariat 90225
Fördervergabe und -kontrolle 90227, 90228, 90229, 90266
Planung, Statistik, EDV 90223, 90224
EDV-Angelegenheiten 90233, 90293
Öffentlichkeitsarbeit 90235, 90292

Dezernat II: Betrieb der städtischen Kindertagesheime

Leiterin/Leiter 90241
Stellvertreterin/Stellvertreter 90242
Sekretariat 90245, 90246, 90247
Ferienbetreuung 90243
Inspektorinnen/Inspektoren:
1., 4., 8., 20. Bezirk . . . . 711 34 . . ., 03071
2., 9. Bezirk 03072
3., 11. Bezirk 03073
5., 6., 7., 12. Bezirk . . . . 605 34 . . ., 10071
10. Bezirk 10072
13., 23. Bezirk 10073
14., 15., 17. Bezirk . . . . 360 34 . . ., 19071
16., 18., 19. Bezirk 19072
21., 22. Bezirk . . . . 211 23 . . ., 22071, 22072, 22073

Dezernat III: Wirtschaftsangelegenheiten

Leiterin/Leiter . . . . 40 00 . . ., 90251
Stellvertreterin/Stellvertreter 90252
Budget 90251
Sekretariat 90255, 90256, 90257
Wirtschaftsreferentinnen/Wirtschaftsreferenten:
Neubau 90252, 90253
1., 2., 9., 20. Bezirk . . . . 711 34 . . ., 03075
3., 4., 8., 11. Bezirk 03076
5., 12., 23. Bezirk . . . . 605 34 . . ., 10075
6., 7., 10., 13. Bezirk 10076
14., 15., 16., 17., 18., 19. Bezirk . . 360 34 . . ., 19075
21., 22. Bezirk . . . . 211 23 . . ., 22075, 22076
Gebarungskontrolle . . . . 40 00 . . ., 90254, 90259
Kindertagesheime, Verrechnung 90258, 90261
Kindertagesheime, Wirtschaftswaren 90263, 90264, 90265

Dezernat IV: Personalangelegenheiten

Leiterin/Leiter 90271
Pädagogisches Personal (Kindertagesheime) 90273, 90274, 90275, 90276, 90277, 90278, 90279, 90286, 90287
Wirtschaftspersonal (Kindertagesheime) 90281,90282, 90283, 90284, 90285, 90288

Bildungsanstalt für Kindergartenpädagogik der Stadt Wien

(1210) 21, Patrizigasse 2 . . . . 275 34 . . ., 90950

Servicestellen (Anmeldung und Platzvergabe)

1., 2., 8., 9., 20. Bezirk,
(1090) 9, Alserbachstraße 41 . . . . . 534 36 . . ., 01870

3., 4., 11. Bezirk, (1030) 3, Hagenmüllergasse 20 .... 711 34..., 03870
5., 10. Bezirk, (1100) 10, Van-der-Nüll-Gasse 20 .... 605 34..., 10870
6., 7., 12., 13. Bezirk, (1130) 13, Hietzinger Kai 1–3 .... 878 34..., 13870
14., 15., 16. Bezirk, (1160) 16, Kreitnergasse 43 .... 491 96..., 16870
17., 18., 19. Bezirk, (1190) 19, Hohe Warte 3 .... 360 34..., 19870
21. Bezirk, (1210) 21, Am Spitz 1 .... 277 34..., 21870
22. Bezirk, (1220) 22, Donaustadtstraße 1, 4. Stock (Donauzentrum) .... 211 23..., 22870
23. Bezirk, (1230) 23, Haeckelstraße 4 .... 863 34..., 23870

Kindertagesheime der Stadt Wien

(1010) 1, Fischerstiege 4 .... 535 88 25
(1010) 1, Rudolfsplatz 5b 533 62 78
(1010) 1, Schottenring 28 .... 535 77 74
(1010) 1, Stubenbastei 3 .... 513 58 51
(1020) 2, Aspernallee 2 .... 728 95 78
(1020) 2, Dr.-Natterer-Gasse 1 ....726 23 96
(1020) 2, Engerthstraße 152a 216 92 10
(1020) 2, Engerthstraße 237 .... 728 64 21
(1020) 2, Engerthstraße 249–253/17 ..... 729 39 26
(1020) 2, Fruchtgasse 2 .... 216 04 32
(1020) 2, Handelskai 214/bei Stiege 15 ... 720 03 41
(1020) 2, Jungstraße 1 .... 728 01 79
(1020) 2, Kleine Sperlgasse 2a 214 80 14
(1020) 2, Lassallestraße 40 .... 728 69 49
(1020) 2, Marinelligasse 1 .... 214 76 51
(1020) 2, Obere Augartenstraße 68 ...... 214 58 82
(1020) 2, Obere Donaustraße 97–99 ..... 216 84 04
(1020) 2, Pazmanitengasse 17 .... 214 26 06
(1020) 2, Venediger Au 10 .... 728 07 80
(1020) 2, Vereinsgasse 29 .... 212 76 94
(1020) 2, Vivariumstraße 8 .... 728 99 07
(1020) 2, Vorgartenstraße 140-142 .... 216 59 39
(1020) 2, Vorgartenstraße 191 .... 728 07 41
(1020) 2, Vorgartenstraße 212 .... 729 47 59
(1020) 2, Zirkusgasse 5 .... 214 80 99
(1030) 3, Am Stadtpark 2 .... 713 61 47
(1030) 3, Dietrichgasse 47–49/7 .... 718 86 94
(1030) 3, Dr.-Bohr-Gasse 8 .... 798 87 87
(1030) 3, Drorygasse 8/lll 718 57 11
(1030) 3, Erdberger Lände 54 .... 715 77 88
(1030) 3, Erdbergstraße 22 .... 713 40 35
(1030) 3, Erdbergstraße 76 .... 713 24 56
(1030) 3, Eslarngasse 23 .... 713 72 54
(1030) 3, Gänsbachergasse 3 ....798 46 98
(1030) 3, Hainburger Straße 29 ....712 11 90
(1030) 3, Klopsteinplatz 6 ....713 29 77
(1030) 3, Kölblgasse 23 .... 799 59 04
(1030) 3, Kundmanngasse 35–37 .... 715 39 56
(1030) 3, Landstraßer Hauptstraße 92–94 . 712 54 67
(1030) 3, Leonhardgasse 7 .... 712 75 12
(1030) 3, Löwengasse 12b 715 51 20
(1030) 3, Lustgasse 13–15 .... 713 89 53
(1030) 3, Markhofgasse 11–17 .... 799 40 59
(1030) 3, Marxergasse 12 .... 713 23 07
(1030) 3, Paulusplatz 4 .... 718 48 70
(1040) 4, Argentinierstraße 44 .... 504 90 00
(1040) 4, Favoritenstraße 18 ..... 502 34..., 04171
(1040) 4, Graf-Starhemberg-Gasse 10 .... 505 32 44
(1040) 4, Mühlgasse 23–25 .... 581 57 77
(1040) 4, Rainergasse 23–25 .... 504 74 85
(1040) 4, Schelleingasse 13–15 .... 504 70 39
(1040) 4, Waltergasse 5 .... 503 25 73
(1050) 5, Bacherplatz 4 .... 544 27 49
(1050) 5, Margaretengürtel 104 .... 544 06 39
(1050) 5, Pilgramgasse 3 .... 545 76 69
(1050) 5, Reinprechtsdorfer Straße 1c 544 50 95
(1050) 5, Schönbrunner Straße 34 .... 581 09 00
(1050) 5, Siebenbrunnenfeldgasse 15 .... 544 47 54
(1050) 5, Stöbergasse 8 .... 545 24 42
(1050) 5, Wiedner Hauptstraße 132 ...... 545 50 40
(1050) 5, Ziegelofengasse 24–26 .... 587 17 30
(1060) 6, Grabnergasse 7–9 .... 597 21 94
(1060) 6, Corneliusgasse 6 .... 597 49 03
(1060) 6, Luftbadgasse 14–16 .... 587 29 14
(1060) 6, Mittelgasse 25 .... 596 51 51
(1060) 6, Spalowskygasse 5 ....597 01 77
(1060) 6, Stiegengasse 15 .... 586 76 49
(1070) 7, Ahornergasse 9 .... 522 75 51
(1070) 7, Faßziehergasse 3 .... 524 32 28
(1070) 7, Lindengasse 57 .... 523 42 15
(1080) 8, Josefstädter Straße 93–97 (I) ... 408 41 48
(1080) 8, Josefstädter Straße 93–97 (II) ... 408 41 55
(1080) 8, Lange Gasse 36 .... 406 65 43
(1090) 9, Borschkegasse 10 ....407 85 15
(1090) 9, Dreihackengasse 5 .... 310 15 60
(1090) 9, Galileigasse 3 .... 319 13 25
(1090) 9, Gilgegasse 12 .... 405 42 44
(1090) 9, Glasergasse 8 .... 317 70 33
(1090) 9, Grünentorgasse 11 .... 310 29 46
(1090) 9, Gussenbauergasse 5–7 .... 317 69 50
(1090) 9, Latschkagasse 5 .... 317 98 67
(1090) 9, Lazarettgasse 6–8 .... 408 86 77
(1090) 9, Marktgasse 5 .... 319 53 43
(1090) 9, Marktgasse 44–46 .... 310 25 83
(1090) 9, Marktgasse 62 .... 310 73 90
(1090) 9, Sobieskigasse 31 ...... 313 24..., 85661
(1090) 9, Währinger Gürtel 16 (Allgemeines Krankenhaus) .... 610..., 404 00..., 1481
(1090) 9, Währinger Straße 43/I 408 38 54
(1090) 9, Währinger Straße 43/II 407 96 66
(1100) 10, Baron-Karl-Gasse 3/68 .... 616 46 75
(1100) 10, Baron-Karl-Gasse 14 .... 616 46 38
(1100) 10, Friesenplatz 1–2 .... 606 74 70
(1100) 10, Gudrunstraße 163a 606 05 20
(1100) 10, Herschelgasse 3 .... 615 03 89
(1100) 10, Herzgasse 89 .... 604 19 50
(1100) 10, Hugo-Meisl-Weg 18/I 615 00 11
(1100) 10, Hugo-Meisl-Weg 18/II 615 38 73
(1100) 10, Inzersdorfer Straße 111 .... 607 15 00
(1100) 10, Kempelengasse 5/28/I 604 32 27
(1100) 10, Kempelengasse 5/28/Il 604 32 52
(1100) 10, Keplerplatz 7 .... 606 73 17
(1100) 10, Klausenburger Straße 23 ...... 602 52 30

(1100) 10, Kornauthgasse 4 . . . . 616 15 96
(1100) 10, Laimäckergasse 18/I 604 15 32
(1100) 10, Laimäckergasse 18/II 602 15 56
(1100) 10, Laxenburger Straße 51–53 . . . . . 604 35 10
(1100) 10, Laxenburger Straße 90a 604 12 47
(1100) 10, Lippmanngasse 3 . . . . 688 35 60
(1100) 10, Migerkastraße 16 . . . . 604 81 03
(1100) 10, Neilreichgasse 105 . . . . 606 31 33
(1100) 10, Neilreichgasse 111 . . . . 615 79 91
(1100) 10, Oberlaa, Franzosenweg 23 . . . . 688 76 83
(1100) 10, Otto-Probst-Straße 28–30/10 . . . 615 37 00
(1100) 10, Tesarekplatz 3 . . . . 616 50 50
(1100) 10, Per-Albin-Hansson-Siedlung
Nord, Holeyplatz 3 . . . . 689 68 41
(1100) 10, Per-Albin-Hansson-Siedlung
Ost (1), Bergtaidingweg 11 . . . . 688 45 93
(1100) 10, Per-Albin-Hansson-Siedlung
Ost (2), Bergtaidingweg 19 . . . . 689 28 07
(1100) 10, Per-Albin-Hansson-Siedlung
Ost (3), Wendstattgasse 4a 688 23 93
(1100) 10, Per-Albin-Hansson-Siedlung
West, Bernadottegasse 59 . . . . 689 70 49
(1100) 10, Quaringasse 13 . . . . 603 38 18
(1100) 10, Quaringasse 16 . . . . 606 01 60
(1100) 10, Randhartingergasse 19/17 . . . . . 604 25 81
(1100) 10, Troststraße 68 . . . . 607 43 25
(1100) 10, Waldmüllerpark 1 . . . . 604 33 22
(1100) 10, Wienerfeld-West,
Gimniggasse 1 . . . . 615 02 78
(1100) 10, Wirerstraße 18 . . . . 607 21 90
(1110) 11, Delsenbachgasse 12 . . . . 749 40 79
(1110) 11, Dopplergasse 2a 749 67 60
(1110) 11, Dreherstraße 8 . . . . 769 30 81
(1110) 11, Ehamgasse 8 . . . . 749 65 61
(1110) 11, Geiselbergstraße 26–32 . . . . 749 92 31
(1110) 11, Hasenleitengasse 9/I 767 51 70
(1110) 11, Hasenleitengasse 9/II 767 51 74
(1110) 11, Herderplatz 1 . . . . 749 87 85
(1110) 11, Hoefftgasse 7 . . . . .769 48 57
(1110) 11, Kaiserebersdorfer Straße 92 . . . . 767 66 77
(1110) 11, Lorystraße 42 . . . . 748 92 90
(1110) 11, Lorystraße 46/4 . . . . 749 70 01
(1110) 11, Lorystraße 126 . . . . 769 25 46
(1110) 11, Rinnböckstraße 47 . . . . 749 35 58
(1110) 11, Sedlitzkygasse 26 . . . . 749 32 37
(1110) 11, Simmeringer Haupt-
straße 30–32 . . . . 749 09 52
(1110) 11, Simmeringer Haupt-
straße 34–40 . . . . 749 17 70
(1110) 11, Thürnlhofstraße 19 . . . . 767 21 94
(1110) 11, Wilhelm-Kreß-Platz 33 . . . . 769 81 23
(1110) 11, Wopenkastraße 6 . . . . 768 60 00
(1120) 12, Am Schöpfwerk 29/10 . . . . 667 03 81
(1120) 12, Am Schöpfwerk 29/12 . . . . 667 33 48
(1120) 12, Andersengasse 6 . . . . 662 95 58
(1120) 12, Aßmayergasse 35/1 . . . . 815 45 53
(1120) 12, Endergasse 1 . . . . 804 33 46
(1120) 12, Haebergasse 1/I 815 42 18
(1120) 12, Haebergasse 1/II 817 97 83
(1120) 12, Hetzendorfer Straße 57 . . . . 804 05 68
(1120) 12, Karl-Löwe-Gasse 15 . . . . 812 20 50
(1120) 12, Ruckergasse 21 . . . . 812 16 61
(1120) 12, Stranitzkygasse 4 . . . . 812 20 49
(1120) 12, Tanbruckgasse 26 . . . . 813 18 72
(1120) 12, Ulmenhof 25 . . . . 603 22 32
(1120) 12, Untermeidlinger Straße 67 . . . . . 603 04 80
(1120) 12, Wienerbergstraße 16 . . . . 813 79 78
(1130) 13, Angermayergasse 9
(bei Girzenberg) 877 14 26
(1130) 13, Anton-Langer-Gasse 39 . . . . 802 56 18
(1130) 13, Gallgasse 71 . . . . 803 68 20
(1130) 13, Hügel-Park, Stoesslgasse 8a
(Andersen-Kindergarten) 876 20 12
(1130) 13, Klitschgasse 31/16 . . . . 802 44 61
(1130) 13, Lainzer Straße 148 . . . . 802 79 48
(1140) 14, Cumberlandstraße 91 . . . . 894 83 90
(1140) 14, Felbigergasse 45 . . . . 914 71 41
(1140) 14, Hägelingasse 11 . . . . 982 43 77
(1140) 14, Hauptstraße 82 . . . . 979 69 32
(1140) 14, Heinrich-Collin-Straße 8–14 . . . 911 20 24
(1140) 14, Heinrich-Collin-Straße 13 . . . . . 914 62 17
(1140) 14, Kendlerstraße 10 . . . . 982 20 48
(1140) 14, Lautensackgasse 20
(Hugo-Breitner-Hof) 914 52 61
(1140) 14, Linzer Straße 128 . . . . 911 22 06
(1140) 14, Linzer Straße 386–390 . . . . 912 62 22
(1140) 14, Linzer Straße 417 . . . . 914 07 61
(1140) 14, Lortzinggasse 2 . . . . 983 97 80
(1140) 14, Meiselstraße 67–69 . . . . 982 98 29
(1140) 14, Moßbachergasse 20–24 . . . . 911 54 22
(1140) 14, Penzinger Straße 33 . . . . 894 39 08
(1140) 14, Richard-Kuhn-Weg 1 . . . . 979 16 54
(1140) 14, Zennerstraße 1 . . . . 982 30 53
(1150) 15, Auer-Welsbach-Park 894 31 01
(1150) 15, Beingasse 19–21 . . . . 982 22 01
(1150) 15, Dadlergasse 16 . . . . 892 03 76
(1150) 15, Fünfhausgasse 16–18 . . . . 892 01 09
(1150) 15, Johnstraße 54/I 982 59 14
(1150) 15, Johnstraße 54/II 786 36 96
(1150) 15, Künstlergasse 10 . . . . 893 94 14
(1150) 15, Selzergasse 19 . . . . 982 03 87
(1150) 15, Siebeneichengasse 15/I 892 81 07
(1150) 15, Siebeneichengasse 15/II 897 27 09
(1150) 15, Wurmsergasse 10 . . . . 985 06 94
(1160) 16, Arnethgasse 30 . . . . 489 28 98
(1160) 16, Brüßlgasse 31 . . . . 492 09 04
(1160) 16, Degengasse 70 . . . . 480 16 87
(1160) 16, Franz-Peyerl-Gasse 3 . . . . 489 41 37
(1160) 16, Gaullachergasse 51 . . . . 402 54 05
(1160) 16, Haberlgasse 76 . . . . 406 33 77
(1160) 16, Liebhartsgasse 54–56 . . . . 408 81 33
(1160) 16, Lorenz-Mandl-Gasse 56 . . . . . . 493 56 02
(1160) 16, Ludo-Hartmann-Platz 1 . . . . 492 69 60
(1160) 16, Maderspergerstraße 1 . . . . 982 79 40
(1160) 16, Montleartstraße 36 . . . . 914 54 40
(1160) 16, Odoakergasse 48 . . . . 486 32 03
(1160) 16, Ottakringer Straße 202 . . . . 485 46 73
(1160) 16, Possingergasse 65 . . . . 493 24 58
(1160) 16, Rosa-Luxemburg-Gasse 5 . . . . . 480 25 26
(1160) 16, Rosenackerstraße 5/I 486 36 56
(1160) 16, Rosenackerstraße 5/II 480 17 13
(1160) 16, Roterdstraße 12–14 . . . . 485 67 75
(1160) 16, Schinnaglgasse 8–12 . . . . 493 15 51
(1160) 16, Seeböckgasse 18 . . . . 480 97 00
(1170) 17, Alszeile 57–63 . . . . 485 86 86
(1170) 17, Dornbacher Straße 53 . . . . 486 36 87
(1170) 17, Dornbacher Straße 111 . . . . 489 02 30
(1170) 17, Leopold-Ernst-Gasse 37 . . . . . . 484 37 05

(1170) 17, Roggendorfgasse 6 . . . . 486 34 73
(1170) 17, Rötzergasse 21/5 . . . . 408 73 33
(1170) 17, Rötzergasse 47 . . . . 480 26 58
(1170) 17, Wattgasse 96 . . . . 485 43 57
(1170) 17, Wichtelgasse 67 . . . . 489 44 69
(1180) 18, Anastasius-Grün-Gasse 10 . . . . . 478 57 18
(1180) 18, Bastiengasse 36–38 . . . . 622 . . .,
476 15 . . ., 8030
(1180) 18, Ferrogasse 28 . . . . 470 57 84
(1180) 18, Gersthofer Straße 125–129 . . . . 470 64 63
(1180) 18, Klettenhofergasse 3 . . . . 405 66 65
(1180) 18, Paulinengasse 9 . . . . 470 71 40
(1180) 18, Staudgasse 78 . . . . 470 31 52
(1180) 18, Waldeckgasse 5/2 . . . . 479 87 31
(1190) 19, Bauernfeldgasse 5 . . . . 367 91 02
(1190) 19, Gatterburggasse 2b 368 73 95
(1190) 19, Heiligenstädter Straße 82 . . . . . . 369 21 74
(1190) 19, Heiligenstädter Straße 86 . . . . . . 370 57 45
(1190) 19, Obkirchergasse 8 . . . . 368 77 98
(1190) 19, Osterleitengasse 14 . . . . 368 89 90
(1190) 19, Pantzergasse 25 . . . . 367 54 02
(1190) 19, Paradisgasse 65a 320 72 05
(1190) 19, Phillipovichgasse 2–4 . . . . 368 06 51
(1190) 19, Probusgasse 9 . . . . 370 73 13
(1190) 19, Radelmayergasse 8 . . . . 368 31 43
(1190) 19, Raimund-Zoder-Gasse 2 . . . . . . 320 39 47
(1190) 19, Schulsteig 1a 320 52 77
(1190) 19, Weinberggasse 60 . . . . 320 71 92
(1200) 20, Denisgasse 39–41 . . . . 330 45 83
(1200) 20, Dietmayrgasse 10 . . . . 332 33 12
(1200) 20, Donaueschingenstraße 30 . . . . . 330 58 75
(1200) 20, Hartlgasse 8 . . . . 333 16 24
(1200) 20, Hartlgasse 40 . . . . 333 90 15
(1200) 20, Kapaunplatz 10
Fröbel-Kindergarten) 330 77 94
(1200) 20, Leipziger Straße 33a 332 97 78
(1200) 20, Leithastraße 17–23 . . . . 334 27 00
(1200) 20, Leystraße 2–4 . . . . 334 32 72
(1200) 20, Leystraße 36 . . . . 332 31 54
(1200) 20, Pappenheimgasse 10–16 . . . . . . 332 02 81
(1200) 20, Pappenheimgasse 22a (I) 332 33 87
(1200) 20, Pappenheimgasse 22a (II) 330 07 17
(1200) 20, Pöchlarnstraße 14 . . . . 334 20 60
(1200) 20, Spielmanngasse 3 . . . . 330 95 15
(1200) 20, Treustraße 55 . . . . 330 85 83
(1200) 20, Vorgartenstraße 35 . . . . 332 53 43
(1200) 20, Vorgartenstraße 71 (I) 330 77 85
(1200) 20, Vorgartenstraße 71 (II) 332 42 99
(1200) 20, Winarskystraße 18 . . . . 332 44 69
(1210) 21, Aistgasse 38 . . . . 294 68 17
(1210) 21, Ampèregasse 8 . . . . 271 18 95
(1210) 21, Anton-Schall-Gasse 9 . . . . 292 59 59
(1210) 21, Arnoldgasse 2 . . . . 278 29 45
(1210) 21, Audorfgasse 20 . . . . 270 65 93
(1210) 21, Baumergasse 24 . . . . 292 51 74
(1210) 21, Berzeliusgasse 14 . . . . 292 15 52
(1210) 21, Broßmannplatz 3 . . . . 271 14 07
(1210) 21, Bunsengasse 8 . . . . 270 53 83
(1210) 21, Carminweg 6 . . . . .258 46 78
(1210) 21, Dattlergasse 4 . . . . 290 04 04
(1210) 21, Donaufelder Straße 52 . . . . 255 98 76
(1210) 21, Dunantgasse 13 . . . . 272 98 84
(1210) 21, Floridsdorfer Markt 5 . . . . 270 92 97
(1210) 21, Franklinstraße 28 . . . . 272 84 15
(1210) 21, Fultonstraße 5–11 . . . . 270 22 74
(1210) 21, Gerasdorfer Straße 55 . . . . 292 77 77
(1210) 21, Gerspergasse 7 . . . . 258 07 14
(1210) 21, Gschweidlgasse 1 . . . . 294 14 00
(1210) 21, Großfeldsiedlung,
Dominik-Wölfel-Gasse 15 . . . . 258 27 02
(1210) 21, Großfeldsiedlung,
Kürschnergasse 3 . . . . 258 45 95
(1210) 21, Großfeldsiedlung,
Kürschnergasse 13 . . . . 258 41 31
(1210) 21, Großfeldsiedlung,
Meistergasse 1 . . . . 259 84 01
(1210) 21, Großfeldsiedlung,
Oswald-Redlich-Straße 36/5 . . . . 259 61 80
(1210) 21, Großfeldsiedlung,
Oswald-Redlich-Straße 48 . . . . 259 64 52
(1210) 21, Großfeldsiedlung,
Walter-Schwarzacher-Gasse 5/68 . . . . . . 259 61 65
(1210) 21, Hahnemanngasse 10 . . . . 290 77 76
(1210) 21, Hopfengasse 7 . . . . 270 22 80
(1210) 21, Jedlersdorfer Straße 96 . . . . 292 53 69
(1210) 21, Jedlersdorfer Straße 182 . . . . . . 294 21 30
(1210) 21, Jochbergengasse 1 . . . . 292 47 47
(1210) 21, Josef-Baumann-Gasse 65 . . . . . 256 41 56
(1210) 21, Kainachgasse 41 . . . . 290 76 14
(1210) 21, Kugelfanggasse 8a 263 10 90
(1210) 21, Luckenschwemmgasse 18 . . . . . 292 50 40
(1210) 21, Mengergasse 35 . . . . 271 15 75
(1210) 21, Mitterhofergasse 2 . . . . 292 51 98
(1210) 21, Mitterhofergasse 2/26 . . . . 294 77 72
(1210) 21, Ocwirkgasse 3 . . . . 294 40 91
(1210) 21, Osergasse 1 . . . . 292 43 44
(1210) 21, Ostmarkgasse 30 . . . . 278 66 01
(1210) 21, Prager Straße 92 . . . . 270 31 48
(1210) 21, Rittingergasse 29a 294 06 49
(1210) 21, Roda-Roda-Gasse 9 . . . . 290 12 92
(1210) 21, Roggegasse 35 . . . . 292 10 95
(1210) 21, Schloßhofer Straße 33 . . . . 271 62 34
(1210) 21, Schöpfleuthnergasse 4a 271 28 55
(1210) 21, Schumpeterweg 4 . . . . .290 04 40
(1210) 21, Schwanngasse 11 . . . . 292 16 66
(1210) 21, Scottgasse 8 . . . . 292 93 80
(1210) 21, Tomaschekstraße 42 . . . . 271 72 10
(1210) 21, Überfuhrstraße 35–37/23 . . . . . . 270 04 76
(1210) 21, Voglgasse 1 . . . . 294 47 17
(1220) 22, Aspern, Benjowskigasse 2–6 . . . 280 73 82
(1220) 22, Aspern, Bergengasse 6 . . . . 285 54 73
(1220) 22, Aspern, Hagedornweg 2 . . . . . . 287 04 93
(1220) 22, Aspern, Hammerfestweg 3 . . . . 285 65 87
(1220) 22, Aspern,
Langobardenstraße 176 . . . . 285 30 50
(1220) 22, Aspern,
Langobardenstraße 207 . . . . 282 76 45
(1220) 22, Aspern, Sandefjordgasse 1 . . . . . 285 48 68
(1220) 22, Breitenlee, Pirquetgasse 6a 282 52 61
(1220) 22, Breitenlee, Schukowitz-
gasse 87 . . . . 734 34 72
(1220) 22, Eßling, Grosserweg 8 . . . . 774 52 07
(1220) 22, Eßling, Rosenbergstraße 35 . . . . 774 72 44
(1220) 22, Hirschstetten,
Am Heidjöchl 14 . . . . 282 02 64
(1220) 22, Hirschstetten,
Kalmusweg 57 . . . . 734 35 27
(1220) 22, Hirschstetten,

Quadenstraße 8/20 .... 280 70 19
(1220) 22, Hirschstetten,
Schrebergasse 38 .... 280 65 18
(1220) 22, Hirschstetten, Pastinakweg 12 .. 734 17 80
(1220) 22, Kagran, Bernoullistraße 4 ..... 203 25 82
(1220) 22, Kagran, Brioschiweg 4 .... 258 59 87
(1220) 22, Kagran, Eipeldauer Straße 25 .. 258 16 95
(1220) 22, Kagran, Lieblgasse 2/28 ...... 258 57 47
(1220) 22, Kagran, Lieblgasse 2/32 ...... 259 13 82
(1220) 22, Kagran, Lorenz-Kellner-
Gasse 15 .... 258 54 53
(1220) 22, Kagran, Markomannen-
straße 18 .... 259 72 57
(1220) 22, Kagran, Melangasse 5/76/B 258 31 72
(1220) 22, Kagran, Mira-Lobe-Weg 5 ..... 258 11 81
(1220) 22, Kagran, Portnergasse 42 ...... 203 53 07
(1220) 22, Kagran, Rugierstraße 1 .... 202 21 00
(1220) 22, Kagran, Thonetgasse 42 ...... 203 36 75
(1220) 22, Kagran, Ullreichgasse 8 .... 258 67 89
(1220) 22, Kagran,
Wagramer Straße 5/VIC .... 260 26 . . ., 5525
(1220) 22, Kagran,
Wagramer Straße 98/5 .... 203 85 55
(1220) 22, Kagran,
Wintzingerodestraße 1 .... 203 78 53
(1220) 22, Kaisermühlen,
Am Kaisermühlendamm 7 .... 263 34 35
(1220) 22, Kaisermühlen,
Schüttaustraße 1 .... 263 28 63
(1220) 22, Leopoldau, Doeltergasse 3 .... 258 96 27
(1220) 22, Stadlau,
Erzherzog-Karl-Straße 65 .... 202 52 32
(1220) 22, Stadlau, Hardeggasse 67 ...... 282 02 35
(1220) 22, Stadlau, Hardeggasse 69 ...... 282 50 73
(1220) 22, Stadlau, Lange Allee 11–13 .... 202 63 00
(1220) 22, Stadlau,
Langobardenstraße 53 .... 282 14 75
(1220) 22, Stadlau,
Wurmbrandgasse 22 .... 280 66 12
(1220) 22, Weißau,
Schödlbergergasse 7/I .... 269 91 71 . . ., 211
(1220) 22, Weißau,
Schödlbergergasse 7/II 269 91 71
(1230) 23, Alt-Erlaa, Wohnpark Ost,
Anton-Baumgartner-Straße 44 .... 665 72 97
(1230) 23, Alt-Erlaa, Wohnpark West,
Anton-Baumgartner-Straße 44 .... 667 21 58
(1230) 23, Alt-Erlaa, Wohnpark Block C,
Anton-Baumgartner-Straße 44 .... 667 04 30
(1230) 23, Atzgersdorf,
Canavesegasse 24 .... 869 84 07
(1230) 23, Atzgersdorf,
Kirchenplatz 2 .... 865 27 79
(1230) 23, Atzgersdorf,
Lastenstraße 15 .... 865 12 12
(1230) 23, Erlaa, Calvigasse 4 .... 865 34 28
(1230) 23, Erlaa, Erlaaer Straße 120 ...... 665 81 69
(1230) 23, Inzersdorf,
Ewald-Balser-Gasse 1 .... 615 28 56
(1230) 23, Inzersdorf,
Ewald-Balser-Gasse 3 .... 615 28 57
(1230) 23, Inzersdorf,
Kinskygasse 16–30 .... 667 23 81
(1230) 23, Inzersdorf,
Oldenburggasse 13–27 .... 665 87 02
(1230) 23, Inzersdorf, Pfarrgasse 65/8 .... 616 84 48
(1230) 23, Inzersdorf,
Putzendoplergasse 10 .... 667 21 80
(1230) 23, Liesing, Korbgasse 1 .... 865 52 61
(1230) 23, Liesing,
Rudolf-Waisenhorn-Gasse 29 .... 865 33 50
(1230) 23, Mauer, Dr.-Barilits-Gasse 3 .... 889 61 44
(1230) 23, Mauer,
Johann-Hörbiger-Gasse 43 .... 889 88 85
(1230) 23, Mauer, Kanitzgasse 8 .... 888 73 34
(1230) 23, Mauer, Peterlinigasse 7 .... 889 30 76
(1230) 23, Rodaun,
An der Liesing 2–34/12 .... 889 51 67
(1230) 23, Rodaun,
Breitenfurter Straße 401–413 .... 865 10 91
(1230) 23, Siebenhirten,
Akaziengasse 44–50 .... 699 21 68
(1230) 23, Siebenhirten,
Bernhard-Billes-Gasse 8 .... 699 44 28
(1230) 23, Siebenhirten,
Porschestraße 17/22 .... 699 41 74

Sonderpädagogische Ambulanzen

(1030) 3, Hainburger Straße 29 .... 712 11 91
(1090) 9, Sobieskigasse 31 .... 40 00 . . ., 85660
(1100) 10, Lippmanngasse 3 .... 688 35 60
(1100) 10, Waldmüllerpark 1 .... 604 33 22
(1110) 11, Hasenleitengasse 9/I 767 51 70
(1120) 12, Endergasse 1 ...... 804 33 46, 802 38 20
(1150) 15, Auer-Welsbach-Park 894 31 01
(1160) 16, Rosenackerstraße 5/I 485 98 09,
486 36 56
(1200) 20, Kapaunplatz 10 .... 330 77 94
(1210) 21, Ferdinand-Kaufmann-
Platz .... 263 22 30 . . ., 150
(1220) 22, Aspern, Hammerfestweg 3 .... 285 65 87
(1230) 23, Inzersdorf,
Pfarrgasse 34–44/12/1 .... 615 28 06

Psychoanalytische und Pädagogische
Beratungsstelle:
(1180) 18, Gersthofer Straße 125–129 .... 470 64 63

Tageserholungsstätten

(1020) 2, Freudenau, Aspernallee 2 ...... 728 95 78
(1100) 10, Laaer Berg,
Laaer-Berg-Straße 145 .... 689 43 78
(1130) 13, Girzenberg,
Angermayergasse 9 .... 877 14 26
(1170) 17, Dornbacher Straße 53 .... 486 36 87
(1180) 18, Pötzleinsdorfer
Straße 230 .... 440 10 67
(1190) 19, Himmelstraße 113 .... 328 87 33
(1220) 22, Weißau,
Schödlbergergasse 7/I .... 269 91 71 . . ., 211

MAGISTRATSABTEILUNG 12

Wien Sozial

(Geschäftsgruppe Bildung, Jugend, Soziales, Information und Sport)

Allgemeine und grundsätzliche Angelegenheiten der Sozialhilfe und der Behindertenhilfe.
Handhabung des Wiener Sozialhilfegesetzes (Hilfe zur Sicherung des Lebensbedarfes, Hilfe in besonderen Lebenslagen, Einrichtung und Durchführung von Sozialdiensten), soweit nicht die Magistratsabteilung 47 zuständig ist.
Handhabung des Wiener Pflegegeldgesetzes und des Bundespflegegeldgesetzes hinsichtlich der Landeslehrer (mit Ausnahme der Flüssigmachung des Pflegegeldes für diese).
Wirtschaftliche Sozialhilfe für Familien mit Kindern unter 18 Jahren in Zusammenarbeit mit der Magistratsabteilung 11.
Sozialarbeit mit Erwachsenen.
Führung des Wiener Bahnhofs-Sozialdienstes.
Vertretung des Landes Wien in Sozialhilfekostenangelegenheiten vor Gericht und Verwaltungsbehörden, ausgenommen die der Magistratsabteilung 47 obliegenden Geschäfte.
Geltendmachung von Ersatzansprüchen der Sozialhilfe gegenüber anderen Sozialhilfeträgern aufgrund der bestehenden Vereinbarungen, soweit nicht die Magistratsabteilung 47 zuständig ist.
Festsetzung des Taschengeldes für in Krankenanstalten und Pflegeheimen untergebrachte Hilfesuchende.
Handhabung des Behindertengesetzes.
Gewährung von Fahrbegünstigungen für Behinderte.
Zusammenarbeit mit den Selbsthilfeverbänden für Behinderte.
Abschluss von Vereinbarungen gemäß Art. 15a Abs. 2 B-VG in Angelegenheiten der Sozialhilfe und Behindertenhilfe.
Mitwirkung bei der Gewährung von Subventionen an Organisationen der freien Wohlfahrtspflege, die soziale Dienste durchführen, in Angelegenheiten der Sozialhilfe und Behindertenhilfe, soweit nicht die Magistratsabteilung 47 zuständig ist.
Beratung, Begutachtung, Überprüfung und Koordination in den Belangen des barrierefreien, behinderten- und generationsgerechten Planens, Bauens und Wohnens.
Entscheidung über Behandlungskosten nach dem Tbc-Gesetz, Verrechnung der Kosten der Tbc-Hilfe mit dem Bund und anderen Kostenträgern.
Handhabung des Opferfürsorgegesetzes sowie des Kriegsgefangenenentschädigungsgesetzes für Bezieher von Renten, Beihilfen oder Ausgleichen nach dem Opferfürsorgegesetz.
Ausstellung von Bescheinigungen gemäß § 506 ASVG.
Gewährung von Mietbeihilfen im Rahmen der Sozialhilfe.
Mitwirkung bei der Feststellung des Anspruches auf Ausgleichszulagen in der Pensionsversicherung nach dem Allgemeinen Sozialversicherungsgesetz, Gewerblichen Sozialversicherungsgesetz und Bauern-Sozialversicherungsgesetz.
Ausstellung von Nachweisen über die Familien- und Einkommensverhältnisse zur Erlangung von Begünstigungen.
Mitteilungen an das Gericht über die Schutzbedürftigkeit von Personen zum Zweck der Sachwalterbestellung.
Verwaltung von Stiftungen mit sozialen Zwecken, ausgenommen die den Magistratsabteilungen 15, 49 und 69 obliegenden Geschäfte.
Grundverwaltung und Erhaltung der Stiftungshäuser.
Grundverwaltung, Erhaltung und Führen von sozialtherapeutischen Tageszentren und Wohnheimen sowie stationäre Unterbringung für Obdachlose.
Mitwirkung bei der Katastrophenhilfe.
Koordination der Integrationsförderung für Fremde.
Betreuung von hilfsbedürftigen Fremden, soweit nicht eine andere Dienststelle zuständig ist.

(1010) 1, Schottenring 24, 1. Stock,
Tür 116 .... 531 14...
Telefax: 531 14-99-Nebenstelle
IBS-User: M12A
E-Mail: post@m12.magwien.gv.at
Portier 73633

S c h m i d t Sepp, Dipl.-Sozialarbeiter,
Obermagistratsrat 85211
R o s e n a u e r, Dr. Harald,
Obermagistratsrat 85212
Sekretariat 85215, 85216

Stabsstelle Kanzlei
Kanzleileiterin/Kanzleileiter 85219
Kasse 85218
Protokoll, Einlaufstelle 85203,
85204, 85205, 85206

Stabsstelle Information und Service
(1010) 1, Gonzagagasse 21,
Erdgeschoß, E30
Leiterin/Leiter 85261
Sachbearbeiterin/Sachbearbeiter 85263,
85264, 85265
Servicetelefon 8012
Fahrtendienst-Kunden-Service 85510

Stabsstelle EDV
(1120) 12, Niederhofstraße 23,
1. Stock .... 811 34...
Leiterin/Leiter 12492
Sachbearbeiterinnen/
Sachbearbeiter 12493, 12497, 12487
Hotline 12491
Telefax: 811 34-99-12490

Stabsstelle Interne Revision
(1020) 2, Schiffamtsgasse 14,
1. Stock .... 531 14...
Leiterin/Leiter 85212
Revisorinnen/Revisoren 85461, 85462

Stabsstelle Sozialplanung
Leiterin/Leiter 85471
Sachbearbeiterinnen/
Sachbearbeiter 85472,
85473, 85474, 85475,
85476, 85477, 85479

Referat Opferfürsorge
Leiterin/Leiter 85376
Sachbearbeiterin/
Sachbearbeiter 85379

Gruppe Budget und Wirtschaft
Leiterin/Leiter 85231

Referat Allgemeine Finanzen
Leiterin/Leiter 85231
Sachbearbeiterinnen/
Sachbearbeiter 85233, 85234, 85235, 85236

Referat Leistungs- und Gebarungskontrolle
(1020) 2, Schiffamtsgasse 14, 1. Stock
Leiterin/Leiter 85451
Sachbearbeiterinnen/
Sachbearbeiter 85452, 85453, 85455, 85456, 85457, 85458

Referat Kostenersatz und Einnahmenbetreuung
Leiterin/Leiter 85391
Sachbearbeiterinnen/
Sachbearbeiter 85392, 85393, 85394, 85395, 85396,85238

Referat Stiftungen, Sondermittel, Sicherstellungen und Krankenhilfe
Leiterin/Leiter 85381
Sachbearbeiterinnen/
Sachbearbeiter 85382, 85383, 85384

Gruppe Personal
Leiterin/Leiter 85240
Stellvertreterin/Stellvertreter 85241
Sekretariat 85242, 85243, 85245

Gruppe Recht
Leiterin/Leiter 85321
Stellvertreterin/Stellvertreter 85322
Sekretariat 85325, 85326
Sachbearbeiterinnen/
Sachbearbeiter 85323, 85324

Fachbereich Behindertenarbeit

(1160) 16, Kendlerstraße 40a
Leiterin/Leiter 85401
Stellvertreterin/Stellvertreter 85402
Sekretariat 85403, 85404

Koordinatorin/Koordinator für bauliche Angelegenheiten
(fachbereichsübergreifend) 85406

Referat Behindertenhilfe
Leiterin/Leiter 85351
Auskunft 85350
Sachbearbeiterinnen/
Sachbearbeiter 85352, 85353, 85354, 85355, 85359, 85362, 85363, 85364, 85365, 85366, 85367, 85368, 85369

Referat Pflegegeld
Leiterin/Leiter 85271
Sachbearbeiterinnen/
Sachbearbeiter 85270, 85272, 85273, 85274, 85275, 85276, 85277, 85278, 85279, 85289, 85356, 85357, 85358
Auskunft 8585

Fahrtendienst
(1160) 16, Kendlerstraße 40a
Koordinatorin/Koordinator 85521
Sachbearbeiterinnen/
Sachbearbeiter 85312, 85317, 85318

Beratung und Betreuung behinderter DienstnehmerInnen der Stadt Wien im Rahmen der Sonderaktion
(1020) 2, Schiffamtsgasse 14, Erdgeschoss
Leiterin/Leiter 85524
Sachbearbeiterinnen/
Sachbearbeiter 85518, 85522, 85523, 85525, 85526, 85527

Gemeinderätliche Behindertenkommission
(1020) 2, Schiffamtsgasse 14, Erdgeschoss
Leiterin/Leiter 85521
Sekretariat 85515

Fachstelle für barrierefreies, behinderten- und generationsgerechtes Planen, Bauen und Wohnen
(1210) 21, Ocwirkgasse 3/8, Erdgeschoss
Leiterin/Leiter 85315

Begutachtung
(1190) 19, Muthgasse 62
Leiterin/Leiter 85071
Sachbearbeiterinnen/
Sachbearbeiter 85070, 85075, 85078, 85079

Club 21
(1140) 14, Linzer Straße 466 . . . . 979 58 44

Fachbereich Sozialarbeit und Sozialhilfe

Leiterin/Leiter 85481

Stellvertreterin/Stellvertreter 85482
Sekretariat 85485, 85486, 85496, 85497
Assistenz der/des Fachbereichsleiterin/ Fachbereichsleiter 85499
Qualitätssicherung Sozialarbeit 85483
Qualitätssicherung Sozialhilfe 85484

Referat Krankenhilfe und Sozialversicherungsangelegenheiten
Leiterin/Leiter 85491
Sachbearbeiterinnen/Sachbearbeiter 85492, 85493, 85495

Referat Mietbeihilfe
Leiterin/Leiter 85341
Sachbearbeiterinnen/ Sachbearbeiter 85342, 85343, 85344, 85345, 85346, 85347

Sozialzentren

12., 13., 23. Bezirk,
(1120) 12, Arndtstraße 65/1 . . . . 811 34 . . ., 12400
16., 17., 18. Bezirk,
(1160) 16, Spetterbrücke 4 . . . . . 401 19 . . ., 17400
21. Bezirk,
(1210) 21, Freytaggasse 27/1 . . . 277 34 . . ., 21400

Bezirkssozialreferate

1., 8., 9. Bezirk,
(1090) 9, Währinger Straße 39 . . . . 400 34 . . ., 09401
2. Bezirk,
(1020) 2, Karmelitergasse 9 . . . . 211 06 . . ., 02401
3. Bezirk,
(1030) 3, Karl-Borromäus-Platz 3 . . . . 711 34 . . ., 03401
4., 5. Bezirk,
(1050) 5, Schönbrunner Straße 54 . . . . 546 34 . . ., 05401
6., 7. Bezirk,
(1070) 7, Hermanngasse 24–26 . . . . 521 34 . . ., 07401
10. Bezirk,
(1100) 10, Gudrunstraße 128 . . . 605 34 . . ., 10401
11. Bezirk,
(1110) 11, Enkplatz 2 . . . . 740 34 . . ., 11401
14. Bezirk,
(1130) 13, Hietzinger Kai 1–3 . . 870 34 . . ., 14401
15. Bezirk,
(1150) 15, Gasgasse 8–10 . . . . . . 891 34 . . ., 15401
19. Bezirk,
(1190) 19, Gatterburggasse 14 . . . . 360 34 . . ., 19401
20. Bezirk,
(1200) 20, Brigittaplatz 10 . . . . . 331 34 . . ., 20401
22. Bezirk,
(1220) 22, Kagran, Schrödingerplatz 1 . . . . 211 23 . . ., 22401

Außenstellen (Sozialarbeit)
Außenstelle I
(1., 2., 6., 7., 8., 9. Bezirk),
(1060) 6, Fillgradergasse 7/5 . . . 588 21 . . ., 06493
Außenstelle III
(14., 15., 19. Bezirk),
(1150) 15, Camillo-Sitte-Gasse 6–8/2/6 . . . . 891 34 . . ., 15481
Außenstelle IV
(20., 22. Bezirk),
(1210) 21, Freytaggasse 27/2 . . . 277 34 . . ., 22481
Außenstelle V (
10. Bezirk),
(1100) 10, Gudrunstraße 145–149 . . . . 605 34 . . ., 10481
Außenstelle VI
(3., 4., 5., 11. Bezirk),
(1031) 3, Am Modenapark 1–2/5 . . . . 711 34 . . ., 03484

Fachstelle für Wohnungssicherung (FAWOS),
(1020) 2, Schiffamtsgasse 14/3 . . . . 531 14 . . ., 85010

Schuldnerberatung
(1020) 2, Obere Augartenstraße 26–28/1 . . . . 330 87 35

Fachbereich Wohnungslosenhilfe
Leiterin/Leiter 85251
Stellvertreterin/Stellvertreter 85252
Sekretariat 85254

Haus Gänsbachergasse – Familien
(1030) 3, Gänsbachergasse 3 . . . . 798 21 29

Haus Gänsbachergasse – Wohnheim
(1030) 3, Gänsbachergasse 7 . . . . 798 15 65

Haus Neu Albern – Männer
(1110) 11, Neu Albern 2 . . . . 768 27 81

Haus Kastanienallee – Familien, Frauen und Männer
(1120) 12, Kastanienallee 2 . . . . 604 13 31

Haus Meldemannstraße – Männer
(1200) 20, Meldemannstraße 25–27 . . . . 330 44 18

Ambulanter Bereich der Wohnungslosenhilfe
Tageszentren für Obdachlose und Straßensozialarbeit
(1020) 2, Pazmanitengasse 7 . . . . 216 95 15
(1080) 8, U6–Station Josefstädter Straße 405 32 38

MAGISTRATSABTEILUNG 13

Bildung und außerschulische Jugendbetreuung

(Geschäftsgruppe Bildung, Jugend, Soziales, Information und Sport)

Allgemeine und grundsätzliche Angelegenheiten der Erwachsenenbildung und der außerschulischen Jugendbetreuung.
Förderung, Betreuung und Koordinierung von Einrichtungen der Erwachsenenbildung.
Personalverwaltung für Lehrer der Musiklehranstalten der Stadt Wien.
Planung, Förderung und Mitwirkung bei der Durchführung von Aktionen, Veranstaltungen und Projekten der Erwachsenenbildung.
Mitwirkung bei der Planung und bei der Durchführung von baulichen Maßnahmen, die Gemeinschaftsbauten für die Jugend- und Erwachsenenbildung betreffen.
Beratung über Einrichtungen und Möglichkeiten der Erwachsenenbildung.
Führen des Landesjugendreferates:
- Zusammenarbeit mit den Bundesländer-Landesjugendreferaten sowie fachlich einschlägigen Einrichtungen des In- und Auslandes,
- Planung, Betreuung und Durchführung von Aktionen und Veranstaltungen für Kinder und Jugendliche im außerschulischen Bereich,
- Durchführung der JungbürgerInnenveranstaltungen,
- Förderung der Jugendorganisationen (wienXtra, ein junges Stadtprogramm zur Förderung von Kindern, Jugendlichen und Familien, Verein Jugendzentren der Stadt Wien, Wiener Landesorganisation des Bundesjugendringes, Jugendklubs und andere),
- Handhabung des Wiener Jugendwohlfahrtsgesetzes 1990 betreffend soziale Dienste freier Jugendwohlfahrtsträger im Rahmen von Streetwork-Projekten gemäß § 8 Wiener Jugendwohlfahrtsgesetz 1990.
- Fachaufsicht über die Parkbetreuung und Koordinierung der Mobilen Jugendarbeit.

Führen der Landesbildstelle “MediaWien”.
Betreuung von Schulen, sonstigen Bildungsstellen und Dienststellen des Magistrats hinsichtlich der Bereitstellung von audio-visuellen Geräten und Produkten.
Filmische und fotografische Dokumentation von Leistungen und Veranstaltungen der Stadt Wien, einschließlich Führen eines Fotoarchivs und des zentralen Archivs für Film- und Videodokumentation.
Unterstützung der Schulen in den Bereichen Medienpädagogik und Telematik.
Führen der Musiklehranstalten:
- Erteilen von musikalischem Elementarunterricht (Kindersingschulen),
- Erteilen von individuellem Elementarunterricht in Instrumental- und Vokalfächern sowie Ballett und tänzerischer Bewegungserziehung (Musikschulen),
- Ausbildung in Instrumental- und Vokalfächern, Ballett und tänzerischer Bewegungserziehung sowie in den Bühnenfächern bis zur Erlangung des Diploms oder der staatlichen Lehrbefähigung (Konservatorium).

Führen der Modeschule der Stadt Wien.
Führen der städtischen Büchereien einschließlich der Patientenbüchereien, des Hausbesuchsdienstes und der Bücherbusse.
Abgeltung von urheber- und leistungsschutzrechtlichen Ansprüchen für das Verleihen von Werkstücken im Sinne des Urheberrechtsgesetzes durch der Öffentlichkeit zugängliche Einrichtungen in pauschaler Form für das Land Wien.
Grundverwaltung und Erhaltung des Konservatoriums der Stadt Wien und der Modeschule der Stadt Wien.
Dienstaufsicht über das zugeteilte Personal, soweit es nicht der Dienstaufsicht des Magistratsdirektors untersteht.

(1082) 8, Friedrich-Schmidt-Platz 5,
4. Stock . . . . 40 00 . . .
Telefax: 40 00-99-Nebenstelle
IBS-User: M13A
E-Mail: post@m13.magwien.gv.at

L i s c h k a , Dr. Wolfgang, Senatsrat 84311
Sekretariat 84315
K r o t k y , Dr. Anton, Senatsrat 84312
Kanzleileiterin / Kanzleileiter 84315
Kanzlei 84316, 84328, 8013
Referat für Personal und Wirtschaft 84331
Personal 84332, 84333
Wirtschaftsangelegenheiten 84333
Bezirksbudget 84326, 84334, 84343
Referat für EDV 84328
Amtsgehilfin/Amtsgehilfe 84327

Erwachsenenbildung
Referat für Volksbildung 84321
Referat für Bildungsprojekte 84322

Landesjugendreferat Wien
Telefax: 40 00-99-84357
H o l l o s , Mag. Josef,
Senatsrat 84341
Sekretariat 84345
K o f l e r Michael,
Dipl.-Sozialarbeiter 84373

Sekretariat 84335
Internationale Kontakte 84362, 84397
Verwaltung und Finanzangelegenheiten 84346, 84372, 84387
Jugendorganisationen und -initiativen 84367
Filmbeirat 84346
Aktion “miteinander” 84345
Jungbürger/innenveranstaltungen . . . 84345, 84363
Koordinationsstelle für
M.A.ST.A. 84339, 84359, 84371
(Mobile Jugendarbeit,
Aufsuchende Kinder- und Jugendarbeit,
Streetwork und
Animative Freizeitpädagogische Betreuung)
Telefax: 40 00-99-84371
Park- und Freiflächenbetreuung,
Bezirke 84326,
84334, 84343, 84395
Telefax: 40 00-99-84334
Schulaktionen 84356,
84361, 84365, 84383
Telefax: 40 00-99-84365

Verein wienXtra,
ein junges Stadtprogramm
Telefax-Zentrale: 408 70 00
Geschäftsführende Vorsitzende:
N e u m ü l l e r Erna,
Dipl.-Sozialarbeiterin 84351

Sekretariat 84355
Finanz- und Personal-
angelegenheiten 84376, 84377, 84389
Kasse 84378
Aktion familientage 84354, 84368, 84399
E-Mail: familientage@wienXtra.at
wienerferienspiel 84400,
84349, 84366, 84369,
84396, 84398, 84399
E-Mail: ferienspiel@wienXtra.at
Jugendinwien/eventberatung 84390,
84393, 84294
Telefax. 40 00-99-84393
E-Mail: jugendinwien@wienXtra.at
Soundbase 84385
Produktionsbüro 84381, 84382
E-Mail: paul.lechner@wienXtra.at
Telefax: 40 00-99-84381
Druckerei 84386
Organisation, Logistik 84348, 84391
Telefax: 40 00-99-84348
Kinderinfo,
(1070) 7, Museumsplatz 1 .... 84400, 84401
Telefax: 40 00-99-84400
E-Mail: kinderinfowien@wienXtra.at
cinemagic - Kinder- und Jugendkino
(1010) 1, Friedrichstraße 4 .... 586 43 03
Telefax: 585 32 27
E-Mail: cinemagic@wienXtra.at
institut für freizeitpädagogik (ifp):
Jugendleiter/innenschule,
(1080) 8, Albertgasse 35/II .... 40 00 . . ., 84584,
406 65 55
Telefax: 406 65 55-89
E-Mail: ifp@wienXtra.at
medienzentrum,
(1070) 7, Zieglergasse 49/
Hintertrakt 523 02 09
Telefax: 523 02 09-60
E-Mail: medienzentrum@wienXtra.at
geräteverleih/materialverwaltung,
(1080) 8, Hamerlingplatz 1 .... 408 62 44
Telefax: 408 06 88
spielebox,
(1080) 8, Albertgasse 35/II .... 40 00 . . ., 84592,
408 69 33
Telefax: 406 65 55-89
E-Mail: spielebox@wienXtra.at

jugendinfo,
(1010) 1, Babenberger
Straße 1 .... 40 00 . . ., 84085
(1799 Kurzrufnummer)
E-Mail: jugendinfowien@wienXtra.at
Telefax: 585 24 99
Sportaktionen,
(1020) 2, Meiereistraße 7,
Ernst-Happel-Stadion .... 40 00 . . ., 84131
Telefax: 40 00-99-84127

Musiklehranstalten Wien,
(1010) 1, Johannesgasse 4a .... 512 77 47 . . .
Telefax: 512 77 47-99-Nebenstelle

Konservatorium Wien,
(1010) 1, Johannesgasse 4a .... 512 77 47 . . .
M a r k o v i c Ranko, Direktor 89301
Wirtschaftsreferat 89321
Direktionssekretariat 89305
Personalreferat 89311, 89312
Studienreferat 89331,
89332, 89333, 89334
Kasse 89329
EDV-Referat 89325
Wirtschaftsreferat 89325
Veranstaltungsreferat 89341, 89342
PR-Referat 89346, 89347
Bibliothek 89381,
89383, 89384, 89385
Kindersingschule, Leiterin/Leiter,
Assistentin Büro 89351, 89352
Abteilung für Tonsatz, Komposition,
Dirigieren, Korrepet., Stv. Direktor 89361
Abteilung für Saiteninstrumente 89363
Abteilung für Tasteninstrumente 89362
Abteilung für Sologesang, Lied,
Oratorium 89365
Abteilung für Musikalisches Unterhaltungs-
theater 89369
Abteilung für Tänzer, Bewegungs-
erziehung 89371
Abteilung für Schauspiel 89373
Abteilung für Oper und Lehrgang
Klassische Operette,
(1010) 1, Singerstraße 26 .... 512 35 94

Abteilung für Ballett,
(1060) 6, Lehárgasse 9–11
(auch Telefax) 581 45 76
Abteilung für Jazz,
(1090) 9, D'Orsay-Gasse 8
(auch Telefax) 310 39 28
Abteilung für Alte Musik,
(1010) 1, Singerstraße 26 . . . . 512 35 84
Werkstätte, Kulissendepot
(1060) 6, Mollardgasse 85a . . . 599 16 . . ., 95195

Musikschulen Wien:
(1020) 2, Karmeliterplatz 1 . . . . 211 06 . . ., 02169
Telefax: 211 06-99-2169
(1020) 2, Czerninplatz 3 (Expositur) . . . 212 63 93
(1030) 3, Strohgasse 15 (auch Telefax) . 714 17 91
(1050) 5, Bräuhausgasse 50
(auch Telefax) 544 49 03
(1050) 5, Arbeitergasse 13 (Expositur)
(auch Telefax) 545 26 67
(1090) 9, D'Orsay-Gasse 8
(auch Telefax) 310 39 29
(1100) 10, Pernerstorfergasse 45
(auch Telefax) 606 61 91
(1100) 10, Hansson-Zentrum,
Ada-Christen-Gasse 2 (auch Telefax) . . 689 49 56
(1100) 10, Stockholmer Platz 18 (
Expositur) 688 36 77
(1110) 11, Herderplatz 1a 748 31 23
(1120) 12, Nymphengasse 7 . . . . 817 77 08
(1150) 15, Schwendergasse 41
(auch Telefax) 812 70 35
(1160) 16, Thaliastraße 44
(auch Telefax) 406 07 68
(1170) 17, Kalvarienberg-
gasse 33 . . . . 401 19 . . ., 17169
Telefax: 401 19-99-17169
(1190) 19, Döblinger Hauptstraße 94 . . . 369 42 47
Telefax: 367 87 07
(1200) 20, Raffaelgasse 13
(auch Telefax) 332 91 21
(1210) 21, Angerer Straße 14 . . . . 271 23 22
(1210) 21, Kummergasse 6 (Expositur)
(auch Telefax) 290 84 80
(1222) 22, Kaisermühlen, Schüttaustraße 2
(auch Telefax) 263 28 53
(1222) 22, Natorpgasse 1 . . . . 204 00 71
(1222) 22, Prandaugasse 5 . . . . 203 62 99
(1232) 23, Inzersdorf, Anton-Baumgartner-
Straße 119 (auch Telefax) 667 54 82
(1235) 23, Liesing, Perchtoldsdorfer Straße 1
(auch Telefax) 865 93 71

Modeschule der Stadt Wien,
(1120) 12, Hetzendorfer Straße 79 . . 804 27 95 . . .
Telefax: 804 27 95-90
E-Mail: post@m13mod.magwien.gv.at,
Homepage: www.modeschulewien.at

B u x b a u m , Dr. Gerda, Direktorin 71
Telefax: 804 27 95-56
Verwalterin/Verwalter 72
Kommunikation 70
Telefax: 804 27 95-56
E-Mail: komm@m13mod.magwien.gv.at
Bibliothek 53
Materialverkauf 85
Kassa 83

Media Wien (Landesbildstelle Wien),
(1070) 7, Zieglergasse 49 . . . . 523 32 24 . . .
Telefax: 523 32 24-20
E-Mail: mediawien@m13.magwien.gv.at
Homepage 1: www.intern.magwien.gv.at/ma13/lbw/
Homepage 2: mediawien.wbn.wien.at
Homepage 3: www.wien.gv.at/media-wien/

S o m m e r , Prof. Walter, Oberamtsrat 11
Sekretariat 18
Wirtschaft, Controlling 12
Einkauf, Marketing 13
Telefax: 523 32 24-40
Medienverleih 14, 15
Fotostudio 21, 22
Filmproduktion 24
Telefax: 523 32 24-38
Informationstechnik 26, 41
Medienpädagogik 27, 28
Technik 31, 32
Geräteverleih 35
Verkauf 19
Fotoarchiv 19, 45
Telematik 26, 41

Medienverleihstellen:
Zentrale,
(1070) 7, Zieglergasse 49 . . . . . 523 32 24 . . ., 15
Nordost,
(1210) 21, Angerer Straße 14 . . . . 271 11 48
Südost,
(1030) 3, Hörnesgasse 12 . . . . 712 53 96
Südwest,
(1121) 12, Hufelandgasse 2 . . . 811 34 . . ., 12154

Büchereien Wien,
(1082) 8, Skodagasse 20 . . . . 40 00 . . .
Telefax: 40 00-99-84510
E-Mail: post-stb@m13.magwien.gv.at,
Homepage: www.buechereien.wien.at

P f o s e r , Dr. Alfred,
Obermagistratsrat 84501
Einlaufstelle, Auskunft 84500
Kanzlei 84509, 84510
Personal 84504
Zweigstellenreferat, Veranstaltungen 84507
Büchereiverwaltung, Budget 84503, 84533
Wirtschaftsreferat 84520, 84521
EDV 84527, 84525, 84536, 84567
Bau, Einrichtung, Projektmanagement 84540
Werbung, Öffentlichkeitsarbeit 84523
Lektoratsleitung 84502
Lektorat 84505, 84506, 84508

Kinder- und Jugendbuch 84512, 84513
Statistik, Zeitschriften 84515
Buchanschaffung 84516
Buchbestand 84514
Katalogisierung 84529, 84530, 84531, 84532
Hausbesuchsdienst 84522
Magazin 84560
Buchanlieferung, Fahrer 84557, 84558
Buchbinderei 84561

Hauptbücherei, Leitung 84541
E-Mail: stb01@m13.magwien.gv.at
Auskunft, Einschreibung 84551
Kinderbücherei 84554
Musikbücherei 84535
Bibliothekare 84513, 84517, 84526,
84537, 84538, 84542, 84543,
84544, 84545, 84546, 84547,
84548, 84554, 84556, 84565
Buchreparatur 84519
Büchermagazin 84562, 84563

Büchereizweigstellen:
(1020) 2, Engerthstraße 197/3 . . 211 06 . . ., 02161
(1020) 2, Zirkusgasse 1–3 . . . . 214 64 80
(1030) 3, Erdbergstraße 5–7 . . . 711 34 . . ., 03161
(1030) 3, Fasangasse 35–37 . . . . 798 99 70
(1030) 3, Rabengasse 6 . . . . 715 71 54
(1040) 4, Favoritenstraße 8 . . . . 502 34 . . ., 04161
(1050) 5, Pannaschgasse 6 . . . . . 546 34 . . ., 05161
(1060) 6, Gumpendorfer Straße 59–61 . . 587 28 30
(1060) 6, Mollardgasse 87
(Lehrlingsbücherei) . . . . 599 16 . . ., 95693
(1070) 7, Neustiftgasse 89–91 . . . . 522 97 91
(1090) 9, Simon-Denk-Gasse 4–6 . . . . . 315 48 66
(1090) 9, Währinger Gürtel 18–20
(Allgemeines Krankenhaus –
Patientenbücherei) . . . . 610 . . ., 404 00 . . ., 1090
(1090) 9, Währinger Gürtel 18–20
(Universitätsklinik für
Kinderheilkunde) . . . . . 610 . . ., 404 00 . . ., 3289
(1100) 10, Ada-Christen-Gasse 2 . . . . . . 689 19 66
(1100) 10, Hasengasse 38 . . . . 607 33 11
(1100) 10, Laxenburger
Straße 90a . . . . 605 34 . . ., 10161
(1110) 11, Dommesgasse 6 . . . . . 740 34 . . ., 11165
(1110) 11, Rosa-Jochmann-
Ring 5/1/2 . . . . 740 34 . . ., 11160
(1120) 12, Am Schöpfwerk 29/7 . . . . 667 89 49
(1120) 12, Egger-Lienz-Gasse 3 . . . . 815 28 38
(1120) 12, Karl-Löwe-Gasse 17 . . . . 812 35 54
(1120) 12, Längenfeldgasse 13–15
(Lehrlingsbücherei) . . . . 599 16 . . ., 95330
(1130) 13, Hofwiesengasse 48 . . . . 804 06 76
(1140) 14, Hütteldorfer
Straße 130d . . . . 870 34 . . ., 14161
(1140) 14, Linzer Straße 309 . . . . 416 59 37
(1150) 15, Hütteldorfer Straße 7–17
(Lehrlingsbücherei) 982 77 81
(1150) 15, Hütteldorfer Straße 81a 982 41 95
(1150) 15, Schwendergasse 39–41 . . . . . 893 69 47
(1160) 16, Rosa-Luxemburg-Gasse 4 . . . 486 61 44

(1160) 16, Schuhmeierplatz 17 . . . . 492 51 26
(1170) 17, Hormayrgasse 2 . . . . . 401 19 . . ., 17160
(1180) 18, Weimarer Straße 8–10 . . . . . . 405 42 90
(1190) 19, Billrothstraße 32 . . . . 360 34 . . ., 19160
(1190) 19, Heiligenstädter Straße 155 . . . 318 67 24
(1190) 19, Hutweidengasse 24 . . . . 362 72 24
(1200) 20, Leystraße 53 . . . . 332 07 37
(1200) 20, Pappenheimgasse 10–16 . . . . 333 10 52
(1210) 21, Brünner Straße 36 . . . . 278 13 45
(1210) 21, Brünner Straße 138 . . . . 292 88 42
(1210) 21, Kürschnergasse 9 . . . . 259 85 20
(1210) 21, Scheydgasse 40
(Lehrlingsbücherei) . . . . 277 56 . . ., 95708, 95709
(1222) 22, Bernoullistraße 1 . . . . 211 23 . . ., 22161
(1220) 22, Erzherzog-Karl-Straße 169 . . 285 65 51
(1220) 22, Langobardenstraße 122
(Patientenbücherei Sozialmedizinisches Zentrum-Ost) . . . . 611 . . ., 288 02 . . ., 5670
(1220) 22, Mira-Lobe-Weg 4 . . . . 259 75 69
(1223) 22, Schüttaustraße 39 . . . . 269 32 51
(1224) 22, Siegesplatz 7 . . . . 280 84 10
(1230) 23, Anton-Baumgartner-Straße 44 . . . . 667 89 03
(1238) 23, Dr.-Barilits-Gasse 2/7/1 . . . . . 886 22 21
(1235) 23, Perchtoldsdorfer Straße 2 . . . . 863 34 . . ., 23161
(1236) 23, Willergasse 10 . . . . 889 94 05

Autobusbücherei,
(1020) 2, Meiereistraße 7, Wiener Praterstadion – Ernst-Happel-Stadion,
Sektor E . . . . 40 00 . . ., 84571, 84572, 84573

MAGISTRATSABTEILUNG 14

Automationsunterstützte, elektronische Datenverarbeitung, Informations- und Kommunikationstechnologie (ADV)

(Geschäftsgruppe Stadtentwicklung und Verkehr)

Für den Bereich der elektronischen Datenverarbeitung unter Einbindung der Informations- und Kommunikationstechnologie:
Organisation,
Angelegenheiten der Normierung und Vereinheitlichung von technischen Einrichtungen und von Daten-, Programm- und Organisationsstrukturen,
Vorbereitung und Durchführung der Automatisierung von Verwaltungsvorgängen,
Vorbereitung des Abschlusses und Abschluss von Verträgen,
Erstellung von Gutachten über die Auflage von EDV-Rahmenschriftstücken,
Vergabe von Aufträgen,
Fachaufsicht,
Zuerkennung von EDV-Zulagen,
Genehmigung der Anschaffung und Anschaffung der Hardware (einschließlich der Inbetriebnahme) und Software,
Koordination der internen organisatorischen und technischen Maßnahmen des Magistrats sowohl zwischen Magistratsdienststellen als auch zwischen dem Magistrat und Einrichtungen außerhalb des Magistrats sowie Koordination, Planung und Realisierung des Einsatzes der Standardsoftware SAP R/3 in den Dienststellen unter besonderer Nutzung von deren integrativer Kapazität, soweit nicht die Magistratsdirektion zuständig ist.
Planung, Errichtung, Installation, Betriebsführung und Erhaltung von Kommunikationseinrichtungen und -netzen, soweit keine andere Dienststelle zuständig ist.
Vertretung der Stadt Wien im fernmeldebehördlichen Genehmigungsverfahren.
Erbringung von Leistungen im Rahmen des geschäftseinteilunsmäßigen Wirkungsbereiches auch nach Vereinbarung mit dem Auftragnehmerkataster Österreich.

(1082) 1, Rathausstraße 1, 1.–6. und 8. Stock,
1. Untergeschoss . . . . 40 00 . . .
Telefax: 40 00-99-Nebenstelle
IBS-User: ADVA
E-Mail: post@adv.magwien.gv.at
Bezeichnung für Intranetsuche: m14A

E c k e l , Ing. Günter, Senatsrat 91011
Sekretariat 91015
Z e k l , Dipl.-Ing. Franz, Senatsrat 91701
Kanzleileiterin/Kanzleileiter 91019
Kanzlei 91013, 91018

Personal und Ausbildung

H a s s l i n g e r Gabriele, Oberamtsrätin 91025

Koordination und integrative Aufgaben

F o r s t e r , Dipl.-Ing. Dr. Hans Peter,
Senatsrat 91961

Fachaufsicht, interne Revision und Recht

M u s i l , Regierungsrat Friedrich,
Oberamtsrat 91361

Controlling

T i s c h l e r Erich 91971

TELKO
S e l o s , Dipl.-Ing. Peter,
Oberstadtbaurat 71501

IT-Sicherheit
S c h o l z e , Ing. Nothart 91021

Dezernat Fachbereichsbetreuung Magistrat

N i t s c h m a n n , Ing. Christian,
Techn. Oberamtsrat 91201

Planung und Kunden
W a n n e n m a c h e r , Mag. Gerhard 91212

Abwicklungsunterstützung
T e r s Johann,
Oberamtsrat 91811

Gruppe Bedarfsplanung und Büroautomation
R o h r Klaus 91211

Gruppe Projektkoordination
Z e i n e r , Dipl.-Ing. Johann 91281

Gruppe Competence Center GDV
W i l m e r s d o r f , Dipl.-Ing. Erich,
Senatsrat 91301

Dezernat Produktion

Z e k l , Dipl.-Ing. Franz,
Senatsrat 91701

Finanzplanung
N o v a k , Dkfm. Mag. Reinhard,
Obermagistratsrat 91941

Gruppe IT-Betrieb
C z e r m a k Hanspeter,
Oberamtsrat 91741

Gruppe Wirtschaftsangelegenheiten
I n h a u s e r Norbert 91901

Gruppe Telekommunikation
A l t e n b e r g e r , Ing. Christian,
Techn. Amtsrat 91721

Dezernat Entwicklung

G i l l i c h , Dipl.-Ing. Erwin,
Senatsrat 91101

Client Server
S t e i n e r , Ing. Wolfgang,
Techn. Amtsrat 91601

Gruppe Entwicklung Anwendungen:
P o s p i s i l Ernst,
Oberamtsrat 91031

Gruppe Entwicklung Grundlagen:
P e l l m a n n Paul 91111

Gruppe Competence Center SAP
G e b a u e r , Ing. Christian 91171

MAGISTRATSABTEILUNG 15

Gesundheitswesen

(Geschäftsgruppe Gesundheits- und Spitalswesen)

Angelegenheiten des Gesundheitswesens, soweit nicht die Magistratsabteilungen 47, 70 oder die Magistratsabteilung für Angelegenheiten der Landessanitätsdirektion zuständig sind.

Maßnahmen zur Sicherung der ärztlichen und pflegerischen Versorgung der Bevölkerung sowie der Versorgung mit medizinisch-technischen Diensten und Hebammen; Mitwirkung bei der Feststellung geeigneter Ärzteausbildungsstellen.

Verhütung, Früherfassung und Bekämpfung von Krankheiten des Menschen, insbesondere der übertragbaren Krankheiten; Gesundheitsvorsorge, Gesundheitserziehung, Impfwesen, Desinfektionswesen; Bestellung der Impfärzte zur Durchführung öffentlicher Schutzimpfungen.

Handhabung des Wiener Krankenanstaltengesetzes, soweit nicht eine andere Dienststelle zuständig ist; Entscheidung über Berufungen gegen Bescheide der Bezirksverwaltungsbehörde über Einwendungen gegen Zahlungsaufforderungen zur Einbringung der Pflegegebühren.

Festsetzung der Pflege- und Anstaltsgebühren, der Pflegegebühren für Begleitpersonen, der Kostenbeiträge, der tatsächlichen Untersuchungs- und Behandlungskosten gemäß § 51 Abs. 2 Wiener Krankenanstaltengesetz und der Behandlungsbeiträge gemäß § 51a Wiener Krankenanstaltengesetz für die Wiener öffentlichen Krankenanstalten.

Festsetzung der Pflegeentgelte für die Wiener städtischen Pflegeheime.

Festsetzung der Transportgebühren für die Inanspruchnahme des Rettungs- und Krankenbeförderungsdienstes der Stadt Wien und Festsetzung der Gebühren für die Bereitstellung einer Rettungsambulanz oder eines Arztes.

Allgemeine und individuelle Rechtsangelegenheiten einschließlich der Berufungen betreffend die Sanitätspersonen (Ärzte, Apotheker, Dentisten, Hebammen, Personen der gehobenen medizinisch-technischen Dienste, des gehobenen Dienstes für Gesundheits- und Krankenpflege, der Pflegehilfe, des medizinisch-technischen Fachdiens-tes und der Sanitätshilfsdienste).

Stellungnahme zu Anträgen auf Verleihung von Auszeichnungen und medizinischen Beruftstiteln.

Evidenthaltung und Überwachung der Berufsausübung der Sanitätspersonen (Ärzte, Apotheker, Dentisten, Hebammen, Personen der gehobenen medizinisch-technischen Dienste, des medizinisch-technischen Fachdienstes, des gehobenen Dienstes für Gesundheits- und Krankenpflege, der Pflegehilfe und der Sanitätshilfsdienste) und grundsätzliche Angelegenheiten ihrer Ausbildung und Fortbildung aufgrund der einschlägigen gesetzlichen Bestimmungen.

Wahrnehmung der Aufgaben des Landeshauptmannes nach dem Bundesgesetz über die Regelung der gehobenen medizinisch-technischen Dienste, dem Gesundheits- und Krankenpflegegesetz, dem Bundesgesetz über die Regelung des medizinisch-technischen Fachdienstes und der Sanitätshilfsdienste und dem Hebammengesetz.

Ärztliche Untersuchungen von Kindern und Erwachsenen nach dem Wiener Pflegegeldgesetz.

Angelegenheiten der Bau-, Arbeits-, Ernährungs-, Wasser-, Verkehrs-, Wohn-, Sport-, Umwelt- und Sozialhygiene.

Beistellung von Sachverständigen sowie Mitwirkung bei der Stadtplanung in Gesundheitsfragen, soweit nicht die Magistratsabteilung für Angelegenheiten der Landessanitätsdirektion zuständig ist.

Allgemeine Angelegenheiten der Medizinalstatistik und Führung eigener medizinischer Statistiken.

Angelegenheiten der Amtsärzteaus- und -weiterbildung.

Führen des Instituts für Umweltmedizin der Stadt Wien, Begutachtung und Überwachung der Wasserversorgung, der Gewässer, der öffentlichen Bäder und der Abwässer in hygienischer Hinsicht, Erstattung von Gutachten nach dem Bäderhygienegesetz.

Wahrnehmung der Aufgaben der Bezirksverwaltungsbehörde und des Landeshauptmannes nach den §§ 9a und 10a Bäderhygienegesetz.

Führen der Gesundenuntersuchungsstellen, der Schwangerenberatungsstellen, der Gesundheitsfürsorgestellen; Führen und Organisation der Wiener Gesundheitsberatung, des Ambulatoriums für sexuell übertragbare Krankheiten, der Stützpunkte für Familienhebammen und der entwicklungsdiagnostischen Ambulanzen; ärztlicher Dienst in den Elternberatungsstellen, Ehe- und Familienberatungsstellen sowie in den Familienplanungsstellen der Stadt Wien.

Medizinische Beratung und Betreuung im Bereich der Säuglings-, Kinder- und Jugendfürsorge; medizinische Beratung und Angelegenheiten der Hygiene betreffend Kindertagesheime und Kinderheime sowie Fachaufsicht über den ärztlichen Dienst der städtischen Kindertagesheime und Kinderheime.

Angelegenheiten der Schulhygiene; schulärztlicher Dienst in den städtischen Pflicht- und Berufsschulen.

Ärztliche Betreuung der Körperbehindertenschulen, Früherfassung körperbehinderter Kinder und Jugendlicher; Führen der Untersuchungsstelle für Körperbehinderte.

Führen der Jugendzahnkliniken; zahnärztliche Reihenuntersuchungen einschließlich der Gesundheitserziehung in den öffentlichen Pflichtschulen.

Medizinische Beratung für Tropenreisende; Untersuchung auf Tropentauglichkeit, Führen der Impfstelle für Auslandsreisende.

Allgemeine Belange der Psychiatrie und Neurologie; Untersuchung und Erstellung von amtsärztlichen Gutachten auf dem Gebiet der Psychiatrie und Neurologie.

Maßnahmen der Suchtprävention; medizinische Maßnahmen gegen Suchtgiftmissbrauch; Erstellung von Gutachten nach dem Suchtmittelgesetz.

Führen der Geschäftsstelle des Drogenbeirates.

Wahrnehmung der budgetären Angelegenheiten des Kuratoriums für Psychosoziale Dienste (PSD).

Sanitäre Überwachung der Krankenanstalten, der Heilquellen und Kuranstalten, der Campingplätze und der Herbergen für Obdachlose; ärztliche Mitwirkung bei der Überwachung der Pflegeheime, Pensionistenheime und Behinderteneinrichtungen.

Vollziehung in erster Instanz: des Tuberkulosegesetzes, soweit nicht die Magistratsabteilung 12 zuständig ist, des Gesetzes zur Bekämpfung der Geschlechtskrankheiten, der Prostitutionsverordnung und des AIDS-Gesetzes 1993.

Rekurserhebung gegen Beschlüsse des Bezirksgerichts im Anhalteverfahren nach dem Tuberkulosegesetz einschließlich der Beschlagnahme von Gegenständen.

Entscheidung über Ansprüche im Zusammenhang mit dem Epidemiegesetz.

Überwachung des Apothekenbetriebs und des Heilmittelverkehrs; Überwachung des Suchtgiftverkehrs, soweit nicht die Magistratischen Bezirksämter zuständig sind; Außerverkehrsetzung von Arzneimitteln durch individuelle Verwaltungsakte.

Beistellung von Sachverständigen zur Überwachung des Giftverkehrs.

Angelegenheiten des Blutspendewesens; Handhabung des Plasmapheresegesetzes.

Aufsicht über den öffentlichen und privaten Rettungs- und Krankenbeförderungsdienst in sanitärer und technischer Hinsicht, ausgenommen die Gebührenangelegenheiten des öffentlichen Rettungs- und Krankenbeförderungsdienstes; Erteilung der Bewilligungen für den privaten Rettungs- und Krankenbeförderungsdienst.

Rechtsangelegenheiten des Heilvorkommen- und Kurortewesens.

Handhabung des Strahlenschutzgesetzes hinsichtlich der medizinischen Heilbehandlung.

Mitwirkung bei Angelegenheiten des Strahlenschutzes, des Zivilschutzes und des Katastrophenschutzes.

Rechtliche Angelegenheiten des Arbeitnehmerschutzes in Krankenanstalten und anderen Sanitätseinrichtungen.

Vollziehung von Vorschriften, die zum Schutz der Arbeitnehmer erlassen wurden, im Zusammenhang mit der Handhabung des Strahlenschutzgesetzes hinsichtlich der medizinischen Heilbehandlung, ausgenommen Strafverfahren.

Besorgung der behördlichen Aufgaben erster Instanz nach dem Wiener Bedienstetenschutzgesetz 1998.

Wahrnehmung der Aufgaben des Landeshauptmannes nach dem Fortpflanzungsmedizingesetz.

Bearbeitung von Berufungen gegen sanitätsrechtliche Bescheide.

Angelegenheiten nach den Plasmapheresestellen und Angelegenheiten nach dem Wiener Heilvorkommen- und Kurortegesetz 87423
Angelegenheiten nach dem Strahlenschutzgesetz für Zahnärzte, Dentisten und Tierärzte inkl. Überprüfungen nach § 17 Strahlenschutzgesetz 87425, 87440
Angelegenheiten nach dem Wiener Rettungs- und Krankenbeförderungsgesetz, nach dem Ärztegesetz und dem Bäderhygienegesetz .. 87412
Angelegenheiten der Rattenbekämpfung 87421, 87423, 87447
Überprüfung nach § 17 Strahlenschutzgesetz aller bettenführenden Krankenanstalten außer dem Allgemeinen Krankenhaus 87432
Angelegenheiten nach dem Apothekengesetz (ausgenommen Betriebsanlagen), Dentistengesetz, Hebammengesetz und Gesundheits- und Krankenpflegegesetz 87426
Vergütungen nach dem Epidemiegesetz 87421
Berufungen in Sanitätsrechtsangelegenheiten 87412, 87423
Bestattungsanlagen 87422, 87424, 87432, 87438, 87447
Privatbegräbnisstätten, Haus- und Kirchenaufbahrung 87423
Nostrifikationen 87421, 87433
Freiberufliche Tätigkeit nach dem Gesundheits- und Krankenpflegegesetz und dem MTD-Gesetz 87421

Referat II/2: Sozialversicherung
Referatsleiterin/Referatsleiter 87431
Allgemeine Angelegenheiten des Sozialversicherungsrechtes und des Arbeitsrechtes 87431
Versicherungspflicht, Versicherungszuständigkeit und Zugehörigkeit, Beitragsstreitigkeiten, Entgeltfortzahlungsgesetz 87430, 87431
Beitragshaftungen 87417, 87430, 87431
Sicherstellungsaufträge 87434
Sonderversicherungen 87417
Freiwillige Versicherungen, Überweisungs- und Erstattungsbeiträge, Nachversicherungen ... 87434
Beitragszuschläge 87446
Begünstigungen nach den §§ 500 ff. ASVG ... 87434
Behinderteneinstellungsgesetz, Behindertenpass 87434, 87446
Wiener Sozialhilfe, Wiener Behindertengesetz, Bundespflegegesetz, Wiener Pflegegeldgesetz 87432

Dezernat III – Interne Dienstleistungen

Dezernatsleiterin/Dezernatsleiter 87511
Sekretariat 87515

Referat III/1: Personalangelegenheiten
Telefax: 531 14-99-87521
Referatsleiterin/Referatsleiter 87521
Sekretariat, Sachbearbeiterinnen/ Sachbearbeiter 87522, 87524, 87525, 87526, 87528

Referat III/2: Wirtschaftsangelegenheiten
(1013) 1, Gonzagagasse 23, Halbstock, H 20
Telefax: 531 14-99-87531
Referatsleiterin/Referatsleiter 87531
Sekretariat, Sachbearbeiterinnen/ Sachbearbeiter 87533, 87534, 87535, 87537, 87593, 87594, 87595
Hauptlager (H 31), Auskunft 87536, 87532, 87538, 87597
Sachbearbeiterinnen/ Sachbearbeiter 87532, 87538, 87597

Referat III/3: Kanzlei
Kanzleileiterin/Kanzleileiter 87519
Kanzlei, Auskunft 87517, 87518, 87520
Einlaufstelle, Protokoll 87529
Amtsgehilfinnen/ Amtsgehilfen 87506, 87507, 87508

Referat III/4: EDV-Angelegenheiten
(1013) 1, Zelinkagasse 9
Referatsleiterin/Referatsleiter 87549
Sekretariat 87540
EDV-Betriebsführerin/EDV-Betriebsführer ... 87545
EDV-Anwenderbetreuerinnen/ EDV-Anwenderbetreuer 87539, 87288, 87289

Dezernat IV – Gesundheitsdienste

(1013) 1, Neutorgasse 15, 3. Stock
Telefax: 531 14-99-87295
Dezernatsleiterin/ Dezernatsleiter 87291
Sekretariat 87295

Referat IV/1: Gesundheitsvorsorge
(1013) 1, Neutorgasse 15, Parterre
Telefax: 531 14-99-87602
Referatsleiterin/Referatsleiter 87601
Sekretariat, Sachbearbeiterinnen/ Sachbearbeiter 87602, 87603, 87604

Referat IV/2: Gesundheitsvorsorge für Mutter und Kind
(1020) 2, Obere Augartenstraße 26–28, 2. Stock
Telefax: 531 14-99-87641
Referatsleiterin/Referatsleiter 87641
Sekretariat, Sachbearbeiterinnen/ Sachbearbeiter 87642, 87643, 87644

Referat IV/3: Jugendzahnklinik
(1090) 9, Salzergasse 28 . . . . 319 53 34 . . .
Telefax: 310 25 91-30
Referatsleiterin/Referatsleiter 26
Sekretariat, Sachbearbeiterinnen/
Sachbearbeiter 22, 32, 34, 37, 40

Referat IV/4: Schulärztlicher Dienst
(1020) 2, Obere Augartenstraße 26–28,
2. Stock
Telefax: 330 53 14-99-87632
Referatsleiterin/Referatsleiter 87631
Sekretariat, Sachbearbeiterin/
Sachbearbeiter 87632

Referat IV/5: Gesundheitsberatung,
Wissenschaftskoordination
(1013) 1, Neutorgasse 15, Parterre
Telefax: 531 14-99-87637
Referatsleiterin/Referatsleiter 87635
Sekretariat, Sachbearbeiterinnen/
Sachbearbeiter 87622, 87639
Gesundheitstelefon 533 28 28

Referat IV/6: Impfstelle für Auslandsreisende
(1013) 1, Zelinkagasse 9, Parterre
Telefax: 531 14-99-87623
Referatsleiterin/Referatsleiter 87621
Sekretariat, Sachbearbeiterinnen/
Sachbearbeiter 87617, 87620, 87623

Dezernat V – Bezirksgesundheitsämter

Telefax: 531 14-99-87543
Dezernatsleiterin/Dezernatsleiter 87541
Sekretariat 87543

Bezirksgesundheitsämter

1., 8. Bezirk,
(1011) 1, Wipplingerstraße 8 . . . . 534 36 . . .,
01280, 01289
Telefax: 534 36-99-01290
2. Bezirk,
(1020) 2, Karmelitergasse 9 . . . . 211 06 . . .,
02280, 02285
Telefax: 211 06-99-02290
3. Bezirk,
(1030) 3, Karl-Borromäus-Platz 3 . . . . . 711 34 . . .,
03280, 03289
Telefax: 711 34-99-03290
4., 5. Bezirk,
(1040) 4, Favoritenstraße 18 . . . . 502 34 . . .,
04280, 04283
Telefax: 502 34-99-04290
6., 7. Bezirk,
(1060) 6, Amerlingstraße 11 . . . . 588 21 . . .,
06280, 06289
Telefax: 588 21-99-06290
9. Bezirk,
(1090) 9, Währinger Straße 39 . . . . 400 34 . . .,
09280, 09289
Telefax: 400 34-99-09290
10. Bezirk,
(1100) 10, Laxenburger Straße 43–47 . 605 34 . . .,
10280, 10289
Telefax: 605 34-99-10290
11. Bezirk,
(1110) 11, Enkplatz 2 . . . . 740 34 . . .,
11280, 11289
Telefax: 740 34-99-11290
12. Bezirk,
(1121) 12, Hufelandgasse 2 . . . . 811 34 . . .,
12280, 12289
Telefax: 811 34-99-12290
13., 14. Bezirk,
(1130) 13, Hietzinger
Kai 1–3 . . . . 878 34 . . ., 13280, 13289
870 34 . . ., 14280, 14289
Telefax: 878 34-99-13290
15. Bezirk,
(1150) 15, Gasgasse 8–10 . . . . 891 34 . . .,
15280, 15288
Telefax: 891 34-99-15290
16. Bezirk,
(1164) 16, Richard-Wagner-Platz 19 . . . 491 96 . . .,
16280, 16289
Telefax: 491 96-99-16290
17. Bezirk,
(1170) 17, Elterleinplatz 14 . . . . 401 19 . . .,
17280, 17289
Telefax: 401 19-99-17290
18. Bezirk,
(1181) 18, Währinger Straße 124 . . . . . 476 34 . . .,
18280, 18288
Telefax: 476 34-99-18290
19. Bezirk,
(1190) 19, Gatterburggasse 14 . . . . 360 34 . . .,
19280, 19282
Telefax: 360 34-99-19290
20. Bezirk,
(1200) 20, Brigittaplatz 10 . . . . 331 34 . . .,
20280, 20289
Telefax: 331 34-99-20290
21. Bezirk,
(1211) 21, Franz-Jonas-Platz 3/2 . . . . . 277 34 . . .,
21280, 21289
Telefax: 277 34-99-21290
22. Bezirk,
(1229) 22, Kagran, Siebeckstraße 7,
2. Stock . . . . 211 23 . . .,
22280, 22289
Telefax: 211 23-99-22290
23. Bezirk,
(1235) 23, Liesing, Breitenfurter
Straße 360–368 . . . . 863 34 . . .,
23280, 23289
Telefax: 863 34-99-23290

Dezernat VI – Begutachtungen

Telefax: 531 14-99-87581
Dezernatsleiterin/Dezernatsleiter 87581
Sekretariat 87589

Referat VI/1: Amtsärztliche Begutachtungsstelle
Telefax: 531 14-99-87588
Referatsleiterin/Referatsleiter 87586
Sekretariat 87614
Kanzlei 87599, 87588, 87580
Amtsärztinnen/Amtsärzte 87582, 87583, 87584, 87585, 87591, 87592, 87669, 87675, 87689
Notfallnummer 87590

Referat VI/2: Psychiatrische, neurologische und psychologische Begutachtungen
Telefax: 531 14-99-87611
Referatsleiterin/Referatsleiter 87611
Sekretariat 87569
Fachärztinnen/Fachärzte 87568, 87616, 87625

Referat VI/3: Orthopädische Angelegenheiten
(1013) 1, Zelinkagasse 7, Parterre
Telefax: 531 14-99-87680
Referatsleiterin/Referatsleiter 87681
Fachärztin/Facharzt 87682
Sekretariat 87680, 87686, 87687, 87688
Dipl.-Sozialarbeiterinnen/
Dipl.-Sozialarbeiter 87684, 87691, 87693, 87695, 87699
Auskunft 87680

Exposituren:
(1170) 17, Hernalser Hauptstraße 222,
Sonderschule . . . . . 484 93 01 . . ., 416
(1180) 18, Währinger Straße 173–181,
Sonderschule . . . . . 479 11 76 . . ., 163
(1238) 23, Mauer, Kanitzgasse 8,
Sonderschule . . . . . 888 10 46 . . ., 28

Referat VI/4: Begutachtung zum Bezug von Pflegegeld
(1013) 1, Zelinkagasse 9, Parterre
Referatsleiterin/Referatsleiter 87549
Sekretariat, Sachbearbeiterinnen/
Sachbearbeiter 87540, 87546, 87547, 87548

Referat VI/5: Physikalisch-technische Prüfanstalt für Radiologie und Elektromedizin
(1090) 9, Währinger
Gürtel 18–20 . . . . . 610 . . ., 404 00 . . .
Telefax: 404 00-6030
Referatsleiterin/Referatsleiter 6001
Sekretariat, Sachbearbeiterin/
Sachbearbeiter 6000, 6003

Referat VI/6: Institut für Umweltmedizin der Stadt Wien
(1080) 8, Feldgasse 9 . . . . . 404 13 . . .
Telefax: 404 13-99-87800
Referatsleiterin/Referatsleiter 87801
Sekretariat 87807
Kanzlei 87805, 87808
Sachbearbeiterinnen/
Sachbearbeiter 87809, 87812, 87818, 87822
Auskunft 87800

Zentraler Totenbeschaudienst

(1030) 3, Hüttenbrennergasse 6 . . . 797 75 . . ., 87890

Desinfektionsanstalt

(1030) 3, Hüttenbrennergasse 6 . . . 797 75 . . ., 87880
Telefax: 797 75-99-87880

Gesundheitstelefon

(1013) 1, Neutorgasse 15, Parterre 533 28 28

Gesundheitszentrum

(1202) 20, Romanogasse 27 . . . . . 531 14 . . ., 85840, 333 16 77
Telefax: 330 16 78-850

Gesundenuntersuchungsstellen

(1030) 3, Hainburger Straße 57–63 . . . . . 712 24 57
Telefax: 712 24 57
(1100) 10, Per-Albin-Hansson-Siedlung Ost,
Ada-Christen-Gasse 2/C 688 21 60
Telefax: 688 21 60
(1150) 15, Sorbaitgasse 3 . . . . . 982 44 39
Telefax: 982 44 39
(1210) 21, Pastorstraße 22/1 . . . . . 259 62 12
Telefax: 259 62 12

Jugendzahnkliniken

(1090) 9, Salzergasse 28 . . . . . 319 53 34 . . ., 26, 22, 34, 32, 40
Telefax: 310 25 91-30
(1100) 10, Erlachgasse 100 . . . . . 606 06 05, 605 34 . . ., 10298
(1211) 21, Franz-Jonas-Platz 8 . . . 277 34 . . ., 21298
Expositur:
(1180) 18, Währinger Straße 173–181,
Sonderschule 479 11 76, 470 71 94

Schwangerenberatungsstellen

(1100) 10, Kundratstraße 3 . . . . 612 . . ., 601 91 . . ., 4730
(1130) 13, Wolkersbergenstraße 1 . . . . 613 . . ., 801 10 . . ., 2299
(1171) 16, Montleartstraße 37 . . . . 615 . . ., 491 50 . . ., 2207

Familienhebammen

(1110) 11, Lorystraße 40–42 . . . . 749 68 50
(1150) 15, Geyschlägergasse 2–12 . . . . 982 25 00
(1200) 20, Dresdner Straße 73 (Mo.–Fr. v. 8.30–11.30 Uhr) . . . 331 34 . . ., 20279
(1220) 22, Langobardenstraße 128/12 . . . . 285 45 37

Entwicklungsdiagnostik

(1100) 10, Gellertgasse 42–48 . . . 605 34 . . ., 10861
Telefax: 605 34-99-10861
(1180) 18, Währinger Gürtel 141 . . . . 369 55 50, 369 56 50
Telefax: 369 55 50-22

Gesundheitsfürsorgestellen

1., 6., 7., 8., 9., 16., 17. Bezirk,
(1090) 9, Lazarettgasse 13b 406 33 49, 406 35 76
Telefax: 406 33 49

2., 18., 19., 20. Bezirk,
(1200) 20, Pappenheimgasse 48–52 . . . 331 34 . . ., 20271
Telefax: 331 34-00-20271

3., 10., 11., 23. Bezirk,
(1110) 11, Dittmanngasse 1a . . . . 749 17 85, 740 34 . . ., 11287, 11288
Telefax: 749 17 85-17

4., 5., 12., 13., 14., 15. Bezirk,
(1050) 5, Schönbrunner Straße 34 . . . . . 545 27 63, 546 34 . . ., 05291
Telefax: 546 34-99-05290

21., 22. Bezirk,
(1211) 21, Am Spitz 1 . . . . 277 34 . . ., 21270, 21271, 21272, 21273
Telefax: 277 34-99-21270

MAGISTRATSABTEILUNG 16

Wiener Schlichtungsstelle in Wohnrechtsangelegenheiten

(Geschäftsgruppe Wohnen, Wohnbau und Stadterneuerung)

Angelegenheiten des Wohnrechts.
Aufgaben der Gemeinde nach folgenden wohnrechtlichen Bestimmungen (Wiener Schlichtungsstelle):
Entscheidungen nach dem Mietrechtsgesetz, dem Wohnungsgemeinnützigkeitsgesetz, den Wohnungseigentumsgesetzen 1948 und 1975, dem Heizkostenabrechnungsgesetz sowie den Wohnbauförderungsgesetzen 1968 und 1984, dem Wohnhaussanierungsgesetz und dem Wiener Wohnbauförderungs- und Wohnhaussanierungsgesetz 1989.
Abgabe von Gutachten über die zulässige Höhe des Mietzinses bei Mietobjekten, die dem Mietrechtsgesetz nur hinsichtlich der Kündigungsbeschränkungen unterliegen.
Vorbereitung der Anerkennung institutioneller (mildtätiger) Wohnraumbeisteller (§ 29a Abs. 2 Mietrechtsgesetz).
Aufgaben des Landeshauptmannes nach dem Richtwertgesetz.
Vorbereitung der Erlassung der Verordnung des Landeshauptmannes betreffend die Festsetzung des Entgeltes, des Materialkostenersatzes und des Sperrgeldes für Hausbesorger.
Bearbeitung von Berufungen gegen Wohnbeihilfebescheide nach §§ 28 Abs. 3 und 55 Abs. 3 Wiener Wohnbauförderungs- und Wohnhaussanierungsgesetz 1989.
Führung der Geschäftsstelle der Wohnungskommissionen.

(1194) 19, Muthgasse 62, 1. Stock, Tür E 1.36 . . . . 40 00 . . .
Telefax: 40 00-99-Nebenstelle
IBS-User: M16A
E-Mail: post@m16.magwien.gv.at
Parteienverkehrszeiten:
Mo. und Mi. v. 8–13 Uhr,
Do. v. 15.30–17.30 Uhr

H e i n d l, Dr. Peter, Senatsrat 74511
F i s k a s - E i n s p i e l e r, Mag. Elfriede, Obermagistratsrätin 74512
Sekretariat, Personalangelegenheiten 74515, 74516, 74525

Kanzleileiterin/Kanzleileiter 74519
Inventarführerin/Inventarführer 74518
Kanzlei, Einlaufstelle 74517, 74510
EDV-Referentinnen/EDV-Referenten . . 74504, 74505
Amtsgehilfinnen/Amtsgehilfen 74520, 74521

Zentrale Schlichtungsstelle

Telefax: 40 00-99-74500

G a n t s i d i s, Mag. Karina, Dezernentin der Zentralen Schlichtungsstelle 74530
Gruppenleiterin/Gruppenleiter 74535

Stellvertreterin/Stellvertreter 74536
Sachbearbeiterinnen/Sachbearbeiter . . 74527, 74528, 74529, 74531, 74532, 74533, 74534, 74537, 74538, 74545, 74554, 74555, 74556, 74557
Protokoll, Schreibstelle 74500, 74501, 74539, 74540, 74541, 74542, 74543, 74502
Amtsgehilfinnen/Amtsgehilfen 74550, 74551, 74552, 74553

Außenstellen

Außenstelle für den 1., 8., 9. Bezirk
(1011) 1, Wipplingerstraße 8, 1. Stiege, 2. Stock, Tür 247 . . . . 534 36 . . .
Telefax: 534 36-99-Nebenstelle
IBS-User: M16B01S
Sachbearbeiterinnen/Sachbearbeiter . . . 01081, 01082
Kanzlei, Einlaufstelle, Protokoll 01088, 01089
Auskunft 01080

Außenstelle für den 2., 22. Bezirk
(1020) 2, Obere Augartenstraße 26–28, 2. Stock . . . . 211 06 . . .
Telefax: 211 06-99-Nebenstelle,
IBS-User: M16B02S
Sachbearbeiterinnen/Sachbearbeiter . . . 02081, 02082
Kanzlei, Einlaufstelle, Protokoll 02088, 02089
Amtsgehilfin / Amtsgehilfe 02087
Auskunft 02080

Außenstelle für den 3., 11. Bezirk
(1110) 11, Guglgasse 14, Gasometer D, 6. Archivgeschoss, Tür 641 . . . . 711 34 . . .
Telefax: 711 34-99-Nebenstelle
IBS-User: M16B03S
Sachbearbeiterinnen/Sachbearbeiter . . . 03081, 03082
Kanzlei, Einlaufstelle, Protokoll 03088, 03089
Amtsgehilfin/Amtsgehilfe 03087
Auskunft 03080

Außenstelle für den 4., 5. Bezirk
(1050) 5, Schönbrunner Straße 54, 3. Stock, Tür 305 . . . . 546 34 . . .
Telefax: 546 34-99-Nebenstelle
IBS-User: M16B04S
Sachbearbeiterinnen/Sachbearbeiter 05081, 05082, 05083
Kanzlei, Einlaufstelle, Protokoll 05088, 05089
Auskunft 05080

Außenstelle für den 6., 7. Bezirk
(1070) 7, Hermanngasse 24–26, 1. Stock, Tür 125 und 126 . . . . 521 34 . . .
Telefax: 521 34-99-Nebenstelle
IBS-User: M16B06S
Dezernentin/Dezernent für die Außenstellen des 6., 7., des 12., 13., 14., 23. und des 15., 16. Bezirkes 07091
Sachbearbeiterinnen/Sachbearbeiter 07081, 07082, 07092
Kanzlei, Einlaufstelle, Protokoll 07088, 07089
Auskunft 07080

Außenstelle für den 10. Bezirk
(1100) 10, Laxenburger Straße 43–47, 2. Stock, Tür 213 . . . . 605 34 . . .
Telefax: 605 34-99-Nebenstelle
IBS-User: M16B10S
Dezernentin/Dezernent für die Außenstellen des 3., 11., des 4., 5. und des 10. Bezirkes 10091
Sachbearbeiterinnen/Sachbearbeiter 10081, 10082, 10092
Kanzlei, Einlaufstelle, Protokoll 10088, 10089
Auskunft 10080

Außenstelle für den 12., 13., 14., 23. Bezirk
(1121) 12, Schönbrunner Straße 259, 2. Stock, Tür 108 . . . . 811 34 . . .
Telefax: 811 34-99-Nebenstelle
IBS-User: M16B12S
Sachbearbeiterinnen/Sachbearbeiter 12081, 12082, 12083, 12084
Kanzlei, Einlaufstelle, Protokoll 12087, 12088, 12089
Auskunft 12080

Außenstelle für den 15., 16. Bezirk
(1150) 15, Gasgasse 8–10, 2. Stiege, 2. Stock, Tür 217 . . . . 891 34 . . .
Telefax: 891 34-99-Nebenstelle
IBS-User: M16B15S

Sachbearbeiterinnen/Sachbearbeiter . . . 15081, 15082
Kanzlei, Einlaufstelle, Protokoll 15088, 15089
Auskunft 15080

Außenstelle für den 17., 18., 19. Bezirk
(1194) 19, Muthgasse 62, 1. Stock, Tür E 1.30 . . . . 360 34 . . .
Telefax: 40 00-99-Nebenstelle
IBS-User: M16B19S
Dezernentin/Dezernent 19091
Sachbearbeiterinnen/Sachbearbeiter 19081, 19082, 19092
Kanzlei, Einlaufstelle, Protokoll 19088, 19089
Auskunft 19080

Außenstelle für den 20., 21. Bezirk
(1200) 20, Dresdner Straße 75, EG, Tür 8 . . . . 331 34 . . .
Telefax: 331 34-99-Nebenstelle
IBS-User: M16B20S
Dezernentin/Dezernent für die Außenstellen des 1., 8., 9., des 2., 22. und des 20., 21. Bezirkes 20091
Sachbearbeiterinnen/Sachbearbeiter 20081, 20082, 20092
Kanzlei, Einlaufstelle, Protokoll 20088, 20089
Amtsgehilfin/Amtsgehilfe 20087
Auskunft 20080

Wohnungskommission

(1060) 6, Grabnergasse 2–6, 3. Stock . . . . . 40 00 . . .
Telefax: 599 59-7111
Koordination 74580
Kanzlei 74590

Außenstellen:

I (1., 2., 6., 7., 8., 9., 20. Bezirk, Obdachlose und außerhalb Wiens)
(1090) 9, Alserbachstraße 41, 4. Stock, Tür 401 . . . . 534 36 . . ., 09099
Parteienverkehr: Di. v. 14–17.30 Uhr

II (3., 4., 10., 11. Bezirk)
(1100) 10, Laxenburger Straße 43, 2. Stock, Tür 210 . . . . 605 34 . . ., 10099
Parteienverkehr: Do. v. 14–17.30 Uhr

III (5., 12., 13., 23. Bezirk)
(1121) 12, Schönbrunner Straße 259, 1. Stock, Tür 109 . . . . 811 34 . . ., 12099
Parteienverkehr: Do. v. 15–17.30 Uhr

IV (14., 15., 16., 17., 18., 19. Bezirk)
(1170) 17, Elterleinplatz 14, EG . . . . 401 19 . . ., 17099
Parteienverkehr: Di. v. 14–17.30 Uhr

V (21., 22. Bezirk)
(1229) 22, Schrödingerplatz 1, EG . . . . 211 23 . . ., 22099
Parteienverkehr: Di. v. 15–17.30 Uhr

MAGISTRATSABTEILUNG 17

(derzeit nicht eingerichtet)

MAGISTRATSABTEILUNG 18

Stadtentwicklung und Stadtplanung

(Geschäftsgruppe Stadtentwicklung und Verkehr)

Systematische Erfassung, Analyse und Zusammenführung aller für die Stadtentwicklung maßgeblichen Faktoren unter besonderer Beachtung der regionalen Zusammenhänge.
Ständige Beobachtung fachspezifischer (internationaler) Tendenzen hinsichtlich Ziele der Stadtentwicklung und -planung.
Grundlagenforschung, Stadtforschung, Erstellung von Planungsgrundlagen, auch im Rahmen von Kooperationen der Europäischen Union und sonstigen internationalen Zusammenarbeiten.
Ausarbeitung von grundsätzlichen und übergeordneten Stadtplanungszielen und von Strategien zu deren Umsetzung einschließlich ihrer Erfolgskontrolle.
Fortschreibung des Stadtentwicklungsplanes und des Verkehrskonzeptes als aktualisierte Darstellung des Planungs- und Wissensstandes und als Entscheidungsgrundlage in allen wichtigen Fragen der Stadtplanung.
Generelle stadträumliche Fachplanungen für Wohnstätten, Arbeitsstätten, Landschaft und Freiraum, weiters für Belange der Freizeit, der Erholung und des Verkehrs sowie Mitwirkung an Fachplanungen zu Wirtschaft, Bildung, Kultur und Gesundheit sowie für soziale, kommerzielle und technische Infrastruktur unter besonderer Bedachtnahme auf das ökologische Wirkungsgefüge, insbesondere in Zusammenarbeit mit den Magistratsabteilungen 19, 21 A und 21 B.
Beurteilung von Planungen auf ihre Verträglichkeit mit den grundsätzlichen und übergeordneten Planungszielen bzw. ihre Übereinstimmung mit den generellen räumlichen Fachplanungen.
Erstellung von Grundsätzen für die Gestaltung und Anwendung planungsbezogener Gesetze und Verordnungen des Landes Wien im Zusammenwirken mit den zuständigen Dienststellen.
Allgemeine und übergeordnete Angelegenheiten der Verkehrsplanung und der Hauptverkehrsnetze sowie Koordination der einschlägigen Fachplanungen.
Allgemeine und übergeordnete Standortplanungen sowie Besorgung von Sonder- und Koordinationsaufgaben.
Festlegung der Grundsätze und Koordinierung der planungsbezogenen Öffentlichkeitsarbeit für die mit Planungsaufgaben befassten Dienststellen und Betrieb der Planungswerkstatt.
Führung der Arbeits- und der Budgetevidenz der Stadtplanung auch für die Magistratsabteilungen 19, 21 A, 21 B und 41.
Teilbesorgung der Geschäfte der Auftragsverwaltung des Bundes hinsichtlich der Bundesstraßenverwaltung, nämlich die Erstellung von Vorschlägen zur Netzgestaltung und -dimensionierung sowie von Vorprojekten von Bundesstraßen inklusive der Umweltverträglichkeitserklärung infolge Ermittlung von Trassenkorridoren, Variantenvergleich und Variantenauswahl im Einvernehmen mit den jeweils zuständigen Dienststellen.
Geschäftsstelle der Stadtentwicklungskommission.
Vertretung des Landes Wien in der Planungsgemeinschaft Ost.
Ausarbeitung von Stellungnahmen der Stadt Wien zu Abänderungen der Flächenwidmungs- und Bebauungspläne in den Gemeinden des Wiener Umlandes gemäß § 21 des Niederösterreichischen Raumordnungsgesetzes.
Verkehr mit den Trägern der Planungshoheit von Körperschaften und Vertretung der Interessen der Stadtplanung bei sonstigen Institutionen.
Führung des Zentralarchivs der Stadtplanung und der technischen Bibliothek; Fotodokumentation.
Dokumentation und Verbreitung des Inhaltes von technischen Fachzeitschriften und technischen Vorschriften.
Vorsorge für die Dokumentation des Rechtes der Europäischen Union und des Europäischen Wirtschaftsraumes.

1082) 1, Rathausstraße 14–16, 2., 6., 7. Stock . . . . 40 00 . . .
Telefax: 40 00-99-Nebenstelle
IBS-User: M18A
E-Mail:post@m18.magwien.gv.at
Homepage:http://www.wien.at/stadtentwicklung/

J i l k a , Dipl.-Ing. Brigitte, Senatsrätin 88811
Sekretariat 88815
G l o t t e r , Dipl.-Ing. Karl, Senatsrat 88812
Kanzleileiterin/Kanzleileiter 88819

Einlaufstelle, Schreibstelle 8018, 88815, 88816, 88817
Amtsgehilfinnen/Amtsgehilfen .. 88827, 88828, 88829
Besprechungszimmer 88825
Personal- und Ausbildungsreferat 88814
Geschäftsstelle der Stadtentwicklungskommission 88861
Angelegenheiten der generellen Bundesstraßenplanung 88844

Referat Budget und technische Bibliothek

E-Mail: budget@m18.magwien.gv.at
Matuschka, Regierungsrat Heinz, Techn. Oberamtsrat 88871
Referentinnen/Referenten 88872, 88873, 88875, 88876
Preisprüfung 88871, 88835, 88884
Technisch-wissenschaftliche Bibliothek 88751
E-Mail: biblio@m18.magwien.gv.at
Buchbestellung 88752
Vertrieb Publikationen 88753
Zeitschriftenrundlauf 88754
Bibliothek, Normen, Gesetze, EU-Amtsblatt ... 88755
Fachgehilfinnen/Fachgehilfen 88756, 88757

Referat Öffentlichkeitsarbeit und technischer Fotodienst

(1082) 1, Rathausstraße 9, Stiege 1, Halbstock
Telefax: 40 00-7271
E-Mail: info@m18.magwien.gv.at
Dvorak, Ing. Wolfgang, Techn. Amtsrat 88721
Publikationen 88722
Veranstaltungen, Neue Medien, innere PR 88727
Bezirksausstellungen, Presse 88723
Finanzen 88724
Ausstellungen Wiener Planungswerkstatt 88726
Kanzlei, Fachgehilfinnen/Fachgehilfen, Journal 88729, 88728, 88720
Photodokumentation 88762, 88763, 88764

Wiener Planungswerkstatt (Ausstellung),

Homepage: http://www.wien.at/stadtentwicklung/wpw/
(1082) 1, Friedrich-Schmidt-Platz 9, Erdgeschoss 88818, 408 80 70

Referat Stadtforschung und EU-Fragen

E-Mail: forschung@m18.magwien.gv.at
Schopper, Dr. Manfred, Senatsrat 88711
Sozialwissenschaftliche Bearbeitungen und Daten 88712, 88717, 88710
EU-Agenden, internationale Projekte 88708, 88713, 88714
Projektsdokumentation, Raumbeobachtungen .. 88715
EDV-Management 88716
Planungsrelevante EDV-Anwendungen 88718, 88719

Referat Stadtplanung und Stadtentwicklung

E-Mail: step@m18.magwien.gv.at
Mittringer, Dipl.-lng. Kurt 88861
Parkraum, KLIP, Verkehrsmodell 88864
Bezirke Nord-Ost, Raumverträglichkeitsprüfung, EU 88863
Bezirke Süd, Flächenwidmungsplan-Evidenz .. 88866
Bezirke, Innen-West, Wirtschaft, Wohnen 88865
Nachhaltigkeit und Gender Mainstreaming in der Planung 88867
Zeichenarbeiten 88868

Referat Sonderaufgaben und themenbezogenes Projektmanagement

E-Mail: projekt@m18.magwien.gv.at
Glotter, Dipl.-lng. Karl, Senatsrat 88812, 88881
Landschaftsplanung Nord-Ost, Soziales, Gesundheit 88882
Sonderaufgaben 88891
Radverkehr, Freizeit 88884
Landschaftsplanung Innen-West, Süd 88883
EDV-Angelegenheiten, Administration, Zeichenarbeiten 88885, 88886
Projektkoordinatorin für Mehrfachnutzung 88887
Administration, Dokumentation 88888
Sekretariat 88889

Referat Regionalentwicklung

E-Mail: regent@m18.magwien.gv.at
Schmid, Dipl.-lng. Dr. Friedrich, Senatsrat 88841
Journal 88830
Koordination Masterplan Verkehr 88842
Verkehrskonzept, Regionalentwicklung, Regionalverkehr 88843
Generelle (Bundes)Straßenplanung, Behördenverfahren, Regionalentwicklung 88844
Verkehrsstatistik, Verkehrsmodell 88845
Generelle U-Bahn-Planung/-Netzentwicklung öffentlicher Oberflächenverkehr 88831
Generelle U-Bahn-Planung/-Netzentwicklung öffentlicher Oberflächenverkehr 88834
Generelle U-Bahn-Planung/Verkehr und Stadtstruktur, öffentlicher Oberflächenverkehr 88835
Eisenbahnplanung, Schifffahrt, technische Infrastruktur, Projektierung, Mobilitätsmanagement 88832
Finanzen, Administration, EDV 88836
Preisprüfung 88835, 88884
Zeichenarbeiten 88868

Planungsgemeinschaft Ost, Geschäftsstelle

(1010) 1, Rockhgasse 6, 3. Stock ...... 533 44 30...
Telefax: 533 44 30-24
E-Mail: scu@m18.magwien.gv.at
Schulz, Dipl.-Ing. Hannes, Senatsrat 12

MAGISTRATSABTEILUNG 19

Architektur und Stadtgestaltung

(Geschäftsgruppe Stadtentwicklung und Verkehr)

Erstellung von Gestaltungskonzepten und -entwürfen zu Stadtteilplanungen und zu Bearbeitungen des Flächenwidmungs- und Bebauungsplanes.
Erstellung von Entwürfen und Projekten für die Gestaltung öffentlicher Räume und einzelner Objekte.
Erstellung von Konzepten für die Stadtgestaltung und die Ortsbilderhaltung.
Beratung und Begutachtung im Zuge des Baugenehmigungsverfahrens.
Erstellung von Entwurfs- und Ausführungsplänen für Neu-, Zu- und Umbauten städtischer Hochbauten (ausgenommen städtischer Wohnhausbauten) im Einvernehmen mit den jeweils zuständigen Dienststellen.
Durchführung von und Mitwirkung bei Wettbewerben in architektonischen und städtebaulichen Gestaltungsangelegenheiten und bei Gutachterverfahren.
Prüfung der Preisangemessenheit von Anboten der mit Planungsarbeiten zu beauftragenden Architekten und Zivilingenieure.

(1121) 12, Niederhofstraße 23, 5. Stock,
Tür 504–542 . . . . 811 14 . . .
Telefax: 811 14-99-88910
IBS-User: M19A
E-Mail: post@m19.magwien.gv.at
Homepage: http://www.wien.at/stadtentwicklung

M a t o u s e k , Dipl.-Ing. Josef,
Senatsrat 88911
H ä l b i g , Dipl.-Ing. Rüdiger,
Senatsrat 88912
Kanzleileiterin/Kanzleileiter,
Personalevidenz 88911, 88915
Kanzlei, Einlaufstelle, Protokoll 88916, 88917, 88918, 88919
Amtsgehilfin/Amtsgehilfe 88968
Budgetreferentin/Budgetreferent 88952
EDV-Referentin/EDV-Referent 88976

Dezernat Architektonische Begutachtung, Neu-, Zu- und Umbauten, Plakatwände

S c h i m k a , Dipl.-Ing. Rainer,
Oberstadtbaurat
6., 7., 19. Bezirk 88973
Bezirksreferentin/Bezirksreferent für den
2., 3., 10., 23. Bezirk 88971
Bezirksreferentin/Bezirksreferent für den
8., 9., 15., 16., 20., 21. Bezirk 88972
Bezirksreferentin/Bezirksreferent für den
4., 5., 11., 12., 22. Bezirk 88914
Bezirksreferentin/Bezirksreferent für den
13., 14., 17., 18. Bezirk 88978
Werbeanlagen Bezirke
1-23 (exkl. Schutzzonen) 88976
Fensterauswechslungen, Außenwandöffnungen,
SAT-Antennen
1. bis 23. Bezirk 88976
Schutzzonen, Neu-, Zu- und Umbauten, Portal,
Werbeanlagen, Fensterauswechslungen
Bezirksreferentin/Bezirksreferent für den
1. Ost, 3., 4., 5., 18., 19., 20. Bezirk 88941
Bezirksreferentin/Bezirksreferent für den
1. West, 2., 7., 8., 12., 15., 16.,
17. Bezirk 88974
Bezirksreferentin/Bezirksreferent für den
6., 9., 10., 11., 13., 14., 21., 22.,
23. Bezirk 88942

Dezernat Generelle Grundlagenplanung

K r e p p e n h o f e r , Dipl.-Ing. Andrea 88951
Sachbearbeiterinnen/Sachbearbeiter 88952, 88953, 88954, 88955, 88956, 88957, 88958

Dezernat Gestaltung öffentlicher Raum

F o l t i n , Mag. Klaudius, Senatsrat 88961
Sachbearbeiterinnen/Sachbearbeiter . . 88962, 88963, 88964, 88965, 88966
Wartehallen und City-lights für die Bezirke
1 bis 23 88964
Telefonzellen, Postkästen, temp. Märkte,
Warenausräumungen, Automaten
öffentl. Gut, Vitrinen, Litfaßsäulen
Bezirksreferentin/Bezirksreferent für den
1., 3., 4., 6., 7., 8., 11., 15., 23. Bezirk 88966
Bezirksreferentin/Bezirksreferent für den
2., 20., 21., 22. Bezirk 88964
Bezirksreferentin/Bezirksreferent für den
5., 12., 13., 14., 16., 17., 18. Bezirk 88963
Bezirksreferentin/Bezirksreferent für den
9., 10., 19. Bezirk 88965
Kioske, Schanigärten für die Bezirke
1 bis 23 88943

Dezernat Städtischer Nutzbau

H ä l b i g , Dipl.-Ing. Rüdiger,
Senatsrat 88912
Amtshäuser, Bäder,
Sportbauten 88949, 88936, 88925
Kindergärten, Heime 88926, 88927, 88931, 88937
Krankenanstalten, Pflegeheime 88923, 88924, 88933, 88934, 88938, 88939, 88928, 88929
Schulen 88922, 88932, 88935, 88965

MAGISTRATSABTEILUNG 20

Fremdenrechtliche Angelegenheiten

(Geschäftsgruppe Integration, Frauenfragen, Konsumentenschutz und Personal)

Handhabung des Bundesgesetzes, mit dem der Aufenthalt von Fremden in Österreich geregelt wird, soweit nicht die Magistratsabteilung 12 zuständig ist.

Behördliche Aufgaben erster Instanz sowie rechtliche Angelegenheiten des Wiener Ausländergrunderwerbsgesetzes.

Förderung von privaten Institutionen in Angelegenheiten des Zusammenlebens der einheimischen und zugewanderten Wiener Bevölkerung.

(1110) 11, Fickeysstraße 1 . . . . 40 00 . . .
Telefax: 40 00-99-44810
IBS-User: M20A
E-Mail: post@m20.magwien.gv.at
Homepage: http://www.wien.at/fremde
Servicetelefon 8020

H o r n s c h a l l , Mag. Beatrix,
Obermagistratsrätin 44811
E i d l i t z , Mag. Zsuzsanna 44813
F e l s e i s e n , Mag. Rainer 44814
K e l l e r , Dr. Christine,
Senatsrätin 44812
Sekretariat 44815
Telefax: 40 00-99-44815
Personalstelle 44816
Kanzlei 44819, 44818
Referat Budget und Controlling 44826, 44828
EDV-Referent 44835

Ausländergrunderwerb

A–I 44842
J–Z 44843
Auskünfte 44845, 44846

Niederlassungsbewilligungen

Kundenservicezentrum
Servicetelefon 8020
Telefax: 40 00-99-44800
Auskünfte 44803, 44804,
44805, 44806, 44807
Erstantragsreferat 44980
Telefax: 40 00-99-44960
Referat “Selbstständige” 44850

Außenstellen

1., 4., 5., 6., 7., 8., 9. Bezirk,
(1082) 8, Friedrich-Schmidt-Platz 3,
Erdgeschoss . . . . 534 36 . . ., 01030
Telefax: 534 36-99-01030

2., 20., 21., 22. Bezirk,
(1020) 2, Meiereistraße 7,
Wiener Praterstadion -
Ernst-Happel-Stadion,
Sektor E, 1. Stock . . . . 211 06 . . ., 02030
Telefax: 211 06-99-02030

3., 10., 11. Bezirk,
(1110) 11, Fickeysstraße 1,
1. Stock . . . . 711 34 . . ., 03030
Telefax: 40 00-99-44810

12., 13., 23. Bezirk,
(1130) 13, Dommayergasse 12,
Stiege 3, Erdgeschoss . . . . 878 34 . . ., 13030
Telefax: 878 34-99-13030

14., 15. Bezirk,
(1150) 15, Staglgasse 5a,
Erdgeschoß . . . . 891 34 . . ., 15030
Telefax: 891 34-99-15030

16., 17.,18., 19. Bezirk,
(1170) 17, Ottakringer Straße 54,
2. Stock . . . . 401 19 . . ., 17030
Telefax: 401 19-99-17030

MAGISTRATSABTEILUNG 21 A

Stadtteilplanung und Flächennutzung Innen–West
(Bezirke 1 bis 9 und 14 bis 20)

(Geschäftsgruppe Stadtentwicklung und Verkehr)

Bezirks- und Stadtteilplanungen sowie Planungen für lokal begrenzte Gebiete für die Bezirke 1 bis 9 und 14 bis 20 unter Bedachtnahme auf die übergeordneten Planungsgrundlagen und Planungsziele, die maßgeblichen Ergebnisse von generellen stadträumlichen Fachplanungen, öffentliche Interessen und wichtige Rücksichten sowie unter Berücksichtigung der jeweils erforderlichen Abstimmung mit der Magistratsabteilung 21 B.

Führung der Bestands- und Nutzungsevidenz und Erfassung entwicklungsrelevanter Faktoren sowie bezirksspezifischer Anforderungen.

Fachliche Unterstützung für von den Bezirken wahrzunehmende Planungsaufgaben.

Ausarbeitung von Vorschlägen zur Änderung oder Neufassung des Flächenwidmungs- und Bebauungsplanes einschließlich der allfälligen Prüfung der Raumverträglichkeit.

Einleitung und Durchführung des Verfahrens zur Änderung oder Neufassung des Flächenwidmungs- und Bebauungsplanes nach der Bauordnung für Wien unter Bedachtnahme auf die Stellungnahmen der zuständigen Dienststellen sowie der beteiligten Interessenvertretungen und Institutionen.

Erstellung von Gutachten über Ausnahmen von Bausperren gemäß § 8 der Bauordnung für Wien sowie Einholung der Stellungnahme des zuständigen Gemeinderatsausschusses.

Einleitung und Durchführung des Verfahrens zur Verhängung einer zeitlich begrenzten Bausperre gemäß § 8 Abs. 2 der Bauordnung für Wien.

Vorbereitung der Antragstellung auf Festsetzung von Bodenbeschaffungs- und Assanierungsgebieten.

Mitwirkung bei Angelegenheiten der Stadterneuerung.

Städtebauliche Begutachtung von Bauprojekten.

Planungsbezogene Öffentlichkeitsarbeit unter Beachtung der von der Magistratsabteilung 18 festgelegten Grundsätze sowie Organisation und Durchführung der Bürgerbeteiligung in Planungsangelegenheiten, soweit nicht die Magistratsabteilung 53 dafür zuständig ist.

Erteilung von allgemeinen und speziellen Informationen über die Stadtplanung und den Flächenwidmungs- und Bebauungsplan.

Vorbereitung und Durchführung von städtebaulichen Planungsverfahren, insbesondere Wettbewerbsverfahren, im Einvernehmen mit den befassten Dienststellen.

Geschäftsstelle des Fachbeirates für Stadtplanung und Stadtgestaltung.

Kundmachung des Flächenwidmungs- und Bebauungsplanes sowie Evidenthaltung und Archivierung der Plandokumente.

Wahrnehmung eines abteilungsübergreifenden Verfahrensmanagements bei Verfahren zur Änderung oder Neufassung des Flächenwidmungs- und Bebauungsplanes in Kooperation mit der Magistratsabteilung 21 B.

Führung der zentralen Adressdatei einschließlich Vergabe der Code-Nummern für öffentliche Flächen, der Blocknummern und der Netzknoten.

Vorbereitung und Durchführung der räumlichen Abgrenzung der statistischen Zähleinheiten (Zählbezirke, Zählgebiete).

Arbeiten auf den Gebieten der Vervielfältigung, der Reprographie und der Mikroverfilmung.

Führung der Planauskunft Wien in Abstimmung mit der Magistratsabteilung 21 B sowie Führung der Verkaufsstelle für Plandokumente und analoge Stadtkarten.

(1082) 1, Rathausstraße 14–16,
4. Stock . . . 40 00 . . .
Telefax: . . . 40 00-99-Nebenstelle
IBS-User: M21ABAA
E-Mail: post@m21aba.magwien.gv.at
Homepage: http://www.wien.at/stadtentwicklung

V a t t e r , Dipl.-Ing. Klaus, Senatsrat . . . 88511
M a c k e r l e , Dipl.-Ing. Bernhard, Senatsrat . . . 88512
Kanzleileiterin/Kanzleileiter, Personalevidenz . . . 88519, 88518
Antragsevidenz, Flächenwidmung . . . 88515, 88516
Einlaufstelle, Protokoll . . . 88514
Schreibstelle . . . 88508, 88509, 88517
Projektevidenz, technische Koordination . . . 88569
Budget, EDV . . . 88588, 88587, 88589
Grafische Datenverarbeitung . . . 88549
Besprechungszimmerreservierungen . . . 88514
Besprechungszimmer . . . 88075 (Tür 405), 88077 (Tür 407)

Dezernat 1 (2., 6., 7., 14., 15. Bezirk)
M a c k e r l e , Dipl.-Ing. Bernhard, Senatsrat . . . 88521
Sachbearbeiterin/ Sachbearbeiter für den 2. Bezirk . . . 88525
Sachbearbeiterin/ Sachbearbeiter für den 6., 7., 15. Bezirk . . . 88526
Sachbearbeiterinnen/ Sachbearbeiter für den 14. Bezirk . . . 88524, 88527
Techn. Zeichnerin/ Techn. Zeichner . . . 88529

Dezernat 2 (1., 9., 19., 20. Bezirk)
N a u s c h , Dipl.-Ing. Ingrid . . . 88531
Sachbearbeiterin/ Sachbearbeiter für den 1. Bezirk . . . 88532
Sachbearbeiterin/ Sachbearbeiter für den 9., 19. Bezirk . . . 88533
Sachbearbeiterin/ Sachbearbeiter für den 19. Bezirk . . . 88535
Sachbearbeiterin/ Sachbearbeiter für den 20. Bezirk . . . 88534
Techn. Zeichnerin/ Techn. Zeichner . . . 88539

Dezernat 3 (8., 16., 17., 18., Bezirk)
W i n k l e r , Dipl.-Ing. Angelika . . . 88541
Sachbearbeiterin/ Sachbearbeiter für den 8., 18. Bezirk . . . 88542
Sachbearbeiterin/ Sachbearbeiter für den 16., 17. Bezirk . . . 88543
Techn. Zeichnerin/ Techn. Zeichner . . . 88549

Dezernat 4 (3., 4., 5., Bezirk)
G r a n e r , Dipl.-Ing. Hans-Peter, Leiter Projektteam Erdberger Mais/St. Marx . . . 88551
Sachbearbeiterinnen/ Sachbearbeiter . . . 88523, 88552
Techn. Zeichnerin/ Techn. Zeichner . . . 88559

Dezernat Stadtteilplanung
K l o p f , Mag. arch. Peter, Oberstadtbaurat . . . 88561
Sachbearbeiterinnen/ Sachbearbeiter . . . 88563, 88564, 88565, 88569

Dezernat Antragswesen
T i e t z e Hanns . . . 88021
Sachbearbeiterinnen/ Sachbearbeiter . . . 88022, 88023, 88024

Sonderaufgaben
L e o d o l t e r , Mag. arch. Sylvia, Oberstadtbaurätin . . . 88581

Dezernat Service und Steuerung
S e n g e l i n , Dipl.-Ing. Dr. Wolfgang, Oberstadtbaurat . . . 88012
Sachbearbeiterinnen/Sachbearbeiter . . . 88013, 88014

Referat Archiv und Koordinationsstelle
G r u b e r , Ing. Johann . . . 88081
Sachbearbeiterinnen/ Sachbearbeiter . . . 88082, 88083, 88084, 88085, 88092, 88093, 88094, 88095, 88099

Referat EDV und Budget
M a t o u s c h Michael . . . 88588
Sachbearbeiter Budget . . . 88589
Sachbearbeiter EDV . . . 88587

Referat Reprographie
S c h w a b , Ing. Andreas . . . 88031
Materialbewirtschaftung . . . 88032
Mikroverfilmung . . . 88051
Reprophotographie . . . 88055
(1082) 1, Rathaus, Stiege 7
Plan- und Kartendruck . . . 88056
Copy Shop . . . 88041, 88042

Referat Planungsauskunft . . . 8840
B ü c h e l e Erwin . . . 88591
Mo.–Mi., Fr. v. 8–12.30 Uhr, Do. v. 8–17.30 Uhr
(1082) 1, Rathausstraße 14-16, 1. Stock, Tür 111
Verwaltung und Verkauf der Städtischen Kartenwerke, Kasse . . . 88598, 88599
Sachbearbeiterinnen/ Sachbearbeiter . . . 88592, 88593, 88594, 88595

MAGISTRATSABTEILUNG 21 B

Stadtteilplanung und Flächennutzung Süd–Nordost
(Bezirke 10 bis 13 und 21 bis 23)

(Geschäftsgruppe Stadtentwicklung und Verkehr)

Bezirks- und Stadtteilplanungen sowie Planungen für lokal begrenzte Gebiete für die Bezirke 10 bis 13 und 21 bis 23 unter Bedachtnahme auf die übergeordneten Planungsgrundlagen und Planungsziele, die maßgeblichen Ergebnisse von generellen stadträumlichen Fachplanungen, öffentliche Interessen und wichtige Rücksichten sowie unter Berücksichtigung der jeweils erforderlichen Abstimmung mit der Magistratsabteilung 21 A.

Führung der Bestands- und Nutzungsevidenz und Erfassung entwicklungsrelevanter Faktoren sowie bezirksspezifische Anforderungen.

Fachliche Unterstützung für von den Bezirken wahrzunehmende Planungsaufgaben.

Ausarbeitung von Vorschlägen zur Änderung oder Neufassung des Flächenwidmungs- und Bebauungsplanes einschließlich der allfälligen Prüfung der Raumverträglichkeit.

Einleitung und Durchführung des Verfahrens zur Änderung oder Neufassung des Flächenwidmungs- und Bebauungsplanes nach der Bauordnung für Wien unter Bedachtnahme auf die Stellungnahmen der zuständigen Dienststellen sowie der beteiligten Interessenvertretungen und Institutionen.

Erstellung von Gutachten über Ausnahmen von Bausperren gemäß § 8 der Bauordnung für Wien sowie Einholung der Stellungnahme des zuständigen Gemeinderatsausschusses.

Einleitung und Durchführung des Verfahrens zur Verhängung einer zeitlich begrenzten Bausperre gemäß § 8 Abs. 2 der Bauordnung für Wien.

Vorbereitung der Antragstellung auf Festsetzung von Bodenbeschaffungs- und Assanierungsgebieten.

Mitwirkung bei Angelegenheiten der Stadterneuerung.

Städtebauliche Begutachtung von Bauprojekten.

Planungsbezogene Öffentlichkeitsarbeit unter Beachtung der von der Magistratsabteilung 18 festgelegten Grundsätze sowie Organisation und Durchführung der Bürgerbeteiligung in Planungsangelegenheiten, soweit nicht die Magistratsabteilung 53 dafür zuständig ist.

Erteilung von allgemeinen und speziellen Informationen über die Stadtplanung und den Flächenwidmungs- und Bebauungsplan.

Vorbereitung und Durchführung von städtebaulichen Planungsverfahren, insbesondere Wettbewerbsverfahren, im Einvernehmen mit den befassten Dienststellen.

Koordinierung des EDV-Verbundes Stadtplanung in Kooperation mit den zuständigen Dienststellen.

Aufbereitung von Vorschlägen für die Änderung von rechtlichen Grundlagen zur Berücksichtigung zeitgemäßer Erfordernisse bei der Handhabung des Flächenwidmungs- und Bebauungsplanes in Abstimmung mit den relevanten Dienststellen, insbesondere der Magistratsabteilung 21 A.

Aufbereitung von arbeitsmethodischen Grundlagen zur Wahrnehmung der Aufgabenbereiche der Stadtteil- sowie Flächenwidmungs- und Bebauungsplanung in Abstimmung mit den mit Stadtplanung befassten Stellen, insbesondere der Magistratsabteilung 21A.

(1082) 1, Rathausstraße 14–16,
2., 3. und 5. Stock . . . . 40 00 . . .
Telefax: 40 00-99-Nebenstelle
IBS-User: M21ABBA
E-Mail: post@m21abb.magwien.gv.at
Homepage: http://www.wien.at/stadtentwicklung

B i n d e r , Dipl.-Ing. Herbert,
Senatsrat 88111
S c h ö n f e l d , Dipl.-Ing. Manfred,
Oberstadtbaurat 88112
Kanzleileiterin/Kanzleileiter,
Personalreferentin/Personalreferent 88119
Kanzlei 88113, 88114, 88115,
88116, 88117, 88118, 88120
Rechnungswesen 88185

Dezernat Service und Steuerung B
S c h ö n f e l d , Dipl.-Ing. Manfred,
Oberstadtbaurat 88181
Verfahrensmanagement 88182
EDV-Angelegenheiten 88191, 88192
Sachbearbeiterinnen/
Sachbearbeiter 88183, 88184, 88185
Techn. Zeichnerinnen/Techn. Zeichner 88194,
88195, 88196, 88199

Dezernat 10. und 11. Bezirk
P f l e g e r , Dipl.-Ing. Andreas 88131
Sachbearbeiterinnen/Sachbearbeiter 88132,
88133, 88134, 88135
Techn. Zeichnerin/
Techn. Zeichner 88139

Dezernat 12., 13. und 23. Bezirk
B u c h n e r , Dipl.-Ing. Herbert,
Oberstadtbaurat 88141
Sachbearbeiterinnen/
Sachbearbeiter 88142, 88143, 88144,
88145, 88146, 88147
Techn. Zeichnerinnen/
Techn. Zeichner 88148, 88149, 88140

Dezernat 21. Bezirk
S p r i t z e n d o r f e r , Dipl.-Ing. Thomas,
Oberstadtbaurat 88151
Sachbearbeiterinnen/Sachbearbeiter 88152,
88153, 88154, 88155
Techn. Zeichnerin/Techn. Zeichner 88159

Dezernat 22. Bezirk
H o f s t e t t e r , Dipl.-Ing. Kurt,
Oberstadtbaurat 88161
Sachbearbeiterinnen/Sachbearbeiter . . 88162, 88163,
88164, 88165, 88166
Techn. Zeichnerinnen/Techn. Zeichner . 88168, 88169

Dezernat Antragswesen B
B i n d e r , Dipl.-Ing. (FH) Manfred 88171
Gebietsreferentinnen/
Gebietsreferenten 88172, 88176
Bezirksreferentinnen/Bezirksreferenten für den
10., 11., 12., 13., 23. Bezirk . . 88173, 88174, 88175
Bezirksreferentinnen/Bezirksreferenten für den
21., 22. Bezirk 88177, 88178
Techn. Zeichnerinnen/
Techn. Zeichner 88179, 88170

MAGISTRATSABTEILUNG 22

Umweltschutz

(Geschäftsgruppe Umwelt)

Allgemeine und grundsätzliche Angelegenheiten des Umweltschutzes.
Koordinierung der Aktivitäten auf dem Gebiet des Umweltschutzes.
Ausführung von Entwicklungs- und Forschungsarbeiten sowie Vergabe und Betreuung von Forschungs- und Untersuchungsaufträgen auf dem Gebiet des Umwelt- und Naturschutzes.
Mitwirkung an Untersuchungen und Maßnahmen anderer Dienststellen auf dem Gebiet des Umweltschutzes.
Mitwirkung an behördlichen Verfahren und Vorhaben im Rahmen der Privatwirtschaftsverwaltung, die wesentliche Auswirkungen auf die Umwelt erwarten lassen.
Abgabe von Stellungnahmen auf dem Gebiet des Umweltschutzes.
Handhabung des Bundesgesetzes über die Umweltkontrolle, soweit der Landeshauptmann zuständig ist.
Handhabung des Smogalarmgesetzes, des Ozongesetzes und des Immissionsschutzgesetzes – Luft, soweit der Landeshauptmann zuständig ist.
Handhabung des Altlastensanierungsgesetzes als Landeshauptmann, soweit nicht die Magistratsabteilungen 45, 58 und 63 zuständig sind.
Führung eines Wiener Umweltinformationssystems und eines Fundstellenverzeichnisses für Umweltdaten.
Förderungsmaßnahmen auf dem Gebiet des Umwelt- und Naturschutzes einschließlich der Vergabe von Subventionen.
Koordinierung einer auf nachhaltige Entwicklung ausgerichteten Umweltpolitik, die die ökologischen Zielsetzungen mit den gesellschaftlichen und wirtschaftlichen Bedürfnissen verbinden soll.
Angelegenheiten des Naturschutzes und der Erhaltung des Landschaftsbildes; Handhabung einschlägiger Rechtsvorschriften auf diesen Gebieten, insbesondere des Bundes- sowie des Landesgesetzes zur Durchführung des Übereinkommens über den internationalen Handel mit gefährdeten Arten freilebender Tiere und Pflanzen.
Anträge zur Ersichtlichmachung von geschützten Biotopen, Schutzgebieten und Naturdenkmälern im Grundbuch gemäß dem Wiener Naturschutzgesetz.
Handhabung des Wiener Nationalparkgesetzes und der dazu ergangenen Verordnungen, soweit nicht andere Dienststellen zuständig sind, ausgenommen Strafamtshandlungen.
Beistellung von Amtssachverständigen nach dem Wiener Tierschutz- und Tierhaltegesetz, soweit nicht die Magistratsabteilung 60 zuständig ist.
Beistellung von Amtssachverständigen in eisenbahnrechtlichen Verfahren.
Erteilung und Widerruf von Ausnahmebewilligungen nach der Auftaumittelverordnung 1982.
Angelegenheiten des Baumschutzes, ausgenommen die rechtlichen Angelegenheiten in erster Instanz.
Führung der Bürogeschäfte des Beirates für Fragen des Umweltschutzes in Wien und des Naturschutzbeirates; Bestellung der Naturschutzorgane und Organisation von Maßnahmen für die Durchführung des Dienstes dieser Organe.
Vorbereitung der Geschäftsordnung und Führung der laufenden Geschäfte des Rates der Sachverständigen für Umweltfragen sowie Erstattung des Umweltberichtes aufgrund des Wiener Umweltschutzgesetzes.
Handhabung des Chemikaliengesetzes und des Biozid-Produkte-Gesetzes, soweit der Landeshauptmann zuständig ist.
Durchführung von Verfahren nach dem Umweltverträglichkeitsprüfungsgesetz einschließlich der Vorbereitung der Entscheidungen der Landesregierung sowie Durchführung der Umweltverträglichkeitsprüfung im Zusammenhang mit der Erlassung von Verordnungen nach dem Bundesstraßengesetz 1971 bzw. dem Hochleistungsstreckengesetz.
Wahrnehmung der dem Landeshauptmann oder der Bezirksverwaltungsbehörde zugewiesenen Kompetenzen nach dem Abfallwirtschaftsgesetz, soweit keine andere Dienststelle zuständig ist; Vorbereitung der Ausübung des Anhörungsrechtes des Landes zum Bundes-Abfallwirtschaftsplan.
Beratung der Bevölkerung über die ordnungsgemäße Beseitigung von Problemstoffen.
Handhabung des Wiener Abfallwirtschaftsgesetzes, soweit keine andere Dienststelle zuständig ist.
Beratung der städtischen Dienststellen über die getrennte Sammlung von wiederverwertbaren Stoffen und Problemstoffen.
Betrieb von Labors sowie eines stationären Luftmessnetzes.
Berichterstattung an den Gemeinderat über das Ergebnis der Messungen und die getroffenen Veranlassungen im Sinne des Wiener Feuerpolizei-und Luftreinhaltegesetzes; Erstellung eines Umweltalarmplanes und Erlassung von Anordnungen aufgrund dieses Planes.
Messungen von Luftverunreinigungen, Lärmbelästigungen, Wasserverunreinigungen und der Wirkungsweise physikalisch-chemischer Abwasserbehandlungsanlagen.
Probenahmen und Untersuchungen von Boden- und Grundwasserproben, soweit sie den Umwelt- und Naturschutz betreffen.

(1082) 1, Ebendorferstraße 4, Erdgeschoss, 1., 2., 3., 4. und 5. Stock,
Außenstelle, (1110) 11, Rinnböckstraße 15, Erdgeschoss . . . . . 40 00 . . .
Telefax: 40 00-99-Nebenstelle
IBS-User: M22A
E-Mail: post@m22.magwien.gv.at
Luftgüte-(Ozon-)Tonbanddienst 8820
Computer-Tonbanddienst Ozonix 88288
Umwelt-Hotline 8022
Foldertelefon der Umwelt-Hotline 88220

Büchl-Krammerstätter, Ing. Dr. Karin, Senatsrätin 88211
Sekretariat 88215
Pelikan, Dr. Herbert, Senatsrat 88212
Sekretariat 88349

Kanzlei
Kanzleileiterin/Kanzleileiter 88219

Zentralkanzlei für die Referate 4, 5, 7, 8, 9 und Stabsstelle 88213, 88214, 88346, 88347, 88348

Kanzlei für die Referate 1, 6 und 10 . . . . . 88218, 88216

Kanzlei für die Referate 2 und 3 . . . . . 88345, 88217

Stabsstelle
Klar, Dr. Johann, Stabsstellenleiter 88301
Wiener Umwelt-Hotline 8022
Budget und Personal 88304
Öffentlichkeitsarbeit 88303, 88305
Koordinationsstelle für EDV und Umweltdaten 88301, 88302
Kontaktstelle für Umweltberater 88306
Subventionen 88307

Geschäftsstelle des Rates der Sachverständigen nach dem Wiener Umweltschutzgesetz 88305
Oberstadtbaurat, Referatsleiter 88221

Dezernat für rechtliche Angelegenheiten

Pelikan, Dr. Herbert, Senatsrat, Dezernatsleiter 88212

Referat 1: Rechtliche Angelegenheiten des Umweltschutzes
Kroneder, Mag. Gerald, Obermagistratsrat, Referatsleiter 88311
Sachbearbeiterinnen/Sachbearbeiter 88312, 88313, 88314, 88315, 88316, 88317, 88318, 88319, 88320, 88339
Geschäftsstelle des Naturschutzbeirates 88339

Referat 3: Naturschutz und Landschaftspflege
Ricica, Dipl.-Ing. Dr. Kurt, Senatsrat, Referatsleiter 88231
Sachbearbeiterinnen/Sachbearbeiter . 88232, 88233, 88234, 88236, 88237, 88238, 88344, 88235, 88239, 88342, 88343
Auskunft Washingtoner Artenschutzübereinkommen 88234, 88239

Referat 6: Abfallwirtschaft
Seidi, Dipl.-Ing. Dr. Mohammadali, Oberstadtbaurat, Referatsleiter 88261
Sachbearbeiterinnen/Sachbearbeiter 88262, 88263, 88264, 88265, 88266, 88267, 88268, 88269
Abfalldatenverbund 88267, 88336, 88337, 88338

Dezernat für technische Angelegenheiten

Dezernatsleiterin/Dezernatsleiter derzeit unbesetzt 88211

Referat 2: Lärmschutz
Reisenleitner, Dipl.-Ing. Alexander, Oberstadtbaurat, Referatsleier 88221
Sachbearbeiterinnen/Sachbearbeiter 88222, 88223, 88224, 88225, 88321, 88324, 88325, 88226, 88227, 88228, 88229

Referat 4:
Stadtentwicklung und Umweltschutz
Domany, Dipl.-Ing. Bruno, Oberstadtbaurat 88241

Referat 5:
Luftreinhaltung
P a n g r a t z , Dipl.-lng. Hellmut,
Referatsleiter 88251
Sachbearbeiterinnen/
Sachbearbeiter 88252, 88253,
88254, 88255, 88256

Referat 7:
Labor
Außenstelle
K r e i n e r , Ing. Peter, Techn. Amtsrat,
Referatsleiter 88271
Sachbearbeiterinnen/
Sachbearbeiter 88272, 88273,
88274, 88278, 88242
Labor 88275,
88276, 88277, 88329

Referat 8:
Luftmessnetz
R i e s s , Dipl.-lng. Peter,
Referatsleiter 88281
Sachbearbeiterinnen/Sachbearbeiter 88284,
88285, 88287, 88283
Messnetzzentrale 88282,
88332, 88333, 88286
Werkstätte 88334
Außenstelle 88326, 88327

Referat 9:
Forschungskoordination, EU-Aufgaben,
Nachhaltige Entwicklung,
J a n a k , Dipl.-Ing. Gordana,
Referatsleiterin 88291
Sachbearbeiterinnen/
Sachbearbeiter 88258, 88335,
88259, 88257, 88292

Referat 10:
Umweltaspekte der Energiewirtschaft,
Klimaschutz und Sonderaufgaben
P o m m e r e n i n g - S c h o b e r ,
Mag. Renate 88312

MAGISTRATSABTEILUNG 23

Amtshäuser, Nutzbauten, Nachrichtentechnik

(Geschäftsgruppe Wohnen, Wohnbau und Stadterneuerung)

Für die Gebäude und sonstigen baulichen Anlagen der Magistratsabteilungen 11, 11 A, 12, 51, 56, die städtischen Amtshäuser sowie die Amtsräume:
Errichtung von Neu- und Zubauten, Durchführung von Umbauten, baulichen Abänderungen und Abbrüchen sowie Durchführung der Erhaltungsmaßnahmen;
Planung, Errichtung, Installation, Betriebsführung, Erhaltung und Begutachtung von wärme-, kälte-, lüftungs-, klima-, maschinen-, sanitär-, elektro-, blitzschutz- und fördertechnischen Anlagen aller Art.
Planung, Errichtung, Installation, Betriebsführung und Erhaltung von nachrichtentechnischen Anlagen aller Art wie Verkabelungen in Objekten, Videoanlagen, Fernwirksystemen, Rundfunkübertragungsanlagen, Verstärkeranlagen, Nebenuhrenanlagen, Alarmanlagen, Aufrufanlagen, Zutrittsystemen, Beschallungsanlagen, Torsprechanlagen, Antennenanlagen sowie sonstigen nachrichtentechnischen Anlagen, die ausschließlich Sonderzwecken dienen, soweit nicht die Magistratsabteilungen 31 und 68 zuständig sind.
Bestellung der ständigen Kontrahenten für alle Hochbau- und Haustechnikarbeiten der Stadt Wien.
Grundverwaltung und Erhaltung der städtischen Amtshäuser – einschließlich des Abschlusses und der Auflösung von Verträgen zur Büroraumbeschaffung, soweit keine andere Dienststelle dafür zuständig ist, sowie die erforderliche Vertretung der Stadt Wien vor Gericht –, der städtischen Pfarrhöfe, Gotteshäuser, begehbaren Kapellen und Patronate (mit Ausnahme der Gotteshäuser und Kapellen in Friedhöfen, Krankenanstalten und Pflegeheimen) sowie sonstiger Bauwerke ohne spezielle haustechnische Einrichtungen.
Grundverwaltung und Erhaltung von städtischen Grundflächen bzw. Gebäuden, für die nach den Bestimmungen dieser Geschäftseinteilung kein näherer inhaltlicher Bezug zu den Aufgaben einer anderen Dienststelle besteht und soweit keine andere Dienststelle zuständig ist, sowie Objektverwaltung von Lokalen bzw. Vitrinen in Verkehrsbauwerken; Vergabe und Abschluss von Bestandverträgen für diese Objekte, sowie die erforderliche Vertretung der Stadt Wien vor Gericht.
Führen der Rathausverwaltung; technischer Veranstaltungsdienst im Rathaus.
Überprüfung von elektrischen Anlagen in städtischen Objekten.
Regelung des Postverkehrs und der Aktenübermittlung, zentrale Beförderung von Briefen und Akten (Zentrale Poststelle).
Durchführung von Funktionsproben in Alarmeinrichtungen im Einvernehmen mit der Magistratsabteilung 68 gemäß § 3 Abs. 2 des Wiener Katastrophenhilfegesetzes.
Technische Begutachtung von privaten Kindergärten, Schulen, Horten und Jugendfürsorgeanstalten.

(1194) 19, Muthgasse 62, 3. Stock,
Tür D 3.05 .... 40 00 . . .
Telefax: 40 00-99-Nebenstelle
IBS-User: M23A
E-Mail: post@m23.magwien. gv.at

G r u n d s c h o b e r , Dipl.-lng. Gerhard,
Senatsrat 73011

Sekretariat 73015, 73016
S c h r a m l , Dipl.-lng. Anton,
Senatsrat 73012
Kanzleileiterin/Kanzleileiter 73019
Einlaufprotokoll 73072, 73073
Anbote - Aus- und Abgabe 73018

Auskunft 8023

Bereichsleitung Hochbau
Leiterin/Leiter . . . 73021
Sekretariat . . . 73025, 73027
Sachbearbeiterinnen/Sachbearbeiter . . . 73023, 73024, 73032
Werkmeisterin/Werkmeister . . . 73033

Bereichsleitung Haustechnik
Leiterin/Leiter . . . 73041
Sekretariat . . . 73045, 73046
Sachbearbeiterinnen/Sachbearbeiter . . . 73043, 73047, 73051, 73052, 73053
Werkmeisterin/Werkmeister . . . 73494

Energiemanagement
Leiterin/Leiter . . . 73141
Sekretariat . . . 73145
Sachbearbeiterinnen/Sachbearbeiter . . . 73142, 73143, 73144

Dezernat Bedienstetenschutz
Leiterin/Leiter . . . 73801
Sekretariat . . . 73805
Sachbearbeiterinnen/Sachbearbeiter . . . 73802, 73806, 73807, 73808
Werkmeisterinnen/Werkmeister . . . 73803, 73804

Dezernat Budget und Rechnungswesen
Leiterin/Leiter . . . 73131
Sekretariat . . . 73059
Kreditevidenz, Haftrücklässe . . . 73133
Rechnungsprotokoll . . . 73136

Dezernat Planung
Leiterin/Leiter . . . 73111
Sachbearbeiterinnen/Sachbearbeiter . . . 73112, 73113
Werkmeisterinnen/Werkmeister . . . 73122, 73125
Sirenentelefon . . . 73120
Technisches Zeichenbüro . . . 73124, 73126

Personalreferat
Leiterin/Leiter . . . 73091
Stellvertreterin/Stellvertreter . . . 73092

Dezernat Controlling
Leiterin/Leiter . . . 73081
Sachbearbeiterin/Sachbearbeiter . . . 73082
Sekretariat . . . 73085

Dezernat wirtschaftliche Angelegenheiten
Leiterin/Leiter . . . 73101
Sachbearbeiterin/Sachbearbeiter . . . 73102
Gruppe Rathaus
(1082) 1, Rathaus, Eingang Felderstraße 1a, Tür 31
Telefax: . . . 40 00-99-73710
IBS-User: M23RHSK

Gebrechenmeldung Zentrale . . . 7370
Gebrechen Elektro, Gas, Wasser . . . 73720
Gebrechen Heizung Rathaus . . . 73730
Gebrechen Nachrichtentechnik . . . 73870
Leiterin/Leiter . . . 73711
Sekretariat und Personalangelegenheiten . . . 73715
Kanzlei . . . 73714, 73716, 73717, 73718, 73719
Technische Angelegenheiten (Hochbau):
Sachbearbeiterinnen/Sachbearbeiter . . . 73732, 73733
Werkmeisterinnen/Werkmeister . . . 73735, 73736, 73737

Technische Angelegenheiten (Haustechnik):
Sachbearbeiterinnen/Sachbearbeiter – Heizung, Lüftung, Klima . . . 73782
Werkmeisterinnen/Werkmeister – Heizanlage, Rathaus . . . 73791, 73811
Werkmeisterinnen/Werkmeister – Amtshaus Forum, EDV-Klimaanlagen . . . 73792, 73793
Klimazentrale – Amtshaus Forum . . . 73812
Sachbearbeiterin/Sachbearbeiter – Elektro-, Sanitärinstallationen . . . 73783
Werkmeisterinnen/Werkmeister . . . 73794, 73795, 73796, 73797
Sachbearbeiterin/Sachbearbeiter – Aufzüge . . . 73784
Sachbearbeiterin/Sachbearbeiter – Nachrichtentechnik . . . 73871, 73872
Werkmeisterinnen/Werkmeister . . . 73873, 73874, 73875, 73876

Monteure 73881, 73883, 73886, 73887, 73585
Nachrichtentechnische Werkstätte und Veranstaltungen 73870

Hausaufsicht
Hausinspektorin/Hausinspektor – Veranstaltungen 73741
Werkstättenleiterin/Werkstättenleiter 73742
Hausaufseherinnen/Hausaufseher, Rathaus 73751, 73752, 73753
Hausaufseherin/Hausaufseher, Friedrich-Schmidt-Platz 73754
Hausaufseherin/Hausaufseher, Bartensteinblock 73755

Portiere
Rathaus, 1, Lichtenfelsgasse 2 73661
bzw. Felderstraße 1 73662
1, Rathausstraße 2 73667
1, Rathausstraße 9 73665
1, Rathausstraße 14–16 73664
1, Doblhoffgasse 6 73669
1, Ebendorferstraße 2 73673
1, Ebendorferstraße 1 73663
1, Volksgartenstraße 3 73671
8, Friedrich-Schmidt-Platz 3 73674
8, Friedrich-Schmidt-Platz 5 73666
8, Lerchenfelder Straße 4 73672

Amtshäuserverwaltung
Telefax: 40 00-99-Nebenstelle
Leiterin/Leiter 73171
Sekretariat 73194
Stellvertreterin/Stellvertreter 73174

Referentinnen/Referenten 73172, 73173, 73174, 73176, 73177
Ämterreinigung, Hauspersonalreferat 73182, 73183, 73184, 73185
Auskunft 73194

Amtshäuser

(1010) 1, Schottenring 24 .... 531 14 . . .
Oberaufseherin/Oberaufseher – Büro 73631, 73632
Oberaufseherin/Oberaufseher – Wohnung 73633
Portier Gonzagagasse 23 73634
Portier Neutorgasse 18 73635
Portier Schottenring 24 73636
Portier Zelinkagasse 5 73637
(1010) 1, Schottenring 25 – Portier 73638
(1010) 1, Wipplingerstraße 8 – Amthauswartin/Amtshauswart .. 534 36 . . ., 01306
(1020) 2, Karmelitergasse 9 – Amtshauswartin/Amtshauswart . 211 06 . . ., 02306
(1020) 2, Praterstadion, Meiereistraße – Portier .... 40 00 . . ., 73640
(1020) 2, Rotensterngasse 9–11 – Portier 73641
(1031) 3, Am Modenapark 1–2
Oberaufseherin/Oberaufseher – Büro 73642
Oberaufseherin/Oberaufseher – Wohnung .. 73643
Portier 73644
(1030) 3, Karl-Borromäus-Platz 3 – Amtshauswartin/Amtshauswart . 711 34 . . ., 03306
(1030) 3, Viehmarktgasse 4 .... 795 14 . . .
Portier 73645
(1040) 4, Favoritenstraße 18 – Amtshauswartin/Amtshauswart . 502 34 . . ., 04306
(1050) 5, Schönbrunner Straße 54 – Amtshauswartin/Amtshauswart . 546 34 . . ., 05306
(1060) 6, Amerlingstraße 11 – Amtshauswartin/Amtshauswart . 588 21 . . ., 06306
(1070) 7, Hermanngasse 24–26 – Amtshauswartin/Amtshauswart . 521 34 . . ., 07306
(1081) 8, Schlesingerplatz 4 – Amtshauswartin/Amtshauswart . 401 34 . . ., 08306
(1090) 9, Währinger Straße 39 – Amtshauswartin/Amtshauswart . 400 34 . . ., 09306, 09308
(1090) 9, Währinger Straße 43 – Amtshauswartin/Amtshauswart . 400 34 . . ., 09307
(1100) 10, Keplerplatz 5 – Amtshauswartin/Amtshauswart . 605 34 . . ., 10309
(1100) 10, Laxenburger Straße 43–47 – Portier .... 605 34 . . ., 10306
(1110) 11, Enkplatz 2 – Amtshauswartin/Amtshauswart . 740 34 . . ., 11306
(1110) 11, Rinnböckstraße 15 – Amtshauswartin/Amtshauswart . 795 14 . . ., 73647
(1121) 12, Niederhofstraße 23 .... 811 14 . . .
Hausaufseherin/Hausaufseher 73650
Portier 73651
(1121) 12, Schönbrunner Straße 259 – Amtshauswartin/Amtshauswart . 811 34 . . ., 12306, 12307
(1130) 13, Hietzinger Kai 1–3 .... 878 34 . . ., 870 34 . . .
Amtshauswartin/Amtshauswart, Stiege 1 .... 13306, 14306
Portier, Stiege 3 (Zubau) 13307, 14307
(1150) 15, Gasgasse 8–10 – Amtshauswartin/Amtshauswart . 891 34 . . ., 15306
(1164) 16, Richard-Wagner-Platz 19 – Amtshauswartin/Amtshauswart . 491 96 . . ., 16306
(1160) 16, Wilhelminenstraße 93 – Aufseherin/Aufseher .... 40 00 . . ., 73652
(1170) 17, Elterleinplatz 14 – Amtshauswartin/Amtshauswart . 401 19 . . ., 17306
(1171) 17, Lienfeldergasse 96 – Amtshauswartin/Amtshauswart . 488 34 . . ., 73653
(1181) 18, Martinstraße 100 – Amtshauswartin/Amtshauswart . 476 34 . . ., 18306
(1190) 19, Gatterburggasse 14 – Amtshauswartin/Amtshauswart . 360 34 . . ., 19306
(1194) 19, Muthgasse 62–64 – Oberaufseherin/Oberaufseher .... 40 00 . . ., 73974
Portier 73976
(1200) 20, Brigittaplatz 10 – Amtshauswartin/Amtshauswart . 331 34 . . ., 20306
(1200) 20, Dresdner Straße 75 – Amtshauswartin/Amtshauswart .. 40 00 . . ., 73654
Aufseherin/Aufseher 73656

(1211) 21, Am Spitz 1 –
Amtshauswartin/Amtshauswart . 277 34 . . ., 21306
(1229) 22, Kagran, Schrödingerplatz 1 –
Amtshauswartin/Amtshauswart . 211 23 . . ., 22306
(1235) 23, Liesing, Perchtoldsdorfer Straße 2 –
Amtshauswartin/Amtshauswart . 863 34 . . ., 23306

Dezentralisierungsgruppe 1
für die Bezirke 1, 2, 4, 5, 6, 7, 20
Leiterin/Leiter 73201
Stellvertreterin/Stellvertreter 73202
Teamleiterin/Teamleiter für die Bezirke
1, 2, 20 73203
Gebrechensmeldung für die Bezirke
1, 2, 20 . . . . 73901, 73902, 73920
Sachbearbeiterinnen/
Sachbearbeiter 73211, 73241, 73204
Werkmeisterinnen/
Werkmeister 73212, 73213, 73214, 73215, 73222, 73223, 73226, 73234, 73242
Teamleiterin/Teamleiter für die Bezirke
4, 5, 6, 7 73204
Gebrechensmeldung für die Bezirke
4, 5, 6, 7 . . . . 73904, 73905, 73906, 73907
Sachbearbeiterinnen/Sachbearbeiter . . . 73231, 73225
Werkmeisterinnen/Werkmeister 73212, 73233, 73242, 73243, 73246
Auskunft 73200
Kanzlei 73209

Dezentralisierungsgruppe 2
für die Bezirke 3, 10, 11
Leiterin/Leiter 73251
Stellvertreterin/Stellvertreter 73252
Teamleiterin/Teamleiter für die Bezirke
3, 11 73261
Gebrechensmeldung für die Bezirke
3, 11 . . . . 73903, 73911
Sachbearbeiterinnen/
Sachbearbeiter 73261, 73275
Werkmeisterinnen/Werkmeister 73262, 73263, 73264, 73265, 73272, 73273, 73276, 73296
Teamleiterin/Teamleiter für den
10. Bezirk 73254
Gebrechensmeldung für den
10. Bezirk 73910
Sachbearbeiterinnen/
Sachbearbeiter 73281, 73291, 73275
Werkmeisterinnen/
Werkmeister 73282, 73283, 73284, 73285, 73292, 73293, 73296
Auskunft 73250
Kanzlei 73259

Dezentralisierungsgruppe 3
für die Bezirke 12, 13, 14, 15, 23
Leiterin/Leiter 73301
Stellvertreterin/Stellvertreter 73302

(1194) 19, Muthgasse 62,
3. und 4. Stock . . . . 40 00 . . .
Telefax: 40 00-99-Nebenstelle
IBS-User: M24A
E-Mail: post@m24.magwien.gv.at

J a n k , Ing. Martin 90411
Sekretariat 90415
L a b i , Dipl.-Ing. Robert,
Oberstadtbaurat 90412
Kanzleileiterin/Kanzleileiter 90419
Ein- und Ausgangsprotokoll 90418
Rechnungsprotokoll 90417
Haft- und Deckungsrücklässe 90415
Angebotsverkauf 90419
Besprechungszimmer C 4.21 90456
Besprechungszimmer G 4.09 – G 4.11 . . . . . . 90454, 90455
Auskunft 8024

Baugruppe Hochbau
Leiterin/Leiter 90461
Sonderreferentin/Sonderreferent 90462
Sekretariat 90469

Baugruppe Nutzbau
Leiterin/Leiter 90421
Sonderreferentin/Sonderreferent 90422
Sekretariat 90429

Bereichsleitung Wiener Wohnen
Leiterin/Leiter 90451
Sonderreferentin/Sonderreferent 90452
Sekretariat 90459

Dezernat Controlling, Personal und EDV
Leiterin/Leiter 90471
Sachbearbeiterin/Sachbearbeiter 90472
EDV-Referat 90479

Dezernat Leistungsbeschaffung, Budget und Baukontrolle
Leiterin/Leiter 90441
Referentinnen/Referenten 90442, 90481
Fachwerkmeisterinnen/
Fachwerkmeister 90491, 90493, 90497, 90499
Sekretariat 90449

Dezernat Projektsteuerung und -management, Wettbewerbsbüro
Leiterin/Leiter 90431
Sachbearbeiterin/Sachbearbeiter 90427
Techn. Zeichnerin/Techn. Zeichner 90438
Sekretariat 90439

MAGISTRATSABTEILUNG 25

Technisch-wirtschaftliche Prüfstelle für Wohnhäuser, besondere Angelegenheiten der Stadterneuerung

(Geschäftsgruppe Wohnen, Wohnbau und Stadterneuerung)

Technisch-wirtschaftliche Prüfung der Förderungswürdigkeit bei der Wohnbauförderung.
Erstellung technisch-wirtschaftlicher Gutachten und Abgabe von Stellungnahmen aufgrund miet- und wohnrechtlicher Bestimmungen.
Beurteilung denkmalpflegerischer Mehrleistungen aufgrund der einschlägigen Rechtsvorschriften.
Technisch-wirtschaftliche Prüfung der Förderungswürdigkeit bei Anträgen der Wohnungsverbesserung und Sonderaktionen sowie Überwachung der ordnungsgemäßen Ausführung.
Überprüfung der Rechnungen als Voraussetzung für die Freigabe von Förderungsmitteln in Angelegenheiten der Wohnbauförderung sowie aus dem Wiener Altstadterhaltungsfonds.
Rechtliche Verfügungen bei Ersatzvornahmen gemäß der BO für Wien, dem Elektrotechnikgesetz und dem Wiener Gasgesetz an Bauwerken, baulichen Anlagen und Einrichtungen nach dem Verwaltungsvollstreckungsgesetz in erster Instanz.
Durchführung dieser Ersatzvornahmen nach dem Verwaltungsvollstreckungsgesetz und Veranlassung deren grundbücherlichen Umsetzung.
Prüfung von Anträgen und Rechnungen gemäß Bundesstraßengesetz für Beihilfen zum Einbau von Schallschutzfenstern, -türen und -lüftern.
Prüfung der Förderungsanträge gemäß der Aktion zur Errichtung von solarthermischen und fotovoltaischen Solaranlagen.
Durchführung notstandspolizeilicher Maßnahmen gemäß § 129 Abs. 6 der Bauordnung für Wien.
Erstellung technisch-wirtschaftlicher Gutachten und Abgabe von Stellungnahmen aufgrund baurechtlicher Bestimmungen.
Technisch-wirtschaftliche Prüfungen und gutachtliche Stellungnahmen zu Abbruchanträgen von Bauwerken sowie wirtschaftliche Beurteilung von Bauaufträgen in Schutzzonen.
Führung von Gebietsbetreuungen.
Antragstellung für Erfordernisse der Stadterneuerung.

(1194) 19, Muthgasse 62, 1. Stock . . . . 40 00 . . .
Telefax: 40 00-99-Nebenstelle
IBS-User: M25A
E-Mail: post@m25.magwien.gv.at

L ö f f l e r , Dipl.-Ing. Roland,
Senatsrat 90511
S c h m i d t , Dipl.-Ing. Josef,
Senatsrat 90512
Sekretariat 90515
Kanzleileiterin/Kanzleileiter,
Personalangelegenheiten 90519
Kanzlei, Einlaufstelle,
Protokoll 8025, 90529,
90509, 90514, 90518
Schreibstelle 90508
Controlling 90522, 90566
Budget 90501
Projektmanagement "Telekommunikation",
Datenverantwortlicher 90533

Gruppe Neubau

Gruppenleiterin/Gruppenleiter 90513

Sachgebiet: Angelegenheiten der Wohnbauförderung, Sonderaktionen:

Referat Vorbegutachtung
Referatsleiterin/Referatsleiter 90592
Referentinnen/
Referenten 90590, 90591, 90593

Referat Bauaufsicht
Referatsleiterin/Referatsleiter 90572
Referentinnen/Referenten 90575,
90581, 90582, 90583

Energieberatung,
baulicher Wärmeschutz 90532, 90590

Referat Preisbildung 90533,
90546, 90567, 90569

Referat Ersatzvornahmen/
Notstandspolizeiliche Maßnahmen
Referatsleiterin/Referatsleiter 90501
Referentinnen/Referenten 90502, 90503, 90504,
90505, 90506, 90544
Schreibstelle 90507

Gruppe Stadterneuerung

Gruppenleiterin/Gruppenleiter 90512

Sachgebiet: Technische Gutachten über private Wohnbauten für Schlichtungsstellen und Gerichte im Rahmen der mietrechtlichen Bestimmungen und nach dem Wiener Wohnbauförderungs- und Wohnhaussanierungsgesetz und Beihilfen für den Einbau von Schallschutzfenstern:

Referat Nord-Ost
Referatsleiterin/Referatsleiter
(1., 2., 3., 4., 5., 8., 10., 11., 22. Bezirk) 90561
Sachbearbeiterinnen/
Sachbearbeiter:
1. Bezirk 90525, 90564
2. Bezirk 90560, 90564
3. Bezirk 90560, 90568
4. Bezirk 90560, 90576
5. Bezirk 90563, 90576
8. Bezirk 90526, 90576
10. Bezirk 90563, 90564
11. Bezirk 90526, 90579
22. Bezirk 90563, 90568
Schutzzonen, Denkmalschutz 90525, 90542
Sakralbauten 90525

Referat Süd-West
Referatsleiterin/Referatsleiter
(6., 7., 12., 13., 14., 15., 23. Bezirk) 90531
Sachbearbeiterinnen/
Sachbearbeiter:
6. Bezirk 90537, 90598
7. Bezirk 90521, 90536, 90558
12. Bezirk 90537, 90598
13. Bezirk 90521, 90539, 90551
14. Bezirk 90539, 90551, 90558
15. Bezirk 90527, 90532, 90536
23. Bezirk 90527, 90532, 90538
Schutzzonen, Denkmalschutz 90521, 90551
Sakralbauten 90551

Referat Nord-West
Referatsleiteri Referatsleiter
(9., 16., 17., 18., 19., 20., 21. Bezirk) 90541
Sachbearbeiterinnen/
Sachbearbeiter:
9. Bezirk 90545, 90565
16. Bezirk 90534, 90545
17. Bezirk 90547, 90565
18. Bezirk 90547, 90565
19. Bezirk 90523, 90547
20. Bezirk 90534, 90548, 90565
21. Bezirk 90534, 90548
Schutzzonen, Denkmalschutz 90523
Sakralbauten 90523

Informationsstelle für Wohnungssanierung
und Schallschutz 74870

Referat Gebietsbetreuung
Referatsleiterin/Referatsleiter 90522
Sachbearbeiterinnen/
Sachbearbeiter 90528,
90553, 90566, 90586

Gebietsbetreuung Karmeliterviertel
(1020) 2, Im Werd 17 .... 211 06 . . ., 02191

Sachbearbeiterinnen/
Sachbearbeiter 02185, 02186, 02187,
02188, 02189, 02192

Gebietsbetreuungslokale der
Stadterneuerung:

(1020) 2, Im Werd 17 .... 211 06 . . ., 02186

(1020) 2, Mayergasse 3 .... 214 39 04

Außenstelle Stuwerviertel:
(1020) 2, Wohlmutstraße 22 .... 720 12 60

(1030) 3, Drorygasse 8 .... 711 34 . . ., 03180

(1050) 5, Einsiedlerplatz 7 .... 544 13 82

Außenstelle Margareten:
(1050) 5, Margaretengürtel 100–110/5/1 .. 545 95 95

(1060) 6, Mittelgasse 6/Ecke
Millergasse 597 87 46

Außenstelle "Stützpunkt Lerchenfeld":
(1070) 7, Bernardgasse 10 .... 526 43 34

(1090) 9, Lichtentaler
Gasse 16-18/2/R2 .... 319 97 66
(
1100) 10, Quellenstraße 149 .... 603 21 15,
602 31 38

(1110) 11, Lorystraße 40 .... 740 34 . . ., 11180

(1110) 11, Wopenkastraße 4/4/1 .... 769 68 80

(1120) 12, Mandlgasse 21 .... 811 34 . . ., 12180

Außenstelle "Am Schöpfwerk":
(1120) 12, Am Schöpfwerk 29/
Stiege 9 .... 811 34 . . ., 12769

(1140) 14, Linzer Straße 128/17/R2 ...... 416 41 24

(1150) 15, Sechshauser Straße 23 .... 893 66 57

(1160) 16, Haberlgasse 76 .... 406 41 54

(1170) 17, Lacknergasse 27 .... 485 98 82

(1190) 19, Billrothgasse 42–48/1/R1 ..... 368 24 16

(1200) 20, Karl-Meißl-Straße 1 ... 331 34 . . ., 20180

Außenstelle Brigittenau:
(1200) 20, Marchfeldstraße 16–18/6/6/R1 . 374 93 21

(1210) 21, Mitterhofergasse 2/22/R1 ..... 292 94 42

(1220) 22, Viktor-Kaplan-Straße 11/10–11 . 202 72 89

(1230) 23, Färbermühlgasse 5/3/2 .... 867 36 16

Mobile Gebietsbetreuung,
(1070) 7, Kaiserstraße 45 .... 522 72 54

MAGISTRATSABTEILUNG 26

Wirtschafts- und Technologieentwicklung

(Geschäftsgruppe für Finanzen, Wirtschaftspolitik und Wiener Stadtwerke)

Langfristige Wirtschafts- und Finanzangelegenheiten in Zusammenarbeit mit der Finanzverwaltung.
Grundsätzliche Angelegenheiten des Landes- und Gemeindeabgabewesens.
Erarbeitung von wirtschaftspolitischen Entwicklungskonzepten.
Angelegenheiten der Technologieentwicklung und deren Umsetzung.
Grundsätzliche Angelegenheiten des Tourismus.
Erstattung von Vorschlägen in Fragen der Stadtentwicklung aus wirtschaftlicher Sicht und Agenden des Stadtmanagements.
Mitwirkung bei der Verwaltung des Vermögens, der Anteilsrechte und Beteiligungen, soweit sie von der Magistratsabteilung 5 wahrgenommen wird.
Erstellung von Konzepten für eine effiziente an neuen Entwicklungen orientierte Unternehmensförderung in Zusammenarbeit mit dem Wiener Wirtschaftsförderungsfonds.
Beobachtung und Analyse der Wirtschaftsentwicklung, insbesondere der konjunkturellen Lage, der Arbeitsmarktlage und dergleichen.
Erstellung von Grundsatzkonzepten zur Verbesserung der Wiener Arbeitsmarktpolitik in Zusammenarbeit mit dem Wiener ArbeitnehmerInnnen-Förderungsfonds.
Erstellung von Energiekonzepten und Wahrnehmung der Interessen der Stadt Wien im Bereich der Energiepolitik.
Verwaltung des Fonds des Landes Wien zur Förderung von Ökoanlagen.
Bürogeschäfte des Wiener Wirtschaftsbeirates.
Mitwirkung bei der Begutachtung legislativer, die Wiener Wirtschaft beeinflussender Maßnahmen.

(1082) 1, Doblhoffgasse 6, 1. Stock .... 40 00 ...
Telefax: 40 00-99-Nebenstelle
IBS-User: M26A
E-Mail: post@m26.magwien.gv.at

N e y e r , Dkfm. Dietmar 93911
T r o p e r , Mag. Reinhard,
Senatsrat 93912
(Gruppenleiter der Finanzverwaltung:
N e i d i n g e r Richard, siehe Seite I/55)
Kanzleileiterin/Kanzleileiter 93918
Kanzlei 93919

Wirtschaftsentwicklung und -förderung:
U n g e r , Mag. Elisabeth 93923
W u r m , Mag. Dr. Christian 93922

Energie:
E b e r t , Dipl.-Ing. Petra 93920
E i g e n b a u e r , Dipl.-Ing. Andreas 93924

Arbeitsmarkt- und Wirtschaftsinformation:
K r e s s , Mag. Oliver 93914

Budget, Kennzahlen, EDV:
S c h a t z Klaus 93925

MAGISTRATSABTEILUNG 27

EU-Förderungen

(Geschäftsgruppe Finanzen, Wirtschaftspolitik und Wiener Stadtwerke)

Stärkung des Wirtschaftsstandortes Wien durch Vorbereitung von mittelfristigen Stadttechnologie- und Infrastrukturprojekten in den mittel- und südosteuropäischen Ländern unter Nutzung der von der EU für diesen Raum vorgesehenen Förderinstrumente.
Wahrnehmung der Interessen Wiens durch Einsatz der maßgeblichen EU-Förderungen sowohl für urbane Problemlagen als auch für grenzüberschreitende, transnationale und interregionale Kooperationen.
Koordination von Maßnahmen zur Erweiterung der Europäischen Union durch die Inanspruchnahme von EU-Förderungen sowie die Schaffung von Netzwerken zur Unterstützung des Erweiterungsprozesses.
Koordination der für Wien relevanten Fördermaßnahmen der Europäischen Union, insbesondere im Hinblick auf die Erstellung der Programme für Gemeinschaftsinitiativen und Zielgebiete, die Bewertung und Auswahl eingereichter Projekte sowie die Koordination der Umsetzung der genehmigten Projekte.
Wahrnehmung der Aufgaben der Verwaltungsbehörde gemäß Artikel 34 SFVO (Allgemeine Strukturfondsverordnung) für die vom Land Wien verwalteten Gemeinschaftsinitiativen und Zielprogramme.
Prüfung der Fördermaßnahmen der EU auf ihre Nutzanwendung für die Stadt Wien sowie der Förderbarkeit von Projekten der Stadt Wien nach den Richtlinien der EU.
Sicherstellung der Evaluierung des Projektfortschrittes sowie eines der Richtlinien der EU entsprechenden Berichtswesens und Koordination der Öffentlichkeitsarbeit inklusive der Umsetzung der Publizitätsrichtlinien der EU.
Überwachung und Kontrolle der ordnungsgemäßgen Finanzierung der geförderten Maßnahmen und Projekte in Zusammenarbeit mit den zuständigen Kontrollinstanzen des Bundes und der EU.
Betreuung der EU-Förderreferenten der Dienststellen des Magistrats.
Mitwirkung bei der Ausbildung der Magistratsbediensteten in den Bereichen der Europäischen Integration im Rahmen des EU-Förderwesens.
Führung der Evidenz aller EU-geförderten Projekte der Stadt Wien.
Koordination der Partnersuchen im Zusammenhang mit EU-geförderten Projekten.
Ausarbeitung der grundsätzlichen Positionen und Stellungnahmen des Landes Wein in allen Fragen des Förderwesens der EU sowie Mitwirkung bei der Festlegung der Wiener Haltung zu strategisch wichtigen Themenbereichen im Rahmen der Europäischen Integration.
Vertretung in nationalen und internationalen Ausschüssen und sonstigen Gremien.

(1081) 8, Schlesingerplatz 2–4,
Stiege 2, 2. Stock .... 40 00 ...
Telefax: 40 00-99-Nebenstelle
IBS-User: MEUA
E-Mail: post@meu.magwien.gv.at

B r o d e s s e r , Dipl.-Ing. Peter,
Obersenatsrat 82581
(Gruppenleiter der Finanzverwaltung:
N e i d i n g e r Richard, siehe Seite I/55)
Sekretariat 82585, 82593
S t ö c k l , Dipl.-Ing. Walther,
Senatsrat 82582

Referentinnen/Referenten:

B u r g e r Kurt, Oberamtsrat 82591
G s t e u - K i r s c h b a u m Eva 82592
H a u e r , Dipl.-Ing. Dr. Edgar 82596
K r i c h m a y r , Mag. Martina 82584
R e i s s e r t , Ing. Günter,
Techn. Amtsrat 82583
V e v e r a , Ing. Wolfgang,
Techn. Amtsrat 82597
W e b e r , Dipl.-Ing. Heinrich 82586
Kanzlei 82589, 82594

MAGISTRATSABTEILUNG 28

Straßenverwaltung und Straßenbau

(Geschäftsgruppe Stadtentwicklung und Verkehr)

Grundverwaltung und Erhaltung aller straßenmäßig ausgebauten Flächen, soweit diese nicht von anderen Rechtsträgern herzustellen und zu erhalten sind.
Grundverwaltung aller als Straßengrund ins öffentliche Gut abgetretenen Grundflächen.
Erhaltung der als Straßengrund ins öffentliche Gut abgetretenen Grundflächen, sofern das Nutzungsrecht nicht gemäß § 17 Bauordnung für Wien dem Anrainer zusteht.
Detailplanung und Errichtung der Straßenneu- und -umbauten einschließlich der Kunstbauten und Nebenanlagen, soweit nicht eine andere Dienststelle zuständig ist.
Grundverwaltung und Erhaltung der Bundesstraßen B und A sowie deren Bestandteile im Sinne des § 3 Bundesstraßengesetz 1971.
Mitwirkung an generellen Planungen der Magistratsabteilungen 18, 19, 21 A, 21 B und 46, sofern Auswirkungen auf den Straßenbau zu erwarten sind.
Fachtechnische Beratung für Straßenbauvorhaben der Stadt Wien und des Bundes auf nichtöffentlichen Verkehrsflächen bzw. deren Durchführung.
Mitwirkung bei Straßengrundtransaktionen und Dienstbarkeitsbestellungen hinsichtlich der Gemeindestraßen; Abschluss von Grundbenützungsübereinkommen mit Privaten für Zwecke des Straßenbaues, soweit nicht besondere rechtliche Fragen vorliegen; Vorbereitung der und Antragstellung auf Straßengrundtransaktionen und Dienstbarkeitsbestellungen sowie Antragstellung auf Enteignung hinsichtlich der Bundesstraßen.
Wahrnehmung der Interessen der Stadt Wien bei noch nicht in den physischen Besitz der Stadt Wien übernommenen Straßenflächen des öffentlichen Gutes und hinsichtlich nichtöffentlicher Straßen.
Handhabung der einschlägigen Bestimmungen des Bundesstraßengesetzes, der Straßenverkehrsordnung 1960, der Bauordnung für Wien und der Gehsteigverordnung, soweit diese Geschäfte nicht anderen Dienststellen zugewiesen sind.
Federführende Dienststelle hinsichtlich der Geschäfte der Auftragsverwaltung des Bundes im Bereich der Bundesstraßenverwaltung, nämlich Ausarbeitung von Einreich- und Bauprojekten einschließlich der Erwirkung von Verordnungen gemäß § 4 Bundesstraßengesetz 1971 entsprechend des Umweltverträglichkeitsprüfungsgesetzes im Einvernehmen mit den jeweils zuständigen Dienststellen, Erwirken der entsprechenden Genehmigungen, Abschluss von Verträgen über Kostenteilung gemäß § 9 des Bundesstraßengesetzes unter Mitwirkung der Magistratsdirektion (MD-Zivil- und Strafrechtsangelegenheiten) und der Magistratsabteilung 4.
Detailprojektierung und Errichtung der Anlagen zur Regelung und Sicherung des Verkehrs auf Autobahnen, wie Verkehrslichtsignalanlagen und Verkehrsleiteinrichtungen, mit Ausnahme der Bodenmarkierungen, im Einvernehmen mit den zuständigen Fachdienststellen.
Mitwirkung bei der Bekanntgabe und Aussteckung der Gehsteige.
Mitwirkung bei der Festlegung von Straßenhöhenkoten und Höhenbestimmungen für Baulinien, Straßenflucht- und Verkehrsfluchtlinien aufgrund der generellen Höhen des Bebauungsplanes in besonderen Fällen.
Mitwirkung bei der Festlegung von Anliegerbeiträgen.
Trassenfestlegung für Straßeneinbauten.
Koordination von Maßnahmen, die eine Inanspruchnahme der öffentlichen Verkehrsflächen zur Folge haben, insbesondere solcher der Einbautendienststellen; Handhabung der Aufgrabungskundmachung; Evidenthaltung der Aufgrabungen.
Mitwirkung bei der Bestellung von Dienstbarkeiten und Baurechten für unter- und oberirdische Bauanlagen im Straßenbereich.
Ausschreibung und Antragstellung auf Genehmigung der Kontrahentenverträge; Bestellung der Kontrahenten für Straßenbauarbeiten.
Grundverwaltung und Erhaltung der für die Straßenerhaltung notwendigen Lagerplätze.
Planung und Errichtung von Autobahnmeistereien, Stützpunkten, Werkstätten und Lagerplätzen.
Führung der Straßenstatistik.
Vermessungstechnische Arbeiten für Ergänzungsmaßnahmen und zur Leistungsfeststellung bei Straßenbauten sowie zur Bestandsaufnahme bei der Straßenerhaltung.
Beistellung von Amtssachverständigen in eisenbahnrechtlichen Verfahren.

(1171) 17, Lienfeldergasse 96 .... 488 34 ...
Telefax: 488 34-99-Nebenstelle
IBS-User: M28A
E-Mail: post@m28.magwien.gv.at
Portier 73653
K l i n k e , Dipl.-Ing. Dr. techn. Herwig,
Hofrat 49611

Sekretariat 49615
L a n g e n b e r g e r , Dipl.-Ing. Ludwig,
Senatsrat 49613
Kanzleileiterin / Kanzleileiter 49619
Kanzlei, Einlaufstelle 49618
Protokoll 49622, 49623, 49624
Routengenehmigungen für Gemeindestraßen . . 49841

Routengenehmigungen für
Autobahnen . . . . 204 00 61 . . ., 46323

Journaldienst Zentrale
(von 7.30 bis 13.30 Uhr) 49600
Journaldienst Autobahnen –
Tunnelwarte . . . . 204 00 61 . . .

Referat Personal, Schulung, Organisation
Leiterin/Leiter . . . . 488 34 . . ., 49641
Referentinnen/Referenten 49614, 49615, 49642, 49643, 49648

Referat Controlling, Vergabe, Budget
Leiterin/Leiter 49651
Referentin/Referent für Controlling 49652
Referentin/Referent für Vergabe 49653
Referentin/Referent für Budget 49654

Gruppe " Projektierung und Information"
Leiterin/Leiter 49921
Referentinnen/Referenten 49922, 49923, 49924, 49925, 49926, 49927, 49928, 49929
Zeichensaal 49932, 49933, 49934, 49935, 49936
Telefax: 488 34-99-49920

Gruppe "Aufgrabung, Statistik, EDV, Ausschreibung"
Leiterin/Leiter 49941
Referentin/Referent für den
1., 2., 3., 4., 5., 6., 10., 11., 20.,
22., 23. Bezirk 49942
Referentin / Referent für den
7., 8., 9., 12., 13., 14., 15., 16., 17.,
18., 19., 21. Bezirk 49943
Werkmeisterinnen/
Werkmeister 49953, 49954, 49955, 49952
EDV-Referentin/
EDV-Referent 49957
Statistik und Straßen-
informationssystem 49944, 49945, 49946
Ausschreibung 49948, 49949
Telefax: 488 34-99-Nebenstelle

Betriebsführung
Leiterin/Leiter 49961
Referentin/Referent 49862

Referat Maschinenpark, Lagerplätze, Fußgängerpassagen
Leiterin/Leiter 49861
Referentin/Referent 49862
Werkmeisterin/Werkmeister 49867
Werkmeisterin/Werkmeister für
Maschinenpark 49866, 914 14 17

Maschinenpark
(1140) 14, Heinrich-Collin-Straße 9 . . . . . 914 14 17
Telefax: 914 14 17

Lagerplätze
für die Bezirke
2, 20,
(1200), 20, Handelskai 2–4 . . . . . . 0664-54 59 286
3, 11,
(1030) 3, Im Erdberger Mais 798 61 57, 799 58 89
4, 5,
(1100) 10, Gudrunstraße 192 . . . . 603 96 53
6, 7, 14, 15,
(1140) 14, Guldengasse 3 . . . . 914 13 49
8, 16,
(1160) 16, Kendlerstraße 46 . . . . 985 47 55
1, 9, 17, 18, 19,
(1190) 19, Heiligenstädter Lände 4
(Gürtelbrücke) 368 62 31
9, 18, 19,
(1190), 19, Gspöttgraben
(Steinbruch) 440 68 27

10,
(1100) 10, Neilreichgasse (unter Autobahnbrücke) 616 80 31
12,
(1230) 23, Atzgersdorf, Auer-Welsbach-Straße 44 . . . . 804 01 48
13,
(1130) 13, Schönbachstraße – Stranzenberggasse 804 75 74
21,
(1210) 21, Siemensstraße 109 . . . . 258 27 08
22,
(1220) 22, Autobahnbrücke Kaisermühlen (Espenmais) 202 40 49
23,
(1235) 23, Seybelgasse 869 02 64

Gemeindestraßenverwaltung – Preisprüfung und Tarifwesen

Leiterin/Leiter 49613
Sekretariat 49617

Referat Aufschließungsstraßen und Sonderbauten

Leiterin/Leiter 49841
Referentinnen/Referenten 49842, 49843, 49852, 49853
Werkmeisterinnen/Werkmeister 49845, 49846, 49856, 49857
Routengenehmigungen für Gemeindestraßen 49841

Gruppe "Allgemeines und Gemeindestraßengrundverwaltung"

Leiterin/Leiter 49871
Referentinnen/Referenten für die Bezirke:
1, 4, 5, 12, 23 49872
2, 3, 10, 11 49873
6, 7, 13, 14, 15, 16 49874
8, 9, 18, 19 49897
17, 20, 21 49895
22 49877

Straßengrundkataster, Grundsteuer, Plan- und Grundevidenz, Einbauten für die Bezirke:
1, 4, 5, 12, 23 49894
2, 3, 10, 11 49893
6, 7, 13, 14, 15, 16 49896
8, 9, 17, 18, 19 49897
20, 21 49892
22 . . . . 49897, 49884

Gruppe für den 1., 9., 17., 18., 19. Bezirk, Preisprüfung und Tarifwesen

Leiterin/Leiter 49721
Preisprüfung 49721, 49738
Bauinspizientin/Bauinspizient für den 1., 17. Bezirk 49722
Werkmeisterin/Werkmeister für den 1. Bezirk 49732
Werkmeisterin/Werkmeister für den 17. Bezirk 49734
Bauinspizientin/Bauinspizient für den 9., 19. Bezirk (Ost) 49723
Werkmeisterin/Werkmeister für den 9. Bezirk 49733
Werkmeisterin/Werkmeister für den 19. Bezirk (Ost) 49736
Bauinspizientin / Bauinspizient für den 18., 19. Bezirk (West) 49724
Werkmeisterin / Werkmeister für den 18. Bezirk 49735
Werkmeisterin / Werkmeister für den 19. Bezirk (West) 49737

Gruppe für den 2., 3., 4., 5., 11., 20. Bezirk, Prüfungs- und Forschungswesen

Leiterin/Leiter 49741
Bauinspizientin/Bauinspizient für den 2., 20. Bezirk 49742
Werkmeisterinnen/Werkmeister für den 2. Bezirk 49748, 49749
Werkmeisterin/Werkmeister für den 20. Bezirk 49757
Bauinspizientin/Bauinspizient für den 3., 4. Bezirk 49743
Werkmeisterinnen/Werkmeister für den 3. Bezirk 49758, 49753
Bauinspizientin/Bauinspizient für den 5., 11. Bezirk 49744
Werkmeisterin/Werkmeister für den 4., 5. Bezirk 49754
Werkmeisterinnen/Werkmeister für den 11. Bezirk 49755, 49756

Gruppe für den 6., 7., 8., 14., 15., 16. Bezirk

Leiterin/Leiter 49761
Bauinspizientin/Bauinspizient für den 6., 8. Bezirk 49763
Werkmeisterin/Werkmeister für den 6., 7. Bezirk (Süd) 49772
Werkmeisterin/Werkmeister für den 7. Bezirk (Nord) 49773
Bauinspizientin/Bauinspizient für den 14., 16. Bezirk 49762

Werkmeisterinnen/Werkmeister für den
14. Bezirk 49774, 49775
Bauinspizientin/Bauinspizient für den
8. Bezirk 49763
Werkmeisterin/Werkmeister für den
8. Bezirk 49773
Werkmeisterin/Werkmeister für den
16. Bezirk 49778
Bauinspizientin/Bauinspizient für den
7., 15. Bezirk 49764
Werkmeisterin/Werkmeister für den
15. Bezirk 49777

Gruppe für den 10., 12., 13., 23. Bezirk

Leiterin/Leiter 49781
Bauinspizientin/Bauinspizient für den
10. Bezirk 49782
Werkmeisterinnen/Werkmeister für den
10. Bezirk 49787, 49788, 49789
Bauinspizientin/Bauinspizient für den
12., 13. Bezirk 49783
Werkmeisterinnen/Werkmeister für den
12. Bezirk 49792, 49793
Werkmeisterinnen/Werkmeister für den
13. Bezirk 49794, 49795
Bauinspizientin/Bauinspizient für den
23. Bezirk 49784
Werkmeisterinnen/Werkmeister für den
23. Bezirk 49796, 49797, 49798

Gruppe für den 21., 22. Bezirk

Leiterin/Leiter 49821
Bauinspizientinnen/Bauinspizienten für den
21. Bezirk 49822, 49824
Werkmeisterinnen/Werkmeister für den
21. Bezirk 49832, 49833, 49834
Bauinspizientinnen/Bauinspizienten für den
22. Bezirk 49823, 49824
Werkmeisterinnen/Werkmeister für den
22. Bezirk 49836, 49837, 49838

Bundesstraßenverwaltung

Leiterin/Leiter 49612
Sekretariat 49616
Telefax: 488 34-99-49660

Referat Bundesstraßengrundverwaltung

Leiterin/Leiter 49691
Referentinnen/
Referenten 49692,
49693, 49696, 49697
Werkmeisterinnen/
Werkmeister 49694, 49696, 49697
Technische Bedienstete 49696

Gruppe "Erhaltung und Bau der Bundesstraßen A"

Leiterin/Leiter . . . . 488 34 . . ., 49661,
204 00 61 . . ., 46323
Referentin/Referent
Autobahn Neubau . . . . 488 34 . . ., 49663
Werkmeisterinnen/
Werkmeister 46324, 49665
Routengenehmigungen für
Autobahnen . . . . 204 00 61 . . ., 46323

Autobahnmeisterei Inzersdorf

(23, Klingerstraße) . . . . 204 00 61 . . .
Straßenmeisterinnen/
Straßenmeister 46321, 46322
Werkmeisterin/Werkmeister 46324
Kanzlei 46320
Journaldienst Tunnelwarte . . . . 204 00 61 . . .
Telefax: 667 71 74-218

Autobahnmeisterei Kaisermühlen

(22, Industriestraße),
Referentin/Referent
Tunnelbetrieb . . . . 488 34 . . ., 49662,
204 00 61 46218
Straßenmeisterinnen/
Straßenmeister . . . . 204 00 61 . . ., 46211,
46221
Kanzlei 46213
Journaldienst Tunnelwarte . . . . 204 00 61 . . .
Telefax: 204 00 61-99-46210

Gruppe "Bau der Bundesstraßen B"

Leiterin/Leiter 49671
Bauinspizientinnen/
Bauinspizienten 49672,
49674, 49676, 49677
Werkmeisterinnen/
Werkmeister 49673, 49675, 49677

Gruppe "Erhaltung der Bundesstraßen B"

Leiterin/Leiter 49681
Bauinspizientinnen/
Bauinspizienten 49682, 49683
Werkmeisterinnen/
Werkmeister 49685, 49686

Stützpunkt Wien-Nord

(1090) 19, Grinzinger
Straße 153-155 . . . . 370 47 38 . . .,
370 47 39 . . .
Telefax: 318 65 69
Werkmeisterinnen/Werkmeister 21, 22

MAGISTRATSABTEILUNG 29

Brückenbau und Grundbau

(Geschäftsgruppe Stadtentwicklung und Verkehr)

Planung, Neu- und Umbau, Erhaltung und Objektverwaltung von Ingenieurbauten des Tiefbaus (Brücken, Straßentunnel, Verkehrsbauwerke, Stiegen, Stützbauwerke usw.) und von Sonderbauwerken.
Teilbesorgung der Auftragsverwaltung des Bundes im Bereich der Bundesstraßenverwaltung hinsichtlich der Ingenieurbauten des Tiefbaus (Brücken, Straßentunnel, Verkehrsbauwerke, Stiegen, Stützbauwerke usw.) und der Sonderbauwerke, nämlich Planung, Neu- und Umbau, Erhaltung und Objektverwaltung.
Technische Fachdienststelle für Ingenieurbauten des Tiefbaus (Brücken, Straßentunnel, Verkehrsbauwerke, Stiegen, Stützbauwerke usw.) und für Sonderbauwerke; Inspektion von Sonderkonstruktionen (Signalbrücken, Überkopfweiser usw.).
Führung eines Planarchives.
Bestellung von technischen Amtssachverständigen für Ingenieurbauten des Tiefbaus (Brücken, Straßentunnel, Verkehrsbauwerke, Stiegen, Stützbauwerke usw.) und für Sonderbauwerke.
Technische Fachdienststelle für Grundbau, Bodenmechanik und Geologie.
Baugrunduntersuchungen, Errichtung von Brunnen, Grundwassermessstellen, Messstellen zur Beobachtung von Hangrutschungen und Setzungen; Erkundung von Altlastendeponien; Tiefbohrungen zur Erschließung von Wässern für Heil- und Nutzzwecke.
Erstellung von grundbautechnischen Gutachten und von Gründungsvorschlägen.
Grundbautechnische Bauberatung.
Beratung in geotechnischen Sachfragen (Hangrutschungen, Gebäudesetzungen, Sanierung von Altlastdeponien, Anlage neuer Deponien usw.).
Besorgung der Aufgaben des Landesgeologen; geologisch-geotechnische und hydrogeologische Kartierung.
Führung eines Baugrundkatasters und eines Bodenprobenlagers.
Beistellung von grundbautechnischen Amtssachverständigen.
Beistellung von Amtssachverständigen in eisenbahnrechtlichen Verfahren.
Objektverwaltung und Erhaltung der für die Wahrnehmung der eigenen Aufgaben erforderlichen Lagerplätze und Depots, der Brückenmeisterei, Außenstellen und Bodenprobenlager usw.

(1160) 16, Wilhelminenstraße 93 . . . . 40 00 . . .
Telefax: 40 00-99-Nebenstelle
IBS-User: M29A
E-Mail: post@m29.magwien.gv.at

H u f n a g e l , Dipl.-Ing. Walter,
Obersenatsrat 96911
M e l z e r , Dipl.-Ing. Hans,
Senatsrat 96912
Kanzleileiterin/
Kanzleileiter 96915, 96919
Kanzlei 96918, 96916, 96900
Schreibstelle 96913, 96914
Amtsgehilfin /
Amtsgehilfe 96917
Sitzungszimmer 96924

Fachbereich Brückenbau und Straßentunnel

Leiterin/Leiter 96912
Amtssachverständige/
Amtssachverständiger 96912

Gruppe Projektentwicklung

Leiterin/Leiter 96930, 96951
Referentinnen/Referenten 96939, 96944
Planarchiv 96984, 96909

Gruppe Bauabwicklung

Leiterin/Leiter 96931
Referentinnen/
Referenten 96934,
96935, 96936, 96938

Gruppe Gemeindebrückenerhaltung

Leiterin/Leiter 96941
Referentinnen/
Referenten 96942, 96943
Werkmeisterinnen/
Werkmeister 96946, 96947, 96948

Außenstelle
Gemeindebrückenerhaltung
(1190) 19, Grinzinger Straße 151a
Werkmeisterinnen/
Werkmeister 370 22 94

Gruppe Bundesbrückenerhaltung

Leiterin/Leiter . . . . 40 00 . . ., 96950, 96952
Referentinnen/Referenten 96937, 96957
Werkmeisterinnen/
Werkmeister 96908, 96955, 96959
Autobahn-Brückenmeisterei
Leiterin/Leiter 96958

Außenstelle für die
Bundesbrückenerhaltung,
Brückenmeisterei Kaisermühlen (Knoten),
(1220) 22, Industriestraße . . . . 204 00 61 . . .
Telefax: 204 00 61-99-46270
Leiterin/Leiter 46273
Brückenmeisterinnen/
Brückenmeister 46271, 46272

Fachbereich Grundbau

Leiterin/Leiter .... 40 00 . . ., 96960, 96961

Amtssachverständige/Amtssachverständiger U-Bahn-Bau 96960, 96961

Gruppe Baugrundinformation

Leiterin/Leiter (Landesgeologin/Landesgeologe) 96989

Referentinnen/Referenten 96963, 96964

Archiv und Bodenprobenlager 96963, 96964

Bodenprobenlager "Alte Donau" (1210) 21, Brossmannplatz 271 66 12

Gruppe Baugrunderkundung

Leiterin/Leiter .... 40 00 . . ., 96962

Referentinnen/Referenten 96966, 96967, 96968

Altlasten und Deponieerkundungen 96966

Werkmeisterinnen/Werkmeister 96965, 96969, 96928

Gruppe Bauberatung, Tiefbau, U-Bahn-Bau und Hochbau

Leiterin/Leiter 96971

Amtssachverständige/Amtssachverständiger U-Bahn-Bau 96972

Referentinnen/Referenten und Amtssachverständige 96927, 96973, 96974, 96975, 96976, 96978

Geotechnische Verfahrens- und Datenanalyse, Dokumentation 96976, 96964

Geotechnische Messtechnik und EDV 96975, 96979

Umwelttechnik und Schwingungsmessungen 96974

Hochbau 96978

Fachbereich Administration, Bauwerksprüfung, Sonderbauten, Controlling und Sonderaufgaben

Leiterin/Leiter 96981

Preisprüfung 96981

7, 13, 14, 15, 16,
(1140) 14, Hackinger Straße 3 ...... 914 41 81 ...
8, 9, 17, 18, 19, 20,
(1190) 19, Boschstraße 40–44 .... 370 43 01
21,
(1210) 21, Floridsdorfer Hauptstraße 1a .... 278 65 34 ...
22,
(1220) 22, Stadlau, Waldrebengasse 3 .... 282 16 97 ...

Zentrallager,
(1140) 14, Hackinger Straße 3 ...... 914 41 81 ...

Werkstätten:
Hauptwerkstätte,
(1140) 14, Hackinger Straße 3 .... 914 41 81 ...
Kfz-Werkstätte,
(1140) 14, Hackinger Straße 3 .... 914 41 81 ..., 25
Kfz-Werkstätte,
(1210) 21, Fännergasse 2–4 .... 278 15 81

Pumpwerk LDS,
(1220) 22, Donauinsel über Steinspornbrücke .... 728 96 54 ...

Kläranlage Blumental,
(1232) 23, Inzersdorf, Großmarktstraße 5 .... 616 67 71 ...
TV-Kanaluntersuchung 616 79 03

Hauptkläranlage Wien,
(1110) 11, Haidequerstraße 7 .... 767 16 35

MAGISTRATSABTEILUNG 31

Wasserwerke

(Geschäftsgruppe Umwelt)

Versorgung der Stadt Wien mit Trinkwasser mittels öffentlicher Wasserversorgungsanlagen.
Grundverwaltung und Erhaltung der Wasserschutzgebiete sowie der Grundflächen, die mit Fernleitungen verbunden sind, und des Amtshauses 6, Grabnergasse 4–6.
Grundverwaltung bzw. Objektverwaltung und Erhaltung, Planung, Errichtung und Betrieb der Wasserversorgungsanlagen einschließlich der Frühwarnsysteme sowie der sonstigen Betriebsobjekte.
Objektverwaltung und Erhaltung, Planung, Errichtung und Betrieb der Wasserleitungskraftwerke und der damit verbundenen elektrischen Anlagen, der betriebseigenen fernmeldetechnischen Anlagen und des dazugehörigen Fernmeldekabelnetzes.
Trinkwasserversorgung in Not- und Katastrophenfällen.
Handhabung des Wasserversorgungsgesetzes und der aufgrund dieses Gesetzes erlassenen Verordnungen mit Ausnahme der Wassergebühren und der Strafamtshandlungen.
Vertretung der Interessen der Stadt Wien in den Schutz- und Schongebieten gemäß den Verordnungen zum Schutz der Wasservorkommen.
Mitwirkung bei der Bewirtschaftung der stadteigenen Wasserschutz- und Schongebiete und bei der Durchführung von Maßnahmen im Hinblick auf einen optimalen Boden- und Waldzustand zur Gewährleistung eines nachhaltigen Wasserdargebotes.
Mitwirkung bei Grundtransaktionen für Wasserversorgungszwecke.
Beistellung von Sachverständigen in Verfahren betreffend die Wasserversorgung.
Vertretung der Interessen der Stadt Wien auf dem Gebiet der Wasserversorgung in Interessengemeinschaften und Verbänden; Mitwirkung in Normungsangelegenheiten.
Erwerb von Dienstbarkeitsrechten für Wasserversorgungsanlagen.
Wahrnehmung der Grundbuchsangelegenheiten im Zusammenhang mit der Wasserversorgung und der der Magistratsabteilung 31 obliegenden Grundverwaltung.
Überwachung und Untersuchung des Trinkwassers aus den öffentlichen Wasserversorgungsanlagen, ausgenommen in hygienischer und bakteriologischer Hinsicht.
Aufstellung und Instandhaltung von öffentlichen Feuerhydranten unter Mitwirkung der Magistratsabteilung 68.
Objektverwaltung der Denkmalbrunnen – soweit keine andere Dienststelle zuständig ist – und der Wiener Wasser-Welt sowie Erhaltung dieser Objekte unter Mitwirkung der Magistratsabteilungen 7, 24 und 32.
Definitive Straßeninstandsetzung nach Aufgrabungen der Wasserwerke.
Fischereiangelegenheiten im Einzugsgebiet der Wientalwasserleitung.
Betrieb der Wasserleitungsmuseen; Öffentlichkeitsarbeit für den Wasserleitungsbetrieb, soweit nicht die Magistratsabteilung 53 dafür zuständig ist.

(1061) 6, Grabnergasse 4–6 .... 599 59 ...
Teletex: 3221569
Telefax: 599 59-99-Nebenstelle
IBS-User: M31A
E-Mail: post@m31.magwien.gv.at

S a i l e r , Dipl.-Ing. Hans,
Senatsrat 31001
T i l l , Dipl.-Ing. Erich,
Senatsrat 31002
Sekretariat, Budgetangelegenheiten 31000
Kanzleileiterin/Kanzleileiter 31941
Einlaufstelle, Protokoll 31940
Personalbüro, Leiterin/Leiter 31051
Sachbearbeiterinnen/
Sachbearbeiter 31050, 31052, 31053
Gebietsleiter für Wien
T i l l , Dipl.-Ing. Erich,
Senatsrat 31002
Gebietsleiter für Außenstrecken
Z e r o b i n , Dipl.-Ing. Dr. Wolfgang,
Oberstadtbaurat 31003

Betriebsabteilungen:

1 – Rechtsangelegenheiten,

Leiterin / Leiter 31101
Büro und Lagerbuch 31100, 31107
Referentin/Referent für den
2., 20., 21., 22. Bezirk 31104
Referentin/Referent für den
4., 5., 10., 11., 12., 23. Bezirk, I. Hochquellenleitung, GWWLobau 31108
Referentin/Referent für den
13., 14., 16. Bezirk, II. Hochquellenleitung 31102
Referentin/Referent für den
1., 3., 6., 7., 8., 9., 15., 16., 17., 18., 19. Bezirk, 3. Wasserleitung, Wientalwasserleitung, Quellgebiet, I. Hochquellenleitung, Donauinsel Nord 31103

2 – Materialbeschaffung und Verwaltung,

Leiterin/Leiter 31201
Büro, Wasserzählerverwaltung 31200, 31205
Wasserzähler, technische Abteilung 31240
Wasserzähler – Werkstätte
(1050) 5, Spengergasse 45 . . . . 31250, 544 81 24
Materialbeschaffung, technologische Aufgaben,
Rohrlager Laxenburg, Guntramsdorf,
(2353) NÖ, Frankstahl-
Straße 4 . . . . 31220, 02236/43 6 60

3 – Hausverwaltung und Baugruppe

Leiterin/Leiter . . . . 599 59 . . ., 31301
Büro 31300
Sachbearbeiterinnen/
Sachbearbeiter 31300, 31302, 31303, 31305, 31306

4 – Zentrale Dienste und Wasserwirtschaft,

Leiterin/Leiter 31401

Interner Bereichsleiter für Öffentlichkeitsarbeit,

Leiterin/Leiter 31401
Büro 31400
Behälter, Kraft- und Hebewerke 31401
Apparatezentrale 31493, 31490
Schwachstrom, Informationstechnik . 31402, 31410
Starkstrom, Maschinenanlagen 31402, 31430
Grundwasserwerke und
Desinfektion 31451, 31450
Kabeldienst 31402, 31440
Betriebliche Messanlagen 31451, 31460
Betriebsstatistik 31400, 31406
Bürgerdienst 31471

5 – Planungs- und Bauabteilung,

Leiterin/Leiter 31501
Büro 31500
Bauleitung, Planung, Gewinnung, Verteilung,
Speicherung 31511, 31521
Referentinnen/Referenten
Bau und Planung 31522, 31523, 31512, 31513
Chemie 31531, 31532, 31533, 31534

Zeichensaal und Einbautenevidenz 31550, 31552, 31553, 31556

6 – Wasserverteilung,

Leiterin/Leiter 31601
Büro, Aufgrabungsevidenz,
Pauschalabgaben 31600, 31605, 31606, 31628, 31629
Baugruppenleiterin/
Baugruppenleiter für den 1., 2., 3., 6., 7.,
10., 11., 15., 20., 21., 22. Bezirk 31603
Baugruppenleiterin/
Baugruppenleiter für den 4., 5., 8., 9.,
12., 13., 14., 16., 17., 18., 19., 23. Bezirk . . . 31602
Bezirksreferentin/Bezirksreferent und zugehörige(r) Referatswerkmeisterin/Referatswerkmeister für den
2., 20. und 22. Bezirk 31675, 31676
4., 5.,12., 14. und 16. Bezirk 31642, 31665, 31666
1., 3., 6., 7., 11. und 15. Bezirk 31670, 31671
21. Bezirk 31650, 31651
8., 9., 17., 18. und 19. Bezirk 31640, 31641
10. und 23. Bezirk (Liesing) 31655, 31656
13. und 23. Bezirk (Mauer) 31660, 31661
U-Bahn-Bau, Industrieaufschließung 31630, 31631, 31632
Straßeninstandsetzung 31610, 31612, 31615
Servicestelle für Verbrauchsanlagen . 31620, 31622

Bezirksdienststellen für Rohrnetzbetrieb, Störungsdienst und Abzweigleitungen für die Bezirke:

1, 6, 7, 15, (1070) 7, Lindengasse 61–63 . . . 32620
2, 20, (1020) 2, Meiereistraße 7,
Ernst-Happel-Stadion, Sektor E 32600
3, 11, (1030) 3, Leonhardgasse 9/2 32610
4, 5, 12, (1120) 12, Arndtstraße 30 32650
8, 9, 17, (1080) 8, Albertplatz 7 32630
10, (1100) 10, Sahulkastraße 3–5/35 32640
13, 23 (Mauer), (1238) 23, Mauer,
Dr.-Barilitis-Gasse 2–4/6 31680
14, 16, (1140) 14, Hütteldorfer Straße 142 . . 32660
18, 19, (1190) 19, Hardtgasse 10–12 32670
21, (1210) 21, Schöpfleuthnergasse 8–16/11/1 32680

22, (1220) 22, Cizekplatz 4 32690
23 (ohne Mauer), (1230) 23, Liesing,
Färbermühlgasse 15 31690

Gebrechenmeldestelle des
Störungs-(Bereitschafts-)Dienstes .... 599 59 . . .,
3199

7 – I. Hochquellenleitung,
Leiterin/Leiter 31701
Büro 31700
Betriebsleitung 3. Wasserleitung –
Moosbrunn 022 34/74 0 28, 31730, 31731
Betriebsleitung
Hirschwang 026 66/525 48, 31765

8 – II. Hochquellenleitung,
Leiterin/Leiter 31801
Büro 31800
Wientalwasserwerk 022 31/665 54-0, 31822
Betriebsleitung Wildalpen ... 036 36/451-0, 31802,
31855

9 – Allgemeine und besondere Aufgaben,
Leiterin/Leiter 31901
Büro 31900
Krisenmanagement 31901
Kanzlei 31941
EDV-Gruppe 31910
Fuhrpark 31951, 31950
Bürgerdienst 31902

MAGISTRATSABTEILUNG 32

Haustechnik

(Geschäftsgruppe Wohnen, Wohnbau und Stadterneuerung)

Planung, Errichtung, Installation, Betriebsführung, Erhaltung, Wartung und Begutachtung von wärme-, kälte-, lüftungs-, klima-, maschinen-, sanitär-, elektro-, blitzschutz- und fördertechnischen Anlagen aller Art, soweit nach der Geschäftseinteilung nicht ausdrücklich eine andere Dienststelle zuständig ist.
Studien über und Planung von Anlagen der Energiewirtschaft (einschließlich zugehöriger energiesparender, energieoptimierender und umweltentlastender Maßnahmen).
Wirtschaftliche Heizkontrolle und Tarifangelegenheiten der Rauchfangkehrer sowie Überprüfung ihrer Honorare und Leistungen in städtischen Objekten.
Beistellung von Sachverständigen, soweit nicht die Magistratsabteilungen 36 oder 37 zuständig ist.
Beistellung von Sachverständigen für haustechnische Herstellungen, die subventioniert werden.
Grundverwaltung und Erhaltung der Haustechnikwerkstätte.
Führung eines Bereitschaftsdienstes zur Behebung von Störungen an heizungs- und maschinentechnischen Anlagen aller Art, der Haustechnikwerkstätte sowie des Heizungsmuseums.
Antragstellung an den Landeshauptmann auf Bestellung der Prüfungskommissäre nach dem Dampfkesselbetriebsgesetz sowie Veranlassung der amtlichen Kundmachung der Bestellung
Dampfkesselbescheinigungsevidenz: Erstellung und Evidenthaltung von Prüfungslisten im Sinne von § 15 Abs. 7 Kesselgesetz; Evidenthaltung der Aufzeichnungen der Prüfungskommissare nach dem Dampfkesselbetriebsgesetz über die vorgenommenen Prüfungen.
Übernahme von Aufgaben im Rahmen des geschäftseinteilungsmäßigen Wirkungsbereiches auch nach Vereinbarung mit der dafür nach dieser Geschäftseinteilung zuständigen Magistratsabteilung 23.

(1194) 19, Muthgasse 62 .... 40 00 . . .
Telefax: 40 00-99-Nebenstelle
IBS-User: M32A
E-Mail: post@m32.magwien.gv.at

Auskunft 8032
(Bei Nichterreichbarkeit von Bediensteten auf nachstehenden Telefonnummern bzw. -klappen besteht auf obiger Nummer die Möglichkeit von Auskünften bzw. der Hinterlegung von Nachrichten bezüglich Rückruf.)

D o r n , Dipl.-Ing. Robert,
Senatsrat 74011
M a y e r , Ing. Ernst,
Techn. Oberamtsrat 74012
Sekretariat 74015, 74016
Personalreferat,
Leiterin/Leiter 74012

Kanzlei

Kanzleileiterin/Kanzleileiter, Personalevidenz,
Dienstreiseabrechnungen,
Inventarführung 74019, 74021
Abteilungsleiterbüro, Dienstpostenplan,
Personalanträge 74015, 74016
Allgemeine Kanzlei, Einlaufprotokoll,
Fahrtkostenersatz, nachträglicher
Zentralheizungseinbau 74022, 74023
Schreibstelle 74024, 74025
Amtsgehilfinnen/
Amtsgehilfen 74028, 74029, 74478
Rechnungsreferat
Haftrücklässe, Hinterlegungen,
Nebengebühren 74032
Kreditkontrolle 74033
Rechnungsprotokoll 74036
Vergabewesen, Anträge, Auftragserteilungen,
Firmenkartei 74042

Anbotsverkauf, Anbotsverhandlungen,
Handverlag . . . 74043

Kesselwesen

Kanzlei der Kesselbescheinigungs- und Betriebswärterzeugnisevidenz (Ausstellung von Zweitausfertigungen) . . . 74400, 74045

Prüfungskommissäre:
B u l a s i k i s , Dipl.-Ing. Apostolos, Oberstadtbaurat . . . 74400
L u k e s c h , Dipl.-Ing. Heinz, Obersenatsrat . . . 74404
P i c h l e r , Dipl.-Ing. Michael . . . 74409
S p u r n y , Dipl.-Ing. Rainer, Oberstadtbaurat . . . 74406
R a t h , Dipl.-Ing. Alfred, Senatsrat . . . 74400

Zentralstelle

Leiterin/Leiter . . . 74052
Vergabeverantwortliche/Vergabeverantwortlicher . . . 74341
Controlling . . . 74225
EDV-Referentin/EDV-Referent . . . 74072
Öffentlichkeitsarbeit . . . 74242

Fachbereich 1 – Assistenz, Störungsdienst

Anlagenüberwachung, Noteinsätze allgemein, Sofortmaßnahmen
Auskunft . . . 74170
Leiterin/Leiter . . . 74171
Stellvertreterin/Stellvertreter . . . 74172
Einsatzzentrale
Mo.–Fr. 6–18 Uhr . . . 7400
0–24 Uhr (Tonband) . . . 7409
Kontinuierlicher Wechseldienst
Monteure . . . 74174, 74177
Tagdienst Monteure . . . 74175
Sondergeräte . . . 74182, 74183
Werkstatt – Lager . . . 74187

Fachbereich 2 – Kultur- und Nutzbauten

Auskunft . . . 74100
Leiterin/Leiter . . . 74101
Stellvertreterin/Stellvertreter . . . 74102, 74142

Kulturbauten
Leiterin/Leiter . . . 74142
Referentin/Referent . . . 74144
Sachbearbeiterinnen/Sachbearbeiter und Werkmeisterinnen/Werkmeister . . . 74153, 74154, 74155, 74157, 74159

Nutzbauten
Leiterin/Leiter . . . 74102
Referentinnen/Referenten . . . 74104, 74105, 74143
Sachbearbeiterinnen/Sachbearbeiter und Werkmeisterinnen/Werkmeister . . . 74106, 74113, 74114, 74124

Fachbereich 3 – Allgemeiner Hochbau, Wohnbau

Auskunft, Schadensmeldungen . . . 74200
Leiterin/Leiter . . . 74201
Stellvertreterin/Stellvertreter . . . 74202

Neubau
Leiterin/Leiter . . . 74202
Referentinnen/Referenten . . . 74205, 74262, 74263
Sachbearbeiterinnen/Sachbearbeiter und Werkmeisterinnen/Werkmeister . . . 74215, 74244, 74245, 74253, 74254, 74255

Wohnbau - Sanierungen
Leiterin/Leiter . . . 74224
Referentinnen/Referenten . . . 74223, 74226
Sachbearbeiterinnen/Sachbearbeiter und Werkmeisterinnen/Werkmeister . . . 74213, 74234, 74236, 74237, 74264, 74265, 74266, 74267

Fachbereich 4 – Anlagentechnik, Bäder

Auskunft . . . 74270
Leiterin/Leiter . . . 74271
Stellvertreterin/Stellvertreter . . . 74282
Anlagenbau
Leiterin/Leiter . . . 74274
Referentinnen/Referenten . . . 74272, 74145
Sachbearbeiterinnen/Sachbearbeiter und Werkmeisterinnen/Werkmeister . . . 74273, 74275, 74279, 74288, 74152, 74156, 74158

Bäder
Leiterin/Leiter . . . 74282
Referentinnen/Referenten . . . 74283, 74284, 74289
Sachbearbeiterinnen/Sachbearbeiter und Werkmeisterinnen/Werkmeister . . . 74277, 74285, 74286, 74287

Fachbereich 5 – Tiefbau, Verkehrs- und Wasserbau

Auskunft . . . 74300
Leiterin/Leiter . . . 74322
Stellvertreterin/Stellvertreter . . . 74323

Wasserbau
Leiterin/Leiter 74323
Referentinnen/Referenten 74323, 74305
Sachbearbeiterinnen/Sachbearbeiter und Werkmeisterinnen/Werkmeister 74315, 74327, 74333, 74356

Tiefbau, Verkehr
Leiterin/Leiter 74347
Referentin/Referent 74347
Sachbearbeiterinnen/Sachbearbeiter und Werkmeisterinnen/Werkmeister 74326, 74334

Nutzbauten
Leiterin/Leiter 74103
Referentin/Referent 74473
Sachbearbeiterinnen/Sachbearbeiter und Werkmeisterinnen/Werkmeister 74115, 74116, 74117, 74476

Fachbereich 6 – Sonderaufgaben

Auskunft 74450
Leiterin/Leiter 74451
Stellvertreterin/Stellvertreter 74461

Technische Beratung,
Begutachtung,
Contracting,
Sondermaschinenbau,
Energie,
Leiterin/Leiter 74461
Referentinnen/Referenten 74452, 74453, 74472, 74474, 74492
Sachbearbeiterin/Sachbearbeiter und Werkmeisterin/Werkmeister 74469

Zeichenbüro,
Messtechnik,
EU,
Skartierungen,
Solar-Energie,
Leiterin/Leiter 74462
Referentinnen/Referenten 74463, 74493
Werkmeisterinnen/Werkmeister 74465, 74494, 74495
Zeichenbüro 74484, 74485, 74487, 74119
Kopierraum 74478

Subventionen,
Begutachtung,
Preiswürdigung,
Leiterin/Leiter 74482
Referentin/Referent 74452

Haustechnik-Werkstätte

(1100) 10, Theodor-Sickel-Gasse 4–6 .... 744 . . ., 688 11 52 . . .
Telefax: 688 11 52-30
Portier, Vermittlung 20
Aufnahmeprotokoll, Telefon(tonband)dienst (0–24 Uhr) 33
Betriebsleitung 21
Betriebskanzlei-Leitung 31
Einkaufs- und Kreditevidenz 35, 36
Budget-, Nebengebühren, Rechnungen 32
Materialreferat, Aufnahmeprotokoll, Schreibstelle 33, 34

Technisches Büro: Leitung
und
Dezernat 1:
Heizungs- und Sanitäranlagen für den 10., 11., 12., 13., 23. Bezirk, Objekte der MA 28, 31, 43, 48, 68, Krankenanstalten, Gasgeräte, Ausbildung, GWHI-Lehrlinge 22

Dezernat 2:
Heizungs- und Sanitäranlagen für den 1., 2., 3., 4., 5., 6., 7., 8., 9., 14., 15., 16., 17., 18., 19., 20., 21., 22. Bezirk, Objekte der MA 30, 42, 44, Krankenanstalten .. 23

Dezernat 3:
Elektro-, Schlosser- und Maurerarbeiten für den 1. – 23. Bezirk 24
Büro Werkstättenmeisterin/Werkstättenmeister: Leitung 41
Werkmeisterin/Werkmeister für den
4., 5., 8., 9., 14., 16., 18., 19., 20., 21. Bezirk ... 42
1., 2., 3., 6., 7., 15., 17., 22. Bezirk und Kesselfegungen für den 1. – 23. Bezirk 43
10., 11., 12., 13., 23. Bezirk und auswärtige Objekte, GWHI-Lehrlinge 45
Elektriker- und Schlosserarbeiten für den 1. - 23. Bezirk 47
Maurer-, Maler- und Anstreicherarbeiten für den 1. - 23. Bezirk 46
Gasgeräteservice 48
Magazin 39

Heizungsmuseum

(1120) 12, Längenfeldgasse 13-15 .... 40 00 . . .
Auskunft 8032
Sachbearbeiterinnen/Sachbearbeiter 74242, 74465, 74494

MAGISTRATSABTEILUNG 33

Öffentliche Beleuchtung

(Geschäftsgruppe Stadtentwicklung und Verkehr)

Planung, Errichtung, Betriebsführung und Erhaltung der öffentlichen Beleuchtung, der öffentlichen Uhren und der Anstrahlungsanlagen für Baudenkmäler.

Störungsbehebung am mechanischen und starkstromtechnischen Teil der Verkehrslichtsignalanlagen und an beleuchteten Verkehrszeichen im Rahmen der Vorgaben der Magistratsabteilung 46.

Teilbesorgung der Geschäfte der Auftragsverwaltung des Bundes hinsichtlich der Bundesstraßenverwaltung, nämlich die Erstellung des Beleuchtungsprojekts.

Führung eines elektro- und lichttechnischen Versuchsraumes für Entwicklungs- und Qualitätskontrolle.

((1110) 11, Senngasse 2 . . . . 797 75 . . .
Telefax: . . . .797 75-99-Nebenstelle, IBS-User: M33A
E-Mail: post@m33.magwien.gv.at

S p r i n g s , Dipl.-Ing. Walter, Senatsrat 92311
T h i e m a n n , Dipl.-Ing. Dr. Nikolaus 92312
Sekretariat 92315
Kanzleileiterin/Kanzleileiter 92319
Kanzlei, Protokoll,
Rechnungsbearbeitung 92313, 92314, 92316
Personalreferentin/Personalreferent 92341
Personalangelegenheiten 92319, 92320
Wirtschaftliche Angelegenheiten 92321
EDV-Angelegenheiten 92382, 92383
Sitzungszimmer 92377

Journaldienst –
Auskunft (Mo.–Fr. 7–16 Uhr) 92310

Uhren, Anstrahlungen, Versuchsraum, Planarchiv
Leiterin/Leiter 92312
Uhren, Anstrahlungen 92362, 92365
Anlagenprüfung 92361, 92363, 92364
Planarchiv
EDV-Erfassung,
Anlagenevidenz 92351, 92352, 92353, 92354, 92355, 92357

Materialverwaltung
Leiterin/Leiter 92368
Stellvertreterin/Stellvertreter 92369
Sachbearbeiterinnen/Sachbearbeiter 92370, 92392, 92393, 92395
Materiallager 92372, 92373

Bau und Instandhaltung der öffentlichen Beleuchtung

Gruppe I
Leiterin/Leiter und
Vertragsreferentin/Vertragsreferent 92391
Referat für den 3., 4., 5., 13., 15., 23. Bezirk
und Anstrich 92327, 92328, 92329, 92385
Referat für den 21., 22. Bezirk und
Sonderanlagen, Industrieaufschließung 92338, 92339, 92340, 92356
Referat für Autobahnen und
Bundesstraßen 92342, 92343, 92366

Gruppe II
Leiterin/Leiter und
Budgetreferentin/Budgetreferent 92331
Referat für den 1., 6., 7., 8., 12. Bezirk
und Schadensverrechnung 92322, 92323, 92324, 92325
Referat für den 2., 9., 10., 11., 20. Bezirk 92332, 92333, 92334, 92359
Referat für den 14., 16., 17., 18., 19. Bezirk . . 92335, 92337, 92384

Störungsanzeige für die öffentliche Beleuchtung und Uhren, Anstrahlungsanlagen, Verkehrslichtsignalanlagen und beleuchtete Verkehrszeichen

(Lampenausfälle, Beschädigungen, Uhrenstörungen, Funktionsstörungen)
Lichttelefon (0–24 Uhr) 8033
Lichttelefon (0–24 Uhr),
gebührenfrei 0800-33 80 33
E-Mail: lichttelefon@m33.magwien.gv.at,
Telefax: 797 75-99-8033

Betriebsgruppe

(1110) 11, 7. Haidequerstraße 6
Telefax: 797 75-99-Nebenstelle
Leiterin/Leiter 92341
Stellvertreterin/Stellvertreter 92421
Kanzlei 92422, 92423
Referat für Störungsbehebung
Referentin/Referent 92431
Werkmeisterin/Werkmeister 92441
Leiterin/Leiter Permanenzdienst 92433
Referat für Schadensbehebungen und Änderungen
an der öffentlichen Beleuchtung
Referentinnen/Referenten 92427, 92430
Werkmeisterinnen/Werkmeister 92424, 92426
Meisterinnen/Meister 92425, 92428, 92429, 92432, 92436
(1110) 11, Senngasse 2
Referat für Passagen, Fernwirksystem,
Tunnelanlagen 92347, 92348
Referat für Donau-City 92421, 92427

MAGISTRATSABTEILUNG 34

(derzeit nicht eingerichtet)

MAGISTRATSABTEILUNG 35

(derzeit nicht eingerichtet)

MAGISTRATSABTEILUNG 36

Technische Gewerbeangelegenheiten, behördliche Elektro- und Gasangelegenheiten, Feuerpolizei und Veranstaltungswesen

(Geschäftsgruppe Umwelt)

Selbständige Vornahme von Revisionen und Überprüfungen nach den einschlägigen gesetzlichen Vorschriften von solchen Betriebsanlagen, Bauwerken, Einrichtungen und Anlagen, hinsichtlich derer der Magistratsdirektor periodische Überprüfungen verfügt oder bei denen aufgrund besonderer, bei diesen Anlagen bestehender oder bekanntgewordener Gefahren schwerpunktmäßige Überprüfungen angeordnet werden.

Beistellung von Amtssachverständigen in gewerbebehördlichen Konzessions- und Betriebsanlageverfahren sowie in Verfahren gemäß § 61 der Bauordnung für Wien.

Beistellung von Sachverständigen auf dem Gebiet der Elektro- und der Gastechnik, der Chemie und der Gifte, auch in behördlichen Verfahren sowie in den Fällen, in denen eine diesbezügliche Anordnung des Magistratsdirektors ergeht.

Handhabung des Wiener Feuerpolizei- und Luftreinhaltegesetzes und der nach diesem Gesetz ergangenen Verordnungen, mit Ausnahme der Zwangsmaßnahmen gemäß § 17 Wiener Feuerpolizei- und Luftreinhaltegesetz, soweit sie feuerpolizeiliche Übelstände betreffen; Erlassung von Bescheiden nach dem Bundesgesetz über das Verbot des Verbrennens biogener Materialien außerhalb von Anlagen.

Bestellung von Überprüfungsorganen gemäß § 15 Abs. 10 Wiener Feuerpolizei- und Luftreinhaltegesetz.

Beistellung von Amtssachverständigen nach dem Luftreinhaltegesetz für Kesselanlagen und Evidenthaltung dieser Kesselanlagen.

Handhabung des Baulärmgesetzes.

Technische Angelegenheiten des Sprengmittelwesens, der pyrotechnischen und sonstiger sprengmittelähnlicher Artikel sowie Genehmigung von Sprengungen.

Beistellung von brandschutztechnischen Amtssachverständigen in behördlichen Verfahren.

Sicherheitstechnisch-behördliche Angelegenheiten nach dem Elektrotechnikgesetz und den nach diesem Gesetz ergangenen Verordnungen, soweit nicht die Magistratsabteilung 64 zuständig ist.

Durchführung von Genehmigungsverfahren nach dem Wiener Gasgesetz für Lagerungen von Flüssiggas-Versandbehältern und die damit verbundenen Flüssiggasanlagen sowie für ortsfeste Flüssiggasbehälter und die damit verbundenen Flüssiggasanlagen, soweit hiefür eine Genehmigungspflicht nach der Bauordnung für Wien nicht gegeben ist.

Beistellung von Amtssachverständigen für wärme-, kälte-, lüftungs-, klima-, und sonstige maschinentechnische Angelegenheiten in behördlichen Verfahren.

Beistellung von Amtssachverständigen in Angelegenheiten der Aufzüge-Sicherheitsverordnung.

Beistellung von Amtssachverständigen nach dem Kesselgesetz und dem Dampfkesselbetriebsgesetz.

Beistellung von Sachverständigen in technischen Angelegenheiten nach dem Bäderhygienegesetz.

Behördliche Angelegenheiten des Veranstaltungswesens erster Instanz (insbesondere Theater, Kinos, Ausstellungen etc.) sowie der Tanzlehranstalten einschließlich des Verwaltungsstrafverfahrens und des Prüfungswesens, ausgenommen administrative Angelegenheiten der Fiaker- und Mietwagenunternehmen.

Genehmigung und Überwachung von Veranstaltungsstätten, Kinos und Messen hinsichtlich der Sicherheitseinrichtungen; Angelegenheiten des technischen Aufsichtsdienstes in Veranstaltungsstätten mit Ausnahme der Bestellung und Einteilung der technischen Aufsichtsbeamten sowie der schriftlichen Anweisungen (Unterweisungen) betreffend der Ausübung des technischen Aufsichtsdienstes in Theatern, Zirkussen usw.

Mitwirkung im baubehördlichen Genehmigungsverfahren für Bauten mit Räumen, in denen größere Menschenansammlungen zu erwarten sind.

Entgegennahme von Meldungen sowie Erteilung von Aufträgen und Untersagung der Mitwirkung von Tieren nach dem Wiener Tierschutz- und Tierhaltegesetz im Rahmen von Verfahren nach dem Wiener Veranstaltungsgesetz und dem Wiener Veranstaltungsstättengesetz.

Behördliche Angelegenheiten des Buchmacher- und Totalisateurwesens, soweit nicht die Magistratsabteilung 4 zuständig ist.

Vorschreibung von Sicherheitsvorkehrungen gemäß § 5 Abs. 5 Wiener Prostitutionsgesetz an den Eigentümer von zur Ausübung der Prostitution verwendeten Gebäuden bzw. Gebäudeteilen.

Feststellung des Eintrittes des Verbotes der weiteren Verwendung des Gebäudes bzw. Gebäudeteiles zur Ausübung der Prostitution bei nicht fristgerechter Erfüllung von Anträgen gemäß § 5 Abs. 5 Wiener Prostitutionsgesetz.

(1200) 20, Dresdner Straße 75,
3. Stock, Tür 302 . . . . 40 00 . . .
Telefax: 40 00-99-89710
IBS-User: M36A
E-Mail: post@m36.magwien.gv.at
Portier 73654
B a c h l , Dipl.-Ing. Hans,
Senatsrat 89711
Ra m i , Dipl.-Ing. Ewald,
Senatsrat 89712
Kanzleileiterin/Kanzleileiter 89719
Kanzlei, Einlaufstelle,
Auskunft Dezernat A 89710
Auskunft Dezernat K 84787
Auskunft Dezernat V 92280
Journaldienst – Dezernat A 89700
Journaldienst – Dezernat B 89810
Journaldienst – Dezernat C 89800

Dezernat A: Gewerbetechnische Angelegenheiten

Leiterin/Leiter 89701
Gewerbetechnische Angelegenheiten
allgemeiner Art
Gebiet I: 1., 8., 21., 22. Bezirk
Leiterin / Leiter 89741
Referentinnen/Referenten . . . 89742, 89743, 89744,
89745, 89748, 89749
Gebiet II: 2., 3., 11., 20. Bezirk
Leiterin/Leiter 89751
Referentinnen / Referenten 89752, 89753,
89754, 89756, 89757
Gebiet III: 10., 23. Bezirk
Leiterin / Leiter 89761
Referentinnen/Referenten 89762,
89765, 89767, 89768
Gebiet IV: 6., 7., 13., 14., 15. Bezirk
Leiterin / Leiter 89771
Referentinnen/Referenten . . . 89772, 89773, 89774,
89776, 89777, 89779
Gebiet V: 16., 17., 18., 19. Bezirk
Leiterin/Leiter 89781
Referentinnen/Referenten 89782,
89783, 89784, 89788
Gebiet VI: 4., 5., 9., 12. Bezirk
Leiterin/Leiter 89791
Referentinnen/
Referenten 89792, 89793, 89794
Gewerbetechnische Belange
Koordinator:
R e n t s c h , Dipl.-Ing Karl,
Oberstadtbaurat 89706
Chemisch-technische Belange
(inklusive Giftbezugsbewilligungen)
Koordinator:
G ö t z , Dipl.-Ing. Dr. Heinz,
Oberstadtbaurat 89704
Sachverständige 89744, 89772, 89791,
89793, 89756, 89761,
89765, 89774, 89776,
89781, 89784, 89792
Technische Bäderangelegenheiten
Leiterin / Leiter 89708
Sachverständige 89744, 89752, 89765,
89773, 89781, 89791
Pyrotechnik
Sachverständige 89704,
89742, 89756, 89765,
89776, 89784, 89743
Beurteilung von Sicherheitsanalysen
Sachverständige 89704,
89706, 89707, 89745,
89791, 89812, 92144
Tankstellen und Tanklager
Leiterin/Leiter 92144
Referentinnen/Referenten 92156

Fachgebiet A (M): Maschinen- und lüftungstechnische Angelegenheiten

Leiterin/Leiter 89707
Sachverständige 89741, 89745, 89749,
89750, 89751, 89752,
89753, 89754, 89762,
89767, 89773, 89782,
89783, 89793, 89794
Luftreinhaltegesetz für gewerbliche
Dampfkesselanlagen
Sachverständige 89707, 89745, 89752

Dezernat B: Behörde und Sachverständige für elektro- und gastechnische Angelegenheiten

Leiterin/Leiter 89702
Stellvertreterin/Stellvertreter 89812
Gebiet I: 1., 2., 3., 4., 5., 8., 21. Bezirk
Leiterin/Leiter 89815
Referentinnen/Referenten 89817
Gebiet II: 6., 7., 10., 11., 12., 13., 14., 15., 23. Bezirk
Leiterin/Leiter 89820
Referentinnen/Referenten 89821, 89822
Gebiet III: 9., 16., 17., 18., 19., 20., 22. Bezirk
Leiterin/Leiter 89825
Referentinnen/Referenten 89816, 89826
Koordinator auf dem Gebiet des elektrotechnischen Vorschriftenwesens
Dietrich, Ing. Manfred, Techn. Oberamtsrat 89705
Prüfer für Elektrotechnik in der Prüfungskommission für Beleuchter
Lorenz, Dipl.-Ing. Paul, Senatsrat 89702
Stellvertreterin/Stellvertreter 89812

Dezernat C: Feuerpolizei, Baulärm, Prostitution, Sprengmittel

Leiterin/Leiter 89703
Feuerpolizei
Objektsüberprüfungen: Schulen, Kindertagesheime, Pensionistenheime, Behindertenheime, Studentenheime, Hochhäuser, Amtshäuser, Kultstätten, Museen, Sondergebäude;
Feuerpolizeiliche Übelstände: Unzulässige, leicht brennbare Lagerungen, Luftverunreinigende Übelstände von Feuerstätten, Bewilligungen für offenes Verbrennen im Freien sowie für Lagerungen in Gebäuden
Referentinnen/Referenten 89803, 89804, 89805, 89806, 89807
Bestellung von Überprüfungsorganen für Feuerstätten 89801, 89803, 89804, 89805, 89807
Baulärm
Bewilligung bei Nachtarbeit, Beschwerden bei Bauarbeiten 89803, 89804, 89805, 89807
Prostitution
Vorschreibung von Brandschutzeinrichtungen 89803, 89804, 89805, 89807
Sprengmittel
Sprengtechnik, Sprengmittelwesen 89704, 89742, 89743

Dezernat K: Behördliche Angelegenheiten des Veranstaltungswesens

Leiterin/Leiter 84771
Referentinnen/Referenten 84772, 84781, 84782, 84784, 84783

Dezernat V: Technische Angelegenheiten des Veranstaltungswesens

Leiterin/Leiter 92281
Referentinnen/Referenten 92283, 92284, 92285, 92286, 92288, 92289, 92292, 92293, 92294, 92296, 92297, 92298

MAGISTRATSABTEILUNG 37

Baupolizei

(Geschäftsgruppe Wohnen, Wohnbau und Stadterneuerung)

Alle baubehördlichen Angelegenheiten, soweit nicht die Magistratsabteilungen 36 oder 64 zuständig sind.
Beantragung von Löschungen und Erteilung der Zustimmung zur Freilassung öffentlich-rechtlicher Verpflichtungen im Grundbuch; Überprüfung von Gerichtsbeschlüssen im Hinblick auf die Bestimmungen der Bauordnung für Wien.
Führung der Liegenschaftsverzeichnisse.
Vergabe von Orientierungsnummern.
Bemessung und Vorschreibung der Ausgleichsabgabe nach dem Wiener Garagengesetz.
Erteilung der Gebrauchserlaubnis nach dem Gebrauchsabgabegesetz sowie von Bewilligungen nach § 82 Abs. 1 Straßenverkehrsordnung 1960 im Zusammenhang mit Baubewilligungen; Bemessung und Vorschreibung der Abgabe.
Baubehördliche Angelegenheiten der Aufzüge, Kräne, Lager brennbarer Flüssigkeiten, Tanklager aller Art, Tankstellen und Ölfeuerungen.
Grundsätzliche Angelegenheiten der Statik sowie des Wärme-, Schall- und baulichen Brandschutzes; Überprüfugng von Bauansuchen in Bezug auf Statik sowie Wärme-, Schall- und baulichen Brandschutz; behördliche Überprüfungen gemäß § 127 der Bauordnung für Wien einschließlich der Durchführung oder Überwachung der technischen Beschau von U-Bahn-Bauten.
Bemessung und Vorschreibung von Kanaleinmündungsgebühren und Anliegerbeiträgen.
Behördliche Aufgaben der Bezirksverwaltungsbehörde nach dem Kesselgesetz und dem Dampfkesselbetriebsgesetz, soweit nicht die Magistratischen Bezirksämter zuständig sind.
Behördliche Angelegenheiten des Luftreinhaltegesetzes für Kesselanlagen, soweit zur Errichtung und Inbetriebnahme oder Änderung von Dampfkesselanlagen keine gewerbe-, berg-, energie- oder eisenbahnrechtliche Bewilligung (Genehmigung) erforderlich ist.
Wahrnehmung der behördlichen Aufgaben nach dem Wasserrechtsgesetz 1959 bei Anlagen zur Lagerung und Leitung wassergefährden-

der Stoffe, soweit diese Anlagen nur der Beheizung von Gebäuden dienen und nicht auch nach dem Gewerberecht einer Genehmigung bedürfen oder soweit diese Anlagen auch einer Bewilligungspflicht nach dem Luftreinhalterecht unterlagen.

Durchführung von Genehmigungsverfahren nach dem Wiener Gasgesetz füR ortsfeste Flüssiggasbehälter und die damit verbundenen Flüssiggasanlagen, sofern dafür auch eine Genehmigungspflicht nach der Bauordnung für Wien besteht.

Bestellung und Evidenthaltung von Aufzugssachverständigen und Führen des Verzeichnisses von Betreuungsunternehmen nach dem Wiener Aufzugsgesetz; Bestellung und Evidenthaltung von Aufzugsprüfern nach der Aufzüge-Sicherheitsverordnung.

Begutachtung des Befähigungsnachweises und des Berechtigungsumfanges von Baugewerbetreibenden sowie Überprüfung der Ansuchen um Zulassung zur Baugewerbeprüfung.

Ausstellung von Bescheinigungen gemäß § 5 Wohnungseigentumsgesetz 1948 und § 12 Wohnungseigentumsgesetz 1975.

Mitwirkung bei der Handhabung des Wiener Baumschutzgesetzes.

Beistellung von Amtssachverständigen in Verfahren nach der Verordnung des Magistrates der Stadt Wien betreffend Maßnahmen zur Vermeidung unnötiger Staubentwicklung, sofern es sich um Lagerungen auf privatem Grund handelt.

Mitwirkung bei der Erstellung der Wohnbaustatistik.

Führung der Baueinlagen.

Vermessungstechnische Arbeiten im Zusammenhang mit der Aussteckung der Fluchtlinien und Höhenlagen.

(1200) 20, Dresdner Straße 75, 2. Stock,
Tür 201–219, 224–234 . . . . 40 00 . . .
Telefax: 40 00-99-89610
IBS-User: M37A
E-Mail: post@m37.magwien.gv.at
Portier 73654
R i c h t e r , Dipl.-Ing. Herbert,
Senatsrat 89611
K r e n n , Dipl.-Ing. Otto,
Senatsrat 89612
Kanzleileiterin/
Kanzleileiter 89619
Kanzlei und Einlaufstelle für das
Vermessungsdezernat 89615, 89627
Schreibstelle 89624
Kassa 84763, 84775

Vermessungsdezernat,
Leiterin/Leiter 89651
Sachbearbeiterinnen/
Sachbearbeiter
1., 2., 3., 4., 5., 6., 7., 8., 9.,
20. Bezirk 89653, 89654
10., 11. Bezirk 89655
12., 15. Bezirk 89658
13. Bezirk 89657
14. Bezirk 89659
16., 19. Bezirk 89667
17., 18. Bezirk 89662
21., 22. Bezirk 89663,
89664, 89665, 89666
23. Bezirk 89668

MAGISTRATSABTEILUNG 39

Versuchs- und Forschungsanstalt der Stadt Wien

Akkreditierte Prüf- und Überwachungsstelle (PÜ 69)

(Geschäftsgruppe Wohnen, Wohnbau und Stadterneuerung)

Akkreditierte Prüf-, Überwachungs- und Zertifizierungsstelle für Bauprodukte.
Durchführung mechanischer, chemischer und physikalischer Untersuchungen und Materialprüfungen, amtliche Probenahme, Schiedsanalysen.
Vornahme von Brandversuchen, Schall-, Wärmefluss- und Erschütterungsmessungen, Belastungsversuche an Bauteilen und am Bauwerk.
Prüfung, Erprobung und Begutachtung von Bau-, Brenn-, Hilfs-, Roh-, Schutz-, Treib- und Werkstoffen, Betriebsmitteln, Bauteilen (Bauweisen), Baukonstruktionen und Baumethoden; Berechnung und Ermittlung von bauphysikalischen Kennwerten; Beratung bezüglich der konstruktiven Ausgestaltung von Bauteilen.
Untersuchungen von Boden- und Grundwasserproben, soweit sie in Zusammenhang mit der Errichtung und Erhaltung von Bauwerken stehen.
Werks- und Produktionsüberwachungen.
Zertifizierung (Konformitätsbescheinigung) von Bauprodukten.
Begutachtung von Schadensfällen.
Ausführung von Entwicklungs- und Forschungsarbeiten.

(1110) 11, Rinnböckstraße 15 .... 795 14 ...
Telefax: 795 14-99-8039
IBS-User: M39A
E-Mail: post@m39.magwien.gv.at

F l e c k , Dipl.-Ing. Werner,
Senatsrat 92011
Sekretariat, Einlaufstelle 92015
P o m m e r , Dipl.-Ing. Georg,
Oberstadtbaurat 92031, 92012
Kanzleileiterin/Kanzleileiter,
Personalangelegenheiten 92019
Auskunft 8039, 92016, 92017
Rechnungsprotokoll, Kreditevidenz 92018
C i p e k , Dipl.-Ing. Lambert,
Oberstadtbaurat,
Qualitätsmanagement-Beauftragter 92013

Mechanisch-technisches Laboratorium
P o m m e r , Dipl.-Ing. Georg,
Oberstadtbaurat, Laborleiter 92031, 92012
Sekretariat 92029
Stellvertreterin/Stellvertreter 92032
Baustoffprüfung
Sachbearbeiterinnen/
Sachbearbeiter 92034, 92041, 92042, 92043, 92044, 92045, 92084, 92086, 92093
Probenübernahme, Werkmeisterinnen/
Werkmeister 92036, 92037, 92038, 92039, 92046, 92053
Würfelübernahme, Werkmeisterinnen/
Werkmeister 92048, 92050

Zertifizierungsstelle für Bauprodukte –
Wien Zert (Amt der Wiener
Landesregierung)
P r o ß e g g e r , Dr. Peter,
Oberstadtbaurat 92081
Sekretariat 92085
Referentinnen/Referenten 92082, 92083

Physikalisch-technisches Laboratorium
P ö h n , Dipl.-Ing. Christian,
Oberstadtbaurat, Laborleiter 92061
Sekretariat 92026
Stellvertreterin/Stellvertreter 92062
Boden- und Wasseruntersuchungen
Referentinnen/Referenten 92065, 92075
Wärmeprüfungen
Referentin/Referent 92063
Sachbearbeiterinnen/
Sachbearbeiter 92067, 92069
Werkmeisterin/
Werkmeister 92074
Schallprüfungen
Referentinnen/Referenten 92062, 92064
Werkmeisterin/Werkmeister 92072
Brandprüfungen
Referentinnen/Referenten 92065, 92068
Werkmeisterin/
Werkmeister 92076

MAGISTRATSABTEILUNG 40

Technische Grundstücksangelegenheiten

(Geschäftsgruppe Wohnen, Wohnbau und Stadterneuerung)

Technische Mitwirkung bei Grundstücksangelegenheiten allgemeiner und grundsätzlicher Art.
Bewertung von Liegenschaften.
Begutachtung der Zweckmäßigkeit des An- und Verkaufes, der Nutzung und Verwertung von Liegenschaften für die Stadt Wien.
Feststellung der Angemessenheit des Kaufpreises von Grundstücken, insbesondere gemäß dem Wiener Wohnbauförderungs- und Wohnhaussanierungsgesetz 1989, dem Stadterneuerungs-, dem Bodenbeschaffungs- und dem Ausländergrunderwerbsgesetz.
Feststellung fiktiver Neubauwerte für Versicherungszwecke (Brandschaden usw.).
Führung des Baulückenkatasters.
Führung der Zentralen Liegenschaftsevidenz.
Festlegung der Verwaltungszuständigkeit für städtische Grundstücke im Einzelfall.
Technische Mitwirkung bei der Einheitsbewertung städtischer Grundstücke.
Technische Mitwirkung und Veranlassung bei der Herstellung der Grundbuchordnung, insbesondere Antragstellung bei Eigenparzellierungen. Abfragen aus der Grundstücksdatenbank des Bundes.
Führung des Rebflächenverzeichnisses.
Vermessungstechnische Arbeiten zur Festlegung der Verwaltungszuständigkeit für Teilflächen städtischer Grundstücke.
Durchführung von Miet- und Nutzwertberechnungen.
Mitwirkung bei der Erstellung von Bescheinigungen gemäß § 5 Wohnungseigentumsgesetz 1948 und § 12 Wohnungseigentumsgesetz 1975.
Feststellung des angemessenen Haupt- und Untermietzinses gemäß dem Mietrechtsgesetz.
Ermittlung der Nutzflächen und Feststellung der Ausstattungskategorie nach den mietrechtlichen Bestimmungen.

(1082) 8, Lerchenfelder Straße 4, 5. Stock,
Tür 503 . . . . 40 00 . . .
Telefax: 40 00-99-Nebenstelle
IBS-User: M40A
E-Mail: post@m40.magwien.gv.at

K r a s s e l , Dipl.-Ing. Peter,
Senatsrat 89001
B e n n o , Dipl.-Ing. Eva,
Senatsrätin 89002
Kanzleileiterin/Kanzleileiter 89009
Kanzlei, Auskunft 8040, 89004, 89005
Einlaufstelle, Protokoll 89006, 89007
EDV-Referent 89058
Sitzungszimmer 89059

Dezernat Liegenschaftsmanagement (LIMA)

Dezernatsleiterin/Dezernatsleiter 89002, 89011
Gruppe Transaktionen und Datenkoordinierung
Referate für die Bezirke:
1, 3, 4, 10, 11 . . . . 89024, 89025, 89035
2, 22 . . . . 89012, 89013, 89033
5, 12, 13, 23 . . . . 89027, 89034, 89039
6, 7, 8, 9, 20, 21,
außerhalb Wiens 89022, 89023, 89037
14, 15, 16, 17, 18, 19 . . . . 89032, 89017, 89036

Sonderreferat
Referatsleiterin/
Referatsleiter 89026
Referentinnen/
Referenten 89014, 89015, 89038

Schriftoperat
Leiterin/Leiter 89042

Grundstücksdatenbank der Stadt Wien
und des Bundes 89043,
89044, 89045, 89046

Planoperat
Leiterin/
Leiter 89052
Sachbearbeiterinnen/
Sachbearbeiter 89053, 89054, 89055
Planzimmer 89057

Vermessungsgruppe
Leiterin/
Leiter 89062
Sachbearbeiterinnen/
Sachbearbeiter 89063, 89064, 89065

Dezernat Miet- und Nutzwertberechnung (M)

Dezernatsleiterin/
Dezernatsleiter 89071

Referate für die Bezirke:
1, 14, 19 89072
2, 12, 23 89075
3, 10, 11 89084
4, 20, 21, 22 89076
5, 6, 7, 18 89073
8, 9, 13 89082
15, 16, 17 89083
Vermessung von
Mietobjekten 89091, 89092, 89093,
89094, 89095, 89096,
89097, 89098, 89099

MAGISTRATSABTEILUNG 41

Stadtvermessung

(Geschäftsgruppe Stadtentwicklung und Verkehr)

Durchführung aller vermessungstechnischen Arbeiten einschließlich der Herstellung von Planurkunden, soweit nicht andere Dienststellen zuständig sind.
Vergabe und Betreuung von vermessungstechnischen und kartografischen Arbeiten für die Stadt Wien.
Mitwirkung bei Arbeiten oder bei der Vergabe von Aufträgen mit kartografischem Gehalt.
Feststellung, Vermarkung und planliche Evidenthaltung der Landes- und Bezirksgrenzen; Mitwirkung bei deren Festlegung.
Fotogrammetrie und Fernerkundung.
Herstellung, Fortführung und Neuauflage der vermessungstechnischen Pläne und der städtischen Kartenwerke, letztere einschließlich ihrer kartografischen Bearbeitung.
Vertrieb der stadteigenen Kartenwerke.
Herstellung und Ergänzung der städtischen Festpunktnetze und Führen der betreffenden Verzeichnisse.
Führung des Archivs der vermessungstechnischen Pläne und Kartenoriginale sowie der Messbilder.
Ausstellung von Vollmachten in Grundabteilungsverfahren.
Antragstellung auf Genehmigung von Grundabteilungen bei städtischen Grundtransaktionen.

(1194) 19, Muthgasse 62, 3. und 4. Stock . . 40 00 . . .
Telefax: 40 00-99-Nebenstelle
IBS-User: M41A
E-Mail: post@m41.magwien.gv.at

H y n s t , Dipl.-Ing. Erwin,
Senatsrat 89111
K r a t k y , Dipl.-Ing. Karl,
Senatsrat 89112
Kanzlei 89115, 89118, 89119
Planarchiv 89106, 89107
Interne Dienste 89127
Sitzungszimmer 89105

Dezernat 1: Ingenieurgeodäsie

Dezernatsleitung 89112, 89131

Allgemeine Vermessungen 89132,
89133, 89135, 89172
Nivellement 89143, 89136, 89139
Sonderaufgaben 89153

Dezernat 2: Liegenschaftsgeodäsie

Dezernatsleitung 89211
Urkundpläne 89212, 89213,
89214, 89218, 89219
Grenzvermessungen 89222, 89215,
89217, 89225, 89227
Katastergrundlagen 89216, 89225

Dezernat 3: Kartographische Geodäsie

Dezernatsleitung 89151
Mehrzweckkarte (MZK) 89162
Kundenservice/Kartenvertrieb 89163
EDV 89176
Photogrammetrie 89152
Luftbildauswertung 89182
Luftbildarchiv 89188
Kartographie 89178
MZK CAD-Bearbeitung 89192
Bebauungsplan 89194
MZK Kartenarchiv 89193

Der Plan der schnellsten Wege.

WIENER LINIEN

Die Stadt gehört Dir.

MAGISTRATSABTEILUNG 42

Stadtgartenamt

(Geschäftsgruppe Umwelt)

Grundverwaltung und Erhaltung der als Parkanlagen und Grüner Prater genutzten Flächen und der für die Wahrnehmung der eigenen Aufgaben erforderlichen Betriebseinrichtungen (wie Gärtnereien, Baumschulen und sonstige Gartenobjekte). Erlassung von Verordnungen nach dem Wiener Tierschutz- und Tierhaltegesetz über den Auslauf von Hunden auf diesen Flächen.
Grundverwaltung und Erhaltung der Wiener Schulverkehrsgärten.
Erhaltung (Pflege) der Grünanlagen auf öffentlichen Verkehrsflächen, ausgenommen auf Bundesstraßen.
Durchführung von Erhaltungs-(Pflege-)Maßnahmen für die Grünanlagen auf Bundesstraßen und im Bereich der von den Magistratsabteilungen 11, 48, 56, 59, 60 und 70 verwalteten Grundflächen, sofern die Kosten dafür bei diesen Dienststellen veranschlagt sind.
Beistellung von Sachverständigen auf dem Gebiet des Gartenwesens.
Ausführung von gärtnerischen Ausschmückungen.
Gärtnerische Gestaltung von Präsentationen der Stadt Wien im In- und Ausland.
Führen der städtischen Gärtnereien (ausgenommen der Friedhofsgärtnereien), der Baumschulen und des Gartenbaumuseums.
Planen und Errichten von Parkanlagen.
Handhabung des Pflanzenschutzgesetzes 1995, ausgenommen Strafamtshandlungen und die Vollstreckung von Bescheiden, sowie des Pflanzgutgesetzes 1997, ausgenommen Strafamtshandlungen.
Vollziehung des Kulturpflanzenschutzgesetzes in erster Instanz, ausgenommen Strafamtshandlungen; amtlicher Pflanzenschutzdienst; phytosanitäre Kontrolle von gärtnerischen und landwirtschaftlichen Produkten bei der Ein- und Ausfuhr, soweit nicht Bundesbehörden diese Aufgaben durchführen.
Wahrnehmung der Aufgaben der Bezirksverwaltungsbehörde nach dem Wiener Pflanzenschutzmittelgesetz, ausgenommen Strafamtshandlungen.
Beratung von Siedlern und Kleingärtnern in gartenfachlichen Angelegenheiten und Ausarbeitung von Mustergestaltungs- und Bepflanzungsplänen für Siedlungs- und Kleingartenanlagen.
Förderung der Kleintierzucht und Prämiierung von Siedlern und Kleingärtnern.

Stadtgartendirektion
(1030) 3, Am Heumarkt 2b .... 40 00 ...
Telefax: 40 00-99-Nebenstelle
IBS-User: M42A
E-Mail: post@m42.magwien.gv.at
Auskunft 8042

Schiller, Ing. Paul, Hofrat,
Stadtgartendirektor 97211
Brandner, Ing. Hannes,
Stadtgartenoberamtsrat 97212
Kanzleileiterin/
Kanzleileiter 97219
Kanzlei 97215, 97217, 97218
Personalstellenleiter:
Floth, Regierungsrat Heinrich,
Oberamtsrat 97231
Personalbüro 97232, 97233, 97234,
97235, 97236, 97237
Referat Sonderaufgaben 97242
Ausschreibungen und Vergaben 97261
Zentrales BürgerInnenanliegen (ZBM) 97248
Wirtschaftsreferat und Bedienstetenschutz 97221
Technische Parkeinrichtungen 97243
EDV 97222, 97223, 97224
Verwaltung 97213, 97214
Budget und Controlling 97241
Neubaugruppenleiterin/
Neubaugruppenleiter 97251
Information 97250
Neubaureferentinnen/
Neubaureferenten 97252, 97256,
97262, 97266, 97271
Planungsgruppenleiterin/
Planungsgruppenleiter 97281
Planungsreferentinnen/
Planungsreferenten 97282, 97283,
97284, 97285, 97287

Amtlicher Pflanzenschutzdienst
Beratung von Kleingärten und Siedlungen,
(1140) 14, Hanakgasse 1a 911 25 55
Baumschutz,
(1180) 18, Türkenschanzpark 478 91 21
Gartenbezirk 1, Schweizergarten
(1., 3., 4., 5., 6., 7., 8., 9. Bezirk),
(1030) 3, Heeresmuseumstraße 2 ...... 796 36 13
Gartenbezirk 2, Prater
(2., 20. Bezirk),
(1020) 2, Prater-Hauptallee 2 .... 720 32 66
Gartenbezirk 3, Kurpark Oberlaa
(10., 11. Bezirk),
(1100) 10, Laaer-Berg-Straße 211 ...... 688 11 70
Gartenbezirk 4, Wilhelmsdorfer Park
(12., 13., 23. Bezirk),
(1120) 12, Längenfeldgasse 64 .... 815 68 59
Gartenbezirk 5, Kongreßpark
(14., 15., 16., 17. Bezirk),
(1160) 16, Sandleitengasse 489 85 22
Gartenbezirk 6, Währinger Park
(18., 19. Bezirk),
(1180) 18, Mollgasse 2 .... 478 34 98
Gartenbezirk 7, Donaupark
(21., 22. Bezirk),
(1223) 22, Donauturmstraße 2 .... 269 79 21

Städtische Baumschulen,
(1140) 14, Mauerbachstraße 66 .... 979 25 56

Städtischer Reservegarten,
(1225) 22, Quadenstraße 15 .... 280 76 31

Werkstätte und Lager Hirschstetten,
(1225) 22, Spargelfeldstraße 20 .... 280 76 31

Schulgarten Kagran,
(1222) 22, Donizettiweg 29 .... 203 21 13

MAGISTRATSABTEILUNG 43

Städtische Friedhöfe

(Geschäftsgruppe Finanzen, Wirtschaftspolitik und Wiener Stadtwerke)

Grundverwaltung und Erhaltung der als Friedhof genutzten städtischen Flächen, der Bezirksleichenkammern, Feuerhallen, Friedhofsgebäude und sonstigen im Friedhof vorhandenen Gebäude.
Grundverwaltung und Erhaltung des Amtshauses 1, Werdertorgasse 6.
Führen, Planung und Errichtung der städtischen Friedhöfe.
Anlage, Zuweisung und Evidenthaltung der Grabstellen (Erd- und Feuerbestattung).
Evidenthaltung der in städtischen Friedhöfen und Urnenhainen Bestatteten.
Ermittlung und Einhebung von Entgelten für die Grabstellen.
Durchführung von Beerdigungen, Enterdigungen und Einäscherungen.
Beistellung und Anlage der Ehrengräber der Stadt Wien sowie Durchführung der Ausschmückung und Pflege der von der Stadt Wien in Obhut übernommenen Grabstellen.
Ausschmückung und Pflege der Kriegs- und Opfergräber in den städtischen Friedhöfen und Urnenhainen sowie der Gräber von Soldaten, Kriegsgefangenen und zwangsweise nach Österreich gebrachten Staatsangehörigen im gesamten Staatsgebiet.
Ausführung noch bestehender Graberhaltungswidmungen.
Erstellung des Entwurfes und Handhabung der Friedhofsordnung für die Friedhöfe und Urnenhaine sowie des Tarifes für die Bestattungsanlagen der Stadt Wien.
Erlassung und Handhabung von Kundmachungen über die Benützung der städtischen Friedhöfe und Urnenhaine sowie über die Auflassung und Umwandlung von Grabstellen.
Bestellung von ständigen Unternehmen für Friedhofsarbeiten (Friedhofskontrahenten).
Bestellung von Wärter(innen) der Bezirksleichenkammern.
Grundverwaltung und Erhaltung der städtischen Friedhofsgärtnereien und der städtischen Steinmetzwerkstätte.
Führen der städtischen Friedhofsgärtnereien und der städtischen Steinmetzwerkstätte.

(1010) 1, Werdertorgasse 6 . . . . 534 69 . . .
Telefax: 534 69-99-Nebenstelle
IBS-User: M43A
E-Mail: post@m43.magwien.gv.at

Leiterin/Leiter: derzeit unbesetzt 97311
Rauch, Dipl.-Ing. Erhard 97312
Kanzleileiterin/Kanzleileiter 97319
Kanzlei 97318, 97317, 97316

Technische Angelegenheiten

Leiterin/Leiter 97321
Referentinnen/Referenten 97323, 97324, 97325, 97326, 97327
Planbüro 97331, 97332, 97333

Gartenangelegenheiten

Leiterin/Leiter 97371
Referentinnen/Referenten 97373, 97374, 97375

Friedhofsrechtliche Angelegenheiten

Leiterin/Leiter 97341
Stellvertreterin/Stellvertreter 97342
Rechtsreferat 97359, 97358, 97361, 97362
Sanierungsreferat 97336, 97328, 97329
Tarifstelle 97343, 97345, 97347, 97349, 97350, 97352, 97354, 97363, 97364
Kasse 97357

Personalangelegenheiten

Leiterin/Leiter 97381
Referentinnen/Referenten 97383, 97384, 97385

Wirtschaftsangelegenheiten

Leiterin/Leiter 97391
Referentinnen/Referenten 97393, 97394, 97395

EDV-Angelegenheiten

Referentinnen/Referenten 97397, 97398

Städtische Friedhofsgärtnerei,

(1110) 11, Simmeringer Hauptstraße 234 . . . . 760 41 . . ., 97826, 97827

Städtische Steinmetzwerkstätte,

(1110) 11, Simmeringer Hauptstraße 339, gegenüber Zentralfriedhof (2. Tor) . . . . 760 41 . . ., 97883, 97885

Städtische Friedhöfe

Altmannsdorf,
(1120) 12, Stüber-Gunther-Gasse 1 . . . . . 665 69 84

Aspern,
(1220) 22, Langobardenstraße 180 . . . . . 282 13 17

Atzgersdorf,
(1230) 23, Reklewskigasse 25 . . . . 865 93 80

Baumgarten,
(1140) 14, Waidhausenstraße 52 . . . . 914 14 16

Breitenlee,
(1220) 22, Breitenleer Straße 231 . . . . . . 282 13 17

Döbling,
(1190) 19, Hartäckerstraße 65 . . . . 479 51 94

Dornbach,
(1170) 17, Alszeile 28 . . . . 485 78 04

Erlaa,
(1230) 23, Erlaaer Straße 82–90 . . . . 865 93 80

Eßling,
(1220) 22, Gartenheimstraße 34A 282 13 17

Gersthof,
(1180) 18, Möhnergasse 1 . . . . 479 14 78

Grinzing,
(1190) 19, An den langen Lüssen 33 . . . . 320 31 92

Großjedlersdorf,
(1210) 21, Strebersdorfer Straße 4 . . . . . 292 12 33

Hadersdorf-Weidlingau,
(1140) 14, Friedhofstraße 12 . . . . 979 19 26

Heiligenstadt,
(1190) 19, Wildgrubgasse 20 . . . . 328 38 43

Hernals,
(1170) 17, Leopold-Kunschak-Platz 7 . . . 486 33 62

Hetzendorf,
(1120) 12, Elisabethallee 2 . . . . 813 34 86

Hietzing,
(1130) 13, Maxingstraße 15 . . . . 877 31 07

Hirschstetten,
(1220) 22, Quadenstraße 11 . . . . 283 81 42

Hütteldorf,
(1140) 14, Samptwandnergasse 6 . . . . . . 979 32 29

Inzersdorf,
(1230) 23, Kolbegasse 34 . . . . 615 49 19

Jedlesee,
(1210) 21, Audorfgasse 47 . . . . 271 51 61

Kagran,
(1220) 22, Goldemundweg 11 . . . . 258 54 55

Kaiserebersdorf,
(1110) 11, Thürnlhofstraße 27 . . . . 767 65 54

Kalksburg,
(1230) 23, Zemlinskygasse 26 . . . . 889 82 19

Lainz,
(1130) 13, Würzburggasse 28 . . . . 813 34 86

Leopoldau,
(1210) 21, Leopoldauer Platz 77 . . . . . . 282 13 17

Liesing,
(1230) 23, Siebenhirtenstraße 16 . . . . 869 01 75

Mauer,
(1230) 23, Friedensstraße 6–16 . . . . 888 51 54

Meidling,
(1120) 12, Haidackergasse 6 –
Eibesbrunnergasse 1 A 813 34 86

Neustift,
(1180) 18, Pötzleinsdorfer Höhe 2 . . . . . 440 14 44

Oberlaa,
(1100) 10, Friedhofstraße 33 . . . . 688 23 49

Ober-St.-Veit,
(1130) 13, Gemeindeberggasse 26 . . . . . 879 76 95

Ottakring,
(1160) 16, Gallitzinstraße 5 . . . . 914 29 09

Pötzleinsdorf,
(1180) 18, Starkfriedgasse 67 . . . . 320 31 92

Rodaun,
(1230) 23, Leinmüllergasse 1 . . . . 888 42 23

Siebenhirten,
(1230) 23, Pollakgasse 3 . . . . 888 42 23

Sievering,
(1190) 19, Nottebohmstraße 51 . . . . 440 13 97

Simmering,
(1110) 11, Unter der Kirche 5 . . . . 767 31 70

Stadlau,
(1220) 22, Gemeindeaugasse 27 . . . . 282 23 14

Stammersdorf-Ort,
(1210) 21, Liebleitnergasse 6 . . . . 292 12 33

Stammersdorf-Zentral,
(1210) 21, Stammersdorfer
Straße 244–260 . . . . 292 13 61

Strebersdorf,
(1210) 21, Anton-Haberzeth-Gasse 6 . . . 292 53 48

Südwestfriedhof,
(1120) 12, Hervicusgasse 44 –
Wundtgasse 1 A 804 33 96,
804 26 67

Süßenbrunn,
(1220) 22, Friedhofweg 282 13 17

Zentralfriedhof
(1110) 11, Simmeringer Haupt-
straße 234, 2. Tor . . . . 760 41 . . ., 97802,
97803

Simmeringer Feuerhalle,
(1110) 11, Simmeringer Haupt-
straße 337 . . . . 760 41 . . ., 97892,
97893

Städtische Bezirksleichenkammern

(1100) 10, Gudrunstraße 199 . . . . 603 14 02

(1210) 21, Stammersdorfer
Straße 244–260 . . . . 292 13 61

MAGISTRATSABTEILUNG 44

Bäder

(Geschäftsgruppe Bildung, Jugend, Soziales, Information und Sport)

Grundverwaltung und Erhaltung der städtischen Bäder, soweit diese hinsichtlich Grund und Objekt überwiegend als Bad genutzt werden.
Objektverwaltung und Erhaltung von Bädern, wenn die Grundflächen sich nicht im Eigentum der Stadt Wien befinden, sowie von jenen Bädern, deren Grundflächen gänzlich oder teilweise von anderen Dienststellen verwaltet werden.
Führen der städtischen Bäder und deren Nebeneinrichtungen.
Errichtung von Bädern, sofern eine städtische Bauleitung nicht erforderlich ist (Generalleistungsvertrag).
Bauabänderungen und Erweiterungen städtischer Bäder sowie die Errichtung von Zubauten an diese Anlagen, sofern dadurch die Art und der Umfang der Anlage nicht grundlegend verändert wird; Erneuerungen von heiz- und bädertechnischen Anlagen; Mitwirkung in bädertechnischer Hinsicht bei Neubauten und größeren Erweiterungen von bestehenden Anlagen.
Antragstellung für und Verwaltung von gemeindeeigenen Gastgewerbeberechtigungen in städtischen Bädern.

(1100) 10, Reumannplatz 23, 3. Stock . . . . 601 12 . . .
Bäderhotline (Telefonzentrale) 8044
Telefax: 601 12-99-Nebenstelle
IBS-User: M44A
E-Mail: post@m44.magwien.gv.at

S c h u s t e r , Dipl.-Ing. Werner 44111
T e u b e n b a c h e r , Dipl.-Ing. Hubert,
Oberstadtbaurat 44123
Kanzleileiterin/Kanzleileiter 44119
Kanzlei, Rechnungsprotokoll 44118
Werbung und Öffentlichkeitsarbeit 44103
Gruppenleiterin/Gruppenleiter
Planung und Instandhaltung 44131
Gruppenleiterin/Gruppenleiter
Betrieb 44121
Gruppenleiterin/Gruppenleiter
Betriebswirtschaftliche Angelegenheiten . . . 44151
Personalbüro 44141,
44142, 44143, 44144
Gewerbeverpachtungen 44152
Betriebskasse,
Bäderlegitimationen und Ermäßigungen 44153
Saisonkarten 44106, 44107
Betriebsleiterinnen/
Betriebsleiter 44122, 44123, 44126,
4127, 44128, 44129,
44133, 44134, 44135
Techn. Zeichnerin/Techn. Zeichner 44124
Amtsgehilfin/Amtsgehilfe 44114
Telefonzentrale 8044
Zentralwerkstätte,
(1160) 16, Lobmeyrgasse 4 . . . . . 486 11 63 . . ., 20

Hallen- und Saunabäder

Amalienbad,
(1100) 10, Reumannplatz 23 . . . . 607 47 47 . . .
Hallenbad Simmering,
(1110) 11, Florian-Hedorfer-Straße 5 767 25 68 . . .
Theresienbad,
(1120) 12, Hufelandgasse 3 . . . . 813 44 35 . . .
Hallenbad Hietzing,
(1130) 13, Atzgersdorfer Straße 14 . . 804 53 19 . . .
Ottakringer Bad,
(1160) 16, Johann-Staud-Straße 11 . . 914 81 06 . . .
Jörgerbad,
(1170) 17, Jörgerstraße 42–44 . . . . . . 406 43 05 . . .
Hallenbad Döbling,
(1190) 19, Geweygasse 6 . . . . 318 01 40 . . .
Hallenbad Brigittenau,
(1200) 20, Klosterneuburger
Straße 93–97 . . . . 330 99 83
Hallenbad Floridsdorf,
(1210) 21, Franklinstraße 22 . . . . 271 13 47 . . .
Hallenbad Großfeldsiedlung,
(1210) 21, Oswald-Redlich-Straße 44 . . . 258 25 64
Hallenbad Donaustadt,
(1222) 22, Kagran, Portnergasse 38 . . . . 203 43 21

Sauna- und Brausebäder

Apostelbad,
(1030) 3, Apostelgasse 18 . . . . 713 11 71
Einsiedlerbad,
(1050) 5, Einsiedlerplatz 18 . . . . 544 71 37
Hermannbad,
(1070) 7, Hermanngasse 28 . . . . 521 34 . . ., 44251
Ratschkybad,
(1120) 12, Ratschkygasse 26 . . . . 813 45 58
Penzinger Bad,
(1140) 14, Hütteldorfer Straße 136 . . . . . 914 61 50
Währinger Bad,
(1180) 18, Klostergasse 27 . . . . 479 53 61
Weisselbad,
(1210) 21, Weisselgasse 5 . . . . 278 22 63
Liesinger Bad,
(1235) 23, Liesing,
Perchtoldsdorfer Straße 14–16 . . . . 865 95 53

Brausebäder

(1040) 4, Rainergasse 6–8 . . . . 505 84 37
(1110) 11, Geiselbergstraße 54 . . . . 743 62 10
(1160) 16, Friedrich-Kaiser-Gasse 11 . . . . . 481 48 82

Sommerbäder

Laaerbergbad,
(1100) 10, Ludwig-von-Höhnel-Gasse 2 –
Favoritenstraße 233 . . . . 688 23 35 . . .

Simmering,
(1110) 11, Florian-Hedorfer-Straße 5 .... 767 25 68 ...
Theresienbad,
(1120) 12, Hufelandgasse 3 .... 813 44 35 ...
Hietzing,
(1130) 13, Atzgersdorfer Straße 14 .. 804 53 19 ...
Hadersdorf-Weidlingau-Bad,
(1147) 14, Hauptstraße 41 .... 979 10 45
Kongreßbad,
(1160) 16, Julius-Meinl-Gasse 7a 486 11 63
Ottakringer Bad,
(1160) 16, Johann-Staud-Straße 11 .. 914 81 06 ...
Schafbergbad,
(1180) 18, Josef-Redl-Gasse 2 ...... 479 15 93 ...
Döblinger Bad,
(1190) 19, Geweygasse 6 .... 318 01 40
Krapfenwaldlbad,
(1190) 19, Krapfenwaldgasse 65–73 . 320 15 01 ...
Angelibad (Strandbad),
(1210) 21, An der oberen Alten Donau .. 263 22 69
Großfeldsiedlung,
(1210) 21, Oswald-Redlich-Straße 44 ... 258 25 64
Alte Donau (Strandbad),
(1223) 22, Kaisermühlen, Arbeiterstrandbadstraße 91 .... 263 65 38
Donaustadt,
(1222) 22, Kagran, Portnergasse 38 .... 203 43 21
Gänsehäufel (Strandbad),
(1223) 22, Kaisermühlen, Moissigasse 21 .... 269 90 16 ...
Stadlau (Strandbad),
(1220) 22, Aspern, Am Mühlwasser 282 32 11
Höpflerbad,
(1230) 23, Atzgersdorf, Endresstraße 24–26 .... 888 69 66 ...
Liesinger Bad,
(1235) 23, Liesing, Perchtoldsdorfer Straße 14–16 .... 865 95 53

Kinderfreibäder

Zentrale – Kinderfreibäder,
(1160) 16, Lobmeyrgasse 4 .... 489 33 18
(1020) 2, Augarten 332 42 58
(1020) 2, Max-Winter-Platz 728 05 85
(1030) 3, Schweizer Garten 799 20 10
(1100) 10, Gudrunstraße, Ecke Absberggasse 602 25 27
(1110) 11, Herderplatz, Herderpark 749 68 98
(1140) 14, Reinlgasse 985 85 03
(1160) 16, Hofferplatz 493 19 09
(1180) 18, Währinger Park 478 63 93
(1190) 19, Hugo-Wolf-Park 367 46 81
(1210) 21, Luckenschwemmgasse 292 61 69
(1210) 21, Roda-Roda-Gasse 292 61 68

MAGISTRATSABTEILUNG 45

Wasserbau

(Geschäftsgruppe Umwelt)

Grundverwaltung und Erhaltung der ausgebauten wasserführenden Gerinne (einschließlich Sickerteiche und Rückhaltebecken) und Trockengerinne sowie von Flächen des Donauhochwasserschutzes.
Objektverwaltung und Erhaltung von wasserbaulichen Einrichtungen.
Planen und Errichten von Wasserbauten.
Betreuung der öffentlichen Wasserflächen, soweit sich diese nicht in den selbst verwalteten Grundflächen befinden.
Technische Fachdienststelle in Fragen der Gewässer mit freier Oberfläche und des Grundwassers.
Angelegenheiten des technischen Gewässerschutzes.
Wasserbautechnische Angelegenheiten von Wasserkraftanlagen.
Planen, Errichten und Erhalten von Löschwasserbrunnen und Messbrunnen.
Angelegenheiten des technischen Hochwasserschutzes.
Planen und Errichten von Verkehrswasserbauwerken und Hafenbahnanlagen.
Planen, Errichten und Erhalten von Anlagen des Donauhochwasserschutzes.
Typisierung und technische Überprüfung von Schiffen, Landungsanlagen und Überfuhren.
Technische Überprüfung sämtlicher im Eigentum bzw. in Verwaltung der Wiener Hafengesellschaft stehenden Hafenanlagen.
Kennzeichnung der Schiffahrtsrinne bei Brücken der Stadt Wien und des Bundes über schiffbaren Gewässern; Überwachung der Brückensignale.
Angelegenheiten der Gewässerzustandsaufsicht, Gewässergüteaufsicht, Gewässerpolizei, insbesondere Kontrolle der wasserrechtlich genehmigungspflichtigen Abwasserreinigungsanlagen.
Überwachung der Anlagen zur Lagerung, Leitung und zum Umschlag wassergefährdender Stoffe; Entgegennahme von Meldungen über Störfälle von solchen Anlagen sowie über Verluste wassergefährdender Stoffe.
Federführende Dienststelle für die Erkundung von Altlasten und Verdachtsflächen sowie für die Sanierung und Absicherung von Altlasten.
Beistellung von Amtssachverständigen im Zusammenhang mit der Altlastensanierung.
Wahrnehmung der Aufgaben des wasserwirtschaftlichen Planungsorgans gemäß § 55 Wasserrechtsgesetz 1959.
Technische Aufsicht über Vereinigungen von Wasserinteressenten.
Wahrnehmung der Interessen der Stadt Wien in technischen Belangen bei Wasserbauten.Hydrographischer Dienst.
Zentrale Einsatzstelle zur Durchführung von Maßnahmen vor, während und nach einem Hochwasser sowie Wartung von Hochwasser-Einsatzgeräten.
Vertretung der Stadt Wien in der Donauhochwasserschutz-Konkurrenz als Kurie Wien.
Mitwirkung bei der hydrogeologischen Kartierung.
Grundverwaltung und Erhaltung der für die Wahrnehmung der eigenen Aufgaben erforderlichen Betriebsanlagen.
Beistellung von technischen Amtssachverständigen für die Schifffahrtsbehörde, Wasserrechtsbehörde und die Eisenbahnbehörde sowie in Verfahren nach dem Mineralrohstoffgesetz.
Erhaltung und Überwachung von Rettungsbooten.
Nutzungsangelegenheiten im Donaubereich.

(1160) 16, Wilhelminenstraße 93 .... 40 00 ...
Telefax: 40 00-99-Nebenstelle
IBS-User: M45A
E-Mail: post@m45.magwien.gv.at

Leiterin/Leiter:
derzeit unbesetzt 96511
Langthaler, Dipl.-Ing. Christoph,
Senatsrat 96512
Sekretariat 96515
Kanzleileiterin/Kanzleileiter 96519
Kanzlei 96529, 96505

Allgemeines und Sonderaufgaben

Leiterin/Leiter 96512
Referentin/Referent für
Kfz- und
Personalangelegenheiten 96502
Inventarangelegenheiten 96510
Grundstücksverwaltung 96503, 96497
Lagerplätze 96576
Zeichnerin/
Zeichner 96497
Amtsgehilfin/
Amtsgehilfe 96506

Koordinations- und Stabsstelle
Leiterin/Leiter 92612
Sachbearbeiterinnen/
Sachbearbeiter 92602, 92622, 92761, 92762, 92618

Verkehrsinformationsstelle 92700
Leiterin/Leiter 92631

Gruppe 1: "Verkehrsorganisation und Verkehrsplanung"

Leiterin/Leiter 92951
Sachbearbeiterin/Sachbearbeiter 92952
Kanzlei 92969, 92698
Telefax: 811 14-99-92701

Referat "Mitte" (1., 6., 7., 8., 9. Bezirk)
Leiterin/Leiter 92981
Sachbearbeiterinnen/
Sachbearbeiter 92982, 92983

Referat "Süd-Ost" (3., 4., 5., 10., 11. Bezirk)
Leiterin/Leiter 92972
Sachbearbeiterinnen/
Sachbearbeiter 92966, 92986

Referat "West" (14., 15., 16., 17., 18., 19. Bezirk)
Leiterin/Leiter 92962
Sachbearbeiterinnen/
Sachbearbeiter 92824, 92974, 92984

Referat "Süd-West" (12., 13., 23. Bezirk)
Leiterin/Leiter 92973
Sachbearbeiterinnen/
Sachbearbeiter 92964, 92985

Referat "Ost" (2., 20., 21., 22. Bezirk)
Leiterin/Leiter 92971
Sachbearbeiterinnen/Sachbearbeiter 92975, 92977, 92978, 92906

Radwegekoordinatorin/
Radwegekoordinator 92981

Gruppe 2: "Straßenverkehrsbehörde"

Leiterin/Leiter 92631
Sachbearbeiterin/Sachbearbeiter 92632
Kanzlei 92623, 92637

Baustellenkoordinierung
Leiterin/Leiter 92631
Sachbearbeiterinnen/
Sachbearbeiter 92688, 92686
Kanzlei 92687
Telefax: 811 14-99-92688

Referat "Mitte" (1., 6., 7., 8., 9. Bezirk)
Leiterin/Leiter 92651
Sachbearbeiterinnen/Sachbearbeiter 92652, 92654, 92656, 92658
Werkmeisterinnen/
Werkmeister 92653, 92655

Referat "Süd-Ost" (3., 4., 5., 10., 11. Bezirk)
Leiterin/Leiter 92671
Sachbearbeiterinnen/
Sachbearbeiter 92672, 92673, 92675
Werkmeisterinnen/Werkmeister 92674, 92676

Referat "West" (14., 15., 16., 17., 18., 19. Bezirk)
Leiterin/Leiter 92661
Sachbearbeiterinnen/
Sachbearbeiter 92662, 92663, 92664
Werkmeisterinnen/
Werkmeister 92665, 92666, 92667

Referat "Süd-West" (12., 13., 23. Bezirk)
Leiterin/Leiter 92681
Sachbearbeiterinnen/
Sachbearbeiter 92682, 92684
Werkmeisterin/Werkmeister 92683

Referat "Ost" (2., 20., 21., 22. Bezirk)
Leiterin/Leiter 92641
Sachbearbeiterinnen/Sachbearbeiter 92642, 92644, 92646, 92648
Werkmeisterinnen/Werkmeister 92645, 92647

Referat "Parkraumbewirtschaftung"
Leiterin/Leiter 92938
Sachbearbeiterinnen/
Sachbearbeiter 92839, 92934, 92826, 92837, 92838, 92817
Kanzlei 92935, 92936
Telefax: 811 14-99-92930

Referat "Sondertransporte, Film und § 29b StVO 1960"
Leiterin/Leiter 92691
Sachbearbeiterinnen/
Sachbearbeiter 92692, 92695, 92696
Kanzlei 92607, 92617, 92627
Telefax: 811 14-99-92627

Gruppe 3: "Errichtung, Betrieb und Erhaltung von Verkehrseinrichtungen"

Leiterin/Leiter 92701
Sachbearbeiterinnen/
Sachbearbeiter 92702, 92703
Kanzlei 92758
Telefax: 811 14-99-92701

Referat "Detailprojektierung und Errichtung von Verkehrslichtsignalanlagen"
Leiterin/Leiter 92741
Sachbearbeiterinnen/
Sachbearbeiter 92689, 92742, 92743, 92756
Werkmeisterinnen/Werkmeister 92636, 92745, 92746, 92747, 92748, 92749, 92757, 92759

Referat "Betrieb und Erhaltung von Verkehrslichtsignalanlagen"
Leiterin/Leiter 92731
Sachbearbeiterinnen/
Sachbearbeiter 92732, 92733, 92737
Werkmeisterinnen/
Werkmeister 92734, 92679

Referat "Verkehrsleiteinrichtungen"
Leiterin/Leiter 92711
Sachbearbeiterin/
Sachbearbeiter 92712
Werkmeisterinnen/
Werkmeister 92705, 92706, 92707, 92708, 92713, 92714, 92716, 92717, 92718

Referat "Bodenmarkierungen"
Leiterin/Leiter 92721
Sachbearbeiterin/
Sachbearbeiter 92738
Werkmeisterinnen/
Werkmeister 92719, 92722, 92723, 92724, 92725, 92726, 92727, 92728, 92729, 92739

Referat "Budgetangelegenheiten" 92751, 92752, 92753, 92754

Gruppe 4: "Verkehrssicherheit und Verkehrsstatistik"

Leiterin/Leiter 92991
Sachbearbeiterin/Sachbearbeiter 92992

Referat "Verkehrssicherheit und Eisenbahntechnik"
Leiterin/Leiter 92992
Sachbearbeiterinnen/
Sachbearbeiter 92993, 92997

Referat "Unfallstatistik und Unfallanalyse"
Leiterin/Leiter 92996
Sachbearbeiterin/Sachbearbeiter 92994
Jugendombudsfrau/Jugendombudsmann für Verkehrssicherheit 9200

Gruppe 5: "Fahrzeugtechnik und Gefahrguttransporte"

(1110) 11, 7. Haidequerstraße 5 .... 40 00 ...
Telefax: 40 00-99-9220
Leiterin/Leiter 92771
Sachbearbeiterin/
Sachbearbeiter 92791
Kanzlei 92778, 92779, 92797, 92798

Referat 1 "Behörde Kraftfahrgesetz/Gefahrengutbeförderungsgesetz"
Telefax: 40 00-99-92777
Leiterin/Leiter 92781
Sachbearbeiterin/
Sachbearbeiter 92782, 92783, 92785, 92786, 92787, 92788

Referat 2 "Periodische Fahrzeugprüfung – Technische Fahrzeugprüfung"
Leiterin/Leiter 92791
Sachbearbeiterinnen/
Sachbearbeiter 92792, 92795, 92801
Werkmeisterin/
Werkmeister 92784
Kanzlei 92797, 92798

Gruppe G: Bewilligung nach § 82 StVO

(1200) 20, Dresdner Straße 75,
4. Stock, Tür 444 .... 40 00 ...
Leiterin/Leiter 92211
Sachbearbeiterin/
Sachbearbeiter 92212
Kanzlei 92126, 92127, 92128, 92129

Referat "Mitte" (1., 6., 7., 9. Bezirk)
Leiterin/Leiter 92231
Werkmeisterinnen/
Werkmeister 92222, 92223

Referat "Süd-Ost" (3., 4., 5., 10., 11. Bezirk)
Leiterin/Leiter 92227
Werkmeisterin/
Werkmeister 92233

Referat "West" (14., 15., 16., 17., 18., 19. Bezirk)
Leiterin/Leiter 92213
Werkmeisterinnen/
Werkmeister 92214, 92220

"Referat "Süd-West" (12., 13., 23. Bezirk)
Leiterin/Leiter 92212
Werkmeisterin/
Werkmeister 92236

Referat "Ost" (2., 20., 21., 22. Bezirk)
Leiterin/Leiter 92234
Werkmeisterin/
Werkmeister 92225

Allgemeine Angelegenheiten 92212
1. Bezirk 92220, 92221, 92222, 92223
2., 19., 21., 22. Bezirk 92224, 92225, 92226
3., 10., 11., 23. Bezirk 92227, 92228, 92229
4., 5., 6., 7. Bezirk 92231, 92232, 92233
8., 9., 17., 20. Bezirk 92237, 92238, 92239
12., 13., 16., 18. Bezirk 92234, 92235, 92236
14., 15. Bezirk 92213, 92214
Kanzlei 92126, 92127, 92128, 92129, 92121, 92216

MAGISTRATSABTEILUNG 47

Pflege und Betreuung

(Geschäftsgruppe Gesundheits- und Spitalswesen)

Einrichtung und Führung folgender sozialer Dienste im Sinne des Wiener Sozialhilfegesetzes: Hauskrankenpflege, Hilfe zur Weiterführung des Haushaltes, Wohnheime.
Grundverwaltung, Erhaltung und Führen der geriatrischen Tageszentren, von Wohngemeinschaften für alte Menschen und von Pflegeeinrichtungen (Wohnungen) für pflegebedürftige Personen.
Einrichtung und Führen der Gesundheits- und Sozialzentren und des SozialRufs Wien.
Führung und Einsatz der Mobilen Gesundheits- und Krankenpflege.
Führung des Betriebsärztlichen Dienstes der Mobilen Pflege und Betreuung – Soziale Dienste.
Entscheidung über die Aufnahme in Pflegeheime der Stadt Wien und in private Pflege- und Wohnheime.
Aufsicht über öffentliche und private Pflege- und Wohnheime.
Mitwirkung bei der Errichtung von Pflegeheimen der Stadt Wien.
Sozialarbeit im Zusammenhang mit Spitälern und Pflegeheimen sowie mit der Betreuung zu Hause.
Leistung von Kostenersatz an öffentliche und private Pflege- und Wohnheime.
Abschluss von Verträgen über Kostenersätze für Leistungen der medizinischen Hauskrankenpflege mit Sozialversicherungsträgern und anderen Institutionen.
Vertretung des Landes Wien in Sozialhilfekostenangelegenheiten vor Gericht, einschließlich der Grundbuchsgerichte und Verwaltungsbehörden betreffend Pflege- und Wohnheime.
Geltendmachung von Ersatzansprüchen der Sozialhilfe gegenüber anderen Sozialhilfeträgern aufgrund der bestehenden Vereinbarungen betreffend private Pflege- und Wohnheime.
Anordnung und Rechnungslegung sowie Bareinhebung in Sozialhilfekostenangelegenheiten gegenüber Ersatzpflichtigen.
Vorbereitung der Richtlinien für den Kontaktbesuchsdienst.
Mitwirkung bei der Gewährung von Subventionen an private Pflege- und Wohnheime.

(1010) 1, Zelinkagasse 4,
1. und 2. Stock . . . . 531 14 . . .
Telefax: 531 14-99-Nebenstelle
IBS-User: M47A
E-Mail: post@m47.magwien.gv.at

L e i t n e r , Dr. Friedrich,
Senatsrat 85711
Sekretariat 85715, 85716
Kanzleileiterin/Kanzleileiter 85719
Stabsstelle Kanzlei, Kasse,
Auskunft 85710,
85718, 85721, 85722

Stabsstelle Personal
Leiterin/Leiter 85736
Sachbearbeiterinnen/
Sachbearbeiter 85737, 85738
Stabsstelle Finanz und Budget
Leiterin/Leiter 85731
Sachbearbeiterinnen/
Sachbearbeiter 85732, 85733
Stabsstelle Planung,
Projektorganisation und PR
Leiterin/Leiter 85701
Sachbearbeiterinnen/
Sachbearbeiter 85702, 85705
Stabsstelle EDV
(1020) 2, Engerthstraße 150/
Stiege 13/P
Leiterin/Leiter 85728
Sachbearbeiterinnen/
Sachbearbeiter 85729, 85758
Stabsstelle Fort- und Weiterbildung
Leiterin/Leiter 85764
Sachbearbeiterin/Sachbearbeiter 85797
Stabsstelle EU-Förderangelegenheiten
(1070) 7, Apollogasse 19 . . . . . 635 . . ., 521 03 . . .
Leiterin/Leiter 1930
Sachbearbeiterin/
Sachbearbeiter 1931

Controlling der ambulanten Dienste
(1010) 1, Zelinkagasse 4,
2. Stock . . . . 531 14 . . ., 85742,
85745

Controlling der stationären Dienste
(1010) 1, Zelinkagasse 4, 2. Stock 85744

Geriatrische Tageszentren

Leiterin/Leiter . . . . 635 . . .,
521 03 . . ., 1930
Auskunft 1931

Tageszentrum Ingrid Leodolter im
Sozialmedizinischen Zentrum
Sophienspital,
(1070) 7, Apollogasse 19 . . . . 1933, 1937

Tageszentrum "Am Henriettenplatz",
(1150) 15, Geibelgasse 18–20 . . . . 891 34 . . ., 15845

Tageszentrum Ottakring–Hernals,
(1160) 16, Weinheimergasse 2 . . . . 491 96 . . ., 16845

Tageszentrum im Sozialmedizinischen
Zentrum Nord – TZ Floridsdorf,
(1210) 21, Hinaysgasse1 . . . . 617 . . ., 275 22 . . .,
5901, 5908

Tageszentrum im Sozialmedizinischen
Zentrum – Ost,
(1220) 22, Stadlau, Langobardenstraße 122 . . . . 634 . . ., 288 02 . . .,
8600, 8602

Tageszentrum Donaufeld,
(1220) 22, Finsterergasse 12 . . . . . 211 23 . . ., 22841

Führung des Sozialkontos/Beitragsverrechnung – Soziale Dienste
(1010) 1, Zelinkagasse 4,
1. Stock, Tür 109 .... 531 14 ...
Leiterin/Leiter 85731
Sachbearbeiterinnen/
Sachbearbeiter 85793, 85794

Sozialarbeit
(1010) 1, Neutorgasse 15, 2. Stock,
Tür 201 - 203
Leiterin/Leiter 85771
Sachbearbeiterin/
Sachbearbeiter 85772
Seniorenberatung 85774

Kostenersätze Wohn- und Pflegeheime

Verrechnung städtischer Pflegeheime
(1130) 13, Jagdschloßgasse 59,
E-Gebäude, 1. Stock .... 630 ..., 801 10 ...
Leiterin/Leiter 3130
Sachbearbeiterinnen/
Sachbearbeiter 3129, 3131,
3132, 3133, 3134,
3135, 3136, 3140
Registratur 3158

Verrechnung privater Pflegeheime
(1010) 1, Neutorgasse 15, 2. Stock ...... 531 14 ...
Leiterin/Leiter 85741, 85744
Sachbearbeiterinnen/
Sachbearbeiter 85735, 85746, 85747, 85749, 85773

Rechtsbüro
(1010) 1, Neutorgasse 15, 2. Stock
S c h u s t e r, Dr. Heinrich 85713

Behördliche Aufsicht und Qualitätssicherung
(1010) 1, Schottenring 25, Halbstock
M o n n i e r, Mag. Karin 85714

Aufsicht und Qualitätssicherung über private Wohn- und Pflegeheime
(1010) 1, Schottenring 25, Halbstock
Leiterin/Leiter 85708
Sachbearbeiterin/
Sachbearbeiter 85707

Qualitätssicherung der externen Sozialen Dienste
(1010) 1, Schottenring 25, Halbstock
Leiterin/Leiter 85706

Fachbereich Pflege

(1010) 1, Neutorgasse 15, Mezzanin
Leiterin/Leiter 85761
Auskunft 8500
Inkontinenzberatung 85765

Sozialruf Wien

(1010) 1, Neutorgasse 15,
2. Stock, Tür 205–208 .... 533 77 77
Leiterin/Leiter 85751
Auskunft 85752, 85753, 85759

Assessment/Pflegebegutachtung/ Aufnahme in Wohn- und Pflegeheime
(1010) 1, Neutorgasse 15,
1. Stock, Tür 105–108
Leiterin/Leiter 85781
Auskunft 85780
Sachbearbeiterinnen/
Sachbearbeiter 85778,
85782, 85783, 85784,
85785, 85786, 85787
Pflegebegutachtung 85776, 85788, 85789

Gesundheits- und Sozialzentren

Gesundheits- und Sozialzentrum für den
1., 2. und 20. Bezirk
(1020) 2, Vorgartenstraße 129–143
Leitung .... 211 23 ..., 02811
Kanzlei, Auskunft 02800, 02819
Sozialarbeit 02831

Gesundheits- und Sozialzentrum für den
3. und 11. Bezirk
(1110) 11, Hyblerpark
Leitung 740 34 11811
Kanzlei, Auskunft 11800, 11819

Sozialarbeit an Krankenanstalten
Krankenanstalt Rudolfstiftung
(1030) 3, Juchgasse 25 .... 614 ..., 711 65 ...,
5151, 5152, 5153

Gesundheits- und Sozialzentrum für den
4., 5. und 10. Bezirk
(1100) 10, Gudrunstraße 145–149

Leitung .... 605 34 ..., 10811
Kanzlei, Auskunft 10800, 10819
Sozialarbeit 10831

Sozialarbeit an Krankenanstalten
Kaiser-Franz-Josef-Spital
(1100) 10, Kundratstraße 3 .... 612 ...,
601 91 ..., 5992,
5993, 5994, 5995

Gesundheits- und Sozialzentrum für den
12., 13. und 23. Bezirk
(1120) 12, Arndtstraße 67
Leitung .... 811 34 ..., 12811
Kanzlei, Auskunft 12800, 12819
Sozialarbeit 12831

Sozialarbeit an Krankenanstalten und
Pflegeheimen
Geriatriezentrum "Am Wienerwald"
(1130) 13, Jagdschloßgasse 59 .... 630 ...,
801 10 ..., 3500, 3501,
3502, 3503, 3527

Neurologisches Krankenhaus Rosenhügel
(1130) 13, Riedelgasse 5 .... 627 ...,
880 00 ..., 229

Gesundheits- und Sozialzentrum für den
6., 7., 14. und 15. Bezirk
(1150) 15, Geibelgasse 18–20
Leitung .... 891 34 ..., 15811
Kanzlei, Auskunft 15800, 15819
Sozialarbeit 15831

Beratung am Eck (Servicestelle des
Gesundheits- und Sozialzentrums)
(1150) 15, Reindorfgasse 22 ..... 891 34 ..., 15850

Sozialarbeit an Krankenanstalten
und Pflegeheimen
Sozialmedizinisches Zentrum
Sophienspital
(1070) 7, Apollogasse 19 .... 635 ...,
521 03 ..., 1975

Hanusch-Krankenhaus
(1140) 14, Heinrich-Collin-Straße 30 .... 910 21...,
2309, 2686

Geriatriezentrum Baumgarten
(1140) 14, Hütteldorfer Straße 188 .... 631 ...,

Sozialmedizinisches Zentrum
Baumgartner Höhe
(1140) 14, Baumgartner Höhe 1 .... 636 ...,
910 60 ..., 50011

Beratung und Organisation von
Einsätzen im Gesundheits- und Sozial-
zentrum 6/7/14/15

Kaiserin-Elisabeth-Spital
(1150) 15, Huglgasse 1–3 .... 616 ...,
981 04 ..., 5981

Sozialmedizinisches Zentrum
Baumgartner Höhe –
Otto-Wagner-Spital
(1190) 19, Hofzeile 18–20 .... 626 ...,
368 34 55 ..., 237

Gesundheits- und Sozialzentrum für den
8., 16. und 17. Bezirk
(1160) 16, Weinheimergasse 2
Leitung .... 491 96 ..., 16811
Kanzlei, Auskunft 16800, 16819
Sozialarbeit 16831

Sozialarbeit an Krankenanstalten
Wilhelminenspital
(1161) 16, Montleartstraße 37 .... 615 ...,
491 50 ..., 5980,
5981, 5982, 5983

Gesundheits- und Sozialzentrum für den
21. und 22. Bezirk
(1220) 22, Finsterergasse 12
Leitung .... 211 23 ..., 22811
Kanzlei, Auskunft 22800, 22819
Sozialarbeit 22831

Sozialarbeit an Krankenanstalten
und Pflegeheimen
Sozialmedizinisches Zentrum
Floridsdorf
(1210) 21, Hinaysgasse 1 .... 617 ...,
275 22 ..., 5981

Sozialmedizinisches Zentrum Ost
(1220) 22, Langobardenstraße 122 .... 611 ...,
288 02 ..., 2219,
2220, 2221

Gesundheits- und Sozialzentrum für den
9., 18. und 19. Bezirk
(1180) 18, Schulgasse 19
Leitung .... 476 34 ..., 18800
Kanzlei, Auskunft 18800, 18819

Sozialarbeit an Krankenanstalten
Allgemeines Krankenhaus der
Stadt Wien
(1090) 9, Währinger Gürtel 18–20 .... 610 ...,
404 00 ..., 1375,
1376, 1377

MAGISTRATSABTEILUNG 48

Abfallwirtschaft, Straßenreinigung und Fuhrpark

(Geschäftsgruppe Umwelt)

Reinigung der Fahrbahn, mit Ausnahme der Autobahnen und der Marktflächen, Abfuhr des Straßen- und Marktkehrichts, Staub- und Unkrautbekämpfung, Reinigung der Wassereinlaufschächte und Straßengräben (auch im Rahmen der Teilbesorgung der Geschäfte der Auftragsverwaltung des Bundes hinsichtlich der Bundesstraßenverwaltung).

Schneebeseitigung auf Fahrbahnen, Schneeabfuhr, Bestreuung der Fußgängerübergänge und Fahrbahnen (mit Ausnahme der Autobahnen) bei Glätte, auch im Rahmen der Teilbesorgung der Geschäfte der Auftragsverwaltung des Bundes hinsichtlich der Bundesstraßenverwaltung.

Durchführung der Administrativmaßnahmen aufgrund der Verordnung betreffend die Freihaltung des Stadtbildes von störenden Werbeständern.

Absicherung von Gefahrenstellen auf öffentlichen Verkehrsflächen und provisorische Behebung kleiner Straßenschäden, ausgenommen auf Autobahnen (notstandspolizeiliche Maßnahmen) sowie Vorschreibung der Kosten.

Erstellung und Fortführung des Abfallwirtschaftskonzeptes.

Maßnahmen nach dem Abfallwirtschaftsgesetz: Einrichtung von Abgabemöglichkeiten für Problemstoffe bzw. Durchführung getrennter Sammlungen von Problemstoffen; Wahrnehmung der Pflichten der Gemeinde bei der Lagerung, Verwertung und Behandlung gefährlicher Abfälle und Altöle.

Vollziehung folgender Bestimmungen des Wiener Abfallwirtschaftsgesetzes, ausgenommen Berufungsentscheidungen:
§§ 18, 19 Abs. 1, 2 und 4, 20 Abs. 2, 21, 24 Abs. 2 und 3; § 22 Abs. 2, wenn dem Antrag nicht stattgegeben wird.

Organisation und Durchführung der Müllabfuhr einschließlich der flächendeckenden getrennten Sammlung von wiederverwertbaren Stoffen und Problemstoffen; Weitergabe solcher Stoffe an Verwertungs- und Entsorgungsunternehmen.

Durchführung von Veranstaltungen, Herausgabe von Fachzeitschriften, Herstellung von Informations- und Werbematerial im Einvernehmen mit der Magistratsabteilung 53; Einsatz von Abfallberatern und Erteilung von Auskünften über Abfallvermeidung und Abfallverwertung.

Führen von Deponien und Abfallbehandlungseinrichtungen.

Planung und Errichtung von Anlagen zur Verwertung von wiederverwertbaren Stoffen, einschließlich der Kompostierung, sowie zur Vorsortierung und Behandlung von Restmüll für die Deponierung.

Führen von Mistplätzen und Problemstoff-Sammelstellen.

Verwertung und Verkauf von im Rahmen der Müllabfuhr gesammelten wiederverwertbaren Stoffen.

Organisation und Durchführung der Sperrmüllabfuhr aus Haushalten; Entrümpelung von Haushalten.

Beistellung von Amtssachverständigen für Deponiebetriebe und Abfallbehandlungseinrichtungen.

Technische Fachdienststelle für städtische Kraftfahrzeuge mit Ausnahme der Erteilung von Einzelgenehmigungen.

Feststellung der Wirkungslosigkeit des Einsatzes von zulässigen Auftaumitteln oder von Streumitteln im Sinne der Auftaumittelverordnung 1982 für die Dauer von höchstens drei Tagen und schriftliche Festlegung des Anlassfalles; Bekanntgabe dieses Sachverhaltes im Österreichischen Rundfunk.

Ankauf und Betreuung der städtischen Kraftfahrzeuge mit Ausnahme der Feuerwehrfahrzeuge und soweit nicht der Magistratsdirektor diese Aufgaben einzelnen Dienststellen übertragen hat.

Erwirkung der Zulassung und Besorgung der Steuer- und Versicherungsangelegenheiten (einschließlich der Schadensabwicklung nach Unfällen), ausgenommen der Feuerwehrfahrzeuge, sowie Verkauf der städtischen Kraftfahrzeuge.

Wiederkehrende Überprüfung aller Kraftfahrzeuge der Stadt Wien mit Ausnahme der Fahrzeuge der Magistratsabteilung 68.

Führen der Hauptwerkstätte und der Garagen des städtischen Fuhrparks.

Erbringen von Fahrleistungen für Dienststellen des Magistrats; Vergabe von Fuhrwerksarbeiten und Überprüfung der Rechnungen von Fuhrwerksleistungen.

Verwertung der Kraftfahrzeugreifen und -akkumulatoren.

Grundverwaltung und Erhaltung der abteilungseigenen Betriebseinrichtungen, Gebäude und Grundflächen.

Planung, Errichtung, Objektverwaltung und Erhaltung der öffentlichen Bedürfnisanstalten sowie Betriebsaufsicht über diese.

Anbringung und Erhaltung von Tafeln zur Bezeichnung von Verkehrsflächen.

Vollziehung des § 89a der Straßenverkehrsordnung 1960, insbesondere die Entfernung und Verwahrung von Fahrzeugen, Führung des Kostenersatzverfahrens, soweit keine andere Dienststelle dafür zuständig ist, und weitere Verfügung über in das Eigentum des Straßenerhalters übergegangene Fahrzeuge einschließlich der Amts hilfe für andere Behörden.

Mitwirkung in Fragen der Straßenpolizei und des Verkehrswesens, soweit sie Angelegenheiten der Stadtreinigung betreffen; Erlassung von Verordnungen über die befristete Aufhebung von Kurzparkzonen.

Vorschreibung der Kosten für die Reinigung öffentlicher Verkehrsflächen.

(1050) 5, Einsiedlergasse 2 . . . . 588 17 . . .
Telefax: 588 17-99-Nebenstelle
IBS-User: M48A
E-Mail: post@m48.magwien.gv.at

Bortenschlager, Dipl.-Ing. Peter,
Obersenatsrat, interim. Leiter 96111
Sekretariat 96115
Zalud Robert, Senatsrat 96101, 96112
Kanzleileiterin/Kanzleileiter 96119, 96118
Zentralkanzlei, Protokoll,
Einlaufstelle 96116, 96126, 96121
Journaldienst Funkraum,
Bereitschaftsdienst 96231, 96232, 96233

Büro des Abteilungsleiters:
Sekretariat 96115
Oberndorfer,
Dipl.-Ing. Mag. Franz 96035

Referat für Budget,
Kostenrechnung und Controlling:
Marchalleck Kurt,
Amtsrat 96062
Referentinnen/Referenten 96027, 96063

Referat für Vergabe, Preisprüfung:
Wallisch, Ing. Robert,
Techn. Amtsrat 96061
Referentin/Referent 96066

Bau- und Grundstücksangelegenheiten:
(1220) 22, Stadlauer Straße 41a . . . . . . 283 62 20 . . .
Schwaiger, Ing. Karl,
Techn. Amtsrat 111
Kanzlei 110, 112
Objekte der MA 48 . . . . 114, 115, 116, 127
Bedürfnisanstalten 124, 125, 126
Straßenbenennungstafeln 117

Informationsreferat:
Frybert Peter, Amtsrat ... 96071
Referentinnen/Referenten ... 96072, 96075, 96076, 96077
Abfallberaterin/Abfallberater ... 96073
Misttelefon – Schneetelefon ... 546 48

Innerer Dienst

Personal- und allgemeine Verwaltungsangelegenheiten:
Zalud Robert, Senatsrat ... 588 17 ..., 96101
Sekretariat ... 96107
Personalstelle ... 96102, 96105, 96106, 96107, 96108
Zentrale EDV
Brenner Gottfried, Amtsrat ... 96019
Referentinnen/Referenten ... 96022, 96024, 96025, 96026, 96028, 96029, 96030, 96064, 96065
Zentrale Leistungsverrechnung ... 96091, 96092, 96094, 96095, 96096, 96097, 96098
Schadensstelle ... 96081, 96082
Betriebskassa ... 96113, 96123

Fuhrpark

Thon, Dipl.-Ing. Josef, Oberstadtbaurat ... 96171
Sekretariat ... 96175, 96185
Stabsstelle:
Jandak, Dipl.-Ing. Jochen ... 96183
Vogel, Dipl.-Ing. Michael ... 96192
Budget ... 96178
Sicherheitsreferat ... 96345, 96346
Personal ... 96193, 96176
Qualitätsmanagement und Bericht ... 96174, 96178
EDV-Fuhrpark
Meisinger, Dipl.-Ing. Peter ... 96187
Markus, Ing. Walter ... 96194

Technischer Einkauf

(1170) 17, Richthausenstraße 2 ... 488 04 ...
Wabeck, Ing. Martin ... 43
Hampel, Ing. Thomas ... 44
Kanzlei ... 75, 95
Techn. Referentinnen/Techn. Referenten ... 82, 83, 87, 97

Fernmeldetechnische Einrichtungen, Typisierungen, Fahrzeugan- und abmeldungen, Funk ... 91, 92, 93

Betrieb

(1110) 11, Jedletzbergergasse 1 ... 760 43 ...
Suck, Ing. Günter ... 835
Valda, Ing. Jürgen ... 837
Kottek, Ing. Martin ... 836
Fahrzeugleitstelle ... 838

Garagen:
(1050) 5, Einsiedlergasse 2 ... 544 13 74 ...
Außenstelle Simmering ... 760 43 ...
Büro ... 831
Fahrsimulator ... 832
(1170) 17, Richthausenstraße 2 ... 488 04 ..., 61
Außenstelle Grinzinger Straße
Außenstelle Am Brigittenauer Sporn
(1200) 20, Leystraße 87 ... 330 84 61 ..., 13, 23
Außenstelle Am langen Felde
Außenstelle Stadlauer Straße 41a

Abschleppgruppe:
(1110) 11, Jedletzbergerstraße 1 ... 760 43 ...
Gur Erich, Oberamtsrat ... 851
Infoschalter ... 870
Behörde ... 853, 854, 855, 861
Technik ... 841, 846, 847, 874, 876

Technik-Center:
(1170) 17, Lidlgasse 5 ... 488 04 ...
Pesan, Ing. Reinhold, Techn. Oberamtsrat ... 81
Tesar, Ing. Andreas ... 41
Hauptwerkstätte-Betriebsbüro:
Kutheil Andreas ... 31, 32
Hauptwerkstätte-Kundendienst:
Schnabel Johann ... 21
Hauk Franz ... 85
Materialwirtschaft:
Payer, Ing. Peter ... 89, 98
Cech, Ing. Werner ... 35
Einkauf ... 28, 36, 37, 38
Dienstkleider ... 35
Hauptlager ... 51, 52
Kfz-Prüfstraße ... 42, 58
Lehrwerkstätte:
(1200) 20, Am Brigittenauer Sporn 3
Petru Harald ... 318 55 99

Abfallwirtschaft

Siebenhandl, Dipl.-Ing. Reinhard,
Oberstadtbaurat . . . . 588 17 . . ., 96131
Zerz, Dipl.-Ing. Hans-Jörg 96132
Referentin/Referent 96148
Sekretariat 96135, 96145
Betriebsstelle 96133, 96134
Müll- und Altstoffsammlung 96157,
96158, 96159, 96163
Betriebsentsorgung 96166, 96167
Behälterreferat 96149, 96154, 96155

Wirtschaftliche Angelegenheiten, Controlling,
Qualitätsmanagement und Kostenrechnung:
Brunnbauer, Dipl.-Ing. Markus 96058
Klimpfinger, Dipl.-Ing. Elisabeth . . . 96034
Referentinnen/Referenten . . . 96136, 96137, 96138,
96139, 96168, 96169

Abfallwirtschaftliche Grundlagenplanung:
Spet, Dipl.-Ing. Gerhard 96031
Rogalski, Dipl.-Ing. Wojciech 96032
Behälterreparatur und Waschanlage,
(1200) 20, Traisengasse 8 . . . . 330 45 27

Abfallbehandlungsanlage:
(1220) 22, Breitenlee, Percostraße 2 . . . 258 35 21 . . .
Winkler, Dipl.-Ing. Andreas,
Oberstadtbaurat 32
Kanzlei 29
Labor:
Plahl-Wabnegg,
Mag. Dipl.-Ing. Dr. Franziska 41
Referentin / Referent 40
Altlastendokumentation und
Deponieneuplanung:
Brandstätter, Dipl.-Ing. Peter 21
48er-Bazar:
(1220) 22, Dr.-Otto-Neurath-
Gasse 1 . . . . 283 62 20 . . ., 211
Müllableerplatz:
Deponie Rautenweg,
(1220) 22, Breitenlee, Rautenweg 83 . . . . . 734 38 63
Sperrmüll/Entrümpelung:
(1220) 22, Breitenlee, Rautenweg 83 . . 734 52 95 . . .
Referentinnen/Referenten 81, 82

Straßenreinigung

Bischof, Ing. Franz,
Techn. Oberamtsrat . . . . 588 17 . . ., 96221
Stähler, Ing. Thomas 96236
Sekretariat 96225
Personalverwaltung 96222, 96228, 96224
Stunden- und Tagesaushelfer 96229
Betriebsstelle 96239, 96219
Statistik 96237
Sondereinsätze 96223
Journaldienst 96231, 96232, 96233
Winterliche Gehsteigbetreuung 96234
Arbeitssicherheit 96220, 96235
Kostenrechnung 96227

Außenstellenleiterinnen/Außenstellenleiter
für die Bezirke 1, 2, 20, Nacht 96223
für die Bezirke 3, 4, 5, 10, 11, 12, 13, 23 96238
für die Bezirke 6, 7, 8, 14, 15, 16, 17, 18 . . . 96234
für die Bezirke 9, 19, 21, 22 96226

Planbüro - Winterdienstplanung:
Skerlan, Ing. Manfred 96041
Referentinnen/Referenten . . . 96042, 96044, 96046

Kehrbezirke:
1. Bezirk – Nachmittagsdienst und Nachtdienst
(1010) 1, Rathausstraße 2 . . . . 40 00 . . ., 96792
2., 20. Bezirk,
(1020) 2, Dresdner Straße 119 . . . . 216 33 92
3., 11. Bezirk,
(1110) 11, Döblerhofstraße 18 . . . . 749 83 59
4., 5.,10. Bezirk,
(1100) 10, Sonnleithnergasse 30 . . . . 603 08 29
6., 7., 16. Bezirk,
(1160) 16, Kendlerstraße 38b 985 41 93
8., 17., 18. Bezirk,
(1170) 17, Richthausenstraße 4. . . . . 486 13 93
9., 19. Bezirk,
(1190) 19, Grinzinger Straße 151 . . . . . . 318 67 87
12., 13. Bezirk,
(1120) 12, Wundtgasse/Jägerhausstraße . 803 87 21
14., 15. Bezirk,
(1140) 14, Zehetnergasse 7–9 . . . . 914 33 72
21. Bezirk,
(1210) 21, Fultonstraße 10 . . . . 259 73 08
22. Bezirk,
(1220) 22, Mühlwasserstraße 2 . . . . 202 51 02
23. Bezirk,
(1230) 23, Seybelgasse 7 . . . . 869 32 53

Mistplätze:
(1020) 2, Dresdner Straße 119 . . . . 216 33 92-3
(1030) 3, Grasbergergasse 3 . . . . 798 13 88
(1100) 10, Sonnleithnergasse 30 . . . . 603 08 29-3
(1110) 11, Döblerhofstraße 18 . . . . 749 83 59-3
(1120) 12, Wundtgasse/
Jägerhausstraße 803 87 21
(1140) 14, Zehetnergasse 7–9 . . . . 914 33 72-3
(1160) 16, Kendlerstraße 38b 985 41 93-3
(1170) 17, Richthausenstraße 4 . . . . 486 13 93-3
(1190) 19, Grinzinger Straße 151 . . 318 67 87 . . ., 15
(1190) 19, Leidesdorfgasse 368 41 02
(1210) 21, Fultonstraße 10 . . . . 259 73 08-3
(1210) 21, Schererstraße 258 53 53
(1210) 21, Stammersdorfer Straße
(Ruthnergasse) 290 34 53
(1220) 22, Breitenlee,
Percostraße 2 . . . . 258 35 21 . . ., 53
(1220) 22, Stadlau,
Mühlwasserstraße 2 . . . . 202 51 02-3
(1220) 22, Eßling, Cortigasse
gegenüber Nr. 3 . . . . 774 82 51
(1220) 22, Breitenleer Straße 268 . . . . 734 33 95
(1230) 23, Liesing, Seybelgasse 7 . . . . . . 869 32 53-3
(1230) 23, Inzersdorf,
Südrandstraße 2 . . . . 616 73 42

MAGISTRATSABTEILUNG 49

Forstamt und Landwirtschaftsbetrieb der Stadt Wien

(Geschäftsgruppe Umwelt)

Planung, Errichtung und Erhaltung von Erholungswaldeinrichtungen; Aufforstungen zur Erweiterung des Wald- und Wiesengürtels und von Windschutzanlagen.
Grundverwaltung, Erhaltung und Bewirtschaftung der als Erholungswald und Wiesen genutzten Grundflächen (insbesondere Wienerwaldforste, Lobau) im Hinblick auf die Erzielung optimaler Wohlfahrts- und Erholungswirkungen.
Mitwirkung bei der Verwaltung des Nationalparks Donau-Auen nach Maßgabe einer Vereinbarung gemäß Art. 15a B-VG.
Grundverwaltung und Erhaltung der für die Wahrnehmung der eigenen Aufgaben erforderlichen Betriebseinrichtungen und des Sägewerks Hirschwang.
Objektverwaltung und Erhaltung der Hermesvilla.
Forstliche Betreuung der in Verwaltung städtischer Dienststellen stehenden Wälder, soweit nicht die Magistratsabteilung 42 zuständig ist.
Bewirtschaftung der stadteigenen Quellenschutz-, Wasserschutz- und Schongebiete; Durchführung von Maßnahmen im Hinblick auf einen optimalen Boden- und Waldzustand zur Gewährleistung eines nachhaltigen Wasserdargebotes.
Führung von forstlichen Nebenbetrieben (z. B. Sägewerke).
Verwaltung und wirtschaftliche Nutzung der städtischen Eigen- und Gemeindejagden sowie der Fischereieigen- und Fischereipachtreviere mit Ausnahme der Fischereiangelegenheiten im Einzugsgebiet der Wientalwasserleitung.
Lohnverrechnung und Gewährung von Bezugsvorschüssen für Forstarbeiter.
Forstliche vermessungstechnische Arbeiten, soweit sie nicht Eigentumsgrenzen berühren.
Errichtung und Erhaltung von betriebseigenen Objekten, forsttechnischen Bauwerken und Einrichtungen, Materialanlagen, Straßen, Wegen, Brücken und Stegen, soweit nicht andere Dienststellen zuständig sind; Mitwirkung bei der Vertretung der Interessen der Stadt Wien in den Schutz- und Schongebieten gemäß den Verordnungen zum Schutze der Wasservorkommen.
Weideangelegenheiten.
Erwerb und Verwaltung von Gastgewerbeberechtigungen in städtischen Forsten im Einvernehmen mit der Magistratsabteilung 69.
Forst- und Jagdschutzdienst in den Wienerwald- und Quellenschutzforsten der Stadt Wien.
Führen der Ökonomien und Buschenschenken; Grundverwaltung und Erhaltung der landwirtschaftlich nutzbaren Grundflächen, auch wenn diese von Dritten bewirtschaftet werden.
Bewirtschaftung von städtischen Grundflächen, auch in Streulage, sofern eine landwirtschaftliche Nutzung vertretbar oder zweckmäßig ist.
Anwerbung und Aufnahme von in- und ausländischen landwirtschaftlichen Saisonarbeitern.
Gehalts- und Lohnverrechnung für Gutsangestellte und Landarbeiter.
Durchführung biologischer Untersuchungen, insbesondere auf dem Sektor der Landwirtschaft.
Führung von Werkstätten für die Instandhaltung landwirtschaftlicher Maschinen, Geräte und Fahrzeuge.
Maßnahmen aufgrund des Landschaftsrahmenplanes und der Landschaftspläne.

(1016) 1, Volksgartenstraße 3,
4. Stock, Tür 514 . . . . 40 00 . . .
Telefax: 40 00-99-Nebenstelle
IBS-User: M49A
E-Mail: post@m49.magwien.gv.at

J a n u s k o v e c z , Dipl.-Ing, Andreas,
Forstdirektor 97911
W e i d i n g e r , Dipl.-Ing. Herbert,
Oberforstrat 97912
Kanzleileiterin/Kanzleileiter 8049, 97919, 97915
Kanzlei, Protokoll,
Einlaufprotokoll 97918, 97916, 97909

Stabsstelle Finanzmanagement und
-controlling, Ausschreibungen 97923, 97937
Stabsstelle Personalmanagement 97933
Stabsstelle Public Relations,
Sofortmaßnahmen 97922

Gruppe 1 – Stadtwald, Nationalpark und
Landwirtschaftsbetrieb 97912
Forstliche Raumplanung, Projektkoordinierung,
Erholungseinrichtungen, Wohlfahrtsaufforstung,
Landschaftspflege 97934, 97935, 97936
Wiener Waldschule,
(1160) 16, Johann-Staud-Gasse 80 . . . . . 419 97 60

Gruppe 2 – Quellenschutzwald 97924
Forsteinrichtung, Waldbau,
ADV 97921, 97927, 97928

Gruppe 3 – Grundverwaltung und
Facilitymanagement 97931
Wildbewirtschaftung, Fischerei,
forstliche Nutzung und Bringung,
Holzverkauf, Gestattungen,
Grundstücksverwaltung und
-transaktionen 97912, 97913, 97926
Bauangelegenheiten 97905, 97925

Forstverwaltung Lainz,
(1130) 13, Hermesvilla 804 13 15, 802 23 10
Telefax: 802 23 10
Besucherzentrum Lainzer Tiergarten,
(1130) 13, Hermesstraße, Lainzer Tor . . . 804 31 69
Revier Lainz, (1130) 13, Teichhaus 804 66 18
Revier Auhof, (1140) 14, Auhof 979 10 88
Forsthaus Auhof, (1140) 13, Auhof 14 . . 979 54 11
Revier Hirschgstemm,
(1130) 13, Dianator 02239/21 86
Revier Purkersdorf,
(3002) NÖ, Deutschwaldstraße 15 02231/61 4 92
Forsthaus Knödelhütte,
(1140) 14, Knödelhüttenstraße 914 43 27
Revier Breitenfurt,
(2384) NÖ, Liesingtalstraße 55 . . . . 02239/23 77
Revier Neuwaldegg,
(1173) 17, Exelbergstraße 32 . . . . 486 23 44
Revier Sievering,
(1190) 19, Sieveringer Straße 230 . . . . 440 22 31
Torwärterhaus Lainz,
(1130) 13, Hermesstraße 804 31 69

Torwärterhaus Gütenbachstraße,
(1130) 13, Lainzer Tiergarten 888 72 85
Torwärterhaus Pulverstampftor,
(1140) 13, Auhof 13 . . . . 979 54 12
Stützpunkt Steinhofgründe,
(1140) 14, Heschweg 100 . . . . 914 90 79
Forsthaus In der Klausen,
(1230) 23, In der Klausen 26 . . . . 889 70 08
Forsthaus Knödelhütte,
(1140) 14, Knödelhüttenstraße 914 43 27

Forstverwaltung Lobau
Großenzersdorf, (2301) NÖ,
Dr.-Anton-Krabichler-Platz 3 . . . . . . 02249/23 53
Telefax: 02249/2353-18
Nationalparkkoordinatorin/Nationalpark-koordinator 02249/73 70
Revier Obere Lobau
(1224) 22, Forsthaus 282 87 14
Revier Untere Lobau,
(2301) NÖ, Großenzersdorf,
Schießstattring 7 . . . . 02249/35 85
Revier Laaer Berg,
(1100) 10, Theodor-Sickel-Gasse 1 . . . 688 11 40
Revier Wienerberg,
(1100) 10, Neilreichgasse 616 88 77
Revier Mannswörth,
(2323) NÖ, Mannswörther Straße 125 . 707 01 19
Revier Donauinsel,
(1220) 22, Mühlgrundweg 173,
Forsthaus 282 11 85
Forsthaus Hofjägerhaus,
(1220) 22, Lobau 256 . . . . 228 82 02
Revier und Lagerplatz Donauinsel,
(1220) 22, Dechantweg 282 91 17
Forsthaus Hofjägerhaus,
(1220) 22, Lobau 256 . . . . 228 82 02
Revier und Lagerplatz Donauinsel,
(1220) 22, Dechantweg 282 91 17
Dienstgebäude Kühwörth,
(2301) NÖ 02249/25 38
Nationalpark-Camp Lobau,
(2301) NÖ, Großenzersdorf,
Lobaustraße 02249/28 711

Forstverwaltung Hirschwang,
(2651) NÖ,
Hirschwang 67 . . . . 02666/522 50/4911,
4912, 4913, 4914, 4915, 4916
Telefax: 02666/525 48/3108
Sägewerk Hirschwang,
(2651) NÖ, Hirschwang 67 . . 02666/522 50/4921
Forsthaus Finkenhof,
(2651) NÖ, Edlach 60 . . . . 02666/524 36
Revier-Kanzlei Rax,
(2651) NÖ, Hirschwang 67 . . 02666/522 50/4931
Forsthaus Knappenberg, Revier Rax,
(2651) NÖ, Kleinau 02666/522 50/4932
Revier Schneeberg,
(2651) NÖ, Hirschwang 73 . . 02666/522 50/4930
Revier Gahns,
(2630) NÖ, Bürg 67 . . . . 02630/33 3 31

Revier Stixenstein,
(2631) NÖ, Schloss Stixenstein,
Sieding 02630/38 9 42
Hegerhaus Revier Schneeberg,
(2651) NÖ,
Kaiserbrunn 34 . . . . 02666/529 21, 544 42
Forsthaus Waldhütte, Revier Thalhof,
(2651) NÖ, Schneebergweg 20,
Reichenau 02666/536 25
Hegerhaus Revier Gahns,
(2630) NÖ, Bürg 19 . . . . 02630/36 3 21
Herberthütte, Revier Schneeberg 02636/24 49

Forstverwaltung Naßwald,
(2661) NÖ 02667/73 73, 73 74
Telefax: 02667/72 95
Revier Rax (2661) NÖ, Graben 142 . . 02667/72 35
Revier Schneeberg,
(2661) NÖ, Naßwald 117 . . . . 02667/73 04
Forsthaus Schliefering,
(2661) NÖ, Höllental 71 . . . . 02667/72 36
Revier Oberhof,
(2661) NÖ, Reithof 110 . . . . 02667/72 30
Revier Oberhof,
(2661) NÖ, Reithof 10a 02667/72 87
Forsthaus Preintal,
(2662) NÖ, Preintal 11 . . . . 02667/500
Revier Hinternaßwald,
(2661) NÖ, Hinternaßwald 29 . . . . . 02667/72 02
Forsthaus Naßwald,
(2661) NÖ, Naßwald 66 . . . . 02667/72 00
Forstaufsicht Revier Oberhof,
(2661) NÖ, Naßwald 66 . . . . 02667/73 06

Forstverwaltung Wildalpen,
(8924) Stmk. 03636/451-28
Telefax: 03636/451-40
Revier Schreier-Brunn,
(8924) Stmk., Wildalpen 68 . . . . . . 03636/451-22
Forsthaus Brunn,
(8924) Stmk., Brunn 81 . . . . 03636/366
Forsthaus Kräuterhals,
(8924) Stmk., Brunn 226 . . . . 03636/356
Revier Siebensee,
(8924) Stmk., Wildalpen 71 . . . . . . 03636/451-26
Revier Gschöder,
(8633) Stmk., Gschöder 4 . . . . 03636/228
Jagdhaus Gschöder,
(8633) Stmk., Gschöder 5 . . . . . . 03636/330, 427
Revier Weichselboden,
(8632) Stmk., Weichselboden 13 . . . . . 03886/213
Revier Brunngraben-Buchberg,
(8632) Stmk., Salzatal 6 . . . . 03882/21 82
Jagdhaus Buchberg,
(8621) Stmk., Buchberg 108, Thörl . 03861/81 29

Landwirtschaftsbetrieb

(1033) 3, Vordere Zollamtsstraße 11 . . . . . 712 24 99,
713 22 87, 713 37 71
Telefax: 712 24 99–72

Gutsdomäne Eßling,
(1228) 22, Schafflerhofstraße 200 . . . . 22 73 69
Stadtgut Lobau, Zentralwerkstätte,
Großenzersdorf, Lobaustraße 53,
(2301) NÖ 02249/23 00
Stadtgut Wallhof,
Rannersdorf, Brauhausstraße 51,
(2324) NÖ 707 62 23
Stadtgut Cobenzl,
(1190) 19, Am Cobenzl 96. . . . . 320 58 05
Telefax: 328 22 86
Stadtgut Magdalenenhof,
(1210) 21, Stammersdorf,
Senderstraße 355 . . . . 292 42 00
Stadtgut Laxenburg-Vösendorf,
Laxenburg, Schloßplatz 16,
(2361) NÖ 02236/71 1 14
Stadtgut Lindenhof,
Eggenburg, Grafenberger Straße 2,
(3730) NÖ 02984/30 02

Ludwig-Boltzmann-Institut für biologischen Landbau und angewandte Ökologie

(1110) 11, Rinnböckstraße 15 . . . . 795 14 . . .,
97940, 97941
Telefax: 795 14-99-97940
Außenstelle Lobau,
(2301) Groß Enzersdorf,
Lobaustraße 53 . . . . 02249/33 05
Telefax: 02249/46 06
Außenstelle,
(1030) 3, Vordere Zollamtsstraße 11 . . . . 712 98 99

MAGISTRATSABTEILUNG 50

Wohnbauförderung, Wohnhaussanierung, Wohnungsverbesserung und Aufsicht über die gemeinnützigen Bauvereinigungen

(Geschäftsgruppe Wohnen, Wohnbau und Stadterneuerung)

Angelegenheiten der Wohnbauförderung, der Wohnhaussanierung und der Wohnungsverbesserung, ausgenommen die Landesbürgschaft, die Beteiligung an Unternehmen, der Abschluss von Verträgen mit Bausparkassen und der Zahlungen an diese.
Förderung der Wohnbauforschung.
Ausstellung von Löschungserklärungen für Förderungspfandrechte zugunsten des Landes (der Stadt) Wien sowie sonstige mit Förderungsdarlehen in Verbindung stehende Grundbuchserklärungen.
Wahrnehmung der internationalen Beziehungen im Bereich Wohnbau und Stadterneuerung.
Wahrnehmung des Vorschlagsrechtes der Stadt Wien gegenüber Wohnungsunternehmen für geförderte Wohnungen.
Bewilligung von Eigenmittelersatzdarlehen.
Vergabe von bewirtschafteten Wohnungen, die unter Zuhilfenahme von Mitteln des Wohnhaus-Wiederaufbaufonds wieder hergestellt worden sind, nach den Bestimmungen des Neuvermietungsgesetzes.
Bewilligung von Wohnbeihilfen.
Vorbereitung der Anerkennung und der Entziehung der Gemeinnützigkeit von Bauvereinigungen.
Aufsicht über die gemeinnützigen Bauvereinigungen nach dem Wohnungsgemeinnützigkeitsgesetz; Vorbereitung der nach diesem Gesetz erforderlichen Zustimmungen.
Verbindungsstelle zum Wiener Bodenbereitstellungs- und Stadterneuerungsfonds.
Wahrnehmung der Anteilsrechte der Stadt Wien an der Wohnservice Wien Ges.m.b.H.

(1194) 19, Muthgasse 62,
1. Stock, Riegel F und G . . . . 40 00 . . .
Telefax: 40 00-99-Nebenstelle
IBS-User: M50A
E-Mail: post@m50.magwien.gv.at

T e s c h l , Dr. Dietmar, Senatsrat 74811
P l a m e t z b e r g e r , Dr. Henriette,
Senatsrätin 74812
F ö r s t e r , Mag. Dr. Wolfgang
(Wohnbauforschung) 74813
Sekretariat 74815, 74816
Personalangelegenheiten 74817
Kanzleileiterin/Kanzleileiter 74819
Inventarführerin/Inventarführer 74820
Kanzlei, Einlaufstelle, Protokoll 74821

Gruppe Wohnbeihilfe

Gruppenleiterin/Gruppenleiter 74881
Stellvertreterin/Stellvertreter 74884
Sachbearbeiterinnen/Sachbearbeiter . . . 74883, 74884
Informationsstelle 74803, 74804, 74805, 74807,
74882, 74885, 74886, 74888,
74889, 74890, 74892
Schreibstelle 74891, 74895, 74896
Außenstellen Wohnbeihilfe:
(1120) 12, Am Schöpfwerk 31/4 . . . . 667 99 21,
667 99 22, 662 78 69
(1211) 21, Am Spitz 1 . . . . 277 34 . . .,
21655, 21656, 21657
(1229) 22, Kagran, Donaustadtstraße 1 . . . 211 23 . . .,
22655, 22656

Gruppe Wohnbauförderung

Gruppenleiterin/Gruppenleiter ..... 40 00 ..., 74841
Stellvertreterin/Stellvertreter 74842
Sachbearbeiterinnen/Sachbearbeiter 74843, 74844, 74845, 74846, 74847, 74848, 74849, 74850, 74851, 74852
Protokoll und Schreibstelle 74823, 74825, 74826, 74830, 74831, 74832, 74833

Gruppe Sanierung

Gruppenleiterin/Gruppenleiter 74861
Stellvertreterin/Stellvertreter 74862
Sachbearbeiterinnen/Sachbearbeiter für Gebäudesanierung 74862, 74863, 74864, 74865
Protokoll und Schreibstelle für Gebäudesanierung 74824, 74827
Informationsstelle für Wohnungssanierung 74860
Sachbearbeiterinnen/Sachbearbeiter für Wohnungssanierung 74871, 74873, 74874
Protokoll und Schreibstelle für Wohnungssanierung 74876, 74877

Aufsicht über die gemeinnützigen Bauvereinigungen

Referatsleiterin/Referatsleiter 74921
Protokoll und Schreibstelle 74922

Referat Controlling

Referatsleiterin/Referatsleiter 74931
Sachbearbeiterinnen/Sachbearbeiter 74932, 74914

Gruppe Eigenmittelersatzdarlehen

Gruppenleiterin/Gruppenleiter 74901
Eigenmittelersatzdarlehen 74908, 74909
Periodische Überprüfung der Förderungsvoraussetzungen für Eigenmittelersatzdarlehen und Zusatzförderungen nach § 4 Neubauverordnung (§ 2b Superförderung) 74903, 74904, 74905
EMD-Rückstandsakte 74901, 74908
Elektronisches Wohnungsinformationssystem 74913

MAGISTRATSABTEILUNG 51

Sportamt

(Geschäftsgruppe Bildung, Jugend, Soziales, Information und Sport)

Allgemeine und individuelle Sportangelegenheiten.
Angelegenheiten der Sportförderung.
Verwaltung des Wiener Sportfonds nach dem Sportgroschengesetz.
Mitwirkung bei der Festsetzung und Abänderung der Widmung Esp.
Mitwirkung bei der Planung und bei der Durchführung von baulichen Maßnahmen, die Sportstätten betreffen.
Grundverwaltung und Erhaltung der Sportstätten im Sinne des Wiener Sportstättenschutzgesetzes (auch wenn diese teilweise gewerblich genutzt sind), insbesondere auch des Wiener Praterstadions (Ernst-Happel-Stadion) einschließlich der dort eingerichteten Büroräume der Stadt Wien und von Sportanlagen.
Grundverwaltung und Erhaltung von Sporthallen, wenn diese auf einer Teilfläche einer Sportstätte errichtet worden sind oder von der Magistratsabteilung 51 geführt werden.
Grundverwaltung und Erhaltung von Spielplätzen, soweit keine andere Dienststelle zuständig ist, und der Skipiste Hohe-Wand-Wiese.
Führen von Sportanlagen, Sporthallen und Spielplätzen.
Handhabung des Wiener Sportstättenschutzgesetzes einschließlich der Durchführung von Verwaltungsstrafverfahren in erster Instanz.
Erhaltung von Turn- und Sportgeräten; Verleih von Wintersportgeräten an Schulkinder.
Vergabe von Turnsälen für außerschulische Sportausübung.
Trainingseinteilung für städtische Sportanlagen, Schwimmhallen und Anlagen der Wiener Stadthalle sowie Kontrolle des Trainingsbetriebes.
Vorbereitung der Ehrung von Sportlern und Sportfunktionären.
Führung der Bürogeschäfte der Landessportorganisation Wien.

(1020) 2, Meiereistraße 7, Wiener Praterstadion – Ernst-Happel-Stadion . . . . 40 00 . . .
Telefax: 40 00-99-Nebenstelle
IBS-User: M51A
E-Mail: post@m51.magwien.gv.at

Podkowicz, Dr. Ferdinand, Bereichsdirektor für Jugend, Familie, Schule, Bildung und Sport 84111
Sekretariat 84115
Zimmermann Alexander, Oberamtsrat 84112
Kanzleileiterin/Kanzleileiter, Einlaufstelle 84119
Kanzlei, Auskunft, Turnsaalvergabe, Ehrenpreise 84139, 84117
Personalangelegenheiten, Verwaltung der Schipisten Hohe-Wand-Wiese und Doll-Wiese 84151
Budget- und Wirtschaftsangelegenheiten, Landessportrat, Landessportfachrat 84112
Juristische Angelegenheiten 84148
Ankauf und Betreuung maschineller Einrichtungen, Verwaltung städtischer Sportplätze, Tennisplätze und Ruderzentrum 84153
Grundangelegenheiten, Verwaltung der verpachteten Spiel- und Sportplätze, Verwaltung städtischer Kinder- und Jugendspielplätze und städtischer Eislaufplätze 84145
Verwaltung städtischer Sporthallen, Mitbenützung städtischer Schwimmbäder, Stadthallenangelegenheiten 84156
Planung und Kollaudierung von Spielplätzen, Sportanlagen und Sporthallen, Bauangelegenheiten, Dezentralisierung, Sportstättenleitplan 84141
Subventionen 84129, 84143
Vergabe von Sporthallen, Statistik, Hauptinventarführerin/Hauptinventarführer 84157
Sporthallenrevisorin/Sporthallenrevisor, Inventar der städtischen Sporthallen 84158
Einrichtung und Vergabe städtischer Turnsäle 84136
Turn- und Sportgeräte, Turnsaalinventar, Turngeräteeinstellung 84123, 84124
Fahrt zum Schnee, Schiverleih an Schulen 84131
Sportaktionen, "Frau und Sport in Wien" 84135
Sportplatz der offenen Tür, Jugendeislaufaktion 84133
WISTA-Leistungsbestätigung, Schwimmaktion, Loipenauskunft 84134
Mitarbeit bei der Verwaltung der Sportplätze . . 84155
Sportplatzrevisorin/Sportplatzrevisor für städtische Kinder- und Jugendspielplätze und städtische Eislaufplätze 84154
Amtsgehilfinnen/Amtsgehilfen 84138
Magazin 84125, 84126
Schimagazin 84127
Sitzungszimmer 84128

Außenstellen:
Schipiste, (1140) 14, Hohe-Wand-Wiese (Dezember bis März, bei entsprechender Wetterlage), Paragleiten im Sommer 979 10 57
Schipiste, (1130) 13, Doll-Lindwurm-Wiese (nur bei ausreichender Naturschneelage) 812 12 01
Jugendsportanlage, (1020) 2, Venediger Au 729 54 28
Jugendsportanlage, (1080) 8, Buchfeldgasse 7a 408 44 77
Jugendsportanlage, (1110) 11, Herder-Park 748 13 93
Jugendsportanlage, (1110) 11, Ravelinstraße 767 07 37
Jugendsportanlage, (1120) 12, Johann-Hoffmann-Platz 812 12 01
Jugendsportanlage, (1120) 12, Haydnpark 813 93 30
Jugendsportanlage, (1150) 15, Auer-Welsbach-Park 894 33 04
Jugendsportanlage, (1160) 16, Gallitzinstraße 4 . . . . 485 58 34
Jugendsportanlage, (1180) 18, Währinger Park 478 34 06
Jugendsportanlage, ... (1190) 19, Osterleitengasse 14 . . . . 368 71 81

Jugendsportanlage,
(1210) 21, Ringelseeplatz 270 31 95
Jugendsportanlage,
(1220) 22, Hirschstetten, Emichgasse . . . 282 63 72
Jugendsportanlage, (1220) 22, Hirschstetten,
Plankenmaisstraße 282 32 04
Sportanlage, (1100) 10, Computerstraße 3 . 667 10 94
Sportanlage,
(1100) 10, Eibesbrunnergasse 13 . . . . 603 35 25
Sportanlage, (1100) 10, Franz-Koci-Straße 688 41 69
Sportanlage, (1100) 10, Laxenburger Straße/
Heubergstättenstraße 615 03 56
Sportanlage, (1160) 16, Kendlerstraße 38 . . 985 45 11
Sportanlage, (1160) 16, Roterdstraße 1 . . . . 480 12 00
Sportanlage, (1200) 20, Lorenz-Müller-Gasse
(Spielmanngasse 8) 330 06 56
Sporthalle, (1100) 10, Per-Albin-Hansson-Siedlung
Ost (Jura-Soyfer-Gasse 3) 688 36 50
Sporthalle,
(1110) 11, Florian-Hedorfer-Straße 24 . . 767 33 37
Sporthalle, (1200) 20, Hopsagasse 330 52 95
Sporthalle, (1210) 21, Großfeldsiedlung,
Pastorstraße 29 . . . . 259 61 02
Sporthalle, (1210) 21, Jedleseer Straße 66–94
(Dominik-Hofmann-Halle) 271 36 70
Sporthalle,
(1222) 22, Kagran, Lieblgasse 6 . . . . 258 12 81
Sporthalle,
(1222) 22, Kagran, Steigenteschgasse 1 . 203 61 09
Sporthalle, (1230) 23, Atzgersdorf,
Steinergasse 22 . . . . 865 92 09
Sporthalle,
(1233) 23, Erlaa, Wohnpark Alt-Erlaa . . . 667 85 54
Sporthalle, (1235) 23, Liesing,
Perchtoldsdorfer Straße 1 . . . . 869 45 58
Wiener Ruderzentrum an der "Neuen Donau",
(1220) 22, Donauinsel nächst
Steinspornbrücke 280 86 85

MAGISTRATSABTEILUNG 52

(derzeit nicht eingerichtet)

MAGISTRATSABTEILUNG 53

Presse- und Informationsdienst

(Geschäftsgruppe Bildung, Jugend, Soziales, Information und Sport)

Kontakt und Vermittlung des Kontaktes mit Vertretern der Publikationseinrichtungen.
Maßnahmen der Öffentlichkeitsarbeit und Imagewerbung im In- und Ausland.
Koordination, Planung und Durchführung von Werbe- und PR-Maßnahmen.
Presseförderung.
Vergabe von Forschungsaufträgen und Durchführung von Meinungsumfragen auf dem Gebiet des Presse- und Informationswesens, der Öffentlichkeitsarbeit und der Imagewerbung.
Übersetzungs- und Dolmetschdienst.
Herstellung, Vertrieb und Ankauf von Druckwerken für die Öffentlichkeit.
Zentrale Anlaufstelle für Film- und Fernsehgesellschaften; Genehmigung von Dreharbeiten auf Gemeindegrund.
Durchführung von Rundfahrten zur Information der Wiener Bevölkerung und der Besucher Wiens.
Direktinformationen der Bevölkerung.
Herausgabe von Publikationen auf dem Gebiet des Selbstschutzes und der Haushaltsbevorratung sowie Veranlassung der Information der Bevölkerung in Krisen- und Katastrophenfällen.
Herausgabe des "Landesgesetzblattes für Wien", des "Amtsblattes der Stadt Wien", der "Rathaus-Korrespondenz" und von Zeitschriften.
Vorbereitung von Bürgerversammlungen.
Koordinaton der Öffentlichkeitsarbeit der Stadt Wien.
Mitwirkung an der Erstellung von Schulungskonzepten in Angelegenheiten der Öffentlichkeitsarbeit.
Koordinaton des Internet-Angebotes der Stadt Wien "wien.at", insbesondere im Hinblick auf das "corporate design".
Maßnahmen der Öffentlichkeitsarbeit im Auftrag der Bezirke im Rahmen der Dezentralisierung.

1082) 1, Rathaus, Stiege 3,
Hochparterre . . . . 40 00 . . .
Telefax: 40 00-99-Nebenstelle

(IBS-User: M53A
E-Mail: post@m53.magwien.gv.at

V a v r o u s e k Fred,
Chefredakteur 81011
M a t h i a s Rudolf,
Chefredakteur-Stellvertreter 81861

Chefsekretariat 81015, 81016
Kanzleileiterin/Kanzleileiter 81019
Kanzlei, Protokoll 81017

Finanzbüro:
(1082) 1, Bartensteingasse 13, 4. Stock
V a s t a g - S i k l o s y Irene,
Amtsrätin 81032
Budget- und Vergabeangelegenheiten 81028,
81030, 81035, 81036
Amtsblatt der Stadt Wien 81027
Landesgesetzblatt für Wien, Vertrieb 81026

Assistentin des Abteilungsleiters:
Le i t n e r , Mag. Andrea,
Redakteurin 81088

Koordinator der Mediensprecherinnen/
Mediensprecher:
T r i m m e l Wolfgang, Redakteur 81846

Sonderprojekte:
R u z i c k a - S t a n z e l Helga,
Redakteurin 81856

Ausbildung und Consulting – Koordination:
(1082) 1, Bartensteingasse 13, 1. Stock
K o u b a Walter, Redakteur 81852
Sekretariat 81372

Technisches Büro:
(1082) 1, Bartensteingasse 13, 1. Stock
A n d r a s c h k o Richard, Oberamtsrat 81881
Sachbearbeiterinnen/
Sachbearbeiter 81048, 81059, 81372

Unsere Medien:

V a v r o u s e k Fred,
Chefredakteur 81011
RK-Sekretariat 81075, 81076

Mediensprecherinnen/Mediensprecher:
B e r a u s c h e k Gabriele
(Stadtentwicklung und Verkehr) 81414
D u s c h e k , Dr. Ingrid,
Obermagistratsrätin
(Public Relations) 81857
F i s c h m a n n Lothar
(Stadtentwicklung und Verkehr) 81418
F l e n r e i s s - M ä d e r , Mag. Birgit
(Umwelt) 81353
G a b r i e l , Dr. Martin, Senatsrat
(Kultur und Wissenschaft
für die Magistratsabteilungen 7 bis 10) 81842
G a ß n e r , Mag. Eva
(Bildung, Jugend, Soziales,
Information und Sport) 81850
G e r l i c h , Dr. Rudolf, Obersenatsrat
(Magistratsdirektor,
Kontrollamtsdirektor) 75151
H e i m b u c h n e r Klaus
(Stadtentwicklung und Verkehr) 81420
J a n s k y Wolfgang
(Wohnen, Wohnbau und Stadterneuerung) . . 81863
K a r g l , Mag. Heidemarie
(Integration, Frauenfragen, Konsumenten-
schutz und Personal) 81840
K e t t n e r Norbert
(Finanzen, Wirtschaftspolitik und
Wiener Stadtwerke) 81845
L a s s n i g , Mag. Heinz-Horst
(Landtagspräsidentin, Landtagspräsidenten,
Baudirektor, Medienbetreuer im
Krisenfall) 81043
L e e b , Mag. Stefan
(Integration, Frauenfragen,
Konsumentenschutz und Personal) 81853
M a r s c h a l e k Renate
(Umwelt) 81070
M i l l m a n n - P i c h l e r , Mag. Gerd
(Wohnen, Wohnbau und Stadterneuerung) . . 81869
R a p f , Dr. Renate
(Kultur und Wissenschaft) 81175
R i t z m a i e r Martin
(Finanzen, Wirtschaftspolitik und
Wiener Stadtwerke) 81855
R o g y , Mag. Andrea
(Gesundheits- und Spitalswesen) 81231
R o n g e Christoph
(Bürgermeister) 81841
S c h w a i g e r , Mag. Saskia
(Kultur und Wissenschaft) 81854
T r i m m e l Wolfgang
(Bürgermeister) 81846
U l s p e r g e r , Mag. Dr. Elisabeth
(Gesundheits- und Spitalswesen) 81238
V i t e k Martina
(Umwelt) 81359
W a g n e r Martin
(Bildung, Jugend, Soziales,
Information und Sport) 81199
Z i w n y Peter
(Verkehrsmaßnahmen,
Baustelleninformation) 81859

wien.at rathauskorrespondenz:
G a b r i e l , Dr. Martin, Senatsrat,
Chefredakteur 81842
Sekretariat 81075, 81076
rk/Chef vom Dienst 81081
H e i n t s c h e l , Mag. Hans Christian,
Redakteur 81082
K u c i r e k , Prof. Fritz, Redakteur 81084
S c h l ö g l Johannes, Redakteur 81087
U l l m a n n Peter, Redakteur 81083
rk/Technische Assistenz 81093, 81094
Medienservice Bezirke 81057

Wien-Informationen aus erster Hand
PID-Medien im Überblick

Landesgesetzblatt für Wien: Der PID ist Herausgeber des Landesgesetzblattes (LGBl), das im Auftrag der Magistratsdirektion - Verfassungs- und Rechtsmittelbüro - produziert wird. Beim LGBl handelt es sich um eine Drucksorte, die überwiegend kostenlos abgegeben oder gefaxt werden kann. Gegen geringes Entgeld kann das Landesgesetzblatt für Wien abonniert werden.
Ansprechpartnerin: Michaela Scharaditsch: pro@m53.magwien.gv.at

www.wien.at ist der 18000-Seiten starke Internet-Auftritt der Stadt Wien in dem beinahe alles steht, was es an Informationen aus der Stadt und dem Wiener Rathaus gibt. Zusätzlich gibt es Services, wie z.B. Amtswege online erledigen, Veranstaltungskalender, Chats mit prominenten Stadtrepräsentanten, etc.. www.wien.at hat sich in den letzten Jahren zu einer der Top-Adressen im kommunalen deutschsprachigen Internet-Raum entwickelt. Sensationelle Info am Rande: Pro Monat verzeichnet www.wien.at 13 Mio. Zugriffe.
Ansprechpartnerin: Mag. Monika Sperber: spe@m53.magwien.gv.at

wien.at aktuell ist die MitarbeiterInnen-Zeitung der Stadt Wien, die an alle 60.000 Magistratsbediensteten, sowie pensionierte MitarbeiterInnen, Vertragsbedienstete und Interessierte geht. Die Ausgabe wird 14-tägig herausgegeben, außer in den Sommermonaten, wo sie alle 3 Wochen erscheint.
Auflage: 130.000 Stück.
Ansprechpartner: Dr. Peter Enderle: end@m53.magwien.gv.at

wien.at Amtsblatt der Stadt Wien: Erscheint wöchentlich am Donnerstag. Das Amtsblatt der Stadt Wien hat eine Auflage von 6500 Stück und bietet vor allem Informationen über Gemeinderats- und Gemeinderatsausschuss-Sitzungen, Baugenehmigungen, Gewerbeberechtigungen, Postenausschreibungen innerhalb der Stadt Wien und Ausschreibungen von Magistratsabteilungen und anderen Einrichtungen.
Ansprechpartnerin: Bettina Kutrovatz: hrd@m53.magwien.gv.at

wien.at – Das Infoblatt der Stadt Wien, vormals "Unser Wien", ist jene Stadt-Zeitung, die monatlich per Hauszustellung an 950.000 Wiener Haushalte geht. Der dazugehörige Club wien.at wird von der Redaktion der Zeitung koordiniert und geleitet. Er organisiert für seine 7000 Mitglieder viele Veranstaltungen, wobei sich der Bogen von Kabarettabenden über interessante Wien-Führungen bis hin zu Sportaktionen spannt.
Ansprechpartnerin: Mag. Waltraud Rumpl: rum@m53.magwien.gv.at

wien.at rk – Rathauskorrespondenz: ist die Stadt-Wien eigene Nachrichtenagentur, die 1861 als "Correspondenz Gall" gegründet wurde und seit 1900 offiziell als "Rathauskorrespondenz" (rk) firmiert. Über die rk laufen täglich wichtige Meldungen aus dem Bereich der Wiener Kommunalpolitik, die über das Fernschreibnetz der APA (Austria Presse Agentur) an die Medien weitergeleitet werden. Jährlich sind dies über 4.000 Berichte.
Ansprechpartner: Dr. Martin Gabriel: gab@m53.magwien.gv.at

Kommunalpolitisches Archiv 81074

Medienbeobachtung 81072, 81073, 81089

Auslandsmedienbeobachtung 81040
Röttinger, Dr. Christian,
Redakteur 81838

wien.at aktuell:
(1082) 8, Friedrich-Schmidt-Platz 3, 4. Stock
Enderle, Dr. Peter, Obermagistratsrat,
Chefredakteur 81063
Martinez-Weinberger Elga,
Redakteurin 81844
Rohrhofer Manfred,
Redakteur 81849
Schwarzbach, Dr. Renee 81064
Sekretariat 81065

wien.at (online):
(1090) 1, Bartensteingasse 13, 3. Stock
Sperber, Mag. Monika, Redakteurin 81848
Sekretariat 81049
Sachbearbeiterin wien.at
Clubbetreuung 81871
Redaktionelle Betreuung 81852
Rederer Michael, Redakteur 81891
Schierhuber, Mag. Renate,
Redakteurin 81041
Technische Betreuung 81045, 81046, 81056

wien.at (print):
(1090) 1, Bartensteingasse 13, 2. Stock
Rumpl, Mag. Waltraud, Redakteurin 81873

Schaltungen, Wienimagemaßnahmen:
Marinoff Ulrike 81882, 81047

Kommunikation und Beratung:
(1082) 1, Bartensteingasse 13, 2. Stock
Rumpl, Mag. Waltraud, Redakteurin 81873
Sekretariat 81876
Zauner Karin, Redakteurin 81851
Produktion 81866, 81381
Dezentrale Öffentlichkeitsarbeit
für Bezirke 81877, 81029, 81077

PID International:
(1082) 1, Bartensteingasse 13, 2. Stock
Ebner, Dr. Hannelore, Senatsrätin 81061
Sekretariat 81886

Lassnig, Mag. Heinz Horst,
Redakteur 81043

Auslandsjournalistenbetreuung:
Spreitzer, Mag. Irene,
Redakteurin 81044
Sachbearbeiterin/
Sachbearbeiter 81374

Auslandsbeziehungen:
Stepan, Mag. Rainer,
Redakteur 81067
Sachbearbeiterin/
Sachbearbeiter 81872

Auslandsveranstaltungen:
Sachbearbeiterinnen/
Sachbearbeiter 81055, 81388

Service:
(1090) 1, Bartensteingasse 13, 1. Stock
Bauer-Manhart, Dr. Ingeborg,
Obermagistratsrätin 81888
Sekretariat 81038
Göller Gertrud,
Oberamtsrätin 81880
Wiedebusch, Dr. Jutta,
Redakteurin 81079
Fachbesucher-Betreuung 81378
Filmbüro 81042
Medienstreuung 81889, 81885

Übersetzungsbüro:
Kodym, Mag. Sandra 82091
Oslansky, Mag. Julia 82094
Sekretariat 82092

Rundfahrtenbüro:
(1082) 1, Rathaus, Schmidthalle,
Stiege 8
Sachbearbeiterinnen/
Sachbearbeiter
Rundfahrten 81050, 81051, 81053
Viennessenbetreuung 81053

Lager und Vertrieb:
(1082) 8, Lenaugasse 17
Sachbearbeiterin/
Sachbearbeiter 81048
Versand 81085, 81034
Büroinventar 81039
Druckerei 81090, 81091, 81092

MAGISTRATSABTEILUNG 54

Zentraler Einkauf

(Geschäftsgruppe Integration, Frauenfragen, Konsumentenschutz und Personal)

Beschaffung, Zuweisung und Instandhaltung der sachlichen Erfordernisse (ausgenommen Kraftfahrzeuge) für die städtischen Dienststellen einschließlich des Wiener Krankenanstaltenverbundes und für Schulen nach Maßgabe folgender Bedingungen:
Für den Wiener Krankenanstaltenverbund in jenem Umfang, in dem der Magistratsdirektor dies angeordnet hat;
für die übrigen städtischen Dienststellen und Schulen insoweit, als nicht der Magistratsdirektor die Beschaffung von Spezialerfordernissen einzelnen Dienststellen übertragen hat.
Bedarfsprüfung und Verbrauchsüberwachung hinsichtlich jener sachlichen Erfordernisse, die nicht von anderen Dienststellen beschafft werden und soweit die Bedarfsprüfung nicht im Zuge des Genehmigungsverfahrens vom Magistratsdirektor durchgeführt wurde.
Ankauf und Lagerung von Bau- und Werkstoffen und Abgabe derselben an städtische Dienststellen.
Begutachtung der Wiederverwendungsmöglichkeit von Altbaustoffen, ihre Vermittlung an städtische Dienststellen und Veräußerung oder Antragstellung auf Veräußerung von Altbaustoffen.
Grundverwaltung und Erhaltung der für die Wahrnehmung der eigenen Aufgaben erforderlichen Betriebsanlagen.
Verwertung ausgeschiedener gemeindeeigener Sachgüter.
Organisation der getrennten Sammlung von wieder verwertbaren Stoffen und Problemstoffen in städtischen Dienststellen.
Durchführung der Übersiedlung von Dienststellen und Durchführung von sonstigen Transporten.
Führung des Druckereibetriebes der Stadt Wien.
Führen des Zentrallagers und der abteilungseigenen Werkstätten.
Betreuung der Abonnenten einschließlich Versand der Wiener Rechtsvorschriften-Sammlung.

(1031) 3, Am Modenapark 1–2,
1. und 4. Stock . . . . 40 00 . . .
Telefax: 40 00-99-Nebenstelle
IBS-User: M54A
E-Mail: post@m54.magwien.gv.at
Portier 73644

G s c h w i n d l, Dr. Werner,
Senatsrat 97411
A s c h e n b r e n n e r, Mag. Herbert 97412
Sekretariat 97415
Kanzleileiterin/Kanzleileiter,
Personalangelegenheiten 97419
Kanzlei, Auskunft 97416, 97418
Verkauf von Angebotsunterlagen 97413
Protokoll 97414
Protokoll der Warengruppe 7 97475
Einlaufstelle 97404, 97405
Amtsgehilfinnen/Amtsgehilfen 97406, 97407

Warengruppe 1 (Brennstoffe, Erste-Hilfe, Bildschirmarbeitsbrillen, Lebensmittel)

Leiterin / Leiter 97401
Feste Brennstoffe, Heizöl leicht und extraleicht, Energiestatistik, Bildschirmarbeitsbrillen, augenärztliche Untersuchungen und Optikerleistungen 97452
Erste-Hilfe-Artikel, Medikamente, Feuerlöscher und deren Wartung, Rettungsmittel, Lebensmittel und Gemeinschaftsverpflegung, Entsorgung von Problemstoffen der MA 56 97402
Abonnementverwaltung Wiener Rechtsvorschriftensammlung, wirtschaftliche Belange der Druckerei 97401

Warengruppe 2 (Textilien, Lederwaren)

Leiterin/Leiter 97421
Meterwaren, Schuhe, Lederwaren, Schaumstoffmatratzen, Arbeitsschutzartikel 97422
Schutz- und Berufsbekleidung, Wirkwaren, Pölster und Steppdecken 97423
Teppiche und Vorhänge, Fahnen 97424
Oberbekleidung, Regenbekleidung, Schutz- und Berufsbekleidung 97425
Wäsche-, Vorhang- und Teppichreinigung, Kartei 97426

Warengruppe 3 (Wirtschaftswaren, Dienstleistungen)

Leiterin/Leiter 97431
Elektrowaren, Glüh- und Leuchtstofflampen, Batterien, Tresore, Reinigungstücher, Reinigungen (MA 12, 23, 43) 97434
Reinigungen, Transporte, Leitern, Holzstiele, Pinseln, Schmutzschleusen aller Art, Behindertenartikel 97437
Reinigungsgeräte, Bodenreinigungsmaschinen, Spielwaren, Transportgeräte, Nähmaschinen, Kunststoffsäcke 97435
Nägel, Schrauben, Draht, Waagen, Maschinen und Werkzeuge, Beschläge, Schlösser und Beregnungsmaterial 97433
Wirtschaftswaren (Geschirr, Besteck, Besen), Waschkücheneinrichtungen, Kunststoffartikel, Reinigungen MA 56 (Bezirke 1 - 13), Autobusbeistellungen 97436
Chemikalien, Wasch- und Reinigungsmittel, Schmiermittel, Leime und Klebstoffe 97432

Warengruppe 4 (Bürobedarf, Bücher, Druckaufträge)

Leiterin/Leiter 97441
Büromaschinen 97448, 97449
Kopienabrechnung, Service- und Reparaturrechnungen 97457, 97442
Buchbinder- und Vervielfältigungsarbeiten, technische Zeichenerfordernisse, Büromaterial 97443
Bücher, Zeitschriften 97457
Papier, Papierwaren, Bürobedarfsartikel 97445
Druckaufträge, Stampiglien 97446, 97447
Technische Zeichenerfordernisse, Büromaterial 97458

Warengruppe 6 (Möbel, Schulbedarf, Skartierungen, Altmaterialverwertung)

Leiterin/Leiter 97461
Reparatur von Schulmöbeln, Schultafeln und Schulpräparaten 97464
Möbel (Serienprodukte und Fertigwaren) 97465
Möbel (Reparaturen), Uhren, Anstreicher-, Tischler-, Tapezierer-, Schlosserarbeiten, Spiegel, Lagerwaren 97467
Sachgüter-, Altpapier-, Altmaterial- und Effektenverwertung, Musikinstrumente 97463
Möbel (Kindertagesheime, EDV), Verschubregalanlagen, Sondermöbel 97462
Möbel (Büro- und Sitzmöbel), Krankenhaus-, Labor- und Kücheneinrichtungen 97466
Möbel (Büro- und Sitzmöbel), Registratureinrichtungen, diverse Beschriftungen, Karteischränke 97469
Erhebungsbeamtinnen/Erhebungsbeamte 97491, 97492, 97493, 97494, 97495

Schulbedarf
Schulmöbel, Lehr- und Lernmittel, Schreib- und Zeichenrequisiten, Schuleinrichtungsgegenstände 97468

Warengruppe 7 (Baustoffe)

Leiterin/Leiter 97471
Referat I
Leistungen (inkl. Montage/Verlegung): Fallschutzplatten, Schließanlagen,
Metallkamine, Metall-, Brandschutztüren und Garagentore, Fliesenleger-, Glaser-, Dachdecker- und Spenglerarbeiten
Lieferungen: Betonwaren (Verbundsteine, Gartensteine, div. Platten, Randsteine), Rohre (Steinzeug, Sphäroguss, Glasfaser, Polyäthylen), Poller, Entwässerungsrinnen, Baumscheiben, Pflanzentröge, Verkehrs- leiteinrichtungen, Fertiggaragen Container, Mineralölabscheider, Gusseisen (Kanaldeckel, Poller, Baumscheiben), Streugut behälter, Fahnenmaste, Lichtkuppeln, Park- und Designerbänke, Stahlwaren (Bleche, Rohre, Poller, Schranken, Baustahl, Zargen), Buntmetalle, Dachbodentreppen, Isolierstoffe, div. Baumaterialien, Folien, Dachpappe, Fertigbeton, Dämmstoffe, Fassadenverkleidungen, ... 97473, 97476, 97477, 97479
Referat ll
Leistungen (inkl. Montage/Verlegung): Bodenbeläge (Linoleum-, Kunststoff-, Kautschuk-, Gummi- und Textilbodenbeläge), Sanitärtrennwände, Estrich, Holzfußböden, Trockenbau (abgehängte Decken, Vorsatzschalen, Trockenböden, Metallständerwände, Dachschrägen), Holztüren, Sonnenschutz (Jalousien, Rollos, Raffstores, Markiesen), Maler- und Anstreicherarbeiten
Lieferungen: Straßenschotter, Betonzuschläge, San de (Grubensand, Spielsand, Quarzsand, Beachvolleyball, Spezial), Streusplitt, Wasserbausteine, Recyclinggestein, Zement (Sack und Silo), Fenster auch Dach-, flächenfenster, Granitrand steine und Platten, Holz, Spannplatten, Anstrichstoffe, chemische Bauprodukte 97472, 97478, 97482, 97483

Zentrallager

(1210) 21, Oswald-Redlich-Straße 9 . . . . 258 23 63 . . ., 258 23 64 . . .
Telefax: 258 23 63-39
Leiterin/Leiter 31
Stellvertreterin/Stellvertreter, Termine für Lieferungen an Dienststellen mit Transport durch die MA 54 32
Termine für Lieferungen an Dienststellen mit sonstigem Transport, Kassa 33
Warenevidenz, Termine für Wareneingänge 34
Protokoll, Warenevidenz 35, 36
Werkstättenbetrieb – Leiterin/Leiter 41, 44
Lager für Wirtschaft, Papier, Textil 42, 43

Möbellager, Depot MA 11 und 62 45
Altwarenverkauf
(Mo., Di., Mi., Fr. v. 8–12 Uhr,
Do. v. 8–18 Uhr) 46

Druckerei

(1031) 3, Am Modenapark 1–2, Parterre
Leiterin/Leiter 97512
Stellvertreterin/
Stellvertreter 97511
Kalkulation 97502
Setzerei 97503, 97504, 97505
Montage 97506
Kopierstelle 97507
Offsetdruck 97509
Endverarbeitung,
Auslieferung 97515

MAGISTRATSABTEILUNG 55

Bürgerdienst

(Geschäftsgruppe Bildung, Jugend, Soziales, Information und Sport)

Führen des Bürgerdienstes, ausgenommen die Prüfung und Veranlassung von Sofortmaßnahmen:
Beratung und Information der Bürger zu individuellen Anliegen,
Entgegennahme und Weiterleitung von Wünschen, Beschwerden, Anregungen und Fragen an die zuständigen Dienststellen; Evidenthaltung der Erledigungen,
Einholung von Stellungnahmen der Fachdienststellen zu konkreten Anliegen,
selbständige Anregungen zur Verbesserung der Verwaltung im Sinne der Bürgerfreundlichkeit,
Beratung der Bevölkerung vor Ort im Zusammenhang mit Projekten der Stadtverwaltung und bei Sondereinsätzen (Mobilbüro).
Führen der „Stadtinformation".
Dienstleistungen für andere städtische Dienststellen in Form von Beratungen, Auskunftserteilungen, Entgegennahme und Weiterleitung von Anträgen sowie Ausfolgung von Erledigungen und dgl., soweit der Magistratsdirektor diese angeordnet hat.
Führen der Telefonvermittlung, soweit keine andere Dienststelle zuständig ist.
Führen der „Stadtinformation" einschließlich der Durchführung von Rathausführungen.

(1120) 12, Niederhofstraße 23, 3. Stock . . . . 40 00. . .
Telefax: 40 00-99-81310
IBS-User: BUEA
E-Mail: post@m55.magwien.gv.at

K o t t e k Heinrich, Senatsrat 81311
A b d a l l a Eva, Amtsrätin 81312
Budget- und Personalangelegenheiten 81313
Kanzleileiterin/Kanzleileiter 81319
Kanzlei 81316, 81329
Mobiles Büro:
Leiterin/Leiter 81321
Referentinnen/Referenten 81322, 81323,
81324, 81325, 81326

Bezirksbürgerdienststellen:
(Mo.–Mi. und Fr. v. 8–15.30 Uhr,
Do. v. 8–18 Uhr,
telefonischer Journaldienst
Mo.–Mi. und Fr. v. 15.30–18 Uhr)
1. Bezirk,
(1082) 1, Bartensteingasse 13 . . . . 525 50 01,
40 00 . . ., 01100
2. Bezirk,
(1020) 2, Kleine Sperlgasse 10 . . . . 525 50 02,
211 06 . . ., 02100
3. Bezirk,
(1030) 3, Karl-Borromäus-Platz 3 . . . . .525 50 03,
711 34 . . ., 03100
4. Bezirk,
(1040) 4, Favoritenstraße 18 . . . . 525 50 04,
502 34 . . ., 04100
5. Bezirk,
(1040) 4, Favoritenstraße 18 . . . . 525 50 05,
502 34 . . ., 05100
6. Bezirk,
(1070) 7, Hermanngasse 24–26 . . . . 525 50 06,
521 34 . . ., 06100
7. Bezirk,
(1070) 7, Hermanngasse 24–26 . . . . 525 50 07,
521 34 . . ., 07100
8. Bezirk,
(1082) 1, Bartensteingasse 13 . . . . 525 50 08,
40 00 . . ., 08100
9. Bezirk,
(1090) 9, Währinger Straße 43 . . . . 525 50 09,
400 34 . . ., 09100
10. Bezirk,
(1100) 10, Laxenburger Straße 43–45 . . 525 50 10,
605 34 . . ., 10100
11. Bezirk,
siehe Bürger-Service-Zentrum Simmering
12. Bezirk,
(1121) 12, Schönbrunner Straße 259 . . . 525 50 12,
811 34 . . ., 12100
13. Bezirk,
(1130) 13, Hietzinger Kai 1 . . . . 525 50 13,
878 34 . . ., 13100

MAGISTRATSABTEILUNG 56

Städtische Schulverwaltung

(Geschäftsgruppe Bildung, Jugend, Soziales, Information und Sport)

Angelegenheiten des Schulwesens, soweit diese in die Vollziehung des Landes Wien fallen, mit Ausnahme jener auf dem Gebiet des Lehrerdienstrechtes.
Wahrnehmung der Interessen des Landes Wien im Anhörungs- und Begutachtungsverfahren bei Studienplänen nach dem Universitäts-Studiengesetz.
Angelegenheiten des land- und forstwirtschaftlichen Schulwesens.
Besorgung der Aufgaben, die der Gemeinde Wien als Schulerhalter nach dem Wiener Schulgesetz zustehen, sowie Grundverwaltung und Erhaltung der öffentlichen allgemeinbildenden und berufsbildenden Pflichtschulen und der damit im Zusammenhang stehenden Sport- und Spielplätze.
Grundverwaltung und Erhaltung des Pädagogischen Institutes, der Fachschulen für wirtschaftliche Berufe, der Fachschule für Mode und Bekleidungstechnik und des Schulmöbel- und Lehrmittellagers.
Führen der Fachschulen für wirtschaftliche Berufe, der Fachschule für Mode und Bekleidungstechnik, des Pädagogischen Institutes, der Pädagogischen Zentralbücherei, der Uhrmacherlehrwerkstätte der Stadt Wien und des Schulmöbel- und Lehrmittellagers.
Verwaltung und Erhaltung der Lehrmittel, der Schulmöbel und der erforderlichen Maschinen und Geräte für Lehrzwecke.
Mitwirkung bei der Planung und Durchführung bei baulichen Maßnahmen, die Einrichtungen des Schulwesens betreffen.
Erstattung von Vorschlägen und Vorbereitung der Aufnahme von Bediensteten in das öffentlich-rechtliche oder privatrechtliche Dienstverhältnis, soweit die betreffende Bedienstetengruppe der Dienstaufsicht der Magistratsabteilung 56 unterliegt.
Führung der Geschäfte der Lehrmittelprüfstelle des Stadtschulrates.
Erwerb und Verwaltung von Gastgewerbeberechtigungen in städtischen Schulen im Einvernehmen mit der Magistratsabteilung 69.
Dienstaufsicht über das zugeteilte Personal, soweit es nicht der Dienstaufsicht des Magistratsdirektors untersteht.

(1060) 6, Mollardgasse 87, Hochparterre,
Tür 19 . . . . 599 16 . . .
Telefax: 599 16-99-Nebenstelle
IBS-User: M56A
E-Mail: post@m56.magwien.gv.at

O p p e n a u e r, Mag. Robert,
Obermagistratsrat 95011
G r a ß l, Mag. Udo 95012
Sekretariat 95013, 95014
Einlaufstelle, Protokoll 95010, 95114, 95116

Referat I: Rechts-, Koordinations- und Grundsatzangelegenheiten

E-Mail: ref1@m56.magwien.gv.at
G r a ß l, Mag. Udo, Referatsleiter 95012
Schul- und sonstige rechtliche Angelegenheiten 95061
Dreharbeiten und Besichtigungen in Schulen . . 95014
Ein- und Aussprengelung von PflichtschülerInnen 95127
Bearbeitung von Diebstählen in Schulen 95060

Referat II: Wirtschafts- und Budgetangelegenheiten

E-Mail: ref2@m56.magwien.gv.at
C i z a Andrea, Oberamtsrätin, Referatsleiterin 95071
Budgetangelegenheiten 95071
Fachgruppe 1 - Budget- und Koordinationsaufgaben 95070, 95077, 95086
Fachgruppe 2 - Berufs- und Fachschulen einschließlich Uhrmacherlehrwerkstätte, Pädagogisches Institut 95074, 95075
Fachgruppe 3 - Lager und Sachleistungen für städtisches Personal (1200) 20, Dresdner Straße 75 . . . . . . 95921, 95928
Bezirksgruppe 1 - Sach- und Dienstleistungen für die Bezirke 1, 2, 3, 5, 6, 7, 8, 10, 16, 17, 18, 19 . . . . 95076, 95080, 95081, 95085
Bezirksgruppe 2 - Sach- und Dienstleistungen für die Bezirke 4, 9, 11, 12, 13, 14, 15, 20, 21, 22, 23 . . . . 95072, 95079, 95082, 95083, 95198

Referat III: Personalangelegenheiten und Angelegenheiten der Fachschulen

E-Mail: ref3@m56.magwien.gv.at
S t e u r e r Günter, Oberamtsrat, Referatsleiter 95091
Personal- und Abwesenheitsevidenz, Zivildiener an städtischen Schulen 95090, 95092, 95099
Schulwartinnen/Schulwarte, Bedienerinnen 95094, 95096
Hortpersonal, Lehrerinnen/Lehrer an Fachschulen, sonstiges Personal und Zivildiener an städtischen Schulen 95095
Nebengebühren – städtisches Personal . 95097, 95098
Nebengebühren – Landeslehrerinnen/Landeslehrer (ganztägig geführte Schulen) 95025, 95093

Referat IV: Bauangelegenheiten

E-Mail: ref4@m56.magwien.gv.at
G l a s e r, Regierungsrat Werner, Oberamtsrat, Referatsleiter 95101
Gebäudeerhaltung, Schulneubauten, Telefonangelegenheiten 95102, 95103, 95104, 95105, 95106, 95107, 95020, 95021

Referat V: Gebäude-, Liegenschafts- und allgemeine Verwaltungsangelegenheiten

E-Mail: ref5@m56.magwien.gv.at
B a d e r Erich, Amtsrat, Referatsleiter 95063
Liegenschaftsangelegenheiten und Vermietungen 95063
Hausverwaltungsangelegenheiten, außerschulische Benützung von Schulräumen 95064, 95065, 95066, 95067
Schulfahrten für Behinderte 95064
Schädlingsbekämpfung 95068
Werbung und Sponsoring 95063, 95064, 95067

Referat VI: EDV-Angelegenheiten

E-Mail: ref6@m56.magwien.gv.at
P i n g e r Ing. Reinhard, Referatsleiter 95131
EDV-Belange sowohl Hard- wie Software 95132, 95133, 95134, 95135, 95136

Volks-, Haupt- und Sonderschulen, Polytechnische Schulen: siehe Amtliches Telefonbuch Wien unter "Schulen"

Berufsschulen:

1. Zentralberufsschulgebäude, (1060) 6, Mollardgasse 87 . . . . 599 16 . . .
   Berufsschule für Elektrotechnik I 95661
   Berufsschule für Elektrotechnik II 95651
   Berufsschule für Informationstechnik 95631
   Berufsschule für Sanitär- und Heizungstechnik 95671
   Berufsschule für Metall- und Glastechnik . . . 95621

2. Zentralberufsschulgebäude, (1150) 15, Hütteldorfer Straße 7–17
   Berufsschule für Handel und Reisen 95231
   Berufsschule für Chemie, Grafik und gestaltende Berufe´ 95211
   Berufsschule für Holzbearbeitung und Musikinstrumentenerzeugung 95261
   Berufsschule für Maler und Kunstgewerbe 95241

3. Zentralberufsschulgebäude, Hans-Mandl-Berufsschulgebäude, (1120) 12, Längenfeldgasse 13–15
   Berufsschule für Gastgewerbe 95351
   Berufsschule für Lebensmittel- und Textilbereich, Techn. Zeichner und Zahntechniker 95340
   Berufsschule für Büro-, Industrie- und Speditionskaufleute 95361

4. Zentralberufsschulgebäude, (1070) 7, Apollogasse 1
   Berufsschule für Metall- und Glastechnik (Expositur) 95531
   Berufsschule für Mechanik-, Optik- und Fertigungstechnik 95561

5. Zentralberufsschulgebäude, Siegfried-Marcus-Berufsschulgebäude, (1090) 21, Scheydgasse 40
   Berufsschule für Kraftfahrzeugtechnik, Spengler und Karosseure 95731
   Berufsschule für Kraftfahrzeugtechnik II . . . 95711

Berufsschule für Baugewerbe, (1222) 22, Kagran, Wagramer Straße 65 . . . 203 21 11

Berufsschule für Bürokaufleute, (1150) 15, Meiselstraße 19 95581

Berufsschule für Einzelhandel I, (1130) 13, Amalienstraße 31–33 95040

Berufsschule für Einzelhandel IV, (1100) 10, Kempelengasse 20 95141

Berufsschule für Haar- und Körperpflege, (1140) 14, Goldschlagstraße 137 95801

Berufsschule für Frisur, Maske und Perücke (Expositur), (1140) 14, Goldschlagstraße 137 95812

Berufsschule für Frisur, Maske und Perücke, (1160) 16, Kreitnergasse 32 95941

Berufsschule für Gärtner und Floristen, (1222) 22, Kagran, Siebeckstraße 14 . . . 203 21 14

Berufsschule für Großhandel, (1160) 16, Panikengasse 31 95901

Berufsschule für Verwaltungsberufe, (1050) 5, Castelligasse 9 95931

Privatschulen der Stadt Wien:

Fachschulen der Stadt Wien für wirtschaftliche Berufe,
(1090) 9, Hahngasse 35 95841
(1120) 12, Dörfelstraße 1 95031

Fachschule der Stadt Wien für Mode und Bekleidungstechnik, (1150) 15, Siebeneichengasse 17 . . . . 893 69 77

Pädagogisches Institut der Stadt Wien, (1070) 7, Burggasse 14-16 . . . . 523 62 22 . . .

Besondere Ausbildungseinrichtung:

Uhrmacherlehrwerkstätte der Stadt Wien, (1060) 6, Mollardgasse 87 . . . . . 599 16 . . ., 95691

MAGISTRATSABTEILUNG 57

Frauenförderung und Koordinierung von Frauenangelegenheiten

(Geschäftsgruppe Integration, Frauenfragen, Konsumentenschutz und Personal)

Mitwirkung bei frauenrelevanten Rechtsangelegenheiten, insbesondere bei der Ausarbeitung der die Bediensteten der Gemeinde (des Landes) Wien betreffenden Rechtsvorschriften.
Führung des Frauentelefons.
Führung des 24-Stunden-Frauennotrufes.
Informations- und Öffentlichkeitsarbeit in allen Fragen der Gleichbehandlung von Frau und Mann sowie sonstigen frauenrelevanten Themen.
Anregung von und Mitwirkung bei frauenrelevanten Projekten und Frauenförderungsmaßnahmen der Stadt Wien insbesondere mit der Zielsetzung, eine geschlechterbezogene Sichtweise einzubringen („Gender Mainstreaming").
Führung der Bürogeschäfte der Arbeitsgruppe für Gleichbehandlungsfragen.
Inhaltliche Ausarbeitung der Frauenförderungspläne.
Anregung und Durchführung von Projekten in den Bereichen Frauenforschung, Frauenförderung und Gleichbehandlung.
Feststellung des Ruhens und des Endens der Funktion als Gleichbehandlungsbeauftragte(r), als Kontaktfrau und als Mitglied der Gleichbehandlungskommission; Vorbereitung der Bestellung der Gleichbehandlungsbeauftragten und Kontakfrauen.
Koordinierung von und Mitwirkung bei Frauenförderungsmaßnahmen und frauenspezifischen Projekten mit den anderen Bundesländern, dem Bund und auf internationaler Ebene.
Förderung von Fraueninitiativen und Betreuung von Modellprojekten.

(1082) 8, Friedrich-Schmidt-Platz 3,
4. Stock . . . . 40 00 . . .
Telefax: 40 00-99-Nebenstelle
IBS-User: M57A
E-Mail: frauen@m57.magwien.gv.at

Lessing, Mag. Daniela,
Senatsrätin 83511
Bauer, Mag. Ursula,
Obermagistratsrätin 83512
Sekretariat 83515
Kanzleileiterin/Kanzleileiter,
Personalangelegenheiten 83519
Kanzlei 83516, 83517, 83518
EDV-Angelegenheiten und Kanzlei 83537

Budgetangelegenheiten
Kollmann Cornelia 83535

Gleichbehandlung und
Rechtsangelegenheiten
Gebhart, Dr. Marion,
Obermagistratsrätin 83532

Rechtsangelegenheiten
Ramser, Mag. Karin 83521
Vogl, Mag. Heike 83513

Frauenförderungspläne und Gleichbehandlung
Fürnsinn Gabriele 83521

Migrantinnen, Gesundheit, Wien-Online
Hametner, Mag. Kristina 83527

Frauenhäuser, Controlling
Moser, Dr. Roswitha 83534

Grundlagenarbeit, Aus- und Weiterbildung
Internationales, Frauen-Netzwerk-Ost-West
derzeit unbesetzt 83514

Öffentlichkeitsarbeit
Vesely Susanne 83533

Neue Technologien, Monitoring
Wanzenböck, Dipl.-Ing. Christine . . . 83538

Frauentelefon 408 70 66
E-Mail: frauentelefon@m57.magwien.gv.at

24-Stunden-Frauennotruf 717 19
E-Mail: frauennotruf@m57.magwien.gv.at
Spacek, Dr. Karin 83541
Sekretariat 83545
Beraterinnen 83542, 83543, 83544

MAGISTRATSABTEILUNG 58

Rechtliche Angelegenheiten der Landeskultur und des Wasser- und Schifffahrtswesens

(Geschäftsgruppe Umwelt)

Rechtliche Angelegenheiten der Landeskultur allgemeiner, grundsätzlicher und besonderer Art:
Agrarbehörde erster Instanz,
Agrarwesen und Bodenreform,
Grundverkehrswesen,
Angelegenheiten der land- und forstwirtschaftlichen Berufsvertretungen, der land- und forstwirtschaftlichen Berufsausbildung, des land- und forstwirtschaftlichen Arbeits- und Sozialrechts, ausgenommen des Sozialversicherungswesens,
Führung der Geschäfte der Einigungskommission nach der Wiener Landarbeitsordnung,
Angelegenheiten des Feldschutzes, des Pflanzen- und Saatgutschutzes, des Verkehrs mit Düngemitteln,
Angelegenheiten des Buschenschanks mit Ausnahme der den Magistratischen Bezirksämtern zugewiesenen Angelegenheiten,
Angelegenheiten der Börse für landwirtschaftliche Produkte,
Angelegenheiten des Forstwesens mit Ausnahme jener in erster Instanz, Ausgabe von Plomben für aus dem Ausland eingeführte Tannenchristbäume.
Bestellung der Forstschutzorgane,
Angelegenheiten des Schutzes von Gartenanlagen.
Angelegenheiten des Jagdwesens, ausgenommen die den Magistratischen Bezirksämtern und der Magistratsabteilung 49 zugewiesenen Aufgaben.
Angelegenheiten des Fischereiwesens, ausgenommen die den Magistratischen Bezirksämtern zugewiesenen Agenden.
Handhabung des Wiener Tierschutz- und Tierhaltegesetzes, soweit keine andere Dienststelle dafür zuständig ist, und mit Ausnahme der Entscheidung über Berufungen gegen den Widerruf der Bestellung von Tierschutzorganen.
Wahrnehmung der Aufgaben des Landeshauptmannes nach dem Tiertransportgesetz – Straße und dem Tiertransportgesetz – Eisenbahn.
Wahrnehmung der Aufgaben des Landeshauptmannes nach dem Futtermittelgesetz, soweit nicht die Magistratsabteilung 60 zuständig ist.
Land- und Forstwirtschaftsinspektion.
Beistellung von Sachverständigen auf dem Gebiet der Landwirtschaft.
Förderungsangelegenheiten nach dem Wiener Landwirtschaftsgesetz.
Vorbereitung der Ausübung des Anhörungsrechtes des Landes Wien nach dem Weingesetz 1985.
Handhabung des Wiener Weinbaugesetzes 1995, soweit keine andere Dienststelle zuständig ist, ausgenommen Strafamtshandlungen; Beistellung von Amtssachverständigen nach diesem Gesetz.
Rechtliche Angelegenheiten der Tierhaltung und Tierzuchtförderung.
Rechtliche Angelegenheiten des Veterinärwesens, insbesondere der Tiermärkte, Schlachthöfe und Kühlhäuser, Vieh- und Fleischuntersuchung, Tierkörperverwertung, Festsetzung der Gebühren und Entgelte auf diesem Gebiet,
der Tierspitäler,
der Landeskammer der Tierärzte und
des Gütezeichens für Fleischwaren.
Allgemeine rechtliche Angelegenheiten sowie Wahrnehmung der Aufgaben des Landeshauptmannes nach den tierseuchenrechtlichen Bestimmungen.
Bestellung und Angelobung der Sachverständigen der Bienenzucht nach dem Bienenseuchengesetz und dem Wiener Bienenzuchtgesetz sowie damit im Zusammenhang stehende Aufgaben; Bearbeitung von Berufungen gegen Bescheide der Magistratischen Bezirksämter nach dem Bienenseuchengesetz und dem Wiener Bienenzuchtgesetz sowie gegen Gebührenfestsetzungen der Magistratischen Bezirksämter im Zusammenhang mit dem Bienenseuchengesetz; Prüfung und Übermittlung der Gebührenfestsetzungen an das zuständige Bundesministerium.
Rechtliche Angelegenheiten des Wasserrechts, soweit nicht die Magistratsabteilungen 37, 63, 64 oder die Magistratischen Bezirksämter zuständig sind.
Führung des Wasserbuches.
Rechtliche Angelegenheiten des Hochwasserschutzes.
Mitwirkung in Wasserrechtsangelegenheiten in jenen Fällen, in denen die Stadt Wien als Beteiligte auftritt.
Rechtliche Angelegenheiten des Schiffahrtswesens.
Ausnahmebewilligungen vom Verbot des Befahrens der linksufrigen Donauregulierungsanlagen.
Allgemeine und grundsätzliche rechtliche Angelegenheiten nach dem Wasserversorgungsgesetz sowie nach dem Kanalräumungs- und Kanalgebührengesetz, soweit nicht andere Dienststellen dafür zuständig sind.
Bearbeitung von Berufungen gegen Bescheide der Magistratsabteilung 4 und der Magistratsabteilung 31 nach dem Wasserversorgungsgesetz, der Magistratischen Bezirksämter und der Bundespolizeidirektion Wien nach dem Wiener Tierschutz- und Tierhaltegesetz sowie gegen sonstige Bescheide der Dienststellen des Magistrats in allen vorstehend angeführten Angelegenheiten, soweit nicht andere Behörden zuständig sind, und von Berufungen gegen Bescheide der Magistratsabteilung 22 nach der Auftaumittelverordnung 1982, mit Ausnahme der Berufungen in Strafsachen.
Bearbeitung von Berufungen gegen Bescheide der Magistratsabteilung 30 nach dem Kanalräumungs- und Kanalgebührengesetz 1978.
Wahrnehmung der dem Landeshauptmann zugewiesenen Kompetenzen für Deponien nach dem Abfallwirtschaftsgesetz.
Bearbeitung von Berufungen gegen Bescheide der Magistratischen Bezirksämter nach dem Wiener Abfallwirtschaftsgesetz, soweit Deponien betroffen sind.

(1082) 1, Volksgartenstraße 3, 2. Stock .... 40 00 ...
Telefax: .... 40 00-99-96810 oder Nebenstelle
IBS-User: M58A
E-Mail: post@m58.magwien.gv.at

M e r t h , Dr. Roman, Obersenatsrat 96811
E i c h i n g e r , Dr. Franz, Obermagistratsrat . 96812
Kanzleileiterin/Kanzleileiter 96819
Kanzlei 8058, 96815
Wasserrechtsangelegenheiten .. 96812, 96823, 96824, 96825, 96826, 96827, 96830, 96834
Schifffahrtswesen 96812, 96823, 96826, 96827
Schiffsführerprüfungen 96831, 96833
Schiffszulassungen 96831, 96833
Tierschutz, Veterinärwesen 96824
Grünanlagen 96827
Pflanzenschutz, Fischereiwesen 96826
Forstwesen, Jagdwesen 96827
Fischerei- und Jagdstatistik 96819
Land- und Forstwirtschaftsinspektion, agrartechnisches Referat 96821, 96822
Berufsvertretung land- und forstwirtschaftlicher Dienstgeber (Landwirtschaftskammer) 96824
Tierzucht, Weinbau, Buschenschank 96823
Agrarbehörde I. Instanz 96826
Wasserbuch 96828, 96829
Sitzungszimmer 96808

Wiener Fischereiausschuss,
(1031) 3, Am Modenapark 1–2,
3. Stock, Tür 323 .... 40 00 ..., 96839
Telefax: 40 00-99-96839

MAGISTRATSABTEILUNG 59

Marktamt

(Geschäftsgruppe Integration, Frauenfragen, Konsumentenschutz und Personal)

Aufsichtsdienst auf dem Gebiet des Konsumentenschutzes, insbesondere bezüglich der folgenden Gesetze und der aufgrund dieser Gesetze erlassenen Verordnungen:

Vollziehung der Verordnung (EG) betreffend die Etikettierung von Rindfleisch und Rindfleischerzeugnissen. soweit nicht die Magistratsabteilung 60 zuständig ist.

Lebensmittelgesetz 1975 (ausgenommen Milchhygiene- und Muschelverordnung), Gewerbeordnung 1994 (ausgenommen die Verordnung über den Schutz von Tieren gegen Quälereien und das artgemäße Halten von Tieren im Rahmen gewerblicher Tätigkeiten), Maß- und Eichgesetz 1950, Preisgesetz, Preisauszeichnungsgesetz, Qualitätsklassengesetz (ausgenommen Kontrollen von Fleisch, Geflügel in Produktions- und Verarbeitungsbetrieben, Blumen, Blüten und Pflanzenteilen, in Sammel- und Packstellen für Eier sowie Erzeugung und Vermarktung von Bruteiern und Kücken von Hausgeflügel), Gesetz gegen den unlauteren Wettbewerb, Bazillenausscheidergesetz, Wiener Buschenschankgesetz und Produktsicherheitsgesetz 1994.

Vollziehung der Fischhygieneverordnung und der Eiprodukteverordnung, soweit keine andere Dienststelle des Magistrats zuständig ist.

Maßnahmen nach dem Weingesetz 1985:

Nachschau in Betrieben des Detailhandels und der Gastronomie, Verständigung des Bundeskellereiinspektors bei Nachschau in Kellern, Lagern, Zolllagern und Zolleigenlagern, Benachrichtigung des Bundeskellereiinspektors bei der Beschlagnahme von Getränken, Einschreiten bei Verdacht der Gesundheitsgefährdung oder -schädigung durch Getränke, Vorschreibung der Verwaltungsabgabe für die Tätigkeit der Mostwäger, Entgegennahme und Weiterleitung der Absichtsmeldungen, Erntemeldungen, Mostwäger-Bestätigungen, Bestandsmeldungen, Verwaltung der Banderolen, Führung der Betriebskataster.

Errichten und Führen von Märkten und Brückenwaagen sowie Grundverwaltung und Erhaltung der ausschließlich als Markt genutzten städtischen Grundflächen.

Erhebungen über Preise und Zufuhren, Marktbeobachtungsdienst einschließlich der Überwachung der Lebensmittelversorgung und Marktnachrichtendienst sowie Führung der Marktstatistik.

Allgemeiner Erhebungsdienst, insbesondere solcher wirtschaftlicher Art.

Begutachtung der Genusstauglichkeit von Pilzen.

Erteilung von Gebrauchserlaubnissen nach dem Gebrauchsabgabegesetz für gewerbsmäßigen oder sonstigen erwerbsmäßigen Zwecken dienende Verkaufsstände sowie von Bewilligungen nach § 82 Abs. 1 Straßenverkehrsordnung 1960 für diese Art von Verkaufsständen, soweit nicht eine Genehmigungspflicht nach der Bauordnung für Wien oder dem Eisenbahngesetz 1957 besteht oder gleichzeitig weitere Bewilligungen nach der Straßenverkehrsordnung 1960 oder dem Gebrauchsabgabegesetz durch die Magistratsabteilung 46 erforderlich sind und es sich nicht um auf Fundamenten errichtete Verkaufsstände oder um Zeitungsstände handelt; Bemessung und Vorschreibung der Abgabe.

Bemessung und Einhebung der Entgelte, Kosten und Gebühren für die Inanspruchnahme der Märkte.

Dienstaufsicht über das zugeteilte Personal, soweit es nicht der Dienstaufsicht des Magistratsdirektors untersteht.

(1031) 3, Am Modenapark 1–2 .... 40 00 ...
Telefax: 40 00-99-Nebenstelle
IBS-User: M59A
E-Mail: post@m59.magwien.gv.at
Portier 73644

V y s k o c i l Hofrat Hubert,
Direktor des Marktamtes 87911
Sekretariat 87914, 87915, 87916
W e i n z e t t e l Robert,
Oberamtsrat 87912
Kanzleileiterin/Kanzleileiter 87919
Einlaufstelle 87918
Journaldienst 87918
Sitzungszimmer (2. Stock) 87905
Besprechungszimmer (3. Stock) 87925

R ö t h Hans-Peter, Oberamtsrat
EDV-Organisator,
Organisationsreferat 87945

Referat Informationstechnologie und
Telekommunikation 87946, 87947, 87948

Personalreferat 87955

M ü l l e r, Ing. Andreas, Amtsrat
Grundsätzliche Angelegenheiten der
Lebensmittelpolizei 87921
Lebensmittelpolizei – Einvernahmen 87922, 87923, 87924, 87944

Weinreferat,
EU-Referat,
allgemeine Konsumentenschutzangelegenheiten 87943, 87929

Angelegenheiten des Produktsicherheitsgesetzes,
Preisauszeichnungsangelegenheiten 87936

W e i n z e t t e l Robert, Oberamtsrat
Marktplanung,
grundsätzliche Angelegenheiten der
Marktverwaltung und des
Budgetwesens 87912, 87931

Betriebswirtschaftliche und
Verrechnungsangelegenheiten,
Budget 87932, 87901, 87935

Vergabe von Marktplätzen auf ständigen
Märkten, marktbehördliche
Bewilligungen 87933

Vergabe von Marktplätzen auf
Gelegenheitsmärkten 87938

Gewerbe- und
Straßenstandreferat 87941, 87952

Marktamtsabteilungen

1\. Bezirk,
(1010) 1, Gonzagagasse 11 ..... 531 14 ..., 01431

2\. Bezirk,
(1020) 2, Karmelitermarkt,
Amtsgebäude .... 214 17 83 ...,
216 68 63 ..., 31
Marktaufsicht Vorgartenmarkt,
(1020) 2, Ennsgasse 8 .... 728 38 14

3\. Bezirk,
(1030) 3, Karl-Borromäus-
Platz 3 .... 711 34 ..., 03431
Marktaufsicht Rochusmarkt 713 50 22
Landstraßer Markt,
(1030) 3, Invalidenstraße 2 .... 713 17 51

4., 5., 6., 7. Bezirk,
(1040) 4, verlängerte Ketten-
brückengasse,
Amtsgebäude Naschmarkt ..... 546 34 ..., 05430

8., 9. Bezirk,
(1090) 9, Alser Straße 20 .... 408 28 05 ..., 35

10\. Bezirk,
(1100) 10, Viktor-Adler-Markt,
Amtsgebäude 604 27 77

11\. Bezirk,
(1110) 11, Lorystraße,
Simmeringer Markt,
Amtsgebäude,
Brückenwaage 749 33 01

12\. Bezirk,
(1121) 12, Hufelandgasse 2 .... 811 34 ..., 12431
Marktaufsicht Meidlinger Markt,
(1120) 12, Niederhofstraße 813 31 81

13., 14. Bezirk,
(1130) 13, Hietzinger
Kai 1–3 .... 878 34 ..., 13431
870 34 ..., 14431

15\. Bezirk,
(1150) 15, Gasgasse 8–10 ...... 891 34 ..., 15431
Marktaufsicht Meiselmarkt,
(1150) 15, Meiselmarkt 15436

16\. Bezirk,
(1160) 16, Yppenplatz 4,
Amtsgebäude,
Marktaufsicht .... 405 61 74 ..., 20

17\. Bezirk,
(1170) 17, Elterleinplatz 14 .... 401 19 ..., 17431

18\. Bezirk,
(1181) 18, Martinstraße 100 .... 476 34 ..., 18431

19\. Bezirk,
(1190) 19, Gatterburggasse 14 .. 360 34 ..., 19431

20\. Bezirk,
(1200) 20, Brigitta-
platz 10 .... 331 34 ..., 20431
Marktaufsicht Hannovermarkt,
(1200) 20, Hannovermarkt 330 42 45

21\. Bezirk,
(1210) 21, Schlingerhof,
Floridsdorfer Markt 5,
Brünner Straße 34–38 .... 278 15 89 ..., 31

22\. Bezirk,
(1229) 22, Kagran,
Donaustadtstraße 1 .... 211 23 ..., 22431

23\. Bezirk,
(1235) 23, Liesing, Lehmann-
gasse 3 .... 863 34 ..., 23431

Großmarkt Wien-Inzersdorf,
(1232) 23, Inzersdorf,
Laxenburger Straße 365 .... 616 69 05 ...
Leiterin/
Leiter 61
Kanzlei 64
Referentinnen/
Referenten 65, 66, 67, 68
Blumengroßmarkt 73
Brückenwaage 74

Marktbetrieb St. Marx,
(1030) 3, Baumgasse 68 A .... 795 14 ...
Leiterin/
Leiter des Marktbetriebes 97711
Fleischgroßmarkt,
Referatsleiterin/
Referatsleiter 97721
Marktaufsicht Permanenzdienst 97725
Haustechnik,
Referatsleiterin
Referatsleiter 97771
Energiezentrale 97776

MAGISTRATSABTEILUNG 60

Veterinäramt

(Geschäftsgruppe Integration, Frauenfragen, Konsumentenschutz und Personal)

Allgemeine Angelegenheiten des Veterinärwesens mit Ausnahme der der Magistratsabteilung 58 vorbehaltenen Angelegenheiten und der den Magistratischen Bezirksämtern zukommenden veterinärbehördlichen Aufgaben.

Allgemeine Angelegenheiten des Tierschutzes, ausgenommen die der Magistratsabteilung 58 und den Magistratischen Bezirksämtern vorbehaltenen Angelegenheiten.

Aufsichtsdienst auf dem Gebiet des Fleischuntersuchungsgesetzes, des Futtermittelgesetzes, der aufgrund des Qualitätsklassengesetzes erlassenen Verordnungen für Fleisch (soweit nicht Bundesorgane diese Aufgaben durchführen), für Geflügel in Produktions- und Verarbeitungsbetrieben, in Sammel- und Packstellen für Eier sowie für die Erzeugung und Vermarktung von Bruteiern und Kücken von Hausgeflügel und der Verordnung (EG) betreffend die Etikettierung von Rindfleisch und Rindfleischerzeugnissen bei Betrieben, in denen der Aufsichtsdienst auf Grund des Fleischuntersuchungsgesetzes erfolgt.

Handhabung des Wiener Tierschutz- und Tierhaltegesetzes in veterinärbehördlicher und amtstierärztlicher Hinsicht.

Handhabung des Tiertransportgesetzes – Straße und des Tiertransportgesetzes – Eisenbahn, ausgenommen die Zuständigkeiten der Magistratsabteilung 58 und die Durchführung von Strafverfahren.

Wahrnehmung der Aufgaben der Bezirksverwaltungsbehörde nach der Tierkennzeichnungsverordnung 1995.

Wahrnehmung des Aufsichtsdienstes sowie Vornahme von Sofortmaßnahmen nach den tierseuchenrechtlichen Bestimmungen.

Beistellung von tierärztlichen Amtssachverständigen.

Veterinärbehördliche Überwachung der Tiermärkte, Tierauktionen, Tierschauen, Zirkusse und Tierausstellungen, der Tierspitäler und der Tierschutzhäuser.

Aufsichtsdienst bezüglich der Verordnung über den Schutz von Tieren gegen Quälereien und das artgemäße Halten von Tieren im Rahmen gewerblicher Tätigkeiten.

Ausbildung und Prüfung von Fleischuntersuchern (Trichinenuntersuchern).

Amtstierärztliche Tätigkeit bei der Vollziehung des Tierversuchsgesetzes 1988.

Evidenthaltung und Überwachung der Berufsausübung der niedergelassenen Tierärzte, Kontrolle der tierärztlichen Hausapotheken, der Gebarung mit Suchtgiften durch Tierärzte sowie des Verkehrs mit Tierimpfstoffen und Arzneimitteln; Kontrolle der tierärztlichen Ordinationen nach dem Abfallwirtschaftsgesetz.

Überwachung des Huf- und Klauenbeschlages.

Vollziehung der Milchhygieneverordnung, der Muschelverordnung, der Fischhygieneverordnung bei Betrieben, die der Fischuntersuchungsverordnung unterliegen.

Durchführung von veterinärbehördlichen Kontrollen.

Kontrolle von Tierzuchtverbänden und Tierzuchtbetrieben.

Veterinärbehördliche Überwachung der Tierkörperbeseitigung Wien.

Führung der Veterinärstatistik.

Abhaltung von Kursen für die Ausbildung von Tierärzten zur Vornahme der bakteriologischen Fleischuntersuchung.

Begutachtung der Anträge auf Verleihung des Berufstitels „Veterinärrat“.

Grundverwaltung der Liegenschaften der Tierkörperbeseitigung Wien.

(1031) 3, Viehmarktgasse 5–7 .... 795 14 . . .
Telefax: 795 14-99-Nebenstelle
IBS-User: M60A
E-Mail: post@m60.magwien.gv.at
Permanenzdienst 97725, 0664/322 54 46
(Montag bis Freitag 15.30 Uhr bis 7.30 Uhr,
Samstag, Sonntag und Feiertag 0 bis 24 Uhr)

S c h ö r n e r , Dr. Gustav, Veterinärdirektor . 97611
R e i s p , Dr. Walter, Oberveterinärrat 97612
Sekretariat 97615

Referat 1: Budget, Organisation, Personal
Koordination der Veterinäramtsabteilungen:
R e i s p , Dr. Walter, Oberveterinärrat 97621
Sachbearbeiterin/Sachbearbeiter 97622
Sekretariat 97617

Referat 2: EDV, Datenschutz,
Öffentlichkeitsarbeit in elektronischen Medien,
Controlling, Rechtstexte:
S v o b o d a , Mag. Erwin,
Oberveterinärrat 97681
Sachbearbeiterin/Sachbearbeiter 97682
Sekretariat 97614

Referat 3: Kanzlei
Kanzleileiterin/Kanzleileiter 97615

Referat 4: Tierschutz, Tiergesundheit
G s a n d t n e r , Mag. Hermann,
Oberveterinärrat 97631
Sachbearbeiterinnen/Sachbearbeiter .. 97632, 97633
97634, 97635, 03456
Sekretariat 97616
Helpline .... 40 00 . . ., 8060

Referat 5: Tierversuche,
Allgemeine Veterinärangelegenheiten
C e r m a k , Dr. Helga .... 795 14 . . ., 97651
Sachbearbeiterin/Sachbearbeiter 97652
Sekretariat 97614

Referat 6: Hygiene
K i r c h m a y e r , Dr. Walter,
Oberveterinärrat 97661
Sachbearbeiterinnen/Sachbearbeiter 97662,
97663, 97664, 97665
Sekretariat 97618

Veterinäramtsabteilungen:

1., 2., 3., 4., 5., 6., 7., 8., 9., 20. Bezirk,
(1030) 3, Viehmarktgasse 5-7 . . . 711 34 . . ., 03450
10., 11. Bezirk, (1100) 10, Laxenburger
Straße 43–47 .... 605 34 . . ., 10450
12., 13., 14. Bezirk,
(1130) 13, Riedelgasse 7-9 ..... 878 34 . . ., 13450
15., 16., 17., 18., 19. Bezirk, (1160) 16,
Richard-Wagner-Platz 19 ...... 491 96 . . ., 16450
21., 22. Bezirk,
(1210) 21, Am Spitz 1 .... 277 34 . . ., 21450
23. Bezirk,
(1230) 23, Breitenfurter Straße 519–521 . 888 10 69

MAGISTRATSABTEILUNG 61

Staatsbürgerschafts- und Personenstandsangelegenheiten

(Geschäftsgruppe Integration, Frauenfragen, Konsumentenschutz und Personal)

Allgemeine und grundsätzliche Angelegenheiten des Staatsbürgerschaftsrechts, individuelle Angelegenheiten des Staatsbürgerschaftsrechts, soweit ihre Vollziehung der Landesregierung zukommt, ausgenommen Strafamtshandlungen, sowie Vorbearbeitung von Berufungen, die sich gegen administrative Bescheide der Gemeinde sowie von österreichischen Berufskonsulaten bzw. österreichischen diplomatischen Vertretungen im Ausland (Zuständigkeit nach Evidenzstellen) richten.
Individuelle Angelegenheiten des Staatsbürgerschaftsrechtes, soweit ihre Vollziehung in den übertragenen Wirkungsbereich der Gemeinde fällt.

Allgemeine, grundsätzliche und individuelle Angelegenheiten des Ehe-, Namens- und Matrikenrechts.
Führung der Standesämter einschließlich der Wahrnehmung der Aufgaben der Aufsichtsbehörden.
Aufsicht über die Führung konfessioneller Altmatriken und Berichtigung von Eintragungen in diesen Matriken.
Beglaubigung der Unterschrift des Standesbeamten und des beigefügten Amtssiegels auf Personenstandsurkunden, auf Abschriften aus den Personenstandsbüchern und auf Ehefähigkeitszeugnissen, einschließlich der Legalisierung von Unterschriften auf Personenstandsurkunden aus den konfessionellen Altmatriken.

(1082) 1, Rathaus, Stiege 8, Parterre, Tür 19, und Hochparterre, Tür 105 .... 40 00 ...
Telefax: 40 00-99-Nebenstelle
IBS-User: M61A
E-Mail: post@m61.magwien.gv.at

L e i n w e b e r, Dr. Erich, Obersenatsrat 83011
Sekretariat 83015, 83016
K l a m p f e r, Mag. Manfred 83012
Kanzleileiterin/Kanzleileiter 83019
Personalreferat 83041, 83066
Schreibstellen 83018, 83026, 83027, 83080, 83085
Verlagsführerin/Verlagsführer 83021

Allgemeine und individuelle Staatsbürgerschaftsangelegenheiten: Einbürgerungen, Feststellungen, Beibehaltungen, Ausscheiden aus dem Staatsverband u. a.

Gruppenleiterin/Gruppenleiter 83041
Einbürgerungen, Referentinnen/Referenten:
Aa–Alt, Yilm–Yz 83048
Alu–Az, Nee–Nia, Z 83055
B–Boh, Lun–Lz 83047
Boi–Bul, O 83045
Bum–Bz, C 83050
D–Dok 83056
Dol–Dy, R 83046
Dz, S–Simr 83059
E, Sum–Sz, U 83049
F, Mikl–Mz 83068
G, Ist–Iz 83052
H, Yao–Yill 83051
I–Iss, J 83053
K–Kilib, Nib–Nov, X 83054
Kilic–Kz 83067
L–Lum, V 83034
M–Mikk, N–Ned 83057
Now–Nz, Sims–Sul 83058
P, Q 83063
T, Y–Yan 83062
W-Wem und Einbürgerungen mit Auslandswohnsitz A–K 83065
Wen–Wz und Einbürgerungen mit Auslandswohnsitz L–Z 83060

Einbürgerungen im besonderen Interesse der Republik Österreich:
A, I, J, M, R 83073
B-D, N, O, W 83074
E-G, Q, S-U 83097
H, K, L, P, V, X-Z 83069

Feststellungen, Beibehaltungen, Referentinnen / Referenten:
A–F 83042
G–K 83078
L–Z 83044
Staatsbürgerschaftsangelegenheiten, Kanzlei 83019
Staatsbürgerschaftsangelegenheiten, Einreichstelle 83014

Staatsbürgerschaftsevidenz, Staatsbürgerschaftsnachweise
Gruppenleiterin/Gruppenleiter 83061

Referentinnen/Referenten:
A–Brais 83075, 83099
Braisa–Eker 83077
Ekera–Herne 83089
Hernea–Kesel 83081
Kesela–Kunzd 83082
Kunzda–Moras 83076
Morasa–Sau 83084
Saua–Sukanek 83079
Sukaneka–Z 83087

Staatsbürgerschaftsevidenz, Revisorinnen/Revisoren 83064, 83093, 83083
Staatsbürgerschaftsevidenz, Kanzlei 83031
Staatsbürgerschaftsevidenz, Einreichstelle 83036

Allgemeine Personenstandsangelegenheiten, Aufsicht über die Standesämter
Gruppenleiterin/Gruppenleiter 83091, 83092

Personenstandsangelegenheiten,
Namensänderungen, Matrikenberichtigungen, Beurkundung des Personenstandes in besonderen Fällen, internationaler Matrikenaustausch . . 83094, 83095, 83039

Zentralkartothek der Standesämter:
Geburtenbuch 83029
Familienbuch 83035
Sterbebuch 83025

Altmatriken des Magistrats bis 1938 83033
Personenstandsangelegenheiten, Kanzlei 83032
Aktenlager 83023

Standesämter

Wien-Innere Stadt,
(1081) 8, Schlesingerplatz 4
(1., 6., 7., 8., 9. Bezirk) . . . . 401 34 . . ., 08589
Expositur:
(1090) 9, Währinger Gürtel 18-20 . . . 08571, 08572
Telefax: 401 34-99-08570
Wien-Brigittenau,
(1200) 20, Brigittaplatz 10
(2., 20. Bezirk) . . . . 331 34 . . ., 20589
Telefax: 331 34-99-20580
Wien-Landstraße,
(1030) 3, Karl-Borromäus-Platz 3 . . . . . 711 34 . . ., 03589
Telefax: 711 34-99-03580
Wien-Margareten,
(1050) 5, Schönbrunner Straße 54
(4., 5., 12. Bezirk) . . . . 546 34 . . ., 05589
Telefax: 546 34-99-05589
Wien-Favoriten,
(1100) 10, Keplerplatz 5
(10., 11. Bezirk) . . . . 605 34 . . ., 10589
Telefax: 605 34-99-10580
Wien-Hietzing,
(1130) 13, Hietzinger Kai 1–3
(13., 14., 15., 23. Bezirk) . . . . . . 878 34 . . ., 13585, 870 34 . . ., 14585
Telefax: 878 34-99-13590
Telefax: 870 34-99-14590
Wien-Ottakring,
(1164) 16, Richard-Wagner-Platz 19
(16., 17. Bezirk) . . . . 491 96 . . ., 16589
Telefax: 491 96-99-16587
Wien-Währing,
(1181) 18, Martinstraße 100
(18., 19. Bezirk) . . . . 476 34 . . ., 18584
Telefax: 476 34-99-18590
Wien-Floridsdorf,
(1211) 21, Am Spitz 1
(21. Bezirk) . . . . 277 34 . . ., 21589
Telefax: 277 34-99-21580
Wien-Donaustadt,
(1222) 22, Siebeckstraße 7
(22. Bezirk) . . . . 211 23 . . ., 22589
Telefax: 211 23-99-22586

MAGISTRATSABTEILUNG 62

Wahlen und verschiedene Rechtsangelegenheiten

(Geschäftsgruppe Integration, Frauenfragen, Konsumentenschutz und Personal)

Führung der Wählerevidenz, Organisation und Durchführung von Wahlen sowie von Volksbegehren, Volksabstimmungen und Volksbefragungen; Vorbereitung der Berufung von Ersatzmännern gemäß der GWO und von Entscheidungen der Wahlbehörden.

Evidenthaltung der Funktionsdauer der gewählten Funktionäre der Gemeinde, soweit nicht eine andere Dienststelle zuständig ist.

Wahrnehmung der Aufgaben des Bürgermeisters und des Landeshauptmannes nach dem Meldegesetz 1991, soweit nicht die Magistratischen Bezirksämter zuständig sind.

Rechtliche Angelegenheiten der Grenzen der Bezirke.

Rechtliche Angelegenheiten der Symbole der Bundeshauptstadt Wien.

Rechtsmittelentscheidungen gegen Verfügungen und Entscheidungen, die sich auf ortspolizeiliche Verordnungen gemäß § 108 WStV gründen, soweit nicht eine andere Dienststelle zuständig ist.

Bearbeitung von Rechtsmitteln an den Berufungssenat nach dem Wiener Umweltinformationsgesetz.

Angelegenheiten des Zivildienstes, Bearbeitung von Berufungen in Familienunterhalts- und Wohnkostenbeihilfenangelegenheiten für Zivildienstleistende sowie koordinierende Maßnahmen auf Grund des Zivildienstgesetzes.

Wahrnehmung der Aufgaben, die der Stadt Wien nach dem Militärbefugnisgesetz zukommen sowie Koordinierung der erforderlichen Maßnahmen.

Angelegenheiten nach dem Wiener Landessicherheitsgesetz und dem Wiener Prostitutionsgesetz, soweit nicht die Magistratsabteilung 64 zuständig ist.

Behördliche Angelegenheiten der Stiftungen und Fonds.

Handhabung des Glücksspielgesetzes und des Wiener Sammlungsgesetzes.

Preisangelegenheiten mit Ausnahme von Mietzinsen und Lebensmittelpreisen.

Vorbereitung der Erhebungsverordnung gemäß dem Wiener Statistikgesetz.

Kultusangelegenheiten mit Ausnahme der Angelegenheiten der konfessionellen Altmatriken und der Entgegennahme der Erklärungen über den Austritt aus staatlich anerkannten Religionsgesellschaften.

Mitwirkung der Gemeinde bei der Bildung der Geschworenen- und Schöffenlisten, allgemeine und grundsätzliche Angelegenheiten der Gemeindevermittlungsämter.

Angelegenheiten nach dem NS-Gesetz (VG 1947).

Handhabung des Datenschutzgesetzes, soweit nicht der Magistratsdirektor zuständig ist und soweit es sich nicht um Maßnahmen handelt, die durch Erlass des Magistratsdirektors der jeweiligen Dienststelle im Sinne des § 5 Abs. 1 der Geschäftsordnung für den Magistrat der Stadt Wien zugewiesen sind oder werden.

Erlassung von Auflösungserkenntnissen gemäß § 38 Genossenschaftsgesetz.

(1082) 8, Lerchenfelder Straße 4,
3. Stock .... 40 00 ...
Telefax: 40 00-99-Nebenstelle
IBS-User: M62A
E-Mail: post@m62.magwien.gv.at

Bachofner, Dr. Christine,
Senatsrätin 89411
Sekretariat 89415
Ujhelyi, Dr. Josef,
Obermagistratsrat 89412
Kanzleileiterin/Kanzleileiter 89419
Kanzlei, Einlaufstelle und
Auskünfte 89418, 89424

Datenschutzangelegenheiten 89413
Kultusangelegenheiten 89407
Sammlungen 89412
Geschworenen- und Schöffenlisten 89401, 89403
Gemeindevermittlungsämter 89401
Ersatzbewerberberufungen gemäß der
Gemeindewahlordnung 89401
Stiftungen und Fonds,
Verwaltungsstrafsachen 89412, 89413
Familienunterhalt und Wohnkostenbeihilfe
(Heeresgebühren- und
Zivildienstgesetz) 89412, 89413
Sonstige Angelegenheiten nach dem
Heeresgebühren- und Zivildienstgesetz 89412
Glücksspiele 89421
Rechnungsangelegenheiten 89405, 89406
EDV-Angelegenheiten 89436, 89437
Amtliche An- und Ummeldungen und
Legistik 89422

Wählerevidenz

Gruppenleiterin/Gruppenleiter 89401, 89403

Referate:
1., 4., 5., 6., 7., 8. Bezirk 89441, 89442
2., 3., 9. Bezirk 89431, 89432
10., 11., 12. Bezirk 89451, 89452
13., 14., 15., 17. Bezirk 89461, 89462
16., 18., 19., 20. Bezirk 89471, 89472
21., 22., 23. Bezirk 89481, 89482

Wahlausschlussreferat 89421

Wohnsitzdezernat 89506, 89507

Meldewesen

Meldeservice –
Zentrale für amtliche Ab- und Ummeldungen,
Betreuung der Magistratischen Bezirksämter
1., 4., 5., 6., 7., 8 Bezirk 89441, 89442
2., 3., 9. Bezirk 89431, 89432
10., 11., 12. Bezirk 89451, 89452
13., 14., 15., 17. Bezirk 89461, 89462
16., 18., 19., 20. Bezirk 89471, 89472
21., 22., 23. Bezirk 89481, 89482

Meldeservice – Zentrale Auskunft
Auskunft allgemein 76401, 76402
Massenauskünfte 76401,
76402, 76403, 76404
Historische Auskünfte 76403, 76404
Auskunftssperren 76401, 76402
Hauptwohnsitzbestätigungen für
Obdachlose 76421
Auskünfte für Hauseigentümer 76401,
76402, 76403, 76404
Auskünfte gemäß § 294a
Exekutionsordnung 76449

MAGISTRATSABTEILUNG 63

Gewerbewesen und rechtliche Angelegenheiten des Ernährungswesens

(Geschäftsgruppe Integration, Frauenfragen, Konsumentenschutz und Personal)

Allgemeine und grundsätzliche Rechtsangelegenheiten auf den Gebieten des Gewerberechtes (einschließlich des gewerblichen Marktwesens), des Ernährungswesens und des Preisrechtes (Abschöpfung von Mehrerlösen bei Brotgetreide und Mahlprodukten, Preisangelegenheiten der Lebensmittel).
Rechtsangelegenheiten im Zusammenhang mit dem Wiener Landesvergabegesetz sowie dem Bundesvergabegesetz, soweit nicht der Magistratsdirektor dafür zuständig ist.
Führung der Bürogeschäfte des Vergabekontrollsenates.
Rechtsberatung in Fragen des Vergabewesens, sofern nicht der Magistratsdirektor zuständig ist.
Angelegenheiten, zu deren Besorgung nach den in der Folge aufgezählten Gesetzen und den dazu ergangenen Verordnungen der Landeshauptmann zuständig ist, einschließlich des mit diesen Rechtsnormen in unmittelbarem Zusammenhang stehenden Rechtes der Europäischen Gemeinschaften sowie der Bearbeitung von Rechtsmitteln, soweit diese Geschäfte nicht anderen städtischen Dienststellen zugewiesen sind:
Arbeitnehmerschutzgesetz,
Arbeitsinspektionsgesetz 1993,
Arbeitsruhegesetz,
Arbeitszeitgesetz,
Bäckereiarbeiter/innengesetz 1996,
Bauarbeiter-Urlaubs- und -Abfertigungsgesetz 1972,
Berufsausbildungsgesetz,
Börsegesetz 1989,
Bundesgesetz über die Beschäftigung von Kindern und Jugendlichen,
Bundesgesetz über die Nachtarbeit der Frauen,

Bundesgesetz gegen den unlauteren Wettbewerb 1984,
Gelegenheitsverkehrs-Gesetz 1996,
Gewerbeordnung 1994,
Güterbeförderungsgesetz 1995, ausgenommen die der Magistratsabteilung 65 übertragenen Aufgaben,
Heimarbeitsgesetz 1960,
Kesselgesetz und Dampfkesselbetriebsgesetz, soweit Gewerbebetriebe betroffen sind,
Konsumentenschutzgesetz,
Lebensmittelgesetz 1975,
Markenschutzgesetz 1970,
Marktordnungsgesetz 1985,
Maß- und Eichgesetz,
Musterschutzgesetz 1990,
Mutterschutzgesetz 1979,
Öffnungszeitengesetz 1991,
Patentgesetz 1970,
Preisgesetz 1992,
Produktsicherheitsgesetz 1994,
Qualitätsklassengesetz,
Rohrleitungsgesetz hinsichtlich des Konzessionsverfahrens,
Sicherheitsfilmgesetz,
Sonn- und Feiertags-Betriebszeitengesetz,
Strahlenschutzgesetz, soweit sich seine Anwendung auf gewerbliche Betriebsanlagen bezieht,
Weingesetz 1985,
Wirtschaftstreuhänder-Berufsordnung.

Bearbeitung von Rechtsmitteln an den Berufungssenat auf dem Gebiet des Gewerberechtes.

Wahrnehmung der behördlichen Aufgaben nach dem Wasserrechtsgesetz 1959 bei Anlagen zur Lagerung, Leitung und zum Umschlag wassergefährdender Stoffe, soweit diese Anlagen nach dem Gewerberecht einer Genehmigung durch den Landeshauptmann bedürfen.

Durchführung der wasserrechtlichen Bewilligungsverfahren gemäß § 356b Abs. 6 der Gewerbeordnung 1994, soweit der Landeshauptmann dafür zuständig ist.

Bearbeitung von Berufungen gegen Bescheide des Magistrats nach dem Wiener Bedienstetenschutzgesetz 1998.

Abhaltung der Befähigungsprüfungen nach der Berufszugangsverordnung Kraftfahrlinien- und Gelegenheitsverkehr.

Angelegenheiten des Betriebsaktionen-Verbotsgesetzes.

Ausarbeitung von Marktgebührentarifen.

Führung des zentralen Wiener Gewerberegisters.

Überprüfung und Bearbeitung der im Verwaltungsstrafregister aufscheinenden Vormerkungen und Erteilung von Auskünften aus diesem.

Ausarbeitung der das Messewesen regelnden Rechtsvorschriften.

(1011) 1, Wipplingerstraße 8,
1. Stock, Tür 137 .... 534 36...
Telefax: 534 36-99-Nebenstelle
IBS-User: M63A
E-Mail: post@m63.magwien.gv.at

Hechtner, Dr. Erich, Senatsrat,
Gruppenleiter für rechtliche Angelegenheiten des Vergabe-, Gewerbe- und Lebensmittelwesens 97111
Haunold, Dr. Thomas,
Obermagistratsrat 97112
Celar, Dr. Peter, Senatsrat 97127
Kanzleileiterin/Kanzleileiter 97119
Servicestelle für Bescheidausfolgung,
Eingaben und Kundeninformation ... 97117, 97118
Protokoll,
Abfertigung von Erledigungen 97114, 97115
Allgemeine Rechtsangelegenheiten 97116

Rechtsmittelentscheidungen:
Betriebsanlagen- und
Arbeitnehmerschutzangelegenheiten:
A–K 97127
L–O 97133
P–R 97134
S–Z 97158

Berufsausbildungsgesetz (administrativ):
A–D 97108
E–Z 97128
Verkehrsgewerbe:
A–K 97135
L–Z 97133

Lebensmittel-, Wettbewerbsrecht,
Maß- und Eichgesetz:
A–B 97134
C–J 97108
K–Z 97135

Sonstige Rechtsmittelentscheidungen:
A, R 97133
B, C, G, H, I, J, N 97128
D, L, M, O, S–V 97135
E, F 97148
K 97112
P, Q 97134
W–Z 97108

Führung der Bürogeschäfte des
Vergabekontrollsenates 97108

Nachsichten vom Befähigungsnachweis
(für Handwerke und bewilligungspflichtige gebundene Gewerbe):
A–G 97108
H–St 97148
T–Z 97133

Nachsichten vom Befähigungsnachweis
(für nicht bewilligungspflichtige gebundene Gewerbe):
A–N 97106
O–Z 97131

Nachsichten von Gewerbeausschließungsgründen:
A–S 97135
T–Z 97108

Prüfungswesen 97143, 97144, 97146

Tankanlagen:
Bezirke 1 bis 8 und 21 bis 23 97158
Bezirke 9 bis 20 97133
Gelegenheitsverkehrsgewerbe
(soweit der Landeshauptmann zuständig)
A, M, R–Y 97140
B–H 97139
I–L, N–Q, Z 97138

Pfandleiherinnen/Pfandleiher und
Versteigerinnen/Versteigerer
A, M, R–Y 97140
B–H 97139
I–L, N–Q, Z 97138

Bewilligungspflichtige gebundene Gewerbe:
A, H, N 97132
B, I, T 97138
C, D, E, O, ST 97142
F, R, W, X 97140
G, L, S, Y 97139
J, SCH, U, V 97131
K, Q 97141
M, P, Z 97137

Gleichstellungen mit Inländern:
A, H 97132
B, G, S, T 97138
C, D, E, F, I, J, O, Q, ST, Y, Z ... 97142
K, L, M, P 97137
N, R, SCH, U, V 97131
W, X 97141

Vergabe von Kontingenterlaubnissen nach der Kontingenterlaubnis-Vergabeverordnung:
A–L 97106
M–Z 97107

Zentralgewerberegister
(3. Stock, Tür 305):
Leiterin/Leiter 97150
Kanzlei 97155
Genossenschaftsregister 97149
Verschiedenes 97151
Gruppenleiterin/Gruppenleiter, Neueintragungen 97153
A, Ae, B, D, E, Oe, P, T 97154
C, G, H (ohne Hl und Hr), l, J, K, Q, Ue, X, Y, Z 97157

Gruppenleiterin/Gruppenleiter 97152
F, S, Sch, St, U (ohne Ue), V, W ... 97102
L (mit Hl), M, N, O (ohne Oe), R (mit Hr) 97156
Registratur 97105

MAGISTRATSABTEILUNG 64

Rechtliche Bau-, Energie-, Eisenbahn- und Luftfahrtangelegenheiten

(Geschäftsgruppe Wohnen, Wohnbau und Stadterneuerung)

Allgemeine und grundsätzliche Angelegenheiten des Bau-, Energie-, Straßen-, Luftfahrt- und Eisenbahnrechts.

Allgemeine und grundsätzliche Angelegenheiten des Telekommunikations- und Medienrechtes.

Allgemeine und grundsätzliche Angelegenheiten des Grundverkehrsrechtes hinsichtlich des Verkehrs mit bebauten oder zur Bebauung bestimmten Grundstücken.

Allgemeine und grundsätzliche Angelegenheiten des Bergrechtes; administrativbehördliche Angelegenheiten des Mineralrohstoffgesetzes einschließlich der Bearbeitung von Berufungen, soweit der Landeshauptmann zuständig ist.

Administrativbehördliche Angelegenheiten des Eisenbahnrechts.

Administrativbehördliche Angelegenheiten des Luftfahrtgesetzes sowie Durchführung von Verwaltungsstrafverfahren, soweit der Landeshauptmann zuständig ist.

Wahrnehmung der Aufgaben des Landeshauptmannes nach dem Kesselgesetz und dem Dampfkesselbetriebsgesetz, soweit keine andere Dienststelle dafür zuständig ist.

Rechtliche Angelegenheiten der Feuerpolizei, soweit nicht andere Dienststellen zuständig sind, und des Energiewesens, soweit nicht andere Dienststellen zuständig sind, oder soweit es sich nicht um gewerbebehördliche Angelegenheiten handelt.

Entscheidung über Nachbareinwendungen nach Eintritt der Zulässigkeit des Baubeginns im Verfahren gemäß § 70a der Bauordnung für Wien.

Vorbereitung von Berufungsentscheidungen und von Verordnungen des Landeshauptmannes und der Gemeinde nach dem Bundesgesetz über ein Verbot des Verbrennens biogener Materialien außerhalb von Anlagen.

Entscheidung über Rechtsmittel bei Ersatzvornahmen nach dem Verwaltungsvollstreckungsgesetz sowie in Vollstreckungsangelegenheiten des Baurechtes.

Genehmigung von Grundabteilungen, einschließlich vermessungs- und bautechnischer Begutachtungen.

Abfassung von Grundbuchseingaben, soweit die Magistratsabteilung 64 als Behörde tätig wird, sowie grundbücherliche Veranlassung der Eintragung und Löschung baurechtlicher Verpflichtungen.

Durchführung von Enteignungsverfahren, Einlösungen, Umlegungen und Grenzberichtigungen, soweit nicht die Magistratsabteilung 58 zuständig ist.

Behördliche Festsetzung von Entschädigungen, soweit nicht eine andere Dienststelle zuständig ist.

Entscheidung über Beiträge gemäß § 11 Bundesstraßengesetz 1971, soweit keine privatrechtliche Vereinbarung zustande kommt.

Erteilung von Gebrauchserlaubnissen nach dem Gebrauchsabgabegesetz und von Bewilligungen nach § 82 Abs. 1 Straßenverkehrsordnung 1960 für Verkaufsstände, die nach dem Eisenbahngesetz 1957 genehmigungspflichtig sind, sowie im Zusammenhang mit Baubewilligungen, sofern es sich nicht um Verkaufsstände handelt, über deren Bewilligung eine andere Dienststelle zu entscheiden hat.

Behördliche Angelegenheiten des Stadterneuerungsgesetzes.

Antragstellung an das zur Beschlussfassung nach der Wiener Stadtverfassung zuständige Organ der Gemeinde zur Genehmigung des Berichtes gemäß § 5 Abs. 2 des Stadterneuerungsgesetzes sowie die Weiterleitung dieses Berichtes an die Landesregierung.

Antragstellung des Magistrats an den Gemeinderat zur Erlassung oder Aufhebung von Assanierungsverordnungen nach dem Stadterneuerungsgesetz durch die Landesregierung.

Vorbereitung der Antragstellung der Gemeinde an die Landesregierung zur Erlassung oder Aufhebung von Assanierungsverordnungen nach dem Stadterneuerungsgesetz.

Behördliche Angelegenheiten des Bodenbeschaffungsgesetzes.

Durchführung des baubehördlichen Genehmigungsverfahrens für Bauten des Bundes, ausgenommen Wohnbauten, einschließlich Bemessung und Vorschreibung der Ausgleichsabgabe.

Vorbereitung von Berufungsentscheidungen in Administrativangelegenheiten nach dem Wiener Feuerwehrgesetz.

Bemessung und Vorschreibung von Kanaleinmündungsgebühren und von Anliegerbeiträgen.

Vorbereitung von Berufungsentscheidungen über administrative Bescheide nach dem Gebrauchsabgabegesetz, soweit die Berufung nicht die Abgabe betrifft.

Vorbereitung von Berufungsentscheidungen über Bescheide nach der Verordnung des Magistrates der Stadt Wien betreffend Maßnahmen zur Vermeidung unnötiger Staubentwicklung.

Handhabung des Elektrotechnikgesetzes bei der Errichtung, Abänderung und Abtragung von Elektrizitätserzeugungs- und -leitungsanlagen; Bewilligung der Festbeleuchtung von Straßenzügen zu besonderen Anlässen.

Durchführung von legistischen Verfahren im Bereich des Katastrophenschutzes; Bearbeitung von Ansprüchen auf Entschädigung beziehungsweise Schadenersatz auf Grund von Katastropheneinsätzen.

Rechtliche Angelegenheiten des Strahlenschutzes, soweit nicht die Magistratsabteilung 15 (medizinische Heilbehandlung), die Magistratsabteilung 63 (gewerbliche Betriebsanlagen) oder die Magistratischen Bezirksämter zuständig sind.

Vorbereitung von Verordnungen und Bescheiden nach § 38 Strahlenschutzgesetz.

Erlassung von Verordnungen über die Zulassung von Baustoffen, Bauteilen, Bauarten (Bauweisen) und dergleichen.

Wahrnehmung der behördlichen Aufgaben nach dem Wasserrechtsgesetz 1959 bei Anlagen zur Lagerung, Leitung und zum Umschlag wassergefährdender Stoffe, soweit diese Anlagen auch einer Bewilligungspflicht nach dem Eisenbahn-, dem Rohrleitungs- oder dem Elektrizitätswirtschaftsrecht unterliegen.

Erlassung von Bescheiden durch die Bezirksverwaltungsbehörde nach dem Mietrechtsgesetz, ausgenommen Strafamtshandlungen.

Rechtliche Angelegenheiten des Ingenieurkammer- und Ziviltechnikerwesens, insbesondere die Erstattung von Gutachten; Bearbeitung von Berufungen in Ingenieurkammer- und Ziviltechnikerangelegenheiten.

1200) 20, Dresdner Straße 75,
1. und 2. Stock .... 40 00 ...
Telefax: 40 00-99-89910
IBS-User: M64A
E-Mail: post@m64.magwien.gv.at
Portier 73654

S c h i l l e r, Dr. Karl,
Obersenatsrat 89911
S e j k a, Dr. Werner,
Senatsrat 89912
Kanzleileiterin/Kanzleileiter 89919
Einlaufstelle,
Protokoll 89921,
89922, 89923, 89924,
89925, 89926, 89927
Registratur 89937, 89938, 89939

Interessenbescheinigungen
nach § 30 MRG:
Dezernentin/
Dezernent 89912
Referentin/Referent für die
Bezirke 1–23 89948

Enteignungen, Grundeinlösungen,
Stadterneuerungs- und Boden-
beschaffungsangelegenheiten:
Dezernentin/
Dezernent 89912
Referentinnen/
Referenten für die Bezirke:
1, 2, 3 89959
4, 5, 6, 7, 8, 9 89953
10, 11, 12 89962
13, 14, 15, 16, 17, 18, 19, 20 89946
21, 22, 23 89941

Ersatzvornahmeberufungen:
Dezernentinnen/
Dezernenten 89943, 89947

Referentinnen/
Referenten für die Bezirke:
1, 2, 3 89944
4, 5, 6, 7, 8, 9 89959
10, 11, 12 89953
13, 14, 15 89962
16, 17, 18, 19 89946
20, 21, 22, 23 89948

Bundesbauten:
Dezernentinnen/
Dezernenten 89943, 89947

Bundesbauten-Neubauten:
Referentinnen/
Referenten für die Bezirke:
1, 2, 3 89944
4, 5, 6, 7 89959
8, 9 89953
10, 11, 12 89961
13, 14, 15 89962
16, 17, 18, 19 89946
20, 21, 22, 23 89948

Bundesbauten Zu- und Umbauten:
Referentinnen/
Referenten für die Bezirke:
1, 2, 3 89944
4, 5, 6, 7 89959
8, 9 89953
10, 11, 12 89964
13, 14, 15 89962
16, 17, 18, 19 89946
20, 21, 22, 23 89948

§ 70 a Verfahren:
Referentinnen/
Referenten 89942, 89943, 89947

Rechtsgutachten zu Bauvorhaben und
Ausnahmeanträgen:
Dezernentin/Dezernent 89942

Referentinnen/
Referenten für die Bezirke:
1, 2, 3 89944
4, 5, 6, 7 89959
8, 9 89953
10, 11, 12 89961
13, 14, 15 89962
16, 17, 18, 19 89946
20, 21, 22, 23 89948
Allgemein 89942

Grundabteilungen:
Dezernentinnen/
Dezernenten 89941, 89942

Referentinnen/
Referenten für die Bezirke:
1, 2, 3 89959
4, 5, 6, 7, 8, 9 89953
10, 11 89958
12 89962
13 89955
14, 17 89946
15, 16 89941
18, 19, 20, 23 89952
21 89964
22 .... 89955, 89958

Abschreibungen und Löschungen:
Dezernentinnen/
Dezernenten 89952, 89958
Referentinnen/
Referenten für die Bezirke:
1, 2, 3, 4, 5, 6, 7, 8, 9, 10, 11, 23 89956
12, 13, 14, 15, 16, 17, 18, 19 89957
20, 21, 22 89963

Prüfverfahren für Leitungsrechte:
Dezernentinnen/
Dezernenten 89945, 89952, 89958
Referentinnen/
Referenten:
Strom 89952
Gas 89948, 9953, 89955, 89959
Telekom 89958

Aufgrabungen:
Dezernentinnen/
Dezernenten 89945, 89952, 89958
Strom 89952
Gas 89948, 89953, 89959
Telekom 89958

Strahlenschutz:
Dezernentin/
Dezernent 89942
Referentinnen/
Referenten 89946, 89958

Eisenbahnangelegenheiten:
Dezernentinnen/
Dezernenten 89912, 89951
Referentinnen/
Referenten 89945, 89946,
89948, 89951, 89962

Straßenbahn:
Dezernentin/
Dezernent 89945
Referentinnen/
Referenten für die Bezirke:
1, 2, 3, 4, 5 89955
6, 7, 8, 9, 10, 11, 12, 13, 14, 15, 16,
17, 18, 19, 20, 21, 22, 23 89964
U-Bahnangelegenheiten 89946,
89948, 89951, 89962
Luftfahrtangelegenheiten 89945, 89948, 89962
Luftfahrtstrafen 89948, 89962
Luftfahrthindernisse 89945
Luftfahrzeugvermietungs-
bewilligungen 89955

Stadterneuerung –
Genehmigung von Rechtsgeschäften:
Dezernentin/
Dezernent 89941
Referentinnen/
Referenten für die Bezirke:
1, 2, 3, 4, 5, 6, 7, 8, 9, 10 89952
11, 12, 13, 14, 15, 16, 17, 18, 19,
20, 21, 22, 23 89955
Feuerwehrangelegenheiten 89944
Elektrotechnik- und Elektrizitäts-
wirtschaftsangelegenheiten 89946, 89948
Tankstellenbauvorhaben 89947
Katastrophenschutz 89943
Müllsammlungs-
angelegenheiten 89944, 89953, 89959
Prostitutionsangelegenheiten 89947
Festbeleuchtung 89912
Luftreinhaltung – Kesselanlagen 89947

Feuerpolizeiberufungen:
Dezernentin/
Dezernent: 89943
Referentin/
Referent für die Bezirke 1–23 89944

Gebrauchsabgabeberufungen:
Dezernentinnen/
Dezernenten 89943, 89947
Referentinnen/
Referenten für die Bezirke:
1, 2, 3 89944
4, 5, 6, 7, 8, 9 89959
10, 11, 12 89953
13, 14, 15 89962
16, 17, 18, 19 89946
20, 21, 22, 23 89948

Rechtsgutachten in Gebrauchsabgabe-
angelegenheiten:
Dezernentinnen/
Dezernenten 89943, 89911
Referentinnen/
Referenten für die Bezirke:
1, 2, 3 89944
4, 5, 6, 7, 8, 9 89959
10, 11, 12 89953
13, 14, 15 89962
16, 17, 18, 19 89946
20, 21, 22, 23 89948
Allgemein 89943

MAGISTRATSABTEILUNG 65

Rechtliche Verkehrsangelegenheiten

(Geschäftsgruppe Stadtentwicklung und Verkehr)

Allgemeine und grundsätzliche Angelegenheiten des Straßenpolizei-, Kraftfahr- und Kraftfahrlinienrechtes.
Bestellung der Sachverständigen nach den kraftfahrrechtlichen Vorschriften; Führung der Geschäftsstelle für Sachverständige nach den kraftfahrrechtlichen Vorschriften.
Erlassung der Verordnung gemäß § 40a Abs. 1 Kraftfahrgesetz 1967 zur Ermächtigung von Versicherern zur Einrichtung und zum Betrieb von Zulassungsstsellen; Wahrnehmung aller dem Landeshauptmann gegenüber diesen Versicherern zukommenden behördlichen Aufgaben.
Mitwirkung bei der Ausarbeitung neuer Straßenregulierungsprojekte im Hinblick auf die Führung von Kraftfahrlinien.
Beistellung von Sachverständigen in Verkehrsangelegenheiten.
Administrativ-behördliche Angelegenheiten der Kraftfahrlinien, ausgenommen die Abhaltung der Befähigungsprüfung.
Angelegenheiten der Fahrschulen und der Fahrlehrer.
Bearbeitung von Berufungen gegen Bescheide der Bundespolizeidirektion Wien und der Dienststellen des Magistrats in Straßenpolizei-, Kraftfahrrechts- und Kraftfahrlinienangelegenheiten, gemäß § 9 Abs. 4 Güterbeförderungsgesetz, § 4 Abs. 5b Straßenverkehrsordnung 1960 sowie nach dem Containersicherheitsgesetz.
Mitwirkung bei der Erteilung von Weisungen der Magistratsabteilung 46 in Angelegenheiten der Straßenpolizei an die Bundespolizeidirektion Wien.
Rechtliche Angelegenheiten der Fiaker- und Pferdemietwagenunternehmen einschließlich der Bearbeitung von Berufungen.

(1030) 3, Modecenterstraße 22,
Block A2, 4. Stock . . . . 795 14 . . .
Telefax: 795 14-99-Nebenstelle
IBS-User: M65A
E-Mail: post@m65.magwien.gv.at

Parkraumbewirtschaftung –
Tonbanddienst 38100

S o m e r e d e r, Dr. Christoph,
Senatsrat 38311
Sekretariat 38318
K ö h l e r, Mag. Werner,
Obermagistratsrat 38312
Kanzleileiterin/Kanzleileiter 38319
Einlaufstelle, Protokoll 38313,
38314, 38315, 38316
Personalreferat 38319
Schreibstelle 38351, 38352, 38353
Amtsgehilfin/Amtsgehilfe 38354
Auskunft 3830

Allgemeine Straßenpolizei- und
Kraftfahrrechtsangelegenheiten 38311, 38312

Bestellung der sachverständigen
Ärzte für Allgemeinmedizin:
Dezernentin/Dezernent 38332
Referentin/Referent 38314
Bestellung der sachverständigen
Fahrprüfer:
Dezernentin/Dezernent 38345
Referentin/Referent 38356
Bestellung der technischen
Sachverständigen:
Dezernentin/Dezernent 38345
Referentin/Referent 38356
Ausweise für Gehbehinderte:
Dezernentin/Dezernent 38345
Berufungsreferentin/
Berufungsreferent 38331

Fahrschulinspektorin/
Fahrschulinspektor 38356, 38357
Fahrschulen 38363
Kraftfahrlinien 38355, 38357
Dezernentin/Dezernent 38311

Fiakerangelegenheiten:
Dezernentin/Dezernent 38312
Berufungsreferentin/
Berufungsreferent 38332

Führerscheinangelegenheiten und
Zulassungen:
Dezernentinnen/Dezernenten 38332, 38345
Berufungsreferentinnen/
Berufungsreferenten 38323, 38346,
38347, 38361, 38362

Kostenvorschreibungen:
Dezernentinnen/Dezernenten 38332, 38345
Berufungsreferentinnen/
Berufungsreferenten 38331, 38333,
38355, 38356, 38363

Parkraumbewirtschaftung:
Dezernentinnen/Dezernenten 38332, 38345
Berufungsreferentinnen/
Berufungsreferenten 38323, 38346,
38347, 38361, 38362

Angelegenheiten privater
KFZ-Zulassungsstellen:
Dezernentin/Dezernent 38311
Referentin/Referent 38363

MAGISTRATSABTEILUNG 66

Statistisches Amt der Stadt Wien

(Geschäftsgruppe Finanzen, Wirtschaftspolitik und Wiener Stadtwerke)

Durchführung der Volkszählung und der aufgrund des Bundesstatistikgesetzes vorzunehmenden statistischen Erhebungen (Häuser- und Wohnungszählung, Wohnbaustatistik, Fremdenverkehrsstatistik, landwirtschaftliche Zählungen, Viehzählung u. a.).
Durchführung der Erhebungen für den Verbraucherpreisindex.
Durchführung von besonders angeordneten Zählungen und Stichprobenerhebungen (Mikrozensus).
Durchführung von oder Mitwirkung an statistischen Erhebungen und Anforderungen von Daten aufgrund des Wiener Statistikgesetzes.
Führung der Bürogeschäfte des statistischen Beirates.
Statistische Erfassung von Daten, die Wiener Bevölkerung betreffend (Eheschließungen, Geburten, Sterbefälle, Religionsaustritte, Wanderungs-, Staatsbürgerschafts-, Krankenanstaltenstatistik).
Durchführung von Arbeiten auf dem Gebiet der Wirtschaft-, Sozial- und Kulturstatistik.
Beschaffung und Verarbeitung statistischer Unterlagen, die für die städtische Verwaltung benötigt werden, insbesondere Datenbeschaffung und -analyse für Zwecke der Stadt- und Regionalforschung.
Statistische Beratung der städtischen Dienststellen.
Auskunfterteilung in statistischen Angelegenheiten an Behörden und für wissenschaftliche Zwecke.
Herausgabe statistischer Veröffentlichungen (Statistisches Jahrbuch der Stadt Wien, Mitteilungen aus Statistik und Verwaltung der Stadt Wien, Statistisches Taschenbuch der Stadt Wien, Sonderveröffentlichungen).
Herausgabe des Verwaltungsberichtes der Stadt Wien.
Führung eines statistischen Archives.
Führung einer statistischen Bibliothek.

(1016) 1, Volksgartenstraße 3, 2. Stock,
Tür 343 . . . . 40 00 . . .
Telefax: 40 00-99-Nebenstelle
IBS-User: M66A
E-Mail: post@m66.magwien.gv.at

Satzinger, Dr. Franz, Senatsrat 88611
Weigl, Univ.-Doz. Mag. Dr. Andreas, Obermagistratsrat 88612
Kanzleileiterin/Kanzleileiter 88619
Kanzlei 88629, 88628
Europareferentin/Europareferent 88631
Statistischer Beirat, Wahlstatistik 88611
Call-Center, Bezirksdaten 88662
Gesundheitsstatistik 88662
ISIS-Datenbank, Internet 88612, 88648
Verwaltungsbericht, Sozialstatistik 88651

Dezernat D: EDV-Organisation, Mikrozensus, Bildung, Bau- und Verkehrswesen, Tourismus

EDV-Organisation, Datenschutzangelegenheiten, Stichprobenberechnung 88621
Großzählung (VZ, HWZ, AZ) 88611, 88621, 88652
Mikrozensus, Sondererhebungen 88652, 88653
Agrarstatistische Erhebungen, Verkehrsstatistik 88654
Tourismusstatistik 88628
Wohnbaustatistik 88644, 88645
Umweltstatistik 88667

Dezernat B: Bevölkerung, Gesundheit, Umwelt

Ergebnisse Volkszählung 88661
Bevölkerungsfortschreibung, Bevölkerungsbewegung, Prognosen, Staatsbürgerschaftsstatistik 88661
Statistik der Geburten, Eheschließungen und Todesfälle . . . 88663, 88665
Regionalstatistik, kleinräumige Bevölkerungsdaten 88661

Dezernat W: Wirtschaft, Arbeitsmarkt, Soziales, Verwaltungsbericht

Ergebnisse Häuser-, Wohnungs- und Arbeitsstättenzählung 88612
Wirtschaftsstatistik, Städtevergleiche 88612
Preisstatistik, Indizes, Wertsicherungen 88643, 88648
Statistik des Handels, Geld- und Kreditwesens sowie der Energie 88646
Redaktion "Statistisches Jahrbuch" 88631
Redaktion "Statistisches Taschenbuch" 88631

Dezernat K: Öffentlichkeitsarbeit, Publikationen, Bibliothek, Kultur

Statistik der Schulen und Universitäten 88652
Kultur- und Religionsstatistik 88632
Arbeitsmarktstatistik 88642
Redaktion "Statistische Mitteilungen", "Wien in Zahlen" 88631, 88632
Druckereiangelegenheiten und Lektorat 88622
Bibliothek und Archiv 88632

MAGISTRATSABTEILUNG 67

Parkraumüberwachung

(Geschäftsgruppe Stadtentwicklung und Verkehr)

Durchführung der Verwaltungsstrafverfahren hinsichtlich Übertretungen der §§ 8 Abs. 4, 9 Abs. 7, 23 bis 25 und 26a Abs. 3 der Straßenverkehrsordnung 1960, 103 Abs. 2 Kraftfahrgesetz 1967, sofern der Lenkererhebung ein von der Magistratsabteilung 67 zu führendes Verwaltungsstrafverfahren zugrunde liegt, sowie der Kurzparkzonen-Überwachungsverordnung.

Durchführung der Verwaltungsstrafverfahren gemäß § 4 sowie Überwachung gemäß § 6 Parkometergesetz.

Wahrnehmung der administrativen Aufgaben im Zusammenhang mit dem Einsatz des zur Bundespolizeidirektion Wien zum Zwecke der Verkehrsüberwachung abgeordneten Personals und Mitwirkung bei der Koordinierung dieses Einsatzes in Abstimmung mit der Magistratsabteilung 46.

Erteilung von Weisungen an die Bundespolizeidirektion Wien in Angelegenheiten des Einsatzes des zur Bundespolizeidirektion Wien zum Zwecke der Verkehrs-überwachung abgeordneten Personals.

(1030) 3, Modecenterstraße 22, Block A1,
4. Stock .... 795 14...
Telefax: 795 14-99-Nebenstelle
IBS-User: M67A
E-Mail: post@m67.magwien.gv.at

W a g n e r , Dr. Ernst, Senatsrat 38011
N e d b a l , Mag. Gregor,
Obermagistratsrat 38012
Sekretariat 38015
Kanzleileiterin/Kanzleileiter 38019
Personalreferat 38016, 38017
Organisation,
Innenrevision 38111, 38112
EDV 38113, 38114, 38115
Beleglesung 38131, 38132, 38134, 38135, 38136, 38137, 38138

Referat "Verwaltungsstrafverfahren ruhender Verkehr (StVO)"

Auskunft 3800
Referatsleiterin/
Referatsleiter 38012
Gruppenleiterin/
Gruppenleiter für den Bereich
EDV-Zentralstelle,
Protokoll,
Lenkererhebung,
Rechtskraft 38216
EDV-Zentralstelle 38171, 38172, 38173, 38174, 38175, 38176
Protokoll 38121, 38122, 38123, 38124, 38125, 38126, 38127, 38128, 38129
Lenkererhebung 38141, 38142, 38143, 38144, 38145, 38146, 38147, 38148, 38151, 38152, 38154
Rechtskraft 38161, 38162, 38163, 38164, 38165, 38166, 38167, 38168, 38169
Gruppenleiterinnen/
Gruppenleiter 38211, 38221, 38231, 38241, 38251, 38261

Referentinnen/Referenten

A–Bag 38253
Bah–Bal 38222
Bam–Bat 38264
Bau–Bod 38223
Boe–Cd 38255
Ce–Dm 38242
Dn–Dz 38224
Ea–Ec 38242
Ed–Fil 38252
Fim–Gau 38262
Gav–Grub 38214
Gruc–Grus 38265
Grut–Had 38223
Hae–Hau 38224
Hav–Hk 38235
Hl–Jaf 38245
Jag–Jaz 38255
Jb–Keso 38266
Kesp–Kez 38223
Kfa–Knn 38246
Kno–Koem 38256
Koen–Kogk 38213
Kogl–Kub 38256
Kuc–Kum 38254
Kun–Lai 38263
Laj–Los 38222
Lot–Lu 38213
Lv–Lz 38265
Ma–Men 38232
Meo–Mor 38225
Mos–Obeq 38264
Ober–Pem 38225
Pen–Pras 38233
Prat–Qua 38244
Qub–Quo 38213

Qup–Rab 38222
Rac–Rez 38244
Rf–Roj 38235
Rok–Scha 38254
Schb–Schs 38215
Scht–Schu 38235
Schv–Somy 38265
Somz–Stud 38212
Stue–Tun 38226
Tuo–Tus 38225
Tut–Wal 38234
Wam–Wins 38236
Wint–Wz 38213
X–Zac 38233
Zad–Zz 38263

Amtsgehilfinnen/
Amtsgehilfen 38061, 38062, 38063, 38064, 38065, 38071, 38072, 38073, 38074, 38075

Referat "Verwaltungsstrafverfahren nach dem Parkometergesetz"

(1020) 2, Meiereistraße 7,
Wiener-Prater-Stadion –
Ernst-Happel-Stadion, Sektor B .... 40 00 . . .
E-Mail: pa@m67.magwien.gv.at
Telefax: 40 00-99-38815

Auskunft 3888
Referatsleiterin/
Referatsleiter 38811
Sekretariat 38815, 38816
Gruppenleiterin/
Gruppenleiter für den Bereich
EDV-Zentralstelle,
Protokoll,
Lenkererhebung,
Rechtskraft 38831
EDV-Zentralstelle 38832, 38833, 38834, 38835
Protokoll 38821, 38822, 38823, 38824, 38825, 38826, 38827, 38828
Lenkererhebung 38871, 38872, 38873, 38874, 38875, 38876, 38877, 38878, 38891, 38892, 38893, 38894, 38895, 38896
Rechtskraft 38851, 38852, 38853, 38854, 38855, 38856, 38857, 38858, 38859, 38862, 38863, 38864

Gruppenleiterinnen/
Gruppenleiter 38901, 38911, 38921, 38931, 38941, 38812

Referentinnen/Referenten

A–Ban 38903
Bao–Boz 38904
Bp–Cza 38906
Czb–Eic 38902
Eid–Flh 38912
Fli–Gez 38915
Gf–Haa 38916
Hab–Her 38913
Hes–Hum 38914
Hun–Kad 38942
Kae–Kle 38943
Klf–Kra 38946
Krb–Leg 38945
Leh–Mal 38944
Mam–Mik 38924
Mil–Net 38925
Neu-Pao 38922
Pap–Pof 38926
Pog–Rah 38937
Rai–Ros 38932
Rot–Schk 38933
Schl–Sea 38934
Seb–Spe 38935
Spf–Stz 38936
Su–Trar 38814
Tras–Vom 38817
Von–Will 38813
Wim–Z 38818

Amtsgehilfinnen/Amtsgehilfen 38842, 38843, 38844, 38845, 38846, 38847, 38899

Referat "Kurzparkzonenüberwachung"

(1010) 1, Gonzagagasse 11 .... 40 00 . . .
Telefax: 40 00-99-38189
Auskunft 3880

Referatsleiterin/
Referatsleiter .... 795 14 . . ., 38241

Stützpunktleiterin/
Stützpunktleiter .... 40 00 . . ., 38181

Gruppenleiterinnen/
Gruppenleiter 38182, 38184, 38185, 38186, 38191, 38192, 38196, 38197
Kanzlei 38188, 38189, 38198

MAGISTRATSABTEILUNG 69

Rechtliche und administrative Grundstücksangelegenheiten

(Geschäftsgruppe Wohnen, Wohnbau und Stadterneuerung)

Grundsätzliche Angelegenheiten des Grundstückswesens.

Erwerb von Grundstücken für die Stadt Wien durch Kauf (auch im Wege von Versteigerungen), Tausch, Schenkung und sonstige Rechtsgeschäfte sowie Veräußerung städtischer Grundstücke, ausgenommen für die Auftragsverwaltung des Bundes einschließlich damit in Verbindung stehende Ausfertigung grundbuchsfähiger Vertrags- und sonstiger Urkunden, Abwicklung dieser Verträge bis zur grundbücherlichen Durchführung, Vertretung vor Behörden, insbesondere Finanzamt, und vor den Grundbuchsgerichten.

Grundbücherliche Durchführung von Grundabteilungen bei städtischen Liegenschaften und deren Überwachung bei fremden Liegenschaften; Herstellung der Grundbuchsordnung inklusive Ordnung der Rechtsverhältnisse am öffentlichen Gut.

Mitwirkung beim Erwerb von Grundstücken für die Stadt Wien im Erbwege.

Erwerb und Veräußerung von Grundstücken für Anstalten, Stiftungen und Fonds der Stadt Wien auf Ersuchen der für die Verwaltung dieser Einrichtungen zuständigen Dienststellen.

Bestellung und Auflösung von Baurechten auf städtischen Grundstücken sowie Verwaltung dieser Baurechte; Gewährung von Bauzinsermäßigungen.

Antragstellung auf Enteignung von Grundstücken und dinglichen Rechten für Zwecke der Stadt Wien, ausgenommen für die Auftragsverwaltung des Bundes; Antragstellung auf Einleitung von Zwangstausch- und Umlegungsverfahren; Vertretung der Stadt Wien in diesen Angelegenheiten vor Verwaltungsbehörden und Gerichten.

Erwerb von Superädifikaten für die Stadt Wien sowie Veräußerung städtischer Superädifikate, ausgenommen für die Auftragsverwaltung des Bundes.

Erwerb von Dienstbarkeitsrechten für die Stadt Wien, soweit dies nicht anderen Dienststellen vorbehalten ist.

Abschluss von Schadloshaltungsverträgen im Rahmen der Baureifmachung.

Wahrnehmung der Interessen der Gemeinde nach dem Bodenbeschaffungs- und nach dem Stadterneuerungsgesetz, soweit nicht die Magistratsabteilungen 21 A oder 21 B zuständig sind.

Freimachung von Liegenschaften für städtische Aufgaben.

Grundverwaltung und Erhaltung von Grundflächen samt Gebäuden, die noch nicht einem solchen Verwendungszweck zugeführt sind, der von einer fachbezogen-verwaltenden Dienststelle besorgt wird.

Grundverwaltung und Erhaltung der städtischen Campingplätze sowie des Jugendgästehauses Hütteldorf.

Grundverwaltung und Erhaltung von städtischen Grundflächen bzw. Gebäuden, für die nach den Bestimmungen dieser Geschäftseinteilung kein näherer inhaltlicher Bezug zu den Aufgaben einer anderen Dienststelle besteht und die nicht dem MRG unterliegen bzw. die nur unter die Bestimmung des § 1 Abs. 4 MRG fallen, oder sofern Minderheitseigentum der Stadt Wien vorliegt; Grundverwaltung und Erhaltung von städtischen Grundflächen, auf denen Superädifikate bestehen oder vorgesehen sind.

Grundverwaltung und Erhaltung von unbebauten Grundflächen, die sich im Eigentum von Stiftungen befinden.

Koordination aller das städtische Kleingartenwesen betreffenden Angelegenheiten (Koordinationsstelle für städtische Kleingärten), insbesondere Mitwirkung bei der Festlegung und Auflassung von Flächenwidmungen für Kleingärten und Gartensiedlungen.

Mitwirkung an der Projektierung und Aufschließung von Kleingärten und Gartensiedlungen.

Grundverwaltung und Erhaltung der städtischen Kleingartenanlagen.

Gewährung von Krediten an Siedler, Kleingartenvereine und deren Verbände.

Erwerb und Verwaltung von Gastgewerbeberechtigungen, soweit hiefür keine andere Dienststelle zuständig ist.

(1082) 8, Lerchenfelder Straße 4, 4. Stock,
Tür 404 .... 40 00 ...
Telefax: 40 00-99-Nebenstelle
IBS-User: M69A
E-Mail: post@m69.magwien.gv.at

R u h s, Dr. Karl 83911
H e r w e i, Mag. Josef 83912
Sekretariat 83915
Kanzleileiterin/Kanzleileiter 83919
Einlaufstelle, Protokoll 83901, 83902, 83903

Transaktionen und Baureifgestaltung
Bezirken 1, 3, 4, 5, 23 83921
Bezirke 6, 7, 8, 9, 13, 14, 15 83984
Bezirke 10, 11 mit Kirchen und
Religionsgesellschaften sowie
Sonderzuteilungen 83922
Bezirke 12, 16, 17, 18 83925
Transaktionen in den
Bezirken 2, 19, 20, 21, 22 83924
Baureifgestaltungen in den
Bezirken 2, 19, 20, 21, 22 83944

Grundbuchsangelegenheiten

Referentinnen/Referenten für die Bezirke
1, 21 und 22 sowie
vorübergehend 2, 18, 20 83932
5, 12, 13, 14, 15, 16, 17, 23 und
außerhalb Wiens sowie
vorübergehend 3, 4, 6, 19 83933
10, 11 sowie vorübergehend 7, 8, 9 83934
Errichtung der Kleingartenkauf-
vertragsurkunden 83935

Gruppe I: Transaktionen

Gruppenleiterin/Gruppenleiter 83921

Gruppe II: Verwaltung

Gruppenleiterin/Gruppenleiter 83941

Referat 1
Referatsleiterin/Referatsleiter,
22. Bezirk sowie außerhalb Wiens 83942
21. Bezirk 83943

Referat 2
Referatsleiterin/Referatsleiter,
Bezirke 10, 20 83962
11. Bezirk 83964

Referat 3
Referatsleiterin/Referatsleiter,

Bezirke 1, 2, 4, 6, 7, 8, 9, 12, 13 83952
Bezirke 17, 18, 19 83954

Referat 4
Referatsleiterin/Referatsleiter,
Bezirke 5, 14, 15, 16 83923
Bezirke 3, 23 83963

Gruppe III: Kleingarten und Baurechtsangelegenheiten, Sondertransaktionen und Grundfreimachung

Gruppenleiterin/Gruppenleiter 83981
Abschluss von Baurechtsverträgen, Transaktionen mit dem Bund sowie mit Bundesgesellschaften (ausgenommen ÖBB, Bundesforste, Post) 83982
Transaktionen mit ÖBB, Bundesforsten, Post und außerhalb Wiens mit der Wiener Stadtwerke Holding AG sowie ihren Tochterunternehmungen, Verwaltungsübereinkommen mit Unternehmungen gemäß § 71 WStV ... 83983

Referat für Kleingartenangelegenheiten
Referatsleiterin/Referatsleiter, Kleingartenkoordinierung, Geschäftsstelle des Kleingartenbeirates, Kreditvergabe an den Zentralverband und Landesverband 83972
Technische Mitarbeit in Koordinierungsangelegenheiten 83977
Information 83969, 83979

Kleingartenverwaltung in den Bezirken
2, 3, 11, 19, 21, 22 83974
10, 12, 13, 14, 16, 17, 18, 20, 23 83973

Technische Mitwirkung in Kleingartenangelegenheiten in den Bezirken
2, 20, 21, 22 83977
3, 10, 14, 16, 23 83975
11, 12, 13, 17, 18, 19 83976

Verkauf von Kleingärten 83970, 83987

Freimachungsangelegenheiten 83987
Werkmeisterin/
Werkmeister 83970

MAGISTRATSABTEILUNG 70

Rettungs- und Krankenbeförderungsdienst der Stadt Wien

(Geschäftsgruppe Gesundheits- und Spitalswesen)

Administrative Angelegenheiten des Rettungs- und Krankenbeförderungsdienstes der Stadt Wien.
Grundverwaltung und Erhaltung der Einrichtungen des Rettungs- und Krankenbeförderungsdienstes der Stadt Wien, soweit dafür nicht eine andere Dienststelle zuständig ist.
Führen des Rettungs- und Krankenbeförderungsdienstes der Stadt Wien; Koordination des öffentlichen Rettungs- und Krankenbeförderungsdienstes mit vergleichbaren privaten Einrichtungen.
Abschluss von Verträgen über Transportgebührenersätze mit Sozialversicherungsträgern und anderen Institutionen.
Vorschreibung und Einhebung der Transportkosten des Rettungs- und Krankenbeförderungsdienstes der Stadt Wien.
Wahrnehmung der Aufgaben der technischen Betriebsleitung.
Betriebstechnik des Rettungs- und Krankenbeförderungsdienstes der Stadt Wien, soweit dafür nicht eine andere Dienststelle zuständig ist.
Fachspezifische Fort- und Weiterbildung.
Dienstaufsicht über das zugeteilte Personal, soweit es nicht der Dienstaufsicht des Magistratsdirektors untersteht.
Erstattung von Vorschlägen und Vorbereitung der Aufnahme von Bediensteten in das öffentlich-rechtliche oder privatrechtliche Dienstverhältnis, soweit die betreffende Bedienstetengruppe der Dienstaufsicht der Magistratsabteilung 70 unterliegt.

Notruf 144
Gehörlosentelefon .... 650 ..., 711 19 ..., 2144
Bettenzentrale 713 55 73

(1030) 3, Radetzkystraße 1 ...... 650 ..., 711 19 ...
Telefax: 711 19-2009
IBS-User: M70RETA
E-Mail: post@m70.magwien.gv.at

K a f f , Dr. Alfred, Chefarzt 2000, 2001
Sekretariat 2006
S e g a l l, Dr. Bernhard,
Chefarzt-Stellvertreter 2000, 2001

K l v a n a , Mag. Thomas,
administrativer Leiter 2010
Sekretariat 2016
Telefax: 711 19–2015

Abteilung Finanz und Wirtschaft
P r e s e l m a i e r Willibald,
Oberamtsrat 2011, 2012
Zentralkanzlei 2019

Referat Apotheke
Leiterin/Leiter 2001
Depot 3502
Telefax: 711 19–2039

Referat Katastrophenmedizin 2006

Referat Fortbildung 2006

Referat Journalarzt
Leiterin/Leiter 2001
Sachbearbeiterin/
Sachbearbeiter 2044

Referat Betriebsarzt
Arbeitsmedizinerin/
Arbeitsmediziner 2250
Telefax: 711 19-2259

Abteilung Personal
Leiterin/Leiter 2020
Sachbearbeiterin/
Sachbearbeiter Ärzte 2080
Sachbearbeiterinnen/
Sachbearbeiter 2021, 2023
Telefax: 711 19-2099

Referat Budget und Rechnungswesen
Leiterin/Leiter 2025
Sachbearbeiterin/
Sachbearbeiter 2026
Telefax: 711 19-2029

Referat Transportgebühren
Leiterin/Leiter 2050
Sachbearbeiterin/
Sachbearbeiter
A–H 2051
Sachbearbeiterin/
Sachbearbeiter
I–Q, Unbekannte 2052
Sachbearbeiterin/
Sachbearbeiter
R–Z 2053
Sachbearbeiterin/
Sachbearbeiter
Touristentransporte 2059
Sachbearbeiterinnen/
Sachbearbeiter
Krankenkassenabrechnung 2060, 2061
Sachbearbeiterin/
Sachbearbeiter
Zwischentransportverrechnung 2058
Telefax: 711 19-2069

Referat Controlling
Sachbearbeiterin/
Sachbearbeiter 2046

Referat Fuhrpark
(1030) 3, Arsenalstraße 7
Leiterin/Leiter 2370, 2371
Werkstätte 2373
Ersatzteillager 2372
Telefax: 711 19-2375

Referat Wirtschaft
Leiterin/Leiter 2030
Sachbearbeiterinnen/
Sachbearbeiter 2031, 2032
Telefax: 711 19-2299
Magazine
(17, Gilmgasse 18) 2941
Wäschelager
(17, Gilmgasse 18) 2942
Näherei
(17, Gilmgasse 18) 2943

Einsatzkoordination – Leitstelle

Leitstellen-Telefax: 711 19-2199
Supervisorinnen/Supervisoren 2100, 2140
diensthabende Hauptinspektionsärztin/
diensthabender Hauptinspektionsarzt 2044
diensthabende Journalärztin/
diensthabender Journalarzt 2044

Rettungs- und Krankenbeförderungsstationen

Stationsleitung 2040, 2041
Zentrale,
(1030) 3, Radetzkystraße 1 2200
Arsenal,
(1030) 3, Hüttenbrennergasse 4 2300
Mariahilf,
(1060) 6, Mariahilfer Gürtel 20 2800
Favoriten,
(1100) 10, Grenzackerstraße 1 2600
Penzing,
(1140) 14, Baumgartenstraße 7 3100
Hernals,
(1170) 17, Gilmgasse 18 2900
Brigittenau,
(1200) 20, Gerhardusgasse 1–5 3200
Floridsdorf,
(1210) 21, Schöpfleuthnergasse 14–16/1 3400
Leopoldau,
(1210) 21, Josef-Brazdovics-Straße 4 3500
Aspern,
(1224) 22, Aspern, Wimpffengasse 8 3600
Atzgersdorf,
(1230) 23, Brunner Straße 3–5 2700

Technische Betriebsleitung
(1030) 3, Arsenalstraße 7
Telefax: 711 19-2499
Zelniker, Dipl.-Ing. Dr. Kazimierz 2450
Leitgeb, Ing. Herbert 2452
Michlits, Ing. Werner,
Sicherheitsfachkraft 2451
Werkmeisterinnen/
Werkmeister 2454, 2455
Kanzlei 2453

MAGISTRATSABTEILUNG FÜR ANGELEGENHEITEN DER LANDESSANITÄTSDIREKTION (MA–L)

(Geschäftsgruppe Gesundheits- und Spitalswesen)

Aufgaben der Landessanitätsdirektorin, insbesondere:
Medizinisch-fachliche Beratung in allen das Land Wien betreffenden wichtigen Gesundheitsfragen;
Wahrnehmung des Vorsitzes oder der Mitgliedschaft in allen Gremien, in denen die Mitwirkung der Landessanitätsdirektorin bzw. der leitenden Landessanitätsreferentin vorgesehen ist; das sind z.B. der Landessanitätsrat,
die Physikatsprüfungskommission,
der Katastrophenbeirat,
die Bauoberbehörde,
die Theaterkommission,
der ständige Ausschuss des Ärztefunkdienstes sowie
die Aufnahme- bzw. Prüfungskommissionen für nichtärztliche Sanitätsberufe.
Führung der Bürogeschäfte des Landessanitätsrates für Wien.

(1010) 1, Schottenring 24, 4. Stock,
Tür 456 . . . . 531 14 . . .
Telefax: 531 14-99-76015
IBS-User: MALA
E-Mail: post@mal.magwien.gv.at

K r e m e i e r , Dr. Elisabeth,
Oberstadtphysika,
Landessanitätsdirektorin 76011
Sekretariat 76015, 76016
N i c o l a u , Dr. Antoniu-Florentin,
Physikatsarzt 76014, 76041
Sekretariat 76045
Kanzleileiterin/Kanzleileiter,
Einlaufstelle, Protokoll 76019
Personal-, Wirtschafts- und
Budgetreferat 76031, 76032

Referat für Biotechnologie und Biomedizin
Institut für Verfahrenstechnik,
Umwelttechnik und Technische
Biowissenschaften
(1060) 6, Getreidemarkt 9 . . . . 588 01 . . .
K i e n z l Elisabeth, Amtsrätin 17313

Dezernat I – Medizinische Angelegenheiten

Dezernatsleiterin/Dezernatsleiter 76041
Sekretariat 76045

Referat 1: Physikat, Sozialmedizin
Leiterin/Leiter 76048

Referat 2: Seuchenverhütung und –bekämpfung, Vorsorgemedizin
Leiterin/Leiter 76046

Referat 3: Allgemeine medizinische Sachverständigentätigkeit
Leiterin/Leiter 76044

MAGISTRATSABTEILUNG FÜR KRANKENANSTALTENFINANZIERUNG, WIENER KRANKENANSTALTENFINANZIERUNGSFONDS (MA–K)

(Geschäftsgruppe Finanzen, Wirtschaftspolitik und Wiener Stadtwerke)

Wahrnehmung der Aufgaben der Geschäftsstelle des Wiener Krankenanstaltenfinanzierungsfonds, insbesondere auch der dem Fonds durch das Wiener Krankenanstaltenfinanzierungsfonds-Gesetz übertragenen Aufgaben und Mitwirkungsrechte sowie der durch das Wiener Krankenanstaltengesetz übertragenen Agenden im Bereich der wirtschaftlichen Aufsicht über Fonds-Krankenanstalten sowie der Beitragsleistungen zum Betriebsabgang öffentlicher Krankenanstalten, deren Rechtsträger nicht die Stadt Wien ist.

(1010) 1, Schottenring 24,
4. Stock, Tür 430 . . . . 531 14 . . .
Telefax: 531 14-99-84200
IBS-User: MAKA
E-Mail: post@mak.magwien.gv.at

B l a h a , Mag. Martina,
Senatsrätin 84201
(Gruppenleiter der Finanzverwaltung:
N e i d i n g e r Richard, siehe Seite I/55)
Sekretariat 84205, 84206

Kanzleileiterin/Kanzleileiter 84209
Kanzlei,
Protokollführung 84211, 84212, 84229
Auskunft 84200
Amtsgehilfin/Amtsgehilfe 84219

Gruppe I
T h ü r i n g e r Andreas, Oberamtsrat,
Gruppenleiter 84221

Sachbearbeiterinnen/
Sachbearbeiter 84224, 84226

Gruppe II
H a r t m a n n Maria,
Gruppenleiterin 84225
Sachbearbeiterin/
Sachbearbeiter 84234

MAGISTRATISCHE BEZIRKSÄMTER

Aufgaben, die den Magistratischen Bezirksämtern als Gemeinde oder Bezirksverwaltungsbehörde zugewiesen sind:

Gewerbeangelegenheiten.

Erteilung von Gebrauchserlaubnissen nach dem Gebrauchsabgabegesetz sowie von Bewilligungen nach § 82 Abs. 1 Straßenverkehrsordnung 1960 hinsichtlich Gastgärten (Schanigärten) vor gewerblichen Betriebsanlagen; Bemessung und Vorschreibung der Gebrauchsabgabe in jenen Fällen, in denen die Magistratischen Bezirksämter für die Erteilung der Gebrauchserlaubnis zuständig sind.

Bewilligung von Gehsteigauf- und -überfahrten vor gewerblichen Betriebsanlagen.

Angelegenheiten des Strahlenschutzes in Gewerbebetrieben.

Beistellung von Sachverständigen auf dem Gebiet des Gewerberechtes bei der Überprüfung pharmazeutischer Erzeugungsbetriebe.

Handhabung des Musterschutzgesetzes.

Handhabung des Berufsausbildungsgesetzes.

Maßnahmen nach dem Abfallwirtschaftsgesetz:

Antragstellung auf Bekanntgabe der gemäß der Bundesabgabenordnung buchführungspflichtigen Betriebe im Zuge von Verwaltungsstrafverfahren; Wahrnehmung aller der Gemeinde obliegenden Aufgaben im Zusammenhang mit der Herausgabe von Verordnungen über geeignete Standorte für Anlagen zur Behandlung gefährlicher Abfälle; Erteilung von Behandlungsaufträgen oder unmittelbare Anordnung von Maßnahmen bei Gefahr im Verzug.

Vollziehung der §§ 25 bis 33 und 45 des Wiener Abfallwirtschaftsgesetzes.

Handhabung des Altlastensanierungsgesetzes.

Handhabung des Mineralrohstoffgesetzes.

Wahrnehmung der behördlichen Aufgaben nach dem Wasserrechtsgesetz 1959: Bei Anlagen zur Lagerung, Leitung und zum Umschlag wassergefährdender Stoffe, soweit diese Anlagen nach dem Gewerberecht einer Genehmigung der Bezirksverwaltungsbehörde bedürfen, einschließlich von Anlagen zur Beheizung von Gebäuden und bei der Gewinnung von Sand und Kies außerhalb wasserrechtlich besonders geschützter Gebiete, wenn das entsprechende Vorhaben nach den gewerberechtlichen Vorschriften durch die Bezirksverwaltungsbehörde genehmigungspflichtig ist.

Durchführung der wasserrechtlichen Bewilligungsverfahren gemäß § 356 b Abs. 6 Gewerbeordnung 1994.

Behördliche Aufgaben der Bezirksverwaltungsbehörde nach dem Kesselgesetz und dem Dampfkesselbetriebsgesetz in Gewerbebetrieben.

Angelegenheiten des Produktsicherheitsgesetzes 1994.

Wahrnehmung des Dienstnehmerschutzes einschließlich der Erteilung von Betriebsbewilligungen nach dem ArbeitnehmerInnenschutzgesetz in nichtgewerblichen Betrieben, soweit keine andere Dienststelle des Magistrats zuständig ist.

Handhabung des Chemikaliengesetzes.

Handhabung des Schieß- und Sprengmittelgesetzes, soweit nicht die Bundespolizeidirektion Wien zuständig ist.

Handhabung des Bazillenausscheider- und Epidemiegesetzes, ausgenommen die Festsetzung der Entschädigung für Verdienstentgang.

Handhabung der Verordnung des Magistrates der Stadt Wien betreffend Maßnahmen zur Vermeidung unnötiger Staubentwicklung.

Bekämpfung sanitärer Übelstände und von Verunreinigungen von Privatgrundstücken einschließlich der individuellen Rechtsangelegenheiten der Rattenbekämpfung; Handhabung der Zwangsbefugnisse gemäß § 17 Wiener Feuerpolizei- und Luftreinhaltegesetz, soweit es sich um die Beseitigung feuerpolizeilicher Übelstände handelt; Handhabung der Pharaoameisenverordnung und der Schabenverordnung.

Überwachung der Einhaltung der nach dem Smogalarmgesetz und nach dem Ozongesetz oder nach dem Immissionsschutzgesetz – Luft angeordneten Maßnahmen, soweit nicht die Magistratsabteilung 46 zuständig ist.

Entscheidung über Einwendungen gegen eine Zahlungsaufforderung nach dem Wiener Krankenanstaltengesetz.

Erlassung von Kostenbescheiden nach straßenpolizeilichen Vorschriften, wenn gegen einen nach § 57 AVG erlassenen Bescheid Vorstellung erhoben wurde, insbesondere wenn es sich um aufgrund einer Verkehrsbeeinträchtigung entfernte Fahrzeuge handelt mit Ausnahme solcher Fälle, in denen mit Entfernung auf eigener Achse vorgegangen wurde.

Durchführung der An- und Abmeldungen bei Unterkunftnahmen in Wohnungen nach dem Meldegesetz 1991; Erteilung von Auskünften aus dem Melderegister ausgenommen Massenauskünfte sowie Ausstellung von Meldebestätigungen über aufrechte Meldungen.

Erteilung von Ausnahmebewilligungen gemäß § 45 Abs. 4 Straßenverkehrsordnung 1960.

Maßnahmen, die gemäß § 27 Futtermittelgesetz der Bezirksverwaltungsbehörde zugewiesen sind; Erklärung des Verfalls gemäß § 32 Futtermittelgesetz.

Handhabung des Bäderhygienegesetzes, ausgenommen die Vollziehung der §§ 9 a und 10 a.

Entgegennahme der Erklärungen über den Austritt aus staatlich anerkannten Religionsgesellschaften.

Handhabung des Buschenschankgesetzes.

Handhabung des Fischerei- und des Jagdgesetzes, einschließlich der Ausstellung von Jagdkarten.

Entscheidung nach dem Wiener Tierschutz- und Tierhaltegesetz über das Verbot der Tierhaltung und des Umganges mit Tieren, die Bewilligung zur Haltung von Wildtieren, die Bewilligung zum Betrieb eines Tierheimes sowie über den Verfall eines durch sofortigen Zwang abgenommenen Tieres.

Wahrnehmung der Aufgaben der Bezirksverwaltungsbehörde nach den tierseuchenrechtlichen Bestimmungen, soweit nicht die Magistratsabteilung 60 zuständig ist.

Handhabung des Bienenseuchengesetzes und des Wiener Bienenzuchtgesetzes, ausgenommen die den Magistratsabteilungen 58 und 60 übertragenen Aufgaben.

Handhabung des Baumschutzgesetzes, einschließlich der Bemessung und Vorschreibung der Ausgleichsabgabe.

Rechtliche Angelegenheiten des Forstgesetzes 1975, ausgenommen Feststellungsverfahren gemäß § 5.

Einreichstelle für die Bewilligung des Pflanzenbaues zur Suchtgiftgewinnung nach der Suchtgiftverordnung 1947.

Handhabung des Weingesetzes 1985, soweit nicht die Magistratsabteilungen 58, 59 oder 63 zuständig sind.

Angelegenheiten des Familienunterhaltes, der Wohnkostenbeihilfe sowie der Familienbeihilfe für Zivildienstleistende.

Handhabung des Bauarbeiter-Urlaubs- und Abfertigungsgesetzes.

Erledigung von Rechtshilfeersuchen nach den sozialversicherungsrechtlichen und abgaberechtlichen Vorschriften.

Erlassung von Bescheiden gemäß § 13 Abs. 1 des Wiener Jugendschutzgesetzes.

Vorbereitungsarbeiten für die Erstellung der Geschworenen- und Schöffenlisten.

Ausstellung von Bestätigungen, soweit dafür nicht andere Dienststellen zuständig sind.

Ausstellung von Bestätigungen aus den Unterlagen der ehemaligen Kartenstelle.

Mitwirkung bei der Ausstellung von Staatsbürgerschaftsnachweisen.

Mitwirkung bei statistischen Erhebungen.

Durchführung der Verwaltungsstrafverfahren, soweit keine andere Dienststelle des Magistrats zuständig ist, ausgenommen die Erlassung von Organstrafverfügungen.

Handhabung des Verwaltungsvollstreckungsgesetzes, soweit keine andere Dienststelle des Magistrats zuständig ist.

Mitwirkung bei der Vorbereitung und Durchführung von Wahlen, Volksbegehren, Volksabstimmungen und Volksbefragungen.

Mitwirkung bei der Verwaltung des Bezirksamtshauses.

Führen der Bürogeschäfte der Bezirksvorsteher.

Magistratisches Bezirksamt für den 1., 8. Bezirk

(1011) 1, Wipplingerstraße 8 .... 534 36 ...
Telefax: 534-36-99-Nebenstelle
IBS-User: MBA010A
E-Mail: post@mba010.magwien.gv.at
Portier 01306

S c h o r s c h, Mag. Johann,
Senatsrat 01211
N e u b e r , Mag. Viktoria 01212
Kanzleileiterin/Kanzleileiter 01219
Kanzlei:
Auskunft 01210, 01216, 01228
Einlaufstelle, Protokoll 01210, 01216, 01228
Expedit 01231, 01264
Registratur 01224, 01259
Schreibstelle 01227
Strafenexpedit, Strafenprotokoll 01217, 01218
Verhandlungszimmer 01258

Referate des Magistratischen Bezirksamtes

Baumschutzangelegenheiten 01212, 01222, 01229, 01239
Betriebsanlagen 01212, 01222, 01229, 01239
Gebrauchserlaubnis für
Schanigärten 01212, 01215, 01222, 01229, 01232, 01235, 01238, 01239, 01241, 01245, 01246,
Familienunterhalt und
Wohnkostenbeihilfe für Zivildiener 01232, 01237, 01238, 01244
Fischereiangelegenheiten 01262
Gewerbeangelegenheiten 01215, 01232, 01233, 01235, 01236, 01237, 01238, 01241, 01242, 01244, 01245, 01246, 01248
Gewerbepolizeiliche
Revisionen 01212, 01222, 01229, 01239
Giftbezugsbewilligungen 01234
Jagdangelegenheiten 01262
Lebensbestätigungen 01261
Meldeservice 01551, 01552, 01553
Religionsaustritte 01261
Sanitäre Übelstände 01215, 01232, 01233, 01235, 01236, 01237, 01238, 01241, 01242, 01244, 01245, 01246, 01248
Staatsbürgerschaftsnachweise .. 01210, 01216, 01228
Verwaltungsstrafverfahren 01212, 01222, 01229, 01239, 01215, 01232, 01233, 01235, 01236, 01237, 01238, 01241, 01242, 01245, 01246, 01248
Zivildienstausweise 01261
Legitimationen 01261
Parkraumbewirtschaftung 01260, 01261, 01262

Zuständigkeit für ganz Wien:
Lehrabschlussprüfungen, Nachsicht von den
Zulassungsbedingungen 01262
Musterschutz 01212, 01222, 01229, 01239
Taxi-, Mietwagen-, Hotelwagengewerbe 01234, 01242, 01244, 01246

Baupolizei für den 1., 8., 9. Bezirk
(1082) 8, Lerchenfelder Straße 4 ...... 401 34 ...
Leiterin/Leiter 08501
Referentinnen/Referenten 08502, 08503, 08504, 08511, 08514, 08521, 08522
Werkmeisterinnen/
Werkmeister 08505, 08512, 08513, 08523
Kanzlei 08500, 08509, 08519, 08529

Bezirksgesundheitsamt für den
1., 8. Bezirk .... 534 36 ...
Leiterin/Leiter 01281
Kanzlei 01280, 01289
Sanitätsrevisorinnen/
Sanitätsrevisoren 01283, 01284

Bürgerdienst (1., 8. Bezirk)
(1082) 1, Bartensteingasse 13 .... 525 50 01, 525 50 08, 01100, 08100

Hauskrankenpflege –
Stützpunkt für den 1., 7., 8., 9. Bezirk
(1010) 1, Neutorgasse 15 ...... 531 14 ..., 01820

Kindertagesheime –
Servicestelle für den 1., 2., 8., 9., 20. Bezirk
(1090) 9, Alserbachstraße 41 .... 534 36 ..., 01870

MAG ELF – Amt für Jugend und Familie –
Soziale Arbeit mit Familien
für den 1., 4., 5. Bezirk
((1040) 4, Favoritenstraße 18 .... 502 34 ...
Telefax: 502 34-99-04340
E-Mail: kanzlei-ra1@m11.magwien.gv.at
Auskunft 04340
Leitende Sozialarbeiterin/
Leitender Sozialarbeiter 04341
Kanzlei 04347, 04348
Kinder- und Jugendpsychologische
Beratungsstelle 04343

MAG ELF – Amt für Jugend und Familie – Soziale Arbeit mit Familien für den 6., 7., 8., 9. Bezirk
(1090) 9, Währinger Straße 39 . . . . 400 34 . . .
Telefax: 400 34-99-09340
E-Mail: kanzlei-ra4@m11.magwien.gv.at
Auskunft 09340, 09360, 09370
Leitende Sozialarbeiterin/
Leitender Sozialarbeiter 09341
Kanzlei 09347, 09348, 09349

MAG ELF - Amt für Jugend und Familie – Rechtsfürsorge für den 1., 4., 5., 6., 7., 8., 9. Bezirk
(1060) 6, Amerlingstraße 11 . . . . 588 21 . . .
Telefax: 588 21-99-06311
E-Mail: kanzlei-rr1@m11.magwien.gv.at
Auskunft 06310
Leitende Rechtsfürsorgerin/
Leitender Rechtsfürsorger 06311
Kanzlei, Rechnungsführung 06315, 06316, 06317, 06318, 06319

Marktamtsabteilung für den 1. Bezirk
1010) 1, Gonzagagasse 11 . . . . 531 14 . . .
Leiterin/Leiter 01431
Referentinnen/
Referenten 01432, 01433, 01434, 01435, 01436, 01438
Kanzlei 01439

Marktamtsabteilung für den 8., 9. Bezirk
(1090) 9, Alser Straße 20 . . . . 408 28 05 . . .
Leiterin/Leiter 35
Referentinnen/Referenten 31, 32, 33, 34

Niederlassungsbewilligung-Einreichstelle für den 1., 4., 5., 6., 7., 8., 9. Bezirk
(1082) 8, Friedrich-Schmidt-
Platz 3 . . . . 534 36 . . ., 01030
Telefax: 534 36-99-01030

Schlichtungsstelle für den 1., 8., 9. Bezirk
Auskunft 01080
Telefax: 534 36-99-Nebenstelle
Sachbearbeiterinnen/Sachbearbeiter . 01081, 01082
Kanzlei, Einlaufstelle,
Protokoll 01088, 01089

Sozialarbeit mit Erwachsenen
(1., 2., 6., 7., 8., 9. Bezirk),
(1060) 6, Fillgradergasse 7/5 . . . . 588 21 . . ., 06480, 06482

Sozialer Stützpunkt für den 1., 7., 8., 9. Bezirk
(1010) 1, Schottenring 25 . . . . . . 531 14 . . ., 01800

Sozialreferat für den 1., 8., 9. Bezirk
(1090) 9, Währinger Straße 39 . . . . 400 34 . . .
Leiterin/Leiter 09401
Referentinnen/Referenten 09402, 09404, 09405, 09406, 09407
Kanzlei 09407
Auskunft 09400

Stadtkasse → MA 6

Standesamt Innere Stadt (1., 6., 7., 8., 9. Bezirk)
(1081) 8, Schlesingerplatz 4 . . . . 401 34 . . .
Leiterin/Leiter 08581
Kanzlei 08589, 08590
Ehebuch 08590, 08591
Ehefähigkeitszeugnisse 08582
Eheschließungen 08582, 08585
Geburtenbuch 08580, 08585, 08586, 08587
Nachträgliche Beurkundungen 08584, 08593
Sonderagenden
(Auslandsgespräche) 08581, 08583, 08588
Sterbebuch 08580, 08585, 08586, 08587
Buch für Todeserklärungen 08579, 08581

Veterinäramtsabteilung für den 1., 2., 3., 4., 5., 6., 7., 8., 9., 20. Bezirk
(1030) 3, Viehmarktgasse 5-7 . . . . 711 34 . . ., 03450, 03451, 03452

Wohnungskommission – Außenstelle für den 1., 2., 6., 8., 9., 20. Bezirk
(1090) 9, Alserbachstraße 41, 4. Stock,
Tür 401 . . . . 534 36 . . ., 09099

Magistratisches Bezirksamt für den 2. Bezirk

(1020) 2, Karmelitergasse 9 . . . . 211 06 . . .
Telefax: 211 06-99-Nebenstelle
IBS-User: MBA020A
E-Mail: post@mba020.magwien.gv.at
Portier 02306
W e n d l i n g e r , Dr. Hermann,
Senatsrat 02211
S c h m i t t , Mag. Astrid 02212
Kanzleileiterin/Kanzleileiter 02219
Kanzlei:
Auskunft 02210
Einlaufstelle 02228
Expedit 02213
Registratur 02224, 02225

Schreibstelle 02227
Strafenexpedit 02214
Expedit von Betriebsanlagen und
Schanigärten, Protokoll 02217, 02218

Referate des Magistratischen Bezirksamtes

Baumschutzangelegenheiten 02212, 02220, 02221, 02223
Betriebsanlagen, Gebrauchserlaubnis
für Schanigärten 02212, 02220, 02221, 02223
Familienunterhalt und Wohnkostenbeihilfe
für Zivildiener 02231
Fischereiangelegenheiten 02231
Gewerbeangelegenheiten 02230, 02231, 02232, 02233, 02234, 02235, 02236, 02238, 02239
Gewerbepolizeiliche Revisionen 02212, 02220, 02221, 02223
Giftbezugsbewilligungen 02231
Jagdangelegenheiten 02230, 02231, 02232, 02233, 02234, 02235, 02236, 02238, 02239
Lebensbestätigungen 02213, 02216, 02226
Meldeservice 02551, 02552, 02553, 02554
Parkraumbewirtschaftung 02260, 02261, 02262, 02263, 02265
Religionsaustritte 02213, 02226, 02226
Sanitäre Übelstände 02213, 02226, 02226
Staatsbürgerschaftsnachweise .. 02213, 02226, 02228
Verwaltungsstrafverfahren 02230, 02231, 02232, 02233, 02234, 02235, 02236, 02238, 02239
Zivildienstausweise 02231, 02232

Baupolizei für den 2., 20. Bezirk
(1200) 20, Dresdner Straße 75 .... 331 34 ...
Leiterin/Leiter 20501
Referentinnen/Referenten 20502, 20511, 20512, 20513
Werkmeisterinnen/Werkmeister 20503, 20514, 20515, 20516
Kanzlei 20508, 20509

Bezirksgesundheitsamt .... 211 06 ...
Leiterin/Leiter 02281
Kanzlei 02285
Sanitätsrevisorinnen/
Sanitätsrevisoren 02283, 02284, 02286

Bürgerdienst
(1020) 2, Kleine Sperlgasse 10 .... 525 50 02, 02100

Gesundheits- und Sozialzentrum für den 2., 20. Bezirk (Leopoldstadt-Brigittenau)
(1020) 2, Vorgartenstraße 129-143
E-Mail: gsz2_20@m47.magwien.gv.at
Telefax: 211 06-99-02800
Leiterin/Leiter 02811
Kanzlei, Auskunft 02819, 02800
Team 2. Bezirk – Leiterin/Leiter 02813
Team 20. Bezirk – Leiterin/Leiter 02814
Inkontinenzberatung 02825
Sozialarbeit 02831
Seniorenberatung 02833

Kindertagesheime – Servicestelle für den 1., 2., 8., 9., 20. Bezirk
(1090) 9, Alserbachstraße 41 .... 534 36 ..., 01870

MAG ELF - Amt für Jugend und Familie – Soziale Arbeit mit Familien
Telefax: 211 06-99-02310
E-Mail: kanzlei-ra2@m11.magwien.gv.at
Auskunft 02340
Leitende Sozialarbeiterin/
Leitender Sozialarbeiter 02341
Kanzlei 02347, 02348
Kinder- und Jugendpsychologische
Beratungsstelle 02343
Familienzentrum
(1020) 2, Engerthstraße 249
Besuchscafe 02892, 02893
Psychologische Beratung für
Kleinkinder 02894

MAG ELF - Amt für Jugend und Familie – Rechtsfürsorge
Telefax: 211 06-99-02310
E-Mail: kanzlei-rr2@m11.magwien.gv.at
Auskunft 02310
Leitende Rechtsfürsorgerin/
Leitender Rechtsfürsorger 02311
Kanzlei, Rechnungsführung 02315, 02317, 02318, 02319

Marktamtsabteilung
(1020) 2, Karmelitermarkt,
Amtsgebäude .... 214 17 83 ..., 216 68 63 ..., 31
Marktaufsicht Vorgartenmarkt,
(1020) 2, Ennsgasse 8 .... 728 38 14

Niederlassungsbewilligung-Einreichstelle für den 2., 20., 21., 22. Bezirk
(1020) 2, Meiereistraße 7, Wiener Praterstadion -
Ernst-Happel-Stadion, Sektor E,
1. Stock .... 211 06 ..., 02030
Telefax: 211 06-99-02030

Schlichtungsstelle für den 2., 22. Bezirk
(1020) 2, Obere Augartenstraße 26 – 28,
2. Stock
Auskunft 02080
Telefax: 211 06-99-Nebenstelle
Sachbearbeiterinnen/
Sachbearbeiter 02081, 02082
Kanzlei, Einlaufstelle,
Protokoll 02088, 02089

Sozialarbeit mit Erwachsenen
(1., 2., 6., 7., 8., 9. Bezirk),

(1060) 6, Fillgradergasse 7/5 . . . . 588 21 . . ., 06480, 06482

Sozialreferat
Leiterin/Leiter 02401
Referentinnen/Referenten 02402, 02403, 02404, 02405, 02413
Kanzlei 02406

Stadtkasse → MA 6

Standesamt Brigittenau (2., 20. Bezirk)
(1200) 20, Brigittaplatz 10 . . . . 331 34 . . .
Leiterin/Leiter 20581
Kanzlei 20586, 20588
Ehebuch 20586, 20588
Ehefähigkeitszeugnisse 20582, 20583
Eheschließungen 20582, 20583
Geburtenbuch 20586, 20588
Sterbebuch 20589

Veterinäramtsabteilung für den 1., 2., 3., 4., 5., 6., 7., 8., 9., 20. Bezirk
(1030) 3, Viehmarktgasse 5–7 . . . . 711 34 . . ., 03450, 03451, 03452

Wohnungskommission – Außenstelle für den 1., 2., 6., 8., 9., 20. Bezirk
(1090) 9, Alserbachstraße 41,
4. Stock, Tür 401 . . . . 534 36 . . ., 09099

Magistratisches Bezirksamt für den 3. Bezirk

(1030) 3, Karl-Borromäus-Platz 3 . . . . 711 34 . . .
Telefax: 711 34-99-Nebenstelle
IBS-User: MBA030A
E-Mail: post@mba030.magwien.gv.at
Portier 03306
C e r m a k , Dr. Johann, Senatsrat 03211
S c h l o s s e r , Dr. Helga, Senatsrätin 03221
Kanzleileiterin/Kanzleileiter 03219
Kanzlei:
Auskunft 03210
Einlaufstelle 03210
Expedit 03213
Protokoll 03210
Registratur 03224
Schreibstelle 03226
Strafenexpedit 03215

Referate des Magistratischen Bezirksamtes

Baumschutzangelegenheiten 03221, 03229
Betriebsanlagen, Gebrauchserlaubnis für Schanigärten 03221, 03229
Familienunterhalt und Wohnkostenbeihilfe für Zivildiener 03231, 03232, 03233, 03234, 03235, 03236
Fischereiangelegenheiten 03231, 03232, 03233, 03234, 03235, 03236
Gewerbeangelegenheiten 03231, 03232, 03233, 03234, 03235, 03236
Gewerbepolizeiliche Revisionen 03221, 03229
Giftbezugsbewilligungen 03231, 03232, 03233, 03234, 03235, 03236
Jagdangelegenheiten 03231, 03232, 03233, 03234, 03235, 03236
Lebensbestätigungen 03210
Meldeservice 03551, 03552, 03553, 03554, 03555, 03556
Parkraumbewirtschaftung 03261, 03262, 03263
Religionsaustritte 03210, 03213
Sanitäre Übelstände 03231, 03232, 03233, 03234, 03235, 03236
Verwaltungsstrafverfahren 03231, 03232, 03233, 03234, 03235, 03236
Zivildienstausweise 03231
Staatsbürgerschaftsnachweise 03216, 03210

Baupolizei für den 3., 4., 5. Bezirk
(1031) 3, Am Modenapark 1–2
Leiterin/Leiter 03501
Referentinnen/Referenten 03502, 03514, 03522, 03524, 03526
Werkmeisterinnen/Werkmeister 03513, 03515, 03523, 03525
Kanzlei 03506, 03508, 03509, 03518
Planarchiv 03507

Bezirksgesundheitsamt
Telefax: 711 34-99-03290
Leiterin/Leiter 03281
Kanzlei 03288, 03289
Sanitätsrevisorinnen/
Sanitätsrevisoren 03283, 03284
Auskunft 03280

Bürgerdienst 525 50 03, 03100

Hauskrankenpflege – Stützpunkt für den 3., 11. Bezirk
(1110) 11, Geystraße 2 . . . . 740 34 . . ., 11820

Kindertagesheime – Servicestelle für den 3., 4.,11. Bezirk
(1030) 3, Hagenmüllergasse 20 . . . 711 34 . . ., 03870

Geburtenbuch 05587, 05588
Sterbebuch 05587, 05588

Veterinäramtsabteilung für den 1.,2., 3., 4., 5., 6., 7., 8., 9., 20. Bezirk
(1030) 3, Viehmarktgasse 5-7 .... 711 34 . . ., 03450, 03451, 03452

Wohnungskommission – Außenstelle für den 3., 4., 10., 11. Bezirk
(1100) 10, Laxenburger Straße 43–47 .... 605 34 . . ., 10099

Wohnungskommission – Außenstelle für den 5., 12., 13., 23. Bezirk
(1121) 12, Hufelandgasse 2 .... 811 34 . . ., 12099

Magistratisches Bezirksamt für den 6., 7. Bezirk

(1070) 7, Hermanngasse 24–26 .... 521 34 . . .
Telefax: 521 34-99-Nebenstelle
IBS-User: MBA060A
E-Mail: post@mba060.magwien.gv.at
Portier 07306
P o l a c e k, Dr. Gerhard, Senatsrat 07211
B ü t t n e r, Dr. Georg, Obermagistratsrat 07212
Kanzleileiterin/Kanzleileiter 07219
Kanzlei:
Auskunft 07218, 07223
Einlaufstelle 07218, 07223
Expedit 07213, 07224
Protokoll 07218, 07223
Registratur 07217
Schreibstelle 07227
Strafenexpedit, Strafprotokoll 07228

Referate des Magistratischen Bezirksamtes

Baumschutzangelegenheiten 07221, 07222
Betriebsanlagen, Gebrauchserlaubnis für Schanigärten 07221, 07222
Familienunterhalt und Wohnkostenbeihilfe für Zivildiener 07226, 07231, 07232, 07233, 07234, 07235, 07236, 07237
Fischereiangelegenheiten 07218
Gewerbeangelegenheiten 07226, 07231, 07232, 07233, 07234, 07235, 07236, 07237
Gewerbepolizeiliche Revisionen 07221, 07222
Giftbezugsbewilligungen 07226, 07231, 07232, 07233, 07234, 07235, 07236, 07237
Jagdangelegenheiten 07557
Lebensbestätigungen 07213
Meldeservice 07551, 07552, 07553, 07554, 07555, 07556
Parkraumbewirtschaftung 07261, 07262, 07263
Religionsaustritte 07213
Sanitäre Übelstände 07226, 07231, 07232, 07233, 07234, 07235, 07236, 07237
Staatsbürgerschaftsnachweise 07218, 07223
Verwaltungsstrafverfahren 07226, 07231, 07232, 07233, 07234, 07235, 07236, 07237
Zivildienstausweise 07218

Baupolizei für den 6., 7. Bezirk
Leiterin/Leiter 07501
Referentinnen/Referenten ... 07513, 07514, 07521
Werkmeisterinnen/Werkmeister 07512, 07523
Kanzlei 07508, 07509

Bezirksgesundheitsamt für den 6., 7. Bezirk
(1060) 6, Amerlingstraße 11 .... 588 21 . . .
Leiterin/Leiter 06281
Kanzlei 06280, 06289
Sanitätsrevisorinnen/ Sanitätsrevisoren 06284, 06283

Bürgerdienst (6., 7. Bezirk)
(1070) 7, Hermanngasse 24–26 .... 525 50 06, 525 50 07, 521 34 . . ., 06100, 07100

Hauskrankenpflege – Stützpunkt für den 4., 5., 6. Bezirk
(1040) 4, Schönbrunner Straße 7 502 34 . . ., 04820

Hauskrankenpflege – Stützpunkt für den 1., 7., 8., 9. Bezirk
(1010) 1, Neutorgasse 15 ...... 531 14 . . ., 01820

Kindertagesheime – Servicestelle für den 6., 7., 12., 13. Bezirk
(1130) 13, Hietzinger Kai 1–3 .. 878 34 . . ., 13870

MAG ELF – Amt für Jugend und Familie – Soziale Arbeit mit Familien für den 6., 7., 8., 9. Bezirk
(1090) 9, Währinger Straße 39 .... 400 34 . . .
Telefax: 400 34-99-09340
E-Mail: kanzlei-ra4@m11.magwien.gv.at
Auskunft 09340, 09360, 09370
Leitende Sozialarbeiterinnen/ Leitende Sozialarbeiter 09341, 09342

Kanzlei 09347, 09348, 09349

MAG ELF – Amt für Jugend und Familie – Rechtsfürsorge für den 1., 4., 5., 6., 7., 8., 9. Bezirk
(1060) 6, Amerlingstraße 11 . . . . 588 21 . . .
Telefax: 588 21-99-06311
E-Mail: kanzlei-rr1@m11.magwien.gv.at
Auskunft 06310
Leitende Rechtsfürsorgerin/ Leitender Rechtsfürsorger 06311
Kanzlei, Rechnungsführung 06315, 06316, 06317, 06318, 06319

Marktamtsabteilung für den 4., 5., 6., 7. Bezirk
(1040) 4, verlängerte Kettenbrückengasse, Amtsgebäude Naschmarkt . . . . 546 34 . . .
Kanzlei 05430

Niederlassungsbewilligung-Einreichstelle für den 1., 4., 5., 6., 7., 8., 9. Bezirk
(1082) 8, Friedrich-Schmidt-Platz 3 . . . . 534 36 . . ., 01030
Telefax: 534 36-99-01030

Schlichtungsstelle für den 6., 7. Bezirk
Auskunft . . . . 521 34 . . ., 07080
Telefax: 521 34-99-Nebenstelle
Dezernentin/Dezernent 07091
Sachbearbeiterinnen/Sachbearbeiter . 07081, 07082
Kanzlei, Einlaufstelle, Protokoll 07088, 07089

Sozialarbeit mit Erwachsenen (1., 2., 6., 7., 8., 9. Bezirk)
(1060) 6, Fillgradergasse 7/5 . . . . 588 21 . . ., 06480, 06482

Sozialer Stützpunkt für den 4., 5., 6. Bezirk
(1040) 4, Rainergasse 6–8 . . . . . 502 34 . . ., 04800

Sozialer Stützpunkt für den 1., 7., 8., 9. Bezirk,
(1010) 1, Schottenring 25 . . . . . . 531 14 . . ., 01800

Sozialreferat für den 6., 7. Bezirk . . . . . . 521 34 . . .
Leiterin/Leiter 07401
Referentinnen/Referenten 07402, 07403, 07404, 07405, 07406

Stadtkasse → MA 6

Standesamt Innere Stadt (1., 6., 7., 8., 9. Bezirk)
(1081) 8, Schlesingerplatz 4 . . . . 401 34 . . .
Leiterin/Leiter 08581
Kanzlei 08589, 08590
Ehebuch 08590, 08591
Ehefähigkeitszeugnisse 08582
Eheschließungen 08582, 08585
Geburtenbuch 08580, 08585, 08587
Nachträgliche Beurkundungen 08584, 08593
Sonderagenden (Auslandsgespräche) 08583, 08581, 08588
Sterbebuch 08580, 08585, 08586, 08587
Buch für Todeserklärungen 08579, 08581

Veterinäramtsabteilung für den 1.,2., 3., 4., 5., 6., 7., 8., 9., 20. Bezirk
(1030) 3, Viehmarktgasse 5-7 . . . . 711 34 . . ., 03450, 03451, 03452, 03453, 03454, 03455, 03456, 03457

Wohnungskommission – Außenstelle für den 1., 2., 6., 8., 9., 20. Bezirk
(1090) 9, Alserbachstraße 41, 4. Stock, Tür 401 . . . . 534 36 . . ., 09099

Magistratisches Bezirksamt für den 9. Bezirk

(1090) 9, Währinger Straße 39 . . . . 400 34 . . .
Telefax: 400 34-99-Nebenstelle
IBS-User: MBA090A
E-Mail: post@mba090.magwien.gv.at
Portier, 9, Währinger Straße 39 . . . . 09306, 09308
Portier, 9, Währinger Straße 43 09307
Mlczoch, Mag. Norbert, Senatsrat 09211
Hofer, Mag. Gerald 09221
Kanzleileiterin/Kanzleileiter 09219
Kanzlei:
Auskunft 09210
Einlaufstelle 09215
Expedit 09215
Protokoll 09215
Registratur 09217
Schreibstelle 09226, 09227
Strafenexpedit 09223, 09224

Referate des Magistratischen Bezirksamtes

Baumschutzangelegenheiten . . . 09220, 09221, 09222
Betriebsanlagen, Gebrauchserlaubnis für Schanigärten 09220, 09221, 09222
Familienunterhalt und Wohnkostenbeihilfe für Zivildiener 09231, 09232, 09233, 09234
Gewerbepolizeiliche Revisionen 09220, 09221, 09222
Giftbezugsbewilligungen 09231, 09232, 09233, 09234

Hundeabgabe, An- und Abmeldung ... 09218, 09228
Jagdangelegenheiten ... 09224
Lebensbestätigungen ... 09223
Meldeservice ... 09218, 09551, 09552, 09553
Parkraumbewirtschaftung ... 09223, 09224, 09260
Religionsaustritte ... 09224
Sanitäre Übelstände ... 09231, 09232, 09233, 09234
Staatsbürgerschaftsnachweise ... 09218, 09228
Verwaltungsstrafverfahren ... 09220, 09221, 09222, 09223, 09224, 09231, 09232, 09233, 09234
Zivildienstausweise ... 09224

Baupolizei für den 1., 8., 9. Bezirk
(1082) 8, Lerchenfelder Straße 4 ... 401 34 ...
Leiterin/Leiter ... 08501
Referentinnen/Referenten ... 08502, 08503, 08504, 08511, 08521, 08522
Werkmeisterinnen/Werkmeister ... 08505, 08512, 08513, 08523
Kanzlei ... 08500, 08509, 08529, 08519

Bezirksgesundheitsamt ... 400 34 ...
Leiterin/Leiter ... 09281
Kanzlei ... 09280, 09289
Sanitätsrevisorinnen/ Sanitätsrevisoren ... 09283, 09284

Bürgerdienst ... 525 50 09, 09100

Hauskrankenpflege – Stützpunkt für den 1., 7., 8., 9. Bezirk
(1010) 1, Neutorgasse 15 ... 531 14 ..., 01820

Kindertagesheime – Servicestelle für den 1., 2., 8., 9., 20. Bezirk
(1090) 9, Alserbachstraße 41 ... 534 36 ..., 01870

MAG ELF – Amt für Jugend und Familie – Soziale Arbeit mit Familien für den 6., 7., 8., 9. Bezirk
(1090) 9, Währinger Straße 39 ... 400 34 ...
Telefax: ... 400 34-99-09340
E-Mail: kanzlei-ra4@m11.magwien.gv.at
Auskunft ... 09340, 09360, 09370
Leitende Sozialarbeiterin/ Leitender Sozialarbeiter ... 09341
Kanzlei ... 09347, 09348, 09349

MAG ELF – Amt für Jugend und Familie – Rechtsfürsorge für den 1., 4., 5., 6., 7., 8., 9. Bezirk
(1060) 6, Amerlingstraße 11 ... 588 21 ...
Telefax: ... 588 21-99-06311
E-Mail: kanzlei-rr1@m11.magwien.gv.at
Auskunft ... 06310
Leitende Rechtsfürsorgerin/ Leitender Rechtsfürsorger ... 06311
Kanzlei, Rechnungsführung ... 06315, 06316, 06317, 06318, 06319

Marktamtsabteilung für den 8., 9. Bezirk
(1090) 9, Alser Straße 20 ... 408 28 05 ...
Leiterin/Leiter ... 35
Referentinnen/Referenten ... 31, 32, 33, 34

Niederlassungsbewilligung-Einreichstelle für den 1., 4., 5., 6., 7., 8., 9. Bezirk
(1082) 8, Friedrich-Schmidt-Platz 3 ... 534 36 ..., 01030
Telefax: ... 534 36-99-01030

Schlichtungsstelle für den 1., 8., 9. Bezirk
(1011) 1, Wipplingerstraße 8
Auskunft ... 01080
Telefax: ... 534 36-99-Nebenstelle
Sachbearbeiterinnen/ Sachbearbeiter ... 01081, 01082
Kanzlei, Einlaufstelle, Protokoll ... 01088, 01089

Sozialarbeit mit Erwachsenen (1., 2., 6., 7., 8., 9. Bezirk)
(1060) 6, Fillgradergasse 7/5 ... 588 21 ..., 06480, 06482

Sozialer Stützpunkt für den 1., 7., 8., 9. Bezirk
(1010) 1, Schottenring 25 ... 531 14 ..., 01800

Sozialreferat für den 1., 8., 9. Bezirk ... 400 34 ...
Leiterin/Leiter ... 09401
Referentinnen/ Referenten ... 09402, 09403, 09404, 09405, 09406, 09407
Kanzlei ... 09407
Auskunft ... 09400

Stadtkasse → MA 6

Standesamt Innere Stadt (1., 6., 7., 8., 9. Bezirk)
(1081) 8, Schlesingerplatz 4 ... 401 34 ...
Leiterin/Leiter ... 08581
Kanzlei ... 08589, 08590
Ehebuch ... 08590, 08591
Ehefähigkeitszeugnisse ... 08582
Eheschließungen ... 08582, 08585
Geburtenbuch ... 08580, 08585, 08586, 08587
Nachträgliche Beurkundungen ... 08584, 08593
Sonderagenden (Auslandsgespräche) ... 08581, 08583, 08588
Sterbebuch ... 08580, 08585, 08586, 08587
Buch für Todeserklärungen ... 08579, 08581

Veterinäramtsabteilung für den 1., 2., 3., 4., 5., 6., 7., 8., 9., 20. Bezirk
(1030) 3, Viehmarktgasse 5-7 ... 711 34 ..., 03450, 03451, 03452

Wohnungskommission – Außenstelle für den 1., 2., 6., 8., 9., 20. Bezirk
(1090) 9, Alserbachstraße 41, 4. Stock, Tür 401 ... 534 36 ..., 09099

Magistratisches Bezirksamt für den 10. Bezirk

(1100) 10, Laxenburger Straße 43–47 . . . . 605 34 . . .
Telefax: 605 34-99-Nebenstelle
IBS-User: MBA100A
E-Mail: post@mba100.magwien.gv.at
Portier, 10, Laxenburger Straße 43-47 10306
Portier, 10, Keplerplatz 5 10309
R e i t z , Dr. Irene, Senatsrätin 10211
W i n d i s c h , Dr. Angela,
Obermagistratsrätin 10212
Kanzleileiterin/Kanzleileiter 10219
Kanzlei:
Auskunft 10210
Einlaufstelle 10218
Expedit 10224
Protokoll 10216
Registratur 10224
Schreibstelle 10226, 10227
Strafenexpedit 10215

Referate des Magistratischen Bezirksamtes

Baumschutzangelegenheiten 10213, 10216
Betriebsanlagen, Gebrauchserlaubnis für
Schanigärten 10212, 10221,
10225, 10231, 10232
Buschenschank 10223
Familienunterhalt und Wohnkostenbeihilfe
für Zivildiener 10215
Fischereiangelegenheiten 10245
Gewerbeangelegenheiten 10241,
10242, 10244, 10245,
10246, 10247, 10248
Gewerbepolizeiliche Revisionen 10212, 10221,
10225, 10231, 10232
Giftbezugsbewilligungen 10219
Jagdangelegenheiten 10245, 10215
Lebensbestätigungen 10213, 10223, 10233
Meldeservice 10551, 10552, 10553,
10554, 10555, 10556,
10557, 10558, 10559
Religionsaustritte 10226, 10227
Sanitäre Übelstände 10219
Staatsbürgerschaftsnachweise . . 10215, 10216, 10219
Verwaltungsstrafverfahren 10212, 10221, 10225,
10231, 10232, 10241,
10242, 10244, 10245,
10246, 10247, 10248
Zivildienstausweise 10219

Baupolizei
Leiterin/Leiter 10501
Referentinnen/Referenten . . . 10502, 10513, 10524
Werkmeisterinnen/Werkmeister 10514, 10515,
10522, 10523, 10525
Kanzlei 10500, 10508, 10509

Bezirksgesundheitsamt
Leiterin/Leiter 10281
Kanzlei 10280, 10289
Sanitätsrevisorinnen/
Sanitätsrevisoren 10283, 10284, 10285

Bürgerdienst 525 50 10, 10100

Gesundheits- und Sozialzentrum Favoriten
(1100) 10, Gudrunstraße 145–149
Telefax: 605 34-99-10800
E-Mail: gsz10@m47.magwien.gv.at
Leiterin/Leiter 10811
Kanzlei, Auskunft 10819, 10800
Mobile Pflege und Betreuung -
Soziale Dienste 10813
Mobile Hauskrankenpflege 10820
Inkontinenzberatung 10825
Mobile Ergotherapie 10829
Sozialarbeit und Seniorenberatung 10831

Kindertagesheime –
Servicestelle für den 5., 10. Bezirk
(1100) 10, Van-der-Nüll-Gasse 20 10870

MAG ELF – Amt für Jugend und Familie –
Soziale Arbeit mit Familien
für den 10. Bezirk A
(1100) 10, Van-der-Nüll-Gasse 20
Telefax: 605 34-99-10340
E-Mail: kanzlei-ra5@m11.magwien.gv.at
Auskunft 10340
Leitende Sozialarbeiterin/
Leitender Sozialarbeiter 10341
Kanzlei 10349, 10350, 10351
Kinder- und Jugendpsychologische
Beratungsstelle 10343

MAG ELF – Amt für Jugend und Familie –
Soziale Arbeit mit Familien
für den 10. Bezirk B
(1100) 10, Ada-Christen-Gasse 2/H/2 688 15 93 . . .
Telefax: 688 15 93-69
E-Mail: kanzlei-ra6@m11.magwien.gv.at
Auskunft 61
Leitende Sozialarbeiterin/
Leitender Sozialarbeiter 63
Kanzlei 61, 62
Kinder- und Jugendpsychologische
Beratungsstelle 68
Sprengelsozialarbeiterinnen/
Sprengelsozialarbeiter
(1100) 10, Van-der-Nüll-
Gasse 20 . . . . 605 34 . . ., 10363,
10364, 10365, 10366
Telefax: 605 34-99-10340
Sprengelsozialarbeiterinnen/
Sprengelsozialarbeiter
(1100) 10, Otto-Probst-
Straße 22/6/3 . . . . 615 44 38 . . .,
21, 22, 23, 24, 25
Telefax: 615 44 38-20

MAG ELF – Amt für Jugend und Familie – Rechtsfürsorge
(1100) 10, Van-der-Nüll-Gasse 20 . . . . . 605 34 . . .
Telefax: 605 34-99-10310
E-Mail: kanzlei-rr4@m11.magwien.gv.at
Auskunft 10310
Leitende Rechtsfürsorgerin/
Leitender Rechtsfürsorger 10311
Kanzlei, Rechnungsführung . 10315, 10318, 10319

Marktamtsabteilung
(1100) 10, Viktor-Adler-Markt,
Amtsgebäude 604 27 77, 604 27 63

Niederlassungsbewilligung-Einreichstelle für den 3., 10., 11. Bezirk
(1110) 11, Fickeysstraße 1,
1. Stock . . . . 711 34 . . ., 03030
Telefax: 40 00-99-44810

Schlichtungsstelle
Auskunft . . . . 605 34 . . ., 10080
Telefax: 605 34-99-Nebenstelle
Dezernentin/Dezernent 10091
Sachbearbeiterinnen/Sachbearbeiter 10081, 10082, 10091, 10256
Kanzlei, Einlaufstelle,
Protokoll 10087, 10088, 10089

Sozialarbeit mit Erwachsenen
(1100) 10, Gudrunstraße 145–149 10480
Telefax: 605 34-99-10800

Sozialreferat
(1100) 10, Gudrunstraße 128
Leiterin/Leiter 10401
Stellvertreterin/Stellvertreter 10402
Referentinnen / Referenten . . 10403, 10404, 10405, 10406, 10407, 10409, 10413, 10414, 10415
Kanzlei 10400, 10416, 10417

Stadtkasse → MA 6

Standesamt Favoriten (10., 11. Bezirk)
(1100) 10, Keplerplatz 5
Leiterin/Leiter 10581
Kanzlei 10589
Ehebuch 10582
Ehefähigkeitszeugnisse 10581
Eheschließungen 10582, 10583, 10585
Geburtenbuch 10583, 10586
Sterbebuch 10586

Veterinäramtsabteilung für den 10., 11. Bezirk
(1100) 10, Laxenburger
Straße 43-47 . . . . 10450, 10451, 10452

Wohnungskommission – Außenstelle für den 3., 4., 10., 11. Bezirk
(1100), 10, Laxenburger Straße 43–47 10099

Magistratisches Bezirksamt für den 11. Bezirk

(1110) 11, Enkplatz 2 . . . . 740 34 . . .
Telefax: 740-34-99-11220
IBS-User: MBA110A
E-Mail: post@mba110.magwien.gv.at
Portier 11306
M o h r , Dr. Renate, Senatsrätin 11211
V i t u , Mag. Olga 11212
Kanzleileiterin/Kanzleileiter 11219
Kanzlei:
Auskunft 11210
Einlaufstelle 11215, 11216
Expedit 11219
Protokoll 11216
Registratur 11224, 11225
Schreibstelle 11226, 11227
Strafenexpedit 11215

Referate des Magistratischen Bezirksamtes

Baumschutzangelegenheiten 11212, 11221
Betriebsanlagen, Gebrauchserlaubnis
für Schanigärten 11211, 11212, 11221
Familienunterhalt und Wohnkostenbeihilfe für
Zivildiener 11231, 11232, 11233, 11234
Fischereiangelegenheiten 11232
Gewerbeangelegenheiten 11231, 11232, 11233, 11234
Gewerbepolizeiliche
Revisionen 11211, 11212, 11221
Giftbezugsbewilligungen 11231, 11232, 11233, 11234
Hundeabgabe,
An- und Abmeldung 11215, 11216
Jagdangelegenheiten 11233
Lebensbestätigungen 11215, 11216
Meldeservice 11551, 11552, 11553, 11554, 11555, 11556, 11557
Religionsaustritte 11215, 11216
Sanitäre Übelstände 11231, 11232, 11233, 11234
Verwaltungsstrafverfahren 11212, 11221, 11231, 11232, 11233, 11234
Zivildienstausweise 11233

Baupolizei
Leiterin/Leiter 11501
Referentinnen/Referenten 11502, 11522, 11523, 11526
Werkmeisterinnen/Werkmeister 11524, 11525
Kanzlei 11500, 11507, 11509

Bezirksgesundheitsamt
Telefax: 740 34-99-11290
Leiterin/Leiter 11281
Kanzlei 11280, 11289
Sanitätsrevisorinnen/Sanitätsrevisoren 11283, 11284

Bürgerdienst und Bürgerservice-Zentrum Simmering
Leiterin/Leiter 525 50 11, 11101
Referentinnen/Referenten 11100, 11102, 11103

Hauskrankenpflege – Stützpunkt für den 3., 11. Bezirk
(1110) 11, Geystraße 2 11820

Kindertagesheime – Servicestelle für den 3., 4., 11. Bezirk
(1030) 3, Hagenmüllergasse 20 . . . . 711 34 . . ., 03870

MAG ELF – Amt für Jugend und Familie – Soziale Arbeit mit Familien
Telefax: 740 34-99-11340
E-Mail: kanzlei-ra7@m11.magwien.gv.at
Auskunft 11340
Leitende Sozialarbeiterin/Leitender Sozialarbeiter 11341
Kanzlei 11347, 11349
Kinder- und Jugendpsychologische Beratungsstelle 11343
Sprechstelle
(1110) 11, Rosa-Jochmann-Ring 5/13 . . . . . 11375, 11376, 768 86 60

MAG ELF – Amt für Jugend und Familie – Rechtsfürsorge
Telefax: 740 34-99-11340
E-Mail: kanzlei-rr3@m11.magwien.gv.at
Auskunft 11310
Leitende Rechtsfürsorgerin/Leitender Rechtsfürsorger 11311
Kanzlei, Rechnungsführung 11317, 11318

Marktamtsabteilung
(1110) 11, Lorystraße,
Simmeringer Markt, Amtsgebäude,
Brückenwaage 749 33 01

Niederlassungsbewilligung-Einreichstelle für den 3., 10., 11. Bezirk
(1110) 11, Fickeysstraße 1, 1. Stock . . . . 711 34 . . ., 03030
Telefax: 40 00-99-44810

Schlichtungsstelle für den 3., 11. Bezirk
(1110) 11, Guglgasse 14, Gasometer D, 6. Archivgeschoss, Tür 641
Auskunft 03080
Telefax: 711 34-99-Nebenstelle
Sachbearbeiterinnen/Sachbearbeiter 03081, 03082
Kanzlei, Einlaufstelle, Protokoll 03088, 03089

Sozialer Stützpunkt für den 3., 11. Bezirk
(1110) 11, Geystraße 2 . . . . 740 34 . . . , 11800

Sozialreferat
Leiterin/Leiter 11401
Referentinnen/Referenten 11403, 11404, 11405, 11406, 11407, 11411, 11412
Kanzlei 11409

Sozialarbeit mit Erwachsenen (3., 4., 5., 11. Bezirk)
(1031) 3, Am Modenapark 1–2 . . . . 711 34 . . ., 03488, 03489, 03499

Stadtkasse → MA 6

Standesamt Favoriten (10., 11. Bezirk)
(1100) 10, Keplerplatz 5 . . . . 605 34 . . .
Leiterin/Leiter 10581
Kanzlei 10589
Ehebuch 10582
Ehefähigkeitszeugnisse 10581
Eheschließungen 10585
Geburtenbuch 10583, 10586
Sterbebuch 10586

Veterinäramtsabteilung für den 10., 11. Bezirk
(1100) 10, Laxenburger Straße 43–47 . . . . 10450, 10451, 10452

Wohnungskommission – Außenstelle für den 3., 4., 10., 11. Bezirk
(1100) 10, Laxenburger Straße 43–47 10099

Staatsbürgerschaftsnachweise 13216, 13217, 14216, 14217
Verwaltungsstrafverfahren 13218, 13231, 13232, 13233, 13234, 13235, 13237, 13238, 13259, 14218, 14231, 14232, 14233, 14234, 14235, 14237, 14238, 14259
Zivildienstausweise 13236, 14236

Baupolizei für den 13., 14. Bezirk
(1160) 16, Spetterbrücke 4,
Leiterin/Leiter 13501, 14501
Referentinnen
Referenten 13502, 13511, 13512, 13514, 13515, 13518, 13524, 14502, 14511, 14512, 14514, 14515, 14518, 14524
Werkmeisterinnen/
Werkmeister 13513, 13516, 13517, 13519, 13522, 13523, 13525, 14513, 14516, 14517, 14519, 14522, 14523, 14525
Kanzlei 13500, 13508, 13509, 14500, 14508, 14509

Bezirksgesundheitsamt für den 13., 14. Bezirk
Leiterin/Leiter 13281, 14281
Stellvertreterin/Stellvertreter 13282, 14282
Kanzlei 13280, 13289, 14280, 14289
Sanitätsrevisorinnen/
Sanitätsrevisoren 13283, 13284, 13285, 14283, 14284, 14285

Bürgerdienst (13. Bezirk) 525 50 13, 13100

Bürgerdienst (14. Bezirk) 525 50 14, 14100

Geriatrisches Tageszentrum
"Am Henriettenplatz"
Kanzlei, Auskunft 15845, 15840

Gesundheits- und Sozialzentrum
für den 12., 13., 23. Bezirk .... 811 34 . . .
(1120) 12, Arndtstraße 67
E-Mail: gsz12@m47.magwien.gv.at
Telefax: 811 34-99-12800
Leiterin/Leiter 12811
Kanzlei, Auskunft 12819, 12800
Team 12. Bezirk – Leiterin/Leiter 12820
Team 13., 23. Bezirk –
Leiterin/Leiter 12821
Inkontinenzberatung 12825
Sozialarbeit und Seniorenberatung 12831

Gesundheits- und Sozialzentrum
für den 14., 15. Bezirk
(1150) 15, Geibelgasse 18–20 .... 891 34 . . .
E-Mail: gsz15@m47.magwien.gv.at
Telefax: 891 34-99-15800
Leiterin/Leiter 15811
Kanzlei, Auskunft 15819, 15800
Mobile Pflege und Betreuung –
Soziale Dienste 15813
Mobile Hauskrankenpflege 15820
Mobile Ergotherapie 15829
Inkontinenzberatung 15825
Sozialarbeit und
Seniorenberatung 15831

Hauskrankenpflege –
Stützpunkt für den 12., 13., 23. Bezirk
(1235) 23, Liesing, Breitenfurter
Straße 360–368 .... 863 34 . . ., 23820

Kindertagesheime - Servicestelle
für den 6., 7.,12., 13. Bezirk ....878 34 . . ., 13871, 13872, 13873

Kindertagesheime – Servicestelle
für den 14., 15., 16. Bezirk
(1160) 16, Kreitnergasse 43 .... 491 96 . . ., 16870

MAG ELF – Amt für Jugend und Familie –
Soziale Arbeit mit Familien
für den 13., 14. Bezirk ..... 878 34 . . ., 870 34 . . .
Telefax: 878 34-99-13340
E-Mail: kanzlei-ra9@m11.magwien.gv.at
Auskunft 13340, 14340
Leitende Sozialarbeiterin/
Leitender Sozialarbeiter 13341, 14341
Kanzlei 13347, 13348, 13349, 14347, 14348, 14349
Kinder- und Jugendpsychologische
Beratungsstelle 13343, 14343

MAG ELF – Amt für Jugend und Familie –
Rechtsfürsorge für den 12., 13. Bezirk
(1120) 12, Schönbrunner Straße 259 . . . 811 34 . . .
Telefax: 811 34-99-12310
E-Mail: kanzlei-rr5@m11.magwien.gv.at
Auskunft 12310
Leitende Rechtsfürsorgerin/
Leitender Rechtsfürsorger 12311
Kanzlei,
Rechnungsführung 12315, 12318, 12319

MAG ELF – Amt für Jugend und Familie –
Rechtsfürsorge für den 14., 15. Bezirk
(1150) 15, Gasgasse 8-10 .... 891 34 . . .
Telefax: 891 34-99-15310
E-Mail: kanzlei-rr6@m11.magwien.gv.at
Auskunft 15310
Leitende Rechtsfürsorgerin/
Leitender Rechtsfürsorger 15311
Kanzlei, Rechnungsführung 15315, 15317, 15318, 15319

Marktamtsabteilung
für den 13., 14. Bezirk ...... 878 34 . . ., 870 34 . . .
Leiterin/Leiter 13431, 14431
Referentinnen/
Referenten 13432, 13433, 13434,13439, 14432, 14433, 14434,14439

Niederlassungsbewilligung-Einreichstelle für den 12., 13., 23. Bezirk
(1130) 13, Dommayergasse 12, Stiege 3 13030
Telefax: 878 34-99-13030

Niederlassungsbewilligung-Einreichstelle für den 14., 15. Bezirk
(1150) 15, Staglgasse 5a .... 891 34 ..., 15030
Telefax: 891 34-99-15030

Schlichtungsstelle für den 12., 13., 14., 23. Bezirk
(1121) 12, Schönbrunner Straße 259 ... 811 34 ...
Telefax: 811 34-99-Nebenstelle
Auskunft 12080
Sachbearbeiterinnen/Sachbearbeiter 12081, 12082, 12083, 12084
Kanzlei, Einlaufstelle,
Protokoll 12087, 12088, 12089

Sozialarbeit mit Erwachsenen 12., 13., 23. Bezirk)
(1120) 12, Reschgasse 12 .... 12480, 12490

Sozialarbeit mit Erwachsenen (14., 15., 16., 17., 18., 19. Bezirk)
(1150) 15, Camillo-Sitte-
Gasse 6–8/2/6 .... 985 69 71, 985 69 72, 985 69 99

Sozialreferat für den 13., 14. Bezirk .... 878 34 ..., 870 34 ...
Leiterin/Leiter 13401, 14401
Stellvertreterin/Stellvertreter 13406, 14406
Referentinnen/Referenten ... 13402, 13403, 13404, 13405, 13406, 13407, 14402, 14403, 14404, 14405, 14406, 14407
Kanzlei 13408, 13409, 13410, 14408, 14409, 14410

Stadtkasse → MA 6

Standesamt Hietzing (13., 14., 15., 23. Bezirk)
Leiterin / Leiter 13581, 14581
Kanzlei 13585, 13591, 13592, 13593, 13594, 14585, 14591, 14592, 14593, 14594
Ehebuchkanzlei 13586, 13587, 14586, 14587
Ehefähigkeitszeugnisse 13581, 13582, 13583, 14581, 14582, 14583
Eheschließungen 13581, 13582, 13583, 14581, 14582, 14583
Geburtenbuch 13595, 13596, 13597, 14595, 14596, 14597
Sterbebuch 13595, 13596, 13597, 14595, 14596, 14597

Veterinäramtsabteilung für den 12., 13., 14. Bezirk
(1130) 13, Riedelgasse 7-9 .. 13450, 13451, 13452 14450, 14451, 14452

Wohnungskommission – Außenstelle für den 5., 12., 13., 23. Bezirk
(1121) 12, Schönbrunner
Straße 259 .... 811 34 ..., 12099

Wohnungskommission – Außenstelle für den 14., 15., 16., 17., 18., 19. Bezirk
(1170) 17, Elterleinplatz 14 .... 401 19 ..., 17099

Magistratisches Bezirksamt für den 15. Bezirk

(1150) 15, Gasgasse 8–10 .... 891 34 ...
Telefax: 891 34-99-15220
IBS-User: MBA150A
E-Mail: post@mba150.magwien.gv.at
Portier 15306
K l o s e , Dr. Dietmar, Senatsrat 15211
S e i t i n g e r , Mag. Astrid,
Obermagistratsrätin 15212
Kanzleileiterin/Kanzleileiter 15219
Kanzlei:
Auskunft 15210
Einlaufstelle 15210
Expedit 15015
Protokoll 15227
Registratur 15224
Schreibstelle 15015
Strafenexpedit 15215

EDV-Betreuung für alle Bezirksämter:
Leiterin/Leiter 15234
Stellvertreterin/Stellvertreter 1523

Referate des Magistratischen Bezirksamtes

Baumschutzangelegenheiten 15212, 15220
Betriebsanlagen, Gebrauchserlaubnis für
Schanigärten 15212, 15220, 15221
Familienunterhalt und Wohnkostenbeihilfe
für Zivildiener 15231, 15232, 15235, 15236, 15237
Fischereiangelegenheiten 15003
Gewerbepolizeiliche
Revisionen 15212, 15220, 15221
Giftbezugsbewilligungen 15212, 15220, 15221

Jagdangelegenheiten 15003
Lebensbestätigungen 15003
Meldeservice 15551, 15552
Religionsaustritte 15003
Sanitäre Übelstände 15231, 15232, 15235, 15236, 15237
Staatsbürgerschaftsnachweise 15003
Verwaltungsstrafverfahren 15212, 15220, 15221, 15231, 15232, 15235, 15236, 15237
Zivildienstausweise 15003

Baupolizei
(1160) 16, Spetterbrücke 4,
Leiterin/Leiter 15501
Referentinnen/Referenten 15502, 15503
Werkmeisterinnen/Werkmeister 15515, 15513
Kanzlei 15500, 15508, 15509

Bezirksgesundheitsamt
Leiterin/Leiter 15281
Kanzlei 15280, 15288
Sanitätsrevisorinnen/Sanitätsrevisoren 15283, 15284

Bürgerdienst 525 50 15, 15100

Geriatrisches Tageszentrum "Am Henriettenplatz"
Kanzlei, Auskunft 15845, 15840

Gesundheits- und Sozialzentrum für den 14., 15. Bezirk
(1150) 15, Geibelgasse 18–20 . . . . 891 34 . . .
E-Mail: gsz15@m47.magwien.gv.at
Telefax: 891 34-99-15800
Leiterin/Leiter 15811
Kanzlei, Auskunft 15819, 15800
Mobile Pflege und Betreuung – Soziale Dienste 15813
Mobile Hauskrankenpflege 15820
Mobile Ergotherapie 15829
Inkontinenzberatung 15825
Sozialarbeit und Seniorenberatung 15831

Kindertagesheime – Servicestelle für den 14., 15., 16. Bezirk
(1160) 16, Kreitnergasse 43 . . . . . 491 96 . . .,16870

MAG ELF – Amt für Jugend und Familie – Soziale Arbeit mit Familien . . . . 891 34 . . .
Telefax: 891 34-99-15340
E-Mail: kanzlei-raa@m11.magwien.gv.at
Auskunft 15340
Leitende Sozialarbeiterin/Leitender Sozialarbeiter 15341
Kanzlei 15347, 15348
Kinder- und Jugendpsychologische Beratungsstelle 15343
REBAS 15 - regionale Beratungsstelle für ausländische Schülerinnen/Schüler 15361, 15362

MAG ELF – Amt für Jugend und Familie – Rechtsfürsorge für den 14., 15. Bezirk
Telefax: 891 34-99-15310
E-Mail: kanzlei-rr6@m11.magwien.gv.at
Auskunft 15310
Leitende Rechtsfürsorgerin/Leitender Rechtsfürsorger 15311
Kanzlei, Rechnungsführung 15315, 15317, 15318, 15319

Marktamtsabteilung
Leiterin/Leiter 15431
Referentinnen/Referenten . . . 15432, 15433, 15434
Marktaufsicht Meiselmarkt, (1150) 15, Meiselmarkt 15436

Niederlassungsbewilligung-Einreichstelle für den 14., 15. Bezirk
(1150) 15, Staglgasse 5a 15030
Telefax: 891 34-99-15030

Schlichtungsstelle für den 15., 16. Bezirk
Auskunft 15080
Telefax: 891 34-99-Nebenstelle
Sachbearbeiterinnen/Sachbearbeiter 15081, 15082
Kanzlei, Einlaufstelle, Protokoll 15088, 15089

Sozialarbeit mit Erwachsenen (14., 15., 16., 17., 18., 19. Bezirk)
(1150) 15, Camillo-Sitte-Gasse 6–8/2/6 . . . . 985 69 71, 985 69 99

Sozialreferat . . . . 891 34 . . .
Leiterin/Leiter 15401
Referentinnen/Referenten . . . 15402, 15403, 15404
Kanzlei 15406

Stadtkasse → MA 6

Standesamt Hietzing (13., 14., 15., 23. Bezirk)
(1130) 13, Hietzinger Kai 1–3 . . . . 878 34 . . ., 870 34 . . .
Leiterin/Leiter 13581, 14581
Kanzlei 13585, 13591, 13592, 13593, 13594, 14585, 14591, 14592, 14593, 14594
Ehebuchkanzlei 13586, 14586
Ehefähigkeitszeugnisse 13581, 13582, 13583, 14581, 14582, 14583
Eheschließungen 13581, 13582, 13583, 14581, 14582, 14583
Geburtenbuch 13595, 13596, 13597, 14595, 14596, 14597
Sterbebuch 13595, 13596, 13597, 14595, 14596, 14597

Veterinäramtsabteilung für den 15., 16., 17., 18., 19. Bezirk
(1160) 16, Richard-Wagner-Platz 19 . . . 491 96 . . ., 16450, 16451, 16453

Wiener Integrationsfonds – Außenstelle Rudolfsheim-Fünfhaus . . . 893 98 45, 891 34 . . ., 15140, 15141
Telefax: . . . 893 98 45-4

Wohnungskommission – Außenstelle für den 14., 15., 16., 17., 18., 19. Bezirk
(1170) 17, Elterleinplatz 14 . . . 401 19 . . ., 17099

Magistratisches Bezirksamt für den 16. Bezirk

(1164) 16, Richard-Wagner-Platz 19 . . . 491 96 . . .
Telefax: . . . 491 96-99-16210
IBS-User: MBA160A
E-Mail: post@mba160.magwien.gv.at
Portier . . . 16306
S o n n e n b e r g , Dr. Karl, Senatsrat . . . 16211
T e u w e n , Mag. Sieglinde, Obermagistratsrätin . . . 16212
Kanzleileiterin/Kanzleileiter . . . 16219
Kanzlei:
- Auskunft . . . 16216, 16217
- Einlaufstelle . . . 16216, 16217
- Expedit . . . 16224
- Protokoll . . . 16216, 16217
- Registratur . . . 16225
- Schreibstelle . . . 16226, 16227
- Strafenexpedit . . . 16215

Referate des Magistratischen Bezirksamtes

Baumschutzangelegenheiten . . . 16212, 16221, 16220
Betriebsanlagen, Gebrauchserlaubnis für Schanigärten . . . 16212, 16221, 16220
Buschenschank . . . 16234
Familienunterhalt und Wohnkostenbeihilfe für Zivildiener . . . 16231, 16232, 16234, 16233, 16236
Fischereiangelegenheiten . . . 16232, 16231, 16233
Gewerbeangelegenheiten . . . 16231, 16232, 16234, 16233, 16236
Gewerbepolizeiliche Revisionen . . . 16212, 16221, 16220
Giftbezugsbewilligungen . . . 16223
Jagdangelegenheiten . . . 16223
Lebensbestätigungen . . . 16223
Meldeservice . . . 16551, 16552, 16553, 16555, 16556
Religionsaustritte . . . 16223
Sanitäre Übelstände . . . 16231, 16232, 16233, 16236
Staatsbürgerschaftsnachweise . . . 16223
Verwaltungsstrafverfahren . . . 16231, 16232, 16234, 16233, 16236, 16215
Zivildienstausweise . . . 16223

Baupolizei
(1160) 16, Spetterbrücke 4,
Leiterin/Leiter . . . 16501
Referentinnen/Referenten . . . 16512, 16502, 16504
Werkmeisterinnen/Werkmeister . . . 16503, 16514, 16515
Kanzlei . . . 16508, 16509

Bezirksgesundheitsamt
Leiterin/Leiter . . . 16281
Kanzlei . . . 16288, 16289
Sanitätsrevisorinnen/Sanitätsrevisoren . . . 16283, 16284

Bürgerdienst . . . 525 50 16, 16100

Geriatrisches Tageszentrum für den 16., 17. Bezirk (Ottakring-Hernals)
Leiterin/Leiter . . . 16841
Kanzlei, Auskunft . . . 16845, 16840
Sozialarbeiterinnen/Sozialarbeiter . . . 16841, 16842

Gesundheits- und Sozialzentrum für den 16., 17. Bezirk (Ottakring-Hernals)
(1160) 16, Weinheimergasse 2
E-Mail: gsz16@m47.magwien.gv.at
Telefax: . . . 491 96-99-16800
Leiterin/Leiter . . . 16811
Kanzlei, Auskunft . . . 16819, 16800
Mobile Pflege und Betreuung – Soziale Dienste . . . 16813
Mobile Hauskrankenpflege . . . 16820
Inkontinenzberatung . . . 16825
Mobile Ergotherapie . . . 16829
Sozialarbeit und Seniorenberatung . . . 16831

Kindertagesheime – Servicestelle für den 14., 15., 16. Bezirk
(1160) 16, Kreitnergasse 43 . . . 16870

MAG ELF – Amt für Jugend und Familie – Soziale Arbeit mit Familien
(1160) 16, Arnethgasse 84
Telefax: . . . 491 96-99-16340
E-Mail: kanzlei-rab@m11.magwien.gv.at
Auskunft . . . 16340, 16370
Leitende Sozialarbeiterin/Leitender Sozialarbeiter . . . 16341
Kanzlei . . . 16347, 16348
Kinder- und Jugendpsychologische Beratungsstelle . . . 16343

MAG ELF – Amt für Jugend und Familie – Rechtsfürsorge
Telefax: 491 96-99-16340
E-Mail: kanzlei-rr6@m11.magwien.gv.at
Auskunft 16310
Leitende Rechtsfürsorgerin/
Leitender Rechtsfürsorger . . . . 891 34 . . ., 15311
Kanzlei,
Rechnungsführung . . . . 491 96 . . .,
16317, 16318, 16319

Marktamtsabteilung
(1160) 16, Yppenplatz 4,
Amtsgebäude . . . . 405 61 74 . . .
Telefax: 405 61 74-13
Leiterin/Leiter 10
Referentinnen/Referenten 11, 14, 15, 20
Marktaufseherin/Marktaufseher 17

Niederlassungsbewilligung-Einreichstelle für den 16., 17., 18., 19. Bezirk
(1170) 17, Ottakringer Straße 54,
2. Stock . . . . 401 19 . . ., 17030
Telefax: 401 19-99-17030

Schlichtungsstelle für den 15., 16. Bezirk
(1150) 15, Gasgasse 8–10 . . . . 891 34 . . .
Auskunft 15080
Telefax: 891 34-99-Nebenstelle
Sachbearbeiterinnen/
Sachbearbeiter 15081, 15082
Kanzlei, Einlaufstelle,
Protokoll 15088, 15089

Sozialarbeit mit Erwachsenen (14., 15., 16., 17., 18., 19. Bezirk)
(1150) 15, Camillo-Sitte-Gasse 6–8/2/6 . 985 69 71

Sozialreferat
Leiterin/Leiter . . . . 491 96 . . ., 16401
Referentinnen/Referenten 16402,
16403, 16404, 16405
Kanzlei 16406

Stadtkasse → MA 6

Standesamt Ottakring (16., 17. Bezirk)
Leiterin/Leiter 16581
Kanzlei 16589
Ehebuch 16594, 16589
Ehefähigkeitszeugnisse 16581,
16582, 16583, 16585
Eheschließungen 16581,
16582, 16583, 16585
Geburtenbuch 16584, 16586, 16593
Sterbebuch 16584, 16586, 16593

Veterinäramtsabteilung für den 15., 16., 17., 18., 19. Bezirk
(1160) 16, Richard-Wagner-Platz 19 16450,
16451, 16453

Wohnungskommission – Außenstelle für den 14., 15., 16., 17., 18., 19. Bezirk
(1170) 17, Elterleinplatz 14 . . . . 401 19 . . ., 17099

Magistratisches Bezirksamt für den 17. Bezirk

(1170) 17, Elterleinplatz 14 . . . . 401 19 . . .
Telefax: 401 19-99-17210
IBS-User: MBA170A
E-Mail: post@mba170.magwien.gv.at
Portier 17306
M ü l l e r , Dr. Tillmann, Senatsrat 17211
Kanzleileiterin/Kanzleileiter 17219
Kanzlei:
Auskunft 17210
Einlaufstelle 17210
Expedit 17213
Protokoll 17210
Registratur 17224
Schreibstelle 17228
Strafenexpedit 17215

Referate des Magistratischen Bezirksamtes

Baumschutzangelegenheiten 17212,
17222, 17225
Betriebsanlagen, Gebrauchserlaubnis
für Schanigärten 17212, 17222, 17225
Buschenschank 17233
Familienunterhalt und Wohnkostenbeihilfe
für Zivildiener 17226,
17231, 17232, 17233
Fischereiangelegenheiten 17233
Gewerbeangelegenheiten 17226,
17231, 17232, 17233
Gewerbepolizeiliche
Revisionen 17212, 17222, 17225
Giftbezugsbewilligungen 17212, 17222, 17225
Hundeabgabe, An- und Abmeldung 17218
Jagdangelegenheiten 17233
Lebensbestätigungen 17215
Meldeservice 17551,
17552, 17553, 17554
Religionsaustritte 17215
Sanitäre Übelstände 17226,
17231, 17232, 17233
Staatsbürgerschaftsnachweise 17218

Verwaltungsstrafverfahren 17212, 17215, 17218, 17222, 17223, 17225, 17226,17231, 17232, 17233, 17551
Zivildienstausweise 17226, 17231, 17232, 17233

Baupolizei
(1160) 16, Spetterbrücke 4,
Leiterin/Leiter 17501
Referentinnen/Referenten ... 17502, 17511, 17512
Werkmeisterinnen/Werkmeister 17503, 17513
Kanzlei 17500, 17506, 17509

Bezirksgesundheitsamt
Leiterin/Leiter 17281
Kanzlei 17280, 17289
Sanitätsrevisorinnen/
Sanitätsrevisoren 17283, 17284

Bürgerdienst 525 50 17, 17100

Geriatrisches Tageszentrum für den 16., 17. Bezirk (Ottakring-Hernals)
Leiterin/Leiter 16841
Kanzlei, Auskunft 16845, 16840
Sozialarbeiterinnen/
Sozialarbeiter 16841, 16842

Gesundheits- und Sozialzentrum für den 16., 17. Bezirk (Ottakring-Hernals)
(1160) 16, Weinheimergasse 2 .... 491 96 ...
E-Mail: gsz16@m47.magwien.gv.at
Telefax: 491 96-99-16800
Leiterin/Leiter 16811
Kanzlei, Auskunft 16819, 16800
Mobile Pflege und Betreuung –
Soziale Dienste 16813
Mobile Hauskrankenpflege 16820
Inkontinenzberatung 16825
Mobile Ergotherapie 16829
Sozialarbeit und Seniorenberatung 16831

Kindertagesheime – Servicestelle für den 17., 18., 19. Bezirk
(1190) 19, Hohe Warte 3 .... 360 34 ..., 19870

MAG ELF – Amt für Jugend und Familie – Soziale Arbeit mit Familien für den 17., 18., 19. Bezirk
(1170) 17, Rötzergasse 6 .... 401 19 ...
Telefax: 401 19-99-17340
E-Mail: kanzlei-rac@m11.magwien.gv.at
Auskunft 17340, 17360
Leitende Sozialarbeiterin/
Leitender Sozialarbeiter 17341
Kanzlei 17346, 17347, 17349
Kinder- und Jugendpsychologische
Beratungsstelle 17343

MAG ELF – Amt für Jugend und Familie – Rechtsfürsorge für den 17., 18., 19. Bezirk
(1190) 19, Gatterburggasse 14 .... 360 34 ...
Telefax: 360 34-99-19310
E-Mail: kanzlei-rr7@m11.magwien.gv.at
Auskunft 19310
Leitende Rechtsfürsorgerin/
Leitender Rechtsfürsorger 19311
Kanzlei,
Rechnungsführung 19317, 19318, 19319

Marktamtsabteilung .... 401 19 ...
Telefax: 401 19-99-17431
Leiterin/Leiter 17431
Referentinnen/
Referenten 17432, 17433

Niederlassungsbewilligung-Einreichstelle für den 16., 17., 18., 19. Bezirk
(1170) 17, Ottakringer Straße 54,
2. Stock 17030
Telefax: 401 19-99-17030

Schlichtungsstelle für den 17., 18., 19. Bezirk
(1194) 19, Muthgasse 62 .... 360 34 ...
Telefax: 360 34-99-Nebenstelle
Auskunft 19080
Sachbearbeiterinnen/
Sachbearbeiter 19081, 19082
Kanzlei, Einlaufstelle,
Protokoll 19088, 19089

Sozialarbeit mit Erwachsenen (14., 15., 16., 17., 18., 19. Bezirk)
(1150) 15, Camillo-Sitte-
Gasse 6–8/2/6 .... 985 69 71, 985 69 99

Sozialreferat .... 401 19 ...
Leiterin/Leiter 17401
Referentinnen/
Referenten 17402, 17403, 17413

Stadtkasse → MA 6

Standesamt Ottakring (16., 17. Bezirk)
(1164) 16, Richard-Wagner-Platz 19
Leiterin / Leiter 16581
Kanzlei 16589
Ehebuch 16589, 16594
Ehefähigkeitszeugnisse 16581, 16582, 16583, 16585
Eheschließungen 16581, 16582, 16583, 16585
Geburtenbuch 16584, 16586, 16593
Sterbebuch 16584, 16586, 16593

Veterinäramtsabteilung für den 15., 16., 17., 18., 19. Bezirk
(1160) 16, Richard-Wagner-
Platz 19 .... 16450, 16451, 16452

Wohnungskommission – Außenstelle für den 14., 15., 16., 17., 18., 19. Bezirk .... 401 19 ..., 17099

Magistratisches Bezirksamt für den 18. Bezirk

(1181) 18, Martinstraße 100 . . . . 476 34 . . .
Telefax: 476 34-99-18220
IBS-User: MBA180A
E-Mail: post@mba180.magwien.gv.at
Portier 18306
Warlischek, Dr. Kurt, Senatsrat 18211
Schindler, Dr. Gerda,
Obermagistratsrätin 18212
Kanzleileiterin/Kanzleileiter 18219
Kanzlei:
- Auskunft 18218, 18227
- Einlaufstelle 18218, 18227
- Expedit 18213
- Protokoll 18218, 18227
- Registratur 18213
- Schreibstelle 18226
- Strafenexpedit 18223

Referate des Magistratischen Bezirksamtes

Baumschutzangelegenheiten 18212, 18231
Betriebsanlagen, Gebrauchserlaubnis
für Schanigärten 18212, 18231
Buschenschank 18232
Familienunterhalt und Wohnkostenbeihilfe
für Zivildiener 18230, 18232, 18233
Fischereiangelegenheiten 18227, 18232
Gewerbeangelegenheiten 18230, 18232, 18233
Gewerbepolizeiliche Revisionen 18212
Giftbezugsbewilligungen 18232
Hundeabgabe, An- und Abmeldung 18223
Jagdangelegenheiten 18227
Lebensbestätigungen 18226
Meldeservice 18551, 18552, 18553
Religionsaustritte 18226
Sanitäre Übelstände 18230, 18232, 18233
Staatsbürgerschaftsnachweise 18226
Verwaltungsstrafverfahren 18230, 18232, 18233
Zivildienstausweise 18226

Baupolizei
- Leiterin/Leiter 18501
- Referentinnen/Referenten . . . 18502, 18512, 18503
- Werkmeisterinnen/Werkmeister 18515, 18514
- Kanzlei 18500, 18508, 18509

Bezirksgesundheitsamt
(1181) 18, Währinger Straße 124
- Leiterin/Leiter 18281
- Kanzlei 18288
- Sanitätsrevisorinnen/ Sanitätsrevisoren 18283, 18284

Bürgerdienst 525 50 18, 18100

Hauskrankenpflege – Stützpunkt für den 18., 19. Bezirk
(1190) 19, Gatterburggasse 12 . . 360 34 . . ., 19820

Kindertagesheime – Servicestelle für den 17., 18., 19. Bezirk
(1190) 19, Hohe Warte 3 19870

MAG ELF – Amt für Jugend und Familie – Soziale Arbeit mit Familien für den 17., 18., 19. Bezirk
(1170) 17, Rötzergasse 6 . . . . 401 19 . . .
Telefax: .401 19-99-17340
E-Mail: kanzlei-rac@m11.magwien.gv.at
- Auskunft 17340, 17360
- Leitende Sozialarbeiterin/ Leitender Sozialarbeiter 17341
- Kanzlei 17346, 17347, 17349
- Kinder- und Jugendpsychologische Beratungsstelle 17343

MAG ELF – Amt für Jugend und Familie – Rechtsfürsorge für den 17., 18., 19. Bezirk
(1190) 19, Gatterburggasse 14 . . . . 360 34 . . .
Telefax: 360 34-99-19310
E-Mail: kanzlei-rr7@m11.magwien.gv.at
- Auskunft 19310
- Leitende Rechtsfürsorgerin/ Leitender Rechtsfürsorger 19311
- Kanzlei, Rechnungsführung 19317, 19318, 19319

Marktamtsabteilung . . . . 476 34 . . .
- Leiterin/Leiter 18431
- Referentinnen/Referenten 18433, 18434

Niederlassungsbewilligung-Einreichstelle für den 16., 17.,18., 19. Bezirk
(1170) 17, Ottakringer Straße 54,
2. Stock . . . . 401 19 . . ., 17030
Telefax: 401 19-99-17030

Schlichtungsstelle für den 17., 18., 19. Bezirk
(1194) 19, Muthgasse 62 . . . . 360 34 . . .
Telefax: 360 34-99-Nebenstelle
- Auskunft 19080
- Sachbearbeiterinnen/ Sachbearbeiter 19081, 19082
- Kanzlei, Einlaufstelle, Protokoll 19088, 19089

Sozialarbeit mit Erwachsenen (14., 15., 16., 17., 18., 19. Bezirk)
(1150) 15, Camillo-Sitte-
Gasse 6–8/2/6 . . . . 985 69 71, 985 69 99

Sozialer Stützpunkt für den 18., 19. Bezirk
(1180) 18, Schulgasse 19 . . . . . . 476 34 . . ., 18800

Sozialreferat
- Leiterin/Leiter 18401

Referentinnen/Referenten 18402, 18403
Kanzlei 18406, 18409

Stadtkasse → MA 6

Standesamt Währing
(18., 19. Bezirk) . . . . 476 34 . . .
Leiterin/Leiter 18581
Kanzleileiterin/Kanzleileiter,
Kassenstelle 18589
Ehebuch 18582
Ehefähigkeitszeugnisse 18581, 18582
Eheschließungen 18581, 18582
Geburtenbuch 18583, 18584, 18585, 18586, 18587, 18592
Sterbebuch 18583, 18584, 18585, 18586

Veterinäramtsabteilung
für den 15., 16., 17., 18., 19. Bezirk
(1160) 16, Richard-Wagner-Platz 19 . . . . 491 96 . . ., 16450, 16451, 16453

Wohnungskommission –
Außenstelle für den 14., 15., 16., 17., 18., 19. Bezirk
(1170) 17, Elterleinplatz 14 . . . . 401 19 . . ., 17099

Magistratisches Bezirksamt für den 19. Bezirk

(1190) 19, Gatterburggasse 14 . . . . 360 34 . . .
Telefax: 360 34-99-Nebenstelle
IBS-User: MBA190A
E-Mail: post@mba190.magwien.gv.at
Portier 19306
F u c h s , Dr. Peter, Senatsrat 19211
S c h o l z , Mag. Gerhard 19212
Kanzleileiterin/Kanzleileiter 19219
Kanzlei:
Auskunft 19210
Einlaufstelle 19210, 19226
Expedit 19225
Protokoll 19210, 19226
Registratur 19217, 19216
Schreibstelle 19225
Strafenexpedit 19227

Referate des Magistratischen Bezirksamtes

Baumschutzangelegenheiten 19231, 19232, 19234, 19215
Betriebsanlagen, Gebrauchserlaubnis
für Schanigärten 19212
Buschenschank 19231, 19232, 19233, 19234, 19215
Familienunterhalt und Wohnkostenbeihilfe
für Zivildiener 19231, 19232, 19233, 19234, 19215
Fischereiangelegenheiten 19219, 19233
Gewerbeangelegenheiten 19231, 19232, 19233, 19234, 19215
Gewerbepolizeiliche Revisionen 19212
Giftbezugsbewilligungen 19231, 19232, 19233, 19234, 19215
Jagdangelegenheiten 19226
Lebensbestätigungen 19219
Meldeservice 19551, 19552, 19553, 19554
Religionsaustritte 19226
Sanitäre Übelstände 19231, 19232, 19233, 19234, 19215
Staatsbürgerschaftsnachweise . . 19210, 19225, 19228
Verwaltungsstrafverfahren 19231, 19232, 19233, 19234, 19215
Zivildienstausweise 19231, 19232, 19233, 19234, 19215

Baupolizei
Leiterin/Leiter 19501
Referentinnen/Referenten . . . 19502, 19503, 19504
Werkmeisterinnen/
Werkmeister 19511, 19512, 19513
Kanzlei 19500, 19508, 19509

Bezirksgesundheitsamt
Leiterin/Leiter 19281
Kanzlei 19280, 19284
Sanitätsrevisorinnen/
Sanitätsrevisoren 19282, 19283

Bürgerdienst 525 50 19, 19100

Hauskrankenpflege –
Stützpunkt für den 18., 19. Bezirk
(1190) 19, Gatterburggasse 12 19820

Kindertagesheime –
Servicestelle für den 17., 18., 19. Bezirk
(1190) 19, Hohe Warte 3 19870

MAG ELF – Amt für Jugend und Familie –
Soziale Arbeit mit Familien
für den 17., 18., 19. Bezirk
(1170) 17, Rötzergasse 6 . . . . 401 19 . . .
Telefax: 401 19-99-17340
E-Mail: kanzlei-rac@m11.magwien.gv.at
Auskunft 17340, 17360

Leitende Sozialarbeiterin/
Leitender Sozialarbeiter 17341
Kanzlei 17346, 17347, 17349
Kinder- und Jugendpsychologische
Beratungsstelle 17343

MAG ELF – Amt für Jugend und Familie – Rechtsfürsorge für den 17., 18., 19. Bezirk . . . . 360 34 . . .
Telefax: 360 34-99-19310
E-Mail: kanzlei-rr7@m11.magwien.gv.at
Auskunft 19310
Leitende Rechtsfürsorgerin/
Leitender Rechtsfürsorger 19311
Kanzlei,
Rechnungsführung 19317, 19318, 19319

Marktamtsabteilung
Leiterin/Leiter 19431
Referentinnen/Referenten 19432, 19433

Niederlassungsbewilligung-Einreichstelle für den 16., 17.,18., 19. Bezirk
(1170) 17, Ottakringer Straße 54,
2. Stock . . . . 401 19 . . ., 17030
Telefax: 401 19-99-17030

Schlichtungsstelle für den 17., 18., 19. Bezirk
(1194) 19, Muthgasse 62 . . . . 360 34 . . .
Auskunft 19080
Telefax: 360 34-99-Nebenstelle
Dezernentin/Dezernent 19091
Sachbearbeiterinnen/
Sachbearbeiter 19081, 19082
Kanzlei, Einlaufstelle,
Protokoll 19088, 19089

Sozialarbeit mit Erwachsenen (14., 15., 16., 17., 18., 19. Bezirk)
(1150) 15, Camillo-Sitte-
Gasse 6–8/2/6 . . . . 985 69 71, 985 69 99

Sozialer Stützpunkt für den 18., 19. Bezirk
(1180) 18, Schulgasse 19 . . . . . . 476 34 . . ., 18800

Sozialreferat . . . . 360 34 . . .
Leiterin/Leiter 19401
Referentinnen/Referenten 19402, 19403

Stadtkasse → MA 6

Standesamt Währing (18., 19. Bezirk),
(1181) 18, Martinstraße 100 . . . . 476 34 . . .
Leiterin/Leiter 18581
Kanzlei 18589
Ehebuch 18587
Ehefähigkeitszeugnisse 18581, 18582
Eheschließungen 18581, 18582
Geburtenbuch 18584, 18585
Sterbebuch 18584, 18585

Veterinäramtsabteilung für den 15., 16., 17., 18., 19. Bezirk
(1160) 16, Richard-Wagner-
Platz 19 . . . . 491 96 . . .,
16450, 16451, 16453

Wohnungskommission – Außenstelle für den 14., 15., 16., 17., 18., 19. Bezirk
(1170) 17, Elterleinplatz 14 . . . . 401 19 . . ., 17099

Magistratisches Bezirksamt für den 20. Bezirk

(1200) 20, Brigittaplatz 10 . . . . 331 34 . . .
Telefax: 331 34-99-20220
IBS-User: MBA200A
E-Mail: post@mba200.magwien.gv.at
Portier 20306
K ö , Dr. Manfred, Senatsrat 20211
S c h r e i l , Mag. Gabriela 20212
Kanzleileiterin/
Kanzleileiter 20219
Kanzlei:
Auskunft 20216, 20217
Einlaufstelle 20216, 20217
Expedit 20226, 20227
Protokoll 20216
Registratur 20226, 20227
Schreibstelle 20228, 20229
Strafenexpedit 20237
Verhandlungszimmer 20258

Referate des Magistratischen Bezirksamtes

Baumschutzangelegenheiten 20211
Betriebsanlagen, Gebrauchserlaubnis
für Schanigärten 20221, 20222
Familienunterhalt und Wohnkostenbeihilfe
für Zivildiener 20231
Fischereiangelegenheiten 20231
Gewerbeangelegenheiten 20231,
20232, 20233, 20234
Gewerbepolizeiliche
Revisionen 20221, 20222
Giftbezugsbewilligungen 20231,
20232, 20233, 20234
Hundeabgabe, An- und Abmeldung . . . 20232, 20233
Jagdangelegenheiten 20231,
20232, 20233, 20234
Lebensbestätigungen 20217, 20228

Meldeservice 20551, 20552, 20553, 20554, 20555, 20556
Parkraumbewirtschaftung 20260, 20261, 20262
Religionsaustritte 20236, 20237
Sanitäre Übelstände 20231, 20232, 20233, 20234
Staatsbürgerschaftsnachweise 20236
Verwaltungsstrafverfahren 20221, 20222, 20231, 20232, 20233, 20234, 20236, 20237
Zivildienstausweise 20231

Baupolizei für den 2., 20. Bezirk
(1200) 20, Dresdner Straße 75
Telefax: 331 34-99-20500
Leiterin/Leiter 20501
Referentinnen/Referenten 20502, 20511, 20512, 20513
Werkmeisterinnen/Werkmeister 20503, 20514, 20515, 20516
Kanzlei 20508, 20509

Bezirksgesundheitsamt
Telefax: 331 34-99-20290
Leiterin/Leiter 20281
Kanzlei 20280, 20289
Sanitätsrevisorinnen/
Sanitätsrevisoren 20283, 20284

Bürgerdienst 525 50 20, 20100, 20101

Gesundheits- und Sozialzentrum für den 2., 20. Bezirk (Leopoldstadt-Brigittenau)
(1020) 2, Vorgartenstraße 129-143
E-Mail: gsz2_20@m47.magwien.gv.at
Telefax: 211 06-99-02800
Leiterin/Leiter 02811
Kanzlei, Auskunft 02819, 02800
Team 2. Bezirk – Leiterin / Leiter 02813
Team 20. Bezirk – Leiterin / Leiter 02814
Inkontinenzberatung 02825
Sozialarbeit 02831
Seniorenberatung 02833

Kindertagesheime – Servicestelle für den 1., 2., 8., 9., 20. Bezirk
(1090) 9, Alserbachstraße 41 ... 534 36 ..., 01870

MAG ELF – Amt für Jugend und Familie – Soziale Arbeit mit Familien
Telefax: 331 34-99-20320
E-Mail: kanzlei-rad@m11.magwien.gv.at
Auskunft 20340
Journaldienst 20366, 20367
Leitende Sozialarbeiterin/
Leitender Sozialarbeiter 20341
Kanzlei 20319, 20347, 20348
Kinder- und Jugendpsychologische
Beratungsstelle 20343

MAG ELF – Amt für Jugend und Familie – Rechtsfürsorge
Telefax: 331 34-99-20320
E-Mail: kanzlei-rr2@m11.magwien.gv.at
Auskunft .... 211 06 ..., 02310
Leitende Rechtsfürsorgerin/
Leitender Rechtsfürsorger 02311
Kanzlei,
Rechnungsführung .... 331 34 ..., 20316

Marktamtsabteilung
Telefax: 331 34-99-20431
Leiterin/Leiter 20431
Referentinnen/
Referenten 20432, 20433, 20434
Marktaufsicht Hannovermarkt,
(1200) 20, Hannovermarkt 330 42 45

Niederlassungsbewilligung-Einreichstelle für den 2., 20., 21., 22. Bezirk
(1020) 2, Meiereistraße 7,
Wiener Praterstadion - Ernst-Happel-
Stadion, Sektor E, 1. Stock ..... 211 06 ..., 02030
Telefax: 211 06-99-02030

Schlichtungsstelle für den 20., 21. Bezirk
(1200) 20, Dresdner Straße 75
Auskunft 20080
Telefax: 331 34-99-Nebenstelle
Dezernentin/Dezernent 20091
Sachbearbeiterinnen/
Sachbearbeiter 20081, 20082
Kanzlei, Einlaufstelle,
Protokoll 20088, 20089

Sozialarbeit mit Erwachsenen (20., 21., 22. Bezirk)
(1210) 21, Holzmeister-
gasse 14 .... 277 34 ..., 21480
Telefax: 277 34-99-21480

Sozialreferat .... 331 34 ...
Leiterin/Leiter 20401
Referentinnen/
Referenten 20402, 20403, 20404, 20405, 20418
Kanzlei 20408, 20407

Stadtkasse → MA 6

Standesamt Brigittenau (2., 20. Bezirk) .... 331 34 ...
Telefax: 331 34-99-20580
Leiterin/Leiter 20581
Kanzlei 20586, 20588
Ehebuch 20586, 20588
Ehefähigkeitszeugnisse 20582, 20583
Eheschließungen 20582, 20583
Geburtenbuch 20586, 20588
Sterbebuch 20589

Veterinäramtsabteilung für den 1., 2., 3., 4., 5., 6., 7., 8., 9., 20. Bezirk
(1030) 3, Viehmarktgasse 5-7 .... 711 34 ..., 03450, 03451, 03452

Magistratisches Bezirksamt für den 22. Bezirk

(1229) 22, Kagran, Schrödingerplatz 1 . . . 211 23 . . .
Telefax: 211 23-99-Nebenstelle
IBS-User: MBA220A
E-Mail: post@mba220.magwien.gv.at
Portier 22306
Z l u w a , Dr. Brigitte, Senatsrätin 22211
H ö r w a r t e r , Dr. Leopoldine 22212
Kanzleileiterin/Kanzleileiter 22219
Kanzlei:
- Auskunft 22210
- Einlaufstelle 22215, 22216
- Protokoll 22215, 22216
- Registratur 22225, 22235
- Schreibstelle 22226, 22227, 22228
- Strafenexpedit 22215, 22216

Referate des Magistratischen Bezirksamtes

Baumschutzangelegenheiten . . . 22212, 22222, 22228
Betriebsanlagen, Gebrauchserlaubnis für Schanigärten 22212, 22222, 22261
Familienunterhalt und Wohnkostenbeihilfe für Zivildiener 22232, 22241, 22242, 22243, 22244
Fischereiangelegenheiten 22232, 22241, 22242, 22243, 22244
Gewerbeangelegenheiten 22232, 22241, 22242, 22243, 22244
Gewerbepolizeiliche Revisionen 22212, 22222
Giftbezugsbewilligungen 22219, 22226
Jagdangelegenheiten 22232, 22241, 22242, 22243, 22244
Lebensbestätigungen 22233
Meldeservice 22551, 22552, 22553, 22554, 22555, 22556, 22557, 22558
Religionsaustritte 22233
Sanitäre Übelstände 22232, 22241, 22242, 22243, 22244
Verwaltungsstrafverfahren 22232, 22241, 22242, 22243, 22244, 22222, 22261
Zivildienstausweise 22232, 22241, 22242, 22243, 22244

Baupolizei
- Leiterin/Leiter 22501
- Referentinnen/Referenten 22502, 22511, 22512, 22514, 22520, 22522, 22525, 22529
- Werkmeisterinnen/Werkmeister 22517, 22518, 22524, 22526, 22527, 22528
- Kanzlei 22500, 22503, 22504, 22507, 22509, 22515, 22519, 22513

Bezirksgesundheitsamt
- (1229) 22, Kagran, Siebeckstraße 7/2
- Leiterin/Leiter 22281
- Kanzlei 22280, 22289
- Sanitätsrevisorinnen/Sanitätsrevisoren 22283, 22284, 22285

Bürgerdienst und Bürger-Service-Zentrum Donaustadt
- Leiterin/Leiter 525 50 22, 22101
- Referentinnen/Referenten 22102, 22103, 22107, 22108

Geriatrisches Tageszentrum "Donaufeld"
- (1220) 22, Finsterergasse 12
- Telefax: 211 23-99-22840
- Leiterin / Leiter 22841
- Kanzlei, Auskunft 22840, 22845
- Sozialarbeiterinnen/Sozialarbeiter . . . 22841, 22842

Geriatrisches Tageszentrum "Sozialmedizinisches Zentrum-Ost"
- (1220) 22, Stadlau, Langobardenstraße 122 . . . . 634 . . ., 288 02 . . .
- Telefax: 288 02-8609
- Leiterin/Leiter 8601
- Auskunft, Kanzlei 8600, 8602
- Sozialarbeiterinnen/Sozialarbeiter 8604, 8601

Gesundheits- und Sozialzentrum für den 21., 22. Bezirk (Donaufeld)
- (1220) 22, Finsterergasse 12 . . . . 211 23 . . .
- E-Mail: gsz22_22@m47.magwien.gv.at
- Telefax: 211 23-99-22800
- Leiterin/Leiter 22811
- Kanzlei, Auskunft 22819, 22800
- Mobile Pflege und Betreuung – Soziale Dienste 22813
- Mobile Hauskrankenpflege 22820
- Inkontinenzberatung 22825
- Mobile Ergotherapie 22829
- Sozialarbeit 22831
- Seniorenberatung 22837, 22838, 22839

Kindertagesheime – Servicestelle
- (1220) 22, Donaustadtstraße 1, 4. Stock (Donauzentrum) . . . . . 211 23 . . ., 22870

MAG ELF – Amt für Jugend und Familie – Soziale Arbeit mit Familien A
- Telefax: 211 23-99-22340
- E-Mail: kanzlei-rag@m11.magwien.gv.at
- Auskunft 22340
- Leitende Sozialarbeiterin/Leitender Sozialarbeiter 22341
- Kanzlei 22348, 22349, 22350
- Kinder- und Jugendpsychologische Beratungsstelle 22343

MAG ELF – Amt für Jugend und Familie – Soziale Arbeit mit Familien B
(1220) 22, Kapellenweg 35, Stiege 1 A
Telefax: 211 23-99-22345
E-Mail: kanzlei-rah@m11.magwien.gv.at
Auskunft 22360
Leitende Sozialarbeiterin/
Leitender Sozialarbeiter 22361
Kanzlei 22345, 22346
Kinder- und Jugendpsychologische
Beratungsstelle 22344
Außenstelle: (1220) 22, Stadlau,
Langobardenstraße 128/10
Telefax: 211 23-99-22894
Auskunft 22360
Kanzlei 22345, 22346
Kinder- und Jugendpsychologische
Beratungsstelle 22344

MAG ELF – Amt für Jugend und Familie – Rechtsfürsorge
Telefax: 211 23-99-22310
E-Mail: kanzlei-rr9@m11.magwien.gv.at
Auskunft 22310
Leitende Rechtsfürsorgerin/
Leitender Rechtsfürsorger 22311
Kanzlei, Rechnungsführung . 22315, 22318, 22319

Marktamtsabteilung
(1229) 22, Kagran, Donaustadtstraße 1/4
Leiterin/Leiter 22431
Referentinnen/Referenten 22432, 22433,
22434, 22435, 22436

Niederlassungsbewilligung-Einreichstelle für den 2., 20., 21., 22. Bezirk
(1020) 2, Meiereistraße 7,
Wiener Praterstadion - Ernst-Happel-
Stadion, Sektor E, 1. Stock ..... 211 06 . . ., 02030
Telefax: 211 06-99-02030

Schlichtungsstelle für den 2., 22. Bezirk
(1020) 2, Obere Augarten-
straße 26 – 28, 2. Stock .... 211 06 . . .
Telefax: 211 06-99-Nebenstelle
Auskunft 02080
Sachbearbeiterinnen/Sachbearbeiter . 02081, 02082
Kanzlei, Einlaufstelle, Protokoll 02088, 02089

Sozialarbeit mit Erwachsenen (20., 21., 22. Bezirk)
(1210) 21, Holzmeistergasse 14 ...... 277 34 . . .,
21480, 21490
Telefax: 277 34-99-21480

Sozialreferat
Leiterin/Leiter .... 211 23 . . ., 22401
Referentinnen/Referenten 22402, 22403,
22404, 22413, 22414
Kanzlei 22409, 22400

Stadtkasse → MA 6

Standesamt Donaustadt
(1222) 22, Siebeckstraße 7
Leiterin/Leiter 22581
Kanzlei 22589
Ehebuch 22587, 22588
Ehefähigkeitszeugnisse 22581, 22582, 22583
Eheschließungen 22581, 22582, 22583
Geburtenbuch 22589, 22588
Sterbebuch 22589, 22588

Veterinäramtsabteilung für den 21., 22. Bezirk
(1210) 21, Am Spitz 1 .... 277 34 . . .,
21450, 21451, 21452

Wohnungskommission – Außenstelle für den 21., 22. Bezirk
(1229) 22, Schrödingerplatz 1 .. 211 23 . . ., 22099

Magistratisches Bezirksamt für den 23. Bezirk

(1235) 23, Liesing, Perchtoldsdorfer
Straße 2 .... 863 34 . . .
Telefax: 863 34-99-Nebenstelle
IBS-User: MBA230A
E-Mail: post@mba230.magwien.gv.at
Portier 23306
S c h e r m a n n , Mag. Anneliese,
Obermagistratsrätin 23211
E n n s g r a b e r , Mag. Gerda 23212
Kanzleileiterin/Kanzleileiter 23219
Kanzlei:
Auskunft 23210
Einlaufstelle 23216
Expedit 23226
Protokoll 23215, 23216
Registratur 23227
Schreibstelle 23225, 23229
Strafenexpedit 23552

Referate des Magistratischen Bezirksamtes

Baumschutzangelegenheiten 23221,
23222, 23223, 23224
Betriebsanlagen, Gebrauchserlaubnis für
Schanigärten 23221, 23222, 23223, 23224
Buschenschank 23551
Familienunterhalt und Wohnkosten-
beihilfe für Zivildiener 23231, 23232, 23233,
23234, 23235, 23236, 23237
Fischereiangelegenheiten 23234
Gewerbeangelegenheiten 23231, 23232, 23233,
23234, 23235, 23236, 23237

Gewerbepolizeiliche
Revisionen 23221, 23222, 23223, 23224
Giftbezugsbewilligungen 23231, 23232, 23233, 23234, 23235, 23236, 23237
Jagdangelegenheiten 23234, 23551
Lebensbestätigungen 23551
Meldeservice 23552, 23553, 23554, 23555, 23556, 23557, 23558
Religionsaustritte 23551
Sanitäre Übelstände 23231, 23232, 23233, 23234, 23235, 23236, 23237
Staatsbürgerschaftsnachweise 23551
Verwaltungsstrafverfahren 23215, 23217, 23221, 23222, 23223, 23224, 23225, 23231, 23232, 23233, 23234, 23235, 23236, 23237, 23553, 23554, 23555
Zivildienstausweise 23551

Baupolizei
Leiterin/Leiter 23501
Referentinnen/Referenten 23511, 23512, 23513, 23514, 23515, 23516
Werkmeisterinnen/Werkmeister 23521, 23522, 23523, 23524, 23525
Kanzlei 23500, 23506, 23508, 23509

Bezirksgesundheitsamt
Leiterin/Leiter 23281
Kanzlei 23289
Sanitätsrevisorinnen/
Sanitätsrevisoren 23283, 23284

Bürgerdienst 525 50 23, 23100

Gesundheits- und Sozialzentrum für den 12., 13., 23. Bezirk
(1120) 12, Arndtstraße 67 . . . . 811 34 . . .
E-Mail: gsz12@m47.magwien.gv.at
Telefax: 811 34-99-12800
Leiterin / Leiter 12811
Kanzlei, Auskunft 12819, 12800
Team 12. Bezirk – Leiterin / Leiter 12820
Team 13., 23. Bezirk – Leiterin / Leiter 12821
Inkontinenzberatung 12825
Sozialarbeit und Seniorenberatung 12831

Kindertagesheime – Servicestelle
(1230) 23, Haeckelstraße 4 23870

MAG ELF – Amt für Jugend und Familie – Soziale Arbeit mit Familien
Telefax: 863 34-99-23310
E-Mail: kanzlei-rai@m11.magwien.gv.at
Auskunft 23340
Leitende Sozialarbeiterin/
Leitender Sozialarbeiter 23341
Kanzlei 23347, 23348
Kinder- und Jugendpsychologische
Beratungsstelle 23344
(1230) 23, Alt Erlaa,
Anton-Baumgartner-Straße 44 23340

MAG ELF – Amt für Jugend und Familie – Rechtsfürsorge
Telefax: 863 34-99-23310
E-Mail: kanzlei-rr5@m11.magwien.gv.at
Auskunft 23310
Leitende Rechtsfürsorgerin/
Leitender Rechtsfürsorger . . . . 811 34 . . ., 12311
Kanzlei, Rechnungsführung . . . . 863 34 . . ., 23316, 23317

Marktamtsabteilung
(1235) 23, Liesing, Lehmanngasse 3
Leiterin/Leiter 23431
Referentinnen/Referenten . . . 23432, 23433, 23434
Großmarkt Wien-Inzersdorf, (1232) 23,
Inzersdorf, Laxenburger Straße 365 616 69 05 . . .
Leiterin/Leiter 61
Kanzlei 64
Referentinnen/Referenten 65, 66, 67, 68
Brückenwaage 74
Blumengroßmarkt 73

Niederlassungsbewilligung-Einreichstelle für den 12., 13., 23. Bezirk
(1130) 13, Dommayergasse 12,
Stiege 3 . . . . 878 34 . . ., 13030
Telefax: 878 34-99-13030

Schlichtungsstelle für den 12., 13., 14., 23. Bezirk
(1121) 12, Schönbrunner Straße 259
Telefax: 811 34-99-Nebenstelle
Auskunft . . . . 811 34 . . ., 12080
Sachbearbeiterinnen/Sachbearbeiter 12081, 12082, 12083, 12084
Kanzlei, Einlaufstelle,
Protokoll 12087, 12088, 12089

Sozialarbeit mit Erwachsenen (12., 13., 23. Bezirk)
(1120) 12, Reschgasse 12 . . . . 12489, 12490

Sozialreferat . . . . 863 34 . . .
Leiterin/Leiter 23401
Referentinnen/Referenten . . . 23402, 23403, 23404

Stadtkasse → MA 6

Standesamt Hietzing (13., 14., 15., 23. Bezirk)
(1130) 13, Hietzinger Kai 1–3 . . . . 878 34 . . ., 870 34 . . .
Leiterin/Leiter 13581, 14581
Kanzlei 13585, 13591, 13592, 13593, 13594, 14585, 14591, 14592, 14593, 14594
Ehebuchkanzlei 13586, 13587, 14586, 14587
Ehefähigkeitszeugnisse 13581, 13582, 13583, 14581, 14582, 14583
Eheschließungen 13581, 13582, 13583, 14581, 14582, 14583
Geburtenbuch 13595, 13596, 13597, 14595, 14596, 14597
Sterbebuch 13595, 13596, 13597, 14595, 14596, 14597

Veterinäramtsabteilung
(1230) 23, Breitenfurter
Straße 519–521/1/1 . . . . 888 10 69

Wohnungskommission – Außenstelle für den 5., 12., 13., 23. Bezirk
(1121) 12, Schönbrunner
Straße 259 . . . . 811 34 . . ., 12099

KONTROLLAMT

Gebarungskontrolle:
Prüfung der gesamten Gebarung der Gemeinde (mit Ausnahme der für die Gebarung maßgebenden Beschlüsse der zuständigen Kollegialorgane) und der von Organen der Gemeinde verwalteten, mit Rechtspersönlichkeit ausgestatteten Fonds und Stiftungen auf die ziffernmäßige Richtigkeit, Ordnungsmäßigkeit, Sparsamkeit, Wirtschaftlichkeit und Zweckmäßigkeit.
Prüfung der Gebarung von wirtschaftlichen Unternehmen, an denen die Gemeinde mehrheitlich beteiligt ist; ist ein solches wirtschaftliches Unternehmen an einem anderen Unternehmen mehrheitlich beteiligt, so erstreckt sich die Prüfung auch auf dieses andere Unternehmen.
Prüfung der Gebarung von Einrichtungen (wirtschaftliche Unternehmen, Vereine und dgl.), an denen die Gemeinde in anderer Weise als gemäß § 73 Abs. 2 der Verfassung der Bundeshauptstadt Wien beteiligt ist oder in deren Organen die Gemeinde vertreten ist, sowie Prüfung der Gebarung von Einrichtungen, die Zuwendungen aus Gemeindemitteln erhalten oder für die die Gemeinde eine Haftung übernimmt, soweit sich die Gemeinde eine Kontrolle vorbehalten hat.
Prüfung der gesamten Haushalts- und Wirtschaftsführung der Gemeinde, der städtischen Unternehmungen und der übrigen angeführten Unternehmen und Einrichtungen in formeller und sachlicher Hinsicht, unter Bedachtnahme auf die Möglichkeit der Verminderung oder Vermeidung von Ausgaben bzw. der Erhöhung oder Schaffung von Einnahmen sowie überhaupt auf die Interessen der Stadt Wien, insbesondere:
Prüfung der Einnahmen und Ausgaben einschließlich der Vermögensgebarung;
Prüfung der buchmäßigen Aufzeichnungen;
Prüfung der Einhaltung des Voranschlages und der Wirtschaftspläne;
Prüfung der Jahresabschlüsse;
Prüfung der Kassenbestände;
Prüfung der Sachbestände;
Prüfung der Maßnahmen der einzelnen Dienststellen (Einrichtungen) zur Gewährleistung der Gebarungssicherheit und der damit im Zusammenhang stehenden Verwaltungssicherheit;
Organisations- und Wirtschaftlichkeitsprüfungen;
gutächtliche Mitwirkung bei Organisationsfragen oder Regelungen des Haushalts-, Rechnungs- und Kassenwesens.
Sicherheitskontrolle:
Prüfung der den Organen der Gemeinde obliegenden Vollziehung der sich auf die Sicherheit des Lebens oder der Gesundheit von Menschen beziehenden behördlichen Aufgaben (mit Ausnahme der für die Sicherheit maßgebenden Beschlüsse der zuständigen Kollegialorgane).
Prüfung, ob bei den von den Organen der Gemeinde verwalteten Einrichtungen und Anlagen, von denen eine Gefahr für die Sicherheit des Lebens oder der Gesundheit von Menschen ausgehen kann, ausreichende, angemessene und ordnungsgemäße Sicherheitsmaßnahmen getroffen wurden.

(1082) 1, Rathausstraße 9, Stiege 2,
Hochparterre, 1.–4. Stock . . . . 40 00 . . .
Telefax: 40 00-99-Nebenstelle
IBS-User: MKAA
E-Mail: post@mka.magwien.gv.at

L i s t , Mag. Dr. Alois,
Kontrollamtsdirektor 82911
Sekretariat 82826
S c h r e i d l , Dipl.-Ing. Rudolf,
Obersenatsrat 82931, 82951
G e r l i c h , Dr. Rudolf,
Obersenatsrat 75151
Medienberatung
Kanzleileiterin/Kanzleileiter 82819
Kanzlei, Einlaufstelle 82824, 82829
Schreibstelle 82825, 82827, 82832,
82833, 82834, 82912

Referat für zentrale Agenden:
Allgemeine Rechtsangelegenheiten,
Datenschutz 82847
Allgemeine administrative Angelegenheiten,
Controlling,
EDV und Personal 82845, 82852, 82876
Schriftführer Kontrollausschuss 82843, 82844
Kontrolle der Magistratsdirektion (teilweise),
MA 1, 2, 14, 53 und 62 (Geschäfte
der Bezirksvorsteher)

Gruppe Gebarungskontrolle

(1082) 1, Rathausstraße 9, Stiege 2, 3. und 4. Stock
B l e y e r , Dkfm. Dr. Monika,
Obersenatsrätin, Gruppenleiterin 82861

Abteilung I:
S c h ö n , Ing. Mag. Albert,
Obermagistratsrat 82873
Kontrolle der Magistratsdirektion (teilweise) und der MA 4 (teilweise), 5 (teilweise), 6, 7, 8, 9, 10, 13, 18, 20, 51, 55, 61, 62 (teilweise), 63, 64, 66, 67, 68, der Museen der Stadt Wien, der Sammelansätze auf Geschäftsgruppenebene, der Magistratischen Bezirksämter, der Bezirksvertretungen, des Unabhängigen Verwaltungssenates Wien, der Förderungsempfänger im Bereich Bildung, Jugend und Kultur, von diversen Fonds mit eigener Rechtspersönlichkeit, der Wiener Landwirtschaftskammer, der Verbindungsstelle der österreichischen Bundesländer, der österreichischen Raumordnungskonferenz, der in der Verwaltung der Stadt Wien stehenden Stiftungen, sowie der Geschäftsführungsverträge mit der Wiener Stadthalle Betriebs- und Veranstaltungsges.m.b.H. 82839,
82842,, 82846, 82848,
82849, 82853, 82854,
82855, 82858, 82873

Abteilung II:
B l e y e r , Dkfm. Dr. Monika,
Obersenatsrätin 82861
Kontrolle der MA 5 (teilweise), 11, 11 A, 12, 15, 47, 57 und 70, MA-L, MA-K, des Wiener Krankenanstaltenverbundes, der Fonds und Vereine im Bereich Gesundheit und Soziales, Betriebsabgangsdeckung von Krankenanstalten fremder Rechtsträger, der Gebarung der Wiener Kinder- und Jugendanwaltschaft und der Wiener Patientenanwaltschaft 82823,
82862, 82863, 82864,82866,
82867, 82868, 82869, 82872,
82874, 82875, 82877, 82878

Abteilung III:
Römer, Mag. Gottfried,
Obersenatsrat 82881
Kontrolle der MA 16, 22, 23, 30, 31, 36, 37, 38, 40, 42, 43, 44, 46, 48, 49, 50, 54, 56, 58, 59, 60, 65, 69,
der Wiener Umweltanwaltschaft,
des Wiener Bodenbereitstellungs- und Stadterneuerungsfonds sowie der
Stadt Wien – Wiener Wohnen 82882, 82883, 82884, 82885, 82886, 82892, 82893, 82894, 82895, 82914

Abteilung IV:
Buchner, Ing. Mag. Josef,
Obermagistratsrat 82913
Kontrolle der MD (teilweise),
MA 5 (teilweise), 26, 27,
des Wiener Tourismusverbandes,
des Vereines Niederösterreich-Wien,
des Wiener Wirtschaftsförderungsfonds und der Beteiligungen der Stadt Wien sowie der Anstalten mit eigenem
Statut 82916, 82917, 82918, 82923, 82924, 82925, 82926, 82928, 82929

Gruppe Sicherheitskontrolle

(1082) 1, Rathausstraße 9, Stiege 2, 1. und 2. Stock
Schreidl, Dipl.-Ing. Rudolf,
Obersenatsrat, Gruppenleiter 82931, 82951
Sekretariat 82935
Journaldienst 82930

Abteilung V:
Schreidl, Dipl.-Ing. Rudolf,
Obersenatsrat 82931, 82951
Kontrolle der
Magistratsdirektion – Stadtbaudirektion
und der
MA 14, 18, 19, 21A, 21B, 23, 24, 25, 28, 29, 30, 31, 41, 42, 49, 50, 56,
des Wiener Krankenanstaltenverbundes,
der Stadt Wien – Wiener Wohnen,
von Beteiligungen der Stadt Wien
sowie von
sonstigen Einrichtungen 82942, 82943, 82944, 82945, 82946, 82947, 82948, 82949, 82953, 82955, 82958, 82959, 82972, 82974

Abteilung VI:
Biwald, Ing. Mag. Dr. Rudolf,
Senatsrat 82961
Kontrolle der
Magistratsdirektion (teilweise)
und der
MA 6, 7, 8, 9, 10, 11, 11 A, 12, 13, 15, 22, 32, 33, 36, 37, 38, 39, 40, 43, 44, 45, 46, 47, 48, 51, 54, 58, 59, 60, 63, 64, 65, 68, 69, 70, MA-L,
des Wiener Krankenanstaltenverbundes,
der Magistratischen Bezirksämter,
sowie verschiedener Beteiligungen
der Stadt Wien 82962, 82963, 82964, 82965, 82967, 82968, 82972, 82973, 82976, 82977

UNTERNEHMUNG
WIENER KRANKENANSTALTENVERBUND

(Geschäftsgruppe Gesundheits- und Spitalswesen)

(1010) 1, Schottenring 24,
3. Stock, Tür 349 .... 531 14...
Telefax: 531 14-99-60001
E-Mail: post@kav.magwien.gv.at

Katastrophenjournaldienst:
von 0.00–24.00 Uhr 6090
Telefax: 531 14-99-6090

Generaldirektion

H a u k e , ao. Univ.-Prof. Dkfm. Dr. Eugen, Generaldirektor und Bereichsdirektor für die Weiterentwicklung der Dienststelle Wiener Krankenanstaltenverbund in eine Unternehmensform 60001
K a s p a r , Prim. Dr. Ludwig, Generaldirektor-Stellvertreter und Bereichsleiter für Angelegenheiten der Medizinökonomie von Einrichtungen des Gesundheitswesens .. 60061
Sekretariat des Generaldirektors 60009
M e j s t r i k , Ing. Wilhelm, Techn. Oberamtsrat, Assistent des Generaldirektors 60005
Sachbearbeiterinnen/Sachbearbeiter ... 60013, 60014
N i g l Gabriele, Public Relations 60012

Geschäftsbereich Personal

G a b e r , Mag. Bernhard, Obersenatsrat 60021
Sekretariat 60028
Personalstelle 60029
Personalplanung und Dienstpostenplan 60032, 60033, 60034
Personalentwicklung 60022, 60023, 60024

Geschäftsbereich Strategische Planung und Qualitätsmanagement

S t a u d i n g e r Charlotte, Generaloberin 60041
Sekretariat 60049
Leistungs- und Kapazitätsplanung 60052
Qualitätsmanagement, Umweltschutz 60053
Ausbildung 60042

Geschäftsbereich Finanz und Betriebswirtschaft

(1010) 1, Zelinkagasse 9
P r a z a k , Dipl.-Ing. Carola, Obermagistratsrätin 60071
Sekretariat 60079

Geschäftsbereich Technologie und Informationsmanagement

(1010) 1, Schottenring 25, 3. Stock, Tür 301
Kastl, Dipl.-Ing. Josef,
Obersenatsrat 60301
Sekretariat 60309
Strategisches Technologiemanagement 60092, 60093
Strategisches Informationsmanagement 60096, 60097

Stabsstelle Controlling und Berichtswesen

Lirk, Mag. Günther 60611
Sekretariat 60619

Stabsstelle Interne Revision

Schwarz, Mag. Gerhard 60651
Sekretariat 60659

TEILUNTERNEHMUNG –

WIENER STÄDTISCHE KRANKENANSTALTEN UND PFLEGEHEIME

Direktion

Kaspar, Prim. Dr. Ludwig, interimistischer Direktor der Teilunternehmung, Generaldirektor-Stellvertreter, Bereichsleiter für Angelegenheiten der Medizinökonomie von Einrichtungen des Gesundheitswesens 60101
Sekretariat 60109
Werner Friedrich, Assistent 60105
Limbeck Günter, Amtsrat,
Büroleitung 60106

Personal

Keindl Willmar, Oberamtsrat 60151
Sekretariat 60158, 60159

Organisation und Qualitätsmanagement

Degendorfer Erika, Oberin 60211
Sekretariat 60219

Ressourcenplanung und Gesundheitsökonomie

Gerold, Mag. Dr. Wolfgang,
Oberpharmazierat 60131
Sekretariat 60139

Finanz und Wirtschaft

(1010) 1, Zelinkagasse 9
Urbanek, Regierungsrat Karl,
Oberamtsrat 60171
Sekretariat 60179
Rechnungswesen 60181
LKF und Administration 60191

Kapazitäts- und Leistungsplanung

Drapalik, Dr. Susanne 60111
Sekretariat 60119
Betriebsärztlicher Dienst .... 613 . . ., 801 10 . . ., 2137
Pflegeheimplatzvergabe .... 531 14 . . ., 60123

Projektmanagement, Controlling und IT-Koordination

(1010) 1, Schottenring 25, 1. Stock
Wölfl, Dipl.-Ing. Dr. Peter 60201
Projektmanagement 60205

Krankenanstalten

Sozialmedizinisches Zentrum Floridsdorf – Krankenhaus,
(1210) 21, Hinaysgasse 1 ..... 617 . . ., 275 22 . . .
Kaiserin-Elisabeth-Spital,
(1150) 15, Huglgasse 1–3 ..... 616 . . ., 981 04 . . .
Kaiser-Franz-Josef-Spital,
(1100) 10, Kundratstraße 3 .... 612 . . ., 601 91 . . .
Gottfried von Preyer'sches Kinderspital,
(1100) 10, Schrankenberggasse 31 .... 624 . . ., 601 13 . . .
Ignaz-Semmelweis-Frauenklinik,
(1180) 18, Bastiengasse 36–38 . 622 . . ., 476 15 . . .
Krankenhaus Lainz,
(1130) 13, Wolkersbergenstraße 1 .... 613 . . ., 801 10 . . .
Krankenanstalt Rudolfstiftung,
(1030) 3, Juchgasse 25 .... 614 . . ., 711 65 . . .
Wilhelminenspital,
(1171) 16, Montleartstraße 37 .. 615 . . ., 491 50 . . .
Neurologisches Zentrum "Rothschildstiftung – Maria-Theresien-Schlössel",
(1191) 19, Hofzeile 18–20 . . 626 . . ., 368 34 55 . . .
Neurologisches Krankenhaus Rosenhügel,
(1130) 13, Riedelgasse 5 ..... 627 . . ., 880 00 . . .
Orthopädisches Krankenhaus Gersthof,
(1180) 18, Wielemansgasse 28 . 621 . . ., 476 11 . . .
Sozialmedizinisches Zentrum Baumgartner Höhe – Otto Wagner-Spital,
(1140) 14, Baumgartner Höhe 1 .... 619 . . ., 910 60 . . .
Sozialmedizinisches Zentrum Sophienspital,
(1070) 7, Apollogasse 19 ..... 635 . . ., 521 03 . . .
Sozialmedizinisches Zentrum-Ost, Donauspital,
(1220) 22, Langobardenstraße 122 .... 611 . . ., 288 02 . . .
Therapiezentrum Ybbs – Sozialtherapeutisches Zentrum,

(3370) Ybbs an der Donau,
Persenbeuger Straße 1–3 .... 074 12/55 1 00

Pflegeheime, Geriatriezentren

Geriatriezentrum Am Wienerwald,
(1130) 13, Jagdschloßgasse 59 .... 630 . . ., 801 10 . . .

Geriatriezentrum Baumgarten,
(1140) 14, Hütteldorfer Straße 188 .... 631 . . ., 910 34 . . .

Geriatriezentrum Donaustadt,
(1220) 22, Langobardenstraße 122 .... 634 . . ., 288 02 . . .

Geriatriezentrum Klosterneuburg,
(3400) Klosterneuburg, Martinstraße 28–30 .... 02243/32125

Geriatriezentrum Liesing,
(1235) 23, Perchtoldsdorfer Straße 6 .... 633 . . ., 865 65 70 . . .

Sozialmedizinisches Zentrum Sophienspital,
(1070) 7, Apollogasse 19 .... 635 . . ., 521 03 . . .

Sozialmedizinisches Zentrum Baumgartner Höhe – Otto Wagner-Spital mit Pflegezentrum,
(1140) 14, Baumgartner Höhe 1 .... 636 . . ., 910 60 . . .

Sozialmedizinisches Zentrum Floridsdorf – Geriatriezentrum,
(1210) 21, Hinaysgasse 1 .... 617 . . ., 275 22 . . .

Geriatriezentrum St. Andrä an der Traisen,
(3130) Herzogenburg, Marienplatz 1 .... 02782/801 . . .

Therapiezentrum Ybbs – Geriatriezentrum,
(3370) Ybbs an der Donau, Persenbeuger Straße 1–3 .... 07412/55100

TEILUNTERNEHMUNG – ALLGEMEINES KRANKENHAUS DER STADT WIEN – UNIVERSITÄTSKLINIKEN

Direktion

(1090) 9, Währinger Gürtel 18–20 .... 610 . . ., 404 00 . . .
Telefax: 404 00-1242
E-Mail: akh@akhwien.at

K r e p l e r, Univ.-Prof. Dr. Reinhard, interimistischer Direktor der Teilunternehmung, Ärztlicher Direktor, Bereichsleiter für medizinische Entwicklung des Gesundheitswesens 1203
B e n e d i k Stefanie, Büroleitung 1203
G r ö g e r Andrea, Assistenz und Sonderaufgaben 3010

Stabsstelle Controlling

R e i c h, Mag. Martin 3997
Telefax: 404 00-3892
T i e f e n b a c h Herbert, Amtsrat 4046

Stabsstelle Betriebsentwicklung

C s u k o v i t s, Ing. Peter 1701

Stabsstelle Interne Revision

B r e i t Beatrix, Amtsrätin 2535

Stabsstelle Informationszentrum und PR

F e h r i n g e r Karin, Amtsrätin 1216

Abteilung Finanz und Wirtschaft

S c h ä t z l Helmut, Amtsrat 4039

Abteilung Personal

J e l i n e k Edith, Amtsrätin 1211

Abteilung Technologie und Informatik

B l a s o n i Manfred, Oberamtsrat 1842

Abteilung Strategische Planung und QM

T o u s e k, Ing. Bernhard 1290

Allgemeines Krankenhaus der Stadt Wien,
(1090) 9, Währinger Gürtel 18-20 .... 610 . . ., 404 00 . . .
Ärztliche Direktion 1203
Direktion des Pflegedienstes 1205
Technische Direktion 1701
Verwaltungsdirektion 1201

TEILUNTERNEHMUNG – TECHNISCHE, WIRTSCHAFTLICHE UND SONSTIGE SERVICEEINRICHTUNGEN

Direktion

(1010) 1, Schottenring 25, 3. Stock
K a s t l, Dipl.-Ing. Josef, Obersenatsrat, interimistischer Direktor der Teilunternehmung 60301

Sekretariat 60309
G l a n i n g e r , Mag.(FH) Dipl.-Ing. Anton, Assistenz und Controlling 60305

Abteilung Finanz und Betriebswirtschaft

S c h n ä b e l e , Mag. Heinrich 60311

Abteilung Personalangelegenheiten und Koordination

G a b e r Monika, Oberamtsrätin 60331

Abteilung Leistungs- und Kapazitätsplanung, Organisation und Qualitätsmanagement für Informationstechnologie

B r u n n e r Franz 60321

Technische Dienstleistungen

(1010) 1, Schottenring 25, 2. und 4. Stock
H u e m e r , Dipl.-Ing. Meinrad, Senatsrat 60501
Sekretariat 60508, 60509
Assistenz 60505
Vergabewesen 60506
Arbeitnehmer-, Brand- und Katastrophenschutz 60561, 60562
Bauwesen und Architektur 60521
Technische Infrastruktur 60513
Umweltschutz 60541, 60542, 60544
Kanzlei 60551, 60552

Organisations- und Personalentwicklung

(1010) 1, Schottenring 25, 4. Stock
E r n s t Margit, Oberin 60451
Sekretariat 60459

Bereich Recht

(1010) 1, Schottenring 25, 5. Stock
D o b n e r , Dr. Walter, Senatsrat 60401
Sekretariat 60409
Dezernat Allgemeines, Gebühren, Vergabe und Liegenschaftsangelegenheiten 60402, 60412, 60413, 60414
Dezernat Schadenersatz und Arbeitsrecht 60421, 60422, 60423
Dezernat Datenschutz 60432

Dienstleistungsbetrieb Bildung und Beratung

(1010) 1, Schottenring 25, 1. Stock
F a b e r Reinhard, Oberamtsrat 60022
Bildungsmanagement 60581, 60583, 60584, 60585
Psychologische Servicestelle .. 60591, 60592, 60593

Forum Einkauf

(1171) 16, Montleartstraße 37 .... 615 . . ., 491 50 . . .
P o h l Anton, Oberamtsrat 7101
W a s l , Mag. Norbert, Geschäftsstellenleiter 7111

Serviceeinheit Wäsche und Reinigung

(1140) 14, Steinbruchstraße 35–37 .... 914 05 43 . . .
L e i d e n i x , Ing. Johann, Techn. Amtsrat 1020

WienKom-Telematik/ Kommunikationstechnologie

(1030) 3, Viehmarktgasse 4 .... 795 14 . . .
S a c k , Dipl.-Ing. Heinz, Obersenatsrat 78011

IGV – Informatik im Gesundheitsverbund

(1030) 3, Viehmarktgasse 4
T o m a s c h e k , Dipl.-Ing. Carole, Senatsrätin 78411
Datenhaltung und -auswertung 78321
Administrations- und Informationssysteme im Gesundheitsverbund 78551
Abteilungs- und Institutssysteme 78511
SAP-CCC 78581
Elektronische Patientenakte 78673
Verwaltungs- und Kundenservice 78311

EMB – EDV-Management und Betriebsführungszentrum

(1030) 3, Viehmarktgasse 4
H u r c h , Dr. Martin, Obermagistratsrat 78301
Projekt- und Applikationsmanagement 78701
Regionaldienste 78391
Infrastruktur 78022
Rechenzentrum 78711
Verwaltung 78081
Helpline 78370

UNTERNEHMUNG
STADT WIEN – WIENER WOHNEN

(Geschäftsgruppe Wohnen, Wohnbau und Stadterneuerung)

Stadt Wien - Wiener Wohnen – Direktion

(1082) 1, Doblhoffgasse 6
(1, Rathausstraße 2 und 4, Bartensteingasse 9)
4. Stock, Tür 435 . . . . 40 00 . . .
Telefax: 40 00-99-Nebenstelle
IBS-User: WRWA
E-Mail: wiener.wohnen@magwien.gv.at

P a y r , Dr. Gabriele, Direktorin, Bereichsleiterin für die Koordination der Zusammenarbeit der Unternehmung “Stadt Wien – Wiener Wohnen” mit städtischen Dienststellen 74611
B ö h m , Dipl.-Ing. Werner, Senatsrat 74612
Direktion 74614, 74615, 74616, 74617, 74618
Kanzleileiterin/Kanzleileiter 74619
Kanzlei, Einlaufstelle, Protokoll 74632, 74633, 74634, 74636, 74637, 74736, 74798
Controlling 74621, 74622, 74625, 74626, 74627, 74718, 74799, 91198
Finanzreferat 74641, 74642, 74644, 74645, 74646, 74647, 74662, 74663, 74664
Mietzins-, EDV- und Move-Referat 74651, 74653, 74654, 74652, 74655, 74991, 74992, 74993, 74994, 74995, 74996, 74999
Personalreferat 74671, 74672, 74673, 74674, 74675, 74677

Referat für Hausbesorgerangelegenheiten
Referatsleiterin / Referatsleiter 74691
Stellvertreterin/Stellvertreter 74682, 74692
ADV, WIPIS 74696, 74752
Registratur, Drucksorten 74689
Dienstrechtliche Angelegenheiten 74684, 74685, 74686, 74688
Lohnverrechnung 74693, 74694, 74695, 74697, 74698, 74699
Hausbetreuungszentren 74683

Rechtsreferat 74700, 74701, 74702, 74703, 74704, 74705, 74706, 74707, 74708, 74709

Direktion – Technik 74711, 74715, 74716, 74717, 74719
Bautechnik 74721, 74722, 74723, 74724, 74725, 74726
Verdingungswesen 74731, 74732, 74733, 74734
Haustechnik 74781, 74782, 74783, 74785, 74786
Gartenreferat 74761, 74762, 74763, 74764
Technische Kontrolle 74771, 74772, 74773, 74774, 74775

Marketing, Lokale und Sonderbauten 74741, 74742, 74743, 74744, 74745, 74746, 74747

Wiener Wohnen für den 1., 2., 8., 9. und 20. Bezirk

(1090) 9, Alserbachstraße 41, EG . . . . 534 36 . . .
E-Mail: wiener.wohnen09@magwien.gv.at

Telefax: 534 36-99-Nebenstelle
Auskunft 01690

Leiterin/Leiter 01661
Stellvertreterin/Stellvertreter 01662
Referatsleiterinnen/
Referatsleiter 01663, 01664, 01665
Servicekoordinatorin/
Servicekoordinator 01691
Kanzleileiterin/Kanzleileiter 01689
Kanzlei, Einlaufstelle, Protokoll 01683, 01684, 01685, 01687
Wirtschaftsagenden, Kassa 01686, 01688
Leiterin/Leiter Haustechnik 01671
Aufzüge, Waschküchen,
Heizung 01674, 01675, 01676
Wohnhausgärten 01673
Schadenstelefon 01666
Verwaltung
1. Bezirk 01714, 01715
2. Bezirk 01714, 01715, 01724, 01725, 01734, 01735
8. Bezirk 01714, 01715
9. Bezirk 01744, 01745
20. Bezirk 01734, 01735, 01744, 01745, 01754, 01755, 01764, 01765

Technik
1. Bezirk 01711, 01712, 01713
2. Bezirk 01711, 01712, 01713, 01721, 01722, 01723, 01731, 01732, 01733
8. Bezirk 01741, 01742, 01743
9. Bezirk 01741, 01742, 01743
20. Bezirk 01731, 01732, 01733, 01751, 01752, 01753, 01761, 01762, 01763

Wohnberaterinnen/
Wohnberater 01716, 01717, 01718, 01726, 01727, 01736, 01737, 01746, 01747, 01748, 01756, 01757, 01766, 01767, 01768

Wiener Wohnen für den 10. Bezirk

(1100) 10, Dieselgasse 1–3, EG . . . . 605 34 . . .
Telefax: 605 34-99-Nebenstelle
E-Mail: wiener.wohnen10@magwien.gv.at
Auskunft 10690

Leiterin/Leiter 10661
Stellvertreterin/Stellvertreter 10662
Referatsleiterinnen/
Referatsleiter 10663, 10664, 10665
Servicekoordinatorin/
Servicekoordinator 10691
Kanzleileiterin/Kanzleileiter 10689
Kanzlei, Einlaufstelle, Protokoll 10684, 10685, 10687, 10689
Wirtschaftsagenden, Kassa 10688, 10686
Leiterin/Leiter Haustechnik 10671
Aufzüge, Waschküchen,
Heizung 10672, 10674, 10675
Wohnhausgärten 10673
Schadenstelefon 10666

Verwaltung 10714, 10715, 10724, 10725, 10734, 10735, 10744, 10745, 10754, 10755, 10764, 10765

Technik 10711, 10712, 10713, 10721, 10722, 10723, 10731, 10732, 10733, 10741, 10742, 10743, 10751, 10752, 10753, 10761, 10762, 10763

Wohnberaterinnen / Wohnberater 10716, 10717, 10726, 10727, 10728, 10736, 10737, 10746, 10747, 10748, 10756, 10757, 10758, 10766, 10767, 10768

Wiener Wohnen für den 3., 4. und 11. Bezirk

(1110) 11, Simmeringer Haupt-
straße 108a, EG . . . . 740 34 . . .
Telefax: 740 34-99-Nebenstelle
E-Mail: wiener.wohnen11@magwien.gv.at
Auskunft 11690

Leiterin/Leiter 11661
Stellvertreterin/Stellvertreter 11662
Referatsleiterinnen/
Referatsleiter 11663, 11664, 11665
Servicekoordinatorin/
Servicekoordinator 11691
Kanzleileiterin/Kanzleileiter 11689
Kanzlei, Einlaufstelle,
Protokoll 11683, 11684, 11685, 11687
Wirtschaftsagenden, Kassa 11688, 11686
Leiterin/Leiter Haustechnik 11671
Aufzüge, Waschküchen,
Heizung 11672, 11673, 11674
Wohnhausgärten 11675
Schadenstelefon 11666

Verwaltung
3. Bezirk 11714, 11715, 11724, 11725, 11734, 11735
4. Bezirk 11724, 11725
11. Bezirk 11734, 11735, 11744, 11745, 11754, 11755, 11764, 11765

Technik
3. Bezirk 11711, 11712, 11713, 11721, 11722, 11723, 11731, 11732, 11733

4. Bezirk ... 11721, 11722, 11723
11. Bezirk ... 11731, 11732, 11733, 11741, 11742, 11743, 11751, 11752, 11753, 11761, 11762, 11763

Wohnberaterinnen/
Wohnberater ... 11716, 11717, 11718, 11726, 11727, 11736, 11737, 11738, 11746, 11747, 11756, 11757, 11758, 11766, 11767

Wiener Wohnen für den 5., 6., 7. und 12. Bezirk

(1120) 12, Niederhofstraße 23, 2. Stock ... 811 34 ...
Telefax: ... 811 34-99-Nebenstelle
E-Mail: wiener.wohnen12@magwien.gv.at

Leiterin/Leiter ... 12681
Stellvertreterin/Stellvertreter ... 12662
Referatsleiterinnen/
Referatsleiter ... 12682, 12659, 12663
Servicekoordinatorin/
Servicekoordinator ... 12685
Kanzleileiterin/
Kanzleileiter ... 12669
Kanzlei, Einlaufstelle,
Protokoll ... 12664, 12694, 12696
Wirtschaftsagenden, Kassa ... 12686, 12795
Leiterin/Leiter Haustechnik ... 12671
Aufzüge, Waschküchen,
Heizung ... 12672, 12673, 12692
Wohnhausgärten ... 12677
Schadenstelefon ... 12666

Verwaltung
5. Bezirk ... 12713, 12714, 12763, 12764
6. Bezirk ... 12763, 12764
7. Bezirk ... 12763, 12764
12. Bezirk ... 12733, 12734, 12743, 12744, 12753, 12754

Technik
5. Bezirk ... 12710, 12711, 12712
6. Bezirk ... 12790, 12791
7. Bezirk ... 12790, 12791
12. Bezirk ... 12730, 12731, 12732, 12740, 12741, 12742, 12750, 12751, 12752

Wohnungsberatungsstelle ... 12652, 12653, 12654, 12655

Hausinspektoren-Kanzleien
(Mo.–Mi. u. Fr. v. 8–9 Uhr,
Do. v. 15.30–17.30 Uhr):
(1050) 5, Siebenbrunnenfeldgasse 8–10/1/4 ... 546 34 ..., 05716, 05717
(1070) 7, Neustiftgasse 14/2/I ... 521 34 ..., 07716
(1100) 10, Untermeidlinger Straße 10–12/15/3 ... 605 34 ..., 10799
(1120) 12, Spittelbreitengasse 23/1/2 ... 811 34 ..., 12735, 12746
(1120) 12, Malfattigasse 27–31/1/1 ... 12755, 12736
(1120) 12, Sagedergasse 7–11/19/2 ... 12756
(1120) 12, Am Schöpfwerk 56–64/14/1 ... 12765

Wiener Wohnen für den 14., 15. und 16. Bezirk

(1160) 16, Opfermanngasse 1, EG ... 491 96 ...
Telefax: ... 491 96-99-Nebenstelle
E-Mail: wiener.wohnen16@magwien.gv.at
Auskunft ... 16690

Leiterin/Leiter ... 16661
Stellvertreterin/Stellvertreter ... 16662
Referatsleiterinnen/
Referatsleiter ... 16663, 16664, 16665

Servicekoordinatorin/
Servicekoordinator 16691
Kanzleileiterin/
Kanzleileiter 16689
Kanzlei, Einlaufstelle,
Protokoll 16683, 16684, 16685, 16687
Wirtschaftsagenden,
Kassa 16688, 16686
Leiterin/Leiter Haustechnik 16671
Aufzüge, Waschküchen,
Heizung 16672, 16674, 16675, 16676
Wohnhausgärten 16673
Schadenstelefon 16666

Verwaltung
14. Bezirk 16714, 16715, 16724, 16725
15. Bezirk 16734, 16735, 16744, 16745
16. Bezirk 16744, 16745, 16754, 16755, 16764, 16765

Technik
14. Bezirk 16711, 16712, 16713, 16721, 16722, 16723
15. Bezirk 16731, 16732, 16733, 16741, 16742, 16743
16. Bezirk 16741, 16742, 16743, 16751, 16752, 16753, 16761, 16762, 16763

Wohnberaterinnen/
Wohnberater 16716, 16717, 16718, 16726, 16727, 16736, 16737, 16746, 16747, 16748, 16756, 16757, 16758, 16766, 16768

Wiener Wohnen für den 17., 18. und 19. Bezirk

(1170) 17, Elterleinplatz 14, 3. Stock ..... 401 19 ...
Telefax: 401 19-99-Nebenstelle
E-Mail: wiener.wohnen17@magwien.gv.at
Auskunft 17690

Leiterin/Leiter 17661
Stellvertreterin/
Stellvertreter 17662
Referatsleiterinnen/
Referatsleiter 17663, 17664, 17665
Servicekoordinatorin/
Servicekoordinator 17691
Kanzleileiterin/
Kanzleileiter 17689
Kanzlei, Einlaufstelle,
Protokoll 17684, 17685, 17687
Wirtschaftsagenden,
Kassa 17688, 17686
Leiterin/Leiter Haustechnik 17671
Aufzüge, Waschküchen,
Heizung 17672, 17674
Wohnhausgärten 17673
Schadenstelefon 17666

Verwaltung
17. Bezirk 17714, 17715
18. Bezirk 17724, 17725
19. Bezirk 17734, 17735, 17744, 17745
Technik
17. Bezirk 17711, 17712, 17713
18. Bezirk 17721, 17722, 17723
19. Bezirk 17731, 17732, 17733, 17741, 17742, 17743

Wohnberaterinnen/Wohnberater 17716, 17717, 17718, 17726, 17727, 17728, 17736, 17737, 17738, 17746, 17747
Tauschreferat 17775, 17776

Wiener Wohnen für den 21. Bezirk

(1210) 21, Schöpfleuthnergasse 25, EG ... 277 34 ...
Telefax: 277 34-99-Nebenstelle
E-Mail: wiener.wohnen21@magwien.gv.at
Auskunft 21690

Leiterin/Leiter 21661
Stellvertreterin/
Stellvertreter 21662
Referatsleiterinnen/
Referatsleiter 21663, 21664, 21665
Servicekoordinatorin/
Servicekoordinator 21691
Kanzleileiterin/
Kanzleileiter 21689
Kanzlei, Einlaufstelle,
Protokoll 21684, 21685, 21687
Wirtschaftsagenden, Kassa 21688, 21686
Leiterin/Leiter Haustechnik 21671
Aufzüge, Waschküchen,
Heizung 21672, 21674
Wohnhausgärten 21673
Schadenstelefon 21666

Verwaltung 21714, 21715, 21724, 21725, 21734, 21735, 21744, 21745, 21754, 21755, 21764, 21765

Technik 21711, 21712, 21713, 21721, 21722, 21723, 21731, 21732, 21733, 21741, 21742, 21743, 21751, 21752, 21753, 21761, 21762

Wohnberaterinnen/Wohnberater 21716, 21717, 21726, 21727, 21728, 21736, 21737, 21738, 21746, 21747, 21748, 21756, 21757, 21766, 21768

Wiener Wohnen für den 22. Bezirk

(1220) 22, Donaustadtstraße 1,
5. Stock . . . . . 211 23 . . .
Telefax: 211 23-99-Nebenstelle
E-Mail: wiener.wohnen22@magwien.gv.at
Auskunft 22690

Leiterin/Leiter 22661
Stellvertreterin/Stellvertreter 22662
Referatsleiterinnen/Referatsleiter 22663, 22664, 22665
Servicekoordinatorin/Servicekoordinator 22691
Kanzleileiterin/Kanzleileiter 22689
Kanzlei, Einlaufstelle, Protokoll 22684, 22685, 22687
Wirtschaftsagenden, Kassa 22688, 22686
Leiterin/Leiter Haustechnik 22671
Aufzüge, Waschküchen, Heizung 22672, 22674
Wohnhausgärten 22673
Schadenstelefon 22666

Verwaltung 22714, 22715, 22724, 22725, 22734, 22735, 22744, 22745, 22754, 22755

Technik 22711, 22712, 22713, 22721, 22722, 22723, 22731, 22732, 22733, 22741, 22742, 21751, 22752

Wohnberaterinnen/Wohnberater 22717, 22718, 22719, 22726, 22727, 22736, 22737, 22746, 22747, 22756, 22757, 22758

Wiener Wohnen für den 13. und 23. Bezirk

(1230) 23, Anton-Baumgartner-Straße 125, EG . . . . . 863 34 . . .
Telefax: 863 34-99-Nebenstelle
E-Mail: wiener.wohnen23@magwien.gv.at

Leiterin/Leiter 23661
Stellvertreterin/Stellvertreter 23662
Referatsleiterinnen/Referatsleiter 23663, 23664, 23665
Servicekoordinatorin/Servicekoordinator 23691
Kanzleileiterin/Kanzleileiter 23689
Kanzlei, Einlaufstelle, Protokoll 23684, 23685, 23687
Wirtschaftsagenden, Kassa 23688, 23686
Leiterin/Leiter Haustechnik 23671
Aufzüge, Waschküchen, Heizung 23672, 23674
Wohnhausgärten 23673
Schadenstelefon 23666

Verwaltung
13. Bezirk 23714, 23715
23. Bezirk 23724, 23725, 23734, 23735, 23744, 23745

Technik
13. Bezirk 23711, 23712, 23713
23. Bezirk 23721, 23722, 23723, 23731, 23732, 23733, 23741, 23742, 23743

Wohnberaterinnen/Wohnberater 23716, 23717, 23718, 23726, 23727, 23728, 23736, 23737, 23746, 23747

Soziale Notwendigkeiten 23771, 23772, 23773, 23774, 23775

UNABHÄNGIGER VERWALTUNGSSENAT WIEN

Entscheidungen
1) in Verfahren wegen Verwaltungsübertretungen, ausgenommen Finanzstrafsachen des Bundes;
2) über Beschwerden von Personen, die behaupten, durch die Ausübung unmittelbarer verwaltungsbehördlicher Befehls- und Zwangsgewalt in ihren Rechten verletzt zu sein, ausgenommen in Finanzstrafsachen des Bundes;
3) in sonstigen Angelegenheiten, die ihm durch die die einzelnen Gebiete der Verwaltung regelnden Bundes- oder Landesgesetze zugewiesen werden;
4) über Beschwerden wegen Verletzung der Entscheidungspflicht in Angelegenheiten der Z 1, soweit es sich um Privatanklagesachen oder um das landesgesetzliche Abgabenstrafrecht handelt, und der Z 3.

1190) 19, Muthgasse 64 . . . . 40 00 . . .
Telefax: 40 00-99-Nebenstelle
IBS-User: UVSA
E-Mail: post@uvs.magwien.gv.at

Schönberger, DDr. Katharina,
Präsidentin 38511
Hason, Dr. Marion,
Vizepräsidentin 38512
Sekretariat 38516

Evidenz- und Dokumentationsstelle:
Hollinger, Dr. Irene 38663

Administrativer Leiter:
Jax Günther, Amtsrat 38532
Referentinnen/Referenten 38533, 38534, 38535, 38536

Organisation:
Hanacek Wilhelm,
Oberamtsrat 38552

Personal:
Steppat Friedrich,
Oberamtsrat 38553

EDV-Organisation:
Grünwald Oskar,
Oberamtsrat 38554
EDV-Referentinnen/
EDV-Referenten 38542, 38543

Kanzleileiterin, Kassenstelle:
Stidl Gabriele 38517

Auskunft, Einlaufstelle, Protokoll,
Verhandlungskalender 38527, 38529

Expedit 38520, 38521, 38523

Kammer A:
Engelhart, Mag. Ingrid 38601
Helm, Dr. Wolfgang 38602
Wilfert, Dr. Norbert 38603
Geschäftsabteilungsleiterin:
Zotter Sabina, Amtsrätin 38605

Kammer B:
Doninger, Mag. Andreas 38612
Kögl, Dr. Karl 38613
Frank, Dr. Erich 38611
Geschäftsabteilungsleiterin:
Vetter Silvia, Amtsrätin 38615

Kammer C:
Schweiger, Dr. Gerhard 38622
Wartecker, Dr. Erich 38623
Schmied, Mag. Gero 38524
Geschäftsabteilungsleiter:
Mayerhofer Rudolf,
Amtsrat 38625

Kammer E:
Fegerl, Dr. Gerald 38641
Findeis, Dr. Marlene 38642
Hrdliczka, Dr. Brigitte 38643
Geschäftsabteilungsleiter:
Puhm Norbert,
Oberamtsrat 38645

Kammer F:
Wendt, Mag. Günther 38651
Gindl, Dr. Gerald 38652
Lacina, DDr. Harald 38653
Geschäftsabteilungsleiter:
Busch Walter, Amtsrat 38655

Kammer G:
Romano, Mag. Werner 38661
Schopf, Dr. Ernst 38662
Hollinger, Dr. Irene 38663
Gamauf-Boigner,
Dr. Susanna 38782
Geschäftsabteilungsleiterin:
Staud Christa, Amtsrätin 38665

Kammer H:
Schöbinger, Mag. Gertraud 38672
Frey, Dr. Wolfgang 38673
Leitner, Mag. Dr. Hermann 38631
Geschäftsabteilungsleiter:
Klammer Robert 38675

Kammer I:
Königshofer, Dr. Siegfried 38681
Osinger, Dr. Jörg 38702
Zotter, Mag. Arnold 38682
Brecka, Mag. Astrid 38683
Geschäftsabteilungsleiterin:
Szlavich Anna,
Amtsrätin 38685

Kammer K:
M a u k n e r , Dr. Roman 38701
H a s o n , Dr. Marion 38671
L a m m e r , Mag. Sigrid 38703
Geschäftsabteilungsleiterin:
N e u m a n n Sabine, Amtsrätin 38705

Kammer L:
W a l l n e r , Mag. Elisabeth 38711
D i v a c k y , Mag. Thomas 38712
W e n d l e r , Dr. Eva 38713
Geschäftsabteilungsleiter:
S p i t z e r Gerhard, Amtsrat 38715

Kammer M:
P i c h l e r , Mag. Johann 38724
R o t t e r , Dr. Maria 38722
F r i t z , Mag. Anton 38723
Geschäftsabteilungsleiter:
E n g e l h a r t Peter 38725

Kammer N:
C o r d e s , Mag. René-Michael 38731
S u c h o m e l , Dr. Heinz 38733
F ö g e r - L e i b r e c h t ,
Mag. Barbara 38734
W i n d s t e i g , Mag. Reinhard 38732
Geschäftsabteilungsleiterin:
H a i s Sabine 38735

Kammer P:
S c h ö n b e r g e r , DDr. Katharina 38751
F e n z l , Dr. Peter 38752
R e s c h , Dr. Karl-Heinz 38753
T e s s a r , MMag. Dr. Johann 38773
Geschäftsabteilungsleiter:
H u g l Thomas, Amtsrat 38755

Kammer T:
O b r a n s k y , Dr. Alexander 38621
K u r z m a n n , Mag. Alfred 38632
F r i d l , Mag. Edmond 38633
Geschäftsabteilungsleiter:
S t o l l Robert 38635

WIENER PATIENTENANWALTSCHAFT

Zur Wahrung und Sicherung der Rechte und Interessen der Patienten in allen Bereichen des Gesundheitswesens in Wien ist beim Amt der Wiener Landesregierung eine Wiener Patientenanwaltschaft eingerichtet.

Die Wiener Patientenanwaltschaft hat folgende Aufgaben:

1) Behandlung von Beschwerden von Patienten oder deren Angehörigen;
2) Aufklärung von Mängeln oder Missständen;
3) Erteilung von Auskünften;
4) Prüfung von Anregungen;
5) Abgabe von Empfehlungen.

(1040) 4, Schönbrunner Straße 7 . . . . 829 . . .,
587 12 04 . . .
Telefax: 586 36 99
E-Mail: post@wpa.magwien.gv.at

D o h r , Dr. Walter, Patientenanwalt 81
W e i l h a r t e r , Mag. Siegfried 87
S c h a t t a u e r , Mag. Dr. Gerhard 92
G r i e b l , Mag. Renate 99
S z o n d a , Mag. Katja 91

Verwaltung, Sekretariat 85
Kanzlei 86, 89
Auskunft 88

WIENER UMWELTANWALTSCHAFT

(1190) 19, Muthgasse 62 . . . . 379 79 . . .
Telefax: 379 79-99-88989
E-Mail: post@wua.magwien.gv.at

Wiener Umweltanwältin/Wiener Umweltanwalt:
derzeit unbesetzt 88981
Sekretariat 88985
Büroleitung und Allgemeine Beschwerden . . . 88989
Kanzlei 88988

Sachbearbeiterinnen/Sachbearbeiter:
Luftreinhaltung, Wasser- und
Abfallwirtschaft:
P e r s y , Dipl.-Ing. Eva, M.Sc. 88983
J a r o s , Dipl.-Ing. Marion 88994
Natur- und Landschaftsschutz 88984
Budget und Controlling 88987
Erneuerbare Energien und
Stadtverkehr 88998

WIENER KINDER- UND JUGENDANWALTSCHAFT

Die Kinder- und Jugendanwälte haben insbesondere Minderjährige, Erziehungsberechtigte und gesetzliche Vertreter in allen Angelegenheiten, die die Stellung des Minderjährigen und die Aufgaben des Erziehungsberechtigten betreffen, zu beraten, bei Meinungsverschiedenheiten und Auseinandersetzungen über Pflege und Erziehung zu vermitteln, Empfehlungen, soweit sie sich auf die Interessen von Kindern und Jugendlichen beziehen, abzugeben sowie über die Rechte und Pflichten und über die Interessen von Kindern und Jugendlichen zu informieren.

(1090) 9, Sobieskigasse 31 . . . . 313 24 . . .
(**1708 Kurzrufnummer**)
Telefax: 313 24-99-85900
E-Mail: post@kja.magwien.gv.at

P i n t e r i t s Monika,
Kinder- und Jugendanwältin 85905
S c h m i d , Dr. Anton,
Kinder- und Jugendanwalt 85905
S a y g i l i Martina,
Dipl.-Sozialarbeiterin 85905
W a n k e Peter, Sozialpädagoge,
Psychotherapeut 85905
K o r b e r Monika,
Psychotherapeutin 85905
Sekretariat und Kanzleileiterin/
Kanzleileiter 85906
Kanzlei 85907

UNABHÄNGIGER BEDIENSTETENSCHUTZBEAUFTRAGTER

Kontrolle der Einhaltung des Wiener Bedienstetenschutzgesetzes 1998 und der dazu ergangenen Verordnungen.

(1190) 19, Muthgasse 62 . . . . 40 00 . . .
Telefax: 40 00-99-Nebenstelle
IBS-User: BSBA
E-Mail: post@bsb.magwien.gv.at

S t e p a n , Dr. Günther,
Senatsrat 38951
W u r s a g , Ing. Mag Ernst,
Obermagistratsrat 38952
Sekretariat 38955, 38956
G e y e r , Ing. Wolfgang 38958
K a u t z Alexander, Amtsrat 38953
K o t Irene, Oberamtsrätin 38957
W e l s , Ing. Martin 38959

GLEICHBEHANDLUNGSBEAUFTRAGTE DER GEMEINDE WIEN

Die Gleichbehandlungsbeauftragten haben sich in ihrem Wirkungsbereich mit allen die Gleichbehandlung und Frauenförderung betreffenden Fragen im Sinn des 2. und 4. Teiles des Wiener Gleichbehandlungsgesetzes zu befassen. Zum Aufgabenbereich der Gleichbehandlungsbeauftragten gehören insbesondere folgende Tätigkeiten:

- *Information der Bediensteten im jeweiligen Wirkungsbereich über Fragen der Gleichbehandlung und Frauenförderung*
- *Entgegennahme von Wünschen, Beschwerden, Anzeigen und Anregungen einzelner Bediensteter sowie Beantwortung von Anfragen*
- *Aufzeigen von diskriminierenden Praktiken und Hinwirken auf deren Beseitigung*
- *Zusammenarbeit mit den Kontaktfrauen des jeweiligen Wirkungsbereiches*
- *Konzeptionelle Weiterentwicklung der Frauenförderung innerhalb der Gemeinde Wien*
- *Wahrnehmung von Aufgaben in der Gleichbehandlungskommission*
- *Wahrnehmung von Aufgaben in der Arbeitsgruppe für Gleichbehandlungsfragen*

(1082) 8, Friedrich-Schmidt-Platz 3,
1. Stock, Tür 118, 120–126 . . . . 40 00 . . .
E-Mail: post@gbb.magwien.gv.at
Telefax: 40 00-99-Nebenstelle

M e r s i t s Manuela
Wirkungsbereich 1:
Dienststellen des Wiener Krankenanstalten-
verbundes 83143, 60675

P e t e r Renate
Wirkungsbereich 2:
Dienststellen der Wiener Stadtwerke
Holding AG . . . . 691 . . .,
40 04 . . . , 30133
40 00 . . ., 83144

M o l t a s c h l Luise,
Amtsrätin
Wirkungsbereich 3:
MA 11, 11A, 12, 13, 15, 30, 42, 47, 51, 53,
55, 57, 70, MA-L 83145

K i e n t z l Karin
Wirkungsbereich 4:
MA 18, 19, 21A, 21B, 22, 23, 24, 25, 28,
29, 31, 32, 33, 36, 37, 39, 40, 41, 43, 44, 45,
46, 48, 49, 50, 69,
MD-Stadtbaudirektion,
Stadt Wien – Wiener Wohnen 83146

S t a n g l Cornelia, Dipl.-Sozialarbeiterin
Wirkungsbereich 5:
MA 1, 2, 4, 5, 6, 7, 8, 9, 10, 14, 16, 20, 26,
27, 38, 54, 56, 58, 59, 60, 61, 62, 63, 64, 65,
66, 67, 68, MA-K,
Magistratsdirektion,
Bedienstete der Stadträt/innenbüros,
Magistratische Bezirksämter,
Bezirksvorstehungen,
Unabhängiger Verwaltungssenat Wien,
Wiener Patientenanwaltschaft,
Wiener Umweltanwaltschaft,
Kontrollamt,
Wiener Kinder- und Jugendanwaltschaft,
Stadtschulrat 83147

Sekretariat und Auskunft 83140

Wiener Arbeitsgruppe für Gleichbehandlungsfragen

M o l t a s c h l Luise,
Vorsitzende 83145

K i e n t z l Karin,
Vorsitzende-Stellvertreterin 83146

Sekretariat und Auskunft 83149

KONZERN WIENER STADTWERKE

WIENER STADTWERKE Holding AG,
WIEN ENERGIE GmbH mit WIENSTROM GmbH,
WIENGAS GmbH und FERNWÄRME WIEN GmbH,
WIENER LINIEN GmbH & Co KG,
BESTATTUNG WIEN GmbH,
BMG GmbH

WIENER STADTWERKE Holding AG

Ringturm (1011) 1, Schottenring 30,
14.–18. Stock . . . . 691 . . ., 531 23 . . .
Telefax: 531 23-73999
E-Mail: vgd@wienerstadtwerke.at

Vorstandsbereich Generaldirektion,
BMG GmbH,
S k y b a , Komm.-Rat Dr. Karl,
Generaldirektor . . . . 73910 (40 00 . . ., 86951)
Sekretariat . . . . 73911 (40 00 . . ., 86955)
Vorstandssekretariat . . . . . . 73912 (40 00 . . ., 86959)

Konzernorganisation und
Informationsmanagement
Telefax: 531 23-73994
E-Mail: gdo@wienerstadtwerke.at
C h v a t a l, Mag. Roland,
Senatsrat . . . . 73960 (40 00 . . ., 86956)
Kanzlei 73961

EDV und IT-Service
T l a p a k Hans,
Oberamtsrat 73964
Strategie und Energiekoordination
Telefax: 531 23-73990
E-Mail: gde@wienerstadtwerke.at
K o u t n y , Dr. Wilhelm,
Senatsrat 73980
Kanzlei 73981

Konzernkommunikation
Telefax: 531 23-73998
E-Mail: gdc@wienerstadtwerke.at
G l e n k Peter 73950
V o g l , Dr. Ingrid 73953
Kanzlei 73951

Konzernrevision
(1031) 3, Erdbergstraße 202 . . . . . 692 . . ., 79 09 . . .
Telefax: 79 09-84090
E-Mail: gdr@wienerstadtwerke.at

F r a n k , Mag. Elisabeth,
Obermagistratsrätin 84000
Kanzlei 84003, 84004

Beteiligungsmanagement GmbH
(BMG GmbH)
(1031) 3, Erdbergstraße 202 .... 796 95 82 . . .

Vorstandsbereich
Personal & Recht und Beschaffung

Ringturm (1011) 1, Schottenring 30 .... 691 . . ., 531 23 . . .
Telefax: 531 23-73993
E-Mail: vpr@wienerstadtwerke.at
J o k l i k , Dr. Felix,
Vorstandsdirektor ...... 73920 (40 00 . . ., 86957)
Sekretariat 73921

Magistratsdirektion-Personalstelle
Wiener Stadtwerke
siehe Magistratsdirektion

Personal
B l a z e k , Dr. Erwin, Senatsrat 73922
Kanzlei 73923

Recht
Telefax: 531 23-73997
E-Mail: prr@wienerstadtwerke.at
S t ö g e r , Mag. Franz 73940
Kanzlei 73941

Gehaltsverrechnungsangelegenheiten
(1031) 3, Erdbergstraße 202 ...... 692 . . ., 79 09 . . .
Telefax: 79 09-83090
E-Mail: prg@wienerstadtwerke.at
B e h l i n g Peter, Oberamtsrat 83000

Pensionsangelegenheiten
(1031) 3, Erdbergstraße 202 ...... 692 . . , 79 09 . . .
Telefax: 79 09-86090
Z e m a n , Regierungsrat Walter,
Oberamtsrat 86000

Personalentwicklung und -förderung
(1100) 10, Gutheil-Schoder-Gasse 9 .. 667 20 36 . . .
Telefax: 667 20 36-74019
E-Mail: pre@wienerstadtwerke.at
D u r d i k , Dipl.-Ing. Anton,
Oberstadtbaurat 74000
Kanzlei 74011

Beschaffung
(1031) 3, Erdbergstraße 202 ...... 692 . . ., 79 09 . . .
Telefax: 79 09-87090
E-Mail: prb@wienerstadtwerke.at
S u t t n e r , Dipl.-Ing. Norbert,
Senatsrat 87000
Kanzlei 87003

Vorstandsbereich Finanzen und
WIEN ENERGIE GmbH

Ringturm, (1011) 1, Schottenring 30 .... 691 . . ., 531 23 . . .
Telefax: 531 23-73939
E-Mail: vfz@wienerstadtwerke.at
O b e n t r a u t , Ing. Mag. Dr. Michael,
Vorstandsdirektor 73930
(40 00 . . ., 86958)
Sekretariat 73931

Kaufmännische Angelegenheiten
F e r t i n g e r , Mag. Dr. Christian,
Senatsrat 73932
Kanzlei 73936

Buchhaltung
S i m o n i t s c h , Mag. Birgit 73945

Controlling
W i r t h , Mag. Michael 73937

Vorstandsbereich
WIENER LINIEN GmbH & Co KG
BESTATTUNG WIEN GmbH

(1031) 3, Erdbergstraße 202 ...... .692 . . ., 79 09 . . .
Telefax: 79 09-22890
E-Mail: d@wienerlinien.at
G r o i s , Komm.-Rat, Dipl.-Ing. Günter,
Generaldirektor-Stellvertreter 140
Sekretariat 143

WIEN ENERGIE GmbH

Ringturm (1011) 1, Schottenring 30,
14. Stock . . . . 691 . . ., 531 23 . . .
Telefax: 531 23-73909
E-Mail: robert.grüneis@wienenergie.at

Geschäftsführung
Obentraut, Ing. Mag. Dr. Michael, Direktor, Vorsitzender der Geschäftsführung
Haider, Dr. Erich, Direktor, Geschäftsführer
Miksits, Ing. Mag. Helmut, Direktor, Geschäftsführer
Pink, Dipl.-Ing. Friedrich, Direktor, Geschäftsführer

WIENSTROM GmbH
(1095) 9, Mariannengasse 4–6 . . . . 691 . . ., 40 04 . . .
Telex 131997
Telefax: 40 04-31399
Telefax-Kundendienst: 313 69

Pink, Dipl.-Ing. Friedrich, Direktor,
Geschäftsführer 30000
Sekretariat 30020
Rockenbauer, Dkfm. Raimund,
Direktor, Geschäftsführer 30002

Pressestelle
Neubauer, Ing. Christian,
Techn. Amtsrat 30004
Rauscher, Mag. Rosemarie 30005

Büro der Geschäftsführung
Malzl, Ing. Michael, Amtsrat 30003

Chemisches Labor, Prüfanstalt für Isolieröl,
Betriebsgebäude Simmering
(1110) 11, 7. Haidequerstraße 6
Potuzak, Dr. Hans 30300

Hauptabteilung Unternehmenssteuerung
Weinelt, Dipl.-Ing. Peter 30070
Sekretariat 30075

Hauptabteilung Kaufmännischer Dienst
Soecknick, Mag. Roland,
Senatsrat 35000
Sekretariat 35005

Hauptabteilung Personal und Recht
Liebhart, Ing. Mag. Dr. Gustav,
Senatsrat 31000
Sekretariat 31005

Geschäftsfeld Erzeugung (Produktion)
Gockner, Dipl.-Ing. Ludwig,
Senatsrat 70000
Sekretariat 70005

Geschäftsfeld Netz
Reisinger, Dipl.-Ing. Helmut,
Senatsrat 32000
Sekretariat 32005

Geschäftsfeld Vertrieb
Maderbacher, Dipl.-Ing. Thomas 34000
Sekretariat 34005

Geschäftsfeld Telekommunikation
Brehmer, Dipl.-Ing. Reinhard,
Senatsrat 80000
Sekretariat 80800

WIENGAS GmbH
(1081) 8, Josefstädter Straße 10–12 . . . . 693 . . ., 401 28 . . .
Telefax: 401 28-99-9110

Miksits, Ing. Mag. Helmut,
Direktor, Geschäftsführer 1000
Sekretariat 1005
Telefax: 401 28-99-9100
Weichselberger, Dipl.-HTL-Ing. Martin,
Techn. Amtsrat,
Direktionssekretär 1020

Geschäftsgruppe 10
Allgemeine Verwaltungsangelegenheiten
derzeit unbesetzt

Geschäftsgruppe 20
Gasvertrieb
Miksits, Ing. Mag. Helmut,
Direktor, Geschäftsführer 1000
Sekretariat 1005

Kundendienststelle Josefstadt
Technische Beratung,
Gasvertrieb,
Kundendienst für die Bezirke
1, 3, 4, 6, 7, 8, 9, 10, 11, 16, 17, 18, 19 und die
Gemeinde Schwechat
S c h u h , Ing. Christian,
Techn. Oberamtsrat 2000
Kanzlei 2205
Telefax: 401 28-99-9220

Kundendienststelle Meidling
für die Bezirke 5, 12, 13, 14, 15, 23 und die
Gemeinde Perchtoldsdorf
(1120) 12, Theresienbadgasse 3
S l o s a r , Ing. Miroslav,
Techn. Amtsrat 2700
Kanzlei 2705
Telefax: 401 28-99-9270

Kundendienststelle Mödling
für die Gemeinden
Breitenfurt,
Guntramsdorf,
Hennersdorf,
Kaltenleutgeben,
Maria-Enzersdorf,
Mödling,
Traiskirchen,
Vösendorf und
Wiener Neudorf
(2340) Mödling, Hauptstraße 68 ..... 02236/24 2 03,
24 5 65
K r i e g e r , Dipl.-HTL-Ing. Herbert,
Techn. Amtsrat 14
Telefax: 02236/24 2 03-31

Kundendienststelle Brigittenau
für die Bezirke 2, 20, 21, 22 und die
Gemeinden
Gerasdorf,
Großenzersdorf,
Langenzersdorf
(200) 20, Klosterneuburger Straße 70

N o w a g , Ing. Michael,
Techn. Oberamtsrat 2800
Kanzlei 2805
Telefax: 401 28-99-9280

WienEnergie-Haus
(1060) 6, Mariahilfer Straße 63 .... 582 00 . . .

Geschäftsgruppe 30

Gasverteilung
O h l e n s c h l ä g e r , Dipl.-lng. Franz,
Senatsrat,
Prokurist .... 693 . . ., 401 28 . . ., 3000
Kanzlei 3005
Telefax: 401 28-99-9320

Geschäftsgruppe 40

Allgemeine Dienste
(1110) 11, Erdbergstraße 236
F r a n e k , Dipl.-lng. Dr. Johann,
Senatsrat,
Prokurist 4000
Kanzlei 4005
Telefax: 401 28-99-9400

Geschäftsgruppe 50

Kaufmännischer Dienst
S t e t t e r , Dr. Karl, Senatsrat,
Prokurist 5000
Sekretariat 5005
Telefax: 401 28-99-9500

FERNWÄRME WIEN GmbH

(1090) 9, Spittelauer Lände 45 .... 313 26 . . .

WIENER LINIEN GmbH & Co KG

(1031) 3, Erdbergstraße 202 . . . . . . 692 . . ., 79 09 . . .
Telefax: 79 09-22890
E-Mail: post@wienerlinien.at
Kundendienst: 79 09-100

G r o i s , Komm.-Rat, Dipl.-Ing. Günther,
Direktor,
stv. Vorsitzender des Vorstandes der
Wiener Stadtwerke Holding AG 140
A n d r l e , Mag. Walter,
Direktor,
Geschäftsführer 151
S t e i n b a u e r , Dipl.-Ing. Günther,
Direktor,
Geschäftsführer 160
F a r t h o f e r Walter,
Oberamtsrat,
Direktionssekretär 141

Hauptabteilung Finanzen und Angebot

K r a j c s i r , Mag. Dr. Martin,
Senatsrat 3000

Hauptabteilung Personal und Gemeinsame Dienste

K a b e l k a , Dr. Raimund,
Senatsrat 2100

Hauptabteilung Betrieb und Kundendienst

L ö f f l e r , Dipl.-Ing. Heinz,
Senatsrat,
Projektleiter für Beschleunigung des
öffentlichen Verkehrs 4010

Hauptabteilung Bau- und Anlagenmanagement

S t o c k i n g e r , Dipl.-Ing. Hans,
Senatsrat 6000

Hauptabteilung Fahrzeugtechnik

(1110) 11, Simmeringer Hauptstraße 252
N o w o t n y , Dipl.-Ing. Ernst,
Senatsrat 5000

BESTATTUNG WIEN GmbH

(1041) 4, Goldeggasse 19 . . . . 694 . . ., 501 95 . . .
Telefax: 501 95-4320

M o l i n a r i, Dkfm. Mag. Arno,
Direktor,
Geschäftsführer 4200
F e r t i n g e r , Mag. Dr. Christian,
Direktor,
Geschäftsführer 4300
W e i s s , Mag. Wolfgang,
Senatsrat,
Prokurist 4220

Aufnahmedienst
S c h m a l z, Regierungsrat Erich,
Oberamtsrat 4230

Bestattungsdienst
M a r e k Josef,
Oberamtsrat 4250

Buchhaltung
S t e f a n Herbert,
Oberamtsrat 4240

Wirtschaftsstelle
S c h w e i t z e r Rupert,
Oberamtsrat 4260

Sargerzeugungsbetrieb
(1230) 23, Atzgersdorf,
Breitenfurter Straße 176 2310
Telefax: 501 95-2399
B r e n n e r , Ing. Emil,
Techn. Oberamtsrat 2318

Anmeldestellen für Todesfälle

(1030) 3, Ungargasse 41 . . . . 694 . . .,
501 95 . . ., 3000

(1040) 4, Goldeggasse 19 4000

(1050) 5, Schönbrunner Straße 54 5000

(1080) 8, Schlesingerplatz 2 8000

(1100) 10, Laxenburger Straße 43-45
(Eingang Gudrunstraße) 1000

(1130) 13, Hietzinger Kai 1–3
(Eingang Dommayergasse) 1300

(1160) 16, Richard-Wagner-Platz 19 1600

(1180) 18, Martinstraße 100 1800

(1200) 20, Brigittaplatz 10 2000

(1210) 21, Am Spitz 1 2100

(1220) 22, Donaustadtstraße 1 2200

(2320) Schwechat,
Rathausplatz 9 . . . . 701 08 . . ., 268

MUSEEN DER STADT WIEN

Wissenschaftliche Anstalt öffentlichen Rechts

(1040) 4, Karlsplatz . . . . 505 87 47 . . .
Telefax: 505 87 47-7201
IBS-User: M10A
E-Mail: post@m10.magwien.gv.at
Portier 84021

D ü r i e g l , Dr. Günter, Hofrat,
Direktor der Museen der Stadt Wien 84011
K a s s a l - M i k u l a , Dr. Renata,
Senatsrätin 84030
Kanzleileiterin/Kanzleileiter 84015
Kanzlei 84018

Sammlung, Kuratoren

Zeitgeschichte, Restitution
E p p e l , Dr. Peter 84034

Angelegenheiten des Büroschmucks,
Theatergeschichte,
Bibliothek
H ö n i g m a n n , Mag. Alexandra 84045

Kulturgeschichte – Frauen,
Angelegenheiten des Büroschmucks,
Bibliothek
H ö n i g m a n n , Mag. Andrea 84045

Modesammlungen,
Öffentlichkeitsarbeit
K a r n e r , Dr. Regina,
Obermuseumsrätin,
Chefkuratorin 84061, 84046

Kunstgeschichte bis Stilkunst,
Architektur,
Sicherheitsfragen,
Uhrenmuseum
K a s s a l - M i k u l a , Dr. Renata,
Senatsrätin 84030

Kunstgewerbe,
Registrar
M a t t l - W u r m , Dr. Sylvia 84040

Stadtgeschichte – politische Geschichte,
Aufsicht über die Bezirksmuseen,
Waffenkunde
Ö h l i n g e r , Mag. Walter 84020

Alte Geschichte und Mittelalter,
U-Bahn-Archäologie,
EDV-Koordination,
EU-Agenden
P o h a n k a , Dr. Reinhard 84029

Musikgeschichte,
Numismatik
S c h u s s e r , Dr. Adelbert,
Obermuseumsrat 84041

Kunstgeschichte Stilkunst bis Gegenwart,
Grafiksammlung,
Pratermuseum,
Fachgutachten im Bereich der
bildenden Kunst,
Museumsdidaktik
S t o r c h , Dr. Ursula 84031

Kulturgeschichte – Porträtsammlung,
Erinnerungsgegenstände
W a l t h e r , Dr. Susanne,
Obermuseumsrätin 84039

Kulturgeschichte – Topographie,
Fotosammlungen
W i n k l e r , Mag. Susanne 84043

Stadtvolkskunde und Soziologie
W i t z m a n n , Dr. Reingard,
Obermuseumsrätin 84044

Kunstgeschichte in den
Spezialsammlungen
Topographie,
Porträts,
politische Geschichte,
Stadtvolkskunde,
Soziologie,
Musikgeschichte
D o p p l e r , Mag. Elke 84042

Öffentlichkeitsarbeit
K a r n e r , Dr. Regina,
Obermuseumsrätin 84061, 84046
F r a n k Oliver 84013
P a z d e r n i k Alexander 84016
R a k u s c h a Angela-Jacqueline 84033
V a n e k Helga 84058

Restaurierung

Ölgemälde,
Plastiken
W o e l f l - G r a f f , Mag. Elisabeth,
Chefrestauratorin 84049

Grafiken
M a r i n g e r , Mag. Christine 84026
W i e s e r , Mag. Gertrude 84026

Textilien
H a n z a l Andrea,
Chefrestauratorin Textil 84046
I f s i t s Marguerite,
Textilrestauratorin 84046
W a g e s r e i t e r Viktoria,
Textilrestauratorin 84046

Holz,
Vergoldung
F r ö h l i c h Günter,
Restaurator 84057

Metall,
Waffen
S c h m o l k a Gerhard,
Restaurator 84023

Verwaltungsangelegenheiten

Allgemein,
Personal und Budget
N o v a k Franz, Oberamtsrat 84035

Ausstellungsverwaltung und
Aushilfspersonal
S c h u l l e r - H a m d i Hertha 84056

Foto- und Reproduktionsangelegenheiten
Inland,
Fotos intern
O e s t e r r e i c h e r Claudia 84032

Entlehnjournal,
Vermietungen und Veranstaltungen,
Verbindungsstelle Museumsverein,
Lagerführung für Verkaufswaren
R a k u s c h a Angela-Jacqueline 84033

Foto- und Reproduktionsangelegenheiten
Ausland
S e l z e r Helmut 84052

Sonderprojekte, Judenplatz,
Betriebskassa
S o g e d e r Franz 84027

Museen- und Gedenkstättenverwaltung,
Lagerführung für Verbrauchsmaterialien,
Betriebsabrechnung Jüdisches Museum
V a n e k Helga 84058

Studiensaal 84038

Oberaufseherin/Oberaufseher 84047

Museen und Sammlungen:

Historisches Museum der Stadt Wien,
(1040) 4, Karlsplatz 84028, 84048

Archäologisches Grabungsfeld Michaelerplatz,
(1010) 1, Michaelerplatz

Beethoven-Gedenkstätte “Pasqualatihaus”,
(1010) 1, Mölker Bastei 8 . . . . 535 89 05

Beethoven-Gedenkstätte “Eroicahaus”,
(1190) 19, Döblinger Hauptstraße 92 . . . 369 14 24

Beethoven-Gedenkstätte
“Heiligenstädter Testament”,
(1190) 19, Probusgasse 6 . . . . 370 54 08

Haydn-Gedenkstätte mit Brahms-Gedenkraum,
(1060) 6, Haydngasse 19 . . . . 596 13 07

Hermesvilla,
(1130) 13, Lainzer Tiergarten 804 13 24

Johann-Strauß-Gedenkstätte,
(1020) 2, Praterstraße 54 . . . . 214 01 21

Modesammlungen,
(1120) 12, Hetzendorfer Straße 79
(Schloss Hetzendorf) . . . . 505 87 47 . . ., 84046

Mozart-Gedenkstätte “Figarohaus”,
(1010) 1, Domgasse 5 . . . . 513 62 94

Neidhart-Fresken,
(1010) 1, Tuchlauben 19 . . . . 535 90 65

Otto-Wagner-Pavillon,
(1010) 1, Karlsplatz . . . . 505 87 47 . . ., 84059

Otto-Wagner-Hofpavillon Hietzing,
(1130) 13, Schönbrunner Schloßstraße . . 877 15 71

Pratermuseum,
(1020) 2, Oswald-Thomas-Platz 1
(Planetarium) 726 76 83

Römische Baureste Am Hof,
(1010) 1, Am Hof 9

Römische Ruinen,
(1010) 1, Hoher Markt 3 . . . . 535 56 06

Schauraum der Modesammlung,
(1120) 12, Hetzendorfer Straße 79
(Schloss Hetzendorf,
linker Seitentrakt) 802 16 57

Schubert-Gedenkstätte “Geburtshaus” mit
Stifter-Gedenkräumen,
(1090) 9, Nußdorfer Straße 54 . . . . 317 36 01

Schubert-Gedenkstätte “Sterbewohnung",
(1040) 4, Kettenbrückengasse 6 . . . . 581 67 30

Stadtforscherbüro
(1090) 9, Nußdorfer Straße 54 . . . . 310 45 98

Uhrenmuseum,
(1010) 1, Schulhof 2 . . . . 533 22 65

Virgilkapelle
(1010) 1, Stephansplatz
(U-Bahn-Station) 513 58 42

KRANKENFÜRSORGEANSTALT DER BEDIENSTETEN DER STADT WIEN

(1081) 8, Schlesingerplatz 5 . . . . 404 36 . . .
E-Mail: generaldirektion@kfa.co.at
Telefax: 404 36-99-Nebenstelle
Telefonische Krankenscheinbestellung 478995
Auskunft 46810

R i s s e r Karin,
Verwaltungsdirektorin 650
E y e r Margarete,
Direktorin des Pflegedienstes 622

Einreichstelle
H a n z l i k Gerlinde,
Abteilungsleiterin 46861
Sachbearbeiterinnen/Sachbearbeiter
(inkl. Auslandskrankenscheine) 46866, 46867,
46871, 46872, 46873,
46874, 46875, 46876,
46877, 46878, 46879
Erweiterte Heilfürsorge 46971, 46972
Mitgliederevidenz und
Anspruchsberechtigungen 46868, 46869

Personal- und Rechtsabteilung
Z w e i b r o d , Mag. Friedrich,
Abteilungsleiter 46841
Wirtschaftsreferat 46979
Diabetiker-Ambulanz 46833
Laboratorium 46835, 46836
Gesundenuntersuchung 46832
Drucksortenstelle 46894

W e d l Günter,
Generaldirektor 46811
P u l l i n g Josef,
Generaldirektor-Stellvertreter 46812
Sekretariat 46815, 46816, 46817
H o s s e i n i - N a s s a b , Dr. Irene,
Leitende Chefärztin 46821
Vertrauensärztin/Vertrauensarzt,
Einreichstelle 46863

Rechnungsprüfungsstelle
F u c h s Werner,
Abteilungsdirektor 46911

Buchhaltung
N a p r a w i k Walter,
Abteilungsdirektor 46851

Sanatorium Hera,
(1090) 9, Löblichgasse 14 . . . . 313 50 . . .
S p ä n g l e r , Dr. Hans Peter, Univ.-Prof.,
Primarius,
Ärztlicher Direktor 648
H a i n d l , Ing. Adolf,
Techn. Direktor 600

Fachambulatorien
Augenheilkunde,
Chirurgie,
plastische Chirurgie,
Gynäkologie,
Hals-, Nasen- und Ohrenerkrankungen,
Neurologie,
Orthopädie,
Urologie,
Kinder,
Hautkrankheiten
(1090) 9, Lustkandlgasse 24 . . . . 313 50 . . .

Röntgeninstitut
(Sonographie,
Computertomographie),
(1090) 9, Lustkandlgasse 25 . . . . 313 50 . . .

Innere (Gefäß-)Erkrankungen,
Laboratorium,
Elektrokardiogramm,
Ergometrie,
Rheographie
(1090) 9, Löblichgasse 16 . . . . 313 50 . . .

Physikalische Ambulanz und
Rheumaambulanz
(1090) 9, Löblichgasse 16 . . . . 313 50 . . .

Zahnambulatorien

S c h l o s s a r e k , DDr. Wolfgang,
Primarius, Chefzahnarzt
(1090) 9, Löblichgasse 10 . . . . 313 50 . . .
(1110) 11, Enkplatz 2 . . . . 749 32 63
(1210) 21, Franz-Jonas-Platz 8 . . . . 278 31 59

Station für Kieferregulierung,
(1090) 9, Löblichgasse 10 . . . . 313 50 . . .

Betriebsärztliche Station im Rathaus:
(1082) 1, Rathaus, Stiege 4, Parterre,
Tür 28 85550
bei Nichtmelden 8880

STADTSCHULRAT FÜR WIEN

(1010) 1, Wipplingerstraße 28 . . . . 525 25 . . .
Telefax: 525 25-99-77030
E-Mail: post@ssr.magwien.gv.at
Schulservice 7700

Amtsführende Präsidentin:
B r a n d s t e i d l , Mag. Dr. Susanne 77011

Vizepräsidentin:
M ü h l w e r t h Monika 77021

Stadtschulratsdirektor:
R e i t e r , Dr. Wolfgang, Senatsrat 77031

Leiter des Büros der Amtsdirektion:
K r e u z e r Andreas, Amtsdirektor 77041

Abteilung I
(Allgemein bildende Pflichtschulen):
W e i d i n g e r , Dr. Walter,
Landesschulinspektor 77101

Abteilung II
(Allgemein bildende höhere Schulen):
B l ü m l , Mag. Dr. Karl,
Landesschulinspektor 77201

Abteilung III
(Berufsbildende Schulen):
G r a f i n g e r , Mag. Walter,
Landesschulinspektor 77301

Abteilung IV
(alle rechtlichen Angelegenheiten der Schulen):
Leiterin/Leiter derzeit unbesetzt 77401

Abteilung V
(Schulpsychologie-Bildungsberatung):
Z e m a n , Hofrätin Dr. Mathilde 77501

Abteilung VI
(Personal):
G r u d e n , Hofrat Mag. Reinhard 77601

Abteilung VII
(wirtschaftliche Angelegenheiten):
H a i d e r , Hofrat Mag. Alfred 77701

Inspektionsbezirke

I. [1., 3. Bezirk],
(1030) 3, Karl-Borromäus-
Platz 3 . . . . 711 34 . . ., 03156

II. [2. Bezirk],
(1020) 2, Karmelitergasse 9 . . . . 211 06 . . ., 02156

III. [11. Bezirk],
(1110) 11, Enkplatz 2 . . . . 740 34 . . ., 11156

IV. [7., 15. Bezirk],
(1150) 15, Gasgasse 8–10 . . . . . . 891 34 . . ., 15156

V. 9. Bezirk],
(1010) 1, Wipplingerstraße 28 . . 525 25 . . ., 09156

VI. [10. Bezirk],
(1100) 10, Laxenburger Straße 47 605 34 . . ., 10156

VII. [4., 5. Bezirk],
(1040) 4, Favoritenstraße 18 . . . . 502 34 . . ., 04156

VIII. [6., 12. Bezirk],
(1120) 12, Schönbrunner
Straße 259 . . . . 811 34 . . ., 12156

IX. [14. Bezirk],
(1130) 13, Hietzinger Kai 1–3 . . 870 34 . . ., 14156

X. [16. Bezirk],
(1164) 16, Richard-Wagner-
Platz 19 . . . . 491 96 . . ., 16156

XI. [8., 17. Bezirk],
(1081) 8, Schlesingerplatz 2 . . . . 401 34 . . ., 08156

XII. [18., 19. Bezirk],
(1181) 18, Martinstraße 100 . . . . 476 34 . . ., 18156

XIII. [20. Bezirk],
(1200) 20, Brigittaplatz 10 . . . . . 331 34 . . ., 20156

XIV. [21. Bezirk],
(1210) 21, Franz-Jonas-Platz 8 . . 277 34 . . ., 21156

XV. [22. Bezirk],
(1229) 22, Kagran, Schrödinger-
platz 1 . . . . 211 23 . . ., 22156

XVI. [13., 23. Bezirk],
(1235) 23, Liesing, Dirmhirn-
gasse 29 . . . . 863 34 . . ., 23156

Sonderschulen,
(1010) 1, Wipplingerstraße 28 . . 525 25 . . ., 77196

XVII. Sonderpädagogische Zentren für
integrative Betreuung 77176

Allgemein bildende Pflichtschulen

**Näheres → "Schulführer des Stadtschulrates für Wien",
Internet http.//www.magwien.gv.at/ssr/**

AKL = Aufbauklasse
BAfL = Bundesanstalt für Leibeserziehung
BAKP = Bildungsanstalt für Kindergartenpädagogik
BBI = Bundes-Blindenerziehungsinstitut
BIG = Bundesinstitut für Gehörlosenbildung
BOM = Berufsorientierte Mittelstufenschule
BVL = Berufsvorbereitungslehrgang
DKS = Differenzierte Kooperationsschule
DYN = Dynamisches Förderkonzept
EMS = Mittelschule mit europäischem Schwerpunkt (Schulversuch)
F = Französisch
FHS = Hauptschule mit fremdsprachlichem Schwerpunkt
FK = Förderklasse
FMS = Fachmittelschule (autonomes Projekt an der Polytechnischen Schule)
FREINET = Freinetpädagogik
FSE = Flexible Schuleingangsphase
GEPS = Global Education Primary School
GTK = Ganztagsklasse
GTS = Ganztagsschule
HeimS = Heimschule
HS = Hauptschule
HSGE = Hauptschule mit Schwerpunkt Gesundheit und Ernährung
HSI = Hauptschule mit Schwerpunkt Informatik
HSM = Hauptschule mit Schwerpunkt Medienerziehung
HSMk = Hauptschule mit musisch-kreativem Schwerpunkt
HSNT = Hauptschule mit naturkundlich-technischem Schwerpunkt
HSÖKO = Hauptschule mit ökologischem Schwerpunkt
HSPG = Hauptschule mit Schwerpunkt produktorientiertes Gestalten
IBHS = Hauptschule mit Schwerpunkt Interessenförderung und Berufsorientierung
IMS = Informatikmittelschule
INTK = Integrationsklasse
KMS = Projekt "Kooperative Mittelschule" = nur an PHS
LFKL = Lern- und Freizeitklub
MA = Schule mit Mittagsaufsicht
MHS = Musikhauptschule
MOD = Modifizierte Grundschule (Schulversuch)
MON = Montessoripädagogik
MS = Mittelschule (Schulversuch)
MSK = Mehrstufenklassen
NGS = Neue Grundschule (Schulversuch)
NQ = Nachqualifizierung für Lehrstellen suchende Jugendliche
OFF = Offenes Lernen
OS = Offene Schule
PHS = Private Hauptschule
PS = Polytechnische Schule
PSK = PS-Kooperationsklasse
PSO = Private Sonderschule
PVS = Private Volksschule
REF = Reformpädagogik
SEH = Sonderschule für sehbehinderte Kinder
SES = Sondererziehungsschule
SHE = Heilstättenschule
SHS = Sporthauptschule
SKÖ = Sonderschule für körperbehinderte Kinder
SO = Sonderschule
SPR = Sonderschule für sprachgestörte Kinder
SPZ = Sonderpädagogisches Zentrum
SSB = Sonderschule für schwerstbehinderte Kinder
SSH = Sonderschule für schwerhörige Kinder
STS = Standschule
THK = Tagesheimklasse
THS = Tagesheimschule
ÜHS = Übungshauptschule
ÜVS = Übungsvolksschule
VBS = Vienna Bilingual School (Schulversuch)
VS = Volksschule
VSK = Vorschulklasse
5TW = Fünf-Tage-Woche

I. Öffentliche Schulen

1. Öffentliche Volks- und Hauptschulen:

1, Börsegasse 5 . . . . 533 00 51
VS, INTK, SEB, DYN
1, Renngasse 20 . . . . 533 00 45
HS, MKS, 5TW, DKS
1, Stubenbastei 3 . . . . 512 74 95
VS, MSK, F, FSE, DYN
2, Aspernallee 5 . . . . 728 95 97
VS, GTS, VSK
2, Czerninplatz 3 . . . . 216 42 21
VS, FSE, AKL

2, Darwingasse 14 .... 214 13 94
VS, LFKL, INTK, F
2, Feuerbachstraße 1 .... 726 63 77
HS, HSI, 5TW, INTK
2, Kleine Sperlgasse 2a 216 61 83
VS, VSK. FSE
2, Kleine Sperlgasse 2a 216 53 35
HS, NGS, OS, 5TW, INTK
2, Leopoldsgasse 3 .... 214 60 39
VS, INTK, FSE
Expositur:
2, Schwarzingergasse 4 .... 214 70 80
2, Max-Winter-Platz 2 .... 729 48 77
HS, OS, 5TW, HSGE, INTK
2, Novaragasse 30 .... 214 72 73
VS, FSE
2, Obere Augartenstraße 38 .... 216 59 90
HS, ÖKS, 5TW, INTK, DKS
2, Pazmanitengasse 26 .... 214 44 20
HS, FHS, INTK, 5TW
2, Schönngasse 2 .... 729 71 79
VS, MSK, INTK, FSE
2, Vereinsgasse 29 .... 214 32 94
VS, FSE, MSK
2, Vorgartenstraße 191 .... 726 39 35
VS, VSK
2, Vorgartenstraße 210 .... 729 47 58
VS, INTK, VSK
2, Wehlistraße 178 .... 726 31 78
VS, INTK, FSE
2, Wittelsbachstraße 6 .... 728 10 42
VS, NGS, OS
2, Wittelsbachstraße 6 .... 728 10 60
HS, SHS, 5TW, OS
2, Wolfgang-Schmälzl-Gasse 13 .... 729 48 19
VS, NGS, OS, FSE, MSK, INTK
3, Dietrichgasse 36 .... 714 57 03
VS, FSE
3, Dietrichgasse 36 .... 712 13 35
HS, MHS, 5TW, INTK
3, Erdbergstraße 76 .... 714 57 61
VS, VSK, THK
3, Eslarngasse 23 .... 713 44 69
VS, INTK, LFKL, FSE, MON, MSK
3, Hainburger Straße 40 .... 713 46 34
VS, VSK, INTK, FSE, WAL
3, Hainburger Straße 40 .... 714 57 50
HS, HSPG, 5TW, MS
3, Hörnesgasse 12 .... 714 57 40
HS, INTK, MS, 5TW
Expositur:
3, Petrusgasse 10 .... 712 25 53
ASO
3, Kleistgasse 12 .... 798 61 31
VS, VSK, INTK, OS, MSK, LFKL, MON
3, Kölblgasse 23 .... 798 61 26
HS, OS, 5TW, INTK
3, Kolonitzgasse 15 .... 713 44 51
VS, DYN, INTK, FSE, MON
3, Landstraße Hauptstraße 146 .... 718 51 86
VS, GTS, NGS, INTK, MON, MSK
3, Petrusgasse 10 .... 714 57 93
VS, VSK, INTK, MSK, WAL, MON

3, Reisnerstraße 43 .... 714 51 54
VS, VSK, F, INTK
4, Graf-Starhemberg-Gasse 8 .... 505 74 37
VS, FSE, LFKL, INTK
4, Phorusgasse 4 .... 586 66 39
VS, FSE, OS, INTK
4, Sankt-Elisabeth-Platz 8 .... 505 75 86
VS, FSE
4, Schäffergasse 3 .... 587 62 16
VS, LFKL
4, Schäffergasse 3 .... 587 62 42
HS, NTS, INTK, 5TW, LFKL
4, Schaumburgergasse 7 .... 505 74 40
HS, INTK, LFKL, 5TW
5, Am Hundsturm 18 .... 545 49 60
VS, OS, FSE
5, Einsiedlergasse 7 .... 544 57 10
VS, INTK, E, FSE, MOD
Expositur: 5, Am Hundsturm 18 .... 545 49 60
5, Embelgasse 46–48 .... 544 23 39
HS, 5TW, MA, INTK
5, Gassergasse 44 .... 544 53 99
HS, 5TW, INTK
5, Gassergasse 46 .... 544 25 82
VS, FSE, INTK, MON, MU-KL
5, Pannaschgasse 6 .... 544 75 54
VS, STS, INTK, FSE, LFKL
5, Stolberggasse 53 .... 544 49 06
VS, INTK, OS, FSE, E
5, Viktor-Christ-Gasse 24 .... 544 83 56
HS, STS, INTK, LFKL, 5TW
6, Corneliusgasse 6 .... 587 01 23
VS, FSE, INTK, DYN
6, Gumpendorfer Straße 4 .... 586 41 60
VS, FSE, DYN
6, Loquaiplatz 4 .... 596 93 06
HS, INTK, HSM, 5TW
6, Mittelgasse 24 .... 597 67 21
VS, FSE, INTK, LFKL, FK, DYN
6, Sonnenuhrgasse 3–5 .... 597 33 33
VS, FSE, LFKL, FK, DYN
7, Neubaugasse 42 .... 526 15 94
HS, MKS, INTK
Expositur: 7, Zollergasse 41 .... 526 71 97
7, Neustiftgasse 98–100 .... 526 19 77
VS, FSE
7, Neustiftgasse 98–100 .... 526 19 78
HS, INTK, OS, EMS
7, Stiftgasse 35 .... 526 19 76
VS, FSE, DYN
7, Zieglergasse 21 .... 526 15 93
VS, GTS, FSE
8, Lange Gasse 36 .... 406 91 85
VS, FSE, DYN, ISCH, MSK
8, Pfeilgasse 42b 406 26 42
VS, THK, INTK, FSE, DYN
8, Pfeilgasse 42b 408 14 24
HS, INTK, 5TW
8, Zeltgasse 7 .... 406 88 80
VS, FSE, OS, DYN, REF
9, Galileigasse 5 .... 317 74 35
VS, VSK
9, Gilgegasse 12 .... 405 54 33

VS, NGS, INTK, DYN
9, Glasergasse 8 . . . . 317 29 40
HS, STS, OS, HSI, INTK, 5TW, DKS
9, Grünentorgasse 9
(Franz-Schubert-Schule) 319 53 18
VS, INTK, DYN, FSE, AKL
9, Marktgasse 31 . . . . 319 52 05
VS, FSE, GEPS, STS, DYN
9, Währinger Straße 43 . . . . 405 24 72
VS, FSE, DYN
10, Absberggasse 50 . . . . 607 20 10
HS, OS, 5TW, INTK
10, Alxingergasse 82 . . . . 604 01 44
VS, FSE, STS, AKL
10, Bernhardtstalgasse 19 . . . . 602 01 94
VS, INTK, LFKL, VSK
10, Carl-Prohaska-Platz 1 . . . . 615 02 79
VS, VSK, GTS
10, Georg-Wilhelm-Papst-Gasse 2 . . . . 602 35 69
VS, VSK, FSE
10, Georg-Wilhelm-Papst-Gasse 2a 604 12 96
HS, FHS, 5TW, INTK
10, Hebbelplatz 2 . . . . 604 17 87
VS, FSE
10, Herzgasse 27 . . . . 602 44 83
HS, INTK, 5TW
10, Herzgasse 87 . . . . 603 08 85
VS, FSE, VSK
10, Hugo-Meisl-Weg 6 . . . . 615 62 84
VS, VSK
10, Jagdgasse 22 . . . . 606 54 15
VS, AKL, INTK, FSE
10, Jagdgasse 23 . . . . 606 54 21
VS, VSK, GTS
10, Josef-Enslein-Platz 1–3 . . . . 617 37 07
HS, OS, 5TW, INTK
10, Keplerplatz 7 . . . . 604 15 36
VS, VBS, FSE
10, Klausenburger Straße 25 . . . . 604 42 68
VS, FSE
10, Knöllgasse 59 . . . . 604 01 29
VS, VSK
10, Knöllgasse 61 . . . . 604 01 24
HS, 5TW, INTK
10, Laaer-Berg-Straße 170 . . . . 688 42 89
VS, FSE
10, Laimäckergasse 17 . . . . 604 17 41
VS, INTK, FSE
10, Leibnizgasse 33 . . . . 604 35 11
HS , 5TW, INTK
10, Neilreichgasse 111 . . . . 616 15 60
VS, VSK, INTK
10, Oberlaaer Platz 1 . . . . 688 55 73
VS, FSE
10, Per-Albin-Hansson-Siedlung Ost,
Ada-Christen-Gasse 9 . . . . 688 31 26
VS, FSE
10, Per-Albin-Hansson-Siedlung Ost,
Wendstattgasse 3 . . . . 688 15 61
VS, FSE, INTK
10, Per-Albin-Hansson-Siedlung Ost,
Wendstattgasse 3 . . . . 688 16 60
HS, VBS, 5TW
10, Per-Albin-Hansson-Siedlung Ost,
Wendstattgasse 5 . . . . 688 35 65
HS I, MHS, STS, INTK, 5TW
10, Per-Albin-Hansson-Siedlung Ost,
Wendstattgasse 5 . . . . 688 35 64
HS II, SHS, MA, 5TW
10, Quellenstraße 54 . . . . 604 24 44
VS, FSE
10, Schrankenberggasse 32 . . . . 604 14 65
VS, FSE
10, Selma-Lagerlöf-Gasse 20 . . . . 688 23 66
VS, FSE, VBS
10, Tesarekplatz 4 . . . . 616 32 60
VS, FSE, VSK
11, Braunhubergasse 3 . . . . 749 41 66
VS, FSE, MA, MSK, DYN
11, Brehmstraße 9 . . . . 749 14 46
VS, FSE, DYN
11, Enkplatz 4 . . . . 748 14 50
HS I, OS, 5TW, INTK
11, Enkplatz 4 . . . . 749 17 71
HS II, MKS, INTK
11, Florian-Hedorfer-Straße 20 . . . . 767 13 62
VS, FSE, NGS, DYN
11, Florian-Hedorfer-Straße 26 . . . . 767 13 73
HS, MS, INTK
11, Fuchsröhrenstraße 25
(Rosa-Jochmann-Schule) 748 18 93
VS, GTS, FSE
11, Hasenleitengasse 7 . . . . 767 51 73
HS, GTS, 5TW
11, Herderplatz 1 . . . . 749 71 18
VS, DYN, FSE, INTK
11, Hoefftgasse 7 . . . . 767 17 47
VS, INTK, FSE
11, Molitorgasse 11 . . . . 749 17 07
VS, FSE, INTK
11, Münnichplatz 6 . . . . 767 23 54
VS, FSE
11, Pachmayergasse 6 . . . . 749 41 61
HS, INTK, OS, 5TW
11, Pantucekgasse 13 . . . . 767 10 60
VS, FSE, INTK, OS, DYN
Expositur:
11, Pantucekgasse 13/II 768 98 36
11, Rzehakgasse 7 . . . . 767 13 86
HS, INTK, 5TW
11, Rzehakgasse 9 . . . . 767 23 65
VS, FSE, FK, DYN
11, Simoningplatz 2 . . . . 749 23 97
VS, INTK, FSE, DYN
11, Svetelskystraße 4–6 . . . . 768 83 30
VS, GTS, FSE
11, Svetelskystraße 4–6
(Bruno-Kreisky-Schule) 767 05 06
HS, OS, 5TW, INTK, DKS
11, Svetelskystraße 5 . . . . 768 78 60
VS, FSE, OS, INTK, DYN
11, Wilhelm-Kreß-Platz 32 . . . . 767 10 07
VS
12, Am Schöpfwerk 27 . . . . 667 62 73
VS, VSK, GTS
12, Am Schöpfwerk 27 . . . . 667 81 78

HS, MHS, 5TW, INTK
12, Bischoffgasse 10 .... 815 81 83
VS, FSE, AKL
12, Deckergasse 1 .... 815 01 81
VS, MON, OS, DYN
12, Haebergasse 1a 815 81 55
VS, FSE, INTK, MSK
12, Hermann-Broch-Gasse 2 .... 804 33 47
HS, SHS, OS, 5TW
12, Herthergasse 28 .... 813 95 62
HS, NGS, INTK, 5TW, 6TW
12, Johann-Hoffmann-Platz 19 .... 815 48 74
HS, MKS, INTK, 5TW
12, Johann-Hoffmann-Platz 20 .... 815 81 78
VS, INTK, MGS, FSE, MON, DYN
12, Karl-Löwe-Gasse 20 .... 815 14 07
VS, FSE, INTK, DYN, LFKL
12, Nymphengasse 7 .... 815 62 45
VS, INTK, FSE
12, Rohrwassergasse 2 .... 802 44 47
VS I, OS, INTK, FSE
12, Rohrwassergasse 2 .... 803 36 84
VS II, INTK, FSE
12, Rothenburgstraße 1 .... 804 91 05
VS, FSE, INTK
12, Ruckergasse 42 .... 815 81 79
VS, VSK, INTK, FSE
12, Steinbauergasse 27 .... 813 75 80
HS, INTK, HSI, 5TW, OS
13, Am Platz 2 .... 877 73 68
VS, FSE, DYN, STS
13, Auhofstraße 49 .... 876 52 83
VS, FSE
13, Dr.-Schober-Straße 1 .... 804 31 50
VS, INTK, FSE
13, Hietzinger Hauptstraße 166 .... 876 41 83
VS I, FSE, DYN
13, Hietzinger Hauptstraße 166 .... 876 41 84
VS II, FSE, INTK, DYN
13, Speisinger Straße 44 .... 804 63 77
VS, FSE, DYN, MSK, MON
13, Steinlechnergasse 5–7 .... 804 77 19
VS, INTK, DYN, MSK, FSE, MON, LFKL, NGS
Expositur:
13, Maygasse 25
13, Veitingergasse 9 .... 804 75 89
HS, MS, OS, HSI, INTK
14, Diesterweggasse 30 .... 894 64 92
VS, FSE, OS, INTK
14, Felbigergasse 97 .... 914 85 84
VS, FSE, MON, INTK
Expositur:
14, Linzer Straße 232
14, Hauptstraße 70 .... 979 26 59
VS, OS, FSE, MON
14, Hauptstraße 80 .... 979 25 77
HS, OS, SHS, 5TW, INTK
14, Hochsatzengasse 22–24 .... 914 42 03
VS, NGS, OS, FSE, WAL
14, Karl-Toldt-Weg 12 .... 914 86 65
VS, VSK
14, Kinkplatz 21 .... 911 63 45
HS I, GTS, MS, 5TW, INTK
14, Kinkplatz 21 .... 911 63 43
HS II, HSI, INTK
14, Linzer Straße 419 .... 914 85 86
VS, INTK, FSE, DYN
14, Lortzinggasse 2 .... 982 35 90
VS, VSK, MON, INTK, MSK
14, Lortzinggasse 2 .... 982 32 79
HS, ÖKS, 5TW, INTK
14, Märzstraße 178–180 .... 985 71 36
VS, FSE, DYN, MON, OS
14, Mondweg 73–83 .... 979 31 94
VS, INTK, FSE, DYN, MON
14, Spallartgasse 18 .... 985 45 51
HS, MKS, INTK, 5TW
14, Zennerstraße 1 .... 985 97 44
VS, INTK, VSK, FREINET, MSK
Expositur:
14, Kienmayergasse 41 .... 982 62 72
15, Benedikt-Schellinger-Gasse 1–3 ...... 982 34 03
VS, FSE, LFKL, INTK, DYN
15, Friedrichsplatz 5 .... 892 35 74
VS, VSK, INTK, LFKL
15, Friesgasse 10 (Oskar-Spiel-Schule) ... 893 00 96
VS, FSE, MOD, DYN
15, Goldschlagstraße 14–16 .... 982 46 09
VS, FSE, INTK
Expositur:
15, Zinckgasse 12–14 .... 984 83 46
15, Goldschlagstraße 113 .... 786 84 30
VS
15, Johnstraße 40 .... 982 24 87
VS, VSK, F, NGS
15, Kauergasse 3–5 .... 892 35 41
HS, INTK, 5TW
15, Ortnergasse 4 .... 893 64 03
VS, INTK, OS, F, NGS, FSE
15, Reichsapfelgasse 30 .... 893 69 53
VS, GTS, VSK
15, Schweglerstraße 2–4 .... 982 61 49
HS, NTS, 5TW, LFKL, INTK
15, Sechshauser Straße 71 .... 893 90 84
HS, HSI, 5TW, LFKL
15, Selzergasse 19 .... 982 07 06
VS, F, INTK, LFKL, FSE, DYN
Expositur:
15, Kröllgasse 20 .... 982 36 25
15, Selzergasse 25 .... 982 52 93
HS, OS, FHS, 5TW, INTK
16, Brüsslgasse 18 .... 492 10 49
VS, VSK, STS, INTK
16, Brüsslgasse 18 .... 492 43 22
HS, INTK, 5TW
Expositur:
16, Herbststraße 86 .... 492 10 46
16, Gaullachergasse 49 .... 406 01 03
VS, INTK, FSE
16, Grubergasse 4 .... 486 11 71
VS, VSK, LFKL
16, Grundsteingasse 48 .... 406 01 08
HS, STS, INTK
16, Grundsteingasse 56 .... 406 99 86
VS, OS

16, Herbststraße 86 (Marie-Jahoda-Schule) 492 43 23
VS, INTK, NGS, VBS, LFKL, FSE
16, Julius-Meinl-Gasse 1 .... 486 52 36
VS, FSE, INTK, MOD
16, Koppstraße 110 .... 495 14 39
HS I, OS, 5TW, INTK, MKS
16, Koppstraße 110 .... 495 14 41
HS II, NTS, OS, 5TW, INTK, VBS
16, Landsteinergasse 4 .... 493 14 21
VS, VSK
16, Liebhartsgasse 19–21 .... 493 15 87
VS, VSK, INTK, LFKL
16, Lorenz-Mandl-Gasse 58 .... 493 92 16
VS, INTK, FSE
16, Odoakergasse 48 .... 485 37 60
VS, FSE, INTK ....
16, Roterdstraße 1 .... 489 53 99
HS, MS, GTS, 5TW
16, Wiesberggasse 7 .... 493 14 10
HS, INTK, 5TW, HSI
17, Geblergasse 29–31 .... 406 01 04
HS, STS, INTK, HSI, 5TW
17, Halirschgasse 25 .... 486 12 59
VS, OS, MON, FREINET, INTK, FSE, F
17, Kindermanngasse 1 .... 406 99 87
VS, NGS, MON
17, Knollgasse 4–6 .... 486 31 24
VS, INTK
17, Redtenbachergasse 79 .... 486 34 26
HS, 5TW, INTK, MA, IBHS
Expositur:
17, Arzbergergasse 2 .... 486 22 63
17, Rötzergasse 2–4 .... 406 01 00
VS, INTK, FSE, LFKL, FREINET
Expositur:
17, Leopold-Ernst-Gasse 34
17, Wichtelgasse 67 .... 486 23 45
VS I, THK, DYN, FSE, F, INTK, MON
17, Wichtelgasse 67 .... 485 15 56
VS II, STS, FSE
18, Alsegger Straße 45 .... 479 13 44
HS, MHS, 5TW
18, Bischof-Faber-Platz 1 .... 470 62 24
VS, FSE, INTK, MON, MSK
18, Cottagegasse 17 .... 470 58 32
VS, FSE, INTK
18, Klettenhofergasse 3 .... 406 44 80
VS, FSE
18, Köhlergasse 9 .... 470 63 17
VS, VSK, GTS
18, Scheibenbergstraße 63 .... 470 63 69
VS, VBS, FSE
18, Schopenhauerstraße 79 .... 470 61 18
HS, INTK, 5TW
18, Schulgasse 57 .... 406 99 89
VS, VSK, LFKL
19, Celtesgasse 2 .... 440 29 47
VS, FSE
19, Flotowgasse 25 .... 320 34 66
VS, VSK, FSE
19, Grinzinger Straße 88 .... 370 11 49
VS, FSE
19, In der Krim 6 .... 368 56 41
HS, OS, 5TW, VBS
19, Kreindlgasse 24 .... 368 32 03
VS, STS, FSE
19, Krottenbachstraße 108 .... 320 56 05
VS, INTK, FSE
19, Mannagettagasse 1 .... 320 23 57
VS, FSE
19, Oskar-Spiel-Gasse 3 .... 370 25 02
VS, FSE
19, Oskar-Spiel-Gasse 3 .... 370 36 53
HS, MKS, INTK, DKS, MA
19, Pantzergasse 25 .... 369 42 45
VS, AKL, FSE, INTK
19, Pyrkergasse 14–16 .... 368 22 86
HS, INTK, 5TW
19, Windhabergasse 2d 320 23 10
VS, FSE
20, Allerheiligenplatz 7 .... 332 71 84
VS, VSK, INTK
20, Dietmayrgasse 3 .... 332 91 27
VS, FSE, INTK
20, Engerthstraße 78–80 .... 332 59 22
VS, FSE
20, Greiseneckergasse 29 .... 330 42 26
VS I, VSK
Expositur:
20, Staudingergasse 6 .... 332 63 49
20, Greiseneckergasse 29 .... 332 63 40
VS II, INTK
20, Greiseneckergasse 31 .... 332 53 54
HS, FHS, 5TW, INTK
20, Leipziger Platz 1 .... 332 53 49
HS, STS, HSI, 5TW
Expositur:
20, Treustraße 9 .... 332 04 97
20, Leystraße 34 .... 332 85 52
VS, VSK, INTK
Expositur:
20, Leystraße 36 .... 330 44 16
20, Pöchlarnstraße 14 .... 332 70 32
HS, 5TW, INTK
20, Robert-Blum-Gasse 2 .... 334 21 80
VS, GTS, FSE
20, Spielmanngasse 1 .... 332 71 51
VS, GTS, FSE
20, Staudingergasse 6 .... 330 33 12
HS, MKS, 5TW
20, Stromstraße 40 .... 332 50 42
HS, INTK, ÖKS, 5TW
20, Treustraße 55 .... 330 75 50
VS I, VSK, LFKL
20, Treustraße 55 .... 330 75 61
VS II, STS, LFKL, INTK
20, Vorgartenstraße 50 .... 333 37 23
VS, OS, INTK
20, Vorgartenstraße 95-97 .... 330 31 52
VS, OS, FSE
21, Aderklaaer Straße 2 .... 258 25 62
HS, MS, OS, INTK, BOM
21, Adolf-Loos-Gasse 2 .... 256 87 27
VS, INTK, VSK
21, Adolf-Loos-Gasse 2 .... 259 64 11
HS, MS, INTK, 5TW

21, Berzeliusgasse 2 .... 292 35 62
VS, NGS, INTK
21, Brünner Straße 139 .... 292 53 61
VS, FSE
Expositur:
21, Dr.-Albert-Gessmann-Gasse 32 ..... 294 43 40
21, Christian-Bucher-Gasse 14 .... 270 33 71
VS, NGS , INTK, OS
21, Deublergasse 21
(Franz-Jonas-Schule) 270 33 94
HS, OS, BOM
21, Dopschstraße 25 .... 259 61 48
VS, VSK, GTS, MON
21, Dr.-Skala-Straße 43–45 .... 292 53 50
VS, NGS
21, Dr.-Skala-Straße 43–45 .... 292 25 63
HS, 5TW, BOM
21, Dunantgasse 2
(Henri-Dunant-Schule) 271 13 95
VS, VSK
21, Hanreitergasse 2
(Paul-Grüninger-Schule) 294 40 86
VS, VSK, OS, INTK
21, Hanreitergasse 2
(Paul-Grüninger-Schule) 294 52 00
HS, OS, BOM
21, Herzmanovsky-Orlando-Gasse 11 .... 259 83 40
VS, FSE, INTK, OS
21, Irenäusgasse 2 .... 292 35 70
VS, VSK, GTS
21, Jochbergengasse 1 .... 292 25 61
VS, VSK, F, INTK
21, Jochbergengasse 1 .... 292 35 75
HS, BOM, INTK
21, Kinzerplatz 9 .... 270 11 80
HS, BOM, INTK
21, Lavantgasse 35 .... 292 71 40
VS, FSE, DYN
21, Marco-Polo-Platz 9 .... 292 41 80
VS, NG, INTK, MON
21, Ostmarkgasse 30 .... 270 11 68
VS, VSK
21, Pastorstraße 29 .... 259 61 03
VS, INTK
21, Pastorstraße 29 .... 259 61 01
HS, SHS, BOM, INTK
21, Prießnitzgasse 1 .... 278 22 37
VS I, VSK, INTK
21, Prießnitzgasse 1 .... 270 06 13
VS II, INTK, FSE, OS
21, Reisgasse 1 .... 292 53 57
HS, BOM, INTK
21, Rittingergasse 29a 292 36 25
VS, VSK
21, Roda-Roda-Gasse 3 .... 292 41 53
HS, OS, HSI, INTK, BOM
21, Rudolf-Schön-Weg 1 .... 272 02 45
HS, OS, INTK, BOM, NTS
21, Schillgasse 31 .... 270 26 94
VS, NGS, INTK
21, Schumpeterweg 3–5 .... 290 97 54
VS, GTS, VSK, FREINET, MON
21, Tomaschekstraße 44 .... 271 15 74
VS, NGS, INTK
21, Zehdengasse 9 .... 258 78 90
VS, VSK, GTS
22, Aspern, Asperner Heldenplatz 3 ...... 282 14 99
VS, FSE
22, Aspern, Eibengasse 58 .... 282 58 14
HS, OS, 5TW, MS, INTK
22, Aspern, Hammerfestweg 1 .... 282 58 08
VS, GTS
22, Aspern, Oberdorfstraße 2 .... 282 11 65
VS, MON, NGS, INTK, FSE
Expositur:
22, Stadlau, Langobardenstraße 178 .... 280 73 38
22, Aspern, Schrebergasse 39 .... 282 52 12
VS, NGS, FSE, INTK, MU-KL, BE-KL
22, Breitenlee, Pirquetgasse 6B 282 63 16
VS, FSE
22, Breitenlee, Schukowitzgasse 89 ...... 734 24 80
VS, NGS, FSE, MON
22, Essling, Hauptstraße 97 .... 774 27 23
VS, INTK, FSE, MU-KL
22, Essling, Simonsgasse 23 .... 774 62 91
HS, OS, MS, INTK, 5TW, VBS
22, Essling, Viktor-Wittner-Gasse 50 ..... 774 30 64
VS, GTS, NGS, FSE
22, Hirschstetten, Konstanziagasse 24 .... 280 98 61
VS, FSE
22, Hirschstetten, Konstanziagasse 50 .... 282 13 87
HS, MA, MS, INTK, 5TW, IMS
22, Hirschstetten, Pastinakweg 10 .... 734 16 01
VS, GTS, ME, BE
22, Hirschstetten, Plankenmaisstraße 30 ... 282 21 67
HS, INTK, 5TW, IBHS, MS
22, Hirschstetten, Prinzgasse 3 .... 282 52 96
VS, FSE, LFKL, INTK
22, Hirschstetten, Prinzgasse 3 .... 282 14 43
HS, INTK, SV-MS, 5TW, IMS, MKS
22, Kagran, Afritschgasse 56 .... 202 43 70
HS, STS, MA, INTK, 5TW, MS
22, Kagran, Anton-Sattler-Gasse 93 ...... 203 47 81
HS, GTS, MS, 5TW, INTK
Expositur:
22, Aspern, Hammerfestweg 1 .... 282 58 04
MS-INTK
Expositur:
22, Stadlau, Steinbrechergasse 6 .... 203 63 92
MS, MON
22, Kagran, Georg-Bilgeri-Straße 13 ..... 203 83 13
VS , FSE, INTK, MU-KL, LÜ-KL
22, Kagran, Klenaugasse 12 .... 203 36 74
VS, VSK, INTK
22, Kagran, Markomannenstraße 9 .... 259 75 54
VS, FSE
22, Kagran, Meißnergasse 1 .... 203 21 31
VS, STS, FSE, VBS
22, Kagran, Mira-Lobe-Weg 4 .... 258 11 98
VS, NGS, FSE, INTK
22, Kagran, Mira-Lobe-Weg 4 .... 258 11 95
HS, MS, INTK, 5TW
22, Kagran, Natorpgasse 1 .... 203 83 14
VS, FSE, OS
22, Kagran, Prandaugasse 5 .... 203 58 90
VS, FSE, MON

22, Kaisermühlen, Am Kaisermühlendamm 2 . . . . 263 69 60
VS, OS, FSE, INTK, MSK
22, Kaisermühlen, Am Kaisermühlendamm 2 . . . . 263 69 90
HS, MS , SMS, OS, 5TW
22, Kaisermühlen, Leonard-Bernstein-Straße 2 . . . . 263 66 36
VS, VBS, FSE, MON
22, Kaisermühlen, Schüttaustraße 42 . . . . . 263 53 71
VS, MON, FSE, FREINET
22, Kaisermühlen, Wagramer Straße 27 . . . 263 74 24
VS, OS, FSE, INTK
22, Leopoldau, Brioschiweg 1 . . . . 258 31 70
VS, INTK, MSK
22, Leopoldau, Brioschiweg 3 . . . . 258 31 78
VS, INTK, MSK
22, Stadlau, Langobardenstraße 56 . . . . 282 63 13
VS, MON, INTK, FSE
23, Alt-Erlaa, Wohnpark, Anton-Baumgartner-Straße 44 . . . . 667 77 34
VS I, GTS, FSE
23, Alt-Erlaa, Wohnpark, Anton-Baumgartner-Straße 44 . . . . 667 83 11
VS II, FSE, DYN, MON
23, Atzgersdorf, Carlbergergasse 72 . . . . . . 869 76 23
HS, MS, INTK, OHS, HSMK, PMS
23, Atzgersdorf, Kirchenplatz 2–3 . . . . 869 41 33
VS, STS, INTK, MSK, FSE, DYN, FREINET
Expositur:
23, Atzgersdorf, Canavesegasse 22a
23, Atzgersdorf, Prückelmayrgasse 6 . . . . . 888 31 13
VS I, INTK, DYN, FSE, MSK, MON
23, Atzgersdorf, Prückelmayrgasse 6 . . . . . 888 67 87
VS II, FSE, DYN, MON, OS
23, Atzgersdorf, Steinergasse 25 . . . . 869 22 33
HS, MS, INTK, HSNT, HSI, FHS
23, Erlaa, Alma-Seidler-Weg 2 . . . . 662 73 31
VS, FSE, INTK, MON
23, Erlaa, Erlaaer Straße 74 . . . . 869 02 48
VS, FSE, DYN
23, Inzersdorf, Anton-Baumgartner-Straße 119 . . . . 667 16 64
VS, FSE, DYN, INTK
23, Inzersdorf, Anton-Baumgartner-Straße 119 . . . . 667 62 51
HS, MS, ÖKS, INTK, HSÖKO
Expositur:
23, Inzersdorf, Putzendoplergasse
23, Inzersdorf, Draschestraße 96 . . . . 615 56 39
VS, FSE, DYN, REF
23, Liesing, Dirmhirngasse 138 . . . . 865 92 44
HS, MS, LFKL
23, Liesing, Pülslgasse 28 . . . . 869 26 66
VS, FSE, DYN, MON, AKL
23, Mauer, Bendagasse 1–2 . . . . 889 85 07
VS I, FSE, DYN, INTK, MON
23, Mauer, Bendagasse 1–2 . . . . 889 86 07
VS II, FSE, MSK, INTK, MON
23, Mauer, Bendagasse 1–2 . . . . 889 85 50
HS, STS, MS, INTK, MON
23, Rodaun, Fürst-Liechtenstein-Straße 17 . 888 69 21
VS, FSE, DYN
23, Siebenhirten, Akaziengasse 52–54 . . . . 699 19 37
VS, FSE
23, Siebenhirten, Baslergasse 43 . . . . 699 19 38
VS, INTK, FSE, DYN

2. Öffentliche Sonderschulen

Sonderpädagogische Zentren für verhaltensauffällige Kinder (Sondererziehungsschulen)

9, Galileigasse 3 . . . . 317 21 70
SPZ, VS-FK
11, Hoefftgasse 7 . . . . 767 33 36
SPZ, VS-FK, HS-FK
13, Hackinger Kai 15 . . . . 877 25 98
SPZ, VS, HeimS, HS, ASO
14, Hauptstraße 72 . . . . 979 42 03
SPZ, HS
19, Hohe Warte 3–5 . . . . 368 53 85
SPZ, VS, HS
20, Jägerstraße 11–13 . . . . 334 67 34
SPZ, VS-Mosaik
22, Leopoldau, Brioschiweg 1 . . . . 258 31 79
SPZ

Sonderschule für sprachgestörte Kinder

3, Landstraßer Hauptstraße 146 . . . . 718 52 13
SPR, VS, VSK, INTK, STS, NGS, GTS

Heilstättenschule

17, Pezzlgasse 29 . . . . 405 72 77
SHE, SO, VSK, VS, HS, PS

Sonderschule für sehbehinderte Kinder

15, Zinckgasse 12–14 . . . . 982 51 91
SEH, VS, HS, MA, SO, INTK, OS, VSK

Sonderschulen für schwerstbehinderte Kinder

2, Schwarzingergasse 4 . . . . 214 70 80
SSB, THS, INTK
3, Paulusgasse 9–11 . . . . 712 22 55
SSB, THS, INTK
14, Kienmayergasse 41 . . . . 982 62 72
SSB, THS, INTK
21, Herchenhahngasse 6 . . . . 259 83 41
SSB, THS, INT

Sonderschule für schwerhörige Kinder

22, Aspern, Hammerfestweg 1 .... 282 58 04
SSH, THS, VS, HS, VSK, INTK, MA, FK, MS

Sonderschulen für körperbehinderte Kinder

17, Hernalser Hauptstraße 220–222 ...... 484 93 01
SKÖ, THS, VS, HS, SO, INTK
18, Währinger Straße 173–181 .... 479 11 76
SKÖ, THS, VS, SO, VSK
18, Währinger Straße 173–181 .... 470 71 94
SKÖ, THS, HS, INTK
23, Mauer, Kanitzgasse 8 .... 888 10 46
SKÖ, THS, VS, HS, SO

Bundesinstitut für Gehörlosenbildung

13, Maygasse 25 .... 804 63 64
BIG, INTK, THS

Bundes-Blindenerziehungsinstitut

2, Wittelsbachstraße 5 .... 728 08 66
BBI, INTK, THS, PS

Allgemeine Sonderschulen (ASO)

2, Holzhausergasse 7 .... 216 51 77
PS, INTK, BVL
3, Petrusgasse 10 .... 712 25 53
STS, INTK
5, Diehlgasse 2 .... 544 27 82
STS, INTK
6, Spalowskygasse 5 .... 597 91 76
MA, INTK
10, Quellenstraße 52 .... 602 11 48
INTK
10, Sonnleithnergasse 32 .... 602 11 49
INTK
11, Herderplatz 1a 749 51 34
INTK, STS, FK, AL
12, Rosasgasse 8 .... 813 42 73
STS, INTK
Expositur: 12, Ruckergasse 40 .... 815 11 69
14, Linzer Straße 232 .... 914 85 57
INTK
Expositur: 14, Muthsamgasse 2 .... 985 24 05
15, Kröllgasse 20 .... 982 32 33
INTK, FK, AL
16, Schinnaglgasse 3–5 .... 493 15 47
STS, PS, INTK, HAK, BVL
17, Hernalser Hauptstraße 222 .... 484 93 05
INTK, OS
17, Leopold-Ernst-Gasse 37 .... 485 23 52
INTK
18, Anastasius-Grün-Gasse 10 .... 478 34 48
INTK, PS
Expositur: 19, Pyrkergasse 14–16 ...... 369 19 94
20, Treustraße 9 .... 330 45 87
STS, INTK, NQ
Expositur: 20, Leystraße 34 .... 330 93 41
PS
21, Franklinstraße 27–33 .... 270 31 68
INTK I, INTK II
22, Kagran, Lorenz-Kellner-Gasse 15
(Lorenz-Kellner-Schule) 259 81 00
INTK, PS, FK, AL
22, Stadlau, Steinbrechergasse 6 .... 203 63 92
STS, INTK, OS
23, Atzgersdorf, Canavesegasse 22a 869 35 94
INTK

3. Öffentliche Polytechnische Schulen (PS)

3, Maiselgasse 1 .... 796 78 44
PS-K, INTK
10, Pernerstorfergasse 30–32 .... 602 44 76
PS-K, INTK
Expositur:
10, Wendstattgasse 3 .... 688 06 27
15, Benedikt-Schellinger-Gasse 1–3 ...... 985 45 68
PS-K, INTK
Expositur:
15, Friedrichsplatz 5 .... 897 46 55
18, Schopenhauerstraße 81 .... 470 61 10
PS-K, INTK
Expositur:
18, Bischof-Faber-Platz 1 .... 479 81 87
Expositur:
18, Leitermayergasse 47 .... 409 75 54
Expositur:
19, Pyrkergasse 16
20, Engerthstraße 78–80 .... 330 45 13
PS-K, INTK, 5TW
Expositur:
21, Roda-Roda-Gasse 3 .... 292 35 92
22, Kagran, Wintzingerodestraße 1–3 ..... 203 73 82
PS-K, INTK
Expositur:
2, Blumauergasse 21 .... 214 73 80
23, Inzersdorf, Anton-Baumgartner-
Straße 44 .... 667 77 35
PS-FMS, INTK

II. Privatschulen

1. Private Volks- und Hauptschulen

1, Judenplatz 6 .... 533 95 84
PVS, AKL, FSE, DYN
2, Castellezgasse 35 .... 216 40 47
PVS, FSE
2, Leopoldsgasse 1a 214 48 21
PVS, FSE
2, Malzgasse 16 .... 214 37 94
PVS, FSE, 5TW
2, Nepomukgasse 2 .... 212 67 01
PVS, VSK
2, Obere Augartenstraße 1 .... 216 39 42 ..., 10
PVS, FSE
2, Obere Augartenstraße 34 .... 214 48 21 ..., 11
PHS, GTK, KMS
2, Rabbiner-Schneerson-Platz 1 .... 334 18 18
PVS, PHS, DYN, MS, FSE
3, Apostelgasse 5 .... 713 53 31 ..., 42
PVS, FSE, DYN
3, Erdbergstraße 70 .... 713 53 31 ..., 47
PHS, 5TW, KSM, HS
3, Fasangasse 4 .... 796 56 06
PHS, 5TW, KMS, HS
3, Rennweg 31 .... 712 62 46 ..., 57
PVS, FSE, DYN
3, Fseastianplatz 3 .... 714 88 76
PVS, PHS, 5TW, VBS
4, Karlsplatz 14 .... 505 27 53, 505 96 34
PVS, PHS, FK, MA, 5TW
4, Wiedner Hauptstraße 82 .... 587 17 35
PVS
6, Liniengasse 21 .... 595 25 96, 596 21 39
PVS, PHS, FSE, MS, DYN, OS, 5TW
6, Lutherplatz 1 .... 597 14 46
PVS, FSE
7, Burggasse 37 .... 523 03 93
PVS, FSE, DYN
7, Kenyongasse 4–12 .... 523 29 83
PVS, PHS, FSE
7, Westbahnstraße 5 .... 368 93 63
PVS, MON, 5TW
8, Piaristengasse 43 .... 406 22 60
PVS, FSE, DYN
9, Währinger Straße 59 .... 409 46 46, 408 50 00
PVS, PHS
10, Alxingergasse 8 .... 604 37 45 ..., 19
PVS, VSK
10, Jenny-Lind-Gasse 1 .... 689 33 54
PVS, PHS
10, Ludwig-von-Höhnel-
Gasse 17–19 .... 689 39 26, 688 78 49
PVS, PHS, VSK, THS, 5TW
10, Quellenstraße 87 .... 604 01 33
PVS, FSE, OS
Expositur: 10, Antonsplatz 17 .... 603 31 91
13, Feldmühlgasse 26 .... 877 31 91
PVS
13, Schlossberggasse 17 .... 877 36 91
PVS, PHS, OS, THS, 5TW, MS
13, Seuttergasse 29 .... 876 68 21
PVS, PHS
14, Breitenseer Straße 31 .... 982 13 43 ..., 14
PVS, VSK, THS, FSE, MON
14, Hüttelbergstraße 5 .... 911 69 68
PVS, THS
15, Friesgasse 4–8 .... 893 65 50
PVS, PHS, FSE, INTK
15, Gebrüder-Lang-Gasse 4 .... 893 43 16
PVS, PHS, OS, FSE
18, Antonigasse 72 .... 470 30 50
PVS, PHS, 5TW, INTK, FSE, KMS
18, Geymüllergasse 1 .... 479 31 21
PVS, PHS
18, Lacknergasse 89 .... 479 21 80 ..., 31
PVS, PHS, FSE, 5TW
18, Scheidlstraße 2 .... 479 23 54
PVS, FSE
18, Schopenhauerstraße 44–46 .... 406 11 73 ..., 12
PVS, PHS , FSE, 5TW, DKS
18, Schumanngasse 17 .... 405 65 48
PVS, FSE
18, Semperstraße 45 .... 479 19 11, 479 19 12
PVS, PHS, VSK, DKS, 5TW
19, Alfred-Wegener-
Gasse 10–12 .... 320 74 12, 320 73 09
PVS, PHS, FSE, KMS, 5TW
19, Döblinger Hauptstraße 83 ..... 368 75 21 ..., 17
PVS, VSK
21, Anton-Böck-Gasse 20 .... 291 25 ..., 660
PVS, PHS, THS, FSE, INF,
5TW, 6TW
22, Kaisermühlen,
Schödlbergergasse 20 .... 263 35 85 ..., 35
PVS, THS, FSE
22, Leopoldau, Jüptnergasse 4 .... 256 72 67
PVS
22, Stadlau, Hardeggasse 65 .... 283 21 38
PVS, VSK
23, Atzgersdorf, Endresstraße 100 .... 888 12 75
PVS, VSK
23, Mauer, Franz-Asenbauer-
Gasse 49 .... 888 21 25 ..., 35
PVS, PHS, MKS, THS, MSV, HSMK,
FSE, DYN
23, Mauer, Maurer-Lange-
Gasse 115 .... 889 82 82
PVS, THS, DYN, VSK
23, Rodaun, Promenadeweg 3 ... 888 41 58 ..., 222
PVS, THS, FSE
23, Rodaun, Willergasse 55 .... 888 41 43
PVS, PHS, OS, FSE, DYN, MON

2. Private Sonderschulen (PSO)

17, Bergsteiggasse 36–38 . . . . 470 37 87
19, Am Himmel – Gspöttgraben 5 . 369 76 80 . . . , 30
HeimS

19, Stefan-Esders-Platz 1 . . . . 320 31 89
HeimS, INTK
23, Mauer, Endresstraße 99 . . . . 888 13 20

III. Öffentliche und private Bildungsanstalten für Kindergartenpädagogik, für Leibeserziehung, Kolleg für Sozialpädagogik

7, Kenyongasse 4–12 . . . . 526 27 81 . . ., 210
(Bildungsanstalt für Kindergartenpädagogik „Mater Salvatoris“ der Kongregation der Töchter des göttlichen Erlösers)
8, Lange Gasse 47 . . . . 409 67 67
(Bundes-Bildungsanstalt für Kindergartenpädagogik)
10, Ettenreichgasse 45c 604 81 54
(Bundes-Bildungsanstalt für Kindergartenpädagogik)
15, Auf der Schmelz 6 . . . . 427 72 99
(Bundesanstalt für Leibeserziehung)

19, Döblinger Hauptstraße 83 . . . . . 368 75 21 . . ., 18
(Bildungsanstalt für Kindergartenpädagogik „Maria Regina“ der Schwestern vom Armen Kinde Jesus)
21, Freytaggasse 32 . . . . 275 34 . . ., 90970
(Kolleg für Sozialpädagogik am Institut für Sozialpädagogik der Stadt Wien,
Kolleg für Sozialpädagogik für Berufstätige des Vereins Wiener Arbeitsgemeinschaft für Sozialpädagogik und Heimerziehung)
21, Patrizigasse 2 . . . . 275 34 . . ., 90951
(Bildungsanstalt für Kindergartenpädagogik der Stadt Wien)

IV. Übungsschulen der Pädagogischen Akademien

10, Ettenreichgasse 45b . . . . 602 91 92 . . ., 276
(Übungsschule der Pädagogischen Akademie des Bundes)
ÜVS, VSK, INTK, FSE
10, Hebbelplatz 1 . . . . 604 31 18
(Übungsschule der Pädagogischen Akademie des Bundes)
ÜHS, INTK

21, Mayerweckstraße 1 . . . . 291 08 . . ., 205
(Übungsschule der Pädagogischen Akademie der Erzdiözese Wien)
ÜVS, FSE
21, Mayerweckstraße 1 . . . . 291 08 . . ., 204
(Übungsschule der Pädagogischen Akademie der Erzdiözese Wien)
ÜHS

V. Schulen mit ausländischem Lehrplan

2, Josef-Gall-Gasse 2 . . . . 720 31 10
(Danube International School)
PVS, AHS
6, Mollardgasse 50 . . . . 596 06 80
(Schule der Islamischen Republik Iran)
PVS
9, Liechtensteinstraße 37a 317 22 41
(Französisches Lyceum)
PVS, AHS
16, Julius-Meinl-Gasse 2a 485 04 14
(Arabische Schule)
PVS, PHS
17, Kalvarienberggasse 60 . . . . 407 77 90
(Österreichisch-Ägyptische Privatschule)
PVS, PHS, AHS
19, Salmannsdorfer Straße 45–47 . . . . 401 320
(American International School)
PVS, AHS
19, Scheibelreitergasse 15 . . . . 320 79 80
(Schwedische Schule)

22, Kagran, Prandaugasse 2 .... 204 22 01
(Verein Japanische Schule)
PVS, AHS

22, Kagran, Straße der Menschenrechte 1 . 203 55 95
(Vienna International School)
PVS, AHS

22, Kaisermühlen, Am Hubertusdamm 17–19 .... 713 91 97
(Saudi-Arabische Schule)
PVS

22, Kaisermühlen, Wagramer Straße 175 ... 256 82 93
(Vienna Christian School)
PVS

Berufsbildende Schulen

1. Öffentliche Berufsschulen

Bank-, Industrie- und Speditionskaufleute
12, Längenfeldgasse 13–15 ..... 599 16 ..., 95361

Baugewerbe
22, Kagran, Wagramer Straße 65 .... 203 21 11

Bürokaufleute
15, Meiselstraße 19 .... 599 16 ..., 95581

Chemie, Grafik und gestaltende Berufe
15, Hütteldorfer Straße 7–17 ... 599 16 ..., 95211

Einzelhandel I
13, Amalienstraße 31–33 ...... 599 16 ..., 95045

Einzelhandel IV
10, Kempelengasse 20 .... 599 16 ..., 95141

Elektrotechnik I
6, Mollardgasse 87 .... 599 16 ..., 95660

Elektrotechnik II
6, Mollardgasse 87 .... 599 16 ..., 95650

Frisur, Maske und Perücke
16, Kreitnergasse 32 .... 599 16 ..., 95941
Expositur:
14, Goldschlagstraße 137 ...... 599 16 ..., 95811

Gartenbau und Floristik
22, Kagran, Siebeckstraße 14 .... 203 21 14

Gastgewerbe
12, Längenfeldgasse 13–15 .... 599 16 ..., 95351

Großhandel
16, Panikengasse 31 .... 599 16 ..., 95901

Haar- und Körperpflege
14, Goldschlagstraße 137 ...... 599 16 ..., 95801

Handel und Reisen
15, Hütteldorfer Straße 7–17 .... 599 16 ..., 95231

Holzbearbeitung und Musikinstrumentenerzeugung
15, Hütteldorfer Straße 7–17 ... 599 16 ..., 95261

Informationstechnik
6, Mollardgasse 87 .... 599 16 ..., 95631

Kraftfahrzeugtechnik II
21, Scheydgasse 40 .... 599 16 ..., 95711

Kraftfahrzeugtechnik, Spengler und Karosseure
21, Scheydgasse 40 .... 599 16 ..., 95731

Lebensmittel- und Textilbereich, Technische Zeichner und Zahntechniker
12, Längenfeldgasse 13–15 .... 599 16 ..., 95341

Maler und Kunstgewerbe
15, Hütteldorfer Straße 7–17 ... 599 16 ..., 95241

Mechanik, Optik und Fertigungstechnik
7, Apollogasse 1 .... 599 16 ..., 95561

Metall- und Glastechnik
6, Mollardgasse 87 .... 599 16 ..., 95620
Expositur:
7, Apollogasse 1 .... 599 16 ..., 95531

Sanitär-, Heizungs- und Klimatechnik
6, Mollardgasse 87 .... 599 16 ..., 95671

Verwaltungsberufe
5, Castelligasse 9 .... 599 16 ..., 95930

2. Private Berufsschulen

Brauer, Mälzer und Destillateure
18, Michaelerstraße 25 .... 479 69 24 ..., 12

Berufsschule der Spar AG
13, Hietzinger Hauptstraße 17 . 877 12 56 ..., 5111

Berufsschule für Versicherungskaufleute
9, Berggasse 16 .... 310 54 90

Berufsbildende mittlere und höhere Schulen (öffentliche und private)

1. Fachschulen und höhere Lehranstalten für wirtschaftliche Berufe

Höhere Lehranstalt für wirtschaftliche Berufe der Kongregation der Schulschwestern vom 3. Orden des Hl. Franziskus
3, Erdbergstraße 70 . . . . 713 53 31 . . ., 37

Fachschule der Stadt Wien für wirtschaftliche Berufe
9, Hahngasse 35 . . . . 599 16 . . ., 95840

Höhere Lehranwalt für wirtschaftliche Berufe der Caritas der Erzdiözese Wien
9, Seegasse 30 . . . . 317 21 06 . . ., 14

Höhere Bundeslehranstalt für wirtschaftliche Berufe
10, Reumannplatz 3 . . . . 504 61 65

Fachschule der Stadt Wien für wirtschaftliche Berufe
12, Dörfelstraße 1 . . . . 599 16 . . ., 95035

Fachschule für wirtschaftliche Berufe der Dominikanerinnen
13, Auhofstraße 177 . . . . 877 36 91 . . ., 19

Höhere gewerbliche Bundeslehranstalt für Tourismus und Höhere Bundeslehranstalt für wirtschaftliche Berufe
13, Bergheidengasse 5-19 . . . . . 804 72 81 . . ., 601

Bundesfachschule für wirtschaftliche Berufe und für Sozialberufe
17, Kalvarienberggasse 28 . . . . 406 67 26

Höhere Bundeslehranstalt für wirtschaftliche Berufe
19, Strassergasse 37–39 . . . . 320 21 81 . . ., 13

Höhere gewerbliche Bundeslehranstalt für Tourismus und Höhere Bundeslehranstalt für wirtschaftliche Berufe
21, Wassermanngasse 12 . . . . . . 258 41 60 . . ., 112

Fachschule für wirtschaftliche Berufe des Schulvereins Institut Sankta Christiana
23, Rodaun, Willergasse 55 . . . . . 888 41 43 . . ., 22

2. Lehranstalten für Bekleidungsgewerbe

Höhere gewerbliche Bundeslehranstalt für Mode und Bekleidungstechnik und Höhere Bundeslehranstalt für wirtschaftliche Berufe
9, Michelbeuerngasse 6–8 . . . . 405 04 16 . . .0
Expositur: 13, Maygasse 25 . . . . 804 74 21

Modeschule der Stadt Wien im Schloss Hetzendorf
12, Hetzendorfer Straße 79 . . . . 804 27 95 . . . 0

Fachschule der Stadt Wien für Mode und Bekleidungstechnik
15, Siebeneichengasse 17 . . . . 893 69 77

Höhere Bundeslehranstalt für Mode und Bekleidungstechnik sowie künstlerische Gestaltung
16, Herbststraße 104 . . . . 492 09 68

3. Fachschulen für Sozialberufe und verwandte Lehranstalten

Wiener Jeschiwah-Fachschule für jüdische Sozialberufe des Israelitischen Tempel- und Schulvereins Machsike Hadass
2, Große Mohrengasse 19 . . . . 216 16 26

Lehranstalt für Ehe- und Familienberatung der Erzdiözese Wien
3, Ungargasse 3/1/42 . . . . 718 50 66

Caritas Ausbildungszentrum für Sozialberufe der Erzdiözese Wien
9, Seegasse 30 . . . . 317 21 06 . . . 0

Lehranstalt für Heilpädagogische Berufe der Caritas der Erzdiözese Wien
3, Mechelgasse 7 . . . . 214 25 80
Expositur:
13, Lainzer Straße 138 . . . . 804 75 93 . . ., 185

Lehranstalt für pastorale Berufe am Seminar für kirchliche Berufe des Herrn Weihbischof Jakob Mayr als Beauftragter der Österreichischen Bischofskonferenz
13, Wolfrathplatz 2 . . . . 877 53 70 . . . 0

Lehranstalt für systemische Familientherapie
für Berufstätige der
Caritas der Erzdiözese Wien
18, Gentzgasse 22–24/4/1 .... 478 63 00

Lehranstalt für heilpädagogische Berufe
für Berufstätige am
Institut für Sozialpädagogik der Stadt Wien
21, Freytaggasse 32 .... 275 34 . . ., 90970

4. Krankenpflegeschulen

Schule für allgemeine Gesundheits- und
Krankenpflege am Allgemeinen Krankenhaus
9, Lazarettgasse 14 ..... 610 . . ., 404 00 . . ., 7431

Schule für allgemeine Gesundheits- und
Krankenpflege am Wilhelminenspital
16, Montleartstraße 37 .. 610 . . ., 491 50 . . ., 5008

5. Mittlere und höhere technische Lehranstalten

Höhere technische Bundes-Lehr- und
Versuchsanstalt Camillo-Sitte-Lehranstalt,
Wien 3
3, Leberstraße 4c .... 799 26 31 . . . 0

Höhere technische Bundesanstalt 3
3, Rennweg 89b .... 242 15 . . ., 3214

Höhere technische Bundeslehranstalt,
Bundeshandelsakademie und Bundeshandelsschule
Wien 3 (Sonderanstalt für berufliche Ausbildung
Körperbehinderter)
3, Ungargasse 69 .... 713 15 18 . . . 0

Technische gewerbliche Abendschule der
Kammer für Arbeiter und Angestellte für Wien
4, Plösslgasse 13 .... 505 35 50 . . ., 3002

Höhere technische Bundeslehranstalt
Wien 10
10, Ettenreichgasse 54 .... 601 11 . . ., 31

Höhere technische Bundeslehranstalt
Wien 16
16, Hettenkofergasse 15 .... 491 10 . . ., 112

Werkmeisterschule für Berufstätige des
Wirtschaftsförderungsinstitutes der
Wirtschaftskammer Wien
18, Währinger Gürtel 97–99 ...... 476 77 . . ., 536

Höhere technische Bundeslehranstalt
Wien 22
22, Kagran, Donaustadtstraße 45 .... 201 05

6. Mittlere und höhere kaufmännische Schulen

Vienna Business School –
Handelsakademie und Handelsschule 1 der
Wiener Kaufmannschaft
1, Akademiestraße 12 .... 505 81 00

Vienna Business School –
Handelsakademie und Handelsschule Augarten
der Wiener Kaufmannschaft
2, Untere Augartenstraße 9 .... 330 02 41

Handelsschule am Bundes-Blindeninstitut
2, Wittelsbachstraße 5 .... 728 08 66

Zweijährige Büro- und Verwaltungsschule des
Israelitischen Tempel- und Schulvereins
2, Malzgasse 16 .... 214 50 80

Handelsakademie und Handelsschule des
Instituts Sacré Coeur der Erzdiözese Wien –
Marienanstalt
3, Fasangasse 4 .... 798 45 67 . . . 0

SVD-Schule für Informatikkaufleute
3, Salmgasse 6 .... 713 16 67

Höhere technische Bundeslehranstalt,
Bundeshandelsakademie und Bundeshandelsschule
Wien 3
(Sonderanstalt für berufliche Ausbildung
Körperbehinderter)
3, Ungargasse 69 .... 713 15 18 . . . 0

Handelsakademie, Handelsschule,
Schule für EDV,
Handelsakademie für Berufstätige des
Berufsförderungsinstituts Wien
5, Margaretenstraße 65 .... 587 96 50

Vienna Business School –
Handelsakademie 2 und
Handelsschule 3 der Wiener Kauf-
mannschaft
8, Hamerlingplatz 5–6 .... 406 23 47

Vienna Business School –
Handelsakademie 3 und
Handelsschule 4 der Wiener Kaufmannschaft
8, Schönborngasse 3–5 .... 406 45 14

Bundeshandelsakademie und
Bundeshandelsschule Wien 10
10, Schellinggasse 13 .... 602 51 91

Bundeshandelsakademie und
Bundeshandelsschule Wien 11
11, Geringergasse 2 .... 767 95 55 . . ., 202

Bundeshandelsakademie und
Bundeshandelsschule Wien 12
12, Hetzendorfer Straße 66–68 .... 804 35 79

Privatschule für Werbedesign für
Berufstätige des Berufsförderungsinstitutes Wien
12, Schönbrunner Straße 213 .... 811 78 . . .0

Bundeshandelsakademie und
Bundeshandelsschule Wien 13
13, Maygasse 43 .... 804 53 75

Handelsschule der Kongregation der
Armen Schulschwestern von Unserer
Lieben Frau
15, Friesgasse 4–8 .... 893 65 50 . . ., 17

Werbeakademie –
Fachlehrgang für Marktkommunikation des
Wirtschaftsförderungsinstitutes der Wiener
Handelskammer
18, Währinger Gürtel 97 .... 476 77 . . ., 528

Vienna Business School –
Handelsakademie und Handelsschule Floridsdorf
der Wiener Kaufmannschaft
21, Franklinstraße 24 .... 280 62 88

Bundeshandelsakademie und
Bundeshandelsschule Wien 22
22, Kagran, Polgarstraße 24 .... 202 61 31

7. Gewerbliche Schulen

Gastgewerbefachschule des Schul- und
Förderungsvereins der Wiener Gastwirte
1, Judenplatz 3–4.............. 533 06 42 . . ., 30

Hotel- und Tourismusschulen MODUL der
Wirtschaftskammer Wien
19, Peter-Jordan-Straße 78–80 .... 476 70 . . ., 214

Tierpflegerschule des Fonds zur Förderung der
Tierpflegerausbildung
21, Veterinärplatz 1 .... 250 77 . . ., 3750

8. Sonstige Schulen

Konservatorium der Stadt Wien
1, Johannesgasse 4a .... 512 77 47 . . ., 89305

Schauspielschule Krauss GesmbH
1, Weihburggasse 9.................. 512 43 24

Diözesankonservatorium für Kirchenmusik der
Erzdiözese Wien
1, Stock-im-Eisen-Platz 3/IV 513 18 65

Konservatorium für Musik und
dramatische Kunst der Frau Margarete Prayner
4, Mühlgasse 28–30 .... - 587 57 49

Franz-Schubert-Konservatorium für Musik und
darstellende Kunst des Herrn Karl Svec
6, Mariahilfer Straße 51 .... 587 47 87

Wiener Kunstschule des Vereins „Wiener
Kunstschule“
9, Lazarettgasse 27 .... 405 43 42 . . ., 40

Gustav-Mahler-Konservatorium für Musik
und darstellende Kunst der
Frau Lydia Skilich
11, Mautner-Markhof-Gasse 45 .... 743 40 00

Goetheauistisches Konservatorium und
Walderdorfpädagogische Akademie des
Kuratoriums für künstlerische und
heilende Pädagogik
13, Feldmühlgasse 26 .... 877 31 91

Vienna Konservatorium der
Frau Mag. Eva Maria Schmid
15, Fenzlgasse 26 .... 985 81 12

Pädagogisches Institut der
Erzdiözese Wien
21, Mayerweckstraße 1 .... 291 08 . . ., 102

Akademien

1. Pädagogisches Institut des Bundes

Pädagogisches Institut des Bundes in Wien
10, Grenzackerstraße 18 . . . . 601 18 . . ., 4243

2. Religionspädagogische Akademien, Religionspädagogische Institute und Wiener Akademie für höhere rabbinische Studien

Religionspädagogische Akademie der Stiftung Pädagogische und Religionspädagogische Akademie der Erzdiözese Wien
21, Mayerweckstraße 1 . . . . 291 08 . . ., 307

Religionspädagogisches Institut der Erzdiözese Wien
1, Stephansplatz 3 . . . . 515 52 . . ., 3582

Religionspädagogisches Institut des Jüdischen Kulturvereins „Knesseth Israel"
2, Große Mohrengasse 19

Lehrgang für Büroberufe des Israelitischen Tempel- und Schulvereins Machsike Hadass
2, Malzgasse 16 214 50 80

Jüdische Religionspädagogische Akademie der Jüdischen Erziehungs- und Bildungsstätte Beth Chabat
2, Rabbiner-Schneerson-Platz 1 . 334 18 18 . . ., 12

Islamische Religionspädagogische Akademie der Islamischen Religionsgemeinde Wien
7, Neustiftgasse 117 . . . . 786 32 24

Evangelische Religionspädagogische Akademie der evangelischen Kirche AB und HB, vertreten durch den evangelischen Oberkirchenrat AB und HB Wien
18, Severin-Schreiber-Gasse 18 . . . . 470 60 90

Religionspädagogisches Institut der evangelischen Kirche AB und HB
18, Severin-Schreiber-Gasse 3/1/68 . . . . 479 15 23 . . ., 623

3. Akademien für Sozialarbeit

Bundesakademie für Sozialarbeit
10, Grenzackerstraße 18 . . . . 601 18 . . ., 5158

Akademie für Sozialarbeit der Stadt Wien
21, Freytaggasse 32 . . . . 275 34 . . ., 90980

GEWERKSCHAFT DER GEMEINDEBEDIENSTETEN – LANDESGRUPPE WIEN

(1090) 9, Maria-Theresien-Straße 11 . . . . . 313 16 . . .
E-Mail: gdg@gdg.oegb.or.at
Telefax: 313 16-99-Nebenstelle

Hauptgruppe I (Hoheitsverwaltung),
(1082) 1, Rathausstraße 8, Hochparterre,
Tür 4, 1. Stock, Tür 6 . . . . 40 00 . . .
E-Mail: post@hg1.magwien.gv.at
Telefax: 40 00-99-Nebenstelle
Referentinnen/Referenten 83710, 83711,
83712, 83713, 83714,
83715, 83717, 83718

Hauptgruppe II (Krankenanstaltenverbund),
(1090) 9, Maria-Theresien-Straße 11,
4. Stock . . . . 313 16 . . .
E-Mail: hg2@gdg.oegb.or.at
Telefax: 313 16-99-83728
Referentin/Referent 83720

Hauptgruppe III (Magistratische Betriebe),
(1090) 9, Maria-Theresien-Straße 11,
3. Stock . . . . 313 16 . . .
E-Mail: hg3@gdg.oegb.or.at
Telefax: 313 16-99-83730
Referentin/Referent 83730

Hauptgruppe IV
(Wiener Stadtwerke – WIENER LINIEN),
(1030) 3, Erdbergstraße 202,
5. Obergeschoß . . . . 692 . . ., 79 09 . . .
E-Mail: y@wienerlinien.co.at
Telefax: 79 09-19090
Referentinnen/Referenten 19003, 19004

Hauptgruppe V (Wiener Stadtwerke – WIENSTROM),
(1095) 9, Mariannengasse 4,
2. Stock . . . . 691 . . ., 40 04 . . .
E-Mail: hg5@gdg.oegb.or.at
Telefax: 40 04-30199
Referentin/Referent 30100

Hauptgruppe VI (Wiener Stadtwerke – WIENGAS),
(1081) 8, Josefstädter Straße 10–12,
4. Stock . . . . 693 . . ., 401 28 . . .
E-Mail: hg6@gdg.oegb.or.at
Telefax: 401 28-99-1500
Referentin/Referent 1505

Hauptgruppe VII (Pensionisten),
(1090) 9, Maria-Theresien-Straße 11,
1. Stock . . . . 313 16 . . .
E-Mail: hg7@gdg.oegb.or.at
Telefax: 313 16-99-83770
Referentin/Referent 83770

PERSONALVERTRETUNG DER BEDIENSTETEN DER GEMEINDE WIEN, ZENTRALAUSSCHUSS

(1090) 9, Maria-Theresien-Straße 11 . . . . . 313 16 . . .
Telefax: 313 16-99-83675
E-Mail: pvza@edvg.co.at

Sekretär:
K n i e z a n r e k Erich 83675

VORSORGE DER ÖSTERREICHISCHEN GEMEINDEBEDIENSTETEN

(1010) 1, Franz-Josefs-Kai 53 . . . . 531 39 . . .
Telefax: 531 39-3159

Generalsekretärin/
Generalsekretär 2375

VERBINDUNGSSTELLE DER BUNDESLÄNDER BEIM AMT DER NÖ LANDESREGIERUNG

(1014) 1, Schenkenstraße 4,
Postfach 35 . . . . 535 37 61 . . .

Telefax: 535 60 79
E-Mail: post@vst.gv.at

ÖSTERREICHISCHER STÄDTEBUND

(1082) 1, Rathaus, Stiege 5, Hochparterre,
Tür 101 . . . . 40 00 . . .
Telefax: 40 00-99-Nebenstelle
E-Mail: post@stb.or.at

P r a m b ö c k , Dkfm. Dr. Erich,
Generalsekretär 89981
S l o v a k , Dr. Friedrich,
Senatsrat 89982

Sachbearbeiterinnen/
Sachbearbeiter 89984, 89989, 89993,
89994, 89995, 89996
Auskunft 89980
Sekretariat 89983, 89985,
89986, 89987, 89988
"Österreichische Gemeinde-Zeitung",
Redaktion 89990
Know-how Transfer-Center 89991, 89992

WIENER TOURISMUSVERBAND

1025) 2, Obere Augartenstraße 40 . . . . 211 14 . . .
Telefax: 216 84 92
E-Mail: wtv@info.wien.at

Präsident:
R i e d e r , Dr. Sepp, Vizebürgermeister,
amtsführender Stadtrat . . . . 40 00 . . ., 81201

Vizepräsidenten:
B i t z i n g e r , Ing. Josef, Komm.-Rat,
Spartenobmann . . . . 514 50 . . ., 1244
P e l z Walther, Direktor . . . . 867 49 44 . . .

Geschäftsführung:
S e i t l i n g e r , Mag. Karl, Senatsrat,
Landestourismusdirektor . . . . 211 14 . . ., 100
Sekretariat 105, 106

Fachausschüsse

Auskunftsdienst 441
Kongressförderung 500
Kategorisierung
Wiener Beherbergungsbetriebe 447

Referate

Gästeservice, Personal, Finanzen 400
Strategie und Kommunikation 200
Markt- und Medienmanagement 300
Kongressbüro 500
Depot
(1020) 2, Vorgartenstraße 98
(gegenüber 111) 214 55 02

WIENER HOLDING AKTIENGESELLSCHAFT

(1010) 1, Universitätsstraße 11 . . . . 408 25 69 . . .

AUFTRAGNEHMERKATASTER ÖSTERREICH

(1201) 20, Handelskai 94 – 96,
Postfach 142 . . . . 40 00 . . .
(333 66 66 . . .)
Telefax: 40 00-99-Nebenstelle
(333 66 66-19)
E-Mail: w.gruener@ankoe.at

T a b o r s k y Walter,
Geschäftsführer 76211
(333 66 66 . . ., 11)
Sekretariat 76212
(333 66 66 . . ., 12)
L i c h t e n a u e r Alexandra,
Assistenz,
Geschäftsführung,
Neueintragungen 76222
(333 66 66 . . ., 22)

Sachbearbeiterinnen/
Sachbearbeiter,
Neueintragung 76223, 76224, 76232
(333 66 66 . . ., 23, 24, 32)

Sachbearbeiterinnen/
Sachbearbeiter,
Aktualisierung 76231, 76233,
76234, 76235
(333 66 66 . . ., 31, 33, 34, 35)

EDV-Hotline 76218, 76226
(333 66 66 . . ., 18, 26)

Betriebszeiten:
Mo.–Do. 8–12 Uhr und 13–16.30 Uhr,
Fr. 8–12 Uhr und 13–14 Uhr

BANK AUSTRIA AKTIENGESELLSCHAFT

(1010) 1, Am Hof 2, und (1030) 3, Vordere Zollamtsstraße 13, Tel. 711 91 . . . 0
Homepage: www.bankaustria.com
E-Mail: inter.contact@bankaustria.com

Internationale Finanzierungen 711 91 . . ., 56905
Großkundenbetreuung 711 91 . . . , 42531
Vorstandssekretariat 711 91 . . ., 57043
Group Public Relations 711 91 . . ., 57011

Telex:
Bank Austria (allgemein) 115561 baca a

Organe:

Aufsichtsrat:

Vorsitzender:

Schmidt, Dr. Albrecht, Sprecher des Vorstandes, Bayerische Hypo- und Vereinsbank AG

Vorsitzender-Stellvertreter:
Humer Rudolf, Vorsitzender des Vorstandes, P Beteiligungs Aktiengesellschaft

Mitglieder:

Becker, Komm.-Rat Dkfm. Dr. Erich, Generaldirektor, VA Technologie AG
Crippa, Dr. Alberto, Group Executive Vice President, Strategic Alliances & Partnerships IntesaBci S.p.A.
Franke, Dr. Adolf, Mitglied des Vorstandes, Westdeutsche Landesbank Girozentrale
Hassler, Dkfm. Dr. Paul, Wirtschaftsprüfer
Jentzsch, Dr. Stefan, Mitglied des Vorstandes, Bayerische Hypo- und Vereinsbank AG
Mayr, Dipl.-Ing. Gerhard, M.B.A., Executive Vice-President Pharmaceutical Operations, Eli Lilly & Company
Rampl Dieter, Mitglied des Vorstandes, Bayerische Hypo- und Vereinsbank AG
Sorger, Dr. Veit, Generaldirektor, Frantschach AG
Sprissler, Dr. Wolfgang, Mitglied des Vorstandes, Bayerische Hypo- und Vereinsbank AG

Vom Betriebsrat entsendet:

Fuhrmann Hedwig, Vorsitzende des Zentralbetriebsrates
Heinzl Wolfgang, 1. stv. Vorsitzender des Zentralbetriebsrates
Lehner, Mag. Adolf, 2. stv. Vorsitzender des Zentralbetriebsrates
Schlager Thomas, 3. stv. Vorsitzender des Zentralbetriebsrates
Kruschik Heribert, Mitglied des Zentralbetriebsrates
Lang Wolfgang Mitglied des Zentralbestriebsrates

Vorstand:

Vorsitzender:
Randa, Dkfm. Gerhard, Generaldirektor

Vorsitzender-Stellvertreter:
Samstag Karl, Generaldirektor-Stellvertreter

Mitglieder:

Haller, Mag. Wolfgang
Hampel, Dr. Erich
Hemetsberger, Dr. Willi
Kadrnoska, Mag. Friedrich
Speek Jochen-Michael
Zwickl, Mag. Franz

Vertreter der Aufsichtsbehörde:

Staatskommissärin:
Radl, Mag. Doris, Ministerialrätin
Staatskommissärin-Stellvertreter:
Kramhöller, OSR Dr. Josef

WIENER STÄDTISCHE ALLGEMEINE VERSICHERUNG AG

(1010) 1, Schottenring 30,
Tel. 01/531 39-0,
Fax 01/535 34 37
Homepage: www.wienerstaedtische.at
E-Mail: mail-us@staedtische.co.at

Organe:

Aufsichtsrat:

Vorsitzender:
S a m s t a g , Komm.-Rat Karl, Präsident

Vorsitzender-Stellvertreter:
S t a d l e r , Komm.-Rat Dkfm. Klaus, Generaldirektor

Mitglieder:
G r i n n i n g e r Norbert, Vorsitzender-Stellvertreter
H o l o u b e k , Dr. Alfred, Generaldirektor i. R.
K a s z t l e r , Ing. Werner, Generaldirektor i. R.
K l e s t i l, Dipl.-Ing. Guido
M a y r , Dkfm. Helmut
N e t t i g , Komm.-Rat Walter, Präsident
R a d l e g g e r Wolfgang, Generaldirektor
S e r e i n i g, Dr. Johann, Vorstandsdirektor
S k y b a , Obersenatsrat Dr. Karl, Generaldirektor

Arbeitnehmervertreter:
G r i m m Peter, 1. Zentralbetriebsratsvorsitzender-Stellvertreter
K r e i n e r Dietfried
N e u h a u s e r Heinz
U r b a n Franz, Zentralbetriebsratsvorsitzender
W i e h a r t Gerd,
Z i c k b a u e r Fritz, 2. Zentralbetriebsratsvorsitzender-Stellvertreter

Vorstand:

Vorsitzender:
G e y e r , Dr. Günter, Generaldirektor

Vorsitzender-Stellvertreter:
L a u e r , Dr. Franz, Generaldirektor-Stellvertreter

Mitglieder:
E b n e r Kurt, Vorstandsdirektor
E r t l , Dr. Rudolf, Vorstandsdirektor
F i n k , Dkfm. Karl, Vorstandsdirektor
L a s s h o f e r , Ing. Mag. Robert, Vorstandsdirektor

Wiener Geschäftsstellen der Wiener Städtische Allgemeine Versicherung AG:

Landesdirektion Wien,
Tel. 01/211 29-0,
Fax 01/211 29-3105,
Obere Donaustraße 49-53, 1020 Wien

Vorsorge der österr. Gemeindebediensteten,
Kundenservicestelle
Tel. 01/211 29-3990,
Tel. 01/211 29-3159,
Franz-Josefs-Kai 53, 1010,Wien

Kundenservicestelle Donaustadt,
Tel. 01/203 32 87,
Fax 01/203 32 87-50,
Bernoullistraße 1, 1220 Wien

Geschäftsstelle Favoriten
Tel. 01/604 35 81,
Fax 01/604 35 81-24,
Laxenburger Straße 46, 1100 Wien

Kundenservicestelle Floridsdorf,
Tel. 01/278 31 12,
Fax 01/278 31 12-9,
Schwaigergasse 30, 1210 Wien

Kundenservicestelle
Landstraßer Hauptstraße,
Tel. 01/242 44-0,
Fax 01/242 44-21,
Einkaufszentrum "Galleria",
Landstraßer Hauptstraße 97-99, 1030 Wien

Geschäftsstelle Leopoldstadt,
Tel. 01/216 25 81,
Fax 01/216 25 81-30,
Franzensbrückenstraße 10–12, 1020 Wien

Kundenservicestelle Liesing,
Tel. 01/869 01 25,
Fax 01/869 01 25-18,
Breitenfurter Straße 393, 1230 Wien

Kundenservicestelle Ottakring,
Tel. 01/406 95 61,
Fax 01/406 95 61-15 ,
Thaliastraße 44,1160 Wien

Geschäftsstelle Döbling,
Tel. 01/211 29-2503,
Tel. 01/211 29-3238,
Döblinger Hauptstraße 75, 1190 Wien

Landesdirektionen:

Landesdirektion Wien

1020 Wien,
Obere Donaustraße 53
Tel. 01/211 29-0,
Fax 01/211 29-3154
E-Mail: ld-wien@staedtische.co.at
W i n d h a g e r Max,
Landesdirektor

Landesdirektion Niederösterreich

3100 St. Pölten,
Europaplatz 2
Tel. 02742/83 18-0,
Fax 02742/83 18-1080
E-Mail: ld-noe@staedtische.co.at
M a u r e r Helmut,
Landesdirektor

Landesdirektion Oberösterreich

4020 Linz,
Untere Donaulände 40
Tel. 0732/76 31-0,
Fax 0732/76 31-292
E-Mail: ld-ooe@staedtische.co.at
E r h a r t m a i e r, Mag. Günther,
Landesdirektor

Landesdirektion Steiermark

8020 Graz,
Gürtelturmplatz 1
Tel. 0316/789-0,
Fax 0316/789-210
E-Mail: ld-stmk@staedtische.co.at
Z e c h n e r Hans,
Landesdirektor

Landesdirektion Kärnten und Osttirol

9010 Klagenfurt,
St. Veiter-Ring 13
Tel. 0463/58 52-0,
Fax 0463/58 52-330
E-Mail: ld-ktn@staedtische.co.at
O b e r t a u t s c h Erich,
Landesdirektor

Landesdirektion Salzburg

5020 Salzburg,
Max-Ott-Platz 3
Tel. 0662/889 66-0,
Fax 0662/889 66-260
E-Mail: ld-sbg@staedtische.co.at
V i e r z i g e r, Mag. Hans,
Landesdirektor

Landesdirektion Tirol

6020 Innsbruck,
Südtiroler Platz 4
Tel. 0512/595 69-0
Fax 0512/56 21 45
E-Mail: ld-tirol@staedtische.co.at
W a n d e r Ida,
Landesdirektorin

Landesdirektion Vorarlberg

6800 Feldkirch,
Reichsstraße 173
Tel. 05522/34 84-0,
Fax 05522/34 84-32
E-Mail: ld-vlbg@staedtische.co.at
K o p f Walter,
Landesdirektor

Landesdirektion Burgenland

7000 Eisenstadt,
Kalvarienbergplatz 7
Tel. 02682/604-0,
Fax 02682/641 13
E-Mail: ld-bgld@staedtische.co.at
H a b e l e r Josef,
Landesdirektor

Sicherheit hat viele Gesichter.
IHRE SORGEN
MÖCHTEN WIR HABEN.
Serviceline: 0800/208 800, www.wienerstaedtische.at
WIENER
STÄDTISCHE

II. Teil

WIEN

aktuell

Grundsätzlich sollen bei der Implementierung von eGovernment-Lösungen nicht nur traditionelle Verwaltungsvorgänge beschleunigt, sondern diese Vorgänge zugleich hinterfragt und – wo sinnvoll – ersetzt bzw. neu strukturiert werden. Es muss teilweise zu einer Geschäftsprozessvereinfachung und -erneuerung kommen. Die Abläufe müssen dienststellenübergreifend vernetzt werden. Rechtlich und technisch bedeutet dies die sukzessive Umstellung auf elektronische Aktenführung. In mehreren Dienststellen ist der elektronische Akt bereits Realität.

Näher zum Kunden

Trotz der neuen Informationstechnologien kommt – gemäß einem dezidierten Multichannel-Ansatz der Wiener Stadtverwaltung, der auch eine Optimierung der telefonischen Kommunikation inkludiert – dem persönlichen Kundenkontakt in Zukunft weiterhin ein hoher Stellenwert zu. Ihn gilt es in Richtung One-Stop-Lösungen zu attraktivieren. Die sukzessive Weiterentwicklung der Magistratischen Bezirksämter zu Bürgerbüros begann mit einem Pilotprojekt in der Donaustadt, wo es zum Beispiel erstmals möglich war, Staatsbürgerschaftsnachweise dezentral auszustellen – inzwischen Standard in allen Bezirksämtern. Der nächste grundlegende Qualitätssprung in Richtung One-Stop-Prinzip war das Front Office im 15. Bezirk. Dieser Weg soll mit der Umgestaltung weiterer Amtshäuser fortgesetzt werden, um es den Bürgern zu erleichtern, möglichst viele Behördenwege an einer Stelle abzuwickeln. Seit heuer stehen die Magistratischen Bezirksämter auch für das Meldewesen zur Verfügung. In naher Zukunft wird die Stadtverwaltung voraussichtlich zusätzlich das Passwesen vom Bund übernehmen.

Strukturreformen: Erhöhung der Effizienz und Effektivität

Eine Reihe bedeutender Strukturreformen, aber auch eine Fülle kleinerer organisatorischer Maßnahmen hatte und hat Effizienz- und Effektivitätssteigerungen zum Ziel. Die Ausgliederung der Stadtwerke – die größte und tiefgreifendste Organisationsänderung in Wien seit Jahrzehnten – schuf die Voraussetzung dafür, dass die Energieversorgungsunternehmen und Verkehrsbetriebe der Stadt unter den neuen Rahmenbedingungen der EU bestehen können. Wiener Wohnen wurde mit 1. Jänner 2000 eine Unternehmung im Sinne der Wiener Stadtverfassung, der Krankenanstaltenverbund folgte mit 1. Jänner 2002. Ebenfalls 2002 wurden die Museen der Stadt Wien in eine wissenschaftliche Anstalt umgewandelt und erhielten damit eine größere Selbstständigkeit und Beweglichkeit. Die Zusammenlegung der Personalabteilungen MA 2 und MA 3 und die Reduzierung der früheren drei Abteilungen für Stadtteilplanung und Flächennutzung auf zwei sind Beispiele für eine erfolgreiche, sozial verträgliche Rationalisierung in der Verwaltung.

Aufgabenkritik und Optimierung von Organisationsstrukturen bleiben auch für die nächsten Jahre auf der Tagesordnung der Verwaltungsreform in Wien.

Die Magistratsdirektion als strategische Konzernzentrale

Einer der grundlegendsten Veränderungsprozesse fand in der Magistratsdirektion statt, die sich in Richtung einer strategischen Konzernzentrale weiterentwickelte: Der in den 90er Jahren mit der Ausgliederung der operativen EDV-Agenden begonnene Weg der Konzentration einer abgeschlankten Magistratsdirektion auf strategische Aufgaben wurde 2001 mit der Transferierung u.a. des Referats für EU-Förderungen, der Zentralen Poststelle, der Grundbuchsangelegenheiten und der Lehrlingsbetreuung in Magistratsabteilungen fortgesetzt.

Die Magistratsdirektion selbst wurde ähnlich dem Vorstandsmodell von Wirtschaftskonzernen organisiert. Es gibt sieben Geschäftsbereiche: Den Geschäftsbereich Strategie und Recht führe ich selbst, außerdem habe ich mir einzelne genau definierte Entscheidungsbefugnisse der anderen Geschäftsbereiche vorbehalten. Mein Stellvertreter Dr. Peter Pillmeier übernahm den Geschäftsbereich Koordination. Die Bereichsdirektoren für Personal und Revision (Dr. Roland Kassar), Organisation (Dr. Kurt Nussgruber), Internationale Beziehungen (Dr. Oskar Wawra) sowie Stadtbaudirektor Dipl.-Ing. Gerhard Weber führen ihre Geschäftsbereiche eigenständig nach dem Vorbild von Vorstandsdirektoren und sind mir direkt verantwortlich. Die Aufgaben werden durch Stabsstellen wahrgenommen. Der Geschäftsbereich Finanzen (Richard Neidinger) wurde der Magistratsdirektion assoziiert.

Die wichtigsten mit dieser Neustrukturierung verbundenen Ziele sind eine klare und transparente Zuordnung von Aufgaben und Verantwortlichkeiten, weniger Hierarchiestufen, raschere Entscheidungsprozesse und eine verbesserte und intensivierte Kommunikation.

Als schlanke Konzernzentrale soll sich die Magistratsdirektion in erster Linie auf die für den gesamten Konzern relevanten Aufgaben der strategischen Planung, Steuerung (inklusive Konzerncontrolling) und Koordination konzentrieren. Damit wurde ein weiterer Schritt zur Stärkung der Eigenverantwortung und Initiative der Dienststellen sowie zur Dezentralisierung der Ressourcenverantwortung unter gleichzeitiger Prozessoptimierung im gesamten Magistrat gesetzt. Operative Bereiche wurden zu einem großen Teil in Magistratsabteilungen verlagert. Neben der externen kommt auch der internen Konzernkommunikation wesentlich erhöhte Bedeutung zu. Die elektronischen Informationstechnologien bieten dafür neue Formen und Möglichkeiten. Internet und Intranet, E-Mails, Chats, Newsgroups, Mailinglists usw. begünstigen das Durchbrechen starrer Hierarchien, schaffen Foren der Diskussion und Transparenz. Aus der offenen Auseinandersetzung mit Kritik können gute neue Lösungen entstehen, oder die Kritik kann in der Argumentation entkräftet, Überzeugungsarbeit geleistet, Frust vermieden werden. Es ist beispielsweise nur natürlich, dass es zwischen der Magistratsdirektion, die strategische Konzernziele ansteuern muss, und Dienststellen, die in der operativen Arbeit gefordert sind, gelegentlich auch Spannungen und unterschiedliche Sichtweisen im Einzelfall geben kann. Befriedigende Lösungen – für die Stadt als Ganzes und für unzählige Einzelprobleme – werden aber durch eine Unternehmenskultur begünstigt, zu der die offene Kommunikation ebenso gehört wie die sachliche Austragung von Konflikten. Mir ist bewusst, dass eine solche Unternehmenskultur Mut und Umdenken auf allen Ebenen verlangt. Sie gilt es zu fördern.

Strategisches Personalmanagement tritt an die Stelle des früheren, jedes Detail (Dienstreisen, Remunerationen usw.) regelnden Zentralismus. Zugleich wurde der Verantwortungs- und Entscheidungsbereich der Dienststellenleiter/innen in Personalangelegenheiten erhöht, ebenso die Transparenz und Flexibilität bei Postenbesetzungen (magistratsweite Jobbörse, verpflichtende Ausschreibung aller höherwertigen Dienstposten, Assessments und externe Personalberater bei Führungsfunktionen). Eine systematische Personalentwicklung wurde eingeleitet (z.B. intensive Nachwuchsführungskräfte-Ausbildung; Ermöglichung von Praktika in der Privatwirtschaft und im Ausland; neue, zeitgemäße Module in der Lehrlingsausbildung wie Sprachpraktika und Computerausbildung; Mitarbeiter-Orientierungsgespräche). Flexibilität und permanente Weiterbildung werden auch im öffentlichen Dienst zu unabdingbaren Voraussetzungen für Erfolg.

Ein Kulturwandel findet auch im Finanzmanagement der Stadt statt. Einen der Kernpunkte der Verwaltungsmodernisierung stellt die Dezentralisierung der Ressourcenverantwortung dar, indem sich die Finanzverwaltung im Sinne eines modernen Finanzmanagements auf die zentrale Steuerung der finanziellen Mittel im Rahmen der Budgeterstellung sowie durch ein zentrales Budgetcontrolling beschränkt. Der administrative Vollzug des Voranschlags wurde dagegen in die Verantwortung der einzelnen Geschäftsgruppen – ohne unmittelbare Einbindung der zentralen Finanzverwaltung – übertragen. Damit sind auch zahlreiche bisher zwingend notwendige Videnden entfallen. Neben der selbstverständlichen nachprüfenden Kontrolle soll begleitendes Controlling, um Fehlentwicklungen rechtzeitig gegensteuern zu können, in den einzelnen Abteilungen zu einem flächendeckenden Prinzip erhoben werden. Die konkreten Einzelmaßnahmen werden dabei von den Dienststellenleiter/innen selbst festgelegt, wie die erhöhte Selbstständigkeit der Abteilungen überhaupt ein Wesenselement der Reform bildet.

Das Vergabewesen wurde grundlegend neu geordnet. Eine Verbesserung der Kontrolle erfolgte durch den Ausbau der traditionellen Verwaltungsrevision zu einer Konzernrevision inklusive Baukontrolle. Mit der Thematisierung von Korruptionsprävention haben wir bewusst ein Tabu gebrochen.

Neues Steuerungsmodell für Politik und Management

New Public Management soll die politischen Entscheidungsträger/innen unterstützen, im Sinne einer maximalen politischen Zielerreichung die verfügbaren Ressourcen und Potenziale bestmöglich zu nutzen. Dazu müssen die Dienststellen ihr Leistungsspektrum und die Leistungsziele in Abstimmung mit den politischen Entscheidungsträger/innen definieren und festlegen. Dies geschieht durch Vereinbarungen im Wege des sogenannten Kontraktmanagements. In Zukunft sollen diese strukturierten Zielvereinbarungen zwischen Politik und Verwaltung flächendeckend das Leistungsspektrum des gesamten Magistrats und den jeweils erforderlichen Mitteleinsatz erfassen. Diese konkreten Zielvereinbarungen und entsprechende Ergebnisberichte als verbesserte Steuerungsgrundlage für die politischen Entscheidungsträger/innen ermöglichen im Gegenzug eine Ausweitung der Selbstständigkeit und Eigenverantwortung der Dienststellen für die effiziente operative Umsetzung. Damit erfolgt insgesamt eine stärkere Rollendifferenzierung zwischen richtungsgebender Politik und durchführender Verwaltung.

Beabsichtigter wirtschaftlicher Effekt des neuen Finanzmanagements und dieser modernen Form der Steuerung über Kennzahlen, Controlling und der Verknüpfung der Verantwortung für Leistungsziele und Ressourceneinsatz sind Kostentransparenz und Kostenbewusstsein sowie letztlich eine Erhöhung der Effizienz und der Effektivität. Denn das Wissen um die tatsächlichen Kosten einer erbrachten Leistung – über welches die klassische Kameralistik letztlich nicht verfügt – schafft die Voraussetzung für Vergleichbarkeit und das Ausschöpfen von Optimierungspotenzialen.

Noch vor dem Vorliegen konkret messbarer Ergebnisse wurden in jenen Abteilungen, in denen Kontraktmanagement bereits eingeführt wurde, zum Teil dynamische Prozesse ausgelöst, die zur Bewusstseinsbildung und verbesserten Kommunikation innerhalb der Abteilungen beitragen: Tradierte Strukturen werden hinterfragt und ein auch von den Mitarbeiter/innen getragener Veränderungsprozess kommt in Gang.

Electronic Government in der Stadt Wien

Von Obersenatsrat Dipl.-Ing. Eberhard Binder

Electronic Government (eGovernment) bezeichnet die Nutzung des Internet und anderer elektronischer Medien zur Durchführung von Abläufen zwischen der öffentlichen Verwaltung und den Bürger/innen oder Unternehmen.

Die intensive Nutzung der Informations- und Kommunikationstechnologie ermöglicht insbesondere die Verfolgung folgender Ziele:

- Unterstützung interaktiver lebenssituations- und problemlagen-bezogener Verwaltungsdienstleistungen,
- transparente Abwicklung von Verwaltungsdienstleistungen,
- Unterstützung der Einbindung der Bürgerinnen und Bürger in Entscheidungs- und Planungsprozesse,
- Aktivierung von Bürgerinnen und Bürger, Aufgaben zu übernehmen, die bisher von der öffentlichen Verwaltung erledigt worden sind.

eVienna –
Das eGovernment–Schirmprojekt der Stadt Wien

Um der besonderen Bedeutung der Möglichkeiten des Einsatzes der Informations- und Kommunikationstechnologie für die Bürgerinnen und Bürger zu entsprechen, wurde im Magistrat der Stadt Wien Anfang 2001 das eGovernment-Schirmprojekt "eVienna" eingeleitet.

Im Mittelpunkt der strategischen Ausrichtung von eVienna stehen:

- Bürgerorientierung
- Unterstützung der Wirtschaft
- Verwaltungsvereinfachung

Den Bürgerinnen und Bürgern sollen die Möglichkeiten geboten werden, auch über das Internet die Dienstleistungen der Stadt Wien in Anspruch zu nehmen. eGovernment ist ein explizierter Wunsch der Bürgerinnen und Bürger. Für die Förderung des Wirtschaftsstandortes Wien ist es unerlässlich. Die Chancen von eGovernment liegen darin, dass

- den Bürgerinnen und Bürgern einfach und bequem moderne und kompetente Dienstleistungen angeboten werden,
- den Bürgerinnen und Bürgern das Gefühl gegeben wird, nicht nur sehr gut verwaltet zu werden, sondern auch informiert und eingebunden zu sein,
- sich die Stadt Wien der Wirtschaft als professionelle Partnerin präsentiert, mit der die notwendigen Aktivitäten rasch und aufwandschonend abgewickelt werden können,
- es die Wirtschaft als Vorteil empfindet, in dieser Stadt ihren Standort zu haben.

"Die Daten sollen laufen und nicht die Menschen."

Bei "eVienna" wird ein Konzept verwendet, dem zufolge sich das Leistungsangebot an den Nachfragemustern der Bürgerinnen und Bürger orientiert: Das Lebens- oder Problemlagenkonzept. Durch die Möglichkeiten der Informations- und Kommunikationstechnologie können verschiedene Leistungsanbieter, deren Angebote in einer bestimmten Problemlage (etwa: Umzug; Ansiedlung eines Unternehmens) benötigt werden, als Paket angeboten werden, ohne dass der Bürger merkt, dass sich unterschiedliche öffentliche und private Dienstleister mit der Erledigung seines Auftrags oder seiner Nachfrage befassen und ohne dass er viele Wege zu verschiedenen Leistungsanbietern gehen muss. In der Konsequenz erlaubt dies auch eine Veränderung der Rollen, welche die Verwaltung bei der Erstellung von Leistungen spielen muss: Sie muss nicht alles selbst tun, sondern eher die Kooperation verschiedenster Akteure anregen, fördern und erfolgreich zu Ende bringen.

Im Rahmen dieses Schirmprojekts werden Projekte realisiert, welche die wesentlichen Dienstleistungen der Stadt Wien – unter Umständen auch in Kombination mit externen Anbietern – für die Bürgerinnen und Bürger in allen Lebens- oder Problemlagen unterstützen.

Alle rund 40 eGovernment-Anwendungen können im Internet unter folgender Web-Adresse aufgerufen werden:
http://www.wien.gv.at/egov/

Auf folgende Anwendungen wird besonders hingewiesen:

Bibliothekssystem – Verlängerungen, Vormerkungen

Es wurde ein Onlinekatalog mit Medienkonto im Internet eingerichtet. Mit Leseausweisnummer und Passwort wird der Katalogszugriff, die Vormerkung der Medien und die Verlängerung der Ausleihfrist ermöglicht.

Die Bürger/innen können über das Internet in den Bibliothekskatalog Einsicht nehmen und elektronisch eine Vormerkung durchführen. Darüber hinaus kann auch elektronisch eine Verlängerung der Ausleihfrist erwirkt werden. Damit erspart sich der Bürger die telefonische oder persönliche Vorsprache in Bibliotheken und ist auch nicht an deren Öffnungszeiten gebunden.

Gewerberegister – An- und Ummeldung

Gewerbe-Neuanmeldungen und -Ansuchen (bei bewilligungspflichtigen Gewerben) bzw. Änderungsmeldungen zu bestehenden Gewerben konnten bisher im Rahmen eines Pilotprojekts im 1. und 8. Bezirk über Internet abgewickelt werden. Nunmehr ist dies in ganz Wien möglich.

Bei Änderungsmeldungen erspart sich der Antragsteller jeglichen Behördenweg. Da die Eingabe automatisch an die richtige Stelle geleitet wird, entfällt die zeitaufwändige Suche nach dem zuständigen Amt. Bei Neuanmeldungen wurde die Anzahl der notwendigen persönlichen Vorsprachen auf eine einzige reduziert, die derzeit aus rechtlichen Gründen noch erforderlich ist. Eine Änderung der gesetzlichen Grundlage ist aber bereits in Vorbereitung. Der Antragsteller kann auch elektronisch den Erledigungsstatus abfragen; dadurch erspart er sich persönliche Anfragen.

Ausländergrunderwerb – Antragstellung und Statusabfrage

Die Anträge auf Grunderwerb für Ausländer können über Internet in elektronischer Form eingebracht werden. Unterlagen wie Grundbuchauszug, Plan des Objektes, Kaufvertrag, Reisepass, zusätzliche Begründungen können in eingescannter Form elektronisch übermittelt werden, womit auch die Frage der Übersendung von in Papierform vorliegenden Unterlagen gelöst ist. Die verwaltungsinterne Abwicklung erfolgt voll elektronisch. Der Antragsteller erhält bei Antragseinreichung automatisch einen Ordnungsbegriff, mit dem er eine Akteneinsicht über Internet durchführen kann. Die Bescheiderstellung erfolgt elektronisch.

Die Antragsteller (meist Rechtsanwälte) ersparen sich durch die elektronische Übermittlung des Antrages den Weg zur Behörde und sind somit auch nicht mehr an deren Öffnungszeiten gebunden. Wartezeiten gehören daher der Vergangenheit an. Der Antragssteller kann sich auch über den Erledigungsstatus seines Aktes elektronisch informieren und braucht nicht persönlich bei der Behörde vorsprechen. Eine Download-Möglichkeit des Bescheids am PC des Rechtsanwaltes ist für die Weiterverarbeitung ein Vorteil.

Jugendlichenberatung Online

Im Internet ist eine Webseite mit der Möglichkeit eingerichtet, mit Psycholog/innen der MAG ELF per eMail anonym oder mit Preisgabe der Identität in Kontakt zu treten.

Jugendliche können sich mit Sorgen (Auseinandersetzungen mit den Eltern, Leistungsstress, Schwierigkeiten in der Partnerschaft, Sexualität/Schwangerschaft, Kontaktprobleme u.v.a.) per eMail an die Talkbox der MAG ELF wenden. Psycholog/innen nehmen die Anliegen auf und beantworten sie so rasch wie möglich. Herkömmliche Beratungseinrichtungen werden von den meisten "Teens" als "uncool" taxiert und daher nicht aufgesucht. Fragen, die sie bewegen, werden häufig als peinlich empfunden und daher im direkten Kontakt nicht gestellt. Die Talkbox holt "Teens" dort ab, wo sie sich aufhalten – am Internet.

Bill Presentment – Elektronisches Bezahlen

Ziel dieses Projekts ist es, den Kunden der Stadt Wien Rechnungen bzw. Zahlscheine elektronisch zu übermitteln. Die Stadt Wien bedient sich dabei eines Services der Postsparkasse: bezahlen.at. Dieses Service kann unabhängig von der Hausbank des Kunden genutzt werden.

Die Kunden der Stadt Wien ersparen sich die Wege zur Bank oder zur Stadtkasse und können elektronisch ihre Zahlungsverbindlichkeiten, wie z. B. die Bezahlung eines Kindertagesheimplatzes, erledigen.

Invalidenzone (Behindertenzone) – Antrag

Für die Antragstellung zur Einrichtung von Behindertenzonen sind Upload-Formulare ins Internet gestellt, die ausgefüllt direkt an die zuständige Fachdienststelle übermittelt werden können.

Privatpersonen können einen Antrag für eine Halteverbotszone entweder am Wohnsitz oder am Arbeitsplatz über das Internet stellen. Firmen, Behörden, Institutionen usw. können Halteverbotszonen vor der Arztpraxis, dem Physikalischen Institut, einem Museum, einem Theater, einer gemeinnützigen Einrichtung, dem Magistratischen Bezirksamt, einer Bundesdienststelle und dergleichen beantragen, womit die Erreichbarkeit der Einrichtung stark gehbehinderten Personen erleichtert wird. Gleiches gilt für eigene Mitarbeiter/innen. Damit ersparen sich die Antragsteller/innen den – mitunter mühevollen – Weg zur Behörde.

"Parkpickerl" über Internet bestellen und bezahlen

Die Wiener Stadtverwaltung ermöglicht die Erstanmeldung und Verlängerung des "Parkpickerls" über Internet. Der Antragsteller füllt ein Web-Formular aus, die Angaben werden über eine gesicherte Verbindung übertragen und anschließend kommt eines der derzeit angebotenen Bezahlungsverfahren zur Anwendung. Die Daten werden im Magistratischen Bezirksamt geprüft, und der Antragsteller erhält das "Parkpickerl" per Post bzw. im Fall der Barzahlung im Bezirksamt direkt ausgefolgt. Die elektronische Antragstellung erfolgt mit Eingabe in ein Web-Formular. Danach sind folgende Varianten möglich:

• Barzahlung

Sie bezahlen im zuständigen Magistratischen Bezirksamt bar oder an der Bankomatkasse. Das "Parkpickerl" wird Ihnen danach ausgefolgt.

• Zahlschein

Der Zahlschein wird nach Prüfung des elektronisch eingebrachten Antrags per Post zugesandt. Nach erfolgter Einzahlung beim Bankinstitut wird das "Parkpickerl" per Post zugestellt.

• Online Zahlung

Die zurzeit verfügbaren online Zahlungsmethoden sind: Zahlung per Kreditkarte (Visa, Mastercard), Internetbankingverfahren der Bank Austria (POP) und der BAWAG (direct pay). Das "Parkpickerl" wird nach online-Zahlung und Prüfung des elektronisch eingebrachten Antrags per Post zugestellt.

Zentrales Bürgeranliegen-Management

Das Zentrale Bürgeranliegen-Management ermöglicht es, Bürgeranliegen ort- und zeitunabhängig entgegenzunehmen, zu behandeln und zu beantworten. Es vermeidet Parallelerledigungen, wenn Anliegen an verschiedene Stellen des Magistrats gerichtet werden, und es ermöglicht die leichtere Nachvollziehbarkeit der Eingaben und deren Erledigungen. Über Zwischenerledigungen kann den Bürger/innen rasch und unkompliziert Auskunft erteilt werden. Die Informationen sind ortsunabhängig verfügbar. Die Verfahren zur Erledigung eines Bürgeranliegens werden verkürzt, und die Erstellung von Auswertungen zur strukturierten Schwachstellenanalyse wird ermöglicht. Voneinander abweichende Erledigungen werden dadurch vermieden.

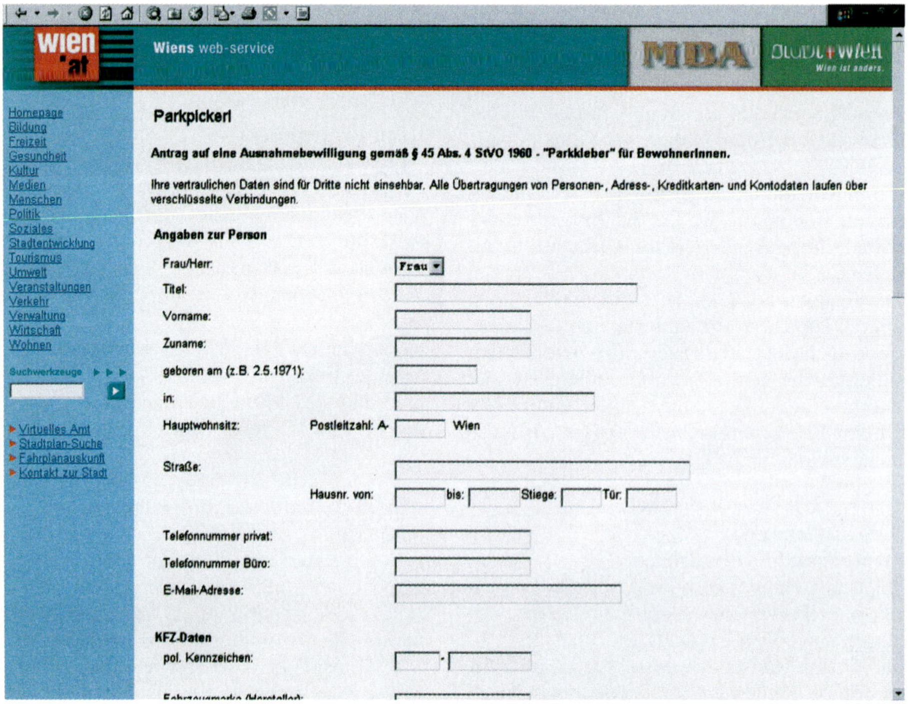

Die Ausgliederung der MA 10 – Museen der Stadt Wien

Von Direktor Hofrat Dr. Günter Düriegl

Herausforderung

Am 1. Jänner 2002 trat das Wiener Museumsgesetz – Wr. MuG, LGBl. für Wien Nr. 95/2001, mit dem die Museen der Stadt Wien als Anstalt öffentlichen Rechts eingerichtet und deren Organisation, Betrieb und Erhaltung geregelt werden, in Kraft.

Die zentrale Gesetzesstelle lautet:
"§ 3 (1) Mit diesem Gesetz wird unter der Bezeichnung 'Museen der Stadt Wien' eine Anstalt öffentlichen Rechts mit eigener Rechtspersönlichkeit und Sitz in Wien eingerichtet.
(2) Die Museen der Stadt Wien sind eine wissenschaftliche Anstalt öffentlichen Rechts, der unbewegliche und bewegliche Denkmale und Kulturgüter des Landes und der Stadt Wien zur Erfüllung ihres kulturpolitischen und wissenschaftlichen Auftrags als gemeinnützige öffentliche Aufgabe anvertraut sind und die mit In-Kraft-Treten dieses Gesetzes eigene Rechtspersönlichkeit erlangt."

Die neue Rechtsform soll den Museen der Stadt Wien, die bis dahin als betrieblich geführte Magistratsabteilung 10 agierten, alle Möglichkeiten eröffnen, ihre nationale und internationale Anerkennung nicht nur zu behaupten, sondern noch weiter auszubauen.

Im Kulturverständnis des 21. Jahrhunderts wird Museen ein wesentlich vertiefter und entscheidend verstärkter Stellenwert zukommen als bisher. Den Museen wird man die Verantwortung für Maßstab, Qualität und Authentizität der Kultur über alle Einzelereignisse hinaus zuordnen, von den Museen wird man den Entwurf eines Bildes der Entwicklungen der Kultur fordern. Unbestrittene Kompetenz wird die unabdingbare Grundlage der Anerkennung sein. Diesen Aufgaben werden, wollen und dürfen sich die Museen der Stadt Wien nicht entziehen, stellen sie doch eine Institution dar, die unverzichtbar ist, wenn Wien sich im europäischen Umfeld eine eigenständige Position erhalten möchte.

Die neue Rechtsform wurde entwickelt, um den Museen der Stadt Wien ein Instrumentarium an die Hand zu geben, das es ihnen ermöglicht, jene Herausforderungen zu bestehen, die sich im Rahmen des New Public Management unausweichlich stellen würden.

In allen Lebensbereichen fortschreitende Globalisierung, anwachsende Dynamik, voranschreitende technologische Entwicklungen, demographisch schwer einzuschätzende Veränderungen, sich steigernde Individualisierung und damit verbundener Wertewandel sind dabei die bestimmenden Trends.

Strategie

Unter der Federführung der Magistratsdirektion – Verwaltungsorganisation wurden mit 31. August 1999 die Arbeiten zur notwendigen Veränderung der Rechtsform der Museen der Stadt Wien aufgenommen.

Aufgabe war, Rahmenbedingungen zu schaffen, die der Leitung der Museen und deren Mitarbeiterinnen und Mitarbeitern die größtmögliche Flexibilität einräumen, um die Aktivitäten der Museen in künstlerischer und wissenschaftlicher Hinsicht optimal zu gestalten.

Ferner galt es, folgende Anforderungen zu erfüllen:

Verbleib der Sammlungen im Besitz der Stadt Wien,

Gewährleistung der wissenschaftlichen Schwerpunktsetzung,

Gewährleistung der Realisierung kulturpolitischer Zielsetzungen.

Zu beachten galt auch, dass die Übernahme der Aufgabenerfüllung durch die wissenschaftliche Anstalt öffentlichen Rechts die bisherigen Bediensteten der Magistratsabteilung 10 in ihrer dienst- und besoldungsrechtlichen Stellung nicht schmälert.

Laut Gutachten der Magistratsdirektion – Zivil- und Strafrechtsangelegenheiten vom 21. März 2000 standen folgende Rechtsformen zur Auswahl:

1. Wissenschaftliche Anstalt öffentlichen Rechts,
2. Stiftung oder Fonds nach dem Wiener Landesstiftungs- und Fondsgesetz, LGBl. für Wien Nr. 14/1988,
3. Privatstiftung nach dem Privatstiftungsgesetz,
4. Gesellschaft mit beschränkter Haftung nach dem GesmbH-Gesetz.

Nach Beobachtung objektiver Bewertungskriterien und der Durchführung einer Nutzwertanalyse wurde zugunsten der "Wissenschaftlichen Anstalt öffentlichen Rechts" entschieden.

In diesem Sinne beauftragte der Wiener Gemeinderat mit Beschluss vom 22. November 2000 den Magistrat, folgende Gesetzesentwürfe auszuarbeiten:

- Errichtung einer "Wissenschaftlichen Anstalt öffentlichen Rechts Museen der Stadt Wien"
- Personalzuweisung an die Museen der Stadt Wien

Die Ausgliederung der Aufgaben, die bisher die Magistratsabteilung 10 zu erfüllen hatte, war bis zum 31. Dezember 2001 durchzuführen.

Diesem Auftrag entsprechend wurde das Jahr 2001 genutzt, um die rechtlichen Grundlagen für die neue Rechtsform der Museen der Stadt Wien zu schaffen:

- Gesetz, mit dem die Museen der Stadt Wien als Anstalt öffentlichen Rechts eingerichtet und deren Organisation, Betrieb und Erhaltung geregelt werden (Wiener Museumsgesetz – Wr.MuG, LGBl. für Wien Nr. 95/2001). Dieses Gesetz trat mit 1. Jänner 2002 in Kraft.
- Gesetz über die Zuweisung von Bediensteten der Gemeinde Wien an die Anstalt "Museen der Stadt Wien" (Wiener Museen-Zuweisungsgesetz, LGBl. für Wien Nr. 99/2001). Dieses Gesetz trat mit 1. Jänner 2002 in Kraft.
- Verordnung der Wiener Landesregierung über die nähere Regelung des Aufgaben- und Wirkungsbereiches, der inneren Organisation und der besonderen Zweckbestimmung der Museen der Stadt Wien (Museumsordnung), LGBl. für Wien Nr. 105/2001. Diese Verordnung trat mit 1. Jänner 2002 in Kraft.

Befund

Von Interesse ist, die Darstellung der Aufgaben der seinerzeitigen Magistratsabteilung 10 nach der Geschäftseinteilung des Magistrats der Stadt Wien mit den Aufgaben der wissenschaftlichen Anstalt öffentlichen Rechts Museen der Stadt Wien zu vergleichen, wie sie im Wiener Museumsgesetz festgeschrieben sind:

In der Geschäftseinteilung für den Magistrat der Stadt Wien vom 1. Juli 2001 war zentrale Aufgabe der Museen der Erwerb und die restauratorische Betreuung von Sammlungsobjekten zur Geschichte Wiens, insbesondere der Topografie, der Porträtkunde, der Volkskunde, der bildenden Kunst, der Archäologie, des Kunstgewerbes, der Mode, des Theaters und dergleichen, im Besonderen war damit verbunden die Führung von Museen (Gedenkstätten) der Stadt Wien, Errichtung der Museen (Gedenkstätten) der Stadt Wien, Grundverwaltung und Erhaltung des Historischen Museums der Stadt Wien, des Schubert-Museums, des Haydn-Wohnhauses und des zentralen Depots, Objektverwaltung und Erhaltung des Otto-Wagner-Pavillons am Karlsplatz, der Hermesvilla und der Kunsthalle Wien, wissenschaftliche Betreuung der Bezirksmuseen, archäologische Erforschung des Wiener Stadtgebietes u.a.

Nach dem Wiener Museumsgesetz hat die Anstalt öffentlichen Rechts folgende Aufgaben:

"§ 4 (1) Die Museen der Stadt Wien sind

1. kulturelle Institutionen, die im Rahmen eines permanenten gesellschaftlichen Diskurses die ihnen anvertrauten Zeugnisse der Geschichte, Künste und Kultur sowie der sie erforschenden Wissenschaften sammeln, bewahren, wissenschaftlich aufarbeiten und dokumentieren und einer breiten Öffentlichkeit zugänglich machen sollen;
2. ein Ort der lebendigen und zeitgemäßen Auseinandersetzung mit dem ihnen anvertrauten Sammlungsgut;
3. dazu bestimmt, das ihnen anvertraute Sammlungsgut zu mehren und zu bewahren und es derart der Öffentlichkeit zu präsentieren, dass durch die Aufbereitung Verständnis für Entwicklungen und Zusammenhänge zwischen Gesellschafts-, Kunst-, Kultur- und Wissenschaftsphänomenen geweckt wird;
4. dazu aufgerufen, das Kulturschaffen der Gegenwart, die aktuellen Entwicklungen und Veränderungen von Kunst und Kultur zu registrieren und deren Zeugnisse gezielt zu sammeln und das Sammlungsgut im Sinne des spezifisch kulturpolitischen Auftrags ständig zu ergänzen, wobei sie den Austausch mit Museen in Österreich und anderen Ländern im Ausstellungs- und Forschungsbereich pflegen;
5. umfassende Bildungseinrichtungen, die zeitgemäße und innovative Formen der Vermittlung besonders für Kinder, Jugendliche und Senioren entwickeln.

(2) Zweck und Aufgabe der Museen der Stadt Wien im Rahmen ihrer Bedeutung und Ziele (Abs. 1) und ihres kulturpolitischen Auftrags ist insbesondere das Sammeln und Bewahren von Geschichts-, Kunst- und Kulturgut sowie der Ausbau, die Bewahrung, wissenschaftliche Bearbeitung und Erschließung, Präsentation und Verwaltung des den Museen der Stadt Wien auf Dauer oder bestimmte Zeit überlassenen oder von ihnen erworbenen Sammlungsguts unter Beachtung der Grundsätze der Zweckmäßigkeit, Wirtschaftlichkeit und Sparsamkeit."

Damit wurde dem Selbstverständnis der Museen der Stadt Wien Rechnung getragen, wie es sich nach einer Entwicklung von annähernd eineinhalb Jahrzehnten manifestiert.

Die Museen der Stadt Wien verstehen sich als Ort der Rückbesinnung auf die Vergangenheit im Wege der (kultur)historischen Erkenntnis. Sie sind kein Ort sentimentalpathetischer Betrachtung des Einst, sondern ein Ort des Verstehens und der Identifikation durch kritische Auseinandersetzung mit dem Gewesenen. Die Museen wollen Wien in seiner regionalen, seiner überregionalen, seiner österreichischen, aber auch seiner europäischen Stellung definieren. Damit können die Museen das zeigen, woher diese Stadt kommt, wo sie steht und wohin sie gehen könnte. Die Vermittlung erfolgt nicht allein museums-spezifisch im traditionellen Sinn, sondern in hohem Maß gestützt durch didaktische und pädagogische Methoden der jeweiligen Gegenwart. Daher werden die Museen mit den ihnen eigenen Mitteln den Wissens- und Erfahrungsstand der Besucher bereichern, ihre historische Vorstellungskraft und das Finden kritischer und selbstständiger Urteile erleichtern. Andererseits werden die Museen den Besucher unterschiedlicher Überzeugungen und Erfahrungen, unterschiedlichen Alters und unterschiedlicher Herkunft unterhalten, weil sie weder bloß "Weihestätte", simple "Identifikationsfabrik", noch allein "Ort der Problematisierung", sondern "Ort des freien und neugierig-kritischen Erlebens von Kultur" sind.

Führungsstruktur der Museen

Direktor

Die wissenschaftliche Anstalt öffentlichen Rechts Museen der Stadt Wien wird von einem Geschäftsführer, der die Funktion des Direktors und wissenschaftlich-künstlerischen Leiters wahrnimmt, geleitet. Er nimmt die Gesamtverantwortung für die Museen der Stadt Wien wahr und erstellt deren Leitlinien und die Ziele der Museumspolitik. Er repräsentiert die Anstalt "Museen der Stadt Wien" nach außen und ist auch für deren Erscheinungsbild in der Öffentlichkeit verantwortlich.

Zur Unterstützung des Direktors ist ein "Chefkurator", das Direktionsbüro, das Wissenschaftlich-künstlerische Gremium, die Stabsstelle "Öffentlichkeitsarbeit und Presse", die Stabsstelle "Bildung" und die Stabsstelle "Wirtschaft, Finanzen und Controlling" vorgesehen.

Kaufmännischer Leiter

Die Stabsstelle "Wirtschaft, Finanzen und Controlling" untersteht, wie auch der kaufmännische Bereich, einem kaufmännischen Leiter.

Der kaufmännische Bereich gliedert sich in

1. Finanz- und Rechnungswesen
2. Personalwesen
3. zentrale Dienste
4. Marketing

Im Einvernehmen mit dem kaufmännischen Leiter hat der Direktor der Museen der Stadt Wien in wirtschaftlichen, budgetären und sonstigen finanziellen Angelegenheiten von besonderer Bedeutung vorzugehen.

Finanzielle Sicherheit

Die finanzielle Ausstattung der wissenschaftlichen Anstalt öffentlichen Rechts Museen der Stadt Wien wurde zukunftsweisender konzipiert als bei anderen ausgegliederten österreichischen Museen.

§ 9 des Wiener Museumsgesetzes sieht Folgendes vor:

"(1) Die zur Besorgung der Aufgaben der Museen der Stadt Wien erforderlichen finanziellen Mittel werden aufgebracht durch:

1. die jährliche Abgeltung aus Mitteln der Stadt Wien gemäß Abs. 2 sowie einen Ersatz für pauschal angelastete Beiträge für Leistungen zentraler Dienststellen der Stadt Wien, zu den Kosten ihrer Organe und zum Aufwand für die Ruhe- und Versorgungsgenüsse nach der Pensionsordnung 1995,
2. sonstige Zuwendungen der Stadt Wien nach Maßgabe des jeweiligen Voranschlages sowie Zuwendungen anderer Gebietskörperschaften,
3. Zuwendungen im Rahmen der europäischen Integration,
4. Zuwendungen aufgrund von Sponsorenverträgen,
5. Kostenersätze für Leistungen der Museen der Stadt Wien und
6. sonstige Zuwendungen, Erträge und Einnahmen.

(2) Die Stadt Wien leistet der Anstalt 'Museen der Stadt Wien' für die Aufwendungen, die ihr in Erfüllung ihrer musealen Aufgaben und ihres kulturpolitischen Auftrages als Museen der Stadt Wien entstehen, für das Jahr 2002 eine Abgeltung von 14,74 Millionen Euro. Dieser Betrag erhöht sich ab dem Jahre 2003 um jährlich 1,43 %. Die Stadt Wien ist jedoch berechtigt, die Abgeltung zu kürzen oder teilweise zu sperren, wenn eine Verschlechterung der finanziellen Situation der Stadt Wien eintritt oder sonst die Einhaltung von mit dem Bund und den übrigen Gebietskörperschaften vereinbarten Stabilitätszielen gefährdet erscheint. Das Ausmaß der Kürzung oder Sperre darf jedoch, wenn sie für das laufende Jahr erfolgt, 2,5 vH, sonst 5 vH des für das vorangegangene Jahr geleisteten Betrages nicht überschreiten.

(3) Die näheren Details zur Abwicklung der Leistungen der Stadt Wien gemäß Abs. 1 Z 1 sowie die der Stadt Wien zur Verfügung zu stellenden Informationen über die Gebarung der Anstalt 'Museen der Stadt Wien' sind in einem zwischen der Stadt Wien und der Anstalt 'Museen der Stadt Wien' abzuschließenden Übereinkommen zu regeln."

Kuratorium

Die Wiener Landesregierung hat als primär wirtschaftliches Aufsichtsorgan der Geschäftsführung der wissenchaftlichen Anstalt öffentlichen Rechts Museen der Stadt Wien ein Kuratorium zu bestellen.

Dieses setzt sich zusammen aus

1. zwei vom amtsführenden Stadtrat für Kultur und Wissenschaft nominierten Mitgliedern,
2. einem Mitglied der Finanzverwaltung der Stadt Wien,
3. je einem Mitglied des Betriebsrates und der Personalvertretung,
4. zwei Wissenschaftlern, die nicht Bedienstete der Anstalt sind,
5. einem Mitglied des rechtskundigen Dienstes der Stadt Wien.

Für jedes Mitglied ist mindestens ein Ersatzmitglied zu bestellen.

Eine wesentliche Aufgabe des Kuratoriums stellt der jährliche Bericht an den Wiener Landtag im Wege der Wiener Landesregierung und des für Kultur zuständigen Ausschusses über die Erreichung der im Gesetz vorgegebenen grundsätzlichen Ziele der Anstalt dar.

Das Gesetz über die Zuweisung von Bediensteten der Gemeinde Wien an die Anstalt "Museen der Stadt Wien" (Wiener Museen-Zuweisungsgesetz) garantiert im § 1 die dienst- und besoldungsrechtliche Stellung der Bediensteten der ehemaligen Magistratsabteilung 10 durch folgende Bestimmung:

" (2) Durch die Zuweisung gemäß Abs. 1 tritt in der dienst-, besoldungs- und pensionsrechtlichen Stellung der in einem öffentlich-rechtlichen Dienstverhältnis Beschäftigten bzw. in der dienst- und besoldungsrechtlichen Stellung der in einem durch Vertrag begründeten Dienstverhältnis Beschäftigten keine Änderung ein. Auf diese sind daher nach wie vor die einschlägigen für Bedienstete der Gemeinde Wien geltenden dienstrechtlichen Bestimmungen, insbesondere die der Dienstordnung 1994, LGBl. für Wien Nr. 56, der Besoldungsordnung 1994, LGBl. für Wien Nr. 55, der Pensionsordnung 1995, LGBl. für Wien Nr. 67, des Ruhe- und Versorgungsgenusszulagegesetzes 1995, LGBl. für Wien Nr. 72, und des Unfallfürsorgegesetzes 1967, LGBl. für Wien Nr. 8/1969, für Beamte/Beamtinnen bzw. die der Vertragsbedienstetenordnung 1995, LGBl. für Wien Nr. 50, für Vertragsbedienstete, in der jeweiligen geltenden Fassung weiter anzuwenden."

Da die Wahrnehmung sämtlicher Rechte und Pflichten als Dienstbehörde gegenüber den zugewiesenen Bediensteten dem Magistrat obliegt, wurde dementsprechend eine neue Magistratsabteilung 10 mit folgenden Aufgaben eingerichtet:

Personalstelle Museen der Stadt Wien;
Wahrnehmung der Aufgaben gemäß § 3 Abs. 1
Wiener Museen-Zuweisungsgesetz, soweit keine andere Dienststelle zuständig ist.

Nach Abschluss eines Kollektivvertrages zwischen der wissenschaftlichen Anstalt öffentlichen Rechts Mussen der Stadt Wien und der Gewerkschaft werden Neuaufnahmen im Personalbereich nach dem ASVG vorgenommen werden.

Ausblick

Mit Zuversicht ist also festzustellen, dass die Errichtung der "Wissenschaftlichen Anstalt öffentlichen Rechts Museen der Stadt Wien" einen entscheidenden Schritt in die Zukunft darstellt.

Für das Museum gilt heute nicht mehr allein die Forderung nach dem Bildungsauftrag für die Bevölkerung "who get a taste when exposed to art" (Programmschrift des "British Museum", 18. Jahrhundert); es gilt vielmehr die umfassende Forderung, kulturtheoretische und gesellschaftskritische Fragen zu stellen.

Die immer noch gern geübte stumme, kontemplativ schweigende, dialogfrei empfindsame Betrachtung der Musealien muss einer bewussten Auseinandersetzung, wenn nötig einer Konfrontation, weichen. Auch die Museumsgemeinschaft folgt nur den allgemein anerkannten sozialen Voraussetzungen.

Die Teilhabe an einem universalen Wissen, von dem man annimmt, dass es viele Menschen anspricht, die Projektion auf ein stillschweigendes wechselseitiges Einverständnis, gilt nicht mehr. Heute stiften große Erzählungen, wie die Kunst- oder Kulturgeschichte, keine Gemeinsamkeiten mehr. Dies mag an der Skepsis gegenüber jeder großen Systematik liegen, aber auch an der mangelnden Geduld, sich diese anzueignen. Gemeinsamkeiten entwickeln sich heute aus der Durchdringung von privaten und öffentlichen Aspekten des Lebens, in dem Kreativität eine immer größere Rolle spielt.

Erkennt und anerkennt das Museum, dass eine Logik der Praxis die Logik des Bewusstseins überlagert, vermag es seine durch nichts zu ersetzende Stärke zu bekunden.

Die Sammlungen der Museen sind ein unverzichtbares Archiv für die kulturellen Errungenschaften des Menschen. Danach richtet sich die Arbeit im Museum.

Die neue MA 11A

Von Obersenatsrat Dr. Hans Voigt

Zwei Jahre ist es her

Etwas mehr als zwei Jahre ist es her, dass der Gemeinderat am 17. Dezember 1999 eine Änderung der Geschäftseinteilung für den Magistrat der Stadt Wien beschlossen hat, mit deren Inkrafttreten am 1. Jänner 2000 unter anderem die MA 11A – Tagesbetreuung von Kindern, Kindertagesheime der Stadt Wien geschaffen wurde.

In den Aufgabenbereich dieser neuen Magistratsabteilung, für die die Sonderbestimmungen für Betriebe gemäß Anlage 2 der Geschäftsordnung für den Magistrat der Stadt Wien gelten, fällt die Betriebsführung der städtischen Kindertagesheime mit rund 37.000 Plätzen in Krippen, Kindergärten und Horten sowie die Förderung von privaten Kinderbetreuungseinrichtungen. Dieser Aufgabenbereich war bis Ende 1999 in der MA 11 – Amt für Jugend und Familie angesiedelt. Mit rund 5600 MitarbeiterInnen, 400 Standorten und Ausgaben von 230 Mio EUR (Rechnungsabschluss 2000) für den gesamten Sektor der Tagesbetreuung in Wien ist die MA 11A eine der großen, gemessen an der Zahl der MitarbeiterInnen die größte, Wiener Magistratsabteilung.

Die Vorbereitungen

Der Start dieser neuen Magistratsabteilung wurde ab September 1999 im Rahmen eines vom Magistratsdirektor beauftragten Projekts vorbereitet. Der Auftrag an den Projektleiter wurde u.a. wie folgt festgelegt:

- Erarbeitung von Vorschlägen für die Neuorganisation der Verwaltungsstrukturen und –abläufe;
- Erstellung von Konzepten für die Optimierung der Geschäftsprozesse;
- Erarbeitung von Konzepten für ein Qualitätsmanagement und Aufbau eines Controllingsystems.

Dabei sollten bereits vorliegende Organisationsuntersuchungen berücksichtigt werden. Aufbauend auf einer Studie des "Kommunalwissenschaftlichen Dokumentationszentrums" wurden die möglichen Organisationsvarianten bewertet und festgestellt, dass die auch aus rechtsstaatlichen Gründen anzustrebende Trennung

der Hoheitsverwaltung vom Rest dieses Sektors ohne Verlust an Wissen und Kompetenz für die notwendige strategische Planung in eine neue Magistratsabteilung möglich ist. Zum anderen ergab diese Evaluierung, dass eine weitere Aufgliederung der Aufgaben, die in letzter Konsequenz zur Schaffung von zwei neuen Magistratsabteilungen geführt hätte, keine Vorteile, sondern eher Nachteile, wie den Verlust der Steuerungsmöglichkeiten für den Gesamtsektor, mit sich gebracht hätte.

Das Ergebnis dieser Überlegungen führte dazu, dass

– der Bereich der Genehmigungen und der Aufsicht über Kindertagesheime, Kindergruppen und Tageseltern bei der MA 11 verbleiben sollte und

– das damalige Dezernat III der MA 11 samt den entsprechenden Teilen der Gruppen Finanz- und Wirtschaftsverwaltung, Personalverwaltung, Kanzlei sowie der Bildungsanstalt für Kindergartenpädagogik in einer neuen Magistratsabteilung angesiedelt werden sollte.

Schon in der Vorbereitungsphase wurde festgestellt, dass die Entwicklung und Installierung eines vernetzten, zentralen EDV-Systems für die Verwaltung der rund 37.000 Plätze in den städtischen Kindertagesheimen (KTH) sowohl für eine kundenorientierte Aufgabenerfüllung als auch für eine optimale Ressourcensteuerung dringend erforderlich wäre. Eine derartige EDV-Unterstützung sollte es unter anderem auch möglich machen, die Information und Beratung der Bevölkerung über das Platzangebot so transparent zu gestalten, dass der in weiten Kreisen bestehende Eindruck einer nachhaltigen Mangelsituation bei Kindergarten-, Krippen- und Hortplätzen, der seit Jahren nicht der Realität entspricht, künftig vermieden werden kann.

Dezentrale Steuerung und Kundendienstzentren

Während das Dienstleistungsbewusstsein in den städtischen Kindertagesheimen und in den sozialpädagogischen Ambulanzen schon in der Vergangenheit ausgeprägt war, was sich auch in sehr guten Imagewerten bei den Familien, deren Kinder bereits eine Krippe, einen Kindergarten oder Hort besuchten, niederschlug, kämpfte der Bereich "Anmeldung und Vergabe von Plätzen" mit seiner "bürokratischen" Geschichte, mit seiner mangelhaften Transparenz und mit Defiziten in der Steuerung. Eine zeitgemäße Lösung dieser Problemlage war mit einer Änderung des Anmeldemodus allein – selbst bei entsprechender EDV-Unterstützung – allerdings nicht zu erreichen.

Schon in der Vorbereitungsphase hatte sich gezeigt, dass eine nachfrageorientierte Steuerung des Angebotes an Kinderbetreuungsplätzen, ebenso wie eine optimale Steuerung des Personaleinsatzes und des laufenden Betriebs nach dezentralen Steuerungseinheiten verlangte. Die Lösung wurde darin gesehen, die schon bisher dezentral organisierten WirtschaftsreferentInnen der Kindertagesheime sowie die für die pädagogische Steuerung und den Personaleinsatz verantwortlichen InspektorInnen zu vier regionalen Steuerungsteams zusammen zu fassen. Diesen dezentralen Steuerungsteams wurden sodann auch die für die Anmeldung und die Vergabe der Plätze zuständigen Organisationseinheiten mit dem Ziel zugeordnet, **alle** für die Kunden relevanten Aktivitäten von der Anmeldung bis zur Qualitätssicherung, von der Instandhaltung bis zum Personaleinsatz zu bündeln und weitgehend eigenverantwortlich erledigen zu lassen. Diese Dezentralisierung von Steuerungskompetenz sollte allerdings nicht nur auf dem Papier bzw. in Organigrammen stattfinden. Um flexibel auf die ständig wechselnden Anforderungen der Kunden reagieren zu können, was kurze Informations- und Entscheidungswege verlangt, mussten die regionalen Steuerungsteams zusammen geführt und möglichst nahe dem täglichen Geschehen situiert, die Anmeldestellen konzentriert und kundenfreundlich ausgebaut werden. Diese Zusammenführung erfolgte in der Weise, dass es im Endzustand vier regionale Hauptstandorte und fünf weitere Kundendienststandorte geben wird, die die oben dargestellten Aufgaben erfüllen sollen. Die Neuentwicklung bzw. die Umgestaltung geeigneter Standorte schreiten zügig voran, sodass noch im Jahr 2002 der angestrebte Endzustand erreicht werden wird.

Leistungsfähige EDV-Systeme als Notwendigkeit

Parallel zu diesen grundsätzlichen organisatorischen Maßnahmen wurde die Entwicklung eines EDV-Programms, das unter Nutzung des Datennetzes der Stadt Wien über eine zentrale Datenbank die Verwaltung der Plätze in den Kindertagesheimen ermöglicht, begonnen. Durch diese Datenbank sind nunmehr Auskünfte über freie Plätze, Informationen über die Kindertagesheime und die Anmeldung in jeder der Kundendienststellen (ungeachtet deren regionaler Ausrichtung) für den gesamten Wiener Bereich möglich. Durch die Entscheidung, ein bei der Stadt Wien bereits eingeführtes EDV-Produkt zu verwenden und für die Anforderungen der MA 11A zu adaptieren, stehen alle Möglichkeiten des elektronischen Aktes (ELAK) zur Verfügung. So war es auch möglich, seit November 2001 – noch vor Einführung des Euro – die Beitragseinhebung über dieses Datenbanksystem mit einer Schnittstelle zur MA 6 abzuwickeln, womit das monatliche Kassieren der Elternbeiträge in den Kindertagesheimen der Vergangenheit angehört.

Die Ergänzung des Systems durch eine Datawarehouse-Lösung wird nicht nur notwendige Steuerungsdaten liefern, sondern auch Möglichkeiten bieten, wie z.B. die aktuellen Zahlen der in jedem Bezirk freien Plätze via Internet zu veröffentlichen, um so die Transparenz über das bestehende Angebot zu verbessern.

Es würde den Umfang dieses Beitrags sprengen, neben den beiden genannten Schwerpunktprojekten alle jenen weiteren organisatorischen Veränderungen darzustellen, die in den ersten beiden Jahren begonnen und zum Teil schon umgesetzt wurden und die alle ein Ziel verfolgen: Weitgehende EDV-Unterstützung und Vereinfachung aller Verwaltungstätigkeiten, um flexibel und schnell auf Kundenbedürfnisse reagieren zu können und damit das Niveau der Verwaltung auf den anerkannt hohen Stand des "Kerngeschäftes" der Abteilung, nämlich die Betreuung von täglich über 30.000 Kindern, heranzuführen.

Die neue Geschäftsgruppenbudgetierung

Von Mag. Dietmar Griebler

New Public Management

Das New Public Management, zu dessen Grundsätzen sich die Wiener Stadtverwaltung bekennt, hat einen besonderen Schwerpunkt in der dezentralen Output- und Ressourcenverantwortung. Das bedeutet auf der einen Seite, dass auf der obersten hierarchischen Ebene dem jeweiligen amtsführenden Stadtrat als "Produktgruppenmanager" die zentrale Steuerungsfunktion für den Output zukommt, also für die von der jeweiligen Geschäftsgruppe im Dienst der Wienerinnen und Wiener zu erbringenden Leistungen, was dann konkret in den mit den einzelnen Dienststellen abgeschlossenen Kontrakten seinen Niederschlag findet. Dem muss aber auf der anderen Seite als gleichwertiges Instrument eine weitgehende Entscheidungsfreiheit in der Verwendung der vorhandenen Ressourcen an die Seite gestellt werden, also in der Verwaltung der der Geschäftsgruppe aus dem Gemeindebudget zur Verfügung gestellten Geldmittel.

Bereits in der Vergangenheit wurden einige entscheidende Schritte in Richtung dezentraler Ressourcenverantwortung gesetzt, nämlich im Sinne einer Globalbudgetierung die Zurverfügungstellung eines finanziellen Rahmens, innerhalb dessen sich die Geschäftsgruppen bewegen können. Diese Vorgangsweise war allerdings bruchstückhaft, weil nicht sämtliche Aufwandsarten, die den jeweiligen Geschäftsgruppen zugeordnet werden konnten, ihnen auch tatsächlich angelastet wurden.

Neuerungen mit dem Voranschlag 2002

Mit der Erstellung des Voranschlages für das Jahr 2002 ist es für die Stadt Wien zu einem großen Fortschritt in Richtung dezentrale Ressourcenverantwortung gekommen. Ab sofort werden die Ausgaben für Sach- und Personalaufwand nicht nur auf betrieblich verrechneten Ansätzen zur Gänze veranschlagt; für alle anderen Dienststellen des Magistrats wurde der erforderliche Sach- und Personalaufwand aus den bisherigen Sammelansätzen 0101 – Magistrat und 0102 – Allgemeiner Amtssachaufwand herausgelöst und neuen Geschäftsgruppensammelansätzen zugeordnet.

War es den Geschäftsgruppen – unter Außerachtlassung der betrieblich verrechneten Dienststellen – in der Vergangenheit nur möglich, den eigenen Zweckaufwand durch mehr oder weniger selbstbestimmende Maßnahmen zu beeinflussen, erfuhr diese Selbstbestimmungsmöglichkeit durch die Übertragung der Mittel zur Bestreitung des Personal- und Sachaufwandes eine wesentliche Aufwertung.

Bei näherer Betrachtung des Umfanges der einzelnen Sammelansätze ist festzustellen, dass unter dem Allgemeinen Amtssachaufwand Ausgaben für

Erfordernisse der EDV,
Energiekosten (Strom, Heizung und Gas),
Post- und Telekomdienste,
Büromittel,
Druckwerke (u.a. Zeitschriften) sowie
die eigentliche Amtsausstattung

zu verstehen sind. Der Personalaufwand hingegen umfasst auch die erforderlichen Aufwendungen für das nicht mehr aktive Personal und somit den Pensionsaufwand. Letzterer wird zentral festgelegt, jedoch dezentral veranschlagt. Einer Beeinflussung über die einzelnen Geschäftsgruppen bzw. deren Gestionierung ist der Pensionsaufwand allerdings entzogen. Dies resultiert u.a. daraus, dass die nicht mehr dem Aktivstand angehörenden ehemaligen Bediensteten der Stadt Wien nicht eindeutig einer Dienststelle und damit einer Geschäftsgruppe zugeordnet werden können, weil der Magistrat eine sehr durchlässige Organisation im Hinblick auf die Fluktuation der Bediensteten zwischen den einzelnen Dienststellen aufweist. Konsequenterweise beschloss der Wiener Gemeinderat zur Vereinfachung des Vollzugs des Voranschlags für das Jahr 2002 die gegenseitige Deckungsfähigkeit sämtlicher Pensionsaufwandsposten des Haushalts. Der Pensionsaufwand der Geschäftsgruppen ist durch diese nicht beeinflussbar.

Neue Flexibilität

Durch die bloße Zuteilung der Mittel für den Personal- und Sachaufwand zu den Geschäftsgruppen kann allerdings der Wiener Weg der Verwaltungsmodernisierung noch nicht zu Ende gebracht werden. Führte nämlich die bisherige zentrale Veranschlagung dieser Ausgaben dazu, dass sich kaum ein Bewusstsein für die Kosten von Neuanschaffungen sowie deren Folgekosten – sie wurden auf den dargestellten Sammelansätzen gedeckt – entwickeln konnte, so schlug der Voranschlag 2002 auch hier einen neuen Weg ein.

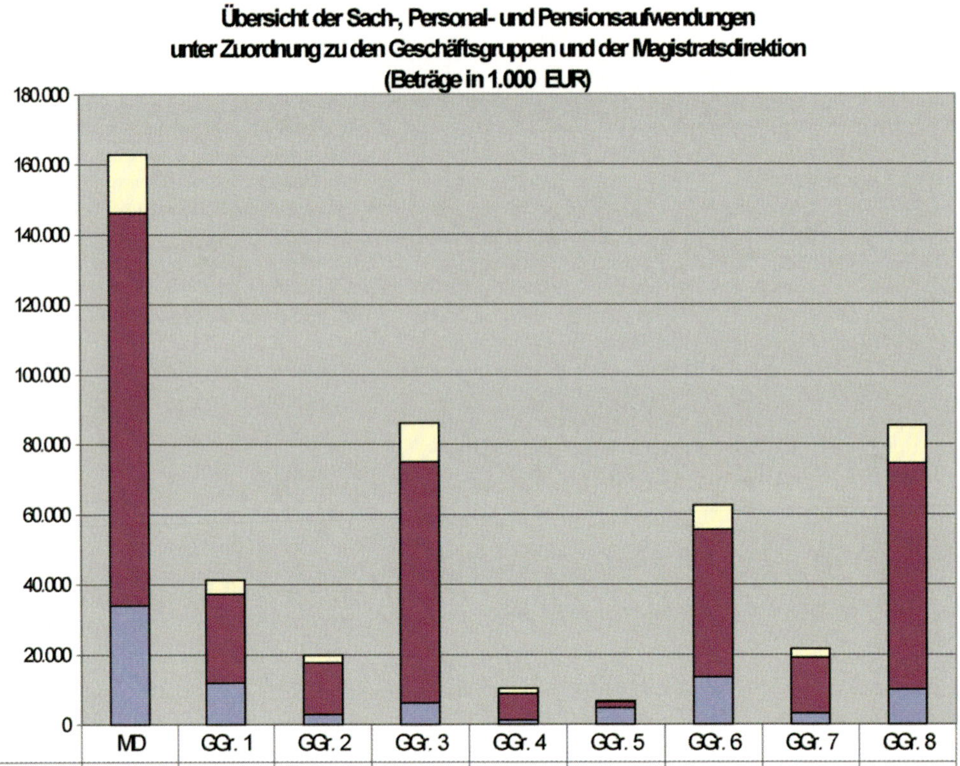

	MD	GGr. 1	GGr. 2	GGr. 3	GGr. 4	GGr. 5	GGr. 6	GGr. 7	GGr. 8
Pensionen	16.712	4.059	2.203	11.101	1.431	200	6.932	2.509	10.935
Personal	112.115	25.283	14.837	68.824	7.522	1.715	42.156	15.987	64.443
Sachaufwand	34.032	11.993	2.892	6.160	1.313	4.727	13.511	3.112	10.029

[Zur Grafik: Beim Sammelansatz der Magistratsdirektion ist zu berücksichtigen, dass diesem insbesondere der Personalaufwand der Referate der Magistratsdirektion (mit Ausnahme des betrieblich verrechneten Ansatzes des Referates MD-Betriebswirtschaft und Controlling), aller Magistratischen Bezirksämter, des Kontrollamtes, des Unabhängigen Verwaltungssenates sowie der Bediensteten der 23 Wiener Bezirksvorstehungen zuzurechnen ist. Gleiches gilt für den Sachaufwand. Die Darstellung der GGr. 5 versteht sich exklusive der Unternehmung "Wiener Krankenanstaltenverbund"; Gleiches gilt für die GGr. 8 hinsichtlich der Unternehmung "Wiener Wohnen".

Zu den verwendeten Abkürzungen:

MD: Magistratsdirektion
GGr. 1: Geschäftsgruppe für Integration, Frauenfragen, Konsumentenschutz und Personal
GGr. 2: Geschäftsgruppe für Finanzen, Wirtschaftspolitik und Wiener Stadtwerke
GGr. 3: Geschäftsgruppe für Bildung, Jugend, Soziales, Information und Sport
GGr. 4: Geschäftsgruppe für Kultur und Wissenschaft
GGr. 5: Geschäftsgruppe für Gesundheits- und Spitalswesen
GGr. 6: Geschäftsgruppe für Stadtentwicklung und Verkehr
GGr. 7: Geschäftsgruppe für Umwelt
GGr. 8: Geschäftsgruppe für Wohnen, Wohnbau und Stadterneuerung]

Ausgabenanteile an Summe aller Sammelansätze
(496,733 Mio. EUR)

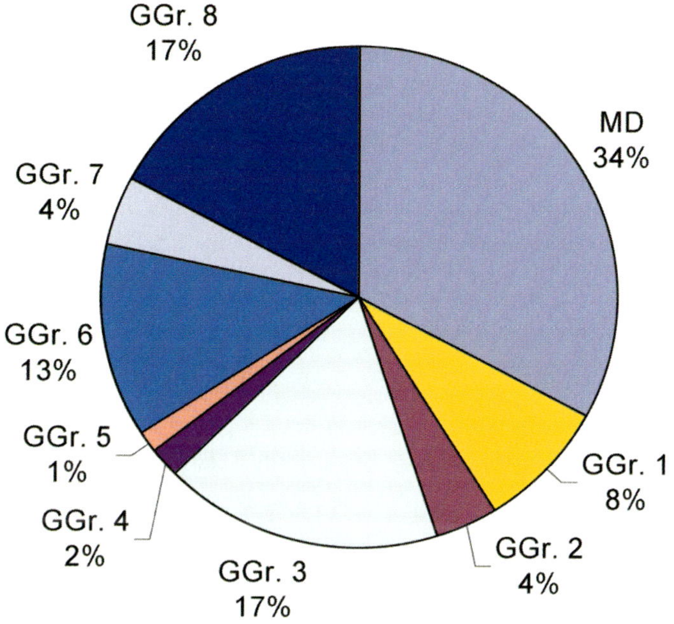

Einnahmenanteile an Summe aller Sammelansätze
(129,926 Mio. EUR)

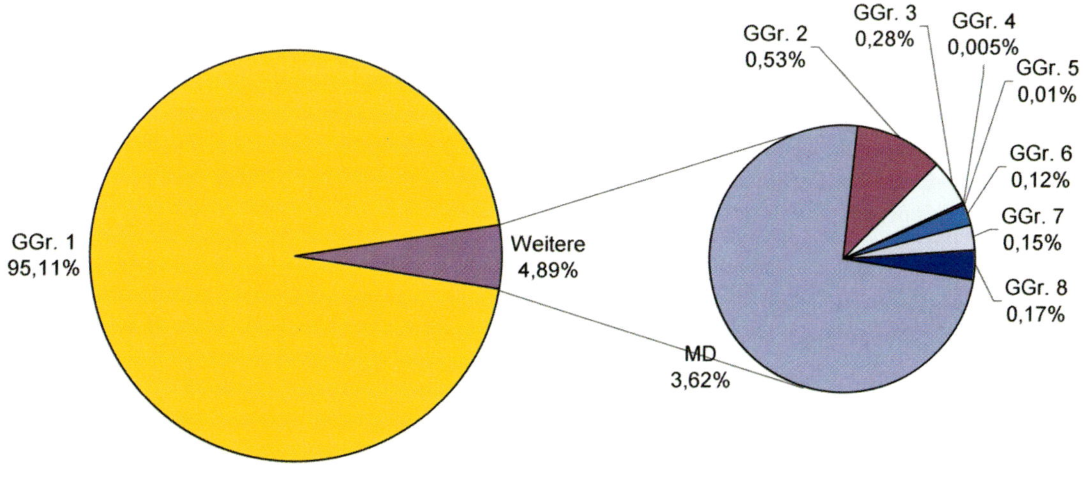

Getrieben von den Zwängen immer knapper werdender Ressourcen, aber auch den Vorgaben der Konzernzentrale, die Personalausgaben zu stabilisieren, erschien es überlegenswert, den einzelnen Dienststellen – und damit Hand in Hand den Geschäftsgruppen – die Möglichkeit zu eröffnen, Einsparungen beim Personalaufwand für Anschaffungen im Rahmen des Sachaufwandes heranzuziehen. Dieser Überlegung folgte der Beschluss des Wiener Gemeinderates, in dem er die Heranziehung von Minderausgaben im Rahmen der Postenklasse 5 (darunter sind Personalausgaben zu verstehen) für Mehrausgaben im Bereich des Sachaufwandes ohne gesonderte Genehmigungspflicht durch ein Organ der Stadt Wien für zulässig erklärte. Der dahinter stehende – und mit Absicht – leicht zu durchschauende Gedankengang soll eine Sensibilisierung der Magistratsdienststellen im Hinblick auf personalaufwandsteigernde Maßnahmen schaffen. Im Optimalfall kann durch eine wirtschaftlichere Vollziehung in der Praxis ein Mehr an Leistung erbracht werden, und zwar entweder bei gleichbleibendem oder sogar geringerem Personalstand.

Unterbelichtete Stellen

Dass mit den bisherigen Veränderungen bei der Erstellung des Voranschlags für das Jahr 2002 (noch) nicht der Stein des Weisen gefunden wurde, bedarf keiner grundsätzlichen Erörterung. Im Hinblick auf die von der Konzernspitze propagierte "neue Unternehmenskultur" des Magistrats der Stadt Wien sollen vereinzelt auftretende Schattenseiten der dezentralen Ressourcenverantwortlichkeit jedoch nicht unter den Teppich gekehrt werden. So kann die Zuordnung des Personalaufwands zu den Geschäftsgruppen und die jedenfalls mögliche Herunterbrechung desselben auf die einzelnen Dienststellen die bisher problemlose Durchlässigkeit des Magistrats für die einzelnen Bediensteten einschränken. Personelle Veränderungen zwischen Dienststellen derselben Geschäftsgruppe sind davon nicht betroffen. Anders sieht die Situation allerdings bei geschäftsgruppen-übergreifenden Personalverschiebungen aus. Gleichzeitig mit den physischen Änderungen hat nämlich ein pekuniärer Ausgleich zwischen den betroffenen Geschäftsgruppen stattzufinden. Dieser erschöpft sich jedoch nicht nur durch eine Abschlagszahlung, mit der die Personalkosten der von einer Geschäftsgruppe in eine andere wechselnden Person abgegolten werden. Jedenfalls sind auch anteilige Zuschläge zur Abgeltung des Pensions- und Sachaufwandes zu leisten bzw. zu berücksichtigen.

Neue Herausforderungen

Für die Geschäftsgruppen bedeutet die neue zentrale Steuerungsfunktion eine besondere Herausforderung, weil die verantwortungsbewusste Wahrnehmung dieser Aufgaben eines aussagekräftigen, die gesamte Geschäftsgruppe umfassenden Controlling sowohl inputals auch outputseitig bedarf. Dies setzt wiederum die Schaffung geeigneter Strukturen voraus, um diese Aufgabe zuverlässig vollziehen zu können. Aus diesem Grund wurde unter der Bezeichnung "Budgetkoordinator" eine Schaltstelle ins Leben gerufen, die die Vorstellungen der politischen Ebene unter Berücksichtigung der finanziellen Rahmenbedingungen – und damit auch deren steten Entwicklung – auf die Ebene der einzelnen Dienststellen der Stadt Wien transformieren soll.

Nicht verschwiegen sollte werden, dass die dezentrale Ressourcenverwaltung an die einzelnen Geschäftsgruppen des Magistrats der Stadt Wien unterschiedliche Anforderungen und Herausforderungen stellt. Ist es doch ein wesentlicher Unterschied, ob eine Geschäftsgruppe überwiegend der klassischen Hoheitsverwaltung zurechenbare Dienststellen in sich vereint oder aber im Kernbereich aus bereits seit Jahren betrieblich verrechneten Einheiten bzw. Dienststellen mit weitgehender Erfahrung im Umgang mit Budgetmitteln besteht.

Resümee

Wie die Erfahrungen aus der Erstellung des Voranschlags 2002 zeigen, besteht in allen Geschäftsgruppen des Magistrats der Stadt Wien eine umfassende Kooperationsbereitschaft zur Behebung gerade (erst) in der Praxis auftretender Schwierigkeiten und Problemstellungen. Im Zusammenhang mit den im Dezember 2001 und im Jänner 2002 stattgefundenen Informationsveranstaltungen für Budgetkoordinatoren lässt dies einen zuversichtlichen Ausblick auf den neuen und gewiss spannenden Vollzug des Voranschlags 2002 zu.

Die Weiterentwicklung des Rechnungswesens

Von Regierungsrat Franz Döller, Direktor des Rechnungsamtes

Interessenten und Zielgruppen

Das Rechnungswesen ist nicht Selbstzweck. Es ist in einem modernen Unternehmen bestmöglich nutzbar zu machen, und zwar in folgende Richtungen:

- Als **Informationsquelle für die Unternehmenssteuerung** (das Rechnungswesen der Stadt Wien bietet z.B. 350 Millionen Zahlen und Beträge zur Darstellung der Unternehmensentwicklung)
- als Basis für die Leistungs- bzw. **Zahlungskommunikation mit dem Bürger und Kunden** (das Rechnungswesen der Stadt Wien stellt jährlich 7 Mio. Rechnungen, Bescheide und Zahlungsaufforderungen aus) sowie
- als Grundlage für die Abwicklung der **Geschäftsbeziehungen mit den Geschäftspartnern** (das Rechnungswesen vollzieht und dokumentiert die Geschäftsbeziehungen zu mehr als 300.000 Geschäftspartnern mit mehr als 1 Mio. Eingangsrechnungen)

Ausgehend von diesen Interessentengruppen ist das Rechnungswesen gezielt den jeweiligen Bedürfnissen anzupassen:

- Durch ein effizientes **Berichtswesen**
- durch den **Ausbau moderner Antrags-, Rechnungslegungs- und Zahlungsformen,** insbesondere über elektronische Medien (eGovernment, Billing-Counting, bezahlen.at, ePayment, eCash, onlinebanking, um nur einige Beispiele zu nennen)
- durch Schaffung moderner Internetplattformen für den bidirektionalen **Austausch von kaufmännischen Daten** (eCommerce, eBusiness, eProcurement, eShop, EDIFACT, V3 u.v.a.m.).

Letzteres "u.v.a.m." stellt zugleich das größte Problem der Entwicklung des Rechnungswesens dar. Die Vielfalt der Entwicklungen bedingt eine zunehmende Komplexität und Undurchschaubarkeit des Rechnungswesens und führt letztlich zu Angst und Distanz des potentiellen Nutzers.

Aufgabe der Gestalter des Rechnungswesens wird es in Zukunft sein, die Front des Rechnungswesens sowohl für die verrechnete Dienststelle als auch für den Bürger, Kunden und Geschäftspartner

- leicht verständlich (auch für Nicht-Buchhalter),
- übersichtlich,
- kurz aber trotzdem umfassend,
- rasch und informell (quick und dirty)

darzustellen.

Dazu bedarf es großer Anstrengungen versierter Fachleute im Rechnungswesen, die das Problem lösen müssen, komplexe Vorgänge einfach darzustellen, und zwar sowohl

- für das jeweilige Management ein zweckentsprechendes Berichtswesen zu entwickeln als auch
- für den Bürger und Kunden einen einfachen, sicheren und einladenden Zugang über moderne Medien bereitzustellen,

ebenso wie es notwendig sein wird,

- die Geschäftspartner von den Vorteilen moderner Internetmedien zu überzeugen.

Berichtswesen

Neben der allgemeinen – insbesondere durch das Internet beeinflussten – Weiterentwicklung des Rechnungswesens verfolgt die Finanzverwaltung der Stadt Wien im Sinne des New Public Management die Übertragung der Ressourcenverantwortung auf tiefere (operierende) Ebenen. Im Zuge dieser Verantwortungsübertragung wurde eine Reihe von Maßnahmen zur Verbesserung des Berichtswesens über das Intranet der Stadt Wien eingeleitet:

- Monatlich aktualisierte **Controlling-Reports** auf Ansatz- (Dienststellen-) Ebene, aber auch auf zentraler Steuerungsebene mit Vergleichsdaten und Forecast-Informationen, wie Hochrechnungen und Prognosen,
- monatlich aktualisierte **Betriebsabrechnungsbögen** für Kostenstellen, Kostenträger und Produkte sowie

für Dienststellen des Hoheitsbereichs, die oft (noch) nicht über einen eigenen betrieblichen Ansatz verfügen,

- **Abfrage aller Haushaltskonten** mit hierarchischen Summierungs- und Gruppierungsmöglichkeiten,

- **Abfrage aller Bewegungen** nach verschiedenen Kriterien,

- **Abfrage aller Belegimages** über das elektronische CD-Archiv des Rechnungswesens (18 Mio. Seiten jährlich, Bilder aller Rechnungen, Lieferscheine, Belege und des Schriftverkehrs,

- **Abfragen im drill-down System** von der Summe zur Einzelbewegung bzw. zum Beleg.

Alle diese über das Intranet angebotenen Berichte sind auch als Bestand abrufbar und ermöglichen eine individuelle Weiterbearbeitung der Nutzer.

Gearbeitet wird derzeit an der monatlichen Prognosebilanz und Prognose-, Gewinn- und Verlustrechnung nach HGB, die ab Jahresmitte 2002 den berechtigten Usern ebenfalls über das Intranet zur Verfügung stehen werden.

Das Schema des modernen Berichtswesens stellt sich wie folgt dar:

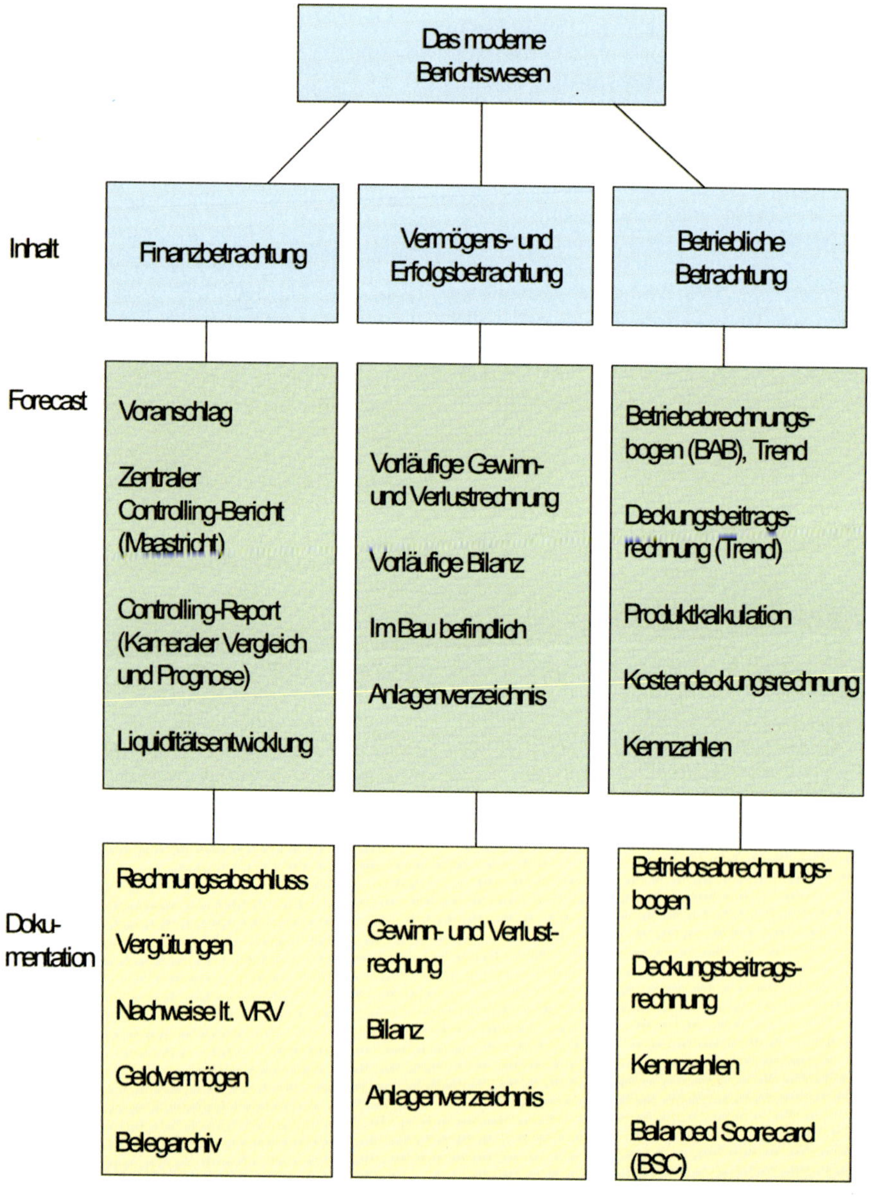

Ziel der Weiterentwicklung des Rechnungswesens ist es, durch Einrichtung eines Datawarehouses den verschiedenen Dienststellen eine noch freiere und individuellere Gestaltung des Berichtswesens zu ermöglichen, ohne dadurch die Einheitlichkeit, Überschaubarkeit und Vergleichbarkeit des zentralen Controllings zu behindern.

Bürger- und Kundenservice

Eines der wichtigsten Ziele der Weiterentwicklung des Rechnungswesens ist die Verbesserung des Bürger- und Kundenservices.

Neben verbessertem persönlichen Service werden alle Maßnahmen zu setzen sein, den Verkehr mit den Bürgern und Kunden zu vereinfachen und zu verkürzen. Dazu sind moderne Medien, wie Handy und Internet, maximal einzubinden. Rechnungslegung, Bescheidzustellung über Internet, Zahlen über Handy sind heute keine Utopie mehr.

Zur Verbesserung des Bürger- und Kundenservices hat das Rechnungswesen der Stadt Wien bereits heute entscheidend beigetragen:

- **Stadtkassen:** In allen Stadtkassen kann nunmehr für alle Forderungen der Stadt (vom Kindergartenbeitrag bis zur Grabgebühr, von den Abgaben bis zur Spitalsgebühr) spesenfrei eingezahlt werden ("cash as cash can").

Alle Stadtkassen akzeptieren Bankomat- und Kreditkarten.

Gleichzeitig wird Zahlungsberatung rationelle Zahlungsformen betreffend (z.B. Einzug) sowie nötigenfalls Ratenvereinbarung angeboten. Dieses umfassende Zahlungsservice beinhaltet selbstverständlich auch jegliche online-Auskunft hinsichtlich aller Forderungen und Verbindlichkeiten. Die Stadtkassen sind jetzt auch Anlaufstellen für Geschäftspartner in Rechnungslegungs- und Zahlungsangelegenheiten.

- **billing-counting:** Mit dem Internet-Werkzeug "bezahlen.at" kann sich der Bürger seine Rechnung oder seinen Bescheid über das Internet vorlegen lassen und mit einfachem Mausklick bezahlen.

- **eShop:** Erste gute eShop-Erfahrungen beim Verkauf der Grafikkarte über Internet sollten in Hinkunft zur Umsetzung von Waren- oder Dienstleistungsverkäufen in größerer Breite genutzt werden.

- **eGovernment:** Das virtuelle Amt ist kein Begriff des Science-Fiction mehr. Behördenwege über Internet erfreuen sich stark steigender Beliebtheit. Hier gilt es, nach den ersten vielversprechenden Erfolgen bei der "Parkpickerl"-Beantragung und Hundeanmeldung, rasch weitere eServices anzubieten. Dazu wären noch ungelöste Randprobleme, wie Useridentifikation, Authentifizierung, Bürgercard, elektronische Unterschrift, Zahlungssicherheit usw., im Einvernehmen mit dem Bund und den anderen Gebietskörperschaften zu klären.

- **eMailing:** Bis zur Realisierung aller wünschenswerten eGovernment-Anwendungen (geschätzt werden etwa 300 Sachgebiete, die Antrag, Rechnung und Zahlung beinhalten) besteht in noch nicht durchgängig gelösten Prozessen des Rechnungswesens Interesse an jeder Form des eMailing.

- **eFormulare:** Eine einfache, aber gern akzeptierte Form des eServices stellt die Möglichkeit des Herunterladens und Ausfüllens von Formularen dar. Bezüglich des Rechnungswesens können auf diese Weise z. B. Steuererklärungen, Bestellungen, Anträge und dgl. übermittelt werden. Diese Form der eKommunikation ermöglicht allerdings keine automatischen Prozessabwicklungen wie beim eGovernment.

Geschäftspartnerservice

Der Wirtschaftsstandort Wien erfordert auch hinsichtlich des Rechnungswesens verstärkte Initiativen zur Optimierung der Geschäftsabwicklung. Es ist zulässig, von einer diesbezüglichen Vorbildwirkung Wiens zu sprechen. Dabei ist nicht die zur Selbstverständlichkeit gewordene Verlässlichkeit bei der Rechnungsbehandlung und Zahlungsabwicklung gemeint, sondern vielmehr die große Anstrengung zur Verbesserung und Automatisierung der kommerziellen Kommunikation. Hervorzuheben sind in diesem Zusammenhang:

- **eRechnungslegung an die Stadt Wien:** Zunehmender Akzeptanz erfreut sich die elektronische Rechnungslegung an die Stadt Wien. Mit XML-Standard und EDIFACT ist es nunmehr möglich, sämtliche Arten und Formen der Rechnungslegung automatisch weiterverarbeitbar zu übermitteln.

- **elektronisches Rechnungsformular:** Als "Einstiegsdroge" für Internetanwender dient das herunterladbare Rechnungsformular, das – elektronisch ausgefüllt – der Stadt Wien übermittelt werden kann. Eine automatische Weiterverarbeitung ist bei dieser Einfachvariante nicht möglich.

- **elektronische Bestellung:** Als Pilotanwendungen bewähren sich erste Modelle automatischer Bestellungen über FAX und Internet. Erste durchgängige eCommerce-Prozesse von der elektronischen Bestellung, Lieferbestätigung, Fakturierung bis zur Zahlung geben Anlass zu großen Hoffnungen betreffend entscheidende Prozessverkürzungen, sowohl zum Nutzen der Geschäftspartner wie der Stadt.

Serviceangebote für Kinder, Jugend und Familien MAG ELF: Neue Strategien in der Jugendwohlfahrt

Von Obersenatsrätin Mag. Renate Balic-Benzing

Der Zweck der Jugendwohlfahrt

Unter Jugendwohlfahrt werden Maßnahmen und Aktivitäten verstanden, die die Entwicklung von Kindern und Jugendlichen sichern und unterstützen.

Die Anerkennung dieses Ziels als öffentliche Aufgabe hat ihre Wurzeln am Beginn des 20. Jahrhunderts, als das Schicksal Not leidender und gefährdeter Kinder stärker als früher in das Bewusstsein der Öffentlichkeit getreten war. Die ersten öffentlichen Fürsorgemaßnahmen konzentrierten sich auf den allernotwendigsten Schutz der Kinder. Gesundheits-, Unterhalts- und Anstaltsfürsorge waren die wichtigsten Aufgaben des 1917 geschaffenen Jugendamts der Stadt Wien. Nach Ende des Ersten Weltkriegs erhielten diese Fürsorgemaßnahmen im "Roten Wien" neben dem sozialen Wohnbau höchste politische Priorität. Das in dieser Zeit von Stadtrat Univ.-Prof. Dr. Julius Tandler entwickelte "Wiener System" der Fürsorge wirkte in seiner Beispielhaftigkeit weit über Wien hinaus.

Nach dem Zweiten Weltkrieg versuchte das Jugendamt an die Errungenschaften der 20er Jahre anzuknüpfen. Erst in den 70er Jahren begann der Übergang von der "Jugendfürsorge" mit dem Schwerpunkt der Heimunterbringung von Kindern zur "Familiensozialarbeit" mit dem Schwerpunkt der ambulanten Hilfen für Familien, die das Ziel verfolgen, Heimunterbringungen zu verringern. Diese neuen Entwicklungen führten 1989 schließlich zur Änderung des Bundesgrundsatzgesetzes betreffend die Jugendwohlfahrt, dem 1990 das entsprechende Wiener Landesgesetz (Wiener Jugendwohlfahrtsgesetz 1990) folgte. Beide Gesetze sind bis auf geringfügige Novellierungen noch heute in Geltung.

Es scheint klar, dass die Erreichung des Ziels, Kindern und Jugendlichen gute Entwicklungsmöglichkeiten zu sichern, von vielen Faktoren abhängt und somit eine Aufgabe ist, die politisch alle Lebensbereiche in der Gesellschaft betrifft. Soziale Standards allgemein spielen ebenso eine Rolle wie die Situation der Kinder, Jugendlichen und Familien in der Gesellschaft, die Vereinbarkeit von Familie und Beruf, die Bildungschancen, Freizeitmöglichkeiten und Berufschancen, um nur einige der bestimmenden Faktoren zu nennen.

Die öffentliche Jugendwohlfahrt im Sinne des Jugendwohlfahrtgesetzes (JWG) hat einerseits die Aufgabe, für die Betreuung von Müttern, Eltern und Säuglingen rund um die Geburt vorzusorgen ("Mutterschafts- und Säuglingsfürsorge"), andererseits aber auch die Entwicklung von Kindern und Jugendlichen durch ein Angebot von Hilfen zur Pflege und Erziehung zu fördern und durch Gewährung von Erziehungsmaßnahmen zu sichern ("Jugendfürsorge"). Das JWG legt weiters fest, dass der öffentlichen Jugendwohlfahrt die allgemeine Aufgabe zukomme, die Familie bei der Erfüllung ihrer Aufgaben in der Pflege und Erziehung Minderjähriger zu beraten und zu unterstützen.

In einzelnen Bestimmungen des ABGB werden außerdem rechtliche Vertretungsaufgaben des Jugendwohlfahrtsträgers für Minderjährige festgelegt, vor allem hinsichtlich der Feststellung der Vaterschaft und der Hereinbringung von Unterhalt.

Verwaltungsmodernisierung und Jugendwohlfahrt

Seit den 80er Jahren des vorigen Jahrhunderts werden in Österreich sowie in anderen entwickelten Industriestaaten die Grenzen der Finanzierbarkeit des klassischen Wohlfahrtsstaates diskutiert. Diese Grenzen zwangen zu Überlegungen einer Neustrukturierung. Inzwischen sind die öffentlichen Aufgaben überhaupt zum Gegenstand der Diskussion geworden. Die Minimierung von Budgetdefiziten erfordert neue Strategien zur Bewältigung der öffentlichen Aufgaben.

Dieser Druck dient auch als Motor für weitere Modernisierung und Entwicklung. Die in der Jugendwohlfahrt bereits seit den Reformen in den 70er Jahren stark in den Vordergrund getretene Serviceorientierung wird nunmehr zur allgemeinen Leitlinie für öffentliche Aufgaben.

Zielsetzungen sind:

- Verwaltungsmodernisierung ("New Public Management")
- Serviceorientierung
- Erhöhung des Gestaltungsspielraums durch dezent-

rale Ressourcen(Budget-)verwaltung

- Innovationen durch neue Kommunikationsmedien (Internet, E-Government usw.)
- Prioritätensetzungen bei gleichzeitiger Definition der Qualitätsstandards der einzelnen Leistungen
- Evaluation der Leistungen

Neue Strategien in der Jugendwohlfahrt

Die neue gesellschaftliche Situation erforderte neue Strategien in der Jugendwohlfahrt, insbesondere ging es um

- die Organisationsstrukturen, die auf der Basis des zeitgemäßen Wissens über Organisationen den gestellten Aufgaben anzupassen sind
- die Aufgaben (Leistungen, Produkte), die genauer zu definieren sind, um Schwerpunkte und Prioritäten besser herauszuarbeiten
- die Aufgabenerfüllung verstärkt zu evaluieren und
- die Qualitätsentwicklung durchzuführen.

Organisationsentwicklung und Neustrukturierung in der MAG ELF

Auf der Basis von Organisationsstudien des Kommunalwissenschaftlichen Dokumentationszentrums (1995, 1997) wurde zunächst die MAG ELF-Zentrale mit dem Ziel erhöhter Leitungskompetenz klarer strukturiert. Es erfolgte eine Trennung zwischen den Organisationseinheiten mit Leistungsaufgaben gegenüber der Bevölkerung (Dezernate 1 – 6) und den Organisationseinheiten mit Stabsfunktion (Gruppe Rechtsangelegenheiten, Gruppe Personalangelegenheiten, Gruppe Finanz-, Wirtschafts- und allgemeine Verwaltung). Der Erhöhung der Leitungskompetenz diente ein Führungskräftelehrgang "Sozialmanagement für leitende MitarbeiterInnen". Weitere Verbesserungen betrafen die Information innerhalb der Organisation und nach außen (Einrichtung einer Servicestelle, Präsenz im Intranet zur Information der MitarbeiterInnen einschließlich einer elektronischen MitarbeiterInnen-Zeitung "MAG ELF-Inside").

1999 lösten fachspezifisch organisierte Serviceeinheiten der Jugendwohlfahrt die traditionelle Struktur der "Ämter für Jugend und Familie", früher "Bezirksjugendämter", ab. Die MAG ELF, die offiziell zwar weiterhin die Bezeichnung "Amt für Jugend und Familie" trägt, präsentiert sich nun als Familien-Dienstleistungsabteilung mit vielen professionell organisierten regionalen Servicestellen.

Die Kernbereiche der ehemaligen Ämter für Jugend und Familie – "Soziale Arbeit mit Familien" und "Rechtsfürsorge" – wurden zu eigenen Regionalstellen. Die vormals bestehenden Leiterstellen der Ämter für Jugend und Familie wurden als nicht notwendige Zwischenhierarchie aufgelöst. Die Facheinheiten sind nunmehr jeweils direkt dem Fachdezernat in der MAG ELF-Zentrale zugeordnet. Damit ist die Gewähr gegeben, dass ein gleichmäßig hoher fachlich-methodischer Standard erreicht und die Qualität der Angebote gesichert wird.

Leitbild für die MAG ELF

Die Reform fand ihre Fortsetzung in der Erstellung eines Leitbildes für die MAG ELF. Alle MitarbeiterInnen hatten Gelegenheit, zu dem auf der Basis der Ergebnisse einer Open-Space-Veranstaltung entwickelten Textentwurf Stellung zu nehmen, bevor das endgültige Leitbild im Jahr 2000 präsentiert wurde.

Das Leitbild nimmt Bezug auf die eingetretenen gesellschaftlichen Veränderungen und stellt als Ziele der Entwicklungsmaßnahmen u.a. vor:

- Eine professionelle, effiziente, kundInnen- und mitarbeiterInnenorientierte Organisation ("lernende Organisation")
- Selbstverständnis als modernes Dienstleistungsunternehmen (Wertschätzung für KundInnen, Offenheit und Transparenz, hohe fachliche und soziale Kompetenz der MitarbeiterInnen, Mitbestimmung, Zusammenarbeit und Teamarbeit, Qualität, Transparenz gegenüber der Öffentlichkeit) und
- Unterstützung sozial benachteiligter Kinder und Familien bei der Teilhabe am gesellschaftlichen Leben und Haltung gegen Diskriminierung

Im Wege einer MitarbeiterInnen-Befragung durch das Institut Fessl GFK wurde u.a. die Identifizierung der MitarbeiterInnen mit dem Leitbild erhoben. Die Befragung brachte folgende Ergebnisse:

- Hohe Akzeptanz des Leitbildes (85 %)
- Hohe persönliche Identifikation mit dem jeweiligen Arbeits- oder Fachgebiet
- (Sehr) Gutes Arbeitsklima (85 %)
- Gewünscht: Verbesserung von Kommunikationsflüssen und das Lockern von hierarchischen Abläufen

Weitere Organisationsentwicklungsmaßnahmen waren

- Schaffung eines Fortbildungszentrums für alle MitarbeiterInnen
- Berufsgruppen übergreifendes Fortbildungsprogramm

- Einführungsseminare für alle BerufsanfängerInnen in der MAG ELF
- MitarbeiterInnen-Orientierungsgespräche
- Einführung von Controlling
- Verbesserung interner Kommunikation durch Diskussionsmöglichkeit via Intranet und regelmäßige Diskussionsveranstaltungen (MAG ELF-Foren)

KundInnenzufriedenheits-Befragungen mit hoher Zufriedenheit

Die MAG ELF-Grundlagenforschung führte seit 1998 regelmäßige KundInnenzufriedenheits-Befragungen durch. Die Ergebniswerte der Befragungen können zwischen 0 % – maximale Unzufriedenheit – und 100 % – maximale Zufriedenheit – liegen. Die in allen Umfragen erzielten Ergebnisse lagen je nach Arbeitsgebiet zwischen 76,3 % und 86,2 % und sind als sehr hohe Zufriedenheitswerte anzusehen. In Regionalstellen "Soziale Arbeit mit Familien" zeigte sich von 1998 bis 2000 trotz hohen Zufriedenheitsniveaus noch ein statistisch signifikanter Anstieg der Kundenzufriedenheit auf 82,6 %.

Spannungsfeld Kinderschutz und Serviceangebote für Familien

Bei einer im Auftrag der MAG ELF durchgeführten Fessl-Umfrage nannten 70 % der Befragten die MAG ELF (das "Jugendamt") spontan als Anlaufstelle bei Vernachlässigung, Misshandlung und Missbrauch von Kindern. Einem geringeren Bevölkerungsanteil ist die MAG ELF als Serviceabteilung für Familien bekannt. Hier muss die Öffentlichkeitsarbeit einsetzen, um die Serviceleistungen stärker im Bewusstsein der Bevölkerung zu verankern. Je mehr die Serviceleistungen der MAG ELF in Anspruch genommen werden, umso leichter gelingt es, Vernachlässigungen, Misshandlungen, Missbrauch und andere Gefährdungen und Notlagen von Kindern zu vermeiden. Der Kinderschutz bleibt eine Hauptaufgabe, doch auch hier gilt der Grundsatz: "Vorbeugen ist besser als heilen".

Wie eine Fessl-Umfrage ergab, haben insbesondere Personen, die mehr über die MAG ELF wissen oder eigene Erfahrungen mit dem Angebot haben, ein positives Bild der MAG ELF, wobei vor allem "Beratung und Hilfe bei Familien- und Erziehungsproblemen" erwartet werden.

Die MAG ELF stellte deshalb in zwei Image-Kampagnen in den Jahren 2000 und 2001 ihre Serviceaufgaben in den Vordergrund. Um den vielseitigen Aufgabenbereich für die Wiener Familien schon im Logo besser auszudrücken, wurde ab Dezember 2000 das MAG ELF-Logo mit dem Zusatz "Kinder, Jugend, Familie" ergänzt.

Die beiden Image-Kampagnen stellten in Form von Inseraten, Indoorplakaten, Verkehrsmittelwerbung, Giveaways u.a. die Serviceangebote der MAG ELF für Kinder, Jugend und Familie in den Vordergrund. Das Servicetelefon 4000–8011, das als Erstkontakt beworben wurde, wies von Jahr zu Jahr steigende Anrufzahlen auf. Das Servicetelefon informiert über das Angebot der MAG ELF und hilft bei vielen Problemen durch Ratschläge und Informationen weiter. Zuletzt hatte die Servicestelle rund 22.000 Anfragen im Jahr.

In diesem Zusammenhang ist auch eine interne Telefonerhebung interessant, die ergab, dass die MAG ELF nach dem Wohnungsbereich die höchste Zahl von Telefonanrufen im Magistrat aufweist. Auch dadurch wird die Servicefunktion der MAG ELF ganz besonders hervorgehoben und ihre Aufgabe, Kontakte zwischen den MitarbeiterInnen und der Bevölkerung herzustellen sowie Beratung und Hilfe anzubieten, deutlich gemacht.

Die MAG ELF beschäftigt rund 1.600 MitarbeiterInnen in über 200 Servicestellen und zwei Bildungseinrichtungen, darunter rund 850 im Bereich der Sozialpädagogik (Wohngemeinschaften, Krisenzentren u.a.), 150 in der Rechtsfürsorge, 350 diplomierte SozialarbeiterInnen und 30 PsychologInnen.

Service rund um die Geburt

In Zusammenarbeit mit der MA 15 werden in neun Eltern-Kind-Zentren der MAG ELF Vorsorgeaufgaben hinsichtlich Krankheiten und Behinderungen wahrgenommen sowie Eltern beraten und unterstützt, um Pflege- und Ernährungsfehler sowie Kinderunfälle vermeiden zu können. SozialpädagogInnen und SozialarbeiterInnen stehen für alle praktischen Fragen des Alltags rund um die Geburt eines Kindes zur Verfügung, helfen mit Tipps und Anregungen oder durch Gespräche. Sie informieren über weiterführende Hilfen und Auswege aus schwierigen Situationen. FachpsychologInnen bieten Erziehungsberatung, kinderpsychologische Diagnostik, Beratung bei Teilleistungsstörungen und auch psychologische Hilfe in Krisensituationen an.

Die Eltern-Kind-Zentren verzeichneten 2001 eine Gesamtfrequenz von 56.569 Teilnahmen. Standardangebote sind telefonische Anfragebeantwortungen, individuelle persönliche Beratungsgespräche, Stillgruppen, Gruppen "Rund um's Baby", Eltern-Kind-Café, Krabbelgruppe, Elternrunden, Elternschule (zur Vorbereitung auf die Geburt).

In 42 Elternberatungsstellen werden Ernährungs- und Stillberatungen, Beratungen über Babypflege, Vorsorgeuntersuchungen und Impfungen angeboten. Die Elternberatungen verzeichneten zuletzt rund 42.000 Konsultationen pro Jahr. Rund ein Fünftel aller neugeborenen Kinder wird einer Elternberatungsstelle vorgestellt.

SozialarbeiterInnen der MAG ELF bieten auch im Verbindungsdienst zu den geburtshilflichen Abteilungen und in Kinderspitälern Information, Beratung und Hilfestellung an.

Zahlreiche Informationen der MAG ELF werden den Eltern rund um die Geburt zur Verfügung gestellt. Bei der Anmeldung des Wäschepakets während der Schwangerschaft erhalten die Eltern den Ratgeber "Rund um's Baby" und eine Dokumentenmappe, die kurzgefasste Tipps und Hinweise zu Behördenwegen sowie ein Gutscheinheft enthält. Informationen werden auch mit dem Wäschepaket übermittelt, das durch einen attraktiven Wickelrucksack ergänzt wurde. Nach der Geburt erhalten die Eltern ein Gratulationsschreiben der MAG ELF mit einer Broschüre über wichtige familienrechtliche Fragen zugesandt.

Rechtsfürsorge

Die SachbearbeiterInnen in den 13 Regionalstellen der Rechtsfürsorge führen laufend rund 30.000 Betreuungsfälle. Insbesondere handelt es sich dabei um Sachwalterschaften zur Hereinbringung von Unterhaltszahlungen für Kinder und Jugendliche bzw. zur Feststellung der Vaterschaft. Außerdem wirkt die Rechtsfürsorge bei der Gewährung von Unterhaltsvorschüssen mit (rund 11.000 Fälle).

Für die Vertretung von unbegleiteten minderjährigen Flüchtlingen wurde ein eigenes Kompetenzzentrum eingerichtet, das die Vertretung minderjähriger Asylwerber und Fremder in Verfahren gemäß Fremden- bzw. Asylgesetz wahrnimmt.

Über die Regionalstellen Rechtsfürsorge wird auch der Wiener Familienzuschuss im zweiten und dritten Lebensjahr eines Kindes zur finanziellen Unterstützung für einkommensschwache Familien und AlleinerzieherInnen gewährt. Rund 13.500 BezieherInnen haben pro Jahr Anspruch auf den Wiener Familienzuschuss.

Serviceangebote für Familien

SozialarbeiterInnen in den Regionalstellen Soziale Arbeit mit Familien bieten pro Jahr rund 22.000 Hilfestellungen insbesondere bei finanziellen und Wohnungsproblemen im Rahmen der "Sozialen Dienste" nach dem Wiener Jugendwohlfahrtsgesetz an.

PsychologInnen des Psychologischen Dienstes sind in Eltern-Kind-Zentren, Regionalstellen für Soziale Arbeit mit Familien und in Kinder- und Jugendpsychologischen Beratungsstellen tätig.

PsychologInnen werden besonders gern in Erziehungsfragen konsultiert; immer mehr Eltern versuchen mit Hilfe von ExpertInnen, ihre Erziehungskompetenz zu verbessern. Besondere Bedeutung hat die klinisch-psychologische Diagnostik bei Verhaltensschwierigkeiten von Kindern und bei Fragen im Zusammenhang mit Leistung und Ausbildung. Weiterer Schwerpunkt sind psychologische Beratung und Intervention bei konflikthaften Beziehungskrisen in Familien und bei Gefährdungen von Kindern und Jugendlichen.

In vier Ehe- und Familienberatungsstellen finden pro Jahr rund 4.500 Beratungen statt; ein großer Teil davon sind Paarberatungen. Spezielle Hilfestellungen bei Überschuldungen bietet die Schuldnerberatungsstelle. In den sogenannten "Besuchscafés" wird Hilfe zur Wiederherstellung des Kontakts zwischen getrennt lebenden Eltern und deren Kindern angeboten.

Mit Unterstützung der MAG ELF bietet eine Reihe von Einrichtungen der freien Jugendwohlfahrt bzw. sonstiger Rechtsträger zusätzliche Serviceleistungen an:

- der Verein Wiener Jugenderholung
- die Institute für Erziehungshilfe
- das Institut für Ehe- und Familientherapie
- die Familienberatungsstellen des Vereins Familie & Beratung
- das Unabhängige Kinderschutzzentrum
- die Eltern-Kind-Zentren Nanaya und Gilgegasse
- verschiedene Beratungs- und Therapieeinrichtungen, wie "Frauen beraten Frauen", "Männerberatung", "Möwe".

Kinderschutz, Erziehungshilfen

Kinderschutz ist eine Kernaufgabe der Jugendwohlfahrt. Die MAG ELF nimmt diese Aufgabe in vielfältiger Weise durch ihre gesamte Organisation wahr. Einen besonderen Stellenwert hat dabei die Prävention. Familien sollen in die Lage versetzt werden, ohne Gewalt in der Erziehung auszukommen. Hier helfen die Angebote der Information und Beratung. Auch wenn soziale und finanzielle Probleme Stress erzeugen, helfen die SozialarbeiterInnen in den MAG ELF-Regionalstellen, Lösungswege zu finden. Wenn es zur Gewalt gegen Kinder kommt, steht der Schutz der Kinder im Vordergrund. Durch ein entsprechendes Abklärungsverfahren muss festgestellt werden, welche Schutz- und Betreuungsmaßnahmen erforderlich sind. Wenn notwendig können Kinder und Jugendliche für kürzere bzw. längere Zeit in Krisenzentren, in Sozialpädagogischen Wohngemeinschaften oder in Pflegefamilien betreut werden. Wichtigstes Ziel ist, dass Eltern und Kinder wenn möglich wieder zusammenfinden.

Im Laufe eines Jahres werden von den Regionalstellen "Soziale Arbeit mit Familien" rund 5.300 Meldungen über den Verdacht auf körperliche/seelische Gewalt, sexuellen Missbrauch und Kindesvernachlässigung abgeklärt. 101 Kinder und Jugendliche mussten im Jahr 2001 vorübergehend in ein Krisenzentrum aufgenommen werden, in 46 Fällen wurde Unterstützung der Erziehung und in 15 Fällen die weitere Unterbringung von Kindern/Jugendlichen in einer sozialpädagogischen Einrichtung bzw. einer Pflegefamilie veranlasst.

Erziehungshilfen gemäß Wiener Jugendwohlfahrtsgesetz umfassen die Unterstützung der Erziehung durch Maßnahmen zum Wohle des Minderjährigen, die die verantwortungsbewusste Erziehung durch die Erziehungsberechtigten fördern, ebenso wie die Erziehung in sozialpädagogischen Einrichtungen, sofern dies erforderlich ist. Hilfen zur Erziehung können aufgrund einer schriftlichen Vereinbarung mit den Erziehungsberechtigten oder aufgrund gerichtlicher Verfügungen gewährt werden. Insgesamt werden laufend rund 7.000 Hilfen zur Erziehung durchgeführt, rund 1.700 davon aufgrund gerichtlicher Verfügungen.

Zur Unterstützung der Erziehung können die SozialarbeiterInnen der Regionalstellen Soziale Arbeit mit Familien auch Intensivbetreuungen veranlassen. Nach einer 2001 erfolgten organisatorischen Zusammenfassung aller intensiven Betreuungsangebote der MAG ELF stehen nunmehr 63 Dienstposten für diese Aufgabe zur Verfügung. SozialarbeiterInnen und SozialpädagogInnen, die vielfach zusätzliche Qualifikationen haben (Psychotherapie, Supervision, Mediation, Sonder- und Heilpädagogik u.a.), arbeiten in multiprofessionellen Teams zusammen. Ziel der Intensivbetreuung ist es, in Zusammenarbeit mit den Eltern die Voraussetzungen für die Erziehung der Kinder in der Familie zu verbessern, um Fremdunterbringungen zu vermeiden bzw. eine möglichst rasche Rückführung eines Kindes zu ermöglichen. Je nach individueller Problemlage umfasst die Arbeitsvereinbarung die Arbeit mit der gesamten Familie, den Erwachsenen mit Zielrichtung auf das Kind/die Kinder oder dem Kind/Jugendlichen allein. Angestrebt wird dabei, die Familien zu unterstützen und neue Handlungsmöglichkeiten sowie mehr Lebensqualität zu entwickeln.

Mit bestimmten Gesundheitseinrichtungen bestehen für die Aufgaben der Erziehungshilfe Kooperationsbeziehungen:

- Universitätsklinik für Neuropsychiatrie des Kindes- und Jugendalters
- Neurologisches Krankenhaus Rosenhügel, Kinder- und Jugendpsychiatrische Station
- Universitätsklinik für Kinder- und Jugendheilkunde, Station für Heilpädagogik und Psychosomatik
- Wilhelminenspital, Psychosomatik und Psychotherapie

Die Gesamtzahl der Kinder bzw. Jugendlichen, die im Rahmen der Jugendwohlfahrt in sozialpädagogischen Einrichtungen oder in Pflegefamilien betreut werden ("Volle Erziehung"), beträgt derzeit rund 2.500 (1990: 3.055, 1980: 4.464).

Sozialpädagogische Einrichtungen

Die 1996 begonnene Reform "Heim 2000" hatte vor allem zwei Ziele:

- Kinder und Jugendliche, die für eine bestimmte Zeit nicht von ihrer Familie betreut werden können, nicht mehr in Großheimen, sondern in sozialpädagogischen Wohngemeinschaften aufzunehmen;
- soziale Probleme möglichst dort zu lösen, wo sie entstehen (dies bedingt eine Regionalisierung der sozialpädagogischen Einrichtungen; es wurden sechs sozialpädagogische Regionen eingerichtet).

Regionale Krisenzentren sollten als erste Clearingstelle dienen, um in Krisenfällen die Probleme zu analysieren und Lösungsstrategien zu entwickeln und insbesondere Unterstützungsmöglichkeiten für die Familie zu aktivieren, damit diese ihre Erziehungskompetenz wieder wahrnehmen kann. Nur in dem Fall, dass dies nicht mehr möglich ist, wird das Kind in einer Folgeeinrichtung untergebracht.

Bis 2001 konnten insgesamt 49 Wohngemeinschaften und sechs Krisengruppen für Intensivbetreuung eingerichtet sowie einzelne Heime geschlossen werden. Zwölf Krisenzentren stehen zur Verfügung.

Mit Beginn des Jahres 2002 umfasste das Angebot zur Betreuung von Kindern und Jugendlichen in sozialpädagogischen Einrichtungen insgesamt 1.400 Plätze, davon 886 in Einrichtungen der MAG ELF, 402 in Vertragseinrichtungen. 112 Plätze gab es in den Krisenzentren. 237 Kinder und Jugendliche befanden sich aufgrund von speziellen Betreuungserfordernissen auf der Basis von Einzelverträgen in besonderen sozialpädagogischen Einrichtungen.

Die Bildungsarbeit der Stadt Wien

Von Senatsrat Dr. Wolfgang Lischka

Die Magistratsabteilung 13 – Bildung und außerschulische Jugendbetreuung umfasst unter anderem die Referate für Volksbildung und Bildungsprojekte, das Landesjugendreferat Wien, die Musiklehranstalten Wien (Konservatorium, Musikschulen, Kindersingschule), die Modeschule der Stadt Wien im Schloss Hetzendorf, die media wien und die Büchereien Wien. Von ihr werden wesentliche Aspekte der Bildungsarbeit in der Bundeshauptstadt abgedeckt.

Erwachsenenbildung ist in Wien traditionell eine Angelegenheit vereinsrechtlich organisierter autonomer Institutionen. Der Stadt kommt daher in erster Linie die Aufgabe zu, Einrichtungen der Erwachsenenbildung in ideeller und materieller Hinsicht zu unterstützen. Zu den größten Subventionsempfängern in diesem Bereich gehört der Verband Wiener Volksbildung, die Dachorganisation der Wiener Volkshochschulen. Deren Programm erstreckt sich grundsätzlich über alle Wissensgebiete und ermöglicht darüber hinaus an mehr als 150 Standorten (darunter vier Volksheime und elf Häuser der Begegnung, die von der Stadt Wien mit beträchtlichem finanziellen Aufwand errichtet wurden) die Förderung bzw. Erlernung künstlerischer und handwerklicher Fertigkeiten.

Die Anforderungen an eine zukunftsorientierte Bildungsarbeit werden sich in den nächsten Jahrzehnten grundlegend wandeln. Lehrkräfte müssen verstärkt Beratungs- und Vermittlungsfunktionen übernehmen. Ihnen wird noch viel mehr als bisher die Rolle zukommen, Lernende zu unterstützen, die nach Möglichkeit den Lernprozess selbst gestalten sollen. Wichtige Akzente zur Verbesserung der pädagogischen Fähigkeiten der Lehrenden in allen Bereichen haben daher in der Entwicklung von informations- und kommunikationstechnologisch gestützten Lernmethoden, aber auch in einer ständigen Ausbildung und Qualifizierung von pädagogisch Tätigen zu liegen.

Aufgabe der Stadt Wien muss es folglich sein, die Volksbildungseinrichtungen in Wien bei der Verbesserung ihres Dienstleistungsangebots umfassend zu unterstützen und durch geeignete Projektförderungsmaßnahmen (z.B. im Rahmen von "University meets public") zu einer forcierten Vernetzung von Wissensproduktion und den Bedürfnissen einer "learning society" beizutragen.

Die Ausbildung an den Musiklehranstalten Wien reicht vom elementaren Musikunterricht in früher Kindheit bis hin zu postsekundären künstlerischen und künstlerisch-pädagogischen Studien: An den über 70 Standorten der Kindersingschule sammeln VolksschülerInnen durch gemeinschaftliches Singen vier Jahre hindurch wichtige musikalische Erfahrungen. Die erworbenen Kenntnisse werden im instrumentalen Kleingruppenunterricht erweitert und durch das Erlernen eines vielfältigen und wertvollen Repertoires sowie der Grundlagen der allgemeinen Musiklehre vertieft. Die 17 Musikschulen bieten an 26 Standorten in den meisten Wiener Gemeindebezirken sowohl Frühförderungsprogramme für Vorschulkinder als auch einen hochqualifizierten Instrumental-, Gesangs- und Tanzunterricht für Kinder, Jugendliche und junge Erwachsene. Um dem selbstgestellten Anspruch auf Ganzheitlichkeit der Ausbildung zu entsprechen, wird ergänzend zum Einzelunterricht Musiktheorie, Gehörbildung, Ensemble, Chor und Orchester angeboten. Neben der Breitenarbeit haben die Musikschulen auch die Aufgabe der Begabtenfindung und Förderung, womit sie als Schnittstelle zur Berufsausbildung am Konservatorium fungieren. Dort werden MusikerInnen, TänzerInnen und SchauspielerInnen für eine künstlerische bzw. künstlerisch-pädagogische Berufslaufbahn ausgebildet. Angeboten werden Diplom- und Lehrbefähigungsstudien, Lehrgänge und postgraduale Studien in über 45 Studienrichtungen; für besonders begabte und leistungsfähige Kinder und Jugendliche werden Vorstudiengänge geführt. Studierende des Konservatoriums sind zur Teilnahme an Europäischen Hochschulprogrammen berechtigt. Viele AbsolventInnen haben bedeutende Positionen im internationalen Kulturbetrieb eingenommen.

Der "Entwicklungsplan für die Musikschulen und die Kindersingschule Wien" sieht den Ersatz weniger geeigneter Musikschulstandorte, die Errichtung von neuen Standorten in derzeit unversorgten Stadtgebieten sowie Maßnahmen zur inhaltlichen Erweiterung des künstlerisch-pädagogischen Angebots einschließlich entsprechender Personalentwicklung vor.

Die Modeschule Hetzendorf zählt zu den renommiertesten Ausbildungsstätten für Modeschaffende in Europa. Die Schulleitung legt im Rahmen des innovativen und umfassenden Unterrichts besonderen Wert auf die Förderung der gestalterischen Fähigkeiten sowie auf eine enge Zusammenarbeit mit der Modeindustrie. Permanente Beteiligungen an Wettbewerben, Kooperationsprojekten und international anerkannten Messen bieten Anreiz für Spitzenleistungen. Ob nach bestandener Reifeprüfung (5-jährige Höhere Schule für Modedesign und Produktgestaltung) oder nach erfolgreich absolvierter Diplomprüfung (3-jährige Speziallehrgänge für Mode- und Strickmodedesign) – die Tür zu Hochschulen und Universitäten in aller Welt steht offen.

Die Ruhe und das exklusive historische Ambiente von Schloss Hetzendorf schaffen inspirierende Rahmenbedingungen für zukunftsgerichtete Gedanken und Visionen. Die angehenden DesignerInnen und Modeschaffenden profitieren von der gut sortierten Fachbibliothek, dem hauseigenen Schularchiv, dem hochmodernen Computerlabor und der Mensa. Bei der alljährlichen Modeperformance im Juni präsentieren SchülerInnen ihre aktuellen Kollektionen vor Publikum. Bilder der letzten Show, aber auch aktuelle Informationen zu Kooperationsprojekten, Aufnahmeverfahren und Ausbildung, kann man übrigens auf der Website www.modeschulewien.at abrufen.

Der media wien obliegt die Versorgung der Wiener Pflichtschulen mit audiovisuellen Medien und Geräten, die technische Betreuung dieser Geräte, die Beschaffung und Eigenproduktion von Unterrichtsfilmen, Diaserien und anderen audiovisuellen Lehrmitteln sowie eine umfassende audiovisuelle Fachberatung, weiters die Beschaffung audiovisueller Medien und Geräte für Dienststellen bzw. Institutionen des Magistrats sowie die fotografische Dokumentation wichtiger Ereignisse der Wiener Stadtverwaltung. Ihr Filmreferat produziert für den Unterrichts- und Bildungsbereich in Zusammenarbeit mit anderen Magistratsabteilungen Filme über wichtige Belange der Stadtverwaltung. Die Betreuung der Homepages der Wiener Pflichtschulen wird von media wien ebenso wie – gemeinsam mit dem Pädagogischen Institut – der Akademielehrgang für medienpädagogische BeraterInnen durchgeführt.

In absehbarer Zeit umgesetzt werden sollen die Führung eines Filmarchivs für die Stadt Wien sowie die Präsentation eines digitalen Fotoarchivs im Internet. Parallel zu dem laufend durch moderne Medien (CD-ROM, DVD) ergänzten Medienverleih ist man zudem bemüht, den Schulen als Module aufbereitete Medien über den Bildungsserver anzubieten. Ein weiteres Ziel liegt in der Erarbeitung eines Internetkatalogs, um alle Medien via Internet anfordern zu können.

Die Büchereien Wien sind wichtige Informations-, Bildungs- sowie Freizeiteinrichtungen und stellen der Bevölkerung Bücher bzw. sonstige Medien zu günstigen Bedingungen zur Verfügung. Dabei wird in einem flächendeckenden Netz von über 50 Zweigstellen den BenützerInnenbedürfnissen durch den Ankauf aktueller Neuerscheinungen – die in einer eigenen Vierteljahreszeitschrift, den "Neuen Wiener Bücherbriefen", rezensiert werden – sowie die verstärkte Aufnahme von Zeitschriften, Tonkassetten, CDs, CD-ROMs usw. Rechnung getragen. Da Lese- und Literaturförderung zu den wichtigsten Aufgaben öffentlicher Büchereien gehören, gibt es auch zahlreiche AutorInnenlesungen, Buchpräsentationen, Informationsveranstaltungen, Kinderanimationsfeste u.dgl.m.

Die Büchereien Wien (ihre "Neue Hauptbibliothek" wird an anderer Stelle beschrieben) streben die Konstruktion von Bildungszentren an, in denen öffentliche Institutionen, private Anbieter und Gastronomie zusammenarbeiten. Ziel ist die Orientierung an Modellen innovativer Lernorte in Europa.

Wien bekommt eine neue Hauptbibliothek

Von Obermagistratsrat Dr. Alfred Pfoser

Die jetzige Hauptbücherei in der Skodagasse

Die Hauptbücherei in der Skodagasse, 1970 eröffnet, bot Möglichkeiten, die alle bis dahin in Wien bestehenden Potenziale der Büchereiarbeit weit übertrafen. Als Spezialabteilung hatte das neue "Haus des Buches" eine Musikabteilung mit Plattenabspielung zu bieten. Ein großer Veranstaltungsraum war ebenfalls integriert; die Hauptbücherei war damit in der Anfangszeit ihres Bestehens eine der wenigen AnbieterInnen von Kulturveranstaltungen in der Stadt.

Bereits wenige Jahre nach der Eröffnung waren allerdings die verfügbaren Räume zu eng geworden. Die Nachfrage überstieg alle Erwartungen. Die Zahl der NutzerInnen verdoppelte sich innerhalb eines Jahrzehnts (1970: 5.219, 1980: 11.479) und steht 2001 bei etwa 20.000 eingeschriebenen LeserInnen. Gegenwärtig frequentieren an Spitzentagen mehr als 2.000 Personen die Hauptbücherei in der Skodagasse; es herrscht Gedränge, Sitzplätze und OPAC-Bildschirme zur Recherche sind permanent ausgebucht. Die Kapazitäten des Gebäudes sind restlos ausgeschöpft, zeitgemäßen Anforderungen kann nicht mehr entsprochen werden.

Die Standortsuche - Die Stadt bevorzugt den Gürtel

Der Wunsch nach einer neuen Hauptbibliothek geht bereits auf die späten 80er-Jahre zurück. Seit damals wurde dieser Wunsch regelmäßig von der Leitung der Städtischen Büchereien an die Stadtpolitik herangetragen. Seit Mitte der 90er-Jahre beschäftigte das Projekt "Neue Hauptbibliothek" die Stadtverwaltung erstmals konkret. Erste Standorte auf der so genannten "Platte" der Donauuferautobahn, am Gumpendorfer Gürtel, in Michelbeuern, aber auch am Neubaugürtel wurden geprüft. Entsprechend dem Schwerpunkt der Stadtplanung lagen alle diese Standorte nicht in der oder um die City, sondern in den Brennpunkten der kommunalen Stadtpolitik. Mehrere Komponenten haben zusammengespielt, wieso schließlich der verkehrstechnisch neuralgische Urban-Loritz-Platz am Gürtel im 15. Bezirk zum Standort für die neue Hauptbibliothek gewählt wurde.

Seit den 90er-Jahren hat der Gürtel, die große kreisförmige Verkehrsader der Stadt, im stadtplanerischen und stadtpolitischen Diskurs höchste Aufmerksamkeit erhalten. Planungsstadtrat Dr. Hannes Swoboda bezeichnete 1995 den Gürtel als "offene Wunde in der Stadt".[1] Eine dreispurige Straße auf jeder Seite der ehemaligen Stadtbahn, nunmehr U6, machte und macht den Gürtel zur Stadtautobahn. Die beinahe 100.000 Autos, die täglich über den Gürtel fahren, nehmen die ehemalige Prachtstraße total in Besitz und schneiden die inneren von den äußeren Bezirken ab.

Um auf die architektonische Schönheit der ehemaligen Stadtbahn zu verweisen, wurden im Zuge der Umstellung auf den U-Bahn-Betrieb alle Stationsgebäude – soweit sie noch erhalten waren – generalsaniert. Nach und nach entdeckte auch die prosperierende Gastronomieszene die Gürtelzone als interessanten Standort. Der neu angelegte, über den gesamten Westgürtel geführte Fahrradweg, zwischen Autofahrstreifen und U-Bahn gelegen und überschattet von den Baumreihen, war eine weitere infrastrukturelle Maßnahme, die neue Schichten an den Gürtel brachte.

Im Spannungsfeld zwischen "Verslumung" und Belebung wurde der Gürtel zum besonderen Objekt der Stadtplanung und Stadtsanierung. Das von der Stadt betriebene und von der EU geförderte Gürtel-Plus-Projekt (Start 1995; Gesamtfördermittel: über 400 Millionen Schilling) machte es möglich, dass der Gürtel ins Zentrum der öffentlichen Aufmerksamkeit rückte.

Der Urban-Loritz-Platz

In seinen Dimensionen ist der Urban-Loritz-Platz (seit 1999 mit neu errichtetem Zeltdach) am Gürtel sehr weitläufig; an seiner Nordseite ist eine U-Bahn-Station, zwei Straßenbahnlinien haben hier ihre Endstation und ihre Umkehrschleife, zwei weitere Linien queren den Platz. Geschätzte 30.000 Personen steigen täglich hier ein und aus. In der zweiten Jahreshälfte 1997 tauchte in der Stadtplanung, in Konkurrenz zum Lugnerschen Projekt "Wolkenspange", erstmals die Idee auf, dass die Kommune selbst an dieser exponierten, neuralgischen Stelle einen öffentlich genutzten Bau realisieren könnte.

[1] Der Falter, Nr. 22, 1995, S. 13.

Frontansicht

Heckansicht

Der Architekturwettbewerb

Um einerseits etwaige Zweifel über die Sinnhaftigkeit des Projekts zu zerstreuen, die Meinungsbildung zu vertiefen und die Gegner zu überzeugen, andererseits um die beste stadtplanerische und architektonische Lösung zu erhalten, wurde ein zweistufiger, EU-weit offener baukünstlerischer Architekturwettbewerb "Hauptbibliothek und Zentralverwaltung der Wiener Städtischen Büchereien" initiiert.

Ab 14. August 1998 wurden die Ausschreibungsunterlagen ausgegeben, Abgabeschluss für die 1. Wettbewerbstufe war der 12. Oktober 1998. Bei der ersten Beurteilung des Preisgerichts am 3./4. und 10./11. November 1998 wurden unter den 121 Entwürfen von Architekturbüros aus ganz Europa zehn ausgewählt. In der Folge wurden die Architekten dieser Projekte zur weiteren Bearbeitung, unter Berücksichtigung der Kritik der Jury, aufgefordert. Am 14./15. Jänner entschied das Preisgericht über den Sieger des Wettbewerbs. Am 15. Jänner 1999 wurde in einer Pressekonferenz vom Juryvorsitzenden, Universitätsprofessor Ernst Stracke, und den das Projekt betreibenden StadträtInnen, Vizebürgermeisterin Grete Laska und Vizebürgermeister DDr. Bernhard Görg der Wiener Architekt Mag. Ernst Mayr als Gewinner den Medien präsentiert.

Realisierung des Siegerprojekts

In der Textierung durch die Jury lautete die Begründung, wieso Mag. Ernst Mayrs Modell einer "Treppenbibliothek" den ersten Preis errungen hatte: "Eine groß dimensionierte Freitreppe, die im Sommer einen zwanglosen, urbanen Treffpunkt bilden könnte, gibt dem Bauwerk seine besondere, unverwechselbare Charakteristik. Sie nimmt auf zwei Ebenen die Hauptzugänge in die Bibliothek und die U-Bahn-Station auf und führt vom Urban-Loritz-Platz zu einer Dachterrasse, der das Bibliothekscafé in Form einer Rotunde aufgesetzt ist. – Die Fassaden entlang der lärmenden Gürtelfahrbahnen sind weitgehend geschlossen, wobei aber das Gebäude über dem offenen Schacht der U-Bahn-Station Burggasse–Stadthalle aufgeständert wird und somit die Blickbeziehungen quer über den Gürtel und aus der Station heraus gewährleistet. – Im Inneren erwarten uns große, ruhige Bibliothekssäle, deren kontemplativer Charakter durch ein raffiniert geführtes Oberlicht unterstrichen wird. Die Übergänge zwischen den einzelnen Bibliotheksbereichen sind fließend; auch ergeben sich durch räumliche Zäsuren und Oberlichten Blickbeziehungen zwischen den beiden Bibliotheksgeschoßen."

Bei der Pressekonferenz am 15. Jänner 1999 wurde auch öffentlich der politische Wille bekundet, das Projekt innerhalb eines sehr kurzen Zeitraums zu realisieren. Als Fertigstellungstermin wurde der Herbst 2001 genannt. Firmenkonkurse brachten es allerdings mit sich, dass sich der Bauzeitenplan verzögert. Die Eröffnung der Bibliothek ist für Herbst 2002 geplant.

Die Stadt Wien klinkt sich mit einem richtungsweisenden Projekt in den internationalen Bibliotheksbau-Boom ein. Die neue Hauptbibliothek, in der auch die Zentrale Verwaltung der Büchereien Wien integriert ist, umfasst 6.085 Quadratmeter Nettonutzfläche und ist, wie es bei einer Bibliothek im 21. Jahrhundert selbstverständlich sein soll, eine vielfach gegliederte, multimediale Freihandbibliothek mit 300.000 Medien, mit Studienplätzen und gemütlichen Sitzecken für 150 Personen, mit 62 EDV-Arbeitsplätzen (Internet, Datenbanken), mit 20 Plätzen Internetgalerie sowie mit 39 Video- und Audioabspielmöglichkeiten.

Das Landesjugendreferat

Von Senatsrat Mag. Josef Hollos

Die wichtigste Aufgabe der MA 13 – Landesjugendreferat als Fachdienststelle des Magistrats ist neben der Abwicklung der Subventionierung der außerschulischen Jugendarbeit (Basisförderungen, Projektförderungen und -fonds, Aktion "miteinander" usw.) die Koordination und die Vernetzung der einzelnen jugendrelevanten Einrichtungen in Wien, die von der Stadt subventioniert werden, und zwar im Sinne von Planung, Steuerung, Konzeption und Abstimmung.

Es gilt im Landesjugendreferat als Hauptprinzip, im Sinne der Prävention für alle Jugendlichen der Stadt ein gutes freizeitorientiertes Angebot zu ermöglichen, das niemanden ausgrenzt, auf ganz gewöhnliche Bedürfnisse eingeht, Spaß macht, sinnvoll ist, auch pädagogischen Aspekten gerecht wird, zeitgemäß und ansprechend ist. Die Jugendarbeit einer Kommune richtet sich nicht nach ökonomischen Gesichtspunkten, kann also nur schwer mit kommerziellen Anbietern in Konkurrenz treten, und hat dies eigentlich auch gar nicht vor. Das Angebot muss aber trotzdem gut sein, um die Jugendlichen überhaupt zu erreichen. Hier liegt die hauptsächliche Herausforderung, das qualitativ hochwertige Programm auch jenen zugänglich zu machen, die ökonomischen Zwängen unterliegen, sich vielfach aus ihrem vertrauten Umfeld nicht hinausbegeben wollen, die im Zusammenhang mit ihrer ethnischen Herkunft unter besonderen Zwängen leiden, die sich in der großen, weiten Welt verloren vorkommen und sich lieber mit ihrer sie umgebenden engen Sozietät abfinden.

Jugendliche irgendwelchen Zwängen und eigenen Vorstellungen zu unterwerfen, ist verlorene Investition. Nur durch mühsame Kleinarbeit, durch stetes Demonstrieren des tatsächlich "Ernst-Genommen-Werdens", sei es im Zusammenhang mit Politik, Administration, Schule und Ausbildung, Arbeit und Freizeitangeboten, kann Vertrauen zu Politik und Verwaltung gewonnen oder wiederhergestellt werden.

Verstärkte Partizipation in allen Lebenslagen und auf allen Ebenen und die tatsächliche Mitbestimmung – sei es Wahlalterabsenkung oder der Jugendschutz – sind Wege, die kontinuierlich zu beschreiten sind. Dazu sind verschiedene Modelle der Mitbestimmung installiert worden, wie z. B. die BerufsschülerInnentage, der Junge Gemeinderat, Bezirksparlamente, Jugendforen, SchülerInnenparlamente oder auch Befragungen, wie zum Beispiel im Zusammenhang mit der Novellierung des Jugendschutzgesetzes.

Gemeinsame Projekte mit ausländischen Jugendlichen (internationaler Jugendaustausch, gemeinsame EU-Jugendprojekte), Integrationsaktivitäten, Gruppeninitiativen und "miteinander"-Aktionen helfen, Vorurteile abzubauen, ökonomische, kulturelle, sprachliche Barrieren zu überbrücken, Toleranz zu üben und über die Toleranz zur Akzeptanz und zur Partnerschaft zu gelangen.

Damit die außerschulische Jugendarbeit in Wien noch effizienter abgewickelt werden kann, wurden von Grete Laska bei ihrem Amtsantritt als Jugendstadträtin wesentliche Strukturmaßnahmen getroffen.

Bereits 1997 wurde die etwa alle acht Wochen tagende Jugendplattform eingerichtet, ein Gremium, in dem unter dem Vorsitz von Frau Vizebürgermeisterin Grete Laska die EntscheidungsträgerInnen aller relevanten Einrichtungen (darunter große Einrichtungen wie der Verein Jugendzentren der Stadt Wien und der Verein wienXtra oder auch der Kultur- und Sportverein der Wiener Berufsschulen) vertreten sind, die mit Wiener Kindern und Jugendlichen arbeiten bzw. in Kontakt kommen. Die Koordination der Jugendplattform erfolgt durch das Landesjugendreferat.

Ziel der Jugendplattform ist es, die vielfältige Jugendarbeit in Wien zu vernetzen, vorhandene Ressourcen gemeinsam zu nutzen und dort, wo es möglich ist, Synergie-Effekte herzustellen. Ebenso geht es darum, sich als Institution aufeinander abzustimmen, Erfahrungen auszutauschen und gemeinsame Strategien und Vorgangsweisen zu entwickeln, damit wirkungsstark, d.h. ohne Leerläufe und Parallelaktivitäten, auf die aktuellen Entwicklungen im gesamten Jugendbereich eingegangen werden kann. Durch die Vorsitzführung von der Frau Vizebürgermeisterin ist gewährleistet, dass die Kommunikation in beide Richtungen direkt funktioniert (Institution – politische Entscheidungsfindung bzw. horizontale und vertikale Vernetzung).

Dieser Form der direkten Kommunikation und somit der Vernetzung bedienen sich auch die Regional- und

Grätzelforen, das LAJU-Träger-Network, das LAJU-Basic-Network ebenso der so genannte "Jugendstammtisch" (die Vertretung der Jugendorganisationen) sowie auch das Forum der BezirksrätInnen für Kinder- und Jugendfragen.

Auf Veranlassung von Frau Vizebürgermeisterin Grete Laska wurde im Landesjugendreferat die Koordinationsstelle für

"**M**obile/
Aufsuchende Jugendarbeit,
Streetwork &
Animative Freizeitpädagogische Betreuung"
(M.A.St.A.)

eingerichtet, in der die VertreterInnen von 19 aufsuchenden/offenen Einrichtungen in 17 Bezirken sowie 20 Vereinen in 23 Bezirken an 110 Einsatzorten – größtenteils saisonal tätig ("Parkbetreuung") – ihre unterschiedlichen Arbeitsansätze aufeinander abstimmen.

Im M.A.St.A.-Bereich ergeben sich bei der Entstehung neuer Siedlungsgebiete der Stadt laufend neue Anforderungen. Sowohl die politisch Verantwortlichen der Bezirke als auch jene Personen, die mit der Jugendarbeit in den Bezirken befasst sind, sind bestrebt, vor Ort Maßnahmen zu setzen, um auf der einen Seite bei den Jugendlichen aufkeimendes Aggressionspotenzial durch verschiedene Betreuungsformen abzufangen und um auf der anderen Seite Konfliktsituationen mit Erwachsenen bereits im Keim zu ersticken.

Ein weiterer Schwerpunkt des Landesjugendreferats liegt in der Realisierung der verschiedenen Jugendprogramme der Europäischen Union einschließlich des Europäischen Freiwilligendienstes.

Zur Entfaltung des Kreativpotenzials junger Menschen gibt es seit Jahren im Rahmen der so genannten schulbezogenen Aktivitäten des Landesjugendreferats verstärkt Gelegenheit: die Aktionen

"Musik aktiv",

"Kreativ aktiv",

"Schulspiel aktiv" oder die Aktion

"Connected"

laufen allesamt unter dem Motto

"Begegnungen".

Das Landesjugendreferat hat also eine ganze Menge zu bewältigen, vieles unter dem Motto:

"Alles ist möglich, nichts ist unmöglich,
denn Wien ist anders."

Jugend und Sport in Wien

Von Mag. Dr. Rudolf Leber

Als zentrale Servicestelle für den Sport in Wien bietet die MA 51 – Sportamt der Stadt Wien sowohl Erwachsenen als auch im besonderen Maße Kindern und Jugendlichen ein vielfältiges Sportangebot. So gibt es in den Sommermonaten auf den Jugendsportanlagen der Stadt sportpädagogische Betreuung, um auf diese Art ganz individuell auf die Bedürfnisse und Leistungsfähigkeiten der Jugendlichen einzugehen und gezielte Trainingsmöglichkeiten anzubieten.

Speziell für Kinder und Jugendliche gibt es seit Jahren die Aktionen "Sportplatz der offenen Tür", "Fahrt zum Schnee", "Jugendeislaufaktion" u. v. m.

Das Sportamt der Stadt Wien ist sicher eine der ganz wesentlichen und auch zentralen Anlaufstellen im Sportleben unserer Stadt. Stets serviceorientiert im Dienste der sportbegeisterten Wiener Bevölkerung spannt sich sein Aktionsradius von den eigenverwalteten und selbstbetriebenen Sportanlagen bis zu den bekannten und schon traditionsreichen Sportaktionen, bei deren Planung, Organisation und Durchführung auch die Sportwissenschaft einen wichtigen Stellenwert einnimmt.

Immer auch dem Breitensport verpflichtet, wird seitens des Sportamts ein ganz besonderes Augenmerk auf die sozialisierenden und vor allem integrativen Kräfte des Sportes in der Großstadt gerichtet. Das Sportamt steht daher nicht nur im Zentrum des Sportlebens unserer Stadt, sondern erfüllt als Katalysator und Anreger auch einen ganz wesentlichen Auftrag im Sozialgefüge der Wiener Bevölkerung.

Gerade die Sozialisation hat ja enorme Wichtigkeit für die zivilisatorischen Prozesse der Menschheit, welche schließlich auch die Zukunft dieser Menschheit entscheiden werden. Der für die Sozialisation so wichtige Sport hat hier im Allgemeinen in den letzten Jahren enorm an Stellenwert in der Gesellschaft gewonnen.

Großen Raum nehmen die Sportaktionen der Stadt Wien ein. Durch außerschulische Sportangebote wird der direkte Kontakt zur Wiener Jugend gesucht. Die Aktionen sind als Anreiz zu mehr sportlicher Betätigung konzipiert und sollen eine Einführung in verschiedene Sportarten bilden. Sie werden vom Sportamt in Zusammenarbeit mit dem Wiener Jugendkreis und verschiedenen Fachverbänden durchgeführt.

In erster Linie wird mit den Aktionen der Versuch unternommen, den Teilnehmern Grundkenntnisse in den einzelnen Sportarten zu vermitteln. In zweiter Linie wird durch die Durchführung von körperlichen Übungen in einer größeren Gemeinschaft das Interesse am leistungsbezogenen Sport bzw. am Wettkampf (Leistungsvergleich mit anderen) gefördert. Die Bemühungen sollen ein Bindeglied zwischen dem Gelegenheitssportler und dem Bewegungsenthusiasten, der sich regelmäßig sportlichen Belastungen unterzieht, schaffen.

Ausgangspunkt für die getroffene Auswahl war die Überlegung, einen Überblick über die Grundformen der menschlichen Bewegung zu liefern. So wurde zuerst an die Bewegungsform Lauf, Sprung und Wurf gedacht. Diese Eckpfeiler der sportlichen Betätigung wurden in weiterer Folge durch die Einbeziehung der Ballsportarten ergänzt. Weiters ergab sich die Notwendigkeit, den Wintersport in das Betreuungsprogramm einzubeziehen. Schließlich wurde das Programm durch den Wassersport vervollständigt.

Die Erfahrung zeigt, dass viele Erwachsene schwer zu eigener sportlicher Betätigung zu bewegen sind. Man muss daher in erster Linie die Kinder und Jugendlichen motivieren, um diesem Trend entgegenzuwirken. In zweiter Linie lassen sich Eltern durch begeisterte Kinder zum Mitmachen anregen. Aus diesem Grund wurde 2001 von der Stadt Wien die Aktion "Bewegung findet Stadt" ins Leben gerufen.

Die Aktionen des Sportamts werden von erfahrenen Sportlehrern durchgeführt und sind nicht nur ein Angebot an Kinder und Jugendliche, ihre Freizeit sinnvoll zu nutzen, sondern bedeuten für viele Familien auch wertvolle und pädagogische Entlastung im Alltagsleben. Darüber hinaus gelingt es bei diesen Sportangeboten fast immer, das Zusammenleben von Kindern und Jugendlichen aus dem multikulturellen Bereich positiv zu gestalten und so einen ganz wesentlichen Beitrag zur Integrationsproblematik zu leisten.

Nachfolgend einige schon traditionsreiche Angebote von Sportaktionen in Wien:

1. Sportplatz der offenen Tür für Kinder und Jugendliche im Juli und August: Ballsportarten, Tennis, Leichtathletik
2. Jugendeislaufaktion: Anfang November bis Mitte März
3. Fahrt zum Schnee: Dezember bis März

Die Kommunen, und im Speziellen die Bundeshauptstadt Wien, treten in vielen Bereichen auch als

Sportveranstaltung
1200 Wien, Hopsagasse 10

Multiplikator im Sport auf. Schon in der Zwischenkriegszeit sah sich Wien verpflichtet, gerade auf dem sozialen Sektor für die breiten Massen der Bevölkerung Institutionen und Einrichtungen zu schaffen, um deren Lebensqualität zu verbessern. Diese Tradition wurde nach Ende des Zweiten Weltkriegs bis in unsere Zeit erfolgreich fortgesetzt.

Auch auf dem Sektor des Sports sah sich die Kommune stets verpflichtet, bestmögliche Bedingungen zu dessen Ausübung zur Verfügung zu stellen. Ob im Bereich des Sportstättenbaus, des Schulbauprogramms oder der Förderung von Sportorganisationen und Vereinen, stets galt es, den sozialisierenden Faktor des Sports sehr bewusst durch die öffentliche Hand zu unterstützen.

Diese Förderung war bis vor einigen Jahren relativ unbestritten und faktisch außer Streit gestellt.

In den letzten Jahren konnte festgestellt werden, dass der öffentliche Sektor mehr und mehr in eine Wirtschaftlichkeitsdiskussion hineingezogen wird, und auch die Frage der Privatisierung kommunaler Bereiche in den Vordergrund tritt. Gerade auf dem Gebiet des Sports lässt sich jedoch sagen, dass es heute nur sehr wenige Sportarten gibt – etwa Golf oder Tennis –, die privatwirtschaftlich mit Gewinnabsicht ertragreich geführt werden können, während der übrige Vereinssport mit seiner Infrastruktur ohne Unterstützung durch die öffentliche Hand bis auf wenige Ausnahmen faktisch eingestellt werden müsste.

Die heute von der Kommune eingehobenen Entgelte für sportliche Angebote und Leistungen verstehen sich daher generell als Sozialtarife und können Verluste nur minimieren, aber nicht abdecken.

Die weitere Debatte zu diesem Thema wird zeigen, ob das breite soziale Angebot aufrecht erhalten werden kann, oder ob in Zukunft einzelne Sektoren rein marktwirtschaftlichen Gesetzmäßigkeiten überlassen werden müssen. Dadurch würde es gerade im Bereich des Breitensports zur Frage der individuellen Kaufkraft, in welcher Form Sport betrieben werden kann.

Im Sinne der Sozialisation weiter Bevölkerungskreise durch Sport sollte die Diskussion um seine ökonomische Effektivierung und Nutzung nur in Form einer sehr strengen Güterabwägung und Wertung geführt werden.

Aus heutiger Sicht bei knapper werdenden budgetären Mitteln steht der Sport mit seinen Ansprüchen auf Flächen, Standorte für Sportstätten und vor allem auch auf finanzielle Fördermittel im Wettstreit mit anderen kommunalen Aufgabenfeldern, wie etwa Spitalswesen, Bildungswesen, Sozialhilfe, Jugendbetreuung und Altenhilfe.

Abschließend soll auch noch zur wichtigen Frage der Sozialisation und der Integration durch den Sport unter Hiinweis auf die 1998 in Frankreich durchgeführten Fußball-Weltmeisterschaften eingegangen werden. Im Vorfeld dieser Weltmeisterschaften wurde die französische Nationalmannschaft gerade von der Nationalen Front – sie versteht sich rassistisch als Vertreter des "echten und weißen Frankreichs" und verfügt bei Wahlen über einen nicht unbeträchtlichen Stimmenanteil – wegen ihrer multikulturellen Zusammensetzung (zwei Drittel der Spieler sind nicht im europäischen Frankreich geboren und stammen aus den ehemaligen Kolonien) heftigst kritisiert. Diese Mannschaft wurde schließlich Weltmeister und hat sicher dazu beigetragen, dass die Begeisterung der Franzosen über diesen Erfolg die Debatte über die Ausländerproblematik in Frankreich bis heute politisch etwas entschärft hat.

Der Fachhochschulsektor in Wien

Von Mag. Oliver Kress

Die Entstehung eines modernen praxisbezogenen Hochschulsektors

Der österreichische Fachhochschulsektor wurde im Jahr 1993 mit der Verabschiedung des Bundesgesetzes über Fachhochschul-Studiengänge (Fachhochschul-Studiengesetz – FHStG) ins Leben gerufen. Dieser neue Typus von Hochschulen wurde entsprechend den EU-Normen für die Anerkennung von Hochschuldiplomen gestaltet. Im Unterschied zu den traditionellen Universitäten sollen die Fachhochschulen bzw. Fachhochschul-Studiengänge eine praxisbezogene Ausbildung auf Hochschulniveau gewährleisten und die Fähigkeit vermitteln, die Aufgaben des jeweiligen Berufsfeldes dem Stand der Wissenschaft und den Anforderungen der Praxis entsprechend zu lösen. Sie entlasten damit den Universitätssektor und erhöhen die Durchlässigkeit des Bildungssystems, indem sie Menschen mit Berufserfahrung eine attraktive akademische Weiter- bzw. Ausbildungsschiene anbieten. Die Fachhochschul-Studiengänge sind auch für eine ausreichende berufliche Flexibilität ihrer AbsolventInnen am Arbeitsmarkt verantwortlich.

Bei der Ausgestaltung des Fachhochschulsektors wurde von der Bundesregierung im Jahr 1993 bewusst ein neuer Ansatz gewählt, der eine möglichst hohe Flexibilität des neuen Ausbildungssektors sicherstellen soll. Die Fachhochschulen können von privaten Erhaltern oder Personen öffentlichen Rechts als gemeinnützige Unternehmen oder Vereine gegründet werden. Die Finanzierung der Studiengänge obliegt den Erhaltern, die allerdings vom Bund eine Förderung in der Höhe von 90% der Normkosten erhalten können. Die übrigen Kosten muss der Träger aus anderen Quellen, wie z.B. Land, Gemeinden, Verbände, Kammern oder Unternehmen, finanzieren, wobei seit Herbst 2001 auch die Einhebung von Studiengebühren möglich ist. Mit der Einführung des sogenannten Normkostenmodells gewinnen die Betreiber mehr Freiheit, die aber auch mehr Verantwortung bringt.

Im Rahmen der Normkostenförderung gewährt der Bund Zuschüsse für eine limitierte Anzahl von Studienplätzen, derzeit handelt es sich bei technischen Studiengängen 6.904 EUR bzw. bei wirtschaftlichen Studiengängen um 5.814 EUR pro Kopf und Studienjahr. Die Vergabekriterien und die Entwicklungsplanung des Bundes sind in der "Entwicklungs- und Finanzierungsplanung für den Fachhochschulbereich II", einem Planungspapier des Bundesministeriums, festgelegt. Diese limitierte Finanzierung von Studiengängen geht mit einer entsprechenden Selektion der StudienanfängerInnen durch die Betreiber der Fachhochschul-Studiengänge einher.

Eine weitere Neuerung des Fachhochschulsektors ist der "Bottom-up-approach" bei dessen Weiterentwicklung. Der Bund hat im Rahmen des Fachhochschulstudiengesetzes die Themen und Inhalte der Studiengänge nicht vorbestimmt, sondern sie der Initiative und Kreativität der Betreiber überantwortet. Zur Sicherung der Qualität der Ausbildungsgänge wurde im Rahmen des Fachhochschul-Studiengesetzes der Fachhochschulrat als Institution zur Überwachung der im FHStG genannten Qualitätskriterien eingesetzt. Auf der übergeordneten Ebene behält sich der Bund bei der Vergabe der Bundesförderung die Überprüfung der Subventionsanträge der Fachhochschul-Studiengänge anhand eines Kriterienkataloges vor, der die nachhaltige Entwicklung des gesamten Fachhochschulsektors im Bundesgebiet sicherstellen soll. Im Unterschied zum bisherigen Vorgehen im öffentlich finanzierten Ausbildungssystem erfolgt die Koordination der dezentralen Initiativen der – mit einer Ausnahme – privaten Erhalter von Fachhochschul-Studiengängen im Nachhinein.

Die Entwicklung des Wiener Fachhochschulsektors

In Wien starteten im Jahr 1994 die beiden ersten FH-Studiengänge "Elektronik" (Technikum Wien – damals: VFH) und "Tourismus-Management" (Fachhochschul-Studiengänge der Wiener Wirtschaft – FHW) mit insgesamt 128 StudentInnen. In Österreich nahmen in diesem Jahr 10 FH-Studiengänge mit 695 Studierenden den Betrieb auf. Der Anteil Wiens an den Studierenden betrug damals 18,4 %.

Im Studienjahr 2001/02 studieren 23,6 % aller FH-StudentInnen in Wien (Wien = 3.410 StudentInnen / Ö = 14.438 StudentInnen). Bei den Studienanfängerplätzen im IKT-Bereich entwickelt sich die Situation in Wien ähnlich positiv. Im Studienjahr 2001/02 sind rund 21 % aller österreichischen Informations- und Kommunikationstechnologie-Studienanfängerplätze in Wien beheimatet. Unter der Voraussetzung, dass die derzeit beim Fachhochschulrat in Bearbeitung befind-

Pressekonferenz mit Vizebürgermeister Dr. Sepp Rieder anlässlich der Verleihung des Titels "Fachhochschule" an das Technikum Wien

lichen IKT-Studiengänge genehmigt werden, wird der Anteil Wiens im Studienjahr (2002/03) sogar bis auf 26 % ansteigen.

Die Wiener Fachhochschul-Studiengänge werden von vier privaten Erhaltern betrieben. Von diesen ist ein Erhalter, das Technikum Wien, bereits durch Erlass des Bundesministeriums zur Fachhochschule ernannt worden, mit dem Recht, die akademischen Grade selbst an seine AbsolventInnen verleihen zu können. Ein weiterer Erhalter, das Berufsförderungsinstitut – Wien, steht kurz davor, ebenfalls die Bezeichnung "Fachhochschule" verliehen zu bekommen. Der dritte Erhalter, die Fachhochschul-Studiengänge Betriebs- und Forschungseinrichtungen der Wiener Wirtschaft GmbH, kurz FHW, ist durch die Fusion des im Hotel Moful angesiedelten Studienganges Tourismus-Management, von drei Studiengängen des WIFI und zweier Studiengänge des "Fonds der Wr. Kaufmannschaft" entstanden. Der vierte Erhalter, der FH-Campus Wien, ist erst kürzlich aus der Fusion des FH-Bau mit dem FH-Campus Favoriten hervorgegangen.

Die Wiener FH-Träger werden von der Stadt Wien bei der Vorbereitung und Einreichung von neuen FH-Studiengängen durch Geldmittel unterstützt, um das finanzielle Risiko für die Träger bei der Vorbereitung neuer FH-Studiengänge zu verringern und die Qualität der Anträge zu erhöhen. Da der Bund nur 90% der anfallenden Betriebskosten (Normkosten) der genehmigten FH-Studiengänge übernimmt, unterstützt die Stadt Wien zusätzlich den Betrieb der einzelnen Studiengänge. Mit dieser Förderung der FH-Studiengänge gehört die Stadt Wien zu den Bundesländern, die sich intensiv für eine optimale Entwicklung ihres FH-Sektors einsetzen.

Fachhochschulausbildung in Wien

In Wien werden von den vier Erhaltern 17 Fachhochschul-Studiengänge angeboten, davon zehn technische, sechs wirtschaftliche und ein Studiengang im

Der geplante Neubau des Technikums Wien am Höchstädtplatz

Bereich Tourismus. Zu Beginn des Studienjahres 2001/02 standen den BewerberInnen insgesamt 1.083 Anfängerstudienplätze zur Verfügung.

Vom Technikum Wien, das auf Initiative führender Unternehmen der Elektro- und Elektronikindustrie gegründet wurde, werden für diese Branche passende Studiengänge angeboten. In den FH-Studiengangen "Elektronik" und "Elektronik/Wirtschaft" werden die StudentInnen auf die Tätigkeit im Bereich der Elektro- und Elektronikindustrie vorbereitet. Die beiden Studiengänge unterscheiden sich dadurch, dass der zweite Studiengang berufsbegleitend ist und nur HTL-AbsolventenInnen offen steht. Das Ziel des Studienganges "Elektronik/Wirtschaft" ist die Höherqualifizierung von Elektronik-Ingenieuren mit mindestens fünfjähriger Berufspraxis. Der berufsbegleitende FH-Studiengang "Produkttechnologie/Wirtschaft" steht ebenfalls nur HTL-AbsolventInnen offen. Ziel dieses Studienganges ist es, facheinschlägige HTL-AbsolventInnen mit mindestens fünfjähriger Berufserfahrung fächerübergreifend zu Werkstoff- oder MaschinentechnikerInnen auszubilden. Die Studiengänge "Elektronische Informationsdienste" bilden AbsolventInnen aus, die im Stande sind, Unternehmen mit den Mitteln der Informations- und Kommunikationstechnologie bei der Lösung konkreter Probleme zu unterstützen bzw. diese Probleme zu lösen. Die berufsbegleitende Variante unterscheidet sich von der Vollzeit-Variante durch die Internet gestützte Fernlehre, deren Anteil am Studium bei ca. 40 % liegt.

Die Fachhochschul-Studiengangsbetriebs GmbH des BFI–Wien bietet einen informationstechnischen und zwei wirtschaftliche Studiengänge an. Der Studiengang "Projektmanagement und Informationstechnik" wird sowohl in der Vollzeit als auch in der berufsbegleitenden Form angeboten. Die AbsolventInnen können u.a. als Projektmanager im Bereich der Informationstechnologie-Unternehmen tätig werden. Der berufsbegleitende Studiengang "Europäische Wirtschaft und Unternehmensführung" ist auf Europa und die mit der Integration verbundenen Veränderungen und Anforderungen im Wirtschaftsleben ausgerichtet. Der sowohl in Vollzeit als auch in berufsbegleitender Form angebotene Studiengang "Bank- und Finanzwirtschaft" hat die Vermittlung von wissenschaftlich und methodisch gesichertem Grundlagenwissen über die Geld- und Kreditwirtschaft sowie von praxisrelevanter Handlungskompetenz zum Ziel.

Die Fachhochschulgänge der Wiener Wirtschaft – FHW setzen primär auf ihre Wirtschaftskompetenz und bieten vier wirtschaftliche, einen technisch-wirtschaftlichen, einen technischen und einen Studiengang im Bereich Tourismus an. Der Tourismus-Studiengang ist einer der beiden ältesten Wiener Studiengänge. Die

AbsolventInnen sind sowohl im Management als auch als UnternehmerInnen im Bereich Tourismus tätig. Im technischen Studiengang "Produktions- und Automatisierungstechnik" erhalten die StudentInnen das erforderliche Know-how, um die zunehmende Produktionsautomatisierung und die notwendige Optimierung der Mensch-Maschine-Schnittstelle managen zu können. Im berufsbegleitenden Studiengang "Kommunikationswirtschaft" werden die AbsolventInnen mit dem erforderlichen Wissen ausgestattet, um Kommunikationflüsse in einem umfassenden Netzwerk zu integrieren und so entscheidend zum Unternehmenserfolg beizutragen. Der berufsbegleitende Studiengang "Unternehmensführung für die mittelständische Wirtschaft" bildet Führungspersönlichkeiten für die Wirtschaft aus. Die AbsolventInnen des Studienganges "Immobilienwirtschaft" finden ihr Tätigkeitsfeld im Bereich der Immobilienverwaltung. Im Studiengang "Marketing und Verkauf" werden die StudentInnen zu flexiblen Marketing- und VertriebsmanagerInnen ausgebildet, die innovative, den Markttendenzen entsprechende Marketingkonzepte entwickeln und Führungsverantwortung übernehmen. Der in Vollzeit und berufsbegleitender Form angebotene Studiengang "Finanz-, Rechnungs- und Steuerwesen" vermittelt den AbsolventInnen eine fundierte und praxisorientierte Ausbildung in allen Bereichen der Finanzplanung und des Rechnungswesens.

Der FH-Campus Wien bietet zwei technische Studiengänge an.

Der Studiengang
"Bauingenieurwesen-Baumanagement"
vermittelt berufsbegleitend das erforderliche Fachwissen zur Planung und Abwicklung von Bauvorhaben.

Die StudentInnen des Studienganges
"Technisches Projekt- und Prozessmanagement"
werden für eine Tätigkeit in den Branchen Elektrotechnik, Elektronik und Telekommunikation ausgebildet.

Ausblick

Im Frühjahr 2001 wurde eine Qualifizierungsplattform mit den Wiener Fachhochschulträgern bzw. Fachhochschul-Studiengangsträgern ins Leben gerufen. Diese Plattform besteht aus Vertretern der Fachhochschulträger, des Fachhochschulrates, des Rates für Forschung und Technologieentwicklung sowie Vertretern der Stadt Wien.

StudentInnen eines FH-Studienganges des BFI-Wien

Mit dem "Positionspapier über die Weiterentwicklung des Fachhochschulstandortes Wien" wurde eine gemeinsame Strategie beschlossen. Wesentliche Punkte sind:

- Neben der bereits stark forcierten Ausbildungsschiene im Bereich Informations- und Kommunikationstechnologie Fokussierung der zusätzlichen Fördermaßnahmen auf die thematischen Schwerpunkte Biotechnologie, Automotive und Kreative Industrien.
- Verstärkte Unterstützung der Anliegen der FH-Träger gegenüber dem Fachhochschulrat und dem Bund durch die Stadt Wien.
- Verbesserung der Koordination und Zusammenarbeit zwischen FH-Trägern, Stadt Wien und Universitäten.
- Verbesserung des Zugangs von Frauen zu den Fachhochschul-Studiengängen (Gendermainstreaming).
- Verstärkte Zusammenarbeit mit den Mittel- und Osteuropäischen Ländern im Bereich der Berufsausbildungen auf Hochschulniveau.

Als konkrete Maßnahme werden rund 5 Millionen EUR für die Startfinanzierung von drei FH-Studiengängen im Bereich Biotechnologie (Standort Bohrgasse und Muthgasse), Automotive (Standort Paukergründe) und Kreative Industrien, die im Herbst 2002 starten sollen, bereitgestellt.

Wiener Bildungsnetz – SchülerInnen erobern den Datenhighway

Von Obermagistratsrat Mag. Robert Oppenauer

Vision sowie bildungs- und gesellschaftspolitische Bedeutung

Ein wesentliches Kriterium der modernen Gesellschaft ist der rasche und unkomplizierte Austausch von Informationen. Die rasante Entwicklung auf dem Sektor der Kommunikationstechnologien führt einerseits zur Notwendigkeit des lebensbegleitenden Lernens und andererseits zur Integration der Instrumente der Informationstechnologien in den Bildungsbereich. Die Beibehaltung der Chancengleichheit und Chancengerechtigkeit erfordert daher die Schaffung der nötigen Infrastruktur im schulischen und außerschulischen Bereich.

Ausgangspunkt für das “Wiener Bildungsnetz” war und ist die Vision einer sinnvollen Integration der Instrumente der Informations- und Kommunikationstechnologien in den Wiener Bildungsbereich.

“Wir wollen in Wien allen Kindern die gleichen Chancen bieten. Aus diesem Grund ist es wichtig, dass alle schon in der Volksschule Zugang zu den neuesten Technologien haben.” – Vizebürgermeisterin Grete Laska am 15. Februar 1999.

Diese zunehmende Bedeutung der Informations- und Kommunikationstechnologien trägt zur Entstehung neuer Lebens- und Arbeitsweisen bei. Der Umgang mit diesen Möglichkeiten stellt eine weitere Kulturtechnik dar. Die Schule und mit ihr das gesamte Bildungssystem müssen sich diesen Entwicklungen bei gleichzeitiger kritischer Auseinandersetzung mit deren Auswirkungen stellen. Den Schülerinnen und Schülern sind daher direkte Erfahrungsräume und Wissensquellen zu eröffnen und Methoden zur Verfügung zu stellen, wie sie eine gezielte Auswahl aus dem immer größer werdenden Informationsangebot treffen können. Der gekonnte Umgang mit den neuen Informations- und Kommunikationstechnologien ist nicht nur eine Grundlage für zukunftsorientierte Qualifikation am Arbeitsmarkt, sondern darüber hinaus Voraussetzung für die Beschaffung, Auswahl und sinnvolle Strukturierung von Wissen. Damit wird die Kompetenz für die gesamte Lebensgestaltung erhöht und gleichzeitig ein entscheidender Beitrag für die Sicherung einer hohen Lebensqualität in Wien sowie für den Wirtschaftsstandort Wien geleistet.

Ausgangslage

Wien verfügt über rund 400 Pflichtschulen. Diese Einrichtungen sollen durch hochleistungsfähige Datennetze miteinander verbunden werden, wobei an jedem Standort ein lokales Netzwerk (LAN) eingerichtet wird. Damit soll ein auf den pädagogischen Einsatz zugeschnittenes und weiterentwickelbares Bildungsnetz geschaffen werden.

Ziel des Wiener Bildungsnetzes

- Es soll allen Kindern und Jugendlichen ohne Zugangsbarrieren ermöglicht werden, den Umgang mit computervermittelten Informations- und Kommunikationstechniken und ihren praktischen Einsatz zu erlernen.
- Es soll ein pädagogisch begleiteter Umgang mit den neuen Informations- und Kommunikationstechnologien und eine kritische Auseinandersetzung mit den über die neuen Medien angebotenen Inhalten ermöglicht werden.
- Die im Wiener Bildungsnetz bereitgestellten Inhalte (Wiener Bildungsserver) sollen von PädagogInnen aufbereitet werden.
- Die Ausbildung der LehrerInnen soll die Basis für eine entsprechende Moderator-Funktion bieten.
- Es sollen die zukünftigen Chancen der SchülerInnen am Arbeitsmarkt und damit auch gleichzeitig die Attraktivität des Wirtschaftsstandortes Wien erhöht werden.

Das Wiener Bildungsgesetz trägt zur Weiterentwicklung der Bildungsstadt Wien und zur Stärkung des Wirtschaftsstandortes sowie zu einer innovativen Arbeitsmarktpolitik bei. Des Weiteren sind Schnittstellen zu einer an wissenschaftlicher und technischer Kompetenz orientierten Kulturpolitik gegeben.

Die MA 56 als Auftraggeberin des strategischen Projektes

Die MA 56 ist nach der Geschäftseinteilung für den

Magistrat der Stadt Wien der Schulerhalter aller öffentlichen Pflichtschulen (Volksschulen, Hauptschulen, Sonderschulen, Polytechnische Schulen und Berufsschulen). Unter einem werden auch das Pädagogische Institut und die Fachschulen der Stadt Wien an das Bildungsnetz angeschlossen.

Die Schulbehörde – Pädagogische Partnerin

Allgemein bildende Pflichtschulen der Stadt Wien

Lesen, Schreiben und Rechnen sind unumstritten anerkannte Kulturtechniken. Der Fortschritt der Informationstechnologie bewirkt, dass Computerkenntnisse im Beruf und Alltag immer bedeutsamer werden. Der Umgang mit dem PC und die Orientierungsfähigkeit im Internet werden zur vierten Kulturtechnik. Es ist daher Aufgabe der Schule, möglichst früh und möglichst alle mit dieser neuen Kulturtechnik vertraut zu machen. Konsequenterweise haben daher die Stadt Wien als Schulerhalter und der Stadtschulrat für Wien als pädagogisch agierende Schulbehörde festgelegt, dass bis Ende 2000 nicht nur alle Schulen "am Netz" sind, sondern dass vor allem in jeder Volksschulklasse zwei Computer mit Internet-Anschluss installiert werden. Den Kindern wird in altersgemäß spielerischer Form bereits ab dem sechsten Lebensjahr der sinnvolle Computereinsatz vermittelt. Die Schule trägt dafür Sorge, dass der Internet-Gebrauch kontrolliert und sozialisiert geschieht.

Die beiden großen Herausforderungen der zukünftigen Informationsgesellschaft lauten daher:

- Wie komme ich rasch zur gewünschten Information ?
- Wie viel ist die enthaltene Information wert ?

Genau diese Zielvorstellungen beachtend kann die Schule Heranwachsenden vermitteln und sie mit den dafür notwendigen Denkfähigkeiten ausstatten. Die pädagogisch "sichere" Plattform des "KIDs-WEB" bietet LehrerInnen und Eltern die Gewissheit, dass kein Ausrutscher auf "bedenkliche" Web-Seiten passieren kann. Im Lehrerbereich des Wiener Bildungsnetzes finden engagierte PädagogInnen verschiedenste Materialien, die sie bei der Unterrichtsvorbereitung und -planung unterstützen, die methodisch und didaktisch richtigen Entscheidungen zu treffen. Es ist nunmehr fast drei Jahre her, dass der Wiener Bildungsserver ins Leben gerufen wurde. Der Wiener Bildungsserver wird vom Verein ICE-Vienna (Internet Center for Education – Wien) getragen und gemanagt und hat den ehrgeizigen Auftrag angenommen, für LehrerInnen eine Internet-Plattform zu schaffen, auf der sie verschiedenste Materialien für den Unterricht aufbereitet finden – von einfachen Arbeitsmaterialien bis zu komplexen Unterrichtsprojekten, Schriften zur Schulentwicklung und zur Unterrichtstheorie, Downloads von Unterrichtsprogrammen, recherchierte und kommentierte Links, nützliche Tipps und vieles mehr – und diese Plattform über ein schnelles Glasfasernetz zur Verfügung zu stellen. LehrerInnen können zum Beispiel im Grundschulbereich in einer umfassenden Datenbank nach Arbeitsblättern suchen, die sie im Unterricht, in der freien Lernphase oder zu anderen Übungszwecken einsetzen können. Ähnliches gilt natürlich auch für den Mittelstufenbereich, in dem nach Unterrichtsgegenständen gegliedert Unterrichtsmaterial zur freien Verwendung bereitsteht. Das "Elternweb" vervollständigt das pädagogische Dreieck "Schüler – Lehrer – Eltern" zum Wohle unserer Kinder.

Berufsbildende Pflichtschulen

Schon in den 80er Jahren wurden die Wiener Berufsschulen mit EDV-Geräten ausgestattet. Neben den traditionellen erfordern vor allem die neuen Lehrberufe, wie zum Beispiel EDV-Techniker, Medienfachmann-Mediendesign und EDV-Kaufmann, eine besondere Konzeption der schulischen EDV-Ausstattung, die an den aktuellen und zukünftigen wirtschaftlichen Rahmenbedingungen orientiert ist. Diese inhaltlichen Zielsetzungen bestimmen den Einsatz und die Anwendung der EDV-Geräte im Unterricht. Die IT-Anwenderkomponente wird durch die spezielle Ausstattung des Wiener Bildungsnetzes bereits in der Grundstufe berücksichtigt; basierend auf diesen Fähigkeiten können die fachspezifischen Komponenten in den weiterführenden Schulen vermittelt werden. Die 24 Wiener Berufsschulen verfügen zur Zeit über zirka 1.200 PC in den EDV-Sälen (16 PC plus Server), Gruppen- und Laborräumen. Die zukunftsorientierte Verkabelung der Berufsschulen ist so ausgelegt, dass bei entsprechender PC-Beistellung ein computerunterstützter Unterricht in jedem Klassen- und Funktionsraum möglich ist. Die PC-Ausrüstung der Wiener Berufsschulen garantiert somit eine Ausbildung, die nicht nur den aktuellen, sondern auch den zukünftigen Anforderungen der Arbeitswelt entspricht.

Vorgehensweise, Akteure, Zeithorizont, Kennzahlen

Allgemein

Das Projekt Wiener Bildungsnetz WBN (LAN, WAN, weltweiter Internetzugang) ist äußerst anspruchsvoll und zukunftsorientiert und ermöglicht den Schulen die Nutzung der modernen Technologien im konkreten Unterrichtseinsatz. Dies besonders deswegen, da eine weitgehend standardisierte Schulausstattung nach Schularten und die Internetanbindung in einer großen Bandbreite erfolgt.

Das Projekt beruht auf einer Kooperation des Magistrats der Stadt Wien (Magistratsabteilung 56 - Städtische Schulverwaltung, Magistratsabteilung 14 – ADV und Magistratsabteilung 23 – Amtshäuser, Nutzbauten, Nachrichtentechnik sowie deren Wirtschaftspartner) mit dem Stadtschulrat für Wien sowie Wienstrom und entwickelte sich in einem mehrstufigen Phasenmodell. Die in einer komplexen Projektorganisation zusammengefassten Projektrealisierungspartner konzentrierten sich auf die Realisierung der eher technisch orientierten Aufgabenstellung des WBN-Säulenmodells: Lokales Schulnetz / Wiener Schulintranet / Internet-Zugang. Im Auftrag der Magistratsabteilung 56 wurde von der Magistratsabteilung 14 als WBN-Generalunternehmer, der für das gesamte Projektmanagement sowie die technologischen Konzepte verantwortlich zeichnet, mit verschiedenen Projektpartnern eine Systemlandschaft geschaffen, die heute aus mehr als 500 Schulnetzen mit zirka 500 Servern, 9.200 PC und 3.900 Druckern besteht. Hiefür wurden von der Magistratsabteilung 23 und deren Auftragsfirmen Objektnetzinfrastrukturen (Datenverkabelungen in den Schulen) geschaffen, für die 430 Modemschränke und 7.500 Datendoppeldosen (für 15.000 Endgeräte) installiert sowie 310.000 Meter Datenkabel verlegt wurden. Zudem wurden 86.000 Meter Leitungsführungssysteme und 65.000 Meter Stromleitungen installiert und 30.400 Energieversorgungsdosen bereitgestellt. Der Projektpartner Wienstrom hat mit seinen Partnern, ausgehend von einem Lichtwellenleiter(LWL)-Backbone-Ring mit einer Übertragungsgeschwindigkeit von einem Gigabit/s, ein so dichtes, flächendeckendes Netz von LWL-Verbindungen (zirka 1.000 km Leitungswege und 15.000 LWL-Faserkilometer für das WBN) kreuz und quer über die Stadt gelegt, dass heute bereits die Mehrzahl der Schulen mit einer Übertragungsgeschwindigkeit von 100 Megabit/s versorgt ist.

Somit wurden bis zum Ende des Jahres 2000 die Pflichtschulen mit einem voll autarken, schulautonomen Datennetz (LAN) sowie einem breitbandigen Intranet miteinander verbunden, das gleichzeitig den Zugang zum Internet ermöglicht. Die hohe Verfügbarkeit des Netzes wird auf Basis des Einsatzes modernster Technologien und einer kompetenten Betriebsführung gewährleistet.

Arbeiten im Schulgebäude

Aufgrund der verschiedenen Schularten (Volksschulen, Hauptschulen, Polytechnische Schulen, Berufsschulen und Fachschulen sowie des Pädagogischen Instituts der Stadt Wien) waren auch sehr differenzierte Anforderungen bei der Umsetzung zu berücksichtigen und zu bewältigen. Aus Gründen des Klassenlehrersystems war im Volksschulbereich die Ausstattung aller Stammklassenräume mit zwei PC und einem Drucker unbedingt erforderlich, da hier die EDV eine assistierende Rolle im gesamten Unterrichtsgeschehen spielt und nicht bestimmten Unterrichtsgegenständen zugeordnet wird. Bei den übrigen Pflichtschularten wurde das bewährte System des EDV-Raums weiter ausgebaut und vollendet. Künftig werden sicher weitere Schritte entsprechend der technologischen Entwicklung erforderlich sein.

Gebäudeverkabelung

Die schulartbezogenen Ausstattungsvarianten sind vordringlich pädagogisch bestimmt gewesen, haben jedoch auch insofern technische Bedeutung gehabt, als die Umsetzung bis zum Ende des Jahres 2000 möglich war. Hinsichtlich der Berufsschulen, Fachschulen, des Pädagogischen Instituts und teilweise auch bei den Sonderschulen wurde im Rahmen des WBN aufgrund der speziellen Anforderungen die Erschließung aller schulisch nutzbaren Räume gewählt. Dies hat den Vorteil einer hohen Flexibilität bei Geräteverlagerungen. Da grundsätzlich alle Räume verkabelt wurden, ergibt sich praktisch kein Bedarf an Nachrüstung bestimmter Räumlichkeiten. Damit verbundene Vorteile, wie keine weiteren Verkabelungskosten, optimale Auslegung der Hauptleitung und der Unterverteiler, und der damit im Zusammenhang stehenden Maßnahmen, wie einmalige Ausmaßerhebungen, Lärmbelästigung sowie Reinigung, treten hier zum Vorschein. Allerdings zeigte sich auch, dass aufgrund der umfangreichen erforderlichen Vorarbeiten die Anschlüsse nur mit äußerster Anstrengung und da nicht immer zeitpunktgenau vorgenommen werden konnten. Weiters führte dies zu einer Steigerung der erforderlichen Kosten, ohne dass der finanzielle Gesamtrahmen überschritten wurde.

In der Praxis zeigte sich bei den Verkabelungsarbeiten in den Schulgebäuden, dass im Volksschulbereich eine sehr dynamische Stammklassenentwicklung stattfindet, sodass auch in dem kurzen Zeitraum zwischen Planung und Ausführung Abänderungen erforderlich waren. Hier waren zusätzliche Koordinationsarbeiten die Folge. In manchen Fällen kollidierte das Projekt WBN mit dem Projekt Generalsanierung, da aus wirtschaftlichen und zweckmäßigen Überlegungen WBN-Anschlüsse erst im Zuge der Generalsanierung durchgeführt wurden. Eine weitere Herausforderung bestand darin, dass "die Schule" ein lebender und sich ständig an Bevölkerungsentwicklung und pädagogischen Erfordernissen anpassender und einem laufenden Änderungsprozess unterliegender Organismus ist, weshalb bei schulorganisatorischen Änderungen immer wieder koordinierend vom Schulerhalter eingegriffen werden musste.

Endgeräte

Durch den prozesshaften Vorgang "Anschluss des Schulgebäudes, Ausbau des lokalen Netzes (Verkabelung), letztlich Implementierung der Endgeräte" ergab sich ein deutlicher Koordinationsaufwand nicht nur beim Schulerhalter, sondern auch beim Projektsteuerer Magistratsabteilung 14 – ADV. Im Zusammenhang mit den Endgeräten stellte sich die Herausforderung nach kind- und EDV-gerechtem Mobiliar an den Schulen. Ein Kennzeichen der dynamischen Entwicklung im Schulbereich mit jährlichen Änderungen war auch die Folge, dass in einer überschaubaren Anzahl von Fällen unterschiedliche Endgerätegenerationen installiert wurden, die Wartungs- und Imageprobleme auslösten. Hinsichtlich des Images wird bemerkt, dass im Zuge des Projekts dazu übergegangen wurde, Überlegungen zu einem Universalimage anzustellen, das unabhängig von der Hardware zum Einsatz kommen kann.

Anschluss des Schulgebäudes

Als Standard wurden Lichtwellenleiter mit einer garantierten Transferleistung von zehn Mbit pro Sekunde pro organisatorischer Schuleinheit vorgesehen, sofern die örtlichen Gegebenheiten dies nicht verhinderten. In letzteren Fällen wurden als Übergangslösungen ISDN-Leitungen installiert.

Betrieb

Der Betrieb eines so umfangreichen und anspruchsvollen Netzes wie das Wiener Bildungsnetz war zum Start für die beteiligten Projektpartner eine besondere Herausforderung. Die anfallenden Probleme konnten jedoch durch gewonnene Erfahrungen nach einer gewissen Betriebsdauer weitgehend gelöst werden. Hier bewährt sich auch der Einsatz eines Callcenters, das einen kompetenten Ansprechpartner für die Schulen darstellt. Es kam dem Projekt zugute, dass der Projektpartner bereits Erfahrungen in der Betreuung vergleichbarer Netze aufweisen konnte. Dieses Service Desk ist ein essenzieller Bestandteil des Gesamtprojekts, und es hat sich gezeigt, dass auf diese Fachkompetenz nicht verzichtet werden kann. Zur besseren Kommunikation zum Service Desk zeichnete sich die Notwendigkeit der Beistellung von Schnurlostelefonen ab. Auch diese Ergänzung wurde bereits großteils umgesetzt.

Finanzielle Ressourcen

Zur Errichtung dieses Wiener Bildungsnetzes waren Investitionskosten (Hardware und Software) von über 15 Millionen Euro erforderlich. Am 24. Juni 1998 wurde vom Wiener Gemeinderat der Sachkredit für das Wiener Bildungsnetz in der Höhe von 213.237.000 ATS beschlossen. Dieser Beschluss bildete den Grundstein zur Errichtung des Wiener Bildungsnetzes.

Mit diesem Investitionsvolumen zählt dieses Bildungsprojekt zu den Meilensteinen in der Wiener Bildungsgeschichte und zu den ambitioniertesten Vorhaben in Europa. Der Stadtschulrat für Wien zeichnet für die ausbildungs- und content-orientierten Beiträge zum WBN-Säulenmodell verantwortlich. So wurden neben neuen Konzepten für die LehrerInnenaus- und -fortbildung elektronische Serviceplattformen für PädagogInnen (Lehrerweb), Kinder (Kidsweb) und Eltern (Elternweb) geschaffen, die in ihrer Gesamtheit den "Wiener Bildungsserver" darstellen.

Mit den beschlossenen Finanzmitteln wurde die Erstausstattung durchgeführt. Grundsätzlich umfasste diese zwei Computer und einen Drucker im Volksschulbereich, um der von den PädagogInnen gewünschten Individualisierung des Unterrichts nachkommen zu können. Haupt-, Sonder-, Polytechnische-, Berufs- und Fachschulen wurden mit EDV-Netzwerken in EDV-Sälen ausgestattet.

Für den Betrieb des Bildungsnetzes sind jährlich rund zweieinhalb Millionen Euro reserviert. In diesem Betrag werden sämtliche erforderliche Komponenten, wie Callcenter, Netzbetrieb, Wartungstechnik und Carrierleistungen, abgedeckt.

Bei allen von der Bezirksdezentralisation erfassten Schulen erfolgt die Verrechnung der laufenden Datentransferleistungen in der Höhe von rund einer Million Euro auf dezentralen Budgetposten, also zulasten der Bezirke.

Die Carrierleistungen für zentrale Schulen – diese sind Berufsschulen, Fachschulen, das Pädagogische Institut der Stadt Wien sowie rund zehn Sonderschulen – werden zentral erfasst.

Erfolgsindikatoren

Diese Investition in Bildung erhöht nicht nur die Chance des Einzelnen am Arbeitsmarkt, sondern auch die Attraktivität des Wirtschaftsstandortes Wien. Qualifizierte Arbeitskräfte sind ein wesentliches Kriterium dafür, wie Standortentscheidungen von Unternehmungen künftig ausfallen. Gerade auf dem sensiblen Hoffnungsmarkt der Informations- und Kommunikationstechnologien entstehen neue Berufssparten, wie das "Informationsmanagement" oder das "Internet-Marketing". Ein entsprechender Ausbildungsvorsprung bringt Vorteile für den Standort Wien. Darüber hinaus hebt ein derart ambitioniertes Projekt zudem den innovativen Charakter Wiens hervor.

Ausblick

Aufgrund der Kurzlebigkeit der EDV-Gerätschaften wird es in absehbarer Zeit erforderlich sein, Reinvestitionen seitens des Schulerhalters zu veranlassen. Zukunftsorientierte Wünsche des Stadtschulrates in Richtung Gebäudeverkabelung der Haupt- und Polytechnischen Schulen warten auf ihre Realisierung. Darüber hinaus stellt die EDV-Infrastruktur zunehmend das Trägermedium für die Kommunikation dar. Bei der Inangriffnahme eines zukunftsorientierten Ausbaues des Wiener Bildungsnetzes sollte auch eine Integration der Kommunikationseinrichtungen wie Telefone und Faxgeräte im Bereich der Infrastruktur mit der EDV herbeigeführt werden.

Erste Grobkostenschätzungen lassen erkennen, dass eine Umsetzung dieser Vorstellungen budgetmäßig auf Seiten der erforderlichen Investitionen jedenfalls mit einem zweistelligen Millionenbetrag in Euro zu beziffern ist. Weiters ist davon auszugehen, dass auch die Betriebskosten im Vergleich zu der bisherigen Höhe ansteigen werden. Nicht zu vergessen sind die immer wiederkehrenden Reinvestitionen.

In Abhängigkeit von den zukünftigen finanziellen Ressourcen kann die MA 56 diese Wünsche und Vorstellungen nur etappenweise umsetzen. Hiebei ist zu beachten, dass der Einsatz der finanziellen Mittel immer von zwei Seiten her zu betrachten ist: Einerseits müssen auch Geldmittel für den weiteren Ausbau einmalig reserviert werden, andererseits sind auch Finanzmittel für den Betrieb und die erforderlichen Reinvestitionen jährlich sicherzustellen.

Die zukünftige Entwicklung der finanziellen Ressourcen der Stadt Wien wird zeigen, inwieweit ein weiterer Ausbau beschritten werden kann. Die Alternative hiezu ist eine kontinuierliche Adaptierung des bereits bestehenden Equipments einschließlich der Aufrechterhaltung des Betriebes.

Integrierte Schulverwaltung – Praktischer Vorteil für die Stadt Wien

Die Verwaltung der MA 56 und die von ihr erhaltenen Schulen der Stadt Wien unterliegen einem kontinuierlichen Veränderungsprozess, dessen edv-mäßige Erfassung eine große Herausforderung für den Schulerhalter darstellt. Aufbauend auf dem Wiener Bildungsnetz, das die Basis für eine effektiv einsetzbare EDV darstellt, nehmen die Schulverwaltung und Schulbehörde die Herausforderung an und setzen schrittweise das Projekt "Integrierte Schulverwaltung" um, das mittels modernster Technologie Realität wird. Zahlreiche konkrete Maßnahmen wurden bereits bewerkstelligt: So wurde eine Software für eine einheitliche Kommunikationsbasis zwischen der MA 56 und ihren Kunden – den Schulen der Stadt Wien – geschaffen. Darüber hinaus verfügen die Bildungseinrichtungen über die Möglichkeit zur vollelektronischen Abwicklung der Beschaffung von Lehrmitteln.

In den kommenden Jahren soll die Zufriedenheit der Schulen weiter erhöht werden. Das vorrangige Ziel ist, dass die Kunden der MA 56 noch besseres Service erhalten. Die Dienstleistungen des Schulerhalters werden sich daher in Hinkunft noch mehr an den Bedürfnissen der Kunden orientieren. Zur Erreichung dieses Ziels ist eine technische Einbindung des Schulerhalters in die Gesamtkonzeption erforderlich. Die Integrierte Schulverwaltung mit all ihrer Vielfalt an Möglichkeiten stellt den Schlüssel zur Verwaltungsmodernisierung dar. Beispielsweise soll im Zuge dieses bedeutenden Projekts in der MA 56 ein Werkzeug zur Schulraumverwaltung eingesetzt werden, das einen weiteren Kernpunkt für künftige Schritte wie moderne Inventarführung sowie Kostentransparenz darstellen kann.

Wissenschafts-, Forschungs-, Universitäts- und Innovationsstadt Wien

Von Obersenatsrat Univ.-Doz. Dr. Hubert Christian Ehalt

Wien hat einen exzellenten und international unangefochtenen Ruf als Kulturstadt. Dieses Ansehen und diese Bedeutung der Kulturstadt Wien sind zu einem großen Teil durch hervorragende wissenschaftliche Leistungen von Persönlichkeiten (Erfinder, bedeutende WissenschafterInnen, NobelpreisträgerInnen usw.) und Teams (Wiener Schulen) geschaffen worden. Der Ruf Wiens als Wissenschaftsstadt ist mit einer Reihe von Kompetenzfeldern verbunden: Besondere Stärken, die in der internationalen Städtekonkurrenz mit Wien in Verbindung gebracht werden, liegen in den Bereichen der Medizin, der Biotechnologie, der Psychotherapie sowie in der Kunst- und Kulturreflexion. Die Verbindung von Wissenschaft und Kunst war nirgendwo anders auf der Welt so fruchtbar und innovationsfördernd wie in Wien.

Das intellektuelle Kapital, über das Wien verfügt, ist in den Bereichen der Universitäten und wissenschaftlichen Institute, in Künstlervereinigungen, in Vereinen, in informellen Gruppen und in Subkulturen entwickelt und weiter gegeben worden. Die Suche nach den Wurzeln und Impulsgebern der Wiener "Knowledge-base" führt nicht nur zu den Universitäten, wissenschaftlichen Instituten, Akademien, Museen, Theater- und Konzertsälen und zu anderen Pflegestätten der Wissenschaften und der Künste. Die Wiener Wissensbasis liegt ebenso in unterschiedlichen intellektuellen, handwerklichen, kreativen, mentalen und sozialen Kompetenzen, die gleichsam eine Humusschicht bilden, aus der originelle, innovative und phantasievolle Leistungen wuchsen und weiter wachsen können.

Die Stadt Wien ordnet der Förderung von Forschung und Wissenschaft ebenso wie der Erforschung und Weiterentwicklung der Wiener Wissensbasis für die Positionierung im internationalen Städtewettbewerb und für die Bewahrung und Entwicklung, den Ausbau und die Akzentuierung des Wirtschafts-, Kunst- und Lebenskulturstandortes Wien einen hohen Stellenwert zu.

Die Stadt Wien fördert und unterstützt daher Forschung, Wissenschaft, lokale Wissensbestände und Wissenskulturen

- durch eine gezielte Technologiepolitik, die gerade jetzt in einigen Bereichen eine konzertierte Offensive startet;
- durch die Erforschung, Dokumentierung, Stimulierung und Weiterentwicklung von lokalen Wissensbeständen außerhalb der akademischen Wissensgebäude;
- durch Forschungsaufträge einer Reihe von Magistratsabteilungen in unterschiedlichen stadtbezogenen Entwicklungs- und Problemfeldern;
- durch eigene Forschungen in den Forschungsinstituten und Krankenanstalten der Stadt Wien und in den der Stadt assoziierten Instituten;
- durch Projektförderungen und Subventionen an wissenschaftliche Vereine;
- durch ein breites Spektrum an Stipendienprogrammen;
- durch die Ausschüttungen der Wiener Wissenschaftsfonds und -stiftungen;
- durch die Vergabe von Preisen für hervorragende wissenschaftliche Leistungen und
- durch vielfältige wissenschaftliche Veranstaltungen, mit denen Impulse für eine Verknüpfung wissenschaftlicher und urbaner Diskurse gegeben werden.

Wien und die Universitäten

Acht der 18 österreichischen Universitäten und Kunsthochschulen, die seit kurzem Universitätsstatus haben – alle durchwegs mit hohem internationalen Ansehen –, befinden sich in Wien. Wien beherbergt außerdem eine Akademie der Wissenschaften, die vor einigen Jahren ihren 150-jährigen Geburtstag feierte und die renommierte Forschungsinstitute beheimatet, sowie die Ludwig-Boltzmann-Forschungsgesellschaft, die 131 Institute und Forschungsstellen umfasst, von denen 65 in Zusammenwirken mit der Stadt Wien errichtet wurden. Weitere 42 Institute der Boltzmann-Gesellschaft sind darüber hinaus im Raum Wien lokalisiert. Zudem gibt es in Wien mehrere Tausend wissenschaftliche Institute und Wissensvermittlungsinstitutionen mit Vereinsstatus – ein wissenschaftliches Netz mit auch international einmaliger Dichte und Qualität –, die in vielen Forschungsbereichen innovative Arbeit leisten und ihr know-how sehr oft auf originelle und phantasievolle Weise vermitteln. Darunter befinden sich exzellente Forschungsinstitute, wie das Dokumentationsarchiv des Österreichischen Widerstandes, das Institut für die Wissenschaften vom Menschen, das Internationale Forschungszentrum Kulturwissenschaften, das Forschungsinstitut für Wildtierkunde und Ökologie, das Institut Wiener Kreis, die Österreichische Forschungsgemeinschaft, das Institut für Wissenschaft und Kunst, das Institut Mediacult, das Institut für den Donauraum und Mitteleuropa, das Institut für Konfliktforschung u.v.a.

Die Wiener Hohen Schulen sind große Forschungs- und Ausbildungsstätten. An ihnen werden von über 5.000 HochschullehrerInnen und weiteren 13.000 MitarbeiterInnen gegen 130.000 Studierende ausgebildet und betreut. Rund 13 Prozent der Studierenden kommen aus dem Ausland. Es gibt gegen 5.000 Heimplätze und vielfältige Angebote und Leistungen für StudentInnen.

Aus unterschiedlichen historischen Gründen hat Wien bisher nie eine Identität als Universitätsstadt entwickelt. Mit der Schenkung des Alten Allgemeinen Krankenhauses an die Universität Wien und der Übernahme und Inbesitznahme des Areals durch die Geisteswissenschaftliche Fakultät im Oktober 1998 hat die Wissenschaftsstadt Wien nun ein Campusgelände im Zentrum der Stadt und ein neues universitäres Herz, das auch für die StudentInnen der anderen Hohen Schulen schlägt. Mit vielen Aktivitäten – Wien-Akademie der Stadt und der Universität, des Sommerfilmfestivals "Kulturwissenschaft und Film" u.a. – versucht die Stadt gemeinsam mit ihrer "alma mater", den Universitätscampus zu einem lebendigen Begegnungsfeld von urbaner und akademischer Öffentlichkeit zu machen. Der Campus wird von den StudentInnen und von den AnrainerInnen, in wachsendem Maß aber von immer mehr WienerInnen, mit Begeisterung als Diskussions-, Ereignis- und Erholungsraum angenommen.

Innovationsstadt Wien

Wien hat als Stadt, in der innovative Forschungsansätze geboren und weiter entwickelt wurden, eine reiche Geschichte. Diese Geschichte manifestiert sich in den Namen von Persönlichkeiten und Denkschulen ("Wiener Schulen"), die die internationale Wissenschaftsgeschichte geprägt haben: Alfred Adler, Eugen von Böhm-Bawerk, Ludwig Boltzmann, Karl und Charlotte Bühler, Sigmund Freud, Robert Koch, Lise Meitner, Carl Menger, Ludwig von Mises, Eduard Suess, Ludwig Wittgenstein, der Wiener Kreis, die Wiener Medizinische Schule, die Wiener Schule der Nationalökonomie, die Wiener Schule des Rechtspositivismus, die Wiener psychotherapeutischen Schulen von der Psychoanalyse über die Individualpsychologie bis hin zur Logotherapie, die Wiener Schule der Kunstgeschichte, um nur die bedeutendsten zu nennen.

Österreich und vor allem Wien haben 13 Nobelpreisträger hervorgebracht, von denen an dieser Stelle nur die Wissenschafter genannt werden: Robert Bárány (Medizin 1914), Fritz Pregl (Chemie 1923), Richard Zsigmondy (Chemie 1925), Julius von Wagner-Jauregg (Medizin 1927), Karl Landsteiner (Medizin 1930), Erwin Schrödinger (Physik 1933), Wolfgang Pauli (Physik 1945), Konrad Lorenz und Karl von Frisch (Medizin 1973) und Friedrich August von Hayek (Wirtschaftswissenschaften 1974).

Dieses historische Erbe war und ist eine gute Grundlage für gegenwärtige exzellente Leistungen in den Wissenschaften. Die Markenzeichen wissenschaftlicher Qualität mit Wiener Provenienz müssen jedoch ständig neu geprägt, erworben und vermittelt werden. Dazu bedarf es einer Identifikation und eines Engagements in Wissenschaft, Öffentlichkeit und Politik für die Wissenschafts- und Innovationsstadt Wien. Wien befindet sich mit vielen Initiativen und neuen Projekten auf einem guten Weg.

Die Stadt Wien setzt derzeit eine Reihe konzertierter Aktivitäten, durch Qualifizierung zur Stärkung ihrer Wissensbasis und zur Verbesserung der Attraktivität des Wirtschaftsstandortes Wien beizutragen. Die vorhandene Wissensbasis, die sich aus der Wissenschaft eigenen, aber auch aus vielen anderen Bausteinen zusammensetzt, wird im Zuge des "Vienna Knowledge base"-Projekts erkundet. Dabei geht es darum, spezifische Kompetenzen und Fähigkeiten, in denen wichtige Innovations- und Entwicklungspotenziale stecken, zu erforschen und zu erschließen. Dieser Ansatz wird von Protagonisten der Wirtschaft, der Verwaltung sowie der kulturellen und wissenschaftlichen Einrichtungen als besonders zukunftsträchtig bewertet.

Wien geht davon aus, dass die Produktion von Wissen in noch viel stärkerem Maß als bisher im Hinblick auf zukünftige Anwendungsfelder gesteuert werden muss. Der Transfer zwischen Wissensproduzenten und Wissensanwendern wird mit vielfältigen Projekten intensiviert. Insbesondere geht es darum, den Wissenstransfer zwischen Wissenschaft und Wirtschaft – vor allem in Richtung der Klein- und Mittelunternehmungen – zu beleben; aber auch in der forcierten Nutzung des interkulturellen Wissenstransfers liegen große ungenutzte Chancen.

Stadtforschung für Wien

Die Stadt Wien verfügt über eine Reihe hochrangiger Forschungsinstitute, in denen für die Stadt wichtige Wissensbestände dokumentiert, analysiert, erforscht und im Hinblick auf stadtrelevante Anwendungen adjustiert werden. Im Bereich des Krankenanstaltenverbundes der Stadt Wien sind international renommierte Mediziner tätig. In den gemeinsam mit der Stadt gegründeten Ludwig-Boltzmann-Instituten werden innovative Forschungsarbeiten geleistet, die den Ruf, den Wien im Bereich der medizinischen Wissenschaften genießt, aufrecht erhalten und akzentuieren. In den Stadttechnologien steht Wien für die international anerkannte Entwicklung und Anwendung von "best practices".

Das Wiener Stadt- und Landesarchiv, die Wiener Stadt- und Landesbibliothek und die Museen der Stadt Wien leisten eine qualitativ hochwertige wissenschaftliche Arbeit zur Dokumentation, Erforschung und Reflexion des historischen und kulturellen Erbes der Stadt. Das Archiv hat in den neuen Räumlichkeiten im Gasometer ausgezeichnete Arbeits- und Servicebedingungen für die BenützerInnen. Die Abteilungen für Stadtentwicklung und Stadtplanung und für Umweltschutz, die Lebensmitteluntersuchungsanstalt der Stadt Wien, die Versuchs- und Forschungsanstalt der Stadt Wien, die Wiener Wasserwerke, die für Abfallwirtschaft verantwortliche Magistratsabteilung 48 und das Forstamt der Stadt Wien erforschen mit einem hohen Praxis- und Anwendungsbezug den gesellschaftlichen und urbanen Zusammenhang und die natürlichen Ressourcen der Stadt und deren Fruchtbarmachung für die Wiener Bevölkerung. In einer Reihe weiterer Magistratsabteilungen werden aufgabenbezogen Forschungen in Auftrag gegeben und im Hinblick auf die Bewahrung und Verbesserung der Standortqualitäten ausgewertet.

Technologie- und Forschungsförderung – neue Instrumente der Stadt Wien

Die fortgeschrittenen Gesellschaften stehen am Beginn des 21. Jahrhunderts in einem neuen tiefgreifenden Transformationsprozess. Die Bedeutung der industriellen Produktion tritt immer deutlicher hinter der Wissensproduktion zurück, die zur zentralen gesellschaftlichen Ressource wird. Die Stadt, die der Wissenschafts-, Forschungs- und Technologieförderung einen immer größeren Stellenwert zumisst, hat in den letzten Jahren fünf Fonds gegründet. Mit der im Jahr 2001 erfolgen Gründung des "Zentrums für Innovation und Technologie" wurde für die Konzeption und Umsetzung von technologiepolitischen Maßnahmen eine effiziente neue Einheit geschaffen. Ergänzt wird diese nahe am Markt agierende Institution durch den neu gegründeten "Wiener Wissenschafts- und Technologiefonds", der mit einem Budget von jährlich etwa 7,5 Millionen Euro große vielversprechende Projekte unterstützen wird. Daneben gibt es jedoch noch eine Vielzahl von Initiativen der Stadt Wien, die der Förderung exzellenter und innovativer Wissenschaft gelten. Besondere Bedeutung hatten und haben in diesem Zusammenhang die 1965 gegründete Hochschuljubiläumsstiftung der Stadt Wien und der 1978 ins Leben gerufene Medizinisch-wissenschaftliche Fonds des Bürgermeisters der Bundeshauptstadt Wien.

Die neuen Forschungsförderungsinstrumente seien hier kurz vorgestellt:

- **Jubiläumsfonds der Stadt Wien für die Österreichische Akademie der Wissenschaften**

Gegründet 1997 aus Anlass des 150-jährigen Bestehens der Österreichischen Akademie der Wissenschaften. Gefördert werden Forschungen aller wissenschaftlichen Disziplinen, die von Wiener ForscherInnen initiiert werden, in Wiener Forschungseinrichtungen beheimatet sind, aktuelle Forschungsentwicklungen weiterführen und Impulse für eine Verstärkung des Innovationspotenzials in Österreich setzen.

- **Jubiläumsfonds der Stadt Wien für die Wirtschaftsuniversität Wien**

Gegründet 1998 aus Anlass des 100-jährigen Bestehens der Wirtschaftsuniversität Wien zur Förderung von wirtschaftswissenschaftlichen Forschungen, die geeignet sind, der Wiener Wirtschaft Impulse zu geben. Der Jubiläumsfonds hat vor allem die Aufgabe, diese Wissenstransferflüsse im Sinne der Wirtschaftswissenschaften und der Wiener Wirtschaft zu verstärken und zu verbessern.

- **Viktor-Frankl-Fonds der Stadt Wien zur Förderung einer sinnorientierten humanistischen Psychotherapie**

Gegründet 1999 in Würdigung der großen Leistungen des Wiener Mediziners und Psychotherapeuten Viktor Frankl und zur Dokumentation seines wissenschaftlichen Werkes. Der Viktor-Frankl-Fonds hat vor allem die Aufgabe, das Innovationspotenzial im Bereich der psychotherapeutischen Wissenschaften zu akzentuieren und die Stellung Wiens als Weltstadt der Psychotherapie zu präsentieren.

- **Fonds der Stadt Wien für innovative interdisziplinäre Krebsforschung**

Gegründet im Jahr 2000 zur Förderung innovativer Projekte im Bereich der Krebsforschung, die geeignet sind, Impulse für einen Fortschritt im biologischen Verständnis, in der Diagnostik und/oder in der Therapie bösartiger Erkrankungen zu geben. Mit der Gründung dieses Fonds würdigt die Stadt Wien mit dem Blick auf die großen Leistungen medizinischer Schulen in der "Medizinstadt Wien" Arbeit und Bedeutung innovativer Krebsforschung in Wien.

- **Zentrum für Innovation und Technologie (ZIT)**

Gegründet im Jahr 2001 mit dem Ziel, die Konzeption und Umsetzung technologiepolitischer Maßnahmen effizient und unbürokratisch zu unterstützen.

- **Wiener Wissenschafts- und Technologiefonds (WWTF)**

Gegründet im Jahr 2001 mit dem Ziel, innovationsträchtige Forschungen in Gestalt von großen Einzelprojekten, die mit den bisher gegebenen Instrumenten der Wissenschafts- und Forschungsförderung nicht gefördert werden konnten, zu unterstützen.

- **Förderung avancierter Forschungen und Technologien,** insbesondere auch im Zusammenhang mit der Biotechnologie (Interdisziplinäres Kooperationsprojekt Molekulare Medizin – ICP, Vienna Biocenter – Institute for Molecular Pathology, IMBA).

Aus diesen vielfältigen Engagements für Wissenschaft, Forschung und Innovation kann man erkennen, dass der Stadt Wien sehr deutlich bewusst ist, was Hubert Markl, Präsident der Max-Planck-Gesellschaft und ehemaliger Präsident der Deutschen Forschungsgemeinschaft, einmal treffend so formuliert hat:

"Man kann von den Tieren lernen: Bei denen gilt, dass man gerade in schwierigen Zeiten alles drosseln darf, nur nicht die Blutzufuhr zum Gehirn".

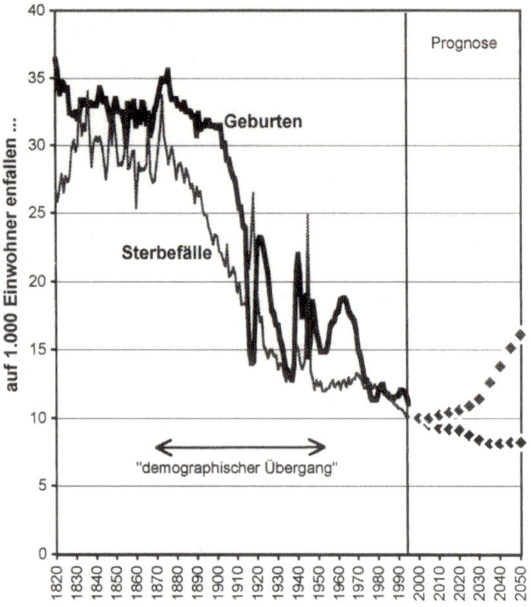

Der "demographische Übergang" in Österreich: Geburten und Sterbeziffern von 1820 bis 1995: Prognose bis 2050.

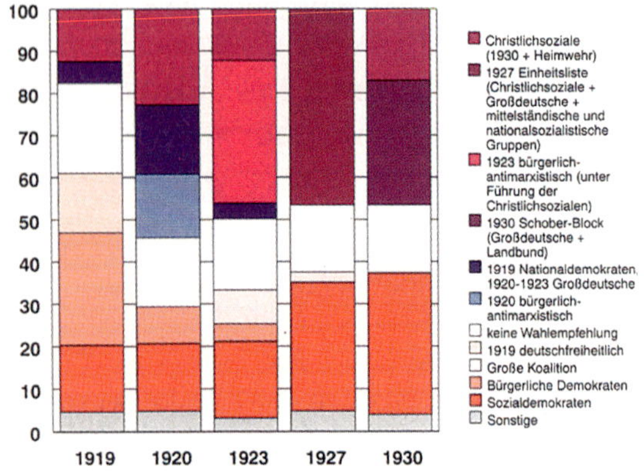

Wahlempfehlungen der Wiener Tageszeitungen zu den Nationalratswahlen 1919–1930, gewichtet nach Auflagenanteilen (Stand 21. 4. 1997).

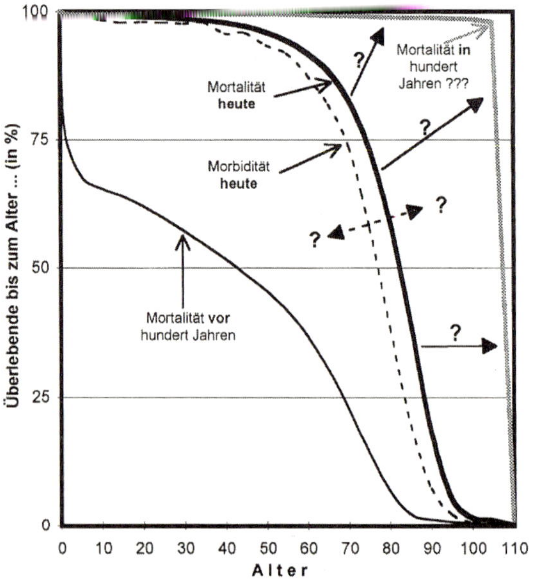

Die "Rektangularisierung" der Überlegenskurve.

Das Schulbauprogramm 2000

Von Oberstadtbaurat Dipl.-Ing. Gerhard Muthsam

Es gibt wohl kaum eine Stadt in Europa, die über ein sozialpolitisch so ausgewogenes Profil verfügt wie Wien. Das schlägt sich im sozialen Wohnbau nieder, aber auch und vor allem in der dazugehörigen Bereitstellung von sozialer Infrastruktur. So zählt in erster Linie der Schulbau zu den Aushängeschildern für das soziale Engagement der Stadt. Schule bedeutet in diesem Sinn aber nicht nur die Schaffung von Lehr- und Lernräumen in ausreichendem Maß. Schule muss heute vielmehr gleichgesetzt werden mit sozialer Innovation. Die Schule, wie wir sie heute verstehen, ist daher multifunktional zu nutzen und ist nicht nur Lehr- und Lernraum, sondern auch Lebensraum.

Dem Anspruch, einerseits ausreichend den Anforderungen des modernen Unterrichts entsprechende und in der Erhaltung wirtschaftliche neue Schulen zu schaffen, andererseits im Schulbau durch höchste architektonische Qualität die Basis für eine solidarische Gesellschaft von morgen zu legen, hat die Stadt Wien versucht, mit ihrem Schulbauprogramm 2000 gerecht zu werden. Insgesamt wurden in den Jahren seit 1990 ca. 100 Volks-, Haupt-, Sonder- und Polytechnische Schulen neugebaut bzw. durch Zu- und Umbauten großzügig erweitert. Es wurden und werden gerade auch für Schulen zahlreiche Wettbewerbe ausgeschrieben. Derzeit läuft ein Architektenwettbewerb für die Volksschule 10, Wienerberg City als ein in der Europäischen Union ausgeschriebenes Verfahren. In die Planungen miteinbezogen sind übrigens auch Schüler- und Lehrervertreter sowie die Schulleitung. Dass unsere Aktivitäten in Sachen Schularchitektur und das Schulprogramm 2000 gerade auch international hoch gelobt werden, zeigen Beiträge in der Internationalen Fachpresse. Schließlich führte die Beauftragung renommierter Architekten wie Holzbauer, Peichl, Kohlbauer, im Rahmen des Schulbauprogramms zu außergewöhnlichen Lösungen: Darunter Lainers neomodernes Schulhaus an der Absberggasse oder Holleins Zeichensetzung mit der Volksschule Donaucity.

Die vielen bestehenden Schulen, ca. 400 Objekte, speziell im innerstädtischen Bereich, sind während dieser intensiven Neubauphase nicht im erforderlichen Maße verbessert worden und haben daher gegenüber dem Standard der Neubauten einen erheblichen Nachholbedarf.

Unter dem Titel "Generalsanierungsprogramm" zur Komfort-, Struktur- und Standardverbesserung werden zurzeit 33 Schulgebäude, bei welchen zur Erfüllung der pädagogischen Anforderungen ein Nachholbedarf besteht, bezirksweise den Neubauten angeglichen. In diesem Sinne wurden in den letzten Jahren Gutachterverfahren für Planungen von Generalsanierungen und Erweiterungen, Dachausbauten und Adaptierungen bei diversen älteren Schulgebäuden durchgeführt.

Welche Aufgaben sowohl sozial- als auch bildungspolitisch Schule in Wien zu erfüllen hat, sei im folgenden kurz zusammengefasst:

Die Schule ist neben der unmittelbaren familiären Umgebung wohl der zweite prägende Ort im Leben ei-

Volksschule und Polytechnische Schule 1200 Wien, Engerthstraße 76–80

Volksschule Donaucity mit bilingualem Schwerpunkt 1220 Wien, Leonard-Bernstein-Straße 2

nes Kindes. Um den Eintritt in die Gesellschaft so gut wie möglich zu gestalten, bedarf es nicht nur einer einfühlsamen Pädagogik, sondern auch einer offenen Gestaltung der Lehr- und Lernumgebung. Schularchitektur, wie wir sie in Wien im Rahmen des Schulbauprogramms 2000 realisiert haben, schafft die räumlichen Voraussetzungen für ein Wohlfühlen und für eine optimale Kommunikation in der Schule.

Die Schule des angehenden 21. Jahrhunderts ist nicht nur Schule, sie ist vielmehr multifunktional. Gerade im Hinblick auf die neuen Stadtteile üben die Schulen eine ganz wesentliche Funktion als Identitätsstifter aus. Die Schulen entwickeln sich durch die mögliche Mehrfachnutzung (Vereinssport, Veranstaltungen usw.) außerhalb des eigentlichen Schulbetriebs zu kleinen Grätzelzentren.

Ein weiterer Aspekt, der vor allem in Zukunft eine Rolle spielen wird, sind die neuen Technologien, welche auch von den SchülerInnen erlernt und angewendet werden, d. h. dass sie ihr früherworbenes Wissen im Umgang mit den neuen Medien an die Umgebung weitervermitteln können.

Hochwertige Schularchitektur, die sowohl für die außerschulische Kommunikation als auch für neue soziale und technische Entwicklungen Raum schafft, ist schon alleine aus diesen Gründen eine unverzichtbare Investition in unsere Zukunft. Dazu kommt aber auch noch, dass zeitgemäßer Schulbau die Kinder und Jugendlichen das erste Mal mit Architektur und Städtebau konfrontiert. Die Kinder und Jugendlichen können sich daher schon zu einem sehr frühen Zeitpunkt mit dieser Thematik auseinander setzen. Durch modellhaften Schulbau wird Architektur Teil unterbewusster Auseinandersetzung und mit der eigenen Schule findet quasi eine sanfte Einführung in die Architektur statt.

So gesehen passiert in der neuen Wiener Schule Vermittlung von Wissen nicht nur durch den Lehrplan, sondern auch durch und mit der räumlichen Umgebung, und es bietet sich daher für die Jugend die beste Chance, der gegenwärtigen Situation der Gesellschaft vorauszueilen. Die Schule hat somit "Leuchtturmfunktion" in sozialer, kultureller und sogar wirtschaftlicher Hinsicht, wenn man einen gelungenen Bildungsweg als weit reichende Ressource auffasst. Mit seiner Schularchitektur, aber auch mit den vielen pädagogischen Innovationen, die seitens der Stadt initiiert wurden und auch weiter vorangetrieben werden, versucht Wien – bisher sehr erfolgreich – sich dieser Aufgabe zu stellen.

Der Wienfluss

Von Stadtbaudirektor Dipl.-Ing. Gerhard Weber

Vor 100 Jahren wurde das Wildwasser Wienfluss erstmalig nach den damaligen technischen Möglichkeiten im großen Umfang gezähmt.

Heute sind die Regulierungsanlagen aufgrund ihres Alters und aktueller Untersuchungen reparaturbedürftig und können für ein extremes Hochwasserereignis nicht mehr genug Sicherheit bieten. Der Umbau der Auhof-Rückhaltebecken sowie die Dammanlage des Wienerwaldsees in naturnaher und exzellenter technischer Ausführung garantieren die notwendige Hochwassersicherheit.

"Die Wien", wie der Fluss meist genannt wird, entspringt am Nordhang des Kaiserbrunnberges bei Rekawinkel im Wienerwald. In 620 Meter Seehöhe beginnt hier der 33 km lange Weg zur Donau. Vorerst heißt der Bach noch "Dürre Wien", wobei "dürr" die frühere Bedeutung von "träge" oder "langsam" hat. Erst nach der Vereinigung mit dem Pfalzauer Bach bei Pressbaum trägt das Gerinne den Namen "Wienfluss". Nicht weniger als 124 Bäche münden in den Wienfluss. Wenn bei starken Regenfällen oder bei der Schneeschmelze alle diese Zuflüsse Hochwasser führen, dann bringen sie in der Summe gewaltige Wassermassen in die Wien. Der Wiener Sandstein, der den geologischen Untergrund des Flussbettes in der Flyschzone bildet, ist ziemlich Wasser undurchlässig.

Das alles macht die Wien zu einem gefährlichen Gewässer. Bei Trockenheit führt sie nur 200 bis 300 Liter (0,2 bis 0,3 Kubikmeter) Wasser pro Sekunde. Bei starken Niederschlägen kann diese Wasserführung bis auf 600 Kubikmeter ansteigen, also auf die dreitausendfache Menge. Aus dem im Trockenfall unscheinbaren Fluss, der schon im vorigen Jahrhundert eher die Bezeichnung Bach verdient hätte, wurde im Hochwasserfall ein reißender Strom, der die Anrainer bedrohte und immer wieder in Angst und Schrecken versetzte.

Historische Hochwasserbedrohung

Welch große Wassermassen die Wien, die erstmalig im Jahr 1130 urkundlich mit der Bezeichnung "Wienfurt" erwähnt wird, seinerzeit manchmal führte, beweist die Vernichtung der ehemaligen Ortschaften Johensunsdorf und Weinhartsdorf durch die Hochwasserereignisse. Schon die Römer kannten die Gewalt dieses Regenstromes. So sind auf einem 1899 aufgefundenen römischen Gedenkstein die Wiederherstellung einer durch die Wien weggerissenen Brücke und die damaligen Hochwasserereignisse beschrieben.

Die ältesten Berichte über Zerstörungen durch ein Wienfluss-Hochwasser stammen aus dem Jahr 1295. Damals wurde das Bürgerspital, im Abschnitt Kärntner Straße – Karlsplatz gelegen und das größte Spital und Armenhaus des mittelalterlichen Wien, so hoch überschwemmt, dass die Betten mit den Patienten auf den Fluten schwammen. 1445 wurden Felder und Weingärten in weitem Umkreis verwüstet. 1630 bahnte sich der Fluss einen neuen Weg, mehrere Penzinger Häuser verschwanden für immer. Am 4. Juli 1670 stieg das Wasser zwischen elf und zwölf Uhr nachts so schnell, dass viele Menschen, die in ihren Häusern schliefen, ertranken. Im 18. Jahrhundert verursachte der Wienfluss nicht weniger als zwölf Hochwasserkatastrophen. Besonders arg war die letzte im August 1785, bei der das Wasser infolge eines Wolkenbruchs in kurzer Zeit (laut einer allerdings wohl übertriebenen Chronik innerhalb von zehn Minuten) so hoch stieg, dass es im Erdgeschoss von Schloss Schönbrunn zwei Meter hoch stand. Weitere Überschwemmungen gab es in den Jahren 1811, 1816, 1819, 1821, 1828 und schließlich im Februar 1847, wobei auch das Theresienbad unter Wasser gesetzt und schwer beschädigt wurde.

Am ärgsten litt Meidling im Jahr 1851. Am 18. Mai war die Wien zehn Meter hoch, alle Brücken und Stege wurden zerstört oder zumindest schwer beschädigt. In der Niederhofstraße, die damals Matzleinsdorfer Straße hieß, stand eine Pappelallee. Viele dieser Bäume wurden damals gefällt und zur Eindämmung der Fluten verwendet. Es half nur wenig, mehrere Häuser wurden zerstört. Im August gab es neuerlich Hochwasser, wieder stürzten mehrere Häuser ein. Am 10. Dezember kam das dritte Hochwasser dieses Katastrophenjahres. Die restlichen Bäume der Allee wurden gefällt, aber wieder gab es große Verwüstungen.

Weitere Überschwemmungen gab es 1853, 1867, 1872 und 1875. Im Juli 1897 wurden nach dreitägigen Regenfällen viele Häuser, vor allem in Gaudenzdorf, überflutet. Dabei wirkte verhängnisvoll, dass Schwemmgut am Baugerüst der Stadtbahnbrücke hängenblieb und sich das Wasser dort staute. Auch das Gaudenzdorfer Gaswerk wurde schwer beschädigt. Die Bewohner der ufernahen Häuser konnten im letzten Augenblick geborgen werden.

Das letzte größere Hochwasser gab es im April 1900. Die Wien riss dabei Baumaterial, das für den Bau der Stadtbahn und die Regulierung der Wien gelagert war, hinweg.

Gewerbliche und industrielle Nutzung der Wien

Schon im Mittelalter wurden zur Wasserstandserhöhung der Wien Wehranlagen gebaut. Sie schützten nicht vor Hochwasser, sondern sie ermöglichten die Abzweigung von Mühlbächen. Um die Wasserführung in diesen Mühlbächen zu regulieren, wurde bei höherem Wasserstand das Wasser von den Wehranlagen aufgestaut und bei Niederwasser in die Mühlbäche abgelassen.

Zur damaligen Zeit gab es die sogenannte "Rote Mühle" und die "Mauerbacher Mühle" in Meidling.

Die Mauerbacher Mühle wurde – vermutlich 1656 – vom Hochwasser schwer beschädigt und später abgebrochen. Eine kleine Mühle stand in Gaudenzdorf, nahe dem Gürtel. Das Gebäude, das schon lange nicht mehr als Mühle benutzt wurde, sondern als Lagerschuppen diente, wurde 1880 abgebrochen.

Die Nutzung des Uferstreifens der Wien erfolgte verhältnismäßig spät. Erst 1766 überließ die Herrschaft Gumpendorf die zwischen dem Wienfluss und dem Mühlbach gelegenen Grundstücke kostenlos an Bewerber, welche sich verpflichten mussten, für die Instandhaltung des Wienufers aufzukommen. Damals schon zeigte sich die rege Gewerbearbeit der Wiener. Die Flussnähe nützend schlugen Färber, Bleicher, Lederer, Appreteure, Seifensieder, Stärke- und Farbenmacher ihre Betriebsstätten auf, die anfangs freilich oft nur aus einem Raum bestanden.

Seit den zwanziger Jahren des 19. Jahrhunderts setzte eine starke Zunahme dieser Gewerbe ein, deren Werkstätten schon zu Fabriken geworden waren. In Gumpendorf lag der Schwerpunkt der chemischen Industrie (einschließlich der Färbereien), der Baumwollverarbeitung und des Appreturgewerbes von Wien. In der Lederfabrikation blieb es hinter der Leopoldstadt und der Landstraße zurück. Eine Ballung der angeführten Gewerbszweige wies die Annagasse – die nunmehrige Mollardgasse – auf, wo fast jedes Haus einen Betrieb beherbergte. An der Spitze standen die Färbereien. In manchem Haus gab es zwei und in der Annagasse 98 sogar deren drei Betriebe.

Von großer Bedeutung war die Wien auch für die Wäscher. Teilweise wurde wohl im Fluss selbst gewaschen, noch wichtiger aber war das Ufergelände, denn dort hatten die Wäscher ihre "Henckstatt" (Hängstatt, Trockenplatz) eingerichtet.

Der Wienfluss war ursprünglich reich an Fischen und Flusskrebsen. Der Fang und Verkauf dieser Tiere war ein wichtiger Erwerbszweig für die Wiener. Die rasch ansteigende Belastung durch gewerbliche Abwässer sowie die wachsende Zahl von Anrainern, die Unrat aller Art, darunter auch hochgiftige Substanzen in den Fluss einbrachten, zerstörte alles Leben.

Regulierungsprojekte

Wahrscheinlich wurde schon im Mittelalter, möglicherweise sogar in der Römerzeit, versucht, die Hochwassergefahr einzudämmen. Methoden früherer Zeiten waren die Vertiefung des Flussbettes, die Befestigung der Ufer durch Steine und Pflanzen sowie die Anlegung von Überlaufbecken. Ein umfassendes Projekt mit solchen Maßnahmen legte 1781 der Architekt Wilhelm Bayer vor. Obwohl auch Kaiser Joseph II. seine Zustimmung gab, konnten die erforderlichen Geldmittel nicht bereitgestellt werden. Lediglich in der Nähe des Stadtzentrums, zwischen Karlsplatz und der Mündung in den Donaukanal, wurden das Flussbett tiefer gegraben und die Ufer mit Akazien und Weiden bepflanzt.

Die erste wirksame Regulierung, die auch den Meidlinger Raum betraf, erfolgte 1814 bis 1817. Das Flussbett zwischen der heutigen Kennedybrücke und dem Donaukanal wurde vertieft und die Uferböschungen gepflastert.

Dann entstand ein neues Großprojekt: Ein schiffbarer Kanal sollte von Melk nach Purkersdorf und dann durch das Wiental zur Donau gebaut werden. Der Grund dafür war, dass die Donau im Wiener Raum für Dampfschiffe nicht passierbar war, weil sie in zahlreiche seichte Arme aufgeteilt war. Für den Kanal von Melk zur wieder schiffbaren Donau unterhalb Wiens fehlte jedoch das Geld. Das Problem der Schifffahrt wurde erst durch die Donauregulierung der Jahre 1870 bis 1875 gelöst.

Die Wien weist einen wildbachartigen Abflusscharakter auf, ohne jedoch die anderen typischen Merkmale eines Wildbaches, wie einen flächenhaften Geschiebeabtrag und Geschiebeführung in Gefahr drohendem Ausmaß, zu haben. Um die Stadt vor den immer wieder auftretenden Hochwässern zu schützen, wurde nach einem im Jahr 1891 erstellten Plan die Durchführung der Regulierung des Wienflusses vom damaligen Gemeinderat beschlossen. Vorerst wurde mit dem Umbau der Wiental-Sammelkanäle begonnen.

Die umfassende Bändigung des Wienflusses erfolgte erst in den Jahren 1894 bis 1902 zugleich mit dem Bau der Stadtbahn. Bei Tullnerbach entstand der Wienerwaldsee mit dem Nutzwasserwerk, der so angelegt wurde, dass er beträchtliche Mengen des von weiter oben kommenden Hochwassers aufnehmen konnte.

Zwischen Mariabrunn und Hütteldorf wurden Rückhaltebecken gebaut, die auf einer Fläche von 37 ha 1,6 Millionen Kubikmeter Wasser aufnehmen können. Ihre Aufgabe ist es, Hochwasserspitzen zu speichern und Schäden zu verhindern. In den Jahren 1904 bis 1910 wurde, in mehrere Baulose aufgeteilt, die Regulierung des Wienflusses bis zur Mündung durchgeführt und die Eindeckung im Bereich des Naschmarkts hergestellt.

Da der Schutz vor Hochwasser damals alleiniges Kriterium für die Regulierung war, wurde die Arbeit als rein technische Baumaßnahme angesehen und auf ökologische Begleitmaßnahmen verzichtet. Die durch die Regulierung und die strenge Mauerführung im Stadtgebiet gewonnenen Flächen wurden für den Bau der Stadtbahn, der Begleitstraßen und für die Errichtung von Häusern verwendet. Diese Regulierung hat sich für den Hochwasserschutz ausgezeichnet bewährt.

In einer großartigen Ingenieurleistung wurde im Zeitraum 1894 bis 1901 die sogenannte Wienfluss-Regulierung in der Stadtstrecke ausgeführt. Bereits damals wurde ein multifunktionales Bauwerk aufgrund umfangreicher Vorplanungen realisiert. Der noch unregulierte Wienfluss besaß ein breites Gewässerbett, welches im Zuge der Regulierungsmaßnahmen technisch und architektonisch neu gestaltet wurde.

Die Gesamtkonzeption sah eine Nutzung des Flussraumes für nachstehende städtische Bauten vor:

- Ausbau der Stadtbahn am rechten Ufer (heute Linie U4)
- Ausbau der beidufrigen Cholerakanäle (heute Wienfluss-Sammelkanäle)
- Schaffung von hochwasserfreiem Bauland und vorgelagerten Erschließungsstraßen
- Ausbau eines schwer befestigten Hochwasser-Abflussgerinnes mit teilweiser Einwölbung

Das gesamte Bauvorhaben einschließlich dem Bau der Retentionsanlagen in Auhof wurde in einer unglaublich kurzen Bauzeit von sieben Jahren fertig gestellt mit Baukosten von 48 Millionen Kronen. Die örtliche Verlängerung der Einwölbung beim Naschmarkt konnte nachfolgend in den Jahren 1913 bis 1915 abgeschlossen werden.

Die Wien war nach diesen Verbauungen nicht mehr gefährlich. Ihr Ursprung am Kaiserbrunnberg ist allerdings noch immer so romantisch und verlassen wie einst. Adolf Schmidl, der in den Jahren 1835 und 1839 die drei Bände seines Werkes "Wiens Umgebung 20 Stunden im Umkreis" veröffentlicht hat, macht darüber einen Witz: "Wenn jemand den Fuß auf diese Quelle stellt, würden sich die Wiener wundern, wenn der Wienfluss auf einmal ohne Wasser wäre...".

Frank Karl Xaver, ein Schauspieler und Schriftsteller, schrieb schon 1812 in seinem Buch "Komische Gedichte über die Vorstädte Wiens" über dieses Umweltproblem der Wienflussvergiftung:

Betonierung eines Gewölberinges unterhalb der Elisabethbrücke, aufgenommen 11. Oktober 1898

> Was deine Nachbarn nicht im Hause dulden,
> Das drängen sie dir schmählich auf.
> Du wirst oft lästig, ohne dein Verschulden
> Und olivefärbig ist dein Lauf.
> Zum Höllenfraße ganz dich umzustalten
> Vermaß sich dieser Frevler Hohn

Damit hatte der Fischfang im Wienfluss zu diesem Zeitpunkt jede Bedeutung verloren. Die Flusskrebse, die einst alle Flussufer Mitteleuropas in Massen belebt hatten, wurden durch die geheimnisvolle Krebsenpest in der ersten Hälfte des vorigen Jahrhunderts auf kleine Restbestände dezimiert. Im Bereich des Wienflusses wurden sie völlig ausgerottet.

Im Jahr 1830 brach in Wien die Choleraepidemie aus, der 2000 Menschen zum Opfer fielen. Der verseuchte Wienfluss wurde als Ausgangspunkt der Seuche bezeichnet. Damit die Abwässer künftig nicht mehr in den Fluss gelangten und diesen in eine Kloake verwandelten, wurden Kanäle, die noch heute verwendet werden, entlang der Wien gebaut. Sie wurden, dem Anlassfall entsprechend, Cholerakanäle genannt. Die Wasserqualität im Wienfluss wurde dadurch zwar etwas verbessert, doch blieb sie lebensfeindlich. Ein wesentlicher Grund dafür war, dass die Kapazität der Cholerakanäle begrenzt war. Bei stärkeren Regenfällen schwappte die Unratkonzentration der Kanäle in den Fluss über. Die Erwartung der Techniker, dass die Kanäle auch die Regenwassermengen aufnehmen können und damit die Hochwassergefahr vermindern würden, erwies sich als Illusion.

Zu den Hochwassermengen aus dem Wienerwald kommen auch noch die Niederschläge, die über den

Hochwasser Juli 1975

bebauten Flächen des "städtischen Einzugsgebietes" abregnen: Das Regenwasser kann auf versiegelten, also bebauten oder befestigten Flächen nicht im Boden versickern und fließt über die Kanalisation ab, wo es sich mit den Abwässern vermischt. Bereits bei kleinen Regenfällen sind die Wiental-Sammelkanäle voll und entlassen über sogenannte Regenüberläufe Mischwasser in den Wienfluss.

Das neue Regulierungskonzept 1991

Die Wiener Stadtverwaltung hat sich nun für eine Änderung der Regulierung unter Beibehaltung des ursprünglichen, bereits rund 100 Jahre bewährten Prinzips entschieden:

Im Rahmen des Wettbewerbs "Gürtel-, Süd- und Westeinfahrt" wurden umfangreiche Gestaltungsvorschläge ausgearbeitet. Diese zielen auf eine Verbesserung der Hochwassersicherheit und durch eine naturnähere Gestaltung des Wienflusses auf Maßnahmen zur Umgestaltung des gegenwärtig denaturierten Systems ab. Die bisher erarbeiteten Vorschläge weisen folgende Zielvorstellungen auf:

- Verbesserung des Hochwasserrückhaltes;
- Verbesserung der Abflussverhältnisse im Wienflussbett selbst;
- Herstellung eines zusätzlichen Wientalsammel-Entlastungskanals mit einem Einbau in das zu sanierende Flussbett;
- Schaffung eines begrünten Flusslaufes mit möglichst großer erlebbarer Wasserfläche;
- Schaffung eines möglichst durchgehenden, die Wasserfläche begleitenden Weges für die Bevölkerung.

Im Zuge der weiteren Bearbeitungen durch ein interdisziplinäres Planungsteam wurden die angeführten Ziele des Hochwasserschutzes und der Neugestaltung des Wienflusses konkretisiert. Aufgrund einer Kosten-Nutzen-Analyse wurde folgender Ausbau festgelegt:

Ausbaukonzept und Beschreibung der Baumaßnahmen

Durch die Änderung der Steuereinrichtungen soll das Retentionsvermögen der bestehenden Hochwasser-Rückhalteanlagen (Wienfluss und Mauerbachrückhaltebecken) sowie des Wienerwald-Stausees optimiert werden. Damit soll eine Abminderung des 1000-jährigen Hochwassers (Projektshochwasser) soweit erfolgen, dass es genügend Freiraum für eine künftige Neugestaltung geben wird. Damit wird die Voraussetzung für den Einbau eines Wientalsammel-Entlastungskanals und ein Gestaltungsspielraum für die Revitalisierung geschaffen werden.

Im Zuge der Umbauarbeiten an den Retentionsbecken ergab sich die einmalige Gelegenheit für eine wesentlich naturnähere Ausgestaltung der vorhandenen Hochwasser-Rückhaltebecken und der anschließenden Wienfluss- und Mauerbachstrecken. Es besteht die einfache Möglichkeit, den Wienfluss bis zu einem kleineren Hochwasserereignis durch die Becken zu leiten. Dies entspricht ziemlich genau jenem Verlauf, den der Wienfluss, wie auch aus alten Plänen ersichtlich, vor der Regulierung hatte. Durch die ständige Strömung in den Becken kann sich der Fluss künftig sein Bett dort selbst gestalten – Seitenarme, Wasserflächen und Feuchtbiotope würden entstehen. Dadurch wird sich – anstelle der derzeit monotonen Schilflandschaft – eine Vielzahl von Pflanzen und Tieren ansiedeln, wobei auch in Wien bereits selten gewordene Lebewesen Raum erhalten werden.

Die bisher hart verbauten Wienfluss- und Mauerbachstrecken konnten, durch entsprechende Maßnahmen in der Sohle und in den daran angrenzenden Uferzonen, mit einer Verbesserung des Ökosystems zu naturnäheren, artenreicheren Fließgewässern werden.

Versuchsstrecke

Im Anschluss an den ersten Planungsabschnitt wurde als Grundlage für eine ökologische und hydraulische Beurteilung der geplanten Bauelemente in den Jahren 1991 bis 1992 eine 300 m lange Versuchsstrecke ausgeführt, die bis zum Jahr 1998 immer wieder umgebaut, adaptiert und den neuesten Erkenntnissen angepasst wurde.

Als Standort der Versuchsstrecke wurde das Wienfluss-Umleitungsgerinne flussauf der Wolf-in-der-Au-Brücke gewählt, wobei nachstehende Gründe dafür ausschlaggebend waren:

- Hochwassersicherheit:
Das Umleitungsgerinne besitzt weitgehende Überkapazität, sodass auch ohne Ausbau der geplanten Rückhaltemaßnahmen eine gesicherte Ableitung des HQ 1000 gegeben ist.

- Versuchsdurchführung:
Durch Schließen der Schützen der Sperrwerksanlage kann im Vorbecken eine entsprechende Wassermenge aufgestaut werden, die eine Beaufschlagung der Versuchsstrecke mit den entsprechenden Abflüssen ermöglicht.

Durch eine raue Flusssohle, die verschieden ausgestaltet wurde, wird einer Besiedelung mit Fischen, die früher in diesem Bereich nur selten zu finden waren, die nötige Grundlage gegeben.

Geeignete Bepflanzungsmaßnahmen werden auf ihre ökologische Wirksamkeit und ihre Stabilität in der Flusssohle untersucht.

Inzwischen wurde im Auftrag der Magistratsabteilung 45 von der Universität Wien, Institut für Zoologie, eine Studie über den Bestand und das Wanderverhalten der Fischfauna im Wienfluss erarbeitet. Dabei konnten nach Veränderung der Tiefen-, Strömungs- und Substratverhältnisse durch den Einbau von provisorischen Strukturen im Bereich Stubenbrücke – Pilgrambrücke, einer ehemals unbelebten Strecke, Fische nachgewiesen werden. Die Besiedelung erfolgte innerhalb von zwei Wochen. Ebenso ist die Durchwanderung der Tunnelstrecke eindeutig nachweisbar. Die Untersuchung, um wieviel sich die Besiedelung mit Fischen im Bereich der Versuchsstrecke verbessert hat, ist derzeit noch in Arbeit.

Verbesserter Hochwasserschutz und ökologische Funktionsfähigkeit – Grundlage der bisherigen Ausbaumaßnahmen

Durch die Umbau- und Neubaumaßnahmen an den Hochwasser-Rückhalteanlagen, die 1995 mit dem Umbau des Mauerbach-Rückhaltebeckens begonnen wurden, konnte ein wirksamer Hochwasserschutz für die Wiener Stadtstrecke des Wienflusses geschaffen werden. Darüber hinaus bieten sie die Voraussetzung für eine mögliche Revitalisierung der Wienfluss-Stadtstrecke, für eine ökologische Aufwertung und für die Schaffung eines neuen städtischen Erlebnisraums unter Beachtung der Kriterien der Stadtgestaltung und des Denkmalschutzes.

Im Sinne einer "zeitgemäßen Lösung" wurde bei den bisherigen Planungen nicht nur die technische Seite des Wasserbaus, sondern auch das Entwicklungspotenzial des Wienflusses als erlebbare, ökologisch "wiederbelebte" urbane Flusslandschaft behandelt. Zu diesem Zweck wurden Fachleute aus den Bereichen Stadtgestaltung, Denkmalpflege, Landschaftsökologie, Limnologie, Wasserbau und Kanalisation eingeladen, ein interdisziplinäres Projekt zu erarbeiten.

Um extreme Wienfluss-Hochwässer gefahrlos durch das Stadtgebiet leiten zu können, ist eine deutliche Absenkung der Hochwasserspitzen erforderlich. Weiters muss sichergestellt werden, dass genau zum richtigen Zeitpunkt das maximale Speichervolumen der Rückhaltebecken zur Verfügung steht. Aufgrund mangelnder Steuerungsmöglichkeiten kann derzeit die Hochwasserspitze nicht im vorgesehenen Umfang verringert werden. Durch Ausbau und Umgestaltung der bestehenden Anlagen in Auhof, am Mauerbach und am Wienerwaldsee soll nun die Rückhaltekapazität wesentlich erhöht werden.

Damit der gesamte Speicherraum optimal genutzt werden kann, waren einige Umbauarbeiten an den Wehranlagen erforderlich. Mit Hilfe eines zentralen Prozessrechners soll der gesamte Rückhaltebetrieb in Abhängigkeit von Gesamtabfluss und Wasserstand in den einzelnen Becken gesteuert werden. Übersteigt die abfließende Wassermenge der Wien 30 m^3/s, werden die Schützenverschlüsse im Einlaufbauwerk geschlossen und das Hochwasser in das angrenzende Umleitungsgerinne abgeleitet. Nur extreme Wienflusshochwässer können das Einlaufwehr überströmen und die fünf hintereinander liegenden Becken füllen.

Schon heute beherbergen die Rückhaltebecken bei Auhof das größte Feuchtbiotop im Westen Wiens. Dieses Biotop ist Beispiel für einen "Lebensraum aus zweiter Hand", der hier ganz zufällig und ungeplant entstanden ist. Im Zuge der Umbauarbeiten bietet sich nun die Gelegenheit, den Wienfluss und den Mauerbach – anstatt wie bisher durch das Umlaufgerinne – direkt durch die Rückhaltebecken zu leiten. Dies entspricht ziemlich genau jenem Verlauf, den die beiden Gewässer vor der Regulierung hatten. Der Naturraum in den Rückhaltebecken soll weitgehend sich selbst überlassen bleiben und möglichst wenig von außen beeinträchtigt werden. Daher sollen die Becken für Erholungssuchende zwar nicht zugänglich, wohl aber von außen durch geeignete Maßnahmen besser erlebbar gemacht werden.

Bis Ende 2001 wurde ein Teil des Projekts "Der neue Wienfluss" bereits realisiert. Dazu zählt vor allem der Hochwasserschutz durch die Umgestaltung des Mauerbaches und der Wienfluss-Rückhaltebecken. Jetzt folgt die Installierung der Hochwasserprognosesteuerung. Damit können künftig sämtliche Wienfluss-Hochwasserereignisse zeitgerecht vor ihrem Eintreffen prognostiziert und die erforderlichen Schutzmaßnahmen getroffen werden.

Der neue Wienfluss in der Stadt – ein Projekt der Zukunft

Der zweite Schritt zur Verbesserung der Hochwassersituation im Wiental ist die Sanierung und der Umbau des Flussbettes im Stadtgebiet. Kernstück der geplanten Umbauarbeiten ist der sogenannte Wientalsammler-Entlastungskanal, ein geschlossener Kanal, der im Flussbett errichtet werden und die gesamte Mischwassermenge des städtischen Einzugsgebietes aufnehmen soll.

Durch die Errichtung des Entlastungskanals würde sich auch im Hinblick auf Gewässerökologie und Stadtstruktur ein bisher ungeahntes Entwicklungspotenzial bieten:

- Der Wienfluss wird nicht mehr durch die Kanalisation belastet, seine Wasserqualität wird sich erheblich verbessern. Dadurch kann der Wienfluss seine ökologische Funktion als naturräumlicher Verbindungsweg zwischen Wienerwald und Donaukanal wieder erfüllen.
- Die Hochwässer, die die Stadt durchfließen, werden nicht mehr durch Mischwasser aus der Stadt aufgestockt, der Wasserabfluss wird wesentlich gleichmäßiger sein. Dadurch wird die Errichtung eines Rad- und Fußweges auf dem Entlastungskanal möglich. Ein neues Naherholungsgebiet kann geschaffen werden.

Da die ohnehin sehr schadhafte Flusssohle im Zuge der Errichtung des Entlastungskanals aufgebrochen werden muss, bietet sich die Gelegenheit für eine naturnähere Ausgestaltung des Flussbettes. Obwohl ein "naturnaher Wasserbau" im eigentlichen Sinn aufgrund der beengten Raumverhältnisse und der steilen Ufermauern kaum möglich ist, kann man sich durch gezielte Maßnahmen dem natürlichen Zustand annähern und dem Wienfluss einige seiner ursprünglichen ökologischen Funktionen wiedergeben.

Um Lebensräume für eine standortgemäße Tier- und Pflanzenwelt zu schaffen und die Selbstreinigungskraft des Flusses zu erhöhen, ist es insbesondere erforderlich, die bestehende Sohle durch Substrat unterschiedlicher Korngröße (Steine, Kiesel, Sand) zu ersetzen. Strukturbildende Elemente, wie Sohlgurte, Inseln, Buhnen und Störsteine, sollen einerseits dafür sorgen, dass das aufgebrachte Material nicht weggeschwemmt werden kann, und andererseits den Fluss in verschiedene Lebensräume, Verweilzonen und Nischen für eine Vielzahl unterschiedlicher Lebensformen gliedern. Auf der zwischenzeitig auch international anerkannten und immer wieder besuchten Versuchsstrecke in Weidlingau wurden bereits unterschiedliche Ausführungen von Sohlgurten (aus Holzpflöcken oder Stein) für die Umgestaltung des Wienflussbettes getestet.

Die Zeit, in der der Wienfluss – wie jetzt – kaum zugänglich ist und sich weitgehend unserer Wahrnehmung entzieht, könnte in einigen Jahren der Vergangenheit angehören. Damit würde der Wienfluss als wertvolles Naherholungsgebiet erschlossen und eine hochwertige überregionale Verbindungsroute vom dichtbebauten Stadtgebiet bis zu den Erholungsgebieten im Westen Wiens geschaffen werden.

INDEX

GESETZBLATT DER STADT WIEN UND LANDESGESETZBLATT FÜR WIEN VOM 30. OKTOBER 1945 BIS 31. DEZEMBER 2001

*) Das Gesetzblatt der Stadt Wien erhielt ab 14. Februar 1946 infolge des Überganges der Verfassung 1920 wieder den Namen Landesgesetzblatt für Wien

LGBl. Nr.

ORTSPOLIZEILICHE VERORDNUNGEN

Im Jahr 2001 erschienene ortspolizeiliche Verordnungen

Verordnung des Magistrates der Stadt Wien, MA 58 – 3718/2000, mit der die Grünanlagenverordnung geändert wird, Amtsblatt der Stadt Wien Nr. 4/2001

Aufgrund der §§ 76 und 108 der Wiener Stadtverfassung – WStV, LGBl. für Wien Nr. 28/1968, zuletzt geändert durch das Gesetz Nr. 48/2000, wird verordnet:

Die Grünanlagenverordnung, Amtsblatt der Stadt Wien Nr. 10/1993, wird wie folgt geändert:

Im § 12 Abs. 1 wird die Wendung "ist mit einer Geldstrafe bis zu 10.000 ATS zu bestrafen." durch die Wendung "unterliegt, sofern die Tat nicht den Tatbestand einer in die Zuständigkeit der Gerichte fallenden strafbaren Handlung bildet, der hiefür im § 108 Abs. 2 Wiener Stadtverfassung – WStV, LGBl. für Wien Nr. 28/1968, in der jeweils geltenden Fassung, vorgesehenen Strafe." ersetzt.

Verordnung des Magistrates der Stadt Wien, MA 58 – 3720/2000, mit der die Kundmachung des Wiener Magistrates betreffend das Verbot des Befahrens der linksufrigen Donauregulierungsanlagen geändert wird, Amtsblatt der Stadt Wien Nr. 4/2001

Aufgrund der §§ 76 und 108 der Wiener Stadtverfassung – WStV, LGBl. für Wien Nr. 28/1968, zuletzt geändert durch das Gesetz LGBl. für Wien Nr. 48/2000, wird verordnet:

Die Kundmachung des Wiener Magistrates betreffend das Verbot des Befahrens der linksufrigen Donauregulierungsanlagen, Amtsblatt der Stadt Wien Nr. 30/1968, in der Fassung der Verordnungen Amtsblatt der Stadt Wien Nr. 29/1981 und Nr. 40/1985, wird wie folgt geändert:

1. Der Titel der Kundmachung lautet:

„Verordnung des Magistrates der Stadt Wien betreffend das Verbot des Befahrens der linksufrigen Donauregulierungsanlagen"

2. § 4 lautet:

"Wer den Geboten und Verboten der §§ 1 und 2 zuwiderhandelt oder gemäß § 3 vorgeschriebene Auflagen nicht einhält, begeht, sofern die Tat nicht den Tatbestand einer in die Zuständigkeit der Gerichte fallenden strafbaren Handlung bildet, eine Verwaltungsübertretung und unterliegt der hiefür im § 108 Abs. 2 Wiener Stadtverfassung – WStV, LGBl. für Wien Nr. 28/1968, in der geltenden Fassung, vorgesehenen Strafe."

Verordnung des Magistrates der Stadt Wien, MA 58 – 3722/2000, mit der die Kundmachung über das Verbot des Betretens und des Befahrens der Wienflussregulierungsanlagen geändert wird, Amtsblatt der Stadt Wien Nr. 4/2001

Aufgrund der §§ 76 und 108 der Wiener Stadtverfassung – WStV, LGBl. für Wien Nr. 28/1968, zuletzt geändert durch das Gesetz LGBl. für Wien Nr. 48/2000, wird verordnet:

Die Kundmachung über das Verbot des Betretens und des Befahrens der Wienflussregulierungsanlagen, Amtsblatt der Stadt Wien Nr. 13/1965, wird wie folgt geändert:

1. Der Titel der Kundmachung lautet:

"Verordnung des Magistrates der Stadt Wien, betreffend das Verbot des Betretens und des Befahrens der Wienflussregulierungsanlagen"

2. § 3 der Verordnung lautet:

"Wer den Verboten des § 1 zuwiderhandelt, begeht, sofern die Tat nicht den Tatbestand einer in die Zuständigkeit der Gerichte fallenden strafbaren Handlung bildet, einc Verwaltungsübertretung und unterliegt der hiefür im § 108 Abs. 2 Wiener Stadtverfassung – WStV, LGBl. für Wien Nr. 28/1968, in der jeweils geltenden Fassung, vorgesehenen Strafe."

Verordnung des Magistrates der Stadt Wien, MA 58 – 3723/2000, mit der die Kundmachung über das Verbot des Abschießens von Tauben im verbauten Stadtgebiet geändert wird, Amtsblatt der Stadt Wien Nr. 4/2001

Aufgrund der §§ 76 und 108 der Wiener Stadtverfassung – WStV, LGBl. für Wien Nr. 28/1968, zuletzt geändert durch das Gesetz LGBl. für Wien Nr. 48/2000, wird verordnet:

Die Kundmachung über das Verbot des Abschießens von Tauben im verbauten Stadtgebiet, Amtsblatt der Stadt Wien Nr. 79/1964, wird wie folgt geändert:

1. Der Titel der Kundmachung lautet:

"Verordnung des Magistrates der Stadt Wien betreffend das Verbot des Abschießens von Tauben im verbauten Stadtgebiet"

2. § 3 der Verordnung lautet:

"Wer den Verboten des § 1 zuwiderhandelt oder gemäß § 2 vorgeschriebene Auflagen nicht einhält, begeht, sofern die Tat nicht den Tatbestand einer in die Zuständigkeit der Gerichte fallenden strafbaren Handlung bildet, eine Verwaltungsübertretung und unterliegt der hiefür im § 108 Abs. 2 Wiener Stadtverfassung – WStV, LGBl. für Wien Nr. 28/1968, in der jeweils geltenden Fassung, vorgesehenen Strafe."

Verordnung des Magistrates der Stadt Wien, mit der die Kundmachung des Magistrates der Stadt Wien betreffend das Verbot der Verwendung von mit Verbrennungsmotoren angetriebenen Geräten oder Maschinen zur Pflege von Grün- und Gartenanlagen im Gebiet der Stadt Wien geändert wird, Amtsblatt der Stadt Wien Nr. 6/2001

Aufgrund der §§ 76 und 108 der Verfassung der Bundeshauptstadt Wien (Wiener Stadtverfassung –

WStV), LGBl. für Wien Nr. 28/1968, zuletzt geändert durch LGBl. für Wien Nr. 48/2000, wird verordnet:

Die Kundmachung des Magistrates der Stadt Wien vom 26. September 1974, betreffend das Verbot der Verwendung von mit Verbrennungsmotoren angetriebenen Geräten oder Maschinen zur Pflege von Grün- und Gartenanlagen im Gebiet der Stadt Wien, ABl. der Stadt Wien Nr. 43/1974, wird wie folgt geändert:

§ 2 lautet:

"§ 2. Wer dem Verbot des § 1 zuwiderhandelt, begeht eine Verwaltungsübertretung und unterliegt der hiefür in § 108 Abs. 2 der Wiener Stadtverfassung – WStV, LGBl. für Wien Nr. 28/1968 in der jeweils geltenden Fassung, vorgesehenen Strafe."

Verordnung des Magistrates der Stadt Wien, mit der die Auftaumittelverordnung 1982 geändert wird, Amtsblatt der Stadt Wien Nr. 6/2001

Aufgrund der §§ 76 und 108 der Verfassung der Bundeshauptstadt Wien (Wiener Stadtverfassung – WStV), LGBl. für Wien Nr. 28/1968, zuletzt geändert durch LGBl. für Wien Nr. 48/2000, wird verordnet:

Die Verordnung des Magistrates der Stadt Wien vom 12. November 1982, betreffend die Einschränkung der Verwendung von bestimmten Auftaumitteln zur Vermeidung beziehungsweise Bekämpfung von Eis- und Schneeglätte (Auftaumittelverordnung 1982), ABl. der Stadt Wien Nr. 47/1982, wird wie folgt geändert:

§ 5 lautet:

"§ 5. Wer dem Verbot des § 1 sowie den in Bescheiden gemäß § 2 und § 3 vorgeschriebenen Auflagen zuwiderhandelt, begeht eine Verwaltungsübertretung und unterliegt der hiefür im § 108 Abs. 2 der Wiener Stadtverfassung – WStV, LGBl. für Wien Nr. 28/1968 in der jeweils geltenden Fassung, vorgesehenen Strafe."

Verordnung des Magistrates der Stadt Wien, MA 7 – 102/01, mit der die Verordnung des Magistrats der Stadt Wien vom 6. Mai 1980 betreffend die Freihaltung des Stadtbilds von störenden Werbeständern (MA 7 – 1629/80), Amtsblatt der Stadt Wien Nr. 20/1980, zuletzt geändert durch die Verordnung des Magistrates der Stadt Wien (MA 7 – 95/00), Amtsblatt der Stadt Wien Nr. 10/2000, geändert wird, Amtsblatt der Stadt Wien Nr. 7/2001

Aufgrund der §§ 76 und 108 der Verfassung der Bundeshauptstadt Wien (Wiener Stadtverfassung – WStV) wird verordnet:

Die Verordnung des Magistrats der Stadt Wien vom 6. Mai 1980 betreffend die Freihaltung des Stadtbilds von störenden Werbeständern, Amtsblatt der Stadt Wien Nr. 20/1980, zuletzt geändert durch die Verordnung des Magistrates der Stadt Wien (MA 7 – 95/00), Amtsblatt der Stadt Wien Nr. 10/2000, wird wie folgt geändert:

Artikel I

§ 1 Abs. 2 hat zu lauten:

„(2) Maximal 1100 mit fortlaufender Nummer gekennzeichnete Anlagen je wahlwerbender Partei, die ausschließlich der politischen Werbung vorbehalten sind, bleiben vom Verbot nach Abs. 1 zu Wahlzeiten ausgenommen. Als Wahlzeit gilt jeweils bei der Wahl des Bundespräsidenten und bei den Wahlen zum Europäischen Parlament, zum Nationalrat, zum Gemeinderat und zu den Bezirksvertretungen der Zeitraum fünf Wochen vor der Wahl bis zum Ablauf einer Woche nach dem Wahltag sowie bei Volksabstimmungen nach bundes- oder landesgesetzlicher Vorschrift der Zeitraum fünf Wochen vor der Volksabstimmung bis zum Ablauf einer Woche nach dem Abstimmungstag. Dasselbe gilt sinngemäß bei Volksbefragungen nach dem Wiener Volksbefragungsgesetz."

Artikel II

Diese Verordnung tritt am 18. Februar 2001 in Kraft.

Verordnung des Magistrates der Stadt Wien, MA 58 – 3721/2000, mit der die Kundmachung des Wiener Magistrates betreffend das Verbot des Befahrens der Alten Donau mit Motorbooten geändert wird, Amtsblatt der Stadt Wien Nr. 10/2001

Aufgrund der §§ 76 und 108 der Wiener Stadtverfassung – WStV, LGBl. für Wien Nr. 28/1968, zuletzt geändert durch das Gesetz LGBl. für Wien Nr. 48/2000, wird verordnet:

Die Kundmachung des Wiener Magistrates betreffend das Verbot des Befahrens der Alten Donau mit Motorbooten, Amtsblatt Nr. 47/1960, wird wie folgt geändert:

1. Der Titel der Kundmachung lautet:

"Verordnung des Magistrates der Stadt Wien betreffend das Verbot des Befahrens der Alten Donau mit Motorbooten"

2. Der fünfte Absatz der Verordung lautet:

"Wer den Geboten und Verboten dieser Verordnung zuwiderhandelt, begeht, sofern die Tat nicht den Tatbestand einer in die Zuständigkeit der Gerichte fallenden strafbaren Handlung bildet, eine Verwaltungsübertretung und unterliegt der hiefür im § 108 Abs. 2 Wiener Stadtverfassung – WStV, LGBl. für Wien Nr. 28/1968 in der jeweils geltenden Fassung, vorgesehenen Strafe."

Verordnung des Magistrates der Stadt Wien, MA 58 – 3719/2000, mit der die Kundmachung des Wiener Magistrates betreffend die widmungswidrige Benutzung öffentlicher Rettungszillen der Stadt Wien sowie öffentlicher Brücken geändert wird, Amtsblatt der Stadt Wien Nr. 10/2001

Aufgrund der §§ 76 und 108 der Wiener Stadtverfassung – WStV, LGBl. für Wien Nr. 28/1968, zuletzt geändert durch das Gesetz LGBl. für Wien Nr. 48/2000, wird verordnet:

Die Kundmachung des Wiener Magistrates betreffend die widmungswidrige Benützung öffentlicher Rettungszillen und Rettungsmittel der Stadt Wien sowie öffentlicher Brücken, Amtsblatt Nr. 33/1953, wird wie folgt geändert:

1. Der Titel der Kundmachung lautet:

"Verordnung des Magistrates der Stadt Wien betreffend die widmungswidrige Benützung öffentlicher Rettungszillen und Rettungsmittel der Stadt Wien sowie öffentlicher Brücken"

2. Der zweite Absatz der Verordnung lautet:

"Wer den Verboten des ersten Absatzes zuwiderhandelt, begeht, sofern die Tat nicht den Tatbestand einer in die Zuständigkeit der Gerichte fallenden strafbaren Handlung bildet, eine Verwaltungsübertretung und unterliegt der hiefür im § 108 Abs. 2 Wiener Stadtverfassung – WStV, LGBl. für Wien Nr. 28/1968 in der jeweils geltenden Fassung, vorgesehenen Strafe."

3. Der dritte Absatz der Verordnung entfällt.

Verordnung, mit der die Verordnung des Magistrates der Stadt Wien, MA 64 – GE 80/2001, betreffend Maßnahmen zur Vermeidung unnötiger Staubentwicklung geändert wird, Amtsblatt der Stadt Wien Nr. 42/2001

Artikel I

Die Verordnung des Magistrates der Stadt Wien betreffend Maßnahmen zur Vermeidung unnötiger Staubentwicklung, ABl. Nr. 52/1987, wird wie folgt geändert:

§ 8 lautet:

"§ 8. Wer den Geboten dieser Verordnung zuwiderhandelt, begeht eine Verwaltungsübertretung und unterliegt der hiefür im § 108 Abs. 2 Wiener Stadtverfassung – WStV, LGBl. für Wien Nr. 28/1968 in der jeweils geltenden Fassung, vorgesehenen Strafe."

Artikel II

Diese Verordnung tritt mit dem ihrer Kundmachung folgenden Tag in Kraft. [1])

[1]) *Anmerkung:*
Das war der 19. Oktober 2001.

Übersicht über die bisher erschienenen ortspolizeilichen Verordnungen

A. Nach Jahrgängen

B. Alphabetisch

*) Durch Landesgesetz vom 28. Februar 1986, LGBl. für Wien Nr. 18, wurde mit Wirkung vom 18. April 1986 der Bundespolizeidirektion Wien die Mitwirkung an der Vollziehung dieser ortspolizeilichen Verordnungen in folgendem Umfang übertragen:
1. Vorbeugungsmaßnahmen gegen drohende Verwaltungsübertretungen,
2. Maßnahmen, die für die Einleitung von Verwaltungsstrafverfahren erforderlich sind, wie insbesondere die Festnehmung von auf frischer Tat betretenen Personen (§ 35 VStG 1950), die Festsetzung und Einhebung einer vorläufigen Sicherheit (§ 37a VStG 1950) und die Erstattung von Anzeigen,
3. die Festsetzung und Einhebung einer Sicherheit (§ 37 VStG 1950) und
4. die Ahndung von Verwaltungsübertretungen mit Organstrafverfügungen (§ 50 VStG 1950).

DER AMTSSCHIMMEL HILFT!

RAT UND AUSKUNFT

Im Folgenden sind aus Gründen der besseren Lesbarkeit des Textes personenbezogene Bezeichnungen nur in männlicher Form angeführt, beziehen sich aber auf Frauen und Männer in gleicher Weise.

In diesem Abschnitt zeigt sich der Amtsschimmel nur von seiner guten Seite. Er galoppiert nicht, er bockt nicht, er ist nicht eigensinnig, hier will er nichts anderes als helfen, raten und führen. Zugleich will er zeigen, dass er besser ist als sein Ruf.

In den vielen Lebenslagen, die den Menschen von heute nötigen, ein Amt, eine Behörde aufzusuchen, bietet er seine hilfreiche Hand, um überflüssige Wege zu ersparen und sofort den richtigen Weg zu finden. Er gibt Anleitung, welche Unterlagen zu beschaffen oder mitzubringen sind, er gibt Aufklärung über die Leistungen der Gemeinde Wien auf den verschiedensten Gebieten.

Der Amtsschimmel ist auch nicht böse darüber, wenn ein eifriger Leser dieses Handbuches Druckfehler und andere Ungereimtheiten feststellt, denn davor ist auch der Amtsschimmel nicht gefeit. Es macht ihm nichts aus, wenn ihm Vorschläge für eine bessere Gestaltung dieses Buches gemacht werden. Auch der Amtsschimmel kann noch lernen! Die Leser werden daher ersucht, Anregungen und Vorschläge zur Gestaltung dieses Buches an die Redaktion des Handbuches der Stadt Wien, Magistratsdirektion – Allgemeine Angelegenheiten, Rathaus, 1082 Wien, zu senden.

Hier ist der Amtsschimmel nicht das viel gelästerte ungebärdige Vieh, als das er dem Einzelnen bisweilen entgegen tritt und für das er dann verallgemeinernd gehalten wird, hier gibt er sich, wie er wirklich und normalerweise ist, wie er zehntausendfach täglich und stündlich in treuer Pflichterfüllung seinen Dienst versieht, als Diener am Menschen, als Diener am gemeinsamen Werk. Möge dieser Abschnitt seine Mission erfüllen: den Rat- und Hilfesuchenden nützen!

Dann wiehert befriedigt

der Amtsschimmel

TELEFONSERVICESTELLEN, BERATUNGSSTELLEN UND NOTRUFE DER STADT WIEN*)

Stadtinformation . . . 525 50

Abfallinfos (Misttelefon) . . . 546 48
Abschlepphotline . . . 760 43
Adoption, Auskunft und Beratung. . . 40 00 . . ., 90770
Amt für Jugend und Familie (MAG ELF), Servicetelefon . . . 40 00 . . ., 8011
Archiv . . . 40 00 . . ., 84808
Ausländergrunderwerb . . . 40 00 . . ., 44845, 44846

Bäderinfo . . . 601 12. . ., 8044
Baubehördliche Kummernummer . . 40 00 . . ., 82643
Baumschutz . . . 478 91 21 . . ., 11
Baustellenbeschwerden . . . 811 14 . . ., 92700
Behinderte, Beratungsstelle . . . 531 14 . . ., 85359
Beleuchtung, öffentliche, Störungsdienst . . . 0800–33–8033
Bestattung Wien . . . 501 95 . . .0
Bezirksbürgerdienststellen → MA 55
Biologischer Landbau, Ludwig-Boltzmann-Institut. . . 795 14 . . ., 97940
Bürger-Service-Zentrum Donaustadt → MA 55
Bürger-Service-Zentrum Simmering → MA 55

Datenauskunft, Statistik . . . 40 00 . . ., 88662, 88621, 88631, 88641, 88651, 88661
Datenschutzgesetz, Auskunft . . . 40 00 . . ., 89413
Desinfektionsanstalt. . . 797 75 . . ., 87880
Drogenspitalsverbindungsdienst CONTACT . . . 40 00 . . ., 87380

Eheberatung und Familienplanung, Info . . . 40 00 . . ., 8011
Elektrizitätswerke (WIENSTROM), Kundendienstzentrum . . . 313 69. . .0
– Störungsdienst . . . 40 04. . ., 32666
Elternberatung → MA 11
Eltern-Kind-Zentrum → MA 11
Elternschulen → MA 11
Entwicklungsdiagnostiken . . . 605 34 . . ., 10861, 369 55 50, 369 56 50
Essstörungshotline . . . 0800–20 11 20

Familienhebammen → MA 15
Familienplanung . . . 369 89 88
Ferienspiel . . . 40 00 . . ., 84400
Fernwärme Wien, Störungsdienst . . . 313 26 . . .5
Feuerwehr, Auskunft . . . 531 99 . . . 0
Feuerwehr, Notruf . . . 122
Fischereiangelegenheiten . . . 40 00 . . ., 97913, 82651
Formulare, schwer verständliche . . . 40 00 . . ., 82513
Forstamt Wien, Forstinspektion . . . 40 00 . . ., 82651
Frauennotruf . . . 71 71 9
Frauentelefon . . . 408 70 66
Fremdenrechtliche Angelegenheiten, Service-Hotline . . . 40 00 . . ., 8020
Friedhofsinformation . . . 534 69 . . .0

Gartentelefon . . . 911 25 55
Gasgebrechen . . . 128
Gebäudesanierung → MA 50
Gebietsbetreuung, Mobile . . . 522 72 54
Gebietsbetreuungen in Stadterneuerungsgebieten . . . 40 00 . . ., 90522
Gemeindemieter, Schadenstelefon → Unternehmung Stadt Wien – Wiener Wohnen
Genetische Beratungsstelle . . . 491 50 . . ., 5790
Geschlechtskrankheiten, Ambulanz . . . 531 14 . . ., 87792
Gesundenuntersuchungsstellen . . . 531 14 . . ., 87602, 87604
Gesundheitsfürsorgestellen → MA 15
Gesundheitstelefon . . . 533 28 28
Gewässeraufsicht . . . 40 00 . . ., 96551
Grilltelefon, Auskunft . . . 40 00 . . ., 96496

Haustechnik, Störungsdienst . . 40 00 . . ., 7400, 7409
Herz-Kreislauf-Zentrum . . . 333 16 77
Hochwasserbereitschaft . . . 40 00 . . ., 96552, 486 52 16
Hygiene, Missstände in Lebensmittelbetrieben → MA 59

Infotelefon für die baurechtliche Sanierung von Bauten langen Bestandes . . . 40 00 . . ., 8960
Inspektionsrauchfangkehrer . . . 597 03 00 . . ., 340–345
Institut für Suchtprävention . . . 40 00 . . ., 87340

Jagdangelegenheiten . . . 40 00 . . ., 97913, 82651
Jugend-Info-Wien . . . 17 99
Jugendzahnkliniken . . . 319 53 34 . . . 0

Kanalgebrechen . . . 795 14 . . ., 9300
Kanal-Informationsstelle . . . 795 14 . . ., 8030
Kindertelefon . . . 319 66 66
Kinder- und Jugendanwaltschaft . . . 17 08
Kinder- und Jugendpsychologische Beratungsstellen → MA 11

*) Soweit keine Telefonnummer angeführt, mehrere Außenstellen → Magistrat

Krankenbeförderungsdienst 717 18
Krankenschwestern, Mobile → MA 47
Kulturarbeit, Beratungsstelle . . . . . . 40 00 . . ., 81174

Lainzer Tiergarten 804 31 69
Landwirtschaftsbetrieb der Stadt Wien 712 24 99
Lebensmittelberatung . . . . 40 00 . . ., 8038,
795 14 . . ., 9760
Lebensmittelbeschwerden → MA 59, MA 38
– über nicht entsprechende Ware → MA 59
Lebensmittelbetriebe, Beschwerden → MA 38
Lichttelefon 0800–33–8033
Lobau, Nationalpark Donau-Auen 02249/23 53
Luftmesswerte, Computer-Tonband-
dienst OZONIX . . . . 40 00 . . ., 88288

MAG ELF Servicetelefon. . . . . 40 00 . . ., 8011
Märkte, Marktplatzzuweisungen → MA 59
Medienberatung für Schulen 523 32 24
Mieterhilfe . . . . 40 00. . ., 8000
Misttelefon 546 48
Motorboote, Zulassung. . . . . 40 00 . . ., 96831

Ölunfälle → Schadstoffunfälle

Parkraumbewirtschaftung . . . . 811 14 . . ., 92931
Parkraumbewirtschaftung-
Hotline . . . . 795 14 . . ., 38100
Partner-, Familien- und
Sexualberatung – Info . . . . 40 00 . . ., 90728
Patientenanwalt, Wiener 587 12 04
Pensionistenwohnhäuser,
Kuratorium Wiener . . . . 313 99 . . . 0
Permanenzingenieur (Feuerwehr) . . . 531 99 . . ., 230,
40 00 . . ., 8280
Pflanzenschutzdienst 911 25 55
Pflegekinder, Auskunft und
Beratung . . . . 40 00 . . ., 90770
Pilzberatung (Marktamtsabteilungen) → MA 59
Planungswerkstatt, Wiener (WPW) 408 80 70
Preise für Obst und Gemüse . . . . 40 00 . . ., 87938
Psychologische Beratungsstellen für
Scheidungsfragen . . . . 40 00 . . ., 90906,
616 04 40, 14

Rettungsdienst 144

Schadstoffunfälle, Meldungen, Feuerwehr
und Gewässeraufsicht 122
Schneetelefon 546 48
Schuldnerberatung 330 87 35, 330 87 36
Schwangerenberatung → MA 15
Selbsthilfegruppen, Servicestelle . . 531 14 . . ., 81223
Seniorenservicetelefon . . . . 40 00 . . ., 8580
Sexualberatung – Info . . . . 40 00 . . ., 90728
Sexuell übertragbare Krankheiten,
Beratungsstelle . . . . 531 14 . . ., 87792
Sofortmaßnahmen . . . . 40 00 . . ., 75221, 75222
Sonderpädagogische Ambulanzen → MA 11A
Sozialarbeit, Information und Service → MA 12
Soziale Stützpunkte → MA 47
SozialRuf Wien 533 77 77
Sozialpsychiatrischer Notdienst 310 87 79
Stadterneuerungsfonds-Kummernummer
(gegen unredliche Absiedlungs-
methoden) . . . . 408 88 52 . . ., 55
Stadtgartenamt . . . . 40 00 . . ., 8042
Straßenschäden . . . . 488 34 . . ., 49600

Tierschutz-Helpline . . . . 40 00 . . ., 8060
Tierschutz- und Tierhaltungsfragen . . . . . 795 14 . . .,
97631, 97632
Todesfall, Anmeldestelle, Abholung . . . . 501 95 . . . 0
Totenbeschaudienst, Zentraler . . . . 797 75 . . ., 87890
Tropenreisende, Beratungsstelle . . 531 14 . . ., 87622

Umweltanwaltschaft, Wiener . . . . 379 79 . . . 0
Umweltberatung, Servicetelefon 803 32 32
Umwelt-Hotline, Wiener . . . . 40 00 . . ., 8022
Umweltmedizin, Institut . . . . 404 13 . . . 0
Umweltmedizinische Beratungs-
stelle . . . . 404 13 . . ., 87812
Unbefugte Gewerbeausübung, Beschwerde
→ MA 59

Veranstaltungen, Anmeldestelle . . . 40 00 . . ., 84787,
84786
Vergiftungsnotruf 406 43 43
Verkehrsbetriebe (WIENER LINIEN),
Kundenzentrum . . . . 79 09 . . ., 105, 100
Verkehrsinformationsstelle . . . . . . 811 14 . . ., 92700
Verkehrsleitzentrale-Polizei,
Verkehrslichtsignalanlagen,
Störungstelefon . . . . . . 313 46 . . ., 32431–3, 32434
Verkehrssicherheitstelefon . . . . 811 14 . . ., 9200

Wählerevidenz . . . . 40 00 . . ., 89401
Waldschule Wien . . . . 40 00 . . ., 97918, 97908
Wasserleitungsgebrechen . . . . 599 59 . . . 0
Wasserwirtschaftliches Planungsorgan,
MA 45 . . . . 40 00 . . ., 96591
Weingut Cobenzl 320 58 05
Wetterfühligkeit, Beratung. . . . . 531 14 . . ., 87635
Wiener Gesundheitsberatung
(Pollen, Ernährung, Raucher,
Umweltmedizin: Wetterfühligkeit,
Bioklimaberatung) . . . . 531 14 . . . 87639
WIENER LINIEN . . . . 79 09 . . ., 105, 100
Wiener Stadt- und Landes-
bibliothek . . . . 40 00 . . ., 84920
WIENSTROM . . . . 313 69 . . .0
– Störungsdienst . . . . 40 04 . . ., 32666
Wirtschaftsförderungsfonds,
Service-Hotline . . . . 40 00 . . ., 86794
Wohnservice Wien GesmbH. → MA 50
Wohnungsverbesserung → MA 50

Zuwandererfonds . . . . 795 04 . . .0

PRESSE- UND INFORMATIONSDIENST DER STADT WIEN

(MA 53)

Die Aufgabe des Presse- und Informationsdienstes (PID – MA 53) hat sich in den letzten Jahren stark gewandelt. War der PID früher ausschließlich für die Öffentlichkeitsarbeit des Magistrats und der Stadtregierung zuständig, so wurde die Kompetenz der Öffentlichkeitsarbeit durch den Gemeinderatsbeschluss vom Juni 2000 grundlegend erweitert: Mit dem einstimmigen Bekenntnis zur "Integrativen Öffentlichkeitsarbeit" wurde dem PID die Aufgabe übertragen, alle ÖffentlichkeitsarbeiterInnen der Stadt Wien geeignet auszubilden und: zu koordinieren.

Das bedeutet für den PID, dass er neben seiner Tätigkeit, über die Vorhaben, Maßnahmen und Einrichtungen der Stadt Wien zu informieren, auch eine Ausbildungs-, Berater- und Consultertätigkeit für alle ÖffentlichkeitsarbeiterInnen des Magistrats übernommen hat. Ein eigens dafür erstelltes Schulungs- und Ausbildungsprogramm wird laufend angeboten.

Die Informationsaufgabe des PID – MA 53 wird über zwei Schienen erfüllt: Erstens die Versorgung der Massenmedien, wobei die täglich erscheinende "Rathaus-Korrespondenz" und mehrmals wöchentlich stattfindende Mediengespräche sowie die professionelle Kooperation mit in- und ausländischen JournalistInnen die wichtigsten Instrumente des Rathaus-Kommunikationsmanagements nach außen sind. In den Büros des Bürgermeisters sowie der amtsführenden Stadträte und der Landtagspräsidenten stehen den Journalisten MediensprecherInnen als AnsprechpartnerInnen zur Verfügung. Zweitens gibt es die Möglichkeit, direkt an die Bevölkerung heranzutreten – sowohl über die Stadt Wien eigenen Medien, wien.at aktuell, wien.at Amtsblatt, wien.at – Das Infoblatt der Stadt Wien, wien.at Internet, das Landesgesetzblatt, aber auch über Broschüren und periodisch erscheinende Publikationen, Flugblätter, Inserate, Plakate, Rundfahrten usw.

Rathaus-Korrespondenz

Die täglich erscheinende "Rathaus-Korrespondenz" versorgt die Massenmedien über das elektronische Netz der Austria Presse Agentur mit Nachrichten aus der Wiener Stadtverwaltung. Die "RK-intern" erscheint alle zwei Wochen, die "RK-spezial" fallweise mit ausführlichen kommunalen Informationen und Dokumentationen. Die tägliche "Rathaus-Korrespondenz" und die "RK-spezial" sind auch in gedruckter Form sowie im Internet verfügbar unter

http://www.wien.at.

Der Chef vom Dienst ist unter
Tel. 40 00 . . ., 81081,
Montag bis Freitag von 7.30 bis 19 Uhr,
Samstag von 10 bis 17 Uhr und an
Sonn- und Feiertagen von 12 bis 17 Uhr
(übrige Zeit Tonbanddienst)
zu erreichen.

wien.at online

Seit Sommer 1995 präsentiert sich die Stadt Wien mit einem eigenen Webauftritt im Internet. Die Adresse **www.wien.at** hat sich zu einer der größten Informationsplattformen Österreichs entwickelt, die nicht nur die Informationen und Dienstleistungen der Stadtverwaltung erschließt, sondern auch tausende weiter führende Links mit ergänzenden Angeboten enthält. So überrascht es nicht, dass www.wien.at zu den beliebtesten Internetauftritten in Österreich zählt: Die inzwischen auf einen Umfang von mehr als 18.000 Seiten und zwei Dutzend Datenbanken gewachsenen Inhalte verzeichnen monatlich rund dreizehn Millionen Seitenzugriffe bzw. an die 650.000 User.

Der gesamte Webauftritt der Stadt Wien, der von einer Koordinationsstelle beim Presse- und Informationsdienst der Stadt Wien organisiert und von deren Partnern in den einzelnen Fachdienststellen mit kompetentem und aktuellem Inhalt versorgt wird (die technische Umsetzung erfolgt durch die Rechenzentren der Hoheitsverwaltung und des Krankenanstaltenverbundes sowie durch einen privaten Partner der Stadt Wien), ist alles Andere als eine Selbstdarstellung der Verwaltung und ihrer Organisationseinheiten. Entscheidende Maxime sind die Bedürfnisse der UserInnen nach transparentem Zugang zu den Dienstleistungsangeboten und Vereinfachung von Behördenwegen.

Die sich daraus ergebenden logischen Zugänge erfolgen nach Themen (Bildung, Familie, Freizeit, Gesundheit, Kultur, Medien, Politik, Umwelt, Soziales, Stadtplanung, Tourismus, Verkehr, Verwaltung, Wirtschaft und Wohnen) mit tief gegliederten Indexebenen, nach bestimmten Zielgruppen (Behinderte, Frauen, Jugendliche, Kinder, Senioren) und nach Lebenssituationen und zugehörigen Ansprüchen (im Amtshelfer mit den Schwerpunkten Amtswege, Dokumente, Formulare und Behörde). Gerade dabei hat es sich gezeigt, dass UserInnen nicht bereit sind, sich mit unterschiedlichen Zuständigkeiten auseinander zu setzen: Sie erwarten im Wiener Amtshelfer "selbstverständlich" auch den Zugang per Mausklick zu Dienstleistungen von Bundesdienststellen wie sie umgekehrt davon ausgehen, etwa vom Bundes-Behördenführer direkt zu den gesuchten Inhalten im Webdienst der Stadt Wien zu gelangen. Daher hat die wien.at-Koordination für

Anbieter übergreifende enge Verknüpfungen gesorgt.

Für zahlreiche Verfahren bestehen zumindest ansatzweise Möglichkeiten zur elektronischen Abwicklung: Alle notwendigen Formulare rund um die Baubewilligung oder Förderungen im Kulturbereich etwa (Formulare können auf dem Bildschirm ausgefüllt, ausgedruckt, unterschrieben und auf herkömmlichen Wegen übermittelt werden); für zwei Bezirke können Anträge auf Gewerbeberechtigungen über elektronisches Formular initiiert werden; und beim Parkpickerl für die BewohnerInnen der inneren Bezirke sind Antragstellung und Bezahlung (derzeit beteiligen sich zwei Bankinstitute daran) online möglich.

wien.at aktuell

Wien aktuell wird als Journal für Mitarbeiterinnen und Mitarbeiter sowie für Pensionistinnen und Pensionisten der Stadtverwaltung und der Wiener Stadtwerke Holding AG herausgegeben. Die Zeitschrift enthält Informationen aus dem kommunalen Bereich, berichtet über die Arbeit der Organe der Stadt Wien, der Magistratsabteilungen, der Städtischen Unternehmungen und der Holding-Betriebe. Von besonderem Interesse für die LeserInnen ist die Job-Börse mit ihren Angeboten von höherwertigen und anderen Dienstposten sowie der Rubrik Job-Wünsche. Gesetze, Verordnungen und Erlässe sowie Personalnachrichten gehören ebenfalls zum ständigen Repertoire der Zeitschrift. Lesestoff wie Darstellungen aus der Vergangenheit Wiens, Buchbesprechungen, kulturelle und sportliche Berichte und Ankündigungen ergänzen den Inhalt von Wien aktuell.

Die Betriebszeitung wird den MitarbeiterInnen und PensionistInnen der Stadtverwaltung und der Stadtwerke 18 mal im Jahr zugestellt.

Die Redaktion ist unter
Tel. 40 00 . . ., 81065
zu erreichen.

Amtsblatt der Stadt Wien

Das "Amtsblatt der Stadt Wien" erscheint normalerweise jeden Donnerstag. Annahmeschluss für Ausschreibungen u. ä. ist jeweils Mittwoch der Vorwoche 12 Uhr. Inhalt des Amtsblattes sind neben offenen Vergabeverfahren vor allem amtliche Verlautbarungen und Informationen der Wiener Stadtverwaltung an die Bevölkerung.

Die Redaktion ist unter
Tel. 40 00 . . ., 81027, 81026
erreichbar.

Für Inserateneinschaltungen und Einzelverkäufe sowie Abonnements ist der Generalunternehmer, die Norbert Jakob Schmid Verlagsgesellschaft m.b.H., zuständig, erreichbar unter
Tel. 740 32 . . . 0.

Landesgesetzblatt für Wien

Jedes Landesgesetz bzw. jede Änderung eines solchen wird veröffentlicht. Interessenten können das "Landesgesetzblatt für Wien" bei der
MA 53 gegen Entgelt abonnieren bzw. einzeln unter
Tel. 40 00 . . ., 81026,
anfordern oder in der
MA 6 – Stadthauptkasse,
Rathaus, Stiege 7, Hochparterre,
teilweise gegen Entgelt abholen.

wien.at

Diese Informationszeitung der Stadt Wien richtet sich an alle Wiener Haushalte. Zielsetzung von "wien.at" ist es dabei, ständig über neue Serviceleistungen, Einrichtungen der Stadt und Neuigkeiten, die in Wien selbst geschehen, zu informieren.

Redaktionssitz ist
11, Leberstraße 122
Tel. 740 32 . . . 0.

Folder und Broschüren

Der Presse- und Informationsdienst der Stadt Wien gibt Folder und Broschüren zu geschäftsgruppenübergreifenden Themen bzw. für die Magistratsdirektion heraus.

Bestellung konkreter Broschüren unter
Tel. 277 55 . . .0.

Inserate und Medienkooperationen

In den Aufgabenbereich des Presse- und Informationsdienstes der Stadt Wien fallen auch die Inseratenvergabe und die Streuplanentwicklung für Kampagnen und Aktionen.

Auskünfte hinsichtlich Inseratenvergabe und Medienkooperationen unter
Tel. 40 00 . . ., 81882.

PID International

Seit 1. Oktober 2001 gibt es wieder ein eigenes Referat, das für Auslandsaktivitäten zuständig ist. Ziel dieses Referates ist es, mitzuhelfen, das Bild Wiens als internationale, weltoffene, tolerante und integrative Stadt und einen ebensolchen Wirtschaftsstandort zu vermitteln. Die Aufgabe ist daher, die von den strategischen Dienststellen der Stadt Wien entwickelten Vorgaben durch Imagewerbung, Medienarbeit, Lobbying und Öffentlichkeitsarbeit umzusetzen. Zu den Schwerpunkten des Referates gehören die Betreuung und Anfragebeantwortungen von ausländischen Journalisten, die Wien besuchen, und von in Wien akkreditierten Auslandsjournalisten, weiters Koordinierung und Controlling der von der MA 53 beauftragten Partner, Medien- und Informationsveranstaltungen im Ausland sowie Networking, Sponsoring und Lobbying und nicht zuletzt Imagemaßnahmen im Ausland wie Bälle und Events.

Auskünfte unter
Tel. 40 00 . . ., 81886.

Wiener Filmbüro

Erteilung von Drehgenehmigungen und organisatorische Hilfestellung im Bereich der Wiener Stadtverwaltung obliegen der
Wiener Filmbüro-Servicestelle
Tel. 40 00 . . ., 81042.

Rundfahrten Modernes Wien

Die MA 53 organisiert neben Rundfahrten für SchülerInnen auch Gruppenfahrten zu kommunalen Einrichtungen und stellt dafür Rundfahrtenbegleiter allenfalls auch fremdsprachig zur Verfügung. Die Busse sind beizustellen oder seitens der Gruppen abzugelten.
Auskünfte und Anmeldungen schriftlich oder telefonisch unter 40 00 . . ., 81050.

BÜRGERDIENST DER STADT WIEN

(MA 55)

Der Bürgerdienst ist Anlaufstelle für alle Wünsche, Beschwerden, Anregungen und Fragen der Mitbürger. Rat und Hilfe beschränken sich nicht auf den Bereich der Stadtverwaltung, sie werden vielmehr für alle Lebensbereiche angeboten.

Stadtinformation

1, Rathaus, Eingang Friedrich-Schmidt-Platz
Tel. 525 50

Die Stadtinformation bietet als zentrale Informations- und Auskunftsstelle der Stadtverwaltung Information jeder Art. Die Mitarbeiter beantworten Fragen über Zuständigkeitsbereiche und Leistungen der Stadtverwaltung, der Bundesministerien und deren nachgeordneten Dienststellen, anderer Gebietskörperschaften usw. genauso wie Fragen aus dem Freizeitbereich (Veranstaltungen, Theater- und Konzertaufführungen, Museen, Ausstellungen usw.) oder Fragen des täglichen Lebens.

In der Stadtinformation liegen zahlreiche Broschüren und Flugblätter der Stadtverwaltung und anderer Organisationen auf. Hervorzuheben sind die Publikationen des Wiener Tourismusverbandes, die für Besucher aus dem In- und Ausland wertvolle Orientierungshilfe leisten.

Die Stadtinformation ist aber auch jene Stelle, die für "Rathausführungen" (Führungen durch die Repräsentationsräume des Wiener Rathauses) zuständig ist. Öffnungszeiten: Montag bis Freitag von 8 bis 18 Uhr, zusätzlich telefonische Erreichbarkeit Samstag, Sonn- und Feiertag 8 bis 16 Uhr. Außerhalb der Dienstzeiten Anrufbeantworter.

Bezirksbürgerdienststellen

Schwerpunkte der Tätigkeit

- Information über Leistungen und Angebote der Stadtverwaltung, der Bundesverwaltung, öffentlich-rechtlicher Körperschaften, diverser Informations- und Beratungsstellen
- Entgegennahme und Weiterleitung von Meldungen über Missstände, wie ohne Kennzeichen abgestellte Fahrzeuge, ausgefallene Straßenlampen, Fahrbahnschäden, klappernde Deckel
- Beratung und Hilfestellung bei Problemen, zum Beispiel
  Belästigungen durch Lärm, Geruch und Rauch
  Gerümpellagerungen
  Verunreinigungen auf Gehsteigen und Grundstücken
  Schneeräumung, winterliche Gehsteigbetreuung, nicht entfernter Streuriesel
  Missstände bei Baustellen
  Bauschäden im Wohnhaus, Mieterprobleme
  Verkehrsprobleme
  soziale Anliegen
  Konsumentenschutz
  zwischenmenschliche Probleme

Bürgerdienst für den 1. Bezirk:
1, Bartensteingasse 13
Tel. 525 50-01

Bürgerdienst für den 2. Bezirk:
2, Kleine Sperlgasse 10
Tel. 525 50-02

Bürgerdienst für den 3. Bezirk:
3, Karl-Borromäus-Platz 3
Tel. 525 50-03

Bürgerdienst für den 4. Bezirk:
4, Favoritenstraße 18
Tel. 525 50-04

Bürgerdienst für den 5. Bezirk:
4, Favoritenstraße 18
Tel. 525 50-05

Bürgerdienst für den 6. Bezirk:
7, Hermanngasse 24-26
Tel. 525 50-06

Bürgerdienst für den 7. Bezirk:
7, Hermanngasse 24–26
Tel. 525 50-07

Bürgerdienst für den 8. Bezirk:
1, Bartensteingasse 13
Tel. 525 50-08

Bürgerdienst für den 9. Bezirk:
9, Währinger Straße 43
Tel. 525 50-09

Bürgerdienst für den 10. Bezirk:
10, Laxenburger Straße 43-45
Tel. 525 50-10

Bürgerdienst für den 11. Bezirk
→ Bürger-Service-Zentrum Simmering

Bürgerdienst für den 12. Bezirk:
12, Schönbrunner Straße 259
Tel. 525 50-12

Bürgerdienst für den 13. Bezirk:
13, Hietzinger Kai 1
Tel. 525 50-13

Bürgerdienst für den 14. Bezirk:
13, Hietzinger Kai 1
Tel. 525 50-14

Bürgerdienst für den 15. Bezirk:
15, Gasgasse 8-10
Tel. 525 50-15

Bürgerdienst für den 16. Bezirk:
16, Richard-Wagner-Platz 19
Tel. 525 50-16

Bürgerdienst für den 17. Bezirk:
17, Elterleinplatz 14
Tel. 525 50-17

Bürgerdienst für den 18. Bezirk:
18, Martinstraße 100
Tel. 525 50-18

Bürgerdienst für den 19. Bezirk:
19, Gatterburggasse 12-14
Tel. 525 50-19

Bürgerdienst für den 20. Bezirk:
20, Brigittaplatz 10
Tel. 525 50-20

Bürgerdienst für den 21. Bezirk:
21, Am Spitz 1
Tel. 525 50-21

Bürgerdienst für den 22. Bezirk
→ Bürger-Service-Zentrum Donaustadt

Bürgerdienst für den 23. Bezirk:
23, Liesing, Lehmanngasse 3
Tel. 525 50-23

Öffnungszeiten:
Montag, Dienstag, Mittwoch und Freitag von 8 bis 15.30 Uhr
Donnerstag von 8 bis 18 Uhr

Telefonischer Journaldienst:
Montag, Dienstag, Mittwoch und Freitag von 15.30 bis 18 Uhr

Bürger-Service-Zentrum Simmering
11, Enkplatz 2
Tel. 525 50–11

Bürger-Service-Zentrum Donaustadt
22, Kagran, Schrödingerplatz 1
Tel. 525 50–22

Öffnungszeiten:
Montag, Mittwoch und Freitag von 8 bis 15.30 Uhr,
Dienstag und Donnerstag von 8 bis 18 Uhr

Bürger-Service-Zentren gibt es im Rahmen eines Pilotprojektes derzeit nur im 11. und im 22. Bezirk. Für die dort behandelten Angelegenheiten liegen Antragsformulare auf. Die Mitarbeiter beraten, helfen beim Ausfüllen der Formulare und leiten Anträge mit den allenfalls notwendigen Dokumenten an die Fachdienststellen weiter. Die Erledigung erfolgt in den meisten Fällen durch die Fachabteilung.

Mobilbüros

Die drei Mobilbüros des Bürgerdienstes bestehen aus je einem Zugfahrzeug und einem mit einer Büroeinrichtung ausgestatteten Anhänger.

Ihre Hauptaufgaben sind:

- Bürgerdiensttätigkeit an frequentierten Plätzen und direkt im Wohnbereich der Bevölkerung
- Direktinformation der Bevölkerung über Vorhaben der Stadtverwaltung an Ort und Stelle des zukünftigen Geschehens
- Hilfestellung für die Betroffenen nach größeren Elementarereignissen, wie Gasexplosionen, Hauseinstürzen und Wohnungsbränden (in direkter Zusammenarbeit mit dem Büro für Sofortmaßnahmen).

Angelegenheit in alphabetischer Reihenfolge	Sachverhalt	Tätigkeit der BSZ
Aufnahme in ein Wohn- und Pflegeheim	Personen, die aufgrund ihrer Pflegebedürftigkeit in ein Wohn- und Pflegeheim übersiedeln wollen.	Entgegennahme des Antrages und aller benötigten Dokumente und Weiterleitung an die MA 47 (Betreuung zu Hause), Hilfe beim Ausfüllen des Antrages
Ausländergrunderwerb	Genehmigung für ausländische Staatsbürger zum Erwerb von Eigentum bzw. Baurecht.	Entgegennahme des Antrages, Weiterleitung an die MA 20 (Fremdenrechtliche Angelegenheiten)
Ausweis für gehbehinderte Personen laut § 29b Straßenverkehrsordnung 1960	Ausweis für stark gehbehinderte Personen, der Erleichterungen beim Halten und Parken mit einem Fahrzeug bringt.	Entgegennahme des Antrages und Weiterleitung an die MA 46 (Verkehrsangelegenheiten)
Behindertenhilfe	Anspruch auf Leistungen nach dem Wiener Behindertengesetz.	Entgegennahme des Antrages und Weiterleitung an die MA 12 (Sozialamt)
Bewerbung bei der Stadt Wien	Tätigkeit bei der Stadt Wien.	Information und Beratung, Entgegennahme von Bewerbungen
Fahrbegünstigung für Behinderte	Erheblich gehbehinderte Personen können den Freizeit-Fahrtendienst im Raum Wien in Anspruch nehmen.	Entgegennahme des Antrages, Hilfe beim Ausfüllen des Antrages, Weiterleitung an die MA 12 (Sozialamt)
Hundeabgabe	Anmeldung des Hundes.	Entgegennahme des Antrages und Weiterleitung an die Stadtkasse
Kindergarten- bzw. Hortplatz der Stadt Wien	Anmeldung für einen freien Kindergarten- bzw. Hortplatz.	Entgegennahme des Antrages und Weiterleitung an die MA 11 A (Tagesbetreuung von Kindern; Kindertagesheime der Stadt Wien)
Lebensbestätigung und andere Bestätigungen	Eine ausländische Versicherungsanstalt, von der Sie eine Pension beziehen, verlangt von Ihnen eine Bestätigung, dass Sie leben und daher bezugsberechtigt sind.	Bestätigung auf dem mitgebrachten Formular
Mietbeihilfe	Die Mietbeihilfe ist ein finanzieller Zuschuss zur Miete für Pensionisten, abhängig vom (geringen) Einkommen und der Höhe der Miete.	Entgegennahme des Antrages und der benötigten Dokumente, Hilfe beim Ausfüllen des Formulars, Weiterleitung an die MA 12 (Sozialamt)
Pauschalierte Parkometerabgabe	Für das Parken in Kurzparkzonen kann je nach Wunsch für 3, 6 oder 12 Monate für unterschiedliche Tageszeiten die Parkometerabgabe als Pauschalbetrag bezahlt werden.	Entgegennahme des Antrages und der benötigten Unterlagen, Weiterleitung an die MA 4 (Allgemeine Finanz- und Wirtschaftsangelegenheiten; Abgaben)
Pflegegeld für nicht sozialversicherte Personen, pensionierte Landeslehrer, Pensionisten der Wiener Stadtwerke und der Stadt Wien	Personen, die alltägliche Dinge nicht mehr allein verrichten können, haben Anspruch auf Pflegegeld.	Entgegennahme des Antrages und der benötigten Dokumente, Hilfe beim Ausfüllen des Formulars, Weiterleitung an die MA 12 (Sozialamt)
Religionsaustritte	Austritt aus den gesetzlich anerkannten Glaubensgemeinschaften.	Entgegennahme der Anträge und sofortige Erledigung
Religionsfeststellung	Feststellung der Zugehörigkeit zu einer gesetzlich anerkannten Glaubensgemeinschaft.	Entgegennahme des Antrages und Weiterleitung an die MA 62 (Wahlen und verschiedene Rechtsangelegenheiten)
Staatsbürgerschaftsnachweise		Entgegennahme des Antrages und aller benötigten Dokumente, Ausfolgung des Staatsbürgerschaftsnachweises innerhalb einer Stunde im BSZ

ABFALLWIRTSCHAFT, STRASSENREINIGUNG UND FUHRPARK

(MA 48 – 48er)

Mist- und Schneetelefon – 546 48

Wer Fragen, Anregungen oder Hinweise zur **Abfallwirtschaft** (Mistvermeidung, Misttrennung, Mistentsorgung, Mist-, Altstoff- und Problemstoffsammlung) oder **Straßenreinigung** (ganzjährige Reinigung der Fahrbahnen und Fußgeherzonen, Papierkorbentleerungen und Mistplätze) hat, kann Montag bis Freitag von 8 bis 18 Uhr (werktags) beim Misttelefon anrufen. Die gleiche Stelle fungiert von November bis März zusätzlich als Schneetelefon (bei Schneefall 0 bis 24 Uhr) und gibt Meldungen über eventuell nachzubessernde Schneeräumungen auf Fahrbahnen und Fußgeherzonen an die Einsatzleitung weiter.

Umfassende Infos, Darstellung der Serviceleistungen u. dgl. im Internet auf der Homepage
www.wien.gv.at/ma48

Abfallwirtschaft

Planung von Müllstandorten, Müllräumen

Bei Neu-, Zu- und Umbauten sind die Sammelbehälterstandplätze oder Müllräume im Einvernehmen mit der MA 48 nach deren Richtlinien festzulegen (Planvidierung) und in den Einreichplänen ersichtlich zu machen. Sie sollen sich in unmittelbarer Nähe von Einfahrten befinden und möglichst nahe an mit Müllsammelfahrzeugen befahrenen Verkehrsflächen liegen. Ist dies nicht der Fall, sind entsprechende bauliche Vorkehrungen – Gehsteigvorziehungen oder Poller – zu treffen, welche die reibungslose und rasche Müllabfuhr gewährleisten. Die Situierung von Müllräumen entlang von Rad- und Fußwegen ist nicht zulässig, da diese von den Fahrzeugen der MA 48 nicht befahren werden dürfen. Weitere Infos im Internet unter
www.magwien.gv.at/ma48/inhalt.htm

Anmeldung von Müllgefäßen

Die erstmalige Anmeldung zur Beistellung von Müllgefäßen zur Entsorgung des Restmülls ist, ohne Verwaltungsabgabe, durch den Hauseigentümer (Hausverwaltung) unter Angabe der Anschrift, Grundbucheinlagezahl und Anzahl der Mieteinheiten bei der MA 48, 5, Einsiedlergasse 2, schriftlich vorzunehmen (Mindestausstattung 1 Stück 110 Gefäß, wöchentliche Entleerung).

Veränderung der Anzahl der Müllgefäße

Veränderungen der Anzahl der Müllgefäße bzw. des Entleerrhythmus können durch die MA 48 über Antrag des Hauseigentümers (Hausverwaltung) an die MA 48 (Antrag mit 13 EUR Bundesstempelgebühren und 6,54 EUR Verwaltungsabgabe – bar oder Postanweisung) vorgenommen werden. Sanitäre Umstände und der objektive Bedarf werden von der MA 48 überprüft.

Was darf nicht in die Müllgefäße?

Nicht in die Müllgefäße dürfen Altstoffe (s. dort), Problemstoffe (s. dort), Sperrmüll (s. dort), Bauschutt, Erde, Schlämme, Flüssigkeiten, landwirtschaftliche Abfälle, Stallmist, Kadaver, Fäkalien, gefährliche Produktionsabfälle, Benzin- und Ölrückstände, heiße Aschen und Schlacke, explosive Gegenstände, ätzende Substanzen, Injektionsspritzen und -nadeln (produktions- und betriebsspezifische Abfälle?).

Altstoffe und biogene Abfälle

Altpapier, Altglas, Altmetalle, Altkunststoffe und biogene Stoffe sind in die von der MA 48 dafür bereit gestellten Sammelbehälter zu geben. Wer dazu nähere Informationen benötigt, kann kostenlos eine Informationsbroschüre beim **Misttelefon 546 48** bestellen. Für Alttextilien stehen eigene Sammelbehälter auf Gehsteigen und Plätzen sowie auf den Mistplätzen der 48er zur Verfügung.

Problemstoffe

Problemstoffe sind aus Haushalten stammende gefährliche Abfälle wie z.B. Fleckputz- und Reinigungsmittel, WC- und Abflussreiniger, Spraydosen (auch leer), Batterien, Altmedikamente, Röntgenbilder, Altmineralöle, Schmierfette, Stoffe aus Hobby und Garten (Farben, Lacke, Verdünnungs- und Holzschutzmittel, Kleber, Unkrautvertilgungs-, Schädlingsbekämpfungs- und Düngemittel usw.) und Altspeiseöle, die an den 53 Problemstoffsammelstellen zu den Öffnungszeiten abzugeben sind. Über die Adressen und Öffnungszeiten gibt das **Misttelefon 546 48** gerne Auskunft bzw. kann dort eine Informationsbroschüre kostenlos bestellt werden. Auch der Handel ist verpflichtet, Problemstoffe zurückzunehmen, z.B. Akkumulatoren, Batterien, Leuchtstoffröhren, Energiesparlampen; auf Freiwilligkeit beruht die Rücknahme von Altmedikamenten in Apotheken und Kühlgeräten im Elektrohandel.

Mistplätze

Die Mistplätze dienen den Wiener Haushalten zur kostenlosen Abgabe von Altstoffen, Sperrmüll und

Das Archiv steht grundsätzlich jedermann unentgeltlich zur Verfügung. Alle Bestände, soweit sie nicht dem Archivalien-, Daten- oder Persönlichkeitsschutz unterliegen, können eingesehen werden. Ein ständiger Bauschutt bis zu einer Größenordnung von 1 m^3, von Elektroweiß- und -braunware, EDV-Geräten, Autoreifen und Problemstoffen – **jeweils in Haushaltsmengen** – sowie der Abgabe von verwertbaren Gebrauchsgegenständen für den 48er-Basar. Ferner wird kostenlos Kompost an die Wiener Bevölkerung abgegeben. Über die gültigen Annahmebestimmungen, die Adressen und Öffnungszeiten der 19 Mistplätze gibt das

Misttelefon 546 48

gerne Auskunft.

Die Mistplätze sind jedoch nicht für Keller-, Zimmer- oder Wohnungsentrümpelungen konzipiert (Konkurrenzverbot zu gewerblichen Entrümpler-Firmen!!!). Es wird auf den Absatz "Sperrmüll" verwiesen.

Abfuhr von Baum- und Strauchschnitt

Baum- und Strauchschnitt wird ab einer Menge von 6 m^3 gegen Verrechnung eines gesonderten Entgeltes von der MA 48 abgeholt. Gleichzeitig besteht die Möglichkeit von Kompostanlieferungen, wobei lediglich die Transportkosten, aber keine Kosten für den Kompost verrechnet werden.

Auskunft:
48er-Zelt
Tel. 258 35 21 . . ., 57

Sperrmüll

Sperrmüll sind Abfälle, die wegen ihrer Größe oder ihrem Gewicht nicht durch die Systemmüllsammlung abgeführt werden können. In Haushaltmengen können sie kostenlos an den 19 Mistplätzen abgegeben werden. Größere Mengen gegen gesonderte Annahmegebühr:

Abfallbehandlungsanlage
22, Percostraße 2, 48er-Zelt
Montag bis Freitag von 7 bis 16.30 Uhr
Samstag von 7 bis 11 Uhr
Tel. 258 35 21

Die MA 48 bietet auch einen – kostenpflichtigen – Entrümpelungsdienst (ab Keller, Wohnung oder Gehsteig) an:

Tel. 734 52 95 . . ., 81 oder 82

Gewerbemüll

Annahme von Gewerbemüll und größeren Mengen von Altstoffen gegen Entrichtung einer gesonderten Annahmegebühr:

48er-Zelt, 22, Percostraße 2
Montag bis Freitag von 7 bis 16.30 Uhr
Samstag von 7 bis 11 Uhr
Tel. 258 35 21

Für die Direktabholung von Gewerbemüll sowie sortierter Altstoffe bietet die Muldenabfuhr der 48er gegen Entrichtung eines Entgeltes ihre Dienste an, wobei Container verschiedener Größen sowie Pressen angefordert werden können:

Montag bis Freitag von 8 bis 10 Uhr
Tel. 588 17 . . ., 96166, 96167

48er-Basar

Die 48er betreibt einen Gebrauchtwarenmarkt, auf welchem noch brauchbare Altwaren, eingesammelt auf den 19 Mistplätzen, gegen geringe Entgelte verkauft werden:

22, Stadlauer Straße 41a, Hof 3
Dienstag bis Samstag von 9 bis 15 Uhr, werktags

Wiener Altwarenbörse

Die Wiener Altwarenbörse hat das Ziel, Menschen, die Altwaren anbieten oder suchen, zusammen zu führen. Die Wiener Altwarenbörse unterteilt sich in den Altwarenmarkt, den Kompostmarkt, den Teddymarkt und den Infomarkt. Gebrauchsfähige Altwaren können so ihren schnellsten Weg vom Verkäufer zum Käufer finden, sie können aber auch getauscht oder verschenkt werden.

Diese Serviceleistung wird im Internet auf Homepage angeboten:
http://service.magwien.gv.at/wab

Straßenreinigung

Generelle Zuständigkeiten

Die MA 48 ist für die Reinigung der Fahrbahnen und Fußgeherzonen und die Anbringung, Instandhaltung und Entleerung von Papierkörben im Straßenraum zuständig. **Nicht** aber für Grünflächen (z.B. MA 42, MA 45, MA 49, Wiener Wohnen) und Gehsteige. Die Reinhaltung der Gehsteige haben die Liegenschaftseigentümer bzw. deren Bevollmächtigte (Hausbesorger, beauftragte Reinigungsfirma) vorzunehmen. Die Reinigung von Grünflächen ist – je nach gegebener Grundverwaltung – Angelegenheit der MA 42 (Parkanlagen), der MA 49 (land- und forstwirtschaftliche Flächen), der MA 45 (Fluss- und Grünufer) und der Wohnhäuserverwaltung Wiener Wohnen.

Die MA 48 räumt auch die Straßeneinläufschächte (Schlammfang bei Kanalgitter im Rinnsal) und führt notstandspolizeiliche Maßnahmen (Absicherung von Gefahrenstellen) im Straßenraum durch.

Hundekot

Die Entfernung von Hundekot von Straßen, Gehsteigen und Fußgeherzonen sowie aus Parkanlagen haben die **HundebesitzerInnen** durchzuführen (StVO § 92 Abs 2 und 3; Grünanlagenverordnung §§ 7 und 12; Reinhalteverordnung §§ 1 und 7).

Erst in zweiter Linie haben die Liegenschaftseigentümer (deren Bevollmächtigte) die Gehsteige von Hundekot zu reinigen (StVO § 93 Abs. 2 und 3). Sinnvoll ist es, das Rinnsal als "Absetzplatz" für Hundekot zu verwenden; von dort werden die Rückstände von der Straßenreinigung als "Serviceleistung" regelmäßig "mitgenommen". Auf die Einrichtung von Hundezonen in Parkanlagen der Stadt Wien (MA 42) wird besonders hingewiesen.

Winterliche Betreuung

Im Winter sind in der Zeit von 6 bis 22 Uhr die Eigentümer von Liegenschaften (ausgenommen jene von unverbauten land- und forstwirtschaftlich genutzten Liegenschaften) verpflichtet, entlang ihrer Liegenschaft befindliche Gehsteige, Gehwege und Stiegenanlagen von Schnee und Verunreinigungen zu säubern sowie bei Glätte zu betreuen. Nähere Definitionen können aus der StVO §§ 2 und 93 entnommen werden. Weitere diesbezügliche Quellen sind die Verordnungen des Magistrats (MA 70, Zl. MA 70 II/81/65; MA 22, Zl. MA 22-1218/82; in der jeweils gültigen Fassung).

Abstellen kennzeichenloser Kraftfahrzeuge

Für das Abstellen eines Kraftfahrzeuges ohne polizeiliches Kennzeichen (auch bei nicht montierten Wechselkennzeichen) oder das Abstellen eines Autowracks auf einer Straße mit öffentlichem Verkehr (auf einer Gemeinde oder Bundesstraße) wird sowohl eine straßenpolizeiliche Bewilligung (StVO) als auch eine Bewilligung nach dem Wiener Gebrauchsabgabegesetz benötigt. Ein Abstellen ohne diese Bewilligungen ist strafbar.

Besitzer von unbrauchbar gewordenen Kraftfahrzeugen (Wracks) können sich an folgende Stellen wenden:

- Nächstgelegener konzessionierter Automechaniker/-händler
- Autofahrerclubs

Notstandspolizeiliche Maßnahmen

Die Absicherung von Straßenschäden und die Absperrung von Gehsteigen durch Schranken bei Fassaden- bzw. Mauerschäden erfolgt nach Aufforderung durch Polizei oder Behörde durch die 48er, die dem Verursacher die Kosten zur Vorschreibung bringt.

Tafeln zur Kennzeichnung von Verkehrsflächen

Die Anbringung und Erhaltung von Tafeln zur Bezeichnung von Verkehrsflächen (Straßenbenennungstafeln) wird von Privatfirmen im Auftrag der 48er durchgeführt:

Tel. 283 62 20
werktags von 7.30 bis 15.30 Uhr

Öffentliche WC-Anlagen

Die Reinigung und Instandhaltung der städtischen Bedürfnisanstalten wird von Privatfirmen im Auftrag der 48er durchgeführt

Tel. 283 62 20
werktags von 7.30 bis 15.30 Uhr

Die Adressen der von der 48er verwalteten WC-Anlagen sind im Internet unter
http://www.magwien.gv.at/ma48/wc/index.htm
ersichtlich.

ARCHIV DER STADT UND DES LANDES WIEN

(MA 8)

Das Stadtarchiv hat eine lange Tradition. Die Nachrichten über seine Existenz reichen ins 14. Jahrhundert zurück, das älteste erhaltene Dokument – eine Babenbergerurkunde – stammt aus dem Jahr 1208. Durch Jahrhunderte hat das Archiv die für die Stadt wichtigen Urkunden, Aktenbestände, Protokolle, Verträge, Grundbücher usw. verwahrt. Mit der Erhebung Wiens zu einem Bundesland übernahm das Stadtarchiv im Jahr 1922 zugleich die Funktionen eines Landesarchivs und wurde damit auch für die Übernahme von bedeutsamen Registraturbeständen aus Teilen der staatlichen Verwaltung zuständig. Daneben wurden schon im vorigen Jahrhundert historische Sammlungen angelegt, die laufend, etwa im Bereich der Dokumentation, ausgebaut werden.

Das Archiv steht grundsätzlich jedermann unentgeltlich zur Verfügung. Alle Bestände, soweit sie nicht dem Archivalien-, Daten- oder Persönlichkeitsschutz unterliegen, können eingesehen werden. Ein ständigerwissenschaftlicher Auskunftsdienst bietet Besuchern und Forschern fachliche Beratung.

Forschungshilfe

Politiker und Verwaltungsbeamte: Sie finden die Protokolle und Akten der Vertretungskörper (Gemeinderat, Landtag, Ausschüsse), der leitenden und zahlreicher nachgeordneter Dienststellen des Magistrats (besonders im rechtlichen und baupolizeilichen Bereich), die Vertragssammlung (Verträge der Stadt Wien, Schuldscheine), die Stiftbriefe, gerichtliche Unterlagen (Bezirksgerichte, Landesgerichte, Handelsgericht, Jugendgericht), amtliche Veröffentlichungen, von der Stadt vergebene Forschungsaufträge, Spezialkarteien (Ehrungen, Verkehrsflächenbenennungen) sowie in der Archivbibliothek kommunalpolitische und stadthistorische Werke. Eine stadtgeschichtliche Dokumentation erschließt die Sitzungsprotokolle von Gemeinderat und Landtag; außerdem befasst sie sich mit Grundsatzerklärungen, Programmen und anderen Äußerungen politischer, wirtschaftlicher und kultureller Natur in Wien.

Ratsuchende in persönlichen Angelegenheiten: Viele, die nach einer Scheidung eine neue Ehe schließen, die um ihre Pension oder Rente einkommen, die ein Grundstück erwerben oder veräußern wollen, stellen plötzlich fest, dass alte Originaldokumente und Unterlagen verloren gegangen sind. Die angeführten Fälle sind zwar nicht die einzigen, in welchen das Archiv unter Umständen behilflich sein kann, aber bei weitem die häufigsten. Gerade hier ist das Archiv bemüht, die Anfragenden weitestgehend zu unterstützen, da sie sich zumeist auf dem Gebiet einer ihnen nicht vertrauten Materie bewegen.

Wissenschaftler, Heimatkundler und Bezirksforscher: Die umfangreichen archivalischen Bestände bieten ein reiches Quellenmaterial für geschichtswissenschaftliche und heimatkundliche Arbeiten oder Dissertationen. Es sei hier nur auf die Urkunden, die bis ins 13. Jahrhundert, und die Grundbücher, die bis ins 14. Jahrhundert zurückreichen, verwiesen. Reiche Unterlagen sind zur Verwaltungs- (Alte Registratur, Hauptregistratur, städtische Ämter) und Personengeschichte, aber auch zur Zeitgeschichte (Verwaltungsunterlagen der Jahre 1934 bis 1945) vorhanden. Den Heimatkundler werden vor allem die Bestände der ehemals selbständigen Gemeinden auf Wiener Boden oder die wertvollen historischen Pläne interessieren, ebenso die reichhaltigen Sammlungen verschiedenster Art. Wichtig sind für ihn auch bezirkskundliche Materialsammlungen, die nur handschriftlich vorliegen. Schließlich ist auf die Archivbibliothek zu verweisen, die neben zahlreichen historischen und archivalischen Fachzeitschriften aus vielen europäischen Ländern auch eine Spezialsammlung zur vergleichenden Städte- und Regionalgeschichte enthält. Das Landesarchiv gibt auch den Historischen Atlas von Wien und den Österreichischen Städteatlas heraus.

Familienforscher und Genealogen: Der spezifische Aufbau der Verwaltung in der Zeit von 1783 bis 1850 hatte zur Folge, dass wertvollstes personengeschichtliches Material (Testamente und Verlassenschaftsabhandlungen) dieser Epoche fast geschlossen ins Archiv gelangt ist, wobei an ältere Bestände (Testamente sind schon aus dem 16., in Einzelstücken aus dem 14. Jahrhundert erhalten) angeknüpft werden kann. Diese Überlieferungstradition wird im Archiv auch für den Folgezeitraum der staatlichen Gerichtsverwaltung durch entsprechende Auswahlkriterien bei der Aufbewahrung gewahrt. Eine überaus wichtige Quelle – vor allem in Anbetracht der dezentral verwahrten kirchlichen Matriken – sind die Totenbeschauprotokolle der Stadt Wien, die von 1648 bis 1920, in geänderter Form bis 1942, nahezu lückenlos im Archiv vorliegen. Auf wertvolle Unterlagen aus den Registraturen des einstigen Konskriptionsamtes, einen umfangreichen Bestand an Friedhofsbüchern, aber auch auf Innungsunterlagen sei nur hingewiesen, ebenso auf die in ständiger Erweiterung befindliche Biografisch-genealogische Sammlung. Gegen Gebühr werden auch Auskünfte aus den historischen Meldeunterlagen der Bundespolizeidirektion aus den Jahren 1910 bis 1947 erteilt.

Es ist klar, dass eine kurze Skizzierung der Bestandsgruppen keine vollständige Aufzählung enthalten kann. So wäre u. a. noch auf die Gruppe „Persönlichkeiten“ hinzuweisen, die so einzigartige Schätze enthält wie das letzte Testament Ludwig van Beethovens oder das Testament von Joseph Haydn, auf illustrierte mittelalterliche Handschriften, das Ehrenbürgerbuch oder auf Nachlässe von Politikern und Wissenschaftlern. Es gibt eben kaum ein Gebiet der Wiener Geschichte, das nicht in irgendeiner Form seinen Niederschlag in den Beständen des Archivs gefunden hätte.

Archiv – Öffnungszeiten

Das Wiener Stadt- und Landesarchiv befindet sich in

11, Guglgasse, Gasometer D
(U-Bahn-Linie U3, Haltestelle Gasometer)
Tel. 40 00 . . ., 84808
http://www.magwien.gv.at/ma08/ma08.htm

BÄDER DER STADT WIEN

(MA 44)

Die städtischen Bäder geben die Möglichkeit, Badefreude in den

Schwimmhallen,

Saunabädern,

Sommerbädern,

Sonnenbädern,

Wannenbädern und Brausebädern

zu finden.

11 Kinderfreibäder dienen der Jugend.

Adressen und Telefonnummern der Bäder
→ Magistrat, MA 44.

Angebote, Öffnungszeiten und Eintrittspreise der jeweiligen Bäder sowie eine Übersicht über Ermäßigungen unter Internet

http://www.magwien.gv.at/baeder

Ermäßigungen in den städtischen Bädern

Für folgende Personen werden Ermäßigungen nur gegen Vorweis der Bäderlegitimation mit gültiger Wertmarke gewährt:

1. Sozialhilfebeizieher, die einen Sozialpass mit rotem "P" bzw. "P II" besitzen; die Ermäßigung gilt für alle Bäder; gemeinsame Brausebäder stehen unentgeltlich zur Verfügung.

2. Blinde, die über einen Bescheid der MA 12 (rot, SD 177) oder den Blindenausweis des Österreichischen Blindenverbandes verfügen.
Schwerkriegsbeschädigte und ihnen Gleichgestellte, die den Schwerkriegsbeschädigtenausweis (orange) bzw. eine amtliche Bescheinigung über eine Behinderung ab 70 % besitzen.

3. Präsenz- und Zivildiener, die die Wehrdienstausweiskarte, das Wehrdienstbuch bzw. den Zuweisungsbescheid des Bundesministeriums für Inneres vorweisen; die Ermäßigung gilt für Schwimmhalle, Sauna und Sommerbad zu allen Betriebszeiten.

4. Schüler bis 20 Jahre, die eine Schule, die mit der Reifeprüfung abschließt, besuchen, gegen Vorlage einer entsprechenden Bestätigung der Schule bzw. Schülerausweis.

Schüler und Studierende bis 27 Jahre an Schulen, deren Besuch die Ablegung der Reifeprüfung voraussetzt, gegen Vorweis des entsprechenden Studienausweises mit gültiger Inskriptionsbestätigung.

Schüler und Studierende bis 27 Jahre am Konservatorium der Stadt Wien, die eine entsprechende Bestätigung des Konservatoriums (Schülerausweis) vorlegen.

Die Ermäßigung gilt für Schwimmhalle, Sauna und Sommerbad.

Krankenpflegeschüler an Krankenpflegeschulen der Stadt Wien bis 27 Jahre gegen Vorweis einer entsprechenden Bestätigung der Krankenpflegeschule.

Die Bäderlegitimation (Lichtbild!) sowie die Wertmarke in den Folgejahren ist gegen Vorlage des jeweiligen Nachweises an den Kassen der städtischen Bäder (ausgenommen Sommerbäder) erhältlich.

Weitere Ermäßigungen ohne Bäderlegitimation:

1. Jugendliche von 15 bis 18 Jahren können Kästchen in den Hallen- und Sommerbädern mit der Jugendkarte und die Sauna- sowie Brausebäder mit der Ermäßigungskarte benützen.

2. Kinder bis 6 Jahre dürfen alle Bäder unter Aufsicht von Begleitpersonen kostenlos benützen. Kinder von 6 bis 15 Jahren können die Hallen-, Sommer- und Brausebäder mit der Kinderkarte, die Sauna mit einer Ermäßigungskarte benützen.

3. Während der Semester-, Oster- und Weihnachtsferien können Kinder (bis 15 Jahre) die Hallenbäder Montag bis Sonntag (ausgenommen Senioren-, Frauen- und Versehrtenschwimmen) kostenlos, Jugendliche (bis 18 Jahre) mit der Ferienkarte besuchen.

4. Während der Sommerschulferien gilt am Montag, Mittwoch und am Sonntag für Kinder (bis 15 Jahre)

und Jugendliche (bis 18 Jahre) ein Sondertarif. Die Schwimmhallen (Sonntag, Montag, Mittwoch) und Sommerbäder (täglich) dürfen Kinder kostenlos und Jugendliche mit der Ferienkarte benützen.

5. Senioren ab dem vollendeten 60. Lebensjahr erhalten mit Lichtbildausweis eine ermäßigte Eintrittskarte für Sauna und Schwimmhalle.

Jahres- und Halbjahreskarten

Eine Jahres- oder Halbjahreskarte (Bäderpass HS) berechtigt zum Eintritt in alle Hallen- und Sommerbäder (ausgenommen Strandbad Stadlau).

Diese Karten (Ausweis mit Lichtbild!) sowie die Wertmarke in den Folgejahren sind während der Betriebszeiten an den Kassen der städtischen Hallenbäder erhältlich.

Weiters gibt es eine Jahreskarte für Hallenbäder, die zur Benützung eines beliebigen Kästchens ohne Beschränkung der Badezeit berechtigt; sie gilt jedoch nicht in der Zeit vom 2. Mai bis 30. September des jeweiligen Jahres in folgenden Bädern:

Hallenbad Simmering

Theresienbad

Hallenbad Hietzing

Hallenbad Ottakring

Hallenbad Döbling

Hallenbad Großfeldsiedlung

Hallenbad Donaustadt

Babys und Kleinstkinder in den städtischen Hallenbädern

In den Hallenbädern

Simmering

Hietzing

Döbling

Brigittenau

Floridsdorf

Großfeldsiedlung und

Donaustadt

werden Kurse für Babys und Kleinstkinder durchgeführt. Auskünfte erteilen die obgenannten Bäder.

Betriebszeiten – Sommerzeit

Die städtischen Strand- und Sommerbäder sind von Mitte Mai bis Mitte August statt bis 19 Uhr bis 20 Uhr offen.

Kinderfreibäder

Der Eintritt in ein städtisches Kinderfreibad ist im allgemeinen Kindern im Alter von sechs bis 15 Jahren gestattet, der Eintritt ist frei. Kindern im Alter von mehr als 15 Jahren sowie Erwachsenen (Angehörigen der Kinder usw.) ist der Aufenthalt im Bad nicht gestattet, mit folgenden Ausnahmen:

In den Kinderfreibädern

2, Augarten

3, Schweizer Garten

11, Herderpark

14, Reinlgasse

21, Strebersdorf

haben Kinder zwischen zwei und fünf Jahren in Begleitung Erwachsener Zutritt. Begleitpersonen zahlen 1,45 EUR Eintritt.

Die Kinderfreibäder sind von Juni bis August durchgehend, auch an Wochenenden, von 10 bis 18 Uhr in Betrieb.

Hallenbad oder Sommerbad – “textilfrei”

Diese Möglichkeit besteht im
Jörgerbad,
17, Jörgerstraße 42–44,
Samstag von 17 bis 21.30 Uhr.

Gäste der Familiensauna können während dieser Zeit die Schwimmhalle ebenfalls textilfrei benützen. Es gelten die normalen Sauna- bzw. Schwimmhallenpreise. In den städtischen Sommerbädern können Frauen “oben ohne” baden. Im Strandbad Gänsehäufel befindet sich auch ein FKK-Gelände für Anhänger des textilfreien Badens.

BAUWESEN

Bauvorschriften in Wien

Gesetzliche Grundlagen und Information

Mit der **Bauordnung für Wien (BO)** und den Nebenbestimmungen wird öffentlich-rechtlich bestimmt, wo und wie in Wien gebaut werden darf. Es wird damit das Bauen in geregelte Bahnen gelenkt und eine sinnvolle Nutzung des Gemeindegebietes gewährleistet.

Wichtige Nebenbestimmungen zur BO sind unter anderem das Wiener Garagengesetz, das Wiener Aufzugsgesetz, das Wiener Kanalgesetz, das Wiener Kleingartengesetz, das Wiener Ölfeuerungsgesetz, das Wiener Baulärmgesetz, das Wiener Veranstaltungsgesetz, das Wiener Veranstaltungsstättengesetz, die Gehsteigverordnung, die Bauplanverordnung, die Verordnung über Erleichterungen für Kleinhäuser, Reihenhäuser und Sommerhäuser und das Wiener Gebrauchsabgabegesetz.

Alle diese Gesetze und Verordnungen sowie weitere wichtige Informationen über Bauansuchen, Beilagen, Gebühren, Formulare, Adressen, Telefon- und Telefaxnummern, Zuständigkeiten, Parteienverkehr usw. sind auch im Internet (wien.online) unter

http://www.wien.gv.at/ma37

abrufbar.

Die baubehördlichen Dienststellen haben grundsätzlich

Dienstag und Donnerstag von 8 bis 12.30 Uhr

Parteienverkehr.

Die Adressen der baubehördlichen Dienststellen sowie aller Fachdienststellen → Magistrat.

Flächenwidmungs- und Bebauungspläne

Wo und wie darf gebaut werden?

• Plandokumente

Mit den Flächenwidmungs- und Bebauungsplänen wird festgelegt, nach welchen Grundsätzen der Ausbau der Stadt vor sich gehen soll und in welcher Weise die Grundflächen bebaut werden dürfen (Widmung, Bauklasse, Bauweise usw.). Die Flächenwidmungs- und Bebauungspläne werden in Wien in so genannten "Plandokumenten" dargestellt, die jeweils ein bestimmtes, abgegrenztes Gebiet umfassen. In den Plandokumenten sind im Wesentlichen folgende Informationen enthalten:

– Widmung (Bauland, Grünland, Verkehrsband, Sondergebiet)
– Art und Lage der Fluchtlinien
– Höhenlage der Verkehrsflächen
– Bauklasse
– Bauweise
– etwaige Bebauungsbeschränkungen.

Die Plandokumente sind in der MA 21A, 1, Rathausstraße 14–16, erhältlich (gegen geringes Entgelt).

• Information über die Bebaubarkeit

Auskünfte über die Bebaubarkeit bzw. über die Ausnützbarkeit von Liegenschaften erteilen die ReferentInnen der MA 21A (Bezirke 1 bis 9 und 14 bis 20), MA 21B (Bezirke 10 bis 13 und 21 bis 23) sowie der MA 37 bzw. der MA 64.

• Änderung des Flächenwidmungs- und Bebauungsplanes

Die MA 21A oder B arbeiten die Entwürfe für diese Pläne aus und nehmen dabei auf eine Vielzahl von Zielen der Stadtentwicklung Bedacht. Im Amtsblatt der Stadt Wien, im Amtsblatt zur Wiener Zeitung, auf den Amtstafeln des Rathauses und des jeweiligen Bezirksamtes sowie im Internet

http://www.wien.at

ist ersichtlich, welches Stadtgebiet gerade überarbeitet wird. Innerhalb der Auflagefrist kann jeder eine Stellungnahme zu diesen Entwürfen abgeben.

Bausperre

Baubewilligungen sind eventuell trotzdem möglich!

In Stadtgebieten, die vom Bebauungsplan nicht erfasst sind oder in denen der Bebauungsplan abgeändert werden soll, besteht bis zur Festsetzung dieser Pläne eine "Bausperre". Mit der Kundmachung der öffentlichen Auflage eines Entwurfes für die Festsetzung oder für Abänderungen des Flächenwidmungs- oder des Bebauungsplanes tritt ebenfalls eine Bausperre ein (die sechs Monate dauert). Baubewilligungen können unter Umständen jedoch trotz der Bausperre erteilt werden (im Zuge des Baubewilligungsverfahrens wird eine Stellungnahme des für die Stadtplanung zuständigen Gemeinderatsausschusses eingeholt).

Schutzzone

Was wird geschützt?

Geschützt wird damit der bauliche Altbestand in Gebieten, die wegen ihres örtlichen Stadtbildes in ihrem äußeren Erscheinungsbild erhaltungswürdig sind. Aus diesem Grund ist auch der Abbruch von Gebäuden (nur) in Schutzzonen baubehördlich bewilligungspflichtig.

Wohnzone

Mit der Festsetzung von Wohnzonen soll der Wohnungsbestand in diesen Gebieten erhalten bleiben. Die Auflassung von Wohnungen oder die Nutzung der Räume in anderer Weise ist daher nur unter bestimmten Voraussetzungen möglich (ebenso kann nur die Errichtung von Wohngebäuden erlaubt werden).

Wichtige Schritte zur Erlangung der Baubewilligung

• Bekanntgabe der Bebauungsbestimmungen
Vor dem Ansuchen um Baubewilligung für einen Neubau, Zubau, Umbau oder für eine fundierte Einfriedung entlang der Baulinie ist beim Vermessungsdezernat der MA 37 die "Bekanntgabe der Bebauungsbestimmungen" zu erwirken (Bescheid, der nur ein Jahr gilt). Die Behörde stellt dabei fest, ob und in welcher Form das Grundstück bebaut werden darf oder ob vorher noch Teile angrenzender Grundstücke in den Bauplatz einzubeziehen oder Grundstücksteile ins öffentliche Gut abzutreten sind. Für das Ansuchen ist die Zustimmung von zumindest einem Grundstücksmiteigentümer erforderlich.

• Bauplatzschaffung
Wenn das Grundstück nicht ohne Änderung der bestehenden Form bebaut werden kann, arbeitet das Vermessungsdezernat der MA 37 einen Vorschlag aus, wie die Grundstücksgrenzen sinnvoll verändert werden könnten. In weiterer Folge ist allerdings eine "Abteilungsbewilligung" (Bescheid) notwendig (→ Magistrat, MA 64).

• Bauansuchen, Baupläne
Das Bauansuchen kann hand- oder maschinschriftlich verfasst sein, es gibt aber auch Formulare hiefür bei der MA 37. Die Formulare können auch über das Internet unter

http://www.wien.gv.at/ma37

abgerufen werden. Baupläne (Einreichpläne) müssen in dreifacher Ausfertigung als Plandrucke vorgelegt werden und sind im Maßstab 1:100, der Lageplan im Maßstab 1:200 oder 1:500, auszuführen. Sie müssen vom Bauwerber, einem befugten Planverfasser und vom Eigentümer/den Miteigentümern (AUSNAHME → "Bauanzeige") unterfertigt werden. Sollte ein Baurecht vorliegen, müssen die Pläne auch vom Baurechtseigentümer unterfertigt sein.

• Weitere Belege zum Bauansuchen
(nicht immer sind alle Unterlagen erforderlich!)
– Aktuelle Grundbuchsabschrift
– Nachweis der Zustimmung aller Grundeigentümer
– Bewilligung des Bauplatzes
– Bekanntgabe der Bebauungsbestimmungen
– Nachweis eines hiezu berechtigten Sachverständigen über den Wärme- und Schallschutz (wenn dieser betroffen ist)
– Statische Vorbemessung einschließlich Fundierungskonzept eines hiezu berechtigten Sachverständigen (oder eine Bestätigung, dass dies zufolge der Geringfügigkeit des Bauvorhabens nicht erforderlich ist)
– Berechnung der Anliegerleistungen

Über die jeweils notwendigen Belege für das Baubewilligungsverfahren informieren die zuständigen ReferentInnen der Baubehörde. Weiters liegen Merkblätter darüber bei den Außenstellen und in der Zentrale der MA 37 auf. Auch im Internet sind Informationen darüber unter

http://www.wien.gv.at/ma37

abrufbar.

• Vorprüfung
Wird bereits im Zuge der Planung eine Beurteilung der grundsätzlichen Bewilligungsfähigkeit eines Projektes gewünscht, so kann eine behördliche Vorprüfung (grundsätzliche Erörterung) bei der Baubehörde beantragt werden.

• Bauverfahren, Bauverhandlung
Von der Baubehörde wird geprüft, ob das Bauvorhaben den Bestimmungen der Bauordnung entspricht oder ob allenfalls Ergänzungen oder Änderungen erforderlich sind. Sollten zur Beurteilung des eingereichten Projektes von den verschiedenen Fachdienststellen des Magistrats Stellungnahmen notwendig sein, werden diese im Zuge des Bauverfahrens eingeholt (sofern sie nicht schon dem Ansuchen z.B. in Form einer "Vidierung" beigelegt sind). Falls Nachbarrechte betroffen sind, wird eine Bauverhandlung abgehalten, zu der auch die Eigentümer der Nachbarliegenschaften eingeladen werden. Bei der Bauverhandlung haben die "Nachbarn" die Möglichkeit, Einwendungen gegen das Bauvorhaben geltend zu machen.

• Baubewilligung, zulässiger Baubeginn
Der Baubewilligungsbescheid wird dem Bauwerber sowie jenen Nachbarn, die Einwendungen erhoben haben, mit der Post zugestellt. Innerhalb von 14 Tagen kann gegen die Baubewilligung berufen werden, was zur Folge hat, dass die Baubewilligung zunächst nicht "rechtskräftig" wird und die Bau**ober**behörde über die Einwendungen entscheidet. Liegt eine rechtskräftige Baubewilligung vor, kann aus baurechtlicher Sicht mit dem Bau begonnen werden (AUSNAHME → "Vereinfachtes Baubewilligungsverfahren"). Die Gültigkeitsdauer der Baubewilligung beträgt vier Jahre (HINWEIS: Baubewilligungen auf Widerruf gelten nur zwei Jahre).

• Es können noch andere Bewilligungen erforderlich sein!
Bei der Realisierung von Bauten ist zu beachten,

dass ein Projekt gleichzeitig mehreren Rechtsmaterien (Gesetzen) unterliegen kann, und somit unter Umständen mehrere behördliche Bewilligungen zu erwirken sind. So kann neben der Baubewilligung zusätzlich auch eine Betriebsanlagengenehmigung, eine Baumfällungsbewilligung, Bewilligungen nach dem Wiener Aufzugsgesetz, dem Wiener Naturschutzgesetz, dem Wiener Veranstaltungsgesetz, dem Wiener Veranstaltungsstättengesetz, dem Wiener Gebrauchsabgabegesetz, dem Wiener Ölfeuerungsgesetz, dem Denkmalschutzgesetz, dem Forstgesetz, dem Bundesstraßengesetz oder dem Eisenbahngesetz erforderlich sein.

Die Bauanzeige

Es ist keine Zustimmung des Grundeigentümers erforderlich!

Für eine Bauanzeige müssen die Einreichpläne nicht vom Grundeigentümer unterfertigt sein. Eine Bauanzeige kann von der Baubehörde allerdings nur für geringfügige Bauvorhaben innerhalb von Wohnungen oder Betriebseinheiten "zur Kenntnis" genommen werden (es dürfen keine allgemeinen Teile des Hauses betroffen sein). Innerhalb von sechs Wochen muss die Baubehörde (wenn alles in Ordnung ist) eine Bauanzeige mit Bescheid zur Kenntnis nehmen (HINWEIS: mietrechtliche Bestimmungen bzw. das **zivilrechtliche** Erfordernis einer Zustimmung des Eigentümers/des Vermieters bleiben trotzdem aufrecht).

Vereinfachtes Baubewilligungsverfahren

Viel Verantwortung liegt beim Ziviltechniker

Das Baubewilligungsverfahren ist vereinfacht und verkürzt: es ist keine Bauverhandlung erforderlich, und es ergeht keine schriftliche Baubewilligung. Ein Ziviltechniker hat allerdings die Einhaltung der öffentlich-rechtlichen Vorschriften zu bestätigen. Wenn die Prüfung durch die Baubehörde die Ordnungsmäßigkeit des Projektes ergibt, darf mit dem Bau begonnen werden. Die Nachbarn werden dabei aber keineswegs übergangen, sie haben bis drei Monate nach dem tatsächlichen Baubeginn die Möglichkeit, Einwendungen vorzubringen.

Der Kleingarten

Wesentliche Verfahrensvereinfachungen

Im Kleingartengebiet ist nur mehr die Errichtung von Neu-, Zu- und Umbauten von Kleingarten(wohn)häusern und Gemeinschaftsanlagen bewilligungspflichtig. Alle anderen Bauführungen sind – sofern sie für die Nutzung des Gartens typisch und unbedingt notwendig sind – bewilligungsfrei. Nach Vorlage der vollständigen Unterlagen und Anzeige des Baubeginns darf mit der Bauführung begonnen werden. Innerhalb von drei Monaten nach dem Baubeginn können die Nachbarn Einwendungen erheben. Detailauskünfte über Fragen im Zusammenhang mit Kleingärten erteilen die Außenstellen der MA 37. Für Kleingärten auf städtischen Liegenschaften ist die MA 69 als grundverwaltende Dienststelle zuständig.

Nachträgliche Baubewilligung

Baurechtliche Sanierung von Bauten langen Bestandes

Gebäude, die ohne Baubewilligung errichtet wurden und bereits länger (mehr als zehn bzw. mehr als 30 Jahre) bestehen, können unter gewissen Umständen nachträglich legalisiert werden.

Detailauskünfte darüber können über das bei der MA 37 speziell eingerichtete

Info-Telefon 40 00 . . ., 8960

Montag bis Freitag von 8 bis 12.30 Uhr

eingeholt werden.

Kosten für eine Baubewilligung

Neben den Planungskosten (Vermessung, Entwurf, Einreich- und Detailplanung usw.) und den Anschlusskosten für Gas, Strom, Wasser usw. können auch nachfolgende Gebühren, Beträge und Abgaben anfallen, über deren Höhe die jeweils zuständige Baubehörde Auskunft geben kann:

- **Kanaleinmündungsgebühr**

Für den Anschluss an den öffentlichen Straßenkanal ist eine Kanaleinmündungsgebühr zu entrichten.

- **Anliegerbeitrag**

Für die erstmalige Errichtung eines Neubaues auf einer bisher unbebauten Liegenschaft kann die Verpflichtung zur Bezahlung eines Anliegerbeitrages entstehen (sie entfällt, wenn der Neubau nur Klein- oder Mittelwohnungen enthält).

- **Gehsteigherstellung**

Keinesfalls zu vernachlässigen sind die Kosten für die Herstellung des Gehsteiges bei Neu-, Zu- oder Umbauten. Bei der Errichtung eines Zu- oder Umbaues wird die Herstellung eines Gehsteiges allerdings nur dann vorgeschrieben, wenn seine Herstellungskosten im Vergleich zu den Kosten des Bauvorhabens wirtschaftlich vertretbar sind (weniger als 5 % ausmachen).

• Schaffung von Pflichtstellplätzen/Ausgleichsabgabe

Wenn gemäß dem Wiener Garagengesetz für die Bauführung Parkplätze, so genannte Pflichtstellplätze, zu schaffen sind, diese jedoch weder am eigenen Bauplatz noch in der Umgebung (ca. 500 m) untergebracht werden können, sind je nicht geschaffenem Pflichtstellplatz 8.720,74 EUR als Ausgleich zu bezahlen.

Bewilligungsfreie Bauvorhaben

Auch bewilligungsfreie Bauvorhaben müssen den Bauvorschriften entsprechen!

In der Bauordnung für Wien sind alle baubewilligungsfreien Bauvorhaben aufgezählt. Neben vielen anderen Bauführungen sind dies beispielsweise Abbrüche außerhalb von Schutzzonen sowie – jeweils bis zu bestimmten Größen – die Errichtung von Badehütten, Geräte- und Werkzeughütten, Verkaufsständen, Lauben, Saletteln, weiters Baustelleneinrichtungen, Pergolen, Antennen-, Funk-, Solar- und Parabolantennen und die nachträgliche Anbringung einer Wärmedämmung. Wichtig ist, dass alle bewilligungsfreien Bauführungen trotzdem den Bauvorschriften, einschließlich den Bebauungsvorschriften, entsprechen müssen.

Bauführung

Professionelles Arbeiten ist erforderlich

• Vor der Bauausführung

Vor Baubeginn müssen der Bauführer und der Prüfingenieur namhaft gemacht werden, die der Baubehörde gegenüber für die Bauausführung verantwortlich sind. Wichtig ist auch die "Aussteckung der Fluchtlinien und Höhenlagen", die entweder durch einen Ingenieurkonsulenten für Vermessungswesen oder über Ansuchen vom Vermessungsdezernat der MA 37 zu erfolgen hat. Der definitive Baubeginn ist vom Bauführer mindestens drei Tage zuvor der zuständigen Baubehörde anzuzeigen.

• Während der Bauausführung

Der Prüfingenieur führt (dem Baufortschritt entsprechend) die "Beschauten" durch, und es müssen die darüber erstellten Befunde – wie auch die Baupläne und die statischen Berechnungen – auf der Baustelle aufliegen. Der Prüfingenieur hat allfällige Abweichungen von den bewilligten Plänen der Baubehörde unverzüglich zu melden, die dann weitere Schritte (unter Umständen auch eine Baueinstellung) veranlassen muss. Im Zuge der Baudurchführung ist jede unnötige Belästigung durch Lärm und Staub zu vermeiden. Erforderlichenfalls sind Schutzdächer, Bauplanken, Abschrankungen usw. herzustellen und Bauschuttcontainer abzudecken.

• Nach der Bauausführung

Nach Fertigstellung des Bauwerks muss der Bauwerber der zuständigen Baubehörde die "Fertigstellungsanzeige" erstatten. Dieser Anzeige ist eine Bestätigung eines Ziviltechnikers über die bewilligungsgemäße und den Bauvorschriften entsprechende Ausführung des Baues anzuschließen. Wird mit der Baubewilligung auf die Bestätigung des Ziviltechnikers verzichtet, so ist – wie auch bei Bauabänderungen – eine Erklärung des Bauführers anzuschließen, dass der Bau entsprechend der Baubewilligung und den Bauvorschriften ausgeführt worden ist. (Erst) wenn die Fertigstellungsanzeige vollständig belegt ist, darf das Bauwerk benützt werden.

Die Verpflichtungen der Eigentümer von Baulichkeiten

Da Baustoffe eine begrenzte Lebensdauer haben, können "Baugebrechen" auftreten, durch welche Benutzer von Gebäuden oder Passanten gefährdet werden können. Wenn der Eigentümer eines Gebäudes der (gesetzlich festgelegten) Instandhaltungspflicht nicht nachkommt, muss die Baubehörde einen "Instandsetzungsauftrag" erteilen. Manchmal sind Verwaltungsstrafen und/oder eine "Ersatzvornahme" der einzige Weg, um einen solchen Bauauftrag auch durchzusetzen (die erforderlichen Maßnahmen werden dann über Auftrag der Behörde auf Kosten des Eigentümers durchgeführt).

Baubehörden

Wer ist wofür zuständig?

Die baubehördlichen Aufgaben sind im Wesentlichen auf zwei Magistratsabteilungen konzentriert:

MA 37 – Baupolizei

Die MA 37 – Baupolizei ist mit ihren **Außenstellen** für sämtliche baubehördliche Genehmigungsverfahren (ausgenommen für Bauten des Bundes) sowie für die Erteilung von Bauaufträgen, Baueinstellungen, Stellung von Strafanträgen, Bearbeitung von Anfragen und Beschwerden usw. zuständig. Die Außenstellen der MA 37 führen auch die "Baueinlagen" (Hauseinlagen), in welche sowohl die jeweiligen Grundeigentümer als auch die Eigentümer von Nachbarliegenschaften (bzw. deren Bevollmächtigte) im Zuge der Verfassung von Bauplänen Einsicht nehmen dürfen.

Die MA 37 verfügt weiters über folgende **Fachgruppen:**

MA 37, Gruppe A:

Baubehördliche Angelegenheiten betreffend Aufzüge, Kräne, Tankstellen, Ölfeuerungen und Tanklager.

MA 37, Gruppe B:

Fachfragen des Wärme-, Schall- und baulichen Brandschutzes.

Ölfeuerungen und Öllagerungen
Für Ölfeuerungsanlagen und Öllagerungen ist – soweit diese Anlagen nicht dem Gewerberecht unterliegen – bei der **Magistratsabteilung 37, Gruppe A,** um baubehördliche Bewilligung anzusuchen.

Statische Belange
Jedem Bauansuchen ist entweder eine "statische Vorbemessung einschließlich eines Fundierungskonzeptes" oder ein Gutachten, dass diese Vorlage aufgrund der Geringfügigkeit nicht erforderlich ist, anzuschließen. Die **Magistratsabteilung 37, Gruppe S,** gibt über Fragen hinsichtlich erforderlichem Inhalt bzw. Umfang Auskunft.

Veranstaltungsstätten, Versammlungsräume
Bei der Planung von Gebäuden, die Veranstaltungsräume oder größere Versammlungsräume enthalten, sind die Bestimmungen des Wiener Veranstaltungsgesetzes und des Wiener Veranstaltungsstättengesetzes einzuhalten. Auskünfte darüber erteilen die ReferentInnen der **Magistratsabteilung 36, Dezernat V,** die auch Behörde für eine allfällig erforderliche "Eignungsfeststellung" ist.

Verkehrstechnik
Die **Magistratsabteilung 46 – Verkehrsorganisation und technische Verkehrsangelegenheiten** stellt die Sachverständigen für Verkehrsfragen in bau- und gewerbebehördlichen Verfahren (insbesondere auch bei Fragen hinsichtlich Garagenaus- und -einfahrten).

Wasseranschluss
Jedes Gebäude mit Aufenthaltsräumen muss mit gesundheitlich einwandfreiem Trinkwasser versorgt sein. Darüber hinaus muss auch eine ausreichende Wassermenge zur Brandbekämpfung zur Verfügung stehen. Auskünfte über die öffentliche Wasserversorgung erteilt die **Magistratsabteilung 31 – Wasserwerke**.

Wohnbauförderung
Wenn für ein Bauvorhaben eine Wohnbauförderung angestrebt wird, sollte das Projekt bereits im Planungsstadium durch die **Magistratsabteilung 25 – Technisch-wirtschaftliche Prüfstelle für Wohnhäuser, besondere Angelegenheiten der Stadterneuerung** begutachtet werden.

BIBLIOTHEK DER STADT UND DES LANDES WIEN

(MA 9)

Wiener Stadt- und Landesbibliothek
1, Rathaus
Servicetelefon, Kanzlei:
40 00 . . ., 84915 oder 84920
E-Mail: post@m09.magwien.gv.at
Telefax: 40 00–7219
Homepage: www.wien.gv.at/ma09,
www.stadtbibliothek.wien.at

Die Wiener Stadt- und Landesbibliothek wurde 1856 gegründet, nachdem es bereits vom späten Mittelalter bis zum Verkauf an die Hofbibliothek 1780 eine Bibliothek der Stadt Wien gegeben hatte. Seither sammelt die Bibliothek gezielt vor allem Publikationen, die in irgendeiner Beziehung zur Stadt Wien und ihren Bewohnern stehen, aber auch Austriaca (teilweise auch das Gebiet der ehemaligen österreichisch-ungarischen Monarchie umfassend) und Juridica. 1878 entstand die Handschriftensammlung, 1897 die Musiksammlung und 1923 die Plakatsammlung. Heute ist die Wiener Stadt- und Landesbibliothek die drittgrößte wissenschaftliche Bibliothek der Bundeshauptstadt. Als Magistratsabteilung 9 ist sie Teil der Geschäftsgruppe Kultur und mit Verwaltungsaufgaben, Gutachtertätigkeit, Biographienerstellung und ähnlichem betraut.

Ausstellungen der Bibliothek
Im Bibliotheksgang finden jährlich zwei Ausstellungen statt, die auf Sammlungsschwerpunkte der Bibliothek hinweisen oder Ereignisse dokumentieren. Zu den Ausstellungen erscheint ein Katalog, der in der Bibliothek erhältlich ist.

Druckschriftensammlung
Tel. 40 00 . . ., 84920
1, Rathaus, Eingang Felderstraße, Stiege 4 (=links),
1. Stock (Lift), Tür 333

Hier werden über eine halbe Million Bücher, Einblattdrucke, Zeitungen, Zeitschriften, themenbezogene Konvolute und Partezettel verwahrt. Zu den wichtigsten und umfangreichsten Sammelbeständen zählen Literatur aus und zu den beiden Türkenbelagerungen 1529 und 1683, Broschüren aus der Zeit Kaiser Josefs II., Druckwerke (vor allem Flugschriften und Zeitungen) zur Revolution des Jahres 1848, eine Sammlung zum Ersten Weltkrieg, Almanache, Gebetbücher, Kochbücher, Kinderbücher, Reiseführer und -beschreibungen, Theaterzettel und Programme der meisten Wiener Bühnen, ein Großteil der in Wien erschienenen und erscheinenden Zeitungen sowie ein wertvoller Bestand an erotischer Literatur. Dazu kommen noch juristische Werke von historischer aber auch aktueller Relevanz bis hin zum EU-Recht.

Handschriftensammlung
Tel. 40 00 . . ., 84945
1, Rathaus, Eingang Felderstraße, Stiege 4 (=links) oder Stiege 6 (=rechts), 1. Stock (Lift), Tür 325
Lesesaal: Montag bis Freitag von 9 bis 15 Uhr,
Donnerstag von 9 bis 18.30 Uhr

Die Sammlung besitzt mehr als 500.000 Einzelautographen. Der Schwerpunkt liegt dabei auf literarischen Autographen (vor allem Briefen) des 19. und 20. Jahrhunderts. Neben Franz Grillparzer, dessen 1878 der Stadt Wien übergebener Nachlass der Initialbestand der Sammlung ist, finden sich hier unter anderem die Nachlässe von Ferdinand Raimund und Johann Nestroy, Ludwig Anzengruber, Marie von Ebner-Eschenbach, Ferdinand von Saar, aber auch von Franz Theodor Csokor, Richard Schaukal, Felix Braun, Max Reinhardt, Max Mell, Fritz Hochwälder, Herta Staub, Ernst Lothar, Friedrich Torberg und Hans Weigel. Dazu kommt das Karl-Kraus-Archiv mit zahlreichen Manuskripten, Korrekturfahnen, Korrespondenzen und Materialien aller Art und das Friederike-Mayröcker-Archiv, das in Manuskripten und Typoskripten das Schaffen dieser bedeutenden österreichischen Autorin der Gegenwart dokumentiert. Darüber hinaus gibt es kaum einen Namen von Bedeutung in der deutschsprachigen Literatur der letzten zwei Jahrhunderte, der nicht durch Autographen dokumentiert wäre. Wichtige Musiker-, Künstler-, Schauspieler-, Wissenschaftler- und Politikernachlässe und -autographen ergänzen den Bestand.

Musiksammlung
Tel. 40 00 . . ., 84950
1, Bartensteingasse 9, 1. Stock
Lesesaal: Montag von 12 bis 15 Uhr,
Dienstag, Donnerstag, Freitag von 9 bis 15 Uhr,
Mittwoch von 12 bis 18.30 Uhr

Musikautographen und Notendrucke zur Musikgeschichte vor allem der letzten 200 Jahre mit Schwergewicht auf Wiener Künstler und Verlage bilden den Kernbestand der Sammlung. Die Übergabe der autographen Partitur von Beethovens Ouvertüre "Die Weihe des Hauses" 1897 war die Geburtsstunde der Sammlung. Mit den Komponisten der Wiener Klassik setzt auch die seither betriebene Sammeltätigkeit ein. Hervorzuheben sind besonders die Bestände zu Franz Schubert, Johann Strauß (Sohn) und der Strauß-Familie, Hugo Wolf und Ernst Křenek. Dazu kommen reiche Materialien zur Operette, ein Wienerlied-Archiv, die Verlagsarchive Universal-Edition und Doblinger, aber auch umfangreiches Quellenmaterial zur Musik des klassischen und romantischen Wiener Umfeldes, zur Musik des 20. Jahrhunderts sowie zur Unterhaltungs- und Schlagermusik aus den letzten 150 Jahren. Komponistennachlässe, Notensammlungen und Kleinarchive sowie zahlreiche Erst- und Frühdrucke, aber auch laufend ergänzte Gesamtausgaben runden diese bedeutende Sammlung ab.

Plakatsammlung
Tel. 40 00 . . ., 84966
1, Rathaus, Eingang Felderstraße, Stiege 4 (=links),
2. Stock (Lift), Tür 444
Lesesaal: Montag bis Freitag von 9 bis 15 Uhr

Obwohl die Bibliothek seit ihrem Bestehen Plakate in ihre Bestände aufgenommen hat, fällt das eigentliche Gründungsdatum der Plakatsammlung in das Jahr 1923. Seither werden systematisch alle erreichbaren Plakate, die in Wien angeschlagen werden, gesammelt. In erster Linie sind dies Plakate, die Wiener Werbefirmen im Stadtgebiet affichieren, aber auch Plakate verschiedener Aktionen von gesellschaftlichen und politischen Gruppierungen. Inhaltliche Grenzen kennt die Sammlung nicht: es finden sich Filmplakate, Fremdenverkehrswerbungen, Ausstellungs- und Veranstaltungsankündigungen ebenso wie Produktwerbung und politische Plakate. Der Bogen spannt sich dabei von frühen Maueranschlägen aus der Wende vom 18. zum 19. Jahrhundert über einen besonders reichhaltigen Bestand zur Revolution des Jahres 1848 und die Wahlen im 20. Jahrhundert bis hin zu den Plakaten der unmittelbaren Gegenwart.

Die rund 150.000 Objekte sind zumeist in Form von nach Sachgebieten angelegten Konvoluten und innerhalb dieser chronologisch archiviert.

Dokumentationen
Tel. 40 00 . . ., 84961
1, Rathaus, Eingang Felderstraße, Stiege 4 (=links),
2. Stock (Lift), Tür 444
Lesesaal: Montag bis Freitag von 9 bis 15 Uhr

Neben reichhaltigen und die verschiedensten Themenbereiche umfassenden Zeitungsausschnittsammlungen, die im Laufe der Jahrzehnte in die Bibliotheksbestände integriert wurden und werden, sind vor allem drei selbständige Dokumentationsbereiche hervorzuheben.

a) Zeitungsindex: Diese seit 1930 bestehende Dokumentation wertet die Wiener Zeitungen seit 1900 aus. Die jeweiligen Artikel werden mit Angabe von Titel, Zeitung, Datum und Seite in Form eines Zettelkatalogs erfasst. Aufgenommen werden Meldungen, die sich auf Wien betreffende kulturelle, soziale, kommunale und politische Ereignisse beziehen sowie auf Persönlichkeiten, die im Blickpunkt der Öffentlichkeit stehen: Künstler, Wissenschaftler, Politiker. Auch hier entscheidet über die Aufnahme ausschließlich der Bezug zu Wien bzw. zu Österreich.

b) Personendokumentation: Die Bibliothek führt ein EDV-unterstütztes Gedenktageverzeichnis, in dem die Geburts- und Sterbedaten sowie weitere biografische Eckdaten bedeutender Wiener Persönlichkeiten festgehalten werden.

c) Portheimkatalog: Dieser Katalog ist das Ergebnis der mehr als vierzigjährigen Sammeltätigkeit des Privatgelehrten Max von Portheim (1857-1937) zur theresianisch-josephinischen Epoche. Der wichtigste Teil ist der Personenkatalog, der bibliografische Angaben zu Personen verzeichnet, die zwischen 1740 und 1792 in der österreichischen Monarchie lebten und nicht später als 1772 geboren wurden; oft aber dehnt sich der Rahmen der erfassten Personen bis etwa 1810. Neben Geburts- und Sterbedaten notierte Portheim sämtliche Quellenangaben aus Zeitungen, Biografien, Nachschlagewerken, Büchern usw. Der andere Teil des Zettelkatalogs umfasst, leider nicht alphabetisch gereiht, Kataloge zu den verschiedensten Schlagworten, Bibliografien österreichischer und deutscher Städte, zu Theaterstücken und Kalendern sowie zu kriegerischen Ereignissen usw.

Benützung der Bibliothek

Die Einrichtungen der Bibliothek sind allgemein und kostenlos benützbar. Lediglich für Vervielfältigungen und Reproduktionen werden Entgelte berechnet.

Voraussetzung für die Benützung ist der Besitz einer Leserkarte, die gegen Vorlage eines gültigen Lichtbildausweises kostenlos ausgestellt wird. Sie gilt für alle weiteren Besuche. Die Bestände der einzelnen Sammlungen sind durch Kataloge erschlossen, über deren Benützung die Bibliothekarinnen und Bibliothekare Auskunft erteilen. Die gewünschten Werke stehen 30 bis 45 Minuten nach der Bestellung zur Verfügung.

Die Bibliothek ist eine Präsenzbibliothek, d. h. die Werke dürfen nur in den Lesesälen benützt werden. Ausgenommen sind Entlehnungen zum dienstlichen Gebrauch.

EDV-Kataloge

Die EDV-Kataloge der Bibliothek sind über Wien Online

http://www.wien.gv.at/ma09

und über die eigene Homepage der Bibliothek

http://www.stadtbibliothek.wien.at

zugänglich. Der Druckschriftenkatalog umfasst alle Neuerwerbungen seit 1991 sowie – seit Ende des Jahres 2001 – die im alten Zettelkatalog verzeichneten Werke (derzeit bis zum Buchstaben T). Der Plakatkatalog enthält alle Neuzugänge seit 1996, City-light Plakate aus den Jahren 1993 und 1994, die Plakate mit Wirtschafts- bzw. Produktwerbung aus den Jahren 1895 bis 1955, den restaurierten Altbestand, die Sammlung kriegswirtschaftlicher Plakate aus dem Ersten Weltkrieg und die Filmplakate. Der gescannte Zettelkatalog der Handschriften ist ebenfalls über Internet zugänglich.

Geburtstagszeitungen

Die Wiener Stadt- und Landesbibliothek fertigt aus mikroverfilmten Zeitungen Kopien der Ausgaben eines bestimmten Tages – etwa eines Geburtstages oder eines besonderen Jahrestages – zum privaten Gebrauch an.

Da die Qualität der vorhandenen Mikrofilme unterschiedlich ist und sich nicht alle gleich gut für eine Reproduktion eignen, empfiehlt die Bibliothek folgende Zeitungen:

1867 – 1945	Neues Wiener Tagblatt
1945 – 1954	Kurier
1955 – 1976	Arbeiter Zeitung
1976 –	Wiener Zeitung

BILDUNG UND AUSSERSCHULISCHE JUGENDBETREUUNG

(MA 13)

Landesjugendreferat Wien

Der Schwerpunkt der Tätigkeit des Landesjugendreferates liegt in der Koordination und Vernetzung der zahlreichen jugendrelevanten Einrichtungen der außerschulischen Kinder- und Jugendarbeit Wiens. Das Landesjugendreferat gibt Impulse und setzt Schwerpunkte bei Aktivitäten, die insgesamt der außerschulischen Kinder- und Jugendarbeit zugute kommen.

Als Fachdienststelle ist das Landesjugendreferat verantwortlich für die Planung, Steuerung, Konzeption und Abstimmung der Aktivitäten der offenen und der freizeitpädagogischen Kinder- und Jugendarbeit, die im Auftrag oder im Interesse der Stadt Wien durchgeführt werden. Die beim Landesjugendreferat angesiedelte Koordinationsstelle für „Mobile Jugendarbeit, Aufsuchende Kinder- und Jugendarbeit, Streetwork und Animative Freizeitpädagogische Betreuung" (M.A.ST.A.) ist wieder für die Koordination der Aufsuchenden Jugendarbeit zuständig.

Enge Kooperation gibt es mit gemeinnützigen Vereinen wie dem Verein wienXtra, dem Verein Jugendzentren der Stadt Wien, den Einrichtungen der Aufsuchenden Jugendarbeit, Projekten der Parkbetreuung, den Jugendorganisationen, dem Stadtschulrat, aber auch mit diversen freien Trägergruppen und Initiativen. Die meisten Gruppierungen werden im Wege der Subventionierung bzw. auch durch Sachleistungen gefördert.

Das Ziel der Aktivitäten, sowohl bei den wienweiten Freizeitangeboten als auch bei den vielfältigen stadtteilorientierten Betreuungsangeboten, liegt in der sinnvollen Freizeitgestaltung, die die wesentlichste Säule der präventiven Jugendarbeit ist. Ein weiterer Schwerpunkt liegt in der Partizipation von jungen Menschen: Gemeinsam mit Kindern und Jugendlichen werden Angebote entwickelt, die ihren individuellen Bedürfnissen und Anliegen entsprechen, die ihnen ermöglichen, ihren Lebensraum aktiv mitgestalten zu können, und sie bei ihrer positiven und kreativen Weiterentwicklung unterstützen. Nicht zuletzt soll damit auch die Bereitschaft zum politischen Engagement gefördert werden.

Um diese Ziele zu erreichen, führt das Landesjugendreferat Wien u.a. folgende Aktionen und Veranstaltungen durch:

"Wiener Internationale Jugendfachgespräche"

Internationale Jugendkontakte einschließlich Durchführung von und Information über EU-Programme

Förderung kultureller Jugendveranstaltungen

JungbürgerInnenveranstaltungen

Wald der jungen WienerInnen

"Bildungsinformationswoche" für SchülerInnen der 7. bis 9. Schulstufe

Partizipationsmodelle auf Stadtebene und Beratung für Beteiligungsprojekte in den Bezirken

SchülerInnenmitgestaltung

"Redewettbewerb" in Zusammenarbeit mit dem Kuratorium österreichischer Jugendredewettbewerb

"Bezirksjugendsingen"

"Landesjugendsingen" (jedes dritte Jahr)

Begegnungen – "Musik aktiv"

Begegnungen – "Schulspiel aktiv"

Begegnungen – "Kreativ aktiv"

Chortage

ChorleiterInnenkurse

Kurse in Flugmodellbau

Projektförderungen

Museumspädagogische Aktionen

Aktion "miteinander"

"Volkstanzfest" vor dem Schloss Belvedere

Der engste Kooperationspartner des Landesjugendreferates ist der Verein wienXtra. Die Aktivitäten von wienXtra liegen vor allem in folgenden Bereichen:

wienerferienspiel:
Aktionen in Sommer-, Weihnachts- und Semesterferien für Kinder von der 1. bis zur 6. Schulstufe

wienspielt:
Sommer-Ferienaktionen in den Bezirken

familientage:
monatlicher Veranstaltungskalender für Familien mit ermäßigten oder kostenlosen Freizeitangeboten

spielebox:
Spieleverleih, Beratung und Infos, Aktionen

cinemagic:
Kinder- und Jugendkino für Schulen, Horte, Kindergärten, jugendinwien, das wienerferienspiel, öffentliche Wochenend-Vorstellungen für Familien

jugendinfo:
Infos, Tickets und Beratung für 13- bis 25-Jährige

kinderinfo:
Infos über Angebote für Kinder(kultur) für bis 13-Jährige

jugendinwien:
monatlicher Veranstaltungskalender für 13- bis 25-Jährige mit ermäßigten oder kostenlosen Freizeitangeboten

popodrom:
Nachwuchs-Bandwettbewerb

medienzentrum:
medienpädagogische Workshops, Projekte und Veranstaltungen für Kinder, Jugendliche und FachexpertInnen, Mediothek und Equipmentverleih

institut für freizeitpädagogik:
Seminare, Kurse, Workshops zur Aus- und Weiterbildung von JugendleiterInnen und anderen in der Kinder- und Jugendarbeit Tätigen.

Detaillierte Informationen zu den einzelnen Organisationen finden Sie im Internet. Eine Projektmappe über alle von der M.A.ST.A. geförderten Einrichtungen kann angefordert werden.

Zentrale Geschäftsstellen

MA 13 – Landesjugendreferat
8, Friedrich-Schmidt-Platz 5
Tel. 40 00 . . ., 84345
www.lajuwien.at

MA 13 – Landesjugendreferat M.A.ST.A.
8, Friedrich-Schmidt-Platz 5
Tel. 40 00 . . ., 84359
www.lajuwien.at

Verein wienXtra
8, Friedrich-Schmidt-Platz 5
Tel. 40 00 . . ., 84355
www.wienxtra.at

Verein Jugendzentren der Stadt Wien
21, Prager Straße 20
Tel. 278 76 45
www.jugendzentren.at

Einrichtungen des Vereins wienXtra

wienerferienspiel und wienspielt
Tel. 40 00 . . ., 84398
www.ferienspiel.at

familientage
Tel. 40 00 . . ., 84368
www.familientage.at

jugendinwien
Tel. 40 00 . . ., 84393
www.jugendinwien.at

popodrom
Tel. 40 00 . . ., 84385
www.popodrom.at

cinemagic, Kinder- und Jugendkino
1, Friedrichstraße 4
Tel. 585 68 02
Telefax: 585 32 27
www.cinemagic.at

institut für freizeitpädagogik
8, Albertgasse 35/II
Tel. 406 65 55 . . ., 81–84
Telefax: 406 65 55–89
Öffnungszeiten: Montag bis Freitag von 8 bis 16 Uhr
Bibliothek: Mittwoch, Freitag von 12 bis 19 Uhr und Dienstag von 10 bis 16 Uhr
www.ifp.at

spielebox
8, Albertgasse 35/II
Tel. 406 69 33
Telefax: 406 65 55–89
Öffnungszeiten: Montag, Mittwoch, Freitag von 12 bis 19 Uhr und Dienstag, Donnerstag von 9 bis 13 Uhr
www.spielebox.at

jugendinfo
1, Babenbergerstraße 1
Tel. 17 99
Telefax: 585 24 99
Öffnungszeiten: Montag bis Samstag von 12 bis 19 Uhr
www.jugendinfowien.at

medienzentrum
7, Zieglergasse 49/II
Tel. 523 02 09
Telefax: 523 02 09–60
Öffnungszeiten: Montag bis Freitag von 10 bis 18 Uhr
Mediothek: Montag, Dienstag, Donnerstag von 14 bis 18 Uhr
www.medienzentrum.at

kinderinfo
7, Museumsplatz 1, MuseumsQuartier
Tel. 40 00 . . ., 84400
Öffnungszeiten: Donnerstag von 15 bis 19 Uhr, Freitag von 10 bis 19 Uhr, Samstag, Sonntag von 10 bis 15 Uhr
www.kinderinfowien.at

organisation und veranstaltungsmanagement
8, Wickenburggasse 4
Tel. 40 00 . . ., 84348
Telefax: 40 00–99–84348

Logistik
Kontakt: Andrea Doppelhofer
Tel. 40 00 . . ., 84391

produktionsbüro
Tel. 40 00 . . ., 84381
Telefax: 40 00–99–84381
Öffnungszeiten: Montag bis Donnerstag von 7.30 bis 16.30 Uhr, Freitag von 7.30 bis 12 Uhr

geräteverleih/materialverwaltung
8, Hamerlingplatz 1
Tel. 408 62 44
Telefax: 408 06 88
Öffnungszeiten: Montag bis Freitag von 7.30 bis 15.30 Uhr

Einrichtungen des Vereins "Jugendzentren der Stadt Wien"

Jugendzentren

Jugendzentrum Mex-Treff
2, Wehlistraße 178
Tel. und Telefax: 726 31 86
Mex-Treff@jugendzentren.at

Jugendzentrum Erdberg
3, Gestettengasse 14
Tel. und Telefax: 713 47 26
JZErdberg@jugendzentren.at

Jugendzentrum Margareten
5, Grünwaldgasse 4
Tel. 545 13 68
Telefax: 545 31 99
JZMargareten@jugendzentren.at

Jugendzentrum
10, Per-Albin-Hansson-Siedlung, Wendstattgasse 3
Tel. und Telefax: 688 16 58
JZ-PAHO@jugendzentren.at

Jugendzentrum Wienerberg
10, Neilreichgasse 115
Tel. 616 10 04
Telefax: 616 10 04–23
JZWienerberg@jugendzentren.at

Jugendzentrum Simmering
11, Pantucekgasse 13
Tel. und Telefax: 767 13 88
JZPAN@jugendzentren.at

Jugendzentrum JAM
11, Hoefftgasse 7
Tel. und Telefax: 767 13 75
JAM@jugendzentren.at

Jugendzentrum Meidling
12, Lichtensterngasse 2
Tel. 667 86 96
Telefax: 667 86 96–4
JZMeidling@jugendzentren.at

Jugendzentrum Rudolfsheim
15, Hollergasse 22–26
Tel. und Telefax: 892 81 38
JZRudolfsheim@jugendzentren.at

Jugendzentrum Ottakring
16, Ottakringer Straße 200
Tel. und Telefax: 486 53 98
JZOttakring@jugendzentren.at

Jugendzentrum Döbling
19, Grinzinger Straße 86
Tel. und Telefax: 370 51 35
JZGrinzing@jugendzentren.at

Jugendzentrum Strebersdorf
21, Dr.-Albert-Geßmann-Gasse 38
Tel. und Telefax: 292 14 37
JZStrebersdorf@jugendzentren.at

Jugendzentrum Nautilus
21, Großfeldsiedlung, Meistergasse 3
Tel. und Telefax: 259 84 19
JZGrossfeldsiedlung@jugendzentren.at

Jugendzentrum Marco Polo
21, Marco-Polo-Platz 9
Tel. und Telefax: 292 65 51
MarcoPolo@jugendzentren.at

Jugendzentrum Rennbahnweg
22, Lieblgasse 4
Tel. 258 11 96
Telefax: 258 11 96–10
JZRennbahnweg@jugendzentren.at

Jugendzentrum Hirschstetten
22, Pirquetgasse 7
Tel. und Telefax: 282 61 46
JZHirschstetten@jugendzentren.at

Jugendzentrum Alt Erlaa
23, Anton-Baumgartner-Straße 44
Tel. 667 71 14
Telefax: 667 63 23
JZAltErlaa@jugendzentren.at

Jugendtreffs

Jugendtreff "Alte Trafik"
2, Volkertplatz 5
Tel. 212 73 93
Handy: 0664 142 1067
Telefax: 212 73 93–4
AlteTrafik@jugendzentren.at

Jugendtreff "J.at"
Tel. 218 53 70
Siedlungstreff Leberberg
11, Leberweg Parz. 1546
Tel. 767 05 45
Telefax: 767 05 46
Handy: 0664 424 2780
Leberberg@jugendzentren.at

JIP – Jugendinitiativprojekt am Schöpfwerk
12, Am Schöpfwerk 29/13/R2
Tel. 662 62 21
Telefax: 662 16 62
Handy: 0664 191 72 35
JIP@jugendzentren.at

Jugendtreff BasE 20
20, Engerthstraße 78–80
Tel. und Telefax: 374 27 05
base20@jugendzentren.at

Jugendtreff Mitterhofergasse
21, Mitterhofergasse 2
Tel. und Telefax: 294 54 64
miho@jugendzentren.at

Mobile Jugendarbeit

Back on Stage 5
5, Strobachgasse 4/2+4
Tel. und Telefax: 585 31 96
Handy: 0664 24 36 012
BOS5@jugendzentren.at

Back on Stage 10
10, Kennergasse 10
Tel. 606 62 52
Telefax: 606 71 50
Handy: 0664 164 91 04
BOS10@jugendzentren.at

Back on Stage 11
11, Zippererstraße 14
Tel. 743 41 33
Telefax: 748 02 50
Handy: 0664 105 22 70
BOS11@jugendzentren.at

Back on Stage 16/17
17, Hernalser Hauptstraße 24
Tel. 402 17 64
Telefax: 406 66 40
Handy: 0664 243 60 13
BOS16-17@jugendzentren.at

Stadtteilzentren

Frauen Aktiv-Zentrum Erdberg
3, Lechnerstraße 2–4
Tel. 715 69 81
Zentrum Erdberg
Tel. 712 45 01
FrauenAktiv@jugendzentren.at

Jugend- und Familienzentrum
Alsergrund
9, Marktgasse 35
Tel. und Telefax: 319 23 50
JZAlsergrund@jugendzentren.at

Bassena 10, Familien- und Kommunikationszentrum
10, Ada-Christen-Gasse 2 a
Tel. und Telefax: 688 53 57
Bassena10@jugendzentren.at

Bassena Kommunikation Am Schöpfwerk
12, Am Schöpfwerk 29/14
Tel. 667 94 80
Telefax: 665 91 78
Stadtteilzentrum@jugendzentren.at

Kurszentren

Musisches Zentrum
8, Zeltgasse 7
Tel. 408 32 50
Telefax: 408 32 50–4
Musisches-Zentrum@jugendzentren.at

Jugend- und Kurszentrum Donaustadt
22, Bernoullistraße 1
Tel. 203 31 49
Telefax: 203 43 95
JZDonaustadt@jugendzentren.at

Projekte

XXL-221
21, Mattäus-Jiszda-Straße 3/3/4
Tel. 271 50 26
Telefax: 271 57 06
XXL-221@jugendzentren.at

Einrichtungen M.A.ST.A.
(exkl. Back on Stage → Verein "Jugendzentren der Stadt Wien")

Back Bone
20, Pöchlarnstraße 22
Tel. 334 72 63
Telefax: 334 18 49
Handy: 0699 1 201 19 47
E-Mail: back.bone.team@chello.at

Verein "Bahnfrei"
21, Ocwirkgasse 5/8/L3
Tel. 292 76 91
Telefax: 294 61 41
Handy: 0664 461 74 60
E-Mail: bahnfrei@gmx.at

Verein Echo
6, Gumpendorfer Straße 73/1/7
Tel. 585 68 57
Telefax: 585 68 57–99
Handy: 0676 412 35 93
E-Mail: echo@non.at

Institut für Erlebnispädagogik
10, Davidgasse 79/6/1
Tel. 604 21 96 . . ., 19
Telefax: 602 69 44
Handy: 0699 101 12 755
E-Mail: IFEPWien@hotmail.com

Verein "Kiddy & Co"
14, Goldschlagstraße 144–146/6/2
Tel. und Telefax: 786 33 00
Handy: 0699 1 786 33 01
E-Mail: kiddyteam@aol.com

Kids Company
15, Huglgasse 14/1–6
Tel. 984 62 11/11–13
Telefax: 984 62 11–20
Handy: 0699 1 176 13 40
E-Mail: probalance@kids-company.at

Verein "Multikulturelles Netzwerk"
7, Neustiftgasse 89–91/I/2
Tel. 524 88 73
Telefax: 524 88 73–13
E-Mail: tangram.mkn@chello.at

Streetwork
6, Gumpendorfer Straße 63E/6
Tel. 585 77 78 . . ., 3
Telefax: 585 77 78–1
Handy: 0676 350 70 23
E-Mail: streetworkwien@netway.at

Streetwork Wien
Überregionales Team
3, Rochusgasse 8
Tel. und Telefax: 710 58 00
Handy: 0699 1 201 23 30
E-Mail: streetwork.wien@gmx.at

Streetwork Nordbahnviertel
2, Karmelitergasse 5/1
Tel. und Telefax: 214 19 07
Handy: 0676 487 71 06
E-Mail: streetwork.nbv@gmx.at

Streetwork Stuwerviertel
2, Wohlmutstraße 8/1b
Tel. 720 35 64
Telefax: 720 35 64–4
Handy: 0676 487 70 96
E-Mail: streetworkstv@gmx.at

Streetwork Wilhelmsdorf
12, Schönbrunner Straße 195/2
Tel. und Telefax: 810 11 42
Handy: 0676 492 25 77
E-Mail: streetwork12@gmx.at

Streetwork Wiener Flur
23, Basler Gasse 50–66/44/R1 und 2
Tel. 698 63 04
Telefax: 698 64 04
Handy: 0676 712 67 08
E-Mail: streetwork.wfl@xpoint.at

Zeit!Raum
15, Braunhirschengasse 33–37
Tel. 895 72 67
Telefax: 895 94 34–16
E-Mail: office@zeitraum.co.at

Verein "Z'SAM"
9, Schulz-Straßnitzki-Gasse 15/2
Tel. 315 72 61
Telefax: 315 73 88
Handy: 0699 1 090 68 49
E-Mail: buero@zsam.at

Wiener Integrationsfonds Interface
7, Kenyongasse 15
Tel. 524 50 15 . . ., 32
Telefax: 524 50 15–15
E-Mail: info@interface.or.at

Streetwork-Drogen
12, Rotenmühlgasse 26
Tel. 810 13 02
Telefax: 810 13 019
E-Mail: streetwork@vws.or.at

Büchereien Wien

Zentrale: Haus des Buches
8, Skodagasse 20
Tel. 40 00 . . ., 84500
Telefax: 40 00–99–84510
E-Mail: post-stb@m13.magwien.gv.at

Die Büchereien Wien sind eine Serviceeinrichtung der Stadt Wien. Ihr Ziel ist es, jeder Wienerin und jedem Wiener Medien, die der Information dienen oder Freude und Entspannung bringen, zu günstigen Bedingungen zur Verfügung zu stellen. Das Angebot an Büchern reicht vom Bilderbuch für das Vorschulalter über alle Gattungen der Unterhaltungsliteratur bis zum Sachbuch der einzelnen Wissenschaftsdisziplinen. Zeitschriften gehören ebenso zum Angebot wie Musikkassetten, CDs und CD-ROMs. Insgesamt werden in 53 Zweigstellen rund 1,340.000 Bücher, 35.000 Tonkassetten, 73.000 CDs, 2.000 Zeitschriften, 13.000 Videos und 8.000 CD-ROMs, also fast 1,5 Millionen Medien, angeboten. In den Büchereien Wien werden damit jeder und jedem Interessierten Mittel zur Selbstbildung, Information, Unterhaltung und Entspannung geboten.

Das Medienangebot der Büchereien Wien kann gegen eine Gebühr von 18,75 EUR ein ganzes Jahr lang genützt werden. Gegen eine "Schnuppergebühr" von 1,80 EUR kann einmal für vier Wochen entlehnt werden. Kinder, Jugendliche bis zum 18. Lebensjahr, Studentinnen und Studenten bis zum 27. Lebensjahr, Präsenzdiener und sozial Bedürftige sind von den Benützungsgebühren befreit. Familienmitglieder bzw. Personen, die mit einem Jahresleser im selben Haushalt wohnen und nicht den Befreiungsrichtlinien entsprechen, können gegen eine Anschlussgebühr von 7,25 EUR das Angebot der Büchereien Wien nützen.

In einem flächendeckenden System von 53 Zweigstellen sollte jede Wienerin und jeder Wiener eine Bücherei in zumutbarer Entfernung finden. Dünn besiedelte Außenbezirke werden von mobilen Büchereien in Form von Bücherbussen mit Lesestoff versorgt, in einigen Schulen gibt es Lehrlingsbüchereien. Krankenhausbüchereien im AKH und dem Donauspital versorgen Patienten mit Bücherwagen direkt im Krankenzimmer mit Literatur. In der Zentrale der Büchereien Wien gibt es das besonders reichhaltige Buchangebot der Hauptbücherei mit ca. 215.000 Bänden und einer Musikbücherei, in der an Abhörtischen Musik nach Wunsch gratis gehört werden kann. Compactdiscs und Musikkassetten werden auch verliehen. Neu ist ein Angebot an audiovisuellen und interaktiven Medien. Zahlreiche interessante CD-ROMs können gegen eine Gebühr von 1,05 EUR und Videos gegen eine Gebühr von 0,70 EUR entlehnt werden.

(Das Verzeichnis der Büchereizweigstellen → Magistrat, MA 13.)

Alle Zweigstellen der Büchereien Wien (mit Ausnahme der Bücherbusse) sind nun an ein Computersystem angeschlossen, das den Benutzern ermöglicht, online im gesamten Medienbestand zu recherchieren und Medien vorzubestellen. Der Medienbestand der Büchereien Wien ist auch im Internet unter der Adresse

http://www.buechereien.wien.at

abfragbar. Es ist möglich, im Internet Vorbestellungen und Verlängerungen durchzuführen.

Über ein Computer gestütztes Verlängerungssystem sind telefonische Verlängerungen unter

Tel. 40 00 . . ., 8460
nunmehr rund um die Uhr und
an jedem Tag der Woche

möglich.

Benutzerinnen und Benutzern der Büchereien Wien, denen der Weg in die Bücherei zu beschwerlich geworden ist, werden seit 1982 im Rahmen des Hausbesuchsdienstes zu Hause betreut. Ansprechpartner für diese Serviceleistung ist Herr Dr. Annerl unter

Tel. 40 00 . . ., 84522.

Institutionen der Erwachsenenbildung

Die Institutionen der Erwachsenenbildung in Wien stellen ein umfassendes Lernangebot in allen Wissensgebieten mit modernen, audiovisuell unterstützten Lehrmethoden bereit.

Die Wiener Volkshochschulen bieten in rund 50 Arbeitsstellen ein reichhaltiges Programm an: Weiterbildung auf allen Wissensgebieten, Fremdsprachen, künstlerische Fertigkeiten, berufsförderndes Allgemeinwissen, berufliche Weiterbildung, den Zweiten Bildungsweg, den Hauptschulabschluss, die AHS-Matura, die Berufsreifeprüfung sowie Lehrgänge für die Studienberechtigungsprüfung. Die Kurse beginnen jeweils im September und im Februar; Auskünfte sind erhältlich beim

Verband Wiener Volksbildung
15, Hollergasse 22–26
Tel. 891 74 . . .0, Telefax: 891 74–31 oder 65,
bzw. beim
Bildungstelefon der Volkshochschulen: 893 00 83
Montag bis Freitag von 8 bis 18 Uhr
Internet: http://www.vhs.at
E-Mail: info@vwv.at

Folgende Einrichtungen der allgemein bildenden Erwachsenenbildung stehen unter anderem zur Verfügung:

Volkshochschulen, Häuser der Begegnung und Volksheime:

Volksbildungshaus Wiener Urania, 1, Uraniastraße 1
Tel. 712 61 91 . . . 0, Telefax: 712 61 91–53

Urania-Sternwarte, 1, Uraniastraße 1
Tel. 712 61 91 . . . 0, Telefax: 712 61 91–53

Wiener Planetarium, 2, Prater Hauptallee (Oswald-Thomas-Platz 1)
Tel. 729 54 94, Telefax: 729 54 94–77

Haus der Begegnung Leopoldstadt, 2, Praterstern 1
Tel. 214 26 80 . . .0

Volkshochschule Landstraße
3, Hainburger Straße 29
Tel. 715 08 00, Telefax: 715 08 00–12
E-Mail: vhs-3@gmx.at

LaWie, 3, Landstraßer Hauptstraße 96
Tel. 715 82 26, Telefax: 715 82 26–12

Kleine Galerie, 3, Kundmanngasse 30
Tel. 710 34 03, Telefax: 710 34 03–13
E-Mail: kleine.galerie@vhs.at

Volkshochschule Polycollege-Margareten
5, Stöbergasse 11–15

Tel. 546 66 . . . 0, Telefax: 546 66–19
Internet: http://www.polycollege.ac.at
E-Mail: polycollege@polycollege.ac.at

Zweiter Bildungsweg, 5, Siebenbrunnengasse 37
Tel. 545 32 44 . . . 0, Telefax: 545 32 44–19
E-Mail: zweibw@polycollege.ac.at
Zweigstelle Wieden, 4, Mayerhofgasse 6
Tel. 546 66 . . .0, Telefax: 546 66–19

Filmhaus Stöbergasse, 5, Stöbergasse 11–15
Tel. 581 39 00 . . ., 15, Kassa Tel. 546 66 . . ., 30

Polyfilm Verleih, 5, Margaretenstraße 78/3
Tel. 581 39 00 . . ., 20, Telefax: 581 39 00–39
E-Mail: verleih@polyfilm.at

Polycollege Sprachferien, 5, Stöbergasse 11–15
Tel. 546 66 . . ., 26, Telefax: 546 66–19
E-Mail: sprachferien@polycollege.ac.at

Polyfilm Video, 5, Reinprechtsdorfer Straße 38
Tel. 546 66 . . ., 25, Telefax: 546 66–68
E-Mail: video@polyfilm.at

Volkshochschule Wien-West, 6, Damböckgasse 4
Tel. 586 55 77 . . .0, Telefax: 581 30 95
Internet: http://www.vhs-wien-west.at
E-Mail: office@vhs-wien-west.at
Zweigstelle Mariahilf, 6, Otto-Bauer-Gasse 7
Tel. 586 55 77 . . .0, Telefax: 596 43 65
Zweigstelle Neubau, 7, Zollergasse 41
Tel. 523 05 55 . . . 0
Zweigstelle Josefstadt, 8, Schmidgasse 18
Tel. 402 29 22, Telefax: 407 31 27

Haus der Begegnung Mariahilf, 6, Otto-Bauer-Gasse 7
Tel. 596 14 56, Telefax: 596 14 56–3

Künstlerische Volkshochschule, 9, Lazarettgasse 27
Tel. 405 43 29, Telefax: 405 66 51–13
Internet: http://www.vhs.at/kvh
E-Mail: kvh@vhs.at

Volkshochschule Wien-Nordwest, 9, Galileigasse 8
Tel. 317 52 43, Telefax: 317 52 43–37
Internet: http://www.alsergrund.vhs.at
E-Mail: info@alsergrund.vhs.at
Zweigstelle Währing, 18, Schopenhauerstraße 49
Tel. 403 11 50 (ab 15 Uhr)
Zweigstelle Döbling, 19, Gatterburggasse 2a
Tel. 369 28 77, Telefax: 368 46 65–13

Volksheim Heiligenstadt
19, Heiligenstädter Straße 155
Tel. 370 31 62, Telefax: 318 56 82

Volksheim Krim, 19, Hutweidengasse 24
Tel. 368 56 06, Telefax: 369 57 65

Haus der Begegnung Döbling
19, Gatterburggasse 2a
Tel. 368 46 65, Telefax: 368 46 65–13

Volkshochschule Favoriten, 10, Arthaberplatz 18
Tel. 603 40 30, Telefax: 604 31 14–31
Internet: http://www.vhsfavoriten.at
E-Mail: kursreferat@vhsfavoriten.at

Haus der Begegnung Per-Albin-Hansson-Siedlung Ost
10, Ada-Christen-Gasse 2/B
Tel. 688 55 81 . . ., 10, Telefax: 688 51 83–34
Zweigstelle Per-Albin-Hansson-Siedlung Ost,
10, Ada-Christen-Gasse 2/B
Tel. 688 55 81 . . ., 11, Telefax: 688 51 83–34

Umweltberatung Favoriten
10, Ada-Christen-Gasse 2/B/6/11
Servicetelefon 803 32 32, Telefax: 803 32 32–32
E-Mail: service@umweltberatung.at

Volkshochschule Simmering
11, Enkplatz/Drischützgasse 1
Tel. 749 53 73, Telefax: 749 53 73–13
Internet: http://www.vhs11.at
E-Mail: office@vhs11.at
Zweigstelle Zentrum Simmering
11, Simmeringer Hauptstraße 96a
Tel. 749 53 65 . . ., 14
Zweigstelle Leberberg, 11, Rosa-Jochmann-Ring 5/2
Tel. 768 82 66, Telefax: 768 82 67-13
E-Mail: leb@vhs11.at

Haus der Begegnung Simmering
11, Lorystraße 40–42
Tel. und Telefax: 749 31 59

Volkshochschule Meidling
12, Längenfeldgasse 13–15
Tel. 810 80 67, Telefax: 810 80 68–76110
Internet: http://www.vhs.at/meidling
E-Mail: office@meidling.vhs.at

Volkshochschule Hietzing, 13, Hofwiesengasse 48
Tel. 804 55 24, 804 55 49, Telefax: 804 97 29
Internet: http://www.vhs-hietzing.at
E-Mail: office@vhs.hietzing.at

Umweltberatung Hietzing, 13, Speisinger Straße 19
Servicetelefon 803 32 32, Telefax: 803 32 32–32
E-Mail: service@umweltberatung.at

Volkshochschule Penzing, 14, Linzer Straße 146
Tel. 914 22 55, Telefax: 911 25 39
Internet: http://www.vhs.at/penzing
E-Mail: vhs.penzing@lion.cc

Umweltberatung Penzing, 14, Rottstraße 3/2/1
Servicetelefon 803 32 32, Telefax: 803 32 32–32
E-Mail: service@umweltberatung.at

Volkshochschule Rudolfsheim-Fünfhaus –
Bildungszentrum Aktiv, 15, Schwendergasse 41
Tel. 893 60 85, Telefax: 893 60 85–17
Internet: http://www.vhs.-15.at
E-Mail: office@vhs-15.at

Haus der Begegnung Rudolfsheim
15, Schwendergasse 41, Tel. 893 69 09 . . .0

Büro für Kulturkoordination, 16, Gallitzinstraße 1
Tel. 407 94 33
E-Mail: kunst@vwv.at

Volkshochschule Ottakring
16, Ludo-Hartmann-Platz 7
Tel. 492 08 83, 492 08 84, Telefax: 492 08 83–58
Internet: http://www.vhs.at/ottakring
E-Mail: vhs@vhs-ottakring.ac.at
Zweigstelle Kuffner-Sternwarte,
16, Johann-Staud-Straße 10
Tel. 914 81 30, Telefax: 914 81 30–31
Internet: http://www.kuffner.ac.at
E-Mail: admin@kuffner.ac.at

LIBRETTO Buch- & Medienshop
16, Ludo-Hartmann-Platz 7, Tel. 492 05 15
Internet: http://www.vhs.at/libretto/
E-Mail: buchhandlung @vhs-ottakring.ac.at
Zweigstelle Bezirkszentrum Hernals
17, Rötzergasse 15
Tel. 408 81 11, Telefax: 408 81 11–13
Internet: http://www.vhs.at/hernals/
E-Mail: hernals@vhs-ottakring.ac.at

Volkshochschule Brigittenau
20, Raffaelgasse 11–13
Tel. 330 41 95, Telefax: 330 41 95–26
E-Mail: anmeldung@brigittenau.vhs.at

Haus der Begegnung Brigittenau
20, Raffaelgasse 11–13
Tel. 330 02 71, Telefax: 334 21 08
(gegen telefonische Voranmeldung)

Volkshochschule Floridsdorf, 21, Angerer Straße 14
Tel. 271 32 36, 271 32 37, Telefax: 271 32 36–28
Internet: http://www.vhs21.ac.at
E-Mail: office@vhs21.ac.at
Zweigstelle Neu-Stammersdorf
21, Brünner Straße 219/Theumermarkt 4/A2
Tel. 294 52 22 . . ., 11, Telefax: 294 52 22–13
E-Mail: neustammersdorf@vhs21.ac.at

2. Bildungsweg
21, Pitkagasse 3
Tel. 272 43 53
Internet: http://www.vhs21.ac.at/2.bw
E-Mail: 2.bw@vhs21.ac.at

Haus der Begegnung Floridsdorf
21, Angerer Straße 14
Tel. 271 62 16 . . .0, 271 62 81 . . .0
Telefax: 271 62 16–53

Haus der Begegnung Großfeldsiedlung
21, Kürschnergasse 9
Tel. 259 85 12 . . .0, Telefax: 257 34 81
Zweigstelle Großfeldsiedlung, 21, Kürschnergasse 9
Tel. 259 85 06, Telefax: 257 34 81
E-Mail: grossfeldsiedlung@vhs21.ac.at

Volksheim Groß-Jedlersdorf, 21, Siemensstraße 17
Tel. 294 66 60, Telefax: 294 66 60–14
E-Mail: grossjedlersdorf@vhs21.ac.at

Umweltberatung Floridsdorf, 21, Galvanigasse 17
Servicetelefon 803 32 32, Telefax: 803 032 32–32
E-Mail: service@umweltberatung.at

Volkshochschule Donaustadt
22, Kagran, Bernoullistraße 1
Tel. 202 82 34, Telefax: 203 12 88
Internet: http://www.donau-vhs22.ac.at
E-Mail: office@donau-vhs22.ac.at
Zweigstelle Eibengasse, 22, Aspern, Eibengasse 57
Tel. 285 91 91, Telefax: 285 91 91–18
E-Mail: eiben@donau-vhs22.ac.at

Haus der Begegnung Donaustadt
22, Kagran, Bernoullistraße 1
Tel. 203 32 16, Telefax: 203 32 16–15

Volkshochschule Liesing, 23, Liesinger Platz 3
Tel. 869 43 30, Telefax: 869 43 30–22
Internet: http://www.liesing.at/vhs
E-Mail: vhs@liesing.at
Zweigstelle Mauer, 23, Speisinger Straße 256
Tel. 886 26 31, Telefax: 886 26 31–59

Haus der Begegnung Liesing
23, Liesinger Platz 3
Tel. 869 13 45 . . ., 31, Telefax: 869 13 45–22

Volksheim Inzersdorf "da capo"
23, Putzendoplergasse 4
Tel. und Telefax: 662 77 60
Zweigstelle BG Alt-Erlaa
23, Anton-Baumgartner-Straße 123
Tel. 662 77 61, Telefax: 662 77 61–35

In Zusammenarbeit mit dem Verband Wiener Volksbildung:

Jüdisches Institut für Erwachsenenbildung
2, Praterstern 1
Tel. 216 19 62, Telefax: 214 89 18
Internet: http://www.jud-institut-wien.at/jiw
E-Mail: office@jud-institut-wien.at

Verein zur Geschichte der Volkshochschulen
Österreichisches Volkshochschularchiv
21, Kürschnergasse 9
Tel. 259 18 62, Telefax: 258 60 00
Internet: http://www.vhs.or.at/archiv
E-Mail: oe.vhs.archiv@nextra.at

Internationales Schulzentrum der "Polytechnischen Akademie" Friedrichshafen in Wien
3, Salmgasse 11/1, Tel. 712 67 49

Filmcasino Betriebs Ges.m.b.H.
5, Margaretenstraße 78
Tel. 581 39 00 . . ., 10, Telefax: 581 39 00–39

Bildungswerke:

Katholisches Bildungswerk der Erzdiözese Wien
1, Stephansplatz 6, Tel. 515 52 . . ., 3320, 3321
Evangelisches Bildungswerk A.B. Wien
5, Hamburger Straße 3, Tel. 587 31 41

Evangelisches Bildungswerk H.B. Wien
1, Dorotheergasse 16, Tel. 512 83 93

Auskünfte über Fragen der Erwachsenenbildung erteilt das
Volksbildungsreferat der MA 13
8, Friedrich-Schmidt-Platz 5
Tel. 40 00 . . ., 84321

Musiklehranstalten der Stadt Wien

Die Stadt Wien vereint in ihren Musiklehranstalten drei Institutionen, die optimale künstlerisch-musikalische Förderungsprogramme bereitstellen können:

An der Kindersingschule sammeln VolksschülerInnen durch gemeinschaftliches Singen grundlegende musikalische Erfahrungen. Die dabei erworbenen Kenntnisse können im instrumentalen Kleingruppenunterricht erweitert werden.

Die Musikschulen bieten sowohl Frühförderungsprogramme für Vorschulkinder wie auch hochqualifizierten Instrumental-, Gesangs- und Tanzunterricht für Kinder, Jugendliche und junge Erwachsene.

Am Konservatorium werden MusikerInnen, TänzerInnen und SchauspielerInnen für eine künstlerische bzw. künstlerisch-pädagogische Berufslaufbahn ausgebildet.

Die Inhalte und Angebote der drei Institutionen werden durch ihre gemeinsame künstlerische, pädagogische und administrative Leitung untereinander abgestimmt.

Insgesamt werden derzeit 10.000 SchülerInnen und Studierende von etwa 550 hochqualifizierten Lehrkräften betreut; der Unterrichtsbetrieb wird von ca. 40 MitarbeiterInnen aus Verwaltung und Technik unterstützt.

Kindersingschule

Die Kindersingschule bietet für derzeit ca. 3.500 VolksschülerInnen musikalisches Erleben und aktives Lernen durch ganzheitliche Erfahrung des Singens. Der Unterricht erschließt die Möglichkeiten individuellen Ausdrucks mit der eigenen Stimme und die mit dem Singen in der Gruppe einhergehende Sozialisation. Die erworbenen Kenntnisse können im instrumentalen Gruppenunterricht erweitert werden.

Die Kindersingschule leistet durch die Einrichtung vieler Kindersingschulgruppen an derzeit 73 Volksschulstandorten wesentliche Beiträge zur musischen Allgemeinbildung und fungiert als "Schnittstelle" zwischen allgemeinem Schulwesen und der künstlerisch-pädagogischen Spezialisierung in den Musikschulen.

Musikschulen

Die 17 Musikschulen bieten an derzeit 24 Standorten ca. 5.300 Kindern und Jugendlichen ganzheitliche musikalische Bildung und Ausbildung. Grundlage ist das eigene Tun und Erleben, Ziel ein kreativer, der Persönlichkeit entsprechender Zugang zur Musik bzw. zum Tanz. Ungeachtet einer eventuellen späteren Verwertbarkeit der erworbenen Fertigkeiten als Grundlage eines Berufsstudiums wird ein tragfähiges Mittel künstlerischer Kommunikation und Lebensbewältigung erworben.

Das Unterrichtsangebot beinhaltet Musikalische Früherziehung, Ballett/Tanz, Instrumental- und Gesangsunterricht, Ensembles, Musiktheorie u.v.m.

Die Musikschulen Wien verstehen sich als kulturelle Zentren in ihrer Umgebung. Sie sind ein Ort der kulturellen Begegnung und setzen mit ihren Veranstaltungen Zeichen der Integration von Kunst und Leben.

Konservatorium

Am Konservatorium werden derzeit ca. 1.200 junge MusikerInnen, TänzerInnen und SchauspielerInnen für die künstlerische Laufbahn bzw. für den künstlerisch-pädagogischen Lehrberuf ausgebildet.

Es versteht sich auch als eine innovative Kunstinstitution ersten Ranges und fühlt sich als Partner der wichtigsten Kulturträger der Stadt. Durch erfolgreiche Kulturveranstaltungen hat es viele Sympathien erworben und neue Publikumsschichten erschlossen.

Das Konservatorium ist in zwölf Abteilungen gegliedert, die in den drei Fachbereichen

Musik,

Darstellende Kunst und

Elementare Musikpädagogik

zusammengefasst sind.

Media Wien (Landesbildstelle Wien)

7, Zieglergasse 49, Tel. 523 32 24 . . . 0
Telefax: 523 32 24-20
Internet: wien online: www.wien.gv.at/media-wien/
wien intern: http.//www.intern.magwien.gv.at/ma13/lbw/
Wiener Bildungsnetz: http://mediawien.wbn.wien.at
E-Mail: mediawien@m13.magwien.gv.at

Medien-Verleihstellen:

Zentrale, 7, Zieglergasse 49, Tel. 523 32 24 . . ., 15

Nordost, 21, Angerer Straße 14, Tel. 271 11 48

Südost, 3, Hörnesgasse 12, Tel. 712 53 96

Südwest, 12, Hufelandgasse 2, Tel. 811 34 . . ., 12154

media wien ist eine Servicestelle der Stadt Wien für den Bereich Medien. Die Einrichtungen stehen sowohl den BürgerInnen (Foto-, Filmarchiv und Medienshop) als auch den Bildungseinrichtungen und städtischen Dienststellen zur Verfügung (Medien- und Geräteverleih, Einkauf, Technik, Fotostudio, Filmproduktion, Medienpädagogik und Informationstechnik).

Das Fotoarchiv umfasst derzeit ca. eine Million Motive (ab 1870) aus den Bereichen Stadtarchitektur, Kultur, Veranstaltungen, Porträts sowie Luftaufnahmen (ab 1945) des Wiener Stadtgebietes.

Ab 2002 wird ein zentrales Archiv für Film- und Videodokumentation geführt.

Das Filmreferat produziert für den Unterrichts- und Bildungsbereich sowie in Zusammenarbeit mit anderen Magistratsabteilungen Filme über wichtige Belange der Stadtverwaltung und -entwicklung.

Der Medienshop bietet Videos der Stadtinfrastruktur (z.B. U-Bahn-Bau), Beiträge zur Umweltthematik sowie pädagogische Filme und CDs an.

Für den Bildungs- und Verwaltungsbereich können pädagogische Medien und audiovisuelle Geräte entlehnt, Geräte angekauft und repariert werden.

In den angeführten Medien-Verleihstellen können Videos und andere audiovisuelle Lehrmittel – vor allem für den Unterrichtsgebrauch – entlehnt werden.

media wien unterstützt Projekte der Wiener Pflichtschulen in den Bereichen Medienpädagogik und Informationstechnik.

Im Kino von media wien (92 Sitzplätze) werden Schulklassen ausgewählte Filme angeboten.

Modeschule der Stadt Wien

12, Hetzendorfer Straße 79
Tel. 804 27 95, Telefax: 804 27 96–90
Internet: http://www.modeschulewien.at
E-Mail: bux@m13mod.magwien.gv.at
post@m13mod.magwien.gv.at
komm@m13mod.magwien.gv.at
Auskünfte: Montag bis Freitag von 8 bis 17 Uhr

Die Wiener Modeschule im Schloss Hetzendorf hat die Aufgabe, kreative Nachwuchskräfte für die Modewirtschaft auszubilden.

I. Höhere Schule für Modedesign und Produktgestaltung

Grundlage für die 5-jährige Höhere Schule mit Reifeprüfungsabschluss bildet eine umfassende Basisausbildung auf künstlerischem und handwerklichem Gebiet. Nach der Grundschulung ist im zweiten Jahr eine von fünf Schwerpunktabteilungen zu wählen:

Modedesign – Kleidermachen

Modedesign – Strick- und Wirkmode

Modedesign – Modell-Lederwaren

Modedesign – Modell-Modisterei

Modedesign – Textil

Die fachspezifischen Kenntnisse der einzelnen Schwerpunktbereiche stellen einen wesentlichen Teil der modischen Ausbildung auf hohem kreativen Standard dar. Die abschließende Reifeprüfung umfasst jedoch neben dieser Fachausbildung auch noch den allgemein bildenden Bereich und berechtigt zum Studium an Universitäten.

II. Speziallehrgänge für Modedesign/Strickmodedesign

Als Basis der 3-jährigen Speziallehrgänge für die Mode- und Strickausbildung nach der Reifeprüfung dient eine kreative, praxisorientierte und wirtschaftsbezogene Fächerkombination in den Fachbereichen: Modegestaltung, Fertigungstechnik und Marketing/ Management. Durch die Möglichkeit der übergreifenden Arbeit im Accessoirebereich und Textildesign wird eine ganzheitliche Modeausbildung erreicht. Sie ist Voraussetzung für die Tätigkeit im kreativen Management der Modeindustrie oder als selbstständiger Designer.

In beiden Ausbildungsschienen verstärkt integriert sind praxisorientierte Projekte, Aktivitäten und Veranstaltungen mit renommierten Kooperationspartnern aus der (Mode-)Wirtschaft. Besonderer Stellenwert wird auch der Teilnahme an nationalen und internationalen Modewettbewerben, Ausstellungen und Messen eingeräumt.

Durch die Möglichkeit der intensiven, individuellen Betreuung und Entwicklung während des Studiums haben die Absolventen der Modeschule der Stadt Wien vielfältige Berufsaussichten: künstlerische, grafische und gestalterische Tätigkeiten in der Modewirtschaft, bei Theater, Fernsehen, Film oder auch in der Werbung.

Ausbildungs- und Aufnahmekriterien:

I. 5-jährige Ausbildung für Modedesign und Produktgestaltung

• Mindestalter 14 Jahre – Höchstalter 20 Jahre, die positiv abgeschlossene 8. Schulstufe, Einreichung einer Vorlagemappe mit ca. 30 künstlerischen Arbeiten plus erfolgreich abgelegte Eignungs-/Aufnahmeprüfung

• Die Anmeldung zur Eignungsprüfung erfolgt nach absolviertem Informationsgespräch und Ansicht der Vorlagemappe. Sie ist die „künstlerische Visitenkarte“ und soll mindestens 30 verschiedene Zeichen- und Malarbeiten beinhalten. Beispielsweise Mode- und Stoffentwürfe, Figurstudien, Stilleben, Collagen, Computergrafiken usw.

• 39 Wochenstunden

• Wahl eines Ausbildungs-Schwerpunktes während des 1. Ausbildungsjahres

• Werkstättenbeitrag nach dem 2. Jahr in Höhe von 145 EUR p.a. plus Materialkosten für den Unterricht (Papier, Farben, Textilien usw.)

• 4-wöchiges Pflichtpraktikum vor Eintritt in den 5. Jahrgang in einem mode-affinen, relevanten Unternehmen

• Lehrgänge werden durch Workshops, Seminare, Gastvorträge usw. zu verschiedenen Themen ergänzt, deren Teilnahme empfohlen, jedoch nicht Pflicht ist

• Abschluss: Reifeprüfung umfasst neben dem allgemein bildenden auch den handwerklichen und kreativen Bereich und berechtigt zum Studium an Universitäten und Fachhochschulen, Kollegs und Akademien

II. 3-jährige Speziallehrgänge für Modedesign und Strickmodedesign

• Höchstalter 30 Jahre, Reifeprüfung bzw. gleichwertige Prüfung, Einreichung einer Vorlagemappe mit ca. 30 künstlerischen Arbeiten plus erfolgreich abgelegte Eignungs-/Aufnahmeprüfung (Anmeldungsprocedere siehe Pkt. I.)

• 38 Wochenstunden (1. Jahr), 37 Wochenstunden (2. Jahr), 35 Wochenstunden (3. Jahr)

• 4-wöchiges Betriebspraktikum zwischen dem ersten und dritten Ausbildungsjahr in einem mode-affinen, relevanten Unternehmen

• Lehrgänge werden durch Workshops, Seminare, Gastvorträge usw. zu verschiedenen Themen ergänzt, deren Teilnahme empfohlen, jedoch nicht Pflicht ist

• Abschluss: Diplomarbeit, Kollektion (Teil) für gewähltes Modeunternehmen einschließlich Marketingstrategie, Präsentation von mindestens einem ausgeführten Modell und des grafisch erarbeiteten Marketingkonzepts in zwei Sprachen (D+E/F/I)

• Studiengebühr in Höhe von 726,70 EUR p. a. plus Materialkosten für den Unterricht (Papier, Farben, Textilien usw.)

DATENSCHUTZ

Die Datenanwendungen des Magistrats der Stadt Wien, soweit diese personenbezogene Daten betreffen, sind unter der Nummer 0000191 im Datenverarbeitungsregister gemeldet; dort kann sich jeder über Zweck und allgemeinen Inhalt dieser Anwendungen informieren. Zudem wird im Amtsblatt der Stadt Wien jährlich ein Verzeichnis der Datenanwendungen, nach Aufgabengebiet und Zweck geordnet, veröffentlicht.

Jeder, der die seine Person betreffenden Daten erfahren will, muss Auskunft nach dem Datenschutzgesetz begehren. Dazu wird er formlos und kostenlos aus diesem Verzeichnis beraten, um die Anwendungen zu finden, über die Auskunft gegeben werden soll. Das Auskunftsbegehren ist schriftlich an die MA 62 mit Nachweis der Identität zu stellen.

Die Auskunftserteilung aus dem aktuellen Datenbestand ist kostenlos, wenn der Auskunftswerber im laufenden Jahr noch kein Auskunftsbegehren über eine Anwendung desselben Aufgabengebietes gestellt hat. Die Auskunft umfasst die verarbeiteten Daten, die verfügbaren Informationen über ihre Herkunft, allfällige Empfänger von Übermittlungen, den Zweck der Datenverwendung sowie die Rechtsgrundlagen.

FEUERWEHR UND KATASTROPHENSCHUTZ WIEN

(MA 68)

Unentgeltliche Hilfeleistungen der Feuerwehr der Stadt Wien

Die Feuerwehr leistet bei öffentlichen Notständen innerhalb Wiens im allgemeinen kostenlos Hilfe.

Öffentliche Notstände sind Personen in Zwangslage (z.B. eingeklemmte oder in einen Schacht gestürzte oder absturzgefährdete Personen), Brände, drohende oder vermutete Brandgefahr (also auch kleinere noch nicht entwickelte Brände, wie Kabelbrände oder brennendes Speisefett in der Küche, wahrgenommener Brandgeruch usw.), Ausströmen von Giftgasen, Entwicklung von feuer- und/oder explosionsgefährlichen Dämpfen, Explosionen, Einsturz von Gebäuden oder Gerüsten, Elementarereignisse usw.

Bei öffentlichen Notständen erfolgt die Hilfe jedoch nur dann kostenlos, wenn der Feuerwehreinsatz nicht durch vorsätzliches (z.B. Brandstiftung) oder grob fahrlässiges Verhalten verursacht wird. Letzteres liegt beispielsweise vor, wenn ein Brand in einer Betriebsanlage durch das Nichtbeachten rechtskräftig vorgeschriebener Betriebsbedingungen verursacht wurde.

Bei Verkehrsunfällen erfolgt nur die Befreiung von Personen (aus ihrer Zwangslage) kostenlos, nicht jedoch die Beseitigung fahruntüchtiger Wracks.

Versperrte Räume werden nur dann von der Feuerwehr kostenlos geöffnet, wenn dies zur Behebung eines tatsächlichen (oder vermuteten) feuer- oder sicherheitsgefährdenden Zustandes notwendig ist (z.B. elektrisches Bügeleisen eingeschaltet oder ein Kind bzw. eine hilfsbedürftige erwachsene Person ist eingeschlossen).

Ein bewusst missbräuchliches Herbeirufen der Feuerwehr ist kostenpflichtig. Ein solches liegt vor, wenn die Ausfahrt der Feuerwehr durch bewusst unrichtige Angaben zu dem Zweck bewirkt wird, eine nicht in den Wirkungskreis der Feuerwehr fallende oder gebührenpflichtige Leistung kostenlos zu erreichen. Hilfeleistungen, wie Beistellung von Personal, Fahrzeugen, Geräten oder Ausrüstungsgegenständen der Feuerwehr, können auf Antrag kostenpflichtig durchgeführt werden, sofern dadurch die Schlagkraft der Feuerwehr nicht unzulässig beeinträchtigt wird. Ansuchen um gebührenpflichtige Hilfeleistungen oder Beistellungen sind stempelpflichtig.

Verhalten bei einem Brand

Jedermann, der einen Brand wahrnimmt, ist gesetzlich verpflichtet, unverzüglich die Feuerwehr zu verständigen (**Notruf 122** oder Betätigen eines Druckknopfmelders einer Brandmeldeanlage). Halten Sie folgende Reihenfolge ein:

1. Alarmieren

2. Retten (warnen, helfen, flüchten)

3. Löschen (Erste Löschhilfe z.B. mit tragbaren Löschgeräten)

Alarmieren
Machen Sie kurz und prägnant folgende Angaben:
WER ruft an
WAS brennt (Möbel, Zimmer, Rauchentwicklung aus Wohnung, Feuerschein)
WO brennt es (Adresse, falls nicht Angabe markanter Objekte in unmittelbarer Umgebung des Brandes wie Hausnummer gegenüber, Straßenkreuzung, Supermarkt und dgl.)
NÄHERE ANGABEN (wenn möglich: Sind Personen eingeschlossen? Besteht eine besondere Gefährdung z.B. durch Gasflaschen im Brandbereich)

Allgemeine Verhaltensregeln

Bringen Sie sich bei Löschversuchen keinesfalls selbst in Gefahr, meiden Sie verqualmte Bereiche. Schließen Sie die Tür zum Brandraum und alle Türen zu Fluchtwegen (Stiegenhäuser, Gänge). Öffnen Sie Fenster oder Rauchklappen in Fluchtwegen.

Wenn der Fluchtweg durch Rauch oder Feuer abgeschnitten ist, laufen Sie niemals in Rauch oder Flammen, sondern suchen Sie (noch) sichere Bereiche auf und machen Sie sich von dort der Feuerwehr bemerkbar (Winken aus Fenster, Lichtzeichen, Verständigung per Handy über **Notruf 122** und dgl.). Falls Sie sich in Sicherheit bringen konnten, warten Sie auf die eintreffenden Löschkräfte, weisen Sie diese ein, halten Sie wenn verfügbar allenfalls erforderliche Schlüssel (Schranken, Keller, Dachboden usw.) bereit und geben Sie zur Verfügung stehende Informationen weiter
(→ Alarmieren – NÄHERE ANGABEN).

Behindern Sie bitte nicht (aus Neugier) die Arbeiten der Löschmannschaften durch Verstellen von Aufmarsch- und Rettungswegen.

Lagerung auf Dachböden

Auf Dachböden dürfen leicht entzündliche, zündschlagfähige, schwer löschbare Stoffe und brennbare Flüssigkeiten nicht gelagert werden.

Möbel, Kisten, Koffer u. dgl. (in welchen die Aufbewahrung von Papier, Wäsche usw. gestattet ist) dürfen nur in einem Bodenausmaß von max. 25 % gelagert werden. Die Lagerungen müssen jederzeit frei zugänglich sein, wobei Verkehrswege in einer Breite von mindestens einem Meter erforderlich sind.

Rauch- und Abgasfänge, Abluftfänge und Dachbodenfenster sind von jeglicher Lagerung freizuhalten und müssen jederzeit frei zugänglich sein.

Die Errichtung von Dachbodenabteilen ist nicht gestattet.

Verbotene Lagerungen auf Dachböden stellen einen feuerpolizeilichen Übelstand dar, worüber die
MA 36/Dezernat C – Feuerpolizei
20, Dresdner Straße 75
Tel. 40 00 . . . 89800
Auskünfte erteilt.

Vermeidung von Bränden durch elektrische Anlagen

Arbeiten oder Reparaturen an elektrischen Anlagen und Geräten dürfen grundsätzlich nur von einem Elektrofachmann durchgeführt werden.

Elektrische Anlagen sind in ordnungsgemäßem Zustand zu erhalten und in regelmäßigen Zeiträumen durch einen Elektrofachmann überprüfen zu lassen.

Werden an elektrischen Anlagen oder Geräten ungewöhnliche Erscheinungen, wie z. B. wiederholtes Auslösen der Sicherungen bzw. des FI-Schalters, Lichtbögen, Funken, brenzlicher Geruch, auffallende Geräusche, festgestellt, sind sie sofort abzuschalten. Erst nach Überprüfung bzw. Reparatur durch einen Elektrofachmann dürfen sie wieder in Betrieb genommen werden. Keinesfalls dürfen Sicherungen „geflickt" oder überbrückt werden.

Beim Umgang mit Elektrowärmegeräten, wie z.B. Bügeleisen, Heizkissen, Elektrokocher, Tauchsieder, Heizgeräte usw. ist besondere Sorgfalt notwendig. Sie sind nach Gebrauch vom Netz zu trennen. Sind elektrische Heizgeräte längere Zeit nicht betrieben worden, sind sie vor ihrer Inbetriebnahme gründlich von Staubablagerungen zu reinigen.

Lüftungsöffnungen und -schlitze von Elektrogeräten, wie z.B. Fernsehapparat, Kühlschrank, dürfen nicht abgedeckt werden, da hiedurch ein Wärmestau verursacht wird. Bei Einbaugeräten muss für eine ausreichende Belüftung gesorgt werden.

Anschluss- und Verlängerungkabel sind so zu verlegen, dass sie nicht geknickt oder beschädigt werden. Mehrfachsteckdosen sind nur für Kleingeräte geeignet.

Beim Verlassen der Wohnung oder des Arbeitsplatzes ist zu kontrollieren, ob alle Elektrogeräte ausgeschaltet sind. Bei mehrtägiger Abwesenheit empfiehlt es sich, Elektrogeräte (mit Ausnahme von Kühlgeräten mit verderblichen Lebensmitteln) vom Netz zu trennen bzw. die betreffenden Sicherungen abheben.

Vermeidung von Christbaumbränden

Christbaumbrände verlaufen äußerst rasch und können auf die gesamte Zimmereinrichtung übergreifen. Verwenden Sie möglichst elektrische Christbaumkerzen und verzichten Sie auf Wunderkerzen (Sternspritzer).

Beachten Sie folgende Sicherheitsregeln:

- Christbäume nie in der Nähe von leicht brennbaren Gegenständen oder Ausstattungsmaterialien (z.B. Vorhänge) aufstellen.
- Kerzen so anbringen, dass weder Äste noch Schmuck von den Kerzen entzündet werden können.
- Zuerst die oberen und dann die unteren Kerzen anzünden.
- Kerzen nie ohne Beaufsichtigung brennen lassen.
- Kerzen keinesfalls entzünden, wenn der Christbaum ausgetrocknet ist (mit Wasser befüllte Christbaumständer verzögern das rasche Austrocknen des Christbaumes).
- Stellen Sie ein Löschgerät (z.B. Nasslöscher) bereit.

Offenes Verbrennen von Gegenständen

Das offene Verbrennen von Gegenständen oder Stoffen ist grundsätzlich gesetzlich verboten. Unter bestimmten Bedingungen ist das Abbrennen von Stroh auf Stoppelfeldern und das Verbrennen von biogenen Materialien jedoch nur mit Genehmigung der MA 36 zulässig.

Rauchfangkehrer

Gemäß der Wiener Kehrverordnung sind Feuerungsanlagen alle 13 Wochen durch den zuständigen Rauchfangkehrer zu überprüfen und einmal jährlich zu reinigen.

Die Feuerstättenbenützer haben dem Rauchfangkehrer die gesetzlich vorgeschriebenen Reinigungs- und Überprüfungsarbeiten zu ermöglichen. Wird ein Termin versäumt, so hat der Feuerstättenbenützer für eine Nachholung zu sorgen.

Werden Feuerungsanlagen weniger benützt, können per Bescheid Ausnahmen von den gesetzlich vorgeschriebenen Reinigungs- und Überprüfungsfristen ge-

stattet werden (weiterführende Auskünfte erteilt die
MA 68, Referat D2, Inspektionsrauchfangkehrer
Tel. 597 03 00 . . . ., 54340
von 7 bis 19 Uhr, bei Notfällen der Feuerwehrnotruf
Tel. 122 von 0 bis 24 Uhr.

Inbetriebnahme einer Feuerungsanlage

Vor Herstellung neuer Einmündungen in eine Rauch- oder Abgasanlage bzw. Änderung der Feuerstätte ist vom bestellten Rauchfangkehrer ein positiver Befund einzuholen.

Beim Austausch einer Feuerstätte ist, unbeschadet von anderen gesetzlichen Bestimmungen,
der zuständige Rauchfangkehrer oder die
Landesinnung Wien der Rauchfangkehrer
3, Rudolf-Sallinger-Platz 1
Tel. 514 50 . . ., 2275
zu kontaktieren.

In Wohn- oder Betriebseinheiten dürfen in frei stehenden Behältern höchstens 300 Liter oder in Kanistern höchstens 60 Liter Heizöl gelagert sein. Ein Überfließen in andere Wohn- oder Betriebseinheiten muss wirksam verhindert werden.

Die Behälter sind in einem waagrechten Abstand von mindestens zwei Metern von der Feuerstätte unterzubringen und gegen gefahrbringende Erwärmung zu sichern. Der Seitenabstand kann auf einen Meter verringert werden, wenn eine Dämmwand aus nicht brennbaren Baustoffen zu der Feuerstätte errichtet wird.

Bei der Errichtung einer Ölfeuerungsanlage oder einer Öllagerung über 300 Liter Heizöl ist die
MA 37
20, Dresdner Straße 75
Tel. 40 00 . . ., 92141
zwecks Genehmigung zu kontaktieren.

Richtig heizen

Ofen und Rauchfanganlagen bilden eine Einheit und sind regelmäßig zu warten bzw. zu überprüfen.
(→ "Rauchfangkehrer" und
"Inbetriebnahme einer Feuerstätte")

Richtig heizen bedeutet Energie sparen; dabei ist Folgendes zu beachten:

1. Den Ofen nur mit dem Brennmaterial heizen, für das er vorgesehen ist.

2. Bei der Bedienung nach der Heizanleitung des Ofenherstellers vorgehen.

3. Zu Beginn der Heizperiode vorerst wenig Brennmaterial auf einmal, dafür aber ungedrosselt brennen lassen. Dadurch wird das Mauerwerk des Rauchfanges erwärmt und der richtige "Auftrieb" hergestellt.

4. Brennmaterialien nicht mischen! Jeder Brennstoff braucht eine andere Luftmenge, um einwandfrei abzubrennen. Daher bei festen Brennstoffen im Dauerbrand entweder nur Holz, nur Kohlen, nur Briketts oder nur Koks verwenden!

5. Die Wohnung nicht völlig gegen Zugluft abdichten; der Ofen braucht Verbrennungsluft.

6. Mit dem Brennmaterial (auch flüssigem oder Gas) nicht zu sehr sparen; der Rauchfang funktioniert so besser. Zu frühes Drosseln lohnt nicht, weil der Rauchfang darunter leidet und dann – früher oder später – kostspielig repariert werden muss.

7. Am Anfang und am Ende der Heizperiode starkes Drosseln überhaupt meiden – es besteht Lebensgefahr durch eindringende Rauchgase!

Weiterführende Auskünfte erteilt die
MA 68/Referat D2 –
Inspektionsrauchfangkehrer
6, Gumpendorfer Gürtel 2
Tel. 597 03 00 . . ., 54340 bis 54345

Rauch-, Gasgeruch und Geruchsbelästigungen (RGB)

Bei einer RGB ist die Feuerwehr **(Notruf Tel. 122)** sofort zu verständigen. Tritt die RGB in Verbindung mit einer Feuerungsanlage (Feuerstätte für feste, flüssige oder gasförmige Brennstoffe), so ist der Inspektionsrauchfangkehrer unter 01/597 03 00/54340 zu verständigen. (Bei Notfällen und/oder Gefahr in Verzug der **Feuerwehrnotruf Tel. 122.**)

Weiter werden bei Bedarf von den Inspektionsrauchfangkehrern Abgas- und/oder Temperaturlangzeitmessungen durchgeführt. (Weiterführende Auskünfte erteilt die MA 68, Referat D2 – Inspektionsrauchfangkehrer unter Tel. 01/597 03 00/54340.)

Bei Gasgeruch (Explosion) ist die WIENGAS-Störungsmeldestelle unter **Notruf 128** oder die Feuerwehr (**Notruf Tel. 122**) sofort zu verständigen.

Fund oder Verlust von radioaktiven Stoffen

Bei derartigen Vorfällen wird unbeschadet der gesetzlichen Meldepflicht an eine öffentliche Sicherheitsdienststelle empfohlen, in jedem Fall auch die MA 68 (Feuerwehrnotruf Tel. 122) zu verständigen, welche im Einvernehmen mit den Sicherheitsorganen die erforderlichen Sofortmaßnahmen durchführt.

FÖRDERUNGSAKTIONEN DER STADT WIEN

(MA 5)

Ärztekreditaktion

Förderungsgegenstand: Eine ausreichende Versorgung der Wiener Bevölkerung mit praktischen Ärzten soll durch die Vergabe zinsgünstiger Kredite bei erstmaliger Niederlassung sichergestellt werden.

Förderungswerber: Praktische Ärzte, die sich erstmalig niederlassen, jeweils unter Berücksichtigung des örtlichen Bedarfes.

Auskunft und Einreichung: Die Kredite können bei

der Bank Austria AG,

der Erste Bank der österreichischen Sparkassen AG,

der Creditanstalt Bankverein,

der Bank für Arbeit und Wirtschaft sowie

der Bank für Wirtschaft und freie Berufe

angesprochen werden.

Auskunft:

Geschäftsstelle: 3, Würtzlerstraße 15
Tel. 795 04 . . .0
Bürozeiten:
Montag bis Donnerstag von 8 bis 12 Uhr und von 13 bis 15 Uhr, Freitag von 8 bis 12 Uhr

Beratungszentrum:
3, Würtzlerstraße 15
Tel. 795 04 . . .0
Öffnungszeiten:
Montag bis Donnerstag von 8 bis 12 Uhr und von 13 bis 15 Uhr, Freitag von 8 bis 12 Uhr

Zinsenfreie Darlehen zur Herstellung von Kanalanschlüssen

Förderungsgegenstand: Im Rahmen dieser Aktion gewährt die Stadt Wien zur Vermeidung sozialer Härtefälle unverzinsliche Darlehen für die Herstellungskosten von Kanalanschlüssen von Eigenheimen an das öffentliche Kanalnetz.
Förderungswerber: In sozialen Härtefällen Personen, die einen Kanalanschluss herstellen.

Auskunft und Einreichung:
MA 5
1, Ebendorferstraße 2
Tel. 40 00 . . ., 86558

Fonds zur Beratung und Betreuung von Zuwanderern (Zuwandererfonds)

Förderungsgegenstand, Förderungswerber: Ziel des Fonds ist es, Zuwanderer aus dem In- und Ausland zu fördern. Dies geschieht durch breit gestreute Information ebenso wie durch mehrfach gestaffelte Wohnraumbeschaffungsprogramme.

Service- und Fortbildungseinrichtungen

Wiener Wirtschaftsförderungsfonds
1, Ebendorfer Straße 2
Tel. 40 00 . . ., 86794
Internet: http://www.wwff.gv.at

Diese Einrichtung bietet den Wiener Wirtschaftstreibenden ein Full-Service (Beratung, Bereitstellung von Betriebsgrundstücken, Abwicklung von Förderungen und sonstige Dienstleistungen). Dazu gehören z.B. auch der Erwerb von bebauten und unbebauten Grundstücken und die Bereitstellung von aufgeschlossenen, baureifen Betriebsbaugründen für gesamtwirtschaftlich fröderungswürdige Industrie-, Gewerbe- und Großhandelsbetriebe.

Wirtschaftsförderungsinstitut der Wirtschaftskammer Wien (WIFI Wien)
18, Währinger Gürtel 97
Tel. 476 77 . . .0
Internet: http://www.wifiwien.at

Das Wiener Wirtschaftsförderungsinstitut ist eine Serviceeinrichtung der Wirtschaftskammer Wien und gleichzeitig die größte Fortbildungsstätte für Erwachsene in Österreich. Das Leistungsangebot umfasst breit getreute Aus- und Weiterbildungsprogramme sowie Informations- und Beratungsaktionen. Im Besonderen widmet sich das Wirtschaftsförderungsinstitut Wien den kleinen und mittleren Unternehmen der gewerblichen Wirtschaft und dem Bereich Unternehmensgründungen.

FORSTWIRTSCHAFT, LANDWIRTSCHAFT, JAGD UND FISCHEREI

(MA 42, 49, 58)

Bedeutung des Waldes für den Großstädter

Die Pflege und Erhaltung des Waldes ist für die Landeskultur im allgemeinen und für die Großstadt im besonderen lebenswichtig. Der Wald bildet nicht nur ein Reservoir zur Erneuerung bzw. Verbesserung der durch den Staub und die Abgase der Großstadt belasteten Luft, er dient auch als Ausflugsgebiet für die erholungsbedürftige Stadtbevölkerung. Seine wasserspeichernde Kraft verhindert weitgehend Überschwemmungen bei länger anhaltenden Niederschlägen; die Filterwirkung eines gesunden Waldbodens garantiert eine kontinuierliche Schüttung geringen Temperaturschwankungen unterworfenen und hygienisch einwandfreien Quellwassers. Gerade letzterer Umstand ist für die Stadt Wien von besonderer Bedeutung, kommt doch der größte Teil des Wiener Trinkwassers aus den stadteigenen Quellenschutzgebieten.

In Erkenntnis der Wohlfahrtswirkungen des Waldes führt die Stadt Wien auch innerhalb bereits verbauten Gebietes Neuaufforstungen (Laaer Berg, Wienerberg, Donauinsel) durch. Der Großteil der Wälder Wiens befindet sich im Landschaftsschutzgebiet (Wald- und Wiesengürtel).

Schutz des Waldes

Zum Schutz des Waldes gegen Übergriffe werden gemäß den forstrechtlichen Bestimmungen Forstschutzorgane bestellt, die von der Behörde als solche vereidigt sind und denen die Rechte und Pflichten von öffentlichen Wacheorganen zukommen.

Im Landschaftsschutzgebiet sorgen auch Naturwachtorgane für die Einhaltung der gesetzlichen Bestimmungen.

Waldbrände

Grundsätzlich ist jedermann verpflichtet, ein im Wald oder in dessen Gefährdungsbereich unbeaufsichtigt oder verlassen angetroffenes Feuer oder auch ein Schadensfeuer nach Kräften zu löschen bzw. auf schnellstem Wege der Polizeidienststelle oder dem Gemeindeamt zu melden. Zur Löschung eines Waldbrandes ist jedermann verpflichtet.

Auskünfte in Forstangelegenheiten

Als Forstbehörden fungieren in Wien in der Bezirksverwaltungsinstanz die zuständigen Magistratischen Bezirksämter, in deren Amtsbereich die Forste gelegen sind, in der Instanz des Landeshauptmannes ist die

MA 58
1, Volksgartenstraße 3, 2. Stock
Tel. 40 00 . . ., 96827

als Forstbehörde zuständig. Die Wahrung aller Naturschutzbelange obliegt der

MA 22
1, Ebendorferstraße 4, 5. Stock
Tel. 40 00 . . ., 88231

Den Forstbehörden steht als forstfachliches Organ die Landesforstinspektion Wien zur Seite, die ihren Sitz in

1, Rathausstraße 13,
Tel. 40 00 . . ., 82651

hat.

Die MA 49 – Forstamt und Landwirtschaftsbetrieb
1, Volksgartenstraße 3
Tel. 40 00 . . ., 97911

verwaltet den gesamten im Eigentum der Stadt Wien stehenden Forstbesitz und die landwirtschaftlich genutzten Flächen in einem Ausmaß von rund 42.000 ha.

Der MA 49 unterstehen im Wienerwaldbereich die städtische Forstverwaltung Lainz
13, Lainzer Tiergarten, Hermesvilla
Tel. 804 13 15

die Nationalpark-Forstverwaltung Lobau
Groß-Enzersdorf, Dr.-Anton-Krabichler-Platz 3
Tel. 02249/23 53,

ferner die Quellenschutzforste der 1. Wiener Hochquellenwasserleitung, und zwar die städtischen Forstverwaltungen

Hirschwang, NÖ
2651, Hirschwang 67, Tel. 02666/522 50–4911 und

Nasswald, NÖ
2661, Nasswald, Reithof 10, Tel. 02667/73 73

schließlich im Bereich der 2. Wiener Hochquellenwasserleitung die städtische Forstverwaltung

Wildalpen, Stmk.
8924, Wildalpen 171, Tel. 03636/451–49575

Der Forstverwaltung Hirschwang ist ein modern eingerichtetes Sägewerk als forstlicher Nebenbetrieb angeschlossen, in welchem der Großteil der aus den Quellenschutzforsten der 1. Wiener Hochquellenwasserleitung anfallenden Rundhölzer eingeschnitten wird.

Die im Rahmen dieser Bewirtschaftung sich ergebenden Holzverkäufe (Schnittholz, Rundholz, Faserholz, Grubenholz, Brennholz usw.) größeren Umfangs werden zentral durch die MA 49 bearbeitet, der auch die Verwaltung der Jagd- und Fischereieigenreviere und Fischereipachtreviere im Land Wien obliegt.
Internet: http://www.magwien.gv.at/wald

Landwirtschaftsbetrieb der Stadt Wien

Der Landwirtschaftsbetrieb der MA 49 ist mit der Verwaltung und Bewirtschaftung der in Wien und Niederösterreich gelegenen städtischen Ökonomien und der vom Bundesministerium für Land- und Forstwirtschaft, Umwelt und Wasserwirtschaft zugepachteten Domäne Essling-Schafflerhof befasst.

Landwirtschaftsbetrieb:
3, Vordere Zollamtsstraße 11
Tel. 712 24 99

Das Stadtgut Lobau wurde von der "Austrian Bio Garantie" (Gesellschaft zur Kontrolle der Echtheit biologischer Produkte) als Bio-Betrieb anerkannt. Sämtliche Produkte können als Bio-Ware verkauft werden.
Die Verwaltungsfläche des Landwirtschaftsbetriebes beträgt 2.552 Hektar.
Im Landwirtschaftsbetrieb sind derzeit 13 Angestellte, 19 ständig beschäftigte Arbeiter sowie drei Saison- und nicht ständig beschäftigte Arbeiter tätig.

Lainzer Tiergarten

Seit vielen Jahrzehnten ist das ehemalige Jagdrevier des Kaiserhauses, das letzte Stück urtümlichen Wienerwaldes am Rande der Großstadt, ein beliebtes Ausflugsziel für die Wiener. Hier kann man Erholung und Bildung miteinander verbinden.

Die Wiener Landesregierung hat Anfang 1998 eine zeitgemäße Naturschutzgebietsverordnung beschlossen. Dadurch ist sichergestellt, dass dieses besondere Stück Wienerwald in seiner heutigen Form weiterhin erhalten bleibt. Der gesamte Lainzer Tiergarten ist als NATURA 2000-Gebiet Teil eines europäischen Netzes von besonders wertvollen Schutzgebieten.

Ein besonderes Charakteristikum des Lainzer Tiergartens sind die urwüchsigen, imposanten Eichen- und Buchenwälder. Gerade weil hier nicht die Holznutzung, sondern der Tierbestand und die Jagd im Vordergrund standen, wurden diese teilweise über 400 Jahre alten Wälder bewusst geschützt und gepflegt.

Da der Lainzer Tiergarten einer der ältesten Wildtierparks Europas ist, wird hier traditionsgemäß auch ein artenreicher Wildbestand gehalten. Es gibt Wildschweine, Rothirsche, Dam- und Rehwild sowie Mufflons. In freier Wildbahn bereits ausgerottet waren der Auerochse – die Stammform unserer Hausrinder – und die Tarpane, eine kleinwüchsige Pferderasse aus Südrussland.

Für das leibliche Wohl der Besucher sorgen die Rasthäuser Hermesvilla (Tel. 804 13 23), Rohrhaus (Tel. 0676–385 04 54) und Hirschgstemm (Tel. 0664–443 33 56).

Aussichtspunkte findet man bei der Hubertuswarte am Kaltbründelberg sowie beim Wiener Blick auf der Baderwiese.

Der mit öffentlichen Verkehrsmitteln sehr gut erreichbare und von Mitte Februar bis Mitte November bei freiem Eintritt geöffnete Lainzer Tiergarten bietet darüber hinaus noch

Schaufütterungen (Mufflon, Damhirsch und Wildschweine),

Kutschenfahrten
(Auskünfte Tel. 804 31 69) und

Führungen für Schulklassen
(Auskünfte Tel. 40 00 . . ., 97908 oder 97918).

Derzeit im Gange ist eine Generalsanierung der Tiergartenmauer und die Neugestaltung des Naturlehrpfades zur Hermesvilla. Die historisch fundierte Rekonstruktion des Parks rund um die Hermesvilla und die Errichtung des
Besucherzentrums Lainzer Tiergarten
Tel. 804 31 69
beim Lainzer Tor sind abgeschlossen.

Auskünfte:

Forstverwaltung Lainz
Tel. 804 13 15

MA 49
Tel. 40 00 . . ., 97922 oder 97919
Internet: http://www.magwien.gv.at/wald

Die Wiener Waldschule

Als erstes waldpädagogisches Informationszentrum Österreichs hat 1998 die "Wiener Waldschule" bei der Ottakringer Jubiläumswarte ihren Betrieb aufgenommen.

Hier wird den Kindern der Wald als Teil einer lebendigen Umwelt nahe gebracht. Jedem Wiener Schulkind soll es zumindest einmal möglich sein, mit einem Förster den Lebensraum Wald zu beobachten, zu erforschen und zu "begreifen". Die Kinder sollen Bäume fühlen, Walderde riechen, Pflanzen schmecken, Tiere hören und beobachten. Der Sinn: Über das Beobachten und Erforschen zum Erkennen und Handeln zu kommen.

Das Programm eines "Waldschultages" wird durch mehrere waldbezogene Spiele aufgelockert. So kann durch spielerisches Lernen langfristig ein verantwortungsvoller Umgang mit der Natur erreicht werden. Ergänzend zum Erleben des Waldes können die Kinder in der Waldschule jene Kostbarkeiten der Natur hautnah betrachten, die draußen nicht immer und überall zu finden sind: Vogelnester, Tierpräparate, Spechthöhlen und vieles mehr. Der Aufbau eines Baumes oder Baumkrankheiten können anhand von Schaustücken und Modellen genauer untersucht werden. Zur Erforschung des Holzes stehen mehrere Mikroskope bereit. Weiters wird den Kindern das Bearbeiten von "Materialien des Waldes" in einer eigens dafür eingerichteten Werkstätte ermöglicht. Sehr wichtig und auch sehr beliebt ist das Erlernen des Feuerentfachens und des sicheren Umgangs mit diesem Urelement.

Anmeldungen und Informationen:
Tel. 40 00 . . ., 97918 oder 97908

Nationalpark Donau-Auen

Mit einer Fläche von etwa 2.500 Hektar, das entspricht 24 Prozent der Gesamtfläche des Nationalparks "Donau-Auen", ist die Lobau Wiens größter Beitrag zum Nationalpark. Wie wertvoll das Ökosystem Lobau auch in internationaler Hinsicht ist, macht folgende Tatsache deutlich: Bereits 1977 wurde das Naturschutzgebiet Untere Lobau als eines der bedeutendsten Feuchtgebiete der Welt durch die UNESCO anerkannt.

Für die Lobau besonders charakteristisch sind die vielfältigen Landschaftsformen, die hier anzutreffen sind. Sie reichen vom malerischen Donau-Altarm über Buschheckenlandschaften bis zur trockenen Heißlände.

Die Lobau mit ihrer vielfältigen Pflanzenpracht ist ein Paradies für Botaniker, Hobbyfotografen, Landschaftsmaler oder schlicht und einfach für Spaziergänger. Gezählte 800 Pflanzenarten gedeihen hier, u.a. ganz seltene Pflanzen wie etwa das Wanzenknabenkraut, eine Orchideenart. In ganz Europa kaum mehr aufzufinden, kommt es in der Lobau ziemlich häufig vor.

Aber auch die Tierwelt ist großartig: Mehr als 5.000 Arten – u.a. Sumpfschildkröte und Ringelnatter, Eisvogel und Graureiher sowie Reh und Hase laden im Nationalpark zum Beobachten, Filmen oder Fotografieren ein. Mit Geduld, Ruhe und Ausdauer lassen sich viele Tiere beobachten. Beim Biber wird es wohl besonders schwer sein. Dafür kann man seine Spuren ausgiebig bewundern: Abgenagte, zugespitzte Baumstämme in der Nähe von Gewässern. Wegen seines Felles im vorigen Jahrhundert ausgerottet, wurde der Biber vor etwa 20 Jahren wieder angesiedelt. Und das mit großem Erfolg: Heute tummeln sich rund 200 Biberpärchen in der Lobau.

Es gibt ein gut beschildertes Wegenetz. Entlang der markierten Wege kann man die Natur kennen lernen, ihre vielschichtigen Zusammenhänge begreifen und verstehen lernen. "Abweichen" bringt gar nichts. Spaziergänger, die sich ihre eigenen Wege bahnen wollen, können unabsichtlich großen Schaden anrichten. Denn sie zertreten dabei kleine und kleinste, oft nur mit der Lupe erkennbare Lebewesen. Darüber hinaus verliert man im Augebiet abseits der Wege sehr leicht die Orientierung.

Von der Vielfalt am Waldrand über das verborgene Leben im Teich oder im Altarm bis zum faszinierenden Zusammenleben von Tier- und Pflanzenwelt im Bereich der Heißländen kann man alles im Verlauf eines Lehrpfades in der oberen Lobau auf 14 Stationen kennenlernen.

Nationalpark-Forstverwaltung Lobau der Stadt Wien
Tel. 02249/23 53

NationalparkBoot

Eine einstündige Exkursion mit einem Förster durch den Nationalpark birgt viel Interessantes in sich. Wenn auch die An- und Abreise noch ein Erlebnis ist, bleibt der Tag in den Donau-Auen unvergesslich. Direkt aus dem Zentrum der Stadt, unweit vom Schwedenplatz auf der Wiener Umweltmeile geht es los. Rasch hat man die Donau und somit den nur 12 km von der City entfernten Nationalpark erreicht. Von dort kann man den Auwald von der "richtigen" Seite, also vom Wasser aus, kennen lernen. Bei der stromaufwärts etwas langsameren Rückfahrt können die Eindrücke in aller Ruhe verarbeitet werden.

Abfahrt bei der Wiener Umweltmeile am Donaukanal (Am Donaukanalufer des 2. Bezirks zwischen Augarten- und Salztorbrücke).

Nur nach Anmeldung:

April bis Oktober täglich um 9.30 Uhr
Aufenthaltsdauer ca. vier Stunden (eine Stunde Hinfahrt, eine Stunde Exkursion, zwei Stunden Rückfahrt)
nur für Gruppen ab fünf Personen
Kosten: Erwachsene 7 EUR, Kinder 2,5 EUR
Nationalpark-Forstverwaltung Lobau
Tel. 02249/23 53

GreenTours

Wir gehen in die Au oder die Au kommt zu uns

Auf Entdeckungsreise im Nationalpark Donau-

Auen: Hier kann man die Schönheit der Auwälder näher kennen lernen und genießen. Geschulte Nationalpark-Begleiter führen durch den dichten Urwald des Nationalparks zu stillen Autümpeln und erzählen Geschichten über das Wesen und Wirken diese sensiblen Ökosystems.

Green Tours Outdoors vor allem in der Oberen Lobau, Treffpunkt nach Vereinbarung

Green Tours Outdoors von Ende März bis Ende Oktober halbtägig (drei bis vier Stunden) oder ganztägig (sechs bis sieben Stunden)

Verein "Grüne Insel" – im Auftrag der MA 49 – Forstamt
Tel. 523 62 22 . . ., 729

Nationalpark-Forstverwaltung Lobau
Tel. 02249/23 53

NationalparkCamp Lobau
Schule unterm Sternenzelt

Natur, Lagerfeuer, Zelten, Gemeinschaft – das sind die besonderen Kindheitserinnerungen, die viele das ganze Leben in sich tragen. Dass man bei einem solchen Abenteuer spielerisch Vieles über die Natur lernt, wird einem meist erst in späteren Jahren bewusst. Das NationalparkCamp Lobau ist der Ort, an dem Wiener Kindern diese Erlebniswelt offen steht. Förster der Forstverwaltung Lobau und engagierte Pädagogen des Vereins "Grüne Insel" verstehen Begeisterung zu wecken und die Neugierde der Kinder zu stillen. In verschiedenen Workshops wird geforscht, beobachtet, erklärt, gestaunt und gespielt. Einzelne Stationen sind speziellen Themen gewidmet wie "Sonnenenergie" oder "die Lebensweise seltener Tierarten". Ein geselliger Abend am Lagerfeuer rundet das vielfältige Tagesprogramm ab.

Ort des Treffpunkts:
Am Rande des Nationalparks Donau-Auen an der Lobaustraße bei Groß-Enzersdorf
Anreise: Buslinie 26A ab U1 Kagran bis Groß-Enzersdorf, dann halbstündiger Fußweg
Aufenthaltsdauer in der Regel drei Tage
Nationalpark-Forstverwaltung Lobau
Tel. 02249/23 53

Verein "Grüne Insel" – im Auftrag der MA 49 – Forstamt
Tel. 523 62 22 . . .,729

Naturlehrpfade

Viele Wanderer haben in unserer Zeit meist nur mehr einen oberflächlichen Kontakt zur Natur und gehen oft achtlos an der unscheinbaren, deshalb aber nicht unwichtigen "Natur am Wegrand" vorbei. Die drei Lehrpfade helfen, die Vielfalt der Natur besser zu erkennen. Sie liegen in sehr unterschiedlichen Wäldern und helfen, die verschiedenen Pflanzenarten und Lebensräume kennen zu lernen. Nicht immer wird alles Beschriebene zu sehen sein. Wer aber aufmerksam den Wegen folgt, wird mit außergewöhnlichen Naturerlebnissen in den schönsten Naherholungsgebieten Wiens belohnt.

Ein Fernglas für Tierbeobachtungen ist lohnend; die Wälder sind bekannt für ihren Vogelreichtum. Bei der Betrachtung von Blüten kann schon eine einfache Lupe neue Bereiche erschließen.

Für Schulklassen sind nach Anmeldung kostenlose Halbtagesführungen durch Förster in den Forstverwaltungen jederzeit möglich.

Information
Tel. 40 00 . . ., 97918 und 97908

Zusätzliche Informationen über den Wald sind in den Waldklassenzimmern in der Lobau, am Laaer Wald, beim Neugebäude in Simmering, auf der Antonshöhe, am Schafberg, im Ottakringer Wald, auf der Jägerwiese und am Bisamberg zu finden.

Internet: http://www.wien.gv.at/wald

Naturlehrpfad Obere Lobau, Saltenstraße
Buslinie 93A, ca. 15 Minuten Fußweg, Länge 3 km, ca. ein bis zwei Stunden
Nationalpark-Forstverwaltung Lobau
Tel. 02249/23 53
Folder anfordern!

Waldlehrpfad Lainzer Tiergarten
Lainzer Tor am westlichen Ende der Hermesstraße, Buslinie 60B
Länge 1 km vom Lainzer Tor zur Hermesvilla
ganzjährig durch das Lainzer Tor ab 8 Uhr.

Die Schließzeiten sind an den Toren angeschlagen.

Besucherzentrum Lainzer Tiergarten
Tel. 804 31 69

Naturlehrpfad Laaer Wald
Laaer Bergstraße/Böhmischer Prater
Buslinien 68A und 15A
geöffnet von 8 Uhr bis Einbruch der Dämmerung

Nationalpark-Forstverwaltung Lobau
Tel. 02249/23 53

Radfahren im Wald – Mountainbiking

Im Wienerwald sind 900 km Forststraßen für Radfahrer freigegeben, davon 20 km in Wien in den Bezirken 13, 14, 17, 18, 19 und 23. Die Strecken sind am Beginn mit Informationstafeln gekennzeichnet, entlang des Streckenverlaufs helfen Orientierungspfeile.

Gender Mainstreaming

Gender Mainstreaming ist ein neuer strategischer Ansatz zur Umsetzung der Chancengleichheit und der Gleichstellung zwischen Frauen und Männern. Die Zielsetzungen sind mit der spezifischen Frauenförderung identisch, die Herangehensweisen aber unterschiedlich.

Für die Europäische Kommission ist Gender Mainstreaming seit 1996 verbindlich. Durch die Ratifizierung des Vertrags von Amsterdam hat dieses Konzept auch rechtliche Verbindlichkeit erlangt. Die systematische Einbeziehung der Dimension der Chancengleichheit für Frauen und Männer ist damit für alle Politikfelder und damit letztlich auch die Verwaltungen verbindlich.

Mit der Herausgabe des Leitfadens "Gender Mainstreaming" vom Frauenbüro der Stadt Wien wurde im Jahr 2000 ein umfassendes Aktionsprogramm zur weiteren, konkreten Umsetzung der Gender Mainstreaming-Strategie innerhalb der Verwaltung begonnen. Nach einer internationalen Konferenz im Rahmen des Ost-West-Netzwerkes Milena 2001, wo europaweite Erfahrungen ausgetauscht wurden, folgte im Dezember 2001 eine großangelegte Informationsveranstaltung für EntscheidungsträgerInnen auf politischer und Verwaltungsebene in Wien. Ziel der Veranstaltung war es, die tatsächliche Umsetzbarkeit des Konzeptes innerhalb aller Bereiche der Verwaltung anhand praktischer Beispiele aus der Wiener Verwaltung bzw. anderer europäischer Stadtverwaltungen zu vermitteln. Im Anschluss an die Veranstaltung wurde im Intranet für den Magistrat eine eigene Informationsseite zu Gender Mainstreaming eingerichtet, mit der das Frauenbüro über Zielsetzungen, die Entstehungsgeschichte und vor allem auch regelmäßig über neue Projekte zur praktischen Umsetzung der Gender Mainstreaming-Strategie berichtet.

Vereinbarkeit von Familie und Beruf

Mit Forschungsaufträgen, Tagungen und Publikationen wird das Ziel der Gleichbehandlung und Gleichstellung zwischen Frauen und Männern am Arbeitsmarkt thematisiert und werden Wege aufgezeigt, wie dieses Ziel erreicht werden kann. Beispielsweise wurden im Jahr 2001 die Studie und Tagung "Frauengesundheit am Arbeitsplatz" durchgeführt und das Handbuch "7 Schritte zur Gleichstellung" entwickelt. Eine Studie setzte sich mit verschiedenen Formen von Teilzeitarbeitszeitmodellen auseinander; im Zuge dieser Arbeit wurde ein Simulationsinstrument zu Teilzeitarbeit erstellt, das über Internet zur Verfügung gestellt wird. Die Firma XIMES GmbH hat eine Simulation der Kosten verschiedener Arbeitszeitvarianten entwickelt, die über Internet abrufbar ist. Unter **www.teilzeit.cc** kann ein quantitativer Vergleich der Personalkosten für Vollzeit- bzw. Teilzeitbeschäftigte erstellt werden, und es wird Unterstützung bei der qualitativen Bewertung von Vollzeit- im Vergleich zu Teilzeitarbeit angeboten.

Als Ergänzung zur Inernetversion hat das Frauenbüro eine Broschüre erstellt, die Vor- und Nachteile von Teilzeit- versus Vollzeitarbeit auflistet und diskutiert. Sie stellt verschiedene Formen von Teilzeitarbeit vor und informiert darüber, welche Rahmenbedingungen und betrieblichen Erfordernisse für die Umstellung auf Teilzeitarbeit von Bedeutung sind. Darüber hinaus präsentiert sie Methoden zur quantitativen und qualitativen Bewertung von Teilzeitmodellen.

Im vergangenen Jahr war das Frauenbüro an dem EU kofinanzierten Projekt "Managing E-Quality" beteiligt. Anliegen dieses Projektes ist die Einführung von Führungskräfteseminaren zum Thema "Gleichstellungsorientiertes Management", um in Betrieben und Verwaltungen ein grundlegend neues Verständnis von der Vereinbarkeit zwischen Beruf und Familie zu verankern. Dazu wurde auch ein Train-the-Trainer-Curriculum entwickelt. Managing E-Quality-Kurse wurden als Modellprojekt im Ressort der Geschäftsgruppe Integration, Frauenfragen, Konsumentenschutz und Personal durchgeführt. Weiters wurde eine Broschüre zum Thema erarbeitet.

Geschlechtssensible Pädagogik

Das Thema Mädchenförderung und geschlechtssensible Pädagogik stellt einen wichtigen Arbeitsschwerpunkt de MA 57 dar. Die MA 57 leistet Vernetzungsarbeit, gibt Grundlagenstudien in Auftrag oder unterstützt einzelne Modellprojekte wie den ersten geschlechtssensiblen Kindergarten und das Projekt "Ein Garten für Mädchen".

Im Jahr 2001 wurden folgende Projekte durchgeführt:

Workshop "Mädchen planen ihre Stadt" – Im Juli 2001 veranstaltete das Frauenbüro in Kooperation mit der MA 18 – Stadtentwicklung und dem Wiener Ferienspiel einen mehrtägigen Workshop für Mädchen. Ziel war es, Mädchen im Alter von sieben bis zwölf Jahren in jeweils drei eintägigen Workshops einen Einblick in die Hintergründe von Stadtplanung und -gestaltung zu vermitteln und mit ihnen anschließend einen eigenen fiktiven Stadtteil ganz nach ihren Wünschen zu planen und zu bauen. Bei der Gelegenheit wurde auch ein Förderungskatalog mit den Mädchen erarbeitet, der zeigt, was die Mädchen an der bisherigen Planung in ihem Wohnumfeld vermisst haben bzw. wo Verbesserungsvorschläge gesehen werden. Die Ergebnisse des Workshops wurden in der Ausgabe der Kinderzeitung "Hallo!" im September 2001 publiziert.

www.jobs4girls.at

Jobs4girls ist ein Internet-Projekt für Mädchen, die vor der Berufswahl stehen. Es soll sie bei ihrer Entscheidung unterstützen, indem es ihnen ein breites Spektrum an Berufen präsentiert. Der Schwerpunkt liegt auf technischen Berufsfeldern, im Bereich Informationstechnologien und bei klassisch handwerklichen Berufen. Derzeit sind rund 200 Berufsbiografien von Frauen abrufbar. Diese unterschiedlichen Berufsbiografien dienen dazu, Rollenvorbilder für Mädchen zu schaffen. Sie zeigen, dass es eine Vielzahl von Berufen gibt, die für Mädchen interessant sein können. Die "Frauen in Jobs" stellen sich und ihren Werdegang dar, berichten von beruflichen Hürden, den spannenden und weniger spannenden Seiten ihres Berufs und geben Tipps aufgrund ihrer Berufserfahrung. Zusätzlich bietet die Website spezifische Links bzw. Informationen über Ausbildungswege, Mädchenprojekte und Möglichkeiten der Berufsorientierung.

Neue Technologien

Ein wichtiger Schwerpunkt der Arbeit der MA 57 sind die neuen Informations- und Kommunikationstechnologien. Die Anforderungen, Nutzungsmöglichkeiten und das politische, wirtschaftliche und soziale Potenzial sind aus frauen- und geschlechtsbezogener Perspektive zu betrachten. Im Rahmen eines Workshops und einer im Jahr 2001 abgehaltenen internationalen Konferenz wurden die für Frauen wichtigsten Bereiche der Neuen Technologien wie Telearbeit, Aus- und Weiterbildung und Demokratische Partizipation behandelt.

Für 2002/03 ist ein Schwerpunkt im Bereich Mädchen und Neue Technologien in Arbeit.

Internationale Projekte

Mitarbeiterinnen der MA 57 sind in einer Reihe von internationalen Arbeitsgruppen und Gremien als Expertinnen vertreten.

Seit September 1997 betreut die MA 57 im Rahmen eines INTERREG IIA-Projekts das Projekt MILENA – Frauennetzwerk Ost-West. Das Netzwerk bietet Frauen und Frauenbeauftragten aus den tschechischen, slowakischen und ungarischen Grenzregionen sowie den Hauptstädten Prag, Bratislava, Budapest und Wien eine Plattform zur Kooperation und zum Erfahrungsaustausch. Die Vorbereitung auf den bevorstehenden Beitritt zur EU, die Angleichung des Standards im Bereich der Frauenförderung und der Know-how-Transfer zu frauenspezifischen Fragenstellungen sind zentrales Thema des Netzwerks. Im Rahmen von Workshops, einer internationalen Jahreskonferenz und mit Hilfe des vierteljährlichen Newsletters **"Milena-News"** sowie der im Entstehen begriffenen neuen Website **www.milena.at** werden Informationen und Erfahrungen über Best-Practice-Modelle ausgetauscht und neue grenzüberschreitende Projekte entwickelt.

Im Dezember 2001 fand in Prag ein im Rahmen des Milena Netzwerkes und des Österreichischen Städtebunds finanziertes Seminar zu "Prostitution als transnationales Phänomen" statt. Ziel war die Verstärkung der regionalen und transnationalen Kooperation zwischen in diesem Bereich arbeitenden NGOs und öffentlichen Institutionen.

Frauen sichtbar machen

Ziel des 1999 gestarteten Arbeitsschwerpunktes "Frauen sichtbar machen" ist es, Frauen und ihre Leistungen in verschiedenen Bereichen im öffentlichen Raum sichtbar und damit bewusst zu machen. Der Schwerpunkt versteht sich als Würdigung jener Wienerinnen, die herausragende Leistungen und Pionierinnentätigkeit in Wissenschaft, Kunst und Politik geleistet haben, die Frauen Zugangsmöglichkeiten zu Bildung ermöglichten und die Widerstand gegen das nationalsozialistische Regime leisteten, aus ihrer Stadt vertrieben wurden und sich im Ausland einen Namen gemacht haben. So entstand 2001 das Filmprojekt "Das Gedächtnis der Frauen": An Hand der Schicksale von vier Frauen aus vier Ländern (Österreich, Deutschland, Tschechien und Slowenien) zeichnet der Film europäische Geschichte in Ost- und Westeuropa nach.

Der Transparente Raum – Frauenbrücke

Im Rahmen des Arbeitsschwerpunktes "Frauen sichtbar machen" und der EU-Initiative "Urban Gürtel Plus" realisierte das Frauenbüro ein Kulturprojekt basierend auf dem Entwurf der renommierten Medienkünstlerin VALIE EXPORT. Der Glaskubus wurde im Mai 2001 von Frauenstadträtin Mag. Renate Brauner eröffnet.

Der Glasinstallation kommt mehrfach hohe Signalwirkung zu. Hier wird zum einen einer namhaften österreichischen Künstlerin erstmals in Wien die Gelegenheit geboten, ein Projekt im öffentlichen Raum zu realisieren. Zum anderen ergibt sich die Chance, dass sich mit der Glasinstallation das Gürtel-Umfeld zu einem lebendigen Treffpunkt, der die Gelegenheit zum Austausch und zur Diskussion bietet, entwickelt. Das Kunstwerk, ein Glaskubus, wird als Kunstwerk natürlich für sich stehen, kann aber gleichzeitig als Ausgangspunkt für weitere kulturelle Aktivitäten genutzt werden.

Die Idee hat sich im Eröffnungsjahr bereits mit einigen eigenen Veranstaltungen des Frauenbüros bewährt. Das Interesse an der Nutzung des Kubus für künstlerische Aktivitäten ist groß. Für 2002 planen einige KünstlerInnengruppen, wie etwa das Tanztheater

"Tanz Atelier Wien" oder die Lichtkünstlerin Viktoria Coeln, Aktivitäten rund um den Glaskubus.

Spezielle Zielgruppen

Seniorinnen

Derzeit sind 20 % der Wiener Bevölkerung über 60 Jahre alt, mehr als die Hälfte davon sind Frauen. Frauen in diesem Lebensabschnitt haben aufgrund ihrer finanziellen, familiären und gesundheitlichen Situation sehr oft andere Bedürfnisse an ihre Lebensumgebung, als gleichaltrige Männer. In diesem Zusammenhang werden Studien gefördert, die die derzeitige Situation umfassend darstellen, sich mit dem Aktivierungspotenzial von Frauen ab 60 befassen und auch mit dem neuen Thema "Seniorinnen und Neue Informationstechnologien" auseinandersetzen.

MigrantInnen

In Wien leben derzeit rund 291.717 MigrantInnen, das entspricht ungefähr 18 % der Wiener Gesamtbevölkerung. Die 132.251 Frauen stellen unter den MigrantInnen etwas weniger als die Hälfte, am stärksten vertreten sind dabei Angehörige aus dem ehemaligen Jugoslawien und der Türkei. In Wien zu leben bedeutet für die Mehrheit der MigrantInnen ein Leben mit den typischen Problemen der Migration, wie Problemen am Arbeitsmarkt, beschränkten finanziellen Möglichkeiten, beengten Wohnverhältnissen, erschwerter Kommunikation aufgrund von Sprachbarrieren. Insgesamt sind MigrantInnen in vielen Bereichen größeren Belastungen ausgesetzt, den Alltag zu meistern. Gleichzeitig sind sie als Frauen geschlechtsspezifischen Diskriminierungen ausgesetzt und können beispielsweise von Gewalt bedroht sein. Das Frauenbüro unterstützt Vereine, die MigrantInnen in verschiedenen Lebenslagen beraten und Hilfe bereitstellen. Gemeinsam mit MigrantInnenvereinen wurde eine Broschüre erarbeitet, die über das Angebot der verschiedenen Wiener Einrichtungen Auskunft gibt. Diese Broschüre ist in insgesamt sieben Sprachen erhältlich.

In Zusammenarbeit mit der Bereichsleiterin für Integration im Büro der amtsführenden Stadträtin für Integration und Frauenfragen tritt das Frauenbüro für die Interessen von Migrantinnen ein und kooperiert eng mit dem Wiener Integrationsfonds. So werden beispielsweise seitens des Frauenbüros themenspezifische Studien kofinanziert.

Förderung von Frauenprojekten

Anträge auf Förderung von Frauenprojekten werden vom Frauenbüro hinsichtlich Zielsetzung, Bedarf, inhaltlicher und finanzieller Konzeption und Ergänzung zu Angeboten bestehender Einrichtungen geprüft und dem Gemeinderat zur Entscheidung vorgelegt. Ein Informationsblatt zur Antragstellung sowie weitere Auskünfte erhält man unter

Tel. 40 00 . . ., 83515, 83517, 83537
und im Web unter
www.wien.gv.at/ma57/projektfoe.htm

Im Jahr 2001 wurden 28 frauenspezifische Vereine gefördert, zusätzlich 38 frauenspezifische Projekte im Rahmen des Kleinprojektetopfs.

Gleichbehandlung und Frauenförderung im Magistrat der Stadt Wien

Das im Mai 1996 in Kraft getretene Wiener Gleichbehandlungsgesetz soll Frauen im Magistrat neue Berufsfelder eröffnen und Voraussetzungen für gezielte Frauenförderung schaffen.

Die seit 1997 in Geltung stehenden Frauenförderungspläne wurden 2001 hinsichtlich der Daten und Zielvorgaben an die aktuelle Entwicklung angepasst. Die Vorschläge für die Anpassung wurden seitens der gemäß Wiener Gleichbehandlungsgesetz hiefür zuständigen Wiener Arbeitsgruppe für Gleichbehandlungsfragen vorgelegt.

Die MA 57 ist sowohl durch eine Mitarbeiterin in der Wiener Arbeitsgruppe vertreten, als auch für die Führung deren Bürogeschäfte zuständig.

Mitarbeiterinnen der MA 57 sind auch Mitglieder in der Wiener Gleichbehandlungskommission, die Gutachten zur Frage der Verletzung des Wiener Gleichbehandlungsgesetzes erstellt und Stellungnahmen zu legistischen Vorhaben hinsichtlich möglicher Diskriminierungen von Frauen abgibt.

Im April 2001 ist mit der 3. Novelle zum Wiener Gleichbehandlungsgesetz eine umfangreiche Änderung dieses Gesetzes in Kraft getreten, die sich aus der Notwendigkeit der Anpassung an EU-Recht sowie den Erfahrungen aus der Praxis der bisherigen Vollziehung ergeben hatte. Die MA 57 hat dazu Vorschläge erstattet und war in die Verhandlungen und Vorbereitungsarbeiten eingebunden. Einen zentralen Punkt der Novelle bildet u.a. die Erhöhung der Frauenförderungsquote von 40 % auf 50 %.

Als eine weitere Folge dieser Novelle obliegt das Vorschlagsrecht im Rahmen der Bestellung der Gleichbehandlungsbeauftragten (und StellvertreterInnen) der Stadt Wien nunmehr der MA 57. Da die Funktionsperiode der erstmals bestellten Gleichbehandlungsbeauftragten und deren Stellvertreterinnen mit Ende Juni 2001 ablief, beauftragte die MA 57 zu Jahresanfang ein externes Unternehmen mit der Durchführung des Auswahlverfahrens. Als Ergebnis dieses Verfahrens wurden von der MA 57 der zuständigen amtsführenden Stadträtin Vorschläge zur Bestellung übermittelt.

Die Bürogeschäfte der Arbeitsgruppe werden von der MA 57 geführt (Tel. 40 00 . . ., 83149). Die Vorsitzende der Arbeitsgruppe für Gleichbehandlungsfragen ist Luise Moltaschl (Tel. 40 00 . . ., 83145).

Servicestellen

Frauentelefon: 408 70 66

Mit dem "Frauentelefon" bietet das Frauenbüro einen Wegweiser für Rat suchende Frauen in Wien. Auskunft sowie kostenlose telefonische und persönliche Beratung bei Problemen aus dem Lebensumfeld von Frauen sowie Vermittlung an zuständige und/oder spezialisierte Einrichtungen sind die Serviceleistungen des "Frauentelefons". Im Jahr 2001 konnten beim Frauentelefon 1625 Kontakte (2000: 1327) verzeichnet werden, was eine deutlich gestiegene Nachfrage erkennen lässt. Die häufigsten Themen waren dabei Scheidung/Trennung mit 557 Kontakten (2000: 432) sowie Unterhalt und finanzielle Probleme mit 268 Kontakten (2000: 152).

24-Stunden Frauennotruf: 71 71 9

Der Frauennotruf ist eine Kriseneinrichtung für Frauen und Mädchen, die von sexueller, körperlicher oder psychischer Gewalt betroffen sind. Unter der Nummer 71 71 9 können sich die betroffenen Frauen oder Mädchen und deren Angehörige oder FreundInnen rund um die Uhr an den Frauennotruf wenden. Nach einer Vergewaltigung, bei familiärer Gewalt, sexueller Belästigung oder sexuellem Missbrauch in der Kindheit bietet das Team telefonische und persönliche Beratung und psychologische, rechtliche, sozialarbeiterische und medizinische Unterstützung an. Die Begleitung zu einer Anzeige, zur Gerichtsverhandlung oder zu einer ärztlichen Untersuchung stellt neben der Vermittlung zu anderen Fachinstitutionen ein weiteres wichtiges Angebot dar.

Publikationen des Frauenbüros der Stadt Wien

Alle Publikationen des Frauenbüros sind unter
Tel. 40 00 . . ., 83518 oder schriftlich
Frauenbüro der Stadt Wien
8, Friedrich-Schmidt-Platz 3
oder im Internet unter
www.wien.gv.at/ma57/broschue.htm
kostenlos zu bestellen.

Daten und Statistiken

- 1. Wiener Frauengesundheitsbericht (Kurzfassung). Band 4 der Schriftenreihe. Wien, 1996
- Wiener Mädchenbericht – Zahlen und Fakten. Band 6, Teil 1 der Schriftenreihe. Wien, 1999

Arbeitswelt

- Managing E-Quality. Führungskräfteschulung für ein gleichstellungsorientiertes Management. Manual. Wien, 2000
- Wiener Frauenbarometer – Arbeitswelt, IFES – Erhebung im Auftrag des Frauenbüros. Wien, 1999
- Handbuch "7 Schritte zur Gleichstellung"

Vereinbarkeit Beruf und Privatleben

- Berufsunterbrechung – Wiedereinstieg – Kinderbetreuung. Modelle für eine erfolgreiche Berufsrückkehr. Band 7 der Schriftenreihe. Wien, 1999
- Kinderbetreuung: Geld- versus Dienstleistungen. Österreich im Vergleich mit Deutschland, Frankreich und Schweden. Band 8 der Schriftenreihe. Wien, 2000
- Väterförderung – Politik der Zukunft? Vereinbarkeit von Beruf und Familie für Männer und Frauen im Betrieb. Tagungsdokumentation. Hrsg.: MA 57 und GenderLink. Wien/Salzburg, 2000
- Teilzeit oder Vollzeitarbeit? Broschüre. Wien, 2001

Gewalt – Sicherheit

- "Frauennotruf" – Soforthilfe für vergewaltigte Frauen und Mädchen (Folder, deutsch, englisch, italienisch, kroatisch, polnisch, serbisch, tschechisch, türkisch)
- 3 Jahre Frauennotruf der Stadt Wien – Einblicke in die Arbeit einer Kriseneinrichtung
- Sicherheitstipps für Frauen. Neu überarbeitete Broschüre. Wien, 2000

Stadtplanung – Frauengerechte Stadt

- "Richtlinien für eine sichere Stadt" – Beispiele für die Planung und Gestaltung sicherer öffentlicher Räume. Band 1 der Schriftenreihe. Wien, 1996
- "Frauen-Werk-Stadt" – Information über eine Wohnanlage in Wien, die von den Architektinnen nach frauen- und alltagsgerechten Kriterien geplant wurde. Wien, 1996

Geschlechtssensible Pädagogik

- "Koedukation" – Einführung in die geschlechtssensible Pädagogik. Broschüre. Wien, 1996
- Tagungsbericht "Geschlechtssensible Pädagogik", Bericht zur Tagung November 1997
- Handbuch MädchenStärken – Burschen fördern. Theorie & Praxis. Zur Notwendigkeit geschlechtssensibler Arbeitsansätze in der freizeitorientierten Jugendarbeit. Band 6, Teil 2 der Schriftenreihe. Wien, 1999
- Lisbeth – Ein Mädchen aus Wien. Historisches Lesebuch für Kinder. Wien, 2000

Internationales

- Milena-Newsletter (vierteljährlich)
- Report on the NGO Conference on the Optional Protocol to the Convention on the Elimination of all forms of Discrimination against Women (CEDAW), Tagungsbericht
- Gender Mainstreaming – International Conference 9–10 October 2000, Vienna, Documentation
- Leitfaden zum Fakultativprotokoll der UN-Konvention zur Beseitigung jeder Form der Diskriminierung der Frau. Milena-Schriftenreihe des Frauenbüros. Wien, 2001
- Der Transparente Raum – Die Publikation bietet einen Einblick in die Entstehungsgeschichte und die Idee des Kulturprojektes "Der Transparente Raum" und thematisiert in einem weiteren Schritt die Frage "Frauen und öffentlicher Raum" ganz generell. Wien, 2001

Sonstige Publikationen

- Rechtsberatung für Frauen, Handbuch. Wien, 2000
- Kostenlose muttersprachliche Beratungsstellen für MigrantInnen, Folder (deutsch, englisch, französisch, russisch, serbokroatisch, spanisch, türkisch). Gender Mainstreaming. Leitfaden in der Milena-Schriftenreihe des Frauenbüros. Wien, 2000
- Politikerinnen in Wien 1848–2000. Biografien. Zwei Fotobände. Wien, 2000
- Wienerinnen. Frauen in Wien und Frauen aus Wien. Wien, 2000
- Frauen in Wien 2. Portraits von Migrantinnen. Fotoband. Wien, 2001
- Das Kochbuch. Ein multikulturelles Kochbuch für Kinder. Wien, 2001
- Frauen sichtbar machen. 10 Jahre Frauenbüro der Stadt Wien. Wien, 2001

FRIEDHOFSWESEN

(MA 43)

(→ auch "Wiener Stadtwerke – Bestattung Wien")

Besuch der Wiener Städtischen Friedhöfe

Besuchszeiten

Die Wiener Städtischen Friedhöfe können
im Jänner, Februar, November
(ausgenommen 1. und 2. November) und
im Dezember von 8 bis 17 Uhr,
im März, April, September, Oktober und
am 1. und 2. November von 7 bis 18 Uhr und
im Mai, Juni, Juli und August von 7 bis 19 Uhr
besucht werden.

Die MA 43 kann die Öffnungszeiten einzelner Friedhöfe bzw. Friedhofseingänge durch Anordnung festlegen.

Ordnungsbestimmungen

Die „Friedhofsinformation" ist unter
Tel. 534 69 . . .0
Montag bis Freitag von 7.30 bis 15.30 Uhr
erreichbar. Darüber hinaus steht an Samstagen ein Journaldienst in der Zeit von 8 bis 12 Uhr für Auskünfte zur Verfügung.

Das Verhalten während des Aufenthaltes ist dem Ernst, der Weihe und der Widmung des Friedhofs entsprechend anzupassen. Insbesondere ist untersagt, Friedhofsanlagen, Gräber oder Grabmäler zu verunreinigen oder zu beschädigen, Pflanzen und Erdmaterial von fremden Anlagen zu entfernen, im Friedhof zu lärmen und zu betteln, Waren zum Verkauf anzubieten, zu werben oder Reklame zu entfalten.

Die im Zuge der gärtnerischen Schmückungs- und Pflegearbeiten zu entfernenden Materialien (Pflanzen, Aushubmaterial, Kerzenbecher usw.) sind, wenn sie nicht aus dem Friedhof entfernt werden, bei Vorhandensein getrennter Lagerungsmöglichkeiten entsprechend zu lagern, sodass diese Materialien einer Wiederverwertung zugeführt werden können.

Die Verwendung von Unkrautbekämpfungsmitteln bei der Grabpflege ist nicht gestattet. Die Reinigung von Arbeitsgeräten bei den Wasserentnahmestellen ist verboten.

Die Mitnahme von Tieren in die Friedhöfe der Stadt Wien ist grundsätzlich nicht gestattet; ausgenommen von dieser Regelung sind Pferde, wenn sie für die Durchführung gewerblicher Arbeiten verwendet werden, und Blindenführ- und Partnerhunde für die Begleitung behinderter Menschen.

Die Verwendung von Fahrzeugen jeder Art ist nur mit ausdrücklicher Genehmigung der MA 43 möglich. Für Fahrzeuge der Gewerbetreibenden gilt eine Sonderregelung.

Die Stadt Wien ist grundsätzlich berechtigt, die Einfahrt von Personenkraftwagen in alle Wiener Städtischen Friedhöfe nur gegen Entgelt bzw. Lösung eines Einfahrtsscheines (Einfahrtsentgelt 1,80 EUR) zuzulassen.

Derzeit wird diese Einfahrtsregelung nur für Einfahrten in den Wiener Zentralfriedhof angewendet.

Behinderte Personen mit einem entsprechenden Ausweis können ohne Entrichtung eines Einfahrtsentgeltes in die Wiener Städtischen Friedhöfe einfahren.

Es dürfen jedenfalls nur die hiefür vorgesehenen Straßen mit einer Höchstgeschwindigkeit von 20 Stundenkilometern benützt werden. An bestimmten Tagen gilt ein allgemeines Einfahrtsverbot. Die Einfahrt mit Fahrrädern ist im Wiener Zentralfriedhof gestattet; in die anderen Friedhöfe dürfen vorläufig versuchsweise Fahrräder mitgenommen werden.

Friedhofstarife

Für Entgelte wird grundsätzlich die Vorauszahlung vereinbart. Streichungen, Ermäßigungen, Stundungen oder Teilzahlungen sind nicht vorgesehen.

1. Grabstellenentgelte

Die Höhe der Entgelte richtet sich nach dem Friedhof und nach der jeweiligen Lage einer Grabstelle.

Hauptfriedhöfe:

Zugeteiltes Familiengrab (in laufender Reihe) für vier Leichen Erwachsener auf zehn Jahre 50,80 EUR

Familiengrab in ausgesuchter Lage für vier Leichen Erwachsener auf zehn Jahre 101,60 bis 286,30 EUR

Wahlfriedhöfe:

Familiengrab in ausgesuchter Lage für vier Leichen Erwachsener auf zehn Jahre 203,20 bis 572,60 EUR

Entgelt für ein Urnengrab:

Zugeteiltes Urnengrab (in laufender Reihe) für acht Leichenaschen auf zehn Jahre 50,80 EUR

Simmering, Grinzing, Großjedlersdorf, Hernals, Hütteldorf, Inzersdorf, Jedlesee, Kagran, Liesing, Mauer, Meidling, Neustift, Oberlaa, Ober-St.-Veit, Ottakring, Pötzleinsdorf, Sievering, Stammersdorf-Zentral und Südwest.

Grabrechtsangelegenheiten

Benützungsrecht

Das Recht an einer Grabstelle ist ein privatrechtliches Benützungsrecht eigener Art. Das Benützungsrecht an einer Grabstelle entsteht mit der ersten Bezahlung des im Tarif für die Bestattungsanlagen der Stadt Wien festgesetzten Grabstellenentgeltes. Benützungsberechtigter und somit Vertragspartner der Stadt Wien kann nur eine Person sein. Das Benützungsrecht umfasst das Recht zur Beisetzung der zulässigen Anzahl von Leichen bzw. Leichenaschen, zur Enterdigung von Leichen bzw. in Aschenkapseln beigesetzten Leichenaschen nach Zustimmung der MA 43, zur Aufstellung eines Gedenkzeichens am Kopfende der Grabstelle und zur gärtnerischen Ausgestaltung der Grabstelle. Alle sonstigen Vorhaben bedürfen einer besonderen Vereinbarung mit der MA 43. Das Benützungsrecht an einer Grabstelle kann nur auf einen Erben des Benützungsberechtigten übertragen werden.

GARTENWESEN UND AMTLICHER PFLANZENSCHUTZDIENST

(MA 42)

Auskünfte über das Angebot an öffentlichen Grünanlagen

Bei Fragen und Problemen im Zusammenhang mit Grünflächen, Parkanlagen, Kinderspielplätzen, Alleebäumen, Pflanzenbetreuung (auch Pflanzengesundheit) und Innenhofbegrünungen erteilt die

MA 42 – Stadtgartenamt
3, Am Heumarkt 2b
Tel. 40 00 . . . , 8042

Auskünfte.

Pflichten des Gartenbesitzers hinsichtlich des Pflanzenbestandes

Eigentümer von Grundstücken haben kultivierte und unkultivierte Grundstücke tunlichst frei von gefährlichen Krankheiten und Schädlingen zu halten, insbesondere ist die für den Obstbau gefährliche San-José-Schildlaus zu bekämpfen.

Gartenbesitzer sind verpflichtet, Organen des amtlichen Pflanzenschutzdienstes das Betreten ihrer Grundstücke zum Zweck von Kontrollen im Interesse des Pflanzenschutzes nach vorhergehender Verständigung zu ermöglichen.

Das verstärkte Auftreten von Schädlingen oder Krankheiten ist dem

amtlichen Pflanzenschutzdienst
14, Hanakgasse 1A
Tel. 911 25 55

oder dem zuständigen Magistratischen Bezirksamt zu melden.

Ausfuhr und Einfuhr von Pflanzen und Pflanzenteilen

Für die Ausfuhr in EU-Staaten kann entsprechend den Bestimmungen des Pflanzenschutzgesetzes 1995 ein Pflanzenpass erforderlich sein. Beim Export in Nicht-EU-Staaten (Drittländer) ist zumeist ein Gesundheitszeugnis notwendig.

Bei der Einfuhr aus EU-Mitgliedstaaten ist keine gesonderte Pflanzenbeschau erforderlich.

Bei der Einfuhr von Pflanzen und Pflanzenteilen aus Nicht-EU-Staaten ist ein Pflanzengesundheitszeugnis des Versenderlandes nötig. Sofern entsprechend den gesetzlichen Bestimmungen eine Pflanzenbeschau erforderlich ist, wird diese beim Einfuhrzollamt durchgeführt.

Nähere Auskünfte hinsichtlich der Ein- und Ausfuhr von Pflanzen, Pflanzenteilen und pflanzlichen Produkten erteilt der amtliche Pflanzenschutzdienst,

14, Hanakgasse 1A
Tel. 911 25 55
Telefax: 911 25 55–42

Innenhofbegrünungen

Die MA 42 – Stadtgartenamt fördert die Begrünung eines privaten Innenhofes mit bis zu 2.200 EUR. Beratung und Zusendung eines Infoblattes und eines Folders durch die

MA 42
Tel. 40 00 . . . , 97247

GESUNDHEITSWESEN

(MA 15, 47, 70, MA-L, KAV)

Wien ist eine Großstadt mit sehr hoher Lebensqualität. Grundlage dieser Lebensqualität ist vor allem auch das hohe Niveau der Gesundheitseinrichtungen, die dazu beitragen, dass die Menschen in unserer Stadt immer älter werden. Um jedoch gesund älter zu werden ist nicht nur eine funktionierende medizinische Akutversorgung, sondern auch ein gesundheitsbewusstes Verhalten des Einzelnen notwendig.

Die Gesundheitspolitiker und Gesundheitsstellen versuchen mehr denn je, gesundheitsförderndes Verhalten zu ermöglichen und zu unterstützen. Dazu werden eine breite Palette an Servicestellen, die sowohl konkrete Vorsorgeuntersuchungen als auch Informationen und Tipps für die Wienerinnen und Wiener anbieten, bereitgestellt (→ Magistrat, MA 15).

Ebenso werden langfristige Aktionspläne wie das Frauengesundheitsprogramm umgesetzt oder ein Gesundheitsförderungsplan erarbeitet, die konkrete Gesundheitsangebote für bestimmte Zielgruppen beinhalten. Die Aktivitäten das Frauengesundheitsprogramm betreffend werden vom Büro der Wiener Frauengesundheitsbeauftragten koordiniert (→ Magistrat, Büro der Wiener Frauengesundheitsbeauftragten), die Arbeiten zum Wiener Gesundheitsförderungsplan von der MA-L Landessanitätsdirektion (→ Magistrat, MA-L), der Bereichsleitung für Gesundheitsplanung und Finanzmanagement (→ Magistrat, BGF), in die auch das WHO-Büro "Wien – Gesunde Stadt" integriert ist.

Kernstück der medizinischen und pflegerischen Versorgung in Wien sind die 19 Akutkrankenhäuser und sieben Pflegeheime des Wiener Krankenanstaltenverbundes. Diese städtischen Einrichtungen leisten den überwiegenden Teil der gesamten stationären medizinischen Versorgung in Wien, die Ambulanzen mit einigen Millionen Behandlungen pro Jahr sind neben den niedergelassenen Ärzten wichtigste Anlaufstelle für die Wiener Bevölkerung bei medizinischen Behandlungen, die keinen Krankenhausaufenthalt notwendig machen (→ Wiener Krankenanstaltenverbund). Die Behandlung und Betreuung von psychiatrischen Patienten erfolgt in enger Kooperation des Wiener Krankenanstaltenverbundes mit dem Kuratorium für Psychosoziale Dienste in Wien (→ PSD). Den Transport von Patienten in die Krankenhäuser im Falle medizinischer Notfälle sowie die Erstversorgung dieser Patienten vor Ort leistet die MA 70 – Rettungs- und Krankenbeförderungsdienst der Stadt Wien (→ Magistrat, MA 70).

Die Betreuung pflegebedürftiger Menschen erfolgt auf zwei Stufen. Die erste Stufe ist eine Betreuung durch mobile Dienste, um so lange wie möglich in den eigenen vier Wänden leben zu können. Reicht diese mobile Betreuung nicht mehr aus, so stehen verschiedene stationäre Einrichtungen zur Verfügung, wobei seit einigen Jahren besonderer Wert auf die Remobilisierung und somit die Rückkehr in die eigene Wohnung gelegt wird (→ Magistrat, MA 47).

Die MA 15 – Gesundheitswesen nimmt vor allem die sanitätsrechtlichen Aufgaben wie die Kontrolle der Krankenanstalten oder anderer medizinischer Einrichtungen wahr, leistet aber auch konkrete medizinische Versorgung in den Impfstellen oder Jugendzahnkliniken (→ Magistrat, MA 15).

Im Fonds Soziales Wien werden sämtliche Aktivitäten zur Suchtvorbeugung und Suchtbekämpfung der Stadt Wien koordiniert (→ Magistrat, Fonds Soziales Wien).

Die Fäden aller von der Stadt Wien gesetzten Initiativen in Sachen Gesundheit laufen im Büro der Geschäftsgruppe Gesundheits- und Spitalswesen zusammen. Leitgedanke über all diesen Aktivitäten ist der gleiche Zugang für alle Wienerinnen und Wiener zu den Leistungen des Gesundheitssystems unabhängig vom sozialen und finanziellen Status

Büro der Geschäftsgruppe
Gesundheits- und Spitalswesen
1, Schottenring 24
Tel. 531 14 . . ., 81220
E-Mail: post@ggs.magwien.gv.at

Gesundheitswesen der Stadt Wien

Wir sind für Sie da! In Wien gibt es viele Einrichtungen, die sich um die Erhaltung Ihrer Gesundheit bemühen!

Über 10.000 Ärzte stehen einerseits in der Praxis, andererseits im Spital für Sie bereit. Während in Krankenhäusern und in den ärztlichen Ordinationen und Ambulatorien hauptsächlich die Behandlung von Krankheiten stattfindet, liegt die Hauptaufgabe des Gesundheitswesens in der vorbeugenden Pflege der Gesundheit, der Prophylaxe. Dazu gehört die Betreuung besonderer Risikogruppen sowie die allgemeine Gesundenuntersuchung. Aber auch die Maßnahmen zur Bekämpfung von Tuberkulose und anderer meldepflichtiger übertragbarer Krankheiten, die hygienische Überwachung der Trinkwasserversorgung, der Abwasserbeseitigung und der Müllentsorgung sind Aufgaben des Gesundheitswesens. Vorkehrungen zur Lärmbekämpfung und Reinhaltung der Luft sind ebenfalls dazu zu zählen.

Sie können sich mit Ihren Anliegen sowohl an die Zentrale als auch an die 19 Bezirksgesundheitsämter, an die Gesundheitsfürsorgestellen und an die anderen Außenstellen wenden.

Die folgende Auflistung gibt einen Überblick über die Serviceangebote der MA 15:

- Familienhebammen,
- Entwicklungsdiagnostik,
- ärztlicher Dienst in den Elternberatungsstellen der MA 11,
- ärztlicher Dienst in Familienplanungsstellen,
- Impfstelle für Auslandsreisende,
- Jugendzahnkliniken mit Samstag-Vormittag-Notdienst,
- Schulärztlicher Dienst,
- Gesundenuntersuchungen,
- Wiener Gesundheitsberatung,
- Tuberkulose-Referat und Gesundheitsfürsorgestellen,
- Ambulatorium zur Diagnose und Behandlung sexuell übertragbarer Krankheiten (STD-Ambulatorium),
- Bezirksgesundheitsämter,
- Umweltmedizinische Beratungsstelle,
- Gesundheitstelefon.

Die Serviceleistungen decken allgemeine Beratung ebenso ab, wie spezielle Einzelthemen, Themen, die bestimmte Altersgruppen betreffen, und Themen, die bestimmte Personengruppen betreffen.

Zusätzlich werden noch folgende Aufgaben von der Gesundheitsbehörde wahrgenommen:

- Seuchenbekämpfung und -verhütung,
- Tuberkulosebekämpfung,
- Überwachung der Hygiene,
- medizinische Überwachung der Trinkwasserqualität,
- medizinische Sachverständigentätigkeit in behördlichen Verfahren,
- sanitäre Aufsicht über medizinische Einrichtungen (Krankenhäuser, Ambulatorien, Ordinationen, Apotheken),
- Aufsicht über Sanitätsberufe (Ärzte, Apotheker, Krankenpflegefachdienste, medizinisch-technische Dienste, Sanitätshilfsdienste, Hebammen),
- Überwachung des Arzneimittelwesens,
- medizinische Überwachung des Leichen- und Bestattungswesens,
- umweltmedizinische Aspekte in Vollziehung von Rechtsvorschriften,
- medizinische Rechtsangelegenheiten,
- Anträge betreffend Nostrifikation ausländischer Urkunden nach den Bestimmungen des Gesundheits- und Krankenpflegegesetzes und des Bundesgesetzes über die Regelung des medizinisch-technischen Fachdienstes,
- Anträge betreffend die freiberufliche Ausübung der gehobenen Gesundheits- und Krankenpflege und der gehobenen medizinisch-technischen Dienste.

Gesundheitsvorsorge

Regelmäßige Untersuchungen des allgemeinen Gesundheitszustandes sollten eigentlich so selbstverständlich sein, wie die Kontrolle beim Zahnarzt.

Jeder, der das 19. Lebensjahr erreicht hat, kann die Gesundenuntersuchung kostenlos in Anspruch nehmen. Die Anmeldung ist einfach und unbürokratisch. Für Berufstätige besteht auch die Möglichkeit, die Untersuchung während der Abendstunden durchführen zu lassen.

Informationen unter:
Tel. 531 14 . . ., 87602
Telefax: 531 14–99–87602
E-Mail: tem@m15.magwien.gv.at

Der Gesundheits-Check

Das Untersuchungsprogramm in den Gesundenuntersuchungsstellen der Stadt Wien umfaßt:

- Lungenfunktionsprüfung,
- komplette internistische Untersuchung mit Blutdruckmessen, EKG, Abhören von Lunge und Herz,
- Hals-, Nasen- und Ohrenuntersuchung mit Kehlkopfspiegelung und bei Bedarf Hörtest,
- umfangreiche Laboruntersuchungen von Blut und Harn,
- die Untersuchung des Stuhles auf Blut,
- eine frauenärztliche Untersuchung mit einem Abstrich (Zelltestbefund).

Wenn man an den angeführten Tagen nüchtern (zum Frühstück nichts essen und trinken) zur Blutabnahme an eine der folgenden Adressen kommt, ist keine vorherige Terminabsprache nötig. Ein Termin für die Untersuchung, an dem man auch die Befunde erhält, kann nach der Blutabnahme vereinbart werden.

Als Versicherungsnachweis für Versicherte der Wiener Gebietskrankenkasse genügt die Versicherungskarte bzw. die Angabe der Versicherungsnummer. Versicherte einer anderen Versicherungsanstalt benötigen einen Krankenschein.

Gesundenuntersuchung

Die Stadt Wien verfügt über eine Reihe von Gesundenuntersuchungsstellen, und zwar:

3, Hainburger Straße 57–63
Tel. 712 24 57

10, Per-Albin-Hansson-Siedlung Ost
Ada-Christen-Gasse 2/C
Tel. 688 21 60

15, Sorbaitgasse 3
Tel. 982 44 39

20, Romanogasse 27, Gesundheitszentrum
Tel. 333 16 77

21, Großfeldsiedlung, Pastorstraße 22
Tel. 259 62 12

Information über die Gesundenuntersuchung:
1, Neutorgasse 15, Parterre
Montag bis Freitag von 8 bis 15 Uhr
Tel. 531 14 . . ., 87604

Folder-Anforderung unter:
Internet: http://www.magwien.gv.at/ma15/folder.htm

Gesundheitsberatung

Schwergewicht wird auf eine Informationsbasis gelegt, die dem Bürger zur Lösung von Befindlichkeitsstörungen helfen soll. Einerseits werden Informationen angeboten, die zur Hilfestellung an verschiedene Gesundheitseinrichtungen weiterleiten, andererseits erfolgen spezielle Beratungsdienste in Räumlichkeiten der MA 15:

1. Pollenberatung für Allergiker
2. Ernährungsberatung
3. Raucherberatung
4. Wetterfühligkeitsberatung
5. Bioklimaberatung

Information und Beratung in
1, Neutorgasse 15
Montag bis Freitag von 7 bis 15.30 Uhr,
zusätzlich Dienstag von 15.30 bis 18.30 Uhr
Tel. 531 14 . . ., 87639
Telefax: 531 14–99–87637
E-Mail: mac@m15.magwien.gv.at

Folder-Anforderung unter:
Internet: http://www.magwien.gv.at/ma15/folder.htm

Gesundheitstelefon

Das Gesundheitstelefon ist eine kostenlose Anlaufstelle für Fragen zu Gesundheitsthemen. Diagnosen über das Telefon sind nicht möglich. Bei konkreten Anfragen zu Behandlungen verschiedener Erkrankungen wird selbstverständlich empfohlen, den niedergelassenen Arzt aufzusuchen.

Hauptsächlich bietet das Gesundheitstelefon Informationen über Anlauf- und Auskunftsstellen zu speziellen Problemen und bietet auch Adressen und Telefonnummern an.

Weiters beantworten sie auch Anfragen zum aktuellen Biowetter und zu Impfungen.

Das Gesundheitstelefon:
Montag bis Freitag von 7 bis 15 Uhr
Tel. 533 28 28
Außerhalb dieser Zeiten läuft ein Anrufbeantworter.

Institut für Umweltmedizin

Für Fragestellungen, welche die Auswirkungen von Umweltfaktoren auf die Gesundheit zum Inhalt haben, steht die umweltmedizinische Beratungsstelle
8, Feldgasse 9
Tel. 404 13 . . ., 87800
Dienstag von 10 bis 12 Uhr und
Donnerstag von 15.30 bis 17.30 Uhr
(telefonische Anmeldung erbeten)
zur Verfügung.

Schädlingsbekämpfung

Bei Schädlingsbefall (Wanzen, Flöhe usw.) kann man sich an behördlich konzessionierte Schädlingsbekämpfer wenden, deren Anschrift bei der
Landesinnung Wien der Schädlingsbekämpfer
Tel. 514 50 . . ., 2323, 2363, 2364
erfragt werden kann. Entlausungen werden im Bedarfsfall auch von der
Desinfektionsanstalt der Stadt Wien
3, Arsenalstraße 7
Tel. 797 75 . . ., 87880
Montag bis Freitag von 7 bis 11.30 Uhr
entgeltlich vorgenommen.

Rattenbekämpfung

Bei Rattenvorkommen wird empfohlen, das örtlich zuständige
Magistratische Bezirksamt oder das
Bezirksgesundheitsamt
zu verständigen. Auch bei der
MA 15, Referat I/5
Tel. 531 14 . . ., 87561, 87564, 87565
können Rattenvorkommen bekannt gegeben werden. Die Angabe der Adresse des Grundstückes oder des Gebäudes mit dem Rattenvorkommen ist natürlich notwendig.

Vergiftungen

Im Allgemeinen Krankenhaus – Universitätskliniken ist eine “Vergiftungsinformationszentrale” errichtet, die Auskünfte über Maßnahmen bei Vergiftungen erteilt. Diese Auskunftsstelle ist durchlaufend von einem entsprechend ausgebildeten Arzt besetzt. Telefonisch erreichbar ist diese

Vergiftungsinformationszentrale
rund um die Uhr unter der sogenannten
Alarmnummer 406 43 43.

Gesundheitspass

Bei plötzlichen Erkrankungen und bei Unfällen kann es von größter Bedeutung, ja sogar lebensrettend sein, dass der Arzt sofort über die wichtigsten medizinischen Daten des Patienten unterrichtet ist. Zu diesem Zweck wird in Wien an allen geburtshilflichen Stationen bzw. von den frei praktizierenden Hebammen den Eltern ein Gesundheitspass für das Neugeborene übergeben, worin zunächst Blutgruppe, Rhesusfaktor, Geburtsgewicht usw., später aber auch Impfungen, Kinderkrankheiten, Stoffwechselkrankheiten, Operationen, Vorsorgeuntersuchungen und andere medizinisch notwendige Informationen vom Arzt eingetragen werden. Der Gesundheitspass ist auch in den städtischen Elternberatungsstellen, Kindergärten und Bezirksgesundheitsämtern sowie bei niedergelassenen Ärzten kostenlos erhältlich und soll von den Eltern sorgfältig aufbewahrt werden.

Auf die Möglichkeit, sich die Blutgruppe kostenlos bei Blutspendeaktionen bestimmen zu lassen, wird aufmerksam gemacht.

Bezirksgesundheitsämter

Die Bezirksgesundheitsämter sind der erste Ansprechpartner in folgenden Angelegenheiten:

- Impfungen
- Amtsärztliche Untersuchungen
- Ausgabe von Gesundheitspass, Mutter-Kind-Pass, Impfpass
- Sanitäre Übelstände
- Umweltbelästigungen
- Amtsärzte der Bezirksgesundheitsämter überprüfen auch regelmäßig Suchtgiftdauerrezepte

Bezirksgesundheitsämter → Magistrat, MA 15.
Impfzeiten Dienstag und Donnerstag von
8 bis 10 Uhr
Nähere Informationen erhalten Sie über das
Gesundheitstelefon 533 28 28.

Impfungen

Impfungen können von jedem praxisberechtigten Arzt vorgenommen werden. Die meisten Schutzimpfungen können auch ohne Formalitäten in den Bezirksgesundheitsämtern durchgeführt werden, und zwar jeden Dienstag und Donnerstag von 8 bis 10 Uhr, während aller Ferien ist nur eingeschränkter Betrieb.

In den Elternberatungsstellen können vorschulpflichtige Kinder geimpft werden.

Ein wesentlicher Teil des Impfprogramms findet in den Schulen statt; die verschiedenen Impfungen werden hier von den Schulärzten planmäßig (mit Einverständnis der Erziehungsberechtigten) vorgenommen.

Weitere Informationen über das
Gesundheitstelefon 533 28 28.

Impfstelle für Auslandsreisende

Tropenreisen werden immer häufiger, erfordern jedoch gewisse gesundheitliche Vorsichtsmaßnahmen. Wer einen Tropenaufenthalt plant, sollte bis fünf Wochen vor Antritt der Reise die

Impfstelle für Auslandsreisende der MA 15
1, Zelinkagasse 9

aufsuchen.

Diese Stelle bietet individuelle Beratung über obligate und empfohlene Schutzimpfungen sowie über die Malariaprophylaxe. Es liegen Merkblätter mit den wichtigsten Verhaltensmaßnahmen auf.

Weitere Informationen über Impfungen bei Auslandsreisen gibt die

Impfauskunft,
Tel. 531 14 . . ., 87622, oder das
Gesundheitstelefon,
Tel. 533 28 28
Telefax: 531 14–99–87621
E-Mail: buc@m15.magwien.gv.at

Tuberkulose

Die Tuberkulose ist noch immer eine Erkrankung, die besonderer Aufmerksamkeit bedarf.

Auf Tuberkulose kann sich jeder ohne irgendwelche Formalitäten in der für seinen Wohnbezirk zuständigen städtischen Gesundheitsfürsorgestelle untersuchen lassen.

Nähere Informationen erteilt die
MA 15
Tel. 531 14 . . ., 87652, 87659
Telefax: 531 14–99–87652
E-Mail: war@m15.magwien.gv.at

Gesundheit für Mutter und Kind

Die Stadt Wien kümmert sich in besonderem Maße um die Gesundheit bei Mutter und Kind.

Entwicklungsdiagnostik

Ihre Aufgabe ist die Überprüfung der psychischen

und motorischen Entwicklung von Säuglingen und Kleinkindern und das möglichst frühe Erkennen drohender Entwicklungsverzögerungen oder -störungen nach einer Risikoschwangerschaft oder einer komplizierten Geburt.
Nähere Informationen unter
Tel. 531 14 . . . 87641
Telefax: 531 14–99–87641
E-Mail: pil@m15.magwien.gv.at

Mutter-Kind-Pass

Schwangere erhalten den vom Bundesministerium für soziale Sicherheit und Generationen herausgegebenen Mutter-Kind-Pass in jedem Bezirksgesundheitsamt oder in der MA 15.

Familienhebammen

Für Schwangere bieten die sogenannten Familienhebammen der MA 15 kostenlos Geburtsvorbereitungskurse, Einzel- und Paarberatung (besonders bei Risikoschwangerschaften), Hausbesuche, Vorbereitung auf das Stillen und Stillberatung, ebenso Schwangerengymnastik und Rückbildungsgymnastik an.
Nähere Informationen unter
Tel. 531 14 . . ., 87641
Telefax: 531 14–99–87641
E-Mail: pil@m15.magwien.gv.at

Für Gesundheitsfragen im Kindertagesheimbereich steht das Referat “Gesundheitsvorsorge für Mutter und Kind”
Tel. 531 14 . . ., 87641
Telefax: 531 14–99–87641
E-Mail: pil@m15.magwien.gv.at
zur Verfügung.

Alle Kindertagesheime der Stadt Wien werden von Kindergartenärzten betreut. Nähere Informationen unter oben angeführter Nummer.

Jugendzahnklinik

Zentrale: 9, Salzergasse 28
Tel. 319 53 34 . . .0
Telefax: 310 25 91–30
Allgemeine Information: Montag bis Freitag von 7.30 bis 15.30 Uhr

Nachstehende Abteilungen können nur nach Voranmeldung aufgesucht werden:

Konservierende Abteilung	319 53 34 . . ., 40
Narkose	319 53 34 . . ., 35
Kieferorthopädie	319 53 34 . . ., 37
Säuglings- und Kleinkinderberatungsstunde	319 53 34 . . ., 32

Nur an Schultagen werden nachfolgende Serviceleistungen ohne Voranmeldung angeboten:
Samstagnotdienst: 8 bis 11.30 Uhr
Narkosevoruntersuchung: Montag von 13 bis 14 Uhr und Donnerstag von 9 bis 10 Uhr
Kieferorthopädische Beratung: Montag bis Donnerstag von 13 bis 14 Uhr

Während der Ferien ist in der Zentrale der Jugendzahnklinik in 9, Salzergasse 28, Tel. 319 53 34 . . ., 40, ein Bereitschaftsdienst für akute Schmerzbehandlung Montag bis Freitag von 8 bis 11.30 Uhr eingerichtet.

Jugendzahnklinik 10
10, Erlachgasse 100
Tel. (Terminvergabe) 606 06 05

Jugendzahnklinik 21
21, Franz-Jonas-Platz 8
Tel. (Terminvergabe) 277 34 . . ., 21298

Gesundheitsfragen in der Schule

Diese Fragen werden vom
Schulärztlichen Dienst
Tel. 531 14 . . ., 87631
Telefax: 531 14–99–87631
E-Mail: bee@m15.magwien.gv.at
und von den Jugendzahnkliniken,
Tel. 319 53 34 . . ., 26
Telefax: 310 25 91–30
beantwortet.

Medizinische Gesundheitsberufe

Beratung zu Fragen der Ausbildung und Berufsausübung in der Gesundheits- und Krankenpflege, den Medizinisch-technischen Diensten, Sanitätshilfsdiensten und der Hebammen.
Information und Beratung:
Tel. 531 14 . . ., 87574
Telefax: 531 14–99–87574
E-Mail: hob@m15.magwien.gv.at

Sexuell übertragbare Krankheiten und AIDS

Sexuell übertragbare Krankheiten umfassen neben den klassischen Geschlechtskrankheiten und AIDS auch zahlreiche andere Infektionen, die durch Geschlechtsverkehr übertragen werden (z.B. Chlamydien, Trichomonaden usw.). Das Ambulatorium zur Diagnose und Behandlung sexuell übertragbarer Krankheiten hält folgende kostenlose Angebote für Sie bereit: Information und Beratung über sexuell übertragbare Erkrankungen (inklusive HIV), ärztliche Untersuchungen, Blutabnahmen auf HIV und Syphilis sowie mikrobiologische Diagnostik von sexuell übertragbaren

Infektionen. Eine allenfalls erforderliche Behandlung wird in die Wege geleitet.

Für vertrauliche Gespräche stehen die SozialarbeiterInnen und ÄrztInnen zur Verfügung. Beratung und Information können auf Wunsch auch anonym erfolgen.

1, Neutorgasse 20 (Ecke Schottenring)
Tel. 531 14 . . ., 87789, 87792
Telefax: 531 14–99–87789
E-Mail: may@m15.magwien.gv.at
Folder-Anforderung unter:
Internet: http://www.magwien.gv.at/ma15/folder.htm

Nostrifikation und freiberufliche Ausübung

Informationen und Antragstellungen:
MA 15 – Dezernat II
Tel. 531 14 . . ., 87433, 87421
Telefax: 531 14–99–87410
E-Mail: dja@m15.magwien.gv.at

Begutachtungen – Amtssachverständigenwesen

Durch Amtssachverständige verschiedener Fachrichtungen – AmtsärztInnen, FachärztInnen, UmweltmedizinerInnen, ChemikerInnen und PhysikerInnen – werden für zahlreiche (behördliche) AuftraggeberInnen Gutachten erstellt. Das Tätigkeitsspektrum der Amtssachverständigen spannt sich von amtsärztlicher Begutachtung über orthopädische Reihenuntersuchungen in öffentlichen Volksschulen und therapeutischen Behandlungen in Sonderschulen, Begutachtungen zum Bezug von Pflegegeld, Überwachung strahlenexponierter Personen und Begutachtungen in Strahleneinrichtungsbewilligungsverfahren, über Wasseruntersuchung und umweltspezifische Fachgutachten bis hin zur Elektromedizin. Ebenso werden ärztliche Gutachten sowie Überprüfungen von Rezepten, Kuraufenthalten und Heilbehelfen in Angelegenheit der Sozialhilfe durchgeführt.

Der gesamten Amtssachverständigentätigkeit aller Fachbereiche des Dezernates gemeinsam ist die objektive und sachliche Begutachtung auf Basis des jeweils neuesten wissenschaftlichen Standards.

Das Institut für Umweltmedizin bietet als Anlaufstelle für Fragestellungen von Bürgern, welche die Auswirkung von Umweltfaktoren auf die Gesundheit zum Inhalt haben, die

Umweltmedizinische Beratungsstelle
8, Feldgasse 9
Tel. 404 13 . . ., 87800
Dienstag von 10 bis 12 Uhr und
Donnerstag von 15.30 bis 17.30 Uhr
(telefonische Anmeldung erbeten)

Sucht und Drogen

Für eine Reihe von Personen, die Kinder und Jugendliche betreuen, sind Informationen über Maßnahmen der Vorbeugung notwendig. Um diesen Personen (Schlüsselpersonen) Hilfe zu bieten, wurde das Institut für Suchtprävention (ISP) eingerichtet.

Allen an Suchtvorbeugung Interessierten steht das ISP als Fachstelle und Fortbildungseinrichtung zur Verfügung.
Tel. 40 00 . . ., 87340
Telefax: 40 00–99–87330

Personen, die Suchtmittel (z.B. Drogen) missbrauchen oder davon abhängig sind, können sich bei Ärzten sowie in verschiedenen Einrichtungen beraten lassen.
Nähere Informationen:
Fonds Soziales Wien
Tel. 40 00 . . ., 87301
Telefax: 40 00–7270
E-Mail: fsw@fsw.wien.at
Homepage: www.drogenhilfe.at

Bereichsleitung für Gesundheitsplanung und Finanzmanagement

Die Aufgaben der Bereichsleitung umfassen die zentrale Wahrnehmun der Gesundheits- und Versorgungsplanung für die Bevölkerung Wiens, die Ausarbeitung und Abstimmung von diesbezüglichen Konzepten und Plänen, die Gesundheitsberichterstattung sowie die Erstellung integrativer Konzepte für die Gesundheitsförderung und Prävention wie auch die Führung der Geschäftsstelle "Wien – Gesunde Stadt". Darüber hinaus sorgt die Bereichsleitung für die Umsetzung des Wiener Gesundheitsförderungsprogrammes (z.B. Herz für Wien) und koordiniert die Arbeiten am Wiener Krankenanstalten- und Pflegeheimplan.

Weitere Teile des Aufgabengebietes sind grundsätzliche Angelegenheiten des Budgetvollzuges (Budgetvollzugskoordination) und Erstellung aktueller Berichte zum Budgetvollzug (Budgetvollzugskontrolle) der Geschäftsgruppe sowie die Erarbeitung von Richtlinien und längerfristigen Finanzierungsplänen und die Mitwirkung bei der Erarbeitung von Reformvorschlägen zur Finanzierung des Gesundheitswesens.

Die Bereichsleitung für Gesundheitsplanung und Finanzmanagement ist ebenfalls für die Koordination internationaler Kontakte des Wiener Gesundheitswesens, insbesondere im Rahmen der Zusammenarbeit mit der Europäischen Kommission und der Weltgesundheitsorganisation, zuständig.

Bereichsleitung für Gesundheitsplanung und
Finanzmanagement
1, Schottenring 24, 4. Stock, Tür 445
Tel. 531 14 . . ., 76155

Telefax: 531 14–7974
E-Mail: post-bl@bgf.magwien.gv.at

WHO Projekt: "Wien – Gesunde Stadt"

(wird von der MA-Landessanitätsdirektion durchgeführt)

Bei dem Gesunde Städte-Projekt der WHO handelt es sich um ein langfristiges internationales Entwicklungsprojekt, das dem Thema Gesundheit auf der Agenda von Entscheidungsträgern in Europa einen hohen Stellenwert verschaffen soll. Zwei Umsetzungsphasen des Projekts wurden mittlerweile abgeschlossen, die dritte Phase wird von 1998 bis 2002 dauern. Eine zentrale Anforderung der WHO in dieser dritten Phase des Projekts ist die Erstellung und Umsetzung eines Stadtgesundheitsplans.

Der Gesundheitsförderungsplan der Stadt Wien behandelt die Schwerpunkte Herz, Bewegung und Ernährung.

Weitere Arbeitsschwerpunkte in Wien sind das Netzwerk gesunder Schulen, Senioren, Frauen, Migranten, Gesundheitsinformation und Gesundheitsplanung.

Das WHO Projekt gibt eine Dokumentationsreihe zu verschiedenen Gesundheitsthemen sowie das Magazin "Gesunde Stadt" heraus.

Dokumentationen und Zeitschrift können kostenlos angefordert werden:
WHO Projekt "Wien – Gesunde Stadt"
1, Schottenring 24
Tel. 531 14 . . ., 76026
Telefax: 531 14–7974 oder 99–76176
E-Mail: svo@bgf.magwien.gv.at
Internet: www.magwien.gv.at/who

Landessanitätsdirektion

Es gehört zu den strategischen Aufgaben der Landessanitätsdirektorin, vor allem die medizinisch-fachliche Beratung in allen das Land Wien betreffenden wichtigen Gesundheitsfragen wahrzunehmen. Weiters übt die Landessanitätsdirektorin den Vorsitz oder die Mitgliedschaft in allen Gremien, in denen ihre Mitwirkung vorgesehen ist, aus. Es erfolgt die Führung der Bürogeschäfte des Landessanitätsrates für Wien.
Landessanitätsdirektion
1, Schottenring 24, 4. Stock, Tür 456
Tel. 531 14 . . ., 76015
Telefax: 531 14–99–76015
E-Mail: post@mal.magwien.gv.at

Psychische Erkrankungen

Zentrale Auskunftsstelle der
Psychosozialen Dienste
9, Fuchsthallergasse 18
Tel. 310 25 73–74

In dem Bestreben, möglichst viele Menschen mit seelischen Problemen bzw. seelischen Erkrankungen außerhalb psychiatrischer Krankenanstalten behandeln zu können, führen die Psychosozialen Dienste in Wien mehrere ambulante psychiatrische, therapeutische und rehabilitative Einrichtungen. In jeder jeweils mehrere Bezirke umfassenden Versorgungsregion stehen ein Sozialpsychiatrisches Ambulatorium sowie Übergangs- und Wohnheime zur Verfügung. Derzeit werden betrieben:

2, Kleine Sperlgasse 2b, Tel. 214 75 81

3, Hainburger Straße 70, Tel. 715 61 15

8, Wickenburggasse 15, Tel. 406 16 32

10, Sahulkastraße 3/9, Tel. 616 15 47

12, Aichholzgasse 33, Tel. 812 24 47

16, Hasnerstraße 27, Tel. 495 23 89

17, Hernalser Hauptstraße 17, Tel. 408 25 84

21, Schöpfleuthnergasse 20, Tel. 270 16 25

In einem Sozialpsychiatrischen Ambulatorium werden folgende Beratungs- und Betreuungsmöglichkeiten angeboten:

Psychiatrische Ambulanz,

Tagesklinik (Tagesspital),

Sozialberatung und Beratung bei seelischen Krisensituationen,

Beschäftigungs- und Bewegungstherapie,

Familienberatung,

Beratung bei Alkoholproblemen bzw. Alkoholkrankheit,

Angehörigenberatung,

Selbsthilfe in Gruppen,

Patienten-Club usw.

Die Sozialpsychiatrischen Ambulatorien stehen den Bewohnern der jeweils zugehörigen Bezirke für eine Betreuung sowohl vor als auch nach einem Krankenhausaufenthalt und auch unabhängig von einem solchen offen. Für die Behandlung und Beratung, die völlig freiwillig ist und auf Wunsch auch unter Wahrung der Anonymität erfolgt, stehen Fachärzte, Psychologen, diplomierte Sozialarbeiter, diplomiertes Krankenpflegepersonal und andere Fachkräfte zur Verfügung.

Um Personen mit psychiatrischen Problemen an Wochenenden und Feiertagen die Möglichkeit zu geben, die ambulanten Einrichtungen der Psychosozialen Dienste in Anspruch nehmen zu können, wurde ein Sozialpsychiatrischer Notdienst geschaffen. Dieser Notdienst wird von einem Team, das aus mindestens einem Psychiater sowie Therapeuten und Sozialarbeitern besteht, geleistet und erlaubt fachlich kompetente psychiatrische bzw. psychosoziale Sofortintervention.

Sozialpsychiatrischer Notdienst
9, Fuchsthallergasse 18
Tel. 310 87 79–80
täglich von 20 bis 8 Uhr,
Samstag, Sonn- und Feiertag rund um die Uhr

Wilhelminenspital
16, Montleartstraße 37
Tel. 491 50, Telefax: 491 50–1009
E-Mail: post@wil.magwien.gv.at

Sozialmedizinisches Zentrum Ost – Donauspital
22, Langobardenstraße 122
Tel. 288 02, Telefax: 288 02–2050
E-Mail: post@smz.magwien.gv.at

Stationäre Spitalsversorgung

Die Versorgung der Wiener Bevölkerung mit Spitalseinrichtungen ist sowohl im nationalen als auch im internationalen Vergleich als sehr gut zu bezeichnen. Grundsätzlich unterscheidet man bei den Spitälern solche, die das Öffentlichkeitsrecht besitzen und andere, die kein Öffentlichkeitsrecht besitzen. Mit dem Öffentlichkeitsrecht verbunden ist die Verpflichtung, jeden "Spitalspflichtigen" aufzunehmen.

Nahezu alle öffentlichen Krankenanstalten in Wien werden von der Stadt Wien betrieben. Mit rund 9.000 Betten im Akutbereich (inkl. Psychiatrie) und darüber hinaus auch 5.600 Pflegeheimbetten ist die Stadt Wien der bei weitem größte "Spitalsträger" Österreichs und hat auch europaweit gesehen diesbezüglich eine führende Position.

Nach dem Versorgungsniveau sind die Krankenanstalten nach "Typen" unterteilt.

Im Wiener Krankenanstaltenverbund dienen der

Zentralversorgung

AKH – Allgemeines Krankenhaus der Stadt Wien – Universitätskliniken
9, Währinger Gürtel 18–20
Tel. 404 00, Telefax: 404 00–1212
E-Mail: akh@akhwien.at

Schwerpunktversorgung

Kaiser-Franz-Josef-Spital
10, Kundratstraße 3
Tel. 601 91, Telefax: 601 91–1929
E-Mail: post@kfj.magwien.gv.at

Krankenhaus Lainz
13, Wolkersbergenstraße 1
Tel. 801 10, Telefax: 801 10–2109
E-Mail: post@khl.magwien.gv.at

Krankenanstalt Rudolfstiftung
3, Juchgasse 25
Tel. 711 65, Telefax: 711 65–1009
E-Mail: post@kar.magwien.gv.at

Standard-(= Grund-)Versorgung

Kaiserin-Elisabeth-Spital
15, Huglgasse 1–3
Tel. 981 04, Telefax: 981 04–1009
E-Mail: post@kes.magwien.gv.at

Sozialmedizinisches Zentrum
Floridsdorf – Krankenhaus
21, Hinaysgasse 1
Tel. 275 22, Telefax: 275 22–1219
E-Mail: post@flo.magwien.gv.at

Akut-Sonderversorgung

Sozialmedizinisches Zentrum Sophienspital
7, Apollogasse 19
Tel. 521 03, Telefax: 521 03–1059
E-Mail: post@sop.magwien.gv.at

Gottfried von Preyer'sches Kinderspital
10, Schrankenberggasse 31
Tel. 601 13, Telefax: 601 13–1009
E-Mail: post@pre.magwien.gv.at)

Ignaz-Semmelweis-Frauenklinik
18, Bastiengasse 36–38
Tel. 476 15, Telefax: 476 15–1009
E-Mail: semp@sem.magwien.gv.at

Neurologisches Krankenhaus Rosenhügel
13, Riedelgasse 5
Tel. 880 00, Telefax: 880 00–500
E-Mail: post@nkr.magwien.gv.at

Sozialmedizinisches Zentrum Baumgartner Höhe – Otto-Wagner-Spital mit Pflegezentrum
14, Baumgartner Höhe 1
Tel. 910 60, Telefax: 910 60–11009
E-Mail: post@pkb.magwien.gv.at

Therapiezentrum Ybbs/Donau – Psychiatrisches Krankenhaus
NÖ, Persenbeuger Straße 1–3
Tel. 07412/551 00, Telefax: 07412/551 00–256
E-Mail: post@pky.magwien.gv.at

Diese auf dem Krankenanstaltengesetz beruhende Einteilung sieht vor, dass in der Zentralversorgung alle Einrichtungen, die dem letzten Stand der medizinischen Wissenschaft entsprechen, angeboten werden. In Krankenanstalten der Schwerpunktversorgung sind im allgemeinen alle (gängigen) Fachbereiche vertreten, während in den Häusern der Grundversorgung jedenfalls die Fächer "Innere Medizin" und "Chirurgie" vertreten sein müssen. Sonderkrankenanstalten sind Einrichtungen, die entweder zur Behandlung bestimmter Erkrankungen, bestimmter Altersgruppen, ein bestimmtes Geschlecht oder aber für bestimmte Zwecke eingerichtet sind.

In den Spitälern der Stadt Wien (als Gesamtheit gesehen) werden nahezu alle derzeit anerkannten und einem zeitgemäß hohen Standard entsprechenden medizinischen Leistungen erbracht. Die hohe Qualität und der darauf beruhende "gute Ruf" der Wiener städtischen Krankenanstalten spiegelt sich zum Beispiel in einem relativ hohen Anteil von Patienten wider, die ihren Wohnort außerhalb Wiens haben.

Spitalseinweisung, Kostentragung

Für die stationäre Aufnahme in ein öffentliches Krankenhaus benötigt man eine ärztliche Zuweisung, wobei der Arzt auch die Verfügbarkeit eines Bettes sicherstellt und für nicht gehfähige Patienten den Transport ins Spital organisiert. Gehfähige Patienten wenden sich mit der ärztlichen Zuweisung an die im Krankenhaus für die Aufnahme zuständige Einrichtung. Im allgemeinen ist dies eine eigene Aufnahmestation, eine Ambulanz oder, wenn dies vom einweisenden Arzt so geregelt wurde, die aufnehmende Station selbst.

Über die Notwendigkeit der stationären Aufnahme entscheiden allein die Ärzte der aufnehmenden Krankenanstalt.

Nach erfolgter Feststellung der Notwendigkeit erfolgt auch noch die administrative Aufnahme des Patienten durch die Spitalsverwaltung, durch die in weiterer Folge auch die Verrechnung des Stationäraufenthaltes mit dem jeweils „Kostenverpflichteten" erfolgt. Im allgemeinen trägt die Kostenverpflichtung der jeweilige Sozialversicherungsträger, bei dem der Patient versichert ist.

Allgemeine Auskünfte über
Abrechnungsfragen erhält man unter
Tel. 531 14 . . . 60182.

In der Gesamtschau aller medizinischen Versorgungsangebote sollte der stationäre Aufenthalt als "höchste" und somit teuerste Stufe der Versorgung erst dann zum Tragen kommen, wenn alle vorgelagerten Versorgungsstufen (niedergelassener praktischer Arzt, niedergelassener Facharzt, Ambulatorien) entweder ausgeschöpft wurden oder aber eine zielführende Behandlung nicht ermöglichen.

Tageskliniken

Die moderne Medizin hat eine Reihe von Verfahren (Therapien) entwickelt, mit Hilfe derer es möglich geworden ist, Stationäraufenthalte auf eine minimale Dauer zu verkürzen. Bei vielen Therapien kann der Patient noch am Tag der Aufnahme das Spital wieder verlassen. Um für den Patienten möglichst optimale Rahmenbedingungen für einen solchen "Kurzaufenthalt" zu schaffen, wurden im Bereich der Spitäler der Stadt Wien so genannte Tageskliniken eingerichtet, wo den Patienten nach erfolgter Therapie die entsprechende Pflege zuteil wird und er auch (im Rahmen der medizinischen Möglichkeiten) verköstigt wird. Entsprechend seinem Zustand kann der Patient gegen Abend nach Hause gehen.

Wichtige Tagesklinische Einrichtungen im Bereich der Stadt Wien – Spitäler sind:

Tagesstation (14J)
Universitätsklinik für Innere Medizin I,
Klinische Abteilung für Onkologie
Tel. 404 00 . . ., 4429, Telefax: 404 00–4451

Tagesstation (16I)
Universitätsklinik für Innere Medizin III,
Klinische Abteilung für Nephrologie und Dialyse
Tel. 404 00 . . ., 4301, Telefax: 404 00–4306

Tagesstation (16I)
Universitätsklinik für HNO-Krankheiten
Tel. 404 00 . . ., 3305, Telefax: 404 00–3332

Tagesklinik
Universitätsklinik für Psychiatrie,
Klinische Abteilung für Sozialpsychiatrie
Tel. 404 00 . . ., 3603, Telefax: 404 00–3605

Tagesstation
3. Medizinische Abteilung
Kaiser-Franz-Josef-Spital
Tel. 601 91 . . ., 2308, Telefax: 601 91–2309

Tagesklinik
Psychiatrische Abteilung
Kaiser-Franz-Josef-Spital
Tel. 601 91 . . ., 2908, Telefax: 601 91–2909

Tagesklinik
2. Medizinische Abteilung Krankenhaus Lainz
Tel. 801 10 . . ., 3174, Telefax: 801 10–3647

Tagesklinik
Sonderabteilung für Strahlentherapie,
Krankenhaus Lainz
Tel. 801 10 . . ., 2691, Telefax: 801 10–2815

Tagesbetten
5. Medizinische Abteilung Krankenhaus Lainz
Tel. 801 10 . . ., 3152, Telefax: 801 10–2671

Angiographie-Tagesbetten
1. Chirurgische Abteilung Krankenhaus Lainz
Tel. 801 10 . . ., 2390, Telefax: 801 10–2729

Tagestherapie
1. Medizinische Abteilung
Krankenanstalt Rudolfstiftung
Tel. 711 65 . . ., 2107

Onkologische Tagesklinik
1. Medizinische Abteilung Wilhelminenspital
Tel. 491 50 . . ., 2110, Telefax: 491 50–2109

Halbstationärer Bereich
Psychiatrische Abteilung Donauspital
Tel. 288 02 . . ., 3002, Telefax: 288 02–3080

Tagesklinik
2. Medizinische Abteilung Donauspital
Tel. 288 02 . . ., 3202, Telefax: 288 02–3280

Tagesklinik
Institut für Radioonkologie Donauspital
Tel. 288 02 . . ., 2702, Telefax: 288 02–2728

Tagesklinik
Ignaz-Semmelweis-Frauenklinik
Tel. 476 15 . . ., 1308, Telefax: 476 15–1309

Tagesklinik
Institut für Physikalische Medizin und
Rehabilitation
SMZ–Sophienspital
Tel. 521 03 . . ., 3443, Telefax: 521 03–3491

Tageskliniken
Otto Wagner Spital
Tel. 910 60 . . ., 11308, Telefax: 910 60–11309

Die positiven Erfahrungen mit dieser Therapieform werden in Zukunft noch weitere Einrichtungen in den Wiener städtischen Krankenanstalten erwarten lassen.

Spitalsambulanzen

In nahezu allen Krankenanstalten in Wien sind Spezialambulanzen in den verschiedensten medizinischen Fachbereichen eingerichtet. Spitalsambulanzen sind Einrichtungen, die im Notfall den erkrankten und/oder verunfallten Patienten medizinische Hilfe anbieten und sind – sofern sie im Rahmen einer Abteilung eingerichtet sind – auch rund um die Uhr für die Hilfesuchenden besetzt. Spitalsambulanzen dienen des weiteren dazu, vor einem geplanten Spitalsaufenthalt eventuell notwendige Diagnosenerhebungen oder Behandlungen durchzuführen bzw. nach einem abgeschlossenen Spitalsaufenthalt eine Nachbehandlung zu erbringen.

Neben diesen drei wichtigen Funktionen können Personen eine Spitalsambulanz auch dann aufsuchen, wenn zu ihrer Behandlung notwendige Einrichtungen im niedergelassenen Bereich nicht angeboten werden oder aber nur in einer für den Patienten nicht zumutbaren Entfernung im niedergelassenen Bereich existieren. Zudem ist (mit Ausnahme des Notfalles) jeweils eine ärztliche (durch den Facharzt ausgestellte) Überweisung beim Ambulanzbesuch vorzuweisen. Keinesfalls können und dürfen Spitalsambulanzen die Ordinationen von niedergelassenen Ärzten ersetzen.

Sozialmedizinische Zentren

Sozialmedizinische Zentren sind Teil eines regionalen Netzwerkes, bestehend aus niedergelassenen Ärzten, der Hauskrankenpflege, diversen sozialen und psychosozialen Diensten sowie ambulanten und stationären Leistungsangeboten. Mit ihnen wird die Verzahnung von sozialen und medizinischen Leistungen, insbesondere mit Ausrichtung auf Jugend und Familie, Pflege- und Rehabilitationsbedürftige aller Altersstufen, psychisch Kranke, Psychosomatik, Onkologie und allen anderen Disziplinen der Akut-Schwerpunktversorgung, verwirklicht.

Das erste "sozialmedizinische Zentrum" – der Begriff geht auf einen Gemeinderatsbeschluss aus dem Jahr 1968 zurück – wurde als "Sozialmedizinisches Zentrum Ost – SMZO" verwirklicht, wobei die Einbeziehung des niedergelassenen Bereichs derzeit erst in Umsetzung ist.

Weitere Einrichtungen bestehen mit dem Sozialmedizinischen Zentrum Sophienspital sowie mit dem eben fertiggestellten Sozialmedizinischen Zentrum Floridsdorf. Die Schaffung weiterer sozialmedizinischer Zentren ist das erklärte Ziel.

Pflegeheime und Geriatriezentren

In Pflegeheimen der Stadt Wien wird nach dem reaktivierenden und aktivierenden Pflegeansatz gepflegt. Unter reaktivierender Pflege versteht man einen Betreuungssatz, der die Lebenserfahrung und die Fähigkeiten eines Patienten in den Mittelpunkt eines Pflegekonzepts stellt. Die Defizite sind hauptsächlich im psychischen Bereich. Folgende Kernsätze haben Gültigkeit:

Alles, was der Patient kann, macht er auch selbst.
Vieles, was der Patient gekonnt hat,
kann er wieder erlernen.

Unter aktivierender Pflege versteht man die Unterstützung des Patienten bei seinen unmittelbaren und mittelbaren Bedürfnissen bei zumeist physischen Defiziten. Im Rahmen der bewohner-/patientenbezogenen

Maßnahmen wird eine Differenzierung des Betreuungsangebotes angestrebt. Dazu zählen u.a. die Langzeitpflege, Kurzzeitpflege – Remobilisation, die Betreuung von Urlauberbewohnern und die Assessmenteinheiten.

Weitere einzelne Module der pflegerischen Betreuung orientieren sich an den Bedürfnissen der Patienten und reichen von der speziellen Betreuung dementer Patienten, über validierende Pflege, Sterbebegleitung bis hin zur integrationsbegleitenden Pflege.

Langzeitpflege

Auf den Stationen der Langzeitpflege werden chronisch Kranke und pflegebedürftige Bewohner aller Altersstufen betreut. Hochgradig pflegebedürftige Menschen, bei denen die Möglichkeit einer selbstständigen Rückkehr nach Hause nicht absehbar erscheint, können in dieser Einrichtung kompetent gepflegt, behandelt und betreut und in ihrer Individualität geachtet und gefördert werden.

Kurzzeitpflege

Die Rehabilitation oder Wiederherstellung der Mobilität sind gerade für alte Menschen ein ganz wesentlicher Aspekt ihrer Wiedereingliederung in das Alltagsleben. Dabei geht es nicht nur um die körperliche, sondern auch um die psychische und soziale Wiedereingliederung des alten Menschen. Es muss daher das Ziel jeder geriatrisch tätigen Einrichtung sein, mittels physio- und ergotherapeutischer Hilfe die Selbstständigkeit der Bewohner/des Patienten zu fördern. Durch aktivierende und reaktivierende Pflege mittels verstärkter physio- und ergotherapeutischer Hilfe wird die Selbstständigkeit des Bewohners/Patienten trainiert, durch psychologische Unterstützung sein Selbstbewusstsein gestärkt.

Kurzzeitpflege wird im GZW, GZ Baumgarten, OWP 1. Abteilung und SMZ-Sophienspital angeboten. Die Aufnahme erfolgt mittels Pflegeheimantragsformular der MA 47 und vorheriger Begutachtung durch die jeweilige Kurzzeitpflegeabteilung.

Betreuung von Urlauberbewohnern

Um jene Angehörigen, die zu Hause Pflegearbeit leisten, zu entlasten und ihnen die Möglichkeit zur Erholung und Regeneration zu geben, sollen für die Dauer von max. fünf Wochen jährlich Urlauberbetten für sonst zu Hause betreute Pflegepatienten angeboten werden. Für die Dauer des Aufenthaltes steht das ärztliche, pflegerische, physio- und ergotherapeutische Personal der Institution zur Verfügung. Die Aufrechterhaltung und – falls möglich – Verbesserung des Allgemeinzustandes des Pflegepatienten wird den Schwerpunkt der vorübergehenden stationären Betreuung bilden. Urlauberbetten werden im GZW, GZ Liesing, Pflegeheim St. Andrä und SMZ-Ost geführt. Die Aufnahme wird direkt in den jeweiligen Häusern getätigt.

Assessmenteinheit

Das Geriatrische Assessment ist ein interdisziplinärer Prozess zur Abklärung und Therapieplanung bei alten Patienten unter Berücksichtigung der medizinischen, funktionellen und sozialen Dimensionen.

Durch eine rasche und richtige Zuweisung des Patienten an die entsprechende Station auf Basis eines umfassenden individuellen Betreuungskonzeptes erfolgt eine Verbesserung der Chance auf Rückkehr in die gewohnte Lebensumgebung.

Aufnahme in ein Pflegeheim der Stadt Wien

Die Aufnahme in ein Pflegeheim ist möglich, wenn zu Hause eine Betreuung durch mobile Dienste nicht mehr ausreichend ist. Für die Aufnahme ist ein durch die MA 47 genehmigte Pflegeheimantrag erforderlich.

Kosten für den Pflegeplatz

Der Maximaltagsatz für den Patienten beträgt pro Tag 79,94 EUR. Für die Verrechnung der Kosten werden die Einkünfte herangezogen (Pension, Pflegegeld, andere Einkünfte). Es verbleiben jedoch mindestens 20 % der Pension und 10 % des Pflegegeldes Stufe 3 für die persönlichen Bedürfnisse als Taschengeld. Sonderzahlungen (13. und 14. Monatseinkommen) verbleiben ebenfalls zur Gänze dem Patienten.

Rettung und Krankenbeförderung

Die **"Rettung"** (MA 70) kann bei Unfällen sowie bei plötzlichen lebensbedrohlichen Erkrankungen in Anspruch genommen werden.

→ Hinweis auf andere Möglichkeit:

In der Regel wird der Patient von seinem Arzt behandelt. Ist dieser durch Urlaub oder Krankheit verhindert, ist das

Patientenservice der Wiener Ärztekammer
Tel. 1771,
werktags von 7 bis 19 Uhr
bei der Arztsuche behilflich.

An allen Tagen der Woche von 19 bis 7 Uhr sowie an Samstagen, Sonn- und Feiertagen auch tagsüber steht der

Ärztefunkdienst
Tel. 141
zur Verfügung.

Rettungsnotruf – Alarmierung

- **Notrufnummer 144**
- von öffentlichen Fernsprechapparaten zumeist kostenlos
- über ein Gehörlosen-(Schreib-)Telefon: 711 19 . . ., 2144
- Telefax: 711 19–2199
- Handy über Euro-Notruf: Telefon 112 – wird von der Polizei weiter vermittelt

Was man bei einem Notruf gefragt wird:

- Was ist geschehen?
- Ist der Patient ansprechbar?
- Wann ist es geschehen?
- Wie viele Personen sind betroffen?
- Wo ist es geschehen (genaue Adresse, Stiege, Stock, Tür – Zufahrtsmöglichkeit)?
- Telefonnummer des Anrufers (falls Rückfragen notwendig wären)?

Erst auflegen, wenn der Beamte alle Daten bestätigt hat und dem Anrufer versichert: "Wir kommen".

Hilfreich: Rettungsteam vor dem Haus (der Wohnhausanlage, dem Betrieb) empfangen und zum Patienten führen.

Krankenbeförderung

Die Krankentransporte werden von Freiwilligenorganisationen und privaten Krankentransportfirmen durchgeführt:

- Arbeiter-Samariterbund
  Tel. 891 44
  E-Mail: bo@asboe.or.at

- Johanniter Unfall-Hilfe
  Tel. 476 00
  Telefax: 476 00–65
  E-Mail: juhwien@johanniter.or.at

- Malteser Hospitaldienst
  Tel. 536 35 . . .0
  Telefax: 536 35–21
  E-Mail: mhda@wien.malteser.at

- Österreichisches Rotes Kreuz
  Tel. 1774
  Telefax: 795 80–9000
  E-Mail: postoffice@w.redcross.or.at

Häufig gestellte Fragen sowie die dazugehörigen Antworten:

- Wie lange dauert es bis zum Eintreffen der Rettung?

Die Einsatzfahrzeuge der Wiener Rettung befinden sich auf Stationen, im Einsatz oder in diversen Krankenanstalten. Sofort nach Freiwerden eines Rettungsfahrzeuges wird das nächste Fahrzeug eingesetzt.

- Kommt immer ein Arzt mit, wenn ich die Rettung rufe?

Nein, die Wiener Rettung stellt pro Tag 16 Notarztwagen und 30 Rettungswagen ohne Arzt für rund 2 Millionen Einwohner in Dienst, das ist mehr, als in vergleichbaren Städten üblich ist. Bei Lebensgefahr wird nach Möglichkeit immer ein Notarzt entsendet.

- Kann ich mir das Krankenhaus aussuchen, wo ich hinkomme?

Die Wiener Rettung verwaltet auch die Spitalsbetten der Stadt Wien und versucht optimal zu verteilen, so dass die Auslastung in den Spitälern gleichermaßen erfolgt. Wenn möglich oder wenn eine Vorbehandlung in den letzten Monaten in einer Krankenanstalt stattgefunden hat, wird der Patient entsprechend zugewiesen.

- Ich wohne nahe einer Rettungsstation; kann ich davon ausgehen, dass die Rettung sofort kommt?

Rettungsfahrzeuge sind ständig im Einsatz und entsprechend der Verfügbarkeit wird das nächste Fahrzeug, das nicht unbedingt von dieser Stelle kommen muss, eingesetzt.

Telefax-Adressen:

- 1711 19–2199 Leitstellenbereich
- 1711 19–2009 Abteilungsleitung
- 1711 19–2099 Abteilung Personal
- 1711 19–2069 Gebührenverrechnung

E-Mail-Adressen:

- m70bko@m70.magwien.gv.at
  Leitstellenbereich
- kaf@m70.magwien.gv.at
  Abteilungsleitung
- post@m70.magwien.gv.at
  Zentralkanzlei

• tei@m70.magwien.gv.at
Gebührenverrechnung

Internet:
http://www.wien.gv.at/rettung

Pflege und Betreuung

(siehe auch: www.magwien.gv.at/ma47)

Der MA 47 – Pflege und Betreuung – obliegt die Beratung, Bedarfsfeststellung, Durchführung oder Vermittlung und die finanzielle Sicherstellung von Pflegediensten zu Hause oder in einem Wohn- oder Pflegeheim.

Die wichtigsten Fragen zu den Aufgaben der MA 47:

1. Wo erhalte ich eine allgemeine Auskunft zu sozialen Fragen wie Betreuung älterer Menschen zu Hause, Partnerschaft und Familie, Lebensunterhalt und Wohnen, mit Behinderung leben, Pflege und gepflegt werden?

SozialRuf Wien – 533 77 77
Telefonische Information und Hilfe
täglich von 8 bis 20 Uhr
(auch Samstag, Sonn- und Feiertag)
Internet: www.sozialinfo.wien.gv.at

2. Wie komme ich zu einem Pflege- und Sozialdienst zu Hause für mich, meine Angehörigen, Nachbarn und Freunde?

Im Gesundheits- und Sozialzentrum (ehem. Sozialer Stützpunkt) meines Bezirks (→ Frage 9).

Gesundheits- und Sozialzentren bzw. Soziale Stützpunkte sind regionale Anlauf- und Koordinationsstellen der Stadt Wien (für jeweils zwei bis vier Bezirke). Sie beraten über das gesamte Dienstleistungsangebot der privaten Anbieter und schlagen ein entsprechendes Betreuungspaket vor. Natürlich besteht die Möglichkeit, den Verein, durch den die Betreuung erfolgen soll, nach Maßgabe dessen Kapazitäten frei zu wählen. Darüber hinaus bewilligen und kontrollieren die Gesundheits- und Sozialzentren die durch die Stadt Wien mit finanzierten Dienstleistungen. Die Zuteilung sozial- und pflegerischer Dienstleistungen erfolgt auf telefonisches Ansuchen durch die Gesundheits- und Sozialzentren.

3. Wer stellt mir eine Hauskrankenpflege zur Verfügung?

Mobile Gesundheits- und Krankenpflege
Mobile Krankenpflegepersonen führen medizinische Fachpflege in der Wohnung der PatientInnen durch (z.B. die Versorgung von Wunden, Injektionen, Sonderernährung) und beraten Patienten, Angehörige und andere Helfer bei Fragen der Pflege. Diese Dienstleistung ist kostenlos, jedoch ausschließlich auf Verordnung des behandelnden Arztes. Die Mobile Gesundheits- und Krankenpflege ist somit ein Bindeglied zwischen Patienten, Angehörigen, Helfern, Ärzten und Spitälern.

Anforderung über den behandelnden Arzt in den Gesundheits- und Sozialzentren (→ Frage 10).

4. Wie komme ich zu einer Pflege, Betreuung und sonstigen Hilfe zu Hause nach einer Entlassung aus einer Krankenanstalt?

Beratung durch SozialarbeiterInnen (insbesondere bei Spitalsaufnahme und -entlassung)
In allen Krankenanstalten und Pflegeheimen der Stadt Wien (sowie in den Gesundheits- und Sozialzentren) bieten diplomierte SozialarbeiterInnen Information und Beratung hinsichtlich persönlicher, rechtlicher und finanzieller Fragen und bei Problemen infolge von Krankheit, Unfall oder Pflegebedürftigkeit. Dazu gehört auch die Organisation von Begleitpersonen für wichtige Erledigungen und von Hilfen zur Bewältigung des Lebens nach der Krankenhausentlassung.

Auskünfte, wo und wann die SozialarbeiterInnen in den Krankenanstalten erreichbar sind, erteilen die Stationen der Krankenanstalten.

5. Wer hilft mir, für mich oder meine Angehörigen einen Pflegeplatz zu finden?

Allgemeine Auskunft:
SozialRuf Wien, 533 77 77
Anträge können in der Servicestelle
Aufnahme in Wohn- und Pflegeheime
1, Neutorgasse 15, 1. Stock
Tel. 531 14 . . ., 85780
gestellt werden, in jedem Gesundheits- und Sozialzentrum oder über Internet
www.wien.gv.at/ma47

Die Aufnahme in ein Pflegeheim (bzw. ein Kostenzuschuss durch die Stadt Wien) ist dann möglich, wenn pflegebedürftige Personen daheim nicht mehr betreut werden können, das Angebot der "Pflege und Betreuung" nicht mehr ausreicht und die Klienten bereits Pflegegeld der Stufe 3 beziehen.

Erforderlich sind:

– ein ärztlicher Antrag (jeder praktische Arzt hat die erforderlichen Formulare);
– die Einverständniserklärung des Pflegebedürftigen;

Für BewohnerInnen	Sozialer Stützpunkt	Sozialer Stützpunkt	Gesundheits- und Sozial zentrum
1. Bezirk			2, Remise Vorgartenstraße 129–143 Tel. 211 06 . . ., 02800
3. Bezirk	11, Geystraße 2, Tel. 740 34 . . .,	11, Simmeringer Hauptstraße 34–40/ Stiege 4, Tel. 740 34 . . ., 11800	11, Hyblerpark Tel. 740 34 . . .,11800
4., 5., 10. Bezirk			10, Gudrunstraße 145–149 Tel. 605 34 . . ., 10800
6., 7., 15. Bezirk			15, Geiblgasse 18–20 Tel. 891 34 . . ., 15800
8. Bezirk			16, Weinheimergasse 2 Tel. 491 96 . . ., 16800
9., 18., 19. Bezirk			18, Schulgasse 19 Tel. 476 34 . . ., 18800
11. Bezirk	11, Geystraße 2, Tel. 740 34 . . ., 11820–11822	11, Simmeringer Hauptstraße 34–40/ Stiege 4, Tel. 740 34 . . ., 11800	
12., 13., 23. Bezirk			12, Arndtstraße 67 Tel. 811 34 . . ., 12800
14. Bezirk			15, Geibelgasse 18–20 Tel. 891 34 . . ., 15800
16. Bezirk			16, Weinheimergasse 2 Tel. 491 96 . . ., 16800
17. Bezirk			16, Weinheimergasse 2 Tel. 491 96 . . ., 16800
21. Bezirk	21, Brünner Straße 140/ Stiege 62 Tel. 290 13 24		22, Kagran, Finsterergasse 12 Tel. 211 23 . . ., 22800
22. Bezirk			22, Kagran, Finsterergasse 12 Tel. 211 23 . . ., 22800

GEWERBEWESEN

(MA 63, MBÄ)

Unternehmer benötigen in vielen Fällen eine Gewerbeberechtigung. Dies betrifft Tätigkeiten, die selbstständig, regelmäßig sowie mit der Absicht betrieben werden, einen Ertrag oder sonstigen wirtschaftlichen Vorteil zu erzielen. Es bestehen jedoch auch zahlreiche Ausnahmen, bei deren Vorliegen keine Gewerbeberechtigung benötigt wird (z.B. Berufe wie Rechtsanwälte, Notare, Ärzte, Künstler, Journalisten).

Bei Zweifeln, ob Sie für Ihre selbstständige Erwerbstätigkeit eine Gewerbeberechtigung benötigen, fragen Sie bitte wahlweise
das Magistratische Bezirksamt Ihres Bezirkes
die MA 63
1, Wipplingerstraße 8
Tel. 534 36
oder
die Wirtschaftskammer Wien
Tel. 514 50 . . .0

Für die Erlangung einer Gewerbeberechtigung bestehen folgende Voraussetzungen:

Allgemein

- **Eigenberechtigung**
  Diese tritt grundsätzlich mit Vollendung des 18. Lebensjahres ein

- **Österreichische Staatsbürgerschaft oder Staatsbürgerschaft eines EG- bzw. EWR-Mitgliedstaates**
  Anderenfalls kann es erforderlich sein, dass Sie bei der MA 63 eine Gleichstellung mit Inländern beantragen müssen

- **Fehlen von Gewerbeausschlussgründen**
  Dies betrifft im Wesentlichen die strafgerichtliche Unbescholtenheit und Konkursfreiheit

Bei bestimmten Gewerben:

Zwar sind die zahlenmäßig bei weitem überwiegenden Gewerbe sogenannte "freie Gewerbe" und daher an keine besonderen Voraussetzungen wie etwa die Ablegung einer Befähigungsprüfung gebunden.

Dennoch hat der Gesetzgeber für bestimmte Gewerbe spezifische Voraussetzungen festgelegt. Diese bestehen in den meisten Fällen im Erfordernis, einen Befähigungsnachweis zu erbringen. Der Nachweis kann je nach Gewerbe beispielsweise in der Ablegung einer Befähigungs- bzw. Meisterprüfung oder in der Absolvierung einer bestimmten Ausbildung bestehen (z.B. Meisterprüfungen für bestimmte Handwerke, wie etwa Schlosser oder Tischler, mehrjährige Ausbildung zum Lebens- und Sozialberater).

In einigen Fällen verlangt der Gesetzgeber außerdem eine besondere Zuverlässigkeit. Dies ist bei den bewilligungspflichtigen gebundenen Gewerben wie etwa Sicherheitsgewerbe (Berufsdetektive, Bewachungsgewerbe und Immobilientreuhänder – Makler, Verwalter, Bauträger –) der Fall.

Falls Sie eine Zugangsmöglichkeit zum Internet haben, wird die Internetadresse
http://www.wien.gv.at/gewerbe
mit Nachdruck empfohlen.

Unter dieser Adresse stehen umfangreiche Informationen in Gewerbeangelegenheiten zu Ihrer Verfügung. Darüber hinaus ist dort seit 28. August 2001 die Möglichkeit in Betrieb, die wichtigsten Gewerbeangelegenheiten (beispielsweise Gewerbeanmeldungen und Namens- sowie Standortänderungen) elektronisch über das Internet abzuwickeln.

Die herkömmliche büromäßige Papierarbeit und der Weg zum Postamt bzw. zur Behörde sind damit für solche Eingaben nicht mehr notwendig. Die derzeit noch weiterhin erforderlichen Beilagen (z.B. Personaldokumente, Prüfungszeugnisse) können wahlweise elektronisch mitgesendet (in eingescannter Form) oder in jeder zulässigen Übermittlungsart (z.B. postalisch, per Telefax oder elektronisch) nachgereicht werden. Damit sollen der Kontakt zur Behörde erleichtert und die Abwicklung beschleunigt werden.

Die über Internet eingebrachten Gewerbeangelegenheiten werden elektronisch (und damit unabhängig von Arbeitszeiten und von einer Bearbeitung durch MitarbeiterInnen) an die zuständige Stelle weitergeleitet.

Wenn Sie eine Gewerbeberechtigung begründen wollen, können Sie sich auch unmittelbar an folgende Stellen wenden:

für bewilligungspflichtige Gewerbe	MA 63 1, Wipplingerstraße 8 Tel. 534 36
für alle anderen Gewerbe (Handwerke, gebundene Gewerbe, Teilgewerbe, freie Gewerbe)	das nach dem Standort der beabsichtigten Gewerbeausübung

zuständige Magistratische Bezirksamt
(die jeweilige Adresse
finden Sie im Internet unter
http://www.wien.gv.at/gewerbe/behoerde.htm
oder im amtlichen Telefonbuch unter
"Bezirksämter, Magistratische")

Ausnahme:
für nebenstehende Gewerbe das
Magistratische Bezirksamt
für den 1. und 8. Bezirk
1, Wipplingerstraße 8
Tel. 534 36

Bestatter
Gästewagen-Gewerbe mit Omnibussen
Gästewagen-Gewerbe mit Personenkraftwagen
Güterbeförderung in Rohrleitungen
Mietwagengewerbe mit Pkw
Rauchfangkehrer
Taxi-Gewerbe

Diese Stelle wird Sie vor allem Folgendes fragen:

- genaue Bezeichnung des Gewerbeanmelders (bei natürlichen Personen: Name, Sozialversicherungsnummer, Adresse, Geburtsdatum und -ort; bei Gesellschaften, Vereinen usw.: genauer Firmenwortlaut und Firmenbuchnummer, Dienstgeber-Kontonummer, Geschäftsanschrift)
- genaue Bezeichnung des Gewerbes (z.B. "Gastgewerbe in der Betriebsart eines Espressos", "Kleinhandel mit Lebensmitteln")
- genauer Standort der Gewerbeausübung (Ort, Straße, Hausnummer)
- bei gleichzeitiger Bestellung eines gewerberechtlichen Geschäftsführers: Name, Sozialversicherungsnummer, Adresse, Geburtsdatum und -ort des gewerberechtlichen Geschäftsführers

Weiters werden in der Regel folgende Beilagen benötigt:

Bei Einzelunternehmen:

- Strafregisterauskunft (nicht älter als drei Monate)
- Erklärung betreffend Gewerbeausschlussgründe für Gewerbeanmelder
- zur Einsichtnahme die jeweiligen Personaldokumente (Geburtsurkunde, bei Namensänderung auch Heiratsurkunde oder Bescheid über Namensänderung, Nachweis eines allfälligen Titels, Staatsbürgerschaftsnachweis, Meldezettel).

Bei Gesellschaften:

- Firmenbuchauszug, nicht älter als sechs Monate (auch von einer allfälligen mit mehr als 50% der Geschäftsanteile beteiligten Gesellschaft)
- Erklärung über das Nichtvorliegen von Gewerbeausschlussgründen für juristische Personen (firmenmäßig gefertigt und datiert)
- Von **jedem** zur Vertretung nach außen Berufenen und von einem allfälligen mit mehr als 50% der Geschäftsanteile beteiligten Gesellschafter:
  – Strafregisterauskunft (nicht älter als drei Monate) und
  – Erklärung betreffend Gewerbeausschlussgründe für Gewerbeanmelder (unterfertigt und datiert sowie auf der Rückseite ausgefüllt)
- zur Einsichtnahme die jeweiligen Personaldokumente (Geburtsurkunde, bei Namensänderung auch Heiratsurkunde oder Bescheid über Namensänderung, Nachweis eines allfälligen Titels, Staatsbürgerschaftsnachweis, Meldezettel).

Vom gewerberechtlichen Geschäftsführer:

- Strafregisterauskunft (nicht älter als drei Monate)
- Erklärung für gewerberechtliche Geschäftsführer (ausgefüllt, unterfertigt und datiert)
- zur Einsichtnahme die jeweiligen Personaldokumente
- wenn der gewerberechtliche Geschäftsführer einer Gesellschaft nicht zur Vertretung nach außen berufen ist:
  Nachweis der Arbeitnehmereigenschaft des gewerberechtlichen Geschäftsführers (Anmeldung zur Gebietskrankenkasse; ist bei freien Gewerben nicht erforderlich).

Formulare

Formulare für Gewerbeangelegenheiten stehen für Sie im Internet unter der Adresse
www.wien.gv.at/gewerbe/formular/forms.htm
bereit oder sind bei jedem Magistratischen Bezirksamt erhältlich.

Neugründungs-Förderung

Die Neugründung von Betrieben ist insbesondere von Bundesstempel und Verwaltungsabgaben befreit. Der Gesetzgeber hat jedoch als formelles Erfordernis festgelegt, dass der Kunde zeitgerecht vor dem Entstehen der Gebührenschuld (am besten bereits mit der Eingabe) ein ausgefülltes und von der Wirtschaftskammer (grundsätzlich: Wirtschaftskammer Wien) bestätigtes Formular vorlegt, in dem die Neugründung deklariert wird.

Betriebsanlagengenehmigung

In bestimmten Fällen benötigen Sie eine Betriebsanlagengenehmigung. Dies vor allem dann, wenn die

Möglichkeit besteht, dass von der Betriebsanlage Gefährdungen oder Belästigungen ausgehen. Beispielsweise sind Gastgewerbebetriebe fast immer genehmigungspflichtig, weil eine Belästigung von Nachbarn – etwa durch Lärm oder Gerüche – in der Regel möglich ist. Auch größere Handelsbetriebe (z.B. Supermärkte) und Produktionsbetriebe benötigen eine Genehmigung ihrer Betriebsanlage.

Die Genehmigung ist in der Regel beim Magistratischen Bezirksamt für denjenigen Bezirk, in dem sich die Betriebsanlage befindet, zu beantragen.

Der Antrag muss Folgendes enthalten:

- Name, Anschrift und Telefonnummer des Konsenswerbers
- Standort des Betriebes
- Art der beabsichtigten gewerblichen Tätigkeit
- verbale Beschreibung des Projektes
- ausdrücklicher Antrag auf Genehmigung

Dem Antrag sind in vierfacher Ausfertigung anzuschließen:

- Pläne der Betriebsanlage (Lageplan, Grundriss- und Schnittpläne)
- eine Betriebsbeschreibung
- eine technische Beschreibung von Maschinen und maschinellen Anlagen
- ein Abfallwirtschaftskonzept sowie

– in einfacher Ausfertigung:

- technische Unterlagen über die zu erwartenden Emissionen

Die Stadt Wien bietet für künftige Klein- und Mittelbetriebe als Service in den Magistratischen Bezirksämtern **Projektsprechtage** an. Dabei werden im Sinne eines "one-stop-shops" bei einer Stelle alle für die Betriebsgründung – oder für Veränderungen – notwendigen Informationen geboten. Eine Liste der aktuellen Termine für die Projektsprechtage in den Magistratischen Bezirksämtern steht für Sie in **wien online** unter der Adresse

www.wien.gv.at/mba/projekt.htm

bereit.

GLÜCKSSPIELBEWILLIGUNGEN

(MA 62)

Das Glücksspielgesetz vom 28. November 1989, BGBl. Nr. 620, in der Fassung BGBl. I Nr. 158/1999, regelt das Glücksspielwesen. Dem Bund kommt grundsätzlich das Recht zur Durchführung von Glücksspielen zu (Glücksspielmonopol). In bestimmten Fällen kann dieses Recht auf Einzelpersonen oder juristische Personen übertragen werden.

Bewilligungen

Bei Ausspielungen, deren Spielkapital 4.000 EUR pro Kalenderjahr übersteigt, ist nach Möglichkeit mindestens vier Wochen vor der Veranstaltung bei der

MA 62
8, Lerchenfelder Straße 4
Tel. 40 00 . . ., 89421, Herr Fritsch

um Bewilligung anzusuchen. Für die Einreichung des Antrages können bei dieser Dienststelle Formulare verlangt werden.

Glücksspielapparate und Glücksspielautomaten

Ausspielungen mittels eines Glücksspielapparates und Glücksspiele, die nicht in Form einer Ausspielung durchgeführt werden, dürfen, soweit sie dem Glücksspielmonopol unterliegen, nur in einer Spielbank durchgeführt werden. Ausspielungen mittels eines Glücksspielautomaten, wenn der Einwurf den Betrag oder den Gegenwert von 0,5 EUR und der Gewinn den Betrag oder den Gegenwert von 20 EUR nicht übersteigen, unterliegen nicht dem Glücksspielmonopol; doch ist in Wien der entgeltliche Betrieb von Spielapparaten unter Erbringung oder Inaussichtstellung von Geld- und Warenleistungen nach § 30 Abs. 1 Z 1 des Wiener Veranstaltungsgesetzes, LGBl. für Wien Nr. 12/1971, in der geltenden Fassung, grundsätzlich verboten. Davon ist nur der Betrieb von Münzgewinnspielapparaten aufgrund der von der MA 36 erteilten Konzessionen ausgenommen. Diese bieten die Möglichkeit, bei einem Einwurf von Scheidemünzen bis maximal 0,5 EUR einen Gewinn bis maximal 20 EUR zu erzielen (→ "Veranstaltungswesen").

GRUNDSTÜCKSANGELEGENHEITEN

(MA 69)

An- und Verkauf von Grundflächen von bzw. an die Stadt Wien

Kaufansuchen oder Verkaufsangebote können schriftlich oder mündlich bei der
MA 69
8, Lerchenfelder Straße 4, 4. Stock
eingebracht werden.

Zur raschen Behandlung ist die Angabe der Grundbuchseinlagezahl und der Katastralgemeinde zweckmäßig. Auch der erwartete Kaufpreis soll nach Möglichkeit angegeben werden.

Die MA 69 ist per
Telefax unter 40 00–99–83900 und per
E-Mail unter post@m69.magwien.gv.at
erreichbar.

Miete oder Pacht städtischer Grundstücke

Wer sich für Miete oder Pacht eines städtischen Grundstückes – ausgenommen Wälder – interessiert, kann darum unter Bekanntgabe der beabsichtigten Nutzung schriftlich oder mündlich bei der
MA 69
8, Lerchenfelder Straße 4, 4. Stock
ansuchen.

Informationen in Kleingartenangelegenheiten können bei der
MA 69
8, Lerchenfelder Straße 4, 5. Stock
Dienstag und Donnerstag von 8 bis 12 Uhr
eingeholt werden.

Alle Eingaben und Ansuchen an die MA 69 sind gebührenfrei.

HILFEN FÜR ERWACHSENE, SENIORINNEN UND SENIOREN

(MA 11, 12, 15, 50, KAV)

Sozialarbeit und Sozialhilfe

Außenstellen

Die fünf dezentralen Außenstellen des Fachbereiches Sozialarbeit und Sozialhilfe bieten Erwachsenen ohne minderjährige Kinder im gemeinsamen Haushalt Hilfe bei sozialen Problemen an:

- Information, Beratung und Betreuung durch diplomierte SozialarbeiterInnen
- Hilfestellung in Krisensituationen, die durch Arbeitslosigkeit, Obdachlosigkeit, Suchtverhalten, Behinderung, Krankheit, finanzielle Schwierigkeiten, Beziehungskonflikte und dgl. verursacht wurden
- Hilfe bei drohendem Wohnungsverlust, Delogierungen, Mietzinsrückständen für MieterInnen von Gemeindewohnungen
- Abklärung von Rechtsansprüchen

Die Angebote der Außenstellen können
Montag bis Freitag
(Mittwoch nach Vereinbarung)
von 8 bis 15 Uhr
in Anspruch genommen werden (auf Wunsch anonym).

Außenstelle I:
6, Fillgradergasse 7/5
Tel. 588 21 . . ., 06480
(Bezirke 1, 2, 6, 7, 8, 9)

Außenstelle III:
15, Camillo-Sitte-Gasse 6–8, 2. Stock, Tür 6
Tel. 891 34 . . ., 15480
(Bezirke 14, 15, 19)

Außenstelle IV:
21, Freytaggasse 27
Tel. 211 13 . . ., 21480
(Bezirke 20, 22)

Außenstelle VI:
3, Am Modenapark 1–2, 5.Stock
Tel. 711 34. . ., 03488
(Bezirke 3, 4, 5, 11)

Information + Service

Diese Beratung steht den in Wien wohnhaften BürgerInnen kostenlos zur Verfügung. Vertraulich und unverbindlich werden Auskünfte und Informationen im Sozialbereich erteilt und Beratungsgespräche – selbstverständlich auch anonym – in sozialen Angelegenheiten (z.B. Sozialhilfe, Mietbeihilfe, Behindertenarbeit, Pflegegeld, Delogierungsprävention, Obdachlosigkeit usw.) geführt.

Sie können diese Beratung in sozialen Fragen entweder persönlich, telefonisch oder schriftlich in Anspruch nehmen. Anliegen und Beschwerden für die MA 12 wien sozial werden gerne entgegen genommen.

1, Gonzagagasse 21, Erdgeschoss E 30,
Zimmer C + E
Tel. 531 14 . . ., 8012
Telefax: 531 14–99–8012
Montag bis Freitag von 8 bis 15 Uhr,
Donnerstag von 8 bis 18 Uhr

Hilfe gegen den Verlust der Wohnung – FAWOS

Die Fachstelle für Wohnungssicherung (FAWOS) ist eine Einrichtung der Volkshilfe Wien im Auftrag der Stadt Wien (Zusammenarbeit zwischen dem Amt für Jugend und Familie und der MA 12 wien sozial) mit Unterstützung des Wiener Integrationsfonds (WIF).

Die FAWOS ist eine zentrale Anlaufstelle für alle BewohnerInnen von Privat- und Genossenschaftswohnungen, die vom Verlust ihrer Wohnung bedroht sind.

Schwerpunkte:

- Kontaktaufnahme mit allen Betroffenen
- Mietrechtliche und sozialarbeiterische Information und Beratung
- Krisenintervention
- Vermittlung zwischen Mietern und Vermietern

Für Mieter von Gemeindewohnungen stehen die Einrichtungen der MAG ELF und der MA 12 wien sozial zur Verfügung.

FAWOS – Fachstelle für Wohnungssicherung
2, Schiffamtsgasse 14
Tel. 218 56 90
Telefax: 218 56 90–85030
E-Mail: fw-soz@m12.magwien.gv.at

Opferfürsorge

→ eigener Abschnitt “Opferfürsorge”

Sozialhilfe

Hilfe zur Sicherung des Lebensbedarfs

Nach dem Wiener Sozialhilfegesetz gibt es für Menschen, die in finanzielle Schwierigkeiten geraten sind, eine Reihe von Unterstützungsmöglichkeiten:

Anspruch auf Sozialhilfe haben Personen, die über kein Einkommen oder über zu wenig Einkommen verfügen. Geldaushilfen werden an Personen, die arbeitsfähig und jünger als 65 Jahre (Männer) bzw. 60 Jahre (Frauen), aber arbeitslos sind, die weiters vom Amtsarzt für weniger als sechs Monate als arbeitsunfähig befundet wurden und Personen, denen keine Arbeit zugemutet wird (SchülerInnen, AlleinerzieherInnen mit kleinen Kindern), gewährt. Die AntragstellerInnen sind grundsätzlich verpflichtet, ihren Arbeitswillen nachzuweisen (Meldung beim AMS).

Davon ausgenommen sind:

- Personen, die eine Schule (bis Maturaniveau) besuchen
- Personen, die in Lehrausbildung stehen
- Alleinerziehende Mütter und Väter mit im gemeinsamen Haushalt lebenden unversorgten Kindern (bis zur Vollendung des zweiten Lebensjahres des Kindes)
- Personen, die das 65. Lebensjahr (Männer) bzw. das 60. Lebensjahr (Frauen) vollendet haben oder die vom Amtsarzt für mindestens sechs Monate als arbeitsunfähig befunden werden.

Alle AntragstellerInnen müssen nachweisen, dass sie kein eigenes Einkommen oder Vermögen (Sparbücher, Auto, Liegenschaften usw.) besitzen.

Zum Einkommen zählen u.a.:

- Löhne, Gehälter
- Arbeitslosengeld, Notstandshilfe, Krankengeld
- Pensionen
- Alimente, Unterhaltszahlungen

Man wendet sich mit allen Personaldokumenten, dem Meldezettel und allen Nachweisen, die über Familien-, Wohnungs- und Einkommensverhältnisse Aufschluss geben, an das Sozialreferat/Sozialzentrum des Wohnbezirkes, wo über den Antrag entschieden wird. Kann über einen Antrag nicht sofort entschieden werden (weil Erhebungen notwendig sind), gibt das Sozialreferat/Sozialzentrum in dringenden Fällen eine vorläufige Sofortleistung.

Das Einkommen aller im Haushalt wohnenden Personen (LebensgefährtIn, EhepartnerIn usw.) wird in der Regel bei der Bedarfsermittlung eingerechnet. Bei Einkommen unter einem bestimmten Richtsatzbetrag können ergänzende Sozialhilfeleistungen in Anspruch genommen werden. Die Richtsätze sind in der Richtsatzverordnung festgelegt.

Wenn eine über die finanziellen Probleme hinaus gehende **soziale Beratung und Betreuung** notwendig ist, kann der Antrag bei den Außenstellen des Fachbereiches Sozialarbeit und Sozialhilfe gestellt werden.

Dauerleistung

Personen, die auf kein oder ein zu geringes Einkommen (Pension) Anspruch haben und das 65. Lebensjahr (Männer) bzw. das 60. Lebensjahr (Frauen) vollendet haben oder vom Amtsarzt für mindestens sechs Monate für arbeitsunfähig befunden wurden, in manchen Fällen auch Familien mit Kindern, können eine Dauerleistung beantragen.

Die Dauerleistung entspricht der Höhe einer Pension mit Ausgleichszulage und wird aufgrund eines Richtsatzes (inklusive Zuschlag) berechnet. Damit sollen der Lebensbedarf gedeckt und Heiz-, Gas- und Stromkosten bezahlt werden. Übersteigt der Mietzins einen bestimmten Höchstbetrag, wird zusätzlich zur Dauerleistung ein Betrag zur Abdeckung des Mietaufwandes gewährt.

Auch hier wendet man sich mit den Personaldokumenten, Meldezettel, Einkommensnachweisen und Beihilfenbescheiden (Wohnbeihilfe, Mietzinsbeihilfe usw.) aller im gemeinsamen Haushalt lebenden Personen, Mietvertrag und Mietbeleg, Meldekarte des AMS und eventuell Befunden bei Arbeitsunfähigkeit, ablehnendem Pensionsbescheid usw. an das Sozialreferat/Sozialzentrum seines Wohnbezirkes.

Dieses Amt überprüft die Angaben über die wirtschaftlichen und Familienverhältnisse und trifft seine Entscheidung. Von der Erledigung erhält der Bewerber um eine Dauerleistung einen schriftlichen Bescheid. Ist in der Zwischenzeit bis zur Erledigung Hilfe erforderlich, gibt das Sozialreferat/Sozialzentrum einmalige Aushilfen.

Sozialpass

Jene Wiener, die eine Dauersozialhilfeleistung nach dem Wiener Sozialhilfegesetz oder eine Pension beziehen, können sich einen Sozialpass ausstellen lassen. Bedingung dafür ist die Erreichung des 55. Lebensjahres bei Frauen und des 60. Lebensjahres bei Männern. Der Hauptwohnsitz muss in Wien sein.

Er gilt als Einkommensnachweis bei der Inanspruchnnahme sozialer Dienste der MA 12 wien sozial und gilt darüber hinaus im Bedarfsfall als Besucherkarte für die Pensionistenklubs der Stadt Wien.

Der Inhaber muss sein Einkommen nur anlässlich

der Ausstellung des Sozialpasses bzw. bei einer Einkommensänderung, wie z.B. Zuerkennung einer zweiten Pension, nachweisen. Die jährliche Erhöhung der Pensionen und der Dauersozialhilfeleistungen kann dabei außer Betracht bleiben, da die Richtsätze mit dem Valorisierungsfaktor der Sozialversicherung erhöht werden. Bei der Feststellung des Einkommens werden alle Bezüge außer Pflegegeld, Familienbeihilfe und therapeutisches Taschengeld angerechnet, es wird aber die gesamte Miete (Grundzins zuzüglich Betriebskosten, vermindert um eine allfällige Wohn- oder Mietzinsbeihilfe) in Abzug gebracht.

Der Sozialpass wird im Sozialreferat/Sozialzentrum des Wohnbezirkes (mit Lichtbild, Einkommensnachweis und Bestätigung über die Höhe der Miete sowie einer allfälligen Wohn- oder Mietzinsbeihilfe) ausgestellt. Vorzulegen sind auch der Meldezettel und der Staatsbürgerschaftsnachweis.

Der Sozialpass ist kostenlos und berechtigt die Bürger der EU, die in Wien ihren ordentlichen Wohnsitz haben, sofern deren Ausweis vom Sozialreferat/Sozialzentrum mit einem "P" gekennzeichnet ist (Stufen A bis B3 der Sozialpasstabelle), zur verbilligten Benützung der städtischen Verkehrsmittel (Halbpreiskarte und Monatskarte), zum ermäßigten Besuch der städtischen Bäder, des Tiergartens Schönbrunn an allen Werktagen von Montag bis Freitag und zum kostenlosen Besuch des Hauses des Meeres, 6, Esterházypark, an allen Tagen der Woche.

Ein in der Vergangenheit ausgestellter Sozialpass "P II" bleibt als Sozialpass "P! weiterhin gültig.

Hilfe in besonderen Lebenslagen

Hilfe in besonderen Lebenslagen kann Personen zuerkannt werden, die aufgrund ihrer besonderen persönlichen, familiären oder wirtschaftlichen Verhältnisse oder infolge außergewöhnlicher Ereignisse einer sozialen Gefährdung ausgesetzt sind und der Hilfe der Gemeinschaft bedürfen. Die Hilfe in besonderen Lebenslagen dient zur Überbrückung außergewöhnlicher Notstände und kann unabhängig von einem Anspruch auf Hilfe zur Sicherung des Lebensbedarfes zuerkannt werden. Die Hilfe in besonderen Lebenslagen erbringt der Sozialhilfeträger als Träger von Privatrechten. Auf die Leistungen besteht kein Rechtsanspruch.

Der Hilfesuchende begibt sich mit allen Personaldokumenten, dem Meldezettel (Meldeabschnitt) und allen Nachweisen, die über seine Familien-, Wohnungs- und Einkommensverhältnisse sowie über die außergewöhnlichen Ereignisse, die zur sozialen Gefährdung Aufschluss geben, in das Sozialreferat/Sozialzentrum seines Wohnbezirkes und bringt dort sein Ansuchen vor. Das Amt überprüft die vorgelegten Unterlagen und trifft sodann seine Entscheidung. Von der Erledigung erhält der Hilfesuchende eine schriftliche Mitteilung. Hilfe in besonderen Lebenslagen kann in Form von Geldleistungen, Sachleistungen oder persönlicher Hilfe erbracht werden.

Krankenhilfe

Krankenhilfe (ärztliche Behandlung, Arzneimittel, Heilmittel, Unterbringung in Krankenanstalten) erhalten alle BezieherInnen einer Sozialhilfeleistung sowie Personen, die nicht krankenversichert sind (keine Mit- bzw. Selbstversicherung möglich) und deren Einkommen den eineinhalbfachen Sozialhilferichtsatz zuzüglich Miete nicht übersteigt. Für die ärztliche Behandlung werden eigene Krankenscheine ausgegeben.

Tuberkulosehilfe

Bedürftige Personen, die an Tuberkulose erkrankt sind, haben bei aktiver Tuberkulose Anspruch auf Sozialhilfe und – unter gewissen Voraussetzungen sogar über den Stabilisierungszeitpunkt der Erkrankung hinaus – Anspruch auf Übernahme von Behandlungskosten.

Die Antragstellung erfolgt bei den
Gesundheitsfürsorgestellen der MA 15;
die Entscheidung über den Antrag trifft die
MA 12 wien sozial.

Kuraufenthalte

Sozialhilfebeziehern können bei ärztlicher Verordnung und amtsärztlicher Befürwortung Kur- oder Rekonvaleszentenaufenthalte gewährt werden.

Die Antragstellung erfolgt beim zuständigen Sozialreferat/Sozialzentrum, der Außenstelle des Fachbereiches Sozialarbeit und Sozialhilfe, bei der behandelnden städtischen Krankenanstalt oder – im Ausnahmefall – auch im Referat Kuraufenthalte der MA 12 wien sozial.

Ärztliche Hilfe, Arzneien, Heil- und Hilfsmittel, Heilbäder und Strahlentherapie

Wer krankenversichert ist, wendet sich an seine Krankenkasse. Nur für jene unbemittelten Personen, die keine Krankenkassenleistungen beanspruchen können, übernimmt die Sozialhilfe die Kosten für ärztliche Behandlung, Arzneien, Heil- und Hilfsmittel.

Wer also kein Krankenkassenmitglied und auch nicht familienversichert ist, wendet sich, wenn er Heilbehandlung benötigt, an das Sozialreferat seines Wohnbezirkes. Hier erhält er einen Krankenschein, der für das laufende Kalendervierteljahr gilt. Mit diesem Schein kann er sich in die unentgeltliche Behandlung eines praktischen Arztes nach freier Wahl begeben, der ihn an einen Facharzt nach freier Wahl oder an ein Ambulatorium überweisen kann.

Werden vom Arzt Medikamente verordnet, können diese aus einer Apotheke nach freier Wahl auf Kosten des Sozialhilfeträgers bezogen werden. Gewisse Spezialitäten bedürfen allerdings vor ihrer Abgabe der Genehmigung durch den Amtsarzt des Bezirksgesundheitsamtes.

Hält der behandelnde Arzt ein Hilfsmittel für notwendig (z.B. Einlagen, orthopädische Schuhe, Prothesen, Stützapparat usw.), fertigt er einen Verordnungsschein für Heil- und Hilfsmittel aus, der – nach Einholung eines Kostenvoranschlages – bei dem nach dem Wohnort des Patienten zuständigen Sozialreferat einzureichen ist. Personen, die Krankenhilfe erhalten, können kleine Heilbehelfe (Brillen, Bandagen) ohne Genehmigung direkt bei Optikern und Bandagisten beziehen. Nach Genehmigung kann der Heilbehelf bei einem der zugelassenen Vertragslieferanten nach freier Wahl auf Rechnung des Sozialhilfeträgers bezogen werden.

Sind zur Durchführung der Heilbehandlung physikalische Leistungen (Höhensonne, Kurzwellen, Bestrahlungen mit Sollux- oder Profunduslampen, Galvanisationen usw.) oder Heilbäder (Schwefelbäder, Moorbäder, Schlammpackungen u.ä.) oder Röntgenleistungen erforderlich, stellt der behandelnde Arzt einen für diese Zwecke vorgesehenen Verordnungsschein aus. Der Genehmigung durch den Amtsarzt des Gesundheitsamtes bedürfen nur die Verordnungen für Mammografie und Tomografie.

Zahnbehandlung

Wer unbemittelt ist und eine Zahnbehandlung benötigt, ohne Anspruch auf Kassenleistungen zu haben, beantragt beim Sozialreferat seines Wohnbezirkes die Ausstellung eines Zahnbehandlungsscheines. Mit diesem Schein kann er sich in unentgeltliche Behandlung eines Zahnarztes oder Dentisten nach freier Wahl begeben.

Mietbeihilfe

Diese Geldleistung für PensionsbezieherInnen wird von der Stadt Wien dann gewährt, wenn durch die Höhe der Gesamtmiete ein bestimmtes Mindesteinkommen (Sozialhilferichtsatz) unterschritten wird. Vor der Gewährung einer Mietbeihilfe muss ein allfälliger Anspruch auf eine Mietzinsbeihilfe des Finanzamtes oder auf eine Wohnbeihilfe der Abteilung für Wohnungsvergabe, Wohnbauförderung, Wohnungssanierung und Wohnungsverbesserung geprüft werden. Die Mietbeihilfe kann auch zusätzlich zu einer Mietzinsbeihilfe oder einer Wohnbeihilfe bezogen werden.

Man wendet sich mit allen Personaldokumenten, dem Meldezettel, Pensionsbescheid und Beihilfebescheid (Wohnbeihilfe, Mietzinsbeihilfe usw.) aller im gemeinsamen Haushalt lebenden Personen an die

MA 12 wien sozial
1, Schottenring 24
Tel. 531 14 . . ., 85343 bis 85347
Montag bis Freitag von 8 bis 12 Uhr
für die Bezirke 11 und 22 auch
Bürgerservicezentren

Sozialreferate

→ Magistrat, MA 12

Sozialzentrum

Aktives Unterstützungsmanagement – Abgestimmte Hilfe unter einem Dach

Beratung und Hilfe –

• **zur Lösung finanzieller Probleme** bei
– Schulden und Überschuldung
– Problemen mit/im Umgang mit Geld
– kurz- und langfristigen finanziellen Engpässen
– keinem oder geringem Einkommen (Anspruch auf Sozialhilfe)

• **beim Ausstieg aus der Sozialhilfe** bei
– Arbeitslosigkeit und ihren sozialen und finanziellen Folgen
– beruflicher Orientierung
– Vermittlungsproblemen

• **zur Wohnungssicherung** bei
– ungeeigneter Wohnung
– Mietzinsrückständen, bevorstehender Delogierung
– Finanzierungsproblemen z.B. Reparaturkosten, Übersiedlung usw.
– Anspruch auf Mietbeihilfe

• **zur Klärung sozialer Probleme**
– im sozialen Umfeld
– im Umgang mit Behörden
– in schwierigen Lebenssituationen
– in Krisensituationen

Zentrum
für den 12., 13. und 23. Bezirk
12, Arndtstraße 65
Tel. 811 34 . . ., 12400

für den 16., 17. und 18. Bezirk
16, Spetterbrücke 4
Tel. 401 19 . . ., 17400

für den 21. Bezirk
21, Freytaggasse 25–31
Tel. 277 34 . . ., 21400

Öffnungszeiten:
Montag bis Freitag von 8 bis 15 Uhr,
Mittwoch von 13 bis 15 Uhr,
Donnerstag von 8 bis 18 Uhr.
Um Voranmeldung wird gebeten

Überschuldung

Die Schuldnerberatung der MAG ELF und der MA 12 wien sozial steht bei Überschuldungsproblemen von Familien oder Einzelpersonen für Beratung und Hilfestellung kostenlos zur Verfügung.

Für die Beratung ist telefonische Voranmeldung erforderlich.

2, Obere Augartenstraße 26–28
Tel. 330 87 35, 330 87 36

Wohnbeihilfe

Mietzinsbeihilfe des Bundes

→ Wohnungswesen – Mietzinsbeihilfe

Mietzinsbeihilfe der Stadt Wien

→ Wohnungswesen – Wohnbeihilfe

Mietbeihilfe für Senioren

Referat Mietbeihilfe der MA 12 wien sozial
1, Schottenring 24, 1. Stock, Tür 148, 150, 160, 173
Tel. 531 14 . . ., 85342, 85343, 85344, 85345, 85346, 85347
Parteienverkehr: Montag bis Freitag von 8 bis 12 Uhr

Mietbeihilfen werden unter gewissen Voraussetzungen an Pensionsbezieher ausbezahlt, wenn durch die Höhe des Mietzinses (inklusive Betriebskosten) ein bestimmtes Mindesteinkommen unterschritten wird.

Vor der Gewährung einer Mietbeihilfe muss ein allfälliger Anspruch auf eine Mietzinsbeihilfe des Bundes oder auf eine Wohnbeihilfe der MA 50 geprüft und ein diesbezüglicher Bescheid abgewartet werden. (→ "Wohnungswesen – Wohnbeihilfe")

Die Mietbeihilfe kann unter Umständen auch zusätzlich zu einer gewährten Mietzinsbeihilfe des Bundes oder einer Wohnbeihilfe bezogen werden.

Behindertenarbeit

Behindertenhilfe

Personen, die infolge eines Leidens oder Gebrechens in ihrer Fähigkeit, eine angemessene Schulbildung und Erziehung zu erhalten oder einen Erwerb zu erlangen oder beizubehalten, dauernd wesentlich beeinträchtigt sind, können Hilfe nach dem Wiener Behindertengesetz beantragen, sofern sie österreichische Staatsbürger oder Bürger der Europäischen Union sind, ihren Wohnsitz in Wien und nicht aufgrund anderer Rechtsvorschriften die Möglichkeit haben, eine solche Leistung zu bekommen. Für Personen aus Staaten, die nicht der Europäischen Union angehören, aber ihren Wohnsitz in Wien begründen, kann Hilfe nach dem Wiener Behindertengesetz zur Vermeidung von sozialer Härte gewährt werden. Die Leiden bzw. Gebrechen, die zu einer solchen Hilfe führen, können Fehlformen und Funktionsstörungen jeglicher Art sein, auch psychische Erkrankungen und Anfallsleiden zählen dazu.

Als Hilfeleistung kommen in Betracht:
- Eingliederungshilfe
- Hilfe zur geschützten Arbeit
- Beschäftigungstherapie
- Hilfe zur Unterbringung
- Persönliche Hilfe
- Übernahme von Fahrt und Beförderungskosten

Anträge sind in der
MA 12 wien sozial, Referat Behindertenhilfe
16, Kendlerstraße 40 A/1. Stock
vom Behinderten selbst, seinem gesetzlichen Vertreter oder einem von ihm schriftlich Bevollmächtigten zu stellen.

Außerhalb der Amtsstunden wurde die
Beratungsstelle für Behinderte
16, Kendlerstraße 40 A/1. Stock
Tel. 531 14 . . ., 85353, Telefax: 531 14–85356
E-Mail: post-bhr@m12.magwien.gv.at
Montag bis Donnerstag von 15.30 bis 18.30 Uhr

Im Referat VI/3 – **Orthopädische Angelegenheiten der MA 15 – Gesundheitswesen** bieten DiplomsozialarbeiterInnen Beratung und Hilfestellung bei Problemen, die durch Körperbehinderungen verursacht werden, an. Telefonische Terminvereinbarungen für Ge-

Tageszentrum für Obdachlose

Die zwei Tageszentren für Obdachlose und Straßensozialarbeit der MA 12 wien sozial haben den niederschwelligen Angeboten auch die Funktion, Obdachlosen den Zugang zu weiteren Betreuungsschritten zu ermöglichen. Für Beratung und Betreuung stehen diplomierte SozialarbeiterInnen zur Verfügung.

- Vermittlung einer Übernachtungsmöglichkeit
- Möglichkeit, Geld und Dokumente zu deponieren
- Hilfe bei der Wiederbeschaffung von Dokumenten
- Möglichkeit, sich zu duschen und Wäsche zu waschen
- Getränke und kleine Speisen zu geringen Preisen
- Möglichkeit, warme Mahlzeiten selbst zuzubereiten
- Gespräche
- Medizinische Versorgung durch den "Louise-Bus"
- Straßensozialarbeit als aufsuchende und präventive Sozialarbeit (Information über die Einrichtungen der Wohnungslosenhilfe, Krisenintervention)
- Freizeitaktivität "Urlaub von der Straße"
- 2, Pazmanitengasse 7
  Tel. 216 95 15 oder 216 28 94
  Montag, Dienstag, Mittwoch und Freitag von 9 bis 16 Uhr, Donnerstag von 9 bis 13 Uhr
- 8, U-Bahn-Station Josefstädter Straße (U6)
  Tel. 405 32 38 oder 408 84 81
  Montag, Dienstag, Donnerstag und Freitag von 9 bis 16 Uhr, Mittwoch von 9 bis 13 Uhr

HILFEN FÜR KINDER, JUGEND UND FAMILIE

(MA 11, 11A, 12, 15, 47, 56, KAV)

Schwangerenberatung

Je früher Schwangere ärztliche Beratung aufsuchen, desto erfolgreicher können Ärzte raten und helfen. Der regelmäßige Besuch der Beratungsstelle oder der Ordination eines Gynäkologen soll spätestens im dritten Schwangerschaftsmonat einsetzen.

Auch in den Schwangerenberatungsstellen der Stadt Wien erfolgt die Untersuchung und Beratung durch Fachärzte. Es ist sehr wichtig, während der Schwangerschaft regelmäßig ärztliche Beratung in Anspruch zu nehmen, denn nur dann kann bei dem geringsten Anzeichen einer gesundheitlichen Gefährdung rechtzeitig die entsprechende Behandlung einsetzen. Auch die im Mutter-Kind-Pass vorgesehenen Untersuchungen werden dort vorgenommen.

Die Schwangerenberatungsstellen der Stadt Wien befinden sich in:

Kaiser-Franz-Josef-Spital
10, Kundratstraße 3

Krankenhaus Lainz
13, Wolkersbergenstraße 1

Wilhelminenspital
16, Montleartstraße 37

Familienhebammen

Für Schwangere bieten die Familienhebammen der MA 15 kostenlos Geburtsvorbereitungskurse, Einzel- und Paarberatung (besonders bei Risikoschwangerschaften), Hausbesuche, Vorbereitung auf das Stillen und Stillberatung, ebenso Schwangerengymnastik und Rückbildungsgymnastik an.

Stützpunkte der Wiener Familienhebammen:

11, Lorystraße 40–42, Tel. 749 68 50

15, Geyschlägergasse 2–12, Tel. 982 25 00

20, Dresdner Straße 73, Tel. 331 34 . . ., 20279

22, Stadlau, Langobardenstraße 128/12,
Tel. 285 45 37,

sowie in den neun Eltern-Kind-Zentren der MAG ELF.

Auskünfte für Schwangere

Auskünfte und Ratschläge werden auch in den Wiener Entbindungsanstalten und in den geburtshilflichen Abteilungen der Krankenhäuser gegeben (telefonische oder persönliche Voranmeldung wegen der Dienststunden und der eventuellen Bedingungen notwendig!):

Universitätsklinik für Gynäkologie und Geburtshilfe des Allgemeinen Krankenhauses
9, Währinger Gürtel 18–20

Rudolfstiftung, 3, Juchgasse 25

Krankenanstalt Goldenes Kreuz, 9, Lazarettgasse 16

Sanatorium Hera, 9, Löblichgasse 14

Kaiser-Franz-Josef-Spital, 10, Kundratstraße 3

Krankenhaus Lainz, 13, Wolkersbergenstraße 1

St.-Josef-Krankenhaus, 13, Auhofstraße 189

Hanusch-Krankenhaus, 14, Heinrich-Collin-Straße 30

Wilhelminenspital, 16, Montleartstraße 37

Krankenanstalt des Göttlichen Heilandes,
17, Dornbacher Straße 20–28

Ignaz-Semmelweis-Frauenklinik,
18, Bastiengasse 36–38

Rudolfinerhaus, 19, Billrothstraße 78

Sanatorium Döbling, 19, Heiligenstädter Straße 57–63

Geburtshaus Nußdorf, 19, Heiligenstädter Straße 217

SMZ-Ost – Donauspital,
22, Stadlau, Langobardenstraße 122

Schwangerenturnen

Wenn der behandelnde Arzt nicht anders entscheidet, sollen Frauen in der Schwangerschaft ein Schwangerenturnen besuchen.

Schwangerenturnen wird an folgenden Krankenhäusern veranstaltet:

Rudolfstiftung, 3, Juchgasse 25

Universitätsklinik für Gynäkologie und Geburtshilfe des Allgemeinen Krankenhauses,
9, Währinger Gürtel 18–20

Sanatorium Hera, 9, Löblichgasse 14

Kaiser-Franz-Josef-Spital, 10, Kundratstraße 3

Krankenhaus Lainz, 13, Wolkersbergenstraße 1

St.-Josef-Krankenhaus, 13, Auhofstraße 189

Hanusch-Krankenhaus, 14, Heinrich-Collin-Straße 30

Kaiserin-Elisabeth-Spital, 15, Huglgasse 1–3

Wilhelminenspital, 16, Montleartstraße 37

Ignaz-Semmelweis-Frauenklinik,
18, Bastiengasse 36–38

Sanatorium Döbling, 19, Heiligenstädter Straße 57–63

SMZ-Ost – Donauspital,
22, Stadlau, Langobardenstraße 122

tenplatz in einem städtischen Kindertagesheim für das im September beginnende Kindertagesheim-Betriebsjahr (September bis August des Folgejahres) erfolgt Anfang jeden Jahres in den Kindertagesheim-Servicestellen der MA 11A – Tagesbetreuung von Kindern, Kindertagesheime der Stadt Wien.

Die Anmeldung für einen Platz in einem privaten Kindertagesheim erfolgt direkt in der jeweiligen Einrichtung.

Der Verein "Wiener Kinderdrehscheibe"
5, Wehrgasse 26
Tel. 581 06 60
informiert über das Angebot an freien Plätzen in privaten Kindertagesheimen, bei Tageseltern und in Kindergruppen.

Weiters werden durch die Stadt Wien zahlreiche Volks- und Hauptschulen mit ganztägiger Betreuung geführt. Schulanfänger, die eine Nachmittagsbetreuung benötigen, können von den Eltern im Zuge der Schuleinschreibung (Mitte Februar bis Anfang März) am Schulstandort angemeldet werden.

Auskünfte bei den Bezirksschulinspektoraten oder durch den Wiener Schulführer (Schulservice – Stadtschulrat für Wien).

Servicestellen der MA 11A:

1., 2., 8., 9. und 20. Bezirk:
9, Alserbachstraße 41
Tel. 534 36 . . ., 01870

3., 4. und 11. Bezirk:
3, Hagenmüllergasse 20
Tel. 711 34 . . ., 03870

5. und 10. Bezirk:
10, Van-dcr-Null-Gasse 20
Tel. 605 34 . . ., 10870

6., 7., 12. und 13. Bezirk:
13, Hietzinger Kai 1–3
Tel. 878 34 . . ., 13870

14., 15. und 16. Bezirk:
16, Kreitnergasse 43
Tel. 491 96 . . ., 16870

17., 18. und 19. Bezirk:
19, Hohe Warte 3
Tel. 360 34 . . ., 19870

21. Bezirk:
21, Am Spitz 1
Tel. 277 34 . . ., 21870

22. Bezirk:
22, Kagran, Donaustadtstraße 1, 4. Stock (Donauzentrum)
Tel. 211 23 . . ., 22870

23. Bezirk:
23, Liesing, Haeckelstraße 4
Tel. 863 34 . . ., 23870

Sonderpädagogische Ambulanzen für Kleinkinder

Wenn Probleme in der Entwicklung und Erziehung ihrer Kinder auftreten, können sich Eltern von Kindern in städtischen Kindertagesheimen an die Sonderpädagogischen Ambulanzen wenden, die in Kindertagesheimen der Stadt Wien untergebracht sind; Fachleute gehen dort auf ihre Probleme ein und bieten kostenlos Hilfen an.

3, Hainburger Straße 29/12
Tel. 712 11 90, 712 11 91

9, Sobieskigasse 31
Tel. 40 00 . . ., 85660

10, Lippmanngasse 3
Tel. 688 35 60

10, Waldmüllerpark 1
Tel. 604 33 22

11, Hasenleitengasse 9/I
Tel. 767 51 70

12, Endergasse 1
Tel. 802 38 20

15, Auer-Welsbach-Park 1
Tel. 894 31 01

16, Rosenackerstraße 5/I
Tel. 485 98 09

20, Kapaunplatz 10
Tel. 330 77 94

21, Ferdinand-Kaufmann-Platz
Tel. 263 22 30 . . ., 150

22, Aspern, Hammerfestweg 3
Tel. 280 70 08

23, Inzersdorf, Pfarrgasse 34–44/12/1
Tel. 615 28 06

Erholungsaufenthalte für Kinder

Der Verein Wiener Kindererholung organisiert in Zusammenarbeit mit der MAG ELF Erholungsaufenthalte für Kinder im Alter von fünf bis 15 Jahren.

Die Anmeldung der Kinder erfolgt in der jeweiligen MAG ELF-Regionalstelle Soziale Arbeit mit Familien.

Grundsätzlich wird der volle Ersatz der Pflegegebühren durch Einhebung entsprechender Beiträge der Eltern oder sonstigen Leistungsverpflichteten (Krankenkassen u. a.) angestrebt. Die Regionalstellen – Soziale Arbeit mit Familien in den Bezirken gewähren Ermäßigungen, die bis zu Freiplätzen reichen können.

An der Schullandheimaktion können Schulklassen sowie Tagesheimgruppen teilnehmen. In der Verbindung von naturnahem Unterricht und Erholung finden Kinder und Lehrkräfte zu einer fruchtbaren Gemeinschaft zusammen.

Familienurlaub

Für bedürftige Familien besteht in den Sommermonaten die Möglichkeit, gemeinsam mit ihren Kindern einen 14-tägigen Erholungsaufenthalt in einer Vertragspension zu verbringen. Die Anmeldung erfolgt ebenfalls in der jeweiligen MAG ELF-Regionalstelle Soziale Arbeit mit Familien. Von den Eltern ist ein geringer Kostenbeitrag zu leisten.

Kindertelefon

Das Kindertelefon 319 66 66
steht Kindern, Eltern sowie allen an Kinderproblemen Beteiligten zur Verfügung.

Für Anfragen und Aussprachen:
Montag bis Freitag von 10 bis 20 Uhr.

Mitarbeiter des Amtes für Jugend und Familie nehmen die Anrufe entgegen, beantworten Fragen und gehen auf Wünsche und Problemstellungen der Kinder ein, allenfalls informieren sie über weiterführende Hilfen oder geeignete Kontaktstellen. Meldungen über Kindesmisshandlungen werden vertraulich und unbürokratisch behandelt.

Gruppenarbeit

Sozialarbeiter bieten an 35 verschiedenen Standorten in Wien Gruppentreffen „im Grätzl" an. Erwachsene können im Kreis Gleichbetroffener Fragen und Probleme erörtern und einander kennen lernen. Kindern und Jugendlichen wird die Möglichkeit zum sozialen Lernen in Gruppen gegeben, aber auch verschiedene Freizeitaktivitäten sind möglich.

Auskünfte über die Angebote in den Bezirken erteilt die jeweilige MAG ELF-Regionalstelle Soziale Arbeit mit Familien.

Besuchsrechtsprobleme

In so genannten Besuchscafés wird Hilfe bei der Besuchsanbahnung geboten. Besuchscafés sind neutrale Orte, wo geschiedene oder getrennt lebende Eltern mit ihren Kindern "Besuchstagsstunden" verbringen können. Diese Besuche werden von Sozialarbeitern fachlich begleitet. Die entspannte und geschützte Atmosphäre macht es möglich, Konflikte abzubauen.

Besuchscafés

1., 4. und 5. Bezirk:
5, Ziegelofengasse 24–26
Tel. 502 34 . . ., 04340

2. Bezirk:
2, Engerthstraße 249–253
Tel. 211 06 . . ., 02340

3. Bezirk:
3, Baumgasse 12
Tel. 711 34 . . ., 03340

10. Bezirk:
10, Quellenplatz 4
Tel. 605 34 . . ., 10340 oder 10360

11. Bezirk:
11, Rosa-Jochmann-Ring 5/13
Tel. 740 34 . . ., 11340

12. Bezirk:
12, Längenfeldgasse 28/8
Tel. 811 34 . . ., 12340

13. und 14. Bezirk:
14, Felbigergasse 45,
Tel. 878 34 . . ., 13340

15. Bezirk:
15, Wurmsergasse 36
Tel. 891 34 . . ., 15365

16. Bezirk:
16, Arnethgasse 84
Tel. 491 96 . . ., 16370

17., 18. und 19. Bezirk:
17, Rhigasgasse 4
Tel. 401 19 . . ., 17360

20. Bezirk:
20, Wehlistraße 32–38/2
Tel. 331 34 . . ., 20340

21. Bezirk A:
21, Ocwirkgasse 3
Tel. 277 34 . . ., 21340 oder 21370

21. Bezirk B:
21, Freytaggasse 32
Tel. 277 34 . . ., 21360

22. Bezirk:
22, Aspern, Langobardenstraße 128/10
Tel. 211 23 . . ., 22340 oder 22342

23. Bezirk:
23, Inzersdorf, Pfarrgasse 34
Tel. 502 34 . . ., 23340

Erziehungsproblematische und gefährdete Kinder und Jugendliche

Grundsätzlich steht für die Erstinformation das
MAG ELF-Servicetelefon 40 00 . . ., 8011
zur Verfügung.

Bei Erziehungsproblemen und in Fragen der Gefährdung von Kindern und Jugendlichen stehen die MAG ELF-Regionalstellen Soziale Arbeit mit Familien in den Bezirken und spezielle Beratungsstellen mit Rat und Hilfe zur Verfügung. Dort beraten und betreuen Sozialarbeiter sowie Psychologen Familien mit Kindern oder Jugendlichen, die Fragen oder Probleme haben.

Sprechstunden bei Sozialarbeitern:
Montag, Dienstag, Donnerstag, Freitag
von 8 bis 12 Uhr

Allgemeine Auskünfte:
Montag bis Freitag von 8 bis 15 Uhr

Neben ambulanter Beratung und Hilfestellung können spezielle Einrichtungen empfohlen und für die Unterbringung in geeigneten Therapie- oder sozialpädagogischen Einrichtungen – wie z.B. Wohngemeinschaften – gesorgt werden, wenn dies zur Lösung der Probleme erforderlich ist.

Regionalstellen Soziale Arbeit mit Familien
→ Magistrat, MA 11

Krisenunterbringung von Kindern und Jugendlichen

Neben den MAG ELF-Regionalstellen Soziale Arbeit mit Familien in den Bezirken stehen im Fall einer akuten Krise in einer Familie, bei Erziehungs-problemen oder bei anderen Notsituationen, regionale Krisenzentren zur Verfügung. Vorrangiges Ziel ist dabei die Entwicklung von Problemlösungsstrategien in der Familie, um die baldige Rückkehr der Kinder zu ermöglichen.

Es bestehen zehn regionale Krisenzentren für Kinder von zwei bis 15 Jahren in sechs Sozialpädagogischen Regionen sowie zwei überregionale Kriseneinrichtungen für Jugendliche. Kleinkinder unter zwei Jahren werden in Krisensituationen in einer Mutter-Kind-Einrichtung der MAG ELF aufgenommen.

Regionale Krisenzentren stehen jeweils mit acht Krisenplätzen für einen maximal sechs Wochen dauernden Aufenthalt für Kinder im Alter von zwei bis 15 Jahren zur Verfügung. Kleinkindern unter zwei Jahren kann in Ausnahmesituationen kurzfristig Aufenthalt geboten werden, besonders dann, wenn auch ein älteres Geschwister untergebracht werden muss. Bei Geschwistern wird gemeinsamer Aufenthalt angestrebt. Der Aufenthalt ist bis zu 3 Tagen gratis. Ab dem 4. Tag wird ein Essensbeitrag verrechnet.

Die Krisenzentren → Magistrat, MA 11

Kinder- und Jugendpsychologische Beratungsstellen

Die Beratungsstellen bieten psychologische Begutachtung, psychologische Beratung, psychologische Behandlung und therapeutische Intervention für Familien mit Kindern und Jugendlichen bei Erziehungsschwierigkeiten, Verhaltensauffälligkeiten, Leistungsproblemen und Entwicklungsstörungen. Die Inanspruchnahme der Beratungsstellen ist kostenlos. Anliegen werden vertraulich behandelt.

Die Anschriften und Beratungszeiten → Magistrat, MA 11

Psychologische Beratungsstellen für Scheidungsfragen

Ehescheidung oder Trennung einer Lebensgemeinschaft bringen für Eltern und Kinder große Veränderungen in ihrer materiellen und psychischen Lebenssituation mit sich. Familien mit Kindern in der Umbruchzeit (vor, während und nach einer Scheidung) zur Seite zu stehen, ist Aufgabe dieser MAG ELF-Beratungsstellen. Ein- oder mehrmalige Beratungen werden anonym und kostenlos angeboten.

Beratungsstellen für Trennungs- und Scheidungsfragen:

9, Sobieskigasse 31
Tel. 40 00 . . ., 90906
Dienstag von 16 bis 19 Uhr

10, Otto-Probst-Platz 2, Stiege 4
Tel. 616 04 40
Mittwoch Nachmittag- und Abendberatung

Beratungsstellen für Mediation und Konfliktregelung:

14, Folbigergasse 45
Tel. 914 22 38
Mittwoch Nachmittag

22, Kagran, Schrödingerplatz 1,
Tel. 211 23 . . ., 22343,
Freitag Nachmittag

Institute für Erziehungshilfe

5, Margaretengürtel 100–110/6/1
Tel. 544 13 20, 544 27 51

10, Sahulkastraße 5/1/35
Tel. 616 16 74, 616 16 75

14, Mühlbergstraße 7 („Stadt des Kindes“)
Tel. 979 15 70, 979 22 34

19, Heiligenstädter Straße 82/14
Tel. 368 12 35, 368 31 12

21, Patrizigasse 2
Tel. 271 62 55, 271 63 28

Die Institute arbeiten auf tiefenpsychologischer Basis. Der Schwerpunkt der Arbeit ist die psychotherapeutische Betreuung von Kindern und Eltern. Auffälligkeiten im Verhalten des Kindes – ob in der Familie, Schule oder bei Freunden – werden als Ausdruck von psychischen Konflikten verstanden. Nach einer telefonischen Anmeldung und diagnostischen Abklärung wird in den Teams (bestehend aus SozialarbeiterInnen, PsychologInnen und ÄrztInnen) in jedem Einzelfall eine individuelle Entscheidung für die Behandlung getroffen.

Intensivbetreuung

Ein Team von Intensivbetreuern (SozialarbeiterInnen und SozialpädagogInnen, die ihre berufliche Qualifiktion durch zusätzliche Aus- und Weiterbildungen ergänzt haben) steht Familien zur Seite, die besondere Hilfe durch das Amt für Jugend und Familie benötigen. Intensivbetreuung ist ein zeitlich begrenztes Angebot. Ziele, zu bearbeitende Probleme und Dauer werden zwischen SozialarbeiterIn der Regionalstelle Soziale Arbeit mit Familien, IntensivbetreuerIn und Familie vereinbart. Je nach individueller Problemlage erfolgt die Zusammenarbeit mit

- der gesamten Familie
- den Eltern mit Fokus auf dem Kind/den Kindern
- dem Kind/Jugendlichen

Intensivbetreuung dient besonders der

- Unterstützung der Erziehung zur Abwendung der Gefährdung eines Kindes/Jugendlichen, damit das Kind in der Familie bleiben kann
- Rückführung aus einem Krisenzentrum
- Unterstützung der Familie nach einer Fremdunterbringung

Intensivbetreuung kann über die jeweilige Regionalstelle Soziale Arbeit mit Familien ermöglicht werden.

Regionalstellen Soziale Arbeit mit Familien
→ Magistrat, MA 11

Rechtshilfe für Kinder und Jugendliche

Die MAG ELF-Regionalstellen Rechtsfürsorge bieten Auskunft, Beratung und Hilfestellung in Rechtsfragen an, die sich aus dem Eltern-Kind-Verhältnis ergeben, insbesondere bei Unterhalt und Vaterschaft. Aufgrund schriftlicher Zustimmung der Mutter sorgen sie für die Feststellung der Vaterschaft unehelich geborener Kinder. Für die Festsetzung und Durchsetzung der Unterhaltsansprüche können sie bei Problemen zur Vertretung in Unterhaltsangelegenheiten beauftragt werden. Überdies sind sie kraft Gesetzes Vertreter zur Durchsetzung der Unterhaltsansprüche für Kinder, denen durch Gerichtsbeschluss Unterhaltsvorschuss gewährt wird.

Regionalstellen Rechtsfürsorge
→ Magistrat, MA 11

Adoption

Das Referat Adoptiv- und Pflegekinder (RAP) der MAG ELF
9, Lustkandlgasse 50
Tel. 40 00 . . ., 90770
vermittelt Kinder, die zur Adoption freigegeben wurden, an kinderlose Ehepaare und stellt deren Eignung fest. Das RAP nimmt Bewerbungen für ein Adoptivkind von Paaren mit Hauptwohnsitz Wien entgegen und erteilt entsprechende Auskünfte.

Eltern, die bereits ein Kind adoptiert haben, können sich beim Auftreten von adoptionsspezifischen Fragen an die SozialarbeiterInnen des RAP wenden.

Pflegefamilien

Wer ein Pflegekind aufnehmen will, muss sich zunächst an das Referat für Adoptiv- und Pflegekinder (RAP) der MAG ELF
9, Lustkandlgasse 50
Tel. 40 00 . . ., 90770
wenden. Dort erteilen SozialarbeiterInnen nähere Auskünfte. Die SozialarbeiterInnen müssen auch überprüfen, ob die im Gesetz vorgesehenen Voraussetzungen zur Übernahme eines Pflegekindes gegeben sind (gute Erziehungsfähigkeiten, Toleranz, Konfliktbearbeitungsfähigkeit und Bereitschaft, mit den leiblichen Angehörigen eines Pflegekindes und den Behörden zu kooperieren, guter Gesundheitszustand, entsprechender Wohnraum, keine bedenklichen Vorstrafen). An drei Wiener Volkshochschulen (Favoriten, Ottakring und Floridsdorf) werden kostenlose zweisemestrige Vorbereitungsprogramme angeboten.

Pflegefamilien erhalten Pflegegeld, durch das die Unterhaltskosten des Kindes gedeckt werden. Dazu dient weiters auch die Familienbeihilfe, auf die in der Regel Anspruch besteht. Pflegeeltern können ihre Pflegekinder bei der eigenen Krankenkasse anmelden und auf diese Weise im Krankheitsfall leicht die Krankenscheine beschaffen. Zum Erfahrungsaustausch und zur Fortbildung dienen "Pflegeeltern-Runden" und Seminare, deren Besuch dringend empfohlen wird. Treten irgendwelche Probleme auf, bieten Sozialarbeiter des Amtes für Jugend und Familie Hilfen an. Selbstverständlich stehen alle Dienste der Stadt Wien für Familien besonders auch den Pflegefamilien zur Verfügung.

In Wien bestehen auch Pflegefamilien-Vereine. Die Vereine vertreten Pflegeeltern-Interessen, halten Veranstaltungen für Pflegefamilien ab und bieten Beratung an.

Ehe- und Familienberatung

In den
Ehe- und Familienberatungsstellen der Stadt Wien

3, Rüdengasse 11, Parterre
12, Schönbrunner Straße 259, 1. Stock, und
20, Brigittaplatz 10, 2. Stock

stehen Psychotherapeuten, Juristen, Psychologen, Psychiater und Sozialarbeiter zur Verfügung, um bei Ehe-, Partnerschafts- und Familienangelegenheiten und bei Fragen der Ehescheidung zu beraten. Wer in Ehe-, Partner- oder Familienbeziehungen Verbesserungen der bestehenden Situation wünscht oder Probleme lösen will, kann therapeutische Beratung in Anspruch nehmen, die eventuell auch mehrere Gespräche umfasst. Vollste Diskretion und Anonymität wird zugesichert.

Die Beratungen erfolgen kostenlos und finden in der

Beratungsstelle 3, Rüdengasse 11
jeden Montag und Donnerstag

Beratungsstelle 12, Schönbrunner Straße 259
jeden Mittwoch

Beratungsstelle 20, Brigittaplatz 10
jeden Donnerstag von 16 bis 19 Uhr
statt.

Um telefonische Voranmeldung unter
Tel. 40 00 . . ., 8011
wird ersucht.

Spezielle Hilfestellungen in Konfliktsituationen, vor allem bei Scheidungs-, Trennungs- und Besuchsrechtsfragen, offeriert die
Konfliktberatungsstelle der Stadt Wien
10, Quellenplatz 4
Donnerstag von 17 bis 20 Uhr
Tel. 605 34 . . ., 10894

Für Beratung und Hilfe in Angelegenheiten der Familienplanung, wie Geburtenregelung und Schwangerschaftsabbruch, und damit zusammenhängenden Fragen stehen GynäkologInnen und SozialarbeiterInnen in folgender Einrichtung der Stadt Wien zur Verfügung:

19, Heiligenstädter Straße 82–86
Ecke Felix-Braun-Gasse (Karl-Marx-Hof)
Tel. 369 89 88
Montag und Freitag von 8 bis 12 Uhr und
Dienstag von 13.30 bis 17.30 Uhr und von
17.30 bis 19.30 für Jugendliche

Die Beratungen und Untersuchungen erfolgen völlig kostenlos; es ist kein Krankenschein erforderlich.

Institut für Ehe- und Familientherapie

Das Institut für Ehe- und Familientherapie
2, Praterstraße 40
Tel. 214 74 33, 216 87 05
bietet Hilfe bei Lebens-, Beziehungs- und Erziehungsproblemen an und versucht, wenn dies sinnvoll ist, bei der Lösung der Probleme Partner und Familienangehörige mit einzubeziehen. Um telefonische Anmeldung wird gebeten.

Partnerschafts- und Sexualprobleme

Die Partner-, Familien- und Sexualberatungen

9, Lustkandlgasse 50
Dienstag von 16 bis 18 Uhr und
Donnerstag von 16 bis 19 Uhr
Anmeldung: Tel. 40 00 . . ., 90728

22, Kagran, Donaufelder Straße 185
Montag von 16 bis 19 Uhr
Anmeldung: Tel. 40 00 . . ., 8011
sind die ersten Partner- und Familienberatungsstellen Wiens mit dem Schwerpunkt Sexualberatung. Ausgebildete Partner- und Sexualberater bieten kostenlos und vertraulich Information und therapeutische Hilfen vor allem bei Sexualproblemen für Paare, Familien und Einzelne (aller Altersstufen) an. Es wird um telefonische Voranmeldung ersucht.

Allgemeine Auskünfte über dieses Beratungsangebot werden unter
Tel. 40 00 . . ., 90728
erteilt.

Familienhilfe

Die Familienhilfe bezweckt die Erhaltung der Familieneinheit, wenn durch den zeitweisen Ausfall der Mutter (Erkrankung, Anstaltsaufenthalt, Entbindung usw.) ansonsten eine Heimunterbringung der Kinder notwendig wäre. Die Dauer der Familienhilfe beträgt längstens sechs Wochen. Die Kostenbeiträge werden nach sozialhilferechtlichen Grundsätzen berechnet. Anmeldungen und Anfragen sind an die
MAG ELF Regionalstellen
Soziale Arbeit mit Familien
zu richten.

Regionalstellen Soziale Arbeit mit Familien
→ Magistrat, MA 11

Kinderpflege daheim

Dieser Dienst leistet Pflege und Beaufsichtigung erkrankter Kinder, deren Eltern berufstätig sind und den ihnen gesetzlich zustehenden Pflegeurlaub schon in Anspruch genommen haben. Der Kostenbeitrag wird nach sozialhilferechtlichen Grundsätzen berechnet, Anmeldungen und Anfragen sind an
Sozial Global
6, Windmühlgasse 26
Tel. 534 18 . . ., 221
zu richten.

KANALISATION

(MA 30)

Der auf Straßengrund liegende Teil eines Hauskanals – Instandhaltung

Die Hauskanäle bilden einschließlich der Einmündung in den öffentlichen Straßenkanal einen Bestandteil des Hauses.

Ihre Errichtung und Instandhaltung obliegt daher dem Hauseigentümer. Er hat sich hiezu eines konzessionierten Baugewerbetreibenden zu bedienen. Die Baupläne der Hauskanalanlagen liegen bei den betreffenden Außenstellen der MA 37 auf (→ Magistrat, MA 37).

Hauskanalverstopfungen

Hauskanalverstopfungen können für ganz Wien telefonisch der zentralen

Funkleitstelle der MA 30
Tel. 795 14 . . ., 9300
bekannt gegeben werden.

Die Gebührenverrechnung erfolgt aufgrund von Arbeitsbestätigungen. Diesbezügliche Auskünfte erteilt die

MA 30
3, Modecenterstraße 14
Tel. 795 14 . . ., 93152 und 93154

Die aufgelaufene Gebühr ist mit Erlagschein an die zuständige Stadtkasse einzuzahlen.

Beeinträchtigung durch Abwasser von Industrie- und Gewerbebetrieben

Es genügt, telefonisch die

Funkleitstelle der MA 30
Tel. 795 14 . . ., 9300

anzurufen. Außerdem kann gebührenfrei darüber eine Anzeige in schriftlicher Form an die

MA 30
3, Modecenterstraße 14

erstattet werden. Diese Anzeigen werden dann durch das Referat Industrie- und Gewerbeabwasserüberwachung der MA 30 weiterverfolgt.

Räumung von Senkgruben, Sickergruben und Hauskläranlagen

Senkgruben-, Sickergruben- und Hauskläranlagen-Räumungen sind für die Bezirke

1, 2, 3, 11 in 3, Nottendorfer Gasse 17–19
Tel. 798 81 04 . . . 0

4, 5, 6, 10, 12, 23 in 10, Windtenstraße 1
Tel. 602 02 24 . . . 0

7, 13, 14, 15, 16 in 14, Hackinger Straße 3
Tel. 914 41 81 . . . 0

8, 9, 17, 18, 19, 20 in 19, Boschstraße 40–44
Tel. 370 43 01 . . . 0

21 in 21, Floridsdorfer Hauptstraße la
Tel. 278 65 34 . . . 0

22 in 22, Stadlau, Waldrebengasse 3
Tel. 282 16 97 . . . 0

von Montag bis Freitag in der Zeit von 7 bis 16 Uhr anzumelden, ausgenommen, wenn einer dieser Tage ein Feiertag ist. Bei schriftlicher Anmeldung sind 13 EUR Bundesabgabe zu entrichten.

Räumgebühr für Senkgruben, Sickergruben und Hauskläranlagen

Die Verrechnung erfolgt nach Aushubmenge (Mindestverrechnung 3 Kubikmeter). Bei Saugschlauchlängen über 35 m von der Grundstücksgrenze entfernt werden Zuschläge pro Meter Überlänge verrechnet.

Räumgebühr für Senkgruben bei Teilnahme an der „Aktion verbilligte Senkgrube"

Die Bemessung erfolgt fiktiv wie bei einem Kanalanschluss über den Wasserbezug.
(→ "Steuern, Abgaben und Gebühren" – Abwassergebühr)

Verrechnung der Räumgebühr für Abscheider

Die Verrechnung erfolgt nach Aushubmenge (Mindestverrechnung 3 Kubikmeter). Zusätzlich werden noch Sondermüll-Entsorgungskosten pro Kilogramm Aushubmaterial verrechnet. Bei Saugschlauchlängen über 15 m von der Grundstücksgrenze entfernt werden Zuschläge pro Meter Überlänge verrechnet.

Gebrechen an Hauskanalanlagen bzw. bei Kellerüberflutungen

Gebrechen an Hauskanalanlagen (Rohrbrüche, Rohrundichtheiten, Rattenwühlungen und sonstige Kanalgebrechen) können beim zuständigen Bezirksbetriebslokal oder beim Bereitschaftsdienst schriftlich oder in gleicher Weise wie Hauskanalverstopfungen angezeigt werden. Sie werden nach Untersuchung durch die MA 30 an die zuständige Baupolizeiabteilung (MA 37 – Bezirksaußenstelle) zur Ausstellung eines befristeten Instandsetzungsauftrages weitergeleitet.

Bei Kellerüberflutungen kann eine Untersuchung Aufschluss geben, ob die Überflutung durch Bauschäden im Kanal verursacht wurde.

Hauskanaluntersuchungen werden über ein schriftliches Ansuchen des Hauseigentümers oder dessen Bevollmächtigten durchgeführt. Für Ansuchen sind 13 EUR Bundesabgabe zu entrichten, außerdem 13 EUR Bundesabgabe für den Zustandsbericht. Die Gebührenverrechnung von Untersuchungen erfolgt aufgrund von Arbeitsbestätigungen.

In besonderen Fällen kann die Gruppe "Hauskanalanschluss" der

MA 30
3, Modecenterstraße 14
Tel. 795 14…, 93090, 93091

Auskunft geben.

Beseitigung von größeren Mengen von gefährlichen Abfällen

Beim Anfall von größeren Mengen von gefährlichen Abfällen, insbesondere in Gewerbe und Industrie, kann über die Möglichkeiten und Kosten der Entsorgung eine entsprechende Beratung erfolgen:

Fernwärme Wien
Werk Simmeringer Haide.
Montag bis Donnerstag von 7 bis 16 Uhr und
Freitag von 7 bis 13 Uhr
Tel. 313 26 . . ., 6310, 6380

Überdies erteilt die
MA 22
Tel. 40 00 . . ., 88263, 88265, 88266, 88267

Beratung über die ordnungsgemäße Beseitigung von gefährlichen Abfällen im Allgemeinen.

Lärm verursachende Kanalgitter

Meldungen werden entgegengenommen:
Montag bis Freitag von 7 bis 16.30 Uhr
Tel. 795 14 . . ., 93137

in der übrigen Zeit
sowie an Sonn- und Feiertagen
Tel. 795 14 . . ., 9300

Abwassergebühr bei einem Kanalanschluss

Für die Einleitung von Abwässern in einen öffentlichen Kanal ist eine Abwassergebühr in Höhe der eingeleiteten Menge zu entrichten.

Dabei wird die Abwassermenge nach der von der öffentlichen Wasserversorgung bezogenen Menge ermittelt. Bei Eigenwasserversorgung wird jene Menge als Abwassermenge herangezogen, die aufgrund der im Wasserrechtsbescheid festgesetzten Wassermenge eingeräumt wurde. Ist bei Eigenwasserversorgungsanlagen keine Wassermenge im Wasserrechtsbescheid enthalten, wird die Wassermenge vom Magistrat geschätzt und als die in den öffentlichen Kanal abgegebene Menge festgelegt. Für nachweislich, oder in besonderen Fällen pauschaliert (z. B. Gartenbewässerung), nicht in den öffentlichen Kanal eingeleitete Abwassermengen kann über Antrag die Abwassergebühr herabgesetzt werden. Die Festsetzung der Abwassergebühr erfolgt durch die

MA 4, Ref. 6
1, Ebendorferstraße 2
Tel. 40 00 . . ., 86233, 86234, 86235, 86236

Ebenso sind Anträge um Herabsetzung der Abwassergebühr an diese zu richten. In der Abwassergebühr ist die Reinigung der Hauskanalanlagen nicht enthalten und wird bei Bedarf gesondert verrechnet.

Neu- oder Umbau einer Hauskanalanlage

Der Neu- oder Umbau einer Hauskanalanlage erfolgt ohne Baugenehmigung. Eine Zustimmung des Kanaleigentümers (im Regelfall die MA 30 – Wien Kanal) ist erforderlich.

Die Fertigstellung muss bei der MA 37 – Baupolizei (Bezirksaußenstelle) gemeldet werden. Der Meldung sind ein Kanal-Gutachten, ein Ausführungsplan und eine Kopie der Zustimmungserklärung beizufügen.

Die für den Entwurf einer Hauskanalanlage erforderlichen Unterlagen können, soweit sie das öffentliche Kanalnetz betreffen, in der

MA 30, Planarchiv
3, Modecenterstraße 14, 4. Stock, Tür 405
Montag bis Freitag von 8 bis 12.30 Uhr

eingesehen werden.

Die Zustimmungserklärung für den Hauskanalanschluss wird in der

MA 30
Gruppe "Hauskanalanschluss"
Telefonische Voranmeldung Tel. 795 14 . . ., 93090
erteilt.

Kanaleinmündungsgebühr

Die Kanaleinmündungsgebühr bzw. eine allfällige Ergänzungsgebühr wird durch die zuständige Baupolizei (MA 37 – Bezirksaußenstelle) vorgeschrieben, die auch über die Höhe und Einzahlungsart Auskunft erteilt. Die Vormerkung über bezahlte bzw. vorgeschriebene Kanaleinmündungsgebühren führt die Stadtkasse für den jeweiligen Bezirk (→ Magistrat, MA 6). Auskünfte sind dort einzuholen.

Nichteinleitung von Stoffen in Kanäle

Feuergefährliche, explosive, heiße, stark saure, alkalische, fett- oder ölhältige, radioaktive und sonstige schädliche oder widerliche Dämpfe entwickelnde Flüssigkeiten, feste Stoffe, wie Asche, Katzenstreu u. dgl., auch nicht im zerkleinerten Zustand, sowie Abluft und Gase dürfen in Kanäle nicht eingeleitet werden, weil sie den Bestand und den Betrieb der Kanalisationsanlagen gefährden (siehe Kanalgrenzwertverordnung 1989).

Einbringung von Schnee in das städtische Kanalnetz durch einen Privaten

Die Bewilligung zum Einbringen von Schnee in das öffentliche Straßenkanalnetz kann in besonderen berücksichtigungswürdigen Fällen über mündliches oder schriftliches Ansuchen bei der MA 30 erteilt werden. Für das Ansuchen sind 13 EUR Bundesabgabe und 6,54 EUR Verwaltungsabgabe zu entrichten. Eigenmächtiger Schnee-Einwurf ist verboten.

Kanal- und Senkgrubenuntersuchungen

Ein Ansuchen ist in der Kanzlei der MA 30 (4. Stock, Tür 413) entweder persönlich oder über den Postweg einzureichen. Für das Ansuchen und den Untersuchungsbericht sind 26 EUR an Bundesabgabe zu entrichten.

Die Gebührenverrechnung erfolgt aufgrund von Arbeitsbestätigungen.

WIENER KINDER- UND JUGENDANWALTSCHAFT

Die Kinder- und Jugendanwaltschaft ist eine Einrichtung der Stadt Wien "zur besonderen Wahrung der Interessen von Kindern und Jugendlichen".

Kinder- und JugendanwältInnen

Die Kinder- und Jugendanwaltschaft ist eine eigeneDienststelle außerhalb des Amtes für Jugend und Familie. Die beiden Kinder- und JugendanwältInnen wurden von der Landesregierung für die Dauer von fünf Jahren bestellt. Bei ihrer Tätigkeit sind die beiden Kinder- und Jugendanwälte an keine Weisungen gebunden, das heißt, dass niemand auf diese Tätigkeit Einfluss nehmen kann oder etwa ein Recht auf Einblick in die Aufzeichnungen der Kinder- und JugendanwältInnen hätte.

Gesetzlicher Auftrag

Die im Gesetz genannten Aufgaben der Kinder- und Jugendanwaltschaften sind insbesondere:

1. Die Beratung von Minderjährigen, Erziehungsberechtigten und gesetzlichen Vertretern in allen Angelegenheiten, die die Stellung des Minderjährigen und die Aufgaben der Erziehungsberechtigten betreffen,
2. die Vermittlung bei Meinungsverschiedenheiten und Auseinandersetzungen über Pflege und Erziehung,
3. die Abgabe von Empfehlungen, soweit sie sich auf die Interessen von Kindern und Jugendlichen beziehen,
4. die Begutachtung und Anregung von Gesetzesbestimmungen und Verordnungen, soweit Interessen von Kindern und Jugendlichen berührt werden,

5. die Information über die Rechte und Pflichten und über die Interessen von Kindern und Jugendlichen sowie über die Aufgaben der Kinder- und Jugendanwaltschaft.

Generell kann man sagen, dass sich die Kinder- und Jugendanwaltschaft mit allem beschäftigt, das Kinder und Jugendliche betrifft/betreffen kann, auch wenn es manchmal nicht so naheliegend erscheint, wie etwa im Bereich des Wohnbaus oder der Verkehrsplanung.

Die Kinder- und Jugendanwaltschaft ist die Interessenvertretung von Kindern und Jugendlichen. Für persönliche Anliegen werden soziale, psychologische und rechtliche Beratung, Case-Work, Krisenintervention und Vermittlung angeboten. Die Kinder- und Jugendanwaltschaft ist aber auch dort aktiv, wo Kinder und Jugendliche allgemein benachteiligt sind.

Alle MitarbeiterInnen der KJA unterliegen der Verschwiegenheitspflicht, daher werden die Gespräche und Informationen vertraulich behandelt. Alle Dienststellen der Stadt Wien sind gesetzlich zur Zusammenarbeit mit der KJA verpflichtet.

Die Kinder- und Jugendanwaltschaft befindet sich in
9, Sobieskigasse 31
Tel. 17 08 und ist
Montag bis Freitag von 9 bis 17 Uhr
geöffnet.

Call and m@il – Jugendliche beraten Jugendliche

Hiebei handelt es sich um eine Peer Group Beratung. Die BeraterInnen sind durchschnittlich 16 Jahre alt und stehen Kindern und Jugendlichen
jeden Dienstag von 16 bis 19 Uhr
telefonisch unter der Nummer 17 08
per E-Mail unter callmail@kja.magwien.gv.at
zur Verfügung.

SofHi – Soforthilfe für Kinder und Jugendliche nach sexuellem Missbrauch und Misshandlung

Die Kinder- und Jugendanwaltschaft Wien hat – um in diesen Fällen rasch und unbürokratisch Hilfe anbieten zu können – einen Unterstützungsfonds eingerichtet, der den betroffenen Kindern und Jugendlichen eine kostenlose Therapie ermöglicht. Bei Gerichtsverfahren werden auch kostenlos AnwältInnen in Kooperation mit der Wiener Rechtsanwaltskammer für Kinder und Jugendliche vermittelt.

KRAFTFAHRWESEN UND STRASSENVERKEHR

(MA 33, 46, 65)

Auskunft über den Umbau sowie die Einzelgenehmigung von Fahrzeugen

Auskunft über die technischen Vorschriften, die beim Umbau von Fahrzeugen sowie bei der Einzelgenehmigung von selbstimportierten oder selbstgebauten Fahrzeugen (z. B. Bootsanhänger) einzuhalten sind, erhält man bei der
MA 46
Landesfahrzeugprüfstelle
11, 7. Haidequerstraße 5
Tel. 797 75 . . ., 9220
E-Mail: grp@m46.magwien.gv.at

Führerschein

Die Anmeldung zum Erwerb eines Führerscheines erfolgt mittels eines Formblattes, das bei allen Bezirkspolizeikommissariaten und auch beim
Verkehrsamt der Bundespolizeidirektion Wien
9, Josef-Holaubek-Platz 1
(vormals Liechtenwerder Platz 5)
erhältlich ist. Dem Ansuchen, welches mit 13 EUR zu vergebühren ist, sind zwei Passbilder, ein Personalausweis, die Geburtsurkunde und der Meldezettel des Führerscheinwerbers anzuschließen. Die Einreichung muss beim Polizeikommissariat des Wohnsitzes erfolgen; sie kann auch durch einen Bevollmächtigten (z. B. durch die Fahrschule) vorgenommen werden. Der Führerschein wird vom Verkehrsamt der Bundespolizeidirektion Wien ausgestellt.

Führerscheinentzug

Der Führerscheinentzug wird – sofern die davon betroffene Person ihren Hauptwohnsitz in Wien hat –

vom Verkehrsamt der Bundespolizeidirektion Wien ausgesprochen. Gegen dessen Bescheid kann an den Landeshauptmann (MA 65) und bei einer Entziehung über fünf Jahre an den Unabhängigen Verwaltungssenat berufen werden.

Wiederkehrende Begutachtung

Auskünfte betreffend die wiederkehrende Begutachtung erhält man bei der
MA 46
11, 7. Haidequerstraße 5
Tel. 797 75 . . . 9220
Parteienverkehr Montag bis Freitag von
8 bis 12 Uhr
Die Durchführung der wiederkehrenden Begutachtung gemäß § 57a KFG 1967 erfolgt durch ermächtigte Vereine (z.B. Autofahrerclubs) oder zur Reparatur von Kraftfahrzeugen oder Anhängern berechtigte Gewerbetreibende.

Erlassung von Verkehrsverboten oder Verkehrsbeschränkungen

Die MA 46
12, Niederhofstraße 23
Tel. 811 14 . . . 0
erlässt aufgrund des Ergebnisses eines behördlichen Ermittlungsverfahrens die notwendigen Verordnungen (z. B. Einbahnstraßen, Halte- oder Parkverbote, Ladezonen).

Anbringung und Instandhaltung von Einrichtungen zur Regelung und Sicherung des Verkehrs

Einrichtungen zur Kennzeichnung dauernder Verkehrsverbote oder Verkehrsbeschränkungen werden angebracht von der
MA 46
Tel. 811 14 . . . 0
Zur Entgegennahme von Beschwerden betreffend Verkehrsleiteinrichtungen (z.B. hinsichtlich der Anbringung von Verkehrszeichen oder Bodenmarkierungen) sowie Mitteilungen über Beschädigungen von Verkehrsleiteinrichtungen ist die
Verkehrsinformationsstelle der MA 46
Montag bis Freitag von 7 bis 18 Uhr
Tel. 811 14 . . ., 92700
zuständig; diese Verkehrsinformationsstelle erteilt auch Auskünfte über das Verkehrsgeschehen und bewilligt vorübergehende Halteverbote für Übersiedlungen, Heizöllieferungen u.dgl.

Ausnahmen von Verkehrsbeschränkungen

Anträge auf Ausnahmen von Verkehrsbeschränkungen jeder Art sind bei der
MA 46
12, Niederhofstraße 23
(schriftlich mit 13 EUR zu vergebühren), einzubringen.

Gebrauchserlaubnis für die Benützung von Verkehrsflächen zu widmungsfremden Zwecken

Ansuchen sind bei der
MA 46 (Gebrauchserlaubnisse)
20, Dresdner Straße 75
Tel. 40 00 . . ., 92127
einzubringen.

Ausnahmebewilligung von der flächendeckenden Kurzparkzone im 1. – 9. und 20. Wiener Gemeindebezirk („Parkpickerl“)

Bewohner des 1., 2., 3., 4., 5., 6., 7., 8., 9. und 20. Bezirkes, die dort auch den Mittelpunkt ihrer Lebensinteressen haben und Zulassungsbesitzer oder Leasingnehmer eines Kraftwagens mit einem höchstzulässigen Gesamtgewicht von nicht mehr als 3.500 kg sind, können eine solche Ausnahmegenehmigung beim

Magistratischen Bezirksamt für den 1., 8. Bezirk
1, Wipplingerstraße 8

Magistratischen Bezirksamt für den 2. Bezirk
2, Karmelitergasse 9

Magistratischen Bezirksamt für den 3. Bezirk
3, Karl-Borromäus-Platz 3

Magistratischen Bezirksamt für den 4., 5. Bezirk
5, Schönbrunner Straße 54

Magistratischen Bezirksamt für den 6., 7. Bezirk
7, Hermanngasse 24–28

Magistratischen Bezirksamt für den 9. Bezirk
9, Währinger Straße 39 bzw.

Magistratischen Bezirksamt für den 20. Bezirk
20, Brigittaplatz 10

beantragen, sofern sie ein persönliches Interesse nachweisen, in der Nähe ihres Wohnsitzes zu parken. In den Bezirken 1 bis 9 und 20 ist die Antragstellung auch durch ONLINE-Abwicklung möglich.

Diese Ausnahmegenehmigung kann weiters erteilt werden, wenn der Betreffende nachweist, dass ihm ein arbeitgebereigener Kraftwagen auch zur Privatnutzung überlassen wird.

Außerdem kann eine Ausnahmegenehmigung bei der

MA 46
12, Niederhofstraße 23

beantragt werden, wenn ein erhebliches persönliches oder wirtschaftliches Interesse des Antragstellers eine solche Ausnahme von der Kurzparkzonenregelung erfordert oder wenn sich die gesetzlich oder sonst obliegenden Aufgaben anders nicht oder nur mit besonderen Erschwernissen durchführen ließen.

Schäden an Verkehrslichtsignalanlagen, beleuchteten Verkehrszeichen und beleuchteten Wegweisern

Die Behebung von Schäden an Verkehrslichtsignalanlagen veranlasst die

Verkehrsleitzentrale der Wiener Polizei
Störungstelefon 313 46 . . ., 32431, 32432, 32433.

Ausfälle von Signallampen werden durch die MA 33 (Öffentliche Beleuchtung) behoben, die auch die provisorische Absicherung von beschädigten Signalständern veranlasst. Derartige Meldungen und solche über gestörte beleuchtete Verkehrszeichen und Wegweiser können an die

MA 33
„Lichttelefon“
Tel. 0800–33–8033
0 bis 24 Uhr

gerichtet werden.

KULTUR

(MA 7)

Informationen unter: www.magwien.gv.at/ma07

Studienförderung

Im Rahmen des Stipendienwerkes der Stadt Wien können aus den vom Gemeinderat hiefür jeweils genehmigten Budgetmitteln Schülerbeihilfen, Studienbeihilfen, Abschlussstipendien für Diplomanden und Dissertanten, Anerkennungsstipendien und Stiftungsstipendien gewährt werden.

Ansuchen sind bei der
MA 7
8, Friedrich-Schmidt-Platz 5, 2. Stock, Tür 233
einzubringen, wo auch die hiefür erforderlichen Formulare erhältlich sind. Über nähere Voraussetzungen wird
telefonisch unter 40 00 . . ., 84765, Herr Simacek,
von 8 bis 15 Uhr
Auskunft erteilt.

Preise der Stadt Wien für Kunst, Wissenschaft und Volksbildung

Die Stadt Wien stiftet jährlich bis zu zwölf Würdigungspreise für hervorragende Leistungen auf den Gebieten Literatur, Publizistik, Musik (Komposition), bildende Kunst, Architektur, Geistes- und Sozialwissenschaften, Naturwissenschaften und Technische Wissenschaften, Medizinische Wissenschaften sowie Volksbildung. Die Würdigungspreise sind mit je 8.000 EUR dotiert.

Die Würdigungspreise werden vom Bürgermeister der Stadt Wien aufgrund des Vorschlages von unabhängigen Jurys verliehen, in denen der amtsführende Stadtrat für Kultur und Wissenschaft den Vorsitz führt. Die Preise werden als Würdigung für ein Lebenswerk verliehen, das geeignet ist, die Bedeutung Wiens und Österreichs als Pflegestätten der Kunst, Wissenschaft und Volksbildung hervorzuheben. Die Ausschreibung der Würdigungspreise erfolgt zu Beginn eines jeden Jahres im Amtsblatt der Stadt Wien.

Bewerbungen können jeweils bis 28. Februar an die
MA 7
8, Friedrich-Schmidt-Platz 5
gerichtet werden. Nähere Auskünfte
Tel. 40 00 . . ., 84766, Herr Drexler,
von 10 bis 16 Uhr.

Förderungspreise der Stadt Wien für Kunst, Wissenschaft und Volksbildung

Die Stadt Wien vergibt jährlich bis zu dreizehn Förderungspreise an begabte junge bildende Künstler, Literaten, Komponisten, Architekten, Wissenschaftler und Volksbildner, deren bisheriges Gesamtschaffen in ihren Fachbereichen anerkennungswürdig und auf eine viel versprechende Weiterentwicklung schließen lässt; sie müssen in Wien wohnen und dürfen ferner das 40. Lebensjahr noch nicht vollendet haben. Die Förderungspreise sind mit je 4.000 EUR dotiert.

Die Förderungspreise werden vom amtsführenden Stadtrat für Kultur und Wissenschaft aufgrund des Vorschlages von unabhängigen Jurys zuerkannt. Die Ausschreibung der Förderungspreise erfolgt im Februar eines jeden Jahres. Merkblätter zur Ausschreibung werden an alle einschlägigen Künstlervereinigungen, an die Direktionen aller wissenschaftlichen Universitäten und künstlerischen Hochschulen sowie an Verbände und Einrichtungen der Volks- und Erwachsenenbildung in der Bundeshauptstadt zugeschickt.

Die Bewerbungen sind jeweils bis 31. August an die
MA 7
8, Friedrich-Schmidt-Platz 5
zu richten.
Auskunft
Tel. 40 00 . . ., 84766, Herr Drexler,
von 10 bis 16 Uhr

Elias-Canetti-Stipendien der Stadt Wien

Die Stadt Wien stiftete 1982 zu Ehren des Nobelpreisträgers für Literatur, Elias Canetti, Jahresstipendien für begabte Wiener Autoren in der Höhe von monatlich 1.458 EUR bis zu einem Jahresgesamtbetrag von 70.000 EUR.

Das Elias-Canetti-Stipendium der Stadt Wien wird zur Förderung größerer literarischer Projekte auf die Dauer von einem Jahr, mit der Möglichkeit der Verlängerung bis zu einer Höchstdauer von drei Jahren, vergeben. Seit 2001 werden jährlich vier Jahresstipendien vergeben. Das Stipendium wird vom amtsführenden Stadtrat für Kultur und Wissenschaft aufgrund des Vorschlages der für die Vergabe der Preise der Stadt Wien für Literatur und Publizistik im Verleihungsjahr vom Bürgermeister der Stadt Wien bestellten Jury zuerkannt.

Das Elias-Canetti-Stipendium kann an Autoren verliehen werden, die sich persönlich beworben haben, ihren Wohnsitz in Wien haben oder dieser Stadt besonders nahestehen. Der Bewerbung ist ein Lebenslauf mit Beschreibung des künstlerischen Werdeganges und die Darlegung jenes literarischen Werkes, für das ein Stipendium gewährt werden soll, beizulegen.

Die Bewerbungen sind jeweils bis 15. November an die
MA 7
8, Friedrich-Schmidt-Platz 5
zu richten.
Auskunft
Tel. 40 00 . . ., 84716, Herr Blahacek,
von 9 bis 15 Uhr

Wiener Autorenstipendium

Die Stadt Wien stiftet unter dem Titel "Wiener Autorenstipendium" vier Jahresstipendien für begabte Wiener Autoren der jüngeren Generation in der Höhe von 1.095 EUR bis zu einem Jahresgesamtbetrag von 53.000 EUR.

Das Wiener Autorenstipendium wird vom amtsführenden Stadtrat für Kultur und Wissenschaft aufgrund des Vorschlags einer Jury vergeben. Diese Jury setzt sich aus vier Wiener Autoren zusammen.

Das Wiener Autorenstipendium wird an Autoren verliehen, die sich über einen längeren Zeitraum hinweg der Fertigstellung eines größeren schriftstellerischen Projekts widmen wollen. Das Wiener Autorenstipendium kann an Autoren verliehen werden, die sich persönlich beworben haben, die ihren Wohnsitz in Wien haben oder dieser Stadt besonders nahestehen. Der Bewerbung sind ein Lebenslauf mit Beschreibung des künstlerischen Werdegangs und die Darlegung jenes literarischen Werkes, für das ein Stipendium gewährt werden soll, sowie Arbeitsproben beizulegen. Die Auszahlung des Stipendiums erfolgt monatlich jeweils zu 1.095 EUR.

Dem Stipendiaten steht es frei, sich nach Abschluss seines Projektes um eine Tantiemengarantie im Rahmen der Aktion "Wiener Autoren in Wiener Verlagen" zu bewerben. Unabhängig davon verpflichtet sich die Stadt Wien im Falle des Erscheinens der literarischen Arbeit für den Ankauf von 100 Exemplaren dieses Werkes. Voraussetzung für einen derartigen Förderungsankauf ist jedoch die Herausgabe dieses Werkes durch einen Wiener Verlag.

Bewerbungen um ein Wiener Autorenstipendium sind bis jeweils 15. November an die

MA 7
8, Friedrich-Schmidt-Platz 5
Tel. 40 00 . . ., 84716, Herr Blahacek,
von 9 bis 15 Uhr
zu richten.

Ernst-Krenek-Preis der Stadt Wien

Die Stadt Wien stiftete 1985 anlässlich des 85. Geburtstages des Ehrenbürgers der Stadt Wien, Ernst Krenek, einen Preis für ein Werk eines Komponisten bzw. Musikschriftstellers in der Höhe von 8.000 EUR, der jedes zweite Jahr vergeben wird.

Der Ernst-Krenek-Preis der Stadt Wien wird vom amtsführenden Stadtrat für Kultur und Wissenschaft aufgrund des Vorschlages einer Jury zuerkannt; die Mitglieder des Jurorenkollegiums werden vom Bürgermeister der Stadt Wien auf Vorschlag des amtsführenden Stadtrates für Kultur und Wissenschaft bestellt. Die Sitzungen des Jurorenkollegiums finden unter Vorsitz des amtsführenden Stadtrates für Kultur und Wissenschaft bzw. des von ihm bestellten Vertreters statt.

Die Ausschreibung des Preises erfolgt, beginnend mit Herbst 1985, alle zwei Jahre. Die Bewerbungen sind bis 31. März des Folgejahres an die
MA 7
8, Friedrich-Schmidt-Platz 5
Auskunft Tel. 40 00 . . ., 84766, Herr Drexler
von 10 bis 16 Uhr
zu richten.

Fremdenverkehr

Die MA 7 betreut die Fremdenführerprüfungen und sorgt damit für die Aufrechterhaltung des bekannt hohen Standards dieser "Kulturbotschafter" am Wiener Platz.

Nähere Auskünfte
Tel. 40 00 . . ., 84779, Herr Schuller,
von 8.30 bis 15.30 Uhr

Förderung der Altstadterhaltung

Aus den Erträgnissen des durch Landesgesetz im Jahr 1972 geschaffenen Zuschlags zu den Rundfunk- und Fernsehgebühren (früher Kulturschilling, heute Kulturförderungsbeitrag) werden Zuschüsse zur Durchführung von Restaurierungsarbeiten an Altstadtobjekten vergeben. Die Objekte müssen innerhalb der vom Gemeinderat ausgewiesenen "Schutzzonen" liegen oder sonst von besonderer Bedeutung für das Stadtbild sein (z. B. unter Denkmalschutz stehen). Gefördert wird die Erhaltung des äußeren Erscheinungsbildes, d. h. Fassaden, Dächer, Durchfahrten, Höfe. Der Zuschuss soll ein Beitrag zu jenen Mehrkosten sein, die dem Eigentümer durch den Besitz eines für das Stadtbild bedeutenden Gebäudes bei Restaurierungen entstehen, und wird von Fall zu Fall je nach den notwendigen Arbeiten bemessen.

Die Einreichung erfolgt bei der
MA 7
8, Friedrich-Schmidt-Platz 5
Wiener Altstadterhaltungsfonds
Auskunft Tel. 40 00 . . ., 84793, Herr Heiß,
von 9 bis 15 Uhr

Förderungen im Bereich Film

Die Stadt Wien fördert den Film durch die Aktivitäten des Wiener Filmfonds sowie durch die Jungfilmerförderung.

Vorrangiger Zweck des Wiener Filmfonds ist die Stärkung und der Ausbau des Film- und Medienstandortes Wien und die damit verbundene Förderung von Kultur, Wirtschaft und Beschäftigung. Durch die weitere Professionalisierung der Wiener Filmbranche soll der österreichische Film international aufgewertet werden.

Neben der Förderung von Film- und Videoproduktionen (in erster Linie Absolventen und Studierende der Wiener Filmakademie) hat sich die Filmförderung der Stadt Wien in den letzten Jahren einerseits vermehrt um die Schaffung und Unterstützung von Infrastrukturen bemüht, die dazu beitragen sollen, das in Wien aktuell entstehende und geförderte Filmschaffen möglichst professionell zu unterstützen und national wie international bekannt zu machen. Andererseits werden zahlreiche Veranstaltungen mit unterschiedlichen inhaltlichen oder geografischen Schwerpunkten unterstützt. Gefördert werden Kurz- und Experimentalfilme, Filminstitutionen sowie Filmreihen und Symposien. Einreichungen sind jederzeit möglich.

An Unterlagen werden neben einem formlosen Ansuchen benötigt: eine Kalkulation, ein Finanzierungsplan und eine Projektbeschreibung.

Ansprechpersonen:

Wiener Filmfonds:
Dr. Peter Zawrel
7, Stiftgasse 6
Tel. 526 50 88
von 9 bis 17 Uhr

Jungfilmerförderung:
Dr. Erika Kaufmann
Tel. 40 00 . . ., 84734
von 10 bis 16 Uhr

LEBENSMITTEL- UND MARKTWESEN

(MA 38, 59)

Die nachstehenden Informationen stellen eine auszugsweise Wiedergabe der Internet-Homepage des Marktamtes
http://www.wien.at/ma59
dar, die neben einem Überblick über die Aufgaben der MA 59 auch eine Reihe von Tipps für Konsumenten, aber auch für Gewerbetreibende enthält.

Ersichtlichmachung von Verbraucherpreisen
Die Verbraucherpreise sowie die Preise je Maßeinheit (= Grundpreis = Preis pro Kilogramm, Liter usw.) sind stets auszuzeichnen. Für bestimmte Betriebssparten sowie für Leistungen gibt es Sonderbestimmungen.

Auskünfte, Beratung und Beschwerden bei allen Marktamtsabteilungen (→ Magistrat, MA 59) sowie beim
Preisreferat der Marktamtsdirektion
Tel. 40 00 . . ., 87936
Telefax: 40 00–99–87918
E-Mail: post@m59.magwien.gv.at

Informationen über Preise und Zufuhren von Obst und Gemüse
sind auf der Internet-Homepage des Marktamtes in ausführlicher Form (Wochenberichte über Versorgungslage und Preise, Aufstellung der auf dem Großmarkt Wien-Inzersdorf gerade gehandelten Frischware) unter
http://www.wien.at/ma59
zu finden.

Messgeräte – Eichung
Waagen und andere Messgeräte müssen regelmäßig nachgeeicht werden. Außerdem muss beim Wägevorgang für den Konsumenten die Sicht auf die Waage gewährleistet sein. Auskünfte, Beratung und Beschwerden bei allen Marktamtsabteilungen (→ Magistrat, MA 59) sowie der
Marktamtsdirektion unter
Tel. 40 00 . . ., 87921
Telefax: 40 00–99–87918
E-Mail: post@m59.magwien.gv.at

Gewerbeordnung – Kontrollen
Die Wiener Gewerbebetriebe werden durch das Marktamt auf die Einhaltung einer Reihe von Bestimmungen der Gewerbeordnung kontrolliert, insbesondere wird gegen die unbefugte Gewerbeausübung eingeschritten.

Auskünfte, Beratung und Beschwerden bei allen Marktamtsabteilungen (→ Magistrat, MA 59) sowie der
Marktamtsdirektion unter
Tel. 40 00 . . ., 87941
Telefax: 40 00–99–87918
E-Mail: post@m59.magwien.gv.at

Produktsicherheit
Das Marktamt kontrolliert, ob Waren des täglichen Gebrauches (z.B. Sportgeräte, Dekorations- und Raumausstattungsgegenstände, Scherzartikel, Haushaltsgeräte usw.) für die Benutzer gefährlich sein können.
Hinweise oder Beschwerden über gefährliche Produkte nimmt das
Produktsicherheitsreferat der Marktamtsdirektion
Tel. 40 00. . ., 87936
Telefax: 40 00–99–87918
E-Mail: post@m59.magwien.gv.at
entgegen.

Tägliche sowie temporäre Wiener Märkte
Den Interessenten für Marktplätze auf den dauernd abgehaltenen Wiener Märkten stehen die örtlich zuständigen Marktamtsabteilungen zur Verfügung (→ Magistrat, MA 59). Auskünfte sowie Beratung allgemeiner Art erhalten Sie in der
Marktamtsdirektion
Tel. 40 00 . . ., 87931
Telefax: 40 00-99-87918
E-Mail: www.wien.at/ma59
Außerdem informiert die "Marktplatzbörse" der Internet-Homepage des Marktamtes über freie Marktplätze
http://www.wien.at/ma59

Flohmarkt
Der Flohmarkt findet
jeden Samstag (auch an Feiertagen) von
6.30 bis 18 Uhr in
6, Linke Wienzeile
im Anschluss an den Naschmarkt
statt. Auf dem Flohmarkt können sowohl Gewerbetreibende (= befugte Altwarenhändler) als auch Privatpersonen, die den Verkauf nicht gewerbsmäßig durchführen (= so genannte "Amateure"), Altwaren feilhalten.
"Amateuren" darf pro Jahr höchstens dreimal ein Verkaufsplatz zugewiesen werden. Interessenten für Verkaufsplätze wenden sich an die zuständige

LIEGENSCHAFTSERWERB DURCH AUSLÄNDER

(MA 20)

Nach dem Wiener Ausländergrunderwerbsgesetz bedürfen der Erwerb des Eigentums, des Miteigentums (auch Eigentumswohnungen), eines Baurechtes, des Rechtes einer persönlichen Dienstbarkeit an Grundstücken durch Ausländer oder eine im Grundbuch einzutragende Bestandgabe (Baurecht oder Pacht) solcher Grundstücke an Ausländer der behördlichen Genehmigung.

Ausländer im Sinne des Gesetzes sind alle natürlichen Personen, die nicht österreichische Staatsbürger sind, sowie Gesellschaften, die ihren Sitz im Ausland haben. Gesellschaften mit dem Sitz im Inland gelten dann als Ausländer, wenn an ihnen Nichtösterreicher oder ausländische Gesellschaften überwiegend beteiligt sind.

Die Bestimmungen über die Genehmigungspflicht finden insbesondere keine Anwendung auf Rechtsgeschäfte, bei denen Ehegatten als gemeinsame Erwerber auftreten und einer der beiden Österreicher ist, sowie auf natürliche und juristische Personen, die im Rahmen des EWR-Abkommens zum Rechtserwerb an Liegenschaften berechtigt sind. Im letztgenannten Fall hat der Magistrat (MA 20) auf Verlangen des Erwerbers eine schriftliche Bestätigung (Negativbestätigung) auszustellen.

Die Anlaufstelle
→ Magistrat, MA 20
Homepage: www.wien.gv.at/fremde/auslgrd.htm

MELDEWESEN

(MBÄ, MA 62)

MBÄ

Mit 1. März 2002 ist der Magistrat der Stadt Wien und nicht mehr die Polizei für das Meldewesen zuständig. An-, Ab- und Ummeldungen bei Wohnsitzänderungen sind daher bei den ab 1. März 2002 neu geschaffenen Meldeservicestellen in den 19 Magistratischen Bezirksämtern zu erledigen. Als besonderen Kundendienst im Rahmen der Verwaltungsmodernisierung können diese Amtswege nicht nur im Wohnbezirk erledigt werden, sondern wird jedes Bezirksamt für jede Adresse in Wien die An/Abmeldung entgegennehmen.

Die Bezirksämter haben für alle Meldeangelegenheiten von Montag bis Freitag von 8 bis 15.30 Uhr geöffnet, an Donnerstagen von 8 bis 17.30 Uhr. Sollte man mit diesen Öffnungszeiten nicht das Auslangen finden, kann auf das Bezirksamt des 15. Bezirks ausgewichen werden, das von Montag bis Donnerstag von 8 bis 18 Uhr und am Freitag von 8 bis 15.30 Uhr geöffnet hat.

Das An/Ab/Ummelden ist kostenlos. Bei der Neuanmeldung erledigt die Behörde auch gleich die Abmeldung von der alten Adresse mit.

Der Meldezettel dient beim An/Ab/Ummelden als Antragsformular. Das Formular liegt kostenlos in den Bezirkämtern auf, man kann es aus dem Internet (www.wien.at) ausdrucken. Der Meldezettel ist auch in der Trafik erhältlich, wofür allerdings ein Unkostenbeitrag bezahlt werden muss.

Meldevorgänge können persönlich, durch Boten oder per Post durchgeführt werden. Aufgrund der bundesgesetzlichen Bestimmungen (Identitätsnachweis, nötige Unterschrift des Unterkunftgebers) ist eine Meldung per Internet oder per Fax nicht möglich.

Für den Meldevorgang werden ein ausgefüllter Meldezettel (= Antragsformular) sowie ein Identitätsnachweis (z.B. Reisepass oder Personalausweis) sowie die Geburtsurkunde benötigt. Ausländische MitbürgerInnen brauchen grundsätzlich den Reisepass. Bei Haupt- oder Untermieten ist auf dem Meldezettel auch die Unterschrift des Unterkunftgebers erforderlich.

Eine Anmeldung an einer neuen Adresse ist innerhalb von drei Tagen ab Beziehung der Unterkunft, eine Abmeldung innerhalb von drei Tagen vor oder nach dem Ausziehen aus der alten Unterkunft vorzunehmen. Bei einer Anmeldung erledigt die Behörde auch gleich das Abmelden von der früheren Adresse. Für Ummeldungen, z.B. bei Änderung der Staatsbürgerschaft oder Änderung des Familiennamens aufgrund einer Heirat, gilt eine Frist von drei Monaten ab der Änderung.

Die gesetzeskonforme Meldung wird ab 1. März 2002 nicht mehr durch einen Vermerk auf dem Meldezettel, sondern durch einen Auszug aus dem neuen, automationsunterstützt geführten Zentralen Melderegisters bestätigt. In diesem Melderegister verfügt jede/r über eine eigene ZMR-Zahl, die im Melderegister gespeichert ist und stets unverändert bleibt. Diese Zahl hat den Vorteil, dass befugte Behörden online abfragen können und die KundInnen den Meldezettel nicht mehr jedes Mal vorweisen müssen.

Meldeauskünfte über den Wohnsitz eines anderen Menschen in Österreich und Bestätigungen über den eigenen Wohnsitz können bei jedem Bezirksamt eingeholt werden. Diese Anfragen sind grundsätzlich gebührenpflichtig, und es muss sich der/die AuskunftswerberIn dafür identifizieren.

Die Magistratischen Bezirksämter → Magistrat

MA 62

Innerhalb des Magistrats der Stadt Wien ist neben den Bezirksämtern auch die MA 62 für bestimmte Angelegenheiten des Meldewesens zuständig.

Die MA 62 wird sich vordringlich mit Problemfällen, die nicht vor Ort in den Bezirksämtern geklärt werden konnten, und mit Berichtigungen des Melderegisters (amtl. An/Ab/Ummeldungen) befassen. Diese Aufgaben werden in der

MA 62 – Meldeservice Zentrale
8, Lerchenfelder Straße 4
Tel. 40 00 . . ., 89401

wahrgenommen.

Die Auskunft aus dem Melderegister bezüglich nicht mehr aktueller Wohnsitze (chronologische Meldedarstellung), die Bearbeitung von Anträgen auf Auskunftssperren sowie die Ausstellung von Hauptwohnsitzbestätigungen für Obdachlose erfolgen in der

MA 62 – Meldeservice Zentrale Auskunft
7, Wimbergergasse 14–16
Tel. 40 00 . . ., 76449.

Die Öffnungszeiten der

MA 62 – Meldeservice Zentrale
8, Lerchenfelder Straße 4

und der

MA 62 – Meldeservice Zentrale Auskunft
7, Wimbergergasse 14–16

sind

Montag bis Mittwoch und Freitag von
8 bis 15.30 Uhr und Donnerstag von 8 bis 17.30 Uhr

MUSEEN DER STADT WIEN

Mit 1. Jänner 2002 wurden die Museen der Stadt Wien aus dem Magistrat ausgegliedert und durch Landesgesetz (Wiener Museumsgesetz, LGBl. für Wien Nr. 95/2001) als Anstalt des öffentlichen Rechts eingerichtet. Diese Anstalt umfasst das Historische Museum der Stadt Wien und alle seine Außenstellen

Historisches Museum der Stadt Wien

4, Karlsplatz
Tel. 505 87 47 . . .0
Telefax: 505 87 47–7201
E-Mail: post@m10.magwien.gv.at
Internet: www.museum-vienna.at

Der vom Wiener Architekten Oswald Haerdtl (1899–1959) errichtete Bau stellt bislang den einzigen Museumsneubau der Zweiten Republik in Wien dar. Er beherbergt bis heute die Schausammlung des Historischen Museums der Stadt Wien, die umfangreiche Studiensammlung, die Direktion des Museums, das wissenschaftliche Personal und die Werkstätten des Museums. Für die mehrmals im Jahr wechselnden Sonderausstellungen steht ein Sonderausstellungsraum mit rund 350 m^2 zur Verfügung. Auf drei Etagen zu jeweils 1.200 m^2 wird die Geschichte Wiens von jungsteinzeitlichen Bodenfunden auf dem heutigen Siedlungsgebiet der Stadt bis ins 20. Jahrhundert dokumentiert.

Öffnungszeiten:
Dienstag bis Sonntag von 9 bis 18 Uhr

Eintrittspreise für das Historische Museum, Hermesvilla und Uhrenmuseum:

Erwachsene	3,60 EUR
Lehrer, Schüler, Lehrlinge, Studenten, Präsenz- und Zivildiener	1,40 EUR
Senioren, behinderte Personen	1,80 EUR
Familien (bis zwei Erwachsene mit Kindern bis 19 Jahren)	5,40 EUR
Sammelkarte mit zehn Abschnitten im Wert von je 1,80 EUR	11,60 EUR
Schulklassen und Kinder bis sechs Jahre	Eintritt frei
Freitag vormittags (außer an Feiertagen) für alle Besucher	Eintritt frei

Außenstellen der Museen der Stadt Wien

Archäologisches Grabungsfeld Michaelerplatz
1, Michaelerplatz 5
kein Telefonanschluss
Öffnungszeiten: jederzeit zugänglich

Beethoven-Gedenkstätte "Eroicahaus"
19, Döblinger Hauptstraße 92
Tel. 369 14 24
Öffnungszeiten: Dienstag bis Sonntag von 9 bis 12.15 Uhr und von 13 bis 16.30 Uhr
1. Jänner, 1. Mai und 25. Dezember geschlossen

Beethoven-Gedenkstätte "Heiligenstädter Testament"
19, Probusgasse 6
Tel. 370 54 08
Öffnungszeiten: Dienstag bis Sonntag von 9 bis 12.15 Uhr und von 13 bis 16.30 Uhr
1. Jänner, 1. Mai und 25. Dezember geschlossen

Beethoven-Gedenkstätte "Pasqualatihaus"
1, Mölker Bastei 8
Tel. 535 89 05
Öffnungszeiten: Dienstag bis Sonntag von 9 bis 12.15 Uhr und von 13 bis 16.30 Uhr
1. Jänner, 1. Mai und 25. Dezember geschlossen

Haydn-Gedenkstätte mit Brahms-Gedenkraum
6, Haydngasse 19
Tel. 596 13 07
Öffnungszeiten: Dienstag bis Sonntag von 9 bis 12.15 Uhr und von 13 bis 16.30 Uhr
1. Jänner, 1. Mai und 25. Dezember geschlossen

Hermesvilla
13, Lainzer Tiergarten
Tel. 804 13 24
Öffnungszeiten:
1. April bis 30. September
Dienstag bis Sonn- und Feiertag von 10 bis 18 Uhr
1. Oktober bis 31. März
Dienstag bis Sonn- und Feiertag von 9 bis 16.30 Uhr

Otto-Wagner-Hofpavillon – Hietzing
13, Schönbrunner Schlossstraße
Tel. 877 15 71
Öffnungszeiten: Dienstag bis Sonntag von 13.30 bis 16.30 Uhr
1. Jänner, 1. Mai und 25. Dezember geschlossen

Johann-Strauß-Gedenkstätte
2, Praterstraße 54
Tel. 214 01 21
Öffnungszeiten: Dienstag bis Sonntag von 9 bis 12.15 Uhr und von 13 bis 16.30 Uhr
1. Jänner, 1. Mai und 25. Dezember geschlossen

Schauraum der Modesammlung
12, Hetzendorfer Straße 79
Tel. 802 16 57

Öffnungszeiten: Dienstag bis Sonntag von
9 bis 12 Uhr
1. Jänner, 1. Mai und 25. Dezember geschlossen

Mozart-Gedenkstätte "Figarohaus"
1, Domgasse 5
Tel. 513 62 94
Öffnungszeiten: Dienstag bis Sonntag von
9 bis 18 Uhr
1. Jänner, 1. Mai und 25. Dezember geschlossen

Neidhart-Fresken
"Älteste profane Wandmalereien Wiens"
1, Tuchlauben 19
Tel. 535 90 65
Öffnungszeiten: Dienstag bis Sonntag von
9 bis 12 Uhr
1. Jänner, 1. Mai und 25. Dezember geschlossen

Otto-Wagner-Haltestelle Karlsplatz
1, Karlsplatz
Tel. 505 87 47 . . ., 84059
Öffnungszeiten: Dienstag bis Sonntag von
13.30 bis 16.30 Uhr
Geöffnet: 1. April bis 31. Oktober
(1. Mai geschlossen)

Pratermuseum
2, Oswald-Thomas-Platz 1
Tel. 726 76 83
Öffnungszeiten: Dienstag bis Freitag von
9 bis 12.15 Uhr und von 13 bis 16.30 Uhr,
Samstag, Sonn- und Feiertag von 14 bis 18.30 Uhr

Römische Baureste Am Hof
1, Am Hof 9
kein Telefonanschluss
Öffnungszeiten: Samstag, Sonn- und Feiertag von
11 bis 13 Uhr

Römische Ruinen unter dem Hohen Markt
1, Hoher Markt 3
Tel. 535 56 06
Öffnungszeiten: Dienstag bis Sonntag von
9 bis 12.15 Uhr und von 13 bis 16.30 Uhr
1. Jänner, 1. Mai und 25. Dezember geschlossen

Schubert-Gedenkstätte "Sterbewohnung"
4, Kettenbrückengasse 6
Tel. 581 67 30
Öffnungszeiten: Dienstag bis Sonntag von
13.30 bis 16.30 Uhr
1. Jänner, 1. Mai und 25. Dezember geschlossen

Schubert-Gedenkstätte "Geburtshaus" mit Stifter-Gedenkräumen
9, Nussdorfer Straße 54
Tel. 317 36 01
Öffnungszeiten: Dienstag bis Sonntag von
9 bis 12.15 Uhr und von 13 bis 16.30 Uhr
1. Jänner, 1. Mai und 25. Dezember geschlossen

Uhrenmuseum
1, Schulhof 2
Tel. 533 22 65
Öffnungszeiten: Dienstag bis Sonntag von
9 bis 16.30 Uhr
1. Jänner, 1. Mai und 25. Dezember geschlossen

Virgilkapelle
1, Stephansplatz (U-Bahn-Station)
Tel. 513 58 42
Öffnungszeiten: Dienstag bis Sonntag von
13.30 bis 16.30 Uhr
1. Jänner, 1. Mai und 25. Dezember geschlossen

Eintrittspreise für alle Außenstellen außer Historisches Museum, Hermesvilla und Uhrenmuseum:

Erwachsene	1,80 EUR
Lehrer, Schüler, Lehrlinge, Studenten, Präsenz- und Zivildiener	0,70 EUR
Sammelkarte mit zehn Abschnitten im Wert von je 1,80 EUR	11,60 EUR
Schulklassen und Kinder bis sechs Jahre	Eintritt frei
Freitag vormittags (außer an Feiertagen) für alle Besucher	Eintritt frei

Führungen – Anmeldungen

Hermesvilla
Führungen sind unter
Tel. 804 13 24 (Erna Kleinhofer) jeweils von
Dienstag bis Sonn- und Feiertag von 10 bis 18 Uhr
(1. April bis 30. September) und
von 9 bis 16.30 Uhr
(1. Oktober bis 31. März)
anzumelden. Um rechtzeitige Terminreservierung (ca. eine Woche vorher) wird ersucht.

Die Führungskarte kostet 1,40 EUR pro Person.

Historisches Museum der Stadt Wien und sonstige Außenstellen
Führungen sind unter
Tel. 505 87 47 . . ., 84013 (Oliver Frank)
jeweils von Montag bis Freitag von 7.30 bis 15.30 Uhr anzumelden. Um rechtzeitige Terminreservierung (ca. zwei Wochen vorher) wird ersucht.

Die Führungen sind kostenlos.

Musikergedenkstätten und Neidhart-Fresken
Führungen für Schulklassen sind unter
Tel. 310 45 98 ("Stadtforscher-Büro" im
Schubert-Museum "Geburtshaus") jeweils
Dienstag bis Donnerstag von 9 bis 12 Uhr
anzumelden. Alle anderen Führungen sind unter
Tel. 505 87 47 . . ., 84013 (Oliver Frank) jeweils
Montag bis Freitag von 7.30 bis 12 Uhr
anzumelden. Führungen außerhalb der Öffnungszeiten sind nach telefonischer Vereinbarung möglich! Um rechtzeitige Terminreservierung (ca. zwei Wochen vorher) wird ersucht.

Schauraum der Modesammlung
Führungen sind unter
Tel. 505 87 47 . . ., 84046 oder 84061
(Dr. Regina Karner), jeweils von
Montag bis Freitag von 8 bis 16 Uhr
anzumelden. Um rechtzeitige Terminreservierung (ca. eine Woche vorher) wird ersucht. Führungen außerhalb der Öffnungszeiten sind nach telefonischer Vereinbarung möglich.
Die Führungen sind kostenlos.

Uhrenmuseum
Führungen sind unter
Tel. 533 22 65 (Rupert Kerschbaum) jeweils von
Montag bis Freitag von 7.30 bis 15.30 Uhr
anzumelden. Um rechtzeitige Terminreservierung (ca. eine Woche vorher) wird ersucht.
Die Führungen sind kostenlos.

Führungen und Aktivitäten für Schüler, Jugendliche und Schulklassen

"Stadtforscher-Büro" in der Schubert-Gedenkstätte "Geburtshaus"
9, Nussdorfer Straße 54
Tel. 310 45 98
Telefax: 310 45 98
Im Schubert-Museum wurde eine eigene Anlaufstelle für interessierte Kinder und Jugendliche eingerichtet. Dort können jeweils
von Dienstag bis Donnerstag von 9 bis 12 Uhr unter
Tel. 310 45 98
Informationen auch über zusätzliche Veranstaltungen und Mitmach-Aktionen an Sonn- und Feiertagen eingeholt werden.
Weitere Auskünfte im
Historischen Museum der Stadt Wien
Tel. 505 87 47 . . ., 84044 (Dr. Reingard Witzmann),
84013 (Oliver Frank)

Historisches Museum der Stadt Wien
4, Karlsplatz
Tel. 505 87 47 . . . 84013 (Oliver Frank)

Führung durch die Schausammlung
Im Historischen Museum der Stadt Wien können Führungen für Schulklassen durch die Schausammlung bzw. durch die jeweilige Sonderausstellung – Spezialthemen sind nach Vereinbarung möglich – durchgeführt werden. Weiters können für Gruppen ab acht Personen spezielle Lehrerführungen vereinbart werden.
Eintritt und Führungen sind für Schulklassen gratis!

Folgende Spezialthemen werden angeboten:
"Vom Kasperl, lieben Augustin und Co."
Eine Zeitreise durch die Sagenwelt Wiens

"Hanswurst, Schneckenweib und Kaiserkind"
Alltagsleben und Festfreude im barocken Wien – mit Museumsdetektivbogen
3. bis 6. Schulstufe

"Zu Besuch bei Herr und Frau Biedermeier"
Vor 150 Jahren war Wien noch von einer gewaltigen Stadtmauer umgeben. Wie lebten damals die Menschen? Die originale "Biedermeierwohnung" des Dichters Franz Grillparzer lädt ein

"Die Römer in Wien"
Vom Leben in Vindobona

"Altes Wien"
Die Stadt vom Mittelalter bis zur Barockzeit

"Von den Rittern in Wien"
Harnische und Rüstungen aus dem Mittelalter

"Gemeimnisvoller Stephansdom"
Sagen und Geschichten – mit Zusatzprogramm

"Stadtentwicklung"
Vom ältesten Wien bis zur Ringstraße

"Rossschweif, Schwert und Tulpe"
Die Belagerungen 1529 und 1683 – mit Zusatzprogramm

"Donauweibchen & Co. – Sagen aus dem alten Wien"
Sagen und ihre historische Wirklichkeit, Hauszeichen, Pest – mit Zusatzprogramm

Mozart-Gedenkstätte "Figarohaus"
1, Domgasse 5, 1. Etage
Anmeldung: Dienstag bis Donnerstag
von 9 bis 12 Uhr unter
Tel. 310 45 98 im Stadtforscher-Büro.
Führung in der authentischen Wohnung des Komponisten und anschließend auf Spurensuche im alten Blutgassenviertel mit Museumsdetektivbogen. Eine Aktion für die 3. bis 6. Schulstufe.
Eintritt und Führung sind für Schulklassen gratis!

Schubert-Gedenkstätte "Geburtshaus"
9, Nussdorfer Straße 54
Anmeldung: Dienstag bis Donnerstag
von 9 bis 12 Uhr unter
Tel. 310 45 98 im Stadtforscher-Büro.
Führung im historischen Geburtshaus von Franz Schubert; mit Museumsdetektivbogen zum Selberentdecken, Singen, Mode zum Anziehen, "Deutscher Tanz zum Ausprobieren", "Spiele aus der Biedermeierzeit".
Eintritt und Führungen sind für Schulklassen gratis!

Haydn-Gedenkstätte mit Brahms-Gedenkraum
6, Haydngasse 19
Anmeldung : Dienstag bis Donnerstag
von 9 bis 12 Uhr unter
Tel. 310 45 98 im Stadtforscher-Büro
Zusatzprogramme zur Auswahl: Fröhliches Kanonsingen, Live-Musik auf originalem Hammerflügel, Menuett-Tanzen

Beethoven-Gedenkstätte "Pasqualatihaus"
1, Mölker Bastei 8
Anmeldung: Dienstag bis Donnerstag
von 9 bis 12 Uhr unter
Tel. 310 45 98 im Stadtforscher-Büro.
Zusatzprogramme im Melkerhof bei Tostmann-Trachten: Begegnung mit Live-Musik, Singen oder Tanzen

Strauß-Gedenkstätte
2, Praterstraße 54
Anmeldung: Dienstag bis Donnerstag
von 9 bis 12 Uhr unter
Tel. 310 45 98 im Stadtforscher-Büro.
Zusatzprogramme zur Auswahl: Museumsdetektivbogen, Mode zum Angreifen und Anziehen, Live-Musik „An der schönen blauen Donau"

Neidhart-Fresken
"Älteste profane Wandmalereien Wiens"
1, Tuchlauben 19
Anmeldung: Dienstag bis Donnerstag
von 9 bis 12 Uhr unter
Tel. 310 45 98 im Stadtforscher-Büro.
Führung bei den ältesten profanen Wandmalereien Wiens; mit Suchspiel zum Uhrenmuseum. Eine Aktion für die 3. bis 6. Schulstufe.
Eintritt und Führungen sind für Schulklassen gratis!

Museumszeitungen für Kinder & Jugendliche

Für Bestellungen ab zehn Stück gibt es Sonderkonditionen.
Bestellungen bitte im
Historischen Museum der Stadt Wien,
Tel. 505 87 47 . . ., 84033
(Angela-Jacqueline Rakuscha)

Derzeit lieferbar:

"Hoppla ein neues Jahrhundert – Geschichten und Bilder aus Wien um 1900"
(Aus dem Inhalt:
Wien wird eine Großstadt – Die Ringstraße entsteht – Ein Fluss verschwindet – Der Naschmarkt übersiedelt u. v. m.)
Verkaufspreis: 1,80 EUR
(inkl. 10 % Mehrwertsteuer)

"Wie war es damals – Geschichten und Bilder aus dem Wiener Biedermeier"
(Aus dem Inhalt: Es fährt die erste Eisenbahn – Eine Giraffe kommt nach Wien – Bastelbogen u. v. m.)
Verkaufspreis: 2,18 EUR
(inkl. 10 % Mehrwertsteuer)

Archäologisches Grabungsfeld Michaelerplatz
1, Michaelerplatz
In den Jahren 1989 bis 1991 ergab sich die Möglichkeit, die Fläche des Michaelerplatzes großflächig archäologisch zu untersuchen.
Bei den Grabungen konnten neben mittelalterlichen und neuzeitlichen Resten auch Reste der römischen Bebauung der Lagervorstadt (Cannabae) aufgefunden werden.
Die Anlage wurde im Jahr 1991 vom bekannten österreichischen Architekten Hans Hollein gestaltet.

Hermesvilla
13, Lainzer Tiergarten
Die Hermesvilla, mitten im ehemaligen kaiserlichen Jagdgebiet des "Lainzer Tiergartens" im Südwesten Wiens gelegen, wurde 1882 bis 1886 vom "Ringstraßen-Architekten" Karl von Hasenauer im Auftrag Kaiser Franz Josephs errichtet.
Als Jagdhaus geplant, machte Kaiser Franz Joseph diese Villa seiner Gattin zum Geschenk, in der Hoffnung, dass sie hier ein privates Refugium finden möge. Die Villa – aufgrund der spielerischen Auflösung der Baukörpersymmetrie für die Architektur der späteren romantischen Villen beispielgebend – besitzt eine opulente Innenausstattung, an der die bedeutendsten Künstler des Historismus beteiligt waren.
Zu sehen sind unter anderem im Obergeschoß die Privatgemächer Kaiser Franz Josephs und Kaiserin Elisabeths, wobei das Schlafzimmer der Kaiserin, mit Malereien zu Shakespeares "Sommernachtstraum" (Entwurf: Hans Makart; Ausführung u. a. Julius Berger, Hugo Charlemont, Franz Matsch, Georg und Gustav Klimt) und einem riesigen Prunkbett aus dem 18. Jahrhundert, sowie das Turnzimmer Elisabeths, ebenfalls mit farbintensiver Ausstattung, besonders zu erwähnen sind.
In der Hermesvilla veranstaltet das Historische Museum seit 1978 große Ausstellungen zumeist zu kulturgeschichtlichen Themen.
Öffnungszeiten:
1. April bis 30. September:
Dienstag bis Sonntag von 10 bis 18 Uhr
1. Oktober bis 31. März:
Dienstag bis Sonntag von 9 bis 16.30 Uhr

Modesammlung des Historischen Museums der Stadt Wien
12, Hetzendorfer Straße 79
Die Modesammlung des Historischen Museums der Stadt Wien wurde nach dem Zweiten Weltkrieg gegründet. Sie zählt heute zu den umfangreichsten Kostümsammlungen Europas mit einem Bestand an fast 20.000 Exponaten. Der Schwerpunkt der Sammlung liegt in der Damenkleidung des 19. und 20. Jahrhunderts, wobei hier vor allem Gesellschafts-, Abend- und Ballkleider dominieren. Die Sammlung wird laufend erweitert, um eine kontinuierliche Entwicklung der Kostümgeschichte anhand von Originalen zeigen zu können.
Zur Modesammlung gehört eine ständig wachsende öffentlich zugängige Bibliothek mit 12.000 Bänden

zum Thema Mode, Kunst- und Kulturgeschichte, Fotos, Modejournalen von 1786 bis heute und etwa 3.000 Modekupferstiche aus der zweiten Hälfte des 19. Jahrhunderts.

Öffnungszeiten:
Montag bis Freitag von 8 bis 16 Uhr
Tel. 505 87 47 . . ., 84046
Telefax: 804 04 68

Im Modeschauraum des Historischen Museums der Stadt Wien
Schloss Hetzendorf, linkes Nebengebäude
12, Hetzendorfer Straße 79
werden Themenausstellungen gezeigt.

Öffnungszeiten:
Dienstag bis Sonntag von 9 bis 12 Uhr
Tel. 802 16 57

Eintrittspreise:

Erwachsene	1,80 EUR
Lehrer, Schüler, Lehrlinge, Studenten, Präsenz- und Zivildiener	0,70 EUR
Sammelkarte mit zehn Abschnitten im Wert von je 1,80 EUR	11,60 EUR
Schulklassen und Kinder bis sechs Jahre	Eintritt frei
Freitag vormittags (außer an Feiertagen) für alle Besucher	Eintritt frei

Neidhart-Fresken
"Älteste profane Wandmalereien Wiens"
1, Tuchlauben 19

Das Haus Tuchlauben 19, in dem sich die Neidhart-Fresken in einem Schauraum im 1. Stock befinden, stammt aus dem 14. Jahrhundert und wurde um 1398 von dem reichen Wiener Händler Michel Menschein mit einem großzügigen Bilderzyklus, den ältesten erhaltenen profanen Wandmalereien in Wien, ausgestattet. Die Fresken zeigen Szenen aus dem Leben und der Dichtung des Wiener Minnesängers Neidhart von Reuental (um 1180 bis 1240), ein Frühlingsfest und einen Reigen mit Festmahl.

Öffnungszeiten:
Dienstag bis Sonntag von 9 bis 12 Uhr

Eintrittspreise:

Erwachsene	1,80 EUR
Lehrer, Schüler, Lehrlinge, Studenten, Präsenz- und Zivildiener	0,90 EUR
Sammelkarte mit zehn Abschnitten im Wert von je 1,80 EUR	11,60 EUR
Schulklassen und Kinder bis sechs Jahre	Eintritt frei
Freitag vormittags (außer an Feiertagen) für alle Besucher	Eintritt frei

Ab acht Personen sind nach Voranmeldung
Tel. 505 87 47 . . ., 84013
von Dienstag bis Freitag
Gruppenführungen möglich.

Otto-Wagner-Hofpavillon Hietzing
13, Schönbrunner Schlossstraße

1899 vollendete Otto Wagner den "Pavillon des k.u.k. Allerhöchsten Hofes". Im Anschluss an die Haltestelle Hietzing der Wiener Stadtbahn gelegen, sollte diese Haltestelle in der Nähe der habsburgischen Sommerresidenz, Schloss Schönbrunn, dem Kaiser, den Mitgliedern des Hofes und "gekrönten Häuptern", die zu Gast in Wien weilten, als Ein- und Aussteigemöglichkeit für die Benützung des Wiener Stadtbahnnetzes dienen. Aufgrund der vorhandenen Linien waren von hier aus sowohl das Stadtzentrum als auch alle wichtigen Bahnhöfe der Haupt- und Residenzstadt Wien erreichbar.

Öffnungszeiten:
Dienstag bis Sonntag von 13.30 bis 16.30 Uhr

Eintrittspreise:

Erwachsene	1,80 EUR
Lehrer, Schüler, Lehrlinge, Studenten, Präsenz- und Zivildiener	0,90 EUR
Sammelkarte mit zehn Abschnitten im Wert von je 1,80 EUR	11,60 EUR
Schulklassen und Kinder bis sechs Jahre	Eintritt frei
Freitag vormittags (außer an Feiertagen) für alle Besucher	Eintritt frei

Ab acht Personen sind nach Voranmeldung
Tel. 505 87 47 . . ., 84013
von Dienstag bis Freitag
Gruppenführungen möglich.

Das Pratermuseum
12, Oswald-Thomas-Platz 1 (Planetarium)

Der Prater als traditionsreicher Ort der großen und kleinen Sensationen ist im Pratermuseum Thema für eine lokale Kulturgeschichte der Vergnügungen: Das Spektrum reicht von der Entwicklung des Wurstelpraters über die vielfältige Nutzung des Grünen Praters bis hin zum Prater als Ausstellungs- und Veranstaltungsgelände. Die szenischen Feuerwerke der Familie Stuwer beispielsweise, die Rotunde als weltweit größter Kuppelbau ihrer Zeit, der mit Nachbauten venezianischer Häuser, mit Brücken und schiffbaren Kanälen ausgestattete Vergnügungspark "Venedig in Wien" oder die erste elektrisch betriebene Grottenbahn Europas zählen unter vielen anderen zu den hier dokumentierten Pratersensationen.

Bei der Auswahl der Objekte wurde in verstärktem Maß der Besuch und damit das spezielle Interesse von Kindern berücksichtigt: Das Schwergewicht der Präsentation liegt auf dreidimensionalen Objekten und aussagekräftigen bildlichen Darstellungen.

Der ergänzende Katalog – erhältlich zum Preis von 6,54 EUR – enthält zu rund 60 lexikalisch geordneten Stichwörtern vielfältige Informationen über die Geschichte des Praters.

Öffnungszeiten:
Dienstag bis Freitag von 9 bis 12.15 Uhr und von 13 bis 16.30 Uhr
Samstag, Sonn- und Feiertag von 14 bis 18.30 Uhr

Römische Baureste Am Hof
1, Am Hof 9 (im Keller der Feuerwehrzentrale)

Den Schauraum erreicht man über den Keller der heutigen Feuerwehrzentrale Am Hof. Der etwa 4 x 10 m große Raum enthält in originaler Lage ein Stück des Lagerhauptkanals, dieser begleitete den Wall an der Innenseite des Legionslagers und lief direkt unter der Wallbegleitstraße, der Via Sagularis. Der Teil des dargestellten Kanals nahm vermutlich die Abwässer aus dem südlichen Teil des Lagers auf und führte sie in den Tiefen Graben zum Ottakringer Bach.

Öffnungszeiten:
Samstag, Sonn- und Feiertag von 11 bis 13 Uhr

Eintrittspreise für Römische Ruinen unter dem Hohen Markt und Römische Baureste Am Hof:

Erwachsene	1,80 EUR
Lehrer, Schüler, Lehrlinge, Studenten, Präsenz- und Zivildiener	0,90 EUR
Sammelkarte mit zehn Abschnitten im Wert von je 1,80 EUR	11,60 EUR
Schulklassen und Kinder bis sechs Jahre	Eintritt frei
Freitag vormittags (außer an Feiertagen) für alle Besucher	Eintritt frei

Römische Ruinen unter dem Hohen Markt
1, Hoher Markt 5

Das Museum zeigt einen Teil der römischen Offiziersquartiere des Legionslagers von Vindobona (1. bis 4. Jhdt. n. Chr.). Die beiden Häuser, welche durch eine Straße getrennt sind, weisen teilweise Fußbodenheizungen in Form von Schlauchheizungen bzw. Hypocaustheizungen auf. Eine kleine Dokumentation an archäologischen Funden (Keramiken, Altäre, Grabsteine) gibt einen Einblick in das Leben der römischen Legionäre vor 2000 Jahren.

Öffnungszeiten:
Dienstag bis Sonntag von 9 bis 12.15 Uhr und von 13 bis 16.30 Uhr
Ab acht Personen sind nach Voranmeldung
Tel. 505 87 47 . . ., 84013
Dienstag bis Freitag
Gruppenführungen möglich.

Das Uhrenmuseum
1, Schulhof 2 (Zugang über den Platz Am Hof oder Tuchlauben)

Das Uhrenmuseum – in einem der ältesten Häuser Wiens, dem Harfenhaus, 1921 gegründet – erschließt in einem Rundgang über drei Stockwerke die Entwicklung der Uhren und Uhrentechnik vom 15. bis ins 20. Jahrhundert am Beispiel von ca. 1000 Exponaten.

Bei Führungen
jeden ersten und dritten Sonntag im Monat
um 10 Uhr
werden diese Raritäten den Besuchern vorgeführt.

Öffnungszeiten:
Dienstag bis Sonntag von 9 bis 16.30 Uhr

Eintrittspreise:

Erwachsene	3,60 EUR
Lehrer, Schüler, Lehrlinge, Studenten, Präsenz- und Zivildiener	1,40 EUR
Senioren, behinderte Personen	1,80 EUR
Familien (bis zwei Erwachsene mit Kindern bis 19 Jahren)	5,40 EUR
Sammelkarte mit zehn Abschnitten im Wert von je 1,80 EUR	11,60 EUR
Schulklassen und Kinder bis sechs Jahre	Eintritt frei
Freitag vormittags (außer an Feiertagen) für alle Besucher	Eintritt frei

Ab acht Personen sind nach Voranmeldung
Tel. 533 22 65
von Dienstag bis Freitag
Gruppenführungen möglich.

Virgilkapelle
1, Stephansplatz

Die Virgilkapelle wurde 1973 im Zuge des U-Bahn-Baues entdeckt und als Museum in die Station Stephansplatz integriert. Die unterirdische Kapelle, der größte erhaltene gotische Innenraum in Wien, entstand um 1250 als "capella subterranea" der darüber liegenden Magdalenenkapelle (Grundriss im Straßenpflaster des Stephansplatzes sichtbar). Ursprünglich möglicherweise als Begräbniskapelle gedacht, verlor sie im 14. Jahrhundert diese Bestimmung und diente einer reichen Wiener Kaufmannsfamilie als Gruft. Sie wurde mit byzantinisch beeinflussten Radkreuzen ausgemalt und mit einem Altar für den Hl. Virgil ausgestattet. Im Vorraum ist eine Keramiksammlung untergebracht, welche die Entwicklung der Wiener Keramik vom 10. bis ins 19. Jahrhundert zeigt.

Öffnungszeiten:
Dienstag bis Sonntag von 13.30 bis 16.30 Uhr

Eintrittspreise:

Erwachsene	1,80 EUR
Lehrer, Schüler, Lehrlinge, Studenten, Präsenz- und Zivildiener	0,90 EUR
Sammelkarte mit zehn Abschnitten im Wert von je 1,80 EUR	11,60 EUR
Schulklassen und Kinder bis sechs Jahre	Eintritt frei
Freitag vormittags (außer an Feiertagen) für alle Besucher	Eintritt frei

Ab acht Personen sind nach Voranmeldung
Tel. 505 87 47 . . ., 84013
Dienstag bis Freitag
Gruppenführungen möglich.

Museen besonderer Art:

Die Wiener Musikergedenkstätten

Beethoven-Gedenkstätte "Eroicahaus"
19, Döblinger Hauptstraße 92
Tel. 369 14 24

Um die Wende des 18. und 19. Jahrhunderts verbrachten die wohlhabenden Wiener Bürger ihre "Sommerfrische" vor den Toren der Stadt, vorzugsweise in Heiligenstadt, Ober- und Unterdöbling. Ludwig van Beethoven (1770–1827) wohnte im Sommer 1803 im damaligen Wiener Vorort Oberdöbling, der von Feldern, Gärten und Weinbergen umgeben war. Die Erinnerung an diesen Aufenthalt hält die Beethoven-Gedenkstätte „Eroicahaus" fest.

Reich illustrierter Katalog zum Preis von 9,45 EUR (inkl. 10 % Mehrwertsteuer) erhältlich.

Beethoven-Gedenkstätte
"Heiligenstädter Testament"
19, Probusgasse 6
Tel. 370 54 08

Heiligenstadt war früher eine selbständige Weinhauer-Ortschaft, die ihren wirtschaftlichen Aufschwung einer erstmals auf dem Areal des heutigen Heiligenstädter Parks befindlichen Badeanstalt verdankte. Diese wurde von einer mineralhältigen Quelle gespeist, welche wegen ihrer erstmals 1784 festgestellten Heilkraft zahlreiche Kurgäste anlockte, darunter auch Prominenz des Wiener Kulturlebens. Ludwig van Beethoven suchte hier Heilung oder zumindest Besserung seines Gehörleidens. Als er die Vergeblichkeit seiner Hoffnungen erkennen musste, formulierte er leidenschaftlich, spontan und in schonungsloser Offenheit seine Wut, Enttäuschung und Verzweiflung in einem nie abgesandten Brief an seine Brüder, dem so genannten Heiligenstädter Testament (6. und 10. Oktober 1802). Dieses erschütternde Dokument ist traditionsgemäß mit dem nach moderner Adresse als Wien 19, Probusgasse 6, geführten Haus verbunden.

Reich illustrierter Katalog zum Preis von 9,45 EUR (inkl. 10 % Mehrwertsteuer) erhältlich.

Beethoven-Gedenkstätte "Pasqualatihaus"
1, Mölkerbastei 8
Tel. 535 89 05

Ludwig van Beethoven (1770–1827) lebte, unterstützt von seinem Gönner Johann Baptist Freiherrn von Pasqualati, 1804 bis 1808 und dann wiederum 1810 bis 1814 in dessen auf Mauerwerk der alten Stadtbefestigung errichtetem Haus. Hier entstanden mehrere der wichtigsten Kompositionen, darunter auch Arbeiten zum "Fidelio" (Zweite und Dritte Leonoren-Ouvertüre, 1805–1806).

Reich illustrierter Katalog zum Preis von 9,45 EUR (inkl. 10 % Mehrwertsteuer) erhältlich.

Haydn-Gedenkstätte mit Brahms-Gedenkraum
6, Haydngasse 19
Tel. 596 13 07

Das zunächst ebenerdige Wiener Vorstadthaus Haydngasse 19 (heute: Wien 6) hatte ursprünglich die Bezeichnung Obere Windmühl, Kleine Steingasse 71 (ab 1795 Nr. 73, 1821 Nr. 84). Haydn erwarb es 1793, er ließ es umbauen und aufstocken. Die Umbenennung in Haydngasse erfolgte 1862, das bereits 1899 als Gedenkstätte verwendete Gebäude wurde 1904 zum Museum der Stadt Wien. Wahrscheinlich hat die eigentliche Haydn-Wohnung nur das erste Stockwerk umfasst, wogegen das Erdgeschoß dem Diener und Notenkopisten des Komponisten Johann Elßler – dem Vater der gefeierten Tänzerin Fanny Elßler – vorbehalten gewesen sein dürfte.

Josef Haydn (1732–1809) schuf in diesem Haus einen Großteil seines Alterswerkes, darunter die als seine vielleicht größten und reifsten Arbeiten geltenden Oratorien "Die Schöpfung" (1796–1798) und "Die Jahreszeiten" (1799–1801).

Seit seiner 1863 erfolgten Übersiedlung nach Wien wohnte Johannes Brahms (1833–1897) in einem bereits 1907 demolierten Haus (Karlsgasse 4, entspricht heute Wien 4, Karlsplatz 13). Brahms gehörte zu den glühendsten Bewunderern Haydns und war sorgsam bemüht, das Andenken an den von ihm als Vorbild verehrten Komponisten wach zu halten. Es schien deshalb sinnvoll, im Haydn-Haus auch einen Brahms gewidmeten Gedenkraum einzurichten.

Reich illustrierter Katalog zum Preis von 9,45 EUR (inkl. 10 % Mehrwertsteuer) erhältlich.

Mozart-Gedenkstätte "Figarohaus"
1, Domgasse 5
Tel. 513 62 94

Wolfgang Amadeus Mozart (1756–1791) änderte in Wien mehrmals die Adresse, als Mozart-Gedenkstätte steht allerdings nur seine Wohnung in der Domgasse zur Verfügung ("Figarohaus"). Außer der namengebenden Oper wurde hier auch die Musik zu "Der Schauspieldirektor" (KV 486) komponiert: 1786 konkurrierte diese Komödie als Prototyp eines deutschen Singspiels mit einem gleichzeitig uraufgeführten "Divertimento teatrale" des Hofkomponisten Antonio Salieri, welcher in Wien die traditionelle Richtung der italienischen Oper vertrat. Die Ouvertüre zum "Schauspieldirektor" stellt eines der im ersten Ausstellungsbereich gebotenen Hörbeispiele dar.

Derselben Schaffensperiode gehören die Vertonung des Goethe-Gedichtes "Das Veilchen" (KV 476, Juni 1785) und die Joseph Haydn gewidmeten Streichquartette (Erstausgabe 1785) an, welche gleichfalls akustisch dokumentiert sind. 1781 übersiedelte Mozart nach Wien.

Von Ende September 1787 lebte Mozart mit seiner Familie in der Beletage (1. Stock) des hinter dem Stephansdom gelegenen sogenannten Camesina-Hauses (Wien 1, Domgasse 5/Schulerstraße 8; damals Stadt 846, Große Schulerstraße). In diesem Gebäude entstanden mehr Werke als an jedem anderen Wiener Aufenthaltsort des Komponisten, darunter die am 1. Mai 1786 uraufgeführte Oper "Le Nozze di Figaro" ("Die Hochzeit des Figaro"), KV 492.

Reich illustrierter Katalog zum Preis von 9,45 EUR (inkl. 10 % Mehrwertsteuer) erhältlich.

Schubert-Gedenkstätte "Geburtshaus"
mit Stifter-Gedenkräumen
9, Nussdorfer Straße 54, Tel. 317 36 01, und

Schubert-Gedenkstätte "Sterbewohnung"
4, Kettenbrückengasse 6
Tel. 581 67 30

Am 22. Mai 1908 fasste der Wiener Gemeinderat den Beschluss, Franz Schuberts Geburtshaus in der Nussdorfer Straße 54 käuflich zu erwerben. Die Eröffnung des ersten Schubert-Museums an diesem Ort fand am 18. Juni 1912 statt. Grundlage dafür war das einstige Schubert-Zimmer im Rathaus, das vom Historischen Museum der Stadt eingerichtet worden war.

Anlässlich des 125. Todestages des Komponisten entschloss man sich im Jahr 1953 zu eine Restaurierung des Hauses.

1996 schließlich wurde aufgrund eines neuerlichen Gemeinderatsbeschlusses die Rekonstruktion des Schubert-Hauses im Sinne des Denkmalschutzes in Angriff genommen. Nach Möglichkeit sollte der Zustand des Hauses im Jahr 1797 – Schuberts Geburtsjahr – wiederhergestellt werden. Die Neueröffnung des Hauses, das sich seither in der uns bekannten Form präsentiert, erfolgte am 14. Mai 1969.

Die letzte Zeit vor seinem Tod im November 1828 hatte Franz Schubert in der Wohnung seines Bruders Ferdinand in der Kettenbrückengasse gelebt. Das vermutete Sterbezimmer war bereits seit 1954 als Schubert-Gedenkraum zu besichtigen gewesen, als 1979 eine Erweiterung dieser Gedenkstätte durch den Erwerb der gesamten ursprünglichen Wohnung möglich wurde.

Heute werden Schuberts Geburtshaus und Sterbewohnung als einander inhaltlich ergänzende Gedenkstätten präsentiert.

Im Haus Nussdorfer Straße, wo Franz Schubert in der Küche der kleinen Wohnung am 31. Jänner 1797 geboren wurde, verbrachte er auch die ersten viereinhalb Jahre seines Lebens.

Ergänzend wird in der Gedenkstätte in der Kettenbrückengasse über Schuberts Lebensende berichtet, Hier werden seine letzten musikalischen Entwürfe, der letzte eigenhändig geschriebene Brief sowie die ebenfalls in schriftlichen Zeugnissen manifestierten sorgenden Bemühungen seiner Verwandten im Zusammenhang mit seinem Tod gezeigt.

In beiden Gedenkstätten hat der Besucher die Möglichkeit, Franz Schubert auch durch eine ganze Reihe von Tonbeispielen näher kennenzulernen.

Reich illustrierter Katalog zum Preis von 9,45 EUR (inkl. 10 % Mehrwertsteuer) erhältlich.

Johann-Strauß-Gedenkstätte
2, Praterstraße 54
Tel. 214 01 21

Zur Leopoldstadt besaß Johann Strauß (1825–1899) von Kindheit an ein Naheverhältnis, denn dort – im Haus "Zum goldenen Hirschen" – wohnten die Eltern und Geschwister, später auch die Schwägerinnen und deren Kinder (Leopoldstadt Nr. 314, heute Wien 2, Taborstraße 17). Nach der Eingemeindung in die "Großkommune Wien" (1860) änderte der Bezirk binnen kurzem sein Aussehen. Johann Strauß Sohn lebte in der kurz zuvor zur mondän-eleganten Praterstraße ausgebauten ehemaligen Jägerzeile in den Jahren 1863 bis 1870. Die wichtigste der mit dem Haus Nr. 54 verbundenen Kompositionen ist zweifellos das oftmals als "inoffizielle österreichische Hymne" bezeichnete Opus 314, der Walzer "An der schönen blauen Donau".

Reich illustrierter Katalog zum Preis von 9,45 EUR (inkl. 10 % Mehrwertsteuer) erhältlich.

NIEDERLASSUNGSBEWILLIGUNGEN

(MA 20)

Nach dem Fremdengesetz 1997 benötigen Fremde, die in Wien einen Mittelpunkt ihrer Lebensinteressen haben oder in Wien zur Ausübung einer Erwerbstätigkeit an einem Wohnsitz niedergelassen sind, grundsätzlich eine Niederlassungsbewilligung des Landeshauptmannes. Erstanträge müssen – von einzelnen Ausnahmen abgesehen – vor der Einreise vom Ausland aus gestellt werden. Bei quotenpfllichtigen Erstanträgen können Niederlassungsbewilligungen erst dann erteilt werden, wenn ein Quotenplatz vorhanden ist. Weiters müssen insbesondere ein alle Risken abdeckender Krankenversicherungsschutz, ausreichende eigene Mittel für den Unterhalt sowie ein Rechtsanspruch auf eine für Inländer ortsübliche Unterkunft nachgewiesen werden.

Die Anlaufstelle
→ Magistrat, MA 20.

Bestimmte nahe Angehörige von EWR-Bürgern (auch die Angehörigen von Österreichern) genießen Niederlassungsfreiheit, bedürfen aber einer von der Bundespolizeidirektion Wien zu erteilenden Niederlassungsbewilligung. Diese Behörde ist insbesondere auch für die Erteilung von Aufenthaltserlaubnissen für Studenten zuständig.

Service-Hotline der MA 20
Tel. 40 00 . . ., 8020
Homepage:
www.wien.gv.at/fremde/

OPFERFÜRSORGE

(MA 12)

Anspruch und Begünstigung

Als Opfer im Sinne des Opferfürsorgegesetzes 1947 gelten Personen, die infolge ihres Kampfes um ein freies, demokratisches Österreich oder infolge politischer oder rassischer Verfolgung in der Zeit vom 6. März 1933 bis zum 9. Mai 1945 gewisse Schädigungen erlitten haben. Als Schädigungen sind anzusehen der Tod, schwere Gesundheitsschädigung, Haft von mindestens drei Monaten, Verlust oder Minderung des Einkommens in der Dauer von mindestens dreieinhalb Jahren, Abbruch oder Unterbrechung des Studiums oder einer Berufsausbildung in der Dauer von mindestens dreieinhalb Jahren (ab dem sechsten Lebensjahr), Emigration in der Dauer von mindestens dreieinhalb Jahren, Leben im Verborgenen im Mindestausmaß von sechs Monaten, Tragen des Judensterns in der Dauer von mindestens sechs Monaten oder eine Freiheitsbeschränkung von mindestens sechsmonatiger Dauer in Deutschland oder den von Deutschland besetzten Gebieten. Je nach der Art und der Schwere der Schädigung erhalten die Opfer selbst oder ihre Hinterbliebenen einen Opferausweis oder eine Amtsbescheinigung.

Die Inhaber von Opferausweisen und Amtsbescheinigungen erhalten Begünstigungen

1. auf dem Gebiet der Renten- und Unfallversicherung;
2. bei Gründung, Wiederaufrichtung oder Stützung der wirtschaftlichen Existenz;
3. bei Vergebung von Geschäftsstellen der Klassenlotterie, Lottokollekturen und Tabakverschleißgeschäften;
4. bei Vergebung und Zuweisung von Wohnungen, Siedlerstellen und Kleingärten;
5. auf den Gebieten der Steuer- und Gebührenpflicht;
6. durch Nachlass und Ermäßigung von Studien- und Prüfungsgeldern;

ferner Entschädigungen für

1. erlittene Haft;
2. entstandene Haft- und Gerichtskosten;
3. erlittene Freiheitsbeschränkungen und Berufsschäden (Internierungen, Konfinierungen, Zwangsaufenthalte in einem Getto, Leben im Verborgenen, Judensterntragen, Einkommensminderungen um mindestens 50 % von mindestens 3 1/2 Jahren, Abbruch bzw. eine mindestens 3 1/2-jährige Unterbrechung der Berufsausbildung).

Die Inhaber von Amtsbescheinigungen bzw. deren Hinterbliebene haben überdies Anspruch auf

1. Rentenfürsorge und Witwen- und Waisenbeihilfen, Sterbegeld;
2. Heilfürsorge (auch für Inhaber eines Opferausweises).

Schriftliche Anträge um Anerkennung als Opfer sind bei der
MA 12
1, Schottenring 24
einzubringen.

Aushilfen

Da die Geltungsdauer des Opferfürsorgeabgabegesetzes mit 31. Dezember 1981 erloschen ist, werden die an Kriegsversehrte bzw. ihre Hinterbliebenen bisher gegebenen Geldaushilfen durch eine Subvention der Stadt Wien an den Kriegsopferverband und die für Opfer politischer Verfolgung und des Kampfes um ein freies, demokratisches Österreich und deren Hinterbliebene sowie die für die Zivilinvaliden in Frage kommenden Geldaushilfen aus Budgetmitteln des Sozialamtes gewährt.

Diese Aushilfen stellen keine regelmäßigen Leistungen dar, sie können nur in besonderen Notstandsfällen in Anspruch genommen werden.

Kriegsversehrte bzw. ihre Hinterbliebenen richten ihre diesbezüglichen Ansuchen zweckmäßigerweise an den Kriegsopferverband, 8, Lange Gasse 53, der mit der Ausgabe von finanziellen Unterstützungen betraut ist. Eine Mitgliedschaft bei diesem Verband ist hiezu nicht nötig.

Opfer politischer Verfolgung und des Kampfes um ein freies, demokratisches Österreich und deren Hinterbliebene richten entsprechende Ansuchen an die
MA 12
Referat Opferfürsorge
1, Schottenring 24

WIENER PATIENTENANWALTSCHAFT

Nach dem Gesetz über die Wiener Patientenanwaltschaft, LGBl. für Wien Nr. 19/1992, obliegt der Wiener Patientenanwaltschaft die Wahrung und Sicherung der Rechte und Interessen der Patienten in allen Bereichen des Gesundheitswesens in Wien. Dazu gehören alle öffentlichen und privaten Krankenanstalten, Pflegeheime, Sanatorien und Ambulatorien, die Rettungs- und Krankenbeförderungsdienste, aber auch alle niedergelassenen Ärzte und weiteren Gesundheitsdienste, wie Apotheken, Dentisten, Hebammen usw., in Wien. Ihre Aufgaben sind die Behandlung von Beschwerden und die Aufklärung von Mängeln oder Missständen im Gesundheitswesen, die Erteilung von Auskünften und die Prüfung von Anregungen. Sie hat den zuständigen Organen erforderlichenfalls Empfehlungen für notwendige Veranlassungen zu erteilen.

Der Wiener Patientenanwalt wird durch die Landesregierung für jeweils fünf Jahre bestellt. Er ist weisungsfrei und unabhängig. Seine Mitarbeiter sind nur an seine Weisungen gebunden.

Die Rechtsträger der Wiener Gesundheitseinrichtungen sind nach dem Gesetz verpflichtet, dem Patientenanwalt alle Auskünfte zu erteilen und Akteneinsicht zu gewähren. Es gibt keine Amtsverschwiegenheit gegenüber dem Patientenanwalt, er selbst hat jedoch volle Amtsverschwiegenheit zu wahren. Wird die Wiener Patientenanwaltschaft mit einer Angelegenheit des Gesundheitswesens in Wien im Rahmen der Bundesverwaltung befasst (frei praktizierende Ärzte, Apotheken, Dentisten usw.), sind die betroffenen Personen bzw. Einrichtungen einzuladen, zu den konkreten Vorbringen Stellung zu nehmen.

Der Wiener Patientenanwalt hat der Wiener Landesregierung und dem Landtag jährlich über seine Tätigkeit zu berichten.

Die Wiener Patientenanwaltschaft ist nicht ident mit dem Verein für Sachwalterschaft und Patientenanwaltschaft, der dem Gericht Vorschläge zur Bestellung von Sachverständigen und Patientenanwälten macht. Diese Patientenanwälte sind die gesetzlichen Vertreter der psychisch Kranken in psychiatrischen Anstalten.

An den Wiener Patientenanwalt können alle Anliegen herangetragen werden, die das Gesundheitswesen in Wien betreffen; besonderes Schwergewicht liegt in der Hilfestellung bei der Durchsetzung von Patientenrechten.

Die Inanspruchnahme ist kostenlos, die Betreuung erfolgt schnell und unbürokratisch.

Patienten und deren Angehörige können sich persönlich, telefonisch oder schriftlich an die

Wiener Patientenanwaltschaft

wenden. Sie ist

Montag, Dienstag, Donnerstag, Freitag von
8 bis 16 Uhr und Mittwoch von 8 bis 18 Uhr in
4, Schönbrunner Straße 7
Tel. 587 12 04
Telefax: 586 36 99
E-Mail: post@wpa.magwien.gv.at

erreichbar.

SCHIFFFAHRT

(MA 45, 58)

Binnenschifffahrt

Motorboot

Zur selbständigen Führung von Motorfahrzeugen mit einer Antriebsleistung über 4,4 kW auf Gewässern des Geltungsbereiches des Schifffahrtsgesetzes, z. B. auf der Donau und den österreichischen Seen, ist ein Schiffsführerpatent notwendig.

Schiffsführerpatent

Das Schiffsführerpatent – ausgenommen für den Bodensee – erhält man über Ansuchen bei den Ämtern der Landesregierungen.

In Wien: MA 58
1, Volksgartenstraße 3

in Niederösterreich: Abteilung III/1
Tulln, Kerschbaumergasse 15 und

in Oberösterreich:
Zulassungsurkunde:
Linz, Goethestraße 86
Schiffsführerpatent:
Linz, Fabriksstraße 32

Voraussetzung ist die Vollendung des 18. Lebensjahres.

Dem Ansuchen sind die Personaldokumente, zwei Lichtbilder, der Nachweis der Ausbildung für die Leistung Erster Hilfe bzw. der Unterweisung in lebensrettenden Sofortmaßnahmen sowie – für die Führung von Motorfahrzeugen mit einer Länge von mehr als 10 m bis max. 20 m auf den österreichischen Seen – der Nachweis einer einmonatigen Fahrpraxis anzuschließen.

Bei Vorhandensein der persönlichen Verlässlichkeit und der körperlichen und geistigen Eignung wird die bescheidmäßige Zulassung zur Schiffsführerprüfung ausgesprochen. Nach bestandener Prüfung wird das Schiffsführerpatent ausgestellt.

Anforderungen an Motorboote und Zulassung

Motorboote auf österreichischen Binnengewässern müssen betriebs- und verkehrssicher sein, dabei sind die Eigenart, die Verkehrsverhältnisse und die sonstige Benützung des zu befahrenden Gewässers zu berücksichtigen.

Jedes Motorboot – ausgenommen Elektroboote mit einer Antriebsleistung von weniger als 4,4 kW – muss durch die Behörde zugelassen sein. Für Kleinfahrzeuge, das sind Fahrzeuge, deren Länge – gemessen am Schiffskörper – weniger als 20 m beträgt, ausgenommen Fahrgastschiffe, wird die Zulassung in Wien von der MA 58 für den Landeshauptmann erteilt. Die Zulassung erfolgt durch eine Urkunde (Zulassungsurkunde), mit der dem Motorboot auch ein amtliches Kennzeichen zugewiesen wird. Dem Antrag auf Zulassung ist der Nachweis der Verfügungsberechtigung über das Fahrzeug sowie ein Nachweis (Meldezettel) über den ordentlichen Wohnsitz oder über den Aufenthaltsort anzuschließen.

Nähere Auskünfte erteilt die
MA 58
Tel. 40 00 . . ., 96831, 96833
Montag bis Freitag von 8 bis 15.30 Uhr

Feststellung der Antriebsleistung

Für die Beurteilung der Antriebsleistung eines Motorschiffes ist ausschließlich die typenmäßige kW-Zahl maßgebend. Eine von wem immer bestätigte Motordrosselung bleibt bei der Beurteilung der Voraussetzungen für die Notwendigkeit des Besitzes eines Schiffsführerpatentes (über 4,4 kW) außer Betracht.

Seeschifffahrt

Seeschiff

Nach dem Seeschifffahrtsgesetz ist ein “Seeschiff” ein Fahrzeug, das nach Größe, Bauart und Ausrüstung auf See verwendet werden kann (z. B. Jachten). Als solches gilt nicht ein Ruder- und Paddelboot, Schlauchboot sowie ein Bootstyp, der in der Regel nur für Fahrten in unmittelbarer Nähe der Küste verwendbar ist.

Jacht

Damit bezeichnet das Seeschifffahrtsgesetz ein Fahrzeug, das für Sport- oder Vergnügungszwecke bestimmt ist.

Führung der “Seeflagge” der Republik Österreich

Diese Seeflagge darf nur von österreichischen Seeschiffen geführt werden. Das Recht erwirbt man mit der Zulassung des Schiffes zur Schifffahrt.

Seeschiffe (Jachten)

Die Zulassung darf nur bei Vorliegen bestimmter Voraussetzungen erteilt werden.

Zuständig ist der Landeshauptmann – in Wien für ihn die Magistratsabteilung 58 – für Motor- oder Segeljachten mit einer Länge von weniger als 24 m; für alle anderen Fahrzeuge der Bundesminister für Verkehr, Innovation und Technologie als oberste Schifffahrtsbehörde, 3, Radetzkystraße 2.

Für die Zulassung ist u. a. erforderlich:

1. ein schriftliches Ansuchen, das auch den Namen der Jacht enthalten muss
2. ein Nachweis über den ordentlichen Wohnsitz (Meldezettel)
3. ein Nachweis über das Eigentum am Fahrzeug (Kaufvertrag)
4. ein Staatsbürgerschaftsnachweis
5. ein Messbrief (zweifach), allenfalls eine Zulassungsurkunde

Nähere Auskünfte über die Erfordernisse für die Zulassung bzw. über Rechte und Pflichten im Rahmen derselben erteilt die
MA 58
Tel. 40 00 . . ., 96831 oder 96833
Montag bis Freitag von 8 bis 15.30 Uhr.

Über die Zulassung hat die Behörde einen „Seebrief“ auszustellen. Diese Urkunde ist stets im Original an Bord mitzuführen.

Beendigung der Zulassung zur Schifffahrt

Die Zulassung erlischt z. B. mit Ablauf der Zeit, für die sie erteilt wurde, durch Zurücklegung des Rechtes zur Führung der Seeflagge oder durch Widerruf, falls Verpflichtungen nicht eingehalten werden.

In diesem Fall hat der bisher Berechtigte den Seebrief an die Zulassungsbehörde binnen sechs Wochen zurückzustellen.

SCHULWESEN

(MA 56)

Schulpflicht

Die Schulpflicht erstreckt sich in Österreich über neun Jahre und gilt für alle Kinder, die sich dauernd in Österreich aufhalten. Sie beginnt mit dem auf die Vollendung des 6. Lebensjahres folgenden 1. September und wird in den ersten vier Jahren an der Volksschule, im 5. bis 8. Schuljahr an einer Hauptschule oder einer Unterstufe der allgemein bildenden höheren Schule und im 9. Schuljahr in der Polytechnischen Schule oder durch den Besuch einer mittleren oder höheren Schule, in allen Schuljahren erforderlichenfalls durch den Besuch einer Sonderschule erfüllt.

Alle Lehrlinge sowie Personen, die in einem Lehrberuf in besonderen selbständigen Ausbildungseinrichtungen ausgebildet werden, haben die Berufsschule zu besuchen. Die Berufsschulpflicht beginnt mit dem Eintritt in ein Lehrverhältnis oder in ein Ausbildungsverhältnis und dauert bis zu dessen Ende, längstens aber bis zum erfolgreichen Abschluss der letzten lehrplanmäßig vorgesehenen Schulstufe.

Volksschulen

Volksschulen werden in Wien nur als Grundschule, d.h. bis zur vierten Schulstufe, geführt. Die Grundschule besteht aus der Grundstufe I (1. und 2. Schulstufe und bei Bedarf die Vorschulstufe) und aus der Grundstufe II (3. und 4. Schulstufe).

Der Schuleingangsbereich wird in zwei Organisationsformen geführt: Die Grundstufe I umfasst entweder ein getrenntes Angebot von Vorschulstufe (bei Bedarf) sowie 1. und 2. Schulstufe oder ein gemeinsames Angebot von Schulstufen der Grundstufe I (Vorschulstufe gemeinsam mit der 1. Schulstufe oder Vorschulstufe, 1. und 2. Schulstufe gemeinsam = flexible Schuleingangsphase). Die Schulneulinge haben je nach individuellen Fähigkeiten ein bis drei Jahre Zeit, die Lehrplananforderungen der Grundstufe I erfolgreich bewältigen zu können.

Schulen der Zehn- bis Vierzehnjährigen und der Zehn- bis Achtzehnjährigen

Nach Abschluss der Volksschule stehen SchülerInnen grundsätzlich zwei Schultypen zur Verfügung: die Hauptschule und die allgemein bildende höhere Schule.

Die Hauptschule schließt an die vierte Schulstufe der Volksschule an und vermittelt in einem vierjährigen Bildungsgang SchülerInnen eine über das Lehrziel der Volksschule hinaus reichende Allgemeinbildung. Sie befähigt sie für das praktische Leben und für den Eintritt in berufsbildende Schulen und soll überdies geeigneten SchülerInnen den Übertritt in allgemein bildende höhere Schulen ermöglichen.

Die allgemein bildenden höheren Schulen schließen an die vierte Schulstufe der Volksschule an und umfassen acht Schulstufen. Sie gliedern sich in eine vierjährige Unterstufe und eine vierjährige Oberstufe.

Hauptschulen

Die Hauptschule hat die Aufgabe, innerhalb von vier Jahren eine grundlegende Allgemeinbildung zu vermitteln. Sie soll die SchülerInnen auf das Berufsleben vorbereiten und zum Übertritt in mittlere oder höhere Schulen befähigen.

Der Unterricht wird in den Gegenständen Deutsch, Mathematik und Lebende Fremdsprache (meist Englisch) in Gruppen erteilt, um der unterschiedlichen Leistungsfähigkeit und dem unterschiedlichen Arbeitstempo der SchülerInnen gerecht werden zu können. Im Rahmen der Autonomie hat jede Schule die Möglichkeit, auch eigene Lehrpläne zu erlassen und somit spezielle "Schulprofile" zu erstellen. Beispiele hiefür sind:

Hauptschulen mit ökologischem, musisch-kreativem, naturkundlich-technischem Schwerpunkt, Informatik-Schwertpunkt usw. Gesetzliche Sonderformen sind die Sport- und Musikhauptschulen.

Sonderschulen

Die Sonderschule ist eine Bildungseinrichtung für Kinder mit sonderpädagogischem Förderbedarf aufgrund physischer und/oder psychischer Behinderung.

Das weit ausgebaute Wiener Sonderschulwesen umfasst neben der Allgemeinen Sonderschule auch Spezialeinrichtungen, wie die Sonderschulen für schwerstbehinderte Kinder, für körperbehinderte Kinder, für schwerhörige Kinder, für sehbehinderte Kinder, für sprachgestörte Kinder und die Heilstättensonderschule. Überdies können Kinder mit sonderpädagogischem Förderbedarf je nach Schulstufe an Volksschulen, an Hauptschulen und an der Unterstufe der allgemein bildenden höheren Schulen im Rahmen der schulischen Integration unterrichtet werden. Hiefür werden in Wien verschiedene Betreuungsmöglichkeiten angeboten.

Ganztägige Schulformen

Ganztägige Schulformen sind durch Unterricht, Mittagessen, Lernzeit, unverbindliche Übungen/Freigegenstände und sonstige Betreuungsstunden charakterisiert. Die Betreuung kann durch LehrerInnen oder ErzieherInnen erfolgen und bis längstens 18 Uhr angeboten werden.

Von den Erziehungsberechtigten wird ein Betreuungs- und ein Essensbeitrag eingehoben. Diese Beträge können einkommensabhängig ermäßigt werden.

Polytechnische Schule

Die Polytechnische Schule hat im neunten Schuljahr der allgemeinen Schulpflicht jene SchülerInnen, die weder eine mittlere oder höhere Schule besuchen noch in der Volks-, Haupt- oder Sonderschule verblieben sind, auf die anschließende Berufsausbildung vorzubereiten.

Berufsschulen

Die Berufsschule ist eine berufsbildende Pflichtschule. Sie hat die Aufgabe, in einem berufsbegleitenden, fachlich einschlägigen Unterricht den Lehrlingen die grundlegenden theoretischen Kenntnisse zu vermitteln, ihre betriebliche Ausbildung zu fördern und zu ergänzen sowie ihre Allgemeinbildung zu erweitern. Die Berufsschule umfasst so viele Schulstufen (Schuljahre), wie es der Dauer des Lehrverhältnisses entspricht (zwei bis vier Jahre).

Der Unterricht an den Wiener Berufsschulen ist unterschiedlich organisiert. Ein Großteil der Lehrberufe wird ganzjährig unterrichtet. Die Lehrlinge besuchen einen oder zwei Tage in der Woche die Berufsschule.

Eine Reihe anderer Organisationsformen (z.B. lehrgangsmäßiger Unterricht, Blockunterricht ...) ist in Wiener Berufsschulen ebenfalls vertreten.

Berufsbildende mittlere und höhere Schulen

Die berufsbildenden mittleren Schulen haben die Aufgabe, den SchülerInnen jenes fachliche grundlegende Wissen und Können zu vermitteln, das unmittelbar zur Ausübung eines Berufes auf gewerblichem, technischem, kunstgewerblichem, kaufmännischem oder hauswirtschaftlichem und sonstigem wirtschaftlichen oder sozialem Gebiet befähigt. Zugleich haben sie die erworbene Allgemeinbildung in einer der künftigen Berufstätigkeit der SchülerInnen angemessenen Weise zu erweitern und zu vertiefen. Die berufsbildenden mittleren Schulen schließen an die achte Schulstufe an und umfassen je nach ihrer Art eine bis vier Schulstufen.

Berufsbildende mittlere Schulen sind:
1. gewerbliche, technische und kunstgewerbliche Fachschulen,
2. Handelsschulen,
3. Fachschulen für wirtschaftliche Berufe,
4. Fachschulen für Sozialarbeit.

Die Berufsbildenden höheren Schulen haben die Aufgabe, den SchülerInnen eine höhere allgemeine und fachliche Bildung zu vermitteln, die sie zur Ausübung eines gehobenen Berufes auf technischem, gewerblichem, kunstgewerblichem, kaufmännischem oder hauswirtschaftlichem und sonstigem wirtschaftlichen Gebiet befähigt und sie zugleich zur Hochschulreife zu führen. Die berufsbildenden höheren Schulen schließen an die achte Schulstufe an und umfassen fünf Schulstufen. Die Ausbildung wird durch die Reifeprüfung abgeschlossen.

Berufsbildende höhere Schulen sind:
1. höhere technische und gewerbliche Lehranstalten,
2. Handelsakademien,
3. höhere Lehranstalten für wirtschaftliche Berufe.

Adressen und Telefonnummern der Schulen
→ I. Teil, Stadtschulrat für Wien.

Fachschulen der Stadt Wien

Fachschule der Stadt Wien für Mode und Bekleidungstechnik
15, Siebeneichengasse 17
Tel. 893 69 77

Diese dreijährige Fachschule hat den Ausbildungsschwerpunkt "Modedesign". Neben der Vermittlung jener Kenntnisse und Fertigkeiten, die unmittelbar zur Ausübung eines Berufes in der Bekleidungswirtschaft notwendig sind, erfolgt auch eine kaufmännische Ausbildung im Bereich der Textverarbeitung, Wirtschaftsinformatik und Betriebswirtschaft.

Durch den Besuch der Schule wird die Schulpflicht im neunten Schuljahr erfüllt.

Fachschulen der Stadt Wien für wirtschaftliche Berufe

9, Hahngasse 35
Tel. 599 16 . . ., 95841 (Direktion), 95845 (Sekretariat)

12, Dörfelstraße 1
Tel. 599 16 . . ., 95031 (Direktion), 95030 (Sekretariat)

An diesen Standorten werden dreijährige Fachschulen für wirtschaftliche Berufe mit den Ausbildungsschwerpunkten
- zweite lebende Fremdsprache
- Ernährungs- und Betriebswirtschaft
- Gesundheit und Soziales
- Supportmanagement und

einjährige Wirtschaftsfachschulen geführt.

Die dreijährigen Fachschulen bieten eine grundlegende allgemein bildende, kaufmännische und gastronomische Ausbildung. Die erste Klasse ersetzt das neunte Schuljahr. Der Abschluss der Fachschule ersetzt einerseits den kaufmännisch-rechtlichen Teil der Unternehmerprüfung für eine Gewerbeberechtigung und andererseits teilweise die jeweils vorgeschriebene Verwendungszeit.

Die einjährigen Wirtschaftsfachschulen ersetzen ebenfalls das neunte Schuljahr und bieten eine allgemein bildende und praxisbezogene Ausbildung. Aufgrund der breit gefächerten Unterrichtsgegenstände, wie z. B. Küchenführung, Service, Betriebsorganisation und Textverarbeitung, bietet dieser Schultyp eine Entscheidungshilfe für den Einstieg ins Berufsleben.

Alle näheren Auskünfte erteilen die Schuldirektionen.

EDV an Schulen der Stadt Wien

Ein wichtiges Kriterium der modernen Gesellschaft ist der rasche und unkomplizierte Austausch von Informationen. Die wesentliche Lebensbereiche umfassenden Kommunikationstechnologien erfordern deren Integration in den Bildungsbereich. Es ist Aufgabe der Schule, allen Heranwachsenden die Nutzung des Instrumentes Computer und der elektronischen Kommunikationsvielfalt zu lehren.

Jede Pflichtschule der Stadt Wien verfügt über moderne und leistungsfähige EDV, einschließlich dem Anschluss an das Wiener Bildungsnetz. Die EDV wird einerseits als pädagogisch wertvolles Instrument genutzt, und dient andererseits als effizientes Mittel zur Verwaltungsvereinfachung. Darüber hinaus wird von Schulen die Möglichkeit genutzt, sich mittels selbst erstellter Homepages in der Öffentlichkeit zu präsentieren.

Wiener Schulführer

Eine detaillierte Aufstellung und Information über alle Wiener Schulen findet sich im Wiener Schulführer. Dieser ist beim

Schulservice des Stadtschulrates für Wien
1, Wipplingerstraße 28
Tel. 525 25 . . ., 77561
E-Mail: schulservice@ssr.magwien.gv.at

erhältlich oder im

Internet: http://www.magwien.gv.at/ssr

abrufbar.

SENIORINNEN UND SENIOREN

(MA 12, 15, 17, 47, 50, KWP)

Seniorenbeirat der Stadt Wien

Seit dem Jahr 1996 gibt es in Wien einen Seniorenbeirat. Er hat die Aufgabe, sich um Angelegenheiten, Wünsche und Beschwerden von Seniorinnen und Senioren zu kümmern, Vorschläge zu Seniorenangelegenheiten an den Bürgermeister und die zuständigen Stadträtinnen und Stadträte zu richten, Landesgesetze zu begutachten und über die verschiedenen Aktivitäten der Stadt Wien für die Älteren zu beraten.

Mitglieder des Seniorenbeirates der Stadt Wien sind die Pensionistenorganisationen der im Gemeinderat vertretenen Parteien, den Vorsitz führt der Bürgermeister. Geschäftsführer ist der Seniorenbeauftragte der Stadt Wien.

Seniorenbeauftragter der Stadt Wien

Mit 1. April 1996 wurde durch den Bürgermeister ein Seniorenbeauftragter für die Stadt Wien bestellt. Seine Aufgaben umfassen die Erstellung von Konzepten, die Abstimmung von Seniorenangelegenheiten mit den betroffenen Dienststellen, die Mitwirkung bei der Ausarbeitung und Umsetzung von Maßnahmen im Seniorenbereich, die Koordination im Seniorenbereich mit allen in Betracht kommenden Dienststellen, den Bundesländern, dem Bund, den Pensionistenverbänden und sonstigen Institutionen, die Information der Seniorinnen und Senioren und der Öffentlichkeit über Seniorenangelegenheiten sowie der Kontakt zu den Seniorinnen und Senioren in Wien. Der Seniorenbeauftragte ist dem Büro der Geschäftsgruppe Jugend, Soziales, Information und Sport zugeordnet.

Das Seniorenbüro befindet sich in
8, Schlesingerplatz 2/DG
Tel. 40 00 . . ., 85885
Telefax: 40 00–99–85888
E-Mail: post-sen@gjs.magwien.gv.at

Bezirksseniorenbeauftragte

In jedem Wiener Bezirk wurde seitens der Bezirksvorsteherinnen und Bezirksvorsteher ein Mitglied der

Bezirksvertretung als Bezirksseniorenbeauftragte/r ernannt. Diese/r hat die Aufgabe, die Anliegen der Seniorinnen und Senioren des Bezirkes zu vertreten und die Aktivitäten im Bezirk zu koordinieren.

Die/der Bezirksseniorenbeauftragte kann über das Büro der jeweiligen Bezirksvorsteherin bzw. des Bezirksvorstehers erreicht werden, eine Liste aller Beauftragten und ihrer Sprechstunden ist im Seniorenbüro der Stadt Wien erhältlich.

Senioren-Service-Telefon

Das Servicetelefon 40 00 . . ., 8580
steht allen Seniorinnen und Senioren
Montag bis Freitag von 8 bis 16 Uhr
für ihre Anliegen, Anfragen, Vorschläge, Hinweise und Beschwerden zur Verfügung. Außerhalb der Dienstzeit ist es möglich, auf einem Tonband die Telefonnummer anzugeben, es wird verlässlich zurückgerufen.

Senioren-Information (Angebote, Hilfe, Adressen)

Im Seniorenbüro steht eine Vielzahl von Informationen über Seniorinnen und Senioren betreffende Anliegen zur Verfügung. Spezielle Infobroschüren, die laufend aktualisiert werden, gibt es zu den Themenbereichen:

- Senioreninfo
- Angebote, Hilfen, Adressen
- Bezirksseniorenbeauftragte
- Senioreninitiativen
- Seniorentreffpunkte in den Bezirken
- Freizeitangebote für Seniorinnen und Senioren
- Gebührenermäßigungen und Beihilfen
- Pensionistenwohnhäuser/Pflegeheime
- Günstige Friseure für Seniorinnen und Senioren
- WienStelltZu - Zustelldienste
- Mehr Komfort zu Hause: Technische Hilfen im Alter
- Seniorenfreundliche Gastronomiebetriebe
- Mittagsliste für SeniorInnen
- Spielrunden in Cafes, Gasthäusern, . . .

Seniorenbegünstigungen

Für Seniorinnen und Senioren gibt es eine Reihe von Begünstigungen. Dabei wird unterschieden in Begünstigungen aufgrund des Alters (Seniorentarife der Wiener Linien, Städtische Museen, Städtische Bäder), die in der Regel ab dem 60. Lebensjahr für Frauen und dem 65. Lebensjahr für Männer gelten. Auch viele private Betriebe bzw. andere öffentliche Einrichtungen bieten Begünstigungen, das Alter muss durch einen Lichtbildausweis nachgewiesen werden.

Für einkommensschwache Seniorinnen und Senioren gibt es noch eine Reihe weiterer Begünstigungen (Freizeitaktionen, Muttertagsaktion, Städtische Bäder, Wiener Linien . . .). Dafür ist der "Sozialpass P" erforderlich, der in den Sozialreferaten der Bezirke ausgestellt wird.

→ Magistrat, MA 12

Für bestimmte Begünstigunen (Telefon, Hörfunk/Fernsehen, Bundesbahn) ist der Nachweis über die Familien- und Einkommensverhältnisse zur Erlangung von Begünstigungen erforderlich.

→ "Hilfen für Erwachsene, Seniorinnen und Senioren"

Sozialpass

Seitens der Stadt Wien werden der Sozialpass und der Sozialpass "P" ausgestellt.

Jene Wiener, die Leistungen nach dem Wiener Sozialhilfegesetz erhalten bzw. Ermäßigungen anderer Organisationen in Anspruch nehmen wollen, können sich einen Sozialpass ausstellen lassen. Bedingung dafür ist die Erreichung des 55. Lebensjahres bei Frauen und des 60. bei Männern. Der Hauptwohnsitz muss in Wien sein.

Für die Inanspruchnahme von Sozialleistungen des Sozialamtes gilt der Sozialpass als Einkommensnachweis.

Der Antrag zur Ausstellung eines Sozialpasses erfolgt im Sozialreferat des Wohnbezirkes mit

- Lichtbild
- Meldezettel
- Einkommensnachweis aller im gemeinsamen Haushalt lebenden Personen
- Personaldokumente und
- Bestätigung über die Höhe der Miete sowie
- Bestätigung einer allfälligen Wohn- oder Mietzinsbeihilfe

Bei der Berechnung werden alle Einkommen außer dem Pflegegeld angerechnet. Die gesamte Miete – einschließlich der Betriebskosten – wird in Abzug gebracht (vermindert um eine allfällige Wohn- bzw. Mietzinsbeihilfe).

Für Bezieher geringerer Pensionen trägt der Sozialpass die Bezeichnung "P".

Einen eigenen Pensionisten- bzw. Seniorenausweis gibt es nicht. Der monatliche Pensionsüberweisungsbeleg gilt als Nachweis, dass jemand Pensionist ist. Auch anerkennen viele Einrichtungen die Mitgliedsausweise der Seniorenverbände.

Kontaktbesuchsdienst → "Hilfen für Erwachsene, Seniorinnen und Senioren"

Hochzeitsjubiläen

Jedes Wiener Ehepaar hat die Möglichkeit, sich seine lang andauernde Beziehung offiziell beurkunden zu lassen (anlässlich des 50., 60., 65., 67,5., 70., 72,5. bzw. 75. Hochzeitstages) und erhält auch eine Ehrengabe (Geldbetrag) der Stadt Wien. Um diese Urkunde und den Geldbetrag zu erhalten, muss dieser Wunsch durch die Jubilare bzw. deren Vertrauenspersonen dem/der jeweiligen Bezirksvorsteher/in bekannt gegeben werden. Die beiden Meldezettel, die beiden Staatsbürgerschaftsnachweise und die Heiratsurkunde sind dazu rechtzeitig – etwa vier Wochen vor dem Jubiläum – vorzulegen.

Geburtstagsjubiläen

Zu besonderen Geburtstagen werden an die Jubilarinnen und Jubilare von der Stadt Wien Ehrengaben (Geldbetrag) überreicht (90. und 95. Geburtstag, ab dem 100. Geburtstag jährlich). Dazu werden die betreffenden Seniorinnen und Senioren schriftlich eingeladen, die Art und Weise der Übergabe der Ehrengabe festzulegen (Überreichung durch Bezirksvorsteher/in, Abholung, Überweisung).

Hilfe bei Wahlen

Bei der Durchführung von Wahlen gibt es besondere Hilfestellungen (Briefwahl, Wahlkarten, fliegende Wahlkommissionen . . .). Auskünfte erteilen die Magistratischen Bezirksämter.

Freizeitaktionen für Senioren

Die Stadt Wien unterstützt eine Vielzahl von Freizeitaktionen für SeniorInnen. Diese Aktivitäten – gefördert von den Bezirken und der Stadt Wien (MA 12) – werden durch das

Kuratorium Wiener Pensionisten-Wohnhäuser
organisiert und betreut.
Auskünfte zu allen Angeboten unter
Tel. 313 99 . . ., 420, 421, 422 (Zentrale)
sowie in den Pensionisten-Wohnhäusern.

Pensionistenklubs der Stadt Wien

Die von der Stadt Wien geführten
Pensionistenklubs sind während der
Wintermonate (September/Oktober bis April/Mai)
Montag bis Freitag von 13 bis 18 Uhr
geöffnet.

Es stehen den Besuchern Tageszeitungen, Bücher, Zeitschriften, Radioapparate und diverse Spiele zur Verfügung; Lichtbildervorträge, Verkehrserziehungsvorträge, Filmvorführungen und künstlerische Veranstaltungen bringen Abwechslung in die Pensionistenklubs. Außerdem erhalten die Besucher täglich eine Jause und es besteht die Möglichkeit, zweimal im Monat ein Mittagessen serviert zu bekommen. Die Jause ist kostenlos, für das Mittagessen ist ein dem Einkommen entsprechender Kostenbeitrag zu leisten. Die Anmeldungen erfolgen in den Pensionisten-Wohnhäusern, den Bezirken oder im Klub selbst.

Kulturelle Veranstaltungen

Für Besucher der Pensionistenklubs der Stadt Wien besteht die Möglichkeit, zu bestimmten kulturellen Veranstaltungen eingeladen zu werden. Auskünfte bei den Pensionistenklubs der Stadt Wien und in den Pensionisten-Wohnhäusern.

Ausflugsfahrten

In den Sommermonaten werden durch die Stadt Wien Halbtages- und Tagesausflüge angeboten (SeniorInnen unterwegs, Ausflugsfahrten, . . .). Die Abfahrt der Autobusse erfolgt meist bei den Magistratischen Bezirksämtern. Für diese Ausflüge ist ein Kostenbeitrag zu entrichten. Teilnahmeberechtigt sind die Seniorinnen und Senioren des jeweiligen Bezirkes.

Auskünfte
in jedem Pensionistenklub der Stadt Wien sowie
in den Pensionisten-Wohnhäusern des Kuratoriums
Wiener Pensionisten-Wohnhäuser.

Urlaubsaktion für Senioren

Mit der Aktion "Urlaub in der Sommerfrische" bietet die Stadt Wien allen in Wien wohnenden Seniorinnen und Senioren die Möglichkeit, zwischen April und Oktober einen kostengünstigen Urlaub in den österreichischen Bundesländern zu verbringen.

Alle Wienerinnen und Wiener, die einen Sozialpass "P" besitzen, alle Dauersozialhilfebezieher/innen sowie die Besucherinnen und Besucher der Pensionistenklubs der Stadt Wien können finanzielle Zuschüsse zu den Urlaubskosten erhalten. Diese richten sich nach dem Einkommen und sind auf maximal zwei Urlaubswochen pro Jahr beschränkt.

Auskünfte unter
Tel. 313 99 . . ., 420, 421, 422 (Zentrale) oder
in allen Pensionisten-Wohnhäusern.

Weihnachtsfeiern

Jährlich am 24. Dezember finden in manchen Wiener Bezirken Weihnachtsfeiern für einsame SeniorInnen statt.

Auskünfte erteilen die
Büros der einzelnen BezirksvorsteherInnen bzw. des Senioren-Service-Telefons 40 00 . . ., 8580.

Bildung für Senioren

Volkshochschulen

Die Wiener Volkshochschulen (Verband Wiener Volksbildung) bieten eine Vielzahl spezieller Kursangebote und Veranstaltungen für Seniorinnen und Senioren.

Städtische Büchereien

Die Städtischen Büchereien gewähren spezielle Ermäßigungen für behinderte Personen. Ein eigener Hausbesuchsdienst kümmert sich um Personen, die die Bibliotheken selbst nicht mehr aufsuchen können und stellt ihnen Bücher aus dem Bestand leihweise zur Verfügung.

Kuratorium Wiener Pensionisten-Wohnhäuser – KWP

Pensionisten-Wohnhäuser

Zentrale des Fonds
"Kuratorium Wiener Pensionisten-Wohnhäuser"
9, Seegasse 9
Tel. 313 99 . . . 0

Der Fonds „Kuratorium Wiener Pensionisten-Wohnhäuser" hat sich die Aufgabe gestellt, Pensionisten-Wohnhäuser zu errichten und zu führen. Voraussetzungen für die Aufnahme in ein Wiener Pensionisten-Wohnhaus sind:

1. österreichische Staatsbürgerschaft
2. vollendetes 60. Lebensjahr
3. vollendetes 60. Lebensjahr eines Ehepartners oder Lebensgefährten bzw. eines Geschwisterteiles. Personen, die aufgrund eines Bescheides des Sozialversicherungsträgers berufsunfähig sind, können auch vor dem vollendeten 60. Lebensjahr aufgenommen werden; Voraussetzung ist eine Bescheinigung des ärztlichen Dienstes des Kuratoriums Wiener Pensionisten-Wohnhäuser betreffend Appartementfähigkeit
4. ordentlicher Wohnsitz in Wien seit mindestens zwei Jahren oder während eines zusammenhängenden Zeitraumes von 40 Jahren.

Da die Pensionisten-Wohnhäuser als Wohnhäuser geführt werden und nicht als Pflegeheime oder Altersspitäler, können pflegebedürftige Personen nicht aufgenommen werden.

Der Fonds hat derzeit 30 Pensionisten-Wohnhäuser mit 7.706 Wohnhausplätzen sowie 1.607 Plätze mit besonderer Betreuung in Betrieb, und zwar:

Haus "Prater", 2, Engerthstraße 255
Tel. 729 41 50

Haus "Augarten", 2, Rauscherstraße 16
Tel. 332 36 82

Haus "Maria Jacobi", 3, Würtzlerstraße 25
Tel. 798 82 44

Haus "Wieden", 4, Ziegelofengasse 6 A
Tel. 586 86 71

Haus "Margareten", 5, Arbeitergasse 45
Tel. 545 42 11

Haus "Mariahilf", 6, Loquaiplatz 5
Tel. 597 85 70

Haus "Neubau", 7, Schottenfeldgasse 25–27
Tel. 523 37 40

Haus "Roßau", 9, Seegasse 11
Tel. 319 63 41

Haus "Laaerberg", 10, Ada-Christen-Gasse 3
Tel. 688 13 14

Haus "Wienerberg", 10, Neilreichgasse 120
Tel. 616 54 14

Haus "Haidehof", 11, Rzehakgasse 4
Tel. 767 31 03

Haus "Hetzendorf", 12, Hermann-Broch-Gasse 3
Tel. 804 93 85

Haus "Föhrenhof", 13, Dr.-Schober-Straße 3
Tel. 804 23 38

Haus "Rosenberg", 13, Rosenhügelstraße 192
Tel. 888 63 81

Haus "Trazerberg", 13, Schrutkagasse 63
Tel. 877 86 26

Haus "Penzing", 14, Dreyhausenstraße 29
Tel. 914 51 16

Haus "Gustav Klimt", 14, Felbigergasse 81
Tel. 914 90 84

Haus "Schmelz", 15, Ibsenstraße 1
Tel. 982 12 66

Haus "Rudolfsheim", 15, Oelweingasse 9
Tel. 812 07 70

Haus "Liebhartstal I", 16, Thaliastraße 157
Tel. 493 17 79

Haus "Liebhartstal II", 16, Ottakringer Straße 264
Tel. 493 17 79

Haus "Alszeile", 17, Alszeile 73
Tel. 485 46 11

Haus "An der Türkenschanze",
18, Türkenschanzplatz 2
Tel. 479 15 26

Haus "Hohe Warte", 19, Hohe Warte 8
Tel. 368 47 72

Haus “Döbling”, 19, Pfarrwiesengasse 23
Tel. 320 42 11

Haus “Brigittenau”, 20, Brigittaplatz 19
Tel. 330 79 92

Haus “Leopoldau”, 21, Kürschnergasse 10
Tel. 259 84 40

Haus “Jedlersdorf”, 21, Jedlersdorfer Straße 98
Tel. 292 61 63

Haus “Tamariske-Sonnenhof”,
22, Aspern, Zschokkegasse 89
Tel. 280 94 54

Haus “Am Mühlengrund”, 23, Atzgersdorf,
Breitenfurter Straße 269–279
Tel. 865 18 53

Haus “Atzgersdorf”, 23, Atzgersdorf,
Gatterederstraße 12
Tel. 888 25 20

Um den Hausbetrieb kennenzulernen, können Pensionisten nach Voranmeldung einen Monat in einem Pensionisten-Wohnhaus probewohnen.

Urlaub im Pensionisten-Wohnhaus ist in solchen Fällen möglich, in denen Angehörige einen Pensionisten in der Zeit, in der sie selber Urlaub machen, versorgt wissen wollen.

Um z. B. alleinstehenden Personen nach einem Krankenhausaufenthalt eine entsprechende Betreuung zu bieten oder um den Angehörigen von Pflegebedürftigen einen Urlaub zu ermöglichen, ist eine vorüber gehende Aufnahme in eine Abteilung für besondere Betreuung eines Pensionisten-Wohnhauses nach Maßgabe freier Bettenkapazitäten möglich.

Vormerkungen bzw. Anmeldungen für ein Wiener Pensionisten-Wohnhaus können in der Zentrale sowie in allen Pensionisten-Wohnhäusern des Fonds in der Zeit von Montag bis Freitag zwischen 7.30 und 15.30 Uhr erfolgen. Folgende Unterlagen sind erforderlich: Staatsbürgerschaftsnachweis, Meldezettel, letzter Pensionsabschnitt (ohne Sonderzahlung).

SPORTAKTIONEN DER STADT WIEN

(MA 51)

Jugendsportaktionen

Durch diese außerschulischen Sportangebote wird der direkte Kontakt zur Wiener Jugend gesucht. Die Aktionen sind als Anreiz zu mehr sportlicher Betätigung konzipiert und sollen eine Einführung in verschiedene Sportarten bilden. Sie werden von der MA 51 in Zusammenarbeit mit dem Wiener Jugendkreis und verschiedenen Fachverbänden durchgeführt.

In erster Linie wird mit den Aktionen der Versuch unternommen, den Teilnehmern Grundkenntnisse über die einzelnen Sparten zu vermitteln.

In zweiter Linie wird durch die Durchführung von körperlichen Übungen in einer größeren Gemeinschaft das Interesse am leistungsbezogenen Sport bzw. am Wettkampf (Leistungsvergleich mit anderen) gefördert. Die Bemühungen der MA 51 sollen ein Bindeglied zwischen dem Gelegenheitssportler und dem Bewegungsenthusiasten, der sich regelmäßig sportlichen Belastungen unterzieht, schaffen.

Auswahl der Sportsparten

Ausgangspunkt für die getroffene Auswahl war die Überlegung, einen Überblick über die Grundformen der menschlichen Bewegung zu liefern. So wurde zuerst an die Bewegungsformen Lauf, Sprung und Wurf gedacht. Diese Pfeiler der sportlichen Betätigung wurden in weiterer Folge durch die Einbeziehung der Ballsportarten ergänzt. Es ergab sich die Notwendigkeit, auch den Wintersport in das Betreuungsprogramm einzubeziehen. Schließlich wurde das Programm durch den Wassersport vervollständigt.

Sport für Kinder und Jugendliche

Die Erfahrung zeigte, dass viele Erwachsene schwer zu eigener sportlicher Betätigung zu motivieren sind. Man muss daher in erster Linie die Kinder und Jugendlichen anregen, um diesem Trend entgegenzuwirken. In zweiter Linie lassen sich durch begeisterte Kinder dann wieder die Eltern zum Mitmachen anregen.

(→ Übersicht der Sportaktionen auf der nächsten Seite)

Übersicht der Sportaktionen

Sportaktion	Zeitraum	Anzahl der Anlagen	Altersgruppen	An-meldung	Kosten	Sportarten	Trainer beigestellt	Zeit	Auskunft 40 00 …
Sportplatz der offenen Tür	Juli–August	10–12	6–15 J.	ohne	kostenlos	LA, Fußball, Ballspiele	ja	Montag bis Freitag verschiedene Zeiten	Kl. 84134
Fahrt zum Schnee	Jänner–März	Schigebiete in NÖ	4–16 J.	mit	150 ATS pro Sonntag	Alpiner Schilauf	ja	Sonntag von 7 bis 18 Uhr	Kl. 84131
Jugendeislaufen	November–März	2	4–15 J.	mit	350 ATS für gesamten Kurs	Eislauf-Grundkurs, Familieneislaufen	ja	1mal pro Woche 80 Minuten	Kl. 84133
Talent–Leistungsschwimmen	November–April	2	7–12 J. nur für Schwimmer	mit	300 ATS für gesamten Kurs	Schwimmen	ja	Montag von 14 bis 15.30 Uhr oder von 15.30 bis 17 Uhr	Kl. 84134
Spielschwimmen	November–April	2	4–7 J. für Nichtschwimmer	mit	300 ATS für gesamten Kurs	Schwimmen	ja	Montag von 14 bis 15.30 Uhr oder von 15.30 bis 17 Uhr	Kl. 84134
Tischtennis	Juli–August	4 2	6–15 J.	ohne	kostenlos	Tischtennis	ja	Montag bis Freitag von 14 bis 17 Uhr Montag bis Freitag von 9 bis 12 Uhr	Kl. 84134
Tennis	Juli–August	7	8–15 J.	mit	kostenlos	Tennis–Grundkurs	ja	unterschiedliche Übungszeiten	Kl. 84134
Frau und Sport	ganzjährig	variabel	Frauen jeden Alters	mit	telefonische Anfrage	Eislaufen, Gymnastik, Schwimmen, Selbstverteidigung, Ballspiele, Geräteturnen, Tennis, Figur–Styling	ja	verschiedene Kurszeiten	Kl. 84135
Judoring	Schuljahr	14	ab 8 J.	mit	telefonische Anfrage	Judo	ja	verschiedene Kurszeiten	Kl. 84112
Semesterferien Sporthallen	Semesterferien	5	6–15 J.	ohne	kostenlos	Ballspiele, Turnen	ja	Montag bis Freitag von 9 bis 12 Uhr	Kl. 84133
Semesterferien Eislaufen	Semesterferien	1 2	6–15 J. Beitrag 10 S	ohne	kostenlos	Eislaufen	nein	unterschiedliche Übungszeiten	Kl. 84133
Semesterferien Fahrt zum Schnee	Semesterferien	Schigebiete in NÖ	6–16 J.	mit	130 S pro Tag	Alpiner Schilauf	ja	Montag bis Freitag von 7.30 bis 18 Uhr	Kl. 84131
Schilanglauf	nach Schneelage	7	jedermann	ohne	Geräteverleihkosten, sonst kostenlos	Schiwandern	nein	nach Schneelage	Kl. 84131
Vom Hallenspaß ins kühle Nass	ganzjährig	1	ab 18 J.	mit	telefonische Anfrage	Gymnastik, Schwimmen, Sauna	ja	verschiedene Kurszeiten	Kl. 84121
SPORT+FUN Messe-Halle 32	ganzjährig	1	jedermann	mit	telefonische Anfrage	Fußball, Badminton, Volleyball u. v. m..	nein	telefonische Anfrage	726 56 50

STAATSBÜRGERSCHAFTS- UND PERSONENSTANDS-ANGELEGENHEITEN

(MA 61)

Staatsbürgerschaftsnachweis

Für in Wien wohnhafte Personen wird der Staatsbürgerschaftsnachweis von der
MA 61
1, Rathaus, Stiege 8, Parterre
Parteienverkehr Montag bis Freitag
von 8 bis 12 Uhr
an Donnerstagen überdies auch
von 15.30 bis 17.30 Uhr
und von allen Wiener Standesämtern ausgestellt.

Personen, die sich im 11. bzw. im 22. Bezirk aufhalten, können sich wegen der Ausstellung eines Staatsbürgerschaftsnachweises auch an die Bürger-Service-Zentren in
11, Enkplatz 2, bzw. in
22, Kagran, Schrödingerplatz 1
wenden. In den übrigen Bezirken werden die Staatsbürgerschaftsnachweise vom jeweiligen Magistratischen Bezirksamt ausgestellt.

Zur Ausstellung des Staatsbürgerschaftsnachweises sind die Personaldokumente mitzubringen.

Nähere Auskünfte erteilt die
MA 61
Tel. 40 00 . . ., 83013
oder über das Internet in wien.online.

Österreichische Staatsbürgerschaft für Ausländer

Die Verleihung der österreichischen Staatsbürgerschaft ist der letzte Schritt einer geglückten Integration von Ausländern in Österreich.

Das Staatsbürgerschaftsgesetz regelt die Voraussetzungen für diese Verleihung; die wichtigsten sind hier zusammengefasst:

1. Mindestens zehnjähriger ununterbrochener Wohnsitz in Wien. Liegt ein besonders berücksichtigungswürdiger Grund vor (z.B. Geburt in Österreich, nachhaltige persönliche und berufliche Integration), kann sich der Wohnsitz auf sechs Jahre, bei Minderjährigen, Asylanten oder EU-Bürgern sogar auf vier Jahre verkürzen.
   Im Falle z.B. eines früheren Besitzes der österreichischen Staatsbürgerschaft oder wenn die Ehefrau bzw. der Ehegatte die österreichische Staatsbürgerschaft besitzt und im gemeinsamen Haushalt lebt, besteht unter gewissen weiteren gesetzlichen Voraussetzungen ein so genannter Rechtsanspruch auf die Staatsbürgerschaftsverleihung, wodurch sich der Wohnsitz in Österreich bis auf ein Jahr verkürzt oder in einigen Fällen überhaupt seine Bedeutung verliert.

2. Es dürfen keine strafgerichtlichen Verurteilungen vorliegen oder Strafverfahren anhängig sein. Eine Staatsbürgerschaftsverleihung ist ebenfalls nicht möglich, solange ein Verfahren zur Aufenthaltsbeendigung anhängig ist oder ein Aufenthaltsverbot besteht.

3. Der Lebensunterhalt muss durch ein regelmäßiges Einkommen hinreichend gesichert sein.

4. Den Lebensumständen entsprechende Kenntnisse der deutschen Sprache sind in allen Fällen notwendig.

5. Die bisherige Staatsangehörigkeit muss grundsätzlich aufgegeben werden.

Beibehaltung der österreichischen Staatsbürgerschaft

Erwirbt ein österreichischer Staatsbürger freiwillig eine fremde Staatsangehörigkeit, so verliert er dadurch gleichzeitig die österreichische Staatsbürgerschaft, jedoch kann ihm vorher unter gewissen gesetzlichen Voraussetzungen die Beibehaltung der österreichischen Staatsbürgerschaft bewilligt werden.

Nähere Auskünfte

Haben Sie Fragen zu den genauen Bestimmungen des Staatsbürgerschaftsgesetzes, zu den Kosten für eine Verleihung der österreichischen Staatsbürgerschaft, wie Sie ein Ansuchen um Verleihung der Staatsbürgerschaft einbringen sollen und welche Dokumente für dessen Bearbeitung notwendig sind, so wenden Sie sich bitte an folgende Stelle:

MA 61
1, Rathaus, Stiege 8, Hochparterre
Parteienverkehr:
Montag, Dienstag, Donnerstag, Freitag von
8 bis 12 Uhr
Mittwoch (nur mit Einladung) von 9 bis 12 Uhr

Auskunftsservice:
Tel. 40 00 . . ., 83013
Montag bis Freitag von 8 bis 15 Uhr

Eheschließung

Wer den Bund fürs Leben eingehen will, wendet sich frühestens sechs Monate vor der beabsichtigten Eheschließung an jenes Standesamt, in dessen Bezirk einer der beiden Verlobten seinen Wohnsitz hat. Besteht im Inland kein Wohnsitz, ist das Standesamt Wien-Innere Stadt zuständig. Das Standesamt hat zu prüfen, ob die rechtlichen Voraussetzungen zur Eheschließung gegeben sind. Welche Unterlagen im konkreten Einzelfall erforderlich sind, richtet sich nach der persönlichen Situation der Verlobten (Familienstand, Staatsangehörigkeit).

Das zuständige Standesamt erteilt hiezu gerne Auskunft.

Hat die Prüfung ergeben, dass keine Ehehindernisse bestehen, kann die Ehe vor jedem beliebigen Standesamt in Österreich geschlossen werden.

Zusätzlich gibt es in Wien die Möglichkeit, Trauungen außerhalb der Standesämter an besonderen Orten vorzunehmen. Nähere Auskünfte erteilt ebenfalls das zuständige Standesamt.

Die Standesämter → Magistrat, MA 61

Namensführung der Eheleute

Vor oder bei der Eheschließung erklären die Verlobten gegenüber dem Standesbeamten, welchen gemeinsamen Familiennamen sie nach der Eheschließung führen werden.

Die Möglichkeiten sind:

- Name des Mannes
- Name der Frau
- Doppelname (für den Verlobten, der als Ehegatte den Familiennamen des anderen als gemeinsamen Familiennamen zu führen hat). Voran- oder Nachstellung des bisherigen Familiennamens ist möglich.
- Weiterführung des jeweils bisherigen Familiennamens.

Führen die Ehegatten keinen gemeinsamen Familiennamen, müssen sie den Familiennamen der aus der Ehe stammenden Kinder bestimmen.

Geburts-, Heirats- oder Sterbeurkunde

Geburts-, Heirats- und Sterbeurkunden, ebenso beglaubigte Abschriften aus dem Geburten-, Familien- oder Sterbebuch, stellt jenes Standesamt aus, in dessen Amtsbezirk sich die Geburt oder der Sterbefall ereignet hat bzw. vor dem die Ehe geschlossen wurde (Standesämter und ihre Amtsbezirke (→ Magistrat, MA 61). Diese Personenstandsurkunden und beglaubigten Abschriften können aber nur von den Personen verlangt werden, auf die sich die Eintragung bezieht, sowie von deren Ehegatten, Vorfahren und Abkömmlingen (Eltern, Großeltern bzw. Kinder, Enkelkinder usw.); andere Personen erhalten diese Urkunden nur, wenn sie hiefür dem Standesamt ein rechtliches Interesse glaubhaft machen können.

Baby Point

Neue Servicestelle für junge Mütter im AKH

Wöchnerinnen im AKH steht als besonderes Service die Möglichkeit zur Verfügung, die Beurkundung der Geburt ihres Kindes gleich nach der Geburt ohne zusätzliche Behördenwege zu erledigen. Dieser Baby Point ist eine Außenstelle des Standesamtes Wien-Innere Stadt.

Das Paket der Serviceleistungen umfasst:
Beurkundung der Geburt
Ausstellung der Geburtsurkunde und des Staatsbürgerschaftsnachweises
Anerkennung der Vaterschaft
Namensänderung

Namensänderung

Familien- und Vornamen von österreichischen Staatsbürgern, Staatenlosen und Konventionsflüchtlingen mit Wohnsitz oder gewöhnlichem Aufenthalt in Österreich können geändert werden.

Ansuchen um Namensänderung sind schriftlich abzufassen, ausführlich zu begründen und persönlich zu unterfertigen. Ist der Namensänderungswerber nicht eigenberechtigt, ist das Ansuchen von seinem gesetzlichen Vertreter einzubringen. Antragsformulare können bei den Wiener Standesämtern und bei der MA 61 behoben werden.

Ansuchen um Änderung des Familiennamens von Personen unehelicher Abstammung sind beim Wiener Geburtenbuchstandesamt oder Wohnsitzstandesamt einzubringen.

In allen übrigen Fällen ist das Ansuchen um Änderung des Familiennamens oder Vornamens von in Wien wohnhaften Namensänderungswerbern bei der
MA 61
1, Rathaus, Stiege 8, Parterre
Montag bis Freitag von 8 bis 12 Uhr
zu stellen.

Nähere Auskünfte erteilt die MA 61 und auch das Internet in wien.online.

STATISTISCHES AMT DER STADT WIEN

(MA 66)

Das Statistische Amt der Stadt Wien ist für das Erheben, Sammeln, Analysieren und Publizieren von wienrelevanten Massendaten zuständig. Diese Daten beruhen entweder auf innermagistratischen Quellen oder aber auch auf Erhebungen einschlägig tätiger Organisationen und Interessensvertretungen. Insbesondere obliegt dem Amt die Abwicklung und organisatorische Leitung der Volkszählung in Wien. Weiters ist es mit der Ermittlung von Daten über alle Bereiche der Stadt befasst, wobei die Bereitstellung von Daten über die Bevölkerung und Wirtschaft einen wesentlichen Leistungsschwerpunkt darstellt.

Das Amt veröffentlicht die Ergebnisse seiner statistischen Tätigkeit im Statistischen Taschenbuch und im Statistischen Jahrbuch der Stadt Wien. Weiters publiziert es jährlich einen Folder mit dem Titel

"Wien in Zahlen"

in deutscher und englischer Sprache. Einschlägige statistische Analysen werden in der Fachzeitschrift

"Statistische Mitteilungen der Stadt Wien"

einer breiteren Öffentlichkeit zugänglich gemacht. Für den innermagistratischen Gebrauch stehen die genannten Publikationen im Intranet zur Verfügung. Ein breites Tabellenangebot, insbesondere Quartals- und Monatsdaten, können über die Homepage des Amtes im
Internet : http://www.magwien.gv.at/ma66
abgerufen werden.

Sonderpublikationen mit Detailergebnissen der Volks-, Häuser-, Wohnungs- und Arbeitsstättenzählung sowie Bezirksdaten werden in unregelmäßiger Reihenfolge vom Amt herausgegeben. In Kooperation mit anderen Statistischen Ämtern werden für internationale Städtevergleiche statistische Indikatoren erstellt.

Für persönliche statistische Auskünfte ist im Amt ein Call-Center unter
Tel. 40 00 . . ., 88662
das von Frau Oberamtsrätin Helga Vimetal betreut wird, eingerichtet.

Auskünfte zur

Bevölkerungsstatistik	88661
Wirtschafts- und Arbeitsmarktstatistik, Städtevergleiche	88612
Preisstatistik	88643
Schul- und Kulturstatistik	88631
Sozialstatistik	88651
zum Mikrozensus	88652 und
zur Wohnbau- und Tourismusstatistik	88621

können auch von den jeweiligen Dezernenten erfragt werden.

Eine Fachbibliothek kann auf Anfrage, insbesondere von Interessenten aus dem universitären Bereich, genutzt werden.

Weiters gibt das Statistische Amt der Stadt Wien auch den jährlich erscheinenden

"Verwaltungsbericht"

heraus. Dieser gibt einen Überblick über die Leistungen der kommunalen Verwaltung im jeweiligen Berichtsjahr.

STEUERN, ABGABEN UND GEBÜHREN

(MA 4, 6)

Allgemeines

Auskünfte

Die für konkrete Auskünfte zuständigen Dienststellen sind jeweils in den Erläuterungen zu den einzelnen Abgaben angeführt.

Auskunft über die Höhe und Fälligkeit der zu entrichtenden städtischen Abgaben erhalten Abgabepflichtige bei den
Stadtkassen
(Adressen und Telefonnummern
→ Magistrat, MA 6)
bzw. bei der
MA 6, BA 31 – Abgaben und Finanzcontrolling
1, Volksgartenstraße 3, 3. Stock
Tel. 40 00 . . ., 86100, 86110

Beachten Sie bitte die entsprechenden Informationsseiten im Internet unter
http://www.wien.gv.at/finanzen/stadtkassen

Entrichtung der städtischen Abgaben

Die Entrichtung ist in folgenden Formen möglich:

• Zahlschein
Vorgedruckte Zahlscheine werden von den Stadtkassen zur Verfügung gestellt. Die Zahlscheine können sowohl für Barzahlungen als auch für Überweisungen verwendet werden. Die Verwendung von anderen Zahlscheinen ohne Mehrzweckfeld kann zu Fehlbuchungen führen.

• Electronic banking
Zur Vermeidung von Fehlbuchungen ist es bei Verwendung dieser Zahlungsform wichtig, dass ein Eintragungsfeld ausgefüllt wird, das dem Mehrzweckfeld bei Zahlscheinen entspricht ("Kundendaten").

• Abbuchungsauftrag
Derzeit können Abbuchungsaufträge für Grundbesitzabgaben sowie Wasser- und Abwassergebühren erteilt werden. Die Abbuchung vom Girokonto des Kontoinhabers erfolgt dabei automatisch am Fälligkeitstag. Auch Gutschriften werden automatisch auf dieses Konto überwiesen.

• Barzahlung
Diese ist bei jeder Stadtkasse sowie bei Zahlstellen bei den Magistratischen Bezirksämtern, die kein Standort einer Stadtkasse sind, möglich. An diesen Stellen kann außer bar auch mit Eurochequekarte mit Bankomatfunktion, mit Karten mit Quickfunktion und mit Kreditkarten bezahlt werden.

Durch die Einhaltung der Fälligkeitstermine können Nebengebühren (Säumniszuschlag, Mahngebühr) vermieden werden.

Abgabe von Abgabenerklärungen und sonstigen Eingaben

Die Abgabenerklärungen und sonstige schriftliche bzw. persönliche Eingaben zu Abgaben (Steuern, Gebühren) können in der nächstgelegenen Stadtkasse eingebracht werden.

Ausgleichsabgabe nach dem Wiener Baumschutzgesetz

Das Wiener Baumschutzgesetz dient zur Erhaltung des Baumbestandes in Wien. Wird die Entfernung von Bäumen bewilligt, müssen für die gefällten Bäume neue als Ersatz gepflanzt werden. Können Ersatzpflanzungen nicht oder nicht zur Gänze durchgeführt werden, ist eine Ausgleichsabgabe zu entrichten. Abgabepflichtig ist der Bewilligungsträger, der um die Genehmigung der Entfernung der Bäume angesucht hat.

Die Höhe der Ausgleichsabgabe richtet sich nach der Anzahl der Ersatzpflanzungen, die nicht durchgeführt werden konnten. Für jede nicht durchgeführte Ersatzpflanzung sind 1.090 EUR zu entrichten.

Die Ausgleichsabgabe wird aufgrund der im rechtskräftigen Bescheid des Magistratischen Bezirksamtes enthaltenen Feststellung, wie weit der Verpflichtung zur Ersatzpflanzung nicht entsprochen werden kann, mit gesondertem Bescheid festgesetzt.

Die Abgabe ist an die
MA 6, BA 31 – Abgaben und Finanzcontrolling
1, Volksgartenstraße 3
Tel. 40 00 . . ., 86093
zu entrichten.

Ausgleichsabgabe nach dem Wiener Garagengesetz

Bei Neu- und Zubauten sowie bei Widmungsänderungen sind im Hinblick auf den künftigen Bedarf Anlagen zum Einstellen von Kraftfahrzeugen zu schaffen. Die Anzahl der zu errichtenden Stellplätze (Pflichtstellplätze) ist vom vorgesehenen Verwendungszweck und vom Ausmaß des Bauvorhabens abhängig.

Wird ein Bauvorhaben (eine Widmungsänderung) bewilligt, ohne dass die Verpflichtung zur Schaffung von Einstellplätzen oder Garagen überhaupt oder voll erfüllt wird, ist an die Stadt Wien eine Ausgleichsabgabe zu entrichten. Abgabepflichtig ist der Bauwerber. Die Höhe der Ausgleichsabgabe beträgt derzeit je Stellplatz 8.720.74 EUR.

Die Ausgleichsabgabe wird aufgrund der im Baubescheid enthaltenen Feststellung, um wie viel die Zahl der vorgesehenen Stellplätze hinter dem gesetzlich geforderten Ausmaß zurück bleibt, mit gesondertem Bescheid vorgeschrieben.

Die Abgabe ist an die
MA 6, BA 31 – Abgaben und Finanzcontrolling
1, Volksgartenstraße 3
Tel. 40 00 . . ., 86093
zu entrichten.

Dienstgeberabgabe

Für das Bestehen eines Dienstverhältnisses in Wien ist vom Dienstgeber eine Abgabe zu entrichten, die zur Errichtung der U-Bahn verwendet wird. Ein Dienstverhältnis besteht dann in Wien, wenn der Beschäftigungsort des Dienstnehmers in Wien liegt. Erfolgt eine Beschäftigung abwechselnd an verschiedenen Orten, aber von einer festen Arbeitsstätte aus, gilt diese als Beschäftigungsort. Bei Beschäftigungen ohne feste Arbeitsstätte gilt der Wohnsitz des Dienstnehmers als Beschäftigungsort.

Befreiungen bestehen z.B. für Dienstverhältnisse, bei denen der Dienstnehmer das 55. Lebensjahr überschritten hat, Dienstverhältnisse im Sinne des Behindertengesetzes, des Opferfürsorgegesetzes und des Behinderteneinstellungsgesetzes und Lehrverhältnisse im Sinne des Berufsausbildungsgesetzes.

Die Abgabe beträgt für jeden Dienstnehmer und für jede angefangene Woche eines bestehenden Dienstverhältnisses 0,72 EUR.

Die Abgabe ist für jeden Monat bis zum 15. des folgenden Monats zu entrichten. Für jedes Kalenderjahr ist bis zum 31. März des nächstfolgenden Jahres eine Erklärung abzugeben. Es besteht die Möglichkeit, Pauschalierungen sowie monatliche Akontozahlungen für die Dauer des gleich bleibenden Beschäftigtenstandes zu vereinbaren.

Auskunfts- und Bemessungsstelle ist die
MA 4, Dezernat II, Referat 7
1, Ebendorferstraße 2, 4. Stock
Tel. 40 00 . . ., 86344

Gebrauchsabgabe

Für den Gebrauch von öffentlichem Gemeindegrund, der als Verkehrsfläche dem öffentlichen Verkehr dient, samt den dazu gehörigen Anlagen und Grünstreifen einschließlich seines Untergrundes und des darüber befindlichen Luftraumes ist vorher eine Gebrauchserlaubnis zu erwirken, wenn der Gebrauch über die widmungsmäßigen Zwecke dieser Fläche hinausgehen soll. Für diesen Gebrauch ist eine Abgabe zu entrichten.

Die Höhe der Abgabe ist aus dem dem Gebrauchsabgabegesetz angeschlossenen Tarif zu entnehmen. Der Tarif unterscheidet zwischen einmaligen Abgaben, Jahresabgaben und Selbstbemessungsabgaben. Die einmaligen Abgaben sind mit Ablauf eines Monats nach Bekanntgabe des Abgabenbescheides, solche für Baustofflagerungen jedoch mit Ablauf eines Monats nach Beginn der genehmigten Gebrauchnahme fällig. Die Jahresabgaben sind bis 31. Jänner jeden Jahres im Vorhinein und die Selbstbemessungsabgaben für jeden Kalendermonat bis zum 15. des darauf folgenden Monats zu entrichten.

Auskunfts- und Bemessungsstelle für die Gebrauchsabgabe ist die
MA 46 (Gebrauchserlaubnisse)
20, Dresdner Straße 75
Tel. 40 00 . . ., 92122,
die auch für die nur auf Antrag erteilte Gebrauchserlaubnis zuständig ist. Bei Selbstbemessungsabgaben sind die Abgabenerklärungen unter Verwendung der zugesandten Vordrucke bis 15. Februar eines jeden Jahres für das abgelaufene Kalenderjahr abzugeben.

Getränkesteuer (Besteuerung von Getränken und Speiseeis)

Für Steuerzeiträume nach dem 8. März 2000 ist die Getränkesteuer auf alkoholhältige Getränke nicht mehr zu erheben. Für Steuerzeiträume nach dem 31. Dezember 2000 ist die Getränkesteuer zur Gänze nicht mehr zu erheben.

Auskünfte durch
MA 4, Dezernat II, Referat 7
1, Ebendorferstraße 2, 4. Stock, Tür 424
Tel. 40 00 . . ., 86379

Grundbesitzabgaben

Die von der Stadt Wien vorgeschriebenen und eingehobenen Grundbesitzabgaben sind die Grundsteuer und die Müllabfuhrabgabe.

Auskunfts- und Bemessungsstelle ist die
MA 4, Dezernat II, Referat 7
1, Ebendorferstraße 2, 4. Stock
Tel. 40 00 . . ., 86364

Die Inhaber der Beherbergungsbetriebe haben die Ortstaxe von den Beherbergten einzuheben und an die BA 33 – Selbstbemessungsabgaben bis zum 15. des der Beherbergung folgenden Monats zu entrichten.

Die jährlich abzugebende Abgabenerklärung ist ebenfalls an die BA 33 – Selbstbemessungsabgaben bis jeweils 15. Februar zu richten.

Parkometerabgabe

Wird ein mehrspuriges Kraftfahrzeug in einer Kurzparkzone abgestellt, ist Parkometerabgabe zu bezahlen. Als "Abstellen" gilt sowohl das Halten als auch das Parken.
Parkscheine sind bei Banken, Trafiken, Tankstellen, Lotto- und Totoannahmestellen, Vorverkaufsstellen der Wiener Linien und den Fahrscheinautomaten bei U-Bahn-Stationen, die sich in parkraumbewirtschafteten Bezirken befinden, erhältlich. Bei einer Abstellzeit von bis zu zehn Minuten ist keine Parkometerabgabe zu entrichten, jedoch ist auch in diesen Fällen ein (gebührenfreier) Parkschein zu entwerten. Für Behinderte bestehen Befreiungsmöglichkeiten. Weiters ist eine pauschale Entrichtung der Parkometerabgabe möglich („Parkpickerl" oder Einlegetafeln).

Auskünfte grundsätzlicher Art (Abgabenhöhe, Abgabenhöhe bei pauschaler Entrichtung usw.) erteilen die
MA 4, Dezernat II, Referat 5
2, Meiereistraße 7 (Ernst-Happel-Stadion), 2. Stock
Tel. 40 00 . . ., 86891 und die
MA 67
3, Modecenterstraße 22, Block A 1, 4. Stock
Tel. 40 00 . . ., 3888

Unter
Tel. 795 14 . . ., 38100
wurde ein Tonbanddienst eingerichtet.

Bescheinigungen über die Befreiung von der Parkometerabgabe für Behinderte sowie über die pauschale Entrichtung der Parkometerabgabe, soweit keine Ausnahmegenehmigung nach der Straßenverkehrsordnung damit verbunden ist, stellt die
MA 4, Dezernat II, Referat 5
2, Meiereistraße 7 (Ernst-Happel-Stadion), 1. Stock
Tel. 40 00 . . ., 86893
aus.

Für die pauschale Entrichtung der Parkometerabgabe im Zusammenhang mit Ausnahmegenehmigungen nach der Straßenverkehrsordnung ist für den Wirtschaftsverkehr die
MA 46
12, Niederhofstraße 23, 5. Stock, Tür 548
Tel. 811 14 . . ., 92931
zuständig, für die Wohnbevölkerung eines Parkraum bewirtschafteten Bezirkes das jeweils örtlich zuständige Magistratische Bezirksamt.

Die Kontrolle der Kurzparkzonen und allfällige Strafverfahren wegen Nichteinhaltung der Bestimmungen des Parkometergesetzes werden durch die
MA 67,
2, Meiereistraße 7 (Ernst-Happel-Stadion),
2. Stock, Tür 232
Tel. 40 00 . . ., 3888
durchgeführt.

Sportförderungsbeitrag

Bei den im Gebiet der Stadt Wien gegen Entgelt zugänglichen Sportveranstaltungen wird der Sportförderungsbeitrag eingehoben. Abgabepflichtig ist der Veranstalter, die Höhe der Abgabe beträgt 10 % des Entgeltes (exklusive Umsatzsteuer) für die Teilnahme an der Veranstaltung. Der Sportförderungsbeitrag ist wie die Vergnügungssteuer und zum selben Termin, jedoch gesondert anzumelden, abzurechnen und zu entrichten.
Auskunfts- und Bemessungsstelle ist die
MA 4, Dezernat II, Referat 7
1, Ebendorferstraße 2, 4. Stock
Tel. 40 00 . . ., 86395

Der Sportförderungsbeitrag ist bei Einzelveranstaltungen an die
MA 6, BA 31 – Abgaben und Finanzcontrolling
1, Volksgartenstraße 3
Tel. 40 00 . . ., 86096
zu entrichten, bei Dauerveranstaltungen an die örtlich zuständige Stadtkasse.

Vergnügungssteuer

Vergnügungssteuerpflichtig sind Vorführungen von Filmen (auch z. B. Videofilmen) und Projektionen durch Fernsehempfangsanlagen, Ausstellungen, das Halten von Schau-, Scherz-, Spiel-, Geschicklichkeits- oder ähnlichen Apparaten sowie von Musikautomaten, Kunstlaufvorführungen auf Eis- oder Rollbahnen, Stripteasevorführungen und Peepshows, Publikumstanz, Masken- und Kostümfeste, sportliche Wettkämpfe und Vorführungen in Form von Motorsportveranstaltungen, Berufsboxen und Berufsringen, der Besuch von Spielbanken, Tombolaspiele, Glückshäfen, Juxausspielungen, das Vermieten von Programmträgern

(z. B. Kassetten oder Disketten) für Videospiele, von Videofilmen sowie von Schmalfilmen oder auf sonstigen Bildträgern aufgezeichneten Filmen in einem in Wien liegenden Betrieb. Ausgenommen sind die Unternehmer, die die Programmträger oder Filme zur vergnügungssteuerpflichtigen Verwendung mieten.

Für die Steuerpflicht ist es unerheblich, ob für die Teilnahme an den Veranstaltungen ein Entgelt verlangt wird oder nicht. Es bestehen jedoch zahlreiche Befreiungen, die bei der Auskunftsstelle erfragt werden können.

Steuerpflichtig ist der Unternehmer der Veranstaltung, das ist jeder, in dessen Namen oder auf dessen Rechnung die Veranstaltung durchgeführt oder in dessen Namen und Rechnung die Entgelte gefordert werden.

Art und Höhe der Steuer richten sich nach der Art der Veranstaltung oder des Apparates.

Alle Veranstaltungen sind spätestens drei Werktage vor der Veranstaltung anzumelden:
Einzelveranstaltungen (außer Sportveranstaltungen und Veranstaltungen in Kinos) bei der
MA 4, Dezernat II, Referat 7, Außenstelle
20, Dresdner Straße 75, 1. Stock
Tel. 40 00 . . ., 86201, 86202
täglich oder sonst regelmäßig wiederkehrende Veranstaltungen sowie Einzelveranstaltungen im Rahmen der Dauerveranstaltungen und Sportveranstaltungen bei der
MA 4, Dezernat II, Referat 7
1, Ebendorferstraße 2, 4. Stock
Tel. 40 00 . . ., 86373, 86374, 86383–86388

Bei der Anmeldung ist eine Sicherheit in der voraussichtlichen Höhe der Steuer zu leisten.

Die Unternehmer haben über die Veranstaltung eine Abrechnung (= Steuererklärung) zu erstellen und diese bei Einzelveranstaltungen an die
MA 6, BA 33 – Selbstbemessungsabgaben
1, Wipplingerstraße 8
Tel. 534 36 . . ., 01619
bei Dauerveranstaltungen ebenfalls an die BA 33 zu übermitteln; dies bei einmaligen Veranstaltungen binnen zwei Wochen, sonst bis 15. des der Veranstaltung folgenden Monats. Gleichzeitig ist auch die Steuer zu entrichten.

Für die Aufstellung von Apparaten gelten jeweils gesonderte Bestimmungen.

Auskunfts- und Bemessungsstelle ist die
MA 4, Dezernat II, Referat 7
1, Ebendorferstraße 2, 4. Stock
Tel. 40 00 . . ., 86379, 86389
bzw. deren Außenstelle,
20, Dresdner Straße 75, 1. Stock
Tel. 40 00 . . ., 86201, 86202

Versteigerungsabgabe

Von den in Wien stattfindenden freiwilligen öffentlichen Versteigerungen beweglicher und unbeweglicher Sachen wird eine Abgabe erhoben. Freiwillige Versteigerungen unbeweglicher Sachen sind abgabepflichtig, wenn sie von Gerichten oder Notaren durchgeführt werden, Versteigerungen beweglicher Sachen, wenn deren Durchführung den Bestimmungen der Gewerbeordnung 1994 unterliegt.

Abgabepflichtig ist derjenige, der die Sache versteigern lässt. Ist er nicht der Eigentümer der Sache, haftet der Eigentümer mit ihm zur ungeteilten Hand für die Entrichtung der Abgabe.

Die Höhe der Abgabe beträgt 2 % des bei der Versteigerung erzielten Erlöses.

Auskunfts- und Bemessungsstelle ist die
MA 4, Dezernat II, Referat 7
1, Ebendorferstraße 2
Tel. 40 00 . . ., 86365

Die Abgabe ist an die
MA 6, BA 31 – Abgaben und Finanzcontrolling
1, Volksgartenstraße 3
Tel. 40 00 . . ., 86092
zu entrichten.

Wassergebühren

Für die Abgabe von Wasser aus städtischen Wasserversorgungsanlagen und für die Beistellung und laufende Instandhaltung der Wasserzähler sind Wasserbezugsgebühren und Wasserzählergebühren zu entrichten. Gebührenpflichtig ist jeder Wasserabnehmer, der über eine selbständige Abzweigleitung Wasser aus der städtischen Wasserleitung entnimmt. Dies sind zumeist der Hauseigentümer oder der Betriebsinhaber.

Die Höhe der Wasserbezugsgebühr beträgt für jeden Kubikmeter abgegebenen Wassers 1,30 EUR. Die Höhe der Wasserzählergebühr richtet sich nach der Anschlussgröße des Wasserzählers und beträgt jeweils zwischen 17,44 und 209,28 EUR jährlich.

Die Wasserbezugsgebühr wird nach Ablesung des Wasserzählers jährlich ermittelt und bescheidmäßig vorgeschrieben, es sind vierteljährliche Teilzahlungen zu leisten. Die Wasserzählergebühr ist ebenfalls vierteljährlich, gemeinsam mit der Wasserbezugsgebühr, zu leisten.

Auskunfts- und Bemessungsstelle ist die
MA 4, Dezernat II, Referat 6
1, Ebendorferstraße 2
Tel. 40 00 . . ., 86233, 86234, 86235, 86236

Die Entrichtung kann auch mittels Abbuchungsauftrag für Lastschriften erfolgen.

Weitere Informationen → „Wasserversorgung“

STRASSENVERWALTUNG MIT STRASSENBAU UND STRASSENBELEUCHTUNG

(MA 28, 33, 64)

Gehsteigherstellung

Der Eigentümer eines Neu-, Zu- oder Umbaues oder einer fundierten Einfriedung (z.B. eines Zaunes mit gemauertem Sockelfundament) ist bei Herstellung des Bauwerkes grundsätzlich verpflichtet, entlang der Baulinie einen Gehsteig herzustellen.

In diesem Fall ist bei der Behörde um Bekanntgabe der Höhenlage, Breite und Bauart des Gehsteiges anzusuchen.

Wenn bereits ein vorschriftsmäßiger Gehsteig vor der Liegenschaft besteht oder zumindest in einwandfreiem (trittsicherem) Zustand ist und in Höhenlage und Breite entspricht, besteht keine Verpflichtung zur Herstellung eines neuen Gehsteiges. Wenn dieser vorhandene Gehsteig auf Kosten der Gemeinde hergestellt wurde, ist für diesen Kostenersatz zu leisten.

Vor tatsächlichem Baubeginn ist um Aufgrabungsbewilligung anzusuchen, der Gehsteig ist bis zur Beendigung der Bauführung herzustellen. Nach Fertigstellung des Gehsteiges ist bei der Behörde um Feststellung des ordnungsgemäßen Zustandes anzusuchen (Ansuchen um Gehsteigkonstatierung).

Unter bestimmten Voraussetzungen (z.B. bei einem wirtschaftlich nicht vertretbaren Verhältnis der Baukosten zu den Gehsteigherstellungskosten) hat die Behörde von dieser Verpflichtung abzusehen, wenn nicht öffentliche Interessen die Herstellung eines Gehsteiges verlangen.

Wenn noch kein Bedarf nach einem Gehsteig besteht oder andere wichtige Gründe dafür sprechen und keine öffentlichen Rücksichten entgegenstehen, ist bei der Behörde ein Ansuchen um Stundung der Gehsteigherstellung einzureichen. (Die grundbücherliche Eintragung erfolgt von Amts wegen.)

Die Bewilligung einer Auffahrt von der Fahrbahn und einer Überfahrt über den Gehsteig ist von der Behörde einzuholen, wenn, um auf eine Liegenschaft zu gelangen, der Gehsteig befahren werden soll.

Die Anträge um Stundung der Verpflichtung zur Gehsteigherstellung, um Bekanntgabe der Bauart, Breite und Höhenlage und um Aufgrabungsbewilligung zur Herstellung des Gehsteiges bzw. zur Feststellung der vorschriftsmäßigen Herstellung des Gehsteiges (Gehsteigkonstatierung) sowie zur Bewilligung der Gehsteigauf- und -überfahrt sind an die

MA 28
17, Lienfeldergasse 96
E-Mail: post@m28.magwien.gv.at

zu richten. Dort sind auch die Gebühren und Verwaltungsabgaben zu entrichten.

Gehsteig-Erhaltungspflicht und Übernahme in die Erhaltung der Stadt Wien

Mit Rechtskraft der Gehsteigkonstatierung geht der Gehsteig in das Eigentum der Stadt Wien über. Die Pflicht zur Erhaltung verbleibt jedoch beim Eigentümer des Bauwerkes, vor dem der Gehsteig errichtet wurde.

Nach Ablauf der im Bescheid über die Gehsteigkonstatierung festgelegten Frist oder wenn der Gehsteig während dieser Zeit für öffentliche Zwecke aufgegraben wurde, kann um Übernahme des Gehsteiges in die Erhaltung der Stadt Wien bei der

MA 28
17, Lienfeldergasse 96

angesucht werden.

Gehsteigauf- und -überfahrten werden nicht in die Erhaltung der Stadt Wien übernommen.

Öffentliche Straßen oder Plätze – Aufgrabung

Jede Aufgrabung in einer öffentlichen Verkehrs- und Erholungsfläche bedarf der vorherigen Bewilligung der

MA 28
17, Lienfeldergasse 96,

die nur unter bestimmten technischen Bedingungen erteilt werden kann. Es ist daher bei notwendigen Aufgrabungen, Minierungen oder Bohrungen, wie für Hauskanalanschlüsse, Einwurfschächte, Ölabfüll- und sonstige private Leitungen und Gehsteigherstellung, rechtzeitig bei der MA 28 um die Aufgrabungsbewilligung anzusuchen (gebührenfrei). Um Neuanschlüsse an das Gas-, Wasser-, Strom- und Fernsprech-, Fernwärmenetz und andere Netze ist bei den jeweiligen Leitungsbetreibern anzusuchen.

Straßen-(Fahrbahn- und Gehsteig-)Schäden

Für die Behebung von Straßenschäden ist die
MA 28
17, Lienfeldergasse 96
Tel. 488 34 . . ., 49600

zuständig, die jede Mitteilung (schriftlich oder telefonisch) über schadhafte Fahrbahn- oder Gehsteig-Stellen entgegennimmt (Journaldienst). Außerhalb der Dienststunden sind telefonische Mitteilungen an den

Permanenzingenieur
Tel. 40 00 . . ., 8280, oder 531 99 . . ., 512
zu richten.

Straßenbeleuchtung

Den eingetretenen Störungsfall im Interesse einer möglichst raschen Behebung bitte mit genauer Zeit- und Ortsangabe (z. B. seit gestern, dem 23. März, ist die Straßenlampe vor dem Haus 16, Friedmanngasse 27, finster) so rasch als möglich telefonisch an die
MA 33 (Öffentliche Beleuchtung)
11, Senngasse 2
Tel. 0800 33 8033
täglich von 0 bis 24 Uhr
melden.

Je schneller die richtige Meldung an diese Stelle kommt, desto rascher kann die Störung behoben werden.

Störung einer öffentlichen Uhr

Den Störungsfall mit genauer Zeit- und Ortsangabe (z. B. die öffentliche Uhr auf dem Lichtmast Margaretenplatz steht seit heute früh 8.20 Uhr, und ihre Zifferblätter waren gestern Abend nicht beleuchtet) auf kürzestem Weg (am besten telefonisch) unter
Tel. 0800 33 8033, an die
MA 33
11, Senngasse 2
täglich von 0 bis 24 Uhr
melden.

Je früher die Meldung einlangt, umso schneller kann die Störung behoben werden.

Ist eine kurzfristige Behebung der Störung nicht möglich, wird dies dadurch kenntlich gemacht, dass die Uhr außer Betrieb genommen und von Hand aus auf 12 Uhr gestellt wird.

WIENER UMWELTANWALTSCHAFT

19, Muthgasse 62
Tel. 379 79 . . . 0
Telefax: 379 79–99–88989
E-Mail: post@wua.magwien.gv.at
Montag bis Donnerstag von 8 bis 17 Uhr
Freitag von 8 bis 15.30 Uhr

Die Wiener Umweltanwaltschaft ist eine weisungsfreie und parteipolitisch unabhängige Einrichtung des Landes Wien zur fachkundigen Information und Beratung der Bevölkerung. Weiters vertritt sie die Interessen des Umweltschutzes in verschiedenen behördlichen Verfahren. Kurz gesagt: Die Wiener Umweltanwaltschaft ist die zentrale Anlaufstelle für alle Fragen zum Thema Ökologie und Umweltschutz in Wien.

Aufgaben der Umweltanwaltschaft

Es ist das Ziel, die Interessen des Umweltschutzes in Wien zu wahren und somit zu einer weiteren Verbesserung der Wiener Umweltsituation beizutragen:

- Reaktion auf Anfragen und Beschwerden aus der Bevölkerung
- Vertretung der Umweltinteressen in behördlichen Verfahren
- Beratung und Information der Auskunftssuchenden
- Kooperation mit allen umweltrelevanten Institutionen und Gruppierungen der Gesellschaft
- Vermittler und kritische Stimme in Fragen des Umweltschutzes

Zusätzlich erarbeitet die Wiener Umweltanwaltschaft im engen Dialog mit allen, die sich der ökologischen Verantwortung unserer Generation bewusst sind, Lösungsansätze für Umweltprobleme in Wien.

Umweltprobleme

- Die Wiener Umweltanwaltschaft entwickelt zu zahlreichen Umweltthemen Konzepte und legt diese im Anschluss den Politikern zur Entscheidungsfindung vor;
- die Wiener Umweltanwaltschaft hat volles Mitspracherecht im Umweltverträglichkeitsprüfungsverfahren sowie in bestimmten landesrechtlichen Verfahren, in denen die Interessen des Umweltschutzes vertreten werden;
- durch Stellungnahmen während der Begutachtungsfrist umweltrelevanter Gesetze besteht die Möglichkeit, schon im Vorfeld Verbesserungsvorschläge einzubringen;
- im Rahmen von Flächenwidmungsverfahren setzt sich die Wiener Umweltanwaltschaft im Sinne der Lebensqualität aller Wienerinnen und Wiener für eine ausreichende Zahl von Grünanlagen und Naherholungsgebieten ein.

UMWELT- UND NATURSCHUTZ

(MA 22)

Die Umweltschutzabteilung beschäftigt sich mit rechtlichen und technischen Angelegenheiten des Umweltschutzes. Eigene Fachreferate sind für die Bereiche Umweltrecht, Lärmschutz, Naturschutz, Umweltschutz & Stadtentwicklung, Luftreinhaltung, Abfallwirtschaft und für Forschungskoordination/EU-Aufgaben/Nachhaltige Entwicklung sowie für Umweltaspekte der Energiewirtschaft, Klimaschutz und Sonderaufgaben eingerichtet. Regelmäßig werden Betriebe und Unternehmen kontrolliert. Die Sachverständigen prüfen, ob umweltrelevante Gesetze und Verordnungen eingehalten und vorgeschriebene Maßnahmen zum Schutz der Umwelt auch wirklich durchgeführt werden. Die MA 22 betreibt auch ein eigenes Labor, das zum Beispiel die Regeninhaltsstoffe oder die Belastung des Bodens mit Schwermetallen überprüft. Darüber hinaus werden zahlreiche umweltbezogene Forschungsprojekte in Auftrag gegeben und betreut.

Information und Service sind ein weiterer Schwerpunkt: Zentrale Anlaufstelle für umweltrelevante Fragen und Beschwerden ist die

Wiener Umwelt-Hotline
Tel. 40 00 . . ., 8022

Folder und Broschüren können beim
Umwelt-Hotline-Folder-
Tel. 40 00 . . ., 88220
kostenlos bestellt werden.

Über die aktuelle Luftgüte informieren noch zwei Tonbanddienste:
Luftgüte Tel. 40 00 . . ., 8820
Ozon-Info Tel. 40 00 . . ., 88288

Die Umweltschutzabteilung ist auch via Internet erreichbar. Zum Internetangebot gehören u.a. die aktuellen Luftmesswerte, Infos zu den Schutzgebieten und Naturdenkmälern und verschiedene Fachinformationen, vom Lärmkataster über das Biotopmonitoring bis hin zum neuen Wiener Naturschutzgesetz. Die Umweltdaten der MA 22 – Umweltschutz sind via Internet abrufbar unter
http://www.wien.at/ma22

Luftreinhaltung

Der Zustand der Wiener Luft wird ständig von einem flächendeckenden Immissionsmessnetz mit 17 stationären und einem mobilen Luftmessbus überwacht. Es wird die Konzentration von Schwefeldioxid, Stickstoffdioxid, Kohlenmonoxid, Staub und Ozon erfasst. Dieses Messnetz wird von der MA 22 betrieben, die Messergebnisse sowie die Maßnahmen zur Luftreinhaltung werden in einem jährlichen Luftbericht dem Gemeinderat vorgelegt.

Die aktuellen Luftmesswerte können im Internet unter der Adresse
http://www.magwien.gv.at/ma22 bzw. beim
Luftgütetonbanddienst
Tel. 40 00 . . ., 8820 und beim
Computer Tonbanddienst OZONIX
Tel. 40 00 . . ., 88288
abgerufen werden. Weiters werden die Luftmesswerte in den meisten Tageszeitungen täglich im Nachhinein und im ORF-Teletext (aktuell) veröffentlicht.

Anfall und Entsorgung von gefährlichen Abfällen

Betriebe, bei denen gefährliche Abfälle anfallen, haben dies dem Landeshauptmann – in Wien der
MA 22
1, Ebendorferstraße 4
Tel. 40 00 . . ., 88337, 88338
– zu melden. Mittels eines Begleitscheinsystems, bei dem jede Übergabe und Übernahme des gefährlichen Abfalls bis hin zur Entsorgung vermerkt wird, soll gewährleistet werden, dass der Weg von gefährlichen Abfällen im Sinne des Abfallwirtschaftsgesetzes vom Entstehen (Abfallerzeuger) über den Transport bzw. die Zwischenlagerung (Abfallsammler) bis zur schadlosen Entsorgung (Abfallbehandler) genau verfolgt werden kann.

Für die Tätigkeit eines Abfallsammlers bzw. -behandlers von gefährlichem Abfall oder Altöl ist gemäß § 15 Abfallwirtschaftsgesetz eine Erlaubnis des Landeshauptmannes erforderlich. Eine Liste der Wiener Abfallsammler und -behandler kann bei der MA 22 angefordert werden (Tel. 40 00 . . ., 88267).

Private Haushalte und Firmen, bei denen haushaltsähnlicher Abfall anfällt, sind von der Melde- und Begleitscheinpflicht ausgenommen und können Problemstoffe – das sind kleine Mengen von im Haushalt anfallenden gefährlichen Abfällen, wie Lackrückstände, Lösungsmittel und sonstige Chemikalien (Säuren, Laugen und Fotochemikalien), sowie Gifte (z. B. Schädlings- und Unkrautbekämpfungsmittel, quecksilberhältige Abfälle) – an den Problemstoffsammelstellen der MA 48 kostenlos abgeben.

Auskünfte über Standorte für die Abgabe von Alt- und Problemstoffen sowie Sperrmüll erhält man beim
Misttelefon der MA 48
Tel. 546 48

Die Verkäufer von Motorölen sind verpflichtet, von ihren Kunden das aus dem Ölwechsel anfallende Altöl zurück zu nehmen und zu sammeln (bis 24 l kostenlos, darüber gegen Kostenersatz). Ebenso muss der Verkäufer von Ölfiltern die gebrauchten Ölfilter zurück nehmen und ordnungsgemäß entsorgen.

Anfall von nicht gefährlichen Abfällen

Altstoffe aus Haushalten (Altglas, Altpapier, Altmetall, Kunststofffolien und biogene Abfälle) sind nach dem Abfallwirtschaftsgesetz getrennt zu sammeln, d. h. in die Altstoffbehälter einzubringen und stofflich zu verwerten. Der Restmüll ist in die entsprechenden Restmüllbehälter zu geben.

Die Tätigkeit des Sammelns und Behandelns von nicht gefährlichen Abfällen und Altstoffen in Wien ist anzeigepflichtig.

Eine Liste der befugten Sammler und Behandler ist bei der MA 22 erhältlich (Tel. 40 00 . . ., 88267).

Altlasten

Altlasten sind Altablagerungen (befugte oder unbefugte Ablagerungen von Abfällen) und Altstandorte (Standorte von Anlagen, in denen mit Umwelt gefährdenden Stoffen umgegangen wurde) oder durch diese kontaminierte Böden und Grundwasser, von denen erhebliche Gefahren für die Gesundheit des Menschen oder die Umwelt ausgehen. In Wien sind derzeit etwa 14.000 Verdachtsflächenstandorte bekannt. Dabei handelt es sich zum Beispiel um frühere Industrie- und Gewerbestandorte, ehemalige Tankstellen oder Tanklager, aber auch um Flächen, die als Deponie genutzt wurden.

Wird eine Altlast im Zuge der Errichtung eines Bauwerkes entdeckt, können unerwartete Bauverzögerungen und hohe Kosten entstehen, wenn das verunreinigte Erdreich oder der Bauschutt als gefährlicher Abfall entsorgt werden muss. Um solche Unannehmlichkeiten auf ein Mindestmaß einzuschränken, sollte daher schon vor Inangriffnahme einer Bauführung Meldung an die Behörde

MA 22, Wiener Umwelt-Hotline
Tel. 40 00 . . ., 8022

erstattet werden, wenn auf einer Liegenschaft eine Altlast vermutet wird. Wird während der Bauführung eine Altlast angetroffen, ist unverzüglich die Behörde davon in Kenntnis zu setzen. Das Umweltbundesamt führt den Altlastenatlas, in den jedermann während der Amtsstunden sowohl beim Bundesministerium für Land- und Forstwirtschaft, Umwelt und Wasserwirtschaft als auch in der MA 45 Einsicht zu gewähren ist.

Die Finanzierung der Sicherung und Sanierung von Altlasten wird durch das mit 1. Juli 1989 in Kraft getretene Altlastensanierungsgesetz, BGBl. Nr. 299 in der geltenden Fassung, geregelt. Mit Vollziehung dieses Gesetzes sind auf Landesebene die Magistratischen Bezirksämter sowie die MA 22, 45, 48, 58, 63 und 64 betraut.

Bekämpfung von Eis- und Schneeglätte

Grundsätzlich muss jeder Hauseigentümer in der Zeit von 6 bis 22 Uhr dafür sorgen, dass die Gehsteige vor seinem Haus bzw. Grund geräumt sind. Auftaumittel, die Natrium ("Salz") oder Halogenide enthalten, dürfen nicht verwendet werden.

Für alle Straßen, die von Bussen oder Schienenfahrzeugen befahren werden, wurde eine Ausnahmeregelung erlassen, wonach Feuchtsalz (NaCl benetzt mit Kalziumchlorid) angewendet werden darf. Schienenstraßen wurden deshalb in diese Ausnahmeregelung aufgenommen, um zu vermeiden, dass der öffentliche Verkehr durch hängen gebliebene Fahrzeuge beeinträchtigt wird.

Um die durch NaCl-haltige Auftaumittel verursachten Schäden geringer zu halten, wird auf die mit Salz behandelten Straßen samt Begleitgrün am Ende der Wintersaison Frischwasser aufgebracht. Bei besonders schützenswerten Baumreihen muss das pflanzenverträgliche Kaliumkarbonat eingesetzt werden.

Lärmprobleme

Die MA 22, Referat Lärmschutz, erfüllt im Behördenverfahren Sachverständigentätigkeit bzw. führt in diesem Zusammenhang Lärmmessungen durch. Ebenso werden Grundlagen der Lärmbekämpfung für die Verkehrs- und Raumplanung erarbeitet. Baulärmprobleme können unter der

Wiener Umwelt-Hotline
Tel. 40 00 . . ., 8022

gemeldet werden.

Was beim Bauen und Sanieren für einen besseren Lärmschutz getan werden kann, ist in der Fibel „Weniger Lärm in Haus und Wohnung" zusammen gefasst; Tipps und Ratschläge, wie jeder Einzelne sich vor Lärm schützen kann, sind aus der Lärmfibel ersichtlich. Beide Broschüren sind beim

Foldertelefon der MA 22
Tel. 40 00 . . ., 88220

kostenlos erhältlich.

Artenschutz

Zu dem Übereinkommen über den internationalen Handel mit gefährdeten Arten freilebender Tiere und Pflanzen (Washingtoner Artenschutzübereinkommen) wurden in Wien begleitende landesrechtliche Regelungen erlassen. Daraus ergeben sich bestimmte Meldepflichten für Halter und Inhaber von gefährdeten Tieren und Pflanzen sowie Züchter. Auskünfte werden unter

Tel. 40 00 . . ., 88317, 8823 und 88239

erteilt.

Umgang mit Chemikalien und Bioziden

Die gesetzlichen Regelungen zum Chemikaliengesetz sollen vorsorglich das Leben und die Gesundheit des Menschen sowie die Umwelt vor unmittelbar oder

Jeweils drei Mitglieder bilden eine Kammer. Jeder Kammer ist eine eigene Geschäftsabteilung angeschlossen. Die Geschäftsabteilungen sind mit weisungsgebundenem Verwaltungspersonal besetzt, während die Mitglieder des UVS Wien von der Wiener Landesregierung unbefristet ernannt werden und ihre Tätigkeit völlig weisungsfrei ausüben. Welche Kammer mit welcher Rechtsmaterie befasst ist, bestimmt die Geschäftsverteilung, die in der Protokollstelle zur Einsichtnahme aufliegt. Die Geschäftsverteilung regelt auch die Zuteilung aller einlangenden Geschäftsfälle innerhalb des UVS Wien an die einzelnen Mitglieder.

Zuständigkeit des UVS Wien

Die unabhängigen Verwaltungssenate erkennen gemäß Art. 129a Abs. 1 B-VG nach Erschöpfung des administrativen Instanzenzuges, sofern ein solcher in Betracht kommt,

1. in Verfahren wegen Verwaltungsübertretungen, ausgenommen Finanzstrafsachen des Bundes,

2. über Beschwerden von Personen, die behaupten, durch die Ausübung unmittelbarer verwaltungsbehördlicher Befehls- und Zwangsgewalt in ihren Rechten verletzt zu sein, ausgenommen in Finanzstrafsachen des Bundes,

3. in sonstigen Angelegenheiten, die ihnen durch die die einzelnen Gebiete der Verwaltung regelnden Bundes- oder Landesgesetze zugewiesen werden,

4. über Beschwerden wegen Verletzung der Entscheidungspflicht in Angelegenheiten der Z. 1, soweit es sich um Privatanklagesachen oder um das landesgesetzliche Abgabenstrafrecht handelt.

Berufung an den UVS

Die Berufung ist bei der Behörde erster Instanz einzubringen, die den Bescheid, gegen den sich die Berufung richtet, erlassen hat. Nähere Angaben, etwa über die zulässige Form und einzuhaltende Fristen, finden sich in der Rechtsmittelbelehrung dieses Bescheides. Der UVS Wien kann den Bescheid vollinhaltlich oder teilweise bestätigen, gänzlich aufheben oder nur die Strafe herabsetzen. Aufgrund einer vom Beschuldigten oder aufgrund einer zu seinen Gunsten erhobenen Berufung darf in einer Berufungsentscheidung keine höhere Strafe verhängt werden als im angefochtenen Bescheid.

Berufungen sind gegen Schuld und Strafe oder nur gegen das Strafausmaß möglich.

Die Berufung muss enthalten:

- die genaue Benennung des Bescheides, gegen den sie sich richtet,

- einen Antrag, was mit der Berufung beabsichtigt wird, und

- eine Begründung.

Berufungen im Verwaltungsstrafverfahren sind gebührenfrei. Bei erfolgloser Berufung sind allerdings 20 % des Strafbetrages als Verwaltungskosten zu entrichten. Es besteht kein Anwaltszwang.

Entscheidungen des UVS

Der UVS Wien entscheidet durch Kammern oder Einzelmitglieder. Jede Kammer besteht aus drei Mitgliedern ("Tribunal"). Die Entscheidungen der unabhängigen Verwaltungssenate müssen dann durch eine Kammer erfolgen, wenn im angefochtenen Bescheid eine primäre Freiheitsstrafe oder eine den Betrag von 726 EUR übersteigende Geldstrafe verhängt wurde, sowie in einigen Administrativverfahren, bei denen der Landeshauptmann von Wien oder der Magistrat der Stadt Wien erstinstanzliche Behörde ist (z.B. nach dem Kraftfahrgesetz, Güterbeförderungsgesetz, Gelegenheitsverkehrsgesetz, Wiener Ausländergrunderwerbsgesetz). Treffen diese Kriterien nicht zu, so entscheiden die unabhängigen Verwaltungssenate durch ein Einzelmitglied. Über Beschwerden gegen die Ausübung unmittelbarer verwaltungsbehördlicher Befehls- und Zwangsgewalt ("Maßnahmen-Beschwerden") und über Beschwerden gegen die Anhaltung in Schubhaft entscheidet der UVS Wien ebenso durch eines seiner Mitglieder.

Wenn die Berufung nicht zurückzuweisen ist oder wenn nicht bereits aus der Aktenlage oder aufgrund ergänzender Erhebungen hervorgeht, dass der angefochtene Bescheid aufzuheben ist, ist eine öffentliche mündliche Verhandlung anzuberaumen. Wenn in der Berufung nur eine unrichtige rechtliche Beurteilung behauptet wird, wenn sich die Berufung nur gegen die Höhe der Strafe richtet oder unter weiteren bestimmten Voraussetzungen, die im Verwaltungsstrafgesetz näher bezeichnet sind, kann eine Verhandlung unterbleiben. Wenn eine Partei aber die Durchführung einer Verhandlung ausdrücklich verlangt, ist diese auf jeden Fall abzuhalten.

Mit der Entscheidung durch den UVS endet der ordentliche Instanzenzug im Verwaltungsstrafverfahren. Gegen die Berufungsbescheide des UVS Wien ist nur noch der außerordentliche Rechtsweg zu Verwaltungsgerichtshof und Verfassungsgerichtshof möglich. Bei beiden Gerichtshöfen besteht im Gegensatz zum Unabhängigen Verwaltungssenat Anwaltszwang! Die Antragstellung muss innerhalb von sechs Wochen ab Zustellung des Bescheides des UVS Wien erfolgen.

VERANSTALTUNGSWESEN

(MA 7, 36)

Wiener Veranstaltungsgesetz

Das Wiener Veranstaltungsgesetz gilt für Theateraufführungen jeder Art sowie für öffentliche Schaustellungen, Darstellungen und Belustigungen.

Technische Bestimmungen betreffend Veranstaltungsstätten enthält das Wiener Veranstaltungsstättengesetz.

Das Wiener Veranstaltungsgesetz gilt für öffentliche Veranstaltungen, das sind Veranstaltungen, die entweder allgemein zugänglich sind oder an denen mehr als 20 Personen teilnehmen können. Veranstaltungen sind nicht öffentlich, wenn es sich nur um Familienfeiern handelt oder um solche häusliche Veranstaltungen, die in bestimmungsgemäßer Verwendung einer privaten Wohnung stattfinden.

Das Wiener Veranstaltungsgesetz unterscheidet drei Gruppen von Veranstaltungen:

1. anmeldepflichtige: z.B. Feste, Bälle, Konzerte

2. konzessionspflichtige: z.B. Publikumstanz, Zirkus, Tierschau, Unterhaltungs- und Münzgewinnspielapparate

3. Veranstaltungen, die weder anmelde- noch konzessionspflichtig sind: z.B. musikalische Darbietungen in Gastgewerbebetrieben oder Buschenschenken, Vorträge und Vorlesungen

Anmeldepflichtige Veranstaltungen sind der Behörde rechtzeitig bekannt zu geben (anzumelden). Über die rechtswirksame Anmeldung wird eine Bescheinigung ausgestellt, die während der Veranstaltung bereitzuhalten und im Falle einer Überprüfung Organen des Magistrats oder der Bundespolizeidirektion Wien vorzuweisen ist. Der Konzessionserteilung hat ein Ermittlungsverfahren voranzugehen. Die Konzessionserteilung erfolgt mit Bescheid.

Die für die Anmeldung und Konzessionserteilung von Veranstaltungen zuständige
MA 36 nimmt Anmeldungen täglich
Montag bis Freitag von 8 bis 13 Uhr
in der Anmeldestelle des Dezernats K in
20, Dresdner Straße 75, 1. Stock, Tür 102
entgegen. Dort können auch Konzessionsansuchen eingebracht werden.

Veranstaltungen sind grundsätzlich eine Woche vor dem Veranstaltungstag/-beginn anzumelden.

Können an der Veranstaltung nur weniger als 100 Personen teilnehmen, ist die Anmeldung grundsätzlich auch noch einen Tag vor der Veranstaltung möglich.

Hinsichtlich der Entrichtung der Vergnügungssteuer bei Anmeldung von Veranstaltungen
→ „Steuern, Abgaben und Gebühren“

Eine wesentliche Voraussetzung für die Konzessionserteilung oder das Rechtswirksamwerden der Anmeldung einer Veranstaltung ist, dass die Veranstaltungsstätte in bau- und feuerpolizeilicher sowie in betriebstechnischer Hinsicht entweder als geeignet angesehen werden kann (Eignungsvermutung) oder die Eignung bescheidmäßig festgestellt wurde. Die bescheidmäßige Eignungsfeststellung der Veranstaltungsstätte (durch das Dezernat V der MA 36) ist für konzessionspflichtige und bestimmte anmeldepflichtige Veranstaltungen unabdingbare Voraussetzung.

Für Konzessionserteilungen ist ferner die Verlässlichkeit des Konzessionswerbers oder Geschäftsführers ein wesentliches Kriterium.

Konzession nach dem Wiener Kinogesetz

Für die öffentliche Aufführung von Filmen und von anderen durch Projektion oder auf ähnliche Weise erzeugten Bildern ist eine Bewilligung nach dem Wiener Kinogesetz erforderlich.

Von der Konzessionspflicht ausgenommen sind jedoch Aufführungen von Stehbildern und von Schmalfilmen bis 10 mm Breite sowie die Aufführung von durch Wiedergabe von Video- oder Fernsehaufzeichnungen erzeugten Bildern, wenn sie nicht im Rahmen eines Erwerbsunternehmens stattfinden.

Ansuchen sind bei der
MA 36 – Dezernat K
20, Dresdner Straße 75, 1. Stock, Tür 102
einzubringen.

Voraussetzung für die Erteilung einer Konzession für die öffentliche Aufführung von Filmen usw. ist unter anderem die Feststellung der Eignung der Betriebsstätte.

Genehmigung von Veranstaltungsstätten

Die Eignungsfeststellung (Genehmigung) der Veranstaltungs-(Betriebs-)Stätte in bau- und feuerpolizeilicher sowie betriebstechnischer Hinsicht erfolgt durch die
MA 36 – Dezernat V
(Technische Theater- und Kinopolizei,
technische Sicherheitseinrichtungen bei
Menschenansammlungen),
20, Dresdner Straße 75, 4. Stock.

Diesbezüglichen Ansuchen an diese Abteilung sind Skizzen und Pläne im Maßstab 1 : 100 und eine Beschreibung (2-fach) anzuschließen.

Im Verfahren zur Eignungsfeststellung ist neben den Kriterien der ordnungsgemäßigen Ausstattung und Betriebssicherheit der Veranstaltungsstätte auch auf das Erfordernis einer behindertengerechten Einrichtung Bedacht zu nehmen.

Eine Informationsbroschüre (Event Manager der Stadt Wien) ist in der
MA 36 und bei der
Stadtinformation im Rathaus
(Eingang Friedrich-Schmidt-Platz)
erhältlich.

Anbringen können bei der MA 36 auch per
Telefax
40 00–99–92110 – MA 36 – Dezernat V oder
40 00–99–84771 – MA 36 – Dezernat K oder per
E-Mail: post@m36.magwien.gv.at
eingebracht werden.

Parteienverkehr:
Dienstag und Donnerstag von
8 bis 12 Uhr

VETERINÄRWESEN

(MA 60)

Veranstaltungen mit Tieren – Tierausstellungen

Veranstaltungen mit Tieren sind konzessionspflichtig. Zuständig:
MA 36 – Dezernat K
Die Einhaltung von veterinärpolizeilichen und tierschutzrechtlichen Auflagen werden von der
MA 60
überprüft.
Auskünfte:
Tierschutzreferat
Tel. 795 14 . . ., 97631

Reisen mit Tieren

In den meisten Staaten ist für Hunde und Katzen eine Tollwutschutzimpfung vorgeschrieben. Der Nachweis erfolgt durch einen internationalen Impfpass und/oder ein amtstierärztliches Gesundheitszeugnis. Dieses wird in den Veterinäramtsabteilungen von 8 bis 9 Uhr und von 14 bis 15 Uhr ausgestellt.
An Samstagen, Sonn- und Feiertagen steht dafür der
Tierärztliche Permanenzdienst
3, Viehmarktgasse 5–7
Tel. 795 14 . . ., 97725
von 8 bis 10 Uhr
zur Verfügung.

Tod eines Tieres

In Wien besteht für verendete oder getötete Tiere ein Ablieferungszwang.

Die Tiere werden kostenlos von der
Tierkörperbeseitigung Ges.m.b.H.
11, Simmeringer Lände 208
abgeholt.

Der Tierbesitzer hat die Abholung verendeter Tiere bei der Tierkörperbeseitigung
Tel. 767 61 76
anzumelden.

Weiters besteht in Wien die Möglichkeit, das Tier kremieren zu lassen:
Wiener Tierkrematorium
Tel. 523 46 79

Sollen Tiere zur Bestattung in ein anderes Bundesland verbracht werden, ist bei der
MA 58
Tel. 40 00 . . ., 96824
um Ausnahme vom Ablieferungszwang anzusuchen.

Anzeige von Tierseuchen

Der Tierbesitzer hat den Verdacht auf eine Tierseuche unverzüglich, d. h. so rasch wie möglich, dem Amtstierarzt, dem magistratischen Bezirksamt oder der nächsten Polizeidienststelle mitzuteilen.
Auskünfte über klinische Anzeichen einer Tierseuche geben die Amtstierärzte sowie die praktischen Tierärzte.

Bissverletzungen

Bei Bissverletzungen durch einen Hund, eine Katze oder ein anderes Tier muss das Tier am ersten und am zehnten Tag nach dem Biss von einem Tierarzt auf Wutsymptome untersucht werden. Während dieser Zeit muss das Tier sicher verwahrt werden (Kontumaz). Die Anordnung und Durchsetzung der tierärztlichen Untersuchung und sicheren Verwahrung erfolgt durch Organe der Bundespolizei. Wenn Tiere, die sich in dem zehntägigen Beobachtungszeitraum befinden, verenden, getötet werden müssen oder sich im Verhalten auffällig verändern, ist dies umgehend der nächsten Veterinäramtsabteilung zu melden.

Tierhaltungs- und Tierschutzfragen

Das Referat für Tierschutz des Veterinäramtes der Stadt Wien sowie die Veterinäramtsabteilungen in den Bezirken erteilen in Fragen der Tierhaltung und des Tierschutzes Auskunft.

Tierschutz-Helpline: 40 00 . . ., 8060

Anzeigen in Tierschutzangelegenheiten

Anzeigen in Tierschutzangelegenheiten sollen in Wien an die Veterinäramtsabteilungen in den Bezirken, an den amtstierärztlichen Permanenzdienst oder das Referat für Tierschutz des Veterinäramtes gerichtet werden.

Tierschutz-Helpline: 40 00 . . ., 8060

Verbot des Haltens von verschiedenen Tieren

Aufgrund des Wiener Tierschutz- und Tierhaltegesetzes ist das Halten bestimmter Tierarten aus Tierschutzgründen bewilligungspflichtig oder überhaupt verboten.

Tierschutz-Helpline: 40 00 . . ., 8060

Telefonische Erreichbarkeiten

Veterinäramt
Tierschutz-Helpline:
Tel. 40 00 . . ., 8060
Montag bis Freitag von 7.30 bis 15.30 Uhr

Tierärztlicher Permanenzdienst:
Tel. 795 14 . . ., 97725
Montag bis Freitag von 15.30 bis 7.30 Uhr,
Samstag, Sonn- und Feiertag von 0 bis 24 Uhr

Hygienereferat:
Tel. 795 14 . . ., 97661
Montag bis Freitag von 7.30 bis 15.30 Uhr

Veterinäramtsabteilungen
Montag bis Freitag von
8 bis 9 Uhr und von 14 bis 15 Uhr

1., 2., 3., 4., 5., 6., 7., 8., 9., 20. Bezirk	711 34 . . ., 03450
10., 11. Bezirk	605 34 . . ., 10450
12., 13., 14. Bezirk	878 34 . . ., 13450
15., 16., 17., 18., 19. Bezirk	491 96 . . ., 16450
21., 22. Bezirk	277 34 . . ., 21450
23. Bezirk	888 10 69

WÄHLEREVIDENZ

(MA 62)

Die Wählerevidenz wird mittels elektronischer Datenverarbeitungsanlage geführt. Sie bildet die Grundlage für das Wählerverzeichnis bei den Nationalrats- und Gemeinderatswahlen sowie bei der Wahl des Bundespräsidenten. Auch die für die Durchführung von Volksbegehren und Volksabstimmungen erforderlichen Stimmlisten werden aufgrund der Wählerevidenz hergestellt.

In die Wiener Wählerevidenz kann bei der
MA 62
8, Lerchenfelder Straße 4
Montag bis Mittwoch und Freitag von 8 bis 15.30 Uhr und Donnerstag von 8 bis 17.30 Uhr
Einsicht genommen, und es können auch mündliche oder schriftliche Einsprüche gegen die Wählerevidenz eingebracht werden.

Obiges gilt sinngemäß auch für die Führung der Europa-Wählerevidenz, in welche EU-Bürger mit Hauptwohnsitz in Wien aufgenommen werden.

Auskünfte unter
Tel. 40 00 . . ., 89431, 89441, 89451
89461, 89471 und 89481

WASSERRECHT

(MA 45, 58)

Vorschriften zum Schutz der Wasserbeschaffenheit

Alle Gewässer sind so rein zu halten, dass die Gesundheit von Menschen und Tieren nicht gefährdet ist, Grund- und Quellwasser als Trinkwasser verwendet, Tagwässer zum Gemeingebrauch sowie zu gewerblichen Zwecken benutzt, Fischwässer erhalten sowie Beeinträchtigungen des Landschaftsbildes und sonstige fühlbare Schädigungen vermieden werden können.

Jedermann ist daher verpflichtet, seine Anlagen so herzustellen, instand zu halten und zu betreiben oder sich so zu verhalten, dass eine Gewässerverunreinigung vermieden wird. Tritt dennoch die Gefahr einer Gewässerverunreinigung ein, hat der Verpflichtete unverzüglich die zur Vermeidung einer Verunreinigung erforderlichen Maßnahmen (etwa Verhindern des weiteren Auslaufens von Motoröl oder Kraftstoff sowie ordnungsgemäße Beseitigung des bereits ausgelaufenen Schadstoffes usw.) zu treffen und die Behörde zu verständigen.

Die Einleitung von Abwässern in Gewässer ist nur aufgrund einer wasserrechtlichen Bewilligung zulässig. Eine Bewilligung hiezu kann nur erteilt werden, wenn die Abwässer einer geeigneten Reinigung unterzogen werden. Für Wien ist die

MA 58 zuständig
Tel. 40 00 . . ., 96815
Montag bis Freitag von 8 bis 15.30 Uhr
Telefax: 40 00–99–96810
E-Mail: post@m58.magwien.gv.at

Abwasserbeseitigung durch Einleitung in einen öffentlichen Kanal (Indirekteinleiter)

Die Einleitung von Abwasser in einen öffentlichen Kanal darf nur mit Zustimmung der Stadt Wien – MA 30 erfolgen. Eine gesonderte Bewilligung durch die Wasserrechtsbehörde kann in bestimmten Fällen erforderlich sein (z.B. bei der Einleitung von Abwasser, das aus Chemischreinigungsprozessen von Textilien u.dgl., aus der Herstellung von organischen oder anorganischen Chemikalien usw. stammt).

Jedenfalls hat jeder, der Abwasser in einen öffentlichen Kanal einbringen will, vor Beginn der Ableitung dem Kanalisationsunternehmen die einzubringenden Stoffe, die Frachten, die Abwassermenge sowie andere Einleitungs- und Überwachungsgegebenheiten mitzuteilen. Darüber hinaus ist dem Kanalisationsunternehmen in Abständen von längstens zwei Jahren durch einen Befugten ein Nachweis über die Beschaffenheit der Abwässer zu übermitteln.

Lagerung und Leitung wassergefährdender Stoffe

Anlagen zur Lagerung und Leitung wassergefährdender Stoffe (z.B. Anlagen zur Lagerung von Brenn- und Kraftstoffen auf Mineralölbasis) müssen so beschaffen sein und so errichtet, betrieben und aufgelassen werden, dass eine Verunreinigung der Gewässer oder eine sonstige nachteilige Veränderung ihrer Eigenschaften nicht zu erwarten ist. Wassergefährdend sind Stoffe, die zufolge ihrer schädlichen Eigenschaften für den Menschen oder für Wassertiere oder -pflanzen, insbesondere wegen Giftigkeit, geringer biologischer Abbaubarkeit, Anreicherungsfähigkeit, sensorischer Auswirkungen und Mobilität, bei Einwirkung auf Gewässer deren ökologische Funktionsfähigkeit oder Nutzbarkeit, vor allem zur Wasserversorgung, nachhaltig zu beeinträchtigen vermögen.

Auskünfte erteilt für Wien die MA 58.

Die Betreiber der obgenannten Anlagen sind verpflichtet, Störfälle und Verluste wassergefährdender Stoffe unverzüglich der zuständigen Behörde und der Gewässeraufsicht

MA 45
Tel. 40 00 . . ., 96551

zu melden.

Auskunft über Grundwasserstände

Die MA 45 unterhält in Wien ein ausgedehntes Netz von Grundwasserbeobachtungsstellen. Aus den langjährigen Beobachtungsdaten sind exakte Aussagen über die Grundwasserverhältnisse im Einflussbereich der Beobachtungsstellen möglich.

Die von der Abteilung gesammelten Beobachtungsergebnisse stehen der Öffentlichkeit bei der

MA 45
16, Wilhelminenstraße 93, Erdgeschoß

zur Verfügung. Grundwasserdaten können weiters bei der

MA 29 – Baugrundkataster
16, Wilhelminenstraße 93, Erdgeschoß

erhoben werden.

Planung und Projektierung von Wasseranlagen

Alle Stellen und Unternehmungen, die Wasseranlagen in Wien projektieren, haben solche Bauvorhaben dem wasserwirtschaftlichen Planungsorgan des Landes Wien

MA 45
16, Wilhelminenstraße 93, 1. Stock

schon vor der Projektierung anzuzeigen. Hiebei können dort für die Planung und Projektierung wichtige Informationen eingeholt werden.

Wasseranlagen sind beispielsweise Wasserversorgungsanlagen (Brunnen u.dgl.), Abwasserentsorgungsanlagen (Kläranlagen u.dgl.), Anlagen zur Gewinnung von Erdwärme oder zur Wärmenutzung der Gewässer (Wasser-Wasser-Wärmepumpen usw.), Kühlwasserversickerungen, Gewässerschutzbauten, Bauten innerhalb des Hochwasserabflussbereiches, Abfalldeponien usw.

WASSERVERSORGUNG

(MA 31)

Tel. 599 59 . . .0
E-Mail: post@m31.magwien.gv.at
Homepage: http://www.wienwasser.at

Bei Gebrechen und Undichtheiten an der Innenanlage, d. s. alle Wasserleitungsanlagen nach dem Wasserzähler bzw. der Wasserzähleranlage, ist bis zu deren Behebung das der Gebrechensstelle nächst liegende Absperrventil zu schließen, wobei die von der Absperrung betroffenen Wasserverbraucher nach Möglichkeit rechtzeitig vorher zu verständigen sind. Gebrechen an der Innenanlage sind sowohl vom Wasserabnehmer als auch von den einzelnen Wasserverbrauchern (Mieter, Pächter usw.) hinsichtlich der innerhalb ihrer gemieteten Räume befindlichen Wasserversorgungsanlagen (Auslaufhähne, WC-Spülungen usw.) unverzüglich von einem hiezu befugten Installateur beheben zu lassen. Über den

Tonbanddienst der
Wiener Landesinnung der Installateure
Tel. 586 37 30

werden Bereitschaftsfirmen genannt, die auch außerhalb der normalen Arbeitszeit verfügbar sind.

Anmeldung eines Wasseranschlusses

Für die Anmeldung eines Wasserbezuges ist es erforderlich, dass vom Wasserabnehmer ein bei den Wasserwerken

MA 31
6, Grabnergasse 4–6

erhältliches Wasserbezugs-Anmeldeformular ausgefüllt wird. Auf diesem Formular haben alle Grundeigentümer die Zustimmung mittels Unterschrift zu geben. Weiters ist ein Grundbesitznachweis zur Einsicht vorzulegen und ein Kellerplan mit eingezeichnetem Wasserzählerraum bzw. ein Lageplan beizulegen.

Wasserleitungsgebrechen

Wahrgenommene Gebrechen an öffentlichen Wasserleitungseinrichtungen (Straßenrohrsträngen, Auslaufbrunnen, Hydranten usw.) sind unverzüglich den

Wasserwerken
6, Grabnergasse 4–6
Tel. 599 59 . . . 0

anzuzeigen.

Das Gleiche gilt auch bei Gebrechen an der Abzweigleitung (Anschlussleitung), das ist die Leitung vom Straßenrohrstrang bis zum Wasserzähler, oder am Wasserzähler.

Die eigenmächtige Behebung von Gebrechen an der Abzweigleitung oder am Wasserzähler durch den Wasserabnehmer oder einen von ihm beauftragten konzessionierten Installateur ist untersagt.

Der Wasserleitungsbereitschaftsdienst ist bei
Tag und Nacht unter
Tel. 599 59 . . . 0

erreichbar. Die Feuerwehr ist in solchen Fällen nicht zu alarmieren.

Die Kosten der Herstellung einer Abzweigleitung hat der Wasserabnehmer zu tragen. Er hat vor Beginn der Herstellungsarbeiten eine Vorauszahlung in der Höhe der voraussichtlichen Kosten zu erlegen. Weiters ist der Wasserzähleraufstellungsplatz nach Angaben der Wasserwerke zu schaffen. Die Herstellung der Abzweigleitung erfolgt durch die Stadt Wien. Die Abrechnung der Herstellungskosten, wozu auch die Oberflächeninstandsetzung der Straße (Fahrbahn und Gehsteig) zählt, erfolgt aufgrund des tatsächlichen Ausmaßes.

Der Wasserzähler wird von der Stadt Wien beigestellt und bleibt deren Eigentum. Zusätzlich zu den Herstellungskosten ist auch eine Anschlussabgabe zu bezahlen, deren Höhe sich nach der Dimension der Abzweigleitung richtet.

Sofern etwa durch Betriebsstilllegungen oder Hausabbrüche ein Wasseranschluss nicht mehr benötigt wird, hat die schriftliche Anzeige über das Ende des Wasserbezuges vom Wasserabnehmer innerhalb von zwei Wochen zu erfolgen.

Vom Wasserabnehmer sind nur die Ausschaltungskosten des Wasserzählers zu bezahlen. Die Kosten fürdie Totlegung der Abzweigleitung trägt die Stadt Wien.

Änderungen in der Person des Wasserabnehmers sind binnen zwei Wochen schriftlich bei der

MA 4, Ref. 6
1, Ebendorferstraße 2 anzuzeigen.

Schutz der Wasserleitungseinrichtungen gegen Frost

Zur Verhinderung des Einfrierens der Wasserleitungseinrichtungen sind die Kelleröffnungen geschlossen zu halten. Die freiliegenden Wasserleitungsteile, wie Wasserzähleranlage, Hauswechsel, Wasserzähler usw., sind in geeigneter und ausreichender Weise vor Frost zu schützen. Dies kann durch Umhüllung mit Dämmmaterial oder durch geeignete Wärmezufuhr (Frostwächter) erfolgen. Die zu diesem Zweck angebrachten Umhüllungen müssen derart beschaffen sein, dass sie vom Ableseorgan einfach und ohne Zeitverlust entfernt werden können. Bei andauernder Kälte empfiehlt es sich, um ein Einfrieren der Stockwerksleitungen zu vermeiden, die Haustore und Gangfenster geschlossen zu halten und auch für eine entsprechende Wärmezufuhr (Frostwächter usw.) zu sorgen.

Haftung der Stadt Wien für Störungen, Unterbrechungen, Betriebsdruck, Wasserbeschaffenheit

Die Stadt Wien haftet nicht für Schäden, die durch Veränderungen der Druckverhältnisse oder der Wasserbeschaffenheit oder durch Störung oder Unterbrechung der Wasserversorgung eintreten.

Zutritt zu den Wasserversorgungsanlagen

Der Behörde ist der Zutritt zu allen Wasserversorgungsanlagen in Grundstücken, Gebäuden oder Teilen von solchen (Wohnungen, Geschäftslokale, Betriebe, Kellerabteilungen u. dgl.) vom Verfügungsberechtigten zu gestatten, der auch zum Öffnen verschlossener Türen und zu solchen Hilfeleistungen verpflichtet ist, die er ohne nennenswerten Einsatz seiner Arbeitskraft besorgen kann (Abheben und Auflegen von Schachtdeckeln u. dgl.); allenfalls vorhandenes Grundwasser ist aus dem Wasserzählerschacht zu entfernen.

Vorübergehende Absperrung des Wasserzuflusses

Bei einer erforderlichen Absperrung des Wasserzuflusses ist der Wasserabnehmer bzw. sein Vertreter (Hausbesorger) verpflichtet, unverzüglich sämtliche von der Absperrung betroffenen Wasserverbraucher in Kenntnis zu setzen.

Anfragen in Wassergebührenangelegenheiten

Anfragen über die Höhe der Gebühren (Gebührenbemessung) sind an die
MA 4, Ref. 6 (Wasser- und Abwassergebühren)
1, Ebendorferstraße 2
zu richten. Dabei ist die im Gebührenbescheid links oben angeführte Kontonummer anzugeben.

In Fragen der Entrichtung der Gebühr (Einzahlung, Rückstände, Guthaben) gibt die zuständige Stadtkasse Auskunft.

Verwendung einer Wasserleitungsanlage als elektrische Erdung

Für den zunehmend stärkeren Stromverbrauch ist die Erdungsqualität des Wasserrohrnetzes als Schutzerdung nicht mehr ausreichend. Eine den heutigen elektrotechnischen Sicherheitsvorschriften entsprechende Anpassung dieser Schutzerdung ist am Wasserrohrnetz nicht möglich.

Die MA 31 hat alle Wasserabnehmer schriftlich auf den Umstand hingewiesen, dass die Wasserleitung aus technischen Gründen ab 1. Jänner 2001 generell als Schutzerder nicht mehr geeignet ist. WIENSTROM hat daraufhin alle Stromkunden schriftlich darüber informiert, dass der Anschluss des Schutzleiters an das Wasserleitungsrohr ab 1. Jänner 2001 nicht mehr zulässig ist. Auch die Hausverwaltungen und Grundeigentümer wurden in diese Informationskampagne einbezogen.

Die Benützung der Wasserleitung als Schutzerder ist daher nicht mehr zulässig.

Im Elektrotechnikgesetz ist geregelt, dass die Betreiber elektrischer Anlagen diese auch sicherheitstechnisch instand zu halten haben. Daher sind diese Anlagen mit einer vom Wasserrohrnetz unabhängigen elektrischen Schutzmaßnahme auszustatten.

Im Fall von Mehrfamilienhäusern fällt der Anlagenbereich zwischen elektrischem Hausanschluss und den einzelnen Wohnungsanlagen unter die Obsorgepflicht der Liegenschaftseigentümer. Die elektrischen Anlagen in den einzelnen Wohnungen fallen grundsätzlich in die Verantwortung der Miteigentümer, Mieter oder sonstigen Benützungsberechtigten.

Die unzulässige Weiterverwendung des Wasserrohrnetzes als Schutzerder fällt unter die ausschließliche Verantwortung der Betreiber von elektrischen Anlagen bzw. der für die Instandhaltung dieser Anlage verpflichteten Eigentümer. Hier muss auf mögliche Haftungsfolgen bei Auftreten von Gefahrenquellen hingewiesen werden.

Auskunft und Beratung:

Landesinnung Wien der Elektrotechniker
Tel. 711 68 . . ., 333

Wiener Stadtwerke – WIENSTROM
Technischer Kundendienst
Tel. 313 69 . . .0

WIENER STADTWERKE

WIENER STADTWERKE seit Juni 1999 Aktiengesellschaft

Bis Ende 1998 waren die WIENER STADTWERKE als Unternehmung der Stadt Wien Teil des Magistrats und bestanden aus der Generaldirektion mit den Teilunternehmungen WIENSTROM, WIENGAS, WIENER LINIEN und BESTATTUNG WIEN.

Mit dem Beitritt Österreichs zur Europäischen Union wurde ein grundsätzliches Bekenntnis zum Wettbewerb, auch in bisher monopolistischen Sektoren, abgegeben. Marktöffnung, verstärkte Konkurrenz und das Auftauchen neuer Akteure sind Faktoren, denen sich die WIENER STADTWERKE offensiv stellen. Angesichts der geänderten Rahmenbedingungen und um auf dem freien Markt entsprechend agieren zu können, galt es, den WIENER STADTWERKEN eine marktadäquate Form zu geben.

Ende 1998 beschloss der Wiener Gemeinderat die Umwandlung der WIENER STADTWERKE in eine Aktiengesellschaft und damit die Ausgliederung aus der Stadtverwaltung. Mit der am 11. Juni 1999 erfolgten Firmenbucheintragung der WIENER STADTWERKE Holding AG und der am 12. Juni 1999 erfolgten Eintragung der Tochtergesellschaften treten die WIENER STADTWERKE als Unternehmensverband auf: Als eine zu 100 Prozent im Eigentum der Stadt Wien stehende Holding AG mit sechs als GmbHs eingerichteten Tochtergesellschaften:

WIENSTROM GmbH

WIENGAS GmbH

FERNWÄRME WIEN GmbH

WIENER LINIEN GmbH & Co KG

BESTATTUNG WIEN GmbH und

BMG WIENER STADTWERKE BETEILIGUNGSMANAGEMENT GmbH

Alle Entscheidungen laufen nach der Struktur des Aktiengesetzes bzw. des GmbH-Rechtes ab.

EnergieAllianz Austria

Vor dem Hintergrund der Öffnung des Strom- und Gasmarktes gründeten die WIENER STADTWERKE Ende 1998 gemeinsam mit der EVN die EnerieAllianz Austria (früher e&s Energievertriebs- und Service GmbH), um im neuen Wettbewerbsumfeld Großkunden bestmöglich und mit wettbewerbsfähigen Preisen betreuen zu können. Mittlerweile haben sich die Linz AG (früher Linzer ESG AG), die BEWAG und BEGAS und die Energie AG Oberösterreich dieser Kooperation angeschlossen.

Mit mehr als 38.000 km^2 gemeinsamer Vertriebsfläche deckt die EnergieAllianz Austria eines der größten geschlossenen Versorgungsgebiete in Europa ab. Im internationalen Vergleich, selbst mit Märkten wie den USA oder Deutschland, wo die großen Energieunternehmen im Schnitt eine Kundenbasis von 2 bis 5 Millionen aufweisen, gehört die EnergieAllianz Austria mit derzeit rund 4 Millionen Kundenanlagen zu den größten Energiedienstleistern in Europa.

Zwischenholding Wien Energie

Anfang Dezember 2001 gründete die WIENER STADTWERKE Holding AG die Zwischenholding WIEN ENERGIE GmbH. In ihr sind die WIENER STADTWERKE – Energieunternehmen WIENSTROM, WIENGAS und FERNWÄRME WIEN zusammengefasst. Die Zusammenführung von WIENSTROM, WIENGAS und FERNWÄRME WIEN unter dem Dach WIEN ENERGIE ist die organisatorische Konsequenz der Energiemarktöffnung einerseits und der Vertiefungsanforderung der EnergieAllianz Austria andererseits. WIENSTROM, WIENGAS und FERNWÄRME WIEN bleiben als Gesellschaften bestehen, die Leitungsnetze und die Erzeugungseinheiten (z.B. Kraftwerke) bleiben in ihrem Vermögen.

Darüber hinaus sind alle strategischen Energiebeteiligungen, wie die EnergieAllianz Austria Vertrieb GmbH, die Burgenland Holding AG, die EnergieComfort GmbH, bei der WIEN ENERGIE GmbH angesiedelt. WIEN ENERGIE ist hinkünftig die oberste Instanz in allen Energiefragen und wird die Interessen der WIENER STADTWERKE – Energieunternehmen in der EnergieAllianz Austria vertreten. Die WIENER STADTWERKE Holding AG, die bis dato in vielen Bereichen operativ in der Umsetzung des alltäglichen Geschäftes mitgewirkt hat, wird sich in Zukunft auf eine strategische Funktion zurückziehen.

Multifunktionaler Infrastrukturdienstleister

Für die funktionierende, hochentwickelte Infrastruktur, die Wien auch als Wirtschaftsstandort international attraktiv macht, zeichnet ein Unternehmen mitverantwortlich: die WIENER STADTWERKE.

Ein modernes Dienstleistungsunternehmen, das die lebenswichtige Versorgung der Bundeshauptstadt mit Energie und Nahverkehrsleistungen sichert. Insgesamt betrachtet sind die WIENER STADTWERKE ein multifunktionaler Infrastrukturspezialist, deren Leistungspalette folgende Bereiche umfasst:

- Energie
- Personennahverkehr
- Müllentsorgung
- Bauwirtschaft
- Umwelttechnologie
- Parkraumbewirtschaftung und
- Telekommunikation

Als bedeutender Arbeitgeber und Investor spielen die WIENER STADTWERKE eine entscheidende Rolle im Wirtschaftsleben.

Partner der Bevölkerung und Wirtschaft

Bereits in den letzten Jahren haben die WIENER STADTWERKE ihre Geschäftspolitik um zusätzliche Dimensionen erweitert und sich vom Energie- und Mobilitätsversorger zum Energiedienstleister, zum Partner der Bevölkerung und Wirtschaft gewandelt. Mittlerweile bieten sie ein umfangreiches Service wie etwa Beratung, Errichtung, Wartung, Umrüstung und Betriebsführung an. Für Großkunden bieten die WIENER STADTWERKE die Übernahme des gesamten Energie- und Facility-Managements an. Gemeinsam mit ihren Tochterunternehmen Encom (Energy Communication Management) und EnergieComfort beschreiten die WIENER STADTWERKE neue Wege zur Deckung der geänderten Kunden- und Marktbedürfnisse nach weitergehenden Consulting- und Energiemanagementleistungen.

Zusätzlich zum Stammgeschäft Energieversorgung und Nahverkehrsleistungen erweiterten bzw. erweitern die WIENER STADTWERKE strategisch ihre Aktivitäten. Im Einklang mit anderen europäischen Energieversorgern und auf Anraten internationaler Beratungsunternehmen geht diese Expansion der Geschäftspolitik in zwei Stoßrichtungen, die vom Stammgeschäft nicht allzu weit entfernt sind: einerseits in den Wachstumsmarkt Telekommunikation – z.B. Gründung des WIENSTROM-Geschäftsfeldes Telekommunikation, Citynet-Projekt –, andererseits in Richtung Umwelttechnik.

Ein starker Mischkonzern

Mit einem Jahresumsatz von rd. 27,8 Milliarden Schilling und an die 15.400 Mitarbeiterinnen und Mitarbeiter zählen die WIENER STADTWERKE zu den größten Mischkonzernen Österreichs. Eine jährliche Investitionstätigkeit von ca. 8 Milliarden Schilling (Großteil entfällt auf den U-Bahn-Bau) reiht die WIENER STADTWERKE unter den investitionsstarken Unternehmen Österreichs ganz vorne ein.

Konzern

	Umsatz in Mio. EUR		EGT in Mio. EUR		Bilanzergebnis in Mio. EUR		Investitionen Sachanlagen in Mio. EUR		Mitarbeiter *) Stand 31.12.	
	2001	2000	2001	2000	2001	2000	2001	2000	2001	2000
Holding	24,6	26,0	19,4	18,9	36,3	18,9	0,2	0,3	164	163
Wienstrom	642,6	889,7	23,9	41,7	29,4	11,7	166,1	194,7	3.686	3.820
Wiengas	516,0	438,8	9,9	14,7	18,6	10,2	44,0	44,7	1.154	1.212
Fernwärme Wien	347,4	313,5	14,6	0,2	5,2	1,5	67,4	52,3	1.091	1.108
Wiener Linien	312,1	314,8	-116,6	-115,5	0,0	0,0	227,3	272,2	8.571	8.682
Bestattung Wien	31,5	33,0	0,6	0,7	0,8	0,4	0,8	1,0	432	438
Beteiligungsmanagement	1,8	1,6	-1,6	16,6	0,3	16,5	2,6	1,5	8	9
GESAMT	1.876,0	2.017,3	-49,7	-22,8	90,5	59,2	508,5	566,7	15.106	15.432
Konzern konsolidiert	1.822,3	1.787,7	-60,2	-33,6	40,0	17,9	521,3	1.098,5		

*) inkl. Karenzurlauberinnen und Präsenzdiener; ohne Lehrlinge

WIENER STADTWERKE Holding AG

1, Schottenring 30
Tel. 531 23 . . .0
Telefax: 531 23-73999
E-Mail: post@wienerstadtwerke.at
Internet: www.wienerstadtwerke.at

WIENSTROM GmbH
Versorgt rd. 25 % der österreichischen Bevölkerung

9, Mariannengasse 4–6
Customer Care Center: 0800 500 800
Tel. 40 04 . . .0
Telefax: 40 04–31399
Telefax Kundendienst: 313 69–489
E-Mail: vpp@wienstrom.at
Internet: www.wienstrom.at

WIENSTROM ist der größte österreichische Landes-Stromversorger. Die jährliche Stromaufbringung beträgt mehr als 10.500 GWh, wovon etwa 1/3 aus Eigenerzeugung stammen.

Die WIENSTROM GmbH zählt heute zu den günstigsten Stromanbietern Österreichs und auch im EU-weiten Preisvergleich rangiert das Unternehmen im preisgünstigsten Drittel.

Das Dienstleistungsangebot und die Preispolitik sind zielgruppenorientiert. Sie entsprechen den Anforderungen der Kunden und differenzieren sich von jenen der Mitbewerber.

Durch die Expansion in neue Geschäftsfelder und das Anbieten innovativer Dienstleistungen werden zusätzliche Erlöse erwirtschaftet.

Die WIENSTROM GmbH stärkt ihre Konkurrenzfähigkeit auch durch Kooperationen, z.B. im Handels- und Vertriebsbereich, sowie durch offensive Marktstrategien.

Eine ausreichende und qualitativ hochwertige Stromversorgung sowie hohe Investitionen in Umweltschutzmaßnahmen tragen wesentlich zur Sicherung der Lebensqualität in und um Wien bei. Modernste Kraftwerkstechnologie, konsequente Verbesserungen bei der Stromverteilung, der Betrieb eigener Wasserkraftwerke sowie die Bevorzugung umweltverträglicher Produkte tragen wesentlich zur Entlastung der Umwelt bei.

Durch die gemeinsame Produktion von Strom und Fernwärme wird die zur Stromproduktion benötigte Primärenergie nicht nur optimal genutzt, die WIENSTROM GmbH ist dadurch auch der größte Fernwärmeproduzent Österreichs. Die Auskopplung von Fernwärme aus den eigenen Kraftwerken erspart die zusätzliche Einfuhr von Energierohstoffen und reduziert dabei sowohl die Emissionen aus den Kraftwerken als auch die Immissionsbelastung Wiens und Niederösterreichs.

Zahlen - Daten - Fakten

STROMAUFBRINGUNG	2000	1999
	in GWh	
Kalorische Kraftwerke	3.274,6	4.049,3
Co-Generation-Anlagen	51,4	55,1
Wasserkraftwerke	107,7	109,2
Windkraftanlage	0,3	0,3
Bezugsrechte	376,3	364,3
Eigene Erzeugung	3.810,3	4.578,2
Fremdstrombezug	7.153,0	5.791,9
GESAMT	10.963,3	10.370,1

Information und Beratung
Kundendienst
Gas- und Stromverrechnung
Tel. 0800 500 800

Störungsdienst
Tel. 40 04 . . ., 32666
0 bis 24 Uhr

Gratis-Broschüren:

- WIENSTROM
- Optima-Tarife
- Vario-Tarife
- Wasserkraft
- Licht und Wärme für uns alle (Kraftwerk Simmering)

auch erhältlich im Haus WIEN ENERGIE
6, Mariahilfer Straße 63
und bei allen Kundendienstzentren von WIENSTROM

WIENGAS GmbH
Beliefert rd. 64% der österreichischen Erdgasverwender

8, Josefstädter Straße 10–12
Tel. 401 28 . . .0
Telefax: 401 28-99-9110
E-Mail: post@wiengas.at
Internet: www.wiengas.at

ENERGIE in der Mariahilfer Straße 63 ein Ausstellungs-, Beratungs- und Veranstaltungszentrum mit nahezu 1.200 m² eingerichtet. Die dabei gewählte Umsetzung schafft eine neue Dimension der Informationsvielfalt und Kundenberatung. Eine interaktive Energie-Erlebniswelt, Gerätepräsentationen und laufende Sonderausstellungen sorgen dafür, dass alle Fragen über Energie beantwortet werden. Bis dato konnten bereits an die 100.000 Besucher im Haus WIEN ENERGIE begrüßt werden.

Beratungsangebot
umfasst unter anderem
- Energieverbrauchs- und Schwachstellenanalysen
- Berechnung des Wärmebedarfes von Objekten
- Berechnung von Heiz- und Warmwasserkosten
- Beratung über den Einsatz erneuerbarer Energieträger
- Geräteberatung bis zur Entscheidungshilfe beim Neukauf von Geräten
- Bauphysikalische Beratung
- Beratung über Förderungen
- Verleih und Verkauf von Stromverbrauchsmessgeräten, Videos usw.

Energie erleben
Neben der gewohnt umfassenden Information und Beratung steht eine Energie-Erlebniswelt zur Verfügung. Modelle, interaktive Beratungsinseln, periodisch wechselnde Sonderausstellungen und Info-Veranstaltungen prägen den Charakter des Hauses.

Gratis-Broschüren
- So nutzen Sie Energie sinnvoll
- Sonnenenergie
- Energiespar-Scheckheft
- Verbesserung des Wohnkomforts
- Abdichten von Fenstern und Türen
- Regelung von Zentralheizungen
- Raumklima
- Dämmstoffe im Vergleich

erhältlich im Haus WIEN ENERGIE,
6, Mariahilfer Straße 63, und
bei allen Kundendienstzentren bzw. unter
Tel. 0800 500 800

BESTATTUNG WIEN GmbH
Rat und Hilfe im Trauerfall

4, Goldeggasse 19
Tel. 501 95 . . .0
Telefax: 501 95–4320
E-Mail: direktion@bestattungwien.at
Internet: www.bestattungwien.at

Sämtliche Maßnahmen, die bei einem Todesfall zu veranlassen sind, sind detailliert in der Broschüre "Rat und Hilfe im Trauerfall" enthalten, die in allen Filialen und in der Zentrale der Bestattung Wien GmbH erhältlich ist. Die telefonische Bestellung kann unter
Tel. 0800 500 800
erfolgen.

Die Informationen können auch aus dem Internet abgerufen werden.

Die BESTATTUNG WIEN ist das größte Bestattungsunternehmen Österreichs und auch eines der größten Europas.

Zu den Aufgaben dgr BESTATTUNG WIEN gehören die Todesfall-Aufnahme, die Abholung der Verstorbenen vom Sterbeort, Überführungen vom In- und Ausland, die Sargbeistellung, die Beistellung von Organisten und Sängern, die Aufbahrung der Verstorbenen, die Abhaltung der Trauerfeiern und das Führen der Kondukte zur Grabstelle.

Die BESTATTUNG WIEN führt in Wien elf Filialen. Auf allen in Wien befindlichen Friedhöfen – und das sind immerhin 50 an der Zahl – befinden sich künstlerisch ausgestaltete Aufbahrungshallen, die eine würdige Aufbahrung von Verstorbenen gewährleisten.

Für die Betreuung und Verwaltung der städtischen Friedhöfe sowie die Vergabe der Grabstellen ist die Friedhofsverwaltung der städtischen Friedhöfe (MA 43) zuständig.

Eigener Sargerzeugungsbetrieb
Die BESTATTUNG WIEN betreibt seit dem Jahr 1919 eine eigene Sargerzeugung. Die Sargfabrik zählt zu den größten und modernsten derartigen Fabriken in Europa und erzeugt jährlich ca. 31.000 Särge. Damit deckt sie den kompletten Bedarf in Wien sowie ca. ein Viertel des restlichen Bedarfes in Österreich. Darüber hinaus wird ein kleinerer Teil in das benachbarte Ausland exportiert.

Die hohe Qualität der Sargproduktion wurde 1994 mit der Verleihung des österreichischen Staatswappens ausgezeichnet.

Das Bestattungsmuseum
Bestattungsmuseum Wien
4, Goldeggasse 4

Eines der ungewöhnlichsten Museen Österreichs ist das Wiener Bestattungsmuseum in der Zentrale der BESTATTUNG WIEN in der Goldeggasse. Es wurde 1967 anläßlich des 60. Jahrestages der Gründung des Unternehmens eröffnet und 1987 umgestaltet. Anhand von Originalgegenständen lässt sich hier die Entwicklung des Wiener Friedhofs- und Bestattungswesens verfolgen. Bedeutsame Begräbnisse werden ebenso dokumentiert wie das Totenbrauchtum und Totengedenken.

Das Bestattungsmuseum wird jährlich von rund 3.000 in- und ausländischen Besuchern im Rahmen von Führungen besichtigt.

Die Besichtigung der Sammlung ist bei freiem Eintritt – jedoch nur im Rahmen einer Führung – von
Montag bis Freitag (ausgenommen Feiertage)
von 12 bis 15 Uhr
möglich. Eine telefonische Voranmeldung ist erforderlich.

Anmeldungen für Führungen unter
Tel. 501 95 . . ., 4227

Zahlen - Daten - Fakten

Zahlenspiegel BESTATTUNG WIEN GmbH	2000	1999
Erdbestattungen	11.359	11.704
Feuerbestattungen	2.783	2.816
Exhumierungen, Überführungen und sonstige Leistungen	4.661	4.449
Leistungen für andere Bestattungen	1.674	1.716
Best. auf Anordnung der Sanitätsbehörde	728	659
Summe	21.205	21.344

Zahlenspiegel SARGERZEUGUNG	2000	1999
Sargverkauf Wien	18.228	18.534
Sargverkauf Bundesländer/ Ausland	13.204	14.221
Summe	31.432	32.755

Anmeldestellen für Todesfälle

Jeweils Montag bis Freitag von 7.30 bis 15.30 Uhr; die Zentrale in 4, Goldeggasse 19, ist auch Samstag, Sonn- und Feiertag von 7.30 bis 15.30 Uhr geöffnet.

Auskunft rund um die Uhr 501 95 . . .0.

	Tel.	Telefax
3, Ungargasse 41	**501 95 . . ., 3000**	**501 95–3099**
4, Goldeggasse 19 Zentrale	**501 95 . . ., 4000**	**501 95–4099**
5, Schönbrunner Straße 54	**501 95 . . ., 5000**	**501 95–5099**
8, Schlesingerplatz 2	**501 95 . . ., 8000**	**501 95–8099**
10, Laxenburger Straße 43-45	**501 95 . . ., 1000**	**50195–1099**
13, Hietzinger Kai 1–3 (Eingang Dommayergasse)	**501 95 . . ., 1300**	**501 95–1399**
16, Richard-Wagner-Platz 19	**501 95 . . ., 1600**	**501 95–1699**
18, Martinstraße 100	**501 95 . . ., 1800**	**501 95–1899**
20, Brigittaplatz 10	**501 95 . . ., 2000**	**501 95–2099**
21, Am Spitz 1	**501 95 . . ., 2100**	**501 95–2199**
22, Donauzentrum – Ärztezentrum, Donaustadtstraße 1, 4. Stock	**501 95 . . ., 2200**	**501 95–2299**

Hausbesuche auf Wunsch:
Anmeldung unter
Tel. 501 95 . . ., 4232
(werktags von 7.30 bis 15.30 Uhr)

Gratis-Broschüre
• Rat und Hilfe im Trauerfall
telefonisch zu bestellen unter
Tel. 0800 500 800

WIENER LINIEN GmbH & Co KG

Ein Unternehmen, das Menschen bewegt

3, Erdbergstraße 202
Tel. 79 09 . . .0
Telefax: 79 09–24609
E-Mail: post@wienerlinien.at
Internet: www.wienerlinien.at

U-Bahn, Straßenbahn und Autobus sind fester Bestandteil des Weichbildes der Bundeshauptstadt geworden und ermöglichen das, was eine Stadt zum Leben braucht: Mobilität ihrer Bürgerinnen und Bürger. Dafür zeichnen die WIENER LINIEN verantwortlich. Sie befördern über 700 Millionen Fahrgäste pro Jahr, fast die Hälfte des gesamten Personenverkehrs Österreichs bzw. fast 3/4 des gesamten innerstädtischen Verkehrs Österreichs. Die WIENER LINIEN sind damit der größte Mobilitätsdienstleister Österreichs. Sie sichern die Funktionstüchtigkeit des Verkehrs in und rund um Wien und ermöglichen erst eine intakte Logistik der Wirtschaft.

Seit Mitte der 70er-Jahre verzeichnen die WIENER LINIEN – ganz im Gegensatz zu Mitbewerbern in anderen Städten und trotz des parallel stattfindenden Autobooms – Fahrgastzuwächse. Mit einem Marktanteil von 33% an allen Wegen der Wiener stehen die WIENER LINIEN im Spitzenfeld städtischer Verkehrsunternehmen in Europa.

Die WIENER LINIEN sind darüber hinaus einer der größten österreichischen Investoren für Verkehrsinfrastruktur. Jährlich werden an die 5 Milliarden Schilling investiert, davon 3 bis 4 Milliarden Schilling in den U-Bahn-Neubau.

Zahlen - Daten - Fakten

BEFÖRDERUNG – LEISTUNGEN	2000	in Mio	1999
Straßenbahn	216,1		213,7
Autobus	113,2		111,5
U-Bahn	395,6		386,2
FAHRGÄSTE GESAMT	724,9		711,4

FUHRPARK	2000	in Mio	1999
Triebwagen	696		692
Beiwagen	428		455
U-Bahn-Doppeltriebwagen	253		253
Autobusse	505		503
GESAMT	1.882		1.903

SONSTIGE KENNDATEN		2000	in Mio	1999
Nutzkilometer	Mio	108,0		108,7
Platzkilometer	Mio	14.275,2		14.113,7
Gesamtlinienlänge	km	917,2		926,5
Verfügbare Plätze		229.880,0		227.475,0

Information und Beratung

Wiener Linien Auskunft:
Tel. 79 09. . ., 105
Montag bis Freitag von
6 bis 22 Uhr
Samstag, Sonntag, Feiertag von
8.30 bis 16.30 Uhr

• WIENER LINIEN – Kundenzentrum an der U3-Station Erdberg
Montag bis Mittwoch und Freitag (werktags) von
8 bis 15 Uhr,
Donnerstag (werktags) von 8 bis 17.30 Uhr

Wünsche, Anregungen, Beschwerden	Tel. 7909 . . ., 100
Allgemeine Tarifinformationen	Tel. 7909 . . ., 110
Jahreskarten	Tel. 7909 . . ., 115
Schülerkarten, Hochschülerkarten	Tel. 7909 . . ., 120

Infostellen in den U-Bahn-Stationen

	Öffnungszeiten Montag bis Freitag	Samstag, Sonntag, Feiertag
• U-Bahn-Station Karlsplatz	6.30–18.30	8.30–16
• U-Bahn-Station Stephansplatz	6.30–18.30	8.30–16
• U-Bahn-Station Westbahnhof	6.30–18.30	8.30–16
• U-Bahn-Station Floridsdorf	6.30–18.30	
• U-Bahn-Station Spittelau	6.30–18.30	
• U-Bahn-Station Praterstern	6.30–18.30	
• U-Bahn-Station Philadelphiabrücke	6.30–18.30	
• U-Bahn-Station Landstraße	6.30–18.30	
• U-Bahn-Station Volkstheater	6.30–18.30	

Vorverkaufsstellen

Öffnungszeiten:
Montag bis Freitag von 6.30 bis 18.30 Uhr
1, Stephansplatz U
1, Schwedenplatz U
1, Karlsplatz U
3, Landstraße U
6, Westbahnhof U
9, Spittelau U
9, Schottentor U
10, Reumannplatz U
12, Philadelphiabrücke U/Abgang Wilhelmstraße
13, Hietzing U
21, Floridsdorf U
22, Kagran U

Öffnungszeiten:
Montag, Dienstag, Mittwoch, Freitag von
6.30 bis 13 Uhr,
Donnerstag von 12.30 bis 18.30 Uhr
2, Praterstern U
3, Rochusgasse U
5, Pilgramgasse U
7, Thaliastraße U
7, Volkstheater U
9, Alser Straße U
9, Nußdorfer Straße U
10, Quellenplatz
11, Simmeringer Hauptstraße/Kaiserebersdorfer Straße
12, Meidlinger Hauptstraße U
14, Hütteldorfer Straße U
16, Johann-Nepomuk-Berger-Platz
16, Ottakring U
18, Gersthof S
19, Heiligenstadt U

20, Wallensteinplatz
21, Frauenstiftgasse 9
23, Alterlaa U/Busschleife

3, Erdberg U
(Montag, Dienstag und Freitag von 6.30 bis 13 Uhr)

Gratis-Broschüren:
- Tickets: Das Angebot
- Tickets für Senioren
- Tickets für Schüler
- Tickets für Studenten
- Tickets für Lehrlinge
- Info: Die Jahreskarte
- NightLine-Informationsbroschüre
- NightLine-Fahrplan (1 EUR)
- Tickets für Wien-Besucher (1. Deutsch, Englisch, Französisch, Italienisch, Spanisch; 2. Deutsch, Ungarisch, Tschechisch, Slowakisch, Polnisch)
- Schnellverbindungs-Taschenplan
- VOR-Tarifinformation
- ASTAX, das Anrufsammeltaxi (N20, 25A, N35, 44T, 41A, 99B)
- Rufbus 24A/67A
- Mit dem Fahrrad in der U-Bahn
- U1 Verlängerung
- U2 Verlängerung
- Mit der U-Bahn sicher unterwegs
- Jahreskarte plus

erhältlich in allen Infostellen, im Kundenzentrum sowie an allen Vorverkaufsstellen

WIENER STADTWERKE Beteiligungsmanagement GmbH Geschäftsfelder mit Zukunft

3, Erdbergstraße 202
Tel. 796 95 82 . . .,0
Telefax: 796 95 82–8999
E-Mail: office@bmgwien.at
Internet: www.bmgwien.at

Die WIENER STADTWERKE halten Beteiligungen, die teils historisch gewachsen sind und teils im Zusammenhang mit ihren Stammgeschäften stehen. Diese Beteiligungen haben in der langen Geschichte der WIENER STADTWERKE wechselnde strategische und finanzwirtschaftliche Bedeutung erlangt.

Der WIENER STADTWERKE Beteiligungsmanagement GmbH (BMG) wurde im Jahr 1998 bzw. im Rahmen der Neuorganisation der Unternehmensgruppe WIENER STADTWERKE im Jahr 1999 ein Großteil dieser Beteiligungen zur Verwaltung und effizienten Weiterentwicklung übertragen. Die BMG ist eine 100%-Tochtergesellschaft der WIENER STADTWERKE Holding AG, ihr Schwerpunkt liegt auf Geschäftsfeldern mit Zukunft und Wachstumspotentialen.

Neben dem bloßen Beteiligungsmanagement obliegt es der BMG auch, durch Projektentwicklungen und Gesellschaftsgründungen neue Marktzugänge in verwandte Geschäftsbereiche zu öffnen, wobei die BMG die rechtlichen und wirtschaftlichen Rahmenbedingungen schafft, die Kompetenzen aus einzelnen Bereichen der Unternehmensgruppe bündelt und schließlich in Partnerschaften mit der Industrie oder etablierten Marktteilnehmern einbringt.

Gleichzeitig trachtet die BMG danach, im Sinne einer strategisch ausgewogenen Diversifikation in zukunftsträchtige Geschäftsfelder mit Akzentuierung der Bereiche Telekommunikation, Parkraumbewirtschaftung, Immobiliendevelopment und Umwelt zu investieren, um eine langfristige Wertsicherung der BMG und eine stets steigende Ertragskraft der Gesellschaft zu gewährleisten.

Beteiligungen der WIENER STADTWERKE Beteiligungsmanagement GmbH:

ENCOM Energy Communication Management GmbH
Analyse, Bewertung und Beratung von Unternehmen, Entwicklung von Unternehmensstrategien und -konzepten sowie Consultingleistungen im Bereich der Telekommunikation und Vernetzungstechnik, Konzeption und Führung von CallCentern.

Aktiengesellschaft der Wiener Lokalbahnen
Betrieb der Eisenbahnlinie von Wien nach Baden zu Zwecken des Personenverkehrs im Rahmen des Verkehrsverbundes Ost-Region (VOR), Güterverkehr, Bau und Betrieb neuer Eisenbahnstrecken sowie Erwerb bestehender, Betrieb von Kraftfahrlinien für Personen- und Güterbeförderung, Betrieb von Reisebüros.

STPM Städtische Parkraummanagement Gesellschaft mbH
Errichtung und Betrieb von Parkgaragen (Hoch- und Tiefbau) sowie Betrieb und Management von Garagen und Kraftfahrzeugabstellplätzen.

Immobiliendevelopment WIENER STADTWERKE BMG & SORAVIA Aktiengesellschaft
Erwerb, Pachtung oder Miete sowie Veräußerung, Verpachtung oder Vermietung von Gütern des Anlagevermögens, wie Liegenschaften, einschließlich Superädifikaten, Garagen, Wohnungen, Geschäftsräumlichkeiten und Geschäftslokalen aller Art sowie Immobilienentwicklung, insbesondere Planung, Durchführung und Verwertung von Bauprojekten aller Art.

master-talk Austria Telekom Service GmbH
Errichtung, Betrieb und Wartung eines Telekommunikationsnetzes für das digitale Bündelfunksystem TETRA zur Erbringung des öffentlichen Sprachtelefondienstes mittels Mobilfunk und anderer öffentlicher Mobilfunkdienste.

TEERAG-ASDAG Aktiengesellschaft
Top Five-Unternehmen der heimischen Bauwirtschaft mit dem Schwerpunkt im Straßenbau.

GREENPOWER Anlagenerrichtungs- und Betriebs-GmbH
Errichtung und Betrieb von Anlagen zur Umwandlung von Energie, insbesondere die Nutzung von Biomasse für Nah- und Fernwärme und Verstromung in kleinen Block-Heizkraftwerken.

Importkohle GmbH
Handel und Vertrieb fester mineralischer Brennstoffe (Einkaufsgenossenschaft).

DATATRAK Austria Telematik GmbH
Projektentwicklung für die Errichtung und den Betrieb eines terrestrischen Flottenmanagement- und Diebstahlverfolgungssystems in Österreich, Ausarbeitung und Einreichung des Konzessionsantrages in Österreich sowie Vermarktung des Systems in Österreich mit Optionen auf Erweiterungen in das benachbarte Ausland.

TELEREAL Telekommunikationsanlagen GmbH
Vermietung und Verpachtung von Anlagen im Bereich der Telekommunikation, Zurverfügungstellung bzw. Vermittlung von Standorten für die Errichtung von Antennen und deren Wartung.

Vereinigte Telekom Österreich Beteiligungs Ges.m.b.H.
Aufbau und Betrieb von Telekommunikationsleistungen sowie Beteiligungen an Gesellschaften auf dem Gebiet der Telekommunikation. Die VTÖB ist an der UTA Telekom AG beteiligt, die Österreichs führender alternativer Netzbetreiber ist.

Allgemeine Baugesellschaft – A. Porr Aktiengesellschaft
Zweitgrößter heimischer Baukonzern

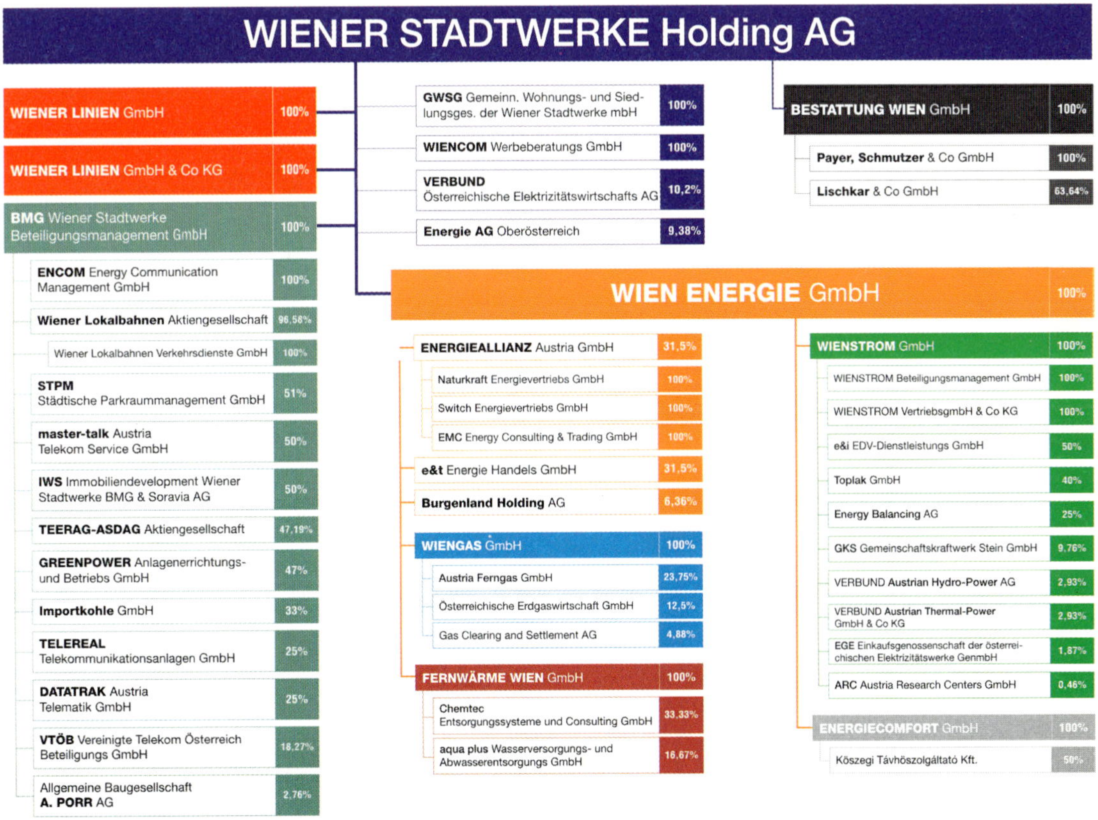

Stand: 30.04.

WIRTSCHAFTSFÖRDERUNG

(MA 4, 5)

Wirtschaftsförderungsaktionen über den Wiener Wirtschaftsförderungsfonds

1, Ebendorferstraße 2
Tel. 40 00 . . ., 86794
Telefax: 40 00–7070
Internet: http://www.wwff.gv.at
E-Mail: vienna@wwff.gv.at

Wiener Garagenförderungsaktion

Förderungsgegenstand und Förderungswerber:
Im Rahmen dieser Aktion wird die Errichtung von Garagen für die Wohnbevölkerung sowie den Geschäftsverkehr und für touristische Zwecke im dicht verbauten Stadtgebiet bei Erfüllung diverser städtebaulicher Kriterien gefördert.

Ansprechpartner beim WWFF:
Tel. 40 00 . . ., 86772, 86778
E-Mail: mschorn@wwff.gv.at

Wiener Geschäftsstraßenförderungsaktion

Förderungsgegenstand und Förderungswerber:
Durch diese Förderungsaktion der Stadt Wien und der Wirtschaftskammer Wien soll die Position Wiens im Wettbewerb um die Kaufkraft gestärkt werden. Aktivitäten von lokalen Kaufleutevereinigungen, insbesondere Marketingkonzepte, werden durch Zuschüsse gefördert.

Ansprechpartner beim WWFF:
Tel. 40 00 . . ., 86793
E-Mail: zechmeister@wwff.gv.at

Initiative Wiener Gewerbehöfe

Förderungsgegenstand:
Durch die Errichtung von Gewerbehöfen in Wien sollen hochwertige Produktionsflächen im dicht verbauten Stadtgebiet geschaffen werden. Den Mietern sollen vom Gewerbehofmanagement neben Produktions-, Lager- und Büroflächen auch gemeinschaftlich nutzbare Räumlichkeiten und Dienstleistungen angeboten werden.

Förderungswerber:
Antragsberechtigt sind Errichter/Betreiber von Gewerbehöfen, die folgende Kriterien erfüllen: Der Gewerbehof muss im dicht verbauten Stadtgebiet liegen und sich von den baulichen Gegebenheiten für die Unterbringung produzierender Betriebe eignen. Er muss eine Mindestgröße von 1.500 m^2 oder mehr als zehn selbständige Mieteinheiten aufweisen. Die Betreiberleistungen müssen den Bereichen Sekretariatsdienstleistungen, Besprechungsraum, Telekommunikationsinfrastruktur und -dienstleistungen oder hauseigenes Gewerbehofmanagement zuordenbar sein.

Ansprechpartner beim WWFF:
Tel. 40 00 . . ., 86742
E-Mail: kallinger@wwff.gv.at

wi^e^nnovation START Initiative Start-Up Wien

Förderungsgegenstand:
Betriebliche Forschungs- & Entwicklungsprojekte in neu gegründeten und jungen Unternehmen – Aufstockung der Zuschuss- und Darlehensfinanzierung des Forschungsförderungsfonds (FFF) durch Barzuschüsse der Stadt Wien

Förderungswerber:
Unternehmen in Wien – neu gegründet bzw. nicht älter als zwei Jahre

Ansprechpartner:
FFF: Katrin Großberger katrin.grossberger@fff.co.at
WWFF: Robert Rupp rupp@wwff.gv.at

www.wwff.gv.at
Der Wiener Wirtschaftsförderungsfonds.
Das beste Unternehmerservice der Stadt.
>> Beratung, Information und Service
>> Grundstücksmanagement und Liegenschaftsverwaltung
>> Betriebsansiedlungen
A-1010 Wien, Ebendorferstraße 2, Telefon. 01/4000/86 794, Fax. 01/4000/70 73,
e-mail. vienna@wwff.gv.at
Wien
Vienna·Vienne·Viena·ウィーン
WIRTSCHAFTS
FÖRDERUNGSFONDS

wi^e^nnovation TECKO Technologiekooperation

Förderungsgegenstand:
Kooperation zwecks Wissenstransfer zugunsten von kleinen und mittleren Unternehmen und/oder zur Abdeckung eines spezifischen Arbeitskräftebedarfs bzw. zur gemeinsamen Behebung von Ausbildungslücken.

Förderungswerber:
Arbeitsgemeinschaften in Wien zwischen öffentlichen Technologietransfereinrichtungen oder zwischen Kleinen und Mittleren Unternehmen mit Forschungs- und Ausbildungseinrichtungen. Förderung durch Barzuschüsse (de-minimis) im Ausmaß von max. 50 % der anrechenbaren (Personal-)Kosten in der Höhe von max. 50.000 EUR (in speziellen Fällen bis 100.000 EUR).

Ansprechpartner:
WWFF: Dieter Zabrana zabrana@wwff.gv.at

wi^e^nnovation TRANS TransKoopWien

Förderungsgegenstand:
Forschungskooperation mit Technologie-/Wissenstransfer zwischen Wissenschaft und Wirtschaft im Zuge von Produktion- oder Verfahrensinnovationen sowie
Vorgründungsphasen von Forschungsunternehmen, insbesondere Ausgründungen von Unternehmen aus wissenschaftlichen Bereichen sowie
Organisatorische Infrastrukturen in Unternehmen oder wissenschaftlichen Institutionen zwecks stetigen und strukturierten Transfer- und Kooperationsbeziehungen.

Förderungswerber:
Unternehmen, Forschungsinstitutionen, Unternehmensgründer in Wien
Förderung durch Barzuschüsse (de-minimis) im Ausmaß von max. 50 % der anrechenbaren Kosten (in speziellen Fällen höhere Quoten möglich), max. 100.000 EUR.

Ansprechpartner:
WWFF: Dieter Zabrana zabrana@wwff.gv.at

wi^e^nnovation LISA^VIE^ Life Science Austria – Vienna-Region

Förderungsgegenstand:
Optimierte Betreuungssituation für das Wiener Stärkefeld "Life Sciences" – Bereitstellung von Laborflächen, Förderung von Unternehmensgründungen, insbesondere aus dem wissenschaftlichen Bereich, Hilfestellung bei Finanzierung insbesondere Wagniskapital sowie bei Fragen des Schutzes und der Verwertung von geistigem Eigentum (Patentierung, Lizenzierung).

Förderungswerber:
Biotechnologie-Unternehmen in Wien.

Ansprechpartner:
WWFF: Philipp Unterholzner
unterholzner@wwff.gv.at

wi^e^nnovation FEC First Environmental Check

Förderungsgegenstand:
Vorsorgender betrieblicher Umweltschutz und nachhaltiges, ressourcenschonendes Wirtschaften mit Hilfe von strukturierten Umweltmanagementsystemen.

Förderungswerber:
Persönliche Erstberatung über Ansatzpunkte von Umweltmanagementsystemen oder Vorstufen dazu im Betrieb für Wiener Unternehmen, die bisher noch keine betrieblichen Umweltmaßnahmen gesetzt haben.

Ansprechpartner:
WWFF: Petra Fitschek fitschek@wwff.gv.at

Nahversorgung

Nahversorgungsaktion (NVA 2002)

Nahversorgungsgegenstand:
Zur Stärkung der Nahversorgungsfunktion des Kleingewerbes bestimmter Branchen werden von der Stadt Wien zukunftssichernde Investitionen (z.B. Kosten für Bau- und Einrichtungsinvestitionen, Ankauf neuer Maschinen und Geräte usw.) gefördert.

Förderungswerber:
Physische und juristische Personen, Personengesellschaften des Handelsrechts sowie eingetragene Erwerbsgesellschaften, die im Besitz einer aufrechten Gewerbeberechtigung (etwa 40 ausgewählte Branchen mit Nahversorgungscharakter) in Wien sind.

Ansprechpartner beim WWFF:
Tel. 40 00 . . ., 86774
E-Mail: ghermann@wwff.at

Wiener Strukturverbesserungsaktion

Förderungsgegenstand:
Ziel ist es, die räumlichen, funktionalen und ökologischen Strukturen der Wiener Wirtschaft zu verbessern. Gefördert werden Investitionen im Zusammenhang mit der An- und Umsiedlung, der Erweiterung oder der grundlegenden baulichen Modernisierung von Betrieben.

Förderungswerber:
Klein- und Mittelbetriebe mit den Tätigkeitsschwerpunkten Produktion, Großhandel oder produktionsorientierte Dienstleistungen,

- positive Impulse für das jeweilige Stadtgebiet durch die Ansiedlung, Umsiedlung, Erweiterung oder bauliche Modernisierung des Betriebs
- Aufnahme zusätzlicher Arbeitskräfte
- umweltfreundliche Energieversorgung
- Öko-Aufwendungen beim Bau
- Schaffung von Raum für Forschung und Entwicklung
- Anhebung des Technologiestandards im Produktions- oder Leistungsprozess
- Einrichtung von Schulungsräumen zur Weiterbildung der Mitarbeiter
- Aufnahme von zusätzlichen Lehrlingen sowie von Dienstnehmern, die den am Arbeitsmarkt benachteiligten Arbeitsgruppen angehören (Behinderte, Ältere usw.)
- Kommunales Interesse an der Ab- und Umsiedlung eines Betriebes.

Ansprechpartner beim WWFF:
Tel. 40 00 . . ., 86774
E-Mail: gstrobl@wwff.gv.at

Die Einreichung ist vor Baubeginn durchzuführen.

Unternehmensgründungsförderung

Förderungsgegenstand:
Die Stadt Wien gewährt ergänzend zur Bürges-Jungunternehmerförderun Prämien zu Investitionen im Rahmen von Unternehmensgründungen oder -übernahmen, wobei die Bürgesförderungsrichtlinien maßgeblich sind.

- Ausgeschlossen sind Unternehmen der Fachgruppe Tourismus und Freizeitwirtschaft!

Förderungswerber:
Physische und juristische Personen sowie Personengesellschaften des Handelsrechtes und Erwerbsgesellschaften, die beabsichtigen, zur erstmaligen selbstständigen Ausübung einer gewerblichen Tätigkeit ein Unternehmen in Wien zu gründen oder zu übernehmen bzw. die nicht älter als zwei Jahre sind.

Die Einreichung kann – bei Eigenmittelfinanzierung – direkt bei der
BÜRGES-Förderungsbank,
2, Taborstraße 10,
erfolgen oder – bei Kreditfinanzierung – im Wege über die finanzierende Hausbank, auf jeden Fall aber vor Inangriffnahme des Investitionsvorhabens.

Detailinformationen unter: www.buerges.com

Ansprechpartner beim WWFF:
Tel. 40 00 . . ., 86773
E-Mail: mschorn@wwff.gv.at

Sektorplan "Verarbeitung und Vermarktung"

Förderungsgegenstand und Förderungswerber:
Bei dieser Förderung handelt es sich um eine gemeinsame Maßnahme der Europäischen Union, des Bundes und des jeweiligen Bundeslandes, die Investitionen zur Verbesserung der Verarbeitung und Vermarktung landwirtschaftlicher Erzeugnisse unterstützt.

Ansprechpartner beim WWFF:
Tel. 40 00 . . ., 86753
E-Mail: gpachner@wwff.gv.at

Die Einreichung ist beim ERP-Fonds durchzuführen.

Sektorplan "Fischereiförderung"

Förderunsgegenstand und Förderungswerber:
Bei dieser Förderung handelt es sich um eine gemeinsame Maßnahme der Europäischen Union, des

Bundes und des jeweiligen Bundeslandes, die Investitionen zur Verbesserung der Aquakultur, Verarbeitung und Vermarktung und Verkaufsförderung von Süßwasserfischen (einschließlich Lachs) unterstützt.

Ansprechpartner beim WWFF:
Tel. 40 00 . . ., 86753
E-Mail: gpachner@wwff.gv.at

Gründungssparen

Eine gemeinsame Förderungsaktion der Stadt Wien, der Bundeswirtschaftskammer und der Bürges-Förderungsbank im Rahmen der Bürges-Jungunternehmerförderung.

Gefördert wird das Ansparen von Eigenkapital, wenn dieses bei Gründung eines Unternehmens eingebracht und für betriebliche Ausgaben verwendet wird.
Die Gründungssparprämie beträgt insgesamt 14 % für angesparte Eigenmittel von max. 55.000 EUR.

Die Anmeldung erfolgt am Beginn der Ansparphase bei der Förderungsstelle des Landes Wien (WIENER WIRTSCHAFTSFÖRDERUNGSFONDS, 1, Ebendorferstraße 2), in dem der Gründungssparer seinen Wohnsitz hat bzw. sein Unternehmen gründen wird oder bei der Bürges-Förderungsbank.

Dateilinformationen unter: www.buerges.com

Ansprechpartner beim WWFF:
Tel. 40 00 . . ., 86773 oder 86772
E-Mail: mschorn@wwff.gv.at

WIRTSCHAFTSFÖRDERUNG DURCH INSTITUTIONEN

Beteiligungen an Unternehmen

Kapital-Beteiligungs-Aktiengesellschaft (KABAG)
3, Am Modenapark 2
Tel. 712 52 59, 713 26 25
Internet: http://www.kabag.at

Förderungsgegenstand:
Die Geschäftstätigkeit dieser Gesellschaft, an der die Stadt Wien, die Wirtschaftskammer Wien, Kreditinstitute und Versicherungen beteiligt sind, liegt vor allem in der Verbesserung der Eigenkapitalausstattung von Betrieben unter Beistellung von Risikokapital. Dieses Kapital soll vor allem zur Finanzierung von Investitionen zur Strukturänderung von Unternehmen und zur Förderung von innovatorischen Aktivitäten verwendet werden.

Förderungswerber:
Grundsätzlich mittelständische Unternehmen, die im Gebiet der Stadt Wien ihren Sitz oder ihre Betriebsstätte haben bzw. zu errichten beabsichtigen.

Wiener Risikokapitalfonds Ges.m.b.H. (WRKF)
3, Am Modenapark 2
Tel. 712 52 59, 713 26 25
Internet: http://www.kabag.at

Förderungsgegenstand:
Der Risikokapitalfonds steht kleineren und mittleren Wiener Firmen zur Verfügung und verfolgt das vorrangige Ziel, die Krisensicherheit, Unabhängigkeit und Kreditfähigkeit der Unternehmen zu erhöhen und damit die Wettbewerbsfähigkeit zu verbessern. Eine Beteiligung an Sanierungsfällen ist ausgeschlossen. Die Kapitalvergabe erfolgt unter Beachtung besonderer Förderungsschwerpunkte in den Bereichen Gründungs-, Wachstums- und Innovationsdynamik sowie Anpassung an den Strukturwandel.

Förderungswerber:
Grundsätzlich mittelständische Unternehmen der gewerblichen Wirtschaft, die im Gebiet der Stadt Wien ihren Sitz oder eine Betriebsstätte haben bzw. zu errichten beabsichtigen.

Bürgschaftsübernahmen

Wiener Kreditbürgschaftsgesellschaft m.b.H.
3, Am Modenapark 2
Tel. 712 52 59
Internet: http://www.wkbg.at

Förderungsgegenstand:
Wiener Unternehmen, denen es für eine Kreditaufnahme lediglich an entsprechenden Sicherheiten in dem von den Kreditunternehmungen geforderten Aus-

maß mangelt, können die fehlenden Sicherheiten durch eine Bürgschaft der Wiener Kreditbürgschaftsgesellschaft, an der die Stadt Wien, die Wirtschaftskammer Wien und Kreditinstitute beteiligt sind, ersetzen. Voraussetzung ist, dass die Kredite zur Finanzierung von Investitionen dienen, die eine Anpassung oder Umstellung der Produktionsstruktur, die Verbesserung der Regionalstruktur sowie die Rationalisierung oder eine Erweiterung des Unternehmens herbeiführen sollen. Forschungs- und Entwicklungsvorhaben werden ebenso gefördert wie Betriebsverlagerungen und Betriebsneugründungen in Wien sowie Betriebsmittelanschlusskredite.

Förderungswerber:
Unternehmen der gewerblichen Wirtschaft in Wien.

Exportförderungsaktion

Bank Austria Handelsbank AG
1, Operngasse 6
Tel. 514 40 . . .0

Förderungsgegenstand:
Durch Beratung und Unterstützung, wie z.B. die Gewährung zinsbegünstigter Kredite, sollen die Voraussetzungen für den Export österreichischer Güter und Dienstleistungen geschaffen oder die Exporttätigkeit verstärkt werden.

Förderungswerber:
Betriebe des Handels, des Gewerbes sowie der Industrie.

Jungunternehmerförderung

Wiener Wirtschaftsförderungsinstitut
18, Währinger Gürtel 97
Tel. 476 77 . . ., 466, 460–463
Internet: http://www.wifiwien.at

Förderungsgegenstand:
Gemeinsam mit der Wirtschaftskammer Wien hat die Stadt Wien zur weiteren Verbesserung der Rahmenbedingungen für Jungunternehmer diese Aktion geschaffen. Im Rahmen dieser Aktion wird durch das Gründer-Service der Wirtschaftskammer des Wiener Wirtschaftsförderungsinstituts ein spezielles Betriebsgründungsservice angeboten.

Förderungswerber:
Jungunternehmer vor, während und nach der Existenzgründung.

Unternehmensdynamik – Plusprämie

Förderungsgegenstand:
Im Rahmen des Bürges-Innovationsprogrammes "Unternehmensdynamik" kann für Investitionen mit hohem innovativem Gehalt bzw. die Erzeugung/Erbringung qualitativ höherwertiger Produkte/Dienstleistungen ODER die Anwendung/Einsatz neuer Technologien ODER den Aufbau von Kooperationen, Cluster und Netzwerkbildungen zusätzlich zu den o.a. Schwerpunkten auch das Kriterium "außergewöhnlich hohes Innovations- und Wachstumspotenzial" oder Anwendung der Informations- und Kommunikationstechnologien des neuesten technischen Standes" erfüllt. (Die Hälfte dieser Plusprämie wird von der Stadt Wien aufgebracht.)

• Ausgeschlossen sind Unternehmen der Fachgruppe Tourismus und Freizeitwirtschaft!

Förderungswerber:
Physische und juristische Personen sowie Personengesellschaften des Handelrechtes und Erwerbsgesellschaften, die ein kleines und mittleres Unternehmen der gewerblichen Wirtschaft, oder ein kleines und mittleres Unternehmen, das technische Dienstleistungen oder Infrastrukturdienstleistungen für zuvor genannte Unternehmen erbringt, im eigenen Namen und auf eigene Rechnung betreiben/zu betreiben beabsichtigen.

Die Einreichung kann – bei Eigenmittelfinanzierung – direkt bei der
BÜRGES-Förderungsbank,
2, Taborstraße 10,
erfolgen oder – bei Kreditfinanzierung – im Wege über die finanzierende Hausbank, auf jeden Fall aber vor Inangriffnahme des Investitionsvorhabens.

Detailinformationen unter: www.buerges.com

Ansprechpartner beim WWFF:
Tel. 40 00 . . ., 86773
E-Mail: mschorn@wwff.gv.at

Sonstige Wirtschaftsförderungsaktionen der Stadt Wien

Gemeinsame Kreditaktion für die Wiener Klein- und Mittelbetriebe

Förderungsgegenstand:
Für Investitionen oder für Betriebsmittelverstärkung werden unter Beteiligung der Wirtschaftskammer Wien und der Stadt Wien Kredite gewährt.

Förderungswerber:
Klein- und Mittelbetriebe
Auskunft und Einreichung:
Wirtschaftskammer Wien
1, Stubenring 8–10

Tel. 514 50 . . ., 1417
Internet: http://www.wkw.at
sowie bei Kreditinstituten

Förderung von Solaranlagen in Wien

Förderungsgegenstand:
Die Solarförderungsaktion der Stadt Wien soll die Nutzung von Sonnenenergie unterstützen und dadurch zur Verringerung der Abhängigkeit von fossilen Brennstoffen und zur Reinhaltung der Luft beitragen. Es werden einmalige Investitionskostenzuschüsse gewährt.

Förderungswerber:
Natürliche und juristische Personen, die ortsfeste Solaranlagen zur Warmwasseraufbereitung und Heizungsunterstützung oder zur Stromerzeugung errichten.

19, Muthgasse 62
Tel. 40 00 . . ., 90515
Parteienverkehr: Montag bis Freitag von
8 bis 12 Uhr

U-Bahn Aktion

Förderungsgegenstand und Förderungswerber:
Es handelt sich bei dieser Aktion um eine gemeinsame Hilfsaktion der Stadt Wien und der Wirtschaftskammer Wien für die durch den U-Bahn-Bau in ihrer Existenz bedrohten Gewerbebetriebe. Die Art der Förderung bzw. deren Umfang wird in jedem Einzelfall gemeinsam von der Stadt Wien und der Kammer festgelegt.

Auskunft und Einreichung:
Wirtschaftskammer Wien
1, Stubenring 8–10
Tel. 514 50 . . ., 1417
Internet: http://www.wkw.at

oder

MA 4 – Referat 5
1, Ebendorferstraße 2
Tel. 40 00 . . ., 86893

WOHNUNGSWESEN

(MA 50, Stadt Wien – Wiener Wohnen, MA 16)

Auskunft über geförderte Wohnungen

Sie können Informationen über den geförderten Wohnungsmarkt bei der

- Wohnservice Wien GesmbH.
  2, Taborstraße 1–3
  Tel. 40 00 . . ., 7900
  Parteienverkehr Montag bis Freitag von
  8 bis 20 Uhr
- bei der Stadt Wien – Wiener Wohnen
- über das elektronische Wohnungsinformationssystem (ELWIS)
  http://service.wien.gv.at/ma50/++neu/text
- im Internet:
  über Wien – Online
  http://www.wien.gv.at/index/wohnsuch.htm
- sowie über Zeitungsaktionen einholen.

Eine Finanzierungsberatung erhalten Sie überdies in Ihrem Bankinstitut.

Förderungsmaßnahmen im Neubaubereich

In Wien werden für von Wohnbauträgern (gewerblichen und gemeinnützigen Bauträgern) und Privaten eingereichte Wohnbauvorhaben 1%-ig verzinste Förderungsdarlehen in der Höhe von 365 bis 585 EUR pro m^2 Wohnnutzfläche gewährt (Förderung von Mietwohnungen: 25 Jahre tilgungsfrei, Förderungsdauer 35 Jahre; Förderung von Eigentumswohnungen sowie Eigenheimen: 5 Jahre tilgungsfrei, Förderungsdauer 30 Jahre).

Um eine Senkung der Mieten und Finanzierungsbeiträge vor allem für einkommensschwache Personen zu erreichen, wird zusätzlich ein 1%-ig verzinstes Landesdarlehen in Höhe von 150 EUR pro m^2 Wohnnutzfläche gewährt, wenn vom Bauträger (in der Regel Gemeinde Wien und Gemeinnützige Bauträger) ein Finanzierungsbeitrag eingehoben wird, der nicht höher als 51,17 EUR pro m^2 Wohnnutzfläche (Stand 2001/2002), wertgesichert nach VPI 1996, ist. Neben den geringen Einmalzahlungen am Beginn des Miethältnisses besteht die eigentliche Zusatzförderung darin, dass Mieter, die die für die Gewährung eines Eigenmittelersatzdarlehens im Ausmaß von 12,5 % der Gesamtbaukosten ausschlaggebenden Einkommensgrenzen nicht überschreiten, die monatlichen Rückzahlungsraten von 0,70 EUR je Nutzwert nicht bezahlen müssen. Mieter, die die für die Gewährung eines Eigenmittelersatzdarlehens im Ausmaß von 7,5 % der Gesamtbaukosten ausschlaggebenden Einkommensgrenzen nicht überschreiten, müssen lediglich eine monatliche Rückzahlung von 0,35 EUR je Nutzwert entrichten. Um die soziale Treffsicherheit dieser Zusatzförderung zu gewährleisten, wird alle fünf Jahre überprüft, ob die Einkommensverhältnisse noch den Richtlinien dieser Zusatzförderung entsprechen. Hat sich das Einkommen über die jeweilig ausschlaggebende Einkommensgrenze hinaus erhöht, werden 0,35 EUR oder 0,70 EUR je Nutzwert eingehoben.

Die Förderung von Kleingartenwohnhäusern erfolgt durch Gewährung von Annuitätenzuschüssen zu einem Darlehen in der Höhe von höchstens 36.340 EUR. Dieser Betrag erhöht sich um 1.820 EUR für jedes im gemeinsamen Haushalt lebende Kind, für das vom Förderungswerber Familienbeihilfe bezogen wird.

Förderungsvoraussetzungen

Geförderte Wohnungen dürfen nur von begünstigten Personen in Benützung genommen werden. Kriterien, denen eine "begünstigte Person" genügen muss, sind das Bestehen eines dringenden Wohnbedürfnisses sowie die Einhaltung bestimmter Einkommensgrenzen (siehe unten, Einkommensgrenzen sind Nettozahlen, also nach Abzug der Einkommen-(Lohn)Steuer sowie der Sozialversicherungsbeiträge, aber einschließlich des 13. und 14. Monatsbezuges).

Bei geförderten Miet- bzw. Genossenschaftswohnungen sowie bei Eigentumswohnungen sind vom zukünftigen Nutzungsberechtigten Bau- und Grundkostenbeiträge zu entrichten.

Wenn aufgrund der Einkommensverhältnisse trotz dieser Objektförderung der Aufwand für die ins Auge gefasste Wohnung zu hoch erscheint, wird durch die Gewährung eines Eigenmittelersatzdarlehens oder einer Wohnbeihilfe unter die Arme gegriffen.

Antragstellung und nähere Auskunft über die Voraussetzungen der Förderungsgewährung:

19, Muthgasse 62, 1. Stock, Riegel G
Tel. 40 00 . . ., 74843–74852
Parteienverkehr:
Montag bis Freitag von
8 bis 12 Uhr

Internet:

Wien-Online:
http://www.wien.gv.at/ma50st/darleh.htm
http://www.wien.gv.at/ma50st/wohnbei.htm
Elwis:
http://service.wien.gv.at/ma50/ttneu/text/

Einkommensgrenzen
für begünstigte Personen
(gültig vom 1. Jänner 2002 bis 31. Dezember 2005)

bei	Wr. Wohnbaufonds Miete 70 %	Wr. Wohnbaufonds Eigentum 70 %	Wohnungen der Stadt Wien	Mietwohnungen § 12 und § 14/ Kleingartenwohnhäuser	Miet--wohnungen § 15/ Eigentumswohnungen § 14/ Eigenheime	Eigentumswohnungen § 12	Eigentumswohnungen § 15	Mindesteinkommen monatlich
	EUR	EUR	EUR	EUR	EUR	EUR	EUR	EUR
einer Person	21.420	24.990	25.500	30.600	35.700	38.250	40.800	607,26
zwei Personen	31.920	37.240	38.000	45.600	53.200	57.000	60.800	866.38
drei Personen	36.120	42.140	43.000	51.600	60.200	64.500	68.800	
vier Personen	40.320	47.040	48.000	57.600	67.200	72.000	76.800	
für jede weitere Person	2.352	2.744	2.800	3.360	3.920	4.200	4.480	64.63

Eigenmittelersatzdarlehen

Zur Finanzierung der Baukosteneigenmittel einer geförderten Wohnung gewährt das Land Wien ein langfristiges und zinsengünstiges (Zinssatz 1 %) Eigenmittelersatzdarlehen, das vom Mieter (Eigentümer) in Halbjahresraten zurückzuzahlen ist.

Voraussetzung ist, dass bestimmte Einkommensgrenzen nicht überschritten werden.

Die Laufzeit des Eigenmittelersatzdarlehens beträgt bei einer Gewährung in Höhe von

12,5 % der förderbaren Gesamtbaukosten 20 Jahre,

7,5 % der förderbaren Gesamtbaukosten 15 Jahre,

5,0 % der förderbaren Gesamtbaukosten 10 Jahre,

2,5 % der förderbaren Gesamtbaukosten 5 Jahre.

In Fällen, in denen aufgrund zu hoher Einkommensverhältnisse nur ein Teilanspruch auf das Eigenmittelersatzdarlehen besteht, muss der restliche Betrag vom Mieter direkt an den Bauträger bezahlt werden.

Alle Mieter, die seit Mai 1998 (Novelle zum WWFSG 1989) ein Eigenmittelersatzdarlehen erhalten (haben), müssen alle fünf Jahre ihr Familieneinkommen überprüfen lassen. Übersteigt es die dafür geltende Eigenmittelersatzdarlehen-Höchstgrenze, ist das Eigenmittelersatzdarlehen zu verringern oder fällt zur Gänze weg. Das bedeutet, dass der Mieter das noch aushaftende Eigenmittelersatzdarlehen zum Teil oder auch zur Gänze zurückzahlen muss.

Nähere Informationen erhalten Sie in
19, Muthgasse 62, 1. Stock, Riegel F
Tel. 40 00 . . ., 74903, 74904, 74906, 74908

Internet:

Wien-Online:
http://www.magwien.gv.at/ma50/st/darleh.htm
Elwis:
http://service.wien.gv.at/ma50/ttneu/text/emed.html

Einkommensgrenzen

für die Eigenmittelersatzdarlehensgewährung
für den Zeitraum 1. Jänner 2002 bis 31. Dezember 2005

Bei geförderten Miet- bzw. Eigentumswohnungen beträgt das Eigenmittelersatzdarlehen:

	bis zu 12,5 %	bis zu 7,5 %	bis zu 5 %	bis zu 2,5 %
	EUR	EUR	EUR	EUR
wenn das Jahreseinkommen bei einer Haushaltsgröße von	der förderbaren Gesamtbaukosten			
einer Person	12.750	17.200	19.230	21.240
einer behinderten Person	14.025	20.230	22.260	24.280
zwei Personen	19.000	24.280	26.310	28.330
einer begünstigten Familie oder Jungfamilie	20.900	27.310	29.340	31.350
drei Personen	21.500	27.310	29.340	31.350
einer begünstigten Familie oder Jungfamilie	23.650	30.335	32.360	34.380
vier Personen	24.000	30.335	32.360	34.380
einer begünstigten Familie oder Jungfamilie	26.400	33.370	35.400	37.420
für jede weitere Person jeweils	1.400	3.030	3.030	3.030
begünstigte Person oder Jungfamilie	1.540			

nicht übersteigt.

Gewährung einer Wohnbeihilfe

Der Rechtsanspruch auf Wohnbeihilfe ist an die Erfüllung bestimmter Voraussetzungen wie Wohnungsaufwand, Einkommensgrenzen, Familiengröße und bei Jungfamilien auch an das Alter der Familienmitglieder geknüpft (zulässiges Monatseinkommen inkl. Urlaubs- und Weihnachtsgeld: eine Person max. 1.126,43 EUR, zwei Personen max. 1.417,12 EUR, drei Personen 1.602.44 EUR, wenn Jungfamilie max. 2.003,04 EUR, vier Personen 1.787,75 EUR, wenn Jungfamilie max. 2.234,69 EUR usw.).

Wohnbeihilfe wird immer nur für ein Jahr gewährt.

Nähere Auskünfte gibt Ihnen eine der vier Wohnbeihilfenstellen.

Zentrale:
19, Muthgasse 62, 1. Stock, Riegel G
Tel. 40 00 . . ., 74803–74805, 74807, 74808, 74882–74886, 74888–74890 und 74892

Außenstellen:
12, Am Schöpfwerk 31
(Wohnhochhaus – Lokal 1)
Tel. 667 99 21, 667 99 22 und 662 78 69

21, Am Spitz 1, 3. Stock, Tür 305
(Magistratisches Bezirksamt)
Tel. 277 34 . . ., 21655 und 21656

22, Kagran, Donaustadtstraße 1, 6. Stock, Tür 619
(Bürohaus Donauzentrum)
Tel. 211 23 . . ., 22655, 22656 und 22657

Parteienverkehr in allen Wohnbeihilfestellen Montag bis Freitag von 8 bis 13 Uhr, an Donnerstagen außerdem noch von 15.30 bis 17.30 Uhr.

Nähere Informationen erhalten Sie auch im Internet:
Wien-Online:
http://www.wien.gv.at/ma50st/wohnbei.htm
Elwis:
http://service.wien.gv.at/ma50/ttneu/text/

Jungfamilienförderung

Die Jungfamilienförderung besteht aus folgenden Begünstigungen:

- im Bereich des Eigenmittelersatzdarlehens
  Für Jungfamilien (das sind Familien, deren sämtliche Mitglieder zum Zeitpunkt der Antragstellung das 40. Lebensjahr noch nicht vollendet haben), kinderreiche Familien, Familien mit einem noch nicht schulpflichtigen Kind und Familien mit behinderten Menschen gelten höhere Einkommensgrenzen.

  Ab 1. Jänner 2002 bis 31. Dezember 2005 gelten folgende Einkommensgrenzen:

zwei Personen	20.900 EUR
drei Personen	23.650 EUR
vier Personen	26.400 EUR
jede weitere Person	1.540 EUR

- im Bereich der Grundkostenförderung
  Zusätzlich zu einem Eigenmittelersatzdarlehen in der Höhe von 12,5 % der förderbaren Gesamtbaukosten wird ein Darlehen von 110 EUR pro m² Wohnnutzfläche für den Grundkostenanteil gewährt, welches in den ersten fünf Jahren gestundet wird.
  Das Familieneinkommen und die Haushaltsgröße werden alle fünf Jahre überprüft.

- im Bereich der Wohnbeihilfe
  Für Jungfamilien gelten höhere Einkommensgrenzen, und es ist bei nach dem WWFSG 1989 geförderten Mietwohnungen eine Betriebskostenförderung bis zu 0,66 EUR pro m² Wohnnutzfläche möglich.

Wohnungsverbesserung (Sanierung von Wohnungen, Eigenheimen und Kleingartenwohnhäusern)

Im ersten Schritt können Sie sich an die
Informations- und Einreichstelle der
MA 50 bzw. 25 in
19, Muthgasse 62, 1. Stock, Tür G1.25
in der Zeit von Montag bis Freitag von 8 bis 13 Uhr
oder
telefonisch unter 40 00 . . ., 74860 bzw. 74870
wenden.

Die Stadt Wien fördert die Sanierung von Wohnungen, wenn die Baubewilligung des Wohnhauses mindestens 20 Jahre alt ist (ausgenommen von dieser Frist sind Behindertenmaßnahmen, der Fernwärmeanschluss und die Sanierung von Kleingartenwohnhäusern).

Zur Finanzierung der Sanierungsarbeiten (ausgenommen Förderung für Fernwärme, Maßnahmen zugunsten Behinderter oder thermisch-energetische Gebäudesanierung für Eigenheime und Kleingartenwohnhäuser) muss ein Darlehen bei einem Kreditinstitut oder einer Bausparkasse aufgenommen werden. Die Förderungsmaßnahme besteht in der Gewährung von Annuitätenzuschüssen zur Tilgung des Darlehens. Das heißt, es werden Zuschüsse zu den laufenden Rückzahlungsraten geleistet. Für Wohnungen mit einer Nutzfläche von 22 bis zu 40 m² können Annuitätenzuschüsse zu einem Darlehen von max. 200 EUR pro m² geleistet werden. Für alle anderen Wohnungen bis zu 150 m² Gesamtnutzfläche beträgt das Darlehenshöchstausmaß 11.000 EUR, es sei denn, es handelt sich um die Zusammenlegung von Wohnungen (Darlehenshöchstausmaß 21.800 EUR) oder um eine Anhebung der Wohnungsausstattungskategorie "D" oder "C" auf "A" (Darlehen im Ausmaß von max. 545 EUR pro m²). Das Ausmaß der Förderung ist von der Art der Sanierungsmaßnahme (Bad- und WC-Einbau, Einbau von Wärmeschutz- und Schallschutzfenstern, Einbau einer Etagenheizung, Anschluss an die Fernwärme usw.) abhängig.

Werden der Anschluss an die zentrale Fernwärmeversorgung, Maßnahmen zugunsten Behinderter oder thermisch-energetische Sanierungen (nur bei Eigenheimen und Kleingartenwohnhäusern) zur Förderung beantragt, können zu vom Förderungswerber eingesetzten Eigenmitteln auch nichtrückzahlbare Zuschüsse bzw. Beiträge geleistet werden.

Mit der Bauführung darf vor schriftlicher Zusicherung der Förderung oder schriftlicher Zustimmung zum vorzeitigen Baubeginn bei sonstigem Verlust der Förderung n i c h t begonnen werden.

Nähere Informationen erhalten Sie auch im Internet:
Wien Online:
http://www.wien.gv.at/ma50st/whgverb.htm
Elwis:
http://service.wien.gv.at/ma50/ttneu/text/

Wohnhaussanierung in Wien (Sanierung von Mehrwohnungshäusern)

Da in Wien für die Wohnhaussanierung der Wiener Bodenbereitstellungs- und Stadterneuerungsfonds als dienstleistungsorientierte Koordinationsstelle eingerichtet wurde, sollten spezielle Informationen bei dieser Stelle eingeholt werden.

Wiener Bodenbereitstellungs- und Stadterneuerungsfonds
8, Lenaugasse 10
Tel. 403 59 19 . . .0
und
1, Lichtenfelsgasse 3
Tel. 408 88 52 . . .0

Förderungsrechtliche Informationen auch unter
Internet:

Wien-Online:
http://www.wien.gv.at/ma50st/whgverb.htm
http://www.wbsf.wien.at/

Elwis:
http://service.wien.gv.at/ma50/ttneu/text

Stadt Wien – Wiener Wohnen (Gemeindewohnungen)

Die Unternehmung Stadt Wien – Wiener Wohnen ist mit der Verwaltung, Erhaltung, Sanierung und dem Neubau der Wiener Gemeindebauanlagen betraut.

Gemeindewohnungen sind Wohnungen, die von der Gemeinde Wien seit dem Jahr 1919 mit Unterstützung öffentlicher Mittel errichtet wurden. Insgesamt betreut Wiener Wohnen rund 217.000 Gemeindewohnungen, das ist rund ein Viertel aller Wohnungen Wiens. Dazu kommen knapp 7.000 weitere Mietobjekte in Form von Ordinationen, Ateliers, Lokalen, Büros und Werkstätten - und noch einmal knapp 8.000 als Hobby- und Abstellräume, Magazine usw. Damit ist die Stadt Wien der größte Hausbesitzer Europas.

In den Kundendienstzentren kann der Antrag auf eine Gemeindewohnung gestellt werden, hier wird die Wohnung angeboten, hier kann sie auch getauscht und letztlich zurückgegeben werden. Mieterbeschwerden, Finanzierungsfragen, aber auch Erhaltungs- und Sanierungsarbeiten werden hier dezentral bearbeitet.

Voraussetzungen für eine Gemeindewohnung

Da die Nachfrage nach Gemeindewohnungen immer groß ist, sind Vormerkung und Vergabe an bestimmte Voraussetzungen gebunden.

Grundsätzlich muss man

- das 17. Lebensjahr vollendet haben,

BERATUNG UND INFORMATION

Bezirke	Adresse	Telefonnummer
1, 2, 8, 9, 20	9, Alserbachstraße 41	534 36 . . ., 01690
3, 4, 11	11, Simmeringer Hauptstraße 108a	740 34 . . ., 11690
5, 6, 7, 12	12, Ignazgasse 4	811 34 . . ., 12690
10	10, Dieselgasse 1-3	605 34 . . ., 10690
13, 23	23, Inzersdorf, Anton-Baumgartner-Straße 125	863 34 . . ., 23690
14, 15, 16	16, Opfermanngasse 1	491 96 . . ., 16690
17, 18, 19	17, Elterleinplatz 14	401 19 . . ., 17690
21	21, Schöpfleuthnergasse 25	277 34 . . ., 21698, 21699
22	22, Kagran, Donaustadtstraße 1 (Donauzentrum)	211 23 . . ., 22690

Öffnungszeiten:

Montag, Freitag von 8 bis 12 Uhr
Dienstag, Donnerstag von 8 bis 17.30 Uhr

• österreichischer Staatsbürger, EU-Bürger oder Genfer Konventionsflüchtling sein,

• seinen Hauptwohnsitz seit mindestens einem Jahr in der derzeitigen Wiener Wohnung haben,

• ein begrenztes Haushaltseinkommen*) und

• "Bedarf" an einer Wohnung haben.

Dieser Bedarf ist gegeben bei

• Gesundheitsschädlichkeit oder Überbelegung der jetzigen Wohnung,

• einem Alters- und Gesundheitszustand, der bestimmte Ausstattungsmerkmale (Lift, Bad/WC in der Wohnung) nötig macht,

• getrennten Haushalten von Ehepaaren oder Lebensgefährten mit gemeinsamen Kindern,

• junge WienerInnen (unter 30), die noch über keine eigene Wohnung verfügen oder

• der nötigen Freimachung von Dienstwohnungen.

Der Wohnungs-Anzeiger

Dieses Gratis-Serviceblatt von WIENER WOHNEN erfüllt drei Funktionen:

• Es erleichtert Mieterinnen und Mietern, die ihre Gemeindewohnung gegen eine andere tauschen wollen, die Partnersuche: Sie erhalten, nachdem sie ihre Wünsche bzw. ihr Angebot im Kundendienstzentrum angemeldet haben, die ständig aktualisierte Liste aller "Tauschwilligen MieterInnen" monatlich gratis zugesendet.

• Es informiert vorgemerkte Wohnungssuchende über Wohnungsangebote, die sie früher in Anspruch nehmen können, als das nach ihrem Reihungsdatum möglich wäre, da die Wohnungen von dafür vorgesehenen Mietern abgelehnt wurden. Diese Wohnungen werden im Sinne einer "Restplatzbörse" (aufgehobene Reihung, ein Wohnraum zusätzlich als der Familiengröße entspräche, ohne Vormerkschein) angeboten.

• Es bietet Mieterinnen und Mietern sowie vorgemerkten Wohnungssuchenden die Möglichkeit, Wohnungen mit eingebauten Einrichtungsgegenständen gegen eine Privatablöse untereinander weiterzugeben.

Wohnungsweitergabe

Gemeindemieterinnen und -mieter können – im Gegensatz zu den meisten anderen Mieterinnen und Mietern in Österreich – ihre Wohnung unbürokratisch an ihre Kinder oder Enkel weitergeben! WIENER WOHNEN verzichtet auf den im Mietrecht vorgesehenen Nachweis des "gemeinsamen Haushaltes".

Diese Möglichkeit gilt für alle Verwandten in gerader Linie (Kinder, Enkelkinder, Eltern, Großeltern), für Adoptivkinder, für Geschwister, für Stief- und Pflegekinder sowie Stief- und Pflegegeschwister.

Voraussetzung ist, dass

• der neue Mieter das 17. Lebensjahr vollendet hat,

• seit mindestens zwei Jahren seinen ordentlichen Wohnsitz in Wien hat, seine bisherige Wohnung aufgibt und

• der bisherige Mieter tatsächlich auszieht.

Meldung von Schäden

Der Journaldienst von Wiener Wohnen nimmt Meldungen über Schäden und technische Gebrechen
werktags von 7.30 bis 15.30 Uhr
entgegen und veranlasst ihre Behebung.

Dieses "Schadentelefon für Gemeindemieter" lautet für die Bezirke

1, 2, 8, 9 und 20	534 36 . . ., 01666
3, 4 und 11	740 34 . . ., 11666
5, 6, 7 und 12	811 34 . . ., 12666
10	605 34 . . ., 10666
13 und 23	863 34 . . ., 23666
14 bis 16	491 96 . . ., 16666
17 bis 19	401 19 . . ., 17666
21	277 34 . . ., 21666
22	211 23 . . ., 22666

Selbstverständlich können und sollen bauliche Schäden und technische Gebrechen in Wohnhäusern auch weiterhin den Hausbesorgerinnen und Hausbesorgern, den Wohnberaterinnen und Wohnberatern gemeldet werden. Das Schadentelefon ist als Ergänzung dazu gedacht. Um Doppelgleisigkeiten zu vermeiden, sollte aber bei Aufzugsdefekten und bei Schäden an Waschmaschinen wie bisher die/der Hausbesorger/in verständigt werden.

*) Die jährlichen Netto-Einkommensgrenzen für Gemeindewohnungen im Jahr 2002 betragen für

1 Person	25.500 EUR
2 Personen	38.000 EUR
3 Personen	43.000 EUR
4 Personen	48.000 EUR
jede weitere Person	2.800 EUR

Diese Einkommensgrenzen werden jährlich der Änderung des Verbraucherpreisindexes angepasst

In allen angeführten Angelegenheiten gibt das jeweils zuständige WIENER WOHNEN-Kundendienstzentrum gerne Auskunft. Detailinformationen bietet auch das

Internet-Angebot der Stadt Wien unter
http://www.magwien.gv.at/wienerwohnen.at

Für allgemeine Fragen zum Thema Wohnen steht zusätzlich das

Mieterhilfe-Telefon
40 00 . . ., 8000
Montag bis Freitag von 8 bis 20 Uhr
zur Verfügung.

Wiener Schlichtungsstelle in Wohnrechtsangelegenheiten (MA 16)

A. Die Wiener Schlichtungsstelle in Wohnrechtsangelegenheiten (MA 16) hat die der Gemeinde übertragenen Verfahren nach dem Mietrechtsgesetz, dem Wohnungsgemeinnützigkeitsgesetz, den Wohnungseigentumsgesetzen 1948 und 1975, den Wohnbauförderungsgesetzen 1968 und 1984, dem Wohnhaussanierungsgesetz, dem Heizkostenabrechnungsgesetz sowie dem Wiener Wohnbauförderungs- und Wohnhaussanierungsgesetz 1989 zur Entlastung der Gerichte zunächst zu führen.
Die diesbezüglichen Anbringen sind daher bei der Schlichtungsstelle einzubringen. Die Schlichtungsstelle hat in erster Linie eine "gütliche Beilegung des Streites" anzustreben. Bei Erfolglosigkeit ist schriftlich über die gestellten Anträge zu entscheiden.
Gegen eine Entscheidung der Schlichtungsstelle kann von jeder Partei innerhalb von vier Wochen nach Zustellung das Gericht angerufen werden. Das Gericht kann auch angerufen werden, wenn seit der Antragstellung mehr als drei Monate verstrichen sind. In beiden Fällen ist das Verfahren sodann (nach Aktenübersendung) vor dem Bezirksgericht zu führen.

Im Einzelnen handelt es sich um folgende Fälle (die Aufzählung umfasst die häufigsten Fälle!):

Nach dem Mietrechtsgesetz (MRG) und Wohnungsgemeinnützigkeitsgesetz (WGG):

1. Überprüfung des begehrten Hauptmietzinses bzw. Entgeltes

2. Überprüfung der verrechneten Betriebskosten und öffentlichen Abgaben

3. Vorlage von Hauptmietzins-, Betriebskosten-, Heizkostenabrechnungen sowie Abrechnungen über den Betrieb von Gemeinschaftsanlagen (Lift, Waschküche usw.) sowie von Erhaltungs- und Verbesserungsbeiträgen

4. Anträge auf Durchführung von Erhaltungs- und/oder Verbesserungsarbeiten

5. Anträge auf Duldung von Eingriffen in das Mietverhältnis zur Durchführung von Erhaltungs- bzw. Verbesserungsmaßnahmen einschließlich der Festsetzung von angemessenen Entschädigungen

6. Anträge auf Veränderung des Mietgegenstandes durch den Mieter

7. Verfahren zur Erhöhung des Hauptmietzinses (MRG) bzw. des Erhaltungs- und Verbesserungsbeitrages (WGG) zur Durchführung von Erhaltungs- und/oder Verbesserungsarbeiten

8. Rückzahlung von verbotenen Ablösen

9. Streitigkeiten über den Investitionsersatz bei Beendigung des Mietverhältnisses

10. Genehmigung des Wohnungstausches

11. Festsetzung des Preises bei Wohnungseigentumsbegründung in einem WGG-Haus

12. Prüfung von offenkundig unangemessenen Zinssatzvereinbarungen

13. Prüfung und Festsetzung der Verteilungsschlüssel für die Aufwendungen

Nach dem Wohnungseigentumsgesetz (WEG):
Festsetzung (Neufestsetzung) der Nutzwerte (WEG 1975) bzw. der Mietwerte (WEG 1948)

Nach dem Heizkostenabrechnungsgesetz (HeizKG):

1. Ausstattung eines Hauses mit Verbrauchsmessgeräten

2. Feststellung der Untauglichkeit der verbrauchsabhängigen Messung

3. Legung der Heizkostenabrechnungen

4. Prüfung der "richtigen" Aufteilungsschlüssel

Nach den Wohnbauförderungsgesetzen:
Überprüfung des zulässigen Mietzinses

B. Zum Aufgabenbereich zählt weiters die Bearbeitung von Rechtsmitteln gegen Wohnbeihilfebescheide der MA 50.

C. Bei den vom Gemeinderat eingerichteten Wohnungskommissionen können in allen Bereichen, die das Wohnen in Wien betreffen, Beschwerden erhoben werden.

ZIVILDIENSTLEISTENDE

(MA 62)

Zivildienstpflichtige haben neben anderem auch Anspruch auf Familienunterhalt und Wohnkostenbeihilfe nach den entsprechenden Vorschriften des Heeresgebührengesetzes 2001. Die Anträge sind beim nach dem Hauptwohnsitz zuständigen Magistratischen Bezirksamt einzureichen. Mit dem Antrag auf Familienunterhalt sind ein Einkommensnachweis sowie sämtliche den Zivildienstpflichtigen bzw. dessen Familienangehörige betreffende Personaldokumente, mit dem Antrag auf Wohnkostenbeihilfe auch noch ein Nachweis über die Höhe der Wohnkosten (z. B. Mietzinsbestätigung), vorzulegen.

Die Antragsformulare sind beim zuständigen Magistratischen Bezirksamt erhältlich.

CHRONIK DER STADT WIEN

2001

7. Jänner
Todesfall: Walter Eckert, Maler, ehem. Präsident der Wiener Secession (87 Jahre).

8. Jänner
Todesfall: Roman Rautner, Landtagsabgeordneter und amtsführender Stadtrat a.D. (SPÖ, 75 Jahre).

9. Jänner
Tagesgeschehen: Andrea Kalchbrenner (SPÖ) – Wahl zur Bezirksvorsteherin des 14. Bezirks.
Auszeichnungen: Konrad Anton Fessler, Maria Elisabeth Radl – Silbernes Verdienstzeichen des Landes Wien.

10. Jänner
Ausstellung: Bezirksmuseum Penzing – "Von der Wienflussregulierung nach Steinhof. Materialbahnen in Penzing".
Premiere: Wiener Stadthalle – "Holiday on Ice".

12. Jänner
Tagesgeschehen: Festakt anlässlich der Ernennung des Technikums Wien zur ersten Wiener Fachhochschule.

14. Jänner
Todesfall: Karl Bednarik, Maler und Schriftsteller (85 Jahre).

15. Jänner
Tagesgeschehen: Prämierung der beliebtesten Marktstandeln.
Ausstellungen: Wiener Stadt- und Landesbibliothek – "Zukunftsbilder"; Palais Harrach – "Othmar Zechyr".

16. Jänner
Tagesgeschehen: 2, Lassallestraße – Spatenstich zum Projekt "Suitehotel"; 17, Hernalser Hauptstraße 98 – Eröffnung eines Kindertagesheims.
Ausstellung: Wiener Planungswerkstatt – "Floridsdorf zeigt Zukunft".

17. Jänner
Ausstellung: Kunstforum – "Adolf Frohner. Verteidigung der Mitte. Retrospektive".
Auszeichnung: Hofrat Dipl.-Ing. Heinrich Gerstbach, Bezirksvorsteher des 13. Bezirks – Goldenes Ehrenzeichen für Verdienste um das Land Wien.

18. Jänner
Tagesgeschehen: 4, Grüngasse 1a – Eröffnung des neuen Hauses der "pro mente wien"; Museumsquartier – Schlüsselübergabe an die Nutzer.
Ausstellung: Österreichisches Museum für Volkskunde – "Sondermodelle. Die 387 Häuser des Peter Fritz".

19. Jänner
Tagesgeschehen: Rathaus, Festsaal – Sportjournalisten-Gala; Krankenhaus Lainz – Eröffnung des Pavillons II; 11, Gottschalkgasse – Eröffnung des Gymnasiums (nach Umbau); 15, Siebeneichengasse 15 – Eröffnung eines Kindertagesheims.
Ausstellungen: Österreichische Nationalbibliothek, Prunksaal – "Salomon Kleiner. Meisterwerke der Architekturvedute"; Millenniums City – "Informationsmesse Wohnen"; Bezirksmuseum Währing – "Chor im Leben, Leben im Chor".
Tagung: Symposium "Euthanasie im NS-Film".

20. Jänner
Premiere: Burgtheater – "Glaube und Heimat" von Schönherr.

21. Jänner
Tagesgeschehen: Rathaus, Festsäle – "Behinderten- und Sozialmesse" sowie Verleihung des "Preises der Menschlichkeit".

22. Jänner
Auszeichnungen: Humbert Augustynowicz, Franz Sager, Helmut Schneeweiss, Ernst Schuller, Paul Skrepek, Ing. Michael Starch, Wolfgang Tanner, Dr. Reinold Westphal, Mitglieder der "Vienna-City-Ramblers" – Silbernes Verdienstzeichen des Landes Wien.

23. Jänner

Tagesgeschehen: König Abdullah II. und Königin Rania von Jordanien – Besuch im Rathaus.

Auszeichnung: Oberamtsrat Regierungsrat Albert Rendl – Berufstitel "Hofrat".

24. Jänner
Geld: 100-S-Münze "Mobilität".
Tagung: 1. Wiener HerzEnquete.

25. Jänner
Tagesgeschehen: 3, Barichgasse 40–42 – Eröffnung der "Vienna School of Clinical Research".
Auszeichnungen: Laurent Beaudoin – Goldenes Ehrenzeichen für Verdienste um das Land Wien; Jean-Louis Fontaine – Silbernes Ehrenzeichen für Verdienste um das Land Wien.

26. Jänner
Tagesgeschehen: Rathausplatz – Eröffnung "Eistraum".
Auszeichnung: Robert Grimmlinger – Silbernes Verdienstzeichen des Landes Wien.

27. Jänner
Premiere: Akademietheater – "!Revolution!: Dantons Tod/Der Auftrag" von Büchner/Müller.

28. Jänner
Premiere: Volkstheater – "Pu der Bär" von Milne.

29. Jänner
Tagesgeschehen: Überreichung der Förderungspreise für wissenschaftliche Arbeiten im Jahr 2000.
Auszeichnungen: Franz Six, Prof. Helene Stadler-Sedo, Vera Szczepankiewicz – Silbernes Ehrenzeichen für Verdienste um das Land Wien.
Premiere: Volksoper – "Der Vogelhändler" von Zeller.
Todesfall: Prof. Max Weiler, Maler (90 Jahre).

30. Jänner
Auszeichnungen: Gabriele Berghofer, Alexander Boskovitz, Hans Gärtner, Gerhard Heitzinger, Ing. Heinz Huber, Franz Klenk, Walter Kortanek, Friedrich Mamerler, Gerhard Martinetz, Elisabeth Maxwald, Willibald Monschein, Ursula Nikl, Ing. Heinz Sedlmayer, Hertha Skargeth, Gerhard Traxler, Norbert Winkler – Sportehrenzeichen der Stadt Wien; Anselm Weber (Regie), Elisabeth Rath (Schauspiel), Anna Franziska Srna (Nachwuchs) – Karl Skraup-Preis.

31. Jänner
Tagesgeschehen: Verleihung des "Roland-Rainer-Stipendiums 2000".
Auszeichnungen: Prof. Berthold Lang – Silbernes Ehrenzeichen für Verdienste um das Land Wien; Gerda Eigner, Erich Kastner, Charlotte König – Goldenes Verdienstzeichen des Landes Wien; Max Friedrich, Franz Josef Huainigg, Josef Stolz – Hans-Czermak-Preis 2000.

1. Februar
Ausstellungen: Museum für Völkerkunde – "Ansichten. Malerei aus dem Kongo 1990–2000"; Historisches Museum der Stadt Wien – "Franz Rosei. Skulpturen 1970–2000. Retrospektive"; Rathaus, Stadtsenatssitzungssaal – "Europa wächst".
Auszeichnung: Kommerzialrat Ing. Hugo Reinprecht, Senator h.c. – Großes Silbernes Ehrenzeichen für Verdienste um das Land Wien.
Premiere: Theater in der Josefstadt – "Ein Sommernachtstraum" von Shakespeare.

2. Februar
Auszeichnung: Maestro Eliahu Inbal – Goldenes Ehrenzeichen für Verdienste um das Land Wien.
Tagung: Eröffnungssymposium der neuen Gesellschaft für Neurologie.

5. Februar
Tagesgeschehen: Überreichung eines Umweltdiploms an die Firma Langes Feld Ges.m.b.H.

6. Februar
Tagesgeschehen: Eröffnung der Kindermusikwochen.

7. Februar
Ausstellung: Wiener Stadt- und Landesarchiv – "Gasometer in Wien – Industrie- und Technikdenkmale im Wandel der Zeit".
Todesfall: Prof. Dr. Viktor Pickl, Wiener Patientenanwalt (73 Jahre).

10. Februar
Bestellung: Johanna Kollwinger – Pflegedirektorin des Gottfried-von-Preyer'schen Kinderspitals.

11. Februar
Premiere: Volkstheater – "Waikiki-Beach" von Streeruwitz.

12. Februar
Auszeichnungen: Kommerzialrat Dipl.-Ing. Günther Grois – Großes Silbernes Ehrenzeichen für Verdienste um das Land Wien; Dr. Erich Haider – Goldenes Ehrenzeichen für Verdienste um das Land Wien; Kommerzialrat Dipl.-Ing. Friedrich Stickler – Silbernes Ehrenzeichen für Verdienste um das Land Wien.
Premiere: Staatsoper – "Billy Budd" von Britten.

13. Februar
Tagesgeschehen: Musikverein – Musikfestival "Winterträume".
Ausstellung: Austria Center Vienna – "exponet Wien 2001".

14. Februar
Auszeichnungen: Obersenatsrat Dr. Georg Breiner, Bereichsdirektor Dr. Ferdinand Podkowicz – Ehrenpreis Pro Defensione 2000 des Militärkommandos Wien; Magistratsabteilung 22 – NÖ Werbepreis.
Geld: 20-S-Münze "Johann Nepomuk Nestroy".

15. Februar

Ausstellungen: Österreichische Galerie im Oberen Belvedere – "Hermann Nitsch: Das Bodenbild. 40. Malaktion"; Messezentrum Prater – "JASPOWA", "1. Österreichische Messe für Golfsport".

Premiere: Theater in der Josefstadt – "Olympia" von Molnár.

16. Februar

Ausstellung: Bezirksmuseum Landstraße – "Drunt in Erdberg".

Sondermarke: Serie "Jagd und Umwelt" ("Feuchtgebietsschutz für das Wasserwild").

Sport: Wiener Stadthalle – A 1 Indoor Trial Weltmeisterschafts-Lauf 2001.

17. Februar

Auszeichnung: Hans Koller – Goldener Rathausmann.

18. Februar

Ausstellungen: Bezirksmuseum Simmering – "Simmeringer Impressionen" – Ölbilder von Marianne Polkorab; MuseumsQuartier, Neue Kunsthalle – Architektur-Preview mit einer Performance der Künstlerin Vanessa Beecroft.

19. Februar

Tagesgeschehen: 9, Sigmund-Freud-Park – Enthüllung der Moratti-Skulptur.

Auszeichnungen: Kommerzialrat Dkfm. Dr. Fritz Aichinger – Goldenes Ehrenzeichen für Verdienste um das Land Wien; Baurat h.c. Dipl.-Ing. Hans Brünner, Kommerzialrat Herbert Schlögl, Kommerzialrat Ing. Günter Tmej – Silbernes Ehrenzeichen für Verdienste um das Land Wien.

20. Februar

Auszeichnung: Überreichung der Wiener Kinopreise.

21. Februar

Tagesgeschehen: Stjepan Mesic´, Staatspräsident der Republik Kroatien – Besuch im Rathaus´.

Ausstellung: Naturhistorisches Museum – "Die besten Naturfotos des Jahres. 70 Siegerfotos des Wildlife Photographers Award of the Year 2000".

Auszeichnungen: Dr. Alfred Wopmann – Goldenes Ehrenzeichen für Verdienste um das Land Wien; Prof. Dr. Ernst Istler – Silbernes Ehrenzeichen für Verdienste um das Land Wien.

22. Februar

Tagesgeschehen: Donauspital – "10 Jahre Digitale Radiologie".

23. Februar

Tagesgeschehen: Rathaus, Festsaal – 1. Wiener Rheumatag.

24. Februar

Tagesgeschehen: 2. Internationales Akkordeon-Festival; Magistratisches Bezirksamt für den 15. Bezirk – Eröffnung des "Front-Office".

26. Februar

Auszeichnungen: Prof. Renate Welsh, Christoph Mauz, Franz Severin Berger, Christiane Holler, Dr. Gerald Jatzek, Heinz R. Unger, Renate Habinger, Linda Wolfsgruber – Kinder- und Jugendbuchpreis der Stadt Wien 2000; Helga Bensch – Illustrationspreis.

Tagung: Rathaus – Internationale Fachtagung "Sicheres Wien".

27. Februar

Auszeichnung: Erwin Lanc, Bundesminister a.D. – Großes Goldenes Ehrenzeichen für Verdienste um das Land Wien.

28. Februar

Tagesgeschehen: 18, Paulinengasse 9 – Eröffnung des Internet-Cafes und Chat; Tunnelanstich Wendeanlage U2-Karlsplatz.

Auszeichnungen: Medizinalrat Univ.-Prof. Dr. Franz Gruber – Prof.-Dr.-Julius-Tandler-Medaille der Stadt Wien in Gold; Primarius Prof. Dr. Josef Nagler, ao. Univ.-Prof. Dr. Heinz Rameis – Silbernes Ehrenzeichen für Verdienste um das Land Wien; Elfriede Klein, Oswald Langstadlinger, Herbert Novotny, Franz Pintarich, Norbert Sendor – Silbernes Verdienstzeichen des Landes Wien; Überreichung der Förderungspreise der Stadt Wien 2000; Michaela Dorfmeister, Abfahrtsweltmeisterin – Goldener Rathausmann.

1. März

Tagesgeschehen: 14, Platz neben dem Technischen Museum – Spatenstich für ein neues IMAX-Kino.

Auszeichnung: Univ.-Prof. Dr. Ferdinand Opll, Direktor des Wiener Stadt- und Landesarchivs – Offizierskreuz des Zivilverdienstordens Spaniens.

Premiere: Kammerspiele – "Fisch zu viert" von Kohlhaas/Zimmer.

2. März

Ausstellung: Messezentrum Prater – "Vinova", "Aufgetischt", "Destillata".

Tagung: Radiologen-Kongress.

3. März

Todesfälle: Dipl.-Ing. Dr. Wilhelm Horak, Generaldirektor i.R. der Wiener Stadtwerke (102 Jahre); Eduard Popp, Bezirksvorsteher a.D. (SPÖ, 85 Jahre).

4. März

Ausstellungen: Bezirksmuseum Ottakring – "Das Negerdörfl von Ottakring und seine Umgebung"; Bezirksmuseum Donaustadt – "Die silbernen Riesen des Grafen Zeppelin".

5. März

Tagesgeschehen: 5, Schönbrunner Straße/Margaretengürtel – Eröffnung des mädchengerecht gestalteten St.-Johann-Parks.

Auszeichnungen: Mag. Dr. Elisabeth Lutter – Prof.-Dr.-Julius-Tandler-Medaille der Stadt Wien in Silber; Oberschulrätin Erika Gabriela Christoph, Sonderschuldirektorin – Otto-Glöckel-Medaille der Stadt Wien; o.Univ.-Prof. Dr. Karl Korinek, Vizepräsident des Verfassungsgerichtshofes – Großes Goldenes Ehrenzeichen für Verdienste um das Land Wien; Dr. Luitgard Knoll – Goldenes Verdienstzeichen des Landes Wien.

Bestellung: Senatsrat Dr. Peter Pollak – Leiter der Magistratsdirektion – Verfassungs- und Rechtsmittelbüro.

6. März

Auszeichnungen: emer. o. Prof. Mag. Friedrich Kurrent, Architekt, Honorarprofessor Mag. Hugo Potyka, Architekt, emer. o. Prof. Mag. Ottokar Uhl, Architekt, Univ.-Prof. Dipl.-Ing. Dr. Manfred Wehdorn, Architekt – Goldenes Ehrenzeichen für Verdienste um das Land Wien; Baurat h.c. Dipl.-Ing. Manfred Eckharter, Dipl.-Ing. Dr. Werner Rosinak – Silbernes Ehrenzeichen für Verdienste um das Land Wien.

7. März

Tagesgeschehen: Geriatriezentrum Am Wienerwald – Eröffnung des Pavillons VI.

Ausstellungen: Österreichisches Museum für angewandte Kunst – "Raymond Pettibon; Books aus dem Archiv der Hefte"; Wiener Planungswerkstatt – "Berichte aus der Planungswerkstatt"; Secession – "Trinh.T.Minh-Ha"; Jüdisches Museum der Stadt Wien – "Sei stark und mutig".

Auszeichnungen: Inspektor Martin Almer, Revierinspektor Helmut Feigl, Revierinspektorin Desiree Niedermayr – Rettungsmedaille des Landes Wien.

Todesfall: Univ.-Prof. Dr. Walter Pass, Musikwissenschaftler (59 Jahre).

8. März

Tagesgeschehen: Internationaler Frauentag; 21, Paukergründe – Spatenstich für Klima-Wind-Kanal; 22, Wallenberggasse 4 – Eröffnung der Feuerwache "Kaisermühlen".

Ausstellungen: Technisches Museum – "Auf Österreichs Straßen. Historische Automobile von 1920–1940"; Museum auf Abruf – "Vom Selbstzweck der Farbe".

Auszeichnungen: Rosa Logar – Prof.-Dr.-Julius-Tandler-Medaille der Stadt Wien in Silber; ao. Univ.-Prof. Primarius Dr. Otto Wagner – Goldenes Ehrenzeichen für Verdienste um das Land Wien; Margareta Baumgartner, Charlotte Brainin, Antonia Bruha, Regine Chum, Dr. Elisabeth Dorowin-Zeissl, Eva Einberger, Charlotte Gelb, Lieselotte Haiss, Marget Horvath-Stojka, Hilde Krenn, Antonie Nikola, Anna Redlinger, Aloisia Täubler, Irma Trksak, Johanna Vogl – Goldenes Verdienstzeichen des Landes Wien.

Premiere: Volkstheater – "Komödie der Irrungen" von Shakespeare.

9. März

Ausstellungen: Österreichische Nationalbibliothek – "Kaiser und König. Eine historische Reise Österreich-Ungarn 1526–1918"; Kunsthalle Wien – "Sleazy Conclusion".

Premiere: Volksoper – "Die Entführung aus dem Serail" von Mozart.

10. März

Premiere: Raimundtheater – "Hair".

11. März

Premieren: Staatsoper – "Ein Maskenball" von Verdi, Ballett; Burgtheater – "Leonce und Lena" von Büchner.

12. März

Tagesgeschehen: Festakt "100 Jahre Simmeringer-Fußball-Sport-Club"; 22, Kaisermühlen – Eröffnung der renovierten Sportanlage des PSV.

Ausstellung: Palais Harrach – "Gerhard Trumler, Fotoausstellung".

Auszeichnung: Ing. Robert Hinterhuber – Goldenes Verdienstzeichen des Landes Wien.

13. März

Tagesgeschehen: 23, Liesing, Anton-Baumgartner-Straße 125 – Eröffnung eines Kundendienstzentrums für Gemeindebaumieter.

Ausstellung: Arnold-Schönberg-Center – "Arnold Schönberg in Amerika".

Auszeichnungen: Gerhard Lupert, Ernst Viktorin-Wacek – Goldenes Verdienstzeichen der Republik Österreich; Wolfgang Cubin, Martin Glozik – Großer Sportpreis der Stadt Wien; Andreas Gloyer, Arno Lindermann, Bernd Saurer, Martin Schifko (Mitglieder des Österreichischen Bridgeteams), Raphael Hartl, Arnold Jonke, Norbert Lambing, Horst Nussbaumer (Mitglieder des Österreichischen Ruderverbandes) – Sportpreis der Stadt Wien; Überreichung der Förderungspreise für den Nachwuchssport.

14. März

Tagesgeschehen: Unterzeichnung eines Umweltschutzvertrages zwischen Wien und Leipzig.

Ausstellungen: Kunstforum – "Joan Miró – später Rebell"; Österreichisches Staatsarchiv – "Gemeinsam gegen die Osmanen"; Erzbischöfliches Dom- und Diözesanmuseum – "Benedikt Werner Traut".

Auszeichnungen: Prof. Leopold Buchmann, Prof. Dr. Alfred Kolaska, Eva Loewenthal – Goldenes Verdienstzeichen des Landes Wien; Oberschulrat Gerhard Müller – Silbernes Verdienstzeichen des Landes Wien.

Geld: 500-S-Goldmünze "Die Bibel".

15. März

Tagesgeschehen: 21, Hinaysgasse – Eröffnung des Geriatriezentrums Floridsdorf.

Ausstellung: KunstHaus Wien – "Snowdon/Retrospektive".

Bestellungen: Obermagistratsrätin Dr. Eva Huber – Leiterin des Magistratischen Bezirksamtes für den 13., 14. Bezirk; Obermagistratsrätin Mag. Anneliese Schermann – Leiterin des Magistratischen Bezirksamtes für den 23. Bezirk.

16. März

Auszeichnungen: Ehrung der Wiener Schülerlotsen.

Bestellungen: Univ.-Prof. Dr. Elisabeth Preisinger – Ärztlicher Institutsvorstand des Instituts für Physikalische Medizin und Rehabilitation im Krankenhaus Lainz; Univ.-Prof. Dr. Rudolf Prager – Ärztlicher Abteilungsvorstand der 3. Medizinischen Abteilung mit Stoffwechselerkrankungen und Nephrologie im Krankenhaus Lainz.

18. März

Auszeichnung: Martha Eggert – Goldener Rathausmann.

19. März

Tagesgeschehen: Kaiserin-Elisabeth-Spital – Spatenstichfeier für ein neues OP-Gebäude.

Auszeichnungen: Konsistorialrat Mag. Dr. Paulus Bergauer, Mag. Richard Plaickner SJ – Goldenes Verdienstzeichen des Landes Wien.

Todesfall: Obersenatsrat Dr. Wilfried Moser (60 Jahre).

20. März

Tagesgeschehen: 7, Westbahnstraße 36 – Enthüllung einer Gustav-Klimt-Gedenktafel an seinem ehemaligen Wohnhaus; 14, Lützowgasse 12–14 – Neueröffnung MED TECH PLUS des Verbandes Wiener Volksbildung.

Auszeichnungen: Obersenatsrat Dr. Roman Merth – Großes Silbernes Ehrenzeichen für Verdienste um das Land Wien; Edith Piroska, Geschäftsführerin des Kuratoriums Wiener Pensionisten-Wohnhäuser – Wilhelm-Zorn-Preis.

21. März

Tagesgeschehen: 5, Margaretengürtel/Schönbrunner Straße – Eröffnung der Trendsportanlage; 7, Neustiftgasse 66 – Eröffnung einer neuen Radspur mit Präsentation eines eigens dafür entworfenen Verkehrsschildes; 15, Oelweingasse – Spatenstichfeier für ein Mitmach-Biotop für Kinder; 20, Romanogasse 27 – Eröffnung des Gesundheits- und Sozialzentrums für den 2. und 20. Bezirk.

Ausstellungen: Erzbischöfliches Dom- und Diözesanmuseum – "Hans Fronius"; Messezentrum Prater – "Bauen – Wohnen".

22. März

Tagesgeschehen: 2, Obere Donaustraße 103/Taborstraße – Eröffnung des Wohnservices Wien; 16, Hasnerstraße 124b – Eröffnung des Personalwohnhauses "Klinotel" des Allgemeinen Krankenhauses.

Ausstellung: Heeresgeschichtliches Museum – "10 Jahre Assistenzeinsatz an der Ostgrenze Österreichs".

25. März

Tagesgeschehen: Gemeinderats- und Bezirksvertretungswahlen 2001; Verteilung der Mandate: 52 Sozialdemokratische Partei Österreichs, 21 Freiheitliche Partei Österreichs, 16 Österreichische Volkspartei, 11 GRÜNE.

26. März

Todesfall: Karl Schönböck, Schauspieler (92 Jahre).

27. März

Ausstellung: Wiener Stadthalle – "Senior aktuell 2001".

28. März

Sport: Ernst-Happel-Stadion – WM-Qualifikationsspiel Österreich – Israel 2:1.

29. März

Auszeichnungen: Prof. Rudolf Resch – Ehrenmedaille der Bundeshauptstadt Wien in Gold; Prof. Karl Michael Danzinger, Hildegard Reschl – Silbernes Ehrenzeichen für Verdienste um das Land Wien; Kurt Schaffer – Goldenes Verdienstzeichen des Landes Wien.

30. März
Ausstellung: Künstlerhaus – "Wiener Internationale Antiquitätenmesse".
Sondermarken: "100 Jahre Zillertalbahn"; Serie "Österreichische Fußballmeister" ("SV Casino Salzburg"); Serie "Volksbrauchtum und volkskundliche Kostbarkeiten" ("Murecker Schiffsmühle, Steiermark").

1. April
Premiere: Akademietheater – "Frühlings Erwachen" von Wedekind.

2. April
Tagesgeschehen: Festwoche der Österreichischen Raumplanung.

3. April
Tagesgeschehen: Preisverleihung des 16. Weltcups der Skimarken.
Ausstellung: Messezentrum Prater – "Water".
Todesfall: Leo Mistinger, Abgeordneter zum Nationalrat a.D. (SPÖ, 97 Jahre).

4. April
Tagesgeschehen: 18, Haizingergasse 37, Gymnasium – Enthüllung einer Gedenktafel an die jüdischen Schüler.
Ausstellungen: Palais Harrach – "Musik in der Malerei des 16. und 17. Jahrhunderts"; Jüdisches Museum der Stadt Wien – "Sie werden lachen! Die Welt des Karl Farkas"; Messezentrum Prater – "Fachmesse für Pflege, Medizin und Gesundheitsmanagement".

5. April
Ausstellung: Historisches Museum der Stadt Wien – "Die Kunst, als Mensch menschlich zu leben . . . Wiens Beitrag zum Welterbe – 2000 und mehr".

6. April
Ausstellungen: Österreichisches Museum für Volkskunde – "Produkt: Muttertag. Zur Ritualisierung eines Festtages"; Messezentrum Prater – "8. Wiener Gebrauchtwagenmesse".
Auszeichnungen: Prof. Mag. Alois Robert Mucnjak – Ehrenmedaille der Bundeshauptstadt Wien in Silber; Werner Kleinrath – Goldenes Verdienstzeichen des Landes Wien; Walter Rudolf Hornik – Silbernes Verdienstzeichen des Landes Wien.
Premiere: Akademietheater – "Nie mehr, nie mehr ins Theater", Karl Valentin-Abend.

9. April
Auszeichnungen: Geriatriezentrum Am Wienerwald – 1. Preis für die Demenzstation; Pater Anton Krenn – Goldener Rathausmann.

13. April
Tagesgeschehen: Theater an der Wien – 200-Jahr-Jubiläum.

16. April
Tagesgeschehen: Frühlingsfestival.

18. April
Geld: 50-S-Münze "Schilling – 16. Juni 1924 – 28. Februar 2002".

19. April
Tagesgeschehen: Bezirksvorsteher-Wahl: Innere Stadt – Kommerzialrat Franz Grundwalt (ÖVP), Bezirksvorsteher, Dipl.-Ing. Gundula Hollauf (ÖVP), Bezirksvorsteher-Stellvertreterin, Georg Niedermühlbichler (SPÖ), Bezirksvorsteher-Stellvertreter; Belgrad – Wiener Kulturtage.
Ausstellung: Erzbischöfliches Dom- und Diözesanmuseum – "Edith Husa. Materialbilder, Collagen, Mischtechnik".

20. April
Tagesgeschehen: Schönberg-Festival.
Ausstellungen: Künstlerhaus – "Stealing Eyeballs, designing med; Frantisek Lesak: Raumdeutsch"; Messezentrum Prater – "Austropharm".
Auszeichnung: Maestro Zubin Mehta, Dirigent – Goldenes Ehrenzeichen für Verdienste um das Land Wien.
Sondermarken: "75 Jahre Salzburg Flughafen"; Serie "Confetti" ("Rolf Rüdiger").

21. April
Todesfall: Otto Hirsch, Gemeinderat a.D. (SPÖ, 71 Jahre).

22. April
Premiere: Staatsoper – "Der 35. Mai" von Dinescu.

23. April
Auszeichnung: Josef Bödenler-Codrelli – Goldenes Verdienstzeichen des Landes Wien.

24. April
Ausstellungen: Heeresgeschichtliches Museum – "Der eiserne Vorhang"; Akademie der bildenden Künste – "Louise Bourgeois".

25. April
Tagesgeschehen: Bezirksvorsteher-Wahl: Brigittenau – Karl Lacina (SPÖ), Bezirksvorsteher, Elfriede Strobel (SPÖ), Bezirksvorsteher-Stellvertreterin, Herbert Grausam (FPÖ), Bezirksvorsteher-Stellvertreter.
Auszeichnungen: Martha Jungwirth, Malerin – Silbernes Ehrenzeichen für Verdienste um das Land Wien;

Kurt Fauland, Karl Wilhelm Hagemayer, Chordirektor – Goldenes Verdienstzeichen des Landes Wien; Rudolf Karber – Silbernes Verdienstzeichen des Landes Wien.

26. April

Tagesgeschehen: Bezirksvorsteher-Wahl: Landstraße – Erich Hohenberger (SPÖ), Bezirksvorsteher, Dipl.-Ing. Rudolf Zabrana (SPÖ), Bezirksvorsteher-Stellvertreter, Dr. Georg Schüller (ÖVP), Bezirksvorsteher-Stellvertreter.

Auszeichnung: Charlotte Beier, Bezirksvorsteher-Stellvertreterin – Silbernes Ehrenzeichen für Verdienste um das Land Wien.

Premiere: Theater in der Josefstadt – "Fräulein Julie" von Strindberg.

27. April

Tagesgeschehen: Konstituierende Sitzung des Wiener Gemeinderates: Bürgermeister – Dr. Michael Häupl (SPÖ), Vizebürgermeister(in) – Grete Laska (SPÖ), Dr. Sepp Rieder (SPÖ); amtsführende StadträtInnen – Mag. Renate Brauner (Integration, Frauenfragen, Konsumentenschutz und Personal), Dr. Sepp Rieder (Finanzen, Wirtschaftspolitik und Wiener Stadtwerke), Grete Laska (Bildung, Jugend, Soziales, Information und Sport), Dr. Andreas Mailath-Pokorny (Kultur und Wissenschaft), Dr. Elisabeth Pittermann-Höcker (Gesundheits- und Spitalswesen), Dipl.-Ing. Rudolf Schicker (Stadtentwicklung und Verkehr), Dipl.-Ing. Isabella Kossina (Umwelt), Werner Faymann (Wohnen, Wohnbau und Stadterneuerung) – alle SPÖ; StadträtInnen – Johann Herzog, Karin Landauer, DDr. Eduard Schock – alle FPÖ; Dr. Peter Marboe, Dipl.-Ing. Dr. Herlinde Rothauer – alle ÖVP; Maria Vassilakou – GRÜNE; konstituierende Sitzung des Wiener Landtages: Erster Präsident – Johann Hatzl (SPÖ), Zweite Präsidentin – Prof. Erika Stubenvoll (SPÖ), Dritter Präsident – Johann Römer (ÖVP).

Ausstellungen: Naturhistorisches Museum – "Bionik – Patentamt der Natur"; Technisches Museum – "Luft- und Raumfahrt"; Wiener Stadthalle – "Eigentum 2001".

28. April

Premiere: Burgtheater – "Das Käthchen von Heilbronn oder Die Feuerprobe" von Kleist.

29. April

Todesfall: Maria Jahoda, Sozialwissenschaftlerin (94 Jahre).

30. April

Tagesgeschehen: Bezirksvorsteher-Wahl: Ottakring – Ernestine Graßberger (SPÖ), Bezirksvorsteherin, Karl Ehrlich (SPÖ), Bezirksvorsteherin-Stellvertreter, Dr. Andre D'Aron (FPÖ), Bezirksvorsteherin-Stellvertreter.

2. Mai

Tagesgeschehen: Bezirksvorsteher-Wahlen: Mariahilf – Renate Kaufmann (SPÖ), Bezirksvorsteherin, Dipl.-Ing. Peter Chlup (SPÖ), Bezirksvorsteherin-Stellvertreter, Maria Feichtinger (ÖVP), Bezirksvorsteherin-Stellvertreterin; Josefstadt – Margit Kostal (ÖVP), Bezirksvorsteherin, Andreas Ottenschläger (ÖVP), Bezirksvorsteherin-Stellvertreter, Mag. Manfred Kerry (SPÖ), Bezirksvorsteherin-Stellvertreter; Penzing – Andrea Kalchbrenner (SPÖ), Bezirksvorsteherin, Robert Pschirer (SPÖ), Bezirksvorsteherin-Stellvertreter, Mag. Oliver Drahosch (FPÖ), Bezirksvorsteherin-Stellvertreter; Floridsdorf – Ing. Heinz Lehner (SPÖ), Bezirksvorsteher, Mag. Gerhard Spitzer (SPÖ), Bezirksvorsteher-Stellvertreter, Dr. Dipl.-Ing. Kurt Mörz (FPÖ), Bezirksvorsteher-Stellvertreter.

Ausstellung: Kaiserliches Hofmobiliendepot – "Verner Panton – eine Retrospektive auf das Werk des dänischen Designers".

3. Mai

Tagesgeschehen: Bezirksvorsteher-Wahl: Liesing – Manfred Wurm (SPÖ), Bezirksvorsteher, Hannelore Stoisic (SPÖ), Bezirksvorsteher-Stellvertreterin, Gerald Bischof (SPÖ), Bezirksvorsteher-Stellvertreter.

Ausstellung: Secession – "Simon Starling – Grafisches Kabinett".

Tagungen: LandtagspräsidentInnenkonferenz; Internationaler Hebammentag.

4. Mai

Ausstellung: Kunsthistorisches Museum – "El Greco".

Sondermarken: Serie "Naturschönheiten in Österreich" ("Bärenschützklamm, Steiermark"), Serie "Volksbrauchtum und volkskundliche Kostbarkeiten" ("Fastentuch, Tirol").

Todesfall: Kommerzialrat Dr. Erich Ebert, Landtagsabgeordneter a.D. (ÖVP, 82 Jahre).

5. Mai

Premieren: Volksoper – "Underworlds", Ballett; Volkstheater – "Die Glut" von Márai.

7. Mai

Tagesgeschehen: Bezirksvorsteher-Wahlen: Simmering – Otmar Brix (SPÖ), Bezirksvorsteher, Renate Angerer (SPÖ), Bezirksvorsteher-Stellvertreterin, Paul Stadler (FPÖ), Bezirksvorsteher-Stellvertreter; Hernals – Hans Mentschik (SPÖ), Bezirksvorsteher, Dr. Ilse Pfeffer (SPÖ), Bezirksvorsteher-Stellvertreterin, Veronika Matiasek (FPÖ), Bezirksvorsteher-Stellvertreterin.

Auszeichnungen: Prof. Mag. Dr. Gertrude Kubiena, Stadträtin a.D. – Großes Silbernes Ehrenzeichen für Verdienste um das Land Wien; Dr. Hanspeter Puschmann – Berufstitel "Obermedizinalrat".

Tagung: Kongress "25 Jahre Ehe- und Familieninstitut".

Todesfall: Primarius DDr. Robert Jelinek (77 Jahre).

8. Mai

Tagesgeschehen: Bezirksvorsteher-Wahlen: Leopoldstadt – Gerhard Kubik (SPÖ), Bezirksvorsteher, Rudolf Kauba (SPÖ), Bezirksvorsteher-Stellvertreter, Günter Spanring (FPÖ), Bezirksvorsteher-Stellvertreter; Meidling – Herbert Hezucky (SPÖ), Bezirksvorsteher, Herbert Grillenhofer (SPÖ), Bezirksvorsteher-Stellvertreter, Ingrid Medejski (FPÖ), Bezirksvorsteher-Stellvertreterin.

Auszeichnung: Kommerzialrat Ferdinand Schneider – Goldenes Ehrenzeichen für Verdienste um das Land Wien.

9. Mai

Tagesgeschehen: Bezirksvorsteher-Wahlen: Neubau – Mag. Thomas Blimlinger (GRÜNE), Bezirksvorsteher, Madeleine Reiser (GRÜNE), Bezirksvorsteher-Stellvertreterin, Rainer Husty (SPÖ), Bezirksvorsteher-Stellvertreter; Alsergrund – Hans Benke (SPÖ), Bezirksvorsteher, Siegfried Lindenmayr (SPÖ), Bezirksvorsteher-Stellverteter, Dr. Dkfm. Wolfgang Stalitzer (ÖVP), Bezirksvorsteher-Stellvertreter; Hietzing – Dipl.-Ing. Heinz Gerstbach (ÖVP), Bezirksvorsteher, Dorothea Drlik (ÖVP), Bezirksvorsteher-Stellvertreterin, Reinhard Feistritzer (SPÖ), Bezirksvorsteher-Stellvertreter; Döbling – Adolf Tiller (ÖVP), Bezirksvorsteher, Hubert Eder (ÖVP), Bezirksvorsteher-Stellvertreter, Gerald Kopecky (SPÖ), Bezirksvorsteher-Stellvertreter; Stephansplatz – Eröffnung eines "Sprachpavillons"; Museumsquartier – Eröffnung der Kunsthalle Wien; Europatag 2001.

Ausstellung: Messezentrum Prater – "ifabo".

Geld: 500-S-Münze "Festung Kufstein".

Premiere: Akademietheater – "Roberto Zucco" von Koltès.

10. Mai

Tagesgeschehen: Bezirksvorsteher-Wahlen: Rudolfsheim-Fünfhaus – Ing. Rolf Huber (SPÖ), Bezirksvorsteher, Waltraud Votter (SPÖ), Bezirksvorsteher-Stellvertreterin, Gernot Haider (FPÖ), Bezirksvorsteher-Stellvertreter; Währing – Karl Homole (ÖVP), Bezirksvorsteher, Mag. Dr. Manfred Schreiber (ÖVP), Bezirksvorsteher-Stellvertreter, Ferdinand Glatzl (SPÖ), Bezirksvorsteher-Stellvertreter.

Bestellung: Ferdinand Götz – Leiter des Großmarktes Wien Inzersdorf.

Tagung: 3. Österreichisch-Deutsches Warenlehre-Symposium.

11. Mai

Tagesgeschehen: Rathausplatz – Eröffnung der Wiener Festwochen.

Ausstellung: Palais Harrach – "Harry Weber".

Auszeichnungen: TeilnehmerInnen des Pilotprojektes "Malta 2000".

14. Mai

Tagesgeschehen: Bezirkvorsteher-Wahl: Donaustadt – Franz-Karl Effenberg (SPÖ), Bezirksvorsteher, Karl Dampier (SPÖ), Bezirksvorsteher-Stellvertreter, Karl Baron (FPÖ), Bezirksvorsteher-Stellvertreter; 22, Kagran, Prandaugasse 5 – Eröffnung einer Volksschule.

Ausstellung: Kunsthalle Wien – "Steve McQueen".

15. Mai

Auszeichnung: Franziska Fast, Staatssekretärin und Volksanwältin a.D. – Prof.-Dr.-Julius-Tandler-Medaille der Stadt Wien in Gold.

Premiere: Theater an der Wien – Gastspiel der Bühnen Köln.

Tagung: 10. Internationaler Kongress der Gen-Experten 2001.

16. Mai

Ausstellung: Österreichische Nationalbibliothek – "Ein Garten Eden".

Auszeichnungen: Heinz Hufnagl, Gemeinderat, Karl Lacina, Bezirksvorsteher, Hans Schiel, Gemeinderat a.D., Kommerzialrat Heinz Sramek, Gemeinderat a.D., Heinz Weissmann, Bezirksvorsteher a.D. – Goldenes Ehrenzeichen für Verdienste um das Land Wien; Anita Krieger, Bezirksvorsteher-Stellvertreterin, Mag. Kyoko Miyamoto, Konzertsängerin – Goldenes Verdienstzeichen des Landes Wien; Oberamtsrat Walter Sommer – Berufstitel "Professor".

17. Mai

Tagesgeschehen: Firma Philips – Eröffnung eines Betriebskindergartens.

Ausstellungen: Österreichische Galerie im Oberen Belvedere – "Herbert Boeckl"; Hermesvilla – "Mode von Kopf bis Fuß 1750–2001".

Tagungen: 4. Internationaler Geriatriekongress; Europäischer Taubblindenkongress; 10. Kongress für Zahnheilkunde mit Laser.

18. Mai

Ausstellung: Österreichisches Theatermuseum – "Curd Jürgens".

Auszeichnungen: Kazuo Maye, Yasuo Nakato, Masayuki Sekita – Goldenes Verdienstzeichen des Landes Wien; Ikuro Kishida, Kenji Kishimoto, Masayuki Kobayaschi, Akiko Matsuda, Eikazu Ouchi – Silbernes Verdienstzeichen des Landes Wien; Überreichung des Ignazius-Nascher-Preises für Geriatrie.

Bestellung: Sabine Assinger – Leitende Oberassistentin der Krankenanstalt Rudolfstiftung.

Sondermarken: "Europa 2001"; "Tag der Briefmarke".

Tagung: Symposium "Rechtsruck".

20. Mai

Tagesgeschehen: Vienna City Marathon; Jüdische Kulturwochen.

21. Mai

Tagesgeschehen: Bezirksvorsteher-Wahl: Favoriten – Hermine Mospointner (SPÖ), Bezirksvorsteherin,

Günther Titz (SPÖ), Bezirksvorsteherin-Stellvertreter, Klemens Rehse (FPÖ), Bezirksvorsteherin-Stellvertreter.

Auszeichnungen: Prof. Dr. Frederic Morton, Schriftsteller – Ehrenmedaille der Bundeshauptstadt Wien in Gold; Ministerialrat Mag. Gerwig Brandtner, Ministerialrat Dr. Klaus Sypal, Ministerialrat Mag. Peter Zeller – Goldenes Ehrenzeichen für Verdienste um das Land Wien.
Todesfall: Kammersänger Fritz Uhl (73 Jahre).

22. Mai
Tagesgeschehen: Bezirksvorsteher-Wahl: Margareten – Ing. Kurt Wimmer (SPÖ), Bezirksvorsteher, Heinrich Koch (SPÖ), Bezirksvorsteher-Stellvertreter, Eva Engl-Eckhart (FPÖ), Bezirksvorsteher-Stellvertreterin; 2, Ausstellungsstraße 44 – Enthüllung einer Gedenktafel anlässlich des 10. Todestages von Wolfgang Kössner (Revierinspektor, wurde ermordet).
Ausstellung: Jüdisches Museum der Stadt Wien – "Reise an kein Ende der Welt. Judaica aus der Gross Family Collection, Tel Aviv".
Auszeichnungen: Michael Haneke, Cannes-Preisträger – Goldener Rathausmann und Wiener Goldene Palme; Jessica Hausner, Veit Heiduschka – Wiener Goldene Palme.
Premiere: Kammerspiele – "Spiel's nochmal, Sam" von Allen.

26. Mai
Todesfall: Univ.-Doz. Dr. Herbert Steiner, Gründer des Dokumentationsarchivs des österreichischen Widerstands (79 Jahre).

27. Mai
Premiere: Theater an der Wien – "Szene Penthesilea. Ein Traum" von Ofenbauer.

28. Mai
Bestellungen: Senatsrätin Dr. Gertraud Stroblberger – Leiterin der Magistratsabteilung 2 – Personalamt; Obersenatsrat Dr. Kurt Scholz – Leiter der Magistratsdirektion – Restitutionsangelegenheiten.

29. Mai
Tagesgeschehen: 75-jähriges Bestehen des Zweiten Wiener Zentralberufsschulgebäudes.
Ausstellung: Technisches Museum – "100 Jahre Daimler-Benz".

30. Mai
Tagesgeschehen: Bezirksvorsteher-Wahl: Wieden – Susanne Reichard (ÖVP), Bezirksvorsteherin, Kommerzialrat Karl Timel (ÖVP), Bezirksvorsteherin-Stellvertreter, Harald Tobola (SPÖ), Bezirksvorsteherin-Stellvertreter.
Ausstellungen: Messezentrum Prater – "RealEstate"; Österreichisches Museum für angewandte Kunst – "Dennis Hopper".
Auszeichnungen: Teddy Kollek, ehem. Bürgermeister von Jerusalem – Ehrenbürger der Stadt Wien; Ehrung von vier Feuerwehrmännern für die Errettung eines fünfjährigen Kindes.
Tagung: 11. Europäischer Kongress über Fettleibigkeit.

31. Mai
Tagesgeschehen: 30-Jahr-Jubiläum der Österreichisch-Chinesischen Gesellschaft; Vergabe der Wiener Stadterneuerungspreise 2001.
Ausstellung: Bezirksmuseum Josefstadt – "30 Jahre Österreichisch-Chinesische Gesellschaft".
Premiere: Staatsoper – "Nabucco" von Verdi.
Tagung: Europäische Akademie Wien.

1. Juni
Tagesgeschehen: Mag. Dr. Susanne Brandsteidl – Amtsführende Präsidentin des Stadtschulrates für Wien.
Ausstellungen: Künstlerhaus – "du bist die welt."; "Herbert Achternbusch"; Erzbischöfliches Dom- und Diözesanmuseum – "Klemens Maria Hofbauer. 250. Geburtstag des Wiener Schutzpatrons"; Technisches Museum – "Bauen, Hochbau, Brücken- und Tunnelbau".
Auszeichnungen: Wolfgang Bruha, Ingeborg Kugler, Gerhard Stipani, Friederike Stipanits – Silbernes Ehrenzeichen für Verdienste um das Land Wien; Medizinalrat Dr. Norbert Rogovits – Berufstitel "Obermedizinalrat".

3. Juni
Tagesgeschehen: Eröffnung der Europride 2001.

5. Juni
Ausstellung: Rathaus, Volkshalle – "100 Jahre in der Luft".

6. Juni
Tagesgeschehen: Friedhof Breitenlee – Eröffnung einer neuen Aufbahrungshalle.

Auszeichnungen: Albert Holub, Landtagsabgeordneter und Gemeinderat a.D. – Silbernes Ehrenzeichen für Verdienste um die Republik Österreich; Prof. Dr. Christine Pelousek – Silbernes Ehrenzeichen für Verdienste um das Land Wien; Ing. Gerhard Chrobak, Walter Hnat – Goldenes Verdienstzeichen des Landes Wien; Überreichung der Wiener Schülerzeitungspreise 2001.

7. Juni

Tagesgeschehen: Wilhelminenspital – Eröffnung der renovierten Stationen für Gynäkologie sowie Toxikologie und zweier Spezialambulanzen; 22. Österreichisches Blasmusikfest; Tiergarten Schönbrunn – Enthüllung eines Bronzenen Elefanten (von Gottfried Kumpf).

Ausstellungen: Historisches Museum der Stadt Wien – "Alles Leinwand. Franz Antel und der österreichische Film"; KunstHaus Wien – "Louis C. Tiffany. Meisterwerke des amerikanischen Jugendstils"; MuseumsQuartier, Quartier 21 – "Neue Kunst aus Mitteleuropa".

Auszeichnungen: Dr. Karl Rummerstorfer, Baurat h.c. Dipl.-Ing. Erich Schmidt – Goldenes Ehrenzeichen für Verdienste um das Land Wien; Dipl.-HTL-Ing. Gerhard Etzdorf, Dipl.-Ing. Helmut Federspiel, Dipl.-Ing. Knut Leitner, Dr. Josef Mitterhauser – Silbernes Ehrenzeichen für Verdienste um das Land Wien.

8. Juni

Premiere: MuseumsQuartier – "Hamlet" von Shakespeare.

Sondermarken: "100 Jahre Österreichischer Aero-Club"; "50 Jahre UNO-Flüchtlingshochkommissariat"; Serie "Weltkulturerbe UNESCO" ("Semmeringbahn").

9. Juni

Tagesgeschehen: Museumsquartier – Wiedereröffnung des Tabakmuseums (nunmehr: Art Cultur Center Tabakmuseum).

10. Juni

Tagesgeschehen: Frauenlauf.

Premiere: Volkstheater – "Mayerling – Die Österreichische Tragödie" von Franzobel.

11. Juni

Tagesgeschehen: Halle 1 der neuen Kunsthalle – Eröffnung und Ausstellung "Eine barocke Party".

Tagung: 4. Projektemesse des Wiener Krankenanstaltenverbundes.

12. Juni

Auszeichnungen: Obersenatsrat Dr. Hans Werner Sokop – Großes Silbernes Ehrenzeichen für Verdienste um das Land Wien; Magistratisches Bezirksamt für den 15. Bezirk, Magistratsabteilung 32 – "Ökomanager 2001" (Auszeichnung der Wirtschaftskammer Österreich).

Todesfall: Robert Hochner, Fernsehmoderator (55 Jahre).

13. Juni

Auszeichnungen: Dr. Ernö Deák, Konrad Holzer – Goldenes Verdienstzeichen des Landes Wien.

15. Juni

Premiere: Volksoper – "La Traviata" von Verdi.

16. Juni

Tagesgeschehen: Rathaus – 9. Life-Ball.

17. Juni

Tagesgeschehen: Votivpark – Enthüllung eines Antonio-Vivaldi-Denkmals.

Ausstellungen: Österreichisches Museum für Volkskunde – "Flüchtige Lust. Joseph Lanner, 1801–1843; Messezentrum Prater - "Meteor. Sammlertreff".

Tagung: Internationaler Elefanten- und Rhinozeros-Kongress.

18. Juni

Tagesgeschehen: Primaria Dr. Nadia Sterba – Vorstand des Pavillons XII/9 im Geriatriezentrum Am Wienerwald; Künstlerhaus – Musikfestival für Kinder.

Auszeichnungen: Anton Bina, Robert Dienel, Gerhard Krause, Dr. Peter Strasser – Goldenes Verdienstzeichen des Landes Wien.

Premiere: Theater an der Wien – "Le Nozze di Figaro" von Mozart.

19. Juni

Tagesgeschehen: Seine Exzellenz Jean-Claude Juncker, Premierminister des Großherzogtums Luxemburg – Besuch im Rathaus; U2-Station MuseumsQuartier – Enthüllung von drei Skulpturen;

Friedensbrücke – neue Effektbeleuchtung; 12, Hervicusgasse 13–15 – Eröffnung des Union Sport Zentrums Hetzendorf.
Ausstellung: Kunstforum – "Mythos Großstadt. Architektur und Stadtbaukunst in Zentraleuropa 1890–1937".
Auszeichnungen: Dr. Eva Puffler – Berufstitel "Hofrätin"; Oberamtsrätin Vilma Bauer – Berufstitel "Regierungsrätin"; Oberamtsrat Hans Forster, Oberamtsrat Karl Urbanek – Berufstitel "Regierungsrat".

20. Juni
Ausstellung: Akademie der bildenden Künste – "Italienische Zeichnungen des 16.–18. Jahrhunderts".
Auszeichnungen: Kommerzialrat Josef Fröhlich – Großes Silbernes Ehrenzeichen für Verdienste um das Land Wien; Gustav-Klimt-Preis 2001 (Plakatpreis).
Geld: 100-S-Münze "Österreich im Wandel der Zeit/Das Heilige Römische Reich".

21. Juni
Tagesgeschehen: Rathausplatz – 4. Wiener Tierschutztage; 22, Hirschstetten, Quadenstraße 15 – Eröffnung des Floriariums und Rosariums.

22. Juni
Tagesgeschehen: 18. Wiener Donauinselfest (2,5 Mio. Besucher).
Sondermarken: "7. IVV Wanderolympiade"; "Feldpost im Ausland".

23. Juni
Ausstellung: Kunsthistorisches Museum – "Luca Giordano".

25. Juni
Tagesgeschehen: Jazzfest Wien.

27. Juni
Tagesgeschehen: MuseumsQuartier – Eröffnung des Architektur Zentrums Wien.
Ausstellung: Architektur Zentrum Wien – "Detonation Deutschland".
Bestellungen: Obersenatsrat Dipl.-Ing. Dr. Franz Deix – Leiter der Gruppe Tiefbau und Verkehr in der Stabsstelle Stadtbaudirektion; Dipl.-Ing. Werner Schuster – Leiter der Magistratsabteilung 44 – Bäder.

28. Juni
Ausstellung: Wiener Planungswerkstatt – "Rathäuser in Polen".
Bestellung: Dipl.-Ing. Andreas Januskovecz – Leiter der Magistratsabteilung 49 – Forstamt und Landwirtschaftsbetrieb der Stadt Wien.

29. Juni
Tagesgeschehen: Eröffnung des Museumsquartiers.
Ausstellung: Technisches Museum – "Erfinder, Patente, Österreich".
Sport: Neue Donau – Ruder-Weltcup Wien.

30. Juni
Tagesgeschehen: Rathausplatz – Musikfestival; Ringstraße – Regenbogenparade.
Ausstellung: Museum moderner Kunst – "moving out".

1. Juli
Tagesgeschehen: Inkrafttreten der Reorganisation der Magistratsdirektion mit einer Gliederung in Geschäftsbereiche und Stabsstellen.

2. Juli
Tagesgeschehen: Klangbogen Wien 2001.

3. Juli
Auszeichnungen: Leopold Donhofer, Christa Ellbogen, Erich Gruber, Elfriede Neuhold, Rupert Schober – Goldenes Verdienstzeichen des Landes Wien.

4. Juli
Tagesgeschehen: Rathauswache – Übernahme eines Defibrillators (elektrisches Gerät zur Durchbrechung eines Herz-Kreislauf-Stillstands).
Ausstellung: Erzbischöfliches Dom- und Diözesanmuseum – "Yitzhak Greenfield. Die mystische Sprache des Malens".

5. Juli
Ausstellungen: Museum für Völkerkunde – "Der Ball von Xibalba. Das mesoamerikanische Ballspiel. Archäologische Funde"; Secession – "Hans Weigand – Alice Creischer – Grafisches Kabinett".

6. Juli
Auszeichnung: I.E. Kathryn Walt Hall, ao.u.bev. Botschafterin der Vereinigten Staaten von Amerika in Österreich – Großes Goldenes Ehrenzeichen für Verdienste um das Land Wien.

8. Juli
Ausstellung: Jüdisches Museum der Stadt Wien – "Kladovo – Eine Flucht nach Palästina".

11. Juli
Tagesgeschehen: ImpulsTanz 2001.
Ausstellung: Künstlerhaus – "Global Tools Design im Zeitalter der Intensivstation".
Bestellung: Dipl.-Ing. Dr. Hannes Schmidl – Bereichsleiter für Gesundheitsplanung und Finanzmanagement in der Geschäftsgruppe Gesundheits- und Spitalswesen.

12. Juli
Ausstellung: Museum auf Abruf – "Bilder von Wienern".

13. Juli

Tagesgeschehen: Otmar Hasler, Regierungschef des Fürstentums Liechtenstein – Besuch im Rathaus; Vergabe der Förderungsmittel aus dem Medizinisch-Wissenschaftlichen Fonds des Bürgermeisters der Bundeshauptstadt Wien.
Sport: Michael Seida – Taek-wondo-Staatsmeister, Goldmedaille in Korea.

14. Juli
Ausstellung: Palais Harrach – "Zeitgenössische Kunst in der Ukraine".

16. Juli
Tagesgeschehen: Ehrenurkunde für sportliche Leistung an Norwegerin Vibeke Holmefjord, die im Rollstuhl Österreich durchquert.

17. Juli
Premiere: Theater an der Wien – "Luisa Miller" von Verdi.

18. Juli
Todesfall: Univ.-Prof. Dr. Wilhelm Holczabek, Gerichtsmediziner (83 Jahre).

24. Juli
Tagesgeschehen: 11, U3-Zippererstraße – Eröffnung des Hyblerparks.

25. Juli
Todesfall: Dr. Josef Klaus, Altbundeskanzler (91 Jahre).

27. Juli
Auszeichnungen: Prof. Hiroko Enami, Konzertpianistin – Goldenes Verdienstzeichen des Landes Wien; Baurat h.c. Dipl.-Ing. Dr. Erich Meixner – Goldener Rathausmann.
Sport: Markus Rogan – Vizeweltmeister über 200 m Rückenschwimmen (Fukuoka, Japan).

28. Juli
Todesfall: Dr. Karl Vak, Generaldirektor i.R. der Zentralsparkasse (71 Jahre).

3. August
Ausstellung: Palais Harrach – "Ernst Fuchs".
Todesfall: Hans Holt, Theater- und Filmschauspieler (91 Jahre).

7. August
Auszeichnung: Prof. Karl Stojka, Maler – Silbernes Ehrenzeichen für Verdienste um das Land Wien.

8. August
Ausstellungen: Wiener Planungswerkstatt – "Architektur in Berlin 2001"; Otto-Wagner-Pavillon, Karlsplatz – "Blickpunkt Karlsplatz".

10. August
Todesfall: Dr. Otto Schulmeister, langjähriger Chefredakteur und Herausgeber der "Presse" (86 Jahre).

13. August
Tagesgeschehen: Maria-Theresien-Kaserne – Angelobung von Rekruten.

15. August
Sport: Ernst-Happel-Stadion – WM-Qualifikationsspiel Österreich – Schweiz 1:2.

16. August
Tagesgeschehen: Durch einen Brand werden die Sofiensäle im 3. Bezirk vernichtet.

21. August
Tagesgeschehen: Kongressbad – Eröffnung eines neu gebauten Beach-Soccer-Platzes.

22. August
Todesfall: Generaldirektor Dr. Peter Strahammer, Manager (57 Jahre).

24. August
Sondermarken: "Viergleisiger Ausbau der Westbahnstrecke"; Serie "Volksbrauchtum und volkskundliche Kostbarkeiten" ("Preberschießen Salzburg").

27. August
Tagung: Internationaler Ernährungskongress.

28. August
Tagesgeschehen: 17, Hernalser Hauptstraße 138 – Eröffnung der neuen Kegelbahn des Kultur- und Sportvereins der Wiener Verkehrsbetriebe.

29. August
Tagesgeschehen: 5, Hartmanngasse 3 – Benennung einer Parkanlage in "Rudolf-Sallinger-Park".

30. August
Tagesgeschehen: Areal der UNO-City – Eröffnung ei-

nes Kindertagesheims.
Ausstellungen: Rathaus, Grete Laska's Gang-Galerie – "70 Jahre Praterstadion"; Erzbischöfliches Dom- und Diözesanmuseum – "Ikebana".

31. August
Tagesgeschehen: 11, Eröffnung der Gasometer City; U6-Station Längenfeldgasse – starke Rauchentwicklung im Tunnel.

1. September
Auszeichnung: Alberto Vilar, Kunstmäzen – Goldenes Ehrenzeichen für Verdienste um das Land Wien.

2. September
Premiere: Volkstheater – "Mariana Pineda" von Lorca.

3. September
Tagesgeschehen: 11, Hugogasse 20 – Benennung der städtischen Wohnhausanlage in "Otto-Mraz-Hof".

4. September
Tagesgeschehen: Ergebnis der Volkszählung: Wien – 1,562.676 Hauptwohnsitze, 197.374 Nebenwohnsitze.
Bestellungen: ao. Univ.-Prof. Dr. Reinhard Krepler – Direktor der Teilunternehmung "Allgemeines Krankenhaus der Stadt Wien – Universitätskliniken"; Primarius Dr. Ludwig Kaspar – Direktor der Teilunternehmung "Wiener städtische Krankenanstalten und Pflegeheime"; Obersenatsrat Dipl.-Ing. Josef Kastl – Direktor der Teilunternehmung "Technische, wirtschaftliche und sonstige Serviceeinrichtungen" im KAV.

5. September
Ausstellung: Kunstforum – "Kasimir Malewitsch".
Auszeichnungen: Fritz Prechtl, Abgeordneter zum Nationalrat a.D. – Goldenes Ehrenzeichen für Verdienste um das Land Wien; Gemeinderat Harry Kopietz – Goldenes Verdienstzeichen des Wiener Landesfeuerwehrverbandes.
Sport: Ernst-Happel-Stadion – WM-Qualifikationsspiel Österreich – Bosnien-Herzegovina 2:0.

6. September
Ausstellung: Kaiserliches Hofmobiliendepot – "Linda McCartney. Ihr fotografisches Werk".
Premiere: Theater in der Josefstadt – "Ein idealer Gatte" von Wilde.

7. September
Tagesgeschehen: 1, Am Hof – 14. Wiener Feuerwehrfest; 3, Radetzkystraße – Eröffnung der modernen Zentrale der Wiener Rettung; 5, Siebenbrunnengasse – Benennung einer Parkanlage in "Ernst-Lichtblau-Park"; 5, nächst Margaretenstraße 108 – Benennung einer Parkanlage in "Scheu-Park"; 5, Mittersteig 24 – Benennung einer Parkanlage in "Margarete-Schütte-Lihotzky-Park"; Geriatriezentrum Baumgarten – Nationenfest.
Ausstellungen: Museum für Unterhaltungskunst (ehemaliges Österreichisches Circus- und Clown-Museum) – "Ludwig Döbler – Genius des Biedermeier"; Kunsthalle Wien – "Flash Afrique".
Todesfall: Franz Muhri, langjähriger Vorsitzender der KPÖ (76 Jahre).

8. September
Tagesgeschehen: Eröffnung der Musik Meile Wien; Tiergarten Schönbrunn – 3. Tierschutz-Aktionstag.
Auszeichnung: Filmfestspiele in Venedig – Großer Preis der Jury für den österreichischen Film "Hundstage".
Premiere: Kabelwerk Meidling – "Faust" von Goethe.

9. September
Ausstellung: Heeresgeschichtliches Museum – "Die neuesten Schätze des Hauses".

11. September
Tagesgeschehen: Als Zeichen der Anteilnahme und Trauer angesichts der Terroranschläge in New York und Washington ist das Rathaus schwarz beflaggt; Haus des Meeres – Eröffnung der Mittelmeerabteilung; 21, La Crêperie – Verleihung des "Flair de Parfum".
Auszeichnung: Gerhard Rodlauer, Gastwirt – Silbernes Verdienstzeichen des Landes Wien.
Bestellung: DDr. Christine Butterfield-Meissl – Ärztlicher Abteilungsvorstand der Psychiatrischen Abteilung im Kaiser-Franz-Josef-Spital.

12. September
Ausstellungen: Erzbischöfliches Dom- und Diözesanmuseum – "Alfred Kubin"; Messezentrum Prater – "Log-Net"; Wien Energie Haus – "Faszination Laufsport".

13. September
Ausstellungen: Museum für Völkerkunde – "Chi Choen. Reisen durch den Himalaya"; Secession – "Christopher Wool".

14. September
Tagesgeschehen: Krankenanstalt Rudolfstiftung – Eröffnung des physikalischen Instituts.
Ausstellung: Naturhistorisches Museum – "Fluss und Form. Bilder von Peter Newkla".
Auszeichnungen: Revierinspektor Josef Breitner, Revierinspektor Wolfgang Jungwirth, Bezirksinspektor Ernst Ledermüller, Revierinspektor Robert Mayerhofer, Bezirksinspektor Manfred Pawelka, Revierinspektor Kurt Spritzendorfer, Inspektor Ing. Werner Sykora, Inspektor Friedrich Taufratzhofer, Revierinspektor Joachim Wurm, Revierinspektor Gerhard Zidek – Einsatzmedaille des Landes Wien.
Premiere: Burgtheater – "Der Zerrissene" von Nestroy.
Sondermarken: "200. Geburtstag von Johann Nest-

roy"; "125. Todestag des Malers und Zeichners Josef Ritter von Führich"; Serie "Moderne Kunst in Österreich" ("Universitäts-Fayencen" von Leherb); Serie "Altes Kunsthandwerk" ("Pluviale").

15. September

Tagesgeschehen: "5 Jahre Hallamasch 8 Tage – 8 Feste"; Museumsquartier – Eröffnung des Museums moderner Kunst Stiftung Ludwig Wien (MUMOK).

Ausstellung: Bezirksmuseum Landstraße – "Otto Wagner, wohnhaft Wien 3".

17. September

Tagesgeschehen: St.-Anna-Kinderspital – Eröffnung des größten europäischen Zentrums für Stammzelltransplantationen bei Kindern; Krankenanstalt Rudolfstiftung – Eröffnung eines filmlosen Röntgen-instituts.

Auszeichnung: Hofrat Univ.-Prof. Veterinärrat Dr. DDr. h.c. Johann Gyimothy – Goldenes Ehrenzeichen für Verdienste um das Land Wien.

Bestellung: Senatsrat Dipl.-Ing. Josef Matousek – Leiter der Magistratsabteilung 19 – Architektur und Stadtgestaltung.

18. September

Auszeichnungen: Prof. Mag. Dr. Johann Fent, Pfarrer, Pater Wolfgang Worsch, Pfarrer – Goldenes Verdienstzeichen des Landes Wien.

Bestellung: Dr. Walter Dohr – Wiener Patientenanwalt.

19. September

Tagesgeschehen: Überreichung von Ehrentiteln "Medizinalrat"; Überreichung der Fördermittel zur Bekämpfung der Tuberkulose und anderer Lungenerkrankungen.

Geld: 100-S-Münze "Österreich im Wandel der Zeit – Das Mittelalter".

Premiere: Volkstheater – "Die Erzählung der Magd Zerline" von Broch.

20. September

Tagesgeschehen: Europaweiter "Autofreier Tag".

Premiere: Kammerspiele – "Der keusche Lebemann" von Arnold/Bach.

21. September

Tagesgeschehen: 15, Clementinengasse 14 – Enthüllung eines Gedenksteins anlässlich "300 Jahre Fünfhaus".

22. September

Tagesgeschehen: MuseumsQuartier – Eröffnung des Leopold-Museums; Rathaus – Frauengesundheitstage "FemVital2001".

23. September

Tagesgeschehen: 1. Wiener Herbstlauf und 3. Vienna Inline Marathon.

24. September

Auszeichnungen: Kammersänger Heinz Holecek, Kammersänger Heinz Zednik – Ehrenmedaille der Bundeshauptstadt Wien in Gold.

Bestellungen: Univ.-Prof. Dr. Beatrix Volc-Platzer – Vorstand der Dermatologischen Abteilung im SMZ-Ost; Univ.-Prof. Dr. Thomas Leitha – Vorstand der Abteilung für Nuklearmedizinische Diagnostik und Therapie im SMZ-Ost.

25. September

Tagung: 2. Wiener Herzenquete.

26. September

Tagesgeschehen: 9, Sechsschimmelgasse 21 – Eröffnung des ersten Gerontopsychiatrischen Zentrums in Wien; 11, Guglgasse 14/Gasometer D – Eröffnung des Wiener Stadt- und Landesarchivs; Wienerlied-Festival.

Ausstellung: Historisches Museum der Stadt Wien – "Wiener Melange 2000. Schwarzweiß-Fotografien von Reinhard Mandl".

Auszeichnungen: Ludwig Hirsch, Adi Hirschal – Goldenes Verdienstzeichen des Landes Wien; Stadt Wien – Ehrung für Fremdsprachen-Ausbildung von Lehrlingen.

27. September

Tagesgeschehen: Die Schubert-Sammlung der Wiener Stadt- und Landesbibliothek wird in das Memory of the World-Register der UNESCO aufgenommen; Pensionistenwohnhaus Rosenberg – Eröffnung der Demenzabteilung.

Ausstellungen: Palais Harrach – "Peter Pongratz: Alice im Madland"; Wiener Planungswerkstatt – "Landwirtschaft in Wien"; Bezirksmuseum Penzing – "Prost die Runde".

28. September

Tagesgeschehen: Rathaus – 1. Wiener Osteoporosetag;

Gemeinderat Andreas Schieder (SPÖ) – Vorsitzender der Europakommission; Rathaus, Festsaal – Wienerlied-Gala "Wien und seine Künstler"; 17, Dornerplatz – Eröffnung nach Renovierung und Bau einer Tiefgarage.

29. September

Tagesgeschehen: Europäischer Recyclingtag; Gerhard-Hanappi-Stadion – neu überdachte Ost- und Westtribünen; Museumsquartier – Eröffnung des Kindermuseums Zoom; 23, Marktgemeindegasse 42 – Eröffnung des "Rudolf-Steiner-Kindertagesheims".

Premiere: Theater an der Wien – "Jekyll & Hyde" von Wildhorn.

Todesfall: Georg Schuchter, Schauspieler (49 Jahre).

1. Oktober

Tagesgeschehen: Internationaler Tag der älteren Generation; Internationaler Tag der Brustkrebs-Vorsorge; Euro-Telefon beim Bürgerdienst.

Ausstellungen: Messezentrum Prater – "Quality Forum Vienna"; "Gewinn-Messe".

2. Oktober

Auszeichnungen: Humbert Spitzer – Prof.-Dr.-Julius-Tandler-Medaille der Stadt Wien in Silber; Johann Kolm – Silbernes Verdienstzeichen des Landes Wien.

3. Oktober

Tagesgeschehen: Museumsquartier – Eröffnung des Tanzquartiers; 6. Wiener Video- und Filmtage.

Ausstellungen: Historisches Museum der Stadt Wien – "Peter Sengl. Schrecklich – schön. Arbeiten 1970–2001"; Wasserturm Favoriten – "50 Jahre Per-Albin-Hansson-Siedlung".

Auszeichnungen: Ilse Dippmann, Heinz Dudek, Dipl.-Ing. Martin Grohmann, Johann Machala, Johann Prokop, Mag. Manfred Steiner, Franz Wöhrer – Sportehrenzeichen der Stadt Wien.

4. Oktober

Tagesgeschehen: Welttierschutztag.

Ausstellungen: Museum für Völkerkunde – "Von der Intensität des Diversen. Frauentücher aus Tunesien"; Palais Palffy – "Hermann Broch – 1886–1951"; KunstHausWien – "Die Naive. Aufbruch ins Verlorene Paradies".

5. Oktober

Tagesgeschehen: Viennale 2001.

Ausstellung: Jüdisches Museum der Stadt Wien – "Im Nacken das Sternenmeer. Ludwig Meidner, ein deutscher Expressionist".

Sondermarken: "Haustier" ("Katzenkönig" von Deix); "200. Geburtstag des Magiers Leopold Ludwig Döbler"; "150 Jahre Zentralanstalt für Meteorologie und Geodynamik"; Serie "Altes Kunsthandwerk" ("Türkenornat").

8. Oktober

Ausstellungen: Rathaus, Volkshalle – "Günther Schneider-Siemssen. Die Bühne – Mein Leben"; Wiener Stadt- und Landesarchiv – "Aus den Jugendtagen des Wiener Walzers".

9. Oktober

Ausstellungen: Rathausplatz – "10 Jahre Frauenbüro"; Messezentrum Prater – "Viet"; "Messtechnik Austria".

Auszeichnung: Hilde Holger, Choreografin und Tanztherapeutin – Goldenes Ehrenzeichen für Verdienste um das Land Wien.

10. Oktober

Tagesgeschehen: Warschau – Wien-Festival.

Geld: 500-S-Münze "Österreich und sein Volk" ("Schattenburg").

11. Oktober

Ausstellungen: Hofburg – "Weindesign 2001"; Österreichisches Theatermuseum – "Teatro. Oberitalienische Theater des 16.–19. Jahrhunderts"; Architektur Zentrum Wien – "Sturm der Ruhe. What is Architecture?".

Premiere: Theater in der Josefstadt – "Der Mann ohne Eigenschaften" von Musil".

12. Oktober

Ausstellung: Wiener Stadt- und Landesbibliothek – "Kulturalternativen. Tanz, Theater & Performance im Werkstätten- und Kulturhaus.

13. Oktober

Auszeichnung: Vizebürgermeister Dr. Sepp Rieder – Komturkreuz des Gregoriusordens für Verdienste um das Wiener Gesundheitswesen.

14. Oktober

Todesfall: Erika Mitterer–Petrovsky, Schriftstellerin (95 Jahre).

15. Oktober

Tagesgeschehen: 2, Tempelgasse 5 – Eröffnung der Frauenberatungsstelle "ESRA".

16. Oktober

Sondermarke: Serie "Österreichische Arbeitswelt" ("Öffentlicher Dienst").

17. Oktober

Tagesgeschehen: Hugo Rafael Chavez Frias, Staatspräsident von Venezuela – Besuch im Rathaus.

Auszeichnungen: Univ.-Prof. Herwig Zens – Ehrenmedaille der Bundeshauptstadt Wien in Gold; Kammerschauspielerin Prof. Elfriede Ott, Kammerschauspieler Heinz Reincke – Goldenes Ehrenzeichen für Verdienste um das Land Wien (Bild nächste Seite).

18. Oktober

Ausstellungen: Kunsthalle Wien – "Televisions – Kunst sieht fern"; "Flash Afrique. Fotografie aus Westafrika"; Messezentrum Prater – "Gewinnmesse".

Auszeichnung: Prof. Dr. Heinz Foerster – Ehrenring der Stadt Wien.

Premiere: Akademietheater – "Traum im Herbst" von Fosse.

19. Oktober

Tagesgeschehen: 11, Svetelskystraße 5 – Eröffnung der Landhausschule; 22, Kaisermühlen, Leonard-Bernstein-Straße 2 – Eröffnung der Volksschule Donaucity.

Ausstellung: Palais Palffy – "World Press Photo 2001".

Premiere: Staatsoper – "La Sonnambula" von Bellini.

20. Oktober

Premiere: Volksoper – "West Side Story" von Bernstein.

21. Oktober

Tagesgeschehen: 11, Braunhubergasse 25 – Enthüllung einer Gedenktafel für Rosa Jochmann.

Premiere: Volkstheater – "Liebe – 4 Komödien" von Schnitzler.

22. Oktober

Auszeichnungen: Hofrat Dr. Reinhard Fous – Silbernes Ehrenzeichen für Verdienste um das Land Wien; Friedrich Fuhrmann, Erich Ryska – Ehrenzeichen für Verdienste im Wiener Feuerwehr- und Rettungswesen in Bronze; Medizinalrat Dr. Rudolf Korschil – Berufstitel "Obermedizinalrat"; Oberamtsrat Helmut Fally – Berufstitel "Regierungsrat".

Tagung: ITech Women.

24. Oktober

Ausstellungen: Naturhistorisches Museum – "Projekt Mensch. Mensch, Technologie und Umwelt in der jüngeren Eiszeit"; Bezirksmuseum Josefstadt – "Rindfleisch und Kren".

25. Oktober

Tagesgeschehen: Spatenstich für den Bau der Wiener Südrandstraße.

Ausstellungen: Messezentrum Prater – "Modellbau International"; "Home".

Auszeichnung: Prof. Dr. Leon Zelman – Ehrenring der Stadt Wien.

26. Oktober

Tagesgeschehen: Wien modern.

Ausstellung: Österreichisches Museum für Volkskunde – "Istrien. Sichtweisen".

Premiere: Burgtheater – "Maria Stuart" von Schiller.

27. Oktober

Ausstellung: Künstlerhaus – "Die Entdeckung der Welt – Die Welt der Entdeckungen".

29. Oktober

Tagesgeschehen: Anatolij W. Petrow, Stellvertretender Oberbürgermeister von Moskau – Besuch im Rathaus; 20, Vorgartenstraße – Spatenstich für das Brigittenauer Seniorenhaus; 22, Kagraner Platz – Spatenstich für die U1-Verlängerung von Kagran nach Leopoldau.

Ausstellungen: Naturhistorisches Museum – "Der Atem der Wildnis. Tier- und Naturfotografie von Art Wolfe"; Bezirksmuseum Penzing – "Alte Ausflugsgasthäuser".

Auszeichnung: Maestro Rafael Frühbeck de Burgos, Dirigent – Goldenes Ehrenzeichen für Verdienste um das Land Wien.

30. Oktober

Auszeichnungen: Dipl.-Ing. Günter Hamza, Kommerzialrat Sepp Michelfeit, Kommerzialrat Helmut Touzimsky – Silbernes Ehrenzeichen für Verdienste um das Land Wien; Wiener Wasserwerke – Internationaler Wasserpreis.

31. Oktober

Tagesgeschehen: AKH, Universitätsklinik für Strahlentherapie – Inbetriebnahme eines Linearbeschleunigers.

Auszeichnungen: o. Univ.-Prof. Iván Eröd, Prof. Paul Walter Fürst, Prof. Mag. Alfred Planyavsky, o. Univ.-Prof. Erich Urbanner – Goldenes Ehrenzeichen für Verdienste um das Land Wien; Peter Brabeck-Letmathe – Schumpeter-Preis.

4. November

Tagesgeschehen: Wladimir Platonow, Moskauer Stadtduma-Präsident – Besuch in Wien; Amtsführende Stadträtin Brauner übergibt eine Spende der Wiener Berufsfeuerwehr in der Höhe von 1,1 Mio. Schilling für die Angehörigen der beim Terroranschlag auf das World Trade Center am 11. September 2001 in New York umgekommenen Feuerwehrleute.

5. November

Auszeichnungen: Prof. Dr. Wolfgang Rohrbach, Kommerzialrat Herbert Wisgott – Goldenes Verdienstzeichen des Landes Wien.

Tagung: Europasymposium "Ökologische Baupraxis in Europa".

6. November

Tagesgeschehen: Volksbegehren "Bildungsoffensive- und Studiengebühren" (Ergebnis Wien: 44.456 Eintragungen = 4,08 %).

7. November

Tagesgeschehen: Milan Kucan, Staatspräsident der Republik Slowenien – Besuch im Rathaus (Bild rechts oben); 11, Guglgasse/Eyzinggasse – Benennung einer Verkehrsfläche in "Otto-Herschmann-Gasse"; 20, Hannovergasse 13–15 – Enthüllung einer Gedenktafel für Philipp Rottenberg (Opfer des Holocaust).

Ausstellungen: Altes Rathaus – "Ludwig Döbler. Genius des Biedermeier"; Planetarium – "ESA 2000 Plus"; Amtshaus für den 20. Bezirk – "Rosa-Jochmann".

Auszeichnung: Dr. Johann Marte – Großes Silbernes Ehrenzeichen für Verdienste um das Land Wien.

Geld: 1.000-S-Goldmünze "Kunstschätze Österreichs" ("Buchmalerei").

8. November

Ausstellung: Uhrenmuseum der Stadt Wien – "Dem Glücklichen schlägt keine Stunde . . .".

Auszeichnung: Angelika Chott – Übersetzerpreis der Stadt Wien.

Premiere: Kammerspiele – "Die Heiratsvermittlerin" von Wilder.

Tagung: Internationale Konferenz "Preparity".

9. November

Ausstellungen: Österreichische Galerie im Oberen Belvedere – "Italienische Reisen"; Hofburg – "Messe für Kunst und Antiquitäten"; Museum Judenplatz – "Projekt – Mahnmal – Riga"; Messezentrum Prater – "Bike-Fachmesse".

Auszeichnungen: Martha Foitl, Silvia Maurer, Mag. Margareta Weissgärber – Goldenes Verdienstzeichen des Landes Wien.

Tagung: 9. Wiener Architektur-Kongress.

10. November

Auszeichnungen: Theaterpreis der Stadt Wien "Nestroy": Beste deutschsprachige Aufführung – Rosmersholm, beste Regie – Peter Zadek, beste Ausstattung – Martin Zehetgruber, beste Schauspielerin – Judith Engel, bester Schauspieler – Sven-Eric Bechtolf, beste Nebenrolle – Peter Fitz, bester Nachwuchs weiblich – Mareike Sedl, bester Nachwuchs männlich – Georg Staudacher, bestes Stück/Autorenpreis – Christoph Ransmayr, beste Off-Produktion – "Hain", Lebenswerk – George Tabori.

Sport: Ernst-Happel-Stadion – WM-Qualifikationsspiel Österreich – Türkei 0 : 1.

11. November

Tagesgeschehen: Volkstheater – Veranstaltung "Kristallnacht – Zeitzeugen berichten".

Premiere: Burgtheater – "Damen der Gesellschaft" von Luce.

12. November

Auszeichnung: Hofrat Adolf Stricker – Großes Silbernes Ehrenzeichen für Verdienste um das Land Wien.

Tagung: Konferenz der Deutschsprachigen Netzwerke gesundheitsfördernder Krankenhäuser in Wien.

13. November

Tagesgeschehen: Kunsthistorisches Museum – Wiedereröffnung der Ägyptisch-Orientalischen Sammlung.

Ausstellungen: Kunsthistorisches Museum – "Gold der Pharaonen"; Volkshochschule Hietzing – "Jüdische Uhren".

14. November

Ausstellungen: Museum für Völkerkunde – "Glück, Reichtum, Gesundheit – Für das Leben"; Österreichisches Museum für angewandte Kunst – "R.M. Schindler: Architektur und Experiment"; Jüdisches Museum der Stadt Wien – "Displaced – Paul Celan in Wien 1947/48".

15. November

Tagesgeschehen: AKH – Eröffnung der neuen Kernspintomographie-Anlage.

Ausstellungen: Österreichische Nationalbibliothek – "Welt im Wort. Gedruckte Zeugnisse auf der Suche nach Wahrheit"; Österreichische Galerie im Unteren Belvedere – "Oskar Laske: Das Narrenschiff und Karikatur von Carl Leopold Hollitzer"; Messezentrum Prater – "5. Wiener Seniorenmesse"; Palais Harrach – "Gottfried Kumpf"; Museum auf Abruf – ". . in Südtirol lebt Wien".

Auszeichnung: Kammerschauspieler Prof. Peter Weck – Ehrenmedaille der Bundeshauptstadt Wien in Gold.

16. November

Ausstellungen: Bezirksmuseum Landstraße – "Joseph Lanner und die Landstraße"; "90 Jahre Pfadfinder auf der Landstraße"; "Aquarelle von Eva Landgraf und Grafen von Johannes Wais".

Auszeichnung: Irmgard Simon – AUVA-Pflegepreis.

Sport: Austrian Open Vienna, größte TanzSport-Veranstaltung Mitteleuropas.

18. November

Tagesgeschehen: 3, Kollonitzgasse 11 – Denkmalenthüllung anlässlich "1700 Jahre armenisches Christentum".

Ausstellung: Bezirksmuseum Simmering – "Berufe mit langer Tradition".

19. November

Auszeichnung: Ministerialrat Mag. DDr. Claus Walter – Goldenes Ehrenzeichen für Verdienste um das Land Wien.

20. November

Tagesgeschehen: Seine Heiligkeit Karekin II., Oberster Patriarch und Katholikos aller Armenier – Besuch im Rathaus.

Auszeichnung: Dkfm. Dr. Erich Pramböck, Generalsekretär des Österreichischen Städtebundes – Großes Goldenes Ehrenzeichen für Verdienste um das Land Wien.

Bestellung: Ing. Dr. Karin Büchl-Krammerstätter – Leiterin der Magistratsabteilung 22 – Umweltschutz.

21. November

Tagesgeschehen: Aleksander Kwasniewski, Staatspräsident der Republik Polen – Besuch im Rathaus (Bild nächste Seite oben links).

Ausstellungen: Naturhistorisches Museum – "Lichtgestein"; MAK – "Franz West: Gnadenlos"; Akademie der bildenden Künste – "Das Goldene Zeitalter in den Niederlanden".

22. November

Ausstellung: Bezirksmuseum Ottakring – "Ottakringer Ansichten".

Auszeichnung: Dr. Suzanne Rödler – Goldener Rathausmann.

23. November
Tagesgeschehen: 2, Vorgartenstraße 145–147/Stiege 4 – Eröffnung eines Geriatrischen Tageszentrums.
Auszeichnung: Johannes Prochaska, Klubobmann a.D., Landtagsabgeordneter und Gemeinderat (ÖVP) – Großes Goldenes Ehrenzeichen für Verdienste um das Land Wien.
Bestellung: Mag. Beatrix Hornschall – Leiterin der Magistratsabteilung 20 – Fremdenrechtliche Angelegenheiten.

26. November
Tagesgeschehen: Besuch der Königin Rania von Jordanien in der Offenen Hauptschule 11, Enkplatz 4; 11, Studenygasse 7–11 – Benennung der städtischen Wohnhausanlage in "Herbert-Böhm-Hof".
Ausstellungen: Wiener Planungswerkstatt – "Wien, Donauraum – Der Stand der Dinge"; Altes Rathaus – "Kunst im Herz von Wien"; Bezirksmuseum Hernals – "Gedenkausstellung für Graf Lacy".

27. November
Ausstellung: Rathaus – 12. Österreichische Buchwoche.
Auszeichnung: Prof. Hofrat Dr. Gerd Kaminski – Ehrenmedaille der Bundeshauptstadt Wien in Gold (Bild nächste Spalte).

28. November
Auszeichnungen: Lothar Steup – Ehrenmedaille der Bundeshauptstadt Wien in Silber; Ferdinand Kral, Bezirksvorsteher-Stellvertreter a.D. – Ehrenmedaille der Bundeshauptstadt Wien; Regierungsrat Adolf Haider, Oberamtsrat i.R., Regierungsrat Prof. Ing. Robert Medek – Silbernes Ehrenzeichen für Verdienste um das Land Wien.

29. November
Tagesgeschehen: 1, Walfischgasse 12 – Eröffnung des neuen Alpenvereins-Klettercenters.

Ausstellungen: Naturhistorisches Museum – "Tahitian Pearl Trophy Second Edition"; Secession – "Ausgeträumt träumen"; "Das Experiment 8"; Palais Palffy – "Das Jahrhundert der Habsburger 1848–1916. Fotografien eines Kaiserreiches".
Bestellung: Univ.-Prof. Dr. Wolfgang Jurecka – Ärztlicher Abteilungsvorstand der Dermatologischen Abteilung im Wilhelminenspital.
Premiere: Theater in der Josefstadt – "Heimliches Geld, heimliche Liebe" von Nestroy.

30. November
Tagesgeschehen: Übergabe des adaptierten Union-Sportzentrums Döbling.
Sondermarke: "Weihnachten 2001".

1. Dezember
Ausstellungen: Kunsthistorisches Museum – "Die Brauttruhen der Paola Gonzaga und Andrea Mantegna"; Technisches Museum – "Fischamend – eine Wiege der österreichischen Luftfahrt".

2. Dezember
Ausstellungen: Österreichisches Museum für Volkskunde – "Wintertraum. Vom Schlittenfahren und Rodeln"; Palais Harrach – "Franz Schubert. Die Winterreise. Bilder von Janet Brooks/Gerloff"; Bezirksmuseum Donaustadt – "Die Uhr im Wandel der Zeit"; "Anneliese Autherit-Ladisich, Aquarelle".

3. Dezember
Auszeichnungen: Dkfm. Elisabeth Gürtler, Geschäftsführerin des Hotels Sacher, Univ.-Prof. Dr. Fritz Redlich – Goldenes Ehrenzeichen für Verdienste um das Land Wien.
Todesfall: Horst Winter, Musiker, Sänger, Komponist (87 Jahre).

4. Dezember
Auszeichnungen: Dr. Wolfgang Tauber, Friedrich Tschöp – Goldenes Verdienstzeichen des Landes Wien; Übergabe von Förderungspreisen für wissenschaftliche Umwelt-Arbeiten.

5. Dezember
Tagesgeschehen: 11, Guglgasse 14 – Eröffnung eines Kindertagesheims der Kindercompany.
Ausstellung: Erzbischöfliches Dom- und Diözesanmuseum – “Gold-, Silber- und Kupferschmied”.
Auszeichnung: Vergabe der UN Vienna Civil Society Award.
Todesfall: Anton Benya, Präsident des Nationalrates a.D., Präsident des Österreichischen Gewerkschaftsbundes a.D. (89 Jahre).

6. Dezember
Ausstellungen: Historisches Museum der Stadt Wien – “Nestroy: Die Welt steht auf kein’ Fall mehr lang”; Architektur Zentrum Wien – “Emerging Architecture 2, Ten More Austrians”; Art Club Center Tabakmuseum – “Faszination Afrika. Gegenwartskunst aus Ostafrika”.
Auszeichnung: Hofrat Erich Molnar – Goldenes Ehrenzeichen für Verdienste um das Land Wien.
Tagung: Rathaus – Gender Mainstreaming-Konferenz.

7. Dezember
Ausstellung: Kunsthalle Wien – “Robert Adrianix: Cultural Collaging”.
Premiere: Akademietheater – “Johann Nestroy: Gottlieb Schlicht. Eine Nestroy-Collage” von Libgart Schwarz.

10. Dezember
Auszeichnungen: Mag. Dr. Lothar Bilek – Silbernes Ehrenzeichen für Verdienste um die Republik Österreich; Dipl.-Ing. Karl A. Skrivanek, Baurat h.c., Hans Peter Teltscher – Silbernes Ehrenzeichen für Verdienste um das Land Wien; Kommerzialrat Leopold Vodicka – Goldenes Verdienstzeichen des Landes Wien.

11. Dezember
Todesfall: Albert Moser, ehem. Generalsekretär der Wiener Staatsoper, ehem. Direktor der Wiener Volksoper, ehem. Generalsekretär der Gesellschaft der Musikfreunde in Wien (81 Jahre).

12. Dezember
Tagesgeschehen: Ron Huldai, Bürgermeister von Tel Aviv – Besuch des Judenplatzes und des Palais Eskeles.
Ausstellung: Heeresgeschichtliches Museum – “Titos Erben. Österreich und der Zerfall Jugoslawiens”.
Auszeichnungen: Dr. Sepp Rieder, Landeshauptmann-Stellvertreter und Vizebürgermeister – Großes Goldenes Ehrenzeichen für Verdienste um das Land Wien; Dr. Kristian Koller, Univ.-Prof. Dr. Konrad Steinbach, Primarius, Hofrat Dr. Ewald Wetscherek – Goldenes Ehrenzeichen für Verdienste um das Land Wien; Annette Dochweiler, Rudolf Kandera, Erika Krasa, Peter Peters – Goldenes Verdienstzeichen des Landes Wien; Chefarzt Dr. Alfred Kaff – Berufstitel “Hofrat”.
Bestellungen: Dr. Ernst Schenk – Ärztlicher Leiter des Geriatriezentrums Liesing; Hannes Nadlinger – Direktor des Pflegedienstes des Geriatriezentrums Liesing; Renate Hauschka – Verwaltungsdirektorin des Geriatriezentrums Liesing.

13. Dezember
Tagesgeschehen: Wiens historisches Zentrum wurde Weltkulturerbe.
Ausstellung: Kunstforum – “Emil Nolde in der Südsee”.
Premiere: Kammerspiele – “Katzenzungen” von Mihura.

14. Dezember
Premiere: Burgtheater – “Der Jude von Malta” von Marlowe.

16. Dezember
Auszeichnung: Dr. Wolfgang Morawec – Silbernes Ehrenzeichen für Verdienste um das Land Wien.
Premiere: Volkstheater – “Der Talismann” von Nestroy.

17. Dezember
Tagesgeschehen: Wiedereröffnung des Josefstegs im Nationalpark Donau-Auen.
Auszeichnungen: Verleihung der Gesundheitspreise der Stadt Wien 2001; Überreichung der Preise für die besten Vorschläge aus der Bevölkerung zum Thema “Sicherheit und Prävention”; Dkfm. Dr. Gustav Ortner, Botschafter a.D., Josefa Tomsik, Landtagsabgeordnete und Gemeinderätin – Goldenes Ehrenzeichen für Verdienste um das Land Wien.

18. Dezember
Bestellung: Dipl.-Ing. Peter Bortenschlager – interimistischer Leiter der Magistratsabteilung 48 – Abfallwirtschaft, Straßenreinigung und Fuhrpark.
Tagung: 1. Symposium des Netzwerks Ernährung.

19. Dezember
Auszeichnung: Prof. Marcel Prawy – Goldener Rathausmann.

20. Dezember
Auszeichnung: Prof. Dr. Erwin Chargaff – Ehrenmedaille der Bundeshauptstadt Wien in Gold.
Premiere: Volksoper – “Nodding Dog”, Ballett.

22. Dezember
Todesfall: Josef (Pepi) Treitl, Kultur-Sammler (80 Jahre).

23. Dezember
Premiere: Staatsoper – “Roméo et Juliette” von Gounod.

31. Dezember
Todesfall: Hans Lackner, Bezirksvorsteher a.D. (SPÖ, 73 Jahre).

Fotos: Media Wien

BÜRGERMEISTER DER STADT WIEN

1282	Konrad Poll
1285	Heinrich Hansgraf
1287	Konrad Eslarn
1288 . . 1305	Konrad Poll
1305–1307	Heinrich Chrannest
1307	Dietrich von Kahlenberg
1308	Heinrich von der Neisse
1309	Niklas von Eslarn
1310	Heinrich von der Neisse
1310–1313	Niklas von Eslarn
1313–1315	Niklas Poll
1316	Hermann von St. Pölten
1316–1317	Niklas von Eslarn
1318	Hermann von St. Pölten
1319–1323	Otto Wülfleinstorfer
1324–1327	Niklas Poll
1327–1328	Stephan Chriegler
1329–1330	Heinrich Lang
1332–1333	Dietrich Urbetsch
1333–1334	Hermann Snetzel
1335–1337	Dietrich Urbetsch
1337–1338	Konrad von Eslarn
1338–1339	Berthold Poll
1340–1343	Konrad Wiltwerker
1343–1344	Hagen von Spielberg
1345–1347	Reinprecht Zaunrüd
1348–1349	Friedrich von Tirna
1350–1351	Dietrich Flusthart
1352	Friedrich von Tirna
1353	Heinrich Würffel
1354	Dietrich Flusthart
1355	Leopold Polz
1356–1357	Heinrich Straicher
1357–1358	Haunold Schuchler d. Ä.
1358–1359	Leopold Polz
1359–1360	Heinrich Straicher
1360–1361	Haunold Schuchler d. Ä.
1362–1364	Hans von Tirna
1364	Friedrich Rüschl
1365–1366	Lukas Popfinger
1366–1367	Thomas Swembl
1368–1370	Niklas Würffel
1370–1371	Thomas Swembl
1372–1374	Ulrich Rössel
1374–1376	Jans am Kienmarkt
1376–1379	Paul Holzkäufel
1379–1381	Jans am Kienmarkt
1381–1386	Paul Holzkäufel
1386–1395	Michael Geukramer
1396	Paul Holzkäufel
1396–1397	Paul Würffel
1398	Jakob Dorn
1398–1399	Hans Rock
1399–1400	Paul Holzkäufel
1401	Berthold Lang
1401–1402	Paul Würffel
1402–1403	Haunold Schuchler d. J.
1403–1404	Konrad Vorlauf
1404–1405	Paul Würffel
1405–1406	Rudolf Angerfelder
1406–1408	Konrad Vorlauf
1408–1409	Hans Feldsberger
1410	Paul Geier
1410–1411	Albrecht Zetter
1411–1419	Rudolf Angerfelder
1420–1421	Hans Mustrer
1422	Ulrich Gundloch
1423–1425	Konrad Hölzler d. Ä.
1425–1426	Hans Scharffenberger
1427	Paul Würffel
1428–1429	Niklas Untermhimmel
1430–1433	Konrad Hölzler d. Ä.
1434–1439	Hans Steger
1440–1441	Konrad Hölzler d. Ä.
1442	Andre Hiltprant
1443	Hans Steger
1444–1446	Hans Haringseer
1447–1449	Hans Steger
1450–1451	Konrad Hölzler d. Ä.
1452	Oswald Reicholf
1453	Niklas Teschler
1454	Oswald Reicholf
1455	Konrad Hölzler d. J.
1456–1457	Niklas Teschler
1457–1460	Jakob Starch
1461–1462	Kristan Prenner
1462	Sebastian Ziegelhauser
1462–1463	Wolfgang Holzer
1463–1464	Friedrich Ebmer
1464–1466	Ulrich Metzleinsdorfer
1467–1473	Andreas Schönbrucker
1473–1479	Hans Heml
1479–1484	Laurenz Haiden
1485–1486	Stefan Een
1487–1489	Lienhard Radauner
1490	Stefan Een
1490–1493	Paul Keck
1494–1496	Friedrich Geldrich
1497–1499	Paul Keck
1500–1501	Wolfgang Rieder
1502	Lienhard Lackner
1503	Wolfgang Zauner
1504–1508	Paul Keck
1509–1510	Wolfgang Rieder
1511–1512	Hans Süß
1512	Lienhard Pudmannsdorfer
1513	Hans Kuchler
1514–1515	Friedrich Piesch
1515	Dr. Johann Kaufmann
1516	Hans Süß
1516–1517	Hans Rinner
1518	Lienhard Pudmannsdorfer
1519–1520	Wolfgang Kirchhofer
1520–1521	Dr. Martin Siebenbürger
1522–1524	Gabriel Gutrater
1524–1526	Hans Süß
1526	Roman Staudinger
1527	Sebastian Sulzbeck

geheimer Kommerzienrat,
ernannt am 9. Februar 1843

Bartholomäus Graf von Stürmer, Internuntius und bevollmächtigter Minister,
ernannt am 14. April 1843

Karl Graf von Inzaghi, oberster Kanzler der k. k. vereinigten Hofkanzlei, Präsident der Studien-Hofkommission,
ernannt am 20. April 1843

Franz Freiherr von Pillersdorf, Hofkanzler der k. k. vereinigten Hofkanzlei,
ernannt am 20. April 1843

Franz Graf von Kuefstein, k. k. Kämmerer, außerordentlicher Gesandter und bevollmächtigter Minister,
ernannt am 4. Juli 1843

Georg Graf Erdödy von Monyorókerék, Geheimer Rat, Erbobergespan der Varasdiner Gespanschaft,
ernannt am 7. November 1843

Ferdinand Leopold Graf Palffy von Erdöd, k. k. Kämmerer, Erbobergespan des Preßburger Komitates,
ernannt am 14. Mai 1844

Johann Freiherr Krticzka von Jaden, Vizekanzler der k. k. vereinigten Hofkanzlei,
ernannt am 30. August 1845

Dr. Anton Winter, Justizamtmann der fürstlich Liechtensteinischen Herrschaft in Lichtenthal in Wien,
ernannt am 1. Dezember 1845

Franz Freiherr von Buffa-Castellalto und Lilienberg, Herr und Landstand in Tirol, k. k. n.-ö. Regierungsrat,
ernannt am 12. August 1846

Johann Josef Prechtl, Direktor des k. k. polytechnischen Institutes in Wien,
ernannt am 9. November 1846

Dr. Ludwig Michael von Schwanthaler, Professor der Bildhauerei an der Akademie in München,
ernannt am 3. Februar 1847

Adam Burg, k. k. n.-ö. Regierungsrat, Professor,
ernannt am 20. Mai 1847

Anselm Salomon Freiherr von Rothschild, k. preuß. geheimer Kommerzienrat,
ernannt am 2. August 1847

Adolf Fürst zu Schwarzenberg, Mitglied des n.-ö. Gewerbevereines,
ernannt am 26. Februar 1848

Josef Graf von Radetzky, k. k. Feldmarschall,
ernannt am 7. August 1848

Josef Freiherr Jellačič von Buzim, k. k. Feldzeugmeister,
ernannt am 4. September 1849

Julius Freiherr von Haynau, Feldzeugmeister,
ernannt am 4. September 1849

Franz Josef Fürst von Dietrichstein, Generalmajor und Obersthofmeister des Erzherzogs Franz von Modena,
ernannt am 25. Jänner 1850

Felix Fürst zu Schwarzenberg, k. k. Feldmarschall-Leutnant und k. k. Ministerpräsident,
ernannt am 7. Jänner 1851

Maximilian Graf O'Donnel, k. k. Oberst, Flügeladjutant Sr. Majestät des Kaisers,
ernannt am 19. Februar 1853

Heinrich Freiherr von Heß, k. k. General-Feldzeugmeister, Generalstabschef der Armee,
ernannt am 18. Dezember 1855

Karl Ferdinand Graf Buol von Schauenstein, Präsident der Ministerkonferenz und Minister des Äußeren,
ernannt am 29. April 1856

Dr. Karl Freiherr von Krauß, Präsident des k. k. Obersten Gerichtshofes,
ernannt am 8. April 1859

Ludwig Ritter von Benedek, k. k. Feldzeugmeister,
ernannt am 4. November 1859

Johann Freiherr Kempen von Fichtenstamm, k. k. Feldzeugmeister,
ernannt am 4. November 1859

Dr. Franz Freiherr von Sommaruga, Zweiter Präsident des Obersten Gerichtshofes,
ernannt am 18. Juli 1860.

Dr. Anton Ritter von Schmerling, k. k. Staatsminister,
ernannt am 8. März 1861

Karl Wilhelm Fürst von Auersperg, Präsident des Herrenhauses,
ernannt am 18. Februar 1862

Dr. Franz Hein, Präsident des Abgeordnetenhauses,
ernannt am 18. Februar 1862

Franz Grillparzer, Dichter,
ernannt am 5. Jänner 1864

Anton Alexander Graf Auersperg, als Dichter *Anastasius Grün,* Mitglied des Herrenhauses,
ernannt am 8. April 1864

Ludwig Freiherr von Gablenz, k. k. Feldmarschall-Leutnant,
ernannt am 22. November 1864

Wilhelm von Tegetthoff, Vizeadmiral,
ernannt am 24. Juli 1866.

Josef Fürst Colloredo-Mannsfeld, Präsident der Staatsschulden-Kontrollkommission,
ernannt am 25. Jänner 1867

Friedrich Ferdinand Freiherr von Beust, k. k. Reichskanzler,
ernannt am 27. Dezember 1867

Matthias Konstantin Reichsgraf von Wickenburg, Präsident der Stadterweiterungs-Kommission,
ernannt am 18. Jänner 1870

Georg Sigl, Fabriksbesitzer,
ernannt am 11. Februar 1870

Dr. Karl Giskra, k. k. Minister des Innern,
ernannt am 20. April 1870

Ernst Karl Heinrich Graf von Hoyos-Sprinzenstein, Geheimer Rat und Kämmerer,
ernannt am 17. Oktober 1873

Dr. Eduard Sueß, k. k. Professor an der Wiener Universität,
ernannt am 17. Oktober 1873

Dr. Karl Freiherr von Rokitansky, Präsident der kaiserlichen Akademie der Wissenschaften,
ernannt am 8. Jänner 1874

Dr. Josef Hyrtl, Professor an der Wiener Universität,
ernannt am 17. März 1874

Franz Ritter von Khunn, Gemeinderat, vormals Bürgermeister-Stellvertreter,
ernannt am 4. Februar 1875

Josef Ritter von Führich, Professor an der Akademie der bildenden Künste,
ernannt am 12. Februar 1875

Dr. Josef Klucky, Gemeinderat,
ernannt am 29. August 1876

Dr. Cajetan Felder, gewesener Bürgermeister der Stadt Wien,
ernannt am 5. Juli 1878

Heinrich Ritter von Ferstel, k. k. Oberbaurat,
ernannt am 21. April 1879

Dr. Ignaz Kuranda, Publizist, Reichsrats-Abgeordneter, ehemaliger Gemeinderat,
ernannt am 22. März 1881

Adolf Ignaz Mautner Ritter von Markhof, Brauereibesitzer und Großindustrieller, Errichter des Kronprinz Rudolf-Kinderspitals,
ernannt am 24. Juni 1881

Eduard von Bauernfeld, Dichter,
ernannt am 10. Jänner 1882

Friedrich Schmidt, k. k. Oberbaurat,
ernannt am 6. September 1883

Hans Graf Wilczek, Geheimer Rat und Herrenhausmitglied,
ernannt am 14. September 1883

Dr. Theophil Ritter von Hansen, k. k. Oberbaurat,
ernannt am 21. Dezember 1883

Dr. Rudolf Eitelberger von Edelberg, k. k. Hofrat, Direktor des österr. Museums für Kunst und Industrie,
ernannt am 3. März 1885

Dr. Anton Freiherr Hye von Glunek, Geheimer Rat, Herrehausmitglied, gewesener Rechtslehrer,
ernannt am 25. Mai 1886

Alfred Ritter von Arneth, Geheimer Rat, Direktor des geheimen Haus-, Hof- und Staatsarchives, Herrenhausmitglied, Präsident der kaiserlichen Akademie der Wissenschaften,
ernannt am 10. Juni 1887

Dr. Leopold Hasner Ritter von Artha, Geheimer Rat, Unterrichtsminister a. D.,
ernannt am 25. Juni 1889

Ludwig Lobmeyr, Herrenhausmitglied, k. k. Kommerzialrat,
ernannt am 26. Juli 1889

Eduard Uhl, gewesener Bürgermeister der Stadt Wien,
ernannt am 14. November 1889

Nikolaus Dumba, Herrenhausmitglied und Landtagsabgeordneter,
ernannt am 25. Juli 1890

Dr. Karl Lueger, Bürgermeister der Stadt Wien,
ernannt am 3. Juli 1900

Dr. Heinrich Ritter von Wittek, Geheimer Rat und Eisenbahnminister a. D.,
ernannt am 5. Mai 1905

Alois Prinz von und zu Liechtenstein, Landmarschall von Niederösterreich,
ernannt am 23. November 1906

Dr. Richard Graf von Bienerth-Schmerling, Geheimer Rat, k. k. Ministerpräsident a. D.,
ernannt am 28. März 1916

Dr. Richard Weiskirchner, Geheimer Rat, k. k. Minister a. D., Bürgermeister der Stadt Wien,
ernannt am 2. Mai 1916

Ottokar Graf Czernin, Minister des Äußern,
ernannt am 2. Mai 1918.

Jakob Reumann, Bürgermeister,
ernannt am 21. Dezember 1923

Dr. Franz Klein, Universitätsprofessor für Zivilprozessrecht,
ernannt am 11. April 1924

Dr. Richard Strauss, Komponist,
ernannt am 16. Mai 1924

Karl Seitz, Bürgermeister,
ernannt am 6. September 1929

Leopold Kunschak, Präsident des Nationalrates,
ernannt am 8. November 1946

Dr. h. c. General a. D. Theodor Körner, Bürgermeister,
ernannt am 23. April 1948

DDr. h. c. Karl Renner, Bundespräsident,
ernannt am 28. Oktober 1948

Dr. Adolf Schärf, Vizekanzler,
ernannt am 15. April 1955

Johann Böhm, Zweiter Präsident des Nationalrates, Präsident des Gewerkschaftsbundes,
ernannt am 21. November 1958

Oskar Kokoschka, akad. Maler,
ernannt am 10. Februar 1961

DDr. h. c. Ing. Julius Raab, Bundeskanzler,
ernannt am 10. März 1961

Dr. h. c. Franz Jonas, Bürgermeister,
ernannt am 21. April 1961

DDr. Franz König, Erzbischof, Kardinal,
ernannt am 25. Oktober 1968

Bruno Marek, Komm.-Rat, Bürgermeister,
ernannt am 22. Jänner 1970

Robert Stolz, Professor, Komponist,
ernannt am 9. Juli 1970

Dr. Bruno Kreisky, Bundeskanzler,
ernannt am 11. Dezember 1975

Dr. h. c. Felix Slavik, Bürgermeister und Landeshauptmann a. D.,
ernannt am 28. Februar 1977

Anton Benya, Präsident des Nationalrates und des Österreichischen Gewerkschaftsbundes,
ernannt am 29. Juni 1977

Herbert von Karajan, Dirigent,
ernannt am 24. April 1978

Dr. Dr. h. c. Karl Böhm, Professor, Generalmusikdirektor,
ernannt am 12. September 1978

Dr. Hertha Firnberg, Bundesministerin für Wissenschaft und Forschung,
ernannt am 24. September 1979

Ernst Křenek, Professor, Komponist,
ernannt am 26. September 1980

Dr. Alfred Maleta, Professor, Präsident des Nationalrates a. D.,
ernannt am 27. Februar 1981

DDr. Bruno Pittermann, Vizekanzler a. D.,
ernannt am 27. Februar 1981

Rosa Jochmann, Abgeordnete zum Nationalrat a. D.,
ernannt am 23. Juni 1981

DDr. Konrad Lorenz, Univ.-Prof., Zoologe, Verhaltensforscher,
ernannt am 18. Februar 1983.

Ing. Rudolf Sallinger, Komm.-Rat, Präsident der Bundeskammer der gewerblichen Wirtschaft und Abgeordneter zum Nationalrat,
ernannt am 24. Februar 1984.

Prof. Elias Canetti, Schriftsteller,
ernannt am 26. April 1985

Prof. Fritz Hochwälder, Schriftsteller,
ernannt am 28. Februar 1986

Dr. Rudolf Kirchschläger, Bundespräsident i. R.,
ernannt am 24. Oktober 1986

Leonard Bernstein, Dirigent und Komponist,
ernannt am 10. Dezember 1987

Gottfried von Einem, emer. o. Hochschulprofessor, Komponist,
ernannt am 29. Jänner 1988

Rudolf Pöder, Präsident des Nationalrates, Vizepräsident des Österreichischen Gewerkschaftsbundes, Vorsitzender der Gewerkschaft der Gemeindebediensteten,
ernannt am 29. Oktober 1990

DDr. mult. h. c. Sir Karl Raimund Popper, emer. Univ.-Prof.,
ernannt am 4. Mai 1992

Dr. Karl Dittrich, Komm.-Rat, Ehrensenator, Präsident der Kammer der gewerblichen Wirtschaft für Wien a. D., Abgeordneter zum Nationalrat a. D.,
ernannt am 12. März 1993.

Gertrude Fröhlich-Sandner, Bundesministerin a. D., Landeshauptmann-Stellvertreterin und Vizebürgermeisterin a. D.,
ernannt am 12. März 1993

Mag. Leopold Gratz, Präsident des Nationalrates a. D., Landeshauptmann und Bürgermeister a. D.,
ernannt am 28. April 1995

Dr. Helmut Zilk, Prof., Landeshauptmann und Bürgermeister a. D.,
ernannt am 28. April 1995

Hans Mayr, Landeshauptmann-Stellvertreter und Vizebürgermeister a. D.,
ernannt am 28. April 1995

DDr. Dr. mult. h. c. Viktor Emil Frankl, Univ.-Prof., Psychologe,
ernannt am 28. Juni 1995

Dipl.-Ing. Dr. h. c. Simon Wiesenthal, Leiter des Jüdischen Dokumentationszentrums,
ernannt am 28. Juni 1995

Dkfm. Dr. Maria Schaumayer, Komm.-Rätin, amtsführende Stadträtin a. D., Präsidentin der Österreichischen Nationalbank a. D.,
ernannt am 9. August 1996

DDr. h. c. Karl Fellinger, Univ.-Prof.,
ernannt am 30. Mai 1997

Max Weiler, emer. o. Hochschulprofessor,
ernannt am 17. Dezember 1999

Billy Wilder, Filmregisseur,
ernannt am 29. September 2000

Theodor (Teddy) Kollek, Bürgermeister a. D. von Jerusalem,
ernannt am 23. Mai 2001

Männer und Frauen, die sich um die Republik Österreich oder die Stadt Wien besonders verdient gemacht haben, kann der Gemeinderat zu Ehrenbürgern ernennen – § 7 der Verfassung der Bundeshauptstadt Wien.

BÜRGER DER STADT WIEN

Georg Philp, Gemeinderat,
ernannt am 3. April 1919
Heinrich Schmid, Stadtrat,
ernannt am 3. April 1919
Hans Arnold Schwer, Stadtrat,
ernannt am 3. April 1919
Johann Knoll, Stadtrat,
ernannt am 15. April 1919
Hans Schneider, Stadtrat,
ernannt am 15. April 1919
Gustav Hillinger, Stadtbuchhaltungsdirektor,
ernannt am 11. Juni 1919
Dr. Wilhelm Exner, Sektionschef,
ernannt am 26. April 1920
Carl Michael Ziehrer, Kapellmeister,
ernannt am 9. Juli 1920
Karl Kantner, freiw. Feuerwehrhauptmann,
ernannt am 4. März 1921
Dr. Johann Palisa, Hofrat, Astronom,
ernannt am 4. März 1921
Dr. Ernst Fuchs, Hofrat, Professor, Augenarzt,
ernannt am 23. Juni 1921
Edmund Hellmer, Hofrat, Professor, Bildhauer,
ernannt am 30. September 1921
Ludwig Basch, Redakteur,
ernannt am 2. Dezember 1921
Max Devrient, Burgschauspieler,
ernannt am 16. Dezember 1921
Anton Kreutzer, Gemeinderat,
ernannt am 20. Jänner 1922
Ferdinand Leißner, Bezirksrat,
ernannt am 20. Jänner 1922
Anton Amon, Schauspieler,
ernannt am 7. April 1922
Anton Hlawaček, Landschaftsmaler,
ernannt am 12. Mai 1922
Alfred Grünfeld, Pianist und Komponist,
ernannt am 16. Juni 1922
Dr. Lazar Rosenfeld, Polizei-Oberbezirksarzt,
ernannt am 11. Juli 1922
Josef Fuhrmann, freiw. Feuerwehrhauptmann,
ernannt am 26. Juli 1922
Karl Baumgartner, Burgschauspieler,
ernannt am 10. Oktober 1922
Karl Streitmann, Professor, Operettensänger,
ernannt am 20. Oktober 1922
Dr. Adam Müller-Guttenbrunn, Schriftsteller,
ernannt am 17. November 1922
Alois Rohrauer, Ehrenpräsident des Touristenvereines „Die Naturfreunde",
ernannt am 17. November 1922
Josef Obrist, Gemeinderat; Obmann des Arbeiter-Sängerbundes,
ernannt am 6. März 1923
Viktor Keldorfer, Chormeister,
ernannt am 13. April 1923
Viktor Kutschera, Schauspieler,
ernannt am 13. April 1923
Auguste Wilbrandt-Baudius, Burgschauspielerin,
ernannt am 29. Mai 1923
Arnold Rosé, Konzertmeister,
ernannt am 8. November 1923
Dr. Rudolf Tyrolt, Schauspieler,
ernannt am 22. Dezember 1923
Dr. Robert Gersuny, Hofrat, Direktor des Rudolfinerhauses,
ernannt am 25. Jänner 1924
Dr. Sigmund Freud, Professor, Neurologe, Psychologe,
ernannt am 22. April 1924
Anton David, Gemeinderat,
ernannt am 30. Mai 1924
Eduard Zetsche, akad. Maler,
ernannt am 23. Dezember 1924
Karl Zewy, akad. Maler,
ernannt am 24. April 1925
Ludwig Wutschel, Gemeinderat,
ernannt am 18. September 1925
Georg Reimers, Burgschauspieler,
ernannt am 9. Oktober 1925
Heinrich Schoof, Professor, Lehrer und Mentor der Arbeitersänger,
ernannt am 16. Oktober 1925
Karl Führich, Professor, Ehrenchormeister, Komponist,
ernannt am 20. November 1925
Gustav Schäfer, ehem. Gemeinderat,
ernannt am 23. Dezember 1925
Dr. Friedrich Becke, Hofrat, Universitätsprofessor,
ernannt am 29. Jänner 1926
Edmund Melcher, ehem. Gemeinderat, Architekt und Stadtbaumeister,
ernannt am 26. Februar 1926
Dr. Karl Ornstein, Rechtsanwalt,
ernannt am 7. Mai 1926
Laurenz Widholz, Nationalrat,
ernannt am 7. Mai 1926
Raimund Körbler, Gemeinderat,
ernannt am 10. September 1926
Martin Spörr, Musikdirektor,
ernannt am 26. November 1926
Wenzel Jellinek, Obmann der Allg. Arbeiterkranken- und Unterstützungskasse,
ernannt am 15. Dezember 1926
Dr. Wilhelm Kienzl, Komponist,
ernannt am 27. Dezember 1926
Alexander Demetrius Goltz, Präsident der Genossenschaft der bild. Künstler Wiens,
ernannt am 11. Februar 1927
Dr. Karl Schönherr, Dichter,
ernannt am 4. März 1927
Dr. Julius Wagner-Jauregg, Hofrat, Universitätsprofessor, Neurologe,
ernannt am 27. Mai 1927
Dr. Josef Meder, Hofrat,
ernannt am 28. Juni 1927
Hans Temple, akad. Maler,
ernannt am 28. Juni 1927
Dr. Eusebius Mandyczewski, Hofrat, Professor,

ernannt am 2. August 1927
Edmund Eysler, Operettenkomponist,
ernannt am 7. Oktober 1927
William Unger, Professor, Grafiker,
ernannt am 7. Oktober 1927
Albert Sever, Abgeordneter zum Nationalrat, Landeshauptmann a. D.,
ernannt am 18. November 1927
Albert Heine, Hofrat, Regisseur, Ehrenmitglied des Burgtheaters,
ernannt am 24. Februar 1928
Dr. Karl Glossy, Hofrat, Direktor der Städt. Sammlungen,
ernannt am 9. März 1928
Hedwig Bleibtreu, Hofschauspielerin,
ernannt am 19. Oktober 1928
Anna Kallina, Hofschauspielerin,
ernannt am 19. Oktober 1928
Rosa Mayreder, Schriftstellerin,
ernannt am 19. Oktober 1928
Willy Thaller, Burgschauspieler,
ernannt am 19. Oktober 1928
Karl Zeska, Hofschauspieler,
ernannt am 19. Oktober 1928
Johann Kremenezky, Seniorchef der Firma Kremenezky,
ernannt am 8. Februar 1929
Dr. Carl Stiaßny, Rechtsanwalt,
ernannt am 8. Februar 1929
Marianne Hainisch,
ernannt am 12. April 1929
Richard Waldemar, Schauspieler,
ernannt am 31. Mai 1929
Babette Devrient-Reinhold, Burgschauspielerin,
ernannt am 22. November 1929
Dr. Josef Redlich, Professor, Jurist,
ernannt am 31. Jänner 1930
Dr. Rudolf Beer, Theaterdirektor,
ernannt am 14. März 1930
Emil Ertl, Schriftsteller,
ernannt am 14. März 1930
Eduard Jordan, Bürgerschullehrer i. R.,
ernannt am 14. März 1930
Felix Salten, Schriftsteller,
ernannt am 14. März 1930
Franz Schalk, Professor, Direktor der Wiener Staatsoper i. R.,
ernannt am 14. März 1930
Georg Stern, Hofrat, Direktor der Länderbank i. R.,
ernannt am 14. März 1930
Dr. Richard Wettstein, Hofrat, Professor, Botaniker,
ernannt am 14. März 1930
Max Winter, Sozialpolitiker und Schriftsteller, Vizebürgermeister,
ernannt am 14. März 1930
Oskar Lehner, Komm.-Rat,
ernannt am 25. April 1930
Dr. Alfred Adler, Professor, Arzt,
ernannt am 11. Juli 1930
Dr. Michael Haberlandt, Hofrat, Professor, Ethnologe,
ernannt am 3. Oktober 1930
Hugo Darnaut, Professor, akad. Maler,
ernannt am 5. Dezember 1930
Dr. Josef Hoffmann, Professor, Architekt,
ernannt am 23. Dezember 1930
Emil Sauer, Hofrat, Professor, Geheimrat, Pianist,
ernannt am 23. Dezember 1930
Ernst Arndt, Professor, Kammerschauspieler,
ernannt am 13. März 1931
Viktor Zwilling, Fürsorgeamtsvorstand,
ernannt am 15. März 1931
Josef Jaksch, Hofrat, Vorstand des Schubertbundes,
ernannt am 20. März 1931
Michael Hackl, Leiter des Konsumvereines Niederösterreich,
ernannt am 21. April 1931
Otto Treßler, Burgschauspieler,
ernannt am 8. Mai 1931
Dr. Rudolf Larisch, Hofrat, Professor,
ernannt am 10. Juli 1931
Karl Moll, akad. Maler,
ernannt am 10. Juli 1931
Helene Richter, Schriftstellerin,
ernannt am 10. Juli 1931
Anton Hueber, Bundesrat,
ernannt am 7. Oktober 1931
Dr. Anton Eiselsberg, Univ.-Prof., Hofrat,
ernannt am 26. Jänner 1932
Dr. Markus Hajek, Univ.-Prof.,
ernannt am 19. Februar 1932
Dr. Karl Noorden, Univ.-Prof., Geheimrat,
ernannt am 19. Februar 1932
Josef Reiter, Tonkünstler,
ernannt am 19. Februar 1932
Johann Wancura, Komm.-Rat,
ernannt am 19. Februar 1932
Dr. Adolf Menzel, Hofrat,
ernannt am 10. Mai 1932
Dr. Hans Horst Meyer, Univ.-Prof.,
ernannt am 3. Juni 1932
Rudolf Slatin Pascha, Afrikaforscher,
ernannt am 7. Juni 1932
Wilhelm Johann Holczabek, Schulrat,
ernannt am 1. Juli 1932
Karl Lafite, Professor, Komponist,
ernannt am 2. Oktober 1932
Franz Cizek, Professor,
ernannt am 23. November 1932
Dr. Arnold Durig, Hofrat, Professor,
ernannt am 23. November 1932
Leopold Happisch, Obmann der Naturfreunde,
ernannt am 31. März 1933
Dr. Oswald Redlich, Hofrat, Professor, Historiker, Präsident der Akademie der Wissenschaften,
ernannt am 14. Juli 1933
Heinrich Glücksmann, Professor,
ernannt am 3. November 1933
Albert Bassermann, Schauspieler,
ernannt am 7. November 1946
Robert Stolz, Komponist,
ernannt am 24. April 1947
DDr. h. c. Joseph Marx, Hofrat, Professor, Komponist,
ernannt am 19. Juni 1947
Dr. Hans Finsterer, Professor, Chirurg,
ernannt am 24. Juni 1947
Paul Speiser, Vizebürgermeister,

ernannt am 21. Juli 1947
Conrad Lötsch, Gemeinderat,
ernannt am 20. Februar 1948
Gabriele Proft, Abgeordnete zum Nationalrat,
ernannt am 18. Februar 1949
Arnold Schönberg, Komponist,
ernannt am 14. September 1949
Dipl.-Ing. Dr. Karl Holey, Hofrat, Professor, Dombaumeister,
ernannt am 17. Februar 1950
Josef Enslein, Unterstaatssekretär a. D.,
ernannt am 23. März 1950
Hans Preyer, Bezirksvorsteher,
ernannt am 27. April 1951
Ferdinand Buchberger, Bezirksvorsteher,
ernannt am 26. Oktober 1951
Dr. Viktor Kritscha, Magistratsdirektor,
ernannt am 14. Dezember 1953
Dr. Leopold Zechner, Hofrat, Abgeordneter zum Nationalrat, 2. Präsident des Stadtschulrates,
ernannt am 18. Juni 1954
Johann Resch, Gemeinderat, amtsführender Stadtrat a. D.,
ernannt am 14. November 1957
Leopold Thaller, amtsführender Stadtrat a. D.,
ernannt am 19. September 1958
Dr. Lise Meitner, Professorin, Atomphysikerin,
ernannt am 24. Oktober 1958
Karl Honay, Vizebürgermeister,
posthum ernannt am 26. Juni 1959
Karl Maisel, Bundesminister a. D.,
ernannt am 11. November 1960
Josef Afritsch, Bundesminister für Inneres,
ernannt am 10. März 1961
Karl Lakowitsch, Komm.-Rat, amtsführender Stadtrat, Landeshauptmann-Stellvertreter,
ernannt am 16. Februar 1962
Dr. Walter Kinzl, Magistratsdirektor,
ernannt am 21. September 1962
Hans Mandl, Hofrat, amtsführender Stadtrat, Vizebürgermeister,
ernannt am 31. Juli 1964
Franz Koci, amtsführender Stadtrat,
ernannt am 31. Juli 1964
Bruno Marek, Komm.-Rat, Erster Präsident des Wiener Landtages,
ernannt am 29. Jänner 1965
Dr. Max Neugebauer, Abgeordneter zum Nationalrat, amtsführender Präsident des Stadtschulrates für Wien,
ernannt am 30. Juli 1965
Franz Glaserer, Gemeinderat, amtsführender Stadtrat,
ernannt am 22. November 1968
Rudolf Sigmund, Komm.-Rat, Gemeinderat, amtsführender Stadtrat,
ernannt am 22. November 1968
Dr. Dr. h. c. mult. Clemens Holzmeister, Baurat h. c., emer. Hochschulprofessor,
ernannt am 14. Mai 1971
Rosa Jochmann, Abgeordnete zum Nationalrat i. R.,
ernannt am 18. Juni 1971
Dipl.-Ing. Karl Waldbrunner, Erster Präsident des Nationalrates, Bundesminister a. D.,
ernannt am 19. November 1971
Dr. Wilhelm Stemmer, Erster Präsident des Wiener Landtages a. D.,
ernannt am 27. September 1974
Karl Mühlhauser, Komm.-Rat, Generaldirektor, Dritter Präsident des Wiener Landtages a. D.,
ernannt am 27. September 1974
Maria Jacobi, Gemeinderätin, amtsführende Stadträtin a. D.,
ernannt am 25. April 1975
Fritz Wotruba, Professor, akad. Bildhauer,
posthum ernannt am 17. Oktober 1975
Otto Probst, Dritter Präsident des Nationalrates,
ernannt am 16. Dezember 1976
Dr. Heinrich Drimmel, Bundesminister a. D., Landeshauptmann-Stellvertreter und Vizebürgermeister a. D.,
ernannt am 28. Februar 1977
Alfred Porges, Komm.-Rat, Vorsitzender des Bundesrates a. D., Direktor der Wiener Messe AG a. D.,
ernannt am 29. Juni 1977
Mag. Dr. Hermann Schnell, Hofrat, Präsident des Stadtschulrates für Wien, Abgeordneter zum Nationalrat,
ernannt am 21. Mai 1979
Hans Böck, Stadtrat a. D.,
ernannt am 27. Juni 1979
Dr. Dr. h. c. Fritz Bock, Präsident, Vizekanzler a. D., Bundesminister a. D.,
ernannt am 29. Oktober 1979
Hans Bock, Präsident, Vizebürgermeister a. D.,
ernannt am 19. November 1979
Eduard Weikhart, Staatssekretär a. D.,
ernannt am 30. Mai 1980
Heinz Nittel, amtsführender Stadtrat,
posthum ernannt am 14. Mai 1981
Grete Rehor, Bundesministerin a. D.,
ernannt am 30. September 1983
Dr. Franz Skotton, Vorsitzender des Bundesrates,
ernannt am 30. September 1983
Robert Weisz, Abgeordneter zum Nationalrat a. D.,
ernannt am 30. September 1983
Maria Hlawka, Erste Präsidentin des Wiener Landtages a. D.,
ernannt am 30. September 1983
Otto Schweda, Dritter Präsident des Wiener Landtages a. D.,
ernannt am 30. September 1983
Dr. Otto Glück, Primarius, amtsführender Stadtrat a. D.,
ernannt am 30. September 1983
Dipl.-Ing. Dr. techn. Dr. h. c. Rudolf Wurzer, o. Univ.-Prof., amtsführender Stadtrat a. D.,
ernannt am 30. September 1983
Dr. Rudolf Ertl, Landesamtsdirektor und Magistratsdirektor i. R.,
ernannt am 30. September 1983
Dr. Dr. mult. h. c. Karl Fellinger, emer. o. Univ.-Prof.,
ernannt am 31. Mai 1985
DDr. DDDr. h. c. Viktor E. Frankl, Univ.-Prof.,
ernannt am 31. Mai 1985
Hubert Pfoch, Erster Präsident des Wiener Landtages a. D.,

ernannt am 14. Mai 1986

Prof. Markus Bittner, Hofrat, Vizepräsident des Stadtschulrates für Wien,
ernannt am 24. Juni 1986

Leo Mistinger, Bezirksvorsteher a. D., Abgeordneter zum Nationalrat a. D.,
ernannt am 24. April 1989

Dr. Karl Vak, Generaldirektor der Zentralsparkasse und Kommerzialbank, Wien,
ernannt am 7. Februar 1990

Dipl.-Ing. Dr. Roland Rainer, o. Hochschulprofessor, Architekt,
ernannt am 27. April 1990

Dr. Erwin Ringel, Univ.-Prof., Psychiater,
ernannt am 19. April 1991

Dr. Hans Strotzka, emer. o. Univ.-Prof., Psychiater,
ernannt am 19. April 1991

Dr. Viktor Matejka, Stadtrat a.D.,
ernannt am 9. Dezember 1991

Dr. Marcel Prawy, Professor, Musikwissenschaftler,
ernannt am 9. Dezember 1991

Dr. Egon Seefehlner, Professor, Hofrat, Direktor der Wiener Staatsoper a. D.,
ernannt am 4. Mai 1992

Karl Gustav Vitaly, Komm.-Rat, Ehrensenator,
ernannt am 26. November 1992

Ing. Fritz Hofmann, Erster Präsident des Wiener Landtages a. D., amtsführender Stadtrat a. D.,
ernannt am 17. Dezember 1993

Dr. Alois Stacher, ao. Univ.-Prof., amtsführender Stadtrat a. D.,
ernannt am 28. April 1995

Dr. Josef Bandion, Prof., Landesamtsdirektor und Magistratsdirektor i. R.,
ernannt am 5. Oktober 1995

Fritz Hahn, Zweiter Präsident des Wiener Landtages a. D.,
ernannt am 5. Oktober 1995

Dr. Harald Leupold-Löwenthal, Univ.-Doz., Psychiater und Psychoanalytiker,
ernannt am 5. Oktober 1995

Otto Pelzelmayer, Komm.-Rat, amtsführender Stadtrat a. D.,
ernannt am 9. Februar 1996

Dr. Günther Goller, Stadtrat a. D.,
ernannt am 8. März 1996

Leonie Rysanek-Gausmann, Kammersängerin,
ernannt am 28. Mai 1997

Dr. Tassilo Broesigke, Präsident des Rechnungshofes i. R.,
ernannt am 27. November 1997

Kurt Tichy, Komm.-Rat,
ernannt am 18. Dezember 1997

Paul Grosz, Hofrat, Ehrenpräsident der israelitischen Kultusgemeinde,
ernannt am 17. Dezember 1998

Hans Matzenauer, Hofrat, Prof., amtsführender Präsident des Stadtschulrates für Wien i. R.,
ernannt am 2. Juni 1999

Franz Nekula, amtsführender Stadtrat a. D.,
ernannt am 17. März 2000

In Wien wohnhafte österreichische Staatsbürger können vom Gemeinderat durch Ernennung zu Bürgern ausgezeichnet werden – § 6 der Verfassung der Bundeshauptstadt Wien.

EHRENRING DER STADT WIEN

Ergänzung zu den in den Jahrgängen 80 bis 115 veröffentlichten Listen

2 0 0 1

Foerster von, Prof. Dr. Heinz
Weinzierl, o. Univ.-Prof. Dr. Erika
Zelman, Dr. Leon

EHRENMEDAILLE DER BUNDESHAUPTSTADT WIEN

Ergänzung zu den in den Jahrgängen 80 bis 115 veröffentlichten Listen

Ehrenmedaille in Gold

2 0 0 1

Attersee, o. Prof. Christian Ludwig
Chargaff, Prof. Dr. Erwin
Gaba Isabella
Holecek Heinz, Kammersänger
Kaminski, Hofrat Prof. Dr. Gerd
Landon, Prof. Dr. h. c. H. C. Robbins
Morton, Prof. Dr. Frederic
Schwarzkopf, Prof. Dr. Elisabeth, Kammersängerin
Weck, Prof. Peter, Kammerschauspieler

Ehrenmedaille in Silber

2 0 0 1

Schmid, Prof. Mag. Kurt
Steup Lothar

Ehrenmedaille

2 0 0 1

Jones, Mag. Christine
Kral Ferdinand, Bezirksvorsteher-Stellvertreter a. D.
Ratzer Karl
Schulz Klaus
Treitl Josef
Vostrovsky Horst Heinz
Wright Elly

PROFESSOR-DR.-JULIUS-TANDLER-MEDAILLE DER STADT WIEN

Ergänzung zu den in den Jahrgängen 91 bis 115 veröffentlichten Listen

in Gold

2 0 0 1 keine Verleihung

in Silber

2 0 0 1

Greilinger Karl, Bezirksvorsteher-Stellvertreter a.D.
Spitzer Humbert

in Bronze

2 0 0 1 keine Verleihung

OTTO-GLÖCKEL-MEDAILLE DER STADT WIEN

Ergänzung zu den in den Jahrgängen 91 bis 115 veröffentlichten Listen

2 0 0 1 keine Verleihung

VERDIENSTPLAKETTE DER STADT WIEN

Ergänzung zu den in den Jahrgängen 91 bis 115 veröffentlichten Listen

in Gold

2 0 0 1 keine Verleihung

in Silber

2 0 0 1 keine Verleihung

in Bronze

2 0 0 1 keine Verleihung

THEATERPREIS DER STADT WIEN "NESTROY"

Ergänzung zu der im 115. Jahrgang veröffentlichten Liste

2 0 0 1

Beste Aufführung:
"Rosmersholm"
Beste Regie:
Zadek Peter
Beste Ausstattung:
Zehetgruber Martin
Beste Schauspielerin:
Engel Judith
Bester Schauspieler:
Bechtolf Sven-Eric
Beste Nebenrolle:
Fitz Peter
Bester Nachwuchs weiblich:
Sedl Mareike
Bester Nachwuchs männlich:
Staudacher Georg
Bestes Stück/Autorenpreis:
Ransmayr Christoph
Beste Off-Produktion:
"Hain"
Lebenswerk:
Tabori George

PREISE DER DR.-KARL-RENNER-STIFTUNG

Ergänzung zu den in den Jahrgängen 80 bis 115 veröffentlichten Listen

2 0 0 1 keine Verleihung

PREISE DER STADT WIEN

Ergänzung zu den in den Jahrgängen 80 bis 115 veröffentlichten Listen

2 0 0 1

Musik:
Koglmann Franz
Literatur:
Streeruwitz Marlene
Publizistik:
Löffler, Dr. Sigrid
Bildende Kunst:
Muntean Markus/Rosenblum Adi
Philipp Helga
Friedberger Pahdi
Heindl Anna

Architektur:
Ortner, Arch. Dipl.-Ing. Laurids
Geistes- und Sozialwissenschaften:
Wodak, Univ.-Prof. Dr. Ruth
Natur- und Technische Wissenschaften:
Seidler, Univ.-Prof. Dr. Horst
Medizinische Wissenschaften:
Salzer-Kuntschik, Univ.-Prof. Dr. Mechthilde
Volksbildung:
Blaha, Prof. Paul

FÖRDERUNGSPREIS DER STADT WIEN

Ergänzung zu den in den Jahrgängen 80 bis 115 veröffentlichten Listen

2 0 0 1

Musik:
Klement Katharina
Stankovski Alexander
Literatur:
Egger Oswald
Händl Klaus
Bildende Kunst:
Aigner Uli
Mohandes Mina
Architektur:
Wörndl, Arch. Andreas

Wissenschaften:
Fally, Mag. Dr. Martin
Griesebner, ao. Univ.-Prof. Doz. Mag. Dr. Andrea
Jilma, ao. Univ.-Prof. Dr. Petra
Mikulits, Univ.-Doz. Mag. Dr. Wolfgang
Rauchenschwandtner, MMag. Dr. Hermann
Volksbildung:
Stifter, Mag. Christian H.

ERNST-KRENEK-PREIS DER STADT WIEN

Ergänzung zu den in den Jahrgängen 101 bis 115 veröffentlichten Listen
(Verleihung alle zwei Jahre, letzte Verleihung 2000)

KINDER- UND JUGENDBUCHPREIS DER STADT WIEN

Ergänzung zu den in den Jahrgängen 80 bis 115 veröffentlichten Listen

2001

Kinder- und Jugendbuch:
Auer Martin/Wolfsgruber Linda
("Prinzessin Rotznase" – Bibliothek der Provinz)

Janisch Heinz/Bansch Helga
("Es gibt so Tage ..." – Verlag Jungbrunnen)

Puchner Willy
("Tagebuch der Natur" – NÖ Pressehaus)

Illustration:
Kretschmann Moidi
("Clara" – NÖ Pressehaus)

SPORTEHRENZEICHEN DER STADT WIEN

Ergänzung zu den in den Jahrgängen 80 bis 115 veröffentlichten Listen

2001

Dippmann Ilse
Dudek Heinz
Grohmann, Dipl.-Ing. Martin
Machala Johann
Prokop Johann
Steiner, Mag. Manfred
Wöhrer Franz

GROSSER SPORTPREIS DER STADT WIEN

Ergänzung zu den in den Jahrgängen 104 bis 115 veröffentlichten Listen

2001

Weninger Günther
Biegelbauer Georg, Glozik Martin
(Mannschaft des Landes-Tauchverbandes Wien)

Biegelbauer Georg, Braunsberger Peter,
Glozik Martin, Weichberger Andreas
(Mannschaft des Landes-Tauchverbandes Wien)

SPORTPREIS DER STADT WIEN

2001

Fraczyk Stanislaw
Scherney, Mag. Andrea

GESUNDHEITSPREIS DER STADT WIEN (WIENER GESUNDHEITSPREIS)

Ergänzung zu den in den Jahrgängen 111 bis 115 veröffentlichten Listen

2 0 0 1

Ambulant
TherapeutInnenteam der Praxis für Neurorehabilitation in der Märzstraße im 15. Bezirk;
Ulrike Barber

Stationär
Gerontopsychiatrische Tagesklinik des Sozialmedizinischen Zentrums Baumgartner Höhe;
Dr. Gerhard Fruhwürth

Gesundheitsförderung/Prävention
Projektgruppe des Drogeninstituts des Sozialmedizinischen Zentrums Baumgartner Höhe;
Harald Stefan

Schule/Jugend
Höhere Bundeslehranstalt für Tourismus und wirtschaftliche Berufe in der Bergheidengasse in Hietzing;
Mag. DDr. Rosa Stieger

Medien/Öffentlichkeitsarbeit
Verein "Kinder PPH Forschungszentrum";
Gerry Fischer

WIENER GRABSTÄTTEN BERÜHMTER FRAUEN UND MÄNNER

Ergänzung zu den in den Jahrgängen 80 bis 115 veröffentlichten Listen

2 0 0 1

Zentralfriedhof

a) Ehrengrab

Weiler, Prof. Max, bildender Künstler,
gestorben 29. Jänner 2001, 33G–30

b) Ehrenhalber auf Friedhofsdauer

Kont, Prof. Paul, Komponist
gestorben 26. Dezember 2000, 40–96

Mitterer-Petrovsky Erika, Schriftstellerin,
gestorben 14. Oktober 2001, 40–95

c) Inobhutnahme

Engelhart Josef, 35A-2-8

Schuch Carl, bildender Künstler,
gestorben 13. September 1903, 41F-1-11

Wagner Josef Franz, 35A-2-8

Friedhof Hadersdorf-Weidlingau

b) Ehrenhalber auf Friedhofsdauer

Waldmüller Lizzi, Filmschauspielerin,
gestorben 8. April 1945, 2-C-14

Friedhof Hernals

b) Ehrenhalber auf Friedhofsdauer

Bayer Konrad, Schriftsteller,
gestorben 10. Oktober 1964, 67-10-11

Friedhof Hietzing

b) Ehrenhalber auf Friedhofsdauer

Karczag Wilhelm, 38-1-9

Leon Viktor, 12-70

c) Inobhutnahme

Marischka Hubert, 66-10-1A

Friedhof Neustift

b) Ehrenhalber auf Friedhofsdauer

Preses Peter, 7-11-10

EHRENZEICHEN FÜR VERDIENSTE UM DAS BUNDESLAND WIEN

Ergänzung zu den in den Jahrgängen 82 bis 115 veröffentlichten Listen

GROSSES GOLDENES EHRENZEICHEN MIT DEM STERN

2 0 0 1 keine Verleihung

GROSSES GOLDENES EHRENZEICHEN

2 0 0 1

Doran Thelma Maria, ao. u. bev. Botschafterin von Irland in Österreich
Pramböck, Dkfm. Dr. Erich, Generalsekretär des Österreichischen Städtebundes
Prochaska Johannes, Landtagsabgeordneter und Gemeinderat
Rieder, Dr. Sepp, Landeshauptmann-Stellvertreter und Vizebürgermeister
Skyba, Kommerzialrat Dr. Karl, Vorstandsvorsitzender der Wiener Stadtwerke Holding AG
Walt Hall Kathryn, ao. u. bev. Botschafterin der Vereinigten Staaten von Amerika in Österreich

GROSSES SILBERNES EHRENZEICHEN

2 0 0 1

Fröhlich, Kommerzialrat Josef, Vizepräsident der Wirtschaftskammer Österreich a. D.
Marte, Dr. Johann, Generaldirektor der Österreichischen Nationalbibliothek
Reinprecht, Kommerzialrat Ing. Hugo, Senator h. c.
Stricker, Hofrat Adolf, Amtspräsident des Landesschulrates für Niederösterreich

GOLDENES EHRENZEICHEN

2 0 0 1

Adel, Prof. Dr. Kurt, Oberstudienrat i. R.
Brezinka, Univ.-Prof. Dr. Wolfgang
Cerny, Hon.-Prof. Dr. Josef
Doleschell Herbert, Brigadier
El-Gohary Soliman
Enenkel, Univ.-Prof. Dr. Wolfgang
Eröd, o. Univ.-Prof. Iván
Fürst, Prof. Paul Walter
Gerstbach, Dipl.-Ing. Heinrich, Bezirksvorsteher
Gürtler, Dkfm. Elisabeth
Gyimothy, Univ.-Prof. Hofrat Dr. Dr. h. c. Johann
Holger Hilde
Holm Renate, Kammersängerin
Hufnagl Heinz, Gemeinderat
Jurinac Sena, Kammersängerin
Kaufmann, o. Univ.-Prof. Mag. Dieter
Kmentt Waldemar, Kammersänger
Koller, Dr. Kristian
Lacina Karl, Bezirksvorsteher
Lang, Hon.-Prof. Dipl.-Ing. Dr. Judith
Meixner, Dipl.-Ing. Dr. Erich, Baurat h. c.
Molnar, Hofrat Erich, Direktor des Besoldungsamtes i.R.
Ortner, Dkfm. Dr. Gustav
Planyavsky, Prof. Mag. Alfred
Redlich, Univ.-Prof. Dr. Fritz Carl
Reingrabner, o. Univ.-Prof. Mag. Dr. Gustav
Schiel Hans, Gemeinderat a.D.
Segur-Cabanac Christian, Brigadier
Sladek, Mag. DDr. Gerhard, Brigadier
Spiehs Karl, Filmproduzent
Sramek, Kommerzialrat Heinz, Gemeinderat a. D.
Steinbach, ao. Univ.-Prof. Dr. Konrad, Primarius
Stronach Frank
Sutter Sonja, Kammerschauspielerin
Tomsik Josefa, Gemeinderätin
Tragl, Univ.-Prof. Dr. Karl Heinz
Urbanner, o. Univ.-Prof. Erich
Vilar Alberto, Mäzen
Walter, Mag. DDr. Claus, Ministerialrat
Weissmann Heinz, Gemeinderat a. D.
Wetscherek, Hofrat Dr. Ewald

SILBERNES EHRENZEICHEN

2001

Achs, Mag. Dr. Oskar
Auer Hermann, Amtsdirektor, Oberleutnant
Baum, ao. Univ.-Prof. Peter
Beier Charlotte, Bezirksvorsteher-Stellvertreterin
Boyer, Prof. Ludwig, Oberstudienrat
Bruha Wolfgang, Pflegevorsteher a. D.
Fous, Hofrat Dr. Reinhard
Glückselig Leo
Haider, Regierungsrat Adolf, Oberamtsrat i. R.
Hajós, Univ.-Doz. Dr. Géza
Hamza, Dipl.-Ing. Günter
Hirsch Ludwig
Jungwirth Martha
Lodynski Peter
Löwinger Sissy
Medek, Regierungsrat Prof. Ing. Robert
Michelfeit, Kommerzialrat Sepp
Morawec, Dr. Wolfgang
Neuwirth Roland Josef
Ornest Alfred, Oberst a. D.
Rogers-Altmann Ruth
Rott Klaus
Simhandl Helmut, Oberst
Skrivanek, Dipl.-Ing. Karl A., Baurat h. c.
Stage, Mag. Dr. Herwig
Stipani Gerhard
Stojka, Prof. Karl, Maler
Tanner-Banndorff, Dr. Traudlinde
Teltscher Hans Peter
Touzimsky, Kommerzialrat Helmut

GOLDENES VERDIENSTZEICHEN

2001

Appel Ulrike
Arculli Johanna
Baumgartner Margareta
Bollmann, Mag. Gerhard, Oberstudienrat
Brainin Charlotte
Braun Gotthardt
Bruha Antonia
Chum Regine
Deák, Dr. Ernö
Dochweiler Annette
Donhofer Leopold
Dorowin-Zeissl, Dr. Elisabeth
Drechsler Ossi
Einberger Eva
Eisenbauer Josef
Ellbogen Christa
Enami, Prof. Hiroko
Fauland Kurt
Fayer-Barylli Lillian
Fent, Prof. Mag. Dr. Johann
Foitl Martha
Gelb Charlotte
Gross Peter
Gruber Erich
Hagemayer Karl Wilhelm
Haiss Lieselotte
Hinterhuber, Ing. Robert
Hirschal Adolf
Knat Walter
Holzer Konrad
Horvath-Stojka Margot
Kandera Rudolf
Koch, Dr. Rita
Kohl von Christine
Konlechner Peter
Krasa Erika
Krejci Ursula
Krenn Hilda
Krieger Anita, Bezirksvorsteher-Stellvertreterin
Kubelka, Prof. Peter
Maurer Silvia
Maurer, Prof. Walter
Neuhold Elfriede
Nikola Antonie
Pelousek, Prof. Dr. Christine
Peters Peter
Rebernig Egon
Redlinger Anna
Rohrbach, Prof. Dr. Wolfgang
Schober Rupert
Schuba Trixi
Schwind Karl Heinz
Tanzer, Ing. Leopold
Tauber, Dr. Wolfgang
Täubler Aloisia
Trksak Irma
Tschöp Friedrich
Vodicky, Kommerzialrat Leopold
Vogl Johanna
Weissgärber, Mag. Margareta
Wisgott, Kommerzialrat Herbert
Worsch Wolfgang

SILBERNES VERDIENSTZEICHEN

2 0 0 1

Hornik Walter Rudolf
Kainz Oskar
Karber Rudolf
Kolm Johann
Rindauer Ernst
Rodlauer Gerhard

EHRENZEICHEN FÜR DIE ERRETTUNG VON MENSCHEN AUS LEBENSGEFAHR (WIENER RETTUNGSMEDAILLE)

Ergänzung zu den in den Jahrgängen 82 bis 115 veröffentlichten Listen

2 0 0 1 keine Verleihung

EHRENZEICHEN FÜR VERDIENSTE IM WIENER FEUERWEHR- UND RETTUNGSWESEN

Ergänzung zu den in den Jahrgängen 80 bis 115 veröffentlichten Listen

2 0 0 1

Für 40-jährige Tätigkeit (in Silber):
keine Verleihung

Für 25-jährige Tätigkeit (in Bronze):

Fuhrmann Friedrich
Rysak Erich

EINSATZMEDAILLE DES LANDES WIEN

Ergänzung zu den in den Jahrgängen 92 bis 115 veröffentlichten Listen

2 0 0 1

Breitner Josef, Revierinspektor
Jungwirth Wolfgang, Revierinspektor
Ledermüller Ernst, Bezirksinspektor
Mayerhofer Robert, Revierinspektor
Panovsky Ingo
Pawelka Manfred, Bezirksinspektor
Spritzendorfer Kurt, Revierinspektor
Sykora, Ing. Werner, Inspektor
Taufratzhofer Friedrich, Inspektor
Wurm Joachim, Revierinspektor
Zidek Gerhard, Revierinspektor

KULTUR, SPORT UND FREIZEIT

Pläne

THEATER

Akademietheater

3, Lisztstraße 1
Direktion: Tel. 514 44 . . . 0

Tageskasse:
1, Goethegasse 1, Tel. 514 44 . . ., 2959, 2960

Abendkasse:
3, Lisztstraße 1, Tel. 514 44 . . ., 4740

Kreditkartentel.: 513 15 13

Sitzplan A

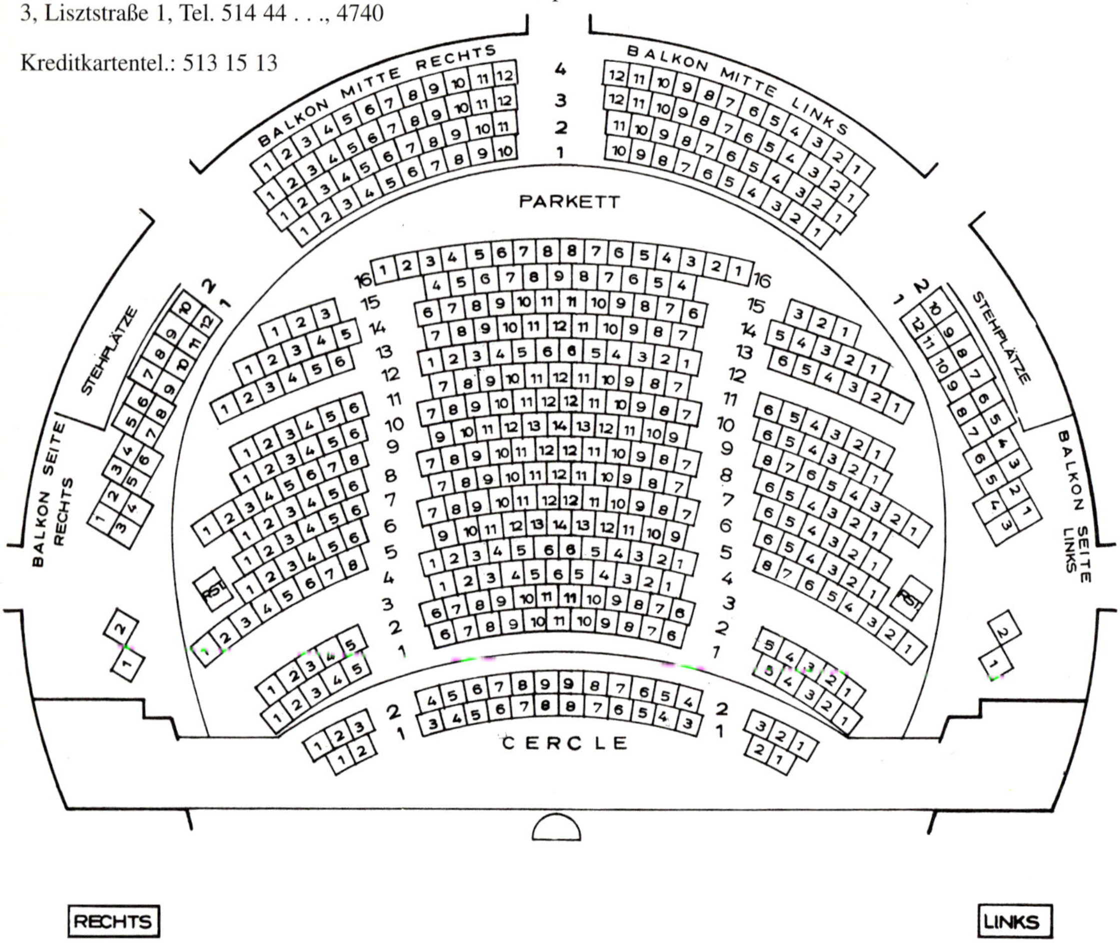

Fassungsraum:

Sitzplan A – 536 Personen (500 Sitzplätze, 32 Stehplätze, 4 Rollstuhlplätze)

Sitzplan B – 502 Personen (466 Sitzplätze, 32 Stehplätze, 4 Rollstuhplätze)
Sitzplan C – 481 Personen (445 Sitzplätze, 32 Stehplätze, 4 Rollstuhlplätze)
Sitzplan D – 459 Personen (423 Sitzplätze, 32 Stehplätze, 4 Rollstuhlplätze)

(Bei den Sitzplänen B – D werden jeweils einige Sitzreihen entfernt)

Akzent

4, Theresianumgasse 18
Tel. 501 65 . . ., 3306

Abendkasse: Tel. 501 65 . . ., 3334

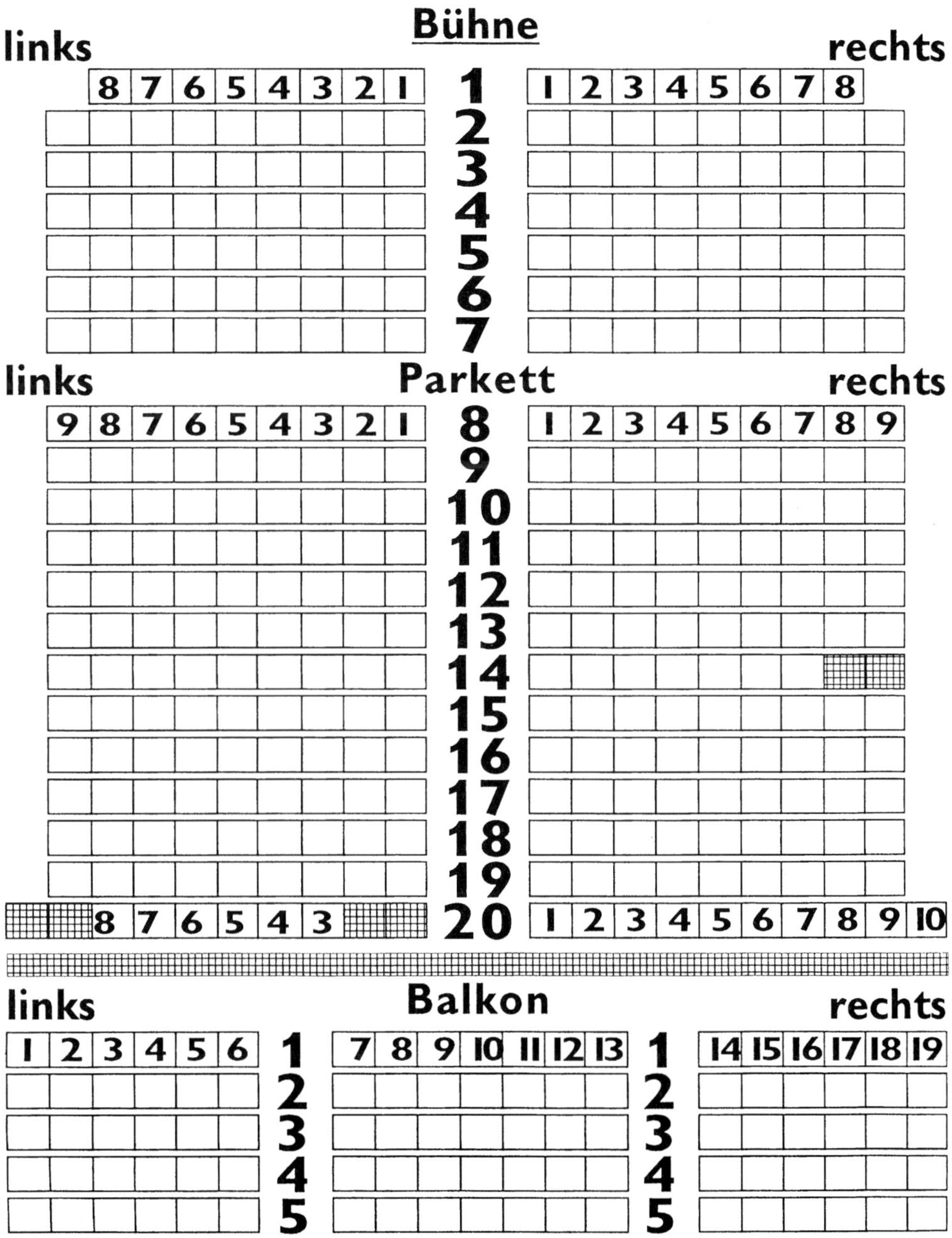

Fassungsraum: 449 Personen

Akzent (Podium)

4, Theresianumgasse 18
Tel. 501 65 . . ., 3306

Abendkasse: Tel. 501 65 . . ., 3334

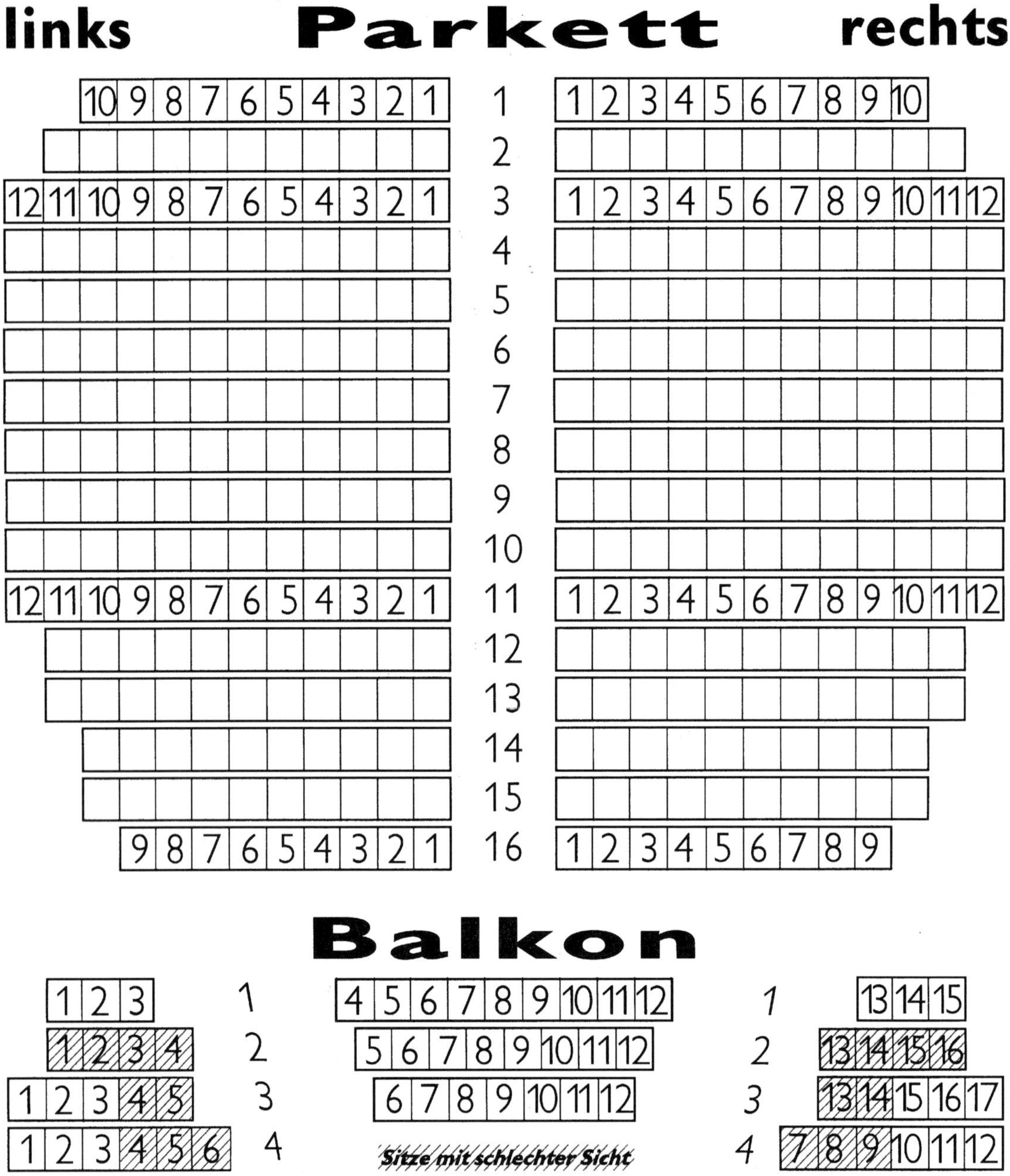

Fassungsraum: 420 Personen

Ateliertheater

7, Burggasse 71
Tel. 524 22 45

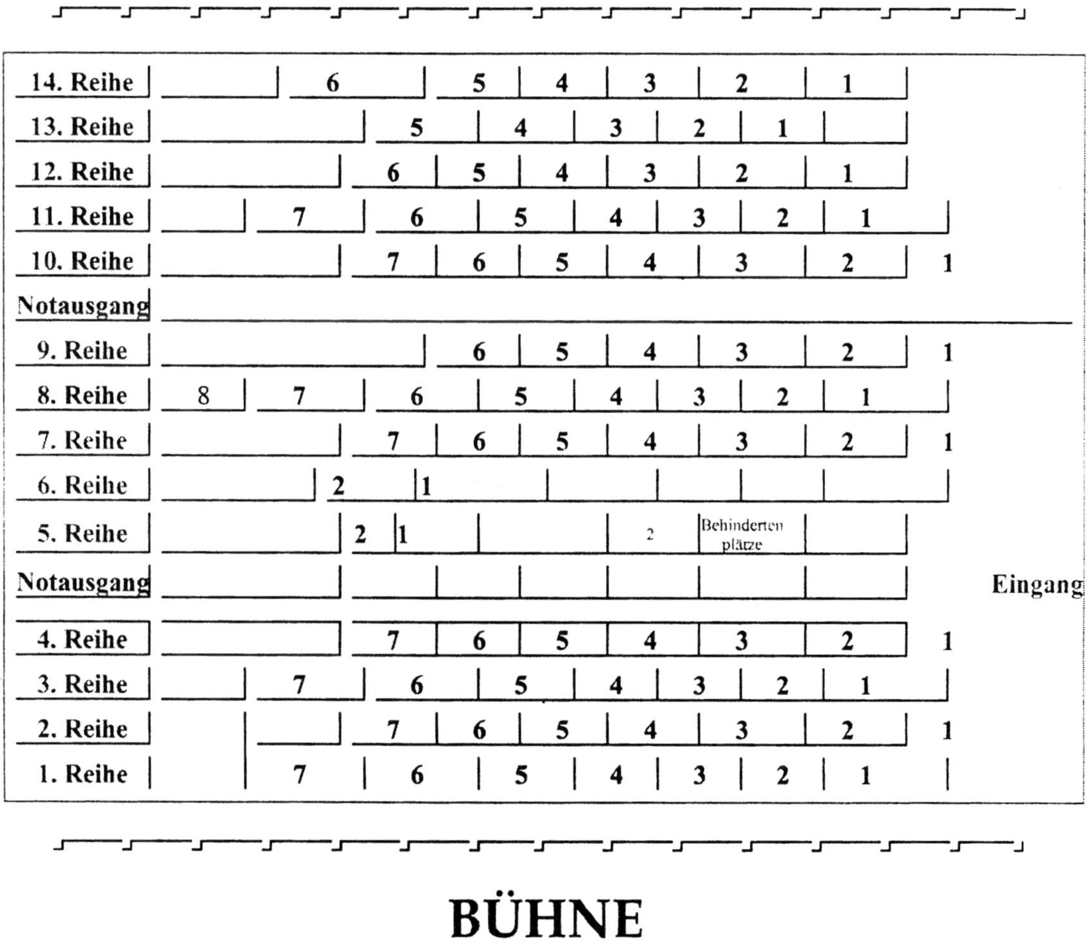

Fassungsraum: 86 Personen
(84 Sitzplätze, 2 Rollstuhlplätze)

Auersperg 15 – Theater

8, Auerspergstraße 15
Tel. 406 07 07

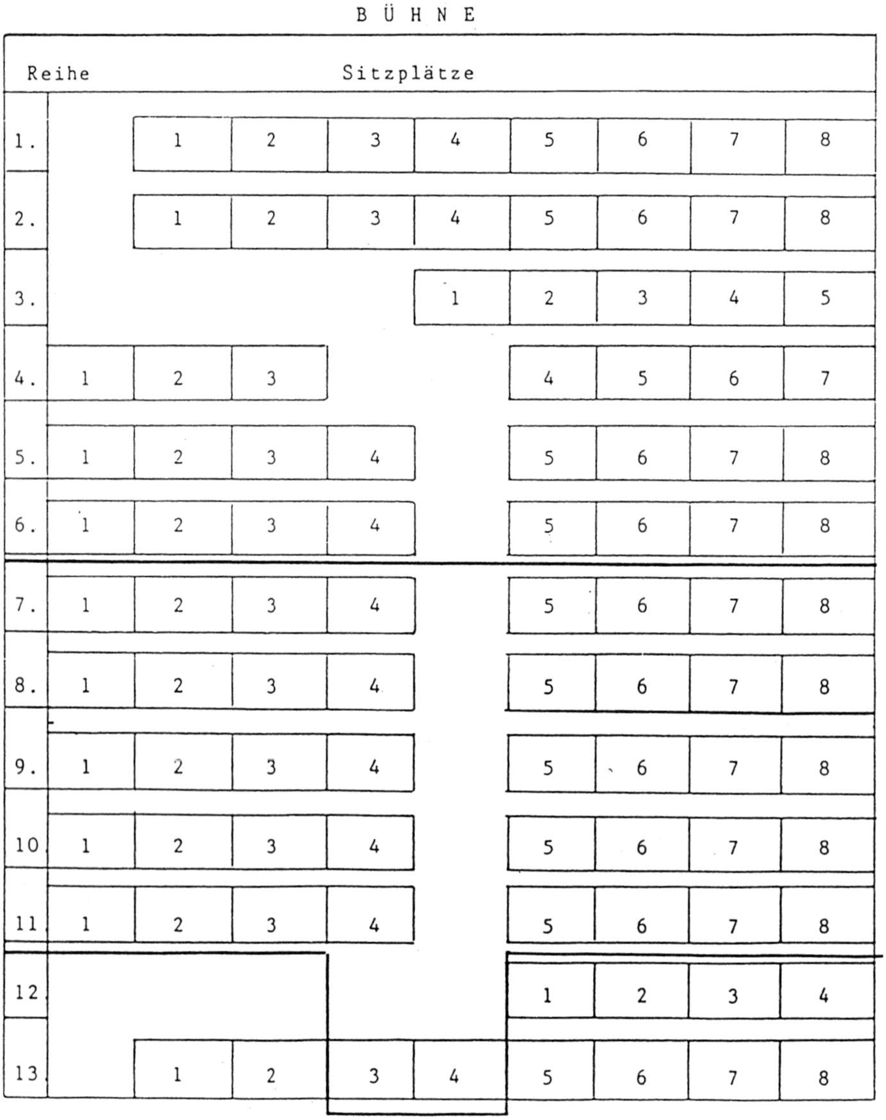

Fassungsraum: 96 Personen

Burgtheater

1, Dr.-Karl-Lueger-Ring 2
Direktion: Tel. 514 44 . . . 0

Tageskasse:
1, Goethegasse 1, Tel. 514 44 . . ., 2959, 2960

Abendkasse:
1, Dr.-Karl-Lueger-Ring 2, Tel. 514 44 . . ., 4440

Kreditkartentel.: 513 15 13

Sitzplan A

BURGTHEATER

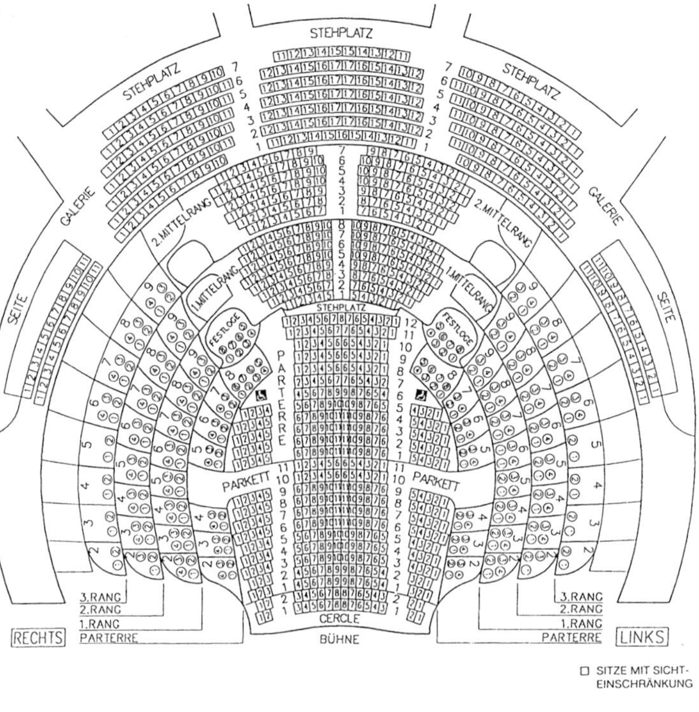

Fassungsraum:

Sitzplan A – 1.268 Personen (1.175 Sitzplätze, 81 Stehplätze, 12 Rollstuhlplätze)

Sitzplan B – 1.236 Personen (1.143 Sitzplätze, 81 Stehplätze, 12 Rollstuhlplätze)
Sitzplan C – 1.271 Personen (1.178 Sitzplätze, 81 Stehplätze, 12 Rollstuhlplätze)
Sitzplan D – 1.236 Personen (1.143 Sitzplätze, 81 Stehplätze, 12 Rollstuhlplätze)
(Bei den Sitzplänen B – D werden jeweils einige Sitzreihen entfernt)

Vestibül: 50 Personen
Kasino am Schwarzenbergplatz: 200 Personen

dietheater Konzerthaus

3, Lothringerstraße 20
Tel. 587 05 04 . . . 0

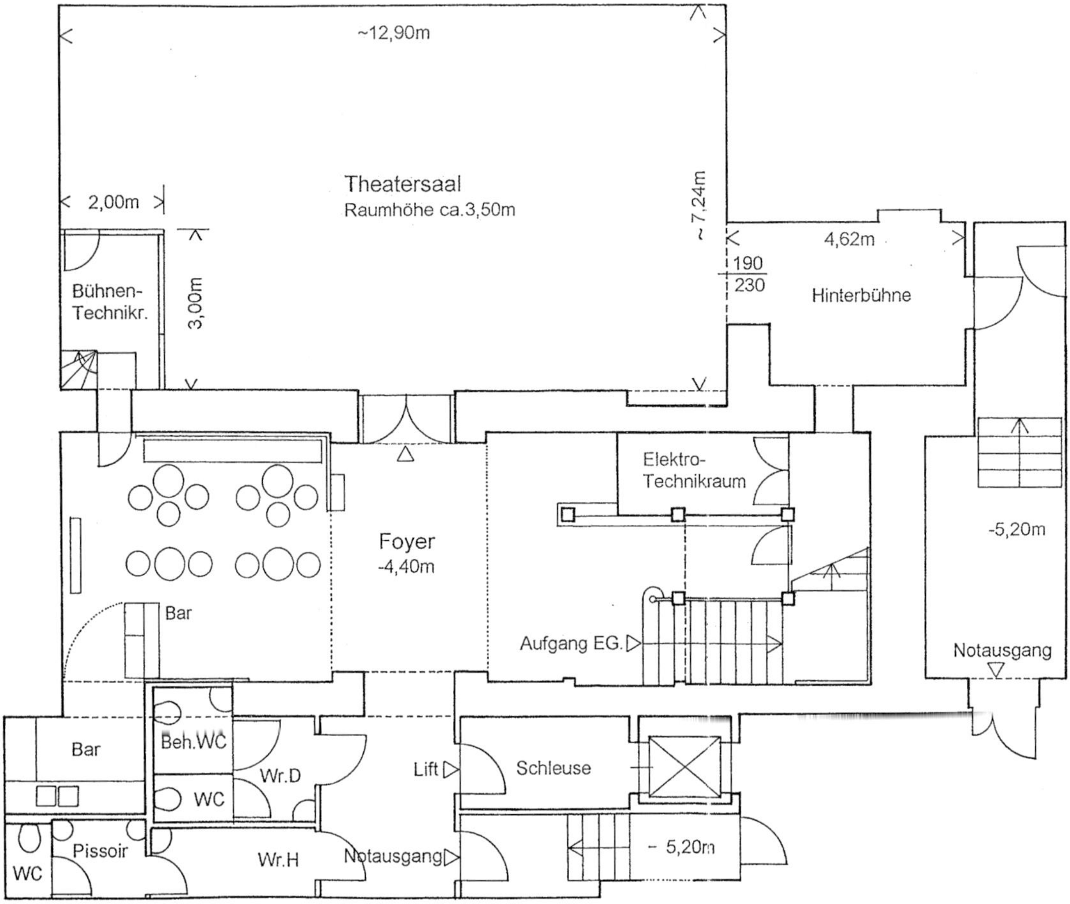

Fassungsraum: 98 Personen

dietheater Künstlerhaus

1, Karlsplatz 5
Tel. 587 96 63 . . .0
Telefax: 505 98 22
Tageskasse: 587 05 04

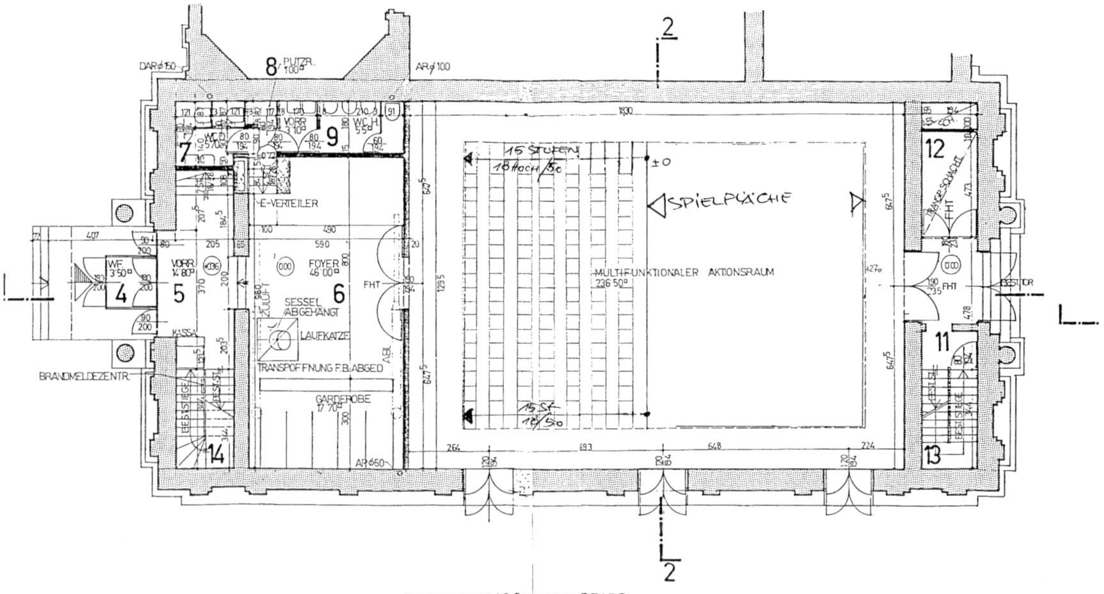

ERDGESCHOSS GRUNDRISS

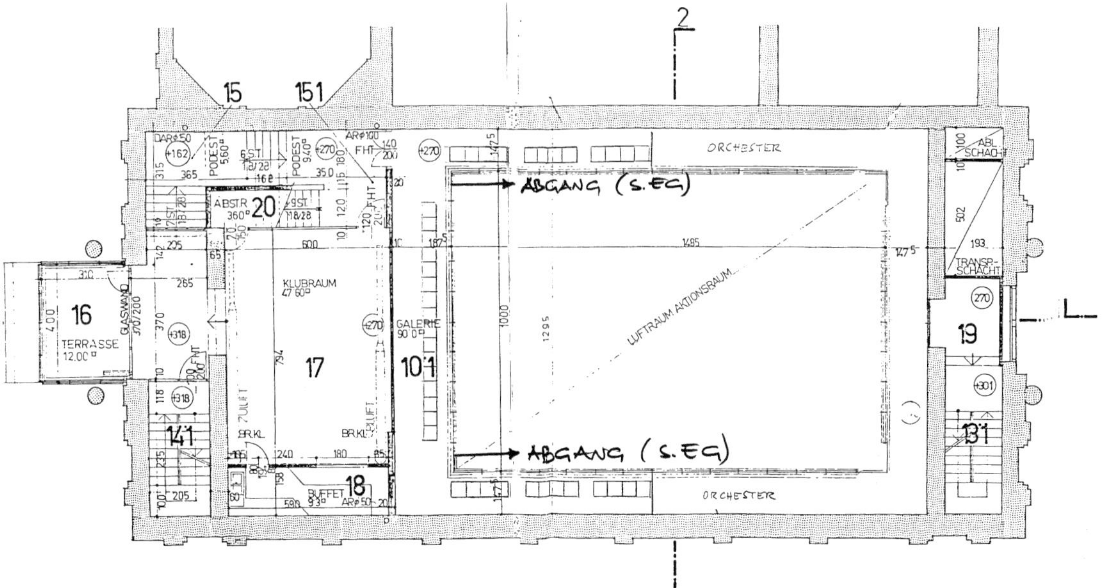

1. OBERGESCHOSS GRUNDRISS

Fassungsraum:	Erdgeschoß	112 Sitzplätze	
	1. Obergeschoß	40 Sitzplätze	
	2. Obergeschoß	34 Sitzplätze	gesamt 186 Sitzplätze

dietheater Künstlerhaus

1, Karlsplatz 5
Tel. 587 96 63 . . .0
Telefax: 505 98 22
Tageskasse: 587 05 04

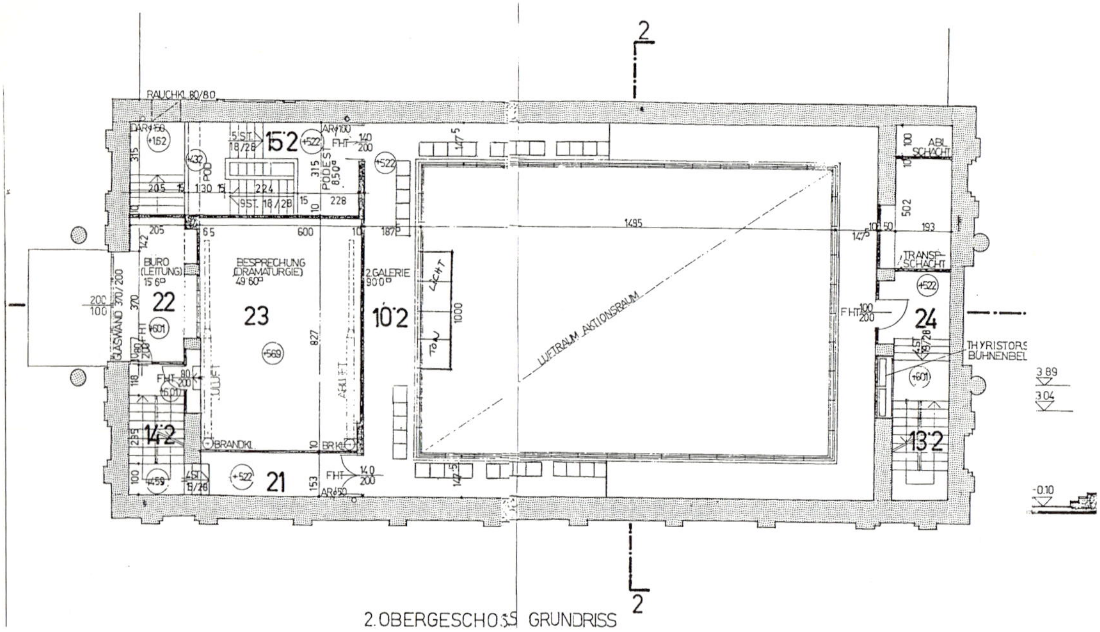

Fassungsraum:	Erdgeschoß	112 Sitzplätze	
	1. Obergeschoß	40 Sitzplätze	
	2. Obergeschoß	34 Sitzplätze	gesamt 186 Sitzplätze

Drachengasse 2 Theater

1, Fleischmarkt 22
Tel. 513 14 44

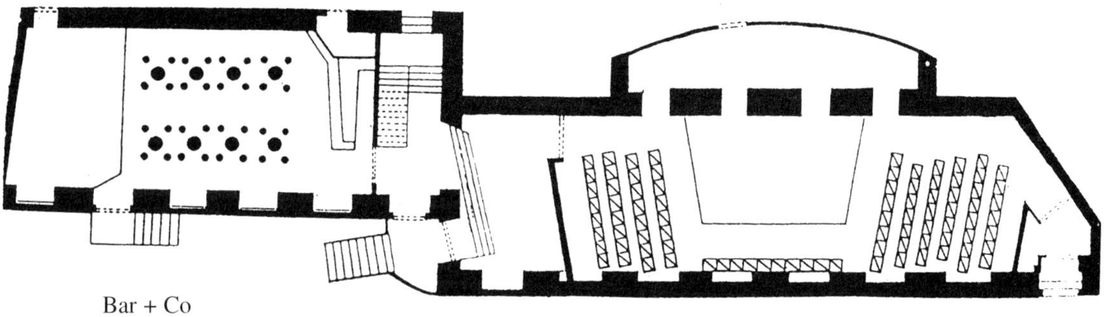

Bar + Co

Theater Drachengasse

Fassungsraum: Bar + Co – 50 Personen
Theater – 90 Personen

Ensemble Theater am Petersplatz

1, Petersplatz 1
Tel. 535 32 00

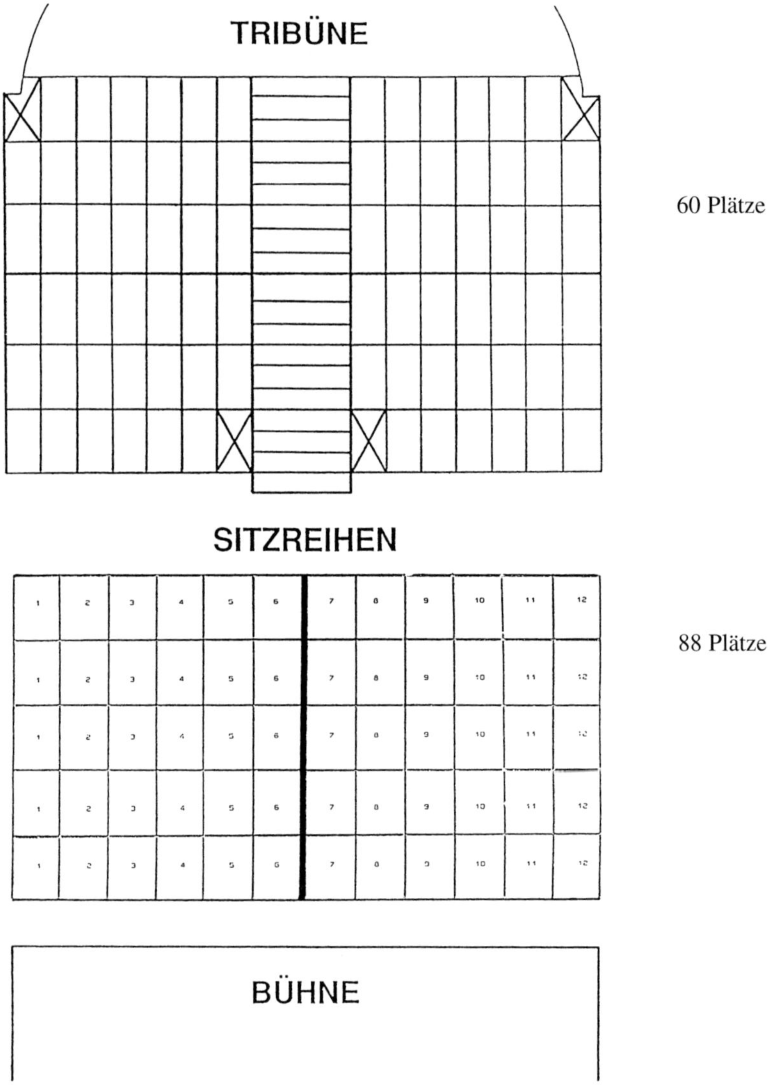

Fassungsraum: 148 Personen

Experiment am Liechtenwerd

9, Liechtensteinstraße 132
Tel. 319 41 08

1. Reihe	1	2		3	4	5	6	7
2. Reihe	8	9		10	11	12	13	14
3. Reihe	15	16		17	18	19	20	21
4. Reihe	22	23		24	25	26	27	28
5. Reihe	29	30		31	32	33	34	35
6. Reihe	36	37		38	39	40	41	42
7. Reihe	43	44		45	46	47	48	49

Fassungsraum: 49 Personen

Freie Bühne Wieden

4, Wiedner Hauptstraße 60b
Tel. 586 21 22

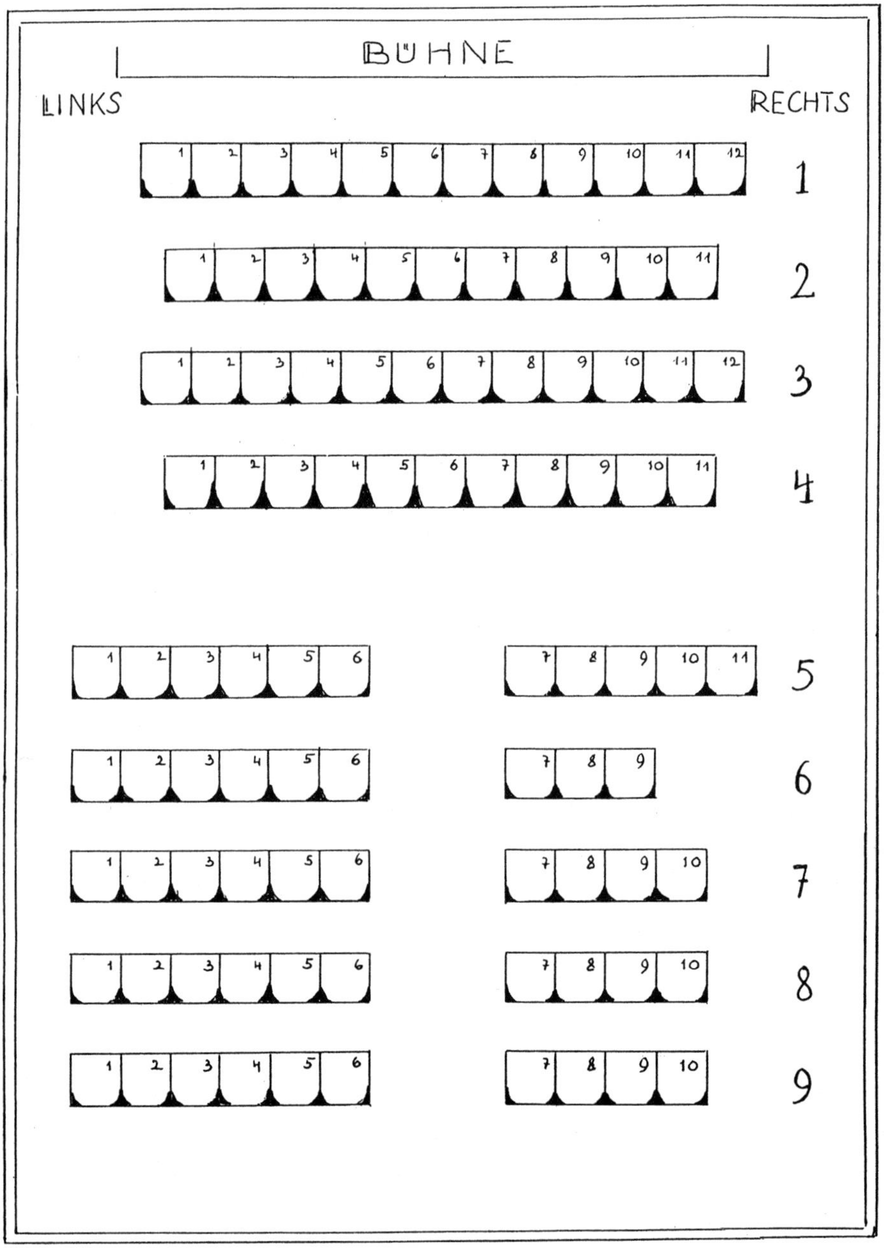

Fassungsraum: 96 Personen

Gloria Theater

21, Prager Straße 9
Tel. 278 54 04

Sitzplan Theater
aus www.gloriatheater.at/sitzplan_theater.htm

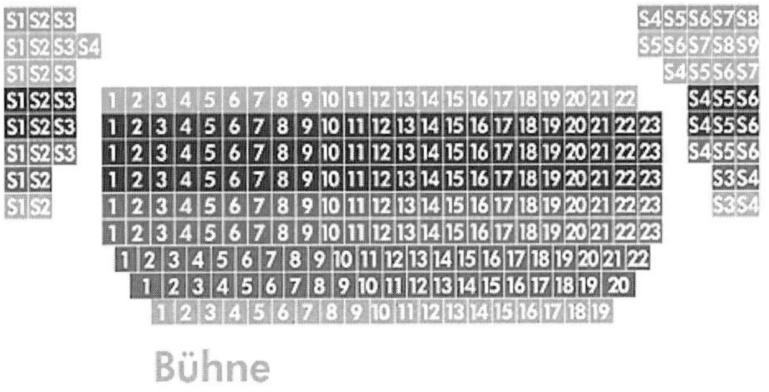

Sitzplan Kabarett
aus www.gloriatheater.at/sitzplan_kabarett.htm

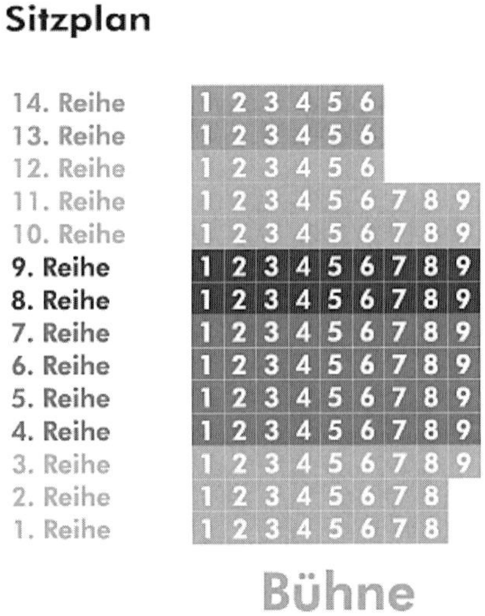

Fassungsraum	Theater:	255 Personen
	Kabarett:	101 Personen

International Theatre

9, Porzellangasse 8
Tel. 319 62 72

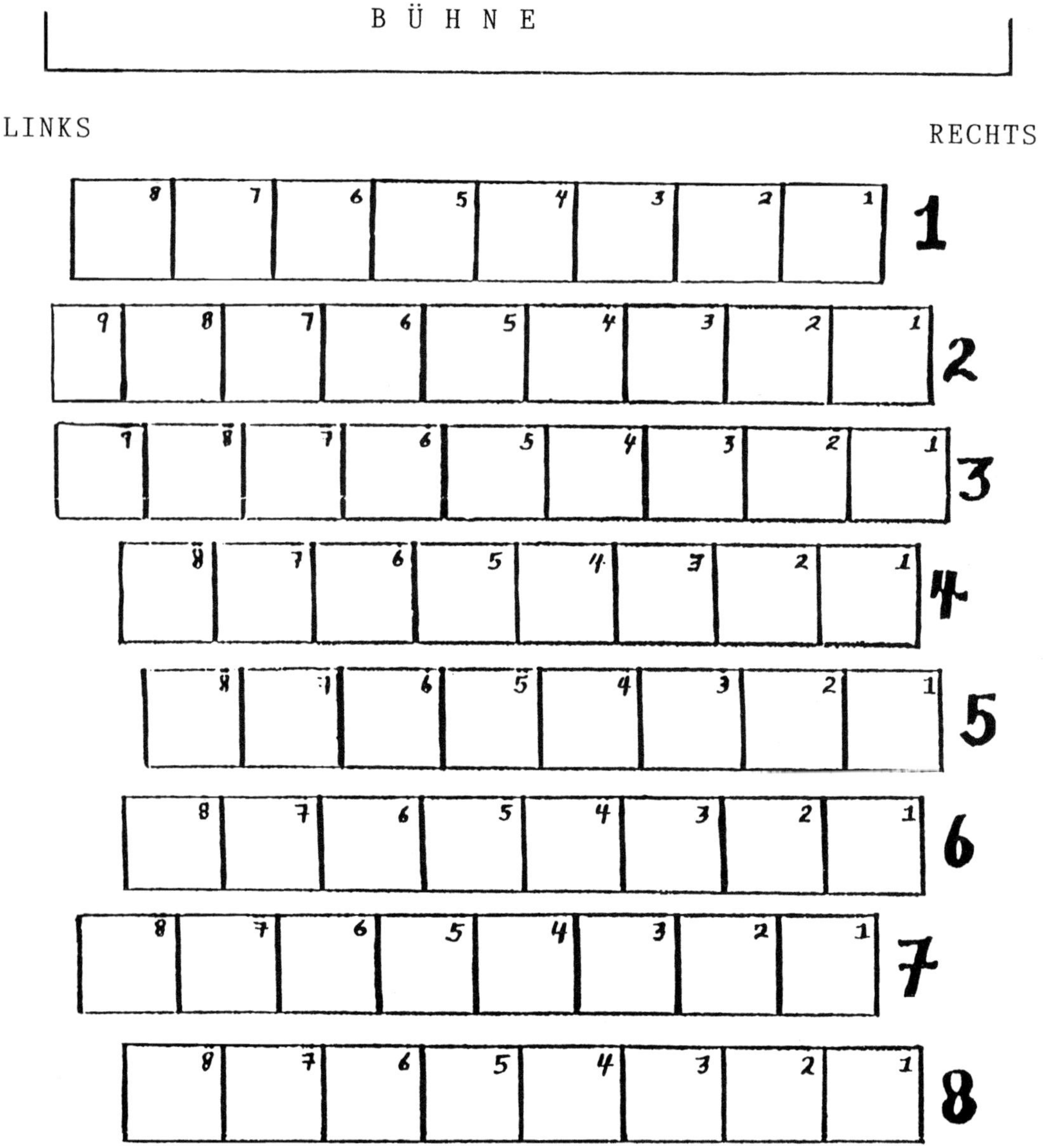

Fassungsraum: 66 Personen

Kellertheater The Fundus,
9, Müllnergasse 6a:
30 Personen

Wiener Kammeroper

1, Fleischmarkt 24
Tel. 513 60 72

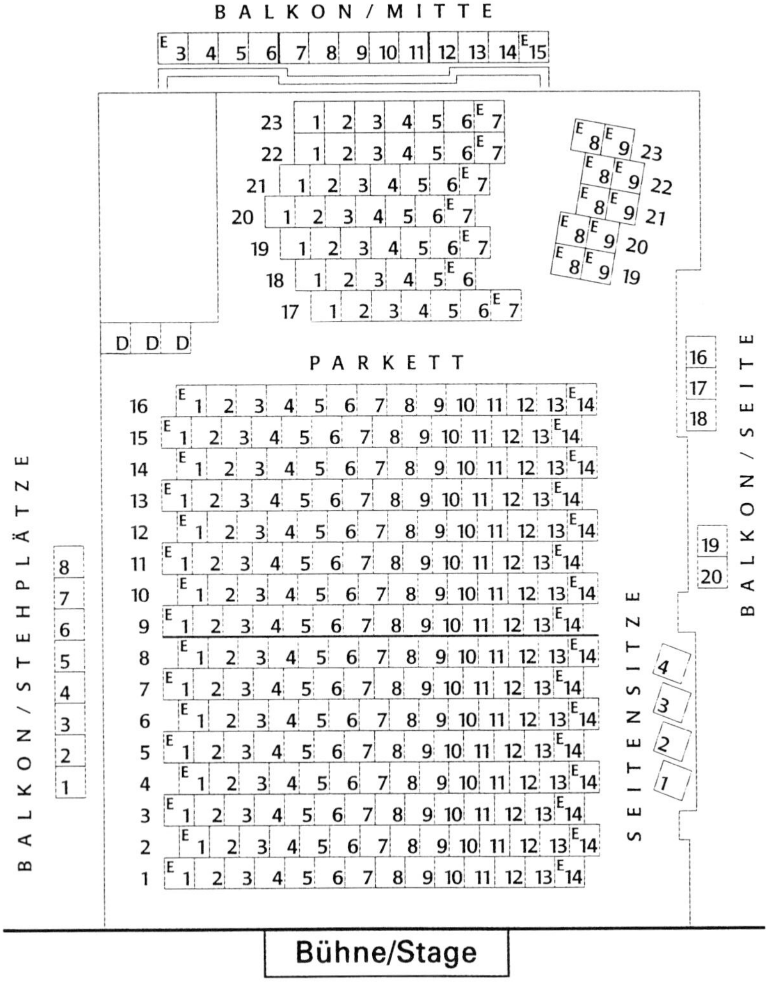

Fassungsraum: 312 Personen
(304 Sitzplätze, 8 Stehplätze)

Wiener Kammerspiele

1, Rotenturmstraße 20
Direktion: Tel. 427 00 . . . 0

Tageskasse: Tel. 533 29 97 . . . 0

RECHTS MITTE LINKS

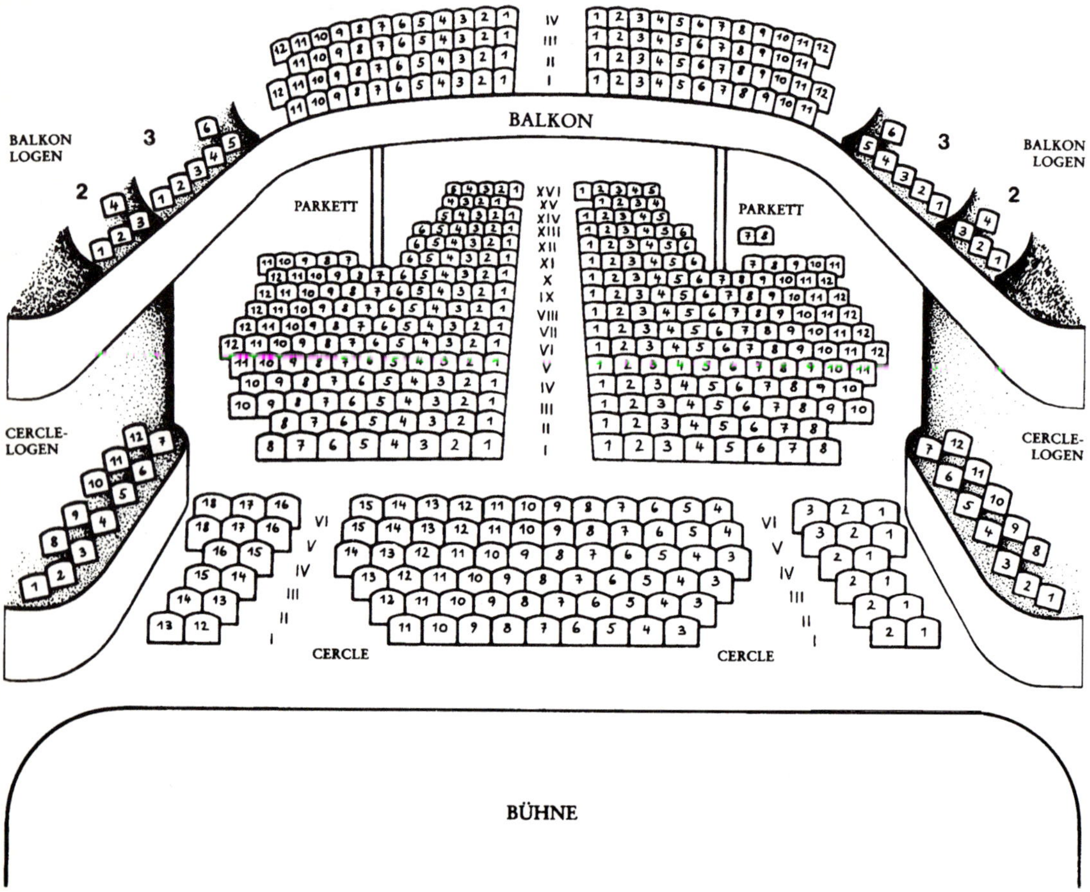

Fassungsraum: 520 Personen

Kleine Komödie

1, Walfischgasse 4
Tel. 512 42 80

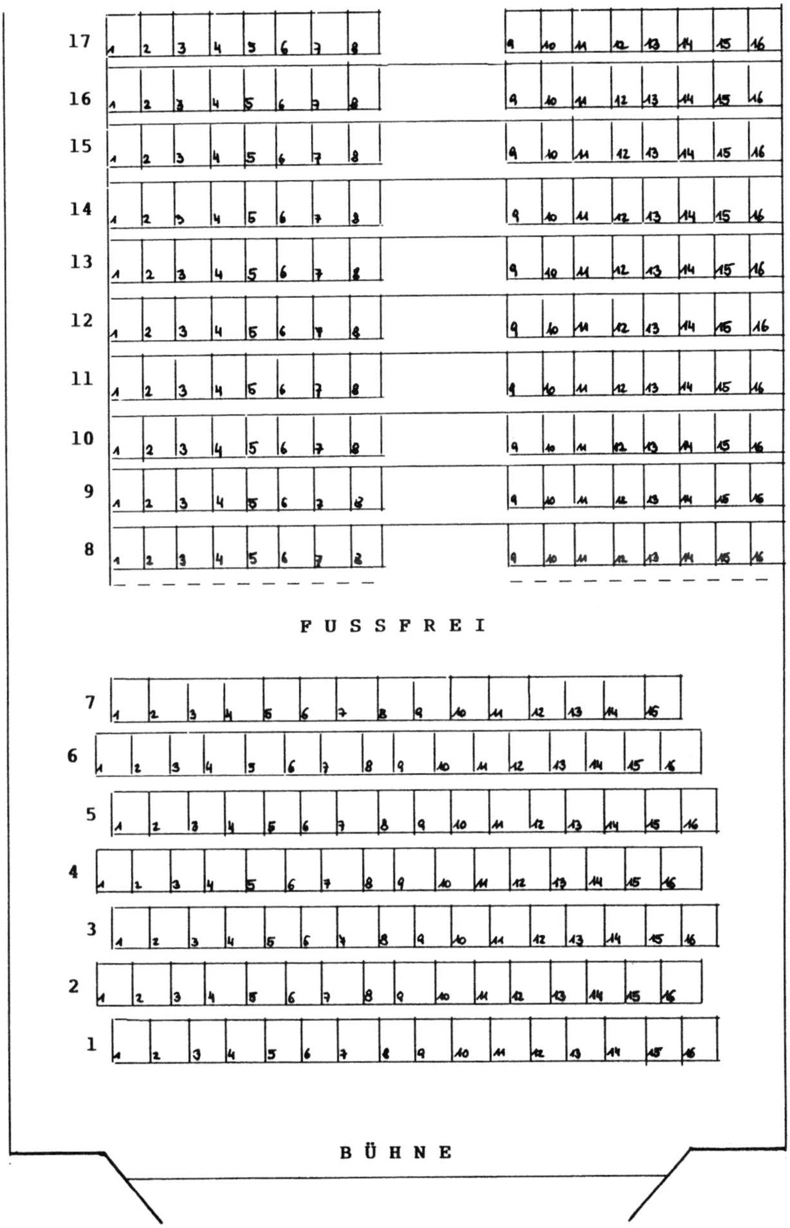

Fassungsraum: 271 Personen
(1 Rollstuhlplatz)

Metropol – Verein Wiener Stadtfeste

17, Hernalser Hauptstraße 55
Tel. 407 77 40

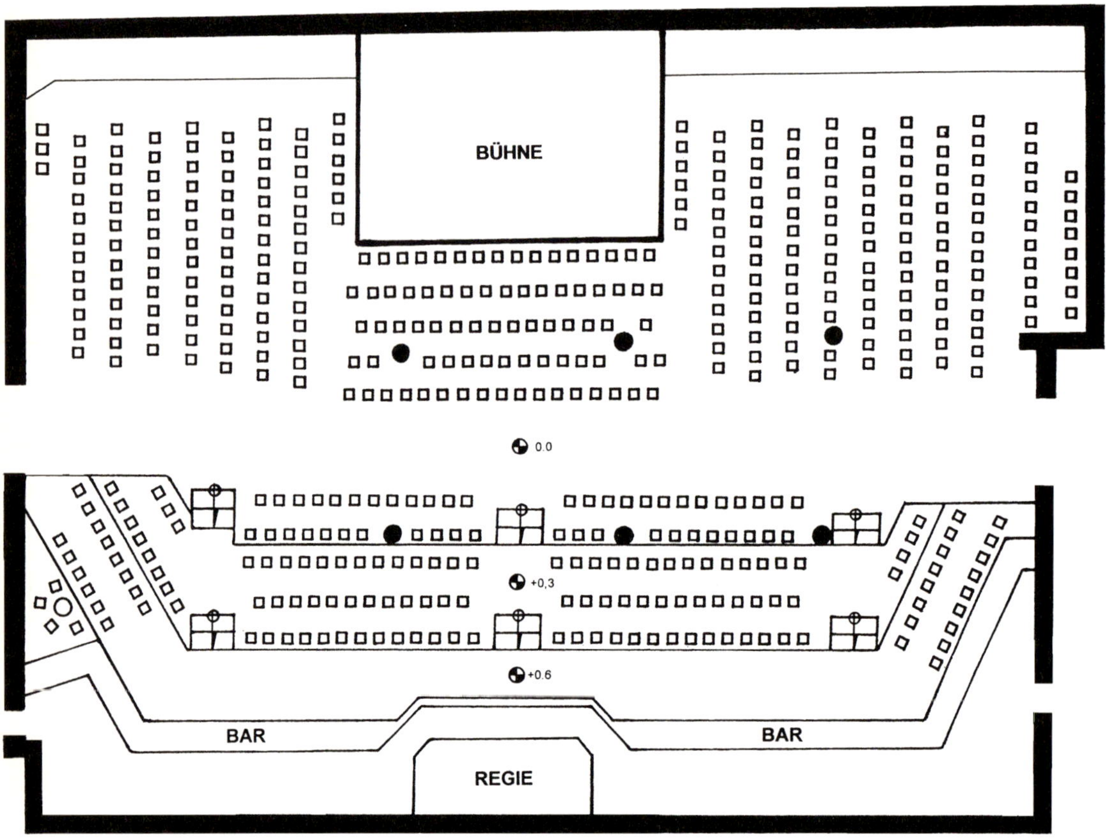

Fassungsraum: ca. 500 Sitzplätze,
50 Stehplätze

Metropoldi – Erste Wiener Beislbühne, 17, Geblergasse 50:
ca. 100 Personen

Rabenhof

3, Rabengasse 3
Tel. 712 82 82

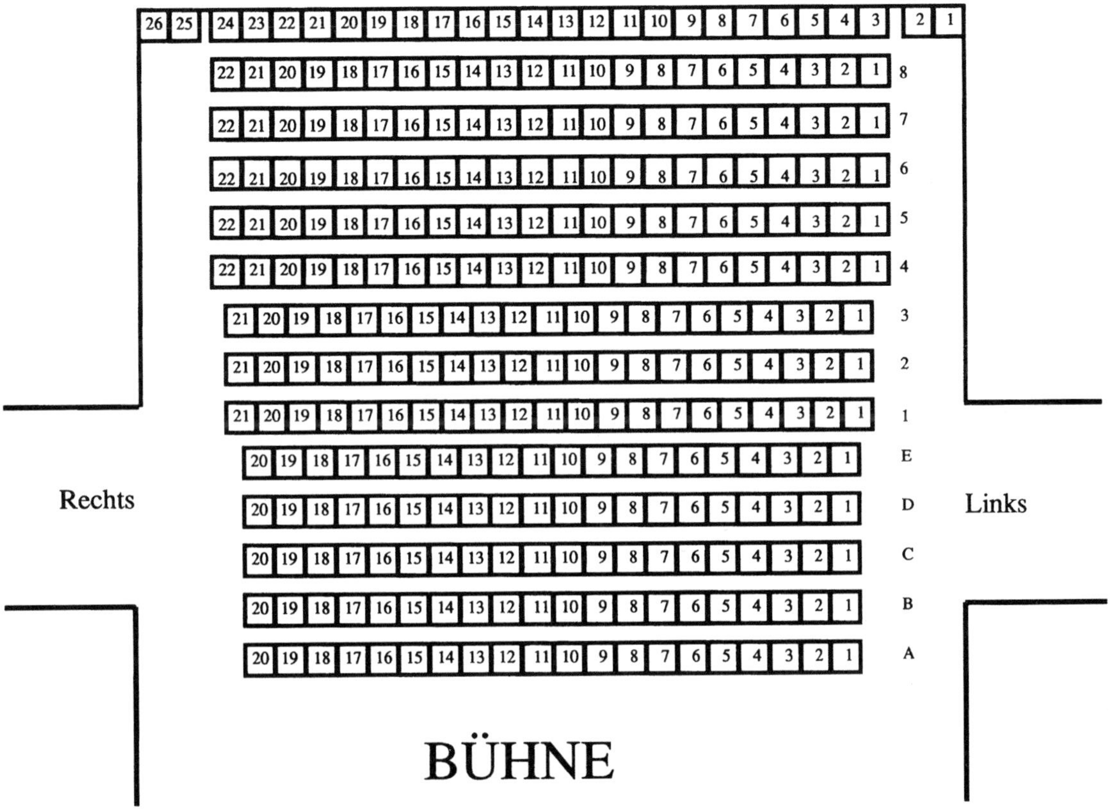

Fassungsraum: 299 Personen

Raimundtheater

6, Wallgasse 18–20
Tel. 599 77 . . . 0

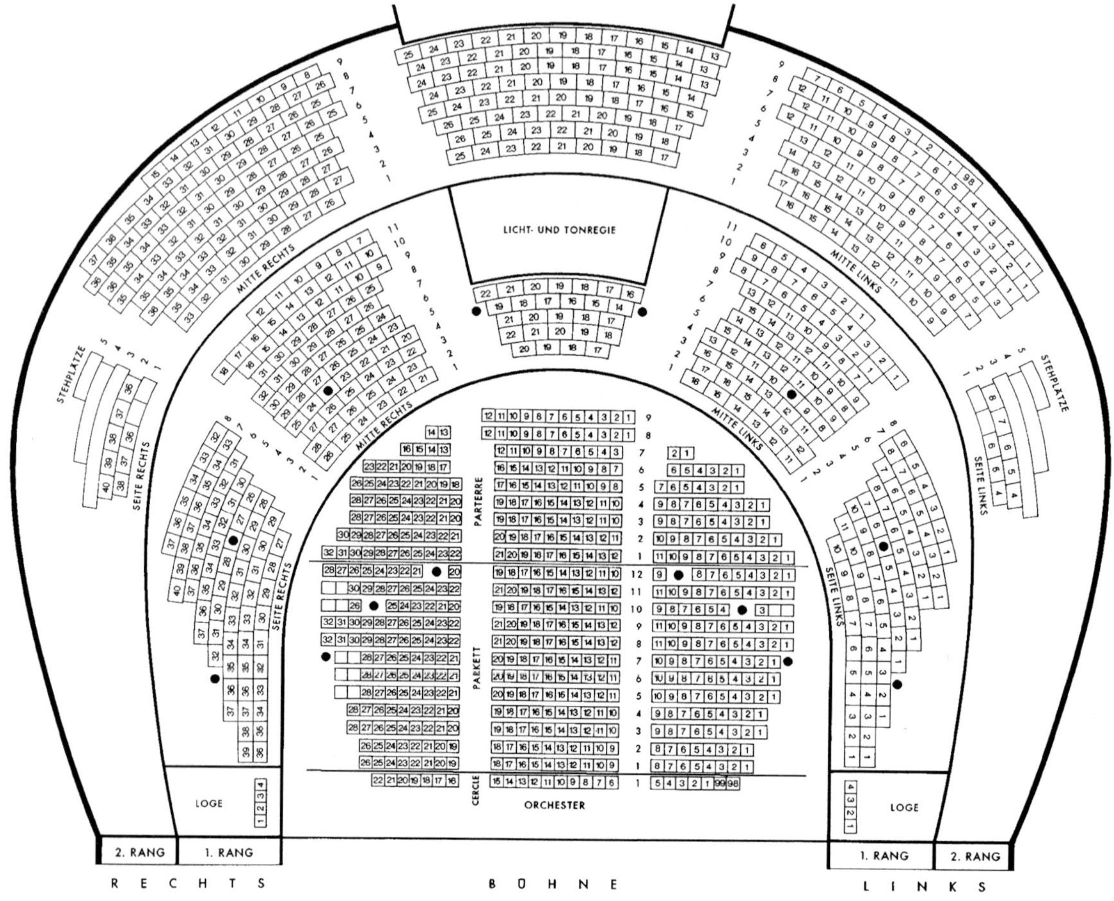

Fassungsraum: 1.217 Personen
(1.177 Sitzplätze, 40 Stehplätze)

Ronacher

1, Seilerstätte 9
Direktion: Tel. 514 11 . . . 0

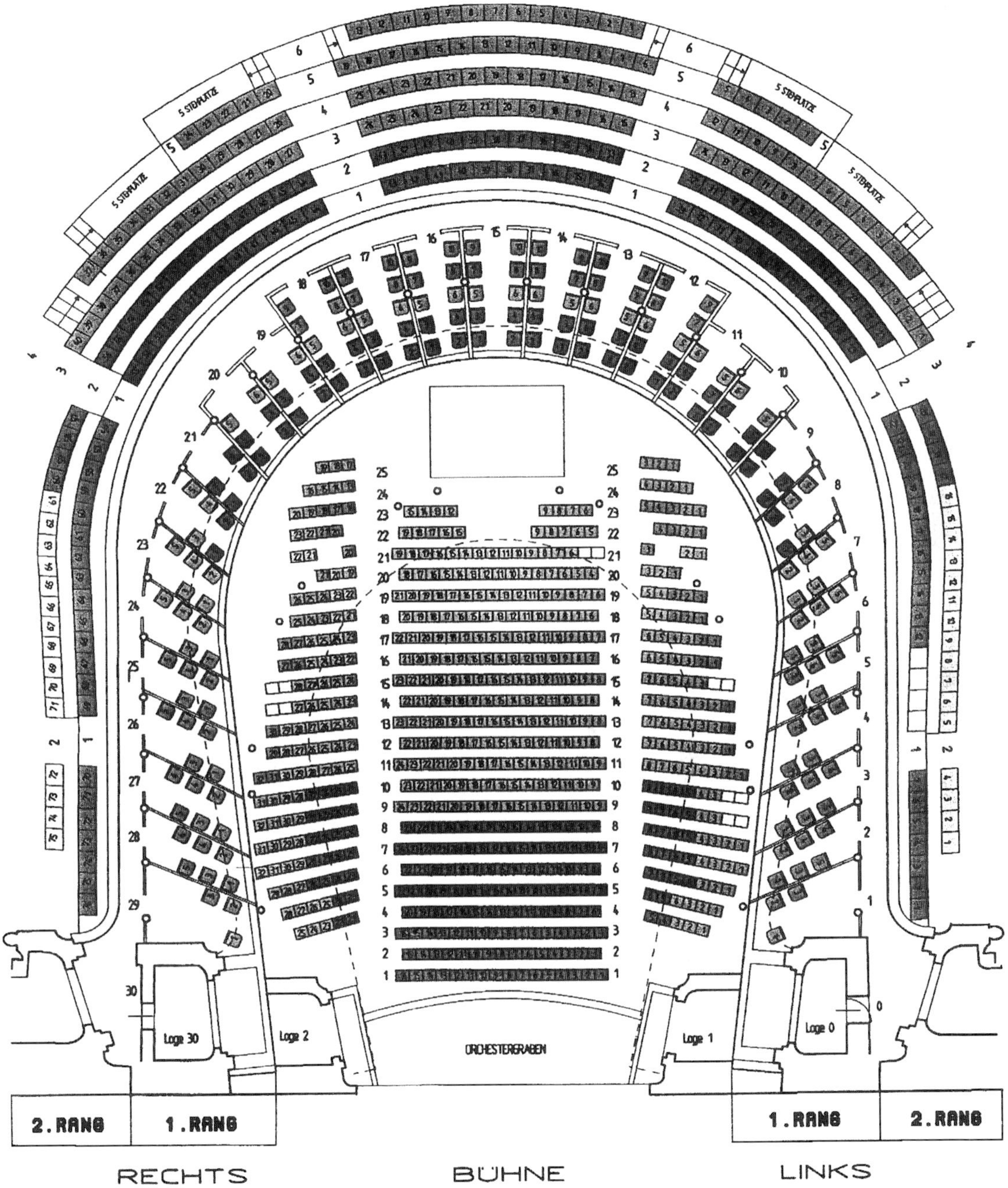

Fassungsraum: 1.187 Personen
(1.037 Sitzplätze, 20 Stehplätze)

das Schauspielhaus

9, Porzellangasse 19
Tel. 317 01 01 . . . 0

Kassa: 317 06 16

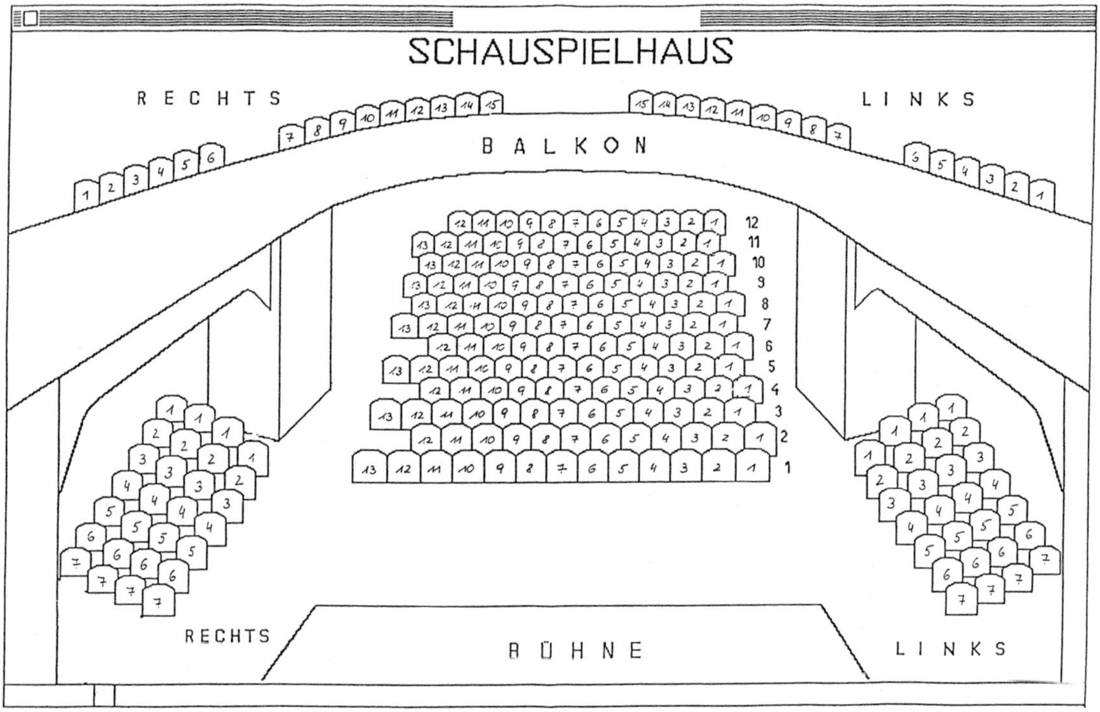

Fassungsraum: max. 280 Personen, 2 Rollstuhlplätze

Schönbrunner Schlosstheater

13, Schloss Schönbrunn
Tel. 411 55 . . . 0

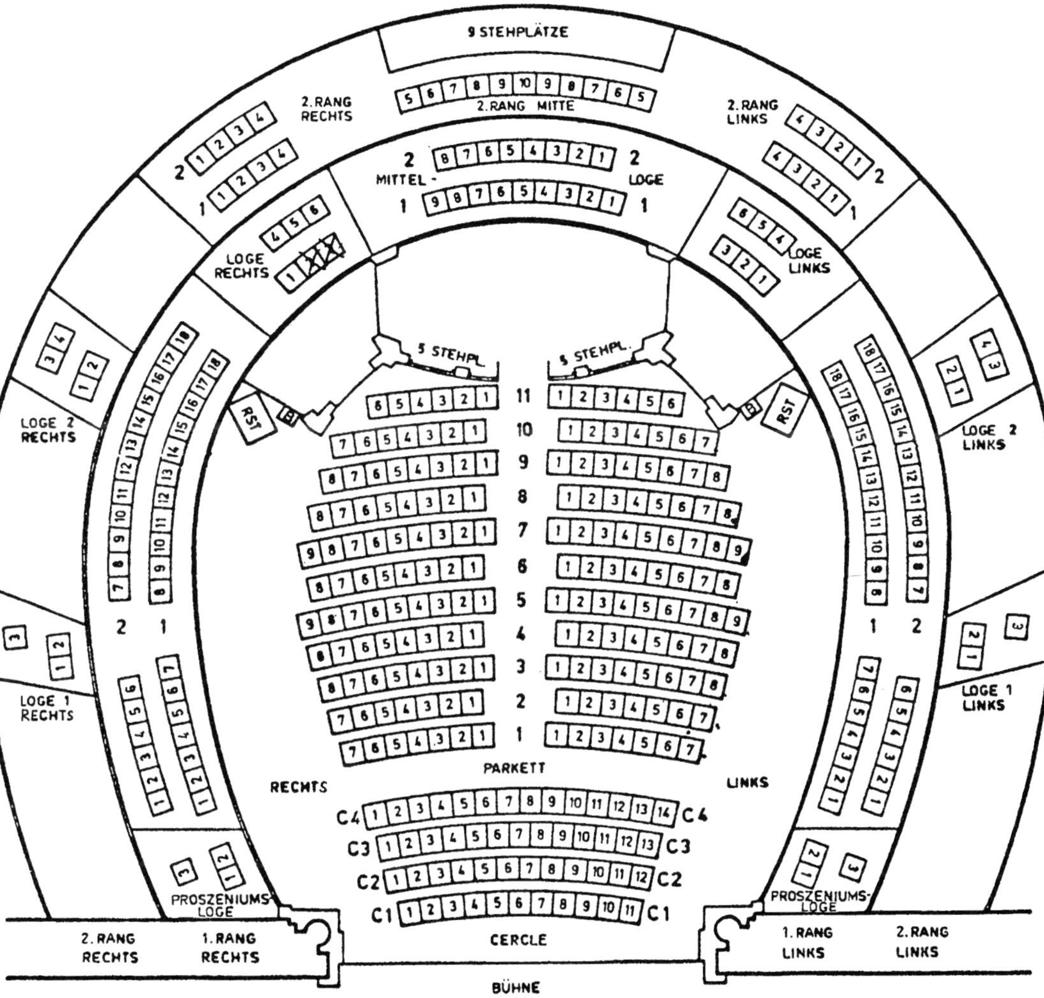

Fassungsraum: 391 Personen
(369 Sitzplätze, 19 Stehplätze,
2 Rollstuhlplätze, 2 Begleitpersonen)

Herbert Lederers Theater am Schwedenplatz

1, Franz-Josefs-Kai 21
Tel. 535 79 14

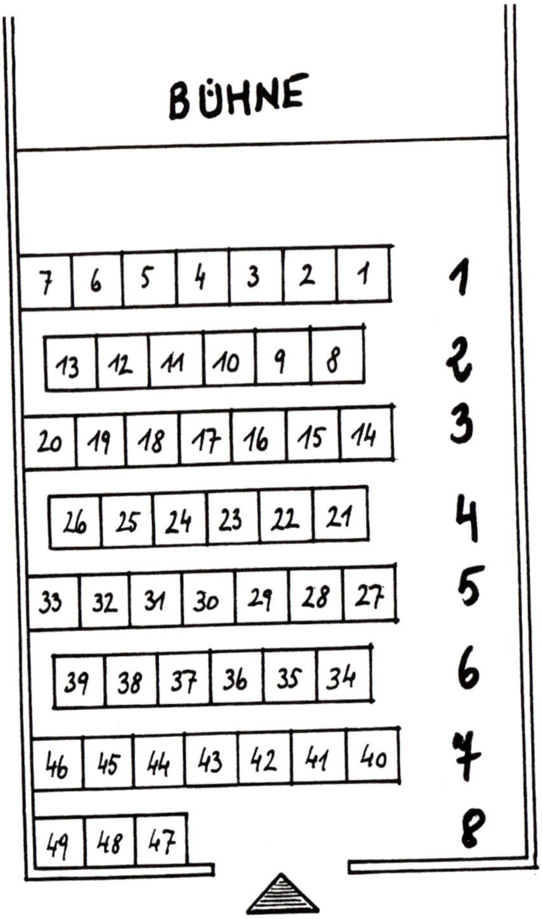

Fassungsraum: 49 Personen

Theater an der Wien

6, Linke Wienzeile 6
Direktion: Tel. 588 30 . . . 0

Tageskasse: Tel. 588 30 . . ., 265
Kreditkartentel.: 588 85

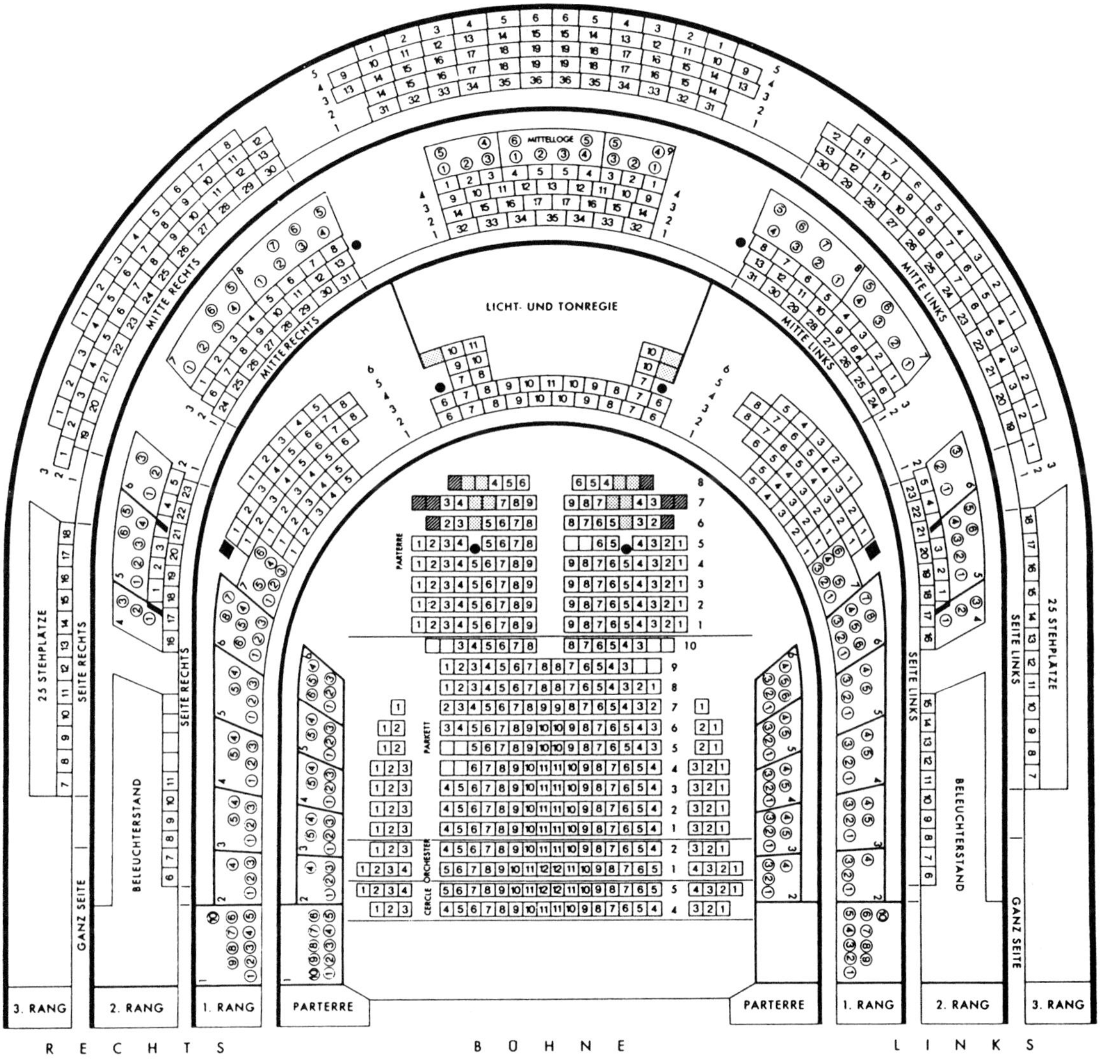

Fassungsraum:
ohne Orchesterraum: 1.123 Sitzplätze*
und 70 Stehplätze
mit kleinem Orchesterraum: 1.075 Sitzplätze*
und 70 Stehplätze
mit mittlerem Orchesterraum: 1.029 Sitzplätze*
und 70 Stehplätze
mit großem Orchesterraum: 983 Sitzplätze*
und 70 Stehplätze
* Bei Aufstellung für Rollstühle verringert sich die Zahl der Sitzplätze um jeweils 2 Plätze.

Theater Brett

6, Münzwardeingasse 2
Tel. 587 06 63

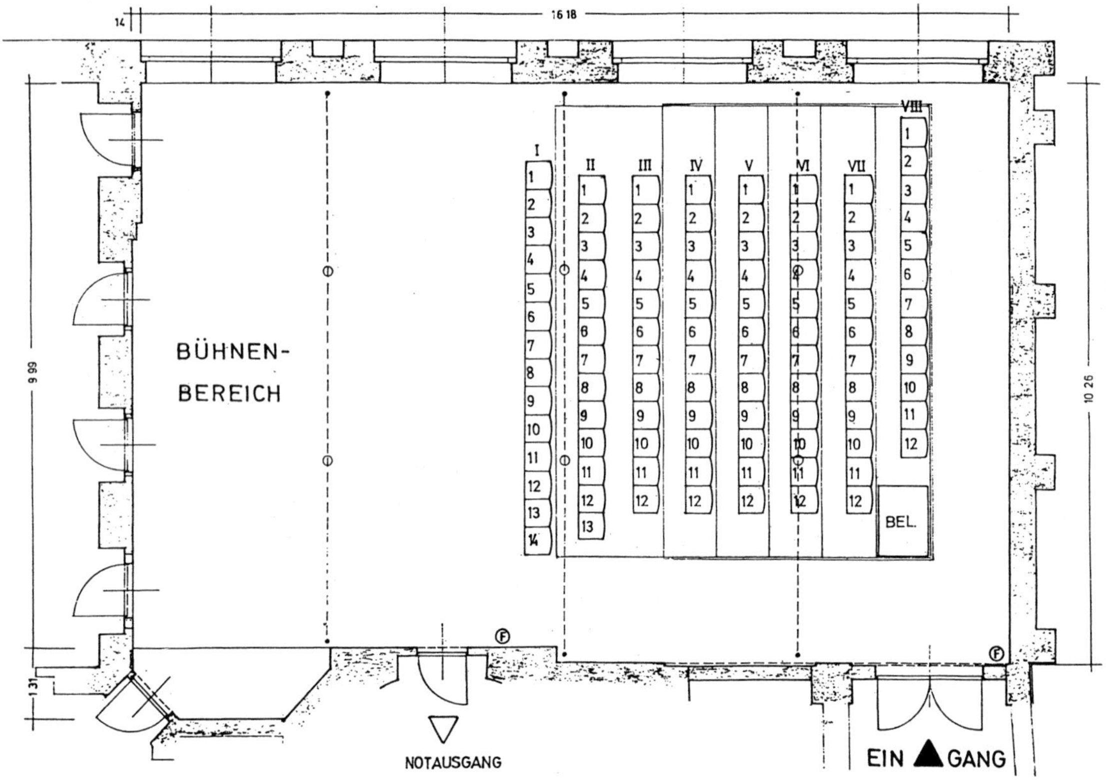

Fassungsraum: 99 Personen

Theater-Center-Forum

9, Porzellangasse 50
Tel. 310 46 46

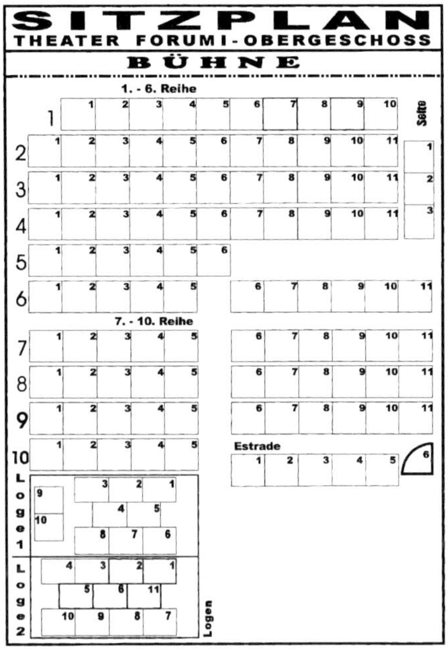

Fassungsraum: Forum I – 128 Personen
Forum II – 98 Personen

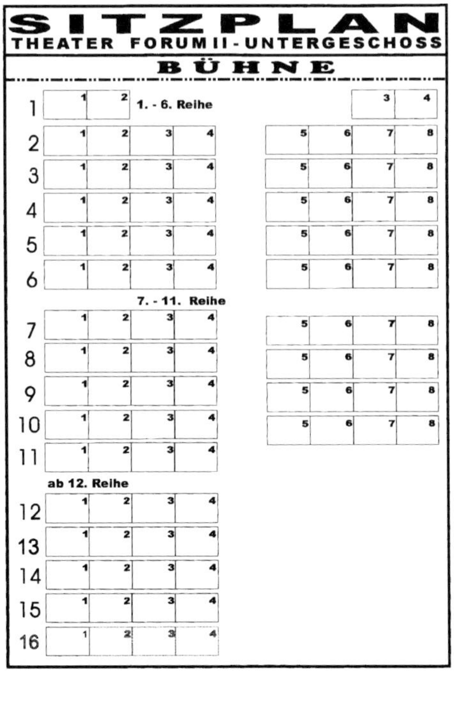

Theater der Jugend – Renaissancetheater

7, Neubaugasse 36
Tel. 521 10 . . . 0

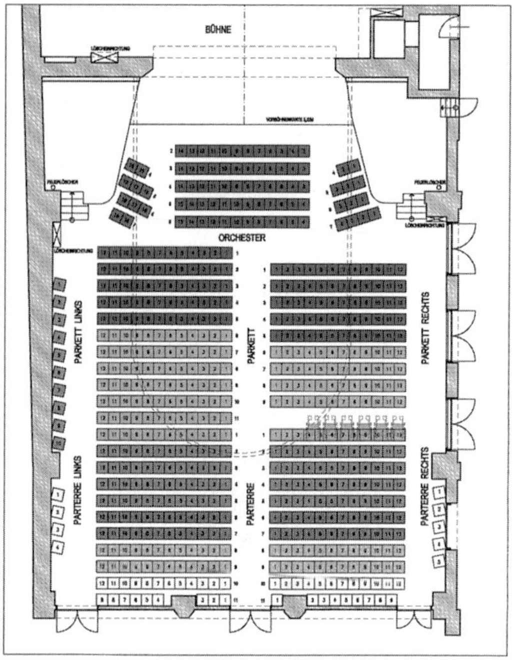

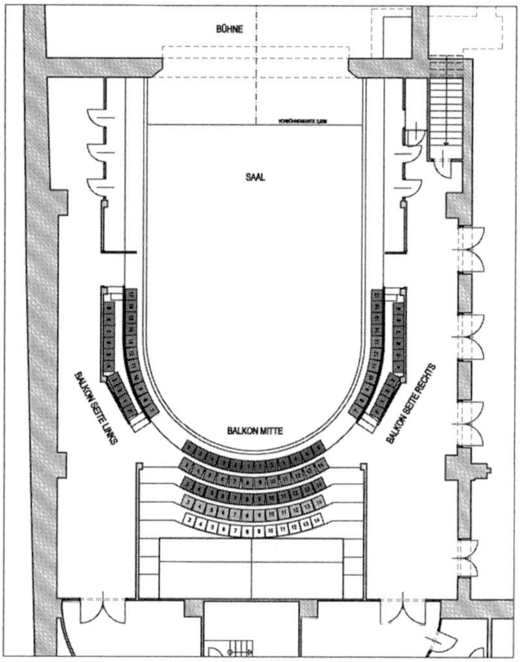

Fassungsraum: 701 Personen

Theater der Jugend – Theater im Zentrum

1, Liliengasse 3
Tel. 512 41 01

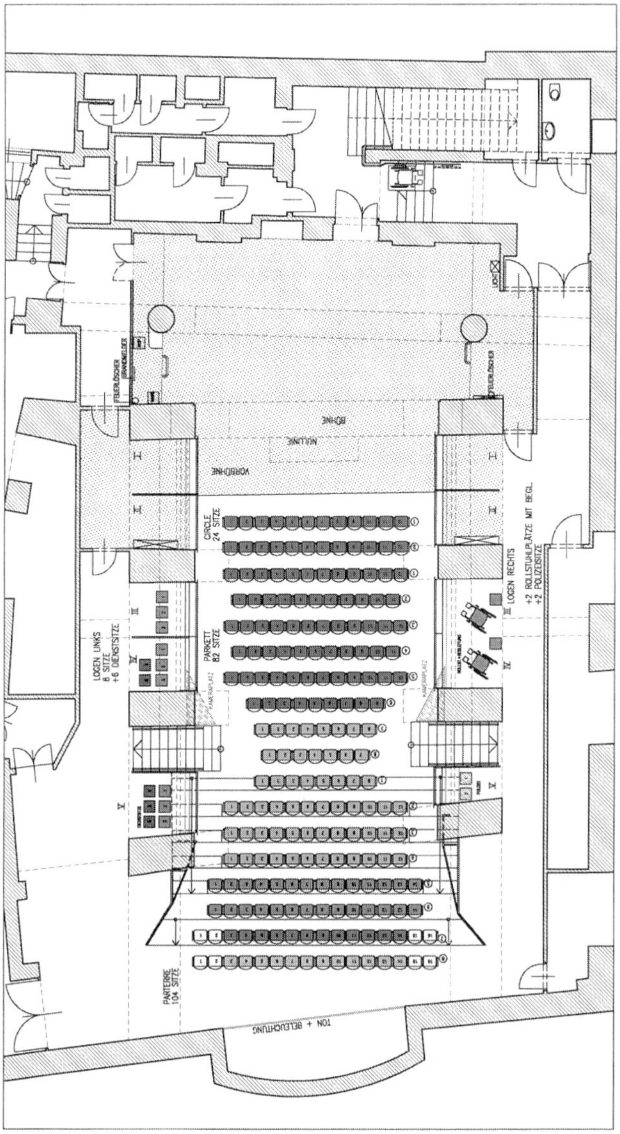

Fassungsraum: 219 Personen

Theater der Jugend – Zwischenraum,
7, Mondscheingasse 18:
70 Personen

Theater Die Tribüne im Café Landtmann

1, Dr. Karl-Lueger-Ring 4
Tel. 533 84 85

BÜHNE

Reihe	links					rechts			
1	5	4	3	2	1	1	2	3	4
2	5	4	3	2	1	1	2	3	4
3	5	4	3	2	1	1	2	3	4
4	5	4	3	2	1	1	2	3	4
5	5	4	3	2	1	1	2	3	4
6	5	4	3	2	1	1	2	3	4
7	5	4	3	2	1	1	2	3	4
8	5	4	3	2	1	1	2	3	4
9	5	4	3	2	1	1	2	3	4
10	5	4	3	2	1	1	2	3	4
11	5	4	3	2	1	1	2	3	4
12	5	4	3	2	1	1	2	3	4
13	5	4	3	2	1	1	2	3	4
14	5	4	3	2	1	1	2	3	4
15	5	4	3	2	1	1	2	3	4
16	5	4	3	2	1				

Fassungsraum: 135 Personen

6, Gumpendorfer Straße 67
Tel. 586 52 22 . . . 0

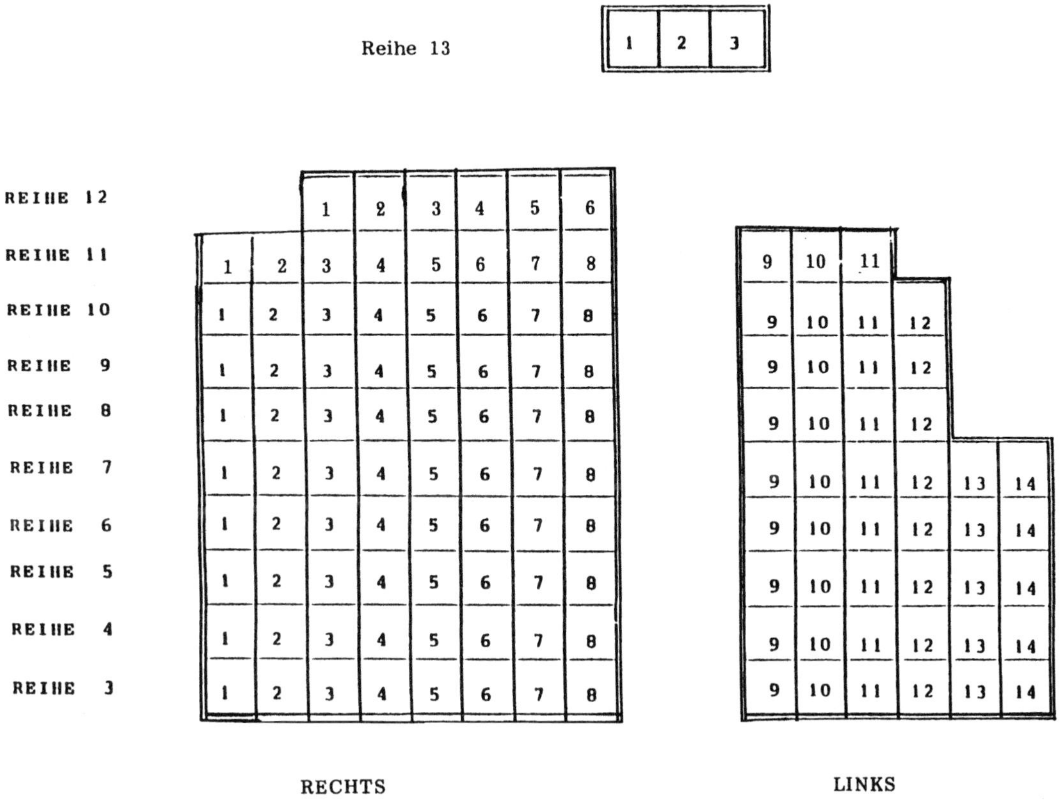

Fassungsraum: 126 Personen

Theater in der Josefstadt

8, Josefstädter Straße 26
Direktion: Tel. 427 00 . . . 0

Tageskasse: Tel. 427 00 . . ., 300

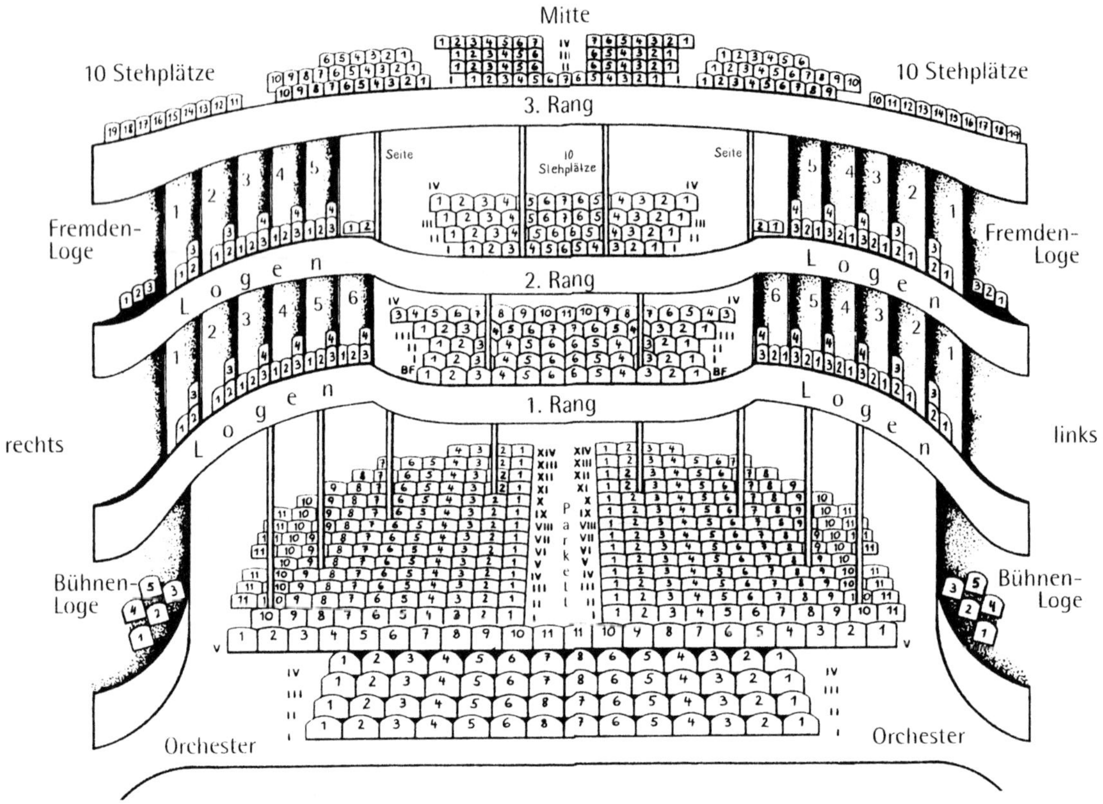

Fassungsraum: 716 Personen

1, Wollzeile 36
Tel. 512 47 42 . . . 0

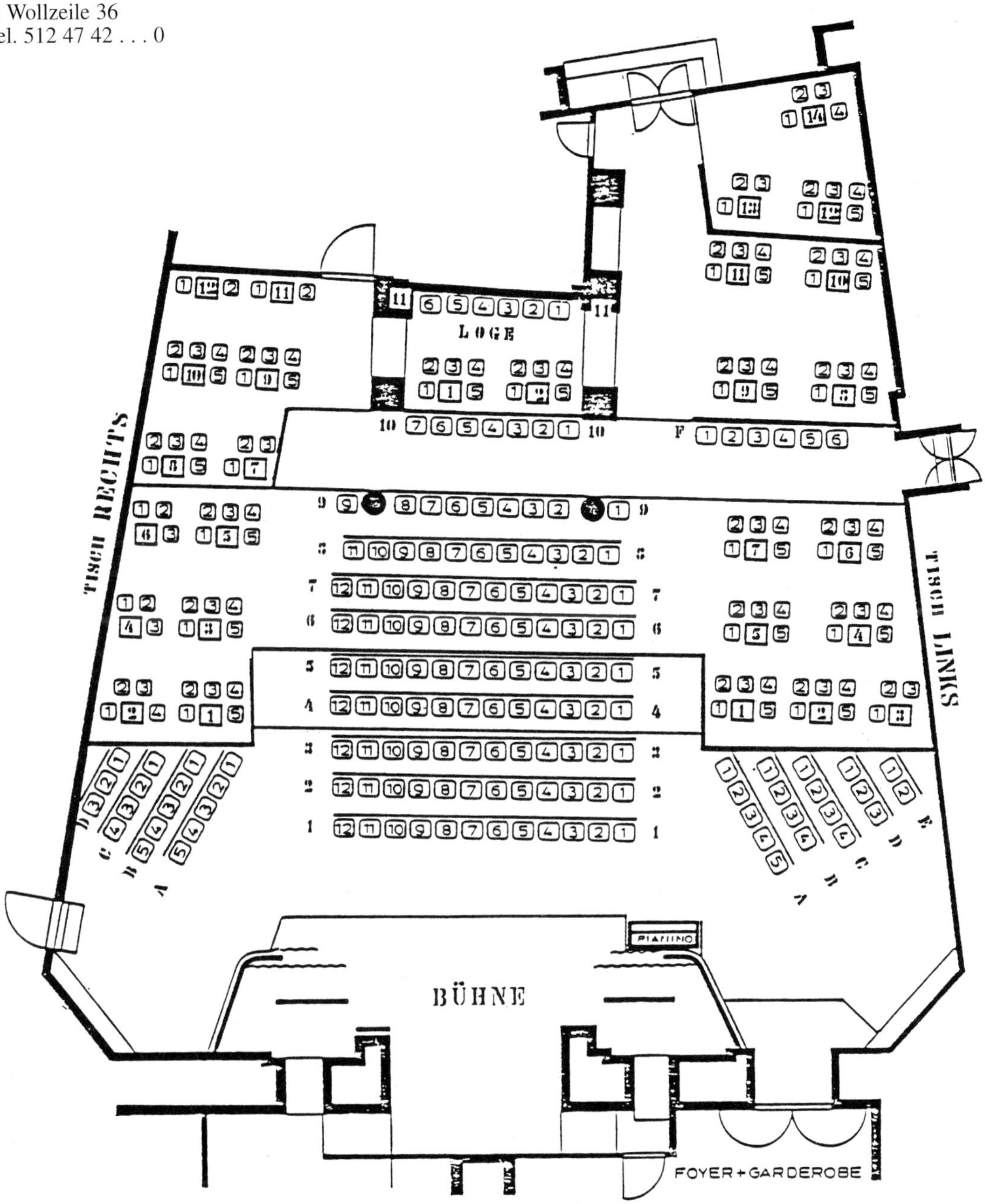

Fassungsraum: 280 Personen

Vienna's English Theatre

8, Josefsgasse 12
Tel. 402 12 60 . . .0

	BALKON RECHTS	BALKON MITTE	BALKON LINKS	
Reihe 3	4 3 2 1		1 2 3 4	Reihe 3
Reihe 2	5 4 3 2 1		1 2 3 4 5	Reihe 2
Reihe 1	6 5 4 3 2 1	1 2 3 4 5	1 2 3 4 5 6	Reihe 1

	PARKETT RECHTS		PARKETT LINKS	
Reihe 13	5 4 3 2 1	R R	1 2 3 4 5	Reihe 13
Reihe 12	8 7 6 5 4 3 2 1			
Reihe 11	8 7 6 5 4 3 2 1		1 2 3 4 5 6 7 8	Reihe 11
Reihe 10	8 7 6 5 4 3 2 1		1 2 3 4 5 6 7 8	Reihe 10
Reihe 9	8 7 6 5 4 3 2 1		1 2 3 4 5 6 7 8	Reihe 9
Reihe 8	8 7 6 5 4 3 2 1		1 2 3 4 5 6 7 8	Reihe 8
Reihe 7	8 7 6 5 4 3 2 1		1 2 3 4 5 6 7 8	Reihe 7
Reihe 6	8 7 6 5 4 3 2 1		1 2 3 4 5 6 7 8	Reihe 6
Reihe 5	8 7 6 5 4 3 2 1		1 2 3 4 5 6 7 8	Reihe 5
Reihe 4	8 7 6 5 4 3 2 1		1 2 3 4 5 6 7 8	Reihe 4
Reihe 3	8 7 6 5 4 3 2 1		1 2 3 4 5 6 7 8	Reihe 3
Reihe 2	8 7 6 5 4 3 2 1		1 2 3 4 5 6 7 8	Reihe 2
Reihe 1	7 6 5 4 3 2 1		1 2 3 4 5 6 7	Reihe 1

Fassungsraum: 227 Personen
(2 Rollstuhlplätze)

Volksoper

9, Franz-Salmhofer-Platz
Direktion: Tel. 514 44 . . . 0

Tageskasse:
1, Goethegasse 1, Tel. 514 44 . . ., 2959, 2960

Abendkasse:
9, Franz-Salmhofer-Platz, Tel. 514 44 . . . 0

Kreditkartentel.: 513 15 13

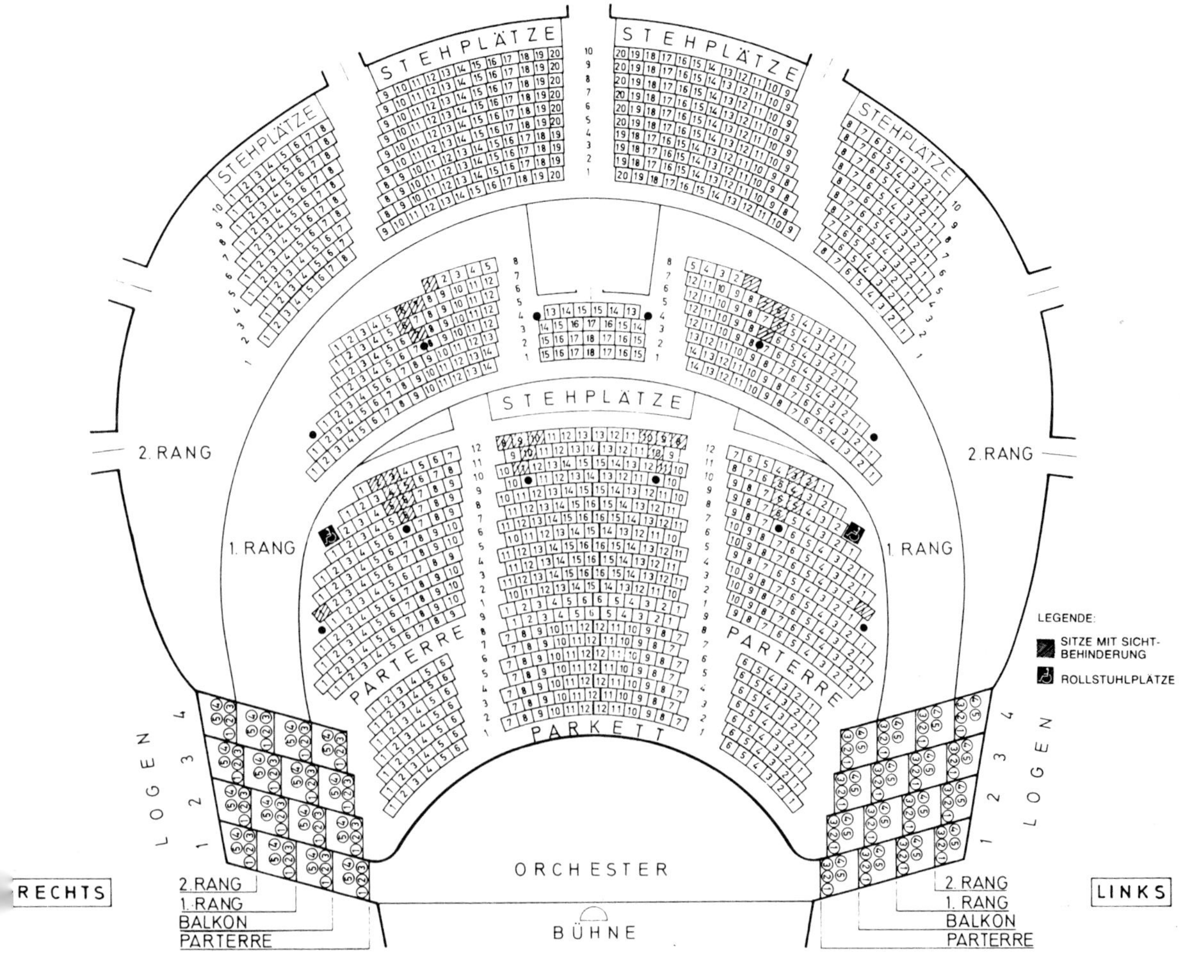

Fassungsraum: 1.389 Personen
(1.313 Sitzplätze, 72 Stehplätze,
2 Rollstuhlplätze, 2 Begleitersitze)

Volkstheater

7, Neustiftgasse 1
Direktion: Tel. 523 35 01 . . . 0

Tageskasse: Tel. 524 72 64

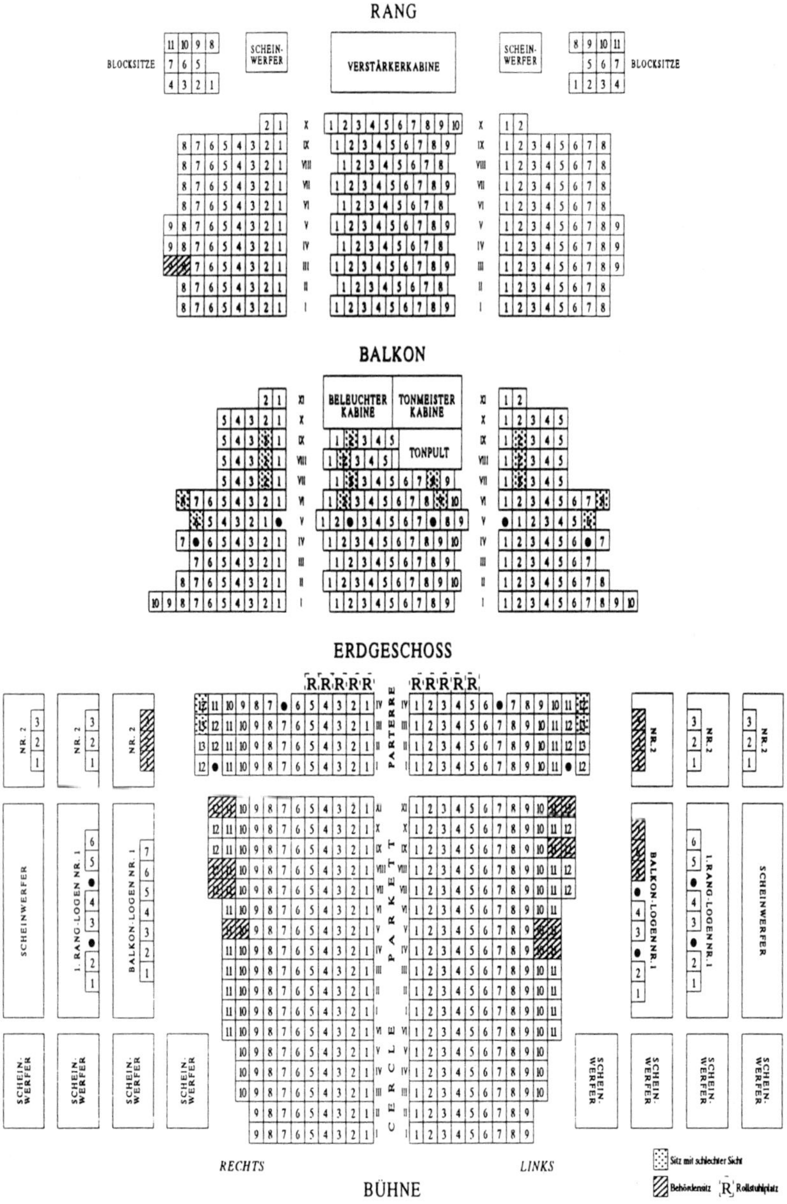

Fassungsraum: 933–989 Sitzplätze
(10 Stehplätze oder 10 Rollstuhlplätze)

Konzerthaus

Großer Saal

3, Lothringerstraße 20
Direktion: Tel. 242 00 . . . 0

Tageskasse

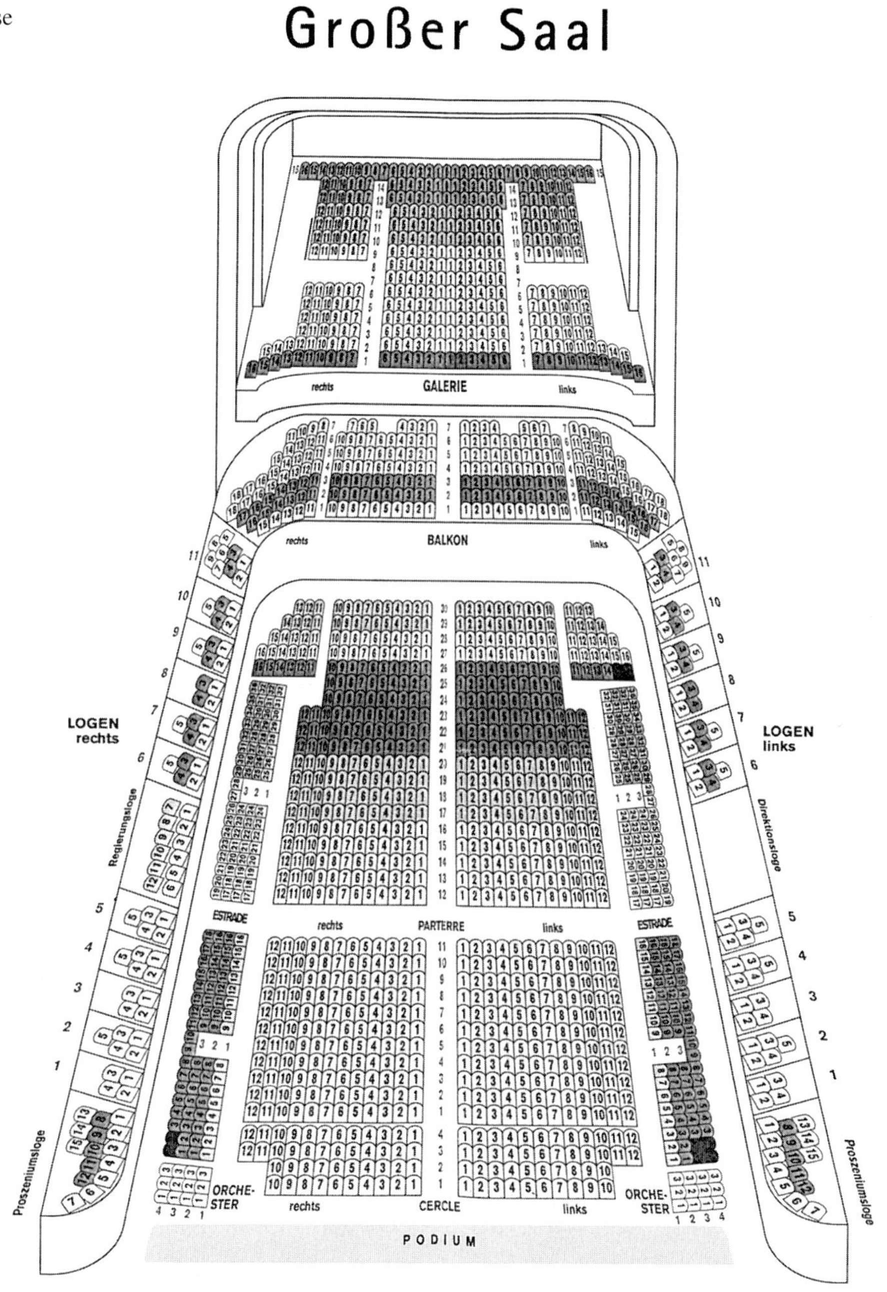

Fassungsraum: 1.865 Personen

Konzerthaus

Mittlerer (Mozart-)Saal

3, Lothringerstraße 20
Direktion: Tel. 712 46 86 . . . 0

Tageskasse: Tel. 712 12 11 . . . 0

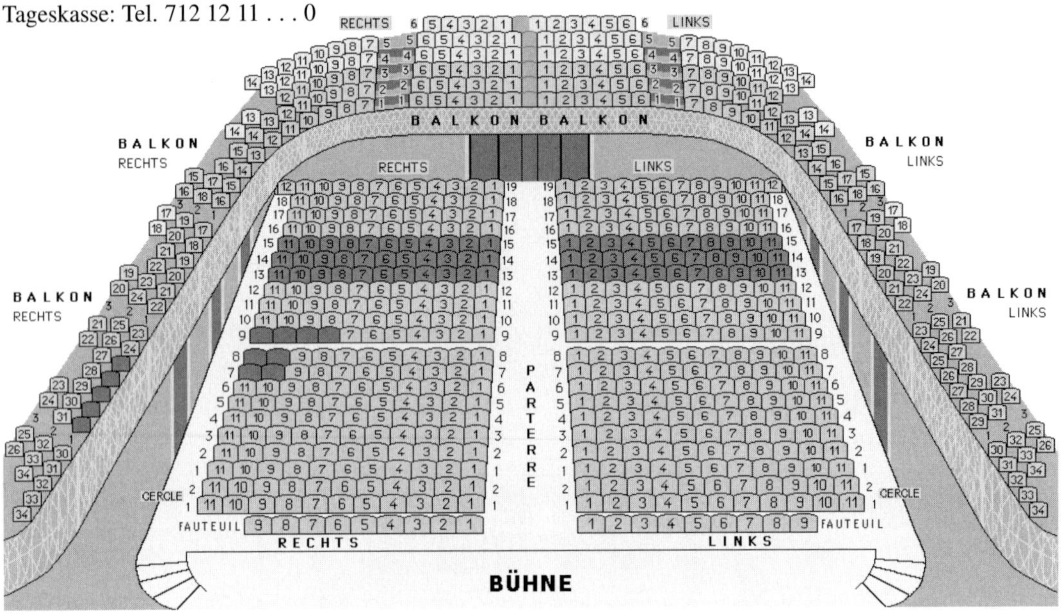

Fassungsraum: 704 Personen

Kleiner (Schubert-)Saal

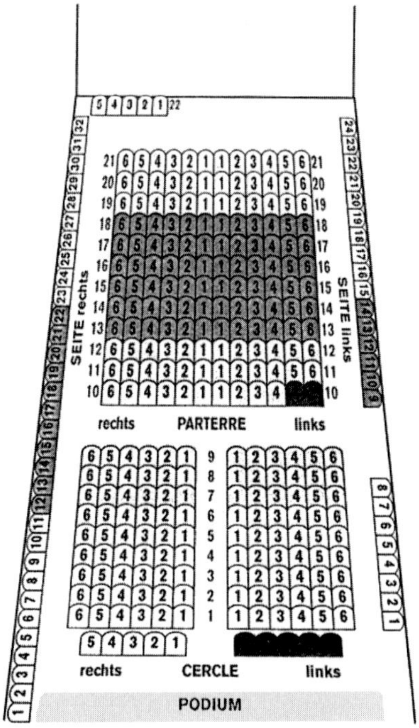

Fassungsraum: 366 Personen

Musikverein

Großer Saal

1, Bösendorferstraße 12
Direktion: Tel. 505 86 81 . . . 0

Tageskasse: Tel. 505 81 90 . . . 0

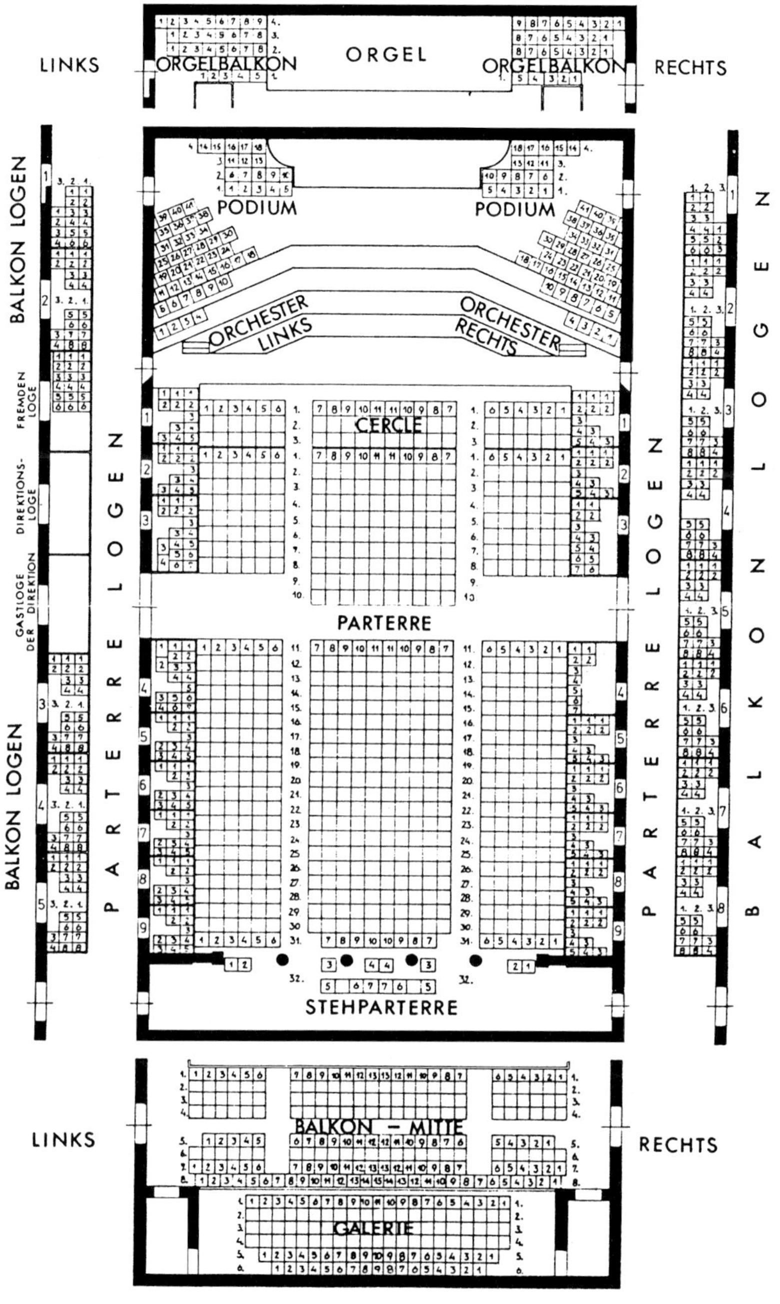

Fassungsraum: 2.042 Personen
(1.742 Sitzplätze, 300 Stehplätze)

Musikverein

Brahmssaal

1, Bösendorferstraße 12
Direktion: Tel. 505 86 81 . . . 0

Tageskasse: Tel. 505 81 90 . . . 0

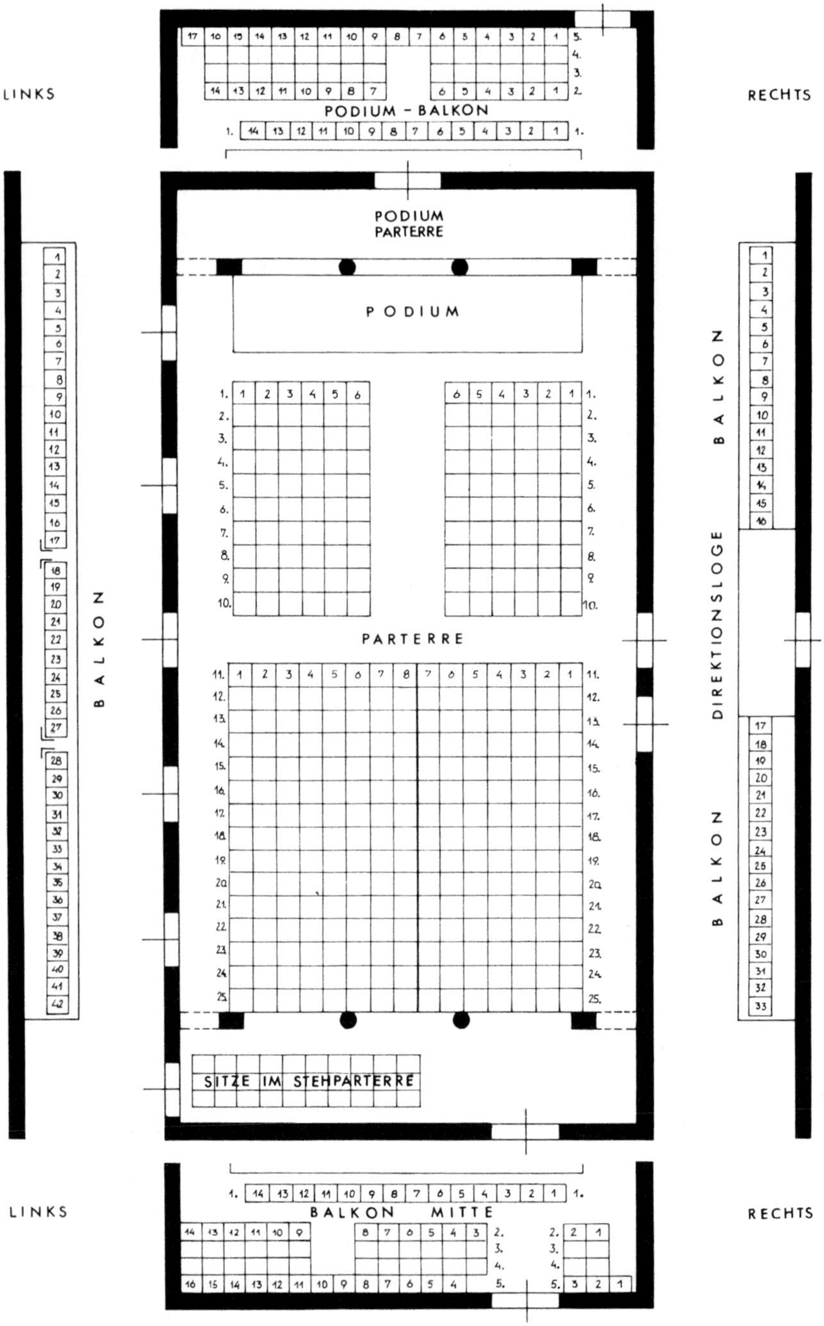

Fassungsraum: 595 Personen

SONSTIGE VERANSTALTUNGSSTÄTTEN

Kurhalle Oberlaa

10, Kurbadstraße 14
Tel. 688 80 06 . . .0

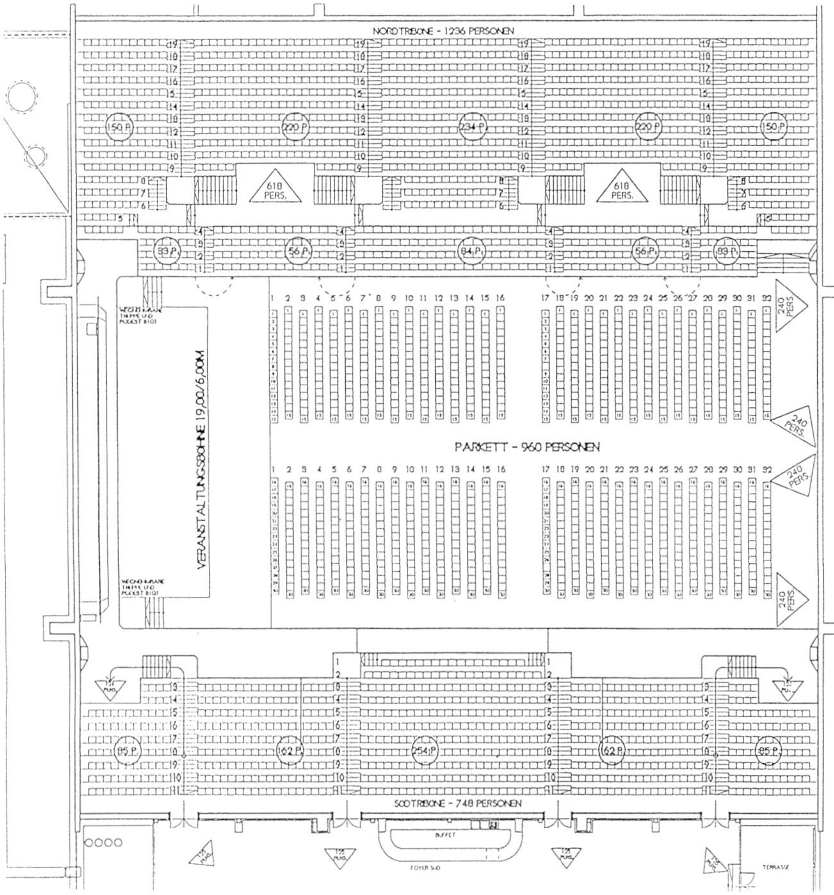

Fassungsraum: 3.132 Personen
(2.944 Sitzplätze, 168 Stehplätze, 20 Rollstuhlplätze)

Obiger Plan gilt bei Konzerten und Vorträgen. Da nicht alle Sitzpläne für weitere Verwendungsmöglichkeiten abgedruckt werden können, findet sich nachstehend eine Zusammenstellung von Varianten:

Boxen, Ringen, Judo, Karate
Fassungsraum: 2.725 Personen

Sportveranstaltungen wie Tennis, Hallenfußball, Handball, Basketball, Tanzturniere, Ausstellungen, Autosalons
Fassungsraum: 2.150 Personen

Ballveranstaltungen
Fassungsraum: 850 Personen

Frühschoppen, Firmenfeiern
Fassungsraum: 2.700 Personen

Vorträge, kulturelle Veranstaltungen, Tagungen, Kongresse
Fassungsraum: 2.900 Personen

Modeschauen, Misswahlen
Fassungsraum: 2.700 Personen

Konzerte mit Stehplätzen
Fassungsraum: 3.850 Personen

Planetarium*

2, Oswald-Thomas-Platz
Tel. 729 54 94 . . . 0

1 Foyer
2 Kuppelsaal
3 Garderobe
4 WC
5 Projektionskabine
6 Oswald-Thomas-Saal
7 Getränkeautomaten, Miniküche
8 Kassa
9 Büro
10 Sekretariat
11 Pratermuseum
12 Bibliothek, Büroleiter
13 Werkstätte
14 WC, Dusche

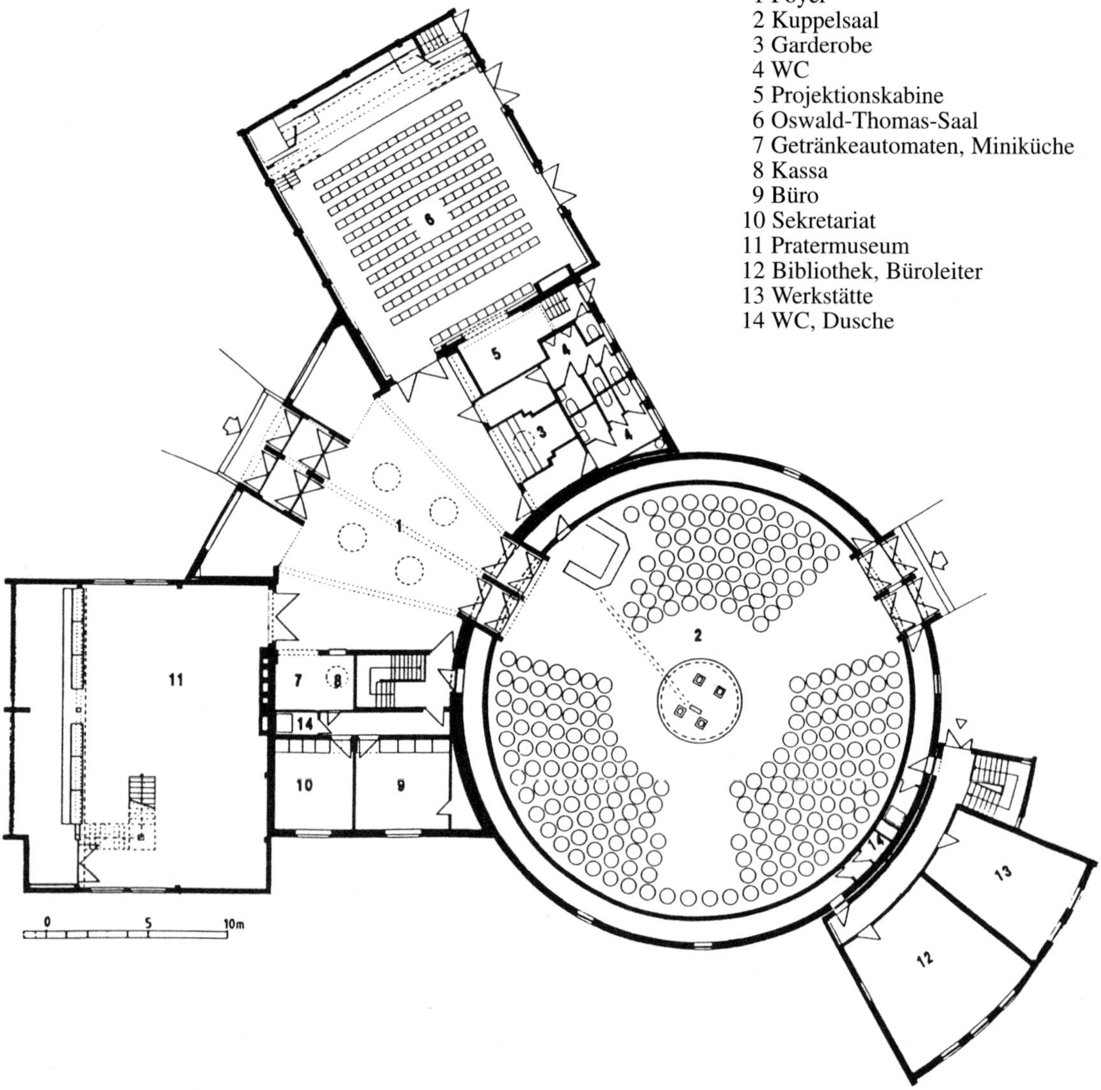

Fassungsraum Kuppelsaal: 240 Personen
Kino: 186 Personen

* Derzeit wegen Umbau geschlossen

Spanische Hofreitschule

1, Michaelerplatz, Hofburg, Kuppel
Tel. 533 90 31 . . . 0

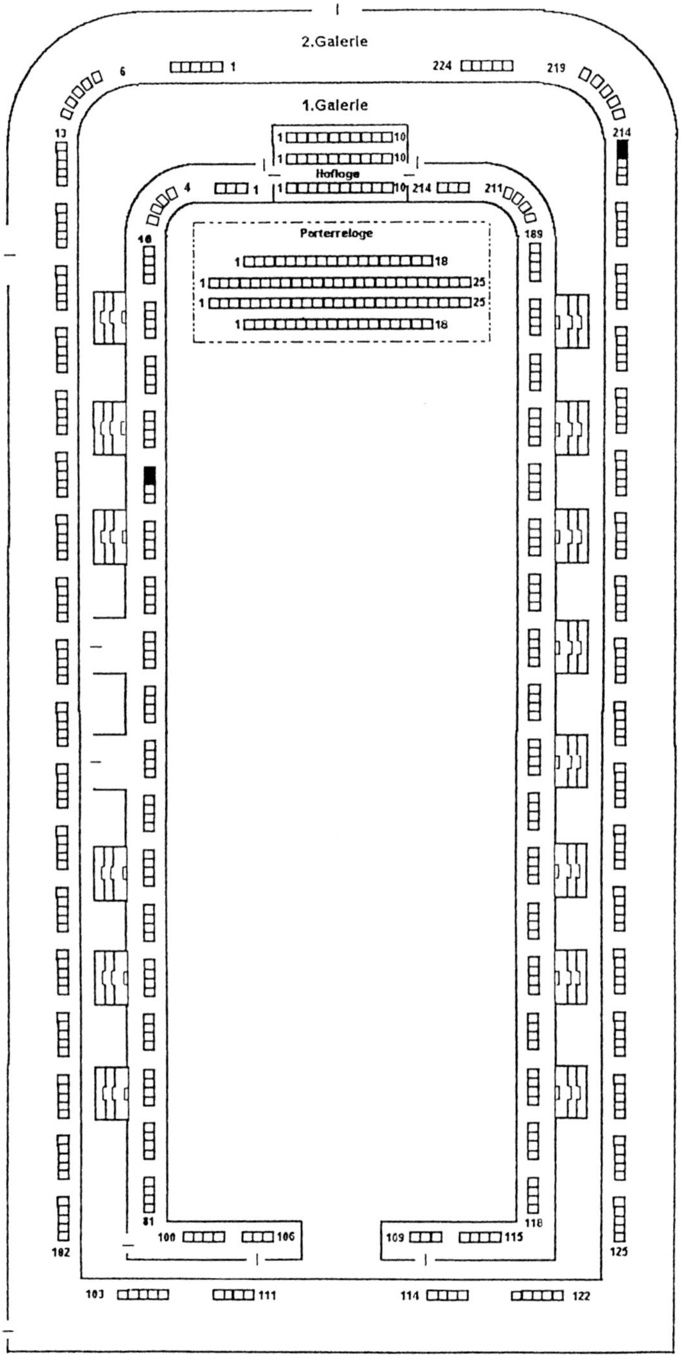

Fassungsraum: 922 Personen
(502 Sitzplätze, 420 Stehplätze)

Wiener Stadthalle

(Halle „A“)

15, Vogelweidplatz 14
Tel. 981 00 . . . 0

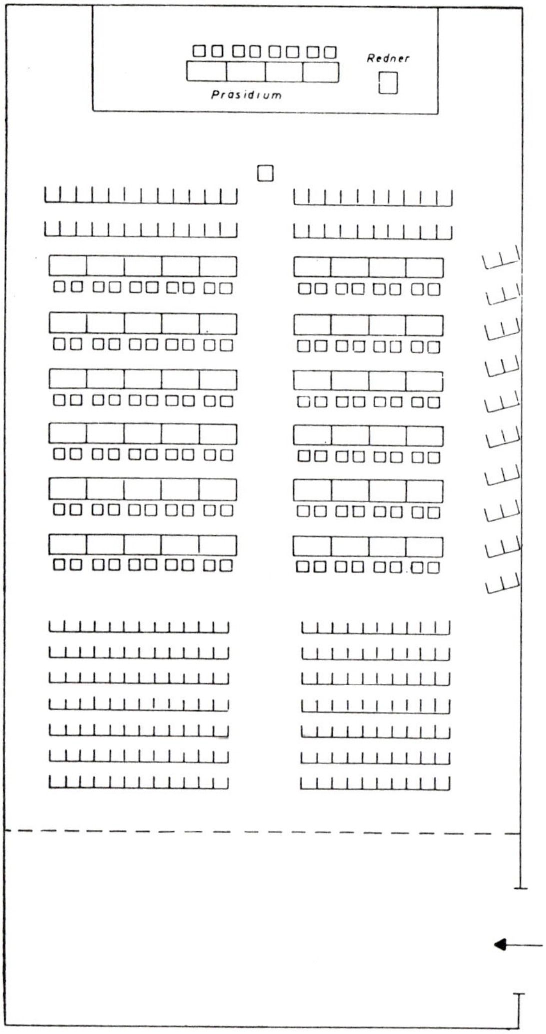

Fassungsraum: 326 Personen

Nebenstehender Plan gilt bei kleineren Kongressen, Tagungen und Vorträgen.
Da nicht alle Sitzpläne für weitere Verwendungsmöglichkeiten der Halle „A“ abgedruckt werden können, findet sich nachstehend eine Zusammenstellung von Varianten:

Radball, kleinere Turnveranstaltungen
Fassungsraum: zirka 200 Personen
Sektoren A bis D (an den Längs- und Querseiten) mit je 2 Sitzreihen

Vorträge
Fassungsraum: zirka 400 Personen
22 Sitzreihen

In der Wiener Stadthalle befindet sich noch eine Eistrainingshalle (sogenannte Halle „C“), die primär dem ganzjährigen Hallentraining der Eiskunstläufer zu dienen hat, aber auch dem eislaufsportbetreibenden Publikum, Eishockeyspielern und den Freunden des Eisschießens zur Verfügung steht.
Weiters befinden sich in der Wiener Stadthalle noch ein Hallenschwimmbad mit Sauna, eine Paddel- und Ruderhalle, ein Mehrzweckraum (u. a. für Theaterproben), eine Sportkegelhalle mit 8 vollautomatischen Kegelbahnen und eine Kegelhalle mit 7 vollautomatischen Kegelbahnen.

Wiener Stadthalle

(Halle „B“) 15, Vogelweidplatz 14, Tel. 981 00 . . . 0

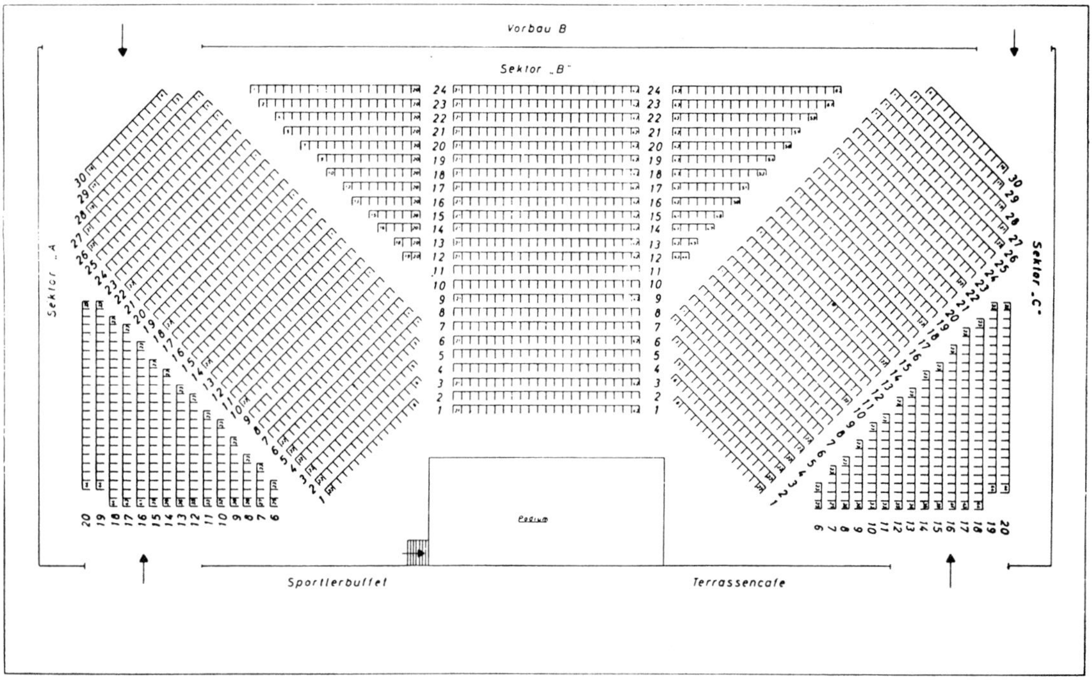

Fassungsraum: zirka 2.500 Personen

Obiger Plan gilt bei Kongressen, Tagungen und Vorträgen – Queraufstellung der Sitze.
Da nicht alle Sitzpläne für weitere Verwendungsmöglichkeiten der Halle „B“ abgedruckt werden können, findet sich nachstehend eine Zusammenstellung von Varianten:

Basketball, Judo, Fechten

Fassungsraum: zirka 1.500 Personen
Sektoren A, B und C 3 Sitzreihen,
Sektor D 5 Sitzreihen

Boxen, Ringen

(Amateur- und kleinere Professionalkämpfe)
Fassungsraum: zirka 2.500 Personen
Sektoren A und C 12 Sitzreihen,
Sektoren B und D 9 Sitzreihen

Ehrungen, diverse Feierlichkeiten usw.

Fassungsraum: zirka 950 Personen bei Aufstellung von 115 Tischen

Handball, Volleyball

(Städte- und Länderspiele)
Fassungsraum: zirka 1.500 Personen
Sektoren A und C 7 Sitzreihen,
Sektoren B und D 5 Sitzreihen

Handball, Volleyball

(Abwicklung der Meisterschaften)
Fassungsraum: zirka 800 Personen
Sektoren B und D mit 2 bis 4 Sitzreihen

Konzerte, Vorträge, Kongresse usw.

Längsaufstellung der Sitze
Fassungsraum: zirka 2.500 Personen
58 Sitzreihen

Modeschau

Bei Queraufstellung der Sitze (Blick zum in der Hallenmitte befindlichen Laufsteg)
Fassungsraum: zirka 1.800 Personen
Rechts und links je 11 Reihen, Nord 6 Reihen
Bei Längsaufstellung der Sitze (Blick zur südseitig gelegenen Bühne)
Fassungsraum: zirka 1.900 Personen
51 Sitzreihen

Tanzen (Sporttanzen, Tanzmeisterschaften), **Turnen**

Fassungsraum: zirka 1.500 Personen
Sektoren A und C 10 Sitzreihen,
Sektoren B und D 7 Sitzreihen

Es gibt noch weitere Verwendungsmöglichkeiten, deren Aufzählung aber entbehrlich ist.

Wiener Stadthalle

(Halle „D“) 15, Vogelweidplatz 14, Tel. 981 00 . . . 0

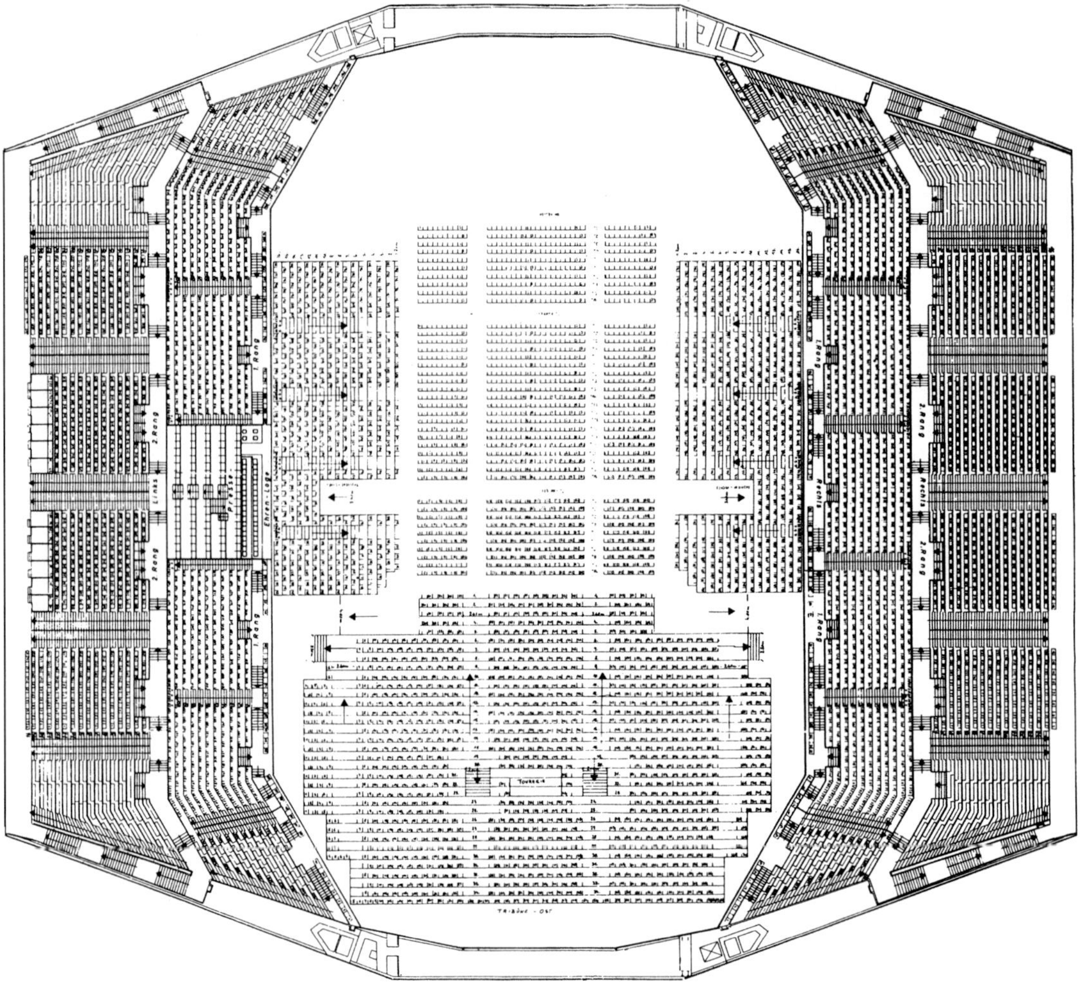

Fassungsraum: zirka 12.000 Personen

Obiger Plan gilt bei der Veranstaltung von Konzerten, Vorträgen, Kongressen und bunten Abenden.
Da nicht alle Sitzpläne für weitere Verwendungsmöglichkeiten der Halle „D“ abgedruckt werden können, findet sich nachstehend eine Zusammenstellung von Varianten:

Boxen

Fassungsraum: zirka 16.000 Personen
Obiger Plan (Änderung: Anstelle 1. und 2. Parkett Aufstellung der Tribüne West und 6 bis 10 Sitzreihen um den Ring)

Bühnenshow

Fassungsraum: zirka 11.000 Personen
Obiger Plan (Änderung: Anstelle 1. und 2. Parkett Aufstellung von Tischen)

Eishockey, Fußball

Fassungsraum: zirka 10.000 Personen
Obiger Plan (Änderung: 1. und 2. Parkett fällt weg, die Tribünen Ost, rechts und links sind verkürzt, dafür zusätzliche Aufstellung der Tribüne West)

Eisrevue

Fassungsraum: zirka 8.000 Personen
Obiger Plan (Änderung: 1. und 2. Parkett fällt weg)

Hallenhandball, Basketball, Faustball

Fassungsraum: zirka 10.000 Personen
Obiger Plan (Änderung: 1. und 2. Parkett fällt weg, dafür zusätzliche Aufstellung der Tribüne West)

Reiten

Fassungsraum: zirka 8.000 Personen
Plan vorhergehende Seite (Änderung: 1. und 2. Parkett fällt weg, die Tribünen Ost, rechts und links sind verkürzt)

Tennis

Fassungsraum: zirka 9.000 Personen
Plan vorhergehende Seite (Änderung: 1. und 2. Parkett fällt weg, die Tribünen Ost, rechts und links sind verkürzt, dafür zusätzliche Aufstellung der Tribüne West)

Turnen, Tanzen

Fassungsraum: zirka 8.500 Personen
Plan vorhergehende Seite (Änderung: 1. und 2. Parkett fällt weg)

Zirkus

Fassungsraum: zirka 8.000 Personen
Plan vorhergehende Seite (Änderung: 1. und 2. Parkett fällt weg, dafür zusätzliche Aufstellung der Tribüne West)

Die Tribünen sind je nach benötigter Aktionsfläche verkleinert oder vergrößert.
Die Anordnung der Sitze ist im 1. und 2. Rang bei jeder Veranstaltung die gleiche, im 2. Rang allerdings können die Sitzplätze fallweise als Stehplätze Verwendung finden.

Es gibt noch weitere Verwendungsmöglichkeiten, deren Aufzählung aber entbehrlich ist.

Wiener Stadthalle

(Halle „E“) 15, Vogelweidplatz 14, Tel. 981 00 . . . 0

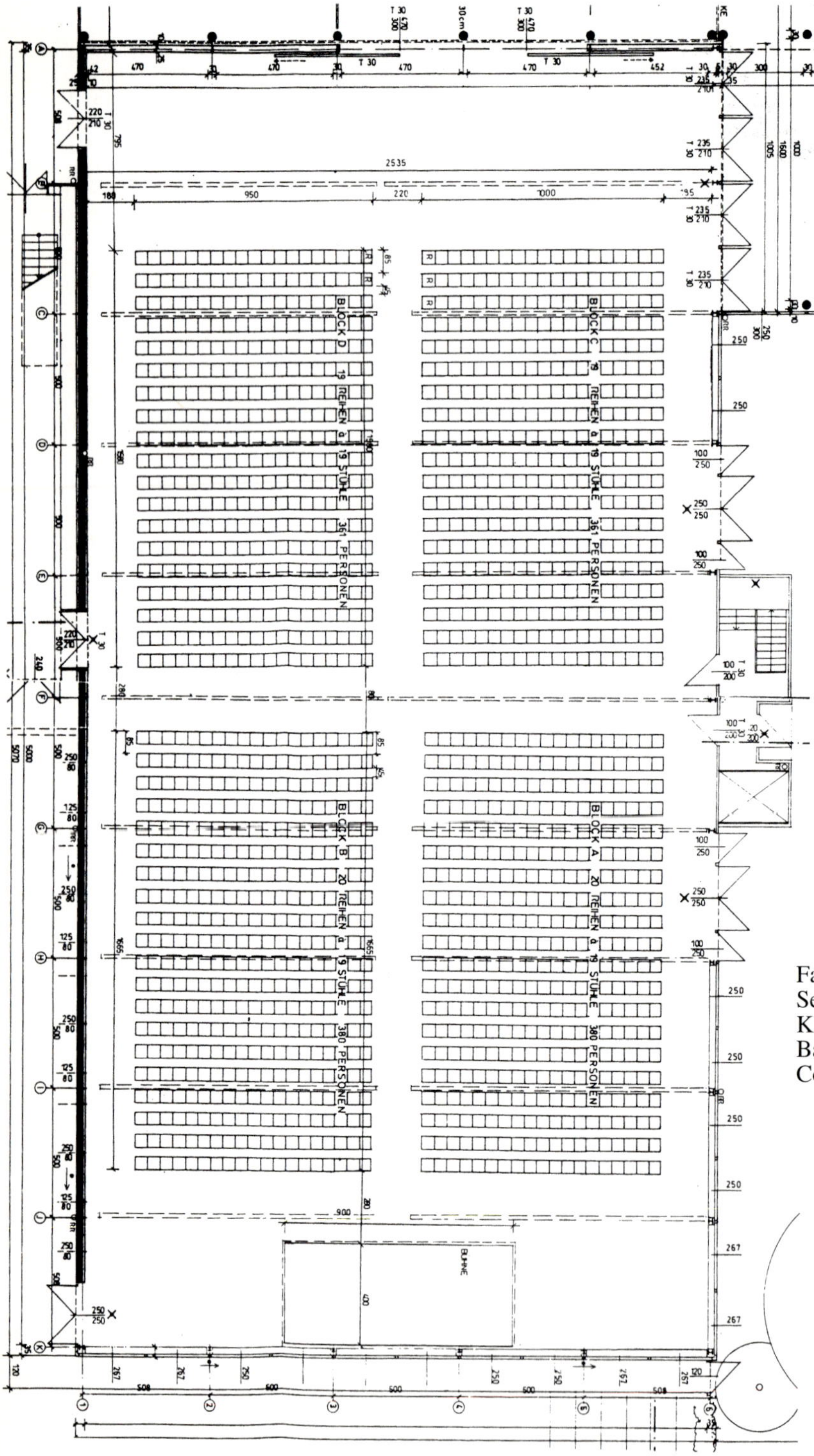

Fassungsraum:
Sesselreihen – 1.200 Personen
Klassenzimmer – 600 Personen
Bankett – 900 Personen
Cocktail – 1.000 Personen

Actors Studio

1, Tuchlauben 13
Tel. 533 52 32

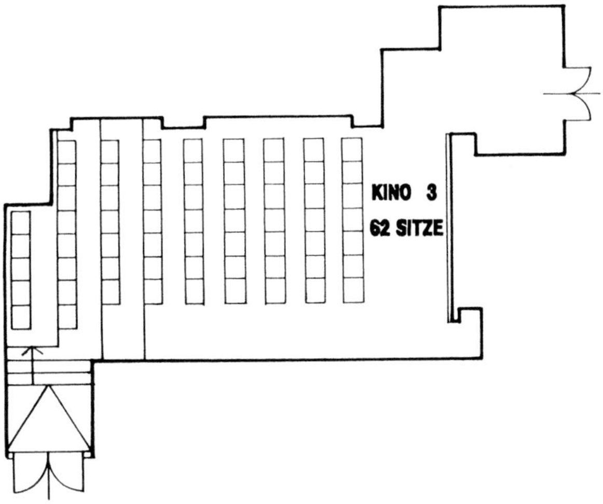

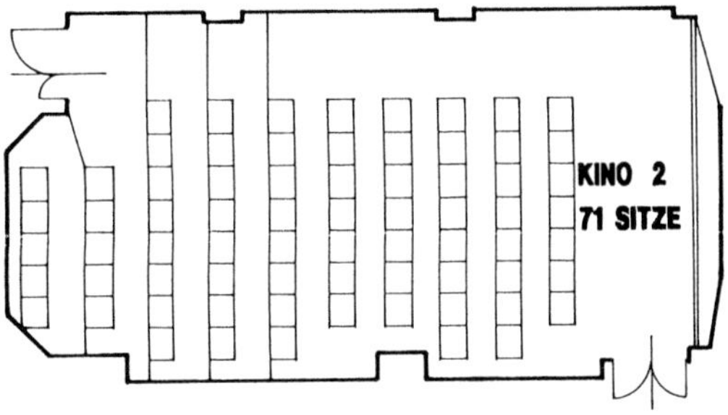

Fassungsraum: Kino 1 – 88 Personen
Kino 2 – 71 Personen
Kino 3 – 62 Personen

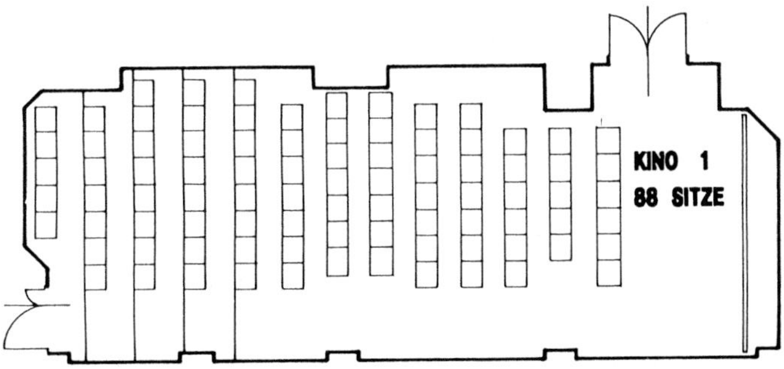

Apollo – Das Kino

6, Gumpendorfer Straße 63
Tel. 587 96 51

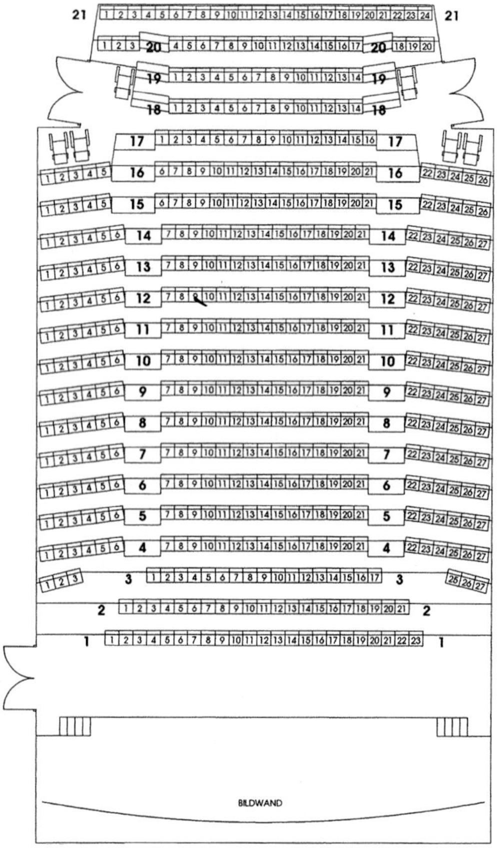

Kino 1

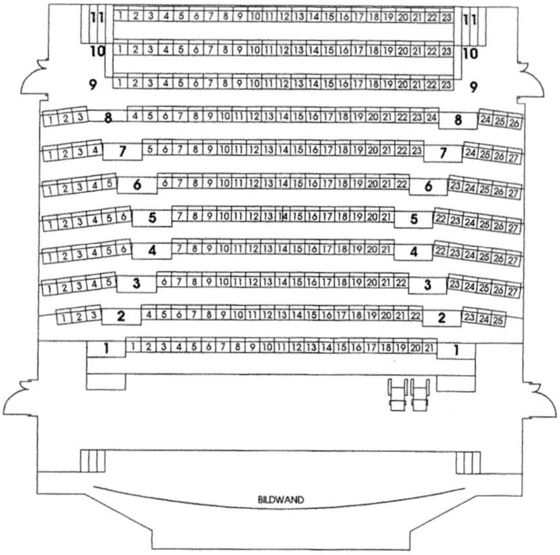

Kino 2

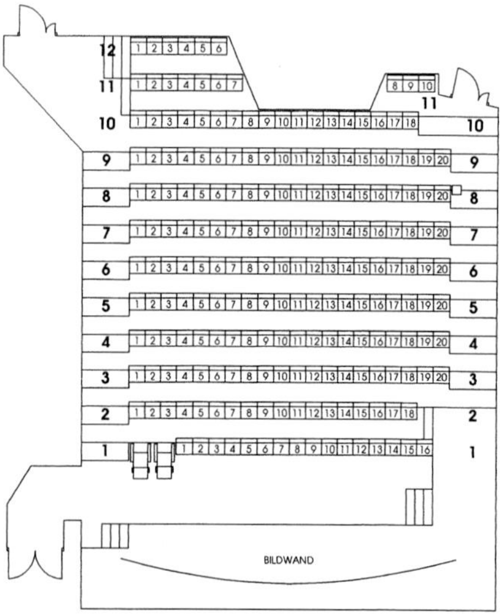

Kino 3

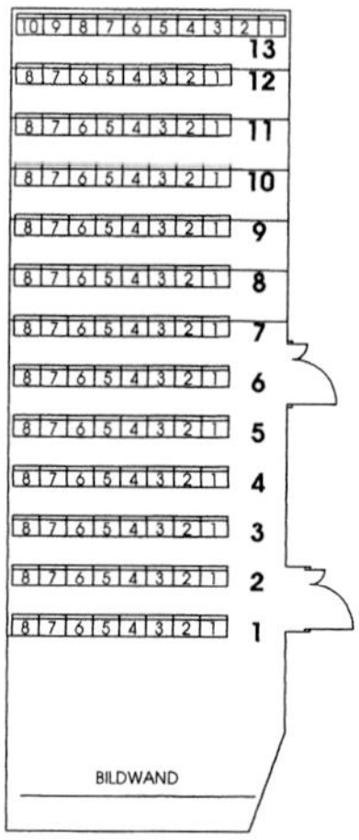

Kino 4

Fassungsraum: Kino 1 – 504 Personen, 6 Rollstuhlplätze
Kino 2 – 279 Personen, 2 Rollstuhlplätze
Kino 3 – 209 Personen, 2 Rollstuhlplätze
Kino 4 – 106 Personen

(Kinos 5 – 12 → die nächsten Seiten)

Apollo – Das Kino

6, Gumpendorfer Straße 63
Tel. 587 96 51

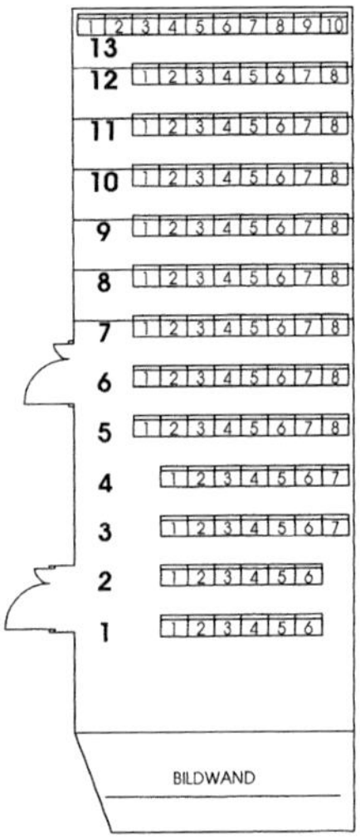

Kino 5

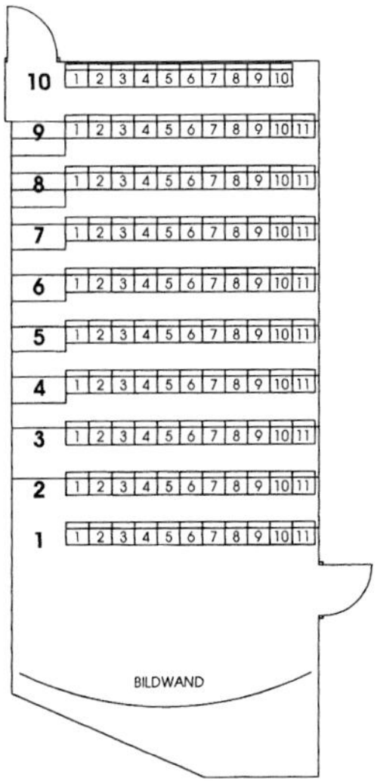

Kino 6

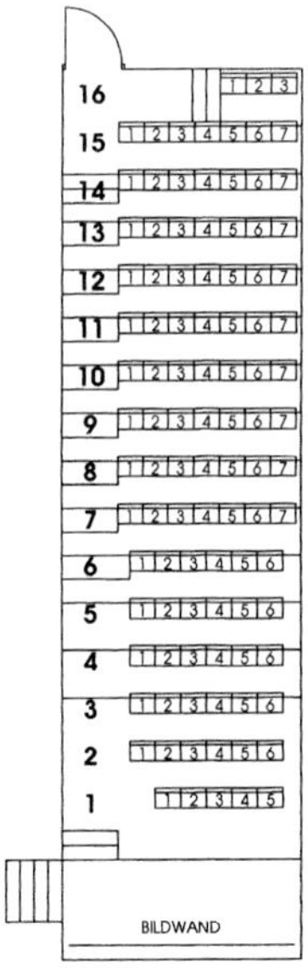

Kino 7

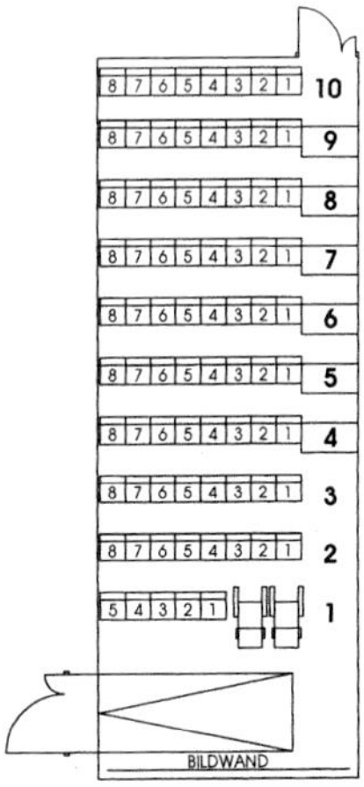

Kino 8

Fassungsraum: Kino 5 – 100 Personen
Kino 6 – 109 Personen
Kino 7 – 101 Personen
Kino 8 – 78 Personen, 2 Rollstuhlplätze

Apollo – Das Kino

6, Gumpendorfer Straße 63
Tel. 587 96 51

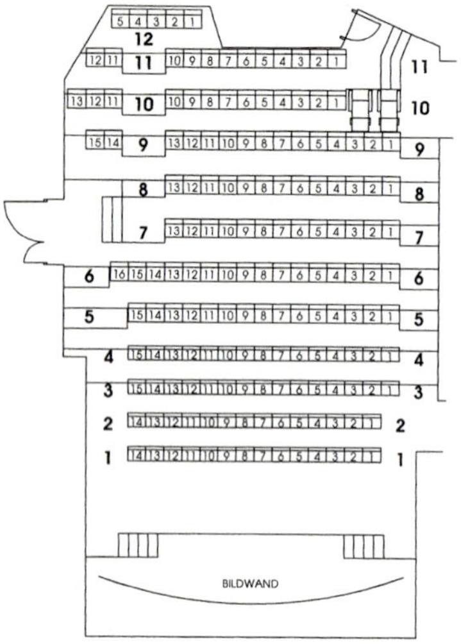

Kino 9

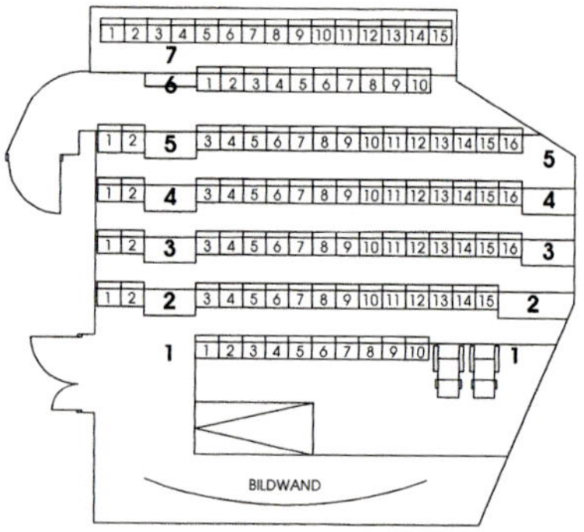

Kino 10

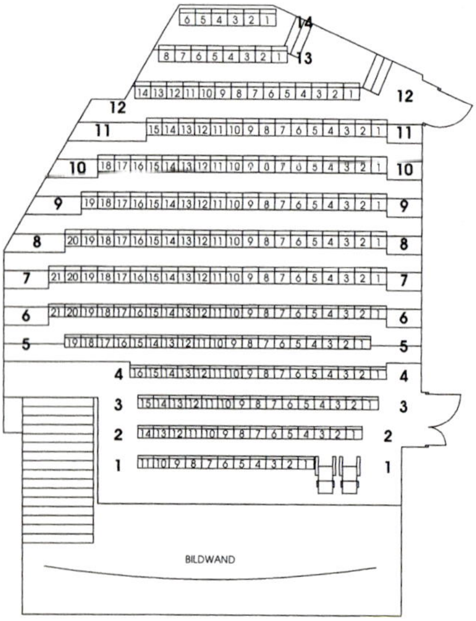

Kino 11

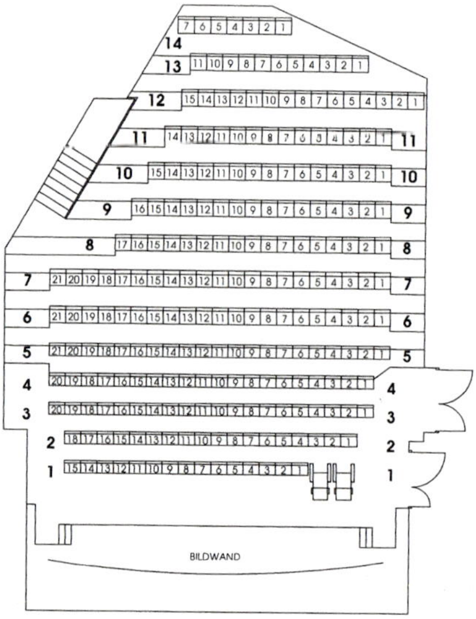

Kino 12

Fassungsraum: Kino 9 – 160 Personen, 2 Rollstuhlplätze
Kino 10 – 98 Personen, 2 Rollstuhlplätze
Kino 11 – 218 Personen, 2 Rollstuhlplätze
Kino 12 – 232 Personen, 2 Rollstuhlplätze

Artis International

1, Schultergasse 5
Tel. 535 65 70

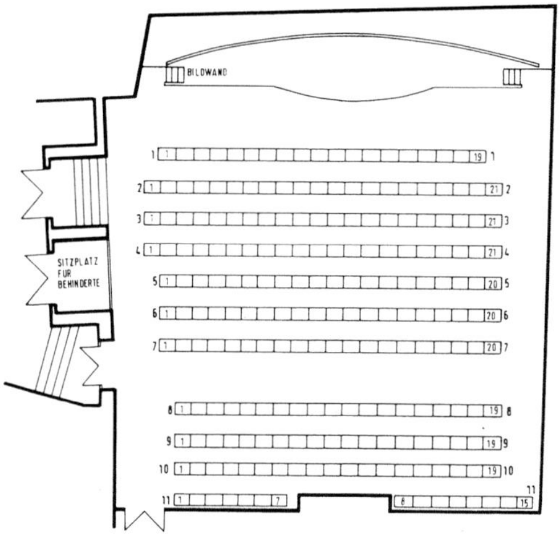

Kino 1

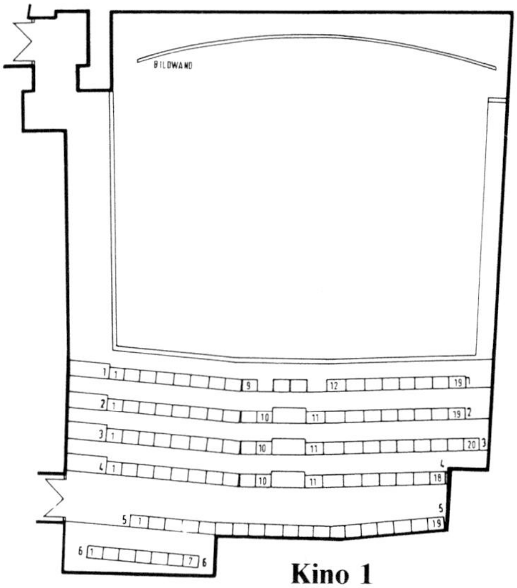

Kino 1

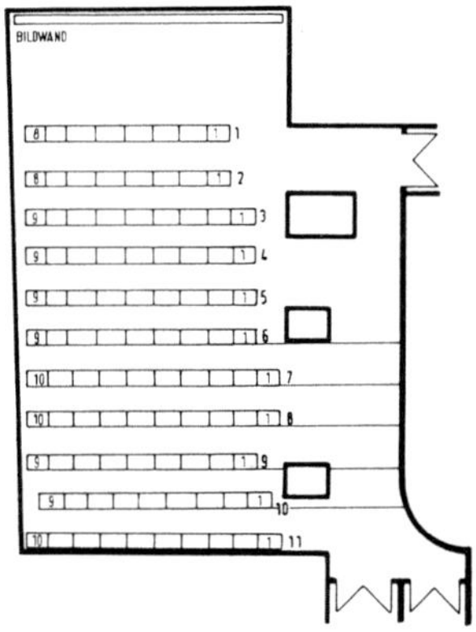

Kino 2

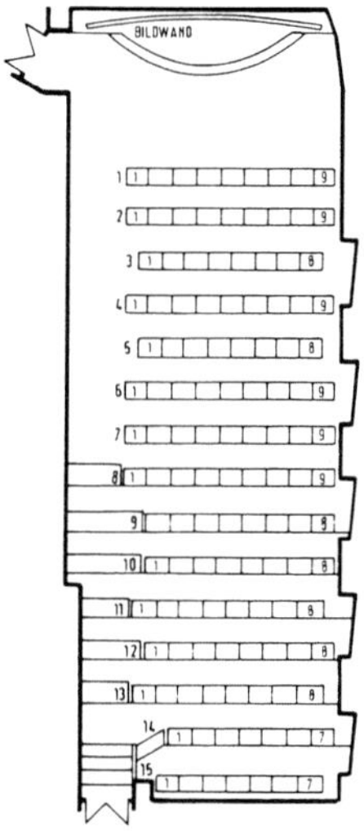

Kino 4

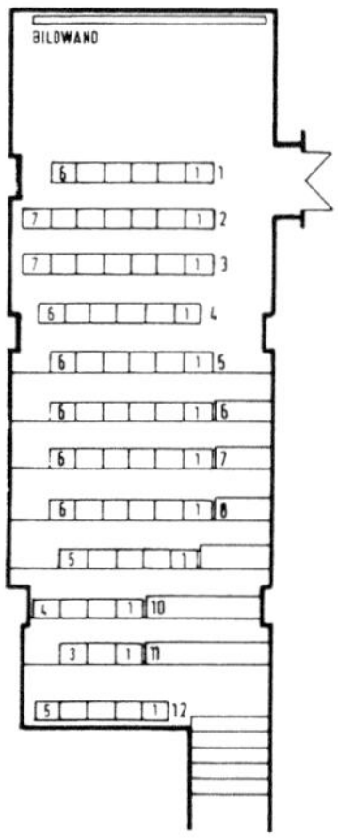

Kino 5

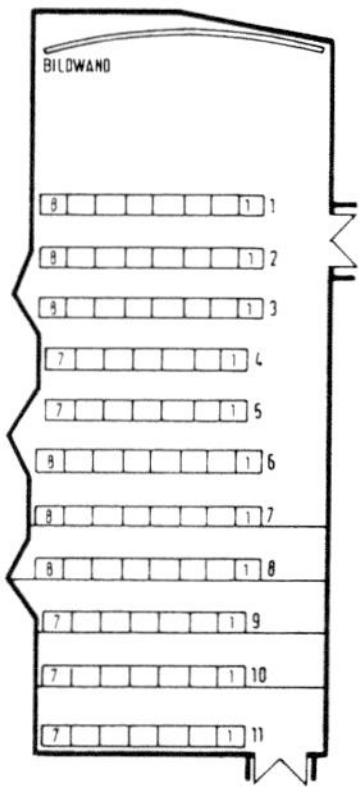

Kino 6

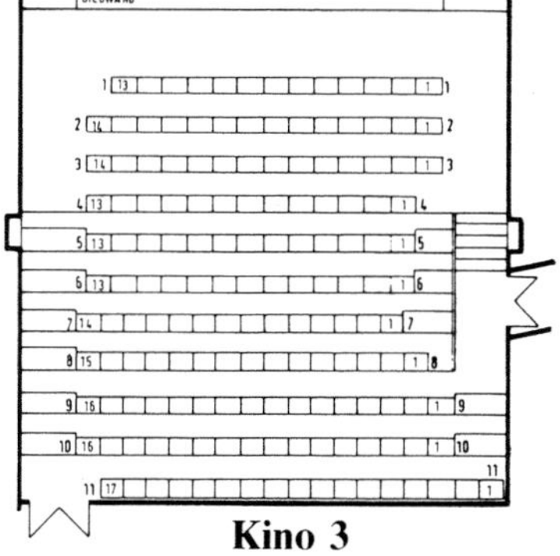

Kino 3

Fassungsraum: Kino 1 – 317 Personen
Kino 2 – 100 Personen
Kino 3 – 158 Personen
Kino 4 – 124 Personen
Kino 5 – 67 Personen
Kino 6 – 83 Personen

Auge-Center

9, Nussdorfer Straße 73
Tel. 317 63 44

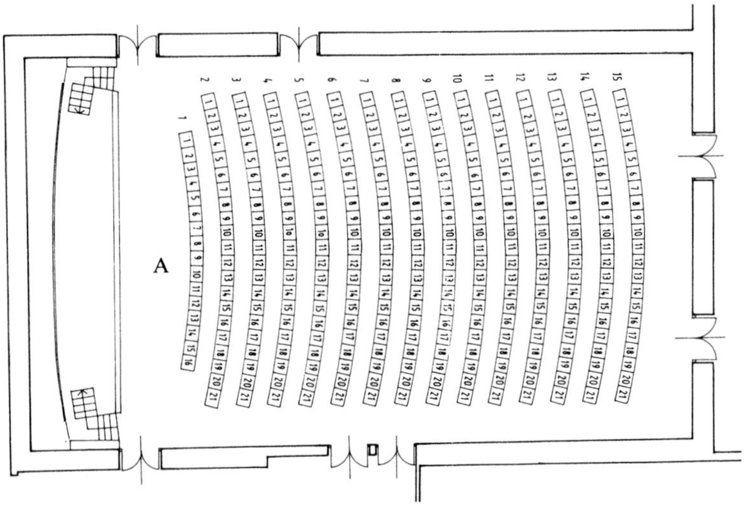

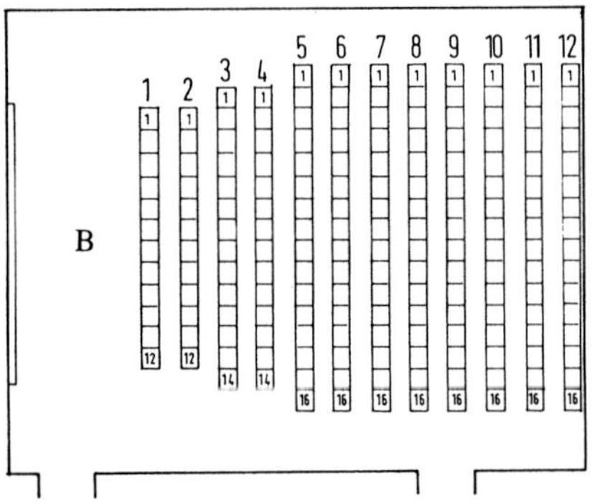

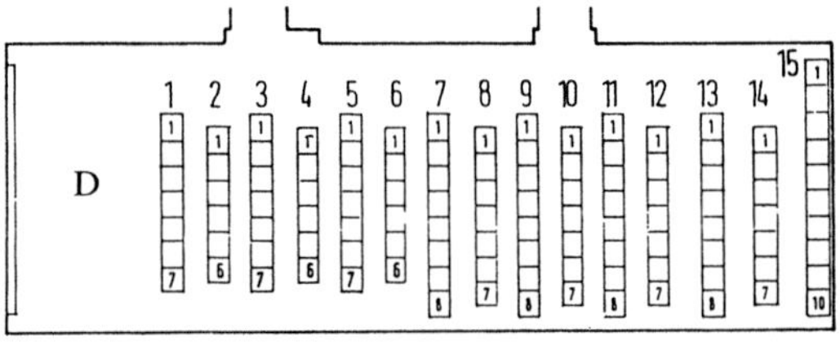

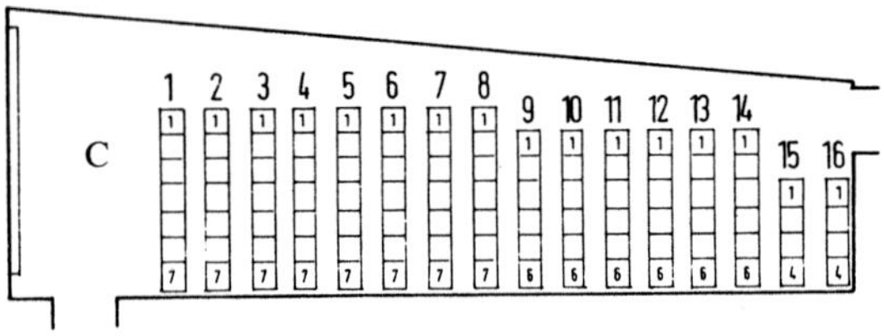

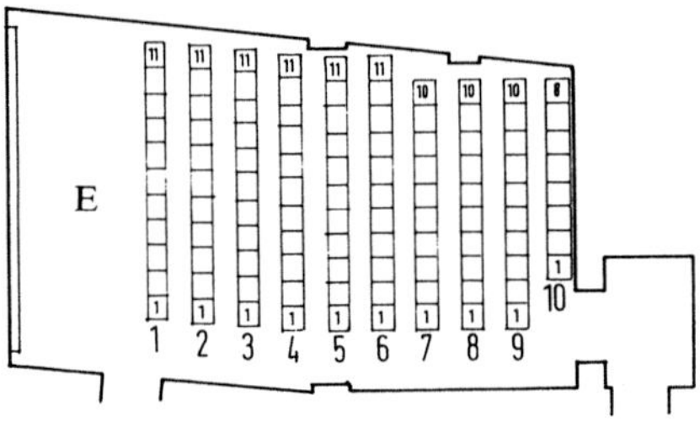

Fassungsraum: Kino A – 310 Personen
Kino B – 180 Personen
Kino C – 100 Personen
Kino D – 109 Personen
Kino E – 104 Personen

Burg-Kino

1, Opernring 19
Tel. 587 84 06

Großer Saal

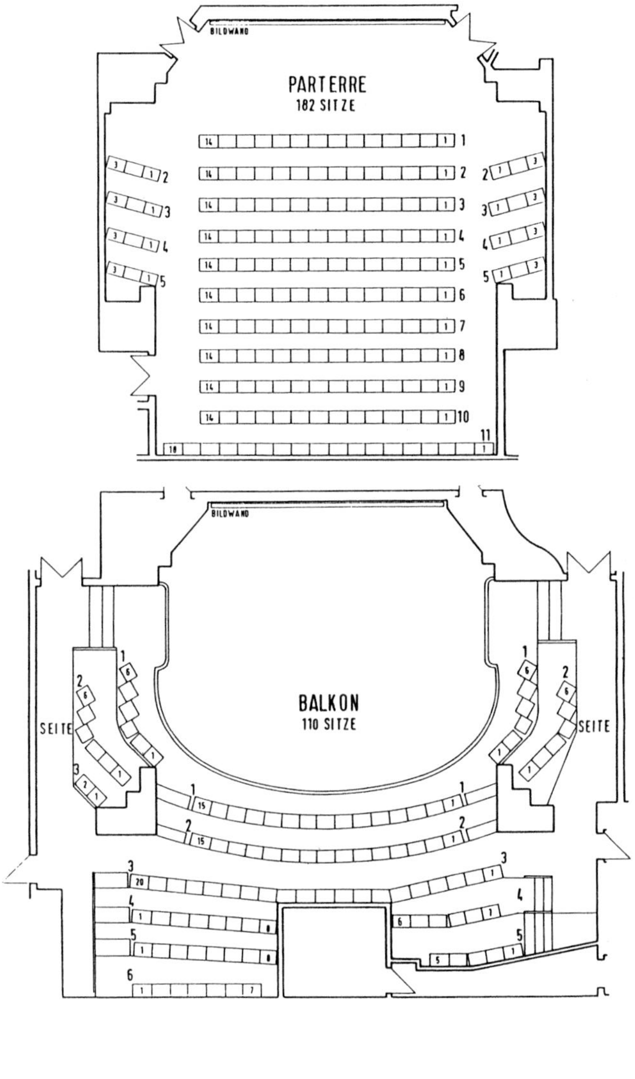

Studio

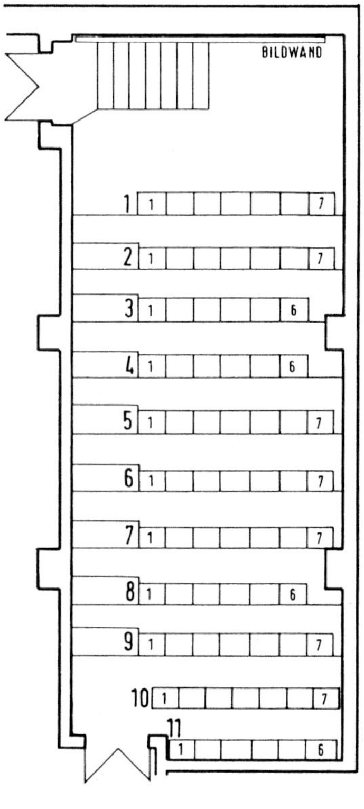

Fassungsraum: Großer Saal – 292 Personen
Studio – 73 Personen

Cine-Center

1, Fleischmarkt 6
Tel. 533 24 11

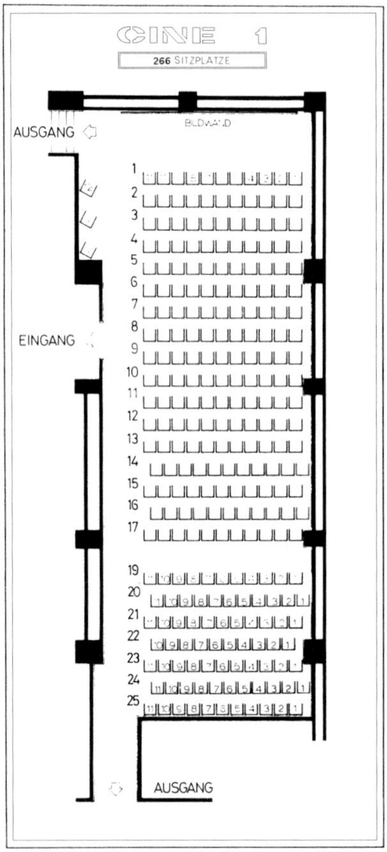

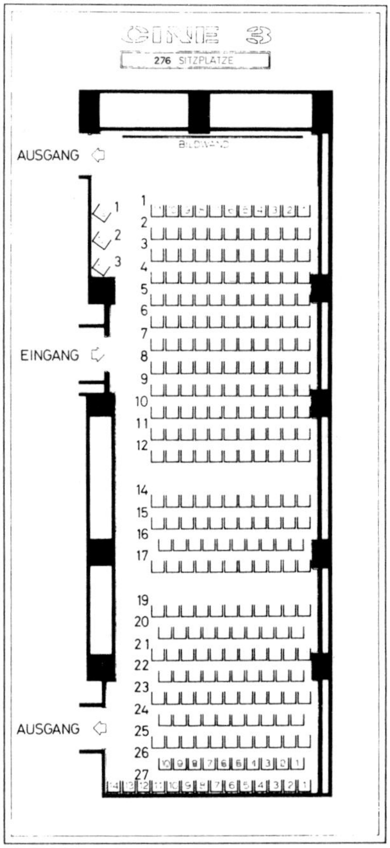

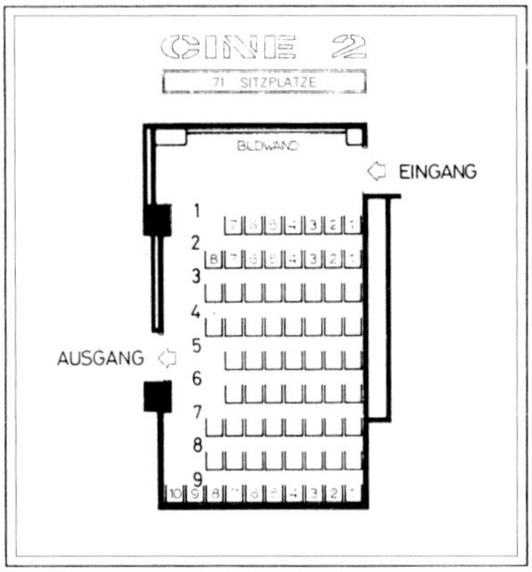

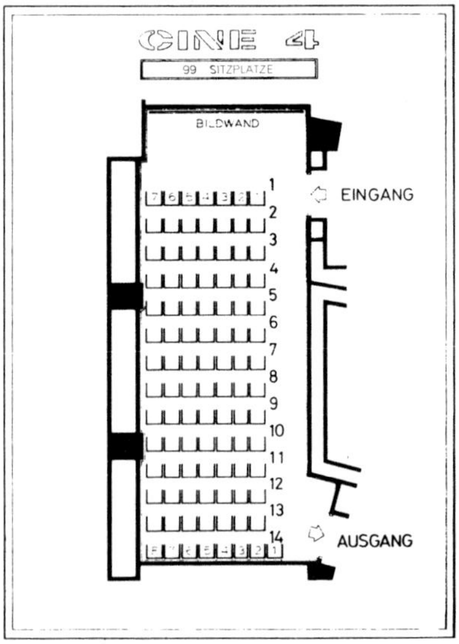

Fassungsraum: Kino 1 – 208 Personen
Kino 2 – 71 Personen
Kino 3 – 266 Personen
Kino 4 – 99 Personen

English Cinema – Haydn

6, Mariahilfer Straße 57
Tel. 587 22 62

Kino 1

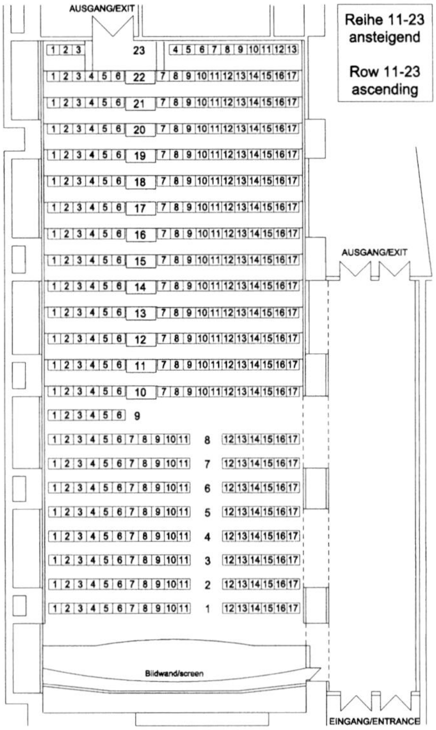

Kino 2

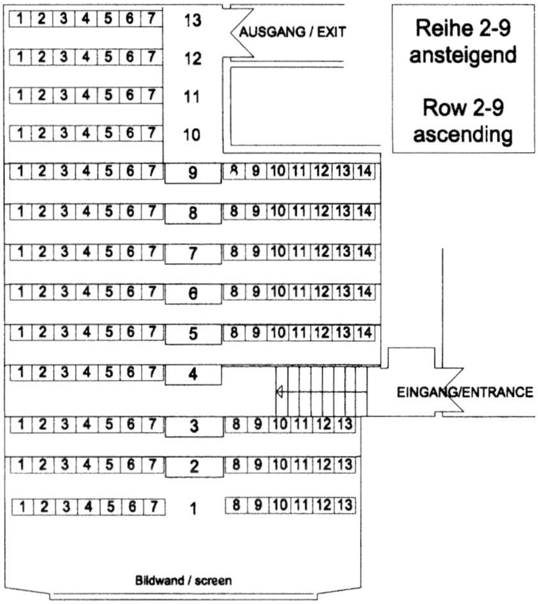

Kino 3

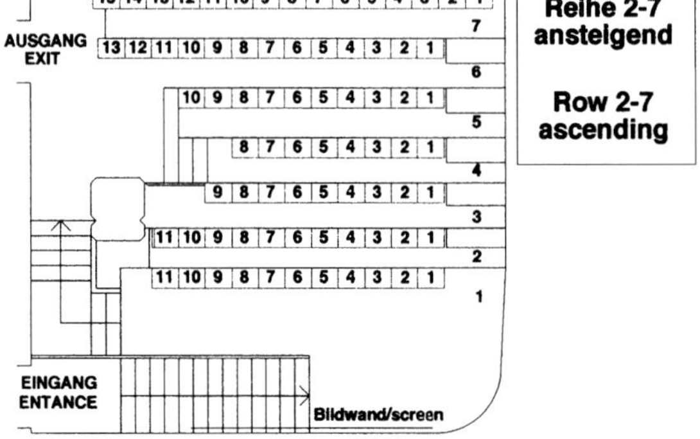

Fassungsraum: Kino 1 – 376 Personen
Kino 2 – 144 Personen
Kino 3 – 77 Personen

Gartenbau-Kino

1, Parkring 12
Tel. 512 23 54

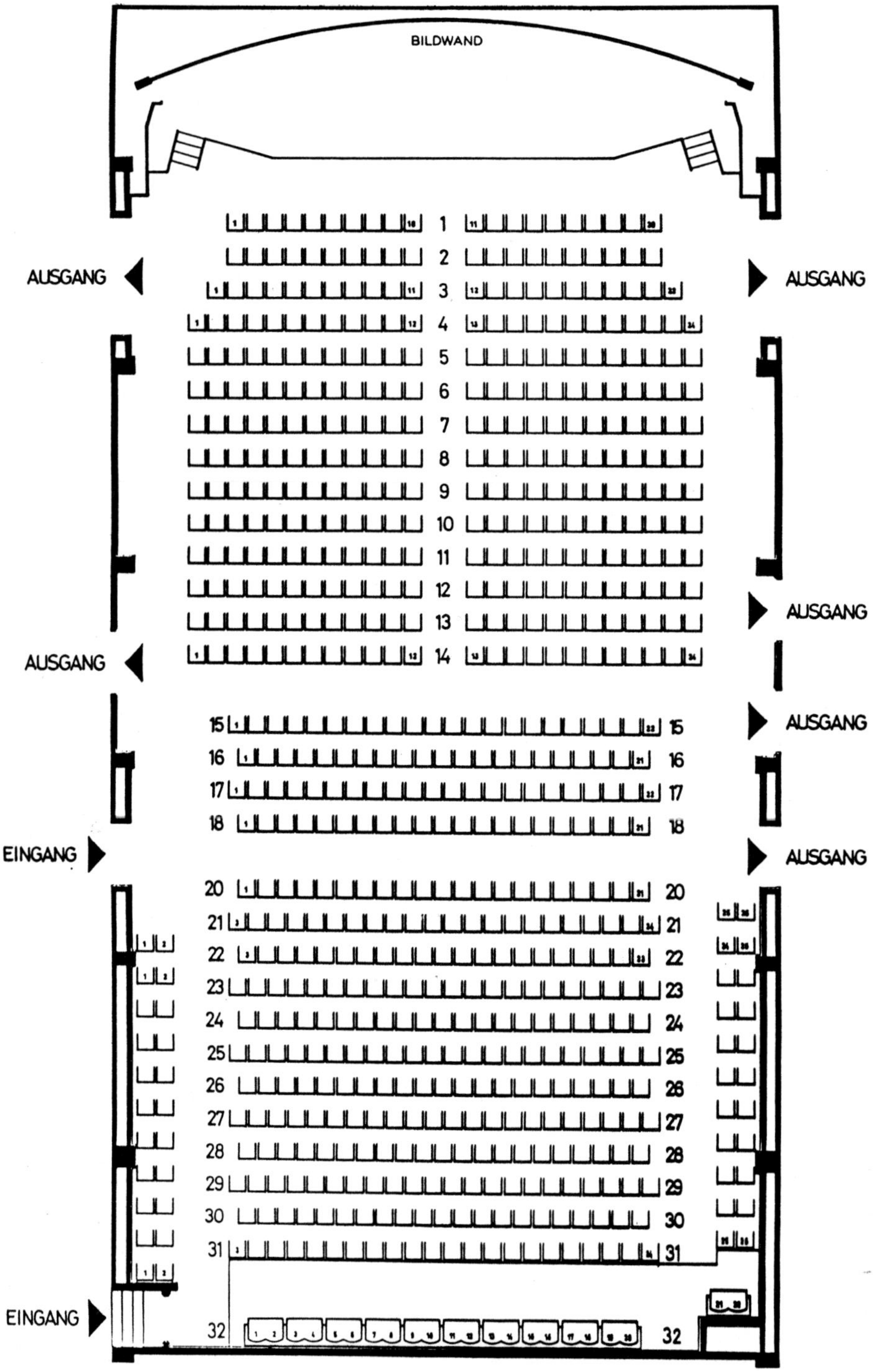

Fassungsraum: 736 Personen

IMAX-Filmtheater*

14, Mariahilfer Straße 212
Tel. 894 01 01 . . . 0

SAALPLAN

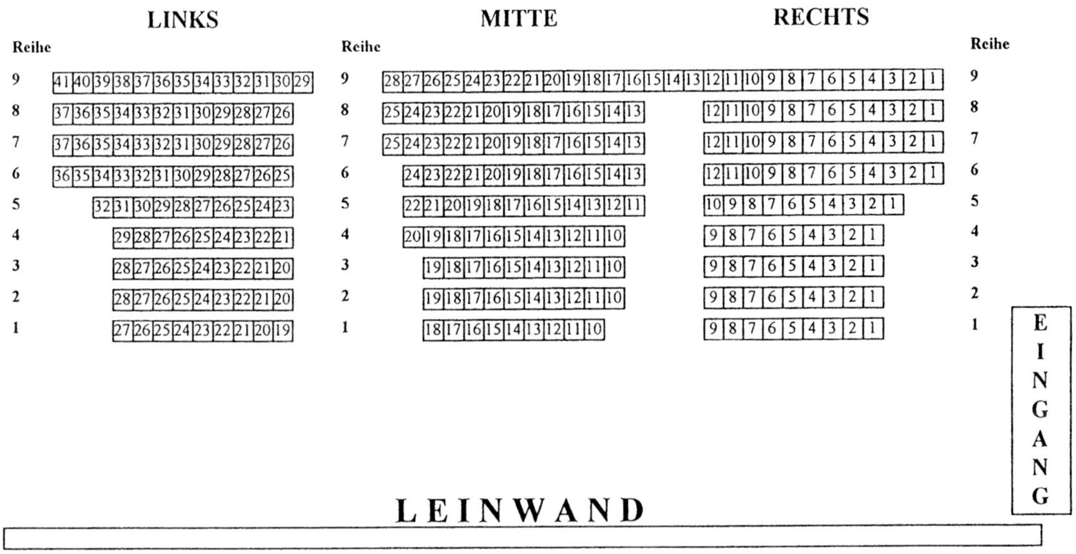

Fassungsraum: 295 Personen
und 4 Rollstuhlplätze

* Derzeit wegen Umbau geschlossen

Kepler Kino-Café

10, Keplerplatz 15
Tel. 604 31 90

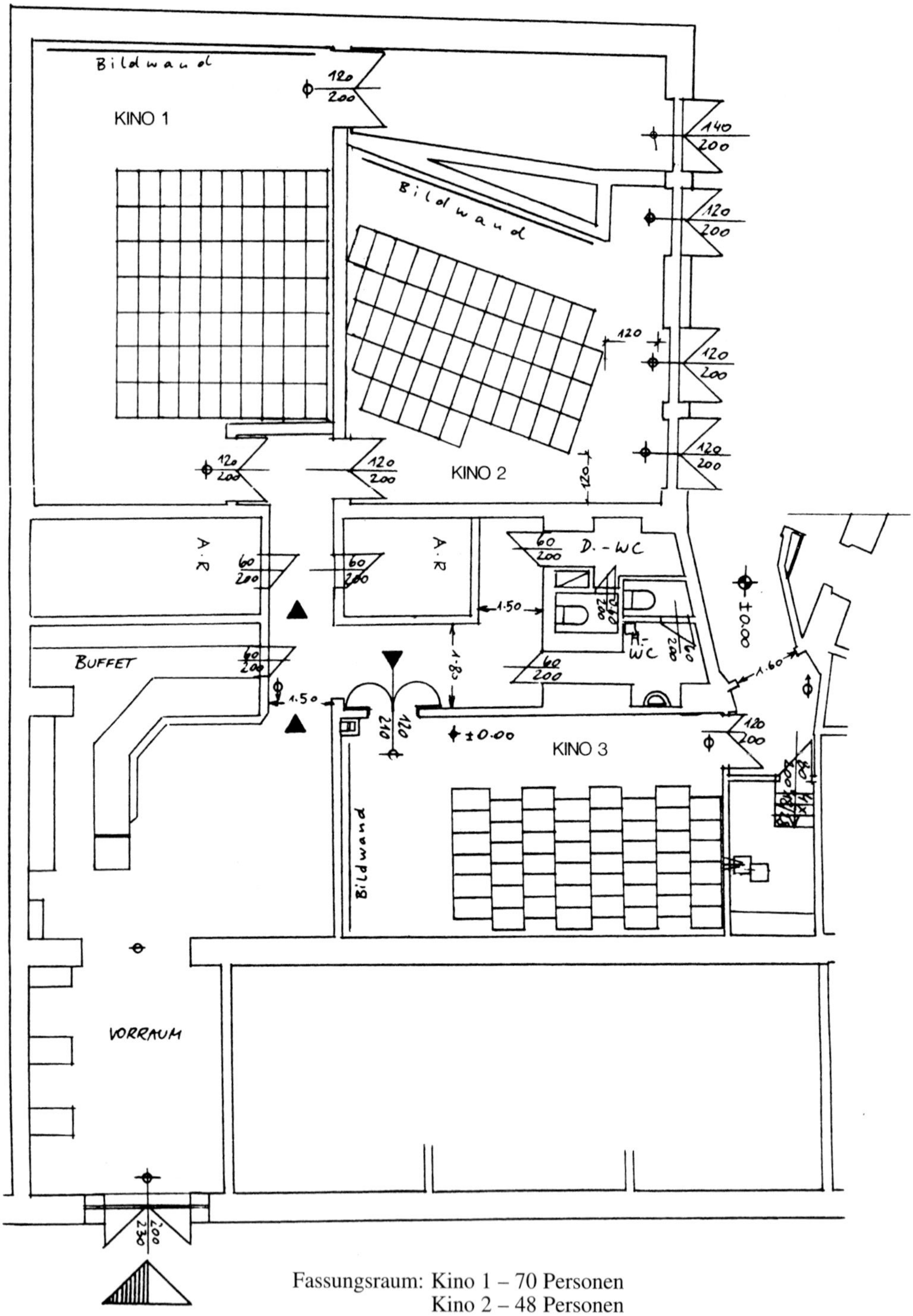

Fassungsraum: Kino 1 – 70 Personen
Kino 2 – 48 Personen
Kino 3 – 48 Personen

Künstlerhaus Kino

1, Akademiestraße 13
Tel. 505 43 28

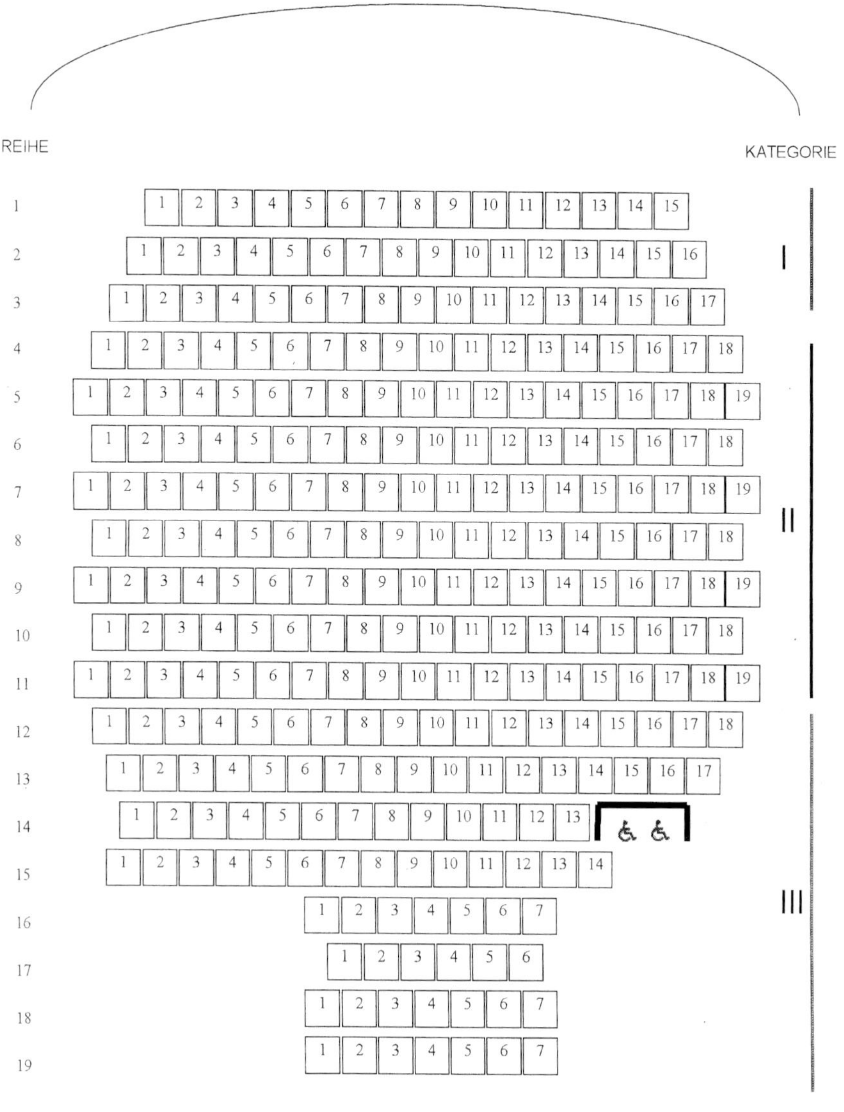

Fassungsraum: 286 Personen
und 2 Behindertenplätze

Metro Kino

1, Johannesgasse 4
Tel. 512 18 03

PARTERRE

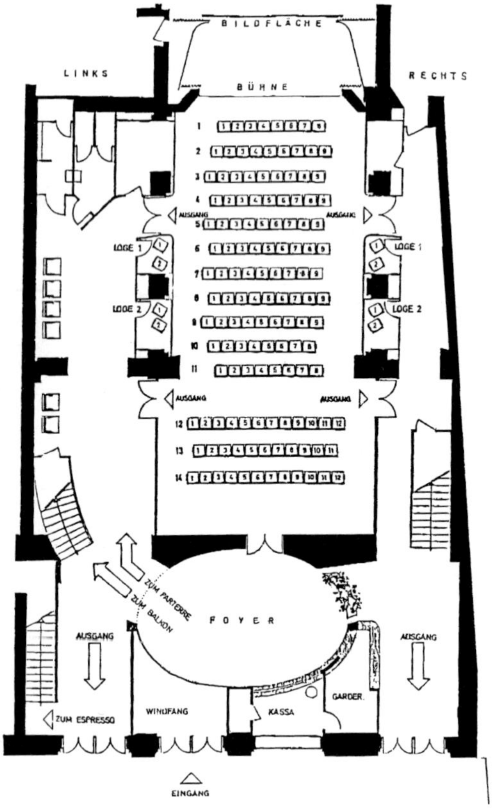

BALKON

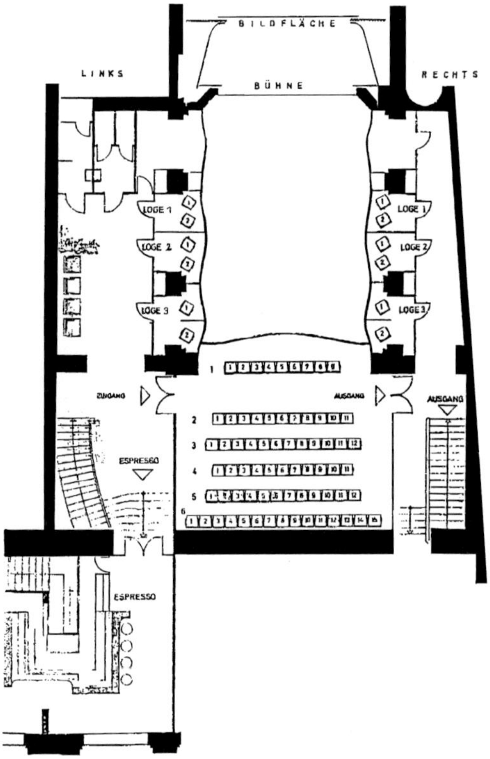

Fassungsraum: 221 Personen

Stadtkino

3, Schwarzenbergplatz 7–8
Tel. 712 62 76
Büro: Tel. 522 48 14

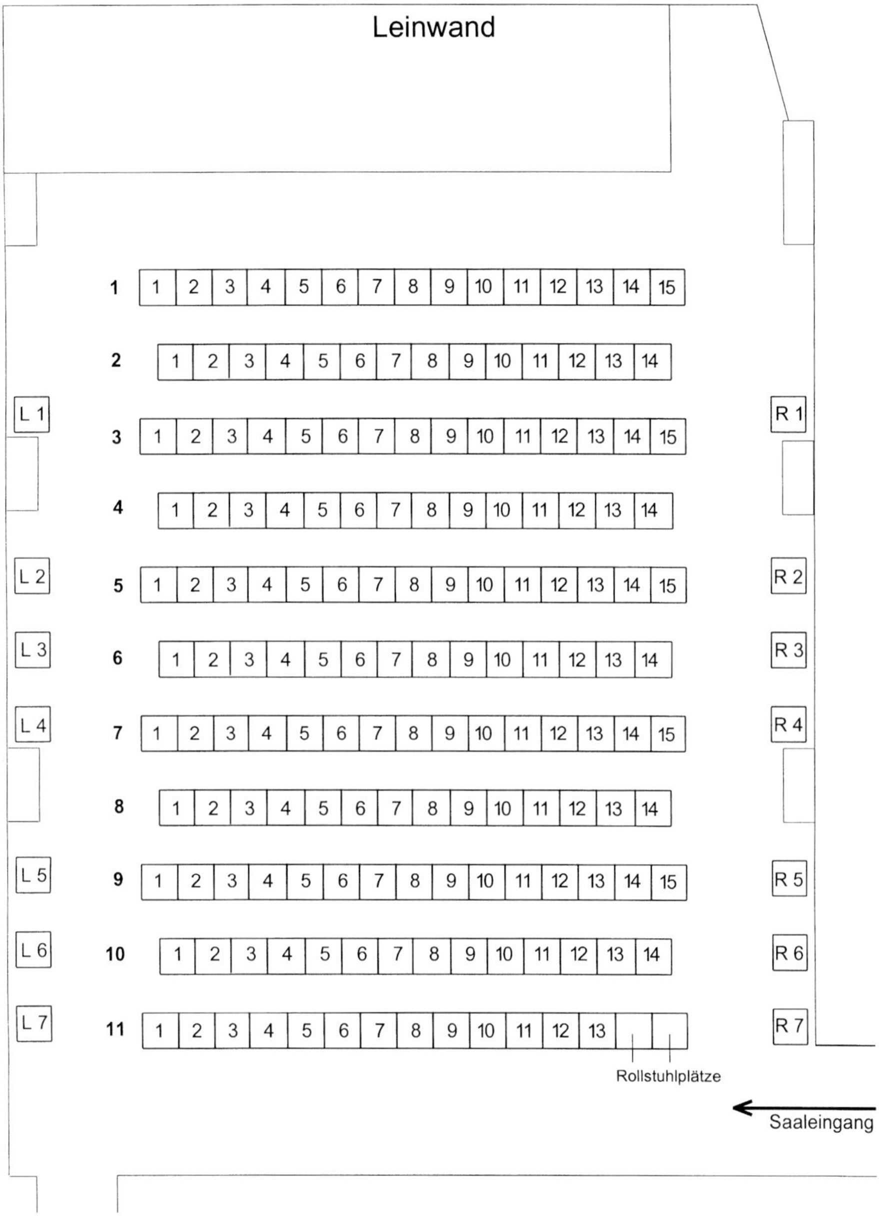

Fassungsraum: 174 Personen

Tuchlauben-Kino

1, Tuchlauben 7
Tel. 533 22 33

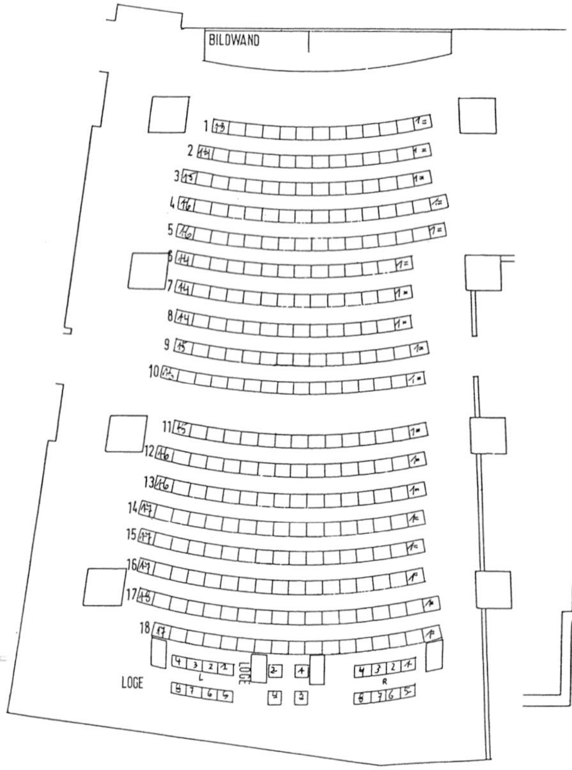

Kino A

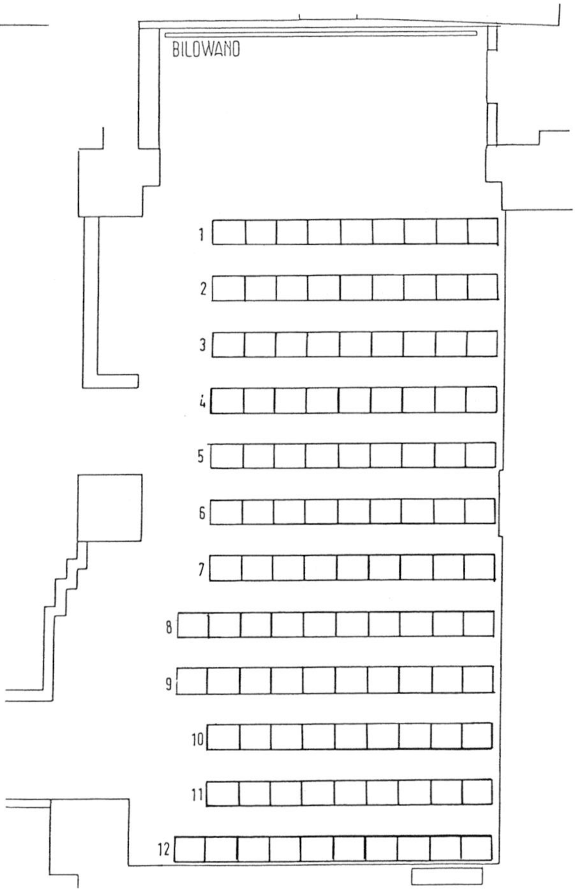

Kino B

Fassungsraum: Kino A – 300 Personen
Kino B – 111 Personen

Urania-Kino*

1, Uraniastraße 1
Tel. 715 82 06 . . . 0

Großer Saal

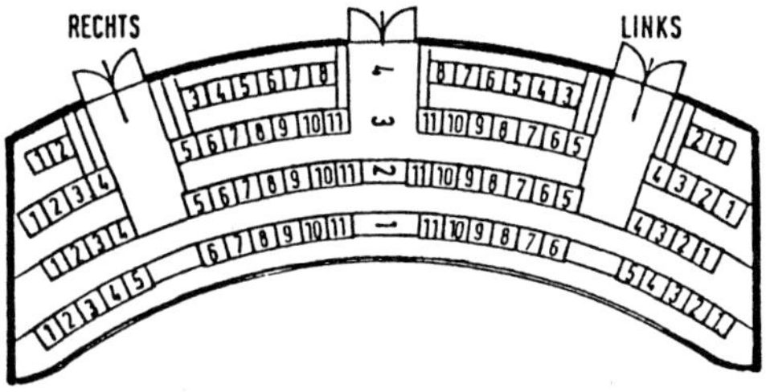

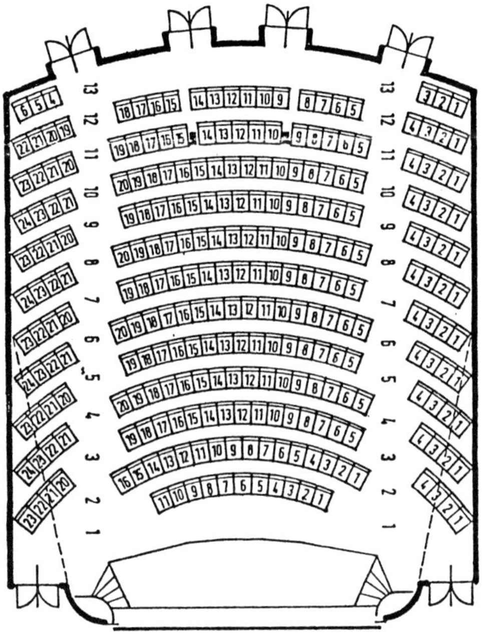

Fassungsraum: 340 Personen

Kleiner Saal: 157 Personen

Terrassensaal: 119 Personen

Klubsaal: 99 Personen

Kammersaal: 60 Personen

Mittlerer Saal

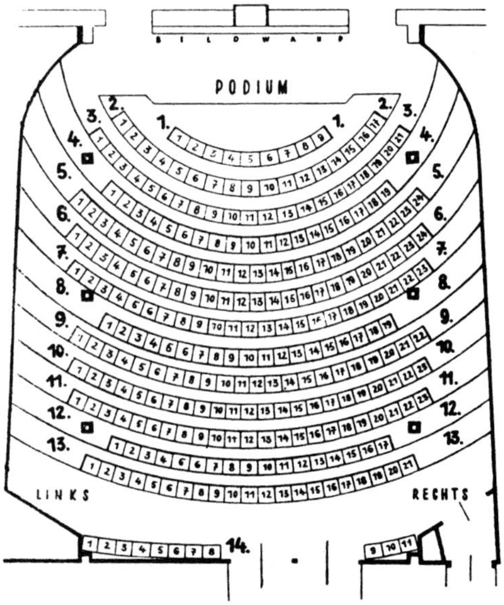

Fassungsraum: 273 Personen

* Derzeit wegen Umbau geschlossen

Votiv-Kino

9, Währinger Straße 12
Tel. 317 35 71

SAAL 1

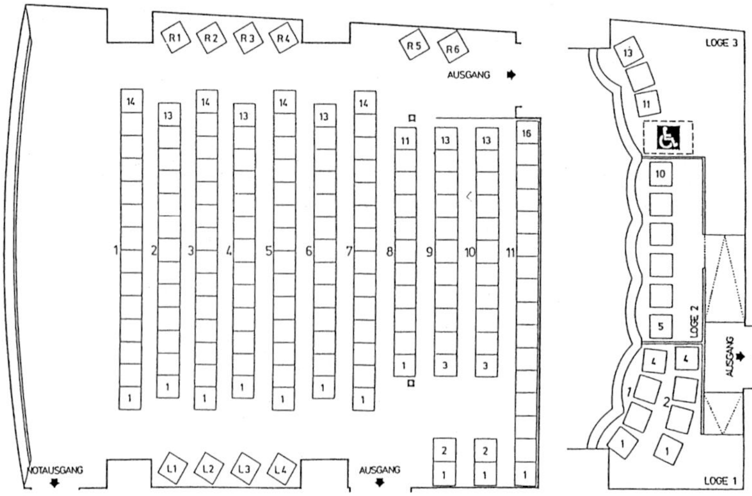

STUDIO

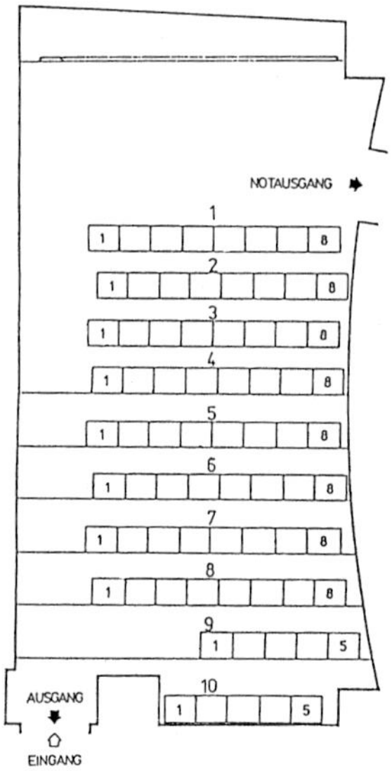

SAAL 3

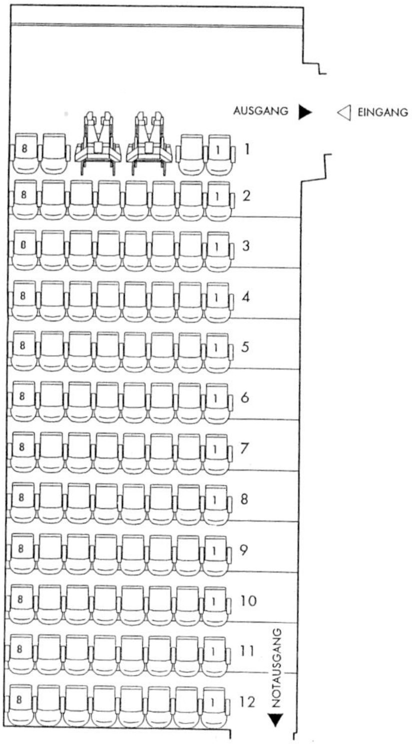

Fassungsraum: Saal 1 – 176 Personen
Studio – 67 Personen
Saal 3 – 86 Personen

Cineplexx Auhof
14, Albert-Schweitzer-Gasse 6,
Tel. 577 41 00
Fassungsraum:
Kino 1 – 146 Personen,
Kino 2 – 144 Personen,
Kino 3 – 286 Personen,
Kino 4 – 156 Personen,
Kino 5 – 156 Personen,
Kino 6 – 299 Personen,
Kino 7 – 155 Personen,
Kino 8 – 158 Personen

Cineplexx Palace
22, Kagran, Wagramer Straße 2,
Tel. 269 00 00
Fassungsraum:
Kino 1 – 187 Personen,
Kino 2 – 498 Personen,
Kino 3 – 256 Personen,
Kino 4 – 498 Personen,
Kino 5 – 234 Personen,
Kino 6 – 219 Personen,
Kino 7 – 145 Personen,
Kino 8 – 145 Personen,
Kino 9 – 154 Personen,
Kino 10 – 143 Personen,
Kino 11 – 180 Personen,
Kino 12 – 192 Personen,
Kino 13 – 153 Personen,
Kino 14 – 164 Personen

Cine Star
10, Wienerbergsstraße 11,
Tel. 918 19 90
Fassungsraum:
Kino 1 – 256 Personen,
Kino 2 – 129 Personen,
Kino 3 – 242 Personen,
Kino 4 – 486 Personen,
Kino 5 – 134 Personen,
Kino 6 – 290 Personen,
Kino 7 – 258 Personen,
Kino 8 – 153 Personen,
Kino 9 – 231 Personen,
Kino 10 – 131 Personen

Hollywood Megaplex im Donauplex
22, Kagran, Wagramer Straße 67–71,
Tel. 201 71 71
Fassungsraum:
Kino 1 – 644 Personen,
Kino 2 – 435 Personen,
Kino 3 – 199 Personen
Kino 4 – 94 Personen,
Kino 5 – 156 Personen,
Kino 6 – 291 Personen,
Kino 7 – 509 Personen,
Kino 8 – 156 Personen,
Kino 9 – 146 Personen,
Kino 10 – 190 Personen,
Kino 11 – 190 Personen,
Studio A – 90 Personen,
Studio B – 86 Personen

Hollywood Megaplex im Gasometer
3, Guglgasse 43,
Tel. 740 33 33
Fassungsraum:
Kino 1 – 546 Personen,
Kino 2 – 219 Personen,
Kino 3 – 158 Personen,
Kino 4 – 148 Personen,
Kino 5 – 318 Personen,
Kino 6 – 191 Personen,
Kino 7 – 226 Personen,
Kino 8 – 158 Personen,
Kino 9 – 148 Personen,
Kino 10 – 330 Personen,
Kino 11 – 232 Personen,
Kino 12 – 228 Personen

Hollywood Megaplex im SCN
21, Ignaz-Köck-Straße 1,
Tel. 271 66 790
Fassungsraum:
Kino 1 – 446 Personen,
Kino 2 – 271 Personen,
Kino 3 – 446 Personen,
Kino 4 – 249 Personen,
Kino 5 – 249 Personen,
Kino 6 – 193 Personen,
Kino 7 – 121 Personen,
Kino 8 – 121 Personen

UCI-Kinowelt – Millenium City
20, Wehlistraße 66,
Tel. 337 60
Fassungsraum:
Kino 1 – 126 Personen,
Kino 2 – 118 Personen,
Kino 3 – 118 Personen,
Kino 4 – 746 Personen,
Kino 5 – 350 Personen,

Kino 6 – 314 Personen,
Kino 7 – 117 Personen,
Kino 8 – 118 Personen,
Kino 9 – 126 Personen,
Kino 10 – 71 Personen,
Kino 11 – 132 Personen,
Kino 12 – 189 Personen,
Kino 13 – 194 Personen,
Kino 14 – 194 Personen,
Kino 15 – 189 Personen,
Kino 16 – 134 Personen,
Kino 17 – 54 Personen,
Kino 18 – 61 Personen,
Kino 19 – 59 Personen,
Kino 20 – 72 Personen,
Kino 21 – 81 Personen

Village
3, Landstraßer Hauptstraße 2A,
Tel. 242 404 18
Fassungsraum:
Kino 1 – 117 Personen,
Kino 2 – 123 Personen,
Kino 3 – 123 Personen,
Kino 4 – 117 Personen,
Kino 5 – 362 Personen,
Kino 6 – 117 Personen,
Kino 7 – 123 Personen,
Kino 8 – 123 Personen,
Kino 9 – 117 Personen,
Kino 10 – 382 Personen

WEITERE THEATER, VERANSTALTUNGSORTE

AERA, 1, Gonzagagasse 11, Tel. 533 53 14, Fassungsraum: 109 Personen
Aktionstheater Ensemble, 6, Mariahilfer Straße 95/11, Tel. 595 33 16
Amisnuh (ehemals Theater Werkstatt), 14, Mühlbergstraße 7–9, Tel. 713 62 21, Fassungsraum: 40 Personen
Arena (Open Air), 3, Baumgasse 80, Tel. 798 85 95 . . . 0
Art Cult Center – Tabakmuseum, 7, Mariahilfer Straße 2, Tel. 526 17 16, Fassungsraum: 210 Personen
Atelierhaus der Akademie der bildenden Künste (ehemaliges Semper-Depot), 6, Lehárgasse 6–8, Tel. 588 16 . . ., 226
Austria Center Vienna, 22, Kaisermühlen, Bruno-Kreisky-Platz 1, Tel. 260 690 . . ., 150
Blaues Theater, 6, Mariahilfer Straße 51, Tel. 587 47 86, Fassungsraum: 99 Personen
Broadway Piano Bar, 1, Bauernmarkt 21, Tel. 533 28 49, Fassungsraum: 50 Personen
Café Westend, 7, Mariahilfer Straße 128, Tel. 523 31 83, Fassungsraum: 40 Personen
Celeste, 5, Hamburger Straße 18, Tel. 586 53 14, Fassungsraum: 30 Personen
Der Bogen, 9, Berggasse 29, Tel. 310 80 53, Fassungsraum: 49 Personen
dietheater Konzerthaus, 3, Lothringerstraße 20, Tel. 587 05 04 . . .0, Fassungsraum: 68 Personen (Sitzplan siehe vorne)
dietheater Künstlerhaus, 1, Karlsplatz 5, Tel. 587 05 04, Fassungsraum: 184 Personen
ega, 6, Windmühlgasse 26, Tel. 589 80 . . . 0, Fassungsraum: 150 Personen
Erstes Wiener Zaubertheater, 5, Hamburger Straße 5/2, Tel. 587 48 14
Fledermaus, 1, Spiegelgasse 2, Tel. 513 14 18, Fassungsraum: 90 Personen
Flotten live, 7, Mariahilfer Straße 85–87, Tel. 523 65 11 . . ., 36, Fassungsraum: 364 Personen
Gesellschaft für Musiktheater, 9, Türkenstraße 19, Tel. 317 06 99, Fassungsraum: 60 Personen
Haus Wittgenstein, 3, Parkgasse 18, Tel. 713 31 64, Fassungsraum: 230 Personen
Heuschreck, 7, Kaiserstraße 33, Tel. 523 91 80, mobiles Kindertheater
ICHDUWIR Kinderkultur, 16, Ludo-Hartmann-Platz 7, Tel. 470 08 94
Interkult-Theater, Theaterverein für kulturelle Völkerverbindung, 6, Fillgradergasse 16, Tel. 587 05 30, Fassungsraum: 120 Personen
Jugendstiltheater, 14, Baumgartner Höhe 1, Tel. 911 24 92 . . . , 20, Fassungsraum: 520 Personen
Kabarett Niedermair (und Kindertheater), 8, Lenaugasse 1a, Tel. 408 44 92, Fassungsraum: 100 Personen
Kabelwerk, 12, Oswaldgasse 33, Tel. 803 87 32
Kaisermühlner Werkl, Theater & Kabarett im Goethehof, 22, Schüttaustraße 1–39, Tel. 930 87 85
Kasino am Schwarzenbergplatz, 1, Schwarzenbergplatz 1, Tel. 514 44 . . . 0, Fassungsraum: 200 Personen
Kellertheater The Fundus, 9, Müllnergasse 6a, Tel. 319 62 72, Fassungsraum: 30 Personen
KIS.Production (mobiles Theater), 6, Liniengasse 2A, Tel. 595 36 60
klettenheimers KleinKunstCafé, 8, Lederergasse 17, Tel. 402 54 78, Fassungsraum: 30 Personen
Konservatorium der Stadt Wien, 1, Johannesgasse 4A, Tel. 512 77 47 . . ., 0
kosmos frauen.raum, 7, Siebensterngasse 42, Tel. 523 12 26
KuK Salettl in HaWei, 14, Hauptstraße 62, Tel. 979 12 63, Fassungsraum: 80 Personen
Kulisse, 17, Rosensteingasse 39, Tel. 485 38 70, Fassungsraum: 216 Personen
Kunstwerk Wien, 16, Lorenz-Mandl-Gasse 33, Tel. 494 13 89, Fassungsraum: 50–100 Personen
LaWie, 3, Landstraßer Hauptstraße 96, Tel. 715 82 26, Fassungsraum: 176 Personen
L.E.O., 3, Baumannstraße 2, Tel. 712 14 27, Fassungsraum: 38 Personen
Lilarum, Figurentheater, 3, Göllnergasse 8, Tel. 710 26 66
Märchenbühne „Apfelbaum", Stadtinitiative Wien, 7, Burggasse 28–32/2, Tel. 523 17 29 . . . 0, Fassungsraum: 100 Personen
Marionettentheater Schloss Schönbrunn, 13, Hofratstrakt, Tel. 817 32 47
Marko-Simsa-Kindertheater, 12, Aichhorngasse 6, Tel. 470 65 78 (mobiles Kindertheater)
Metro Kino, 1, Johannesgasse 4, Tel. 512 18 03, Fassungsraum: 221 Personen
MOKI, 4, Blechturmgasse 14, Tel. 505 98 06
MUMOK, Museum moderner Kunst Stiftung Ludwig Wien, 7, Museumsplatz 1, Tel. 525 00 . . ., 1414, Fassungsraum: Saal 1 – 480 Personen, Saal 2 – 210 Personen, Saal 3 – 480 Personen
MuseumsQuartier, 7, Museumsplatz 1, Tel. 523 58 81
Neue Studiobühne, 14, Penzinger Straße 7–9, Tel. 711 55 . . ., 8610, Fassungsraum: 110 Personen

Original Pradler Ritterspiele, 19, Sandgasse 9, Tel. 914 11 41 . . ., 155, Fassungsraum: 50 Personen
Original Wiener Stegreiftheater, 16, Maroltingergasse 43, Tel. 914 54 14, Fassungsraum: 360 Personen
Orpheum, 22, Kagran, Steigenteschgasse 94b, Tel. 481 17 17
Polycollege Stöbergasse, 5, Stöbergasse 11–15, Tel. 546 66 . . ., 34
Prater-Kasperl, 2, Straße des 1. Mai, Bude 56, Tel. 798 03 01
Projekt Theater Studio, 7, Burggasse 28–32, Tel. 524 07 38, Fassungsraum: 35 Personen
RadioKulturHaus, 4, Argentinierstraße 30a, Tel. 501 70 . . ., 377 Fassungsraum: Großer Sendesaal – 230 Personen, RadioCafe – 70 Personen
Salle de Bal, 9, Währinger Straße 30, Tel. 319 65 03 . . . 0, Fassungsraum: 120 Personen
Sargfabrik, 14, Matznergasse 8, Tel. 988 98 11, Fassungsraum: 240 Personen
Scala (Theater zum Fürchten), 5, Wiedner Hauptstraße 108, Tel. 544 20 70, Fassungsraum: 250 Personen
Schneck & Co-Kindertheater (mobiles Kindertheater), Neunkirchen, Oberdanegg 53, Tel. 02630/30084
Spektakel, 5, Hamburger Straße 14, Tel. 587 06 53, Fassungsraum: 140 Personen
Spitzbuben Pawlatschen, 19, Hackhofergasse 13, Tel. 370 12 85
Stadttheater Wien, 13, Eitelbergergasse 4, Tel. 876 68 45
Studio Molière im französischen Kulturinstitut, 9, Liechtensteinstraße 37, Tel. 317 22 41 . . ., 119, Fassungsraum: 257 Personen
Szene Wien, 11, Hauffgasse 26, Tel. 749 33 41 . . . 0, Fassungsraum: 200–500 Personen
Tanzatelier Wien, 7, Neustiftgasse 38/7, Tel. 522 60 44, Fassungsraum: 60 Personen
Tanzquartier Wien, 7, Museumsplatz 1, Tel. 581 35 91, Fassungsraum: Halle E – 800 Personen, Halle G – 329 Personen
Tanztheater Homunculus, 8, Pfeilgasse 21/12, Tel. 409 37 74
Theater am Alsergrund, 9, Löblichgasse 5–7, Tel. 310 46 33
Theater des Augenblicks, 18, Edelhofgasse 10, Tel. 479 68 87, Fassungsraum: 100 Personen
Theatergruppe Echoraum, 15, Sechshauser Straße 66, Tel. 812 02 09, Fassungsraum: 100 Personen
Theater Gruppe Trittbrettl, 3021 Pressbaum, Fünkhgasse 9/2, Tel. 0 22 33/54 9 31
Theater im Werkraum, 16, Ludo-Hartmann-Platz 7, Tel. 470 08 94, Fassungsraum: 40 Personen
Theater Kabarett Stadnikow, 1, Biberstraße 2, Tel. 512 54 00, Fassungsraum: 98 Personen
Theaterkistl, 12, Aichholzgasse 52, Tel. 812 29 . . ., 110
Theater Längenfeldgasse, 12, Längenfeldgasse 13–15, Tel. 810 80 87, Fassungsraum: 576 Personen
Theater Le Petit, 5, Spengergasse 52, Tel. 544 67 29, 544 86 96, Fasungsraum: 40 Personen
Theater m. b. H., 7, Zieglergasse 25, Tel. 523 18 33. . ., 4, Fassungsraum: 100 Personen
Theater ohne Grenzen, 7, Zieglergasse 34a/2, Tel. 402 57 10 . . .0
Theater Pygmalion, 8, Alser Straße 43, Tel. 402 95 83, Fassungsraum: 40 Personen
Theater Rampenlicht, 18, Mitterberggasse 15, Tel. 419 85 56, Fassungsraum: 60–70 Personen
Theater Spielraum, 3, Rechte Bahngasse 18, Tel. 713 04 60, Fassungsraum: 49 Personen
Universität, Audi max, 1, Dr.-Karl-Lueger-Ring 1, Tel. 401 03. . ., 2237, Fassungsraum: ca. 800 Personen
Verein Theaterprojekt – Pipifax (mobiles Theater), 3464 Hausleiten, Wolfpassing 8, Tel. 02236/23 5 99
Vindobona, 20, Wallensteinplatz 6, Tel. 332 42 31, Fassungsraum: 300 Personen
Wiener Vorstadttheater, 17, Hormayrgasse 16, Tel. 406 68 69
WUK, Werkstätten- und Kulturhaus, 9, Währinger Straße 59, Tel. 401 21 . . . 0, Fassungsraum: 40-120 Personen
Zwischenraum, 7, Mondscheingasse 18, Tel. 521 10, Fassungsraum: 70 Personen

KONZERTSÄLE UND VERANSTALTUNGSRÄUME

1. Bezirk

Akademisches Gymnasium, Beethovenplatz 1,
Tel. 714 53 71
Albertina, Augustinerstraße 1,
Tel. 534 83 . . . 0
Alte Schmiede, Kulturzentrum, Schönlaterngasse 9,
Tel. 512 83 29 . . . 0,
Fassungsraum: 99 Personen
Altes Rathaus, Wipplingerstraße 8,
Tel. 534 36 . . . 0,
Fassungsraum: Festsaal – 240 Personen
Amerika-Haus, Friedrich-Schmidt-Platz 2,
Tel. 405 30 33
Augustinerkirche, Augustinerstraße 3,
Tel. 533 09 47 . . . 0,
Fassungsraum: 600 Personen,
Augustinus-Saal: 100–150 Personen
BAWAG, Tuchlauben 5,
Tel. 534 53 . . . 0,
Fassungsraum: 300 Personen
Deutschordenshaus, Singerstraße 7-9,
Tel. 667 91 08,
Fassungsraum: 30 Personen, Hof: 120 Personen
Evangelische Kirche AB, Dorotheergasse 18,
Tel. 512 83 93 . . . 0,
Fassungsraum: 600-1.200 Personen
Evangelische Kirche HB, Dorotheergasse 16,
Tel. 512 83 93 . . . 0,
Fassungsraum: 196 Personen
Franziskanerkirche, Franziskanerplatz 4,
Tel. 512 45 78 . . . 0,
Fassungsraum: 192 Personen
Gesellschaft der Musikfreunde, Bösendorferstraße 12,
Tel. 505 86 81 . . . 0,
Fassungsraum: Großer Saal – 2.042 Personen,
Brahmssaal – 595 Personen (Sitzpläne siehe vorne),
Wagner-Saal – 200 Personen,
Gottfried-von-Einem-Saal – 50 Personen
Herbert-von-Karajan-Centrum, Kärntner Ring 4,
Tel. 504 96 29
Hochschule für Musik und darstellende Kunst in Wien,
Seilerstätte 26, Tel. 515 96 . . . 0
Hochschulkirche St. Ursula, Johannesgasse 8,
Tel. 515 96 . . . , 226
Hofburg, Heldenplatz,
Tel. 587 36 66 . . . 0,
Fassungsraum: Festsaal – 1.300 Personen,
Geheimratsstube – 160 Personen,
Prinz-Eugen-Saal – 280 Personen,
Rittersaal – 200 Personen,
Zeremoniensaal – 500 Personen
Hofburgkapelle, Hofburg,
Tel. 533 99 27 . . . 0,
Fassungsraum: 600 Personen
Internationaler Studentenclub, Schottengasse 1,
Fassungsraum: 100 Personen
k/haus, Karlsplatz 5,
Tel. 587 96 63 . . . 0,
Fassungsraum: Ranftlzimmer – 70-80 Personen
Kongresszentrum Hofburg,
Tel. 587 36 66 . . . 0,
Redoutensaal – ca. 700 Personen
Kleiner Redoutensaal – ca. 300 Personen
Neues Dachgeschoß – ca. 300 Personen
Konservatorium der Stadt Wien, Johannesgasse 4a
und Singerstraße 26,
Tel. 512 77 47 . . ., 53
Fassungsraum (Singerstraße): 160 Personen
Kunsthistorisches Museum, Burgring 5,
Tel. 525 24 . . . 0
Maria am Gestade, Salvatorgasse 12,
Tel. 533 95 94,
Fassungsraum: 260–300 Personen
Michaelerkirche, Michaelerplatz,
Tel. 533 70 50,
Fassungsraum: 300 Sitzplätze
Minoritenkirche, Minoritenplatz 2a,
Tel. 533 41 62,
Fassungsraum: 450 Personen
Musikhaus Doblinger, Barock-Saal,
Dorotheergasse 10,
Tel. 515 03 . . . 0
Naturhistorisches Museum, Burgring 7,
Tel. 525 24 . . . 0
Österreichische Gesellschaft für Musik,
Hanuschgasse 3,
Tel. 512 42 99, 512 31 43
Österreichische Nationalbibliothek,
Augustinerstraße 1,
Tel. 534 10 . . . 0,
Fassungsraum: Hobokensaal – 100 Personen
Österreichischer Gewerbeverein, Eschenbachgasse 11,
Tel. 587 36 33 . . . 0,
Fassungsraum: Festsaal – 196 Personen
Österreichisches TheaterMuseum, Lobkowitzplatz 2,
Tel. 512 88 00 . . . 0,
Fassungsraum: Eroicasaal – 100 Personen,
Multifunktionaler Raum – 80–100 Personen,
Großer Hof – 150 Personen
Palais Erzherzog Karl, Annagasse 20,
Tel. 512 69 51
Palais Eschenbach, Eschenbachgasse 11,
Tel. 587 36 33 . . . 0,
Fassungsraum: Festsaal – 220 Personen,
Exnersaal – 80 Personen,
Arthabersaal – 40 Personen,
Präsidentenzimmer – 40 Personen
Palais Esterházy, Wallnerstraße 4,
Tel. 533 25 67,
Fassungsraum: 160 Personen
Palais Ferstel, Strauchgasse 4,
Tel. 533 37 63 . . . 0,
Großer Ferstelsaal – 420 Personen,
Arkadenhof – 100 Personen,
Herrensaal – 80 Personen,

Café Zentral – 180 Personen
Palais Harrach, Freyung 3, Tel. 533 75 93
Palais Kinsky, Freyung 4, Tel. 533 21 92
Palais Palffy, Josefsplatz 6,
Tel. 512 56 81 . . . 0,
Fassungsraum:
Beethovensaal – 250 Personen
Palais Pallavicini, Josefsplatz 5,
Tel. 512 25 38 . . . 0,
Fassungsraum: 198 Personen
Palais Wilczek, Herrengasse 5,
Tel. 535 21 95
Peterskirche, Petersplatz 6,
Tel. 533 64 33,
Fassungsraum: 600 Personen
Rathaus, Tel. 40 00 . . . 0,
Fassungsraum: Festsaal – 911 Personen,
Wappensaal – 210 Personen,
Stadtsenatssitzungssaal – 210 Personen,
Rathausplatz – 12.000 – 20.000 Personen
Schottenkirche, Freyung 6,
Tel. 534 98. . . 0,
Fassungsraum: 200 Personen
St. Bernhard-Kapelle, Schönlaterngasse 5,
Fassungsraum: 80 Personen
Stephansdom, Stephansplatz,
Tel. 515 52 . . . 0,
Fassungsraum: 1.000 Personen
Universität, Dr.-Karl-Lueger-Ring 1,
Tel. 401 03 . . . 0,
Fassungsraum: Auditorium maximum – 830 Personen
Universitätskirche, Dr.-Ignaz-Seipel-Platz 1,
Tel. 512 13 35 . . . 0,
Fassungsraum: 336 Personen
Urania, Uraniastraße 1,
Tel. 712 61 91 . . . 0,
Fassungsraum: Großer Saal – 348 Personen (Sitzplan siehe vorne),
Klubsaal – 99 Personen
Wiener Börse, Wipplingerstraße 34,
Tel. 534 99 . . . , 777,
Fassungsraum:
Festsaal – 250–400 Personen,
Maria-Theresien-Saal – 70 Personen,
Roter Saal – 130 Personen
Wiener Kursalon, Johannesgasse 33,
Tel. 713 21 81 . . . 0,
Fassungsraum: 1.100 Personen (4 Säle)
Zentrum für indische Kultur in Österreich,
Eschenbachgasse 9,
Tel. 911 56 22

2. Bezirk

Bank Austria AG, Lassallestraße 5,
Tel. 711 91. . . 0
Collegium Hungaricum, Hollandstraße 4,
Tel. 214 05 81 . . . 0
Libro Musikhalle, Südportalstraße,
Tel. 880 88 . . . 0
Pfarre am Tabor, Hochstettergasse 1,
Tel. 214 44 10 . . . 0,
Fassungsraum: 300 Personen
Planetarium, Oswald-Thomas-Platz 1,
Tel. 729 54 94 . . . 0
(Sitzplan siehe vorne)

3. Bezirk

Afro-Asiatisches Institut, Rechte Bahngasse 50,
Tel. 715 34 07 . . . 0
Bank Austria AG, Vordere Zollamtstraße 13,
Tel. 711 91 . . . 0
Haus der Industrie, Schwarzenbergplatz 4,
Tel. 501 66 . . . 0
Hochschule für Musik und darstellende Kunst,
Vortragssaal, Lothringerstraße 18,
Tel. 588 06 . . . 0
Konzerthaus, Lothringerstraße 20,
Tel. 712 46 86 . . ., 10,
Fassungsraum: Großer Saal – 1.840 Personen,
Mozartsaal – 704 Personen,
Schubertsaal – 336 Personen
(Sitzpläne siehe vorne)
Kulturverein Landstraße 2000, Rennweg 8–10,
Tel. 713 75 11,
Fassungsraum: 99 Personen
Palais Rasumofsky, Rasumofskygasse 23,
Tel. 712 56 74 . . . 0,
Fassungsraum: bis zu 200 Personen
Palais Schwarzenberg, Schwarzenbergplatz 9,
Tel. 798 45 15 . . . 0,
Fassungsraum: Marmorsaal – 240 Personen
Palais Sternberg, Ungargasse 43,
Tel. 713 34 54, 713 46 57
Polnische Kirche, Rennweg 5a,
Tel. 712 31 58,
Fassungsraum: 250 Personen
Schulverein Komensky, Sebastianplatz 3,
Tel. 713 31 88,
Fassungsraum: Theatersaal – 356 Personen
Wirtschaftskammer Wien, Rudolf-Sallinger-Platz 1,
Tel. 711 68 . . ., 379,
Fassungsraum: Festsaal – 300 Personen,
Saal – 90 Personen

4. Bezirk

Amtshaus, Favoritenstraße 18,
Tel. 502 34 . . . 0,
Fassungsraum: Festsaal – 147 Personen
Bösendorfer-Saal, Graf-Starhemberg-Gasse 14,
Tel. 504 66 51 . . . 0,
Fassungsraum: 150 Personen
Karlskirche, Karlsplatz,
Tel. 504 61 87,
Fassungsraum: 246 Personen
Kawai-Säle, Mühlgasse 28-30,
Tel. 587 57 49,

Fassungsraum: Großer Saal – 419 Personen,
Orgelsaal – 116 Personen,
Kleiner Saal – 100 Personen
ORF-Hörfunk, Argentinierstraße 30a,
Tel. 501 01 . . . 0,
Fassungsraum: Großer Saal – 280 Personen
Paulanerkirche, Paulanergasse 6,
Tel. 505 21 71 . . . 0
Spanisches Kulturinstitut, Goldeggasse 2,
Tel. 505 25 35,
Fassungsraum: 80–90 Personen

5. Bezirk

Kongresshaus Wien, Margaretengürtel 138,
Tel. 544 75 09,
Fassungsraum: Kongresssaal – 680 Personen,
Großer Sitzungssaal – 95 Personen,
Saal 1 – 25 Personen,
Saal 2 – 25 Personen,
Saal 3 – 10 Personen
Magistratisches Bezirksamt für den 4., 5. Bezirk,
Schönbrunner Straße 54,
Tel. 546 34 . . . 0,
Fassungsraum: Festsaal – 165 Personen

6. Bezirk

ega Frauenkultur- und Kommunikationszentrum,
Windmühlgasse 26,
Tel. 589 80 . . . 0,
Fassungsraum: 150 Personen
Franz-Schubert-Konservatorium,
Mariahilfer Straße 51,
Tel. 587 47 86,
Fassungsraum: 99 Personen
Haus der Begegnung, Otto-Bauer-Gasse 7,
Tel. 596 14 56,
Fassungsraum: 260–360 Personen
Haydn-Gedenkstätte, Haydngasse 19,
Tel. 596 13 07,
Fassungsraum: 68 Personen
Kunsthistorisches Museum, Burgring 15,
Tel. 525 24 . . . 0
Mariahilfer Kirche, Barnabitengasse 14,
Tel. 587 87 53 . . . 0,
Fassungsraum: 180 Sitzplätze und 220 Stehplätze
Salvatorsaal, Barnabitengasse 14,
Tel. 587 87 53
Technische Universität, Getreidemarkt 9/Lehárgasse,
Tel. 588 01 . . . 0,
Fassungsraum: Auditorium maximum 761 Personen

7. Bezirk

Amerlinghaus, Stiftgasse 8,
Tel. 523 64 75,
Fassungsraum: 72 Personen
Literaturhaus, Seidengasse 13,
Tel. 526 20 44 . . . 0
Messepalast, Messeplatz 1,
Tel. 727 20 . . . 0
Österreichisches Tabakmuseum, Veranstaltungssaal,
Mariahilfer Straße 2,
Tel. 526 17 16
Palais Trautson, Museumstraße 7,
Tel. 521 52 . . . 0,
Fassungsraum: 245 Personen
Pfarre Altlerchenfeld, Lerchenfelder Straße 111,
Tel. 523 32 10,
Fassungsraum: 150 Personen

8. Bezirk

Alte Backstube, Lange Gasse 34,
Tel. 406 11 01,
Fassungsraum: Hof – 150 Personen
Basilika Maria Treu, Jodok-Fink-Platz,
Tel. 406 14 53. . . 0,
Fassungsraum: 200 Personen
Gewerkschaft Agrar – Nahrung – Genuß,
Albertgasse 35,
Tel. 401 49 . . . 0,
Fassungsraum: Großer Saal – 200 Personen,
Kleiner Saal – 110 Personen
Haus des Buches, Skodagasse 20,
Tel. 40 00 . . . 0,
Fassungsraum: 230 Personen
Palais Auersperg, Auerspergstraße 1,
Tel. 401 07 . . . 0,
Fassungsraum: Rosenkavaliersaal – 286 Personen

9. Bezirk

Afro-Asiatisches Institut, Türkenstraße 3,
Tel. 310 51 45 . . . 0
Albert-Schweitzer-Haus, Garnisongasse 14–16,
Tel. 405 33 50 . . . 0,
Fassungsraum: 300 Personen
Canisius-Kirche, Lustkandlgasse,
Tel. 317 81 62 . . . 0,
Fassungsraum: 200-250 Personen
Gesellschaft für Musiktheater, Türkenstraße 14,
Tel. 317 06 99,
Fassungsraum: 30 Personen
Institut für Wissenschaft und Kunst, Berggasse 17/1,
Tel. 317 43 42
Magistratisches Bezirksamt für den 9. Bezirk,
Währinger Straße 43,
Tel. 400 34 . . . 0,
Fassungsraum: Festsaal – 120 Personen
Palais Clam-Gallas, Währinger Straße 32,
Tel. 319 65 03 . . . 0,
Fassungsraum: 80 Personen
Palais Liechtenstein, Fürstengasse 1,
Tel. 317 69 00 . . . 0,

Fassungsraum: 100 Personen
Pfarre Lichtental, Marktgasse 40,
Tel. 315 26 46 . . . 0,
Fassungsraum: 300 Personen
Schubert-Gedenkstätte, Nussdorfer Straße 54,
Tel. 317 36 01,
Fassungsraum: 79 Personen
Servitenkirche, Servitengasse 9,
Tel. 317 61 95 . . . 0,
Fassungsraum: 200 Personen
Sigmund-Freud-Haus, Berggasse 19,
Tel. 319 15 96,
Fassungsraum: 100 Personen
Studio Moliere, Liechtensteinstraße 37,
Tel. 334 70 74,
Fassungsraum: 260 Personen
Votivkirche, Rooseveltplatz 8,
Tel. 406 11 92. . . 0,
Fassungsraum: 400–450 Personen
Wirtschaftsuniversität, Auditorium maximum,
Augasse 2-6,
Tel. 313 36 . . . 0

10. Bezirk

Haus der Begegnung, Per-Albin-Hansson-Siedlung Ost, Ada-Christen-Gasse 2,
Tel. 688 55 81 . . . 0,
Fassungsraum: 348 Personen
Kurhalle Oberlaa, Kurbadstraße 14,
Tel. 602 40 10 . . . 0,
Fassungsraum: 3.132 Personen
(Sitzplan siehe vorne)
Yamaha Music Austria, Schleiergasse 20,
Tel. 602 03 90 . . . 0,
Fassungsraum: Concert Hall – 190–250 Personen

11. Bezirk

Festsaal, Simmeringer Haide 432,
Fassungsraum: 230 Personen
Gasometer B, Guglgasse 12,
Tel. 74 00 70,
Fassungsraum: ca. 2000 Personen
Haus der Begegnung, Lorystraße 40-42,
Tel. 749 31 59
Josephinisches Bauernhaus,
Kaiserebersdorfer Straße 187,
Fassungsraum: Innenhof – 200 Personen
Magistratisches Bezirksamt für den 11. Bezirk,
Enkplatz 2,
Tel. 740 34 . . . 0,
Fassungsraum: 140 Personen
Schloss Concordia, Simmeringer Hauptstraße 283,
Tel. 769 88 88,
Fassungsraum: Kuppelsaal – 70 Personen,
Arthur-Schnitzler-Laube – 25 Personen,
Bibliothek – 15 Personen,
Kleiner Salon – 40 Personen

Szene Wien, Hauffgasse 26,
Tel. 749 33 41 . . . 0,
Fassungsraum: 200–250 Personen
Zentrum Simmering, Simmeringer Hauptstraße 96a,
Tel. 749 53 65 . . . 0,
Fassungsraum: 500 Personen

12. Bezirk

Hans-Mandl-Berufsschule, Längenfeldgasse 13–15,
Tel. 813 16 44 . . . 0,
Fassungsraum: 532 Personen
Magistratisches Bezirksamt für den 12. Bezirk,
Schönbrunner Straße 259,
Tel. 811 34 . . . 0,
Fassungsraum: 196 Personen

13. Bezirk

Kirche Unter-St.-Veit, Wittegasse 4,
Tel. 877 71 00,
Fassungsraum: 400 Personen
Kongregation der Salesianer, Sankt-Veit-Gasse 25,
Tel. 877 92 62. . . 0,
Fassungsraum: 160 Personen
Magistratisches Bezirksamt für den 13., 14. Bezirk,
Hietzinger Kai 1–3,
Tel. 878 34 . . . 0,
Fassungsraum: Festsaal – 180 Personen
Parkhotel Schönbrunn, Hietzinger Hauptstraße 10–12,
Tel. 878 04 . . . 0,
Fassungsraum: 540 Personen
Schloss Schönbrunn, Tel. 811 13 . . . 0,
Fassungsraum: Große Galerie – 500 Personen

14. Bezirk

Baumgartner Kirche, Linzer Straße 159,
Fassungsraum: 200 Personen
Europa-Haus, Linzer Straße 429,
Tel. 979 25 36. . . 0,
Fassungsraum: 300 Personen
Hochschule für Musik und darstellende Kunst/Dramatisches Zentrum, Penzinger Straße 7–9,
Tel. 894 66 90. . . 0,
Fassungsraum: 298 Personen

15. Bezirk

Haus der Begegnung, Schwendergasse 41,
Tel. 893 69 09 . . . 0,
Fassungsraum: 504 Personen
Magistratisches Bezirksamt für den 15. Bezirk,
Gasgasse 8–10,
Tel. 891 34 . . . 0,
Fassungsraum: 307 Personen

Wiener Stadthalle, Vogelweidplatz 14,
Tel. 981 00 . . . 0,
(Sitzpläne siehe vorne)

16. Bezirk

Schloss Wilhelminenberg, Savoyenstraße 2,
Tel. 485 85 03 . . . 0

17. Bezirk

Clemens-Hofbauer-Saal, Kulmgasse 35,
Tel. 486 25 94 . . . 0,
Fassungsraum: 200 Personen
Marienkirche, Wichtelgasse 74,
Tel. 486 25 94. . . 0,
Fassungsraum: 300 Personen

18. Bezirk

Kirche St. Severin, Vinzenzgasse 3,
Tel. 470 13 27. . . 0,
Fassungsraum: 500–700 Personen
Kolpinghaus, Gentzgasse 27,
Tel. 479 61 28,
Fassungsraum: Saal 1 – 100 Personen,
Saal 2 – 60 Personen
Magistratisches Bezirksamt für den 18. Bezirk,
Martinstraße 100,
Tel. 476 34 . . . 0
Schloss Pötzleinsdorf, Geymüllergasse 1,
Tel. 479 31 21,
Fassungsraum: 100 Personen
WIFI, Währinger Gürtel 97–99,
Tel. 476 77 . . . 0,
Fassungsraum: Großer Saal – 140 Personen,
Kleiner Saal – 120 Personen

19. Bezirk

Haus der Begegnung, Gatterburggasse 2a,
Tel. 368 46 65,
Fassungsraum: 412 Personen
Hotel Modul, Peter-Jordan-Straße 78,
Tel. 476 60 . . . 0,
Fassungsraum: 850 Personen
Karmeliterkirche, Silbergasse 34,
Tel. 320 33 40. . . 0,
Fassungsraum: 300–1.000 Personen
Pfarre Heiligenstadt, Pfarrplatz,
Tel. 37 13 43 . . . 0,
Fassungsraum: 1.211 Personen

20. Bezirk

Haus der Begegnung,
Raphaelgasse 11–13,
Tel. 330 41 95,
Fassungsraum: 340 Personen
Magistratisches Bezirksamt für den 20. Bezirk,
Sitzungssaal, Brigittaplatz 10,
Tel. 331 34 . . . 0
Rockhaus, Adalbert-Stifter-Straße 73,
Tel. 332 46 41 . . . 0,
Fassungsraum: 450 Personen

21. Bezirk

Haus der Begegnung,
Angerer Straße 14,
Tel. 271 62 16 . . . 0,
Fassungsraum: 696 Personen
Haus der Begegnung,
Kürschnergasse 9,
Tel. 259 85 12. . . 0,
Fassungsraum: 328 Personen
Magistratisches Bezirksamt für den 21. Bezirk,
Festsaal, Am Spitz 1,
Tel. 277 34 . . . 0

22. Bezirk

Austria Center Vienna,
Kaisermühlen, Am Hubertusdamm 6,
Tel. 23 69 . . . 0
Haus der Begegnung,
Kagran, Bernoullistraße 1,
Tel. 203 32 16 . . . 0
Musikschule Donaustadt,
Kagran, Schüttaustraße 2,
Tel. 230 74 42

23. Bezirk

Haus der Begegnung,
Liesing, Liesinger Platz 3,
Tel. 869 13 45 . . . 0,
Fassungsraum: 550 Personen
Magistratisches Bezirksamt für den 23. Bezirk,
Liesing, Perchtoldsdorfer Straße 2,
Tel. 863 34 . . ., 0

MUSIKLEHRANSTALTEN

(→ Magistrat, MA 13)

URAUFFÜHRUNGSKINOS

Actors Studio, 1, Tuchlauben 13,
Tel. 533 52 32,
Fassungsraum: Kino 1 – 88 Personen,
Kino 2 – 71 Personen, Kino 3 – 62 Personen
(Sitzpläne s. vorne)

Apollo - Das Kino, 6, Gumpendorfer Straße 63,
Tel. 587 96 51,
Fassungsraum: Kino 1 – 510 Personen,
Kino 2 – 279 Personen, Kino 3 – 209 Personen,
Kino 4 – 106 Personen, Kino 5 – 100 Personen,
Kino 6 – 109 Personen, Kino 7 – 101 Personen,
Kino 8 – 79 Personen, Kino 9 – 162 Personen,
Kino 10 – 100 Personen, Kino 11 – 218 Personen,
Kino 12 – 232 Personen
(Sitzpläne s. vorne)

Artis International, 1, Schultergasse 5,
Tel. 535 65 70,
Fassungsraum: Kino 1 – 317 Personen,
Kino 2 – 100 Personen, Kino 3 – 158 Personen,
Kino 4 – 124 Personen, Kino 5 – 67 Personen,
Kino 6 – 83 Personen
(Sitzpläne s. vorne)

Atelier, 1, Wollzeile 17,
Tel. 512 67 16,
Fassungsraum: 178 Personen

Auge-Center, 9, Nussdorfer Straße 73,
Tel. 317 63 44,
Fassungsraum: Kino A – 310 Personen,
Kino B – 180 Personen, Kino C – 100 Personen,
Kino D – 109 Personen, Kino E – 104 Personen
(Sitzpläne s. vorne)

Burg-Kino, 1, Opernring 19,
Tel. 587 84 06,
Fassungsraum: Kino 1 – 292 Personen,
Kino 2 – 73 Personen
(Sitzpläne s. vorne)

Cine-Center, 1, Fleischmarkt 6,
Tel. 533 24 11,
Fassungsraum: Kino 1 – 208 Personen,
Kino 2 – 71 Personen, Kino 3 – 266 Personen,
Kino 4 – 99 Personen
(Sitzpläne Seite II/359)

Cineplexx Auhof, 14, Albert-Schweitzer-Gasse 6,
Tel. 577 41 00,
Fassungsraum: Kino 1 – 146 Personen,
Kino 2 – 144 Personen, Kino 3 – 286 Personen,
Kino 4 – 156 Personen, Kino 5 – 156 Personen,
Kino 6 – 299 Personen, Kino 7 – 155 Personen,
Kino 8 – 158 Personen

Cineplexx Palace, 22, Kagran, Wagramer Straße 2,
Tel. 269 00 00,
Fassungsraum: Kino 1 – 187 Personen,
Kino 2 – 498 Personen, Kino 3 – 256 Personen,
Kino 4 – 498 Personen, Kino 5 – 234 Personen,
Kino 6 – 219 Personen, Kino 7 – 145 Personen,
Kino 8 – 145 Personen, Kino 9 – 154 Personen,
Kino 10 – 143 Personen, Kino 11 – 180 Personen,
Kino 12 – 192 Personen, Kino 13 – 153 Personen,
Kino 14 – 164 Personen

Cine Star, 10, Wienerbergstraße 11,
Tel. 918 19 90,
Fassungsraum: Kino 1 – 256 Personen,
Kino 2 – 129 Personen, Kino 3 – 242 Personen,
Kino 4 – 486 Personen, Kino 5 – 134 Personen,
Kino 6 – 290 Personen, Kino 7 – 258 Personen,
Kino 8 – 153 Personen, Kino 9 – 231 Personen,
Kino 10 – 131 Personen

English Cinema – Haydn,
6, Mariahilfer Straße 57,
Tel. 587 22 62,
Fassungsraum: Kino 1 – 376 Personen,
Kino 2 – 144 Personen, Kino 3 – 84 Personen
(Sitzpläne s. vorne)

Gartenbau-Kino, 1, Parkring 12,
Tel. 512 23 54,
Fassungsraum: 736 Personen
(Sitzplan s. vorne)

Hollywood Megaplex im Donauplex,
22, Kagran, Wagramer Straße 67– 71,
Tel. 201 71 71,
Fassungsraum: Kino 1 – 644 Personen,
Kino 2 – 435 Personen, Kino 3 – 199 Personen,
Kino 4 – 94 Personen, Kino 5 – 156 Personen,
Kino 6 – 291 Personen, Kino 7 – 509 Personen,
Kino 8 – 156 Personen, Kino 9 – 146 Personen,
Kino 10 – 190 Personen, Kino 11 – 190 Personen;
Studio A – 90 Personen, Studio B – 86 Personen

Hollywood Megaplex im Gasometer,
3, Guglgasse 43,
Tel. 740 33 30,
Fassungsraum: Kino 1 – 546 Personen,
Kino 2 – 219 Personen, Kino 3 – 158 Personen,
Kino 4 – 148 Personen, Kino 5 – 318 Personen,
Kino 6 – 191 Personen, Kino 7 – 226 Personen,
Kino 8 – 158 Personen, Kino 9 – 148 Personen,
Kino 10 – 330 Personen, Kino 11 – 232 Personen,
Kino 12 – 228 Personen

Hollywood Megaplex im SCN,
21, Ignaz-Köck-Straße 1,
Tel. 271 66 79,
Fassungsraum: Kino 1 – 446 Personen,
Kino 2 – 271 Personen, Kino 3 – 446 Personen,
Kino 4 – 249 Personen, Kino 5 – 249 Personen,
Kino 6 – 193 Personen, Kino 7 – 121 Personen,
Kino 8 – 121 Personen

Imperial-Kino, 1, Rotgasse 9,
Tel. 533 32 23,
Fassungsraum: 258 Personen

Künstlerhaus Kino, 1, Akademiestraße 13,
Tel. 505 43 28,
Fassungsraum: 287 Personen
(Sitzplan s. vorne)

Metro-Kino, 1, Johannesgasse 4,
Tel. 512 18 03,
Fassungsraum: 221 Personen
(Sitzplan s. vorne)

Stadtkino, 3, Schwarzenbergplatz 7–8,
Tel. 712 62 76 . . . 0,

Fassungsraum: 174 Personen
(Sitzplan s. vorne)
Tuchlauben-Kino, 1, Tuchlauben 7,
Tel. 533 22 33,
Fassungsraum: Kino A – 300 Personen,
Kino B – 111 Personen
(Sitzpläne s. vorne)
UCI-Kinowelt – Millennium City,
20, Wehlistraße 66, Tel. 337 60,
Fassungsraum: Kino 1 – 126 Personen,
Kino 2 – 118 Personen, Kino 3 – 118 Personen,
Kino 4 – 746 Personen, Kino 5 – 350 Personen,
Kino 6 – 314 Personen, Kino 7 – 117 Personen,
Kino 8 – 118 Personen, Kino 9 – 126 Personen,
Kino 10 – 71 Personen, Kino 11 – 134 Personen,
Kino 12 – 189 Personen, Kino 13 – 194 Personen,
Kino 14 – 194 Personen, Kino 15 – 189 Personen,
Kino 16 – 134 Personen, Kino 17 – 54 Personen,
Kino 18 – 61 Personen, Kino 19 – 59 Personen,
Kino 20 – 72 Personen, Kino 21 – 81 Personen
Urania-Kino, 1, Uraniastraße 1,
Tel. 715 82 06,
Fassungsraum: Großer Saal – 340 Personen,
Mittlerer Saal – 273 Personen
(Sitzpläne s. vorne)
Village, 3, Landstraße Hauptstraße 2 A,
Tel. 242 404 18,
Fassungsraum: Kino 1 – 117 Personen,
Kino 2 – 123 Personen, Kino 3 – 123 Personen,
Kino 4 – 117 Personen, Kino 5 – 362 Personen,
Kino 6 – 117 Personen, Kino 7 – 123 Personen,
Kino 8 – 123 Personen, Kino 9 – 117 Personen,
Kino 10 – 382 Personen
Votiv-Kino, 9, Währinger Straße 12,
Tel. 317 35 71,
Fassungsraum: Saal 1 – 176 Personen,
Studio – 74 Personen,
Saal 3 – 88 Personen
(Sitzpläne s. vorne)

VOLKSHEIME UND HÄUSER DER BEGEGNUNG

Volksheim Heiligenstadt,
19, Heiligenstädter Straße 155,
Tel. 370 31 62,
Telefax: 318 56 82
Volksheim Krim,
19, Hutweidengasse 24,
Tel. 368 56 06,
Telefax: 369 57 65
Volksheim Groß-Jedlersdorf,
21, Siemensstraße 17,
Tel. 294 66 60 . . .0,
Telefax: 294 66 60–14
Volksheim Inzersdorf „da capo",
23, Putzendoplergasse 4,
Tel. 865 41 77 . . . 0,
Telefax: 865 41 77–60
Haus der Begegnung Leopoldstadt,
2, Praterstern 1,
Tel. 214 26 80 . . .0,
Telefax: 214 26 80–20
Haus der Begegnung Mariahilf,
6, Otto-Bauer-Gasse 7,
Tel. 596 14 56,
Telefax: 596 43 65
Haus der Begegnung Per-Albin-Hansson-Siedlung Ost,
10, Ada-Christen-Gasse 2 B,
Tel. 688 55 81 . . ., 21,
Telefax: 688 55 81–34
Haus der Begegnung Simmering,
11, Lorystraße 40–42,
Tel. und Telefax: 749 31 59
Haus der Begegnung Rudolfsheim,
15, Schwendergasse 41,
Tel. 893 69 09 . . . 0
Haus der Begegnung Döbling,
19, Gatterburggasse 2a,
Tel. 368 46 65,
Telefax: 368 46 65–13
Haus der Begegnung Brigittenau,
20, Raffaelgasse 11–13,
Tel. 330 02 71
Haus der Begegnung Floridsdorf,
21, Angerer Straße 14,
Tel. 271 62 16 . . . 0, 271 62 81 . . . 0,
Telefax: 271 62 16–53
Haus der Begegnung Großfeldsiedlung,
21, Kürschnergasse 9,
Tel. 259 85 12 . . . 0,
Telefax: 257 34 81
Haus der Begegnung Donaustadt,
22, Kagran, Bernoullistraße 1,
Tel. 203 32 16 . . ., 13,
Telefax: 203 32 16–15
Haus der Begegnung Liesing,
23, Liesinger Platz 3,
Tel. 869 13 45 . . ., 32,
Telefax: 869 13 45–22

MUSEEN UND SAMMLUNGEN DER STADT WIEN

Historisches Museum der Stadt Wien,
4, Karlsplatz, Tel. 505 87 47 . . ., 84028, 84048
Grillparzer-Erinnerungsraum
Loos-Erinnerungsraum
(täglich außer Montag von 9 bis 18 Uhr)

Archäologisches Gräberfeld Michaelerplatz,
1, Michaelerplatz
Beethoven-Gedenkstätte "Pasqualatihaus"
1, Mölker Bastei 8, Tel. 535 89 05
(täglich außer Montag von 9 bis 12.15 Uhr und von 13 bis 16.30 Uhr)
Beethoven-Gedenkstätte "Eroicahaus",
19, Döblinger Hauptstraße 92, Tel. 369 14 24
(täglich außer Montag von 9 bis 12.15 Uhr und von 13 bis 16.30 Uhr)
Beethoven-Gedenkstätte "Heiligenstädter Testament",
19, Probusgasse 6, Tel. 370 54 08
(täglich außer Montag von 9 bis 12.15 Uhr und von 13 bis 16.30 Uhr)
Haydn-Gedenkstätte mit Brahms-Gedenkraum,
6, Haydngasse 19, Tel. 596 13 07
(täglich außer Montag von 9 bis 12.15 Uhr und von 13 bis 16.30 Uhr)
Hermesvilla,
13, Lainzer Tiergarten, Tel. 804 13 24
(1. April bis 30. September täglich außer Montag von 10 bis 18 Uhr,
1. Oktober bis 31. März täglich außer Montag von 9 bis 16.30 Uhr)
Johann-Strauß-Gedenkstätte,
2, Praterstraße 54, Tel. 214 01 21
(täglich außer Montag von 9 bis 12.15 Uhr und von 13 bis 16.30 Uhr)
Modesammlung im Schloss Hetzendorf,
12, Hetzendorfer Straße 79,
Tel. 505 87 47 . . ., 84046, 802 16 57
(täglich außer Montag von 9 bis 12 Uhr)
Mozart-Gedenkstätte "Figarohaus",
1, Domgasse 5, Tel. 513 62 94
(täglich außer Montag von 9 bis 18 Uhr)
Neidhart-Fresken,
1, Tuchlauben 19, Tel. 535 90 65
(täglich außer Montag von 9 bis 12 Uhr)
Otto-Wagner-Haltestelle Karlsplatz,
4, Karlsplatz, Tel. 505 87 47 . . ., 84059
(April bis Oktober täglich außer Montag von 13.30 bis 16.30 Uhr)
Otto-Wagner-Hofpavillon Hietzing,
13, Schönbrunner Schlossstraße, Tel. 877 15 71
(täglich außer Montag von 13.30 bis 16.30 Uhr)
Pratermuseum,
2, Oswald-Thomas-Platz 1, Tel. 726 76 83
(Dienstag bis Freitag von 9 bis 12.15 Uhr und von 13 bis 16.30 Uhr,
Samstag, Sonn- und Feiertag von 14 bis 18 Uhr)
Römische Baureste Am Hof,
1, Am Hof 9,
(Samstag, Sonn- und Feiertag von 11 bis 13 Uhr)
Römische Ruinen unter dem Hohen Markt,
1, Hoher Markt 3, Tel. 535 56 06
(täglich außer Montag von 9 bis 12.15 Uhr und von 13 bis 16.30 Uhr)
Schauraum der Modesammlung,
12, Hetzendorfer Straße 79,
Tel. 505 87 47 . . ., 84046, 802 16 57
(täglich außer Montag von 9 bis 12 Uhr)
Schubert-Gedenkstätte "Geburtshaus" mit Stifter-Gedenkräumen,
9, Nussdorfer Straße 54, Tel. 317 36 01
(täglich außer Montag von 9 bis 12.15 Uhr und von 13 bis 16.30 Uhr)
Schubert-Gedenkstätte "Sterbewohnung",
4, Kettenbrückengasse 6, Tel. 581 67 30
(täglich außer Montag von 13.30 bis 16.30 Uhr)
Uhrenmuseum,
1, Schulhof 2, Tel. 533 22 65
(täglich außer Montag von 9 bis 16.30 Uhr)
Virgilkapelle,
1, Stephansplatz, U-Bahn-Station,
Tel. 513 58 42
(täglich außer Montag von 13.30 bis 16.30 Uhr)

MUSEEN DES BUNDES, PRIVATMUSEEN, SAMMLUNGEN UND SONSTIGE SEHENSWÜRDIGKEITEN

Adalbert-Stifter-Museum
→ Schubert-Gedenkstätte "Geburtshaus"
Akademie der bildenden Künste,
Gemäldegalerie,
1, Schillerplatz 3, Tel. 588 16 . . . 0
(Dienstag bis Sonntag von 10 bis 16 Uhr);
Glyptothek, 6, Lehárgasse 6–8, Tel. 588 16 . . ., 189
(gegen vorherige Anmeldung)
Kupferstichkabinett,
1, Makartgasse 3, Tel. 581 30 40

(Montag, Mittwoch von 10 bis 13 Uhr, Dienstag, Donnerstag von 14 bis 18 Uhr)
Albertina,
1, Augustinerstraße 1, Tel. 534 83 . . . 0
(derzeit geschlossen)
Alpengarten im Oberen Belvedere,
3, Landstraßer Gürtel 1, Tel. 798 31 49
(April bis Juli täglich von 10 bis 18 Uhr)
Alsergrund, Bezirksmuseum,
9, Währinger Straße 43, Tel. 400 34 . . ., 09127
Heimito-von-Doderer-Gedenkstätte
Erich-Fried-Raum
Galerie Alsergrund
(Mittwoch von 9 bis 11 Uhr,
Sonntag von 10 bis 12 Uhr)
Alte Backstube → Josefstädter Bezirksmuseum
Alte Schmiede (Schmiede-Museum),
1, Schönlaterngasse 9, Tel. 512 83 29 . . . 0
(Montag bis Freitag von 9 bis 15 Uhr)
Ambrosi-Museum → Österreichische Galerie
Angewandte Kunst
→ Österreichisches Museum für angewandte Kunst
Ankeruhr → Kunstuhr
Architekturzentrum Wien → MuseumsQuartier Wien
Arnold-Schönberg-Center,
3, Schwarzenbergplatz 6, Tel. 712 18 88
(Dienstag bis Sonntag von 10 bis 17 Uhr,
Donnerstag von 10 bis 20 Uhr)
Aspern → Museum „Aspern 1809“
Äthiopien-Sammlung
→ Hietzinger Bezirksmuseum
Auer-von-Welsbach-Erinnerungsraum
→ Technisches Museum
Augarten, Atelier → Österreichische Galerie
Awarengräber → Simmeringer Bezirksmuseum
Bäckereimuseum,
8, Florianigasse 13, Tel. 405 53 96 . . . 0
(gegen vorherige Anmeldung)
Bahr-Erinnerungsraum
→ Kunsthistorisches Museum, Österreichisches TheaterMuseum
Bahr-Mildenburg-Erinnerungsraum
→ Kunsthistorisches Museum, Österreichisches TheaterMuseum
Barmherzige Brüder
→ Konventmuseum der Barmherzigen Brüder
Barockmuseum, Österreichisches
→ Österreichische Galerie
Bauernfeld-Gedenkraum
→ Döblinger Bezirksmuseum
Beethoven-Fries → Österreichische Galerie
Beethoven-Gedenkstätte,
6, Laimgrubengasse 22
(Mai bis September Sonntag von 10 bis 12 Uhr)
Beethoven-Gedenkstätte Floridsdorf,
21, Jeneweingasse 17, Tel. 278 52 67
(gegen vorherige Anmeldung)
Belvedere → Österreichische Galerie
Bergl-Zimmer → Schloss Schönbrunn
Beschirrungslehre → Museum für Beschirrungs- und Sattelungslehre, Pflege und Wartung der Haustiere
Bestattungsmuseum,
4, Goldeggasse 19, Tel. 501 95. . ., 4227
(Montag bis Freitag von 12 bis 15 Uhr nach Voranmeldung)
Bezirksmuseen → Name des Bezirks
Biermuseum,
23, Liesing, Breitenfurter Straße 372–380,
Tel. 865 96 41 . . . 0 (gegen vorherige Anmeldung)
Billardmuseum,
15, Hackengasse 21, Tel. 985 69 87
(gegen vorherige Anmeldung)
Blindenwesen → Museum des Blindenwesens
Body-Art-Museum
→ 1. Wiener Museum für Videoart und Bodyart
Böhmerwaldmuseum,
3, Ungargasse 3, Tel. 714 31 85
Erzgebirger Heimatstube
(Mai bis Oktober Sonntag von 9 bis 12 Uhr)
Botanischer Garten der Universität Wien,
3, Rennweg 14, Tel. 42 77 . . ., 54190
(April und September von 9 bis 18.30 Uhr,
Mai und August von 9 bis 19.30 Uhr,
Juni und Juli von 9 bis 20 Uhr,
Oktober von 9 bis 18 Uhr)
Palmenhaus
(täglich von 10 bis 17 Uhr)
Brigittenauer Bezirksmuseum,
20, Dresdner Straße 79, Tel. 330 50 68
Donauregulierungs-Museum
Robert-Blum-Dokumentation
(Donnerstag von 17 bis 19 Uhr,
Sonntag von 10 bis 12 Uhr)
Burgkapelle,
1, Hofburg, Schweizerhof, Tel. 587 55 54. . .0
(Dienstag, Donnerstag von 14.30 bis 15.30 Uhr)
Burgtheater,
1, Dr.-Karl-Lueger-Ring 2, Tel. 514 44 . . ., 2182
(Führungen:
Juli bis August Montag bis Samstag 13, 14, 15 Uhr,
Mai, Juni, September Montag bis Samstag 16 Uhr,
Sonntag 15 Uhr,
Oktober bis April Dienstag, Donnerstag 16 Uhr,
Sonntag 15 Uhr)
Conrads-(Heinz-)Gedenkraum
→ Penzinger Bezirksmuseum
Czernin → Privatgalerie Czernin
Döblinger Bezirksmuseum,
19, Döblinger Hauptstraße 96, Tel. 368 65 46
Salon der Villa Wertheimstein,
Saar- und Bauernfeld-Gedenkraum
Weinbaumuseum
(Samstag von 15.30 bis 18 Uhr,
Sonntag von 10 bis 12 Uhr)
Doderer-Gedenkstätte
→ Alsergrund, Bezirksmuseum
Dokumentationsarchiv des österreichischen Widerstands,
1, Wipplingerstraße 8, Tel. 534 36 . . ., 01779
Museum des österreichischen Freiheitskampfes
(Montag, Mittwoch, Donnerstag von 9 bis 17 Uhr)
Dom- und Diözesanmuseum
→ Erzbischöfliches Dom- und Diözesanmuseum
Donauregulierungs-Museum
→ Brigittenauer Bezirksmuseum
Donaustädter Bezirksmuseum,

22, Kagran, Kagraner Platz 53–54, Tel. 203 21 26
(Mittwoch von 17 bis 19 Uhr,
Sonn- und Feiertag von 9.30 bis 11.30 Uhr)
Dr.-Karl-Lueger-Kirche → Zentralfriedhof
Druckschriftensammlung
→ Österreichische Nationalbibliothek
EA-Generali-Foundation,
4, Wiedner Hauptstraße 15, Tel. 504 98 80
(Dienstag, Mittwoch, Freitag von 11 bis 18 Uhr,
Donnerstag von 11 bis 20 Uhr,
Samstag, Sonntag von 11 bis 16 Uhr)
Eisenbahnmuseum, Österreichisches
→ Technisches Museum
Elektropathologisches Museum,
16, Gomperzgasse 1–3, Tel. 489 20 80
(gegen vorherige Anmeldung)
Ephesos-Museum → Kunsthistorisches Museum
Ernst-Fuchs-Villa → Otto-Wagner-Villa
Erste österreichische Spar-Casse
→ Museum der Ersten Österreichischen Spar-Casse-Bank AG
Erstes Österreichisches Funk- und Radiomuseum,
6, Eisvogelgasse 4, Tel. 330 86 53
(Montag von 19 bis 21 Uhr)
Erzbischöfliches Dom- und Diözesanmuseum,
1, Stephansplatz 6, Tel. 515 52 . . ., 560
(Dienstag bis Samstag von 10 bis 17 Uhr)
Esperanto-Museum, Internationales
→ Österreichische Nationalbibliothek
Esslinger Schüttkasten,
22, Essling, Simonsgasse
(April bis Oktober Sonntag von 10 bis 12 Uhr)
Favoritner Bezirksmuseum,
10, Per-Albin-Hansson-Siedlung Ost,
Ada-Christen-Gasse 2 C, Tel. 689 81 93
(Donnerstag von 17 bis 20 Uhr, an Schultagen)
Römische Ausgrabungen Unterlaa
(von Mai bis Oktober jeden ersten Sonntag im Monat von 14 bis 15 Uhr)
Feld- und Industriebahnmuseum,
13, Spohrstraße 20, Tel. 951 74 54
(gegen vorherige Anmeldung)
Feuerwehr-Museum der Stadt Wien,
1, Am Hof 10, Tel. 531 99 . . . 0
(Sonn- und Feiertag von 9 bis 12 Uhr)
Fiakermuseum,
17, Veronikagasse 12, Tel. 401 06 . . . 0
(jeden ersten Mittwoch im Monat von 8 bis 13 Uhr)
Filmmuseum → Österreichisches Filmmuseum
Fingerhutmuseum → Wiener Fingerhutmuseum
Fischereimuseum → 1. Wiener Fischereimuseum
Floridsdorfer Bezirksmuseum,
21, Prager Straße 33, Tel. 270 51 94
Donau/Rauchküche
(Dienstag von 15 bis 19 Uhr,
Sonntag von 9.30 bis 12.30 Uhr)
Galerie Mauthner Schlössl,
21, Prager Straße 33
Foltermuseum → Museum für mittelalterliche Rechtsgeschichte
Fonomuseum → Wiener Fonomuseum
Fotomuseum "Westlicht",
7, Westbahnstraße 40, Tel. 522 66 36
(täglich von 10 bis 20 Uhr)
Franziskaner → Provinzmuseum der Franziskaner
Freud-Museum → Sigmund-Freud-Museum
Fried (Erich)-Raum → Alsergrund, Bezirksmuseum
Friedhof St. Marx,
11, Leberstraße 6–8
(April und Oktober von 7 bis 17 Uhr,
Mai und September von 7 bis 18 Uhr,
Juni bis August von 7 bis 19 Uhr,
ab November von 8 Uhr bis Einbruch der Dunkelheit)
Funkmuseum
→ Erstes Österreichisches Funk- und Radiomuseum
Fußballmuseum
→ Österreichisches Fußballmuseum
Gartenbaumuseum
→ Österreichisches Gartenbaumuseum
Gedenkstätte für die Opfer des österreichischen Freiheitskampfes (Leopold-Figl-Hof),
1, Salztorgasse 6, Tel. 534 36 . . ., 735
(Montag von 14 bis 17 Uhr,
Donnerstag, Freitag von 9 bis 12 Uhr und
von 14 bis 17 Uhr,
Gruppen nach Vereinbarung)
Gedenkstätte Karajangasse
(ehemaliges Gestapo-Lager),
20, Karajangasse 14
(Donnerstag von 16 bis 20 Uhr,
nur zu den Schulzeiten)
Gefangenenhaus-Museum
→ Museum des Landesgerichtes Wien
Geldmuseum der Oesterreichischen Nationalbank,
9, Otto-Wagner-Platz 3, Tel. 404 20 . . . 0
(Dienstag von 15 bis 17 Uhr und gegen vorherige Anmeldung)
Gendarmerie-Museum,
3, Rennweg 93a, Tel. 713 35 81 . . ., 228
(gegen vorherige Anmeldung)
Gerichtliche Medizin
→ Museum des Institutes für gerichtliche Medizin
Gesellschaftsmuseum
→ Österreichisches Gesellschafts- und Wirtschaftsmuseum
Geymüller-Schlössel → Österreichisches Museum für angewandte Kunst
Glasmuseum → Wiener Glasmuseum
Globenmuseum
→ Österreichische Nationalbibliothek
Glockensammlung Pfundner,
10, Troststraße 38, Tel. 604 34 60
(gegen vorherige Anmeldung Mittwoch von 14 bis 17 Uhr)
Goldschmiede-Museum
→ Museum der Gold- und Silberschmiede
Grabdenkmalhain Waldmüllerpark,
10, Landgutgasse
(März bis November
jeden zweiten Samstag im Monat 14 Uhr)
Grafiken und Plakate
→ Sammlung der Grafischen Lehr- und Versuchsanstalt
Grillparzer-Gedenkzimmer

→ Österreichisches Staatsarchiv
Gustinus-Ambrosi-Museum
→ Österreichische Galerie
Handschriftensammlung
→ Österreichische Nationalbibliothek
Handschuhmacher-Werkstätte
→ Penzinger Bezirksmuseum
Harmonikamacher-Werkstätte
→ Ottakringer Bezirksmuseum
Haus der Musik,
Museum der Wiener Philharmoniker
1, Seilerstätte 20, Tel. 516 48 . . ., 22
(täglich von 10 bis 22 Uhr)
Haus des Meeres,
6, Esterházypark, Tel. 587 14 17
(täglich von 9 bis 18 Uhr)
Hebbel-Gedenkstätte
→ Josefstädter Bezirksmuseum
Heeresgeschichtliches Museum,
3, Arsenal, Tel. 795 61 . . . 0
(täglich außer Freitag von 9 bis 17 Uhr)
Heizungsmuseum,
12, Längenfeldgasse 13–15, Tel. 810 63 20
(Dienstag von 13 bis 18 Uhr und nach vorheriger Vereinbarung)
Herbert-von-Karajan-Centrum,
1, Kärntner Ring 1, Tel. 504 96 29
Hernalser Bezirksmuseum,
17, Hernalser Hauptstraße 72-74, Tel. 403 43 38
Protestantismus
Schrammeln und das Wienerlied
(Montag von 16 bis 20 Uhr,
jeden ersten und dritten Sonntag im Monat
von 10 bis 12 Uhr)
Herzgruft der Habsburger,
1, Augustinerstraße 3, Tel. 533 09 47 . . . 0
(Montag, Dienstag, Donnerstag von 8 bis 9.30 Uhr,
Mittwoch von 8 bis 8.45 Uhr,
Freitag von 8 bis 8.45 Uhr und von 10 bis 12 Uhr)
Hietzinger Bezirksmuseum,
13, Am Platz 2, Tel. 877 76 88
Egon-Schiele-Dokumentation
Äthiopien-Sammlung
(Freitag von 9 bis 12 Uhr, Samstag von 14.30 bis 17 Uhr, Sonntag von 10 bis 12 Uhr)
Hirschstetten
→ Reservegarten und Palmenhaus Hirschstetten
Hofburg,
1, Michaelerplatz, Tel. 587 36 66 . . ., 515
Schauräume (Kaiserappartements, Reichskanzlei und Amalientrakt)
(täglich von 9 bis 17 Uhr)
Hofjagdkammer → Kunsthistorisches Museum
Hofmobiliendepot → Kaiserliches Hofmobiliendepot
Hofsilber- und Tafelkammer
→ Kaiserliches Hofmobiliendepot
Huftiere, Orthopädie
→ Museum für Orthopädie bei Huf- und Klauentieren
Hundertwasser-Ausstellung → KunstHaus Wien
Industriebahnmuseum
→ Feld- und Industriebahnmuseum
Innere Stadt, Bezirksmuseum,
1, Wipplingerstraße 8, Tel. 534 36 . . ., 01127
(Mittwoch, Freitag von 15 bis 17 Uhr)
Islamisches Zentrum (Moschee),
21, Am Hubertusdamm 17–19, Tel. 270 13 89
(Montag bis Donnerstag von 9 bis 17 Uhr,
Samstag, Sonntag nach Vereinbarung)
Josefstädter Bezirksmuseum,
8, Schmidgasse 18, Tel. 403 64 15
Friedrich-Hebbel-Gedenkstätte
(Mittwoch von 18 bis 20 Uhr,
Sonntag von 10 bis 12 Uhr)
Alte Backstube, Bäckerhandwerk und -brauchtum,
8, Lange Gasse 34, Tel. 406 11 01
(Dienstag bis Samstag von 9 bis 24 Uhr,
Sonntag von 15 bis 24 Uhr)
Stefan-Zweig-Archiv,
8, Schmidgasse 18, Tel. 403 64 15
(Freitag von 12 bis 14 Uhr)
Jüdischer Friedhof,
9, Seegasse 9
(öffentlich nicht zugänglich)
Jüdisches Kulturzentrum,
2, Tempelgasse 5, Tel. 213 68 15 . . ., 11
Jüdisches Museum der Stadt Wien,
1, Dorotheergasse 11, Tel. 535 04 31 . . . 0
(Sonntag bis Freitag von 10 bis 18 Uhr,
Donnerstag von 10 bis 21 Uhr)
Judenplatz Wien,
1, Judenplatz 8, Tel. 535 04 31
Museum im Misrachi-Haus zur Geschichte des mittelalterlichen Judentums
Ausgrabungen der mittelalterlichen Synagoge
(Sonntag bis Donnerstag von 10 bis 18 Uhr,
Freitag von 10 bis 14 Uhr)
Julius-Raab-Museum → Museum im Schottenstift
Kaffeemuseum,
8, Bennogasse/Alser Straße
(täglich von 11.30 bis 18.30 Uhr)
k/haus,
1, Karlsplatz 5, Tel. 587 96 63 . . . 0
(täglich von 10 bis 18 Uhr)
Kahlenberger-Museum,
19, Kahlenberg, Kirche St. Josef,
Tel. 32 30 29
(täglich von 9.30 bis 12 Uhr und von
13.30 bis 16.30 Uhr)
Kainz-Erinnerungsraum
→ Kunsthistorisches Museum, Österreichisches TheaterMuseum
Kaisergruft (Kapuzinergruft),
1, Tegetthoffstraße 2, Tel. 512 68 53 . . ., 12
(täglich von 9.30 bis 15.30 Uhr)
Kaiserliches Hofmobiliendepot,
7, Andreasgasse 7, Tel. 524 33 57 . . . 0
(Mittwoch bis Sontag von 10 bis 17 Uhr)
Schausammlung der ehemaligen k. u. k. Hofsilber- und Tafelkammer,
1, Hofburg, Michaelerkuppel, Tel. 533 75 70
(täglich von 9 bis 17 Uhr)
Kálmán-Erinnerungsraum
→ Kunsthistorisches Museum, Österreichisches TheaterMuseum

Karajan-Centrum → Herbert-von-Karajan-Centrum
Kartensammlung
→ Österreichische Nationalbibliothek
Katakomben → Stephansdom
Kieferheilkunde
→ Museum der Universitätsklinik für Zahn-, Mund- und Kieferheilkunde
Kindermuseum
→ ZOOM Kindermuseum im MuseumsQuartier Wien
KindertheaterMuseum
→ Kunsthistorisches Museum, Österreichisches TheaterMuseum
Kirche zur heiligsten Dreifaltigkeit,
23, Mauer, Georgsgasse, Tel. 888 61 47
(Samstag von 9 bis 12.30 Uhr,
Sonntag von 9 bis 17 Uhr,
April bis September Montag bis Freitag von 14 bis 18 Uhr,
Oktober, März Dienstag bis Freitag von 14 bis 17 Uhr,
November bis Februar Dienstag bis Freitag von 14.30 bis 16.30 Uhr,
Führung nach telefonischer Vereinbarung)
Klauentiere, Orthopädie
→ Museum für Orthopädie bei Huf- und Klauentieren
Konventmuseum der Barmherzigen Brüder,
2, Taborstraße 16, Tel. 211 21 . . . 0
(öffentlich nicht zugänglich)
1. Kopiergeräte-Museum,
1, Reichsratsstraße 5/Doblhoffgasse 1,
Tel. 505 06 06 . . . 0
(gegen vorherige Anmeldung)
Kriminalmuseum
→ Wiener Kriminalmuseum
Kriminalpolizeiliches Museum der Bundespolizeidirektion Wien,
9, Rossauer Lände 5, Tel. 313 46 . . ., 7418
(gegen vorherige Anmeldung)
Kuffner-Sternwarte,
16, Johann-Staud-Straße 10, Tel. 914 81 30
(Führungen Dienstag, Mittwoch, Freitag bis Sonntag 20 bis 21 Uhr)
Kulturverein Österreichischer Roma,
19, Devrientgasse 1, Tel. 310 64 21
(Montag, Dienstag, Donnerstag, Freitag von 8 bis 16 Uhr, Mittwoch von 8 bis 18 Uhr)
Kunstforum Bank Austria,
1, Freyung 8, Tel. 711 91 . . ., 5731
(täglich von 10 bis 18 Uhr, Mittwoch von 10 bis 21 Uhr)
Kunsthalle wien → MuseumsQuartier Wien
Kunsthalle Wien – projekt space,
4, Treitlstraße 2, Tel. 521 89 . . ., 22
(Mittwoch bis Montag von 10 bis 18 Uhr)
KunstHaus Wien mit Hundertwasser-Ausstellung,
3, Untere Weißgerberstraße 13, Tel. 712 04 95
(täglich von 10 bis 19 Uhr)
Kunsthistorisches Museum,
1, Burgring 5, Tel. 525 24 . . . 0
Ägyptisch-Orientalische Sammlung,
Antikensammlung,
Sammlung für Plastik und Kunstgewerbe,
Gemäldegalerie,
Sekundärgalerie,
Sammlung von Medaillen, Münzen und Geldzeichen
(Dienstag bis Sonntag von 10 bis 18 Uhr,
Donnerstag von 18 bis 21 Uhr)
Kunstsammlungen in der Neuen Burg
Ephesos-Museum,
Hofjagd- und Rüstkammer,
Sammlung alter Musikinstrumente,
1, Neue Burg, Heldenplatz, Tel. 525 24 . . ., 460
(Mittwoch bis Montag von 10 bis 18 Uhr)
Museum für Völkerkunde,
1, Neue Burg, Heldenplatz, Tel. 534 30 . . . 0
(Mittwoch bis Montag von 10 bis 16 Uhr)
Österreichisches TheaterMuseum,
1, Lobkowitzplatz 2, Tel. 512 88 00 . . . 0
Theatersammlung,
Gedenkraum für Richard Teschner
(Dienstag bis Sonntag von 10 bis 17 Uhr,
Mittwoch von 10 bis 21 Uhr)
KindertheaterMuseum (nur mit Führung)
Gedenkräume für
Anna Bahr-Mildenburg,
Hermann Bahr,
Josef Kainz,
Emmerich Kálmán,
Caspar Neher,
Teo Otto,
Max Reinhardt,
Hugo Thimig,
Fritz Wotruba,
Carl Michael Ziehrer
1, Hanuschgasse 3, Tel. 512 24 27
(Dienstag bis Freitag von 10 bis 12 Uhr und von 13 bis 16 Uhr,
Samstag, Sonntag von 13 bis 16 Uhr)
Palais Harrach,
1, Freyung 3, Tel. 533 78 11
(Montag bis Mittwoch,
Freitag bis Sonntag von 9 bis 18 Uhr,
Donnerstag von 9 bis 21 Uhr)
Weltliche und geistliche Schatzkammer,
1, Hofburg, Schweizerhof, Tel. 533 79 31
(Montag, Mittwoch bis Sonntag von 10 bis 18 Uhr,
Donnerstag von 10 bis 21 Uhr)
Wagenburg,
13, Schönbrunn, Tel. 877 32 44 . . . 0
(täglich von 9 bis 18 Uhr)
Kunstsammlung Palais Schwarzenberg,
3, Rennweg 2, Tel. 798 45 15. . . 0
(gegen vorherige Anmeldung)
Kunstuhr (Ankeruhr),
1, Hoher Markt 10/11, Tel. 534 74 . . . 0
(täglich 12 Uhr Figurenparade mit Musik)
Kupferstichkabinett
→ Akademie der bildenden Künste
Kynologisches Museum,
23, Mauer, Johann-Teufel-Gasse 8, Tel. 888 22 31
(gegen vorherige Anmeldung)
Landesgericht
→ Museum des Landesgerichtes Wien

Landstraßer Bezirksmuseum,
3, Sechskrügelgasse 11, Tel. 711 34 . . ., 03127
Josef-Weinheber-Arbeitszimmer
(Mittwoch von 16 bis 18 Uhr,
Sonntag von 10 bis 12 Uhr)
Lehár-Schlössel (Schikaneder-Schlössel),
19, Hackhofergasse 18, Tel. 318 54 16
(gegen vorherige Anmeldung)
Leopold Museum → MuseumsQuartier Wien
Leopoldstädter Bezirksmuseum,
2, Karmelitergasse 9, Tel. 211 06 . . ., 02127
(Mittwoch von 17.30 bis 19 Uhr,
Samstag von 14.30 bis 17 Uhr,
Sonntag von 10 bis 12 Uhr)
Liesinger Bezirksmuseum,
23, Atzgersdorf, Canavesegasse 24,
Tel. 869 88 96 . . . 0
(Mittwoch, Samstag von 9 bis 12 Uhr,
Sonntag von 10 bis 12 Uhr)
Lipizzaner-Museum Wien,
1, Reitschulgasse 2, Tel. 526 41 84
(täglich von 9 bis 18 Uhr)
Lobau-Museum,
22, Lobau 256, Tel. 02214/35 71
(Sonn- und Feiertag von 14 bis 16 Uhr)
Looshaus,
1, Michaelerplatz 3, Tel. 531 73 . . . 0
(Montag bis Samstag von 10 bis 17.30 Uhr)
Luegerkirche,
11, Simmeringer Hauptstraße 234,
Tel. 760 41 . . . 0
(täglich von 11 bis 15 Uhr)
Männergesangverein
→ Museum des Wiener Männergesangvereins
Margaretner Bezirksmuseum,
5, Schönbrunner Straße 54,
Tel. 546 34 . . ., 05127, 05115
(Donnerstag von 16 bis 18 Uhr)
Mariahilfer Bezirksmuseum,
6, Mollardgasse 8, Tel. 586 78 68
Galerie Gumpendorf,
6, Gumpendorfer Straße 129
(Mittwoch von 17 bis 20 Uhr,
Sonntag von 9.30 bis 12 Uhr)
Marktamt
→ Sammlungen des Marktamtes der Stadt Wien
Marzipan-Museum,
1, Kohlmarkt 14, Tel. 535 17 17 . . . 0
(Donnerstag, Freitag von 10 bis 12 Uhr und
von 13 bis 15 Uhr)
Mechitaristen
→ Museum der Mechitaristen-Congregation
Medaillen-Sammlung → Kunsthistorisches Museum
Medizinhistorisches Museum
→ Museum des Institutes für Geschichte der
Medizin
Meidlinger Bezirksmuseum,
12, Längenfeldgasse 13–15, Tel. 817 65 98
(Mittwoch von 10 bis 12 Uhr und von 16 bis 18 Uhr,
Sonntag von 10 bis 12 Uhr)
Michaelerkirche, Gruft,
1, Michaelerplatz, Tel. 533 70 50
(Montag bis Freitag 11 und 15 Uhr)
Minimuseum Werkbundsiedlung,
13, Woinovichgasse, neben Haus 12
(jederzeit)
Minoritenkirche, Gruft,
1, Minoritenplatz 2a, Tel. 533 41 62
(gegen vorherige Vereinbarung)
MUK, Museum für Unterhaltungskunst,
2, Karmelitergasse 9, Tel. 211 06 . . ., 02127
(Mittwoch von 17.30 bis 19 Uhr, Samstag von
14 bis 17 Uhr, Sonntag von 10 bis 12 Uhr)
MUMOK (Museum moderner Kunst Stiftung Ludwig
Wien) → MuseumsQuartier Wien
Mundheilkunde
→ Museum der Universitätsklinik für Zahn-,
Mund- und Kieferheilkunde
Münzen-Sammlung → Kunsthistorisches Museum
Museum „Aspern 1809“,
22, Asperner Heldenplatz 9,
Tel. 270 26 45 . . ., 30
(April bis Oktober Sonntag von 10 bis 12 Uhr)
Museum auf Abruf,
1, Makartgasse 1
(Montag bis Freitag von 13 bis 19 Uhr,
Samstag von 10 bis 14 Uhr)
Museum der Ersten Österreichischen Spar-Casse-Bank AG,
18, Gersthofer Straße 143, Tel. 478 21 36
(gegen vorherige Anmeldung)
Museum der Gewerkschaft Agrar – Nahrung – Genuss,
8, Albertgasse 35, Tel. 401 49 . . . 0
(Montag bis Donnerstag von 8 bis 16 Uhr,
Freitag von 8 bis 13 Uhr)
Museum der Gold- und Silberschmiede,
7, Zieglergasse 22, Tel. 523 33 88
(Mittwoch von 15 bis 18 Uhr und gegen vorherige
Anmeldung)
Museum der kleinen Leute,
7, Neustiftgasse 89–91, Tel. 524 89 72
(Dienstag bis Freitag von 16 bis 19 Uhr,
Samstag, Sonn- und Feiertag von 13 bis 18 Uhr)
Museum der Mechitaristen-Congregation,
7, Mechitaristengasse 4, Tel. 523 64 17 . . . 0
(gegen vorherige Anmeldung)
Museum der Sudetendeutschen,
3, Steingasse 25
(Mittwoch bis Sonntag von 10 bis 18 Uhr)
Museum der Universität Wien,
1, Postgasse 9, Tel. 513 11 61 . . . 0
(derzeit geschlossen)
Museum der Universitätsklinik für Zahn-, Mund- und Kieferheilkunde,
9, Währinger Straße 25a, Tel. 405 46 36 . . . 0
(gegen vorherige Anmeldung)
Museum der Votivkirche,
9, Rooseveltplatz 8, Tel. 406 11 92
(Dienstag bis Donnerstag, Samstag von 10 bis 13
Uhr, Sonntag von 10.30 bis 13.30 Uhr)
Museum des Blindenwesens,
2, Wittelsbachstraße 5, Tel. 728 04 83 . . . 0
(gegen vorherige Anmeldung)
Museum des Institutes für gerichtliche Medizin,
9, Sensengasse 2, Tel. 402 40 51 . . . 0

(gegen vorherige Anmeldung)
Museum des Institutes für Geschichte der Medizin,
9, Währinger Straße 25, Tel. 403 21 54
Medizinhistorisches Museum, Sammlung anatomischer und geburtshilflicher Wachspräparate
(Montag bis Freitag von 9 bis 15 Uhr)
Museum des Landesgerichtes Wien, Gefangenenhaus-Museum,
8, Landesgerichtsstraße 11, Tel. 401 27. . . 0
(öffentlich nicht zugänglich)
Museum des österreichischen Freiheitskampfes
→ Dokumentationsarchiv des österreichischen Widerstandes
Museum des Veterinäramtes der Stadt Wien,
3, Henneberggasse 3, Tel. 795 14 . . ., 97955
(gegen vorherige Anmeldung)
Museum des Wiener Männergesangvereins,
1, Bösendorferstraße 12, Tel. 505 73 62 . . . 0
(gegen vorherige Anmeldung)
Museum für Beschirrungs- und Sattelungslehre, Pflege und Wartung der Haustiere,
21, Josef-Baumann-Gasse 1, Tel. 250 77 . . ., 5501
(gegen vorherige Anmeldung)
Museum für mittelalterliche Rechtsgeschichte. Die Geschichte der Folter,
6, Fritz-Grünbaum-Platz 1, Tel. 585 71 85
(täglich von 10 bis 19 Uhr)
Museum für Orthopädie bei Huf- und Klauentieren,
21, Josef-Baumann-Gasse 1, Tel. 250 77 . . ., 5501
(gegen vorherige Anmeldung)
Museum für Völkerkunde
→ Kunsthistorisches Museum
Museum im Schottenstift,
1, Freyung 6, Tel. 534 98 . . ., 600
Julius-Raab-Museum
(Donnerstag bis Samstag von 10 bis 17 Uhr, Sonntag von 12 bis 17 Uhr)
Gewölbe im Schottenstift → Vienna Art Center
Museum Judenplatz Wien
→ Jüdisches Museum der Stadt Wien
Museum mittelalterlicher österreichischer Kunst
→ Österreichische Galerie
Museum moderner Kunst Stiftung Ludwig Wien (MUMOK) → MuseumsQuartier Wien
Museum Unterlaa (Römische Ausgrabungen),
10, Klederinger Straße,
Tel. 604 01 24 . . ., 202, 205
(Mai bis Oktober jeden ersten Sonntag im Monat von 14 bis 16 Uhr)
MuseumsQuartier Wien,
7, Museumsplatz 1, Tel. 523 58 81
Architekturzentrum Wien
(täglich von 10 bis 19 Uhr)
Art Cult Center – Tabakmuseum
(Dienstag, Mittwoch, Freitag von 10 bis 17 Uhr, Donnerstag von 10 bis 19 Uhr, Samstag, Sonntag von 10 bis 14 Uhr)
Kunsthalle wien
(Montag bis Mittwoch, Freitag bis Sonntag von 10 bis 19 Uhr, Donnerstag von 10 bis 22 Uhr)
Leopold Museum
(Montag, Mittwoch, Donnerstag von 11 bis 19 Uhr, Freitag von 11 bis 21 Uhr, Samstag, Sonntag von 10 bis 19 Uhr)
MUMOK (Museum moderner Kunst Stiftung Ludwig Wien)
(Dienstag, Mittwoch, Freitag bis Sonntag von 10 bis 18 Uhr, Donnerstag von 10 bis 21 Uhr)
ZOOM Kindermuseum
(Montag bis Freitag von 8.30 bis 17 Uhr, Samstag, Sonntag von 10 bis 17.30 Uhr, Ferien von 10 bis 17.30 Uhr)
Musikinstrumente, Sammlung alter
→ Kunsthistorisches Museum
Musiksammlung
→ Österreichische Nationalbibliothek
Musiksammlung der Gesellschaft der Musikfreunde,
1, Bösendorferstraße 12, Tel. 505 86 81 . . . 0
(Montag bis Freitag von 9 bis 17 Uhr, Samstag von 9 bis 13 Uhr)
Musil-Gedenkstätte
→ Robert-Musil-Gedenkstätte
Naturhistorisches Museum,
1, Burgring 7, Tel. 521 77 . . ., 297
Mineralogisch-Petrographische Abteilung,
Geologisch-Paläontologische Abteilung,
Botanische Abteilung,
Zoologische Abteilung,
Anthropologische Abteilung,
Prähistorische Abteilung
(Mittwoch bis Montag von 9 bis 18 Uhr)
Neher-Erinnerungsraum
→ Kunsthistorisches Museum, Österreichisches TheaterMuseum
Neubauer Bezirksmuseum,
7, Stiftgasse 8, Tel. 534 27 . . ., 07207
(Donnerstag von 18 bis 20 Uhr, Sonntag von 10 bis 12 Uhr)
Nordböhmen-Heimatstube,
8, Kochgasse 34, Tel. 405 94 50
(Sonntag von 9 bis 12 Uhr)
Olympiamuseum
→ Österreichisches Olympia- und Sportmuseum
OMV, Erdöl und Erdgas,
22, Lobgrundstraße 2,
Tel. 404 40 . . ., 21666
(gegen vorherige Anmeldung)
Österreich-Abteilung
→ Österreichische Nationalbibliothek
Österreichische Galerie
Museum mittelalterlicher österreichischer Kunst in der Orangerie des Unteren Belvedere
Österreichisches Barockmuseum im Unteren Belvedere,
Prunkstall des Prinzen Eugen,
3, Rennweg 6a
Österreichische Galerie des 19. und 20. Jahrhunderts im Oberen Belvedere,
3, Prinz-Eugen-Straße 27, Tel. 795 57 . . . 0
(Dienstag bis Sonntag von 10 bis 17 Uhr)
Secessionsgebäude,
1, Friedrichstraße 12, Tel. 587 53 07 . . . 0
Gustav Klimt: Beethoven-Fries
(Dienstag bis Freitag von 10 bis 18 Uhr, Samstag, Sonntag von 10 bis 16 Uhr)
Gustinus-Ambrosi-Museum, Atelier im Augarten,

2, Scherzergasse 1a, Tel. 216 40 22 . . . 0
(Dienstag bis Sonntag von 10 bis 17 Uhr)
Österreichische Nationalbibliothek,
1, Josefsplatz 1, Tel. 534 10 . . ., 397
Prunksaal,
Handschriftensammlung,
Flugblätter-, Plakate- und Exlibris-Sammlung,
Sammlung von Inkunabeln, alten und wertvollen Drucken,
Kartensammlung und Globenmuseum
(Prunksaal: Montag bis Mittwoch, Freitag, Samstag von 10 bis 16 Uhr, Donnerstag von 10 bis 19 Uhr, Sonntag von 10 bis 14 Uhr;
Handschriftensammlung, Plakatesammlung, Inkunabelnsammlung:
Montag, Mittwoch, Freitag von 9 bis 13 Uhr, Dienstag, Donnerstag von 13 bis 18.45 Uhr;
Kartensammlung und Globenmuseum:
Montag, Dienstag, Mittwoch, Freitag von 11 bis 12 Uhr, Donnerstag von 14 bis 15 Uhr)
Porträtsammlung, Bildarchiv und Fideikommissionsbibliothek,
1, Neue Burg, Heldenplatz, Tel. 534 10 . . ., 245
Porträtsammlung, Bildarchiv:
Montag bis Freitag von 10 bis 16.30 Uhr)
Musiksammlung, Papyrussammlung,
1, Augustinerstraße 1, Tel. 534 10 . . ., 308
(Musiksammlung: Montag, Mittwoch, Freitag von 9 bis 13 Uhr, Dienstag von 12 bis 15.45 Uhr, Donnerstag von 12 bis 18.45 Uhr;
Papyrussammlung: Montag von 9 bis 18.45 Uhr, Dienstag bis Freitag von 9 bis 13 Uhr)
Österreich-Abteilung,
1, Hofburg
(Montag bis Freitag von 9 bis 15.30 Uhr)
Internationales Esperanto-Museum, Sammlung für Plansprachen,
1, Hofburg, Michaelerkuppel, Tel. 535 51 45
(Montag bis Freitag von 10 bis 16 Uhr,
Mittwoch von 10 bis 18 Uhr)
Österreichisches Filmmuseum,
1, Augustinerstraße 1, Tel. 533 70 54 . . . 0
(Montag, Donnerstag von 14 bis 18 Uhr)
Österreichisches Fußballmuseum,
2, Meiereistraße, Wiener Praterstadion, Ernst-Happel-Stadion, Tel. 727 18 . . . 0
(Montag, Freitag von 10 bis 13 Uhr,
Dienstag, Donnerstag von 14 bis 18 Uhr)
Österreichisches Gartenbaumuseum,
10, Kurpark Oberlaa, Laaer-Berg-Straße 211, Tel. 688 11 70
(Mai bis Oktober Mittwoch bis Freitag von 10 bis 14.30 Uhr,
jeden ersten und dritten Samstag im Monat von 13 bis 17 Uhr,
jeden ersten und dritten Sonntag im Monat von 12 bis 19 Uhr)
Österreichisches Gesellschafts- und Wirtschaftsmuseum,
5, Vogelsanggasse 36, Tel. 545 25 51 . . . 0
(Montag bis Freitag von 8 bis 16 Uhr)
Österreichisches Museum für angewandte Kunst,
1, Stubenring 5, Tel. 711 36 . . . 0
Europäisches Kunstgewebe vom Mittelalter bis zur Gegenwart, Kunstgewerbe des Nahen und des Fernen Ostens
(Dienstag bis Sonntag von 10 bis 18 Uhr,
Donnerstag von 10 bis 21 Uhr)
Hochschule für angewandte Kunst,
1, Oskar-Kokoschka-Platz 2, Tel. 711 33 . . . 0
(Montag bis Freitag von 11 bis 18 Uhr)
Geymüller-Schlössel (Sammlung Dr. Sobek),
18, Khevenhüllerstraße 2,
Tel. 479 31 39, 711 36 . . .0
(Donnerstag, Sonntag von 10 bis 17 Uhr)
Österreichisches Museum für Volkskunde,
8, Laudongasse 15-19, Tel. 406 89 05 . . . 0
(Dienstag bis Freitag von 9 bis 17 Uhr,
Samstag von 9 bis 12 Uhr,
Sonntag von 9 bis 13 Uhr)
Sammlung „Religiöse Volkskunst" mit der alten Klosterapotheke,
1, Johannesgasse 8, Tel. 512 13 37
(Mittwoch von 10 bis 17 Uhr,
Sonntag von 9 bis 13 Uhr)
Österreichisches Olympia- und Sportmuseum,
13, Eduard-Klein-Gasse 2, Tel. 877 62 59
(Mittwoch bis Samstag von 10 bis 16 Uhr,
Sonntag von 10 bis 13 Uhr)
Österreichisches Sprachinselmuseum,
18, Semperstraße 29, Tel. 479 60 83
(gegen vorherige Anmeldung)
Österreichisches Staatsarchiv,
3, Nottendorfer Gasse 2, Tel. 795 40 . . . 0
Haus-, Hof- und Staatsarchiv,
Allgemeines Verwaltungsarchiv,
Kriegsarchiv,
Verkehrsarchiv,
Archiv der Republik und Zwischenarchiv
(Montag, Donnerstag von 9 bis 17 Uhr,
Dienstag, Mittwoch von 9 bis 18 Uhr,
Freitag von 9 bis 13 Uhr)
Finanzarchiv,
1, Himmelpfortgasse 8, Tel. 514 33 . . ., 470
(Finanzarchiv: Montag, Mittwoch von 12.30 bis 15.30 Uhr, Dienstag, Donnerstag, Freitag von 8.30 bis 12.30 Uhr)
Hofkammerarchiv,
Grillparzer-Gedenkzimmer,
1, Johannesgasse 6, Tel. 512 54 34
(Hofkammerarchiv: Montag, Donnerstag von 12.30 bis 15.45 Uhr, Dienstag, Mittwoch, Freitag von 8.30 bis 12.30 Uhr;
Grillparzer-Gedenkzimmer: Montag bis Freitag von 8.30 bis 14.30 Uhr)
Österreichisches TheaterMuseum
→ Kunsthistorisches Museum
Österreichisches Tonbandmuseum,
15, Beingasse 3, Tel. 982 21 62
(Mittwoch von 18 bis 20 Uhr und jeden ersten Sonntag im Monat von 10 bis 12 Uhr)
Ottakringer Bezirksmuseum,
16, Richard-Wagner-Platz 19b,
Tel. 491 96 . . ., 16127
Josef-Weinheber-Zimmer
Harmonikamacher-Werkstätte

(Sonntag von 10 bis 12 Uhr)
Ottakringer Zweirad-Museum,
16, Kirchstetterngasse 21, Tel. 491 59 . . . 0
(Montag bis Freitag von 9 bis 12 Uhr und von
14 bis 18 Uhr, Samstag von 9 bis 12 Uhr)
Otto-Erinnerungsraum
→ Kunsthistorisches Museum, Österreichisches
TheaterMuseum
Otto-Wagner-Villa (Fuchs-Villa),
14, Hüttelbergstraße 26, Tel. 914 85 75
(Montag bis Freitag von 10 bis 17 Uhr)
Otto-Wagner-Wohnung (Sterbezimmer),
7, Döblergasse 4, Tel. 523 22 33
(Montag bis Freitag von 9 bis 12 Uhr)
Palais Harrach
→ Kunsthistorisches Museum
Palmenhaus
→ Botanischer Garten der Universität Wien,
Reservegarten Hirschstetten und Schloss Schönbrunn
Papyrussammlung
→ Österreichische Nationalbibliothek
Parlament,
1, Dr.-Karl-Renner-Ring 3, Tel. 401 10 . . ., 211
(Montag bis Freitag – außer an Sitzungstagen –
11 Uhr,
Juli, August Montag bis Freitag 10, 11, 13, 14,
15 Uhr)
Pathologisch-anatomisches Bundesmuseum,
9, Spitalgasse 2, Tel. 406 86 72
(Mittwoch von 15 bis 18 Uhr,
Donnerstag von 8 bis 11 Uhr,
jeden ersten Samstag im Monat von 10 bis 13 Uhr)
Penzinger Bezirksmuseum,
14, Penzinger Straße 59, Tel. 897 28 52
Prof.-Dr.-Georg-Pevetz-Gedenkraum
Heinz-Conrads-Gedenkraum
Handschuhmacher-Werkstätte
(Mittwoch von 17 bis 19 Uhr,
Sonntag von 10 bis 12 Uhr)
Pevetz-Gedenkraum → Penzinger Bezirksmuseum
Pfarrmuseum,
9, Marktgasse 40, Tel. 315 26 46
(gegen vorherige Anmeldung)
Philharmoniker, Museum
→ Haus der Musik
Planetarium,
2, Oswald-Thomas-Platz 1,
Tel. 729 54 94 . . . 0
(Samstag, Sonntag 15 Uhr)
Planungswerkstatt → Wiener Planungswerkstatt
Polizeimuseum → Wiener Kriminalmuseum
Porträtsammlung – Bildarchiv
→ Österreichische Nationalbibliothek
Porzellanmuseum
→ Wiener Porzellanmanufaktur
Post- und Telegrafenmuseum
→ Technisches Museum
Prägestempel
→ Sammlung historischer Prägestempel
Provinzmuseum der Franziskaner,
1, Franziskanerplatz 4, Tel. 512 45 78. . .0
(gegen vorherige Anmeldung)
Puppen- und Spielzeugmuseum,
1, Schulhof 4, Tel. 535 68 60
(Dienstag bis Sonntag von 10 bis 18 Uhr)
Radiomuseum
→ Erstes Österreichisches Funk- und Radiomuseum
Rathaus,
1, Lichtenfelsgasse 2, Tel. 40 00 . . ., 81360
(Montag bis Freitag 13 Uhr)
Rauchfangkehrermuseum,
4, Klagbaumgasse 4/2, Tel. 22 22 54
(Sonntag von 10 bis 12 Uhr)
Reinhardt-Erinnerungsraum
→ Kunsthistorisches Museum, Österreichisches
TheaterMuseum
Religiöse Volkskunst, Sammlung
→ Österreichisches Museum für Volkskunde
Reservegarten und Palmenhaus Hirschstetten,
22, Quadenstraße 15–19, Tel. 280 76 31
(gegen vorherige Anmeldung)
Rettungsmuseum,
17, Gilmgasse 18, Tel. 711 19 . . ., 2025
(gegen vorherige Anmeldung)
Riesenrad,
2, Volksprater, Tel. 729 54 30 . . . 0
(März und Oktober täglich von 10 bis 22 Uhr,
April bis September täglich von 9 bis 23 Uhr)
Robert-Musil-Gedenkstätte,
3, Rasumofskygasse 20/2/6, Tel. 713 10 19
(täglich von 10 bis 13 Uhr)
Römische Ausgrabungen Unterlaa
→ Favoritner Bezirksmuseum
Römische Baureste unter der St. Jakobskirche,
19, Pfarrplatz 3, Tel. 37 13 43
(Sonntag- und Feiertag von 15 bis 17 Uhr)
Rudolfsheim-Fünfhaus, Bezirksmuseum,
15, Rosinagasse 4, Tel. 891 34 . . ., 15127
(Montag von 17 bis 19 Uhr,
Freitag von 15.30 bis 17.30 Uhr)
Rüstkammer → Kunsthistorisches Museum
Saar-Gedenkraum → Döblinger Bezirksmuseum
Sammlung der Grafischen Lehr- und Versuchsanstalt,
14, Leyserstraße 6, Tel. 982 39 14 . . . 0
(während der Schulzeit Montag bis Freitag von
8 bis 16 Uhr)
Sammlung historischer Prägestempel im Hauptmünzamt,
3, Am Heumarkt 1, Tel. 717 15 . . . 0
(täglich von 10 bis 18 Uhr)
Sammlung historischer Streichinstrumente des 17. und 18. Jahrhunderts,
2, Praterstraße 13, Tel. 214 30 21
(nach Vereinbarung)
Sammlungen des Marktamtes der Stadt Wien,
3, Am Modenapark 1–2, Tel. 711 16 . . ., 87912
(Montag bis Freitag von 7.30 bis 15.30 Uhr)
Sanitärhistorisches Museum,
6, Mollardgasse 87, Tel. 599 16 . . ., 670, 627
(Dienstag von 16 bis 19 Uhr und
gegen vorherige Anmeldung)
Sanitätsmuseum,
15, Pillergasse 24, Tel. 891 45 . . ., 8311
(Donnerstag von 16 bis 20 Uhr)

Sattelungslehre
→ Museum für Beschirrungs- und Sattelungslehre, Pflege und Wartung der Haustiere
Schatzkammer des Deutschen Ordens,
1, Singerstraße 7, Tel. 512 10 65 . . ., 6
(Mai bis Oktober Montag, Donnerstag bis Sonntag von 10 bis 12 Uhr, Mittwoch, Freitag, Samstag von 15 bis 17 Uhr,
November bis April Montag, Donnerstag, Samstag von 10 bis 12 Uhr, Mittwoch, Freitag von 15 bis 17 Uhr)
Schatzkammer (Weltliche und geistliche)
→ Kunsthistorisches Museum
Schiele-Dokumentation → Hietzinger Bezirksmuseum
Schikaneder-Schlössel → Lehár-Schlössel
Schloss Schönbrunn,
13, Schönbrunn, Tel. 811 13 . . ., 239
Schauräume
(April bis Oktober täglich von 8.30 bis 17 Uhr, November bis März täglich von 8.30 bis 16.30 Uhr)
Bergl-Zimmer
(April bis Oktober von 8.30 bis 17 Uhr, November bis März von 8.30 bis 16.30 Uhr)
Palmenhaus, Tel. 877 50 87 . . ., 406
(Mai bis September von 9.30 bis 18 Uhr, Oktober bis April von 9.30 bis 17 Uhr)
Tiergarten Schönbrunn, Tel. 877 12 36 . . . 0
(Jänner, November, Dezember täglich von 9 bis 16.30 Uhr,
Februar, Oktober täglich von 9 bis 17 Uhr,
März täglich von 9 bis 17.30 Uhr,
April täglich von 9 bis 18 Uhr,
Mai bis September täglich von 9 bis 18.30 Uhr)
Wagenburg
→ Kunsthistorisches Museum
Schmetterlingshaus,
1, Burggarten, Tel. 533 85 70
(täglich von 10 bis 16.30 Uhr)
Schmiede-Museum → Alte Schmiede
Schnapsmuseum → Wiener Schnapsmuseum
Schokolademuseum,
23, Inzersdorf, Willendorfer Gasse 2–8, Tel. 667 21 10 . . .0
(Montag bis Freitag von 8 bis 12 Uhr)
Schönberg-Center → Arnold-Schönberg-Center
Schottenstift → Museum im Schottenstift
Schubertpark, Gräberhain,
18, Währinger Straße 123–125, Tel. 712 21 71 . . ., 22
(gegen vorherige Anmeldung)
Schwarzenberg
→ Kunstsammlung Palais Schwarzenberg
Secessionsgebäude → Österreichische Galerie
Siemens Forum Wien,
3, Dittrichgasse 25, Tel. 17 07 . . . 0
(Samstag, Sonn- und Feiertag von 9 bis 17 Uhr)
Sigmund-Freud-Museum,
9, Berggasse 19, Tel. 319 15 96 . . . 0
(täglich von 9 bis 16 Uhr)
Silberschmiede-Museum
→ Museum der Gold- und Silberschmiede
Simmeringer Bezirksmuseum,
11, Enkplatz 2, Tel. 740 34 . . ., 11127
Awarengräber
(Freitag von 10 bis 12 Uhr und von 15 bis 17 Uhr, Sonntag von 10 bis 12 Uhr)
Spanische Hofreitschule,
1, Hofburg, Michaelerplatz 1, Tel. 533 90 31 . . . 0
(Morgenarbeit: Dienstag bis Samstag von 10 bis 12 Uhr)
Spielkartensammlung Piatnik,
14, Hütteldorfer Straße 227, Tel. 914 41 51 . . ., 25
(gegen vorherige Anmeldung)
Spielzeugmuseum → Puppen- und Spielzeugmuseum
Sportmuseum
→ Österreichisches Olympia- und Sportmuseum
Sprachinselmuseum
→ Österreichisches Sprachinselmuseum
Staatsarchiv → Österreichisches Staatsarchiv
Staatsoper,
1, Opernring 2, Tel. 514 44 . . ., 2613
(Juli, August 9, 10, 11, 13, 14 und 15 Uhr, übrige Zeit gegen Anmeldung)
Stadthalle → Wiener Stadthalle
Stanislaus-Kostka-Kapelle,
1, Kurrentgasse 2, Tel. 533 82 51
(gegen vorherige Anmeldung)
Steinhofkirche,
14, Baumgartner Höhe 1, Tel. 910 60 . . ., 2397
(Samstag 15 Uhr)
Stephansdom,
1, Stephansplatz, Tel. 515 52 . . ., 563
(Dom: Montag bis Samstag 10.30, 15 Uhr;
Katakomben: täglich von 10 bis 11.30 Uhr und von 14 bis 16.30 Uhr;
Turm: täglich von 9 bis 17 Uhr;
Pummerin: täglich von 9 bis 17 Uhr)
St. Marx → Friedhof St. Marx
Straßenbahnmuseum → Wiener Straßenbahnmuseum
Streichinstrumente, Sammlung historischer
→ Sammlung historischer Streichinstrumente des 17. und 18. Jahrhunderts
Sudetendeutschen-Museum
→ Museum der Sudetendeutschen
Tabakmuseum → MuseumsQuartier Wien
Tafelkammer → Kaiserliches Hofmobiliendepot
Technisches Museum für Industrie und Gewerbe,
14, Mariahilfer Straße 212, Tel. 899 98 . . .0
Auer-von-Welsbach-Erinnerungsraum
Österreichisches Eisenbahnmuseum
Post- und Telegrafenmuseum
(wegen Umbaues geschlossen)
Teschner-Erinnerungsraum
→ Kunsthistorisches Museum, Österreichisches TheaterMuseum
TheaterMuseum
→ Kunsthistorisches Museum, Österreichisches TheaterMuseum
Theatersammlung
→ Kunsthistorisches Museum, Österreichisches TheaterMuseum
Thimig-Erinnerungsraum
→ Kunsthistorisches Museum, Österreichisches TheaterMuseum

Tiergarten → Schloss Schönbrunn
Tonbandmuseum
→ Österreichisches Tonbandmuseum
Tröpferlbadmuseum → Wiedner Bezirksmuseum
Universität → Museum der Universität Wien
UNO-City,
22, Kagran, Wagramer Straße 5,
Tel. 211 31 . . ., 4193
(Montag bis Freitag 11 und 14 Uhr,
April bis Oktober auch Samstag und Feiertag)
Unterhaltungskunst, Museum → MUK
Urania-Sternwarte,
1, Uraniastraße 1, Tel. 712 61 91. . ., 15
(Mittwoch, Freitag, Samstag 20 Uhr,
Sonntag 11 Uhr)
Ur- und Frühgeschichte
→ Sammlung des Institutes für Ur- und Frühgeschichte
Veterinäramt
→ Museum des Veterinäramtes der Stadt Wien
Video-Art-Museum
→ 1. Wiener Museum für Videoart und Bodyard
Vienna Art Center (Gewölbe im Schottenstift),
1, Freyung 6
(Dienstag bis Sonntag von 9 bis 18 Uhr)
Völkerkunde
→ Kunsthistorisches Museum, Museum für Völkerkunde
Volkskunde
→ Österreichisches Museum für Volkskunde
Votivkirche → Museum der Votivkirche
Wachspräparate
→ Museum des Institutes zur Geschichte der Medizin
Wagenburg → Kunsthistorisches Museum
Währinger Bezirksmuseum,
18, Währinger Straße 124,
Tel. 476 34 . . ., 18127
(Sonntag von 10 bis 12 Uhr)
Waldmüllerpark, Grabdenkmalhain
→ Grabdenkmalhain Waldmüllerpark
Walter (Bruno)-Gedenkraum
(Hochschule für Musik und darstellende Kunst),
3, Lothringerstraße 18, Tel. 588 06 . . . 0
(Montag bis Freitag von 9 bis 16 Uhr)
Wasserleitungsmuseum Kaiserbrunn,
Tel. 599 59 . . ., 94510, 0 26 66/525 48
(Sonn- und Feiertag von 10 bis 12 Uhr)
Wasserleitungsmuseum Wildalpen,
Tel. 599 59 . . ., 94510, 0 36 36/4510
(Sonn- und Feiertag von 10 bis 12 Uhr)
Weinbaumuseum
→ Döblinger Bezirksmuseum
Weinheber-Arbeitszimmer
→ Landstraßer Bezirksmuseum
Weinheber-Zimmer
→ Ottakringer Bezirksmuseum
Werkbundsiedlung
→ Minimuseum Werkbundsiedlung
Wertheimstein-Villa
→ Döblinger Bezirksmuseum
Widerstand
→ Dokumentationsarchiv des österreichischen Widerstands
Wiedner Bezirksmuseum,
4, Klagbaumgasse 4, Tel. 581 78 11
Tröpferlbadmuseum
(Samstag von 15 bis 17 Uhr,
Sonntag von 10 bis 12 Uhr)
Wiener Fingerhutmuseum,
14, Linzer Straße 128, Tel. 982 22 14
(gegen vorherige Anmeldung)
1. Wiener Fischereimuseum,
21, Prager Straße, Abfahrt zur A 22
(Sonntag von 9 bis 12 Uhr)
Wiener Fonomuseum,
6, Mollardgasse 8, Tel. 310 44 56
(Mittwoch von 18 bis 20 Uhr,
Sonntag von 10 bis 12 Uhr)
Wiener Glasmuseum (Lobmeyr),
1, Kärntner Straße 26,
Tel. 512 05 08 . . . 0
(Montag bis Freitag von 9 bis 18 Uhr,
Samstag von 9 bis 16 Uhr)
Wiener Kriminalmuseum,
2, Große Sperlgasse 24,
Tel. 214 46 78
Museum der Bundespolizeidirektion Wien
(Dienstag bis Sonntag von 10 bis 17 Uhr)
1. Wiener Museum für Video-Art und Bodyart,
1, Kurrentgasse 4/2
(Donnerstag bis Samstag von 17 bis 21 Uhr)
Wiener Philhamoniker, Museum
→ Haus der Musik
Wiener Planungswerkstatt,
8, Friedrich-Schmidt-Platz 9,
Tel. 40 00 . . ., 88818
(Montag bis Freitag von 9 bis 16 Uhr,
Donnerstag von 9 bis 19 Uhr)
Wiener Porzellanmuseum (Schloss Augarten),
2, Obere Augartenstraße 1,
Tel. 211 24. . .0
(Montag bis Freitag von 9.30 bis 18 Uhr,
Samstag von 9.30 bis 12 Uhr)
Wiener Schnapsmuseum
(Wiener Likörfabrik Friedrich Fischer),
12, Wilhelmstraße 19, Tel. 815 73 00
(täglich von 9 bis 19 Uhr
gegen Voranmeldung)
Wiener Stadthalle,
15, Vogelweidplatz 14, Tel. 981 00 . . . 0
(gegen vorherige Anmeldung)
Wiener Straßenbahnmuseum,
3, Ludwig-Kößler-Platz,
Tel. 79 09 . . ., 44900
(Mai bis Oktober Samstag,
Sonn- und Feiertag
von 9 bis 16 Uhr)
Wiener Ziegelmuseum,
14, Penzinger Straße 59, Tel. 897 28 52
(jeden ersten und dritten Sonntag im Monat
von 10 bis 12 Uhr)
Wildbach-Modellsammlung,
19, Peter-Jordan-Straße 82/1, Tel. 470 95 61
(während der Öffnungszeiten der Universität
für Bodenkultur)

Wirtschaftsmuseum
→ Österreichisches Gesellschafts- und Wirtschaftsmuseum
Wotruba-Erinnerungsraum
→ Kunsthistorisches Museum, Österreichisches TheaterMuseum
WUK – Verein zur Schaffung offener Kultur- und Werkstättenhäuser,
9, Währinger Straße 59,
Tel. 401 21 . . . 0
Zahnheilkunde
→ Museum der Universitätsklinik für Zahn-, Mund- und Kieferheilkunde
Zeitschriftensaal
→ Österreichische Nationalbibliothek
Zentralfriedhof,
11, Simmeringer Hauptstraße 234,
Tel. 760 41 . . . 0
Ehrengräber, Park der Ruhe und Kraft
(Jänner, Februar, November, Dezember von 8 bis 17 Uhr,
März, April, September, Oktober von 7 bis 18 Uhr,
Mai bis August von 7 bis 19 Uhr)
Dr.-Karl-Lueger-Kirche
(täglich von 11 bis 15 Uhr)
Ziegelmuseum
→ Wiener Ziegelmuseum
Ziehrer-Erinnerungsraum
→ Kunsthistorisches Museum, Österreichisches Theater-Museum
ZOOM Kindermuseum
→ MuseumsQuartier Wien
Zweirad-Museum
→ Ottakringer Zweirad-Museum

BÜCHEREIEN WIEN

→ Magistrat, MA 13

SEHENSWÜRDIGKEITEN

(Auswahl historisch und künstlerisch bedeutender Bauten und Denkmäler)

1. Bezirk

Abraham-a-Sancta-Clara-Denkmal,
Burggarten/Goethegasse
Akademie der bildenden Künste, Gemäldegalerie,
Schillerplatz 3
Akademie der Wissenschaften (ehemalige Universitätsaula),
Dr. Ignaz-Seipel-Platz 2
Akademie für Musik und darstellende Kunst
(ehemaliges Ursulinenkloster),
Seilerstätte 26
Akademie-Kirche zur hl. Ursula,
Johannesgasse 8
Akademisches Gymnasium,
Beethovenplatz 1
Albertina, Sammlungen der Nationalbibliothek,
Augustinerstraße 1
Alte Universität,
Dr.-Ignaz-Seipel-Platz
Altes Rathaus mit Salvatorkapelle,
Wipplingerstraße 8
Amalienburg,
Hofburg
Anastasius-Grün-Denkmal,
Schillerplatz
Andromedabrunnen,
Wipplingerstraße 8 (Hof des Alten Rathauses)
Ankerhaus,
Graben 10
Ankeruhr,
Hoher Markt 10–11
Anzengruber-Denkmal,
Schmerlingplatz
Augustinerkirche mit Herzgruft der Habsburger,
Augustinerstraße 3
Austriabrunnen,
Freyung
Beethoven-Denkmal,
Beethovenplatz
Böhmische Hofkanzlei, ehemalige (jetzt Verfassungs- und Verwaltungsgerichtshof),
Wipplingerstraße 7 – Judenplatz 11

Börse,
Schottenring 16
Bruckner-Denkmal,
Stadtpark
Bruckners Wohnhaus,
Heßgasse 7
Bundeskanzleramt (ehemalige Österreichische Hofkanzlei),
Ballhausplatz 2
Bürgerhäuser:
Am Gestade 3, 5 und 7 (frühneuzeitliche Häuser, 16. Jahrhundert)
Am Hof 7 (ehemaliges Märkleinsches Haus)
Am Hof 12 (barockes Bürgerhaus)
Annagasse 8 (ehemaliger Deybel- oder Täuberlhof)
Annagasse 14 (Haus „Zum blauen Karpfen")
Bäckerstraße 7 (Haus mit Renaissancehof)
Bäckerstraße 8
Bäckerstraße 12–16 (Bürgerhäuser des 15. bis 18. Jahrhunderts, mit später zum Teil veränderten Fassaden)
Bauernmarkt 10 (Geburtshaus von Franz Grillparzer)
Bräunerstraße 3 (Geburtshaus von Johann Nestroy)
Bräunerstraße 7 (ehemaliges Freihaus Walterskirchen)
Bräunerstraße 11 (Klassizistisches Zinshaus)
Domgasse 5 (Figaro-Haus, Mozart-Gedenkstätte)
Domgasse 6 (ehemaliger Kleiner Bischofshof, Haus zum Roten Kreuz)
Fleischmarkt 9 (Zur Mariahilf)
Fleischmarkt 15 (Schwindhof)
Freyung 7 (Schubladenkastenhaus)
Griechengasse 7 und 9 (mit gotischem Wohnturm)
Himmelpfortgasse 6 (Johann Lukas von Hildebrandt)
Judenplatz 2 (Zum großen Jordan, Platz des ehemaligen Ghettos)
Kohlmarkt 11 (Großes Michaelerhaus)
Kurrentgasse 2 (ehemaliger Pfarrhof der Kirche Am Hof, Stanislaus-Kostka-Kapelle)
Mölker Bastei 8 ("Pasqualatihaus", Beethoven-Gedenkstätte, Stifter-Museum)
Naglergasse 7–27 (zum Teil spätmittelalterliche Häuser mit einzelnen barock veränderten Fassaden)
Neuer Markt 14 (ehemaliges Palais Rauchmiller)
Petersplatz 6 (Pfarrhof der Peterskirche)
Schönlaterngasse 2, 8, 9 (revitalisierte Bürgerhäuser)
Schönlaterngasse 7–7a (Basiliskenhaus)
Schönlaterngasse 9 (Alte Schmiede)
Schreyvogelgasse 10 (Dreimäderlhaus)
Schulhof 2 (Uhrenmuseum)
Schultergasse 5 (anstelle des Sterbehauses von Fischer von Erlach)
Schwertgasse 3 (barockes Haus "Zu den 7 Schwertern")
Seitenstettengasse 2 (Kornhäuselturm)
Sonnenfelsgasse 3 (sogenanntes Hildebrandthaus)
Sonnenfelsgasse 15–19 (Häuser aus dem 16. bis 18. Jahrhundert, zum Teil noch mit Fassaden des Barocks und der Renaissance)
Sterngasse 3 (Wiener Neustädter Hof)
Tuchlauben 5 (ehemaliger Hochholzerhof, Langenkellerhaus, Fassade aus dem 18. Jahrhundert)
Tuchlauben 19 (Schauraum mit mittelalterlichen Profanfresken)
Weihburggasse 14 (Haus mit schmiedeeisernen Balkonen)
Bürgerliches Zeughaus, ehemaliges (jetzt Feuerwehrzentrale und Feuerwehrmuseum),
Am Hof 10
Burggarten (ehemaliger Kaisergarten der Hofburg mit Wintergarten)
Burgkapelle, Hofburg,
Schweizerhof
Burgtheater,
Dr.-Karl-Lueger-Ring 2
Burgtor und Heldenplatz,
Hofburg
Café Hawelka,
Dorotheergasse 6
Canon-Denkmal,
Stadtpark
Churhaus,
Stephansplatz 3
Clemens-Maria-Hofbauer-Denkmal,
Minoritenplatz
Danubius-Brunnen,
Albertinaplatz
Deutschmeister-Denkmal,
Deutschmeisterplatz
Deutschmeisterpalais,
Parkring 8
Deutschordenshaus,
Singerstraße 7-9
Dominikanerkirche,
Postgasse 4
Donner-Brunnen,
Neuer Markt
Dorotheum,
Dorotheergasse 17
Ephesos-Museum, Neue Burg,
Heldenplatz
Equitable-Palais,
Stock-im-Eisen-Platz 3–4
Erzbischöfliches Dom- und Diözesanmuseum,
Stephansplatz 6
Erzbischöfliches Palais,
Rotenturmstraße 2
Erzherzog-Albrecht-Denkmal,
Augustinerbastei
Erzherzog-Karl-Denkmal,
Heldenplatz
Evangelische Kirche A. B.,
Dorotheergasse 18
Evangelische Kirche H. B.,
Dorotheergasse bei 16
Fähnrichshof,
Blutgasse 7
Figl-Denkmal,
Minoritenplatz
Freyung-Passage (ehemalige Österreichisch-Ungarische Bank, sog. Palais Ferstel),

Herrengasse – Strauchgasse – Freyung
Goethe-Denkmal,
Opernring
Griechische Kirche Sankt Barbara,
Postgasse 8
Griechische Kirche "Zur hl. Dreifaltigkeit",
Fleischmarkt 13
Griechische Kirche "Zum hl. Georg",
Hafnersteig 2
Grillparzer-Denkmal,
Volksgarten
Gutenberg-Denkmal,
Lugeck
Haas-Haus,
Stock-im-Eisen-Platz 4
Hannaken-Brunnen,
Am Gestade
Heiligenkreuzerhof mit Kapelle,
Schönlaterngasse 5
– Grashofgasse 3
Heldendenkmal,
Heldenplatz, Äußeres Burgtor
Herzgruft der Habsburger in der Augustinerkirche,
Augustinerstraße
Hochhaus,
Herrengasse 6–8
Hofburg,
Michaelerplatz – Augustinerstraße – Josefsplatz – Augustinerbastei – Heldenplatz – Ballhausplatz
Hofburg-Kapelle,
Schweizerhof
Hofkammerarchiv,
Johannesgasse 6 – Annagasse 5
Hotel Imperial,
Kärntner Ring 16
Hotel Sacher,
Philharmonikerstraße 2–8
Innenministerium (ehemaliges Palais Modena),
Herrengasse 7
Johann-Strauß-Denkmal,
Stadtpark
Josefsbrunnen,
Graben
Jüdisches Museum der Stadt Wien,
Dorotheergasse 11
Justizpalast,
Schmerlingplatz 10
k/haus,
Karlsplatz 5
Kaiser-Franz-I.-Denkmal,
Burggarten
Kaiser-Joseph-II.-Denkmal,
Josefsplatz
Kaisergruft,
Neuer Markt 2
Kaiserin-Elisabeth-Denkmal,
Volksgarten
Kastalia-Brunnen,
Universität
Katakomben,
Stephansplatz
Kirche Maria am Gestade,
Salvatorgasse 12
Kirche Maria Schnee, Minoritenkirche,
Minoritenplatz
Kirche St. Peter,
Petersplatz
Kirche zu den 9 Chören der Engel,
Am Hof
Kirche zu Mariä Himmelfahrt (ehemalige Universitätskirche),
Dr.-Ignaz-Seipel-Platz 1
Kirche zum hl. Hieronymus,
Franziskanerplatz
Kirche zum hl. Johannes dem Täufer, Malteserkirche,
Kärntner Straße 37
Kirche zum hl. Ruprecht,
Ruprechtsplatz
Kirche zur hl. Anna,
Annagasse 3b
Kirche zur hl. Elisabeth, Deutschordenskirche,
Singerstraße 7
Kirche zur hl. Maria von den Engeln, Kapuzinerkirche,
Neuer Markt
Körner-Denkmal,
Rathauspark
Kremsmünster Hof,
Annagasse 4
Kriegsministerium, ehemaliges (jetzt Regierungsgebäude),
Stubenring 1
Kunsthistorisches Museum,
Burgring 5
Landhaus,
Herrengasse 13
Lehár-Denkmal,
Stadtpark
Lenau-Denkmal,
Schillerplatz
Leopoldinischer Trakt,
Hofburg
Leopoldsbrunnen,
Graben
Lessing-Denkmal,
Judenplatz
Liebenberg-Denkmal,
Dr.-Karl-Lueger-Ring
Loos-Bar,
Kärntner Durchgang
Loos-Haus,
Michaelerplatz 3
Lueger-Denkmal,
Dr.-Karl-Lueger-Platz
Mahnmal für die österreichischen Opfer der Shoa,
Judenplatz
Mahnmal gegen Krieg und Faschismus,
Albertinaplatz
Makart-Denkmal,
Stadtpark
Marco-d'Aviano-Denkmal,
Neuer Markt
Maria-Theresien-Denkmal,
Maria-Theresien-Platz
Mariensäule,
Am Hof

Melkerhof,
Schottengasse 3
Michaelerkirche,
Michaelerplatz
Michaelerplatz,
Ausgrabungen
Michaelertrakt,
Hofburg
Mosesbrunnen,
Franziskanerplatz
Mozart-Denkmal,
Burggarten
Musikvereinsgebäude,
Bösendorferstraße 12
Naturhistorisches Museum,
Burgring 7
Neue Burg,
Hofburg
Österreichische Nationalbibliothek (ehemalige Hofbibliothek), Prunksaal, Josefsplatz, Lesesaal und Katalog am Heldenplatz,
Neue Burg
Österreichisches Museum für angewandte Kunst,
Stubenring 5
Otto-Wagner-Denkmal,
Makartgasse
Otto-Wagner-Häuser,
Stadiongasse 6-10
Palais Bartolotti-Partenfeld, ehemaliges,
Graben 11
Palais Batthyány,
Bankgasse 2
Palais Caprara-Geymüller, ehemaliges,
Wallnerstraße 8
Palais Coburg,
Seilerstätte 1
Palais Collalto,
Am Hof 13
Palais Dietrichstein,
Minoritenplatz 3
Palais Epstein, ehemaliges,
Dr.-Karl-Renner-Ring 1
Palais Erdödy-Fürstenberg,
Himmelpfortgasse 13
Palais Erzherzog Karl (ehemaliges, jetzt Haus der Musik),
Seilerstätte 30
Palais Erzherzog Ludwig Viktor,
Schwarzenbergplatz 1
Palais Erzherzog Wilhelm,
Parkring 8
Palais Esterházy,
Wallnerstraße 4
Palais Fürstenberg,
Grünangergasse 4
Palais Harrach, ehemaliges,
Freyung 3
Palais Kinsky (ehemaliges Palais Daun),
Freyung 4
Palais Liechtenstein,
Bankgasse 2
Palais Lobkowitz (ehemaliges Palais Dietrichstein, jetzt Österreichisches TheaterMuseum),
Lobkowitzplatz 2
Palais Neupauer-Breuner,
Singerstraße 16
Palais Palffy,
Josefsplatz 6
Palais Pallavicini (ehemaliges Palais Fries),
Josefsplatz 5
Palais Porcia, ehemaliges,
Herrengasse 23
Palais Prinz Eugen, ehemaliges (jetzt Bundesministerium für Finanzen),
Himmelpfortgasse 8
Palais Questenberg-Kaunitz, ehemaliges,
Johannesgasse 5 und 5a
Palais Rottal, ehemaliges,
Singerstraße 17
Palais Schönborn-Batthyány,
Renngasse 4
Palais Starhemberg, ehemaliges (jetzt Bundesministerium für Bildung, Wissenschaft und Kultur),
Minoritenplatz 5
Palais Todesco,
Kärntner Straße 51
Palais Wilczek,
Herrengasse 5
Pallas-Athene-Brunnen,
Parlament
Parlament,
Dr.-Karl-Renner-Ring 3
Pestsäule,
Graben
Postsparkasse,
Georg-Coch-Platz 2
Prinz-Eugen-Denkmal,
Heldenplatz
Raab-Denkmal,
Volksgarten
Radetzky-Denkmal,
Stubenring 1
Rathaus,
Rathausplatz
Rathauspark
Republik-Denkmal,
Dr.-Karl-Renner-Ring
Renner-Denkmal,
Rathauspark
Ronacher,
Seilerstätte 9
Rudolf-von-Alt-Denkmal,
Minoritenplatz
Salvatorkapelle,
Salvatorgasse 5
Savoysches Damenstift,
Johannesgasse 15
Schärf-Denkmal,
Rathauspark
Schatzkammer, weltliche und geistliche, Hofburg,
Schweizerhof
Schiller-Denkmal,
Schillerplatz
Schindler-Denkmal,
Stadtpark
Schottenkirche,

Freyung 6
Schottenkloster und Schottenhof,
Freyung 6
Schubert-Denkmal,
Stadtpark
Schwarzenberg-Denkmal,
Schwarzenbergplatz
Schweizerhof,
Hofburg
Secession,
Friedrichstraße 12
Seitz-Denkmal,
Rathauspark
Spanische Hofreitschule, Winterreitschule,
Hofburg
Staatsoper,
Opernring 2
Stadtpark,
Parkring
Stallburg,
Hofburg
Stephansdom,
Stephansplatz
Stock im Eisen,
Kärntner Straße 2
Stolz-Denkmal,
Stadtpark
Strauß-Lanner-Denkmal,
Rathauspark
Synagoge,
Seitenstettengasse 4
Theseustempel,
Volksgarten
Uhrenmuseum,
Schulhof 2
Ungarische Botschaft,
Bankgasse 4–6
Universität,
Dr.-Karl-Lueger-Ring 1
Urania,
Uraniastraße 1
Vermählungsbrunnen,
Hoher Markt
Volksgarten
Waldmüller-Denkmal,
Rathauspark
Zacherlhaus,
Brandstätte 6

2. Bezirk

Augarten,
Obere Augartenstraße 1
Augarten-Brücke
Barmherzige-Brüder-Kirche,
Taborstraße 16
Barockes Bürgerhaus,
Taborstraße 23
Börse für landwirtschaftliche Produkte, ehemalige,
Taborstraße 10
Buddhistische Pagode,
Dammhaufen 50
Johann-Strauß-Gedenkstätte,
Praterstraße 54
Johannes-von-Nepomuk-Kapelle,
Obere Donaustraße gegenüber 49–51
Kaiser-Jubiläums-Kirche,
Mexikoplatz 12
Lassalle-Hof,
Lassallestraße 40
Lusthaus,
Prater
Marien-Statue,
Marienbrücke
Nestroy-Denkmal,
Praterstraße (bei 9)
Ofner-Denkmal,
Taborstraße/Glockengasse
Planetarium,
Oswald-Thomas-Platz 1 (Prater)
Pfarrkirche St. Johann von Nepomuk,
Praterstraße
Pfarrkirche St. Josef,
Karmeliterplatz
Pfarrkirche St. Leopold,
Große Pfarrgasse 15
Prater
Pratermuseum,
Oswald-Thomas-Platz 1
Riesenrad
Schützenhaus des ehemaligen Kaiserbad-Wehres,
Obere Donaustraße 26
Stadion, Prater,
Meiereistraße
Tegetthof-Denkmal,
Praterstern
Trabrennplatz,
Krieau
Wurstelprater
Ziehrer-Denkmal,
Prater-Hauptallee

3. Bezirk

Akademietheater,
Lothringerstraße 8–10
Alpengarten im Oberen Belvedere,
Landstraßer Gürtel 1
Arsenal, Arsenalstraße
Beethovenhaus,
Ungargasse 5
Befreiungs-Denkmal,
Schwarzenbergplatz
Belvedere,
Prinz-Eugen-Straße 27 – Rennweg 6
Botanischer Garten der Universität,
Rennweg 14
Fiaker-Denkmal,
Fiakerplatz
Gardekirche,
Rennweg 5a
Hauptmünzamt,
Am Heumarkt 1

Heeresgeschichtliches Museum,
Arsenal
Hochstrahlbrunnen,
Schwarzenbergplatz
Hofmannsthals Geburtshaus,
Salesianergasse 12
Hundertwasser-Haus,
Löwengasse/Kegelgasse
Karl-Borromäus-Brunnen,
Karl-Borromäus-Platz
Kirche zur hl. Elisabeth,
Landstraßer Hauptstraße 4a
Kneipp-Brunnen,
Stadtpark
Konzerthaus,
Lothringerstraße 20
KunstHaus Wien,
Untere Weißgerberstraße 13
Museum mittelalterlicher Kunst,
Unteres Belvedere,
Rennweg 6a
Österreichische Galerie,
Oberes Belvedere,
Prinz-Eugen-Straße 27
Österreichisches Barockmuseum,
Unteres Belvedere,
Rennweg 6a
Palais des Beaux Arts,
Löwengasse 47–47A
Palais Metternich, ehemaliges
(jetzt Italienische Botschaft),
Rennweg 27
Palais Rasumofsky
(jetzt Geologische Bundesanstalt),
Rasumofskygasse 23–25
Palais Schwarzenberg,
Rennweg 2
Pfarrkirche St. Othmar
"Unter den Weißgerbern",
Kolonitzplatz
Pfarrkirche St. Rochus und Sebastian,
Landstraßer Hauptstraße 54
Rabenhof,
Baumgasse 29–41
Rudolf-Steiner-Denkmal,
Schweizer Garten
Russisch-orthodoxe Kirche,
Jaurésgasse 2
Salesianerinnenkirche und Kloster,
Rennweg 10
St. Marxer Friedhof (Mozarts
Begräbnisstätte),
Leberstraße 6
Staatsgründungsdenkmal,
Schweizer Garten
Sünnhof,
Landstraßer Hauptstraße – Ungargasse
Vuk-Stefanovic-Karadzic-Denkmal,
Rasumofskygasse 22
Waisenhauskirche,
Rennweg bei 91
Wittgenstein-Haus,
Parkgasse 18

4. Bezirk

Brahms-Denkmal,
Karlsplatz
Engelbrunnen,
Wiedner Hauptstraße 55
Französische Botschaft,
Technikerstraße 2
Funkhaus,
Argentinierstraße 30a
Gluck-Denkmal,
Kreuzherrengasse/Argentinierstraße
Glucks Wohnhaus,
Wiedner Hauptstraße 32
Heumühle, ehemalige (im Hof),
Schönbrunner Straße 2
Historisches Museum der Stadt Wien,
Karlsplatz
Karlskirche,
Karlsplatz
Kunsthalle Wien,
Treitlstraße 2
Makart-Sterbehaus (im Hof),
Gusshausstraße 27
Naschmarkt
Palais Starhemberg-Schönburg (Gartenpalais),
Rainergasse 11
Pfarrkirche St. Elisabeth,
Sankt-Elisabeth-Platz
Pfarrkirche zu den hl. Schutzengeln, Paulanerkirche,
Wiedner Hauptstraße
Ressel-Denkmal,
Resselpark
Schuberts Sterbewohnung,
Kettenbrückengasse 6
Schutzengelbrunnen,
Rilkeplatz
Stadtbahnstation Karlsplatz (Otto-Wagner-Haltestelle Karlsplatz), Karlsplatz
Technische Universität Wien,
Karlsplatz 13
Theresianum,
Favoritenstraße 15
Zauberflöte-Brunnen,
Mozartplatz

5. Bezirk

Johann-Nepomuk-Linienkapelle,
Schönbrunner Straße – Sankt-Johann-Gasse
Margaretenbrunnen,
Margaretenplatz
Margaretenhof,
Margaretenplatz 4
Metzleinstalerhof,
Margaretengürtel 90–98
Pfarrkirche Matzleinsdorf zum hl. Florian
(ehemalige Rauchfangkehrerkirche),
Wiedner Hauptstraße 97
Pfarrkirche St. Josef zu Margarethen,
Schönbrunner Straße bei 71

Reumannhof,
Margaretengürtel 100–110

6. Bezirk

Evangelische Kirche A. B., Gustav-Adolf-Kirche,
Martin-Luther-Platz
Haus des Meeres, Flakturm, Esterházypark,
Gumpendorfer Straße
Haydn-Denkmal,
Mariahilfer Straße
Haydns Sterbehaus,
Haydngasse 19
Jugendstilwohnhäuser von Otto Wagner,
Linke Wienzeile 38 und 40 und Köstlergasse 3
Mariahilfer Kirche,
Pfarr- und Wallfahrtskirche Mariä Himmelfahrt,
Mariahilfer Straße 65
Pfarrkirche Gumpendorf zum hl. Ägyd,
Brückengasse 5
Pfarrkirche Mariahilf,
Barnabitengasse 14
Pfarrkirche St. Josef ob der Laimgrube,
Windmühlgasse 3
Raimunds Geburtshaus,
Mariahilfer Straße 45
Raimundtheater,
Wallgasse 18–20
Semper-Depot
(ehemaliges Kulissendepot des Burgtheaters),
Lehárgasse 6–8
Theater an der Wien,
Linke Wienzeile 6

7. Bezirk

Amerlings Geburtshaus,
Stiftgasse 8
Auferstehungskirche,
Lindengasse 44
Bürgerhäuser:
Burggasse 13 ("Zum heiligen Josef")
Gutenberggasse
Kirchberggasse
Sankt-Ulrichs-Platz 2 (barockes Haus)
Spittelberggasse
Stiftgasse
Hofstallungen, ehemalige (jetzt MuseumsQuartier),
Museumsplatz 1
Kaiserliches Hofmobiliendepot,
Andreasgasse 7
Lanners Geburtshaus,
Mechitaristengasse 5
Mechitaristenkirche und Kloster,
Neustiftgasse 4 und Mechitaristengasse 2
Palais Trautson
(jetzt Bundesministerium für Justiz),
Museumstraße 7
Pfarrkirche Altlerchenfeld zu den hl. 7 Zufluchten,
Lerchenfelder Straße 111
Pfarrkirche St. Ulrich, Maria Trost,
Sankt-Ulrichs-Platz 3
Pfarrkirche zur Unbefleckten Empfängnis,
Lazaristen-Pfarrkiche, Kaiserstraße 7
Raimund-Denkmal,
Weghuberpark
Stiftskaserne, Kriegsarchiv,
Stiftgasse 2
Stiftskirche,
Mariahilfer Straße 24
Volkstheater,
Neustiftgasse 1

8. Bezirk

Alte Backstube,
Lange Gasse 34
Beethovenhaus,
Trautsongasse 2
Bürgerhäuser:
Lange Gasse 34 ("Zur heiligen Dreifaltigkeit")
Lenaugasse
Schlösselgasse
Tulpengasse
Isis-Brunnen,
Albertplatz
Österreichisches Museum für Volkskunde
ehemaliges Palais Schönborn),
Laudongasse 15–19
Palais Auersperg,
Auerspergstraße 1
Palais Strozzi,
Josefstädter Straße 39
Pfarrkirche "Maria Treu", Piaristenkirche,
Jodok-Fink-Platz
Pfarrkirche zur Allerheiligen Dreifaltigkeit
in der Alservorstadt,
Alser Straße 17
Theater in der Josefstadt,
Josefstädter Straße 26

9. Bezirk

Billroth-Denkmal,
Universitätscampus
Chemisches Institut,
Währinger Straße 10
Josephinum,
Währinger Straße 25
Jüdischer Friedhof,
Seegasse 9
Kaiser-Joseph-II.-Denkmal,
Universitätscampus
Narrenturm im Universitätscampus,
Alser Straße 4
Nationalbank,
Otto-Wagner-Platz
Palais Clam-Gallas,

Währinger Straße 30
Palais Liechtenstein,
Fürstengasse 1
Pfarrkirche Lichtental zu den hl. 14 Nothelfern,
Marktgasse 40
Pfarrkirche Rossau zu Mariä Verkündigung,
Servitenkirche, Servitengasse 9
Rossauer Kaserne,
Schlickplatz – Rossauer Lände
Schubert-Brunnen,
Alserbachstraße/Liechtensteinstraße
Schuberts Geburtshaus,
Nussdorfer Straße 54
Schwarzspanierhof
(ehemaliges Beethoven-Sterbehaus),
Schwarzspanierstraße 15
Sigmund-Freud-Wohnung,
Berggasse 19
Strudlhof-Stiege,
Strudlhofgasse
Universitätscampus (ehemaliges Allgemeines Krankenhaus), Alser Straße 4
Volksoper,
Franz-Salmhofer-Platz
Votivkirche,
Rooseveltplatz 8

10. Bezirk

Amalienbad,
Reumannplatz 23
"Arbeitercottage",
Kiesewettergasse
Arthaber-Brunnen,
Arthaberplatz
Böhmischer Prater,
Laaer Wald
Evangelische Friedhofskirche,
Triester Straße 1
George-Washington-Hof,
Triester Straße 52–58
Johanneskirche,
Unterlaa, Klederinger Straße
Laaer Wald
Oberlaa
(Straßendorf mit alten Gehöften)
Pfarrkirche St. Anton von Padua,
Antonsplatz 21
Pfarrkirche St. Johann Evangelist,
Keplerplatz 6
Pfarrkirche zur Königin des Friedens,
Quellenstraße 197
Spinnerin am Kreuz,
Triester Straße bei 52
Unterlaa
(Straßendorf mit alten Gehöften)
Waldmüllerpark
(ehemaliger Katholischer Matzleinsdorfer Friedhof) mit Grabmalhain

Wasserturm der Ersten Hochquellenwasserleitung,
Raxstraße

11. Bezirk

Friedhof der Namenlosen,
Alberner Hafen
Gasbehälter (jetzt Gasometer City),
Guglgasse 1
Krematorium,
Simmeringer Hauptstraße 337
Luegerkirche,
Zentralfriedhof
Pfarrkirche Alt-Simmering zum hl. Laurenz,
Kobelgasse bei 24
Schloss Kaiserebersdorf,
Kaiserebersdorfer Straße 297
Schloss Neugebäude,
Neugebäudestraße
Schloss Thürnlhof,
Kaiserebersdorf, Münnichplatz 5
Zentralfriedhof (mit Ehrengräbern)

12. Bezirk

Altmannsdorfer Schlössl
(jetzt Dr.-Karl-Renner-Institut),
Khleslplatz 12
Fuchsenfeldhof,
Längenfeldgasse 68
George-Washington-Hof,
Triester Straße 52
Pfarrkirche Altmannsdorf zum hl. Oswald,
Khleslplatz 10
Pfarrkirche Hetzendorf zur Königin des hochheiligen Rosenkranzes,
Marschallplatz 6
Pfarrkirche Meidling zum hl. Johann von Nepomuk,
Migazziplatz
Rehabilitationszentrum Meidling,
Köglergasse 2a
Schloss Hetzendorf
(jetzt Modeschule der Stadt Wien),
Hetzendorfer Straße 79
Wohnhausanlage Am Schöpfwerk

13. Bezirk

Faniteum,
Ghelengasse
Gemeindesiedlung Lockerwiese,
Wolkersbergenstraße
Geriatriezentrum "Am Wienerwald",
Wolkersbergenstraße
Gloriette,
Schönbrunn
Hermesvilla, Lainzer Tiergarten,

Hermesstraße
Hofpavillon,
bei U-Bahn-Station Hietzing
Kaiser-Maximilian-Denkmal,
Am Platz
Klimt-Villa,
Feldmühlgasse 11
Konzilgedächtniskirche zum hl. Ignatius,
Lainzer Str. 138
Lainzer Tiergarten
ORF-Zentrum am Küniglberg,
Würzburggasse 30
Palmenhaus,
Schönbrunn
Pfarrkirche Mariä Geburt,
Am Platz 1
Pfarrkirche Ober-St.-Veit,
Wolfrathplatz
Pfarrkirche zur Allerheiligsten Dreifaltigkeit,
Lainzer Straße 154
Schloss Ober-St.-Veit,
Wolfrathplatz
Schloss Schönbrunn
Schönbrunner Park
Schönbrunner Schlosstheater
Schönbrunner Tiergarten
Werkbundsiedlung,
Jagdschlossgasse

14. Bezirk

Laudongrab,
Mauerbachstraße
Otto-Wagner-Villen,
Hüttelbergstraße 26 und 28
Palais Cumberland,
Penzinger Straße 9–13
Palais Zichy,
Beckmanngasse 10–12
Pfarrkirche Mariabrunn,
Hadersdorf, Hauptstraße 9
Pfarrkirche Penzing zum hl. Jakob,
Einwanggasse 30
Schloss Laudon,
Mauerbachstraße
Schloss Miller von Aichholz,
Linzer Straße 429
Stadt des Kindes,
Mühlbergstraße 9
Steinhofkirche,
Baumgartner Höhe 1
Technisches Museum,
Mariahilfer Straße 212
Villa Windischgraetz,
Linzer Straße 452

15. Bezirk

Pfarrkirche Fünfhaus "Maria vom Siege",
Mariahilfer Gürtel
Pfarrkirche Neu-Fünfhaus "Christus König",
Kriemhildplatz
Reindorfer Pfarrkirche hl. Dreifaltigkeit,
Reindorfgasse bei 21
Stadthalle,
Vogelweidplatz

16. Bezirk

Biologische Station Wilhelminenberg,
Savoyenstraße
Kuffner-Sternwarte,
Johann-Staud-Straße 10
Pfarrkirche Alt-Ottakring zur Erhöhung des hl. Kreuzes,
Ottakringer Straße bei 215
Pfarrkirche Schmelz "Heilig-Geist-Kirche",
Herbststraße 82
Schloss Wilhelminenberg,
Savoyenstraße 2
Wohnhausanlage Sandleiten,
Sandleitengasse 43–51

17. Bezirk

Alszauberbrunnen,
Elterleinplatz
Pfarrkirche Hernals zum hl. Bartholomäus,
Kalvarienbergkirche,
Sankt-Bartholomäus-Platz 3
Schloss Schwarzenberg,
Waldegghofgasse

18. Bezirk

Geymüller-Schlössel
(Sammlung Dr. Sobek),
Pötzleinsdorfer Straße 102
Pfarrkirche Gersthof zum hl. Johannes Nepomuk
(ehemalige),
Gersthofer Straße 129
Schloss Pötzleinsdorf,
Geymüllergasse 1
Schubertpark (ehemaliger Währinger Ortsfriedhof mit Grabmalhain),
Währinger Straße – Teschnergasse
Türkenbrunnen,
Türkenschanzpark
Türkenschanzpark,
Türkenschanzstraße
Währinger Park (ehemaliger Allgemeiner Währinger Friedhof mit Grabmalhain),
Gymnasiumstraße – Semperstraße

19. Bezirk

Beethoven-Denkmal,
Heiligenstädter Park

Beethoven-Gedenkstätten,
Probusgasse 6,
Pfarrplatz 2,
Döblinger Hauptstraße 92
(Eroica-Haus)
und
Kahlenberger Straße 26
Beethoven-Grillparzer-Haus,
Grinzinger Straße 64
Heiligenstädter Kirche zum hl. Jakob,
Pfarrplatz
Himmelwiese
Kahlenbergerdorf
(Weinhauerdorf)
Kahlenberger Friedhof,
Kahlenberger Straße
Kahlenbergkirche,
Kahlenberg
Karl-Marx-Hof,
Heiligenstädter Straße 82–92
Lehár-Schikaneder-Schlössel,
Hackhofergasse 18
Leopoldskirche,
Leopoldsberg
Pfarrkirche Döbling zum hl. Paul,
Vormosergasse 7
Pfarrkirche Grinzing zum hl. Kreuz,
Himmelstraße 25
Pfarrkirche Heiligenstadt "St. Michael",
Grinzinger Straße – Hohe Warte
Trummelhof,
Cobenzlgasse 30
Villa Wertheimstein,
Döblinger Hauptstraße 96
(jetzt Bezirksmuseum Döbling)
Villenkolonie Hohe Warte,
Steinfeldgasse 2–8
Wertheimsteinpark,
Döblinger Hauptstraße 96
Wirtschaftsuniversität Wien,
Franz-Klein-Gasse 1
Zwettler Hof,
Hackhofergasse 17

20. Bezirk

Brigittakapelle,
Forsthausgasse
Gregor-Mendel-Denkmal,
Engelsplatz
Nadelwehr (Nußdorfer Schleuse),
Brigittenauer Spitz
Pfarrkirche Brigittenau zur hl. Brigitta,
Brigittaplatz 3
Winarskyhof,
Stromstraße 36–38
Wohnhausanlage Friedrich-Engels-Platz

21. Bezirk

Beethoven-Gedenkstätte
(ehemaliges Erdödy-Schlössel),
Jeneweingasse 17
Karl-Seitz-Hof,
Jedleseer Straße 64–94
Klosterneuburger Hof,
Lorettoplatz 5
Leopoldau (Dorf mit Bauernhöfen)
Pfarrkirche Donaufeld zum hl. Leopold,
Kinzerplatz 19
Pfarrkirche Jedlesee zu Maria Loretto,
Lorettoplatz 1
Stammersdorf (alte Weinhauerhäuser und Keller)
Vienna Islamic Centre,
Am Hubertusdamm 17–19

22. Bezirk

Aspern, historischer Ortskern (Kirche, Nepomuk- und Florianstatuen, "Löwe von Aspern")
Breitenlee (planmäßige barocke Dorfgründung)
Donauturm,
Donaupark
Kagran, historischer Ortskern
Lamplkreuz, Süßenbrunn,
Weingartenallee
Schloss Essling und Schüttkasten
(Franzosenkriege),
Esslinger Hauptstraße 81–87
Schloss Süßenbrunn,
Süßenbrunner Hauptstraße
Strandbad Gänsehäufel,
Kaisermühlen, Moissigasse 21
Vienna International Centre
(UNO-City),
Wagramer Straße 5

23. Bezirk

Erste Hochquellenleitung, Aquädukt, Mauer,
Endresstraße
Hofmannsthal-Schlössel, Rodaun,
Ketzergasse 471
Kirche zur heiligsten Dreifaltigkeit
(Entwurf Fritz Wotruba), Mauer,
Georgsgasse, Sternengarten
Maurer Schlössl,
Endresstraße 100
Pfarrkirche Kalksburg zum hl. Petrus in Ketten,
Breitenfurter Straße 526
Pfarrkirche Mauer zum hl. Erhard,
Endresstraße 117
Schloss Alt-Erlaa,
Erlaaer Straße 54

SPORT UND FREIZEIT

Näheres → Sportstättenverzeichnis der Magistratsabteilung 51

BÄDER

HALLENBÄDER

1. Bezirk
Weihburggasse 18

2. Bezirk
Augarten (nicht öffentlich)
Ichmanngasse 1 (nicht öffentlich)
Lilienbrunngasse 7 (Diana-Bad)
Waldsteingartenstraße 135 (nicht öffentlich)
Wittelsbachstraße 5 (nicht öffentlich)

3. Bezirk
Arsenalstraße (nicht öffentlich)
Baumgasse 83
Ungargasse 60

4. Bezirk
Favoritenstraße 15 (nicht öffentlich)

5. Bezirk
Strobachgasse 7–9 (Rogners Margaretenbad)
Wiedner Hauptstraße 84–86 (nicht öffentlich)

7. Bezirk
Kenyongasse 7–12 (nicht öffentlich)

9. Bezirk
Liechtensteinstraße 89
Tendlergasse 9 (nicht öffentlich)

10. Bezirk
Kurbadstraße 8 (nicht öffentlich)
Südbahnhof, Untergeschoss
Wienerbergstraße 15–19 (nicht öffentlich)

11. Bezirk
Rzehakgasse 4 (nicht öffentlich)
Schemmerlstraße 66–68 (nicht öffentlich)

13. Bezirk
Hietzinger Hauptstraße 16
Jennerplatz 25 (nicht öffentlich)

14. Bezirk
Astgasse 3 (nicht öffentlich)
Felbigergasse 81 (nicht öffentlich)
Mühlbergstraße 7
Stockhammerngasse 8–18 (nicht öffentlich)

15. Bezirk
Diefenbachgasse 57 (nicht öffentlich)
Graumanngasse 16–18 (nicht öffentlich)
Possingergasse 6 (nicht öffentlich)
Vogelweidplatz 14 (Stadthallenbad)
Westbahnhof

17. Bezirk
Ottakringer Straße 34–36
Rosensteingasse 87
Rötzergasse 41 (nicht öffentlich)

19. Bezirk
Hofzeile 22 (nicht öffentlich)
Stefan-Esders-Platz 1 (nicht öffentlich)
Weilgasse 1 (nicht öffentlich)

21. Bezirk
Anton-Böck-Gasse 20 (nicht öffentlich)

23. Bezirk
Atzgersdorf, Breitenfurter Straße 358
Atzgersdorf, Kirchfeldgasse 5

(Die städtischen Bäder [Hallen-, Sauna-, Volks-, Brausebäder] → Magistrat, MA 44)

SOMMERBÄDER

2. Bezirk
Krieau (Stadionbad)

10. Bezirk
Kurbadstraße 14 (Heilquelle Oberlaa)
Laxenburger Straße 66

11. Bezirk
Simmeringer Hauptstraße 252 (nicht öffentlich)

13. Bezirk
Steinböckengasse 100

17. Bezirk
Promenadegasse 58 (Neuwaldegger Bad)

19. Bezirk
Cobenzlgasse 35
Sieveringer Straße 267 (Sieveringer Bad)

21. Bezirk
Arbeiterstrandbadstraße (Eisenbahnerbad)

22. Bezirk
An der unteren Alten Donau 51
(Naturfreundebad, nicht öffentlich)
Arbeiterstrandbadstraße (Arbeiterstrandbad)
Arbeiterstrandbadstraße (Betriebsbad,
nicht öffentlich)

Arbeiterstrandbadstraße 93
(Bundessportbad Alte Donau)
Dampfschiffhaufen
(1. Wiener Donau-Schwimmklub, nicht öffentlich)
Dampfschiffhaufen
(Gewerkschaftsjugend, nicht öffentlich)
Dampfschiffhaufen
(KS-Armaturen, nicht öffentlich)
Dampfschiffhaufen
(Polizei-Strandbad, nicht öffentlich)
Dampfschiffhaufen
(Strandbad der WIENSTROM, nicht öffentlich)
Dampfschiffhaufen
(Strandbad Wiener Ruderklub "Pirat", nicht öffentlich)
Dampfschiffhaufen
(Erholungsstätte "Junge Garde", nicht öffentlich)
Dampfschiffhaufen 47
(Straßenbahner-Bad, nicht öffentlich)
Dampfschiffhaufen 189
(Siemens-Bad, nicht öffentlich)
Rugierstraße 4
(Schuh-Ski – Stadlau)
Smolagasse
(OMV-Sportanlage, nicht öffentlich)
Wagramer Straße
(Strandbad Süßenbrunn)

23. Bezirk
Atzgersdorf, Breitenfurter Straße 164
(Betriebsbad der Firma Unilever, nicht öffentlich)
Rodaun, An der Au 2 (Rodauner Bad)

(Die städtischen Sommerbäder → Magistrat, MA 44)

THERMALBÄDER

10. Bezirk
Kurbadstraße 14 (Heilquelle Oberlaa)
Kurbadstraße 16

KINDERFREIBÄDER

(→ Magistrat, MA 44)

BMX-(SKATEBOARD-)BAHNEN

BMX

2. Bezirk
Engerthstraße/Walcherstraße
(Skateboardbahn)
Rustenschacherallee-Hauptallee
(Skateboardbahn)

3. Bezirk
Stadtpark

4. Bezirk
Resselpark

5. Bezirk
Margaretengürtel/Arbeitergasse

9. Bezirk
Arne-Carlsson-Park

10. Bezirk
Kurpark Oberlaa (Skateboardbahn)
Löwygrube, nahe Böhmischer Prater

11. Bezirk
Muhrhoferweg
Stadtpark Leberberg (vor dem Krematorium)

12. Bezirk
Haydnpark
Jägerhausgasse/Hervicusgasse

14. Bezirk
Cossmanngasse

15. Bezirk
Auer-Welsbach-Park

20. Bezirk
Anton-Kummerer-Park
Forsthauspark

21. Bezirk
Donauinsel, bei Floridsdorfer Brücke (Nord)
Kürschnergasse/Gitlbauergasse
Lüssenpromenade

22. Bezirk
Donauinsel, bei Steinspornbrücke (Süd)
Donaupark

SKATEBOARD

2. Bezirk
Rustenschacherallee/Sportclubstraße

9. Bezirk
Arne-Carlsson-Park

10. Bezirk
Kurpark Oberlaa

11. Bezirk
Simmeringer Hauptstraße (vor dem Krematorium)

BOOTSHAUSANLAGEN

19. Bezirk
Kuchelau Los 4
Kuchelau Los 6
Kuchelau Los 12
Kuchelau Los 14 +16
Kuchelau Los 36 + 73
Kuchelau Los 71
Kuchelau Los 115
Kuchelau Los 134
Kuchelau Los 222
Kuchelau Los 224
Kuchelau Los 235
Muthgasse 127
Nussdorfer Sporn

20. Bezirk
Handelskai 3a

22. Bezirk
Am Gänsehäufel
Am Kaisermühlendamm
An der unteren Alten Donau 1
An der unteren Alten Donau 3
An der unteren Alten Donau 7
An der unteren Alten Donau 13
An der unteren Alten Donau 21
An der unteren Alten Donau 47
An der unteren Alten Donau 49
Dampfschiffhaufen
Neue Donau (Donauinsel Süd)

BOWLINGANLAGEN

2. Bezirk
Hauptallee 124 — 32 Bahnen

17. Bezirk
Jörgerstraße 24 — 32 Bahnen
Schumanngasse 107 — 32 Bahnen

21. Bezirk
Pitkagasse

DONAUINSEL (WIEN)

350 ha Land
300 ha Wasser
NDK = Neue Donaukilometer

21. Bezirk

a) Segelhafen Nord NDK 19,1	
b) NDK 15,3	BMX-Bahn Nord, 300 m lang (A-Bahn)
c) NDK 14-15	5 Fußballfelder, 90 x 45 m Streetsoccer-Platz
d) NDK I 14,9	Mehrzwecksportfläche (6.000 m^2; dzt. nicht markiert) 2 Volleyballfelder à 9 x 13 m 2 Handballfelder à 27 x 20 m 2 Basketballfelder à 28 x 14 m 1 Fußballfeld 45 x 60 m
e) NDK I 14,4	Beach-Volleyball, 17 x 26 m

22. Bezirk

a) NDK 11,5	Tauchsportzentrum
b) NDK 10,5	Wasserschilift, 900 m lang
c) NDK 9,5	1 Fußballfeld, 90 x 45 m
d) NDK 8,7	1 Basketballfeld
e) NDK 6,7–7,3	Radrennbahn, Länge 1,5 km (asphaltiert), Breite 6 m, mit elektrischer Zeitnehmung
f) NDK 4,5–6,5	8 Bahnen für Rudern und Kanu bis zu 2.000 m lang Sanitäreinrichtungen für Rudern und Kanu Fußballplatz
g) NDK 6,7	BMX-Bahn Süd, 300 m lang (A-Bahn)
h) 1. NDK 9,7 2. NDK 7,6	Rad-Geschicklichkeitsparcours Rad-Geschicklichkeitsparcours
i) NDK L 12,3	Pit-Pat-Anlage
j) NDK L 11,4	Elektro-Buggy-Bahn
k) NDK L 4,1 Ruderzentrum, Nähe Steinspornbrücke	Minigolfanlage Rudern, Kanu

EISHALLEN

10. Bezirk
Windtenstraße 2, Eisring Süd — Kunsteisfläche

15. Bezirk
Vogelweidplatz 14, Wiener Stadthalle — Kunsteisfläche, Halle C

22. Bezirk
Kagran, Attemsgasse, Albert-Schultz-Eishalle — Kunsteisfläche

EISLAUFPLÄTZE

1. Bezirk
Rathausplatz — Kunsteisbahn

3. Bezirk
Lothringerstraße 22, Wiener Eislaufverband — Kunsteisbahn

8. Bezirk
Buchfeldgasse 7a — Natureis

10. Bezirk
Laaer-Berg-Straße 170 — Natureis
Windtenstraße 2, Eisring Süd — Kunsteisbahn

16. Bezirk
Gallitzinstraße 4 — Natureis
Wilhelminenstraße 237 — Natureis

17. Bezirk
Amundsenstraße (Hanslteich) — Natureis
Syringgasse 6–10 — Kunsteisbahn

19. Bezirk
Osterleitengasse 14 — Natureis

23. Bezirk
Hirschstetten, Emichgasse — Natureis

EISSTOCKANLAGEN

1. Bezirk
Donaukanal-Salztorbrücke

10. Bezirk
Kennergasse 3

Windtenstraße 2
Eisring Süd

13. Bezirk
Felixgasse 4

16. Bezirk
Kendlerstraße 38

21. Bezirk
Oswald-Redlich-Straße 19

22. Bezirk
Donauinsel bei Reichsbrücke stromabwärts

Kaisermühlen,
Arbeiterstrandbadstraße 130

Kaisermühlen,
Gänsehäufel

Kaisermühlen,
Wagramer Straße
Sportanlage Kagraner Brücke

GOLFANLAGEN

2. Bezirk
Freudenau 65a
Golf- und Poloplatz

5. Bezirk
Margaretengürtel 104
Reumannhof

10. Bezirk
Wienerberg

22. Bezirk
Süßenbrunn,
Weingartenallee

JUGEND- UND SCHULSPORTANLAGEN

Abkürzungen:

F = Fußballanlage
Fa = Faustballanlage
L = Leichtathletikanlage
H = Handballanlage
T = Tennisanlage
R = Reitanlage
S = Squash
Es = Eisbahn
E = Eislaufanlage
B = Basketballanlage
V = Volleyballanlage
Ho = Hockeyanlage
Ü = Übungsanlage, nicht genormt
K = Kegelbahn
Baseb = Baseball
Ro = Rollsportplatz

1. Bezirk

Beethovenplatz 1 AHS	Ü
Hegelgasse 12 AHS	Ü
Hegelgasse 14 AHS	Ü

2. Bezirk

Augarten Bundesspielplatz Auwiese	L, B
Augarten Bundesspielplatz Jahnwiese	F, L, H, B
Augarten Bundesspielplatz Schlosswiese	L, H, B
Augarten Bundesspielplatz Sportwiese	Fa, L, B, V
Augarten Institut der Sängerknaben	F, L, H, B
Prater, Gassteg Bundesspielplatz	F, L
Prater, Stadionallee Bundesspielplatz Wasser-wiese	F, L
Venediger Au Städtische Jugendsportanlage	L, Ü

Wittelsbachstraße 5 Bundesblindeninstitut	L
Wohlmutstraße 3 AHS	Fa, L, B
Zirkusgasse 46–48 AHS	L, B

3. Bezirk

Boerhaavegasse 15 AHS	Fa, L, B
Hagenmüllergasse 30 AHS	L
Rennweg 31 Sacré Cœur	L, H, B
Schweizer Garten Städtische Jugendsportanlage	Ü
Ungargasse 69 HAK, HTBLA	L, H, B, V

4. Bezirk

Favoritenstraße 15 Theresianische Akademie	F, L, H
Theresianumgasse 16–18 Franz-Domes-Lehrlingsheim	L, T
Waltergasse 7 AHS	L, B
Wiedner Gürtel 68 AHS	L, B, V

5. Bezirk

Bacherplatz Städtische Jugendsportanlage	L, H
Bacherplatz 39 AHS	L, Ü
Reinprechtsdorfer Straße 24–26 AHS	L, B

6. Bezirk

Amerlingstraße 6 AHS	L, Ü
Marchettigasse 3 AHS	L, Ü
Mittelgasse 24 Städtische Schulsportanlage	H, V

7. Bezirk

Neustiftgasse 95–99 AHS	L, Ü

8. Bezirk

Albertgasse 18–22 AHS	L, B
Albertgasse 38 AHS	Ü
Buchfeldgasse 7a Städtische Jugendsportanlage	B, V, E
Hamerlingplatz 5–6 HAK und HS	L
Jodok-Fink-Platz 2 AHS	L, B
Pfeilgasse 42a Städtische Schulsportanlage	H, T, V

9. Bezirk

Liechtensteinstraße 37a Französisches Lyceum	L, 2 T, B, V
Sensengasse 1–3 Bundesschulsportanlage	F, L, T

10. Bezirk

Carl-Prohaska-Platz Städtische Schulsportanlage	Ü
Eibesbrunnergasse frei zugängliche Jugendsportanlage	Ü
Ettenreichgasse 41–43 AHS	L, H, V
Ettenreichgasse 45 Pädagogische Akademie des Bundes	L, 4 T
Ettenreichgasse 54 HTL	H, B
Fischhofgasse (bei Franz-Horr-Stadion) frei zugängliche Jugendsportanlage	
Grenzackerstraße 23 Bundesspielplatz Wienerberg	F, L, 3 H, 3 B
Georg-Wilhelm-Papst-Gasse 2a Städtische Schulsportanlage	L, V
Josef-Enslein-Platz 1 Städtische Schulsportanlage	L, V
Knöllgasse 61 Städtische Schulsportanlage	B, V
Laaer-Berg-Straße 170 Städtische Schulsportanlage	Ü
Ludwig-von-Höhnel-Gasse 17–19 Neulandschule	L, 2 H, T
Neilreichgasse 111 Städtische Schulsportanlage	H, V
Pichelmayergasse 1 AHS	L, H, B

11. Bezirk

Enkplatz 4 Städtische Schulsportanlage	L, B
Florian-Hedorfer-Straße 26 Städtische Schulsportanlage	F, L, H, T, B
Gottschalkgasse 21 AHS	Ü
Hasenleitengasse 9 Städtische Schulsportanlage	L, V
Herderpark Städtische Jugendsportanlage	Ü
Hoefftgasse Städtische Schulsportanlage	L
Münichplatz Städtische Jugendsportanlage	Ü
Ravelinstraße/Lindenbauergasse Städtische Jugendsportanlage	F, T, Ü
Rzehakgasse 7–9 Städtische Schulsportanlage	L, H
Werkstättenweg 75 Jugendsportanlage	B

12. Bezirk

Am Schöpfwerk Städtische Schulsportanlage	L
Grünbergstraße 24 HTBLA für Gartenbau	L, T, Ü
Haydnpark Städtische Jugendsportanlage	F, L
Johann-Hoffmann-Platz Städtische Jugendsportanlage	F, L
Längenfeldgasse 13–15 Städtische Schulsportanlage	L, H, 3 V
Rosasgasse 1–3 Bundesschulsportanlage	L, B
Rosasgasse 31 Bundesschulsportanlage	F, L, B
Ruckergasse 42–44 Städtische Schulsportanlage	B, V
Singrienergasse 19–21 AHS	Ü

13. Bezirk

Elisabethallee/Adolf-Lorenz-Gasse frei zugängliche Jugendsportanlage	
Himmelhofstraße 17–19 Bundeskonvikt	L, V
Maygasse 25 Gehörlosen-Blinden-Schulsportanlage	F, L
Schlossberggasse Schule der Dominikanerinnen	L
Veitingergasse 9 Städtische Schulsportanlage	Ü
Wenzgasse 7 AHS	Ü

14. Bezirk

Astgasse 3 Bundesgymnasium	L, B
Hauptstraße 70 Städtische Schulsportanlage	Ü
Hochsatzengasse 22–24 Städtische Schulsportanlage	H, T, V
Hofjägerstraße/Mühlbergstraße Stadt des Kindes	F, L, 2 T, B
Karl-Toldt-Weg Städtische Schulsportanlage	Fa
Leyserstraße 6 Bundeslehr- und Versuchsanstalt für Grafik	L, H
Spallartgasse 18 Städtische Schulsportanlage	L, H, B, V

15. Bezirk

Auer-Welsbach-Park Städtische Jugendsportanlage	5 Fa, L
Friesgasse 4 Schulschwestern	Ü
Gebrüder-Lang-Gasse 4 Schulbrüder	V
Possingergasse 4 AHS	L, H, B
Possingergasse 6 Universitäts-Sportzentrum Schmelz	2 F, L, 3 T
Reichsapfelgasse 32–34 Städtische Schulsportanlage	Ü
Zinckgasse 12–14 Städtische Schulsportanlage	L, B, V

16. Bezirk

Brüsslgasse/Herbststraße Städtische Schulsportanlage	Ü
Gallitzinstraße 4 Städtische Jugendsportanlage	2 Fa, L, B, E
Maroltingergasse 69–71 AHS	B
Schuhmeierplatz 7 AHS	B

17. Bezirk

Knollgasse 6 Städtische Schulsportanlage	V
Parhamerplatz 18–19 AHS	L, H, B

18. Bezirk

Klostergasse 21–25 AHS	Ü
Köhlergasse 9 Städtische Schulsportanlage	V
Lacknergasse 89 VS, HS Herz Mariä	B, V
Scheidlstraße 2 Marianisten	H
Schopenhauerstraße 44–46 Schulbrüder	L, Ü
Starkfriedgasse 15–17 Internationales Studentenheim	T
Währinger Park Städtische Jugendsportanlage	Fa, L

19. Bezirk

Alfred-Wegener-Gasse 10–12 Neulandschule	L, H, Ü
Billrothstraße 26–30 AHS	L, H, V
Billrothstraße 73 AHS	F, L, B, V
Grinzinger Straße 84–88 Städtische Schulsportanlage	2 B
Gymnasiumstraße 75–83 AHS	L, H
Hofzeile 2 Privatgymnasium Maria Regina	L, 2 V
Krottenbachstraße 11–13 AHS	L, H, 2 V
Krottenbachstraße 108 Städtische Schulsportanlage	V
Leidesdorfgasse 6–10 Oberdöblinger Tennisplätze	5 T

Oskar-Spiel-Gasse 3 — Ü
Städtische Schulsportanlage
Osterleitengasse 14 — 2 B, E
Städtische Jugendsportanlage
Salmannsdorfer Straße 45–47 — L, 2 T, B
American International School
Strassergasse 37–39 — L, 2 B
Höhere Bundeslehranstalt für wirtschaftliche Frauenberufe

20. Bezirk

Spielmanngasse 1 — V, Ü
Städtische Schulsportanlage
Treustraße 55–57 — V, Ü
Städtische Schulsportanlage
Vorgartenstraße 42 — B, V
Städtische Schulsportanlage

21. Bezirk

Adolf-Loos-Gasse 2 — F, T
Städtische Schulsportanlage
Anton-Böck-Gasse 20 — 3 F, Fa, L, 14 T, V
Schulbrüder
Deublergasse 19–21 — B, Ü
Städtische Schulsportanlage
Dopschstraße 25 — Ü
Städtische Schulsportanlage
Dr.-Skala-Straße 43–45 — L, Ü
Städtische Schulsportanlage
Franklinstraße 21 — L, Ü
AHS
Franklinstraße 26 — Fa, L, H, Ü
AHS
Herzmanovsky-Orlando-Gasse 11 — Ü
Städtische Schulsportanlage
Irenäusgasse 2 — H
Städtische Schulsportanlage
Jochbergengasse 1–3 — T, Ü
Städtische Schulsportanlage
Ödenburger Straße 74 — L, H
BG und BRG
Pastorstraße 29 — L, Ü
Städtische Schulsportanlage
Ringelseeplatz — Fa, L, H, B
Städtische Jugendsportanlage
Roda-Roda-Gasse 3 — L, H
Städtische Schulsportanlage
Trillergasse — F
frei zugängliche Jugendsportanlage

22. Bezirk

Aspern, Hardegggasse 65 — L, B
Schule Maria Frieden
Aspern, Rosmaringasse
frei zugängliche Jugendsportanlage
Breitenlee, Prinzgasse 3 — L, B, V, Ü
Städtische Schulsportanlage
Hirschstetten, Plankenmaisstraße — F, L
Städtische Jugendsportanlage
Hirschstetten, Plankenmaisstraße 30 — L, Ü
Städtische Schulsportanlage
Kagran, Afritschgasse 56 — V, Ü
Städtische Schulsportanlage
Kagran, Anton-Sattler-Gasse 93 — L, H, T, B, V
Städtische Schulsportanlage
Kagran, Donaustadtstraße 45 — L, H, V
HTBLA
Kagran, Georg-Bilgeri-Straße 13 — L, Ü
Städtische Schulsportanlage
Kagran, Lieblgasse 4 — Fa, L, B, V
Städtische Schulsportanlage
Kagran, Rennbahnweg/Sileneweg
frei zugängliche Jugendsportanlage
Kagran, Wintzingerodestraße 1–3 — L, Ü
Städtische Schulsportanlage
Kaisermühlen, Schödlbergergasse
frei zugängliche Jugendsportanlage
Leopoldau, Brioschiweg 3 — L, 2 B
Städtische Schulsportanlage
Stadlau, Steinbrechergasse — L, B
Städtische Schulsportanlage

23. Bezirk

Alt Erlaa, Wohnpark, Anton-Baumgartner-Straße — L, H, B, V
BG
Alt-Erlaa, Wohnpark, Anton-Baumgartner-Straße 119 — V, Ü
Städtische Schulsportanlage
Kalksburg, Promenadenweg 3 — F, 2 Fa, L, B, 2 T
Jesuitenkollegium
Mauer, Anton-Krieger-Gasse 25 — L, H, 2 B, 4 V
AHS
Mauer, Franz-Asenbauer-Gasse 49 — L, H, B
Ursulinen
Rodaun, Ambrosweg — F, L, Ü
Städtische Jugendsportanlage
Rodaun, Willergasse 55 — L, T, Ü
Institut Sta. Christiania
Siebenhirten, Akaziengasse 52–54 — V, Ü
Städtische Schulsportanlage

LANGLAUFLOIPEN

2. Bezirk
Hauptallee – Kaiserallee – Lusthaus 7–10 km

10. Bezirk
Wienerfeld-Ost 2,5 km
Forsthaus (Rundkurs)

14./16. Bezirk
Steinhofgründe 3,5–4 km
Erholungsgebiet Steinhof (Rundkurs)

17. Bezirk
Schwarzenbergpark 4 km
Parkeingang Ecke Höhenstraße -
Neuwaldegger Straße

19. Bezirk
Cobenzl – Latisberg – Kreuzeiche 4 km

21. Bezirk
Donauinsel Nord 10 km
Reichsbrücke – Floridsdorfer
Brücke

22. Bezirk
Donauinsel Süd 12 km
Steinspornbrücke

MINIATURGOLFANLAGEN

(vom Verband gemeldete Trainings- und Wettkampfanlagen)

9. Bezirk
Rooseveltplatz
MIC-MAC Votivpark

13. Bezirk
Weinrothergasse

15. Bezirk
Schwendergasse 41

16. Bezirk
Kendlerstraße 38

MINIGOLFANLAGEN

(vom Verband gemeldete Trainings- und Wettkampfanlagen)

13. Bezirk
Anton-Langer-Gasse 47
Hietzing

17. Bezirk
Roggendorfgasse 2
Postsportplatz

21. Bezirk
Ruthnergasse
Marco Polo

23. Bezirk
Erlaa, Erlaaer Straße 56a

NATURBADEPLÄTZE

2. Bezirk
Prater, Heustadelwasser

21. Bezirk
An der oberen Alten Donau
Neue Donau (Donauinsel Nord)
Obere Alte Donau – bei Angelibad
Obere Alte Donau – Dragonerhäufel

22. Bezirk
Hirschstetten (Badesee)
Lobau – Donau-Oder-Kanal, Becken 2
Lobau – Donau-Oder-Kanal, Becken 3
Lobau – Panozzalacke
Mühlwasser – Biberhaufen
Mühlwasser – Kanalstraße
Mühlwasser – Schilfweg
Neue Donau (Donauinsel Süd)
Schillerwasser – Alte Naufahrt
Süßenbrunn (Badeteich)
Untere Alte Donau – Kaiserwasser
Untere Alte Donau – Rehlacke

REITSPORTANLAGEN UND TRABRENNPLATZ

2. Bezirk

Freudenau 65 Galopprennbahn	Haupt- und Trainingsbahnen
Freudenau 555 Reitsportanlage	Reithalle Freiluftanlage
Hafenzufahrtsstraße 63 Reitanlage	Freiluftanlage
Hauptallee (Ameiswiese) Reitturnierplatz	Freiluftanlage
Krieau Trabrennplatz	Freiluftanlage Haupt- und Trainingsbahnen

3. Bezirk

Barmherzigengasse 17 Reitsportanlage	Reithalle

22. Bezirk

Aspern, Hausfeldstraße Anlage für Reiten und Fahren	Freiluftanlage
Kagran, Zwerchäckerweg 28 Reitsportanlage	Reithalle Freiluftanlage
Süßenbrunn, Campingplatzweg 247 Reitanlage	Freiluftanlage
Süßenbrunn, Weingartenallee 18 Reitturnierplatz	Reithalle Freiluftanlage

RODELANLAGEN UND RODELSTRASSEN

RODELBAHNEN

10. Bezirk
Laaer Berg, Löwygrube (350 m)

16. Bezirk
Gallitzinberg, Steinbruchwiese (250 m)

RODELHÜGEL

2. Bezirk
Prater, Jesuitenwiese

10. Bezirk
Grenzackerstraße – Anningerweg

19. Bezirk
Freizeitraum Hohe Warte

20. Bezirk
Spielmanngasse

22. Bezirk
Kaisermühlen, Donaupark
Kaisermühlen, Kaiserwasser

23. Bezirk
Erlaa, Altmannsdorfer Straße 164–182

RODELMÖGLICHKEITEN IN PARKANLAGEN

2. Bezirk
Engerthstraße/Innstraße
Prater, Jesuitenwiese
Venediger Au

3. Bezirk
Schweizer Garten bei Heeresmuseumstraße
Stadtpark

4. Bezirk
Alois-Drasche-Park

5. Bezirk
Einsiedlergasse
Hartmanngasse

6. Bezirk
Alfred-Grünwald-Park
Esterházypark

9. Bezirk
Arne-Carlsson-Park

10. Bezirk
Alfred-Böhm-Park
Eisenstadtplatz
Fortunapark
Heuberggstätten
Johann-Benda-Park
Kurpark Oberlaa
Löwygrube
Otto-Benesch-Park
Volkspark Laaerberg
Waldmüllerpark

11. Bezirk
Eisteichstraße
Hutterergasse
Lorenz-Reiter-Straße
Luise-Montag-Gasse
Murhoferweg

12. Bezirk
Am Schöpfwerk
An den Eisteichen
Endergasse/Karl-Kraus-Gasse

13. Bezirk
Roter Berg
Wlassakstraße/Nazarenerwiese

14. Bezirk
Lagerwiese Wolfersberg

15. Bezirk
Dadlerpark

16. Bezirk
Kongresspark

18. Bezirk
Pötzleinsdorfer Schlosspark

19. Bezirk
Hintergärtengasse/Hohe Warte

20. Bezirk
Forsthauspark
Spielmanngasse/Dietmayrgasse
Universumstraße/Winarskystraße

21. Bezirk
Adolf-Loos-Gasse/Dodererqasse
Adolf-Loos-Gasse/Oswald-Redlich-Straße
Adolf-Loos-Gasse 4
Carabelligasse
Denglerpark
Dodergasse/Adolf-Loos-Gasse
Freiligrathplatz
Haspingerplatz
Josef-Grössing-Park
Koschakergasse 18/Dominik-Wölfel-Gasse
Koschakergasse 30
Kürschnergasse/Gitlbauergasse
Langfeldgasse 6
Oswald-Redlich-Straße/Adolf-Loos-Gasse
Pastorstraße ggü. 29
Robinsonspielplatz Tetmajergasse

22. Bezirk
Hirschstetten, Aupark
Hirschstetten, Badeteich
Hirschstetten, Quadenstraße/Hirschstettner Straße
Kagran, Düsseldorfstraße
Kagran, Jakob-Bindel-Park
Kagran, Kagraner Anger
Kagran, Lagerwiese Rehlacke
Kagran, Polgarstraße
Kagran, Rennbahnweg
Kaisermühlen, Donaupark/Kaffeehaushügel
Kaisermühlen, Lagerwiese Kaiserwasser (Laberlweg)

23. Bezirk
Atzgersdorf, Fridtjof-Nansen-Park
Erlaa, Rösslergasse
Inzersdorf, Draschepark
Mauer, Tullnertalgasse

RODELSTRASSEN

7. Bezirk
Sankt-Ulrichs-Platz

12. Bezirk
Schwenkgasse

15. Bezirk
Eduard-Sueß-Gasse

(Die Benützung der Rodelstraßen ist an die jeweilige Verfügung der Verkehrsbehörden gebunden.)

ROLLSCHUH-SPORTANLAGEN

2. Bezirk
Ausstellungsstraße 40

10. Bezirk
Windtenstraße 2
Eisring Süd

SCHLEPPLIFTANLAGEN

13. Bezirk
Dollwiese, bei Gasthaus Lindwurm 120 m

14. Bezirk
Mauerbachstraße 174
Hohe-Wand-Wiese (künstliche Schnee-Erzeugung, Flutlichtanlage) 400 m

SPEZIALANLAGEN

2. Bezirk
Engerthstraße 267–269
Hallenstadion

Engerthstraße, Messehalle 25 — Kart, Skating

Engerthstraße, Messehalle 32 — Beachvolleyball, Boccia, Street- und Basketball, Badmington, Streetsoccer, Streettennis, Tischfußball

Meiereistraße
Athletic-Center, Ernst-Happel-Stadion — Boxen, Kraftsport, Klettern

5. Bezirk
Margaretengürtel 104 — Indoor-Golf, Sportschießen

10. Bezirk
Gutheil-Schoder-Gasse 8
Budo-Center — Judo

Kurbadstraße 14
Mehrzweckhalle — F, Fa, L, H, T, V, B, Boxen

Windtenstraße 2
Eisring Süd, Halle — Beachvolleyball, TT, Street- und Basketball, Badmington, Streetsoccer, Tischfußball, Indoor

15. Bezirk
Possingergasse 2
Bundessportzentrum Schmelz

Vogelweidplatz 14
Wiener Stadthalle — Mehrzweckhallen, Kegelhalle, Rudertraining

17. Bezirk
Roggendorfgasse 1
Kraftsportzentrum

20. Bezirk
Dammstraße 7–9

Hopsagasse
Mehrzweckhalle

21. Bezirk
Großfeldsiedlung,
Pastorstraße 29
Sporthalle

Siemensstraße — Kartsport

SPORTHALLEN

1. Bezirk
Postgasse 7

2. Bezirk
Engerthstraße 267–269
Ferry-Dusika-Hallenstadion

Rustenschacher Allee 9
Mehrzweckhalle

3. Bezirk
Hyegasse 1

8. Bezirk
Fuhrmannsgasse 18
Mehrzweckhalle

9. Bezirk
Porzellangasse 14–16
Mehrzweckhalle

10. Bezirk
Gutheil-Schoder-Gasse 8
Budo-Center

Kurbadstraße 14
Kurzentrum Oberlaa

Per-Albin-Hansson-Siedlung Ost,
Jura-Soyfer-Gasse 3
Rundturnhalle

11. Bezirk
Florian-Hedorfer-Straße 24
Rundturnhalle

13. Bezirk
Altgasse 6
Mehrzweckhalle

Schönbrunner Schlossstraße 52
Union Sportzentrum

15. Bezirk
Possingergasse 2
Universitäts-Sportzentrum Schmelz

Vogelweidplatz 14
Wiener Stadthalle, Halle A, B

17. Bezirk
Roggendorfgasse 2
Postsporthalle

19. Bezirk
Döblinger Gürtel
U-Bahn-Bogen 189–191

20. Bezirk
Dammstraße 7–9
Mehrzweckhalle

Hopsagasse
Mehrzweckhalle

21. Bezirk
Großfeldsiedlung, Pastorstraße 29
Sporthalle

Jedleseer Straße 74
Dominik-Hofmann-Halle

22. Bezirk
Kagran, Lieblgasse 6
Rundturnhalle

Kagran, Steigenteschgasse 1
Rundturnhalle

23. Bezirk
Alt-Erlaa, Anton-Baumgartner-Straße 44
Rundturnhalle

Atzgersdorf, Kirchfeldgasse 3–5
Mehrzweckhalle

Atzgersdorf, Steinergasse 22
Rundturnhalle

Liesing, Perchtoldsdorfer Straße 1,
Haus der Begegnung
Sporthalle

SPORTKEGELBAHNEN

K = Kunststoff
A = Asphalt

1. Bezirk
Dr.- Karl-Lueger-Ring 14 — 3 K

Stubenring 1 — 3 A
Bundesministerium für Wirtschaft
und Arbeit

2. Bezirk
Praterstern Viadukt — 4 K

Rustenschacherallee 3 — 4 K
STAW

3. Bezirk
Göllnergasse 15 — 3 A
Siemens

Grasbergergasse 18 — 4 K
Rennweger SV

Radetzkystraße 2 — 4 K
Bundesamtsgebäude

8. Bezirk
Wickenburggasse 12 — 4 A
Justizwacheschule

10. Bezirk
Gudrunstraße 11 — 4 K
Siemens 2

Keplergasse 10 — 2 A
Polizei Favoriten

Wiedner Gürtel 1b — 3 A
Südbahn

Wienerbergstraße 15–19 — 2 A
Wiener Gebietskrankenkasse

Wirerstraße 2–4 — 4 K
Kurt Gamauf

11. Bezirk
Grillgasse 48 — 2 A

1. Haidequerstraße 2 4 K
WIENSTROM

Leberstraße 82 4 A
Freissler Otis ASKÖ

Unter der Kirche 22 4 K
Postamt Simmering

13. Bezirk
Altgasse 6 2 A
Union Sportzentrum

14. Bezirk
Cumberlandstraße 31 3 A
Gasthaus Magyar

15. Bezirk
Hütteldorfer Straße 2b 8 A
Wiener Stadthalle

Langauergasse 2 6 A
Westbahn

16. Bezirk
Kendlerstraße 38A 4 A
Privat

17. Bezirk
Hernalser Hauptstraße 138a 3 K
WIENER LINIEN

20. Bezirk
Brigittenauer Lände 236 4 A
ASKÖ 20

21. Bezirk
Bahnsteggasse 17–23 4 K
Postamt Floridsdorf

Leopoldauer Straße 75 4 A
Shell

Pfendlergasse 1 4 A
Gaswerk Leopoldau

Siemensstraße 89 3 A
Pauker

22. Bezirk
Essling, Esslinger Hauptstraße 82 3 A
Gasthof Müllner

Kagran, Attemsgasse 8 K
Albert-Schultz-Halle

Kaisermühlen, Dampfschiffhaufen 26 4 K
Polizei Kaisermühlen

Kaisermühlen, Eiswerkstraße 20 2 K
Bank Austria

Stadlau, Stadlauer Straße 54 3 A
Waagner-Biró

23. Bezirk
Atzgersdorf, Breitenfurter Straße 164 2 K
Unilever

Liesing, Perchtoldsdorfer Straße 1 2 A
Haus der Begegnung Liesing

Liesing, Schartlgasse 10 2 A
WAT Liesing

SPORTPLÄTZE

Abkürzungen:

F = Fußballanlage
Fa = Faustballanlage
L = Leichtathletikanlage
H = Handballanlage
T = Tennisanlage
R = Reitanlage
S = Squash
Es = Eisbahn
E = Eislaufanlage
B = Basketballanlage
V = Volleyballanlage
Ho = Hockeyanlage
Ü = Übungsanlage, nicht genormt
K = Kegelbahn
Baseb = Baseball
Ro = Rollsportplatz

2. Bezirk
Ausstellungsstraße 40 Ro
Freudenau, Aspernallee 3 Baseb
American International Baseball-Club
Freudenau 555 R
Hafenzufahrtsstraße 60 F
Hauptallee 123a L, 13 T, Ho
Sportanlage des Österreichischen Hockey-Verbandes
Heustadlwasser/Ameiswiese R
Ichmanngasse 1 2 Fa, L, 9 T
SC Finanzministerium
Krieau, Meiereistraße L, 12 T
Vienna Cricket and Football-Club
Krieau, Trabrennbahn R
Meiereistraße Stadion + 9 F, 2 L
Wiener Praterstadion - Ernst-Happel-Stadion Bogenschießplatz

Prater, Birkenwiese, nächst dem Gassteg Bundessportanlage	F, Fa, L, B
Prater, Stadionallee Bundessportanlage	L
Rustenschacherallee 5 Sportanlage des STAW	2 F, H, L, 8 T
Rustenschacherallee 9 WAC	F, L, H, 19 T
Spenadlwiese ASKÖ-Sportanlage	2 F, L, 6 T, Baseb
Wehlistraße 314 Elektra-Platz	2 F, 8 T
Wehlistraße 316–318 Wiener Tennisverband	5 T

3. Bezirk

Baumgasse 56 WAT	Fa, B
Baumgasse 83/Nottendorfgasse	10 T, 4 S
Baumgasse 85 LAC	2 F
Dietrichgasse 44 Pfarre Neu-Erdberg	H, B
Grasbergergasse 18 Rennweger SV	F, 3 T, K

9. Bezirk

Sensengasse 1–3 Bundessportplatz	F, L, T

10. Bezirk

Computerstraße 3 Städtische Sportanlage	2 F, L, 5 T
Eibesbrunnergasse 9 WAT	2 F. F (Kunst), B
Eibesbrunnergasse 13 Städtische Sportanlage	3 F
Fischhofgasse 12 Franz-Horr-Stadion	4 F
Franz-Koci-Straße Städtische Sportanlage	2 F, L, 4 T, 2 B, 2 V
Franzosenweg Rapid Oberlaa	F
Kennergasse 3 FAV Athletik-Sportclub	2 F
Laaer-Berg-Straße 143 ESV Südost	2 F, L
Laxenburger Straße – Heuberggstättenstraße Franz-Hölbl-Sportanlage	2 F, 6 T
Raxstraße 3 Sportvereinigung Wiener Verkehrsbetriebe	2 F, L
Windtenstraße – Raxstraße ASKÖ-Sportanlage Eisring Süd	F, L, 15 T, E

11. Bezirk

Haidestraße 10	2 F, 3 T
Hasenleitengasse 47–49 ESV Ostbahn Olympia XI	2 F, 3 T
Leberstraße 82	11 T, 4 K
Leberstraße 84	F
Simmeringer Hauptstraße 207–211	F, 4 T
Werkstättenweg 75	B
Zinnergasse – Klebindergasse SC Kaiserebersdorf	F

12. Bezirk

Hervicusgasse 13–15 UNION	F, 5 T
Oswaldgasse 34 FC Wr. Viktoria	F
Sagedergasse 10–12	6 T

13. Bezirk

Gassmannstraße 2 Maria-Theresien-Kaserne	F, L, 7 T
Grünbergstraße Bundessportanlage Schönbrunn	F, L, B
Hörndlwald	F, L
Linienamtsgasse 4 ASVÖ 13	F, L, 14 T
Schönbrunner Schloss-straße 2 UNION 13	F, 2 Fa, L, 4 T, 2 B

14. Bezirk

Achtundvierzigerplatz	5 T, B
Cumberlandstraße 102	F
Keißlergasse 6 Gerhard-Hanappi-Stadion	4 F
Kinkplatz	F
Steinbruchstraße 7 SC Slovan HAC	F

15. Bezirk

Auf der Schmelz ASKÖ-Sportanlage	2 F, 16 T
Auf der Schmelz 6 Universitäts-Sportzentrum Schmelz	F, L, 3 T

16. Bezirk

Erdbrustgasse 4 WAT 16	2 F, L, H, 9 T
Kendlerstraße 38 Städtische Sportanlage	2 F, 3 T, 2 Kegelbahnen
Kendlerstraße 42 Helfort-Platz	2 F
Paltaufgasse 14 Sportanlage Tabakregie	F
Roterdstraße 2–8	H, 4 T, V

17. Bezirk

Franz-Glaser-Gasse	F, H, 2 T
Hernalser Hauptstraße 214 Wiener Sportclub	F
Neuwaldegger Straße 57a, Marswiese	F, L, H, 6 T

Roggendorfgasse 2	4 F, H, L, 50 T
Postsportanlage	Minigolf

18. Bezirk

Simonygasse 2b	F

19. Bezirk

Grinzinger Straße 111	F, 5 T
NAC	
Hohe Warte	2 F, L, 15 T
First Vienna FC	
Krottenbachstraße 53	F
Sportanlage Fortuna 05	
Starkfriedgasse 20	5 T
Cottage	

20. Bezirk

Brigittenauer Lände 236	2 F, L, 4 T
ASKÖ-Sportanlage	
Lorenz-Müller-Gasse/Spielmann-gasse 8	2 F, L, 4 T
Städtische Sportanlage	
Meldemannstraße 15	F
Wiener Fußball-Verband	

21. Bezirk

Am Hubertusdamm	F, 8 T
Brünner Straße 238	F, L
Österreichisches Bundesheer	
Brünner Straße – Jedlersdorfer Straße	F
Sportanlage Admira Nordwien	
Landhaus	
Christian-Bucher-Gasse/Überfuhrstraße	2 F, L, 5 T
Fännergasse – Pichelwangergasse	F
RAG-Platz	
Fultonstraße	2 F
Fußballanlage	
Heinrich-von-Buol-Gasse	F
Hopfengasse 4–8	2 F, L, 9 T
Leopold-Stroh-Sportanlage	
Jochbergengasse	2 F, 2 T
Union LV Wien	
Julius-Ficker-Straße/Großfeldstraße	F, 8 T
ASKÖ-Sportanlage (SV Admira)	
Leopoldauer Straße 77–79	L, 5 T
SC Shell	
Nordmanngasse	10 T
TC Donaufeld	
Überfuhrstraße 16	Ü

22. Bezirk

Aspern, Biberhaufenweg 18	2 F, 4 T
Essling, Kirschenallee	F
Hirschstetten, Spargelfeldstraße	2 F
Wiener Fußball-Verband (Waagner-Biró Kagran)	
Kagran, Anton-Sattler-Gasse	Fa, L, H, 4 T
TV Kagran ÖTB	
Kagran, Erzherzog-Karl-Straße 170	L, 3 T
S. K. V. Feuerwehr	
Kagran, Natorpgasse 2	2 F
Kagran, Natorpgasse 25	T
Kaisermühlen, Arbeiterstrandbadstraße 128	4 F, L, 19 T
Sportanlage der ÖBB	
Kaisermühlen, Eiswerkstraße 20	F
SV Bank Austria	
Kaisermühlen, Promenadenweg 15	F, Es, T
ASKÖ-Sportanlage (SV Donau)	
Leopoldau, Josef-Baumann-Gasse	F
Stadlau, Genochplatz	F, 3 T
SC Waagner-Biró	
Stadlau, Industriestraße 131	Ü
SC Immuno Haemo	
Stadlau, Smolagasse	3 F, L, 10 T
FC OMV Stadlau	
Stadlau, Wiedgasse 4	2 F
ESV Stadlau	
Süßenbrunn, Pehamgasse	F
SC Süßenbrunn	

23. Bezirk

Atzgersdorf, Steinergasse 12	2 F, L, 2 H, 3 T
ASKÖ-Sportanlage	
Erlaa, Meischlgasse 26	2 F
Amateur-SC Erlaa	
Inzersdorf, Vorarlberger Allee	F, 6 T
ASKÖ-Sportanlage	
Kalksburg, Zangerlestraße	F, 9 T
1. SC Kalksburg	
Liesing, Franz-Heider-Gasse	6 Fa
ATV Liesing	
Liesing, Schartlgasse 10	F, 3 T
WAT-Sportanlage	
Liesing, Siebenhirtenstraße	2 F
ASK Liesing	
Mauer, Erhardgasse 2	2 F, H, 9 T, B
UNION-Sportanlage	
Siebenhirten, Anton-Freunschlag-Gasse	F, T, Golf, BMX-Bahn
SC Siebenhirten	

SPORT-SCHIESS-STÄTTEN

LG = Luftgewehr
LP = Luftpistole
KK = Kleinkaliber
GK = Großkaliber
WT = Wurftauben

1. Bezirk	
Postgasse 7	LG, LP
Stubenring 1	
Regierungsgebäude	LG, LP
3. Bezirk	
Hintere Zollamtsstraße 4	LG, LP
4. Bezirk	
Prinz-Eugen-Straße 16	LG
5. Bezirk	
Margaretengürtel 104	LG, LP
Reumannhof	
6. Bezirk	
Nelkengasse 6a	LG, LP, KK
10. Bezirk	
Hardtmuthgasse 42	LG, LP
14. Bezirk	
Linzer Straße 297	LG, LP
Lorenz-Stein-Straße 22	LG, LP
15. Bezirk	
Possingergasse 6	KK
16. Bezirk	
Lindauergasse 27–29	LG, LP
17. Bezirk	
Exelbergstraße	KK, WT
21. Bezirk	
In den Gabrissen	LG, LL, KK, GK
Jedlersdorfer Straße 121	LG, LP
22. Bezirk	
Süßenbrunn, Schießstätten	LG, LP, KK, GK
Süßenbrunn, Wielandweg 25	LG, LP, KK, GK

SQUASHANLAGEN

	Courts
3. Bezirk	
Baumgasse 83	4
STS City Center	
Franzosengraben 2, Parkhaus U3	15
Club Danube	
Landstraßer Hauptstraße 2a	4
Fit & Fun	
10. Bezirk	
Erlachplatz 2–4	3
Topfit Freizeitanlage	
Gutheil-Schoder-Gasse 9	6
Budo-Center	
Kurbadstraße 10	19
Squash-Club Oberlaa	
14. Bezirk	
Linzer Straße 183	14
Squash-Haus Penzing	
15. Bezirk	
Auf der Schmelz	2
ASKÖ Schmelz	
17. Bezirk	
Hernalser Hauptstraße 13	4
Squash-Center Hernals	
Roggendorfgasse 2	2
Postsportplätze	
19. Bezirk	
Heiligenstädter Lände 17	18
Club Manhattan	
Heiligenstädter Straße 86–90	6
Club 19	

22. Bezirk	Courts	23. Bezirk	Courts
Kagran, Wagramer Straße 94	12	Inzersdorf, Slamastraße 29	16
Donauzentrum Club Danube		Squasz-Insel Süd	
Kagran, Zwerchäckerweg 28	3		
Freizeitzentrum Donaustadt			

STADTWANDERWEGE

1 – Kahlenberg	11 km	7 – Laaer Berg	15 km
2 – Hermannskogel	10 km	8 – Sofienalpe	11 km
3 – Hameau	10,5 km	9 – Prater	13 km
4 – Jubiläumswarte	7,2 km	10 – Rund um Wien (Donauinsel – Gerasdorf)	114 km
4a – Ottakring	10 km	11 – Rund um Wien (Heiligenstadt – Gerasdorf)	120 km
5 – Bisamberg	10,3 km		
6 – Zugberg–Maurer Wald	12,5 km		

STREETBALLANLAGEN

1. Bezirk

Rudolfspark	
Stadtpark	1

2. Bezirk

Max-Winter-Park
Mexikoplatz
Rueppgasse
Venediger Au
Vorkai/Untere Donaustraße
Wilhelm-Kienzl-Park

3. Bezirk

Erdberger Lände	2
Kardinal-Nagl-Park	
Klopsteinpark	
Kolonitzplatz	2
Lechnerstraße	1
Modenapark	1
Schweizer Garten	

4. Bezirk

Alois-Drasche-Park	
Resselpark	
Rubenspark	1
Schelleingasse	

5. Bezirk

Bacherplatz	2
Bacherplatz 4	1
Einsiedlerpark	
Hartmannpark	
Theodor-Körner-Hof	

6. Bezirk

Esterházypark
Fritz-Imhoff-Park
Minna-Lachs-Park

7. Bezirk

Josef-Strauß-Park
Karl-Farkas-Park

8. Bezirk

Bennopark
Hamerlingpark
Schönbornpark

9. Bezirk

Arne-Carlsson-Park	
Lichtentaler Park	1
Rossauer Lände/Vorkai	

10. Bezirk

Antonspark	
Belgradpark	
Fortunapark	
Franz-Horr-Stadion, Parkplatz	2
Humboldpark	
Laubeplatz	2

Suchenwirtplatz	2
Waldmüllerpark	

11. Bezirk

Blériotgasse/Seeschlachtweg	
Fuchsröhrenstraße	
Herderpark/Am Kanal	
Molitorgasse/Dopplergasse	
Simmeringer Hauptstraße (vor dem Krematorium)	
Valiergasse/Muhrhoferweg	1

12. Bezirk

Hermann-Leopoldi-Park	2
Wilhelmsdorfer Park	

13. Bezirk

Auhofstraße 255	1
Grenzgasse	

14. Bezirk

Cossmanngasse	1
Ferdinand-Wolf-Park	
Heinz-Conrads-Park	2
Hochsatzengasse	
Matznerpark	
Reinlpark	1

15. Bezirk

Dadlerpark	2
Forschneritschpark	2
Ullmannstraße (Sechshauser Park)	2
Vogelweidpark	1
Winningerplatz	2

16. Bezirk

Kantnerpark	1
Kongresspark	1
Ludo-Hartmann-Park	
Mildeplatz	1
Reichmanngasse/Demuthgasse	1
Schuhmeierplatz	2
Stillfriedplatz	1
Stöberpark	1

17. Bezirk

Lidlpark	
Reschplatz	1
Schwarzenbergpark	1

18. Bezirk

Währinger Park/Semperstraße	1

19. Bezirk

Albert-Dub-Park	2
Anton-Baumann-Park	
Ebner-Eschenbach-Park	
Flotowgasse/Trautenauplatz	
Türkenschanzpark	
Währinger Park	

20. Bezirk

Brigittenauer Bad (Käfig)	
Forsthauspark	
Friedrich-Engels-Platz	
Gaußplatz	
Jakob-Winter-Park	
Kapaunplatz	
Leipziger Platz	
Leipziger Straße/Hartlgasse	
Leipziger Straße/Spaungasse	
Mortarapark	
Sachsenpark	
Schmetterlinpark	

21. Bezirk

Adolf-Loos-Gasse	
Berzeliusgasse	
Dragonerhäufel	
Gerlosplatz	
Hans-Smital-Park	
Heisspark	
Josef-Grössing-Park	
Kürschnergasse	
Langfeldgasse	
Maria-Schuller-Park	
Tetmajergasse	
Wasserpark	

22. Bezirk

Aspern, Am Mühlwasser/Hardeggasse	
Aspern, Trygve-Lie-Park	
Hirschstetten, Quadenstraße 6–8	1
Kagran, Jakob-Bindel-Park	
Kagran, Siebenbürgerstraße 16–26	1
Kaisermühlen, Donaupark/Eingang Arbeiterstrandbad	1

23. Bezirk

Atzgersdorf, Rudolf-Zeller-Gasse, Föhrenwald	1
Inzersdorf, Neilreichgasse/Draschestraße	2
Siebenhirten, Karl-Tonay-Gasse/Porschegasse, Wiener Flur	2

TENNISANLAGEN

	Freiplätze	Hallenplätze
2. Bezirk		
Ausstellungsstraße 42 – Nordportalstraße	4	
Hauptallee 5	6	
Hauptallee 123a	8	
Ichmanngasse 1	9	2
Krieau, Meiereistraße	11	
Meiereistraße – Hauptallee	6	
Rustenschacherallee 1	10	2
Rustenschacherallee 5	8	2
Rustenschacherallee 7	4	
Rustenschacherallee 9	19	2
Spenadlwiese	6	
Stadionbad	7	
Südportalstraße 1		2
Wehlistraße 314	11	
Wehlistraße 316	5	
3. Bezirk		
Arsenalstraße 1	25	
Baumgasse 83	5	5
Faradaygasse 4	16	
Grasbergergasse 18	3	
Lothringerstraße 22	6	
Prinz-Eugen-Straße 25	5	
Sechskrügelgasse 4	6	
4. Bezirk		
Favoritenstraße 15	2	
7. Bezirk		
Lindengasse 9		2
Mariahilfer Straße 80	1	
8. Bezirk		
Lerchenfelder Straße 66–68	2	
9. Bezirk		
Grünentorgasse 12	3	
Liechtensteinstraße 37a	2	
Porzellangasse 48	2	
Sensengasse 1–3	1	
10. Bezirk		
Computerstraße 3	5	
Eibesbrunnergasse 9	7	
Ettenreichgasse 45	4	
Fontanastraße 1	6	
Franz-Koci-Straße 1–3	4	
Gudrunstraße 31	15	
Gutheil-Schoder-Gasse 1	6	5
Klederinger Straße 66	5	
Kurbadstraße 14	6	16
Laxenburger Straße – Heuberggstättenstraße 1	6	
Laxenburger Straße 66		5
Ludwig-von-Höhnel-Gasse 17–19	1	
Windtenstraße – Raxstraße	13	
11. Bezirk		
Haidestraße 10	3	
Hasenleitengasse 47–49	3	
Kaiserebersdorfer Straße 126	6	
Kaiserebersdorfer Straße 197	2	
Leberstraße 82	11	2
Neugebäudestraße 10a	4	
Ravelinstraße	2	
12. Bezirk		
Hervicusgasse 13–15	5	
Hohenbergstraße 58	9	
Laskegasse gegenüber 39	6	3
Rohrwassergasse 3	5	
Sagedergasse 10–12	6	
13. Bezirk		
Gassmannstraße 2	7	4
Geylinggasse 24	9	
Gutzkowplatz – Geylinggasse 20	8	
Jennerplatz 25	8	2
Karl-Goldmark-Platz 1	5	
Linienamtsgasse 4	11	
Mühlbachergasse	5	
Schönbrunner Schlossstraße 52	5	
14. Bezirk		
Achtundvierzigerplatz	5	
Bahnhofstraße	14	3
Kinkplatz	1	
Linzer Straße 431	2	
Mauerbachstraße 43	3	
Mauerbachstraße 47	5	1
Mauerbachstraße 79	7	
Mühlbergstraße 7	2	
Stockhammerngasse 8–18	18	
15. Bezirk		
Auf der Schmelz 10	16	
Possingergasse 6	3	

16. Bezirk

Erdbrustgasse 4	9	3
Kendlerstraße 38	3	
Roterdstraße 2–8	4	

17. Bezirk

Andergasse 5	1	
Franz-Glaser-Gasse 1–3	2	
Frauengasse 25–27		4
Jörgerstraße 24	6	
Marswiese, Neuwaldegger Straße 57a	6	
Roggendorfgasse 2	47	1

18. Bezirk

Sternwartestraße 57	5	

19. Bezirk

Cobenzlgasse 56	4	
Döblinger Hauptstraße 48	3	
Erbsenbachgasse	3	
Grinzinger Straße 111	5	
Hohe Warte	15	
Kahlenbergerdorf/Schüttau 17	10	
Leidesdorfgasse 6–10	5	
Salmannsdorfer Straße 45–47	2	
Starkfriedgasse 20	9	
Unterer Schreiberweg 85	1	

20. Bezirk

Brigittenauer Lände 236	4	
Lorenz-Müller-Gasse/Spielmanngasse 8	4	

21. Bezirk

Am Hubertusdamm 1–7	8	
An der Schanze 5–7	14	2
Anton-Böck-Gasse 20	14	
Arbeiterstrandbadstraße 55a		4
Arbeiterstrandbadstraße 85a		
Christian-Bucher-Gasse	5	
Fultonstraße – Nordmanngasse	10	
Grabmayrgasse 13–17	4	
Heinrich-von-Buol-Gasse		4
Hopfengasse 4–8	9	
Jedlersdorfer Straße 384	2	2
Jeneweingasse 17	2	
Jochbergengasse	2	
Julius-Ficker-Straße/ Großfeldstraße	8	
Leopoldauer Straße 77–79	5	
Lorettoplatz 5	17	2
Ruthnergasse	10	6
Siemensstraße 89	1	
Stowassergasse 7–9	9	
Trillergasse	4	6

22. Bezirk

Aspern, Biberhaufenweg 18	4	
Breitenlee, Breitenleer Straße 230	6	
Essling, Kirschenallee 2–4	1	
Hirschstetten, Hirschstettner Straße 5		
Kagran, Anton-Sattler-Gasse 92–96	4	
Kagran, Anton-Sattler-Gasse 113a	7	
Kagran, Donauzentrum		6
Kagran, Erzherzog-Karl-Straße 108	10	
Kagran, Erzherzog-Karl-Straße 170	3	
Kagran, Natorpgasse 25	6	
Kagran, Puchgasse 6	3	
Kagran, Rugierstraße 4	10	3
Kagran, Zwerchäckerweg 28	3	
Kaisermühlen, Arbeiterstrandbadstraße 127	23	
Kaisermühlen, Eiswerkstraße 20	3	
Kaisermühlen, Gänsehäufel	7	
Stadlau, Genochplatz	3	
Stadlau, Powolnygasse 4	2	3
Stadlau, Smolagasse/Lange Allee	10	
Stadlau, Stadlauer Straße 54	3	

23. Bezirk

Atzgersdorf, Breitenfurter Straße	4	
Atzgersdorf, Brunner Straße 59	3	
Atzgersdorf, Kirchfeldgasse 5	10	6
Atzgersdorf, Steinergasse 12	3	
Atzgersdorf, Tullnertalgasse 1–3	7	
Erlaa, Erlaaer Straße 56a	12	4
Inzersdorf, Altmannsdorfer Straße182a		4
Inzersdorf, Vorarlberger Allee	6	
Kalksburg, Mackgasse	1	
Kalksburg, Promenadenweg 3	2	
Kalksburg, Zangerlestraße	9	
Liesing, An den Steinfeldern 2a		12
Liesing, Schartlgasse 10	3	
Liesing, Schartlgasse 11	5	1
Mauer, Erhardgasse 2	9	
Mauer, Kaserngasse 3	5	1
Rodaun, Willergasse 55	1	
Siebenhirten, Karl-Tornay-Gasse	3	
Siebenhirten, Wallackgasse 3	1	3

TENNISHALLEN

	Plätze	
2. Bezirk		
Faradaygasse 3	1	feste Halle, Parkett
Hauptallee, Stadionbad	2	Tragluft, Sand
Ichmanngasse 1	2	feste Halle, Filz
Rustenschacherallee 1	2	feste Halle, Sand
Rustenschacherallee 5	2	feste Halle, Sand
Rustenschacherallee 9	2	feste Halle, Sand
Südportalstraße 1	2	feste Halle, Filz
3. Bezirk		
Arsenalstraße 1	4	Tragluft, Sand
Baumgasse 83	5	Fixhalle, Kunststoff
10. Bezirk		
Gutheil-Schoder-Gasse 8		
Budo-Center	5	feste Halle, Sand
Kurbadstraße 14		
Kurzentrum Oberlaa	17	Fixhalle, Kunststoff
11. Bezirk		
Leberstraße 82	3	Tragluft, Sand
12. Bezirk		
Laskegasse	3	feste Halle, Green Set
Tivoligasse 79	2	Tragluft, Sand
13. Bezirk		
Gassmannstraße 2	4	feste Halle, Land Green
Jennerplatz 25	2	Tragluft, Sand
Schönbrunner Schlossstraße 2	3	Tragluft, Sand
14. Bezirk		
Bahnhofstraße 1	3	feste Halle, Sand
Bergmillergasse 12	6	Fixhalle, Kunststoff
Mauerbachstraße 47	1	Tragluft, Sand
Mauerbachstraße 75	2	feste Halle, Tartan
16. Bezirk		
Erdbrustgasse 4	3	Tragluft, Sand
17. Bezirk		
Roggendorfgasse 2	24	Tragluft, Sand
21. Bezirk		
An der Schanze 7	2	feste Halle, Sand
Grabmayrgasse 15	2	Tragluft, Sand
Heinrich-von-Buol-Gasse	4	Tragluft, Sand
Ruthnergasse	4	feste Halle, Sand
Trillergasse	6	Kunststoff
22. Bezirk		
Kagran, Bernoullistraße 7	8	feste Halle, Kunststoff, Granulat
Kagran, Rugierstraße 4	3	Tragluft, Kunststoff
Kaisermühlen, Schüttauplatz 3–5	3	Tragluft, Sand
Stadlau, Powolnygasse 4	3	Tragluft, Sand

23. Bezirk

Atzgersdorf, Kirchfeldgasse 5	6	Tragluft, Sand
Erlaa, Erlaaer Straße 56a	4	feste Halle, Sand
Inzersdorf, Altmannsdorfer Straße	4	Kunststoff
Liesing, An den Steinfeldern 2a Haas-Halle	12	feste Halle, Granulat
Liesing, Schartlgasse 11	1	feste Halle, Filz
Mauer, Kaserngasse 3	1	feste Halle, Sand
Siebenhirten, Liesinger-Flur-Gasse Porsche-Halle	6	feste Halle, Filz
Siebenhirten, Wallackgasse 3	3	Tragluft, Sand

TISCHTENNIS

(vom Wiener Verband als Trainingsstätten gemeldete Anlagen)

1. Bezirk

Drachengasse 3	TT-Lokal
Fleischmarkt 1b	TT-Lokal
Pestalozzigasse 4–6	TT-Lokal
Postgasse 7	TT-Lokal
Stubenring 1	TT-Lokal
Teinfaltstraße 8	TT-Lokal

2. Bezirk

Am Tabor 6	TT-Lokal
Czerningasse 21	TT-Lokal
Kleine Mohrengasse 5	TT-Lokal
Praterstraße 34	TT-Lokal
Vereinsgasse 31	TT-Lokal

3. Bezirk

Erdbergstraße 35	TT-Lokal
Hetzgasse 45	TT-Lokal
Hintere Zollamtsstraße 19	TT-Lokal
Keinergasse 22	TT-Lokal
Rechte Bahngasse 24	TT-Halle

4. Bezirk

Argentinierstraße 30a	TT-Lokal

6. Bezirk

Liniengasse 13	TT-Halle

7. Bezirk

Kirchengasse 41	TT-Lokal
Neubaugürtel 4	TT-Lokal

8. Bezirk

Lange Gasse 69	TT-Lokal

9. Bezirk

Althanstraße 51	Turnhalle
Porzellangasse 51	TT-Lokal

10. Bezirk

Gudrunstraße 194	TT-Lokal
Waldgasse 13/3	TT-Lokal
Wiedner Gürtel 1	TT-Lokal
Wiedner Gürtel 1b	TT-Lokal
Wienerbergstraße 15–19	TT-Lokal

11. Bezirk

2. Haidequerstraße 3	TT-Lokal

12. Bezirk

Längenfeldgasse 13–15	TT-Halle

13. Bezirk

Versorgungsheimplatz 1	TT-Lokal

14. Bezirk

Flötzersteig 115	TT-Halle

15. Bezirk

Auf der Schmelz 10	TT-Halle
Dreihausgasse	Turnhalle
Langauergasse 2/3	TT-Lokal
Sechshauser Straße 27	TT-Lokal

16. Bezirk

Kirchstetterngasse 6	TT-Lokal
Kirchstetterngasse 57	TT-Halle
Thaliastraße 125	TT-Lokal
Yppenplatz 8	TT-Lokal

17. Bezirk

Wattgasse 54	TT-Lokal

18. Bezirk

Scheidlstraße 2	Turnhalle
Schumanngasse 39/4	TT-Lokal
Währinger Gürtel 40	TT-Halle

20. Bezirk

Höchstädtplatz 3	TT-Lokal
Lorenz-Müller-Gasse 1	TT-Halle
Pasettistraße 78	TT-Lokal

21. Bezirk

An der Schanze 5–7	TT-Halle
Brünner Straße 100	TT-Lokal
Freytaggasse 32	TT-Lokal

22. Bezirk

Kagran, Erzherzog-Karl-Straße 108	TT-Halle
Kagran, Wagramer Straße 5	TT-Lokal
Kaisermühlen, Schüttaustraße 42	TT-Lokal
Stadlau, Stadlauer Straße 4	TT-Lokal

23. Bezirk

Alt-Erlaa, Wohnpark, Anton-Baumgartner-Straße 44	Mehrzweckhalle
Alt-Erlaa, Wohnpark, Anton-Baumgartner-Straße 44/A1/02	TT-Lokal
Erlaa, Welingergasse 5	TT-Halle
Mauer, Erhardgasse 2	TT-Lokal

VOLLEYBALL – BEACH

	Anzahl der Plätze
2. Bezirk	
Messegelände, Halle	1
Prater, Jesuitenwiese	2
Rustenschacher Allee/Sportclubstraße	2
Stadionbad	3
Venediger Au	1
9. Bezirk	
Rossauer Lände	1
10. Bezirk	
Eibesbrunnergasse 13	2
Johann-Benda-Park	
Laaerbergbad	1
Waldmüllerpark	
Wellness Park Oberlaa	1
Windschutz Per-Albin-Hansson-Siedlung Ost	
19. Bezirk	
Krapfenwaldlbad	1
20. Bezirk	
Hopsagasse	1

	Anzahl der Plätze
21. Bezirk	
Alte Donau, Club Danube	2
Donauinsel	3
22. Bezirk	
Kaisermühlen, Gänsehäufel	3
Kaisermühlen, Naturfreundebad	1
Leopoldau, Kürschnergasse	1

VOLLEYBALL IN PARKANLAGEN

2. Bezirk
Prater, Jesuitenwiese
Rustenschacher Allee/Sportclubstraße
Venediger Au

20. Bezirk
Jakob-Winter-Park

22. Bezirk
Kagran, Polgarstraße

WALDKINDERSPIELPLÄTZE

(Naturkinderspielplätze mit Holzgeräten, sämtliche in Verwaltung der MA 49)

10. Bezirk
Laaer Wald
 Böhmischer Prater
 Eisenbahnersportplatz
 Festwiese (Fort und Indianertor)
Wienerberg

11. Bezirk
Meidlgasse (Stadtwäldchen)
Neugebäude

13. Bezirk
Lainzer Tiergarten
 Gütenbachtor

16. Bezirk
Savoyenstraße
Steinbruchwiese

17. Bezirk
Rohrerbadgelände
Schwarzenbergpark

18. Bezirk
Michaelerwiese

19. Bezirk
Cobenzl, Luegerwiese
Gspöttgraben
Jägerwiese
Josefinenhütte

21. Bezirk
Bisamberg
 Falkenberg – Magdalenenhof
Schwarzlackenau

22. Bezirk
Thonetgasse

23. Bezirk
Pappelteich
Schießstätte Schubertpark

WALD- UND NATURLEHRPFADE

10. Bezirk	
Laaer Wald	1,5 km
11. Bezirk	
Neugebäude, Meidlgasse/Florian-Hedorfer-Straße	2 km
13. Bezirk	
Lainzer Tiergarten, Lainzer Tor – Hermesvilla	1,5 km
14. Bezirk	
Dehnepark	1 km
16. Bezirk	
Wilhelminenberg, entlang Savoyenstraße	1 km
18. Bezirk	
Schafberg	2,4 km
21. Bezirk	
Bisamberg, Falkenberg	2,5 km
22. Bezirk	
Donaupark, Vogellehrpfad	1 km
Lobau, Esslinger Furt	2 km
Obere Lobau, Saltenstraße	3 km
23. Bezirk	
Maurer Wald, Pappelteich	2,7 km

VERZEICHNIS VON LIEFERANTEN UND KONTRAHENTEN DER HOHEITSVERWALTUNG, ANSTALTEN, BETRIEBE UND UNTERNEHMUNGEN DER STADT WIEN

■ Armaturen

KSB Österreich GesmbH
Pumpen – Armaturen – Service
1140, Rottstraße 24
Tel.: 910 30–0
E-Mail: info@KSB.at
Internet: www.KSB.com

■ Banken

Bank Austria Aktiengesellschaft
1010, Am Hof 2 und 3
1030, Vordere Zollamtsstraße 13
Tel.: 711 91–0
Internet:
www.bankaustria.com

ERSTE BANK der oesterreichischen Sparkassen AG
1010, Graben 21
Tel.: 531 00–0 und
711 94–0
Fax: 713 70–32
Internet:
www.sparkasse.at

■ Baumaschinenverleih

ABV
Allgemeine Baumaschinenverleihgesellschaft m.b.H.
1100, Moselgasse 21
Tel.: 688 67 82–83
Fax: 688 67 84

■ Bauunternehmen

ALPINE MAYREDER Bau GmbH
Zweigniederlassung Wien
1232, Oberlaaer Straße 276
Tel.: 610 79–0
Fax: 610 79–44
E-Mail: wien@alpine.at

Gesellschaft für Bauwesen GmbH
1103,Absberggasse 47
Tel.: 711 38–0
Fax: 711 38–DW 1899
Technische Leitung:
1230, Dr.-Gonda-Gasse 7
Tel.: 617 14 60
Fax: 617 14 60–DW 2110

GESIBA Gemeinnützige Siedlungs- und Bauaktiengesellschaft
1013, Eßlinggasse 8–10
Tel.: 534 77–0
Fax: 534 77–600

HAZET Bauunternehmung GmbH & Co KG
1060, Gumpendorfer Straße 83–85
Tel.: 599 46–0
Fax: 599 46–61

G. HINTEREGGER & Söhne Baugesellschaft m.b.H.
1220, Baranygasse 7
Tel.: 282 15 37
Fax: 282 15 37–13
E-Mail:
ghs@wien.hinteregger.co.at

Sedlak Dipl.-Ing. Wilhelm Ges. m. b. H.
Hoch-, Tief-, Industrie- und Gleisbau
1100, Quellenstraße 163
Tel.: 604 32 82–0
Fax: 604 32 82–33
E-Mail:
office@sedlak.co.at

TEERAG-ASDAG Aktiengesellschaft
1031, Marxergasse 25
Tel.: 711 38–0
1111, 7. Haidequerstraße 1
Tel.: 767 15 76–0
Internet:
http://www.teerag-asdag.at

WIBEBA
Wiener Betriebs- und Baugesellschaft m.b.H.
1153, Anschützgasse 1
Tel.: 891 91–0
Fax: 891 91–97
E-.Mail:
wibeba@wibeba.co.at
2331 Vösendorf,
Laxenburger Straße 168
Tel.: 690 25–0
Fax: 690 25–530
E-Mail:
bauhof@wibeba.co.at

Dipl.-Ing. A. Winkler & Co. Baugesellschaft m. b. H. HOCH- UND TIEFBAU
1040, Wiedner Hauptstraße 52
Tel.: 587 74 63
Fax: 587 74 63–DW 20
E-Mail:
awinkler@eunet.at
Internet:
http://www.a-winkler.at

■ Bestattung

Bestattung Wien GmbH
1041, Goldeggasse 19
Tel.: 501 95–4227

■ Datenverarbeitung

SAP Österreich GmbH
1021, Lassallestraße 7 b
Tel.: 288 22–0
Fax: 288 22–222
Internet:
http://www.sap.at

■ Druckerei

Druckerei Theiss GmbH
9431 St. Stefan i. Lav.
Am Gewerbepark 14
Tel.: 04352-513 55–0
Fax: 04352-513 55–13
Postanschrift:
9402 Wolfsberg,
Postfach 52
E-Mail: office@theiss.at
Internet:
http://www.theiss.at
ISDN: 04352/45 3 29

■ Entsorgung

EBS Entsorgungsbetriebe Simmering
Gesellschaft mbH.
1110, 11.Haidequerstraße 6
Tel.: 760 99–0
Fax: 760 99–5800
Internet:
http://www.ebs.co.at

■ Fassadenmaterialien

Saint-Gobain Weber "TERRANOVA" GmbH
Zentrale
1230, Gleichentheilgasse 6
Tel.: 66 150
Fax: 66 150–8

■ Gartengestaltung

LABAU
1210, Prager Straße 93–99
Tel.: 271 84 48
Fax: 271 84 48–14
Internet: www.labau-at
GARTENCENTER Dirndlwiese
1210, Prager Straße 247
Tel.: 292 25 52
Internet:
www.garten-center.net

■ Gewerkschaft

Gewerkschaft der Gemeindebediensteten
1090, Maria-Theresien-Straße 11
Tel.: 313 16–8300
E-Mail:
gdg@gdg.oegb.or.at
Internet:
http://www.gdg.at

■ Heimtextilien

Englisch Dekor HandelsgmbH & Co KG
1153, Dreihausgasse 9
Tel.: 891 07–20
Fax: 892 09 78
Internet:
www.englisch.at

■ Immobilien

IMMOFINANZ Immobilien Anlagen AG
1010, Bankgasse 2
Tel.: 532 06 39–0
Internet:
www.immofinanz.at

■ Installationen

RICHARD MARISCHKA Gesellschaft m.b.H. Gas – Wasser – Heizung
1200, Treustraße 42
Tel.: 330 34 45, 330 38 98
Telefonbanddienst
Fax: 330 38 98–25
E-Mail:
r.marischka@aon.at

■ Kabel TV

Kabel-TV-Wien Ges.m.b.H.
1191, Hofzeile 3
Tel.: 368 34 24
Fax: 368 24 65
Telekabel-Berater:
170 171
Internet:
http://www.wienweb.at

■ Kanalräumung

Anton SATORINA GmbH
1110, Wildpretstraße 25
Tel.: 749 23 40

■ Krankenhausmanagement

VAMED-KMB Krankenhausmanagement und Betriebsführungs Ges. m. b. H.
1090, Spitalgasse 23
Tel.: 404 00/9001–9005
Fax: 404 00–9000
E-Mail: office@vkmb.at
Internet:
http://www.vkmb.at

■ Lager- und Umschlagsbetriebe

WIENER HAFEN Lager- und Umschlagsbetriebe Gesellschaft m.b.H.WHL
1023, Seitenhafenstraße 15
Tel.: 727 16–0
Fax: 727 16–200
E-Mail:
wiener.hafen@hafen-wien.co.at
Internet:
www.wienerhafen.com

■ Landschaftsbau

SCHUBERT Landschaftsbau GesmbH.
1160, Ameisbachzeile 119/8/R1
Tel.: 914 87 37
Fax: 914 87 38

■ Mehrfarbdrucke – Farbplotter – Scannen – Digitales – Archivieren

RIEDMÜLLER Paul
1060, Theobaldgasse 7
Tel.: 587 86 10–0
Fax: 587 86 10–20
E-Mail:
riedmueller@riedmueller.at
Internet:
http://www.PlottundPlan.at

■ Menü-Service

CMS – CLUB MENÜ SERVICE GmbH & Co KG
1030, Henneberggasse 6
Tel.: 797 40–3204
Fax: 797 40–3221
E-Mail: office@cms.at

GUSTANA MENÜ SERVICE GmbH
1031, Henneberggasse 2–4
Tel.: 797 40–3504
Fax: 797 40–3506

■ Papier

STIASSNY-PAPIER Großhandlung GmbH
2345 Brunn am Gebirge, Industriestraße B/7
Tel.: 02236-31 501 Serie
Fax: 02236-31 954
E-Mail:
verkauf@stiassny.at
Internet:
www.stiassny.at

■ Plakatanschlag

GEWISTA Werbegesellschaft m.b.H.
1031, Litfaßstraße 6
Tel.: 795 97–0
Fax: 795 97–99

■ Presse- und Informationsdienst der Stadt Wien

Magistratsabteilung 53
Presse- und Informationsdienst der Stadt Wien
1082, Rathaus Stiege 3, Hochparterre
Tel.: 40 00 . . . Nebenstelle
Fax: 40 00–99–Nebenstelle
E-Mail:
post@m53.magwien.gv.at
Internet:
www.wien.at

■ Reinigung

PIWETZ
Ges. m. b. H.
Reinigungsanstalt
1070, Neubaugasse 73
Tel.: 523 91 27
Fax: 523 91 27–16

■ Spenglerei

KORANDAS Nfg.
Gerhard SCHLEICH
Bau- und Galanterie-spenglerei
1030, Schlachthaus-gasse 3
Tel.: 798 81 79
Büro: 734 36 75
Fax: 734 78 09
E-Mail:
office@spenglerei-schleich.at

■ Tabak

AUSTRIA TABAK AG
1091, Porzellangasse 51
Tel.: 313 42–0
Fax: 313 42–1582

■ Tauch-, Bergungs- und Spreng-unternehmen

LESTIN & Co.
Tauch-,
Bergungs- und Sprengunternehmen
Gesellschaft m. b. H.
1050, Nikolsdorfer Gasse 31
Tel.:
544 75 05, 544 61 71
Fax:
545 78 55
E-Mail:
office@lestin.at
Internet:
www.lestin.at
www.subseapaint.com

■ Tischlerei

RAFETSEDER
Tischlerei KG
Gerhard RAFETSEDER
Bau- und Möbeltischlerei, Portale
Inneneinrichtungen
Kunsttischlerei
Fußböden
1150, Goldschlagstraße 47
(U3-Station Schweglerstr.)
Tel.: 982 45 15
Fax: 985 45 76
E-Mail:
rafetseder.kg@aon.at
Internet:
www.rafetseder.com

■ Transport-unternehmung

Anton SATORINA
Ges. m. b. H.
1110, Wildpretstraße 25
Tel.: 749 23 40

■ Versicherung

WIENER STÄDTISCHE
Allgemeine Versicherung Aktiengesellschaft
1011, Ringturm
Tel.: 531 39–0
Fax: 531 39–DW
E-Mail:
mail-us@wr-städtische.co-at
Internet:
www.wienerstädtische.at
Serviceline: 0800/208 800

■ Warenhandel – Bioprodukte

SPAR
Österreichische Warenhandels-AG
Zweigniederlassung St.Pölten
3106 St. Pölten-Spratzern, Lagergasse 30
Tel. 02742-866-0

■ Wiener Linien

WIENER LINIEN
GmbH & Co KG
3, Erdbergstraße 202
Tel.: 79 09 . . .
Fax: 79 09–22890
E-Mail:
wvb.post@vb.wiennet.at

■ Wiener Wirtschafts-förderungs-fonds

WIENER WIRTSCHAFTS-FÖRDERUNGS-FONDS
1010, Rathausplatz 2
Tel.: 40 00–86187
Fax: 40 00–7980
E-Mail:
vienna@wwff.gv.at
Internet:
http://www.wwff.gv.at

■ Wohnen & Arbeiten

ARWAG
Holding Aktiengesellschaft
1030, Würtzlerstraße 15
Tel.: 797 00–700
Fax: 797 00–790
E-Mail:
info@arwag.at
Internet:
http://www.arwag.at

■ Wohnungs-AG

ÖSW Österreichisches Siedlungswerk
Gemeinnützige Wohnungsaktiengesellschaft
1080, Feldgasse 6–8
Tel. 401 57 0
Internet: www.oesw.at

■ Zuwanderer-Fonds

Fonds zur
Beratung und Betreuung von Zuwanderern (Zuwanderer-Fonds)
1030, Würtzlerstraße 15
Tel.: 795 04–0
Fax: 795 04–790
E-Mail:
info@zuwanderer-fonds.at
Internet:
http://www.zuwanderer-fonds.at

INSERENTENVERZEICHNIS

SACHREGISTER

Vorbemerkung

Das nachfolgende Sachregister enthält sowohl Geschäfte des Wiener Magistrats nach der offiziellen Geschäftseinteilung als auch andere Schlagwörter, die auf andere Stellen des Handbuches hinweisen. Die erste Kolonne lässt die Dienststelle des Magistrats auffinden, die zweite Kolonne jene Seite, auf der die Angelegenheit beschrieben ist.

Dienststelle, Seite